Carl Siegfried

Philo von Alexandria als Ausleger des Alten Testaments

Carl Siegfried

Philo von Alexandria als Ausleger des Alten Testaments

ISBN/EAN: 9783743481275

Hergestellt in Europa, USA, Kanada, Australien, Japan

Cover: Foto ©Lupo / pixelio.de

Manufactured and distributed by brebook publishing software (www.brebook.com)

Carl Siegfried

Philo von Alexandria als Ausleger des Alten Testaments

Vorwort.

So reichhaltig auch die Literatur über Philo ist, so fehlte es doch bisher noch an einer zusammenhängenden Darstellung der auslegungsgeschichtlichen Bedeutung desselben, aus welcher man eine klare Erkenntniss sowol der Faktoren gewonnen hätte, welche Philo's Allegoristik bedingten, als auch der Einflüsse, welche die letztere auf die Folgezeit ausübte. Inwieweit es mir gelungen ist dieser Aufgabe zu genügen, muss ich dem Urteil der Sachkundigen überlassen. Wie ich mir die Ausführung derselben gedacht habe, wird, wie ich hoffe, die nebenstehende Inhaltsübersicht mit hinreichender Deutlichkeit zeigen.

Die Untersuchungen über die Gräcität Philo's haben vielleicht im Verhältniss zur Anlage des Ganzen etwas zu viel Raum eingenommen. Allein ich glaubte mit den Sammlungen, welche ich mir beim wiederholten Durchlesen der Schriften Philo's auch nach dieser Seite hin anlegte, den Freunden der media et infima graecitas einen Dienst zu leisten und zugleich dem zukünftigen Lexikographen Philo's, auf welchen, zusammen mit dem zukünftigen Editor, wir seit Grossmann's Zeiten warten, eine Vorarbeit zu liefern.

Bei der Darlegung des Einflusses, den Philo ausübte, hatte ich, wie ich auch hier noch einmal hervorheben will, zunächst nur den auslegungsgeschichtlichen im Sinne; es war aber natürlich zur deutlicheren Erkenntniss des letzteren bisweilen unvermeidlich, auch den allgemeineren, der von ihm ausgieng, wenigstens in Umrissen zu zeichnen. Eine Tendenz habe ich dabei nicht verfolgt, wie ich in unsrer parteisüchtigen Zeit hier ausdrücklich erklären will. Dies Buch ist Niemandem zu Liebe und Niemandem zu Leide geschrieben. Die Aufgabe, die ich mir stellte, war eine historische und lediglich mit den Mitteln historischer Forschung ist ihre Lösung versucht. Ich habe gebracht, was ich gefunden habe, gern gebe ich zu, dass ich dabei geirrt, sowie dass ich vielleicht Manches übersehen habe. Aber was den ersten Punkt betrifft, so glaube ich mich hinsichtlich des Einflusses Philo's sehr vorsichtig ausgedrückt und oft dem Leser das Urteil überlassen zu haben, wo ein anderer aus den parallelen Erscheinungen vielleicht schon bestimmte Schlüsse gezogen hätte. Andrerseits ist es bei der Ausdehnung der Gebiete, welche es zu durchstreifen galt, um nach Spuren philonischen Einflusses zu suchen, leicht möglich, dass mir dieses oder jenes entgangen ist. Denjenigen, welche hier oder dort an dieser langen Landstrasse einen wolgepflegten Garten besitzen, würde ich sehr dankbar sein für Nachträge, welche meinem Zwecke dienen.

(Prover. 7, 27) אַחַת לְאַחַת לִמְצֹא חֶשְׁבּוֹן
Eccles.

Pforte, den 31. Jan. 1875.

Der Verfasser.

Inhalt.

Zweiter Theil.

Der geschichtliche Einfluss der philonischen Schriftauslegung.

Einleitung.

Die innere Entwickelung des Judentums von der Zerstörung des ersten Tempels bis auf das Zeitalter des Philo von Alexandrien.

Wer die Religion des israelitischen Volkes auch mit den ungünstigsten Blicken betrachtet, wird ihr doch das jedenfalls zugestehen müssen, dass sie eine ausserordentliche Lebenskraft bewiesen hat. Während sie es einerseits nicht vermocht hat sich zur Weltreligion zu erheben, sondern an dem Volkstum haften geblieben ist, hat sie doch unter allen Umständen sich selbst zu erhalten gewusst. Wiederholt hat sie Erschütterungen überstanden, welche ihren Lebenskeim zu vernichten drohten. In der alten Zeit stellte der Abfall zu den sinnlichen Kulten der umwohnenden Heidenvölker mehr als einmal den Bestand der Jahvereligion in Frage, aber grade wenn der vernichtende Stoss auf dieselbe geführt werden sollte, erwies sich wie zu Ahabs Zeiten die profetische Gegenwirkung als so übermächtig, dass sie den glorreichsten Sieg über die Herzen des Volkes davon trug. Bei der Zerstörung Jerusalems durch Nebucadnezar und der Wegführung Israels in die Verbannung war Alles beseitigt, was man bisher für das Bestehen der Religion des alten Bundes als unentbehrlich angesehen hatte: der Besitz eines von den Völkern abgesonderten heiligen Landes, wodurch die verunreinigende Berührung mit dem Heidentum vermieden wurde, eine heilige Stadt mit dem Tempel als der einzig berechtigten Opferstätte, eine erbliche Priesterschaft, die dem heiligen Dienste oblag, und ein König, der als Gesalbter Jahve's dem Volke der sichtbare Mittelpunkt seines nationalen Lebens war. Aber trotz alledem, obwol das Volk über alle Küstenlande des Mittelmeers zerstreuet wurde, obwol zalreiche Leichtfertige sich durch Abfall zum Heidentum (Jer. 44. Jes. 58, 65 ff. Ezech. 14, 3 ff.) zu helfen suchten und auch die Besseren der Berührung mit dem letztern sich gar nicht, des Einflusses heidnischer Sitte sich nur schwer erwehren konnten: so wusste doch die alte Religion nicht blos vor der rohen Gewalt sich zu behaupten, sondern was mehr war, auch gegenüber dem imponirenden Eindrucke, den ein in Kunst und Wissenschaft blühendes, in jeder Beziehung grossartiges Staatswesen auf das Volk Israel ausübte.

1

Das Profetenwort vom heiligen Reste der Kinder Israel erfüllte sich. Mit der Glut der Hingebung, welcher die treuesten Söhne dieses Volks sich stets fähig zeigten, hielten sie das einzige Gut ihrer Religion fest und hegten es mit reinerem Sinne als je zuvor. Je grösser die Not der Zeit ward, desto kräftiger entfaltete sich der Glaube, desto eifriger ward das Bestreben, durch strengen Dienst am Gesetz den Zorn Gottes zu versöhnen.

So brachte Israel, als die Gunst der Zeiten unter Kyros ihm Rückkehr in das heilige Land verstattete, das ängstlich behütete Palladium seiner Religion unversehrt zurück. Nur um so sicherer es in dem wiedergewonnenen altheiligen Boden zu gründen war es fortan bedacht. Esra's reformatorisches Wirken ward hier bahnbrechend und für die ganze folgende Entwickelung massgebend. Zwei Hauptgesichtspunkte waren es, die dasselbe bestimmten: einmal Kenntniss des Gesetzes und sodann die stricte Durchführung desselben zu sichern. Beiden Rücksichten diente die Begründung des sopherischen Standes, in welchem er gewissermassen den Lehrstul Mose's aufs Neue in der Gemeinde zu errichten suchte und zugleich einen Ersatz bot für das erlöschende Profetentum. In der spätern Zeit, etwa im dritten Jahrh. vor Christo, ward die gesetzliche Regelung aller Verhältnisse nach der Norm des göttlich geoffenbarten Willens vorzugsweise von der sogenannten grossen Synagoge ausgeführt, während die wirkliche Durchführung dieser Bestimmungen von dem Rath (Synhedrin, συνέδριον) zu Jerusalem ausgieng. Auch jetzt war also wieder die Religion die das israelitische Volksleben beherrschende Macht geblieben, ja sie begann es in höherem Masse zu werden als je zuvor.

Aber es standen neue Proben bevor, in denen sie ihre Haltbarkeit beweisen sollte. Die macedonische Oberherrschaft, unter welche Israel nach der persischen geriet, hatte das Eindringen des griechischen Wesens in die Mitte des Volks zur Folge. Nicht nur dass die griechische Betriebsamkeit Handel und Geschäftsleben nach Palästina brachte, alte Städte um- und neue anbaute, so dass griechische Ortsnamen in Menge auftauchten: auch Israel selbst ward in den Strom dieser grossen Bewegung mit hineingerissen. Der Verkehr zog die Juden in die griechischen Städte Palästina's, über diese hinaus in das eigentliche Griechenland, nach Nordafrika, an alle Küsten des Mittelmeers. Bald fanden sich weit und breit an den verschiedensten Punkten jüdische Gemeinden, die Diaspora reichte vom Innern Ostasiens bis zu den Säulen des Herkules. In dies anscheinend gebrochene Volkstum glaubte nun der syrische König Antiochus Epiphanes einen letzten gewaltsamen Griff thun zu können, um es in Palästina selbst völlig in die Einheit des griechischen Cultus aufgehen zu lassen und in den Organismus seines Reichs zu verschmelzen. Die Sache schien zu gelingen, da ein grosser Theil der Bevölkerung vom Griechentum ergriffen und der Aufstand der Gesetzestreuen niedergeschlagen war. Aber der Geist des Buches Daniel, welches um diese Zeit entstand, lebte doch verborgener Weise in vielen Frommen, die siegreiche Erhebung der Chasidim unter der Heldenfamilie der Makkabäer bewährte aufs Neue, wozu diese abermals todtgesagte Religion die Herzen begeistern konnte.

Doch ward grade dieser Sieg die Veranlassung einer weit grösseren innerlichen Gefahr, welche das Judentum durch Spaltung aufzulösen drohte. Es lag nämlich die Besorgung des eigentlich heiligen Dienstes am Tempel in den Händen einer Priesterfamilie, welche ihren Ursprung von dem durch David eingesetzten Zadok herleitete. Diese priesterliche Aristokratie hatte aber in den Zeiten der Gefahr sich keineswegs als ein Hort der heiligen Güter des Volkes erwiesen. Da es nun gleichwol nach dem Gesetze nicht angieng, dies priesterliche Privilegium kurzer Hand zu beseitigen, vielmehr Tempel und Opferdienst nötwendiger Weise den Zadokiten verbleiben musste: so strebten die „Frommen" danach, den priesterlichen Vorzug im Uebrigen möglichst zu beschränken. Dies liess sich aber nur dadurch bewerkstelligen, dass die Frommen selbst priesterliche Heiligkeit anstrebten, und so bildete sich aus den letztern die Parthei der Pharisäer, welche gewissermassen das alttestamentliche Nasiräat fortsetzen wollten [1]). — Die Fundamente ihres Einflusses auf die Massen legten dieselben besonders in den Lehrhäusern (בתי מדרש). Hier wurden die Worte der Schriftgelehrten (דברי סופרים) gesprochen, die Auslegung des Gesetzes ward zur bindenden Regel (Halacha), daneben entwickelte sich die freie Auslegung des Einzelnen, welche keinen Anspruch auf allgemeine Geltung erhob (Hagada), letztere theils in Form ethischer Betrachtung oder als geschichtliche Einkleidung einer Wahrheit oder auch als specielle Wortauslegung [2]). Die neuhebräische Literatur begann sich zu entwickeln, ausserdem entstanden um diese Zeit bruchstückweise Dollmetschungen der heiligen Schrift in die chaldäische Landessprache.

Der Partheigegensatz der Pharisäer und Sadducäer ward durch die Ereignisse der Folgezeit nur immer mehr verschärft. Der Priesteradel beim Volke ohne rechten Halt suchte durch Anschluss an den jedesmaligen Machthaber sich seine Stellung zu sichern. Diese Rücksicht entschied über sein Verhalten zur römischen Fremdherrschaft und zu Herodes, der seinerseits durch Heirat der Tochter des Simon ben Boethus eine engere Verbindung mit den Zadokiten herstellte und einen priesterlichen Neuadel der Boethusen (im N. T. Herodianer genannt) bildete. Die Pharisäer traten den Gegnern immer schroffer entgegen, Hillel's Halacha entfernte sich immer weiter vom Sadducäismus, welcher die erschwerenden Erläuterungen des Gesetzes zurückwies. Das mündliche Gesetz erhob den Anspruch gleicher Geltung mit dem geschriebenen, es kam das Wort auf: Die Befehle der Sopherim sind

---

1) Die richtige Erkenntniss des jüdischen Partheiwesens dieser Periode erschlossen zu haben ist ein Verdienst Geiger's, vorzugsweise in seiner Schrift: „Sadducäer und Pharisäer", Breslau 1863. vgl. auch Das Judentum u. s. Geschichte Abth. 1. S. 86 ff.

2) Die reiche Entwickelung, welche diesen Anfängen folgte, zeigt: Zunz, die gottesdienstlichen Vorträge der Juden historisch entwickelt. Berlin 1832.

wichtiger als die des Gesetzes (Synhedr. 10, 3). — Ja die eifrigsten
Patrioten unter den Pharisäern entrüstete das höfische Anschmiegen
des Sadducäismus an die fremde Macht so sehr, dass sie des Pinehas
gedenkend beschlossen, dem Gesetze mit Gewalt Achtung zu verschaf-
fen. Sie bildeten eine Secte der Eiferer (Kannaim Zeloten), theils den
politischen Meuchelmord übend, theils in Verschwörungsclubs den Auf-
stand gegen Rom vorbereitend. Andere, die der Gewaltthat weniger
zugeneigt waren, trieb der Schmerz über die Lage des Reiches Gottes
in die Einsamkeit. Diese, von Josephus Essäer genannt, verwarfen
das Opfer, welches die verrätherischen Sadducäer brachten, und mieden
den Tempel, in welchem diese den Dienst verrichteten. Auch die pa-
lästinische Umgebung, allenthalben vom Heidentum durchtränkt, galt
ihnen als verunreinigend und sie zogen sich deshalb in Einöden zu-
rück. Einzelne ihrer Gemeinden huldigten der Ehelosigkeit und Gü-
tergemeinschaft. — So sahe das palästinische Israel zur Zeit der Ge-
burt Christi sehr zerklüftet aus. Indessen die Gefahr einer das ganze
Volksleben zerreissenden Spaltung gieng durch die sich immer mehr
vermindernde Bedeutung des Sadducäismus vorüber und grade der
schwerste Schlag, der Israel bald treffen sollte, die abermalige Zerstö-
rung des Tempels und der Stadt durch Titus hatte den Vorteil, dass
er jenes für immer vom Sadducäismus befreite. Als dem Volk Israel
nur noch „die vier Ellen der Halacha" blieben, hatte der Priesteradel
in diesem engen Raume keinen Platz mehr.

Aber ein weit tiefgreifenderer Gegensatz, als in diesen palästini-
schen Partheibildungen lag, hatte sich allgemach daneben ausgebildet
zwischen den Juden des heiligen Landes und denen der Zerstreuung.
Wenn auch der Jude in die Länder griechischer Zunge und Bildung
seinen väterlichen Glauben und nationalen Stolz mitbrachte und bei
allem Eifer, die bürgerlichen Rechte der Isopolitie und Laographie zu
erlangen, sich doch gesondert zu halten wusste und einen besondern
politischen Stand ($\pi o\lambda i\tau\epsilon\upsilon\mu\alpha$) mit Ethnarch, Geronten und Archonten
begründete, wenn er auch im fremden Lande errichtete und
Schriftvorlesung und Auslegung betrieb, wenn er endlich auch Jeru-
salem als heilige Stadt zu betrachten fortfuhr, möglichst oft an den
grossen Festen dorthin wallfartete und seine Tempelabgaben pünktlich
entrichtete: so war trotz alledem der gewaltige Einfluss der griechi-
schen Sprache und Bildung auf die Dauer nicht abzuwehren. Die Ju-
den der Diaspora verlernten allmälich das Hebräische und verstanden
ihre heiligen Schriften nicht mehr. Andrerseits konnte ihr empfäng-
licher Sinn sich nicht dem Eindrucke des Reichtums und der Schön-
heit griechischer Bildung entziehen.

Von besonderer Bedeutung ward in dieser Rücksicht für die Fort-
entwickelung des griechischen Judentums die Stadt Alexandria [1]).
Diese von Alexander mit genialem Blicke in die Zukunft zur Ver-

1) vgl. hiezu auch die farbenreiche Schilderung des alexandrinischen Judentums
in Hausrath's neutestamentl. Zeitgesch. II, 126—143.

bindung zweier Weltteile gegründete Stadt hatte sich nach und nach zu hoher Blüte entwickelt [1]). Ihre Bevölkerung, ihr Reichtum, ihre Bildung — alles war ausserordentlich an Grösse und Bedeutung [2]).

Auch die jüdische Bevölkerung war hier eine sehr zalreiche. Einwanderungen nach Aegypten überhaupt scheinen schon vor der Zerstörung des ersten Tempels stattgefunden zu haben, vgl. Jes. 19, 18. 20, ein späterer Zuzug fällt in Jeremia's Zeit, vgl. Jer. 26, 21 ff. c. 42 ff. Bedeutender war die Colonisation durch Alexander M. (Joseph. c. Ap. II, 4 u. a.) und Ptolemaeus Lagi (Joseph. antiquitt. 12, 1). Seit dieser Zeit hörte das Nachströmen jüdischer Ansiedler nicht wieder auf und in Alexandria nahmen dieselben im ersten Jahrh. a Chr. fast zwei Quartiere der Stadt ein. Vorzugsweise bewohnten sie das Quartier Delta (Philo in Flacc. 6). Sie hatten die Meer- und Nilschiffart an sich gebracht (Joseph. c. Ap. II, 5) und machten grosse Ausfuhr- und Handelsgeschäfte, wie denn auch Philo den Geschäftsstillstand, der die Juden beim Tumulte unter Flaccus traf, als etwas schlimmeres denn den Verlust des ihnen Geraubten bezeichnet (in Flacc. 8). Auch auf dem Gebiete der Industrie und des Handwerks wussten es die anstelligen und fleissigen Juden bald den Griechen gleich zu tun. Es gab unter ihnen Gold-, Silberarbeiter, Schmiede, Erzarbeiter, Weber, deren jedes Gewerk in der Synagoge seinen besondern Platz hatte (vgl. Rapoport, Erech Millin p. 98). — An der Spitze der gesammten Judenschaft der Stadt und des Landes stand ein vornehmer jüdischer Beamter, der den Titel Ethnarch oder Alabarch [3]) führte. Er hatte obrigkeitliche Gewalt seinem Volke gegenüber und war zugleich die Mittelsperson für dasselbe bei der heidnischen Regierung.

Was die inneren Zustände der alexandrinischen Judenschaft betrifft, so durchkreuzten sich hier verschiedenartige Einflüsse.

Es lag zunächst in der Natur der Sache, dass eine so zalreiche Judenschaft nicht den Zusammenhang mit dem Mutterlande abbrach. Wie die Palästinenser von Alexandria geschickte Arbeiter für die Ausschmückung des zweiten Tempels nach Jerusalem holten (Joma 38ª, Erachin 10ᵇ), so kamen auch aus dem heiligen Lande Briefe oder Gäste nach Alexandrien. Die letzteren zum Theil als Flüchtlinge, wie Onias, der Erbauer des Heiligtums von Leontopolis (Joseph. antiquitt. 13, 1 u. a.) oder R. Josua ben Perachja, der den ägyptischen Waizen für unrein erklärte, weil er gesehen hatte, wie die Aegypter an solchen Stellen, an welche die Nilüberschwemmung nicht hindringt, das

---

1) vgl. Mannert X, 1. 215. Forbiger II, 777.
2) Matter hist. de l'ecole d'Alexandrie t. 1—3 giebt eine ausführliche Geschichte der Wissenschaften von Alexandrien. vgl. ausserdem: Bernhardy, griech. Lit. I, 417—483. Dähne, alex. Rel. philos. I, 6 ff. — Die allgemeine Bedeutung der Stadt hebt auch Bunsen hervor: Aegyptens Stellung in der Weltgesch. Vᵇ S. 541.
3) Die verschiedenen älteren Erklärungen des schwierigen Wortes s. b. Sturz, dial. maced. p. 65—68. vgl. auch Stephanus s. v. ᾽Αλ. — Sodann aber vgl. besonders Geiger, jüdische Zeitschrift Bd. III S. 276. V S. 213 ff. und X, 211 f.; und Blau in der deutsch-morgenl. Zeitschr. Bd. XXV S. 531 f.

Land mit einem Schöpfgefäss bewässern. Durch dieses Schöpfgefäss (ἀντλία), behauptete er, werde das Land und somit der Waizen verunreinigt. Auch Simeon ben Schetach flüchtete vor Alexander Jannai nach Alexandrien. Wenn man zu Alexandria einen Rath (Synhedrin) nach Art des jerusalemischen einrichtete (Philo c. Flacc. 10 [II, 528], Ketutot 25 u. a.), wenn man zu Leontopolis einen Tempel erbaute, so war man keineswegs gemeint sich damit vom Mutterlande loszureissen. Die jüdischen Aegypter erkannten Jerusalem als die heilige Stadt an und opferten daselbst (Philo c. Flacc. 7 [II, 524]) und das Gesetz gab dem Oniastempel die Befugniss der Annahme von Nasiräatsopfern, Menachot 109ᵃ.

Wie aus diesem Verkehr schon hervorgeht, so sehen wir auch anderweit, dass die alexandrinischen Juden Anhänglichkeit an das heilige Land und das Gesetz bewahrten. Zalreiche Bethäuser in der Stadt bewiesen ihren Glaubenseifer. Vor allen prangte die grosse Basilika mit doppelter Säulenhalle, welche von solcher Grösse war, dass der Custos mit einem Tuche winken musste, um den Hintenstehenden anzudeuten, wann sie auf die Stimme des Vorbeters mit Amen einzufallen hätten. Von ihr ward gesagt: „wer sie nicht sah, hat die Ehre Israels zu jenen Zeiten nicht gesehen, Succa 51, 2." — Hier ward allsabbatlich das Gesetz vorgelesen und erklärt. Freilich scheint diejenige Weise der Gesetzeserläuterung, welche wir oben als Halacha bezeichneten, in Alexandria wenig Boden gefunden zu haben, obwol einige Gesetzeslehrer angeführt werden, wie R. Jochanan der Sandalenverfertiger, ein Schüler des R. Akiba (Aboth 4, 11. vgl. auch Rapoport a. a. O. S. 102), R. Tanchum bar Papa u. a. Auch belegen einzelne talmudische Stellen für Alexandria das Vorkommen palästinischer Schriftbehandlung: Talmud Jerusch Kiddusch 64, 4 und Babli Nidda 69ᵇ, genauere Kenntniss der Halacha zeigt auch Negaim 14, 13. — Indessen fand in Alexandria die freiere Weise der Hagada mehr Eingang und gestaltete sich dort durch die Verbindung mit griechischer Philosophie zu einer besonderen später genauer zu erörternden Art des allegorischen Midrasch.

Denn mächtig wirkten auf die alexandrinischen Juden die Einflüsse der hellenischen Umgebung ein. Schon in ihrem Wesen ward das den übrigen Juden auffällig, sie bemerkten an den Alexandrinern etwas vom hellenischen Dünkel. Als R. Jochanan eine etwas übermütige Aeusserung that in Bezug auf seine Stellung zu R. Akiba, da sagten die Weisen: „es ist ein rechter Alexandriner (אלכסנדרי לאמיתו הוא)" vgl. Rapoport a. a. O. p. 102ᵃ. — Wichtig und folgenreich waren aber besonders auf diesem Boden die Einflüsse der griechischen Sprache und Literatur. — Als das bedeutsamste Denkmal der ersteren steht die hier erwachsene griechische Uebersetzung des A. T. da, bekannt unter dem Namen der Septuaginta.

Ursprung und erste Schicksale dieses Werks umhüllt die dichtende Sage [1]), über deren geschichtlichen Unwert kein Streit be-

---

1) vorzugsweise niedergelegt im Brief des Aristeas an Philokrates, abgedr. bei

steht ¹). Die allmälichc Entstehung dieser Uebersetzung aus bruch-
stückweiser Dollmetschung der Bibel in den Synagogen, wie sic an
sich schon durch die geschichtliche Analogie Wahrscheinlichkeit hat,
ist durch eingehende Untersuchungen über die Beschaffenheit dersel-
ben erwiesen worden ²).

Die Einwirkung des Studiums griechischer Literatur zeigt sich
zunächst in den Versuchen, die biblischen Schriften in dem Gewande
griechischer Sprache nachzubilden, welche uns in der apokryphischen
und pseudepigraphischen Schriftstellerei des alten Bundes vorliegen ³).
Daneben entstanden auch selbständige Arbeiten, welche die israeliti-
sche Geschichte zum Gegenstande hatten und nur in Bruchstücken auf
uns gekommen sind. Vorzugsweise sind die letzteren in Eusebius praep.
evangel. III, 17 ff. enthalten und von Müller in den fragm. histor.
graec. III, 207 ff. zusammengestellt. Unter denselben finden wir auch
Stücke eines Dramas ἐξαγωγή von einem Dichter Ezekiel (vgl. De-
litzsch, Gesch. der jüd. Poesie S. 211 ff.), das den Auszug aus Aegyp-
ten behandelt, ferner eines Gedichts über Abraham, Joseph und Jeru-
salem von Philo dem Aelteren und eines Heldengedichts über den Raub
der Dina ⁴).

Von grösster Bedeutung aber ward für das alexandrinische Juden-
tum die Berührung mit griechischer Philosophie. Die überwältigende
Grösse dieser Gedanken, verbunden mit der vollendeten Kunstform
ihrer Darstellung, machte auf die geistigeren Naturen unter den ale-
xandrinischen Juden einen tiefen Eindruck. Namentlich die Systeme
des Plato und der Stoiker, jenes durch seinen Idealismus, dies durch
seine Ethik zogen dieselben mächtig an.

Einflüsse der verschiednen philosophischen Richtungen begegnen
uns in fast allen Ueberbleibseln der alexandrinischen Literatur: Plato-
nische Unsterblichkeits- und Präexistenzlehre finden sich im Buch der
Weisheit c. 8, 19 f., die Lehre von der Umbildung eines formlosen
Stoffes durch die göttliche Intelligenz ibid. c. 11, 17, die Lehre vom
Leibe als dem Sitze der Sünde ib. c. 1, 4. 8, 20 u. a.

Stoische Lehren finden sich oft in fast wörtlicher Uebereinstim-
mung im vierten Makkabäerbuch (s. Freudenthal S. 41 ff., Grimm, Apo-

---

Josephus ed. Haverkamp II, 103—132, neueste kritische Ausgabe von Moriz Schmidt
in Merx, Archiv für wissensch. Erf. des A. T. I S. 241—312. — Eine andere Ueber-
lieferung ist bei Philo de vita Mosis II, 5—7. [II, 138 ff.]. Scharfsinnige Untersu-
chung des Verhältnisses beider Darstellungen giebt Kurtz, Aristeae epistula. Bern
1872.

1) s. d. Lit. hierüber bei de Wette Einl. ins A. T. S. 92 ff.
2) vgl. bes. Asarja de Rossi Meor Enujim. Imre Binah c. 8 u. 9. Frankel,
Vorstudien zu den LXX; palästin. Exegese u. alexandrin. Hermeneutik; Geiger,
Urschr. u. Ueberss. der Bibel. Ewald, Gesch. des Volkes Israel IV S. 322 ff. Eine
abweichende Ansicht hat Graetz aufgestellt Gesch. der Juden III S. 428—438.
3) Neueste Ausgabe derselben: Fritzsche libri apocr. V. T. graece. Leipzig
1871. Tüchtige Erklärung: Fritzsche u. Grimm, Apokr. I—V. Leipzig 1851—60.
vgl. auch die bedeutende Monogr. v. Freudenthal, die dem Flavius Josephus beige-
legte Schrift über die Herrschaft der Vernunft. Breslau 1869.
4) S. über diese ganze Literatur Graetz Gesch. der Juden III, 438 ff.

kryphen Bd. 4 S. 288), in den jüdischen Stücken der Sibyllinen (vgl. Hilgenfeld, jüd. Apokalyptik S. 89 f.) und auch im Buch der Weisheit, welches c. 7, 22 das göttliche Wesen in der Weise der Stoiker als πνεῦμα νοερόν bezeichnet und c. 7, 24 vom Hindurchgehen der Weltseele durch alle Dinge redet mit deutlichem Anklange an den stoischen λόγος σπερματικός.

Die Bezeichnung des Göttlichen als λεπτόν im Buch der Weisheit c. 7, 22 ist aus Anaxagoras entlehnt u. dgl. m.

Ob auch in der alexandrinischen Bibelübersetzung derartige Spuren griechischer Philosophie sich finden, ist streitig. Verfehlt war es jedenfalls, die bestimmte Form philonischer Philosophie in die LXX zurückzutragen, wie Dähne II, 11 ff. und Gfrörer Urchristentum II, 8—18 versuchten. Eine grössere Anzal dieser Fälle ist von Frankel, paläst. Exegese S. 34 ff. 53, von Zeller, Philos. der Griechen III, 217 ff. beleuchtet worden. Wir wollen uns daher begnügen, hier nur an einzelnen Beispielen die ausserordentliche Flüchtigkeit jener Vergleichungen zu erweisen. — Die Gen. 3, 14 sich findenden Worte ἐπὶ τῷ στήθει σου καὶ τῇ κοιλίᾳ σου werden von Dähne S. 59 als Beweise für die Benützung der platonischen Psychologie, besonders der Eintheilung der menschlichen Geistesvermögen in λογιστικόν, θυμικὸν καὶ ἐπιθυμικόν genommen, während nur eine doppelte Uebersetzung des על גחונך vorliegt, wie solche bei den LXX sich oft findet. — Aehnlich wird von Dähne S. 60 in Deut. 30, 18 der Zusatz ἐν ταῖς χερσί gedeutet, während derselbe nur zeigt, dass die LXX בידיך lasen. Ebenso Ps. 51, 14 LXX πνεύματι ἡγεμονικῷ, letzteres erklärt sich aus der sonst vorkommenden Bedeutung von נדיב = princeps. Die Vorstellung, nach welcher die Heidengötter als wirklich vorhandene Wesen gefasst werden, welche nach Dähne S. 69 in den δαιμόνια von Ps. 96, 5 liegen soll, ist durchaus nicht alexandrinisch, sondern alttestamentlich, vgl. Jer. 3, 1, wo die Götzen Gottes Genossen heissen. — Wieder anderes ist nicht aus dem Alexandrinismus, sondern aus der jüdischen Tradition zu erklären. So z. B. die Uebersetzung von Levit. 24, 15 ff. ὀνομάζων δὲ ὄνομα κυρίου θανάτῳ θανατούσθω. Es war eine ältere sadducäische Ueberlieferung, nach welcher die Priester seit dem Tode Simeons des Gerechten aufhörten beim Segen den „Namen" zu gebrauchen. Thoss. Sota c. 13ᵇ. Joma 39ᵇ. Nach Synhedr. 10, 1 behauptete Abba Saul: „Der habe keinen Anteil an der zukünftigen Welt, welcher den Namen ausspreche nach seinen Buchstaben." — Das Vermeiden der Anthropomorphismen ist ebenfalls nichts besonders Alexandrinisches. Mit Exod. 14, 10 LXX εἶδον τὸν τόπον οὗ εἱστήκει ὁ θεὸς τοῦ Ἰσραήλ vgl. Tharg. jerusch. וחמין ית עיקר אלהא דישראל. Das einzige wirklich auffallende Beispiel bleibt Gen. 1, 2 ἀόρατος καὶ ἀκατασκεύαστός. Dass diese Ausdrücke so ohne alle Nebengedanken gewält seien, wie Zeller S. 217 und Frankel, palästin. Exegese S. 37 wollen, scheint doch nicht recht annehmbar; wie denn auch Frankel, palästin.-alex. Schriftforschung 1854 hierüber wieder schwankend wird. Es scheint zwar auch im Grundtext ein chaotischer, erschaffener Stoff angenommen, wie dies auch die talmudischen Lehrer so auffassten. Allein in dem Ausdruck ἀόρατος ist ein Anklang an den κόσμος νοητός gar nicht zu verkennen, der sich ja auch im jüdischen Midrasch findet Beresch. r. c. 1 u. a.

Was aber bei weitem wichtiger ist als vereinzelte Einwirkungen griechischer Philosophie oder Nachklänge griechischer Literatur bei jüdischen Schriftstellern ist die Thatsache, dass je mehr und mehr an alle strebenden Geister Israels mit zwingendem Ernste die Aufgabe herantrat, die philosophische Wahrheit, welche das classische Altertum bot, zu versöhnen mit der von den Vätern ererbten religiösen Ueberzeugung. Jetzt galt es sich mit einer geistigen Macht auseinanderzusetzen, an deren Bedeutung keiner von den Gegensätzen heranreicht, mit denen sonst das Judentum sich berührt hatte. Das einfachste, weil aus der Natur der Dinge selbst hervorgehende Mittel, einen altheiligen Buchstaben auszugleichen mit dem Geiste einer neuen Zeit, ist die Allegorie, in welcher der erstere zum Träger der höheren Anschauung gemacht wird, die man gewonnen hat. — Die Allegorie begegnet uns daher in der Geschichte fast sämmtlicher heiliger Literaturen. Es giebt allegorische Umdeutungen zu den Veda's der Inder wie zu dem Koran der Moslim, bei welchen zu der ursprünglichen den Wortsinn festhaltenden Erklärungsweise später die der Sofi und Bathenier trat, welche einen verborgenen Sinn suchte. Doch diese Parallelen zu verfolgen oder noch andre aufzuhäufen würde für unsern Zweck ohne rechten Nutzen sein. Uns liegt es näher zu fragen, durch welche Vorbilder das griechisch gebildete Judentum seinerseits sich bewogen fühlen konnte, eben diesen Weg zu betreten. Da ist es nun beachtenswerth, dass eine reich entwickelte Allegoristik sich bei denjenigen griechischen Schriftstellern vorfand, welche die hellenisirenden Juden vorzugsweise studierten.

Schon von Plato (de republ. II p. 605) werden ältere allegorische Erklärer des Homer wie Theagenes von Rhegium, Metrodorus von Lampsacus, Stesimbrotus von Thasus und Glaucus erwähnt. Die von Metrodorus erhaltenen Deutungen sind naturwissenschaftlicher Art. Dass Eos den Tithonos liebt, soll auf den frühzeitig eintretenden Tod der Jünglinge anspielen; Agamemnon soll den Aether bedecken u. dgl.[1]). In der späteren Zeit aber finden wir, dass besonders die Stoiker bei ihrer Anhänglichkeit an den Volksglauben und dem sie leitenden Bestreben, ihre philosophischen Anschauungen mit den κοιναὶ ἔννοιαι in Einklang zu bringen [2]), sich bemühten den Homer durch allegorische

---

1) vgl. hierüber Bernhardy, Grundriss der griech. Lit. I, 280. 468. — Lobeck, Aglaophamus I, 155 ff.

2) s. Ritter, Gesch. der Philosophie Thl. 3. S. 593 ff. — Für die Art ihres Verfahrens hierbei ist besonders lehrreich: Curt Wachsmuth, die Ansichten der Stoiker über Mantik u. Dämonen. Berlin 1860. Man sieht hier an einem bestimmten Beispiel, wie diese Allegoristik ebenso sehr das Eigentümliche des alten Volksglaubens wie die eigene philosophische Lehre beschädigte. Es wird versucht die Mantik aus dem Wesen Gottes heraus als notwendig zu erweisen (s. Wachsmuth S. 18), die Mitteilung von Orakeln durch die über die ganze Natur verbreitete göttliche Kraft

Umdeutung gegen den Tadel des Plato (de republ. II p. 603 ff.) uud die heftigen Angriffe eines Xenophanes und Zoilos zu schützen. Es kam die sogenannte θεραπεία μύθων auf, in welcher man der Volksdichtung durch Unterlegung tieferer Weisheit der modernen Aufklärung gegenüber aufzuhelfen suchte. Reichliche Sammlungen solcher aus stoischen Commentaren zusammengeschriebenen Allegorien zu Homer findet man in den Scholien zu Ilias XX, 67, bei Eustathius, bei Plutarch de vita et poesi Homeri und in Heraclides Ponticus allegoriae homericae [1]). Der Beweis für die Notwendigkeit der allegorischen Deutung wird von diesen Erklärern in folgender Weise geführt. — Es sei kein Zweifel, dass dem blossen Wortverstande nach im Homer ἱερόσυλοι μῦθοι καὶ θεομάχου γέμοντες ἀπονοίας vorkommen (Heracl. l. c. cap. 1), indessen da er an so manchen Stellen wie Il. ζ 219. ο 104. ν 18. θ 199. α 199. Odyss. ζ 202. θ 306 u. a. auf höchst würdige Weise von den Göttern rede (Heracl. c. 2. 3. Plutarch l. c. p. 1148 B. C), so sei es offenbar, dass jene anstössigen Stellen allegorisch zu deuten seien (πάντη γὰρ ἠσέβησεν εἰ μηδὲν ἠλληγόρησεν Heracl. c. 1). Wem es gelinge, die hohe unter der Dichtung verborgene Wahrheit auszuspüren (σεμνὴν ὑπὸ νόμῳ τῶν ποιημάτων τὴν ἀλήθειαν ἰχνεύειν), der werde keinen Anstoss mehr an dem thörichten Zorn Apolls nehmen, der die Griechen härter strafe als den Agamemnon den Urheber alles Unheils, und die Thiere zuerst treffe, welche doch jedenfalls ganz unschuldig seien, noch wundere ein solcher sich, wenn er höre, dass Zeus gebunden werde oder dass die Götter verwundet werden u. dgl. (Heracl. c. 6 ff.). Die Allegorie erweise sich beim Mythos als ein wahres ἀντιφάρμακον τῆς ἀσεβείας (ibid. c. 22). Ausserdem werde die allegorische Erklärung gefordert durch die inneren Widersprüche der Erzälung. So wenn Il. I, 44 vom Apollo gesagt werde, er sei von Zorn ergriffen worden, und es dann v. 49 heisse: „er habe sich fern von den Schiffen hingesetzt". Das sei widersprechend; ein zorniger Gott würde doch nahe heran gegangen sein. Heracl. c. 13. Der Grund dieser eigentümlichen Einkleidung der höheren Wahrheit liege eben in der Natur der Dichtung; εἰ δι' αἰνιγμάτων καὶ μυθικῶν λόγων τινῶν ἐμφαίνεται τὰ νοήματα οὐ χρὴ παράδοξον ἡγεῖσθαι. τοῦτο γὰρ αἴτιον ποιητικῆς sagt Plutarch l. c. p. 1131 A. Der Zweck dieser Darstellungsweise sei ein pädagogischer, die Strebenden sollen durch den Glanz der Dichtung zunächst angelockt und dann durch sie zu verborgener Wahrheit hingeführt werden, die Unkundigen aber wenigstens vor ihr Respect bekommen. (ὅπως οἱ μὲν φιλομαθοῦντες μετά τινος εὐμουσίας ψυχαγωγούμενοι ῥᾷον ζητῶσί τε καὶ εὑρίσκωσι τὴν ἀλήθειαν, οἱ δὲ ἀμαθεῖς μὴ καταφρονῶσι τούτων ὧν οὐ δύνανται συνιέναι. ibid. [2]).

plausibel zu machen (S. 21) und die Schicksalstheorie sammt Weissagung aus dem Wesen der Natur zu begreifen (S. 22. 26).

1) Auf das ziemlich übereinstimmende Material der drei letztgenanuten macht Show, comment. crit. in alleg. Homer. Göttingen 1782 p. 226 ff. aufmerksam.

2) Charakteristisch ist der Zusatz: τὸ μὲν δι' ὑπονοίας σημαινόμενον ἀγαστόν τὸ δὲ φανερῶς λεγόμενον εὐτελές.

Auf diesem Standpunkte gestaltet sich denn die Allegoristik bald als eine **Kunstübung**, die nach gewissen Regeln verfährt. So leitet zur Auffindung des symbolischen Wertes einer Person vor allem die Etymologie ihres Namens. Dass Apollo die Sonne ist, beweist sein Name *Φοῖβος* d. i. ὁ ἀπὸ τῶν ἀκτίνων λαμπρός (Heracl. c. 7), ebenso erweist sich Ἀθηνᾶ == ἀθρηνᾶ τις οὖσα als eine contemplatrix, als ein Bild der σύνεσις oder φρόνησις (ibid. c. 19), Thetis mit ἀπόθεσις zusammenhängend ist die, welche das All zweckmässig verwaltet und alle Elemente in ihre Grenzen bringt (ibid. c. 25), wobei ihr Briareus ἡ βριαρὰ καὶ πολύχειρος δύναμις hilft (ibid.), Iris ist der εἴρων λόγος und Hermes ὁ ἑρμηνεύων (c. 28), die Aphrodite ist die ἀφροσύνη (ibid.), Ares παρὰ τὴν ἀρὴν ὠνομασμένος ἥπερ ἐστὶ βλάβη ist der Krieg, insofern er Schaden verursacht. Den Kronos nennt der Dichter κατὰ μετάληψιν ἑνὸς στοιχείου die Zeit (χρόνος) (c. 41). Rhea ist die Mutter der Dinge ἐπειδὴ ῥύσει τινὶ καὶ ἀεννάῳ κινήσει τὸ πᾶν οἰκονομεῖται (c. 41). Leto ist ληθώ und da das Vergessen dem Worte widerstrebt, welches an die Sache erinnert, so erklärt es sich, dass Leto dem Hermes entgegensteht (c. 55). Zeus ist Ursache des Lebens, daher der Name von ζῆν herzuleiten oder auch von ζέσις, daher der glühende Aether (c. 23). Circe ist das Symbol der kreisförmigen Bewegung (ἐγκύκλιος περιφορά) von κίρκος circus. Sie bringt beim Tode die Seelenwanderung hervor, wie sie denn die Seelen der Gefährten des Odysseus in Schweine fahren liess. Ihr Wohnsitz heisst mit Recht Acaea von αἰάζειν, weil die Menschen beim Tode wehklagen (Plutarch l. c. p. 1161 A). Die Eidothea, Tochter des Proteus, ist ἑκάστου εἶδος θέα, die gestaltenbildende Kraft. — Die Insel, auf der Proteus' Wandelungen vor sich gehen, heisst Pharos von τὸ φέρσαι == τὸ γεννῆσαι (Heracl. c. 66). Poseidon von πόσις ist das feuchte Element (c. 7). Saturnus appellatus est, quod saturaretur annis: daher Gott der Zeit Cicero de nat. Deor. II, 25. Ceres a gerendis fructibus tanquam Geres, Juno a juvando, Minerva quae vel minueret vel minaretur ib. II, 26.

Wie reichlich diese halsbrechenden Kunststücke der einfachen wie der doppelten Etymologien von den hellenisirenden Juden nachgeahmt und auf das A. T. übertragen wurden, werden wir später sehen.

An die Seite dieser Etymologien tritt das Wortspiel, beide bisweilen unmerklich in einander übergehend; letzteres manchmal ganz gegen die natürliche Etymologie.

Proteus heisst z. B. ἅλιος, nicht ἀπὸ τῆς ἁλός, sondern als τὸ ἐκ πολλῶν καὶ παντοδαπῶν συνηλισμένον ὅπερ ἐστὶ συνηθροισμένον (Heracl. c. 67). — Homer nennt den Körper δέμας, was von δέω binden herzuleiten ist; damit will er andeuten, dass der Körper eine Fessel der Seele sei, und er nennt ihn σῶμα, weil er nach dem Tode nur als ein Denkmal (σῆμα) der bisher in ihm wohnenden Seele zurückbleibt (Plut. p. 1159 A. C).

Ist einmal der Grundbegriff einer mythologischen Person gefunden, so sind alsdann nach den Regeln dieser Allegoristik die einzelnen Züge des Mythos mit demselben zu combiniren.

Da Apoll die Sonne bedeutet, so ist klar, dass seine Pfeile eine durch die scharfen Strahlen der Sonne hervorgerufene Krankheit bedeuten (Heracl. l. c. c. 8. 13). Sein Zorn ist die durch die Sonne verderbte Luft (c. 11). Der Klang seiner Pfeile deutet auf das Tönen der sich schwingenden Himmelskörper (c. 12). — Der Nacht gleich geht er einher Il. I, 47, weil zur Pestzeit die Sonne von bösen Dünsten verdunkelt wird, weit ab setzt er sich v. 48, da ja die Sonne sich in weiter Entfernung von uns befindet (c. 13). Dass die Thiere zuerst von der Krankheit ergriffen werden, ist sehr erklärlich, denn 1) sind sie sehr unvorsichtig mit der Diät und schlingen auch das Schädliche hinunter und 2) athmen sie eine tiefer liegende dickere Luftschicht ein als die Menschen. Ebenso natürlich ist es, dass das Heilmittel von der weissarmigen Hera d. h. von der gereinigten Luft kommt (c. 15).

Oder um ein andres Beispiel anzuführen, da Athene die Klugheit ist, so erklärt es sich, warum sie den zürnenden Achill beim Haar ergreift, da nur die vernünftige Ueberlegung den Ausbruch des Zorns zurückzuhalten vermag. Achill erschrickt Il. I, 149, als er die Göttin erblickt, natürlich, da ihm die Besonnenheit wiederkehrt, wird er gewahr, welch Unheil er anzurichten im Begriff stand. Freilich beherrschte ihn der Zorn immer noch so weit, dass er zwar von der Gewalttat absteht, aber in Worten sich gehen lässt. Ilias I, 211. Heracl. c. 17 ff.

Ist es festgestellt, dass die Götter Symbole der Elemente sind, dass Poseidon das Wasser, Hera die Luft, Athene die Erde, Zeus den Aether bedeutet, so ist offenbar, dass diese Götterkämpfe das Wüten der Elemente gegen einander bezeichnen sollen und dass daher der unterdrückte höhere Aether (der gebundene Zeus) durch die harmonische Gewalt des Alls (Thetis und Briareus) frei gemacht werden muss. Heracl. c. 25 u. a. m.

Aehnlich ist es mit der Verwendung der allegorischen Bedeutung einzelner Züge. — Ist einmal an einer Stelle der allegorische Wert eines Wortes festgestellt, so kann er an jeder andern als solcher zur Geltung gebracht werden.

Da z. B. Ilias V, 75 ψυχρὸν δ' ἕλε χαλκὸν ὀδοῦσι steht, so ist klar, dass das Erz immer etwas Kaltes bedeutet, also in Il. XX, 271 die kalte Zone.

Von besonderer Bedeutung sind in dieser Allegoristik auch die symbolischen Zalen.

Dass die Einzal auch bei Homer das Symbol des Guten ist, ergiebt sich daraus, dass bei ihm ἐνηής einen guten Mann und ἐνηείη eine gute Stimmung bedeutet. — Und da er δύη das Unglück nennt, so zeigt er, dass bei ihm die Zweizal das Symbol des Bösen sei (Plut. l. c. p. 1184 A. B). Die ungerade Zal hat auch bei Homer den Vorzug. Die Götter bekommen Opfer in ungeraden Zalen, Neptun 9 Stiere u. dgl., während die Menschen sie in geraden Zalen erhalten, so der todte Patroklos 4 Pferde 12 troische Jünglinge. — Vor allen ist die Neunzal ausgezeichnet (Plut. p. 1185 A).

Inhaltlich zerfallen die Allegorien im Allgemeinen in die zwei Hauptclassen: der physischen und der ethischen Deutung. Jene umfasst die Natur der Dinge im weitesten Sinne, nicht nur die eigentlichen Naturerscheinungen, sondern auch die Lehren vom Wesen der Götter, vom Ursprung der Welt und von der Natur der menschlichen Seele. Letztere bezieht sich speciell auf das Gebiet der sittlichen Wahrheiten. — Diese Eintheilung hat Plutarch a. a. O. p. 1182 B οὕτω μὲν οὖν πρῶτος Ὅμηρος ἔν τε Ἠθικοῖς καὶ Φυσικοῖς φιλοσοφεῖ. — Dass die sogenannte rhetorische Erklärungsweise im Grunde auf die ethische hinauskommt, zeigt Lobeck, Aglaoph. I, 160. Allegorische Einkleidung allgemein naturwissenschaftlicher Wahrheiten findet sich nach den stoischen Erklärern bei Homer gar häufig.

In dem Namen des Poseidon γαιήοχος und ἐνοσίχθων ist angedeutet, dass das Meer, indem es bisweilen die Luftventile der Erde verstopft, die Ursache der Erdbeben wird (Plut. l. c. p. 1143 A). — Aeolus der Bewegliche deutet auf das Jahr, er hat 12 Kinder, die 12 Monate nämlich, 6 Töchter das sind die fruchtbaren Sommermonate, 6 Söhne die harten Wintermonate. Dass sie unter einander heiraten, deutet auf die enge Verbindung der Teile des Jahres (Heracl. c. 71). Die Kugelgestalt der Welt liegt in Il. 18, 485, die Zonen in Il. XX, 270 ff. in den Schichten des Achilleischen Schildes angedeutet (Heracl. c. 48. 51). Ebenso findet sich bei Homer die Erkenntniss von der Natur und Entstehung der Winde, des Regens, vom Lauf der Sonne und des Mondes u. dgl. (Plutarch p. 1144 ff.). — Auf die grosse Menge solcher naturwissenschaftlichen Unterlagen bei den Göttermythen weist auch Cicero de nat. Deor. II, 24 alia quoque ex ratione et quidem physica magna fluxit multitudo Deorum, qui induti specie humana fabulas poetis suppeditaverunt, hominum autem vitam superstitione omni referserunt. Auch macht er darauf aufmerksam, wie eben der Anstoss durch diese naturwissenschaftliche Deutung gehoben werde. Physica ratio non inelegans inclusa est in impias fabulas. So liege der Entmannung des Uranos die Meinung zu Grunde, dass die himmlische feurige Natur, die Alles erzeuge, dies nicht durch einen gewöhnlich menschlichen Zeugungsapparat vollbringen könne.

Hieran schliessen wir wol am besten die im engern Sinne naturphilosophischen Deutungen des Homer, nach welchen in dem Dichter die verschiedenartigsten Theorien über den Ursprung der Welt und die Natur der Elemente gefunden werden. Homer zeigt sich der stoischen Erklärung gegenüber als die wahre Fundgrube der alten Naturphilosophie.

Der eigentliche Begründer der Lehre des Thales vom Ursprung aller Dinge aus dem Wasser war Homer in Ilias XIV, 246 Ὠκεανοῦ ὅσπερ γένεσις πάντεσσι τέτυκται (Heracl. c. 22. Plut. p. 1131 B). In Ilias VII, 99 ἀλλ᾽ ὑμεῖς μὲν πάντες ὕδωρ καὶ γαῖα γένοισθε finden wir die Ansicht des Anagoras(?) (Heracl. l. c.) oder des Xenophanes von Colophon (Plut. p. 1132 A), welcher aus Wasser und Erde das All sich bilden liess. — Die Lehre von den vier Elementen aller Dinge begegnet uns oft bei Homer Ilias II, 412. III, 277. VIII, 17 ff. u. a. (Heracl. c. 23. Plut. p. 1132. 1133). Die Ansicht des Empedocles vom Streit und der Freundschaft der Elemente (νεῖκος κ. φιλία), wodurch die Bewegung des All hervorgerufen werde, ist vorgebildet Ilias XIV, 200 ff., wo Hera sich aufmacht den Zwist zwischen Okeanos und Tethys zu schlichten (Heracl. c. 49. Plut. p. 1136 ff.), ganz besonders aber Ilias XX erscheinen im Kampf der Götter die Gegensätze der Naturmächte (Plut. p. 1138). — Die Lehre des Heraclit von der weltbildenden Kraft des Feuers trägt Homer Il. 18, 468 ff. vor, indem er den Hephaest den Schild des Achill als Bild des All verfertigen lässt (Heracl. c. 43). — Die aristotelische Anschauung von der hohen Natur des Feuers der Sonne hat der Dichter an mehreren Stellen (Plut. p. 1140. 1141). Die höhere philosophische Anschauung von der wahren Natur des Göttlichen, nach welcher dasselbe unkörperlich weder der Speise noch des Trankes bedürftig vorzustellen ist, bieten uns die Verse Il. V, 341 f.:

οὐ γὰρ σῖτον ἔδουσ᾽ οὐ πίνουσ᾽ αἴθοπα οἶνον.
τοὔνεκ᾽ ἀναίμονές εἰσι καὶ ἀθάνατοι καλέονται.

Und es wird aus denselben offenbar, dass die in menschlicher Gestalt erscheinenden Götter, die uns sonst beim Dichter begegnen, nur einer poetischen Darstellungsform und einer Anbequemung an das Volksverständniss ihren Ursprung verdanken (Plut. p. 1148. 1149). — Ja er kennt sogar den höchsten Gott, der alle andern Mächte überragt, denn er lässt den Zeus sagen: Ὅσσον ἐγὼ περί τ᾽ εἰμὶ θεῶν περί τ᾽ εἴμ᾽ ἀνθρώπων (Ilias VIII, 27) und in den Stellen, in welchen Zeus entfernt von allen andern Göttern sitzend vorgestellt wird (Il. I, 498 u. a.), ist seine geistige Natur angedeutet (Plut. p. 1150). Ebenso weiss er, dass der νοῦς, die göttliche διάνοια oder πρόνοια die Welt regiert, wie aus der Ilias XXII, 167 ff. laut werdenden Klage des Zeus über das Geschick Hektors hervorgeht (Plut. p. 1151) und dass die Götter mit Gerechtigkeit die Welt verwalten (ὅτι νόμῳ πόλεως ὁ κόσμος διοικεῖται), denn er lässt von der Themis die Götter zur Rathsversammlung berufen Ilias XX, 4. 16 ff. (Plut. p. 1154). — Die Lehre vom Fatum und seinem Verhältniss zur menschlichen Willensfreiheit, wie sie später von Plato, Aristoteles und Theophrast ausgebildet wurde, hat Homer schon in den Eingängen seiner Gedichte berücksichtigt, denn er lässt Il. I, 1. vgl. v. 5 ebenso sehr durch Achills Zorn wie durch den Ratschluss des Zeus Ilion zu Grunde gehen (Plut. p. 1155).

Auch in der Lehre von der menschlichen Seele haben die Philosophen starke Anleihen bei Homer gemacht und namentlich Plato begeht mit seinen Anklagen gegen den Dichter eine grosse Undankbarkeit, da er doch seine ganze Theorie vom λογικόν und ἄλογον μέρος der Seele aus Ilias I, 194 ff. Od. XX, 17 u. a. entlehnt hat. Den Sitz des ἄλογον μέρος als der Affecte verlegt er in das Herz, den des λόγικον ins Haupt. Das erstere hat er ebensowol aus Homer, der die Helden so oft ihr stürmendes Herz zur Ruhe sprechen lässt, als das letztere, denn der Dichter lässt die Athene d. h. die Klugheit den zürnenden Achill beim Haupte, dem Sitz der Ueberlegung, ergreifen (Heraclid. c. 17—20. vgl. Plut. p. 1163 C. 1166). — Hinsichtlich der Natur der Seele findet sich bei Homer sowol die mehr materialistische Ansicht der Stoiker, welche die Seele als eine feine aus der Feuchtigkeit des Körpers aufsteigende Verdunstung ansahen, als die des Plato und Aristoteles, welche sie für völlig unkörperlich halten. — Jene liegt in Versen wie εἰσόκ᾽ ἀϋτμὴ ἐν στήθεσσι μένῃ Il. IX, 609 und ψυχὴ δὲ κατὰ χθονὸς ἠΰτε καπνός u. a., diese zeigt sich darin, dass Homer immer σῶμα und ψυχή auseinanderhält (Plut. p. 1163). Dass die platonische Ansicht vom Leibe als der Fessel oder dem Kerker der Seele auch bei Homer sich findet, s. oben S. 11. Endlich aber kennt Homer auch die pythagoräische Lehre von der Seelenwanderung, denn er lässt Hektor, Achill und Antilochos mit ihren Pferden reden und den Odysseus von seinem Hunde erkannt werden, woraus erhellt, dass er diesen Thieren seelische Thätigkeiten zuschreibt; den Vorgang der Seelenwanderung selbst aber bietet die Fabel von der Circe, welche die Seelen der Gefährten des Odysseus in Schweine treibt (Plut. p. 1160).

Aber auch ethische Wahrheiten sind reichlich in Homers Dichtungen eingeflochten.

Die ethische Natur der Götter, ihre Menschenfreundlichkeit (φιλάνθρωπον ἦθος) liegt in Odyss. I, 65 ff. und andern Stellen, in denen ihre fürsorgende Obhut sich ausspricht, wie Odyss. 17, 485 ff. (Plut. p. 1152 f.), ihre Gerechtigkeit tritt da hervor, wo der Dichter sagt, dass sie Frevel verabscheuen und das Gute lieben, wie Od. 14, 83 f. u. a. (Plut. p. 1153). So beruht denn auch auf Homer die stoische Lehre, dass die Tugendhaften Freunde der Götter sind, wie er dies von Odysseus und Amphiaraos erzält (Plut. p. 1181).

Was die Tugend selbst betrifft, so findet sich die platonische und stoische Ansicht, nach welcher dieselbe lehrbar (διδακτή) sei, in dem Verse τοίου γὰρ καὶ πατρὸς ὃς καὶ πεπνυμένα βάζεις Od. IV, 206, denn Homer will damit sagen, dass Telemach solches von seinem Vater gelernt habe! Die Lehre, dass die Tugend an sich selbst zur Glückseligkeit genüge, haben die Stoiker aus jenen Worten entlehnt, in denen Odysseus von seinen geduldig ertragenen Leiden erzält oder von seiner Festigkeit gegenüber den Lockungen der Kalypso (Plut. p. 1174 sq.). — Ueber das Wesen der Tugend haben die Philosophen verschiedene Ansichten aufgestellt, die aber alle ihre Keime in Homer haben.

Die stoische ἀπάθεια sehen wir in Bezug auf die verschiedensten Affecte bei Homer durchgeführt. Freiheit von der λύπη predigt Il. XIX, 228 sq., von der ὀργή Il. XVIII, 117, vom φόβος Il. V, 252 (Plut. p. 1171). — Die peripatetische μετριοπάθεια, nach welcher nicht Affectlosigkeit, sondern nur das Masshalten im Affect verlangt wird, empfielt Homer Il. XIII, 279 ff. u. a. (Plut. p. 1172 ff.).

Die aristotelische Ansicht, nach der es auch ethische Affecte (ἀστεῖα πάθη) giebt, wie Barmherzigkeit, Indignation, hat ebenfalls schon Homer berücksichtigt, indem er sie des Vorbildes halber dem Zeus zuschreibt (Plut. p. 1168 sq.).

Unter den einzelnen Tugenden wird das pythagoräische Schweigen (τὸ σιγᾶν ἃ μὴ χρὴ λέγειν) an mehreren homerischen Stellen empfolen, besonders beachtenswerth ist Il. III, 2. 8, wo βαρβαρικὸν ἡ κραυγὴ ἑλ-ληνικὸν δὲ ἡ σιωπή (Plut. p. 1190). Der epikurische Preis der ἡδονή findet sich Odyss. VIII, 5 ff. Für Aristipp's abwechselndes Studium der Mühsal und des Vergnügens bietet des Odysseus wechselvolles Leben das Vorbild (Plut. p. 1191 sq.).

Doch nicht blos die Wahrheiten der höheren Wissenschaft, auch die Theorie aller Künste finden wir im Homer: die Rhetorik (Plut. p. 1198 ff.), die Medicin (ib. p. 1228 ff.), die Musik (p. 1187 ff.), die Arithmetik (p. 1182 ff.) u. a. m.

So erweist sich die Dichtung Homer's als eine Urkunde uner-schöpflichen Reichtums und, wenn die Kritik im Begriff war, den theuren Sänger den Herzen der Gebildeten zu entreissen, so giebt die Allegoristik ihnen, denselben schöner und herrlicher zurück. Die An-stösse des zweifelnden Verstandes sind beseitigt: in der vollendetsten Form bietet Homer die tiefste Wahrheit.

Welch ein verlockender Vorgang für die hellenisirenden Juden. Handelte es sich bei ihnen doch um eine Urkunde, die ihnen Eins und Alles war. Die Griechen behielten noch viel, wenn ihnen Homer und der Mythos entrissen wurden, die Juden waren ohne die Bibel nichts mehr.

Indessen gieng es doch nicht an, so ohne weiteres diesen Weg zu betreten. Es galt zunächst sich dessen zu versichern, ob die Bibel selbst ihn gestatte. — Da war es doch aber unverkennbar, dass schon in der Schrift selbst sich Spuren des allegorischen Midrasch zeigen. — Die zalreichen Namendeutungen, welche sich im Pentateuch vorfinden, sind offenbar allegorisirender Art. — Der Kampf Jakobs mit dem En-gel Genes. 32, 25 ff. wird Hosea 12, 5 als ein Kampf des Gebets auf-gefasst, die 70 Jahre des Exils werden Daniel c. 9 durch künstliche Berechnung in 70 Jahrwochen umgewandelt (Ewald, Profeten III, 421 ff.), Ezechiel c. 4 berechnet nach Analogie des ägyptischen 430 Jahre des Exils, verwandelt diese dann in 430 Tage und zerlegt letz-tere wieder in 390 für Israel und 40 für Juda.

Das war doch hinreichend aufmunternd, mehr Freiheit brauchte man sicherlich nicht.

Dazu kam, dass die innere Entwickelung des Judentums schon seit' der Rückkehr aus der babylonischen Verbannung Aenderungen und Umgestaltungen im Texte selbst veranlasst hatte [1]. Diejenigen dieser Textänderungen, welche in einer Wandlung nationaler Stimmun-

---

1) Die Grundzüge dieser innern Geschichte des Judentums aus Text und Ueber-setzungen der Bibel hat mit unverkennbarer Meisterschaft gezeichnet: Geiger, Ur-schrift u. Uebersetzungen der Bibel. Breslau 1857.

gen oder im Parteiwesen Israels ihren Grund haben, sind hier für uns von geringerer Bedeutung. Wichtig dagegen sind die Spuren solcher Reinigungen des Textes, die von einer geläuterten religiösen und sittlichen Ansicht Zeugniss ablegen, weil diese Vorgänge auch für die hellenisirenden Juden bahnbrechend werden mussten.

Dass Gott in der Mitte seines Volkes wohnen wolle, war dem ältern Judentume ganz unverfänglich erschienen, weshalb Jerem. 7, 3 u. 7 [1]) וְשִׁבַּנְתִּי אֶתְכֶם . אֶתְכֶם stand. — Die spätere Zeit nahm daran Anstoss und änderte אֶתְכֶם וְשִׁבַּנְתִּי und אֶ‍ "וְשִׁבַּנְתִּי. Dass diese Correctur alt ist, zeigen die LXX, indem sie κατοικιῶ ὑμᾶς übersetzen. Der sinnliche Ausdruck Ps. 140, 14 אֶת־פָּנֶיךָ יֵשְׁבוּ יְשָׁרִים „die Gerechten werden sich sättigen an deinem Antlitze" ward vermieden durch die Correctur יֵשְׁבוּ = „sie weilen vor dir"[2]). Der Thikkun Sopherim von 2 Sam. 16, 12 änderte: בְּעֵינִי „vielleicht wird der Herr sehen mit seinem Auge" durch Umstellung in בְּעֳנִיִי „er wird auf meine Bedrückung sehen", weil es bedenklich schien, Gott ein Auge zuzuschreiben.

Ebenso werden die Nase Gottes Ezech. 8, 17 durch Correctur des אַף in אָפָּם und die Ohren Jes. 5, 9. 22, 14 durch trennende Accentuation beseitigt. — Einer ganzen Anzal von Stellen, in denen „Gottes Angesicht schauen" steht, ist, wie Luzzatto zuerst nachgewiesen hat, durch Aenderung des Kal in Nifal die Bedeutung „vor Gott erscheinen" verliehen worden. Damit hängt auch zusammen die vielfach wiederkehrende Aenderung des ursprünglichen מַרְאֶה „Gesicht Gottes" in מוֹרָא „Furcht". — Das „sich Enthüllen Gottes vor dem Menschen", was in נִגְלָה liegt, erschien zu stark, so völlig kann der Mensch Gott nicht schauen, deshalb steht Gen. 35, 7 נִגְלוּ. Durch den Plural wird dies auf die Engel übertragen.

Manche dieser Correcturen sind sehr alt und beweisen somit, dass auch das palästinische Judentum gewisse Transactionen auf diesem Gebiete für nötig hielt. Für unsere Untersuchung ist es nun von besonderer Wichtigkeit, dass eben dieses Verfahren auch in die griechische Bibelübersetzung eindrang. Wie sehr diese Uebersetzer überhaupt von der palästinischen Tradition abhängig waren, wie oft bei ihnen ganz bestimmte Bezugnahme auf halachische und hagadische Elemente stattfindet, ja manche ihrer Uebersetzungen ohne Berücksichtigung dieser unverständlich bleibt, hat besonders Frankel, Vorstudien zu der LXX, 1841, S. 185 ff., auch paläst. Exegese und alex. Hermeneutik, 1851, S. 42 ff. S. 89 ff. S. 133 ff. S. 219 dargetan und in noch umfassenderer Weise geht aus Geiger's Untersuchungen (in Urschrift etc.) hervor, wie bei den LXX dieselben Motive zu leiseren oder stärkeren Textesänderungen wirksam waren, welche uns beim masorethischen Texte entgegentreten.

Wie die Scheu vor Entweihung des Gottesnamens im letzteren

---

1) Die meisten dieser Beispiele sind aus Geiger's eben angef. Buche S. 318 ff.
2) Wie wahrscheinlich jene Vermuthung Schorr's in He-Chaluz III, 112 ist, zeigen die Parallelstellen: Ps. 11, 7 und besonders 16, 11.

1 Kön. 12, 16 die Aenderung לְאֹהָלֶיךָ statt לְאֹהָלֶיךָ hervorrief, so veranlasste dieselbe Rücksicht die LXX, in 2 Sam. 7, 23 σκηνώματα statt וַאֲלֹהָיו zu setzen. — Ebendahin gehört Jes. 9, 5 μεγάλης βουλῆς ἄγγελος vgl. im Grundtext אֶל. — Gen. 22, 2 steht γῆν ὑψηλήν, weil man in מֹרִיָּה den Namen יה fand und beseitigen wollte. Ebenso suchte man den heiligen Ausdruck כבוד aus dem Texte herauszuschaffen. So Genes. 49, 6 אַל תֵּחַד כְּבֹדִי, LXX μὴ ἐρίσαι τὰ ἥπατά μου. Ps. 4, 3 כְּבֹדִי לִכְלִמָּה, LXX ἕως ποτε βαρυκάρδιοι. Ps. 16, 9 כְּבוֹדִי, LXX ἡ γλῶσσά μου.

Wichtiger noch für unsern Zweck ist die namentlich im Pentateuch hervortretende Sorgfalt nach Beseitigung aller anthropomorphischen Ausdrücke.

Dahin gehört besonders, dass für „Wohnen Gottes" die LXX meist ἐπικληθῆναι setzen, so Deut. 12, 5. Exod. 29, 45. 46, bisweilen auch ὀφθῆναι Exod. 25, 8. — Ezech. 43, 7 wird statt שׁם אֶשׁכֹּן gesetzt ἐν οἷς κατασκηνώσῃ τὸ ὄνομά μου. — Num. 5, 3 καταγίνομαι. — „Gestalt Gottes" Num. 12, 8 τὴν δόξαν κυρίου übersetzt. — „Ohren Gottes" wird vermieden: Num. 11, 1. 18 'ה בְּאָזְנֵי ἔναντι. — „Nase Gottes" Ezech. 8, 17 μυκτηρίζοντες. Jerem. 12, 13 חֲרוֹן אַף ὀνειδισμός (vgl. Geiger a. a. O. S. 326). — „Mund Gottes" Num. 3, 16 διὰ φωνῆς κυρίου. — Zukünftiges Sehen von Gott auszusagen wird vermieden, da es den Anschein erweckt, als sähe er bisweilen nicht. So Deut. 23, 20 אֶרְאֶה bei den LXX δείξω. — Aehnlich Num. 16, 5 בֹּקֶר וְיֹדַע יהוה LXX ἐπέσκεπται καὶ ἔγνω ὁ θεός (die Zukunft herausbringend aus der St.). — Tragen: Deut. 1, 31 τροφοφορήσει.

Gemütsbewegungen werden von Gott ausgeschlossen. Reue: Gen. 6, 6. 7 ἐνεθυμήθη. διενοήθη. — Zorn in Gen. 18, 30 f. אַל נָא יִחַר. μή τι κύριε ἐὰν λαλήσω. — Mitleid: וְרִחַם ἵλεως γένου Exod. 32, 12. Die Beziehung Gottes zu sinnlichen Dingen wird möglichst vermieden. Exod. 4, 20 הָאֱלֹהִים בְּיָדוֹ τὴν ῥάβδον τὴν παρὰ τοῦ θεοῦ. Exod. 19, 3 Mose stieg zu Gott. ἀνέβη εἰς ὄρος τοῦ θεοῦ. Darum auch das Strafen möglichst von Gott getrennt gehalten. Exod. 4, 24 συνήντησεν αὐτῷ ἄγγελος θεοῦ u. a.

Schauen Gottes wird umschrieben: Exod. 19, 21 לִרְאֹת κατανοῆσαι. 24, 10 וַיִּרְאוּ אֵת אֱלֹהֵי י' καὶ εἶδον τὸν τόπον οὗ εἱστήκει ὁ θεὸς τοῦ Ἰσραήλ und 11: וַיֶּחֱזוּ אֶת הָאֱלֹהִים καὶ ὤφθησαν ἐν τόπῳ τοῦ θεοῦ. Num. 12, 8 τὴν δόξαν κυρίου εἶδε. Ps. 17, 75 ὀφθήσομαι τῷ προσώπῳ σου, χορτασθήσομαι ἐν τῷ ὀφθῆναι τὴν δόξαν σου. Ps. 63, 3 οὕτως ἐν τῷ ἁγίῳ ὤφθην σοι.

Das Stehen Gottes vor dem Menschen wird Exod. 17, 6 ὅδε ἐγὼ ἕστηκα πρὸ τοῦ σέ durch zeitliche Fassung beseitigt. Ebenso Maleachi 1, 13 die Vorstellung, als ob die Menschen Gott quälen könnten, dafür ἐξεφύσησα αὐτά.

Aus diesen Beispielen, die sich leicht vermehren liessen (vgl. Frankel, palästin. Exegese S. 21 ff. 82 ff. 130 ff. 181 ff. 216 ff.), geht so viel hervor, dass das Streben nach Beseitigung des Anthropomorphischen durch umschreibende oder vergeistigende Ausdrucksweise bei den Pentateuchübersetzern im Vergleich zu den ähnlichen Erscheinungen im masorethischen Texte zugenommen hat. Und wenn Frankel, Vorstudien S. 175. 178 darauf aufmerksam macht, dass die späteren Uebersetzer der LXX die Anthropomorphismen keineswegs vermeiden, so erklärt sich dies eben daraus, dass man den Anstoss später in der Exegese statt wie bisher in der Uebersetzung zu beseitigen suchte. Dass man ihn empfand, beweist die Pentateuchübersetzung hinreichend, wie sie eben auch den Fortschritt zur Allegoristik hin aufzeigt. — Das Bedeutsamste aber in dieser ganzen Erscheinung ist, dass sie sich, wie aus den ganz parallelen Fällen beim masorethischen Text hervorgeht, als eine ohne alle äusseren Einflüsse rein aus der innern Bewegung des Judentums erfolgende erweist und wir somit innerhalb des letztern die Anfänge einer ganz selbständigen Allegoristik entstehen sehen.

Einen weiteren Fortschritt in dieser Richtung bieten uns auf palästinischem Boden die ältesten Midraschim, auf hellenistischem die apokryphische Literatur zum A. T. Um mit den ersteren zu beginnen, so sehen wir natürlich hier von derjenigen Literatur ab, welche in einem weiteren Sinne diesen Namen führt [1]). Wir beschränken uns auf denjenigen Midrasch, welchen wir als gleichwertig mit der allegorischen Exegese anzusehen haben.

Wie schon von der ältesten Zeit neben das geschriebene Wort der Bibel die mündliche Erläuterung trat, so stellte sich in der letztern neben andern Deutungsweisen frühzeitig auch die allegorische ein. Alte Erklärer der Schriftstellen דורשי רשומות werden Berachoth 24[a], Babakama 82[a] erwähnt, ihre Exegesen selbst bedurften schon wieder der Erläuterung. Alte traditionelle Deutungen werden namhaft gemacht: Midrasch Cantic. p. 7 מדרש עלה בידינו מן הגולה. Ruth p. 41 מסורה בידינו מאבתינו. Oft werden in den späteren Midraschwerken בעלי דאגדה und unter ihnen allegorisirende Interpreten angeführt (vgl. auch Berachoth 23[a], Taanith 8[a] u. a.), oft auch ältere Midraschim in denselben citirt (Midr. rabba p. 224).

Diese ältesten Allegorien sind in die uns erhaltenen Midraschsammlungen, namentlich den sogenannten Midrasch rabboth zu den 5 Büchern des Pentateuch und den Megilloth, sowie auch in das grosse Sammelwerk Jalkut Schimeoni (vgl. Zunz a. a. O. c. 18) übergegangen, hier aber vielfach mit späteren vermischt und überarbeitet, so dass es jetzt nicht mehr möglich ist, hier überall das Ursprüngliche von der Bearbeitung, das Frühere vom Späteren zu trennen. Wir versparen daher die eingehendere Charakteristik dieses allegoristischen Midrasch, dessen Gestalt in diesem Stadium noch nicht recht greifbar heraustreten will, besser auf die Gelegenheit, welche uns in der Darlegung der philonischen Hermeneutik zu seiner Heranziehung geboten werden wird. Nur das betonen wir, dass auf dieser Stufe die allegorisirende Deutung des A. T.'s bei den Palästinern sich als rein aus der Natur ihrer

---

1) vgl. hierzu Zunz, gottesdienstl. Vorträge c. 10 ff. Steinschneider, jüd. Lit. in Ersch u. Gruber's Encycl. II, 27. S. 380 ff.

monotheistischen Religion hervorgehend erwies und noch nicht durch
anderweite Einflüsse gefärbt war. Die geistige Auffassung, die im alt-
testamentlichen Monotheismus im Gegensatz zu den sinnlichen An-
schauungen des morgenländischen Heidentums lag, musste schon von
selbst dahin drängen, niedere Vorstellungen von Gott, die in bibli-
schen Worten lagen, durch Deutung zu entfernen. Es galten die
Grundsätze: גדול כח הנביאים שמדמין יוצר ליצר „es ist eine grosse
Kühnheit der Profeten den Schöpfer zu vergleichen mit dem Geschöpf"
und לא דבר הכתוב אלא כדי לשבר את האוזן „die Schrift redet nur (so)
um sich dem Ohr anzubequemen" Jalkut p. 80ᵃ, d. h. sie lässt sich
zu menschlicher Redeweise herab = דברי תורה כלשון בני אדם Be-
rachoth 31ᵇ. הכל גלוי לכי הב״ה אלא ללמד לבריות דרך ארץ heisst
es Jalkut c. 62 zu Genes. 11, 5.

Aus der apokryphischen Literatur des A. T.'s ist für uns das so-
genannte vierte Makkabäerbuch von besonderem Interesse, weil es ge-
wissermassen bis an den Punkt führt, an welchem die beiden Ströme
jüdischer und griechischer Allegoristik sich zu mischen beginnen, ohne
dass doch diese Mischung in dem Buche selbst schon statt hätte [1]).
Es sind nämlich hier die beiden Gegensätze, um deren Vermittelung
sich die ganze Arbeit der späteren alexandrinischen Allegoristik drehte,
in aller Schärfe vorhanden. Der Verfasser ist strenggläubiger Jude,
hält fest am Buchstaben der Schrift, an der Lehre von den Wundern,
die er oft ins Groteske ausmalt, wie er denn die Engel in glänzender
Rüstung vom Himmel her erscheinen lässt; er hat die biblische Lehre
von der Schöpfung und fasst die Seele als ein Geschöpf Gottes (s.
Freudenthal a. a. O. S. 42 ff. 45. 47). — Auf der andern Seite aber
erscheint er durchaus philosophisch gebildet und ist namentlich der
stoischen Lehre bis zur wörtlichen Uebereinstimmung in vielen Ein-
zelheiten zugethan (s. Freudenthal S. 41 f.), so ist namentlich seine
Ethik in der Hauptsache durchaus die stoische. — In seinem Denken
vereinigt nun unser Verfasser beide Gegensätze dadurch, dass er den
λογισμός, das stoische Vernunftwollen, welches alle Affecte zu beherr-
schen vermag, zu seiner Vollendung gelangen lässt im εὐσεβὴς λογι-
σμός (c. 1, 1 ff.). Dieser ist ihm das durch die Religion durchdrun-
gene und geläuterte geistig-sittliche Vermögen, welches nun eben sei-
nen concreten Gehalt erst aus dem mosaischen Gesetz empfängt.

Es wird einleuchten, dass die jüdische Speculation hier auf einen
Boden gerieth, auf welchem sich auf die Dauer die Allegoristik nicht
abwehren liess, wenn auch Pseudo-Josephus selbst derselben entgangen
ist. Denn wenn das Gesetz die wahre religiös-sittliche Bildung ver-
leihen sollte (c. 1, 17 ff.), so entstand die Frage, wodurch geschieht dies?
Beantwortete man nun die letztere dadurch, dass man sagte: das
Gesetz stimmt mit der Natur überein (c. 5, 24 κατὰ φύσιν ἡμῖν συμ-
παθεῖ νομοθετῶν ὁ τοῦ κόσμου κτίστης), so konnte man, wenn man auf
einen durchgreifenden Erweis dieses Satzes bei allen Gesetzen sich ein-

---

1) Es bedarf wol kaum der Bemerkung, dass hier nichts über die Chronologie
der im Folgenden besprochenen Schriften, sondern nur über die Entwickelung der
Richtungen entschieden werden soll.

liess, unmöglich ohne Allegoristik fertig werden. Ps.-Josephus selbst konnte dies noch, darin stimmen wir Freudenthal S. 66. 67 gegen Grimm, Apokr. S. 305 bei, aber nur deshalb, weil er bei der These stehen blieb und ihre Durchführung im Einzelnen nicht verfolgte. — Denn in der That was sollte aus dem Satze: τὰ μὲν οἰκειωθησόμενα ἡμῶν ταῖς ψυχαῖς ἐπέτρεψεν ἐσθίειν τὰ δὲ ἐναντιωθησόμενα ἐκώλυσε σαρκοφαγεῖν (c. 5, 25) auf die Dauer werden, wenn ein Heide in die Discussion eintretend diesen Nachweis bei allen Speisegesetzen verlangt hätte? Wenn es darauf ankam, die Göttlichkeit des Gesetzes nicht blos für den eignen jüdischen Standpunkt zu behaupten, sondern dieselbe auch dem heidnischen aus der vollkommnen Naturangemessenheit dieser Gebote zu erweisen, so liess sich ohne Allegoristik nicht auskommen.

Ebenso hat sich zwar Ps.-Josephus für sich selbst mit dem allgemein gehaltenen Satze begnügt, dass das Gesetz die vier Cardinaltugenden aus sich heraus erzeuge (c. 1, 24 ff. c. 5, 22 ff.), indem er dabei stehen bleibt zu zeigen, wie durch die Uebung des Gesetzes im einzelnen Menschen diese vier Tugenden entstehen. Es war aber darin der philosophirenden Exegese der Juden offenbar ein mächtiger Antrieb gegeben, nun auch diese so wichtige Gliederung im Gesetze selbst nachzuweisen.

Die bei Ps.-Josephus durchgehende Anschauung von den Patriarchen des israelitischen Volks als Idealen der Tugend konnte in den Grenzen seiner Schrift aufrecht erhalten werden, weil er die Auswahl seiner Beispiele danach getroffen hatte. Moses beherrscht seinen Affect, denn er vollzieht die Strafe an Datham, Abiram und der Rotte Korah nicht selbst, sondern überlässt sie dem Strafurtheil Gottes (c. 2, 15), Jakob ὁ πάνσοφος schilt Simeon und Levi heftig wegen ihres beim Mord der Sichemiten hervorgetretenen Mangels an Herrschaft über den Zorn (c. 2, 18), David beherrscht seine Begierde, indem er das gebrachte Wasser auf die Erde giesst (c. 3, 6 ff), Josef dämpft die Lüsternheit (c. 2, 14), Abraham, Isaak und Daniel erscheinen als Vorbilder der Tugend (c. 7, 14 u. a.). — Aber wenn nun jemand Mose's wiederholte Zornausbrüche, Davids Ehebruch und Mordthaten u. dgl. hiergegen anführte, so war die Ansicht von der Vorbildlichkeit der Patriarchen schwerlich ohne Allegoristik haltbar und wir werden daher mit Recht sagen können, sobald diese Theorie einmal aufgestellt war, forderte sie mit Notwendigkeit die Allegoristik heraus.

Was man sonst an einzelnen Spuren allegorisirender Exegese hat bei Ps.-Josephus ausfindig machen wollen, ist doch meist andrer Art. Wenn z. B. c. 7, 12 Eleasar, welcher die anstürmenden Mächte der durch die Qual erregten Affecte durch den λογισμός zurückschlägt, verglichen wird mit Aaron, der das Feuer der Pest durch das Rauchopfer bändigt, oder wenn c. 14, 8 die sieben Tage der Weltschöpfung mit den sieben makkabäischen Jünglingen zusammengestellt werden, weil in beiden Fällen eine Beziehung zur εὐσέβεια (nämlich im erstern die Begründung derselben durch die den Sabbat stiftende Siebenzal, im letztern ein Opfer für dieselbe) vorliegt oder wenn endlich c. 15, 29

das alle Qualen durch die fromme Vernunft besiegende makkabäische
Weib verglichen wird mit der Arche Noäh, die allen Wogen der Sünd-
flut trotzt: so will der Verfasser in allen diesen Fällen eben nur einen
(freilich recht gezwungenen) Vergleich anstellen, keineswegs aber die
biblische Erzälung selbst allegorisch umdeuten.

Der einzige Zug dieser Art scheint uns in c. 18, 8 vorhanden:
*οὐ διέφθειρέ με λυμεὼν ἐρημίας φθορεὺς ἐν πεδίῳ οὐδ' ἐλυμήνατό μου τὰ
ἁγνὰ τῆς παρθενίας λυμεὼν ἀπατηλὸς ὄφις.* Die Schlange wird hier als
ein der Jungfrauschaft nachstellender Verführer gedacht, was doch
nach der Anschauung des Verfassers nicht anders vorgestellt werden
kann, als dass sie die wollüstigen Triebe erregt, und somit kommt sie
so ziemlich auf die innerlich wirkende *ἡδονή* heraus, als welche sie
uns bei Philo begegnen wird.

Einen abermaligen Schritt vorwärts tut auf diesem Wege das
Buch der Weisheit. Auch in diesem wird uns ein Versuch dargebo-
ten, hellenisches Denken und jüdischen Glauben zu vereinigen. Wie
reichlich diese Schrift von platonischen und stoischen Philosophemen
durchwebt ist, haben wir oben (S. 8) angedeutet, wie sehr der Ver-
fasser derselben überhaupt classische Bildung sich angeeignet, zeigt
Grimm, Apokr. VI, 19.

Auf der andern Seite steht derselbe durchaus mit seinem Glauben
im Judentum. Der Gottesbegriff kann nicht particularistisch enger
gefasst werden, als es c. 11, 10 ff. c. 12, 1 ff. geschieht. Gott ist Va-
ter nur der Juden, den Heiden gegenüber König, die Leiden, welche
über jene kommen, sind daher eine väterliche Züchtigung (*τούτους
μὲν, γὰρ ὡς πατὴρ νουθετῶν ἐδοκίμασας*), bei diesen aber sind sie ein
Ausfluss des göttlichen Zorns (*ἔγνωσαν πῶς ἐν ὀργῇ κρινόμενοι ἀσεβεῖς
ἐβασανίζοντο*) und ein Zeichen des Gerichts (*ὡς ἀπότομος βασιλεὺς κα-
ταδικάζων*). Die sündigenden Juden sollen durch die Strafe vom Bö-
sen befreit werden, die sündigenden Kananiter dagegen hasst Gott
(*τοὺς παλαιοὺς οἰκήτορας τῆς ἁγίας σου γῆς μισήσας*) und rottet sie we-
gen ihrer Frevel aus. — Allenthalben bricht der altererbte Hass ge-
gen die Aegypter durch und erlabt sich an recht raffinirten Ausma-
lungen der über dieselben verhängten Plagen (vgl. besonders c. 11,
12 ff. c. 16. 17. 18). — Mit der innerlichen Empörung des eifrigen
Gläubigen schildert und straft Ps.-Salomo das Ueberhandnehmen mate-
rialistischer und schlecht epikuräischer Lehren in Israel (c. 2). — Er
hofft auf endlichen äusseren Sieg des Judentums über das Heidentum
in der Zeitlichkeit (c. 3, 8. c. 5, 16 ff.).

Auch in der Lehre zeigt er sich ganz jüdisch. Der Grundsatz
c. 11, 17 (16) *δι' ὧν τις ἁμαρτάνει διὰ τούτων κολάζεται* ist ganz auf
dem Boden der alten Vergeltungslehre erwachsen. Der Grundsatz der-
selben, dass jedes Leiden ein vollkommen der vorausgegangenen Ver-
schuldung entsprechendes Aequivalent bilde, war bisher nur quanti-
tativ verstanden worden. Unser Verfasser macht nun den Versuch, die
qualitative Fassung dieser Lehre durchzuführen, also darzutun, dass
auch die Art des Leidens der eigentümlichen Beschaffenheit der ge-
tanen Sünde entspreche. Die Aegypter verehren Thiere, darum wer-

den sie in den Plagen auch durch Thiere gezüchtigt, c. 11, 16 (15), ja noch feiner nicht durch Thiere überhaupt, sondern gerade durch die Thiere, welche sie göttlich verehrten, woraus im Zusammenhang mit c. 16, 1 (διὰ τοῦτο δι' ὁμοίων ἐκολάσθησαν ἀξίως καὶ διὰ πλήθους κνωδάλων ἐβασανίσθησαν) vgl. v. 9, hervorgeht, dass Pseudo-Salomo gegen die Geschichte annahm, die Aegypter hätten die Heuschrecken, Stechfliegen u. dgl. göttlich verehrt. Die Aegypter wollten ein Volk unterdrücken und wurden selbst durch die Finsterniss gefesselt, c. 17, 2 ff. — Noch künstelnder ist Folgendes: die Aegypter begingen eine Sünde am Elemente des Wassers, insofern sie nämlich die israelitischen Kindlein hineinwarfen, deshalb wurden sie auch am Wasser gestraft, nämlich durch Durst, da ihr Wasser untrinkbar gemacht ward (c. 11, 9), ja noch feiner, da sie durch Wasser Kinder mordeten, so wurden sie durch blutiges Wasser gezüchtigt (c. 11, 7. 8).

Es ist hiernach kein Zweifel, dass unser Philosoph ächt jüdisch fühlt und klügelt.

Um die eben geschilderten Gegensätze des Griechentums und Judentums innerlich zu vereinigen, tat Pseudo-Salomo einen äusserst glücklichen Griff in der Wahl des Begriffs der Weisheit, der nach seiner Vielseitigkeit und Biegsamkeit bald hellenisch-philosophisch, bald jüdisch-theologisch schillern konnte. Bequem liess sich in den Umfang der σοφία alles hineinbringen, was die griechische Philosophie an Wahrheitsgehalt bot, ebenso gewährte der Vorgang besonders der Sprüchw. c. 8 die Möglichkeit, die Weisheit zum Grundbegriff der israelitischen Religionsansicht zu machen. Ward die Weisheit im Gegensatze zur abstracten Einheit des ὤν (c. 13, 1) als die Entfaltung des göttlichen Wesens zur Fülle seiner Eigenschaften gefasst, ward in ihr das göttliche Wesen gewissermassen in lebendiger Bewegung angeschaut und sie so mit dem Geiste Gottes gänzlich identificirt, ward demnach die Weisheit der Inbegriff aller Beziehungen Gottes zur Welt als Schöpferin und Erhalterin der Dinge, so liess sich dieser Begriff leicht dem stoischen von der das All durchdringenden Weltseele annähern (c. 7, 22 ff. vgl. Grimm, Apokr. VI, 152 ff. 217 ff.). — Ebenso war es auf der einen Seite ein ächt biblischer Gedanke, dieser Weisheit eine besondere Beziehung zum Menschen zu geben, nach Prov. 8, 31 den Satz φιλάνθρωπον πνεῦμα σοφία (c. 1, 6) aufzustellen, und ihr als einem πνεῦμα παιδείας (c. 1, 5) die religiös-sittliche Bildung des Menschen zuzuschreiben (vgl. Prov. 8, 10 ff. u. a.); auf der andern Seite liessen sich hier leicht die vier Cardinaltugenden der griechischen Ethik hineinbringen als solche, die von dieser Weisheit erzeugt würden (c. 8, 7 ff.). Der platonische Gedanke, dass das sittliche Streben an seinem Ziele den Menschen zur Vereinigung mit dem Göttlichen erhebe, wird von Pseudo-Salomo in äusserst geschickter Weise so ausgedrückt, dass er den Menschen durch Befolgung der Gesetze der Weisheit zur Unsterblichkeit und Einheit mit Gott gelangen lässt, wobei der Ausdruck c. 6, 19 ἀγάπη δὲ τήρησις νόμων αὐτῆς (sc. σοφίας) προσοχὴ δὲ νόμων βεβαίωσις ἀφθαρσίας den Nebengedanken zuliess, unter diesem Gesetz der Weisheit das mosaische miteinzubegreifen.

Daneben beginnt nun auch in diesem Buche die allegorisirende Exegese der Bibel stärker zu wuchern.

Es werden in einer Weise, die uns später im ausgedehnteren Masse begegnen wird, Personen und Gegenstände der heiligen Geschichte als Symbole höherer Wahrheiten aufgefasst. Die Schlange, von der Genes. 3, 1 berichtet, war kein Thier, sondern der Teufel, welcher aus Neid die Menschen verführte, um ihnen den Tod zuzuziehen (c. 2, 24), die eherne Schlange war es nicht, die den Israeliten half, sondern sie war nur ein σύμβολον σωτηρίας, die Rettung selbst kam von Gott (c. 16, 5—7). Die Wolkensäule war nur eine Erscheinungsform der Weisheit (c. 10, 17), die Himmelsleiter Jakobs war ein Symbol der göttlichen Weltregierung (ἔδειξεν αὐτῷ βασιλείαν θεοῦ) und der übersinnlichen Welt (ἔδωκεν αὐτῷ γνῶσιν ἁγίων c. 10, 10), die ägyptische Finsterniss war ein Vorbild der zukünftigen Strafen und ein Sinnbild der Gewissensangst (c. 17, 21), das hohepriesterliche Gewand war ein Abbild der ganzen Welt (ἐπὶ γὰρ ποδήρους ἐνδύματος ἦν ὅλος ὁ κόσμος c. 18, 24); die Salzsäule ἀπιστούσης ψυχῆς μνημεῖον deutet darauf, dass Lot's Weib ein Sinnbild der ungläubigen Seele war (c. 10, 7).

Ebenso wird — und auch dies fand reichliche Nachfolge — die heilige Geschichte unbeschadet ihrer Tatsächlichkeit zugleich als Lehrerin höherer Wahrheiten aufgefasst.

So stellt der Kampf Jakob's mit dem Engel die Lehre dar, dass die Frömmigkeit mächtiger ist als alles andre (ὅτι παντὸς δυνατωτέρα ἐστὶν εὐσέβεια c. 10, 12). Die Geschichte von der Arche Noäh zeigt, dass Gott einem jeden Holz seinen Segen zu Teil werden lässt, durch welches gute und gerechte Werke ausgeführt werden (εὐλόγηται γὰρ ξύλον δι' οὗ γίνεται δικαιοσύνη c. 14, 7). Die wechselnde Beschaffenheit des Mannah deutet darauf, dass Gottes Wort eigentlich die allnährende Kraft ist (c. 16, 25 ff.), dass es noch vor Sonnenaufgang geholt werden soll, erinnert an die Pflicht der Dankbarkeit und des Frühgebets (c. 16, 27), dass es nach Sonnenaufgang schmilzt und zu unbrauchbarem Wasser wird, lehrt, dass die Hoffnung des Undankbaren nichtig ist und er vergebens auf neue Segnungen Gottes harrt (c. 16, 29).

Obwol der Verfasser sonst vor dem Wunderbaren nicht zurückschreckt, finden sich doch Spuren vergeistigender Auffassung der Ereignisse. Aaron besiegte den Zorn [1]) Gottes nicht durch das Räucherwerk, sondern durch die Inbrunst des mit dem Opfer verbundenen Gebetes, c. 18, 21. 22 (λόγῳ τὸν κολάζοντα ὑπέταξεν).

Der erste, welcher in bestimmter Weise die oben (S. 10 ff.) geschilderte stoische Mythendeutung auf die Schriften des A. T.'s übertrug, war der wiederholt als Peripatetiker bezeichnete Jude Aristobulos, der in der ersten Hälfte des zweiten Jahrhunderts vor Christo in Aegypten als Lehrer des Ptolemäos Philometor lebte [2]). Er schrieb

---

1) Offenbar ist χόλον st. ὄχλον zu lesen: s. die Gründe bei Grimm a. a. O. S. 289.

2) Valckenaer, diatribe de Aristobulo Judaeo § XXIII ed. Luzac p. 69 ff. Die

nach Euseb. hist. eccles. VII, 32, 16 „Erklärungen" (ἐξηγήσεις) des mosaischen Gesetzes, von welchen in Euseb. praep. ev. VII, 14. VIII, 10, IX, 6, XIII, 12 Fragmente enthalten sind.

Hatten die Stoiker unter vielem Beifall dargetan, dass alle Philosophen, Naturforscher, Rhetoren, kurz alle Männer der Wissenschaft in der alten Welt ihre Weisheit aus Homer entlehnt hätten, so lag es für einen Israeliten nahe die Behauptung zu wagen: es stamme die gesammte griechische Literatur sammt den Poesien eines Homer, Hesiod, Orpheus und Linos aus dem A. T. her. Und da dies nicht überall so ohne Weiteres deutlich werden wollte, so scheute man sich nicht, mit, jenen Dichtern untergeschobenen Versen zu operiren, in denen etwa von einem Sprössling der Chaldäer die Rede war, dem es allein vergönnt gewesen, den Herrscher der Welt zu schauen (Euseb. pr. ev. XIII, 12) oder von dem siebenten Tage, an welchem die Schöpfung der Welt vollendet worden sei [1]) (Valckenaer a. a. O. § 3) u. dgl. mehr. — So machte sich denn auch Aristobulos anheischig zu zeigen, dass die gesammte aristotelische Philosophie aus dem A. T. herzuleiten sei. (Clemens Al. strom. V, 595 D τὴν περιπατητικὴν φιλοσοφίαν ἔκ τε τοῦ κατὰ Μωϋσέα νόμου καὶ τῶν ἄλλων ἠρτῆσθαι προφητῶν.) Die Methode, der er sich hierbei bediente, war die der stoischen Allegoristik; in seiner Aufforderung an den König, dem er sein Werk widmete, φυσικῶς λαμβάνειν τὰς ἐκδοχὰς καὶ τὴν ἁρμόζουσαν ἔννοιαν περὶ θεοῦ κρατεῖν καὶ μὴ ἐκπίπτειν εἰς τὸ μυθῶδες καὶ ἀνθρώπινον κατάστημα, ist ein deutlicher Anklang an die (S. 13 f.) geschilderte physische Mythendeutung der Stoiker. Die vorhandenen Bruchstücke geben zwar nur Aufschluss über die Art, wie Aristobul die anthropomorphischen Bezeichnungen Gottes zu beseitigen wusste; zeigen aber doch deutlich, wie das ganze Verfahren dem stoischen verwandt war. So die Beziehung auf den Sprachgebrauch (vgl. oben S. 12). χείρ ist nicht notwendig die Hand Gottes, in der Phrase μεγάλην χεῖρα ἔχει ὁ βασιλεύς bedeutet es „Macht". So meint denn Mose, wenn er sagt, Gott habe die Israeliten mit starker Hand aus Aegypten geführt, dass dies durch Gottes Macht geschehen sei. — Auch ist die ganze Kraft des Menschen in den Händen, weshalb der Gesetzgeber mit Recht im Bilde auch das göttliche Vollbringen durch Hände geschehen lässt.

Das Ruhen Gottes bedeutet die feste Ordnung der Welt, Gott nimmt seinen Standort über allen Dingen (vgl. die ganz ähnliche Deutung der Stoiker oben S. 14), nichts darf seinen Platz verändern, weder der Himmel kann zur Erde, noch die Erde zum Himmel, weder die Sonne zum Mond, noch die Flüsse zum Meer und umgekehrt. Dieselbe Unveränderlichkeit zeigt die Natur der Thiere u. a. Diese Unveränderlichkeit der Dinge ist das Stehen Gottes. — Das Herabsteigen Gottes ist kein räumliches und körperliches, wie es sonst zu

---

anderweite Literatur über ihn findet man bei Grimm, Apokryphen IV, 37 und bei Zeller, Philosophie der Griechen III, 2. S. 219 ff., wo zugleich seine Bedeutung als Philosoph gewürdigt ist. — vgl. ausserdem Ewald, Gesch. des Volks Israel Bd. 4 S. 335 ff.

1) Odyss. V, 262 ἕβδομον gefälscht für τέτρατον.

fassen, bleibt etwas unklar; das Feuer, in dem er erschien, ist kein natürliches, denn es verzehrt nichts; ebenso war der Posaunenton kein äusserlich hörbarer, da gar keine Instrumente am Sinai waren. — Die Schöpfung der sechs Tage deutet auf die in der Welt herrschende Zeitfolge und Ordnung, die Sabbatsruhe auf die Erhaltung des Geschaffenen. — In derselben Art verfährt der Aristeasbrief mit seinen Deutungen des Gesetzes. Eleazar setzt (ed. Haverk. p. 117) auseinander, wie die rituellen Bestimmungen Träger höherer Wahrheiten seien. Das Fleisch der Raubvögel sei deshalb für unrein erklärt, damit man lerne, wie Gewalt und Unrecht die Seele verunreinigen; das der Wiederkäuer und der Thiere mit gespaltenen Klauen sei dagegen gestattet: jenes bezeichne die Pflicht, sich oft an Gott zu erinnern, dieses deute auf die Unterscheidung zwischen Recht und Unrecht und auf die Scheidung von der unreinen Sitte andrer Völker. — Ebenso wird p. 131 das Händewaschen als Weihe der Hände zu reinem und heiligem Gebrauch erläutert.

So finden wir im letzten Jahrhundert vor Christo diese Allegoristik unter den griechischen Juden allenthalben im Schwange und zwar bietet dieselbe bereits eine bunte Mischung eigentümlich jüdischer Deutungen, die mit dem palästinischen Midrasch zusammenhängen, und solcher, die in ihrer Methode ganz an die stoische Mythendeutung erinnern. In Alexandria verhielt man sich dieser Richtung gegenüber in verschiedener Weise; einige verwarfen dieselbe gänzlich, indem sie nicht mit Unrecht darin eine Verflüchtigung der Eigentümlichkeit des Judentums sahen. Sie bezeichnet Philo de somn. I, 16. 17 (bei Mangey I, 635. 636) als σοφισταὶ τῆς ῥητῆς πραγματείας. Andere dagegen gaben sich ihr so völlig hin, dass sie von der Beobachtung des Gesetzes als etwas Wertlosem sich ganz losmachten und das Judentum nur als eine Einkleidung der höheren philosophischen Wahrheit nahmen (Philo de migr. Abr. 16. I 450). Doch bildeten wol weder jene noch diese die Mehrzal, die meisten erfreuten sich wol der Allegoristik als eines glücklichen Mittels, den väterlichen Glauben mit der hellenischen Weisheit zu vereinigen, und bildeten diese Kunst und deren Ueberlieferungen immer weiter aus. — Philo weist wiederholt auf diese Vorgänger hin, er erwähnt (de septen. 19. II 293) ἐξηγηταὶ ἱερῶν γραμμάτων, spricht (ibid. 18. II 242) von einer παλαιὰ ἀλληγορία, auch nennt er Sammlungen des allegorischen Midrasch συγγράμματα παλαιῶν ἀνδρῶν οἳ τῆς αἱρέσεως ἀρχηγέται γινόμενοι πολλὰ μνημεῖα τῆς ἀλληγορουμένης ἰδέας ἀπέλιπον (de vita contempl. 3. II 475) und sagt, dass diese Schriften als Vorbild für die Auslegung seiner Zeit dienten (ibid. οἷς καθάπερ τισὶν ἀρχετύποις χρώμενοι μιμοῦνται τῆς προαιρέσεως τὸν τρόπον). — Auch an manchen einzelnen Stellen nimmt er Bezug auf überlieferte Allegorien. Zeller führt a. a. O. S. 225 f. hierzu folgende Stellen an: de Abrah. II, 15. 31. de Joseph. II, 63. de circumcis. II, 211. de speciall. legg. II, 329. de plantat. II, 337. 340. de septen. II, 292. quod det. pot. insid. I, 195. quis rer. divin. haer. II, 513. de mut. nom. II, 599. de poster. Cain. I, 233. de cherub. I, 142. leg. alleg. I, 55. quaestt. in Genes. I, 10. de somn.

I, 19 (I, 638). — Wir haben dem nur noch hinzuzufügen de decal.
4 (II, 282). Hier berichtet Philo, wie einige Ausleger als Grund,
weshalb Mose die Israeliten in die Wüste geführt habe, angegeben
hätten: Gott habe dadurch, dass er sie hier wunderbarer Weise erhielt,
dieselben darauf hinführen wollen, dass er auch ihr geistiges Leben
am besten berathen könne.

Wie sehr Philo's ganzes allegorisches System sowol in seiner her-
meneutischen Grundlage als auch in vielen einzelnen Zügen seiner Ty-
pik auf diesen Vorgängern beruht, wie oft er gerade auch die wich-
tigsten Behauptungen vom allegorischen Werte einer biblischen Per-
son oder Erzälung ohne weitere Begründung hinstellt, weil er sie als
allgemein zugestanden ansieht, das wird die folgende Darlegung im
Einzelnen zeigen. Wir werden aus ihr erkennen, wie Philo's Allego-
ristik wie ein gewaltiges Becken alle kleineren Bäche der alexandri-
nischen Schriftdeutung in sich aufnimmt, um alsdann ihre Gewässer
wieder in viel verzweigten Strömen und Canälen in die spätere Bibel-
auslegung des Judentums und Christentums zu ergiessen. Insofern
nun aber die philonische Allegoristik gewissermassen einen Thesaurus
der Vereinigungsversuche bietet, welche zwischen griechischer Bildung
und jüdischem Glauben angestellt wurden, wird es zu ihrem völligen
Verständniss nötig sein zunächst zu ermitteln, in welcher Weise ein
jeder dieser beiden Gegensätze in Philo's geistigem Leben Aufnahme
gefunden und welche Bedeutung er darin gewonnen hatte. Es ergiebt
sich die Notwendigkeit, zunächst die Bildungsgrundlagen der Schrift-
auslegung Philo's zu erkennen. Erst wenn diese klar geworden sind,
ist es möglich, das gesammte allegorische System Philo's zu durch-
dringen. — Damit ist uns der Gang unsrer Untersuchung für den er-
sten Theil unsrer Aufgabe vorgezeichnet.

Anhang.

Wahrheit und Dichtung über Philo's oft besprochenes Leben hier abermals aus-
führlich zusammenzustellen, haben wir uns nicht entschliessen können.

Die Quellen, aus denen die Nachrichten hierüber fliessen, sind teils eigne An-
deutungen Philo's [legat. ad Caj. 22 (II, 567), wo er Alexandria seine Vaterstadt
nennt, de spec. legg. II, 1 (II, 299), wo er von der schönen den Studien gewid-
meten Zeit seines früheren Lebens in wehmütiger Klage redet, bei Euseb. praep.
ev. VIII, 13, de provid. ed. Aucher 2, 107, wo er von einem Opfer spricht, das
er im Tempel zu Jerusalem gebracht habe, und legat. ad Caj. 28 (II, 572), wo er
eine Andeutung über sein höheres Alter zur Zeit seiner Sendung nach Rom macht],
teils vereinzelte Notizen bei Josephus arch. 18, 8, 1. cf. 19, 5, 1. 20, 5, 2,
Euseb. histor. eccles. II, 18, Photius biblioth. cod. 105 p. 86. Suidas s. v. Φίλων.
Hieronymus catal. scriptor. ecclesiast. Euseb. praep. ev. VIII, 14. — Hierauf be-
ruhend gaben biographische Darstellungen a) aus älterer Zeit: Basnages, hist. des
Juifs II, 22. p. 597 ff. Pope Blount, censura celebrium autorum p. 102 ff. Mangey,
Philonis opp. praefat. p. I sqq. Fabricius, biblioth. graeca IV, 722 ff. b) aus neue-
rer Zeit: Gfrörer, Urchristenthum Bd. I S. 1—7. Dähne, Philon in Ersch u. Gru-
ber's Encyclopädie Sect. 3. Tbl. 23. S. 435 ff. Steinhart, Philo in Pauly's Realency-
clopädie V, 1499 ff. Graetz, Gesch. der Juden III. S. 265 ff., wo irrtümlicher Weise
das Jahr 1 als Geburtsjahr Philo's gesetzt ist. Zeller, Philosophie der Griechen

III, 2. S. 293 f. Ewald, Gesch. des Volkes Israel 3. Ausg. Bd. VI. S. 257—267. Delaunay, Philon d'Alexandrie. Paris 1867. p. 1—34.

Ebenso glauben wir die Untersuchung über Aechtheit und Reihenfolge der Schriften Philo's von unsrer Aufgabe ausschliessen zu müssen.

Aufstellungen derselben aus älterer Zeit findet man bei Mangey, Philonis opp. praefat. p. XXI sqq., die anderweite Literatur ist bei Fabricius, bibl. gr. IV p. 727 bis 743 zu ersehen. Neuere Untersuchungen dieser Fragen sind die von: Gfrörer a. a. O. S. 7 ff. Dähne, einige Bemerkungen über die Schriften des Juden Philo, in den theolog. Studien u. Kritiken 1833 Heft 4. S. 984—1040. — Kirschbaum, der jüdische Alexandrinismus eine Erfindung christlicher Lehrer. Leipzig 1841, eine oberflächliche und dabei sehr kecke Schrift, auf deren Widerlegung Grossmann, de Philonis operum continua serie. Lips. 1841. 42. viel Zeit verschwendet. Die Vermutung, welche Grossmann S. 5 ausspricht, Kirschbaum wiederhole lediglich die Hypothese eines unbekannten Socinianers, ist übrigens nicht richtig. Die von Grossmann zu Leipzig und Dresden vergeblich gesuchte Schrift des Petrus Alixius, welche er auf der Universitätsbibliothek zu Jena hätte finden können, betitelt: „Ausspruch der alten jüdischen Kirchen wider die Unitarier in der Streitsache wegen der heiligen Dreieinigkeit und der Gottheit unsres hochgelobten Heilandes. London 1699, ins Deutsche übersetzt. Berlin 1707" — widerlegt in ihrem sechsten Capitel die Meinung jenes Socinianers, der allerdings etwas ähnliches wie Kirschbaum behauptet, aber nur von einem einzigen Christen Namens Philo geredet hatte, der gegen Ende des zweiten Jahrhunderts gelebt und diese Schriften verfasst habe. Kirschbaum's ganze Hypothese ist aber auf die Annahme mehrerer christlicher Verfasser gegründet, konnte also von diesem Vorgänger nicht viel entnehmen. Indessen wird sein Ruhm durch die ungeschmälerte Autorschaft dieser Windbeuteleien nicht erheblich vermehrt. — Dähne, Philon bei Ersch u. Gruber a. a. O. S. 439 ff. Creuzer, zur Kritik der Schriften des Juden Philo, in den theol. Studien u. Kritiken 1832 Heft I S. 1 ff. Steinhart a. a. O. S. 1500 ff. — Ewald, Gesch. d. V. I. VI, 290 bis 306. — Freudenthal, IV. Maccabäerbuch S. 137—147.

Ueber die Schrift περὶ ἀφθαρσίας κόσμου vgl. besonders Frankel, palästin. u. alex. Schriftforschung 1854 S. 33 u. Bernays, Monatsberichte der Berliner Akademie 1863 S. 34 ff. Die letztere Abhandlung führt S. 34 den schlagenden Beweis der Unächtheit dieser Schrift und stellt zugleich mit genialer Kritik durch Umstellung der Teile derselben den rechten Zusammenhang des Ganzen her. Es ergiebt sich danach folgende Reihenfolge p. 487—492 ἄδεκτον ἔσται, sodann p. 497 von κατὰ τὸ παντελές an, darauf p. 498--502 μηδὲ χρόνον, p. 492 von ὑποστῆναι an, sodann p. 493—497 συνεπιγραψάμενος, p. 502 von τῷ δόγματι τῆς ἐκπυρώσεως, endlich p. 503, 504 u. s. w.

Die Aechtheit von quod omnis probus liber haben besonders Frankel a. a. O. und Monatsschr. II, 30 ff. 61 ff. und Graetz, Gesch. der Juden III, 464 ff. angegriffen, während Zeller III, 2. p. 235 sie in Schutz nimmt.

Ueber die Handschriften, Ausgaben und Uebersetzungen Philo's s. Mangey, praefat. p. XVIII sq.[1]). Fabricius l. c. p. 744 ff. Mai, nova bibliotheca patrum VI, 6. p. 67 ff. Müller, des Juden Philo Buch von der Weltschöpfung. 1841. Einl. S. 17 ff. Delaunay a. a. O. p. 71 ff. und vor Allen Tischendorf, Philonea inedita. Lips. 1868, der in den Prolegomenen p. I—XIX mit bekannter Meisterschaft den Wert der beiden wichtigsten Handschriften des Vaticanus und Laurentianus für die Textkritik des Philo darlegt und zugleich durch die von ihm herausgegebenen Stücke den lebhaften Wunsch erregt, von solcher Hand den gesammten Philotext seiner Verderbniss entrissen zu sehen.

---

1) Mangey's eigne Ausgabe ist in Bezug auf die Behandlung des handschriftlichen Apparats ganz verfehlt und hat den Text nur noch mehr verwirrt als vorher: aber dass M. oft in den Conjecturen recht glücklich war, zeigt ein Blick in Tischendorf's inedita Phil., wo z. B. in der Schrift de posteritate Caini in mehr als 150 Fällen die Verbesserungen M.'s bei Tischend. Aufnahme gefunden haben und zwar bisweilen mit hohem Lobe (vgl. p. 94). Auch sind oft M.'s Conjecturen aus den Handschriften nachträglich bestätigt.

Erster Theil.

Philo von Alexandrien als Ausleger des alten Testaments.

Erstes Hauptstück.

Die Bildungsgrundlagen der philonischen Schriftauslegung.

Erster Abschnitt.
Die griechische Bildung.

Erstes Capitel.
Die Sprache.

§. 1. Das sprachliche Material.

Philo's Griechisch gehört dem sogenannten Hellenismus an, d. h. jenem an den Küsten des Mittelmeers weit verbreiteten Idiom, dessen Grundlage der macedonische Dialekt bildete. Indessen wenn diese Mundart auch zu Alexandria bei der mannigfach aus Hellenen, alten Aegyptern, Juden und andern Volksmassen gemischten Bevölkerung selbst eine mannigfach zusammengesetzte ward: so gieng doch Philo's Sprache keineswegs aus dem Jargon hervor, der in dieser Stadt gesprochen werden mochte. Wir finden bei ihm nichts von jenen als eigentümlich alexandrinisch bekannten Flexionen wie ἐλήλυθαν, ἐλέγοσαν u. a., nichts von jenen Vermischungen der Aoriste oder des Aorists und Imperfekts, noch auch etwas Erhebliches von jenen besonders als alexandrinisch bezeichneten Worten, wie sie bei Sturz dial. maced. p. 65 ff. aufgeführt werden [1]). — Vielmehr bildete Philo seine Sprache an den classischen Schriftstellern der Griechen [2]). — Schon im Altertum ist es bemerkt worden, dass er auch in der Diction sich dem Plato nähere [3]); ein Urtheil, welches reichliche Bestä-

---

[1]) Philo hat Ἀλαβάρχης, ἀμφιάζεσθαι, ἐμπιστεύειν (I, 151), εὐχαιρεῖν, καμμύειν, κάρταλλος und einige andre.

[2]) Sturz a. a. O. p. 52: „illi igitur scriptores ut Ptolemaeus Clemens imprimisque Philo cum doctis maxime viris scriberent non plebi, potuerunt sane et vero etiam debuerunt uti lingua puriori et ad Atticam elegantiam magis accedente." — Gottleber, animadverss. hist. ad Philonis legat. ad Caj. spect. I p. 3: „Philonem esse scriptorem elegantiae graecae studiosissimum satis ii norunt qui idonea Graecae linguae scientia instructi se ad ejus lectionem contulerunt et quasi familiaritatem cum eo contraxerunt."

[3]) Suidas s. v. Φίλων sagt im Anschluss an das bekannte Wort: ἢ Πλάτων φιλωνίζει ἢ Φίλων πλατωνίζει, τοσαύτη ἐστὶν ὁμοιότης τῆς τε διανοίας καὶ φράσεως τοῦ ἀνδρὸς πρὸς Πλάτωνα. Danach Hieron. catal. scr. eccl.: „tanta est similitudo sensuum et eloquii."

tigung gefunden hat [1]). In der That ist die Einwirkung der platonischen Schriften auf Philo auch in lexikalischer und phraseologischer Hinsicht sehr erheblich zu nennen. Um hiervon eine lebendige Anschauung zu geben, lassen wir eine Zusammenstellung des hergehörigen Materials folgen, in welcher wir hinsichtlich Plato's zumeist auf Ast, lexicon Platonis verweisen.

Ἀδυναμία im Gegensatz von δύναμις bei Philo quis rer. div. haer. 43 M. I, 502 erinnert an Plato Hipp. maj. 295 E.

ἀδυνατέω bei Plato häufig. s. Steph. s. v. ἀδ. Desgl. bei Philo s. unten das Glossarium Philon. unter demselben Worte.

ἀεικίνητος bei Plato von der Seele gebraucht (vgl. Plutarch. de plac. phil. 899 B). — Desgl. Philo: de Abrah. 29 M. II, 23.

ἀέναος. Phaedo 111 ἀέναοι ποταμοί. — Cherub. 34 M. I, 161 ἀέναοι χαρίτων πηγαί.

αἰνιγματώδης. Die Belege zu Plato s. b. Ast, lex. Plat. I p. 52. — Philo hat es I, 659. II, 241.

ἀκολασταίνω neben ἀδικῶ. Bei Plato, Polit. 9, 591 A. 8, 553 D. Gorg. 478 A. — Ebenso bei Philo: quod det. pot. insid. 21 M. I, 205. de migr. Abr. 39 M. I, 471. de somn. II, 40 M. I, 694.

ἀκράτωρ: ἑαυτοῦ, αὐτῶν öfter bei Plato. s. Ast l. c. I p. 84. Desgl. Philo II, 108.

ἀμελετησία öfter bei Plato. Wie bei diesem Theaet. p. 153 B ἀμελ. neben ἀμαθία steht, so stellte Philo de profug. 22 M. I, 564 ἀμελ. und ἀπαιδευσία zusammen. a. St. s. im Glossar. Phil.

ἀμεταστρεπτὶ φεύγειν Plato leg. 9 p. 854 C. Diese Phrase öfter bei Philo: de sobriet. 3 M. I, 394. confus. ling. 11 M. I, 410. praem. et poen. 3 M. II, 411. Aehnliche Wendungen s. Gloss. Phil.

ἀμηγέπη häufig bei Plato, s. Ast l. c. I p. 122. — Philo de somn. I, 3 M. I, 622.

ἀμήτωρ. Plato conv. 180 D. — Philo de ebriet. 14 M. I, 635. v. der Sara und der Οὐρανία.

ἀμύητος: mit Beziehung auf die Philosophie bei Plato. — Philo profug. 32 M. I, 523 ἀμύητοι ἀλληγορίας.

ἀμφημερινός von Fiebern bei Plato Tim. 86 A. — Philo de conscr. ling. 29 M. I, 427.

ἀναβλαστάνω sonst selten, findet sich Plato leg. 8 p. 845 D, bei Philo de plant. 1 M. I, 324. de ebriet. 14 M. I, 366.

ἀναγνώρισις eigentümlich platonischer Ausdruck. Theaet. 193 C. vgl. Philo de Joseph. 40.

ἀναισχυντέω, s. Ast l. c. I p. 146. Philo II, 309. M. II, 74.

ἀναπολέω bei Plato Phileb. 34 B vom Erneuern innerlicher Anschauungen gebraucht. Damit vgl. Philo de agricult. 30 M. I, 320. s. Glossar. Philon.

ἀνέκπλυτος. Plato Tim. p. 26 C ἐγκαύματα ἀνεκπλύτου γραφῆς. Damit vgl. Philo: de creat. princ. 4 M. II, 363 ἀνεκπλύτους χαρακτῆρας.

ἀνεπαισθήτως. Locr. 100 B. Philo II. 658.

ἀνοργίαστος. Plato Epinom. p. 985 D. bei Philo öfter. s. Gloss. Phil.

ἀνοσιουργός. s. Ast I p. 186. vgl. Gloss. Philon.

ἀντιδράω. Crit. 49. s. Philo I, 353.

ἀντικαταλαμβάνω. Locr. 101 D. Philo I, 258.

ἀντιλογικός. s. Ast I, 192. Philo I, 412.

---

1) Loesner, spec. lectt. Philon. Lips. 1758 spricht von einer glücklichen Nachahmung des Plato. — Schoell, hist. de la litt. grecque V, p. 66 sagt: „le style de Philon est moulé sur celui de Platon qu'il s'était rendu propre au point qu'on disait ou Philon a imité Platon ou Platon a imité Philon." Creuzer, theol. Studien u. Krit. 1832 1, 26 sagt sogar: „Ich möchte behaupten, dass Philo im Ganzen mehr in Worten, Formen und Wendungen platonisirt als in Gedanken." — Steinhart a. a. O. S. 1500 schreibt ihm einen nach Plato gebildeten Periodenbau zu. — Seltsam contrastirt namentlich mit Creuzer's Urtheil Mangey's Ausspruch praefat. p. VIII: „similitudo vero ista duorum celebrium scriptorum non tam ex stylo quam ex sensibus et dogmatibus constabat." — Fabricius, de Platonismo Philonis, 1693, und in opuscul. Hamburg 1738 bringt über das Sprachliche nichts bei.

ἀντιστατέω. Ast p. 193. Philo s. Gloss. Philon.
ἀξιομνημόνευτος. Ast p. 199 f. Philo I, 673.
ἀπάτωρ. s. Ast I p. 214.
ἀπειρόκαλος. legg. VI, 775 B. Philo II, 269.
ἀπελευθερόω. Ast I, 219. Philo II, 568.
ἀπευκταῖος. Ax. 369 B. Philo s. Gloss. Philon.
ἀποδιοπομπέομαι. Ast I p. 235. Philo I, 239. 642. II, 457.
ἀπόκρισις = secretio. Def. 415 D. Philo I, 45.
ἀπόσπασμα. Phaed. 113 B. Philo I, 35. 119. 209.
ἀποφράδες ἡμέραι. leg. VII, 800 D. Philo I, 436.
ἀποχετεύω. Ast I, 262. Philo I, 306.
ἀποχρώντως. Ast I, 263. Philo s. Gloss. Philon.
ἀπρίξ. Theaet. 155 E. Philo I, 145.
ἀπταίστως. Theaet. 144 B. Philo I, 327. 387.
ἄρδην. Ast I, 272. Philo I, 354.
ἀριστίνδην. legg. IX, 855 C. oft bei Philo. s. Gloss. Philon.
ἀρτηρία Luftröhre. Tim. 70 D. 78 C. Philo I, 245. 285.
ἀρτίπους. leg. VII, 795 D. Philo I, 606.
αὐθάδεια. Ast I, 307. Philo I, 84.
αὐτήκοος. Ast I, 311. Philo I, 371. 645.
αὐτοπραγία. Soph. 266 A. Philo II, 51.
αὔχημα. Ax. 365 A. Philo I, 150. 171.
ἀχόρευτος. legg. II, 654 A. Philo I, 447.
ἄχραντος. Alc. I, 113 E. Philo I, 190.
ἀψευδέω. Theaet. 199 B. Philo I, 517.
ἀψίκορος. Ax. 369 A. öfter bei Philo. s. Gloss. Philon.
ἀψοφητί. Theaet. 144 B. Philo I, 643. II, 316.

Βαλαντιοτόμος. Pol. VIII, 552 D, zusammengestellt mit κλέπται. — desgl. Philo II, 350. sonst auch II, 341.
βόρβορος. Plato Phaed. p. 641. ἐν βορβόρῳ κείσεται vgl. mit Philo de sacerd. honor. 3 M. II, 235.

Γαληνός. γ. βίος. Ax. 370 D. desgl. Philo I, 411.
γανόω. Pol. VIII, 411. sehr oft bei Philo. s. Gloss. Philon.
γαργαλίζω. Ast I, 369. Philo II, 352.
γαργαλισμός. Ast ibid. Philo I, 118. 212.
γαστριμαργία. Ast I, 369. — öfter bei Philo. s. Gloss. Philon.
γεῦμα. γ. σοφίας. de lucri cup. 228 E.

Philo I, 544 offenbar entlehnter Ausdruck.
γηροτροφέω. Menex. 248 D. Philo II, 200. 459.
γραφίς. Prot. 326 D. Philo II, 192.
γυμνασιαρχία. Ax. 367 A. Philo II, 445.
Δειματόω. Ax. 370 A. Philo II, 204. 542.
δημηγόρος. Ast I, 452. Philo II, 47.
δημοσιεύω. Ast I, 457. Philo II, 127.
διαγορεύω. legg. VI, 757 A. Philo I, 449.
διάζευξις. Ast I, 467. Philo I, 415.
διαζωγραφέω. Tim. 55 C. Philo II, 146.
διαχορής. Ast I, 475. Philo I, 212.
διάλειμμα intervallum. Tim. 59 C. Philo II, 630.
διάλεκτος. Def. 414 D διάλεκτος σύνθετος ἐξ ὀνομάτων καὶ ῥημάτων ἄνευ μέλους. — vgl. Philo I, 69 μὴ ὄντων ὀνομάτων οὐδ᾽ ἂν διάλεκτος ἦ.
διαλλάττω. Ast I, 482. Philo I, 358.
διαναπαύω. Ast I, 487. Philo II, 197. I, 637.
διαντλέω. Ast I, 494. Philo I, 161.
διαπυνθάνομαι. Ast I, 498. Philo II, 631.
δίαυλος. legg. VIII, 833 B. Philo I, 596.
διόλλυμι. Ast I, 540. Philo I, 391.
διόμνυμαι. Ast I, 541. Philo II, 196.
διχόνοια. Alc. I, 126 C. Philo II, 181.
διωλύγιος. Ast I, 548. Philo I, 247. — vgl. Gloss. Philon, s. v. ὠγύγιος.
δραπετεύω. Ast I, 562. Philo II, 300.
δραπέτης. Men. 97 E. Philo·I, 469.
δυσγένεια. Pol. X, 618 D. Philo I, 514.
δύσερις. Ast I, 573. Philo I, 360.
δυσθανατάω. Pol. III, 406 B. öfter bei Philo. s. Gloss. Philon.
δυσκίνητος. Ast I, 574. Philo II, 227.
δυσωπέομαι. Ast I, 578. sehr oft bei Philo. s. Gloss. Philon.
δωδεκατημόριον. Ast I, 579. Philo I, 673.
δωροδοκέω. Pol. IX, 590 A. 575 B. Philo II, 346.

Ἐγγράμματος. Def. 414 D λόγος φωνή ς. Philo I, 331 ἐγγραμμάτου μούσης. Euseb. VII, 13 p. 323 ἐγγράμμου μουσικῆς.
ἔδεσμα. Ast I, 594. Philo II, 280. 292. 350.
ἐξελεύθουλος. Pol. VIII, 562 D. Philo I, 376. II, 269.
εἰκαστικός. Ast I, 612. Philo I, 160. 166. 199.

ἑκασταχοῦ. Ast I, 649. Philo II, 385.
ἐκκηρύσσω. legg. XI, 929 B. Philo II. 536.
ἐκμαγεῖον. Ast I, 663. Philo I, 16. 35.
ἐκτιμάω. Ep. VII, 347 B. Philo II, 137. 444.
ἐναγής. Locr. 104 D. Philo I, 175.
ἐνδελεχής. legg. IV, 717 E.
ἐνεχυράζω. Αχ. 367 B. Philo I, 636. 637. (II, 333?) •
ἐντρέφω. Ast I, 727. Philo II, 626.
ἐξαγριαίνω. Ast I, 729. Philo I, 183. 670.
ἐξαγριόω. Ast ibid. Philo öfter. s. Gloss. Philon.
ἐξαμβλίσκω. Theaet. 150 E. Philo I. 219.
ἐξαγῆ. Tim. 36 D. Philo I, 143. 304. 505.
ἐξικμάζω. Tim. 33 C. Philo I, 182.
ἐξίτηλος. Ast I, 743. Philo I, 36.
ἐξορθόω. Ast I, 744. Philo II, 641.
ἐπίκηρος. Αχ. 362 B. Philo I, 561. II, 616.
ἐπίκλην. Ast I, 779. Philo I, 345.
ἐπικωμάζω. legg. XII, 950 A. Philo II. 634.
ἐπιορχέω. Ast I, 787. Philo II, 247.
ἐπονείδιστος. Ast I, 813. Philo II, 264.
ἐποχετεύω. Ast I, 815. oft bei Philo. s. Gloss. Philon.
ἐρυσίβη. Ast I, 827. Philo II, 429.
ἑτεροδοξία. Theaet. 193 D. Philo II, 654.
ἑτερομήκης. Theaet. 148 A. Philo I. 144.
εὐαισθησία. Ast I, 839. Philo öfter. s. Gloss. Phil.
εὐγένεια. Ast I, 840. Philo II, 437.
εὐήθεια. Ast I, 846. öfter bei Philo.
εὐθυωρία. Ast I, 849. Philo I, 258.
εὐλογιστία. Def. 412 A. Philo I, 415. 447.
εὐμάθεια. Ast I, 852. Philo I, 157.
εὐπαράγωγος. Tim. 69 D. öfter bei Philo. s. Gloss. Philon.
ἑωσφόρος. Tim. 38 D. Philo I, 142.

Ζέσις. Ast II, 1. Philo I. 112.
ζηλοτυπέω. Conv. 213 D. Philo II, 522.
ζωγράφημα. Ast II, 8. Philo I, 192. II, 38. 637.

Ἡλιότης. Ast II, 29. Philo I, 258.
ἡμερήσιος. Ast II, 32. Philo II, 239.

Θάλεια (Θαλία). Pol. IX, 573 ἑορταὶ . . . . καὶ θάλειαι. desgl. Philo I, 542.
θανάσιμος. Ast II, 44 sq. Philo I. 351.

θαυματοποιός. Ast II, 54. Philo I. 350. II, 12.
θαυματουργέω. Tim. 80 C. Philo I. 603. 674. II, 18.
θερμότης. Ast II, 58. Philo I, 653.
θεραπαινίς. Ast II, 60. Philo öfter. s. Gloss. Philon.
θητός. legg. XI, 929 C. Philo öfter. s. Gloss. Philon.

Ἰδιολογέομαι. Theag. 121 A. Philo I, 197.
ἰδιότης. Polit. 305 D. Philo I, 383.
ἰσάζω. Ast II, 103. Philo I, 341. 496.

Καινοτομέω. Ast II, 126. Philo II, 490.
κακίζω. Ast II, 128. Philo I, 441.
καλλιερέω. legg. VII, 791 A. Philo I, 319.
κάταγμα. Polit. 282 E. Philo II, 483.
καταδαρθάνω. Ast II, 149. Philo II. 289. 541. 552.
κατακεντέω. Tim. 76 B. Philo I, 287. 609.
κατακερματίζω. Ast II, 152. Philo oft. s. Gloss. Philon.
κατακωχή (κατοκωχή). Phaedr. 245 A. Ion. 536 C. Philo I. 174. 448. wol auch 509. 511.
καταλεύω. Ep. VIII, 354 D. Philo I, 371.
καταλογάδην. Ast II, 155 sq. Philo I, 612 694. II, 4.
καταποικίλλω. Ast II, 159. Philo I, 655. II, 226. 412.
καταποντόω. Gorg. 511 E. Philo I, 394. 415. II, 600.
καταρρυπαίνω. Legg. XI, 937 D. 919 E. Philo öfter. s. Gloss. Philon.
καταφρονητικῶς. Theaet. 161 C. Philo I, 297.
καχεξία. Gorg. 450 A. Philo I, 353.
κράμα. Locr. 95 E. Philo I, 372.
κυνίδιον. Ast II, 224. Philo II, 422.

Λαβή. Ast II, 230. Philo I, 410. 668.
λάγος. Locr. 104 E. Philo I, 634.
λαιμαργία. Ast II, 232. Philo oft. s. Gloss. Philon.
λάσιος. Ast II, 238. Philo II, 21.
λειποτάξιος. Legg. XII, 943 D. Philo II, 132. (l, 431?)
λεοντῆ. Crat. 411 A. Philo II, 557.
λεπτομερής. Locr. 100 E. 98 D. Philo I, 160.
λευχειμονέω. Pol. X, 617 C. Philo I, 156. 481. II, 188. 547.
λεωφόρος. Legg. VI, 767 C. sehr oft bei Philo. s. Gloss. Philon.

λῆμμα. Ast II, 247. Philo I, 344.
λιγυρός. Phaedr. 230 C. Philo II, 447.
λίχνος. Ast II, 250 sq. Philo I, 109. 348. 458
λοβός. Tim. 71 C. Philo I, 190.
λωποδυτέω. Pol. IX, 575 B. Philo I, 635.
λωποδύτης. Legg. IX, 874 B. Philo I, 635. II, 53.
λωφάω. Ast II, 265. Philo I. 420.

Μαγγανεία. Ast II, 266. Philo II, 267.
μάζα. Pol. II, 322 B. Philo I, 665.
μακρολογέω. Ast II, 271. Philo I. 352.
μανός. Ast II, 280. Philo II, 617. I. 420.
μανότης. Ast ibid. Philo I, 385. 623.
μαρμαρυγή. Ast II. 283. Philo I, 2.
μεσημερινός. Ast II. 292. Philo I, 155. 256.
μειρακιώδης. Ast II, 295. Philo I, 150.
μεταγινώσκω. Phaedr. 231 A. Philo I, 176. 492.
μετασχηματίζω. Legg. X. 903. 906. Philo II, 557.
μετεωρίζω. Ast II, 326 sq. Philo oft. s. Gloss. Philon.
μετεωρολέσχης. Pol. VI, 489 C. Philo I, 589. 645. 458.
μετεωροπορέω. Phaedr. 246 C. Philo II, 242.
μετριάζω. Ast II. 328. Philo I. 551. 613.
μήνιμα. Phaedr. 244 B. Philo II, 99.
μισάνθρωπος. Ast II, 352. Philo I. 412.
μισθαρνέω. Ast II. 353. Philo I, 344. II. 127.
μοναυλία. Legg. IV. 721 D. Philo II, 327.
μορμολύττομαι. Ast II, 363. Philo II. 468.
μυελώδης. Pol. VII, 522 A. Philo I, 70.
μύωψ calcar. Apol. 30 E. Philo I, 311.

Ναυτίλλομαι. Pol. VIII, 551 C. Philo I. 351.
νεανιεύομαι. Ast II, 375. Philo öfter. s. Gloss. Philon.
[νευστικός. Ast II, 380. Philo II, 513.]
νεωτερισμός. Ast II, 381. Philo I, 350.
νομοθέτημα. Ast II, 390. Philo I, 476.
νυστάζω. Ast II, 401. Philo I, 531.
νωτής. Ast ibid. Philo I. 256. 282. 286.

Ξεναγέω. Phaedr. 230 C. Philo I. 630. 649. II, 436.

Ὀβολοστάτης. Ax. 367 B. Philo öfter. s. Gloss. Philon.

ὄγκος. Ast II, 408. Philo I, 1. 9. σωματικός ό. I, 96. 196. 627. δερματινός ό. I, 100.
ὀδοντοφυέω. Phaedr. 251 C. Philo II, 238.
οἰκίδιον. Eryx. 394 D. Philo I, 511.
οἰκοφθόρος. Legg. III, 689 D. Philo I, 311.
ὀλιγάκις. Ast II, 428. Philo I, 422.
ὁμοτράπεζος. Ast II, 445. Philo II, 646.
ὀνειροπολέω. Ast II, 449. Philo I. 646. 680.
ὀνείρωξις. Tim. 52 B. Philo I, 698. II, 446.
ὀνειρώττω. Ast II. 449. Philo oft. s. Gloss. Philon.

Παγίως. Ast III, 1. oft bei Philo. s. Gloss. Philon.
παιδεραστέω. Ast III. 7. Philo II. 305. 628.
παιδοποιέομαι. Ast III, 12. oft bei Philo. s. Gloss. Philon.
παιδοσπορέω Phaedr. 249 E. Philo II, 20.
παιδοτροφία. Ast III. 12. Philo I, 266.
παππῷος. Lach. 179 A. Philo II, 521. 549.
παρακούω. Ast III. 40. Philo oft. s. Gloss. Philon.
παραπαίω. Conv. 173 E. Philo öfter. s. Gloss. Philon.
παραφροσύνη. Ast III, 51. Philo I, 78. 351. 359.
παρηγορέω. Ax. 364 C. Philo I, 678. II, 44.
περιεργέω. Pol. VII, 538 D. sehr oft bei Philo. s. Gloss. Philon.
περιαθρέω. Ax. 370 D. sehr oft bei Philo. s. Gloss. Philon
περιαλγέω. de lucri cup. 229 D. Philo II, 663.
περίαπτον. Pol. IV, 426 B. Philo I, 288. II, 267.
περιεργία. Sis. 387 D. Philo I, 383.
περικαθαίρω. Critias 120 A. Philo I, 346.
περινοστέω. Pol. VIII, 558 A. Philo I, 368.
περιστροφή. Pol. VII, 521 C. Philo II, 23.
περιχάρεια. Ast III, 98. Philo I. 460. II, 174.
πεύθις. Locr. 101 A. Philo I, 373.
πῆξις. Ast III, 102. Philo I. 121.
πιθανότης. Ast III. 103. Philo sehr oft. s. Gloss. Philon.
πλέγμα. Ast III, 110. Philo I, 372. 652.
πλωτήρ. Pol VI, 489 A. Philo I, 28. 287.

3 *

36

ποίκιλμα. Ast III, 129. Philo I, 652.
πολίζω. Legg. III, 681 E. Philo II, 436.
πολῖτις. Legg. VII, 814 C. Philo I, 427.
πολυμήχανος. Hipp. min. 365 A. Philo I, 676.
πολύστροφος. Pol. I, 331 A. Philo II, 484.
πρεπώδης. Alc. I, 135 B. Philo I, 374.
προαγωνίζομαι. Legg. VII, 796 D. Philo öfter. s. Gloss. Philon.
προαποθνήσκω.. Conv. 208 D. Philo öfter. s. Gloss. Philon.
προθεραπεύω. Pol. IV, 429 E. Philo II, 3.
προθεσμία. Legg. XII, 954 D. Philo öfter. s. Gloss. Philon.
[προμήκης. Ast III, 184, Philo II, 605.]
προπολεμέω. Ast III. 186. Philo I, 323. II, 131.
πρόςγειος. Locr. 96 D. Philo I, 641.
προςδιδάσκω. Charm. 173 D. Philo II. 473.
[προςομολογέω. Ast III, 204. Philo II, 617.]
προϋπάρχω. Ast III, 218. Philo öfter. s. Gloss. Philon.
πτεροφυέω. Ast III, 222. Philo Fragm. b. Tischd. 146, 16.

Ρωμαλέος. Ax. 355 A. Philo II, 38.

Σαλεύω. Ast III, 240. Philo I, 439.
σαφ'νεια. Ast III, 241. Philo I, 162.
σκαληνός. Ast III, 248 sq. Philo I, 540.
σκιαγραφέω. Ast III, 253. Philo I, 589.
σκυθρωπάζω. Alc. II in. Philo I, 393.
σπούδασμα. Phaedr. 249 D. Philo I. 171. 369.
στερέμνιος. Epin. 981 D. Philo I, 622.
σύγκλυς. Ast III, 290. Philo I, 124. 363. II, 312.
συγκριτικός. Ast III. 291. Philo I, 159.
συγκροτέω. Ast ibid. Sehr oft bei Philo. s. Gloss. Philon.
συμποτικός. Ast III, 310. Philo II, 70 s. Gloss. Philon.
συναγωνιστής. Alc. I, 119. Philo I, 359.
συνερανίζω. Ax. 369 A. Philo oft. s. Gloss. Philon.
σύνθημα. Ast III, 330. Philo II, 573.
συνίζω. Tim. 72 D. Philo I, 690 [II. 508].
συνυφαίνω. Ast III, 341. Bei Philo sehr oft. s. Gloss. Philon.
συρμός. Ax. 370 C. Sehr oft bei Philo. s. Gloss. Philon.
σύστασις. Ast III, 343. Philo I, 43. II, 44.
σφακελίζω. Tim. 84 B. 74 B. Philo II, 432.

σφετερίζω. Ast II, 346 sq. Philo oft. s. Gloss. Philon.
σφοδρότατος. Phil. 60 D. 45 A. Philo I, 79.
σφοδρότης. Ast III, 347. Philo I, 567.
σωματοειδής. Ast III, 352. Philo I, 522. II, 420.

Τερατώδης. Euthyd. 296 E. Philo II, 18. 109. 115.
τεχνάζω. Ast III, 379. Philo oft. s. Gloss. Philon.
τηκεδών. Ast III, 381. Philo II, 432.
τιθασσεία. Polit. 264 C. Philo oft. s. Gloss. Philon.
τιμαλφής. Tim. 59 B. Philo I, 157.
τοιχωρυγέω. Ast III, 399. Philo II. 527.
τοιχωρύχος. Ast III, 398 sq. Philo II, 53.
τόλμημα. Legg. I, 636 C. Philo I, 406.
τοπάζω. Ast III, 401 sq. Philo II, 43. 343.
τορνεύω. Ast III, 402. Philo I, 245.
τραγέλαφος. Pol. VI, 488 A. Philo II, 353
τρικυμία. Ast III, 412. Philo öfter. s. Gloss. Philon.

Ύλος. Ast III, 432. Philo I, 258.
ὑπάργυρος. Pol. III, 415 C. Philo I, 542.
ὑπεξέρχομαι. Ast III. 438. Philo II, 521. 564.
ὑπεξίσταμαι. Phil. 43 A. Philo I, 7.
ὑπερβαλλόντως. Ast III, 440. Philo I, 348.
ὑπερκύπτω. Euthyd. 271 A. Philo sehr oft. s. Gloss. Philon.
ὑποβολιμαῖος. Ast III, 448. Philo I, 340. 600.
ὑπογυῖον. ἐξ ὑπογυίου. Menex. 235 C. Philo I, 217.
ὑποκατακλίνομαι. Pol. I, 336 E. Philo II, 191.
ὑποπίμπλημι. Protag. 309 A. Philo II, 32.
ὑπόπτερος. Ast III, 458. Philo I, 352.
ὑποσκελίζω. Euthyd. 278 C. Philo oft. s. Gloss. Philon.
ὑποτυπέω. Tim. 76 E. Philo I, 589.
ὑπέχρυσος. Pol. III, 415 C. Philo I, 542.
ὑπώρεια. Ast III, 461. Philo I, 234.
ὑφαρπάζω. Euthyd. 300 C. Philo II, 676.

Φαυλίζω. Legg. II, 667 A. Philo I, 587. II, 674.
φειδωλία. Pol. IX, 572 C. Philo öfter. s. Gloss. Philon.
φιλήκοος. Ast III, 490. Philo I, 690.
φιλοθεάμων. Ast III, 492. Sehr oft bei Philo. s. Gloss. Philon.

φιλοπραγμοσύνη. Pol. VIII, 549 C. Oft bei Philo. s. Gloss. Philon.

φυλοσσονέομαι. Ast III, 499 sq. Philo II, 20.

φιλοσοφύντ. Ast III, 500. Philo II, 70. 124.

φλεγμαίνω. Ast III, 502. Philo I, 350.

φωνασκέω. Legg. II, 665 E. Philo II, 537.

Χαμαίζηλος. Phaed. 89 B. Philo I, 444. 461. II, 299.

χαριεντισμός. Ast III, 537. Philo II, 465.

χαρτός. Prot. 358 A. Philo I, 603.

χαῦνος. Ast III, 540. Philo I, 499. 512. 543.

χειρονομέω. Legg. VIII, 830 C. Philo I, 199.

χρεμετίζω. Ast III. 550. Philo I, 637.

χυλός. Critias 115 A. Philo I, 80.

Ψιμμύθιον. Lys. 217 D. Philo II, 306.

ψοροδεής. Phaedr. 257 D. Philo II, 268 extr.

ψυχαγωγέω. Ast III, 573. Philo I, 393. 530.

ψώρα. Ast III, 576. Philo II, 432.

Ὠνος. Ast III, 578. Philo I, 345.

Daneben finden sich bei Philo auch vereinzelte aristotelische Ausdrücke wie ἀΐδιος, vgl. κόσμος ἀγένητος κ. ἀΐδιος de opif. m. 2. 61 (I 2. 41) mit Aristot. de mundo 2; ἀκριβοδίκαιος in de Joseph. II, 51. quis rer. div. haer. 28 (I, 493) vgl. mit Aristot. eth. Nicom. 5, 10; ἀκροθώραξ in de ebriet. 53 (I, 390) vgl. mit Arist. Probl. 352; μετεωροθήρας in de somn. II, 16 (I, 674) vgl. mit Aristot. de anima 9, 36; τονικός de sacrif. Ab. et Cain. 18 (I, 176) vgl. mit Arist. de partt. anim. 4, 12 u. a. — Ausserdem entlehnt Philo Wendungen aus attischen Rednern oder Geschichtsschreibern [1]. Daneben mengt er homerische oder sonstige poetische Ausdrücke ein, so dass sein Stil der Einheit und Reinheit ermangelt. Homerische Worte sind: ἀγέραστος Il. I, 119 in de vita Mos. III, 31 (II, 172). ἀκριτόμυθος in deutlicher Anspielung auf Il. II, 246 in de somn. II, 42 (I, 695), leg. alleg. III, 40 (I, 111). ἀμενηνός oft bei Homer, findet sich in de monarch. I, 3 (II, 215) εἴδωλα καὶ ἀμενηνά. ἀμετροεπής Il. II, 212 ist de mut. nom. 43 (I, 616). ἀνείμων Odyss. III, 348 ὥστε τευ ἢ παρὰ πάμπαν ἀνείμονος ἠὲ πενιχροῦ. ᾧ οὔτε χλαῖναι καὶ ῥήγεα πόλλ᾽ ἐνὶ οἴκῳ vgl. mit de somn. I, 16 (I, 635) νυκτός μὲν καὶ τοῦ μὴ ἀνείμονά τινα κοιμηθῆναι προενόησεν. — χανδόν, de profug. 5 (I, 550) χανδὸν ὡς οἱ ποιηταὶ λέγουσι πίνων vgl. mit Odyss. XXI, 294.

Aus Ps.-Philo: ἀθύρω, de incorr. m. 13 (II, 500) cf. de mundo II, 615 ματαιοπόνος ὁ τεχνίτης οὐδὲν κομιδῇ νηπίων παίδων διαφέρων οἳ πολλάκις παρ᾽ αἰγιαλοῖς ἀθύροντες ψάμμου γεωλόφους διανιστᾶσι καὶ ἔπειθ᾽ ὑφαιροῦντες ταῖς χερσὶ πάλιν ἐρείπουσι. Ausdruck und das ganze Bild sind aus Ilias XV, 361 ff., auch ἐρείπουσι erinnert an ἔρειπε δὲ τεῖχος Ἀχαιῶν.

ἀκάματος. de incorr. m. 3 (II, 489) πυρὸς ἀκαμάτου δύναμιν vgl. mit Ilias V, 4 u. a.

Anderweite poetische Ausdrucksweisen sind: ἄναγνος in de sacrif. Ab. et Cain. 40 (I, 190), ἀνακυκάω (II, 655), ἀντιρρέπω oft bei Philo vgl. Aeschyl. Agam. 574. ἄτρυτοι πόνοι de ebriet. 6 (I, 360) u. ö. vgl. mit Pindar Pyth. 4, 178 ἐπ᾽ ἄτρυτον πόνον u. a. m.

---

1) vgl. Creuzer, Studien 1832. I S. 21. Hemsterhuis ad Luciani Nigrin. p. 62 bemerkt bei einer dem Demosthenes entnommenen Wendung: „locum oratoris principis ut optimos quosque solet imitatus est Philo."

Ausserdem konnte natürlich Philo ebensowenig als ein andrer Schriftsteller sich auch in Beziehung auf den Sprachgebrauch den Einflüssen seines Zeitalters entziehen. Unter den Schriftstellern der späteren Zeit berührt er sich am meisten mit Plutarch [1]). Um die grosse Menge der, beiden Autoren gemeinsamen Worte und Wendungen zu veranschaulichen, stellen wir im Folgenden eine vergleichende Uebersicht der philonisch-plutarchischen Gräcität auf. Hinsichtlich des Nachweises der hier aufgeführten Worte bei Plutarch verweisen wir auf Wyttenbach, Plutarchi Moralia Tom. VIII, 1. 2 (index Graecitatis) und bezeichnen nur die betreffenden philonischen Stellen nach der Ausgabe von Mangey.

Ἀβάσκανος I, 252.
ἀγέραστος II, 172.
ἀγνωμοσύνη II, 537.
ἄγρυπνος II, 495.
ἀδεές τὸ I, 407.
ἀδέκαστος I, 141. 195. 236. 275. 345.
  383. 409. 423. 451. 454. 493. 608.
  665. 677. 697. II, 20. 86. 105. 251.
  364. 649.
ἀδιάστατος I, 37. 337. 397. 444. 475.
  591. II, 21. 23. 62. 100. 142. 163.
  184. 254. 278. 281. 298. 384. 420.
  434. 493. 636.
ἀδοξέω I, 199.
ἀδυναμία I, 502. II, 654.
ἀδυνατέω (vgl. Plato) bei Philo an 41
  Stellen.
ἀδυσώπητος II, 236. 543.
ἀήττητος I, 331. 398. 543. II, 98. 101.
  122.
ἀθεράπευτος I, 37. II, 44. 404.
ἄθροισμα I, 193.
ἀΐδιος (vgl. Plato) I, 41. 560. 572.
αἰνιγματώδης (vgl. Plato) I, 659. II, 241.
αἰσχρουργία I, 681.
ἀκάθεκτος I, 313. 625. 639. II, 574.
ἀκακία I, 358.
ἀκαλλώπιστος I, 146.
ἀκαταληψία I, 384.
ἀκατάσχετος I, 212. 293. 695.
ἀκατασχέτως I, 174.
ἀκολάκευτος (vgl. Plato) I, 374. 449.
ἀκολασταίνω I, 205. 240. 471. 694. II,
  20.
ἀκροθώραξ (vgl. Aristoteles) I, 390. II,
  478.
ἀκρόχολος I, 391. II, 268.
ἀκυρόω I, 387. 434.
ἀλεαίνω I, 155. 516. II, 345.
ἀλείπτης der Lehrer. s. Wytt. ad Plut.
  Mor. p. 133 B. Bei Philo I. 402. 462.

ἀλείφειν ἑαυτὸν ἐπί τι I, 418. 549.
ἀλιεύω I, 303. 344.
ἀλλοτρίωσις I, 146. 357. 417.
ἀλουργίς II, 181.
ἄλυσις I, 49.
ἀμετάπτωτος I, 539.
ἀμύητος I, 363. 573.
ἀμφίδοξος II, 202.
ἀναβλαστάνω (vgl. Plato) I, 18. 329. 366.
ἀναθυμίασις I, 642. II, 647.
ἀναιρετικός I, 102.
ἀναισθησία I, 358. 382.
ἀναισθητέω I, 358.
ἀναισχυντέω II, 309.
ἀναισχυντία II, 672.
ἀνακαλυπτήριον I, 358.
ἀναμέλπω I, 312. 348.
ἀνανταγώνιστος I, 374. 401. 410. 419.
  454. 631. 640. 646. 657. II, 53. 116.
  204. 242. 423.
ἀνάπτυξις I, 63. 540.
ἀναρριπίζω I, 124. 269. 350. 516. 532.
  678. II, 354. 377. 437. 523.
ἀναφαίρετος I, 368.
ἀνδραγαθέω Tischd. p. 77, 16.
ἀνείδεος I, 547.
ἀνενδεής I, 343.
ἀνεξάλειπτος I, 498. II, 221. 447.
ἀνεξέλεγκτος II, 500. 614.
ἀνεξέταστος I, 672. II, 38. 266. 350. 377.
  Bei Tischd. p. 73, 3. 77, 10. II, 556.
  640.
ἀνεπιτηδείως ἔχων Plut. Mor. p. 819 B.
  Bei Philo II. 551.
ἀνέραστος I, 478.
ἀνερεθίζω I, 360. 521. 549. 604. 655.
  670. II, 519. 645.
ἀνερμάτιστος I, 474. II, 192. 125. 382.
  387.
ἀνύδηλος I, 656.
ἀνθρωπομόρφος I, 425.

---

1) von einer Nachahmung Plutarchs kann natürlich nicht die Rede sein, da dieser später lebte als Philo.

40

λιγυρῶς γράφειν damit vgl. II, 447 λι-
γυρώτατος Πλάτων.
λιϑοκόλλητος II, 478.
λιμνάζω I, 298. II, 14. 37. 164.
λιπάω I, 668.
λίχνος I. 109. 348. 458.
λοιμικός I, 263.
λυχνοῦχος I, 485.
λωποδύτης I, 635. II, 53.

Μᾶζα I, 665.
μακρηγορέω I, 356. 384. 573. II, 450.
620.
μακρολογέω I, 352.
μανιώδης I, 625.
μαρμαρυγή I, 2.
μαστεύω I, 367. 595.
μεγαλαυχέω I, 339.
μεγαλεῖον I, 363.
μεγαλόφωνος I, 475.
μελίπηκτα I, 390. 665.
μεμψιμοιρέω I, 109.
μεταβατικῶς κινεῖσϑαι I, 176. 492.
μεταγινώσκω I, 614.
μεταποιέω Tischd. 113, 4. 112, 17. I,
451.
μετασχηματίζω II, 503. 557. 615.
μετεωρίζω I, 483. 507. 511. 537.
μετεωρολέσχης I, 589. 645. II, 458.
μετοχετεύω I, 637.
μετριάζω I, 551. 613.
μετριοπάϑεια I, 113. 115.
μετωπηδόν II, 354.
μήνιμα II, 99.
μῆνιγξ I, 208. Tischd. 127, 3.
μικροπολίτης I, 626.
μισϑαρνέω II, 127.
μισϑαρνία Tischd. 131, 10. II, 394.
μισοπόνηρος I, 411. 424. 574. 595.
μονονουχί I, 99.
μονότροπος I, 150.
μορμολύττω II, 468.
μουσόω I, 80.
μυϑεύω I, 505.
μυϑῶδες τό I, 70.
μυσάττομαι II, 301. 308. 351. 427.
μύωψ I, 311.

Ναύλοχος I, 352. 517.
νεανιεύομαι I, 127. 298. 303.
νεογνός I, 602.
νεῦμα I, 406.
νεωκορία I, 695.
νεωτερίζω I, 636. 639. 671.
νεωτερισμός I, 350.
νοϑεία I, 324.
νομοϑέτημα I, 476.
νοσηλεύω I, 516. II, 45. 459.
νοσφισμός II, 336. 341.

νυκτεγερσία I, 156.
νωϑής I, 282. 286. Tischd. 134, 11.

Ξενιτεύω I, 170. II, 45. 69. 498. 613.
ξυλίζομαι II, 168.

Οἰκουρία I, 520. 569.
οἰνοφλυγία I, 609. 686. II, 163.
ὀλιγάκις I, 422.
ὀλιγανδρέω I, 681.
ὀλιγανδρία ibid.
ὀλιγοχρόνιος I, 395. 515. 562.
ὀλισϑαίνω I, 327.
ὄλισϑος I, 151.
ὁμηρεύω I, 502.
ὁμογνωμονέω I, 508. II, 48. 66. 174
u. a.
ὁμοεϑνής II, 392.
ὁμοειδής II, 631.
ὁμοτράπεζος I, 158. 633. 646.
ὁμοφροσύνη II, 422. 525.
ὀνειροκριτικός I, 659. 673. II, 59. 61.
ὀνειροπολέω I, 646. 680.
ὀνειρώττω I, 661. 671. II, 62. 230.
ὀξυδερχέω I, 309. 370. 409. 681. 645.
II, 480.
οὐσιώδης I, 209. 466.
ὄφλημα II, 45.
ὀχεία II, 20. 22.

Παιδεραστέω II, 305. 628.
παιδοποιέομαι ἔκ τινος vom Weibe ge-
braucht I, 259. 521. 529. II, 187.
παιδοτριβέω II, 265.
παιδοτροφία I, 266.
παλεύω I, 654.
παλινδρομέω I, 642. 689. II, 14.
πανωλεϑρία II, 302. 439. 464. 580.
παραϑήγω I, 271. 316. 421. 523 u. a.
παρακμή II, 650.
παρακούω I, 151. 381. 488.
παρανόμημα II, 143. 161. 168. 177 u.
an vielen St.
παραπαίω I, 357. 643. 669. 680.
παραριϑμέω I, 613. 394. 453.
παρασιωπάω II, 8.
παρασπονδέω I, 472. II, 201. 569.
παραστάτης II, 244.
παράστημα II, 165. 177.
παρατρέφω II, 450.
παραφροσύνη I, 78. 351. 359.
παραχαράττω II, 445. 562.
παρεισέρχομαι I, 104. 381. II, 15.
παρεισρέω I, 624.
παρεπιδημέω I, 416.
παρηγορέω I, 678. II, 44.
παρηγορία I, 282. 638.
πειϑαρχέω I, 40. 362. 544. 561. 594. 596.
609. 668. 679 u. an vielen St.

Eine nicht geringe Anzahl von Worten und Wendungen findet sich als dem Philo eigentümlich. Von den ersteren sind im Thesaurus des Stephanus als ἅπαξ λεγόμενα folgende angeführt: αἴκισις, βαλανηφαγία, βαρύσπλαγχνος, γυναικοκτόνος, δικαιάδικος, διαποξεύγνυμι, διασφετερίζομαι, διισχύω, δυςυπονόητος, δυςαναπόρευτος, δυςαιτιολόγητος, δυςπεριγένητος, ἐνδίολκος[1]), ἐνζάω, ἐνσοφιστεύω, ἐξαδιαφορέω, ἐξαδιαφόρησις, ἐπαναπόλησις, ἐπεισφοιτάω, ἐπεντρώγω, ἐπεξανίσταμαι, ἐπιλέανσις, ἐπιλιχνεύω, ἐπιστοματίζω, λιμοδοξέω, λιμοδοξία, λογοιατρεία, μιμηλάζω, μιμηλίζω, ὀνειροπλήξ, ὀξυαυγεία, ὀρθογνωμονέω, παλαιπλούσιος, προαναπίπτω, προγευστρίς, προεκτυπόω, προςαναφθέγγομαι, προςδαψιλεύομαι, προςεπευωνίζω, πωλητήρ, σιτοπονέω, σιτοπονία, σιτοπόνος, σόβητρον, στελεχόω, στεριφόω, συναδηίζομαι, τιθηνοκομέω, τιθηνοκομητέον, τυφλοπλάστης, ὑπαναπλέω, ὑπεραύλως, ὑπερεγγυάω, ὑπερτροχάζω, ὑπερωκεάνιος, ὑποπαχύνω, ὑποσύγχυτος, ὑποταίνιος, ὑψηλοτάπεινος, φαοστασία, φιλαδέλφειος, φιλοεστιάτωρ, φιλοτιβέριος, χλοηφαγέω, ψυχογόνιμος, ὠμίασις.

Dazu fügen wir noch folgende, welche bei Stephanus nicht verzeichnet sind[2]): ἀναποδήμητος Abrah. 14 (II, 11). ἀνάφθεγμα de somn. II, 3 (I, 661). ἀνεπικέλευστος decal. 30 (II, 207). ἀνεπικελεύστως leg. alleg. III, 49 (I, 115). ἀνενένδοτος de merced. meretr. 4 (II, 269) e cod. Med. zu lesen. ἀνευφραίνω de somn. I, 9 (I, 628). ἀνθρωποπλάστης de somn. I, 36 (I, 652). ἀνθυπολείπω Ps.-Philo de incorr. m. 18 (II, 505). ἀνταμελέω specc. legg. 6 (II, 275). ἀντιλοχέω de somn. II, 5 (I, 664). ἀντιμετακλίνω de somn. II, 21 (I, 678)[3]). αὐτοστατέω de somn. II, 34 (I, 688). ἀφαντάστως de somn. I, 22 (I, 641) cf. Clem. Alex. Str. II p. 434. διεξαρκέω mut. nom. 35 (I, 607), de septen. ed. Tischd. p. 64, 8. ἐκμανῶς(?) legat. ad Caj. 7 (II, 552). ἐπιλύπως leg. alleg. III, 76 (I, 130), ibid. 88 (I, 136). ἐπιπαρέχω decal. 23 (II, 200). ἐπιπλαδάω(?) de praem. et poen. 11 (II, 418), wo Koch statt ἐπιπλαδᾶν vorschlägt ἐπίπλαστον. ζωοφυτεύω de septen. ed. Tischd. p. 54, 6. κατασιρατατρχέω de praem. et poen. 16 (II, 423) mit deutlicher Anspielung auf LXX Num. 24, 7, wo aber dies Wort sich nicht findet[4]). κενοπονέω de somn. I, 43 (I, 658). λειφαιμία [Steph. hat nur λιφαιμέω und λίφαιμος] Ps.-Philo de incorr. m. 24 (II, 512). λιθοτομέω [Steph. hat nur λιθοτομέομαι] de poster. Cain. 14 ed. Tischd. p. 97, 15 λιθοτομεῖν. νεοττοτροφέω decal. 23 (II, 200).

---

1) quis rer. div. haer. 60 (I, 517). Doch siehe darüber unten Gloss. Philon. s. h. v.

2) Das sinnlose ἀκαταλαβεῖν in de concupisc. 6 (II, 354), was aus Mangey auch Richter aufgenommen hat und was bei Tauchnitz in καταλαβεῖν geändert ist, wird wol am besten ἀνακαταλαβεῖν zu lesen sein. [Diese Conjectur verdanke ich meinem verehrten Collegen Herrn Professor Dr. Koch. Ihm gehören auch diejenigen der Verbesserungen des Textes an, welche hier unten besprochen sind.]

3) Was ist ἀπόκρατος in quod det. pot. insid. 25 (I, 209)? So bei Turneb., Hoesch., Mang., Richter, Tauchn. — Koch vermutet ἀποκάρεστος.

4) κατοχωτικός. In quis rer. div. haer. 51. 53 (I, 509. 511) ἔνθεος κατοχωτική τε μανία ist wol nach de migr. Abr. 15 (I, 448) zu verbessern in ἔνθεος κατακωχή τε καὶ μανία. — Koch will nach Plato Ion 533 E κατεχομένη τε.

οἰητικός (?) Cherub. 33 (I, 160), Mangey will οἰστικός. πανκτησία de septen. 13 (II, 290), so Tischd. p. 37, 2 für ἐπ' ἀκτησίᾳ bei Hoesch., Richt. und ἐπ' ἀεικτησίᾳ bei Mang., Tauchn. πολύχηλος concup. 6 (II, 353). προςαναδιδάσκω de vita Mose I, 14 (II, 92). προςαναζωγραφέω de somn. II, 29 (I, 684). προςαναπίμπρημι de specc. legg. 6 (II, 340). προςαποκόπτω de specc. legg. 7 (II, 306). προςγανόω de praem. et poen. 8 (II, 416). προςδιερευνάω de specc. legg. 36 (II, 333). προςεξαιμάτωσις de vict. 7 (II, 244). πρόςκοιτος de somn. I, 16 (I, 635). προςκληρονομέω de vita contempl. 2 (II, 473). προςσυναποβάλλω de septen. 8. So Tischd. προσσυναποβάλης p. 27, 11 e cod. Laur. für προςαποβάλης der andern codd. und προςαποβάλλης bei Hoesch., Mang., Richt., Tauchn. σεμνοποιΐα decal. 16 (II, 194). στάθμημα mut. nom. 40 (I, 614). συναφηβάω ap. Euseb. pr. ev. VIII, 11 p. 379 (II, 633). συνευεργετέω legat. ad Caj. 36 (II, 587).

Auch in anderer Beziehung giebt das Studium der Werke Philo's für den hellenistischen Sprachgebrauch mancherlei Ausbeute, welche zum Teil schon in älteren Werken, wie in Wyttenbach's Plutarchi Moralia und animadverss. in Platonis Phaedonem, Abresch lectiones Aristaenetae, Ruhnken ad Timaeum, Thomas Magister und in den Nachträgen zu demselben von Sallier, Lobeck ad Phrynichum, Wahl, clavis librorum V. T. apocr., im Thesaurus des Stephanus und in Lexicis bei Passow u. a. niedergelegt, aber bei weitem noch nicht vollständig gesammelt ist. Nachträge solcher Beobachtungen, welche in den eben angeführten Werken sich noch nicht finden, haben wir zu einem Glossarium Philoneum zusammengestellt, welches wir hier anhangsweise einschieben.

Glossarium Philoneum.

A.

ἀβάσκανος neidlos. de posterit. Caini 41. I, 252 τὸ ἀβάσκανον καὶ φιλόδωρον.

ἀγέραστος unbelohnt. de vita Mose III, 31. II, 172 ... οὔτε ταύτας ἀγεράστους κατέλιπεν.

ἀγνωμοσύνη in der Bedeut. „Unverstand" in Flacc. 17. II, 537 τῆς πόλεως χαλεπῶς φερούσης ἔτι τὴν τῶν ἐνίων ἀγνωμοσύνην προσαναμάττεσθαι τὸ ὄνομα αὐτῆς ... Zalreiche Stellen bei Plutarch. s. Wyttenb. Plut. Mor. T. VIII p. 11.

ἀγροικόσοφος bei Steph. drei Belege, unter welchen Philo I, 448 = de migr. Abr. 13. — Dazu füge: de profugis 38. I, 577 τὸν δὲ γεννηθέντα τρόπον χαρακτηρίζει διά τε τοῦ λέγειν ἄγροικον ἔσεσθαι ὡς ἂν ἀγροικόσοφον ....

ἄγρυπνος de incorr. mundi 9. II, 495 τὸ αἴτιον αὐτῷ τοῦ ἀγρυπνεῖν ἄγρυπνόν ἐστι.

ἀδδηφαγεῖν. Steph. hat s. v. ἀδηφ. drei Belege. — Dazu: de agricult. 14. I, 310.

ἀδεής furchtlos. de conf. lingu. 4. I, 407 τὸ ἀδεές.

ἀδέκαστος unbestochen. Steph. hat aus Philo nur I, 677. 697. — Es findet sich ausserdem: Cherub. 5. I, 141; quod det. pot. insid. 7. I, 195. quod deus immut. 4. I, 275 ὁ ἀδ. θεός. — de posterit. Cain. 17. I, 236. — de plantat. 24. I, 345. 25. ibid. — de ebriet. 41. I, 383 αἴσθησιν καὶ νοῦν ὡς ἀψευδῆ καὶ ἀδέκαστα θαυμάζειν. — de confus. lingu. 7. I, 409. 24. I, 423. — de migr. Abr. 17. I, 451. 20. I, 454. — quis rer. div. haer. 28. I, 493. — de mut. nom. 36. I, 608. — de somniis II, 5. I, 665. — ibid. 44. I, 697. — de Abr. 25. II, 20 — de vita Mos. I, 7. II, 86. — ibid. 27. II, 105. — de vict. offer. 1. II, 251. — de creat. princ. 4. II, 364 u. apud Joh. Damasc. sacr. parall. p. 349 B. II, 649.

ἀδελφοκτονία. Bei Steph. mit zwei Stellen belegt, findet sich de agricult. 5. I, 303. de Joseph. 3. II, 43.

ἀδηλόω. Bei Steph. aus Philo I, 539 angeführt. Dazu füge: de confus. lingu. 24. I, 423, wo M. nach Vat. Med. et Coll. nov. ἀδηλοῦσθαι für ἀδικεῖσθαι liest. — vgl. übrigens Steph. s. v. ἀδηλέω.

ἀδιάκοπος ununterbrochen. Steph. hat aus Philo I, 81. — Dazu füge: quod det. pot. insid. 31. I, 213 πέτραν τὴν στερρὰν καὶ ἀδιάκοπον.

ἀδιάστατος. S. Steph., der nur nach Wyttenbach in Plut. moral. 8, 1 p. 25 zwei Belege anführt. — Füge dazu aus Philo: de opif. m. 54. I, 37 πρὸς τὴν ὄψεως ἀδιάστατον ἡδονήν. — de plantat. 12. I, 337 ἀδ. δουλεία. — de sobriet. 6. I, 397. — de migr. Abr. 10. I, 444 ἡ ἀδ. περὶ θεοῦ μνήμη. — quis rer. div. haer. 5. I, 475 ἀπαύστῳ καὶ ἀδιαστ. χρώμενος λόγων ῥύμῃ. — de mut. nom. 13. I, 591 ἀδ. χρώμενος καὶ συνεχεῖ πόνῳ. — de Abr. 27. II, 21. ibid. 29. II, 23 ἐνέργειαι συνεχεῖς κ. ἀδ. — de Joseph. 24. II, 62, wo M. e cod. Paris. ἀδιαστάτοις φέγγεσιν. — de vita Mose I, 21. II, 100 πυκνότησιν ἀδ. — ibid. II, 10. II, 142 συνεχεῖς καὶ ἀδ. ὄμβρων φοραί. — ibid. III, 22. II, 163 ὑπὸ τῆς . . ἀδ . . θρύψεως. — de decal. 7. II, 184, wo der Gegensatz zwischen τὴν ἀδ. φύσιν καὶ τὴν διαστηματικήν. — de vict. offer. 5. II, 254 αἱ χάριτες (θεοῦ) ἀέναοι καὶ ἀνελλιπεῖς κ. ἀδιάστατοι. — de septen. 3. II, 278 ἀδ. ἑορτή. — ibid. 6. II, 281. ibid. 24. II, 298, wo schon M. richtig ἀδιαστάτοις für ἀδιαστίκτοις vermuthet, vgl. Tischendorf, ined. Philon. p. 67. — de praem. et poen. 12. II, 420 ἐν . . συμφοραῖς ἀδιαστάτοις. — de execrat. 7. II, 434 ἀδ. ἐπιτάγμασιν. — de carit. 1. II, 384 δείγματα τῆς συνεχοῦς καὶ ἀδ. καλοκαγαθίας. — de festo Coph. 3. b. Tisch. p. 70. — de incorr. mundi 6. II, 493 τῆς ἀδ. καὶ ἀϊδίου περὶ γὴν ἀκμῆς. — Philo ap. Euseb. praep. ev. l. 8. 13. II, 636 συνεχὴς καὶ ἀδ. πόλεμος.

ἀδιαστάτως de plantat. 20. I, 343. de coufus. lingu. 23. I, 422 Gegensatz von πολλάκις. — de migr.Abr. 7. I, 441. — quis rer. div haer. 15. I, 483. — ibid 41. I, 501 συνεχῶς κ. ἀδ. — congr. erud. grat. 1. I, 519 ἀνελλιπῶς κ. ἀδ. — ibid. 24. I, 538. — de somn. I, 23. I, 643. —

de festo Coph. 3 bei Tisch. p. 70, wo letzterer ἀδιαστάτως für Mai's ἀδιάστατον liest. — de victimis 3. II, 239 ἀπαύστως κ. ἀδ. — de fortitud. 2. II, 376. — de praem. et poen. 17. II, 425. — de incorr. mundi 10. II, 496.

ἀδιαφορεῖν nicht verschieden sein. Steph. hat aus Philo I, 304. — Dazu füge: de plantat. 33. I, 349. — de migr. Abr. 8. I, 442 φῶς τὸ θεῖον ἀδιαφοροῦν ἐπιστήμης. — ibid. 9. I, 443 φέγγος ἀρετῆς . . . λογικῆς ἀδιαφοροῦν πηγῆς. — ibid. 15. I, 448. — ibid. 23. I, 456. — quis rer. div. haer. 16. I, 484. — de somn. II, 33. I, 688 τὸ δίκαιον ἀδιαφορεῖ διαθήκης θεοῦ. — de vit. Mos. I, 21. II, 100 ὡς ἀδιαφορεῖν ἡμέραν νυκτός. — de vict. 7. II, 343.

ἀδιεξήγητος unerzälbar. de confus. lingu. 5. I, 407 τὸ ἀδ. τῶν κακῶν πλῆθος.

ἀδιεξίτητος. Steph. führt aus Philo an I, 554. II, 204. — Dazu füge: de posterit. Cain. 11. I, 233, wo M. richtig ἄρθμος ἀδ. für das handschriftliche διεξιόντος las. cf. Tisch. p. 94. not. 7.

ἀδοξεῖν in dem Sinne: „den Ruhm verlieren" im Gegensatze zu εὐδοκιμεῖν, findet sich in quod det. pot. insid. 13. I, 199 καθ' ἑαυτοὺς μὲν χειρονομοῦντες εὐδοκιμοῦσι πρὸς δὲ ἄμιλλαν ἐλθόντες οὐ μετρίως ἀδοξοῦσιν.

ἀδυναμία. Philo ap. Joh. Damasc. sacr. parall. p. 748 B. II, 654 τὸ δὲ αἴτιον ἡ ἀδ. τοῦ γενητοῦ. — quis rer. div. haer. 43. I, 502 bei Aufzälung einer Reihe von Gegensätzen δύναμις, ἀδυναμία. Derselbe Gegensatz bei Plato, Hipp. maj. 295 E. vgl. über das Wort Lobeck ad Phryn. p. 508.

ἀδυνατεῖν bei Philo sehr häufig. Steph. hat aus Philo acht Stellen. — Dazu füge: de gigant. 7. I, 267 ἄνω μὲν βλέπειν εἰς τὰς οὐρανίους περιόδους ἀδυνατοῦσι. — quod deus immut. 6. I, 276 ἀδυνατούντων . . διαφυλάττειν. — de ebriet. 9. I, 362 ἀδυνατοῦμεν δέχεσθαι. — ibid. 45. I, 385 τὸ μὲν ἀδυνατοῦν ἐνεργῆσαι δι' ἀσθένειαν. — de sobriet. 1. I, 399 ἀδυνατοῦντας ἐπιδείκνυσθαι. — ibid. 11. I, 401 τὰ δ' ἄλλα . . ἀδυνατοῦντι. — de confus. lingu. 29. I, 428 πρὸς τὸ τέλος ἐλθεῖν ἀδυνατήσαντες ἀσεβείας. — quis rer. div. haer. 3. I, 474 ἀδυνατοῦσι τοῦ λέγοντος ἀκροᾶσθαι. — ibid. 28.

I. 493 αἴσθησιν ... τοὺς ἀτόμους ... καταλαβεῖν ἀδυνατοῦσιν. — ibid. 49. I. 506. — ibid. 54. I. 512 διὸ μὲν γὰρ ἀεὶ μὲν δὲ ἀδύνατα. — congr. erud. grat. 12. I. 528. — de profug. 6. I. 551. — mut. nom. 32. I. 604. — ibid. 37. I. 610. — de somn. I. 8. I. 627. — de vita Mos. III. 16. II, 157. — de decal. 23. II. 200. — ibid. 28. II. 204 ἐρωτεῖσθαι ἀδυνατῶν. — de monarch. I. 5. II. 218. — ibid. II. 2. II, 223 ἡ ὄψις ... κρίσιν χωρεῖν ἀδυνατοῦσα. — de speciall. legg. 6. II. 305. — ibid. 13. II. 312. — de concupisc. 1. II. 349. — de creat. princ. 10. II. 369. — de fortitud. 5. II. 379. — ibid. 6. II. 380. — de praem. et poen. 5. II. 413 ἀδυνατεῖ κ. ἐξασθενεῖ — ibid. 20. II. 428. — de execrat. 2. II, 429. — quod omn. prob. liber. 10. II. 455. — de vita contempl. 10. II. 483. — apud Euseb. praep. ev. l. 8 c. 13. II. 638.

ἀδυσώπητος. Steph. hat aus Philo II. 543. — Dazu füge: de sacerd. honor. 4. II. 236 ἰδ. ἔχει δωρεάν.

ἀήττητος. Steph. führt aus Philo I. 543. 398. II. 98. 101. 122 an Sodann sagt er am Schluss: „affertur enim e Philone ἥττος φύσις pro „inexpugnabilis natura". Hase fügt hinzu: „in Philone ἥττος ego quidem non inveni". — Es findet sich auch in der Tat nicht. die Stelle. auf welche Steph. anspielt. ist offenbar keine andere als de plantat. 2. I, 331 „δολιχεύει τὴν τῆς φύσεως δρόμον ἥττητον". cf. Wytt. l. c. p. 31.

ἀθεράπευτος. Steph. hat aus Philo II. 464. — Dazu füge: de opif. m. 55. I. 37 δυσίατα καὶ ἀθεράπευτα πλημμελεύση ψυχῆ. — de Joseph. 4. II. 44 μισοπονηρίας ἀθεραπεύτους διαθέσεις.

ἀθλοθετέω. De parent. col. 5. Bei Tisch. p. 74. 13 ἵνα ἡ φύσις αὐτοῖς ἐπένειμε ἀθλοθετοῦσα.

ἀθροισμα. quod det. pot. insid. 3. I. 193 κ. στοιχεῖον.

ἀθύρω. Steph. hat aus Philo II. 615. — Die Stelle ist entlehnt aus de incorr. mundi 13. II. 500.

αἴδιος. de profug. 18. I. 560 ἰ. ζωή. (cf. neutestl. αἰώνιος ζωή). — ibid. 31. I. 572 ἰ. εἰρήνη. — de opif. m. 2. I. 2 τὸν (κόσμον) αἴδιον κ. ἀγένητον ἀπεφήναντο. — de opif. m. 61. I. 41 διὰ τοὺς αἰωμένους αὐτὸν (sc. κόσμον) ἀγένητον καὶ αἴδιον εἶναι.

αἰνιγματώδης. somn. II, 1. I. 659 wird die Erscheinung der Himmelsleiter αἰνιγματώδης genannt. — de victim. 5. II. 241 λόγος αἰ.

αἰσχρουργία. de somn. II. 24. I. 681 παρανόμων ... μετὰ πάσης αἰσχρουργίας.

αἰσχρουργία sehr selten bei Steph. — de mercede meretr. 4. II. 263 ἰ. neben αἰσχρότητι.

ἀκαταίρετος. Steph. hat de opif. m. I. 39. — Dazu füge: de ebriet. 25. I. 372 ἔργα ἀκ. πέλεται. — de somn. I. 21. I. 640 δύναμις ἀκ. — ibid. II. 43. I. 696 ἡ μεγάλη κ. ἀκ. χείρ. — de vita Mos. I. 47. II. 122 ἀκ. συμμαχία. — de praem. et poen. 16. II. 414 ἡγεμονία ἀκ. — de execr. 9. II. 436 ἀκ. καιρὸς εὐτυχίας. — legat. ad Caj. 4. II. 549 εὐδαιμονία ἀκ. — ibid. 7. II. 552 ἔργον ἀκ. — ibid. 29. II. 574 ὅπλις ἀκ. — ibid. 32. II. 581 περὶ νομίμων ἀκαταίρετον φυλακῆς. — de somn. II. 43. I. 697 κράτος ἀκ.

ἀκατάληκτος. de agricult. 18. I. 313 ἀκατάληκτος βίωτος. (cf. Phocyl 180). — de somn. I. 6. I. 625 βίωτος ἀ. neben ἀλυπττακότες ἵμερος. — ibid. 20. I. 639 λύττα ἀ. — legat. ad Caj. 29. II. 534 ἐρμὰ ἀ. — de migr. Abr. 24. I. 456 πόθος ἀκ. — de Joseph. 24. II. 63 ἐπιθυμία ἀκ. — de concupisc. 1. II. 349 μανία ἀκ.

ἀκακία. de ebriet. 2. I. 358 ἀκ. καὶ ἀφελεια ἠθῶν.

ἀκαλλώπιστος. Steph. hat de mundi creat. p. 1 A. — Dazu füge: de cherub. 12. I. 146 ἀκ. εὐσέβεια.

*ἀκαταλαβεῖν. de concupisc. 6. II, 354 οὐ γάρ ῥᾴδιον ἐν πλήθει τὴν ἀνασυματάτην καὶ ἀρίστην ἀτραπὸν ἀκαταλαβεῖν. [Koch: ἀνακαταλαβεῖν.] s. o. S. 46.

ἀκαταληψία. de ebriet. 42. I, 384 πίστεις ἐναργεῖς ἀκαταληψίας.

ἀκατάπληκτος. de migr. Abr. 11. I, 445 τὸ ἐναντίον γὰρ ἀντιδίστασθαι καὶ πολεμεῖν ἀκαταπλήκτω χρωμένους δυνάμει προσήκει.

ἀκατάστατος. Bei Steph. nur mit 2 St. belegt. — Philo hat dies Wort de somn. II. 43. I, 697 τὸ ἀκατάστατον ἰσοῦ κράτος γενέσει τῇ ἀκ. ἀπολλυμένη καὶ φθειρομένη κεκαίνωτος.

ἀκατάσχετος. quod det. pot. insid. 29. I, 212 αἱ αἰσθήσεις ... πρὸς τὰ ἐκτὸς ἀίδιωτι μετὰ ἀκατασχέτου ῥύμης ἐκφερόμεναι. — quod deus immut. 29. I, 893 δημιουργημένος τοῖς τῆς διαφορητοῦ μανίας ἀκατασχέταις οἴστροις. — de somn. II, 42. I, 695 ῥεῦμα ἀκατάσχετον.

ἀκατασχέτως. de sacrif. Abr. et C. 16. I, 174 ἀκ. ἐχχεόμενον.

ἀκηλίδωτος Steph. hat aus Philo I, 156. II, 235. — Dazu füge: de nobilit. 6. II, 443 ἀκ. διαφυλάξασα τὸν ἑαυτῆς βίον. vgl. auch die St. bei Wahl, clav. libr. apocr. p. 24.

ἀκμής. Steph. bringt aus Philo I, 360. — Dazu füge: cherub. 25. I, 154. — ibid. 26. I, 155, wo ἀκ. als Eigenschaft Gottes angeführt wird.

ἀκολακεύτως. Steph. hat aus Philo I, 449. — Dazu de ebriet. 28. I, 374 ὁμολογῶν ἀκ. τὰ προσόντα αὐτοῖς.

ἀκολασταίνω. quod det. pot. insid. 21. I, 205 ist ἀκ. zwischen ἀφραίνειν u. ἀδικεῖν. Ganz ebenso de migr. Abr. 39. I, 471 und de somn. II, 40. I, 694, wo daher M. mit Recht statt εὐφραίνειν gesetzt hat ἀφραίνειν. — de posterit. Cain. 23. I, 240. — de Abrah. 26. II, 20 αἴτιον δὲ τῆς περὶ τὸ ἀκολασταίνειν ἀμετρίας ἐγένετο ... ἡ τῶν χορηγιῶν ἐπάλληλος ἀφθονία.

ἀκονάω. Steph. hat aus Philo 3 St.: I, 564. II, 191. 367. — Das Wort ist sehr häufig bei Philo. gigant. 13. I, 271 παραθήγων καὶ ἀκονῶν. — de agricult. 26. I, 318 σιδήρου τρόπον ἀκονησάμενοι. — ibid. 30. I, 320 ἀκριβεία ἠκονημένη. — de sobriet. 1. I, 392 τὰς αἰσθήσεις πρὸς ἄκρας ὀξύτητας ἀκονᾶ. — de confus. lingu. 11. I, 411 in der Bed. „erbittert" λίαν ἠκονημένον κατὰ τῶν σπόνδας λύειν ἐπιχειρούντων. — ibid. 26. I, 424 ψυχῇ κατὰ ἀσεβῶν ἠκονημένη. — de migr. Abr. 22. I, 455 ὁ ἄλλος τῶν κακιῶν ὅμιλος ἀκονηθείς ... — ibid. 38. I, 469 μὴ μᾶλλον αὐτὸ (sc. τὸ πάθος) ἀκονήσας ἐκθηριώσῃς. — quis rer. div. haer. 22. I, 488 λόγον ... ἠκονημένον κατὰ τῆς ἀληθείας. — ibid. 24. I, 490 πρὸς θεραπείαν ἀκονῆσαι (sc. τὴν ψυχήν). — ibid. 26. I, 491 (λόγος) εἰς τὴν ὀξυτάτην ἀκονηθεὶς ἀκμήν. — ibid. 27. I, 492 ὁ θεὸς ἀκονησάμενος τὸν τομέα τῶν συμπάντων αὐτοῦ λόγον. — congr. erud. grat. 4. I, 521 ῥητορικὴ ... τὸν νοῦν πρὸς θεωρίαν ἀκονησαμένη. — de somn. 9. I, 628 ἠκονημένους ... τὴν περὶ τὰς ὀσμὰς αἴσθησιν. — ibid. 34. I, 651 λόγους ἠκ. — de somn. II, 5. I, 664 desgl. — de creat. princ. II, 367 τὴν διάνοιαν ἐπιμελῶς ἠκόνηνται.

. — quod omn. prob. liber. 1. II, 445 δι' ἑαυτῶν ἠκονημένοι.

ἀκορέστως. de plantat. 6. I, 333 τῶν μεταρσίων ... φύσεων ἀκ. ἐρασθείς.

ἀκράδαντος. Steph. hat aus Philo II, 136. — Dazu: de poster. Cain. 8. I, 231 βάσιν ἀκρ. — ibid. 35. I, 249 βέβαιον κ. ἀκρ. δύναμιν. — de confus. lingu. 18. I, 418 σχῆμα τετραγώνου ἀκρ. — de mut. nom. 23. I, 598. — de Abrah. 46. II, 39 ὁδὸν ἀκρ.

ἀκραδάντως. de plantat. 37. I, 352 ἀ. σκηρίπτεσθαι.

ἀκρατίζω. Steph., der aus Philo II, 166 hat, führt für dies Verb. nur Beispiele des Mediums an. — Doch steht leg. alleg. III, 26. I, 103 ποτιζέτω καὶ ἀκρατιζέτω ψυχάς.

ἀκράτωρ. Steph. hat Philo II, 108. I, 389. 550. — Dazu leg. alleg. III, 53. I, 118 τὰς ἀκράτορας ἐπιθυμίας.

ἀκριβοδίκαιος. Steph. führt 2 St. an, deren eine aus Philo II, 51 nach Sallier ad Th. M. 125. — Dazu füge: quis rer. div. haer. 28. I, 493 ἔοικεν οὖν ὁ θεὸς μόνος ἀκρ. εἶναι.

ἀκριτόμυθος. de somn. II, 42. I, 695 τὸ γὰρ στόμα διανοίξαντες καὶ ἐάσαντες ἀχαλίνωτον ... φέρεσθαι τὸν ἀκριτόμυθον, ἥ φασιν οἱ ποιηταὶ λόγον ἐῶσι. Deutliche Anspielung auf Ilias II, 246. — leg. alleg. III, 40. I, 111 οὗτος δὲ (sc. ὁ γεγωνὸς λόγος) ἥ ἀκριτόμυθός ἐστι καὶ ἀδόκιμος ἥ κεκριμένος καὶ δόκιμος.

ἀκροβατέω. Steph. hat aus Philo I, 606. 640. — Dazu de carit. 24. II, 404. cf. Abresch, lectt. Aristaen. p. 217, wo auch über ἀεροβατεῖν und αἰθεροβατεῖν Belege beigebracht werden.

ἀκροθώραξ. Steph. hat aus Philo II, 478. Diese St. auch bei Wytt. l. c. p. 62. — Dazu: de ebriet. 53. I, 390 Schilderung der φίλοινοι. „ἐπειδὰν ἀκροθώρακες γενόμενοι χλιανθῶσιν ... ἀκράτους πίνουσιν ἀθρόως."

ἀκρόχολος. Steph. hat aus Philo I, 391 (dort fälschlich 389 citirt). — Dazu: de merced. meretr. 4. II, 268 neben ἀνεπίσχετος.

ἀκυρόω. de confus. lingu. 38. I, 434 ἀλλ' ἔστιν ἡ σπουδὴ διαλῦσαι τὸ κακίας στῖφος τὰς ὁμολογίας αὐτῆς ἀκυρῶσαι ... — de ebriet. 48. I, 387 ὁ γὰρ ἂν οὗτος ὁρίσῃ ... ἕτερος ἀκυρώσει.

ἀλεαίνω. Bei Steph. aus Philo I, 516. II. 345. — Dazu: de cherub. 26. I, 155 ἀὴρ ἀλεαινόμενος καὶ ψυχόμενος.

ἀλείπτης Lehrer. vgl. zu dem Worte:
Wytt. ad Plut. Mor. II p. 133 B. —
de sobriet. 13. I, 402 ἀγγέλοις ἀλεί-
πταις χρώμενος. — de migr. Abr. 30.
I. 462 ähnlich.

ἀλείφω in der Bed. „jemand wozu an-
treiben", bei Steph. aus Philo I, 549.
— Dazu füge: de confus. lingu. 20.
I, 408 τινὲς . . . τὰς αὐτῶν ψυχὰς ἐπὶ
ταῦτα ἤλειψαν.

ἀλιεύω. de agricult. 5. I, 303 οἱ ἁλι-
ευόμενοι die Fischer. desgl. de plan-
tat. 23. I, 344.

ἀλληλουχέω. de migr. Abr. 32. I,
464 καθάπερ ἐπὶ σωμάτων συμβέβηκε
τῶν ἡνωμένων ἀλληλουχεῖν. — de
praem. et poen. 9. II, 418 ταῦτα μιᾶς
ὄντα ἰδέας ἀλληλουχεῖν ὀφείλει τῆς ἁρ-
μονίας δεσμοῖς ἐνωθέντα.

ἀλλοεθνής. de spec. legg. 5. II, 304
μηδὲ ἀλλοεθνεῖ κοινωνίαν γάμου συντί-
θεσο. (cf. Joseph. Antiqu. 11, 5, 3
ἀλλοεθνεῖς γυναῖκες.)

ἀλλοτρίωσις. Steph. hat aus Philo
I, 146. — Dazu de ebriet. 2. I, 357
τὴν . . . πρὸς παιδείαν ἀλλοτρίωσιν.
— de confus. lingu. 17. I, 417.

ἀλογέω. Steph. hat aus Philo de ebriet.
I, 633. de dec. orac. p. 763 und eine
Stelle aus de mundo mit unbest. An-
gabe. — Dazu füge: de plantat. 4. I,
331 ἅπαντος ἀλογεῖν τοῦ γῆς χωρίου.
— de ebriet. 28. I, 374 θεοῦ τιμῆς
ἀλογοῦσι. — quis rer. div. haer. 22.
I, 488 αἰσθήσιν . . . ἀλογοῦσαν τῶν
σωφρονιστῶν. — de profug. 4. I, 549
τὸν φαῦλον . . . ὧν ἀλογεῖν προσῆκε
πολὺν λόγον ἔχοντα. — de somn. II, 2.
I, 661 οὗτος οὐκ ἀλογεῖ τῶν κατὰ ψυ-
χὴν ἀρετῶν.

ἀλουργίς. de decal. 1. II, 181 διὰ
χρυσῶν στεφάνων καὶ ἀλουργίδων.

ἀλυσίδιον. In de vita Mos. III, 11.
II, 152 ὅλον δὲ ἁλισιδίοις χρυ-
σοῖς (so bei Mang., Turneb.; rich-
tig bei Hoesch. ἀλυσιδίοις) ἀνήρ-
τητο πρὸς τὴν ἐπωμίδα.

ἄλυσις. legg. alleg I, 111. I, 49 ἴδε
οὖν πῶς ἁλύσεως τρόπον αἱ τοῦ ζώου
δυνάμεις ἀλλήλων ἔχονται.

ἀλώβητος. de migr. Abr. 17. I, 451
παρ' οἷς ἡ ἀλ. φύσις . . . τετίμηται.

ἀμαξήλατος. Bei Steph. nur mit 4
St. aus Pollux belegt. — de agricult.
23. I, 316 ἱππήλατος καὶ ἀμ. ὁδός.

ἀμβλυωπής. de poster. Cain. 46. I,
256 ὁ μὲν γὰρ ἀνθρώπων ὀξυδερκέστα-
τος πρὸς δορκάδων ἢ ἀετῶν ὄψιν ἀμ-
βλυωπέστατος.

ἀμβλωθρίδιον. leg. alleg. I, 24. I,
59 ἃ δὲ ἂν δοκῇ προσφέρειν ἀμβλω-
θρίδια εὑρίσκεται καὶ ἐκτρώματα —
quod deus immut. 3. I, 274 und de
migr. Abr. 7. I, 411 ἠλιτόμηνα ἀμβλ.

ἀμελετησία. Steph. hat aus Philo I,
548. — Dazu: quis rer. div. haer. 43.
I, 502. — de profug. 22. I, 564. —
de merced. meretr. 2. II, 266.

ἀμελλητί. de sacrif. Abr. et Cain. 13.
I, 172 ἀχρόνως καὶ ἀ. — ibid. 18. I,
176 ἀ. μετὰ πάσης σπουδῆς.

ἀμετάπτωτος. congr. erud. grat. 25.
I, 539 κατάληψις ἀσφαλὴς καὶ βέ-
βαιος ἀμετάπτωτος ὑπὸ λόγου.

ἀμεταστρεπτί. quod deus immut. 25.
I, 290 ἴθι ἀ. — de sobriet. 3. I, 394
Αἴγυπτον ἀ. φεύγων ᾤχετο. — confus.
lingu. 11. I, 410 ἀ. φευκτέον. Diese
St. ist auch bei Ruhnken ad Tim. p. 22.
s. dort anderweite Belege. — de migr.
Abr. 5. I, 440 ἵνα ὁ νοῦς τήν τε ἀπὸ
τῶν παθῶν ἀ. πονῆται διάβασιν. — quis
rer. div. haer. 60. I, 517 ἀποδρασό-
μεθα ἀ. — de poenitent. 2. II, 406
αὐτομολεῖν ἀ. πρὸς ἀρετήν. — de
praem. et poen. 3. II, 411 φεύγειν ἀ. —
ibid. 11. I, 418 u. 19. II, 427. — de
vita contempl. 2. I, 475 ähnlich.

ἀμετροεπής. mut. nom. 43. I, 616
πολλοὶ δὲ διὰ τὸ λάλον καὶ τὸ ἀμε-
τροεπὲς οὐχ εὑρίσκουσι πέρας ἐπιθεῖ-
ναι τῷ λόγῳ.

ἀμηγέπη. de somn. I, 3. I, 622. cf.
Ruhnk. l. c. p. 25 sq. u. Thom. Mag.
p. 40. τὰ μὲν οὖν τρία πέφυκεν ἀμη-
γέπη καταλαμβάνεσθαι τὸ δὲ τέταρτον
ἀκατάληπτον . . . ἐστίν.

ἄμης. Steph. führt an Philo I p. 300 (?).
Die Stelle steht de ebriet. 52. I, 390
τὰ μὲν γὰρ ἀμήτων καὶ μελιπήκτων
. . . ποικιλώτατα γένη . . .

ἀμοχθί. leg. alleg. III, 22. I, 101 τὸ
νεκρὸν ἐξ ἑαυτοῦ σῶμα ἐγειρούσης καὶ
ἀ. φερούσης τῆς ψυχῆς.

ἀμπωτίζω. Steph. führt s. v. ἀναπίνω
aûs Philo I, 298 an. — Dazu füge:
de somn. II, 11. I, 674 ἀμπωτίζει δὲ
παρ' αὐτοῖς ἡ θάλαττα.

ἀμυδρόω. Bei Steph. ist Philo er-
wähnt, ohne best. Beleg. — quod deus
immut. 1. I, 273 ὅταν δὲ ἀμυδρωθὲν
ἐπισκιασθῇ τὸ διανοίας φῶς. — ibid.
17. I, 284 ἡ ὄψις μαρμαρυγαῖς τῶν
ἀκτίνων ἀμυδρωθεῖσα.

ἀμύητος. de ebriet. 10. I, 363 θείων
ἀ. ἀγαθῶν. — de profug. 32. I, 573
οἱ ἀλληγορίας ἀ.

ἄμυστις. de ebriet. 53. I, 390 τὰς

4 *

οίνηρύσεις καί τάς άμύστεις καί τούς
κρατήρας όλους προςενεγκάμενοι.

άμφημέρινος. de confus. lingu. 29.
I, 427 άμφημέριναι καί διάτριτοι καί
τεταρταϊζουσαι . . . περίοδοι.

άμφίδοξος. de decal. 24. II. 202 μή
γάρ άγνευούσης γυναικός άμφίδοξον καί
άδηλον τά άπακυόμενα τίνος έστιν τῇ
άληθεία πατρός.

άναβλαστάνω. de plantat. 1. I. 329
φυτά παμμύρια έκ μιᾶς άναβλαστάνον-
τα ρίζης. — de ebriet. 14. I, 366 σο-
φίας άναβλάστητον έρνος. — de opif.
m. 25. I, 18 τό φιλοσοφίας άναβλά-
στησε γένος.

άναγνος. Bei Steph. 1 St. aus Philo
ap. Euseb. pr. ev. p. 384 D. — Dazu:
de sacr. Abr. et C. 40. I. 190 ούχ ἧτ-
τον άναγνον ἤ εύαγῆ κρίνας.

άναγνώρισις Wiedererkennung. de
Joseph. 40. II, 74. Philo sagt in Be-
ziehung auf Genes. 45, 1, wo άναγνω-
ρίζετο, von Josef: „ούδένα τών Αί-
γυπτίων έδικαίωσεν παρεῖναι κατά τήν
πρώτην άναγνώρισιν.

άνάδελφος. de septen. b. Tischd. p.
21, 14.

άναδινέω. Bei Steph. nur 1 Beleg. —
de somn. II, 1. I, 659 ἡ ψυχή κινου-
μένη καί άναδινοῦσα έαυτήν.

άναδύομαι in der Bed. „verweigern".
de somn. I, 2. I, 622 μηδείς δέ όμ-
νύναι τόν τοιοῦτον όρκον άναδυέσθω.

άναζωγραφέω. Steph. hat aus Philo
I, 470. II, 215. 591. — Dazu: de
Joseph. 22. II, 59 τῆς διανοίας . . .
άναζωγραφούσης καί είδωλοποιούσης
τά μή όντα ώς όντα.

άναζωόω. de somn. I, 23. I, 643 ίνα
τήν . . . ψυχήν . . . άναζώωσι.

άναθυμίασις. de somn. I, 22. I, 642
τάς άναδιδομένας έκ γῆς άναθυμιά-
σεις. — apud Euseb. l. 18 c. 13. II,
647 αί γῆς καί ύδατος έπάλληλοι καί
συνεχεῖς άναθυμιάσεις.

άναιρετικός. leg. alleg. III, 23. I,
102 φθοροποιόν γάρ τό ζῶον καί άν.
έξ αύτοῦ.

άναισθησία. de ebriet. 2. I, 358
τούς άναισθησία παντελεῖ κατεσχημέ-
νους. — ibid. 40. I. 382 es giebt eine
zwiefache Unwissenheit, die eine ist
einfach, ἡ παντελής άν. — desgl. ibid.
41. I, 382.

άναισθητέω. de ebriet. 2. I, 358 τοῦ
δ' άναισθητεῖν (sc. αίτιον) ἡ έπίβουλος
. . . άγνοια.

άναισχυντέω. cf. Lobeck ad Phryn.
p. 67 u. Thom. M. p. 82. — de spec.

legg. 10. II, 309 τό γάρ μέχρι τέλους
άναισχυντεῖν ύπερβολή κακίας.

άναισχυντία. fragm. ap. M. II, 672
άν. μέν ίδιον φαύλου, αίδώς δέ σπου-
δαίου. Diese St. auch bei Wytt. l. c.
VIII p. 107.

άνακαινίζω. leg. ad Caj. 11. II, 558
άνισότητα τήν άδικίας άρχήν άνεκαί-
νισεν ίσότητι.

άνακαλυπτήριον. Zu άνακαλυπτήρια
άγειν bringt Steph. 2 St. Dazu: de
ebriet. 2. I, 358 άλήθεια ἤ τά τῶν
συνεσκιασμένων πραγμάτων άνακ. άγου-
σα δύναμις.

*άνακούσιος. de praem. et poen. 9.
II, 417 άναυδος γάρ καί άνακούσιος
καί άκτήμων . . . Sollte hier viel-
leicht άνάκουστος zu lesen sein? [Koch
άνήκουστος nach Sophocl. Philoct. 486.]

άνακράτος. So bei Turneb. u. Mang.
Hoesch. — leg. alleg. III, 53. I, 118
καί άνακράτος νικῶ καλήν νίκην καρ-
τερίας. vgl. Steph. s. v. κράτος.

άνακυκάω. fragm. ap. M. II, 655 ἡ
φορά τῶν κακιῶν άνακυκᾷ . . . τήν
ψυχήν.

άνακύκλησις. de mut. nom. 9. I,
588 von dem Wechsel der Jahreszei-
ten, welchen die Sonne bewirkt, ίσο-
παχέσι ταῖς άνακυκλήσεσι. — de sep-
ten. 6 hat M. II, 281 άνακυκλήσεις.
Tisch. p. 22, 8 e cod. Laur. άνακυ-
κλώσεις. Wahrscheinlich ist auch in
der ersterwähnten Stelle so zu lesen.

άναλγησία. de agricult. 35. I, 323
πολλῆς άναλγησίας δείγματα.

άναμέλπω. de agricult. 17. I, 312
δύο δέ χοροί . . . άντίφωνον άναμέλ-
ψουσιν άρμονίαν. — de plantat. 30. I,
348 von Hymnen, ούς ό . . . νοῦς
άναμέλψει.

άναντάγώνιστος. Bei Steph. nur we-
nig Stellen; ist bei Philo sehr häufig:
de ebriet. 29. I. 374 σοφίαν ά. — de
sobriet. 11. I, 401. — de confus. lin-
gu. 10. I, 410 κράτος ά. — ibid. 21.
I. 419 τάχος ά. — de migr. Abr. 21.
I, 454. — de Joseph. 15. II, 53. —
de Abr. 41. II, 35 δύναμιν ά. — de
somn. I. 12. I. 631. 21. I, 640 ρώ-
μην ά. desgl. 43. I, 657. de forti-
tud. 6. II, 301. — de somn. 27. I. 646
άναντάγωνίστου γέρως — de creat.
princ. 4. II, 363 κλέος άν. — de somn.
II. 42. I, 696. — de vita Mose I. 39.
II, 116 νίκην ά. — de Abrah. 7. II, 6
άρετήν ά. — decal. 29. II, 204 προ-
θυμία ά. — de victim. 6. II, 242 βα-

σιλείαν ά. — de praem. et poen. 16.
II, 423 συμμαχία ά.
ἀνάπειρα. de spec. legg. 26. II, 323
καὶ τὸ μὲν ἀνάπειραν αὐτίκα ϑνησκέτω.
*ἀναποδήμητος. de Abrah. 14. II,
11 ἀναποδήμητοι πρὸς ἐκδεδημηκότας.
ἀναπολέω. Passow sagt: „Die Bedeu-
tung ,wiederkäuen‘ führte man sonst
aus Ael. n. a. 2, 54 an, wo aber jetzt
ἀναπλέω gelesen wird.“ So auch Steph.
— Indessen vgl. de agricult. 30. I,
320: ὥσπερ γὰρ τὸ μηρυκώμενον τὴν
προκαταβληϑεῖσαν . . . αὖϑις ἐπιλεαί-
νει τροφήν, οὕτως ἡ ψυχὴ τοῦ φιλο-
μαϑοῦς . . . ἕκαστα ϑεωρήματα μεϑ᾽
ἡσυχίας πάσης ἀναπολεῖ. vgl. im Ue-
brigen Wytt ad P. M. p. 556 A. Lo-
beck l. c. p. 584.
ἀνάπτυξις. Steph. führt aus Philo I,
540 an. — Dazu füge: leg. alleg. I,
31. I, 63 μετὰ τῆς τοῦ κεφαλαίου ἀνα-
πτύξεως.
ἀναρριπίζω. leg. alleg. III, 25. I,
124 πᾶς ὁ ψυχῆς ἀναρρ. πόλεμος.
— de gigant. 11. I, 269 ὅς (sc. πό-
λεμος) ἀναρριπίζεται. — de somn. II,
21. I, 678 τὸν ἀπὸ τῶν παϑῶν ἀναρ-
ριπιζόμενον ἐμφύλιον πόλεμον. (cf.
Joseph. antiquitt. 2 πόλεμος καϑ᾽ ἡμέ-
ραν ἀνερριπίζετο.) — de plantat. 35.
I, 350 παϑῶν . . . ὑπὸ ἔρωτος οἴ-
στρω ἀνερριπισμένων. — quis rer. div.
haer. 59. I, 516 ἀναρριπιζομένων πα-
ϑῶν. — congr. erud. grat. 17. I, 532
ἡ ἐμφύλιος ἀνερριπίσϑη στάσις. —
in Flacc. 7. II, 523 ἀναρριπίζειν και-
νοτέραις ἀεὶ κακῶν προσϑήκαις τὴν
στάσιν ἠξίου. (cf. die bei Steph.
angef. Stellen zu ders. Phrase.) — de
execrat. 9. II, 437 ἐναύσματα τῆς εὐ-
γενείας ἀφ᾽ ὧν ἀναρριπισϑέντων ἐξέ-
λαμψεν ἡ πρὸ μικροῦ σβεσϑεῖσα εὔ-
κλεια. — de concupisc. 8. II, 354
ἀναρριπίζουσαι καὶ προσαναφλέγουσαι
τὰς . . . ἐπιϑυμίας. — de fortitud. 3.
II, 377 ἥν (sc. ἐπιϑυμίαν) πυρὸς τρό-
πον ἀναρριπίζων καὶ ἀναφλέγων ἐπὶ
πάντα . . . τείνει. (cf. b. Steph. Al-
ciphr. ep. I, 35 ἀνερρίπισέ μου τὴν
ἐπιϑυμίαν.)
ἀνασκολοπίζω. de Joseph. 18. II,
55 ὁ βασιλεὺς ἀνασκολοπισϑῆναί σε . . .
κελεύσει. vgl. Carpzov exercitt. s. in
ep. ad Hebr. p. 263 ff.
ἀναστοιχειόω. Steph. hat Philo I,
501. II, 93. — Dazu: quis rer. div.
haer. 38. I, 498. — de poster. Cain.
2. I, 227 αἱ τῶν τετελευτηκότων ἀνα-
στοιχειούμεναι μοῖραι. — de Abrah. 8.

II, 7 νομίσαι τὰ μέρη τοῦ παντὸς εἰς
μίαν φύσιν τὴν ὕδατος ἀναστοιχειού-
μενα σπεύδειν.
ἀναφαίρετος. de ebriet. 18. I, 368
ά. ἆϑλα.
*ἀνάφϑεγμα, Ausspruch. de somn.
II, 3. I, 661 τὸ μὲν „ὤμην“ εὐϑέως
ἀδηλοῦντος καὶ ἐνδοιάζοντος . . . ἀν.
ἐστι.
ἀνδραγαϑέω. de parent. col. 7. Bei
Tisch. p. 77, 16 παντωχίαις δι᾽ ὧν ἠν-
δραγαϑήσαντο.
ἀνδραγαϑίζομαι. de carit. 3. II, 386
ἀνδραγαϑίζεσϑαι παραινεῖ καὶ σφόδρα
ἰσχύειν.
ἀνδραποδοκάπηλος. Steph. hat Phi-
lo II, 338. — Dazu füge: quod omn.
prob. l. 6. II, 451.
ἀνδρωνῖτις. de sacr. Abr. et C. 31.
I, 183. — de ebriet. 14. I, 365. —
de migr. Abr. 17. I, 451.
ἀνείδεος. de profug. 2. I, 547 τὴν
ἄποιον κ. ἀν. καὶ ἀσχημάτιστον οὐσίαν.
cf. Lobeck ad Phryn. p. 729.
ἀνείμων. Steph. führt hierzu nur Odyss.
3, 348 an. — de somn I, 16. I, 635
νυκτὸς μὲν καὶ τοῦ μὴ ἀνείμονά τινα
κοιμηϑῆναι προενόησεν.
ἀνέκπλυτος. de creat. princ. 4. II,
363 ϑειοτέρους καὶ ἀνεκπλύτους χαρα-
κτῆρας (sc. τῇ διανοίᾳ ἐναπομάττεσϑαι).
ἀνελλιπῶς. de plantat. 21. I, 343 sagt
Ph. von Gott ἀγαϑός ἐστι συνεχῶς καὶ
φιλόδωρος ἀν.
ἀναποδίστως. de poster. C. 42. Bei
Tisch. p. 128, 4.
ἀνενδεής. de plantat. 21. I, 343 τὸ
ἀνενδεές.
ἀνενδοίαστος. Steph. hat 1 St. aus
Philo. — Dazu füge: quod deus im-
mut. 1. I, 273 ἀν. βεβαιότητα. — de
agricult. 3. I, 302 διὰ . . . ἀποδεί-
ξεων ἀν. — de plantat. 26. I, 346 τὸ
ἀν. ἀληϑείας χρῶμα.. — de Joseph. 23.
II, 60 ἀν. νίκην — de monarch. I, 9.
II, 221 ἀν. καὶ γυμνὴν ἀλήϑειαν. —
de Abrah. 42. II, 36 τὴν τῆς οἰκίας
ἀν. μετανάστασιν. — de migr. Abr. 5.
I, 440 ἀν. γνώμη — ibid. I, 442
ἀνενδοίαστα νομίσασα ἤδη παρεῖναι τὰ
μὴ παρόντα. — de vita Mose I, 28.
II, 107 ἀν. πόϑον. — de sacerd. ho-
nor. 6. II, 237 ἐπ᾽ ὀλέϑρω ἀν. — de
profug. 8. I, 553 ἡ ἀν. τοῦ μόνου ϑε-
ραπεία σοφοῦ.
ἀνενδοιάστως. quod det. pot. insid.
40. I, 219 ἀν. καὶ ἀκλινῶς. — de
plantat. 20. I, 342. — ibid. 36. I, 351.
— de vita Mos. I, 15. I, 94. — ᾽de

spec. legg. 20. II, 319. — ibid. 35.
II, 332.

ἀνένδοτος. de Abrah. 32. II, 25 γνώμη ἀνενδότῳ καὶ ἀρρεπεῖ. — de judic.
1. II, 345 ἀνδρίαν . . . πρὸς τὸ ἄν. —
de fortitud. 1. II, 376 ἀνενδότοις καὶ
ἀκαμπέσι . . . λογισμοῖς. — de caritat. 3. II, 386 ἄν. καὶ ἐρρωμένοις λογισμοῖς. — quod omnis prob. l. 14.
II, 460 ἄν. καὶ ἀήττητος ψυχή. — de
incorr. m. 7. II, 494 τὴν ἄν. κ. ἀκάματον τῆς γῆς . . . ἀκμήν. — de
cherub. 25. I, 154 als Eigenschaft Gottes.

ἀνενδότως. de migr. Abr. 26. I, 458
ἀ. καὶ εὐτόνως. — congr. erud. grat.
6. I, 522 ἀ. ἔχων πρὸς ἄσκησιν.

ἀνεξάλειπτος. quis rer. div. haer. 37.
I, 498 τὰ ἐνσημανθέντα ἀνεξάλειπτα
εἶδη. — quod omn. prob. l. 2. II, 447
τῶν φαντασιῶν τοὺς πρώτους τύπους
ἀνεξαλείπτους. — de monarch. I, 8.
II, 221 πρὸς ἀνεξ. διαμονήν.

ἀνεξαπάτητος. de vict. offer. 14.
II, 263 πρὸς ἀνεξ. ἑρμηνείαν. — de
somn. I, 35. I, 652 παρὰ δὲ ἀριθμητικῆς καὶ γεωμετρίας (λαβὼν) τὸ ἀνεξαπάτητον.

ἀνεξαπατήτως. Bei Steph. nur mit
2 St. belegt. — Bei Philo ist es: quis
rer. div. haer. 14. I, 483 καταλαμβάνειν ἄν.

ἀνεξέλεγκτος. Steph. hat aus Philo
II, 614. — Diese Stelle ist entlehnt aus
de incorr. m. 13. II, 500.

ἀνεξέταστος. de somn. II, 15. I,
672 εἰ δέ τινες ἀνεξετάστους καὶ ἀπερισκέπτους εἰδότες ἑαυτοὺς οὐ σπουδάζουσι τοῖς ἐξηταχόσιν. — de Abrah.
45. II, 38. — de fortitud. 3. II, 377
ἄν. ἄνθρωποι. — de concupisc. 2. II,
350 πρὸς ἔχθραν ἢ φιλίαν ἀνεξ. — de
parent. col. 3. Bei Tisch. p. 73, 3
πράγματος ἀνεξ. καὶ ἀνεπισκέπτου. —
ibid. 7. Bei Tisch. p. 77, 10 παρὰ τοῖς
εἰκαιοτέροις καὶ ἀνεξ. — de mercede
meretr. 2. II, 266 μίξεις ἀνεξ. — de
legat. ad C. 10. II, 556 ἐκάλουν οἱ
ἀνεξ. τὴν παραίνεσιν πρόσταξιν. — apud
Euseb. pr. ev. l. 8 c. 13. II, 640.

ἀνεξετάστως. Steph. hat aus Philo
I, 550. — Dazu: quis rer. div. haer.
18. I, 485. — de Joseph. 10. II, 49
εὐχερῶς καὶ ἄν. — de decal. 19. II,
196 καταχόρως καὶ ἄν.

ἀνεπαισθήτως. ap. Joh. Damasc. s.
par. p. 777. II, 658.

ἀνεπανόρθωτος. Steph. hat Philo
II, 556 u. II, 614. Dies ist entlehnt

aus de incorr. m. 13. II, 500. cf.
ἀνεξέλεγκτος.

ἀνεπιβούλευτος. de creat. princ. 4.
II, 364 βίον ἄν. ἄξω. (Steph. hat: Philo apud Euseb. pr. ev. 8, 13.)

ἀνεπιδεής. de vict. offer. 6. II, 256
ὁ τῶν ὅλων κτίστης καὶ ποιητής καὶ
πάντων ἀνεπιδεής. — quod deus immut. 12. I, 281. — de plantat. 8. I,
334 τροφῆς ἄν.

*ἀνεπικέλευστος. decal. 30. II, 207
χρησαμένας ἀνεπικελεύστῳ τῇ φύσει.

*ἀνεπικελεύστως. leg. alleg. III,
49. I, 115.

ἀνεπιλήπτως. Bei Steph. 1 St. aus
Philo. — Dazu: de Abrah. 1. II, 2 οἱ
ἄν. καὶ καλῶς βιώσαντες.

ἀνεπίσκεπτος. de parent. col. 3. Bei
Tisch. p. 73, 3. s. unter ἀνεξέταστος.

ἀνεπιστημοσύνη. Bei Steph. aus
Philo I, 358. II, 602. — Dazu: de
migr. Abr. 31. I, 462. — de somn. I,
39. I, 654 — de ebriet. 11. I, 364.
— ibid. 40. I, 382.

ἀνεπίσχετος. de ebriet. 24. I, 371
ἄληκτον καὶ ἄν. μέθην. — de merced.
meretr. 4. II, 268. — de agricult. 8.
II, 305 οὔστρον ἄν.

ἀνεπισχέτως (Bei Steph. 1 Beleg.)
quod deus immut. 33. I, 296 οὕτος
ἡμῖν ἄν. οὐρανοῦ τὴν . . . τροφήν. —
de migr. Abr. 37. I, 468 τῶν οἰκείων
(sc. τροφῶν) ἄν. ἐμπιπλαμένη.

ἀνεπιτηδείως. legat. ad C. 6. II,
551 πρός τε ἀρχὴν τοιαύτην ἄν. ἔχοντα
ἔκρινε.

ἀνεπιτρόπευτος. Steph. hat aus Philo
II, 90. — Dazu füge: de sacrif. Ab.
et C. 10. I, 170 ἄν. ὀρφανίαν. — quod
det. pot. insid. 39. I, 219 κρείττους
τῶν ἀνεπ. νέων. — de agricult. 10. I,
307 ἄν. ποίμνην. — ibid. 12. I, 308
μέρη τῆς ψυχῆς ἄν. ἀφεθῆναι.

ἀνεπίφαντος. Bei Steph. ohne Beleg.
— de Joseph. 41. II, 76 ἐθαύμαζον
τὸ ἀνεπ.

ἀνέραστος. quis rer. div. haer. 8. I,
478 ἡ ζωὴ ἡ σὺν αἰσθήσει . . . ἧς
ἀνέραστος οὐδείς. cf. Abresch. lect.
Arist. p. 59.

ἀνερεθίζω. Bei Steph. aus Philo: I,
521. 549. II, 519. — Dazu füge: de
ebriet. 9. I, 360 ἀνερεθίζει δὲ ὁ πρὸς
τὸ ἐνάντιον . . . ἀποκλίνας. — ap. Euseb. pr. ev. 8, 13. II, 645 ἀνερεθίζεσθαι πρὸς ἀλκήν. — de congr. erud.
grat. 14. I, 530 τὸν πόθον (φιλοσοφίας)
ἀνηρεθίσθην. — de mut. nom. 32. I,
604 ἀνεγείροντα καὶ ἀνερεθίζοντα τὰς

... παδῶν ὁρμάς. — de somn. I, 39.
I, 655 πρὸς τὴν ἀνηρεδιασμένην λώβην.
— de somn. II, 13. I, 670 ἐξαγριαίνει
καὶ ἄνερ.
ἀνερμάτιστος. Steph. hat Philo I,
474. II, 175. 382. — Wytt. l. c. VIII,
1. p. 138 hat: II, 635. Euseb. pr.
ev. 8, 387. — Dazu: decal. 14. II,
192 ἀνερμάτιστα σκάφη.
ἀνέσιμος. de Joseph. 16. II, 54 ταῖς
ἀνεσιμωτέραις παντὸς λόγου πράξεσι.
— Oder sollte zu lesen sein: ἀνυσι-
μωτέραις?
*ἀνευένδοτος. e cod. Med. zu lesen
in de merced. meretr. 4. II, 269 für
εὐένδοτος.
ἀνευρύνω. de poster. Cain. 14. I, 235
στενωποὺς ἀνευρύνειν.
*ἀνευφραίνω. [Steph. hat blos ἀνεύ-
φραντος.] De somn. I, 9. I, 628 μα-
κάριοι . . . οἷς ἐξεγένετο . . . ἀνευ-
φρανδεῖσιν ἔτι διψῆν (d. h. nach Er-
kenntniss).
ἀνηγεμόνευτος. de somn. II, 43. I,
696 οἰκίαι ἀνηγ.
ἀνηλόω. Bei Steph. nur mit 1 St. aus
Orig. belegt. — de Abrah. 8. II, 7 ὁ
ἀὴρ . . . ἅπας ἀνήλωτο.
ἀνδέμιον. quis rer. div. haer. 44. I,
503 gebraucht Philo diesen Ausdruck
von den künstlichen Blumen am gold-
nen Leuchter des Heiligtums. — vgl.
Exod. 25, 33 LXX σφαιρωτῆρες καὶ
τὰ κρίνα αὐτῆς.
ἀνδήλιος. de somn. I, 41. I, 656 τὴν
ἀνδήλιον αὐγὴν ὡς ἥλιον . . . ὁρῶσι.
ἀνδοβαφής. Steph. hat aus Philo II,
478. — Dazu: de spec. legg. 5. II,
274 στρωμναῖς ἀνδοβαφέσι.
ἀνδρακόω. legat. ad C. 19. II, 564
ὕλης . . . ἀνδρακοῦσδαι διὰ κουφό-
τητα μὴ δυναμένης.
ἀνδρωποβόρος. Steph. hat Philo II,
472. — Dazu füge: de praem. et poen.
15. II, 422 ἀνδρ. ζῷα. — ibid. 16.
II, 423 τὰ ἀ. — ap. Euseb. pr. ev.
l. 8 c. 13. II, 646 τὸ ἀνδρ. καὶ δη-
ρίων ἀργαλεώτατον κροκόδειλος.
ἀνδρωπολογέω. Steph. hat aus Philo
I, 287. — Dazu: de confus. lingu. 27.
I, 425 ταῦτα δὲ ἀνδρωπολογεῖται παρὰ
τῷ νομοδέτῃ.
ἀνδρωπόμορφος. de confus. lingu.
27. I, 425 ἀνδρ. δεός. vgl. die Bei-
spiele bei Steph. und die der Kvv. bei
Suizer.
ἀνδρωποπαδέω. Bei Steph. nur 1
Beleg. — Bei Philo ist dat Wort: leg.
alleg. III, 84. I, 134 κοιμήδητι μετ'

ἐμοῦ καὶ ἄνδρωπος ὢν ἀνδρωποπάδη-
σον. — in Flacc. 14. II, 534 οὐκ ἐφη-
δόμεδα . . . τιμωρίαις ἐχδροῦ δεδι-
δαγμένοι πρὸς τῶν ἱερῶν νόμων ἀν-
δρωποπαδεῖν. — decal. 10. II, 187.
*ἀνδρωποπλάστης. [Steph. hat nur
ἀνδρωποπλαστικός.] — de somn. I, 36.
I, 652 γῆν καὶ ὕδωρ λόγος ἔχει φυ-
ραδέντα καὶ μορφωδέντα πρὸς τοῦ ἀν-
δρωποπλάστου εἰς τὸ ἡμέτερον ἀπο-
κριδῆναι σῶμα.
ἀνδυπαλλάττω. Steph. hat aus Philo
II, 440. — Dazu: de concupisc. 2. II,
350 ὡς ῥαδίως ἑκάτερον ἀνδυπαλλάτ-
τεσδαι. — in Flacc. 18. II, 539 δι' ὃν
ἀνδυπηλλάξατο Γυάρων Ἄνδρον ἐγγύ-
τατα κειμένην. — ibid. 19. II, 540
καλήν γε χώραν Ἄνδρον οὐκ εὐτυχῆ
νῆσον τῆς εὐδαίμονος Ἰταλίας ἀνδυ-
παλλάττομαι.
ἀνδυποβάλλω. [Bei Steph. nur 1 St.
aus Aeschin.] — apud Euseb. pr. ev.
8, 7. II, 630 μὴ ζυγὸν ἄδικον ἀνδυ-
ποβάλλειν.
*ἀνδυπολείπω. de incorr. m. 18. II,
505 γεώδους πολλῆς ἀνδυπολειφδείσης
οὐσίας.
ἀνδυπουργέω. quod omn. prob. l. 12.
II, 458 ἐλεύδεροι πάντες ἀνδυπουρ-
γοῦντες ἀλλήλοις.
ἀνίδρυτος. Steph. hat aus Philo: I,
272. II, 112. 216. 268. 382. — Lo-
beck ad Phrynich. p. 730 führt zur
Schreibung ἀίδρυτος aus Philo an 594
B = I, 650, 722 D = II, 361, wo
aber M. ἀνιδρύτου lesen will, 871 A
= II, 451, 914 D = II, 412, wo M.
πόνοις ἀτρύτοις. — Zu ἀνίδρυτος hat
Lobeck l. c. 633 A = II, 112. — 742
C = II, 382. — 864 C = II, 268. —
814 E = II, 216. — 293 C = I, 272.
— Dazu füge: quod det. pot. insid. 4.
I, 193 γνῶμαι ἀνίδρ. — de post. Cain.
7. I, 230 ἀνιδρύτοις ὁρμαῖς. cf. Eurip.
Iph. T. 471 ἀνιδρύτοις δρόμοισι. —
congr. erud. grat. 12. I, 527. — de
somn. I, 33. I, 690 steht dicht bei-
sammen: ἀίδρυτοι λογισμοί u. ἀνίδρ.
σῶμα. — Zusammenstellung von ἄστα-
τος καὶ ἀνίδρ. vgl. de somn. I, 24. I,
650. — quod det. pot. insid. 4. I, 193.
— quod deus immut. 1. I, 273.
ἀνιμάω. de plantat. 6. I, 333 ἅπερ
ἀνιμήσαντο αἱ τῶν ἀνέμων κραταιότα-
ται . . . δῖναι.
ἀνισόδρομος. cherub. 7. I, 143, von
M. statt μεσόδρομος gelesen. — Steph.

citjrt Philo II, 141, wo das Wort nicht zu finden ist.

ἀνοδία. Steph. hat aus Philo I, 118. — Dazu: de somn. II, 23. I, 680 οὐχ ὁδὸν ἀλλ᾽ ἀνοδίαν τοῦ βίου διεξέρχεται.

ἀνόθευτος. de merced. meretr. 3. II, 267 ἀν. βίον. — quod det. pot. insid. 37. I, 217 τῇ ἀν. χαρά.

ἀνόθως. Steph. hat aus Philo I, 333. II, ·190. 216. 461. — Dazu: de migr. Abr. 16. I, 449 ἀ. καὶ ἀκολακεύτως. — de agricult. 23. I, 316 οἱ πεφιλοσοφήκασιν ἀν.

ἀνοίκειος. in der Bed. „unpassend". leg. alleg. III, 72. I, 127 ἔφασαν δέ τινες ὡς ἀνοίκειον ἦν ὀμνύναι.

ἀνοιμώζω. de Joseph. 37. II, 72 ὡς ἰδόντας ἀθρόους ἀνοιμῶξαι.

ἀνομβρέω. Bei Steph. aus Philo vita Mose I, 12 p. 91. — Dazu: de plantat. 19. I, 341 τέχνην πηγῆς τρόπον ἀεὶ κινουμένην καὶ ϑεωρημάτων παντοίων ἰδέας ἀνομβροῦσαν.

ἀνοργίαστος. cherub. 28. I, 156 ἀνοργιάστους τελετάς. Diese St. noch bei Ruhnken l. c. p. 32. [cf. Clem. Al. protr. p. 14 A.] — de ebriet. 36. I, 379. — de merced. meretr. 4. I, 268 neben βέβηλος.

ἀνορϑιάζω. Steph. hat aus Philo p. 1016 = leg. ad Caj. 26. II, 571 und p. 750 = decal. 11. II, 188. — Dazu: de ebriet. 38. I, 381 ἐγήγερται καὶ ἀνωρϑίασται. — de somn. I, 34. I, 650 τὰ ὦτα ἀνορϑιάσαντες.

ἀνορχέομαι. Steph. hat nur 1 St. aus Eurip. — de ebriet. 36. I, 380 γέγηϑεν εὐϑὺς καὶ μειδιᾷ καὶ ἀνορχεῖται.

ἀνοσιούργημα. Steph. hat aus Philo II, 313. — Dazu: de vita Mose I, 9. II, 88. — de Joseph. 9. II, 49. — ibid. 29. II, 66. — de decal. 1. II, 181. — de spec. legg. 3. II, 301. — ibid. II, 302. — de vita Mose III, 25. II, 165. — de vict. offer. 12. II, 260.

ἀνοσιουργός. Steph. hat aus Philo II, 313. — Dazu: de confus. lingu. 24. I, 422. — ibid. 31. I, 429. — congr. erud. grat. 16. I, 532. — de vita Mose I, 3. II, 83. ἐπινοίαις ἀνοσ. — ibid. III, 37. II, 177 κατὰ τῶν ἀϑέων καὶ ἀνοσ.

ἀνουϑέτητος. de merced. meretr. 2. II, 266 ἀν. λόγοι. — ibid. 4. II, 268.

ἀντακολουϑέω. Steph. erwähnt Philo ohne bes. Citat. — de praem. et poen. 14. II, 421, wenn wie die Gedanken so die Worte, und wie die Worte so

die Handlungen καὶ (ἐὰν) ταῦτα ἀλλήλοις ἀντακολουϑῇ.

*ἀνταμελέω. de spec. legg. 6. II, 275 ὁ γὰρ ἀμελὴς τί δεινὸν εἰ ἀνταμελήσεται.

ἀντεκτείνω. de somn. II, 27. I, 683 ἀντεκτείνει ἑαυτόν. — ap. Joh. Damasc. s. par. p. 551. II, 651 τὰς ἀντιδόσεις τῶν ἀγαϑῶν αἱ χῶραι ἀλλήλαις ἀντεκτείνουσιν.

ἀντέκτισις. Steph. hat aus Philo II, 58 u. 510. — Letztere Stelle kehrt wieder in de mundo 17. II, 619. — Ausserdem ist das Wort auch: de incorr. m. 21. II, 508 τῶν τεττάρων ἀντέκτισις δυνάμεων.

ἀντεξελαύνω. in Flacc. 14. II, 534 καί τινων ἱππέων εἰς τὸ στρατόπεδον καὶ ἀπὸ τοῦ στρατοπέδου ... ἀντεξελαυνόντων.

ἀντεπίϑεσις. Steph. führt als einzige Belege hierzu an: Philo I, 7 u. 663. — Dazu füge: de somn. I, 38. I, 654 κατὰ ἀντεπίϑεσιν δυνατωτέρου ἀνδρός.

ἀντεφίστημι. de spec. legg. 15. II, 313 ἀντεφησϑῆναι.? So bei M. u. Turneb. p. 540. — Soll wol ἀντεπιστῆναι sein?

ἀντιδιατίϑημι. de concupisc. 4. II, 352 ἀντιδιατιϑέναι. — de spec. legg. 15. II, 213 ἀντιδιαϑεῖναι.

ἀντιδοξέω. de incorr. m. 10. II, 496 νικηϑέντες δὲ ὑπὸ τῆς ἀληϑείας καὶ τῶν ἀντιδοξούντων ἔνιοι μετεβάλοντο. vgl. auch die St. b. Wahl l. c. p. 51. — ibid. 16. II, 504 ψυχὴ δὲ τοῦ κόσμου κατὰ τοὺς ἀντιδοξοῦντας ὁ ϑεός. — quis rer. div. haer. 25. I, 490 τὰ σοφίσματα τῶν ἀντιδοξούντων ἀνατεμεῖν.

ἀντιδράω. de plantat. 39. I, 353 ἐν ᾧ (sc. ἀγῶνι) μεγάλα καὶ καλὰ ἀλλήλους ἀντιδρῶσιν.

ἀντιϑεραπεύω. legat. ad C. 6. II, 551 αἴτιον δὲ ... τὸ ἀντιϑεραπεύεσϑαι πρὸς αὐτοῦ τὸν Μάκρωνα. — de spec. legg. 5. II, 304 ϑεραπευομένην ὑπὸ τῶν ἐχϑρῶν ἐκείνης καὶ ἀντιϑεραπεύουσαν αὐτούς.

ἀντικαταλαμβάνω. de poster. Cain. 48. I, 258. Bei Tisch. p. 137, 3 τοῦ ὄντως ὄντος ἐνεργείᾳ μᾶλλον ἀντικαταλαμβανομένου ἢ λόγων ἀποδείξει συνισταμένου.

ἀντικατηγορέω. de decal. 15. II, 193 νομίζω ταῦτα ἀκούοντας ... τρέψεσϑαι πρὸς λοιδορίας ἄμυναν ἀντικατηγοροῦντας. — Nach M. hat cod.

Med. ἀντικατηγορίας (?). — M. selbst will ἀντικακηγοροῦντας lesen.

ἀντικοπή. de mundo 8. II, 609. Einige nehmen viele Welten an, deren Entstehung sie den Verflechtungen der Atome zuschreiben, τὴν δὲ φϑορὰν ἀντικοπαῖς καὶ προςράξεσι τῶν γεγονότων.

ἀντιλογικός. de confus. lingu. 13. I, 412 οὐκ ἀντιλογικοὶ φύσει γεγόνασιν. ὅσοι τὸν ἐπιστήμης . . . ζῆλον ἔσχον.

*ἀντιλοχέω. de somn. II, 5. I, 664 ὁ δὲ πειρατικώτερον ἐνεδρεύων τοὺς ἀντιλοχοῦντας.

*ἀντιμεταχλίνω. de somn. II, 21. I, 678 τὰς περὶ ψυχὴν δυνάμεις ἀντωϑοῦσι πρὸς τὰ ἐναντία καὶ ἀντιμεταχλίνουσιν.

ἀντίπαις. Für den Gebrauch dieses Wortes ist besonders bezeichnend: cherub. 32. I, 159 ποῦ τὸ βρέφος ποῦ ὁ παῖς ποῦ ὁ ἀντίπαις ποῦ ὁ ἄρτι ἡβῶν . . .

ἀντιπαραχωρέω. de septen. 6. II, 282 καὶ οἱ ἄριστοι τῶν βίων ὅτε ϑεωρητικὸς καὶ πρακτικὸς ἀμείβωσιν ἀντιπαραχωροῦντες ἀλλήλοις. — ibid. bei Tisch. p. 49, 12 τῶν ἀστέρων ἀλλήλοις ἀντιπαραχωρούντων ἀσκίοις φέγγεσιν.

ἀντιπαρέκτασις. de confus. lingu. 37. I, 433 κρᾶσις δὲ οὐ παράϑεσις ἀλλὰ τῶν ἀνομοίων μερῶν εἰς ἄλληλα εἰσδυομένων δι' ὅλων ἀντιπαρέκτασις. (cf. Stob. ecl. vol. I, p. 376.)

ἀντιπεριάγω. de agricult. 15. I, 311 λαβὼν τοῦ χαλινοῦ ὅλον ἀντέσπασε καὶ ἀντιπεριήγαγεν αὐτοῦ τὸν αὐχένα.

ἀντιπροςαγορεύω. legat. ad C. 28. II, 572. — ibid. 44. II, 597.

ἀντιπρόςωπος. cherub. 18. I, 143 ἀντιπρόσωπα φασὶν εἶναι (τὰ χερουβίμ).

ἀντισοφίζομαι. Steph. hat aus Philo I, 407. — Dazu: de ebriet. 12. I, 364.

ἀντισοφιστεύω. de migr. Abr. 15. I, 449 ἀντισοφιστεύοντας τῷ ϑείῳ λόγῳ.

ἀντιστατέω. Steph. hat aus Philo I, 57. 64. 83. 407. — Dazu füge: de ebriet. 14. I, 365 τίς ἡμῶν ἀντιστατεῖ πλούτῳ. — de poster. Cain. 20. I, 238. — de mut. nom. 2. I, 579 γνώμας . . . ἀντιστατούσας.

ἀντιτεχνέω. Bei Steph. ohne`Beleg. — quod det. pot. insid. 48. I, 224 ἀργαλεωτέραν κατὰ τῶν βασανιστῶν ἀντιτεχνήσασϑαι βάσανον.

ἀντιφιλονεικέω. Steph. hat aus Philo I, 72. II, 101. 566. — Dazu füge: de

confus. lingu. 13. I, 412 ἀεὶ τοῖς γείτοσι ψυχῆς ἀντιφιλονεικοῦντες. — de spec. legg. 5. II, 273. — ibid. II, 340. — de fortit. 2. II, 376. — legat. ad C. 21. II, 566 περὶ πρωτείων ἀντεφιλονείκουν.

ἀντωφελέω. decal. 23. II, 200 τοὺς ὠφεληκότας ἀντωφελεῖν ἐκεῖνα οἶδε.

ἀνυμνέω. de opif. m. 1. I, 2 τὸ μὲν κάλλος τῶν νοημάτων τῆς κοσμοποιίας οὐδεὶς . . . ἀξίως ἀνυμνῆσαι δύναιτο. vgl. Müller S. 121.

ἀνύπαρκτος. Steph. hat aus Philo II, 456 und 1 St. mit unbest. Angabe. — Dazu füge: mut. nom. 4. I, 583 τινὲς οἵ λέγουσιν ἀνύπαρκτον εἶναι σοφίαν . . . vgl. bald danach: φήσομεν ὅτι ἔστι ὑπαρκτὸν πρᾶγμα σοφία.

ἀνυπέρϑετος. Steph. hat aus Philo II, 225. 382. 396. 560. — Dazu: de sacr. Ab. et C. 13. I, 172 ἀ. ἀρεσκεία. — ibid. 18. I, 176 ἀ. ϑεοῦ τιμή. — de opif. m. 13. I, 9 εἰς ἑτοιμοτάτην καὶ ἀ. χρῆσιν. — de Abrah. 22. II, 17 τὸ ἀ. τῆς ὑποδοχῆς. — in Flacc. 12. II, 532 ἀ. διάγνωσιν. — de vita Mose I, 33. II, 110 δωρεᾷ ἀνυπερϑέτῳ καὶ ταχείᾳ. — de vict. 9. II, 246 ἑτοίμην καὶ ἀν. μετάδοσιν. — de vict. offer. 11. II, 259 ἀ. τάχος. — vgl. de spec. legg. 2. II, 301.

ἀνύπουλος. Steph. hat aus Philo II. 435. 469. — Dazu: legat. ad C. 7. II, 552 ἀνυπούλοις καὶ πεπαρρησιασμέναις ἐχρῆτο ταῖς νουϑεσίαις.

ἀνώδυνος. Bei Philo als Eigenschaft Gottes. — cherub. 25. I, 154.

ἀξιέραστος. de post. C. 4. I, 228 ἐπὶ τὴν τοῦ τριποϑήτου καὶ ἀξιεράστου τιμήν. — de somn. II, 15. I, 678 ἀξ. μετάνοια. — de Abrah. 18. II, 14 ἀξ. ἀπόδοσις. — ibid. 35. II, 28 ἀ. πρᾶξις. — de vita Mose I, 11. II, 90 ἀ. καλόν. — de creat. princ. 4. II, 363 πρὸς ἰδέας ἀξιεράστους γραμμάτων. — de praem. et poen. 6. II, 414 ἀ. ἀλήϑεια. — de migr. Abr. 8. I, 441 τὸ ἀξιέρατον καὶ ἀξ. — ibid. 29. I, 461 ἀ ἀξ. καὶ ἀξιοτίμητα. — mut. nom. 25. I, 600 ψυχὴ τὰ ϑξιέραστα τίκτουσα. — de caritate 3. II, 386 μιμητὴς τῶν ἀξ. ἠϑῶν. — ibid. 22. II, 403 τὸ καϑαρώτατον καὶ ἀ. εἶδος.

ἀξιοϑέατος. de migr. Abr. 8. I, 441 neben ἀξιόρατον.

ἀξιομνημόνευτος. de somn. II, 15. I, 673.

58

ἀξιοσπούδαστος. Bei Steph. ist Philo genannt, aber ohne best. Beleg. — s. de vita Mose III, 24. II, 164 γῆ καϑ' ἑαυτὴν μὲν ἀξ. ...

ἀπαϑανατίζω. quod det. pot. insid. 29. I, 212. — de poster. Cain. 35. I, 249, bei Tisch. p. 121, 15 ἀπαϑανατίζεται (vitiose Mang. Richt. Tauchn. ἀποϑανατίζεται habent). — de confus. lingu. 28. I, 427. — de spec. legg. II, 338 ὅς (sc. λόγος) αὐτὸν (sc. ἄνϑρωπον) καίτοι ϑνητὸν ὄντα ἀπαϑανατίζει. — de fortitud. 3. II, 378 v. der σωφροσύνη: sie sei ψυχοῦσα καὶ ζωογονοῦσα καὶ τρόπον τινὰ ἀπαϑανατίζουσα. — de opif. m. 25. I, 18 ὑφ' οὗ (sc. φιλοσοφίας γένους) καίτοι ϑνητός ὢν ὁ ἄνϑρωπος ἀπαϑανατίζεται.

ἀπαιδαγώγητος. Steph. hat aus Philo I, 547. II, 266. — Dazu: de cherub. 22. I, 152 ἀπ. καὶ ἀδίδακτος. — quod det. pot. insid. 39. I, 219 οὐκ ἀμείνους τῶν ἀπαιδαγωγήτων οἱ ὑπὸ παιδαγωγῶν ἐν οἷς ἁμαρτάνουσιν ἐπιπληττόμενοι.

ἀπανϑρωπία. Steph. hat aus Philo II, 53. 95. 327. — Dazu füge: de spec. legg. II, 336. — de septen. 8. II, 284. — ibid. 10. II, 287. — ibid. 18. II, 292 χώραν ... ἀπανϑρωπίας καὶ ξενηλασίας ἐπιτηδεύουσαν. — ibid. ap. Tisch. p. 53, 14 πῶς τολμῶσί τινες ἀπανϑρωπίαν τοῦ ἔϑνους κατηγορεῖν.

ἀπαράλλακτος. de ebriet. 22. I, 370 ἡ φύσις ... ἀπαραλλάκτους ὁμοιότητας ἐτύπωσε. — ibid. 41. I, 383 ἀπαραλλάκτους φαντασίας.

ἀπεικονίζω. Steph. hat aus Philo I, 106. 154. II, 146 und de opif. m. 4. I, 4. — Dazu füge: de plantat. 5. I, 332 ψυχῆς κατὰ τὸν ἀρχέτυπον τοῦ αἰτίου λόγου ἀπεικονισϑείσης. — de profug. 19. I, 561. — apud Euseb. 7, 13. II, 625 ϑνητὸν οὐδὲν ἀπεικονισϑῆναι πρὸς τόν ... πατέρα τῶν ὅλων ἐδύνατο. cf. Abresch l. c. p. 120.

ἀπεικόνισμα. Steph. hat aus Philo I, 33. 52. 154. — Sehr häufig die Zusammenstellung von ἀπ. καὶ μίμημα. So in: de vita Mose II, 2. II, 136 ἀπ. καὶ μιμήματα. Desgl. im sing. ibid. III, 12. II, 152 u. 13. II, 154. — decal. 25. II, 202. — de monarch. II, 5. II, 225. — de septen. 19. II, 293. — de parent. col. 1 apud Tisch. p. 71, 10. — de praem. et poen. 11. II, 419. — quod omn. prob. l. 14. II, 460. — Nur de monarch. I, 6. II, 218 steht: ἐκμα-

γεῖόν τι καὶ ἀπ. — de opif. m. 4. I, 4 heisst diese Welt πρεσβυτέρου νεώτερον ἀπ.

ἀπειρόκαλος. de merced. meretr. 4. II, 269 init.

ἀπελεύϑερος. Steph. hat aus Philo II, 469. — Dazu: quod deus immut. 10. I, 280 τὴν κατὰ ἀπελευϑέρων ἀχαρίστων ἀπαραίτητον δίκην.

ἀπελευϑερόω. legat. ad C. 23. II, 568 Ῥωμαῖοι δὲ ἦσαν οἱ πλείους ἀπελευϑερωϑέντες.

ἀπερίσκεπτος. Steph. hat aus Philo II, 49. 268. — Dazu: de ebriet. 28. I, 374 ὁ δὲ ἀπ. διάνοιαν τυφλωϑείς. — ibid. 47. I, 387 ἀδιερεύνητα καὶ ἀπ. — de migr. Abr. 9. I, 443 ὡς ὑπολαμβάνουσιν ἔνιοι τῶν ἀπ. — de profug. 23. I, 564. — de somn. II, 15. I, 672 ἀνεξετάστους καὶ ἀπ.

ἀπερισκέπτως. de ebriet. 21. I, 369. — de mut. nom. 26. I, 600 οὐκ ἀμελῶς οὐδ' ἀπ. — de spec. legg. 14. II, 312 ἀ. καὶ ἀπροοράτως. desgl. ibid. 6. II, 340. — de incorr. m. 27. II, 515 οὐκ ἀπ. καὶ ῥαϑύμως. cf. de mundo 22. II, 623.

ἀπευκταῖος. Steph. hat aus Philo II, 68. 360. 479. — Dazu: de vita Mos. III, 32. II, 172 ἀπ. καὶ παλίμφημον.

ἄπευκτος. Steph. hat aus Philo I, 306. — Dazu: quod det. pot. insid. 40. I, 219 κακὸν ἀπ.

ἀπλήρωτος. Steph. hat I, 392. II, 266. 548. — Dazu: leg. alleg. III, 51. I, 116 ἀπλ. καὶ ἀχορέστους ... ἡδονάς.

ἀποβράσσω. Steph. hat II, 354 und p. 960 = II, 511. — Dazu: de vita Mos. III, 34. II, 174 οἱ νεκροὶ σωρηδὸν ἀπεβράσϑησαν.

ἀπέγνωσις. Steph. hat II, 300. 307. 381. 583. — Dazu: mut. nom. 39. I, 612 ἐλπίδος ἀπογνώσει.

ἀποδιοπομπέω. Ruhnken ad Timaeum p. 36 führt aus Philo I, 642 an, was aber in II, 642 zu verbessern ist. — Wyttenbach ad Plutarch. mor. p. 73 D bringt ausserdem noch: ap. Euseb. 8, 382 = quod omn. prob. liber 12. II, 457. — Dazu ist zu fügen: de posterit. Cain. 20. I, 239 ἀντιβαίνοντες ἅπασι καρτερῶς ἀπομαχόμεϑα μέχρις ἂν παντελῶς ἀποδιοπομπησώμεϑα.

ἀποϑραύω. Steph. hat aus Philo II, 621. — Dazu: de agricult. 26. I, 318 ἐπὰν δὲ τύχωσι τὰς πληγὰς ἐνεγκόντες ἀποϑραύουσιν.

ἀποίκιλος. Steph. hat aus Philo I,

369. 390. 522. II, 267. — Dazu: de plantat. 26, wo I, 346 nach Med., coll. Nov. u. Trin. τὸ ἀποίκιλον (st. ποίκιλον) καὶ ἀνενδοίαστον ἀληθείας ... χρῶμα.

ἀποκάλυφος. cherub. 5. I, 141 ist die gewöhnliche LA: „ἀποκαλύφῳ τῇ κεφαλῇ“, wofür aber schon M. richtig ἀκαλύφῳ vermutete. — Jene LA. entstand wahrscheinlich aus Num. 5, 18 LXX καὶ ἀποκαλύφει τὴν κεφαλὴν τῆς γυναικός.

ἀποκνητέον. Steph. hat aus Philo p. 815 = II, 216. — Dazu füge: quis rer. div. haer. 28. I, 493 πλειόνων δὲ οὐσῶν (sc. τῶν τοῦ ἴσου ἰδεῶν) οὐκ ἀποκνητέον τὰ ἁρμόττοντα προςθεῖναι.

*ἀπόκρατος. So bei Turneb., Hoesch., Mang., Richt. in quod det. pot. insid. 25. I, 209 ὅταν δὲ ἀπόκρατος γένηται καὶ τρόπον τινὰ τελευτήσῃ ὁ τοῦ βδελυρῶς καὶ ἀσελγῶς ζῆν αἴτιος. Koch vermutet: ἀποκόρεστος.

ἀπόκρισις in der selteneren Bedeutung: „Absonderung“ leg. alleg. I, 4. I, 45 αἵ τε ἀποκρίσεις ἑπτά, δάκρυα, μύξαι, σίελος, σπέρμα, διττοὶ περιττωμάτων ὀχετοὶ καὶ δι' ὅλου τοῦ σώματος ἱδρώς.

ἀποκυΐσκειν. cherub. 30. I, 157 καρποὺς ἀπ.

ἀπομηκύνω. Steph. hat aus Philo I, 21. — Dazu: quod det. pot. insid. 11. I, 198 ἀπομηκύναντες λόγῳ.

ἀπονητί. Steph. hat aus Philo I, 324. — Dazu: de mut. nom. 12. I, 590 ταῦτα δὲ οὐ δίχα ἀγωνίας ἀπονητὶ φιλεῖ γίνεσθαι.

ἀπόνοια. quod det. pot. insid. 13. I, 200 ἀπόνοιαν ... ἐπιδεικνύντες.

ἀποπάλλομαι. de mut. nom. 38. I, 610 πάντα δὲ ὡς ἀπὸ στερροῦ τινος ἀποπάλλεται καὶ ἀποπηδᾷ. [cf. ἐκπηδᾶν κ. ἀποπάλλεσθαι in Plutarch. Alexand. c. 35.]

ἀποσκορακίζω. de vict. offer. 13. II, 261 πορρωτάτω ἀποσκορακίσας (sc. τοὺς ἀνιάτους).

ἀπόσπασμα. Steph. hat aus Philo I, 119. — Dazu füge: quod det. pot. insid. 24. I, 209 der νοῦς des Menschen θείας καὶ εὐδαίμονος ψυχῆς ἀποσπ.

ἀποσχοινίζω. Steph. hat aus Philo I, 683 (cf. Wyttenb. T. 8, 1 p 231). — Dazu füge: quod det. pot. insid. 20. I, 205 ἀρετῆς ἀποσχοινισθείς. — ibid. 39. I, 219 ὅταν εὐσεβεία τῶν ἰδίων ὀργίων ἀποσχοινίσῃ. — quis rer. div. haer. 56. I, 513 οὐ γὰρ ἂν ἐχα-

ρίζετο καινὸν τρόπον τινὰ ... αὐτῷ ὁ θεός, εἰ μὴ τοῦ ἀρχαίου κατὰ τὸ παντελὲς ἀπεσχοίνιξεν.]Für das activ. hat Steph. nur 1 Beispiel.]

ἀποφαντός. Bei Steph. aus Philo I, 541. — Dazu: leg. alleg. III, 17. I, 97 οὐ τὸ πευστικὸν ἀλλὰ τὸ ἀποφαντόν.

ἀποφορτίζομαι. Steph. hat aus Philo II, 273. 434. — Dazu füge: mut. nom. 31. I, 604 εὐφροσύνης ἀποφορτισαμένης τὸ ἀπεχθέστατον ψυχῆς κακῶν λύπην.

ἀπόφραξις. de execrat. 5. II, 432 τῶν ἐν πνεύμονι πόρων ἀποφράξεσιν.

ἀποφράς. Bei Steph. aus Philo II, 330. vgl. Thom. M. p. 89 und Ruhnk. l. c. p. 41. — Dazu: de execrat. 9. II, 436 δημοτελεῖς ἑορτὰς ἄγειν ψηφισάμενοι τὰς ἀποφράδας αὐτῶν.

ἀποχετεύω. de agricult. 8. I, 306 τὸν πολὺν τοῦ πάθους ἀποχετευσάμενοι βρασμόν.

ἀποχρώντως. de sacrif. Abr. et Cain. 20. I, 176 ἀ. ἐπεξήλθομεν. — de post. Cain. 29. I, 243 ταῦτα ἀ. λελέχθω. — cf. de decal. 9. II, 185. — ibid. 33. II, 208. — de spec. legg. 19. II, 317. — de concup. 12. II, 357. — de fortitud. 8. II, 383. — de parent. col. 11. bei Tisch. p. 83, 3. — quod deus immut. 11. I, 280 δεδηλωκότες ἀ. — de Joseph. 15. II, 53 ἀ. περὶ τούτων διειλεγμένοι. — de caritat. 11. II, 392 ὧν ... ἀ. ἐπιμνησθείς.

ἀπρίξ. cherub. 10. I, 145 ἀ. ἔχεται. — Andre Belege zu dieser Phrase s. b. Ruhnk. l. c. p. 41

ἀπροαιρέτως. de poster. Cain. 20. I, 238 ἀ. ἐχρήσαντο εὐτυχίᾳ.

ἀπρονοήτως. ap. Euseb. pr. ev. 8, 5. II, 627 τοῦ μέλλοντος οὐκ ἀ. ἔχειν.

ἀπροόρατος. Steph. hat aus Philo II, 268. — Dazu: de somn. I, 18. I, 637 ἀπροόρατοι συντυχίαι.

ἀπροοράτως. St. hat aus Philo I, 30. II, 340. 545. 561. — Dazu: de spec. legg. 14, II, 312 ἀπεριοκέπτως καὶ ἀπρ. — de somn. II, 31. I, 687 ἀ. ἐπιφοιτᾶν.

ἀπροσπέλαστος. ap. Joh. Damasc. s. parall. p. 748 B. II, 654 ἄβατος καὶ ἀ. ... ὁ θεῖος χῶρος. (cf. Plutarch. Anton. c. 70 ἄβατον κ. ἀ. ... πεποίηκε τὸν τάφον.)

ἀπταίστως. de ebriet. 48. I, 387 ἡνιοχοῦντος καὶ κυβερνῶντος κ. καὶ σωτηρίως θεοῦ. — de agricult. 40. I, 327 ἀ. καὶ ἀπνευστὶ διευθῦναι τὸν δρόμον.

ἀπωδός. Bei Steph. aus Philo I, 624. — Dazu: de ebriet. 30. I, 375 ἀ. φϑόγγος.

ἄρδην. de plantat. 39. I, 354 οὔτε ἄρδην οὔτε ἀεί.

ἀρειμάντος. Bei Steph. aus Philo II, 375. vgl. hierzu auch Wytt. ad Pl. M. VIII, 1. p. 245 u. ad p. 550 F. — Dazu. füge: de ebriet. 30. I, 375 ἡ ἀρ. ϑρασύτης.

ἀριστίνδην. Bei Steph. aus Philo I, 535. II, 13. — Dazu: a) für die Phrase: ἀ. ἐπιλέγειν: de migr. Abr. 36. I, 468 τοὺς ἀ. ἐκ παντὸς τοῦ πλήϑους ἐπιλελεγμένους. — de somn. I, 21. Iʹ, 640. — de somn. II, 8. I, 666. — ibid. 41. I, 695. — de vict. offer. 8. II, 257. — de creat. princ. 5. II, 364. — de fortitud. 3. II, 377. — ibid. 7. II, 382. — legat. ad C. 44. II, 597. — b) ἀ. ἐπικρίνειν: de Abrah. 18. II, 13 ἐπικριϑεὶς ἐξ ἁπάντων ἀ. Diese St. auch bei Ruhnk. l. c. p. 42. vgl. dort anderweite Belege. — de vict. 2. II, 238. — ibid. 5. II, 241. — de vict. offer. 1. II, 251. — de septen. b. Tisch. p. 41, 8. — de vita contempl. 9. II, 482. — in Flacc. 18. II, 539. — c) ἀ. αἱρεῖσϑαι: de septen. b. Tisch. p. 55, 12 ἀ. εἵλετο. — de carit. 2. II, 385 ἀ. ἐλέσϑαι.

ἄρκυον. de agricult. 5. I, 303 ἐντὸς ληφϑέντας ἀρκύων . . . ἰχϑῦς.

ἀρρενογονέω. Bei Steph. aus Philo I, 262. — Dazu: de migr. Abr. 37. I, 469 τὸ μνημόνικον ἀρρενογονεῖ (Gegensatz von ϑηλυτοκεῖ im Folgenden).

ἀρρενόω. de Joseph. 14. II, 53 οὕτως ἠρρενωμένον τὸ φρόνημα. — legat. ad C. 40. II, 593 ἀρρενωϑεῖσα.

ἀρρηφορέω. de ebriet. 32. I, 377 ἀρρηφοροῦντα αὐτὸν εἰς τὴν σκηνὴν εἰσιέναι.

ἀρρώστημα. Bei Wytt. l. c. VIII, 1 p. 254 ist angeführt: ap. Euseb. pr. ev. 8, 389 = II, 638. Bei Steph. aus Philo I, 631. — Dazu: a) quod deus immut. 14. I, 282. — congr. erud. grat. 10. I, 526. — de spec. legg. 17. II, 316. — b) Zusammenstellung von νοσήματα καὶ ἀρρωστήματα: de opif. m. 52. I, 36 μηδενὸς ἀρρωστήματος ἢ νοσήματος ἢ πάϑους παρεισεληλυϑότος. — de poster. Cain. 20. I, 239. — ibid. 21. — quis rer. div. haer. 58. I, 514. — de concupisc. 4. II, 352. — de carit. 22. II, 402. — c) ψυχῆς ἀρρ.: quod deus immut. 14. I, 282. — ibid. 37. I, 299

τὰ ψυχῆς ἀρρ. — de sobriet. 10. I, 399. — de confus. lingu. 6. I, 407. — de vict. 14. II, 250 ἐκ τῶν ψυχικῶν ἀρρ. — de somn. I, 12. I, 632. Das Wort ist bei Sirach häufig; s. Wahl l. c. p. 73.

ἀρτηρία. ἀ. τραχεῖα die Luftröhre: de post. Cain. 31. I, 245. — quod immut. 18. I, 285 πνεῦμα διὰ τραχείας ἀναπεμπόμενον ἀρτηρίας.

ἀρτίπους. mut. nom. 35. I, 606 ἀ. ἡ ἐν ϑνητῷ σώματι ἀρετή.

ἀρχάγγελος. de confus. lingu. 28. I, 427 wird der λόγος genannt: ἀ. πολυώνυμος. — quis rer. div. haer. 42. I, 501 ἀρχαγγέλῳ καὶ πρεσβυτάτῳ λόγῳ. — de somn. I. 25. I, 644.

ἀρχαιότροπος. de plantat. 38. I, 353 ἀρχαιοτρόπου ζηλώσεως ἐρῶντες.

ἀρχέκακος. de ebriet. 3. I, 359 τὸ ἀρχέκακον ἀφʼ ἧς (sc. ἀπαιδευσίας) ὥσπερ ἀπὸ πηγῆς ῥέουσιν αἱ τοῦ βίου πράξεις.

ἀρχιμάγειρος. Bei Steph. aus Philo I, 604. 661. II, 63. — Dazu: de Joseph. 12. II, 50.

ἀρχισωματοφύλαξ. leg. ad Caj. 27. II, 571.

ἀσαφία. Steph. hat nur ἀσάφεια und ἀσαφίη. — de somn. II, 15. I, 672 ἀσαφίᾳ πολλῇ κέχρημαι.

ἄσκεπτος. de opif. m. 1. I, 1. Die Gesetze ohne Begründung hinzustellen vermied Mose, ὡς ἄσκεπτον καὶ ἀταλαίπωρον καὶ ἀφιλόσοφον.

ἀσπονδέω. Steph. führt hierzu als einzigen Beleg an Philo II, 423. — Dazu: quis rer. div. haer. 8. I, 479 πᾶσι τοῖς κριταῖς ἀσπονδεῖν.

ἄστατος. Zusammengestellt mit ἀνίδρυτος s. das. — Ferner: de ebriet. 44. I, 385 τὸ περὶ τὰς φαντασίας ἄστατον. — de mut. nom. 15. I, 592 ἄξιον τὸ ἀ. ὑπὸ τοῦ ἑστῶτος ἡνιοχεῖσϑαι. — de conf. lingu. 23. I, 422 ἄστατοι αἰτίαι — Ebenso für de poster. Cain. 7. I, 230 für ἀφραστάτοις zu lesen ἀστάτοις. So Mang. — cf. Tisch. p. 89, 17 ἄφρων ἀστάτοις.

ἀστείζω. de vita Mose 48. II, 123 τὸ πλέον ἀστεϊζόμενος [wo M. die willkürliche Conjectur: τὸ ϑεῖον προφασιζόμενος aufstellt].

ἀστεϊσμός. de vita contempl. 7. II, 480 εἴ τι περὶ ἔρωτος κατʼ οὐρανίου Ἀφροδίτης κεκομψεῦσϑαι δοκεῖ χάριν ἀστεϊσμοῦ παρείληπται. — Zur Schreibung cf. Lobeck ad Phryn. p. 40.

ἀστεροειδής. Bei Steph. aus Philo

I, 20. — Dazu: de somn. I, 14. I,
633 τὰς ἀστεροειδεστάτας ἀναφαίνε-
σθαι ἀρετῶν αὐγάς.

ἀστή. a) Zusammenstellung von ἀστή
u. ἐλευθέρα: congr. erud. grat. 6. I,
523 ἐνομιλεῖ ὁ ἀσκητὴς ταῖς μὲν ὡς
ἐλευθέραις καὶ ἀσταῖς . . . — b) Ge-
gensatz von ἀστή u. παλλακή: congr.
erud. grat. 5. I, 522. — ibid. 6. I,
522 sq. δύο μὲν ἀστάς, παλλακὰς δὲ
τὰς ἴσας τῶν ἀστῶν θεραπαινίδας. —
ibid. 8. I, 525 μνημονικῷ ἀνδρὶ ἀστὴ
συμβιοῖ γυνή, . . . ἐπιλανθανομένῳ δὲ
παλλακή. — ibid. 10. I, 526. — ibid.
12. I, 527. — ibid. 13. I, 528 ἡ πρὸς
ἀστὰς καὶ παλλακίδας δυνάμεις σύνο-
δος. — c) ἀστεῖα u. ἀστή: de profug.
27. I. 569 τὴν διάνοιαν ἀστείαν τε καὶ
ἀστήν . . . εἶναι. — de migr. Abr. 17.
I, 451 ἀσταί τε καὶ ἀστεῖαι γυναῖκες.

ἀστράτευτος. de cherub. 10. I, 144
ἀστράτευτον καὶ λειποτάκτην. — de
agricult. 35. I, 324 ὅσα τοῖς ἀστρατεύ-
τοις πρόσεστιν.

ἀσύγκριτος. Bei Steph. aus Philo I,
196. — Dazu: de ebriet. 11. I, 363
ὅταν συγκρίνῃς τὰ ἀσύγκριτα. — de
somn. II, 33. I, 688.

ἀσύγχυτος. de confus. lingu. 38. I,
434 δυνάμεσιν ἀσυγχύτοις.

ἀτελεύτητος. Bei Steph. aus Philo
I, 5 und ἀτελ. ὑγεία ohne bestimmte
Angabe. — Dazu: de somn. I, 4. I,
624 ζήτησις ἀ.

ἀτραγῴδητος. de Joseph. 41. II, 76
τὰς τῶν ἄλλων ἀλαζονείας . . . εἰδότες,
ἐθαύμαζον τὸ ἀνεπίφαντον καὶ ἀτραγῴ-
δητον.

ἀτυφία. Bei Steph. aus Philo I, 146.
376 p. 895 = II, 477. — p. 738 =
II, 378. — Dazu: congr. erud. grat.
24. I, 539 οἴησιν πρὸ ἀτυφίας ἐπαγ-
γελλομένη. — de profug. 4. I, 549
ἀχρηματίαν καὶ ἀτ. — ibid. 6. I, 551
γενόμενοι ἐν τιμαῖς ἀτυφίαν ἠσκήσατε.
— de somn. II, 5. I, 664. — ibid. 9.
I, 667 ἀτυφίας ἐχθρόν, τύφου ἑταῖρον.
— ibid. 20. I, 677 τύφον ἀντὶ τῆς
ἀπλάστου καὶ ἀψευδοῦς ἀτυφίας. — de
Abrah. 4. II, 5 ἐκ φιλοδοξίας εἰς ἀτυ-
φίαν. — ibid. 21. II, 16. — de poe-
nit. 1. II, 406. — de praem. et poen.
10. II, 418. — de nobilit. 2. II, 439
ἀτ. καὶ ἀκακία.

αὐγοειδής. Bei Steph. aus Philo I,
91. 504. 653. II, 187. 220. 403. 406.
— Dazu: de poster. Cain. 46. I, 256
ὑπὸ τῆς αὐγοειδοῦς [so richtig M. für
αὐτοειδοῦς; cf. Tisch. p. 133, 18] τοῦ

καλοῦ φαντασίας. — quod deus immut.
17. I, 284. — de opif. m. 8. I, 6 τὸ
νοητὸν τοῦ ὁρατοῦ λαμπρότερόν τε καὶ
αὐγοειδέστερον. τὸ αὐγοειδὲς ἀπὸ τοῦ
φλογώδους πυρὸς ἀνασταλέν.

αὐθάδεια. leg. alleg. II, 25. I, 84 τὸ
πάθος . . . αὐθαδείας γέμον. — de
Joseph. 13. II, 51 αὐθάδειαν μεθέμε-
νος.

αὐθέκαστος. de Joseph. 13. II, 51
αὐστηρὸν καὶ αὐθέκαστον καὶ ἀληθείας
ἑταῖρον. [Zur Zusammenstellung von
αὐστηρός u. αὐθεκ. vgl. Steph. s. v.
αὐθ. und Thomas Mag. p. 125.] — de
praem. et poen. 16. II, 423 αὐθεκά-
στῳ καὶ ἀπαρηγορήτῳ χρώμενοι . . .
ἐπιθυμίᾳ. — Wyttenbach ad Plut. Mor.
p. 11 E führt an: in Flacc. 3. II, 519
ὁ νουθετητὴς παραγίνεται ὁ αὐθέκα-
στος.

αὐτήκοος. Bei Steph. aus Philo I, 645.
— Dazu: de ebriet. 23. I, 371 αὐτή-
κοον καὶ αὐτομαθῆ κτησάμενος ἀρετήν.

αὐτοβοεί. de vita Mose I, 42. II, 118
ὡς αὐτοβ. περιεσσομένους. — de Abrah.
33. II, 26. — ibid. 39. II, 33.

αὐτοκατάκριτος. ap. Joh. Damasc.
s. par. p. 630. II, 652.

αὐτοκέλευστος. Bei Steph. aus Phi-
lo: de vita Mose I, 12 = II, 90 und
de mundo §. 5 p. 607. — Dazu: a)
quod det. pot. insid. 32. — I, 214 σὺν
αὐτοκελεύστῳ ἑτοιμότητι. — legat. ad
Caj. 33. II, 582 αὐτηχόω καὶ αὐτοκε-
λεύστῳ καὶ αὐτομαθεῖ τινι . . . φύσει.
— de spec. legg. 12. II, 312 προδια-
γωνιστὴν αὐτοκ. — de creat. princ. 9.
II, 368 τὸ αὐτοκ. κατόρθωμα. — b)
Zusammenstellung von ἐθε-
λουργός und αὐτοκ.: de confus.
lingu. 13. I. 414 ἐθελουργῷ καὶ αὐτο-
κελεύστῳ διανοίᾳ. — de mut. nom. 48.
I, 610 ἐθ. καὶ αὐτοκ. προθυμία. —
quod omn. prob. l. 3. II, 448 ἐλευθε-
ρίας ἧς τὸ αὐτοκ. καὶ ἐθ. κλῆρος ἴδιος.

αὐτοκρατορικός. legat. ad Caj. 26.
II, 570 εἰς τὴν αὐτοκρατορικὴν οἰκίαν.

αὐτολεξεί. legat. ad Caj. 44. II, 597
πρόσρησιν ἣν οὐδὲ ἀκούειν θεμιτὸν
οὐχ ὅτι διερμηνεύειν αὐτολεξεί.

αὐτοματίζω. de migr. Abr. 7. I, 441
ἡ φορὰ τῶν αὐτοματιζομένων ἀγαθῶν.

αὐτοπραγία. de Joseph. 13. II, 51
αὐτ. . . . ἐλευθέρῳ.

αὐτοπροσώπως. decal. 5. II, 183
τοὺς αὐτοπρ. θεσπισθέντας. — ibid.
10. II, 186 ὁ τὰς παραινέσεις αὐτοπρ.
δεχόμενος. — ibid. 33. II, 208 κεφά-
λαια τῶν ἐν εἴδει νόμων αὐτοπρ. θε-

σπίϑαι. — leg. alleg. III, 62. I, 122
τὰ προηγούμενα ἀγαϑὰ αὐτοπρ. διδό-
ναι.

*αὐτοστατέω. de somn. II, 34. I,
688 καὶ τὸ ἄτρεπτον αὐτοστατοῦν.
αὐτοσχεδίως. de somn. II, 7. I, 665.
αὐχενίζω. Bei Steph. aus Philo II,
355. 372. — Dazu: de somn. I, 38.
I, 654 τὴν ψυχὴν αὐχενίζουσαν. —
ibid. II, 19. I, 676 παλαίσμασι πολυ-
τρόποις καὶ πολυμηχάνοις αὐχενίζοντες.
αὔχημα. Zur Phrase ἀ. αὐχεῖν hat
Steph. keine Beispiele. — Sie ist bei
Philo: cherub. 19. I, 150. — de sa-
crif. Ab. et Cain. 12. I, 171.
ἀφάνταστος. Bei Steph. aus Philo I,
17. — Dazu: de plantat. 3. I, 331 τὰ
δὲ ἀφαντάστῳ φύσει διοικούμενα.
*ἀφαντάστως. de somn. I, 22. I,
641 κινουμένων δὲ ἀφαντάστως φύσιν.
— [cf. Clem. Alex. str. II p. 434.]
ἀφέλεια. de ebriet. 2. I, 358 ἀ. ἡ̓ϑῶν.
ἀφηδύνω. de plantat. 38. I, 353 τὰς
ἀκοὰς . . . ἀφηδύνοντές τε καὶ ϑρύπ-
τοντες.
ἀφηνιασμός. de sacrif. Ab. et Cain.
12. I, 171 φορὰ σὺν ἀφηνιασμῷ. —
quod det. pot. insid. 8. I, 196 τὸν μετὰ
ἀφηνιασμοῦ δρόμον. — de agricult. 15.
I, 311 πρὸς σκιρτήσεις καὶ τοὺς συνε-
χεῖς ἀφηνιασμοὺς εἰσι μάστιγες εὐτρε-
πεῖς. — decal. 10. II, 186.
ἀφηνιαστής. Bei Steph. aus Philo I,
374 u. 1 St. mit unbest. Angabe. —
Dazu: leg. alleg. III, 46. I, 114 ὥς-
ανεί τινα ἡνίοχον εὐϑύνοντα σκληραυ-
χένα καὶ ἀφηνιαστὴν ἵππον. — de sa-
crif. Ab. et Cain. 10. I, 170 οἱ ἀφη-
νιασταὶ τρόποι. — de plantat. 12. I,
337 ἄλογοι καὶ ἀφηνιασταί. — congr.
erud. grat. 28. I, 542 ἵπποις ἀφηνια-
σταῖς ὀξὺ κέντρον sc. λυσιτελές. — de
agricult. 18. I, 313 ἀγαλίνωτος καὶ ἀφ.
ἵππος. vgl. z. Bed. des Worts Ruhnk.
l. c. p. 106.
ἀφίδρυμα. de poster. Cain. 46. I, 256
ὁ χρυσὸς μόσχος τὸ Αἰγυπτίων ἀφί-
δρυμα.
ἀφιερόω. de gigant. 3. I, 264 (ψυχαῖς)
ἀφιερωϑείσαις . . . εἴωϑε χρῆσϑαι πρὸς
τὴν τῶν ϑνητῶν ἐπίστασιν. — de plan-
tat. 32. I, 349. Diese Stelle auch bei
Thom. Mag. p. 485. — vgl. Lobeck
ad Phryn. p. 192.
ἀφνίδιος. [Bei Steph. nur 1 St. aus
Niceph.] — de sacrif. Ab. et Cain. 22.
I, 178 φέγγος ἀφνίδιον.
ἀφραίνω. quod det. pot. insid. 21. I,
205 neben ἀκολασταίνειν. — de ebriet.

2. I, 358 ἀφραίνοντάς τε καὶ ληροῦν-
τας.
ἀφνῶς. quod deus immut. 22. I, 287
τοὺς ἀφνῶς ἔχοντας πρὸς τὰς τῶν τεχ-
νῶν ἀναλήψεις.
ἀχειραγώγητος. [Bei Steph. nur 1
St. aus Cyrill.] — de somn. II, 23. I,
680 τυφλὴν καὶ ἀχειραγώγητον . . .
ἀνοδίαν.
ἀχϑοφορέω. Bei Steph. aus Philo II,
604. — Dazu: de gigant. 7. I, 267
τὸν σαρκῶν φόρτον ἀχϑοφοροῦσι. — de
plantat. 2. I, 330 τὸν κόσμον ἀχϑοφο-
ρεῖν. — de migr. Abr. 16. I, 450 ne-
ben γεωπονεῖν. — ibid. 39. I, 471 τοῖς
μέρεσι τούτοις (sc. ὤμοις) ἀχϑοφορεῖν
ἔϑος. — de septen. 7. II, 283. — de
carit. 15. II, 394. — quod omn. prob.
lib. 6. II, 450. — de decal. 1. II, 181
τὰ φορεῖα κατὰ τῶν αὐχένων ἀχϑοφο-
ροῦσι.
ἀχόρευτος. de migr. Abr. 13. I, 447
ἀχ. καὶ ἄμουσος διάνοια.
ἀχορήγητος. de vita Mose I, 43. II,
119 καὶ τῶν ἄλλων τοῖς ἀχορηγήτοις
ὠνίων, wobei M. bemerkt: ἀχορ. de-
est in Mss.
ἄχραντος. de sacr. Ab. et Cain. 40.
I, 190 neben ἀκηλίδωτος.
ἀχρηματία. Bei Steph. aus Philo I,
549. — Dazu: de gigant. 7. I, 266.
ἀψευδέω. quis rer. div. haer. 60. I,
517 οἱ κόλακες . . . τοῦ ἀψευδεῖν οὐ
πεφροντικότες.
ἀψίκορος. quod deus immut. 6. I, 276
ὁ ϑεὸς οὐχ ἀψ. — de Joseph. 7. II,
47 διὰ τὴν ἀψίκορον καὶ φιλόκαινον
τῶν ἡϑῶν ἀνωμαλίαν. — de spec. legg.
14. II. 312 εἰσὶ δέ τινες περὶ τὰς ὁμι-
λίας ἀψίκοροι. — de caritate 14. II,
394 τὸν ἔρωτα βασανίζει πότερον ἐπι-
μανὴς καὶ ἀψίκορος καὶ ὅλος τοῦ πά-
ϑους ἐστίν . . . — Mit ἐπιμανὴς findet
sich ἀψ. auch zusammengestellt in de
merced. meretr. 4. II, 268. — ap. Joh.
Damasc. s. par. p. 784 C. II, 659 ἐνίοις
ἀψικ. ἐγγίνεται λογισμός.
ἀψικόρως [ist bei Steph. ohne Beleg]
— quod det. pot. insid. 31. I, 214 τοῖς
μὴ ἀψικόρως, κραταιῶς δὲ καὶ πα-
γίως . . . ἐλλαβομένοις ὧν ἐρῶσιν.
ἀψόρητί. de somn. I, 23. I, 643 ἀ.
καὶ ἀοράτως. — de spec. legg. 18. II,
316 ἀψόρητὶ ταχέως ἐξεφϑάρησαν. —
cf. Abresch. l. c. p. 223.

B.

βάδισμα. fragm. ap. Joh. Damasc.
p. 658 E. II, 652 β. σεσοβημένον. —

de merced. meretr. 2. II. 261 προσέρ-
χεται ... κεκλημένω τῷ βαδίσματι
βάκτρον. cherub. 18. I. 150 ἄνευ βάκ-
τρων τῶν αἰσθητικῶν ὀργάνων τυγχά-
νει
βαλαντιοτόμος. de spec. legg. 7. II.
341 ἐὰν ... οἱ τῶν ἀλλοτρίων ἔφεδροι
βαλαντιοτόμοι καὶ τοιχωρύχοι παρεισ-
φθαρέντες ὠφελῶνται συλληφθέντες ἐκ-
τινέτωσαν ἐπιτίμια διπλᾶ. — de con-
cup. 2. II, 350 κλέπτας ἀποτελεῖ καὶ
βαλαντιοτόμους καὶ λωποδύτας ...
βαρβαρισμός. leg. alleg. III. 67. I.
124 αὐτός σου ποιήσαι κεφαλήν ...
τῇ μὲν φωνῇ βαρβαρισμός ἐστι τῷ δὲ
σημαινομένῳ κατόρθωμα.
βασκευτής. de merced. meretr. 4.
II. 268 neben δυσζήλητος.
βαρύκτυπος. de somn. I. 18. I. 637
λέγει τὸ βαρυκτυπότατον (cod. Med. st.
βαρυκτυπώτατον) ἡμῖν γένος ἐπικουρίζει.
βιωφελής. Zalreiche Stellen aus Philo
s. bei Steph. — Es fehlt de justit. 2.
II. 360 ὄνομα τῆς βιωφελεστάτης ἀν-
δρείας καταλιπών. — de concupisc. 3.
II. 351 πρὸς ἄσκησιν τῆς βιωφελεστά-
της ἐγκρατείας. — de Abrah. 20. II.
16 βιωφελεστάτων εἰσηγήσεις δογμά-
των.
βλαστόν. quod det. pot. insid. 29. I.
212 τῶν ... δένδρων τὰ φυτὰ πάντα
βλαστὰ μὲν ἔχει τὰ ἐπιτηδεύματα καρ-
πὸν δὲ τὰς καλὰς πράξεις. (M. βλα-
στάς)
βοηδρομέω. de Joseph. 36. II, 71 ὁ
τῆς οἰκίας ἐπιμελητής ... ἐβοηθόομαι
legat. ad Caj. 13. II. 560 ἵνα τὰ δύσ-
φημα καὶ δυσώνυμα θᾶττον ἡσυχάζεσθαι
βοηδρομῆσαι — ibid. 32. II, 579 ἐβοη-
δρόμουν ἀπαγγέλλοντες ἵνα φυλάττηται.
βόρβορος. de sacerd. hon. 3. II, 235
συὸς τρόπον ἐν βορβόρῳ διαιτωμένη
χαίρει. — cf. 2 Petri 2, 22.
βούβαλος. de concup. 5. II, 353 ne-
ben τραγέλαφος. vgl. Diod. Sic. 2, 51
τραγέλαφοι καὶ βούβαλοι.
βουθυτέω. agricult. 29. I, 319 μή
γὰρ ἐφ' ἱεροῖς καὶ τελείοις βουθυτῆσαι.
βούλησις. de plant. 24. I, 345 εὔ-
νοια ... ἐστὶ βούλησις τοῦ τῷ πλη-
σίον εἶναι τὰ ἀγαθὰ αὐτὰ [besser αὐ-
τοῦ. s. Wytt. ad P. M. p. 57 A].
βουνός. de poster. Cain. 16. I, 236
ᾗ δὲ Ὢ καλεῖται μὲν βουνός. über
das Wort Sturz, de dial. maced. al.
p. 153 sq.
βούπαις. de vita contempl. 6. II, 479
ὑδροφορεῦσι βούπαιδες λελουμένοι καὶ
λελαμπρυμένοι.

βρασμός. de poster. Cain. 20. Bei
Tisch. p. 103, 17 τὸν πολὺν φλεγμὸν
ἅμα καὶ βρασμὸν τῶν παθῶν. — de
agricult. 8. I, 306 τὸν πολὺν τοῦ πά-
θους ἀπαγανακτοῦμενοι βρασμόν.
βρεσώδης. Bei Steph. aus Philo I,
394. — congr. erud. grat. 4. I, 522
ἐν ἡλικίᾳ τῇ βρεφώδει.
βύζην. Steph. führt aus Philo an II,
332 (?). Die Stelle steht de fortitud. 8.
II, 382 τοὺς ἐν ποσὶν ἀναισοῦντες ἠρέ-
μουν τὰ βύζην συνεστηκότα στίφη.
βύστις. Bei Steph. aus Philo I, 639.
— Dazu: quod det. pot. insid. 6. I.
194 (αἴσθησι) ... καταλύει καὶ βύ-
στιν αὐτὴν (sc. τ. διάνοιαν) ἀπεργάζε-
ται.
βωμολοχία. quod deus immut. 22. I,
287 βωμολοχίᾳ πρὸ εὐσεβείας ἐν τῇ
ψυχῇ φέρεται.
βωμολόχος. cherub. 28. I, 156 βω-
μολόχοι δεσπόται ἐσοί. — de Joseph.
22. II. 59 ὁ πολιτικὸς ... ὀνειροκρι-
τικός ἐστιν οὐχὶ τῶν βωμολόχων οὐδὲ
τῶν ἐνθολεσχούντων ...

Γ.

γαλακτοτροφέω. Steph. führt aus
Philo an II, 89. — Dazu füge: II, 83.
de vita Mos. I. 4. — Ferner vgl. de
carit. 17. II, 397 χάρεται τῇ μητρὶ
... ἀπὸ τὰς πρώτας ἡμέρας γαλακτο-
τροφῆσαι. — de spec. legg. 36. II, 332
βρέφος γαλακτοτροφεῖσθαι μέλλοντι. —
de incort. m. 7. II, 494 γαλακτοτρο-
φεῖσθαι χρὴ τὸ ἀρτίγονον.
γαλακτώδης. agricult. 2. I, 301 ψυ-
χῆς γαλακτώδεις τροφαί. — de migr.
Abr. 6. I, 440 τὸ νηπίας καὶ γαλακ-
τώδους τροφῆς ἀμέτοχον. — congr.
erud. grat. 4. I, 522 πολυτελέσι χρῆ-
ται τροφαῖς πρὶν ἢ ταῖς ἀποικίλαις καὶ
γαλακτώδεσι ἐν ἡλικίᾳ τῇ βρεφώδει.
— de soma. II. 2. I, 660 ἁπαλαῖς καὶ
γαλακτώδεσι τροφαῖς.
γαληνίζω (γαληνιάζω). Steph. hat aus
Philo I, 351. — Dazu füge: cherub.
11. I, 146 θάλασσα ... ταῖς ἀνέσεσι
καὶ σφοδρότησι τῶν ἀνέμων ἢ γαλη-
νιάζουσα ἢ κυμαίνουσα. — de confus.
lingu. 9. I. 409 τὸν γαληνιάσαι δυνά-
μενον. — quod deus immut. 6. I. 276
ψυχή ... νηνέμῳ εὐδίᾳ χρωμένη γα-
ληνιάζει. — de septen. 5. I. 280, bei
Tisch. p. 21, 1 ἀρετώση διανοίᾳ γαλη-
νιαστέον τῶν παθῶν ἐμειδία.
γαληνός. de confus. lingu. 11. I. 411 ·
εὔδιον καὶ γαληνὸν βίον ζῶσιν.

γαμψός. de vict. 1. II, 238 γαμψούς
ὄνυχας ἔχειν.
γανόω. Steph. hat aus Philo I, 324.
— Dazu: de ebriet. 2. I, 358 τοὺς δὲ
ἔμπαλιν γανωμένους καὶ εὐφραινομέ-
νους. — ibid. 14. I, 366 ὑπὸ τῆς ἐν
θεῷ χαρᾶς γανωθεῖσα (σοφία). — de
plantat. 41. I, 355 τί γὰρ ἄλλο ἐμπρέ-
πει ἔργον σοφῷ ἢ τὸ παίζειν καὶ γα-
νοῦσθαι καὶ συνευφραίνεσθαι τῇ τῶν
καλῶν ὑπομονῇ. — de somn. II, 37ᵇ.
I, 691 γανωθεὶς ἀναφαιρέτου καὶ ἀσβέ-
στου τῆς ... εὐφροσύνης ἐπέλαχε.
γάνυμαι. leg alleg. I, 19. I, 56 (ἡ
θεοῦ σοφία) χαίρει καὶ γάνυται καὶ
τρυφᾷ.
γάνωμα. Bei Steph. aus Philo I, 628.
— Dazu: de plantat. 9. I, 335 τούτου
τοῦ γανώματος ἀκράτου τις σπάσας ...
— de somn. II, 37ᵇ. I, 691 αὐτὸς
ἄκρατος ὢν τὸ γάνωμα.
γαργαλίζω. de concup. 4. II, 352
ὅσα ... ἐστὶν ... γαργαλίζοντα καὶ
ἐρεθίζοντα τὴν ἐπίβουλον ἡδονήν.
γαργαλισμός. leg. alleg. III, 54. I,
118 γαργαλισμοῦ καὶ σπασμώδους ἐφίε-
ται. — quod det. pot. insid. 29. I, 212
κνησμοὺς ἢ γαργαλισμοὺς ἐξ ἡδονῆς
ἢ ἐπιθυμίας (sc. τὸ πάθος τῇ ψυχῇ
ἐμποιεῖ).
γαστριμαργέω. de Abrah. 29. II, 22
τῶν θηρίων τὰ γαστριμαργοῦντα καὶ
συνουσιαστικώτατα.
γαστριμαργία. de ebriet. 50. I, 388
ἔφαμεν ἐκ τοῦ μεθύειν καὶ τὴν ...
γαστριμαργίαν δηλοῦσθαι. — de somn.
II, 23. I, 679 τὰ τῆς γαστριμαργίας
εἴδη πόσις τε καὶ βρῶσις. — ibid. 30.
I, 685 τοῦ θάτερον εἶδος τῆς γαστρι-
μαργίας τεχνιτεύοντος οἰνοφλυγίαν. —
leg. ad Caj. 2. II, 548 οἰνοφλυγίαι καὶ
ἔφεδροι γαστριμαργίαι. — de Abrah.
26. II, 20 ἀδικημάτων μυρίων ὅσων
γεμισθεῖσα (Παλαιστίνη) καὶ μάλιστα
τῶν ἐκ γαστριμαργίας καὶ λαγνείας.
— de carit. 18. II, 398 τῆς ὑπερφυοῦς
γαστριμαργίας.
γαυριάω. cherub. 21. I, 151 ταῖς περὶ
ψυχὴν ἁπάσαις δυνάμεσί τε καὶ ἐνερ-
γείαις γαυριᾷς καὶ πεφύσησαι. — le-
gat. in Caj. 12. II, 558 ἐπὶ τίνι γαυ-
ριᾷς καὶ πεφύσησαι. — de agricult. 16.
I, 311 ὁ γαυριῶν ἄφετος εἶναι βούλε-
ται καὶ ἐλεύθερος. — de somn. I, 39.
I, 654 τί οὖν τῆς ... πολιτείας ἀψά-
μενοι γαυριῶμεν. — de somn. II, 40.
I, 694 οὔτε τὸν ... νοῦν οὔτε ... τὴν
αἴσθησιν προσήκει γαυριᾶν.
γαῦρος. de confus. lingu. 6. I, 407

ὀρθοῦντες αὐτὸ (sc. τὸ σῶμα) καὶ εἰς
ὕψος αἴροντες καὶ γαῦρον ἀποδεικνύν-
τες. — de somn. II, 12. I, 669 καθά-
περ οἱ γαῦροι τῶν ἵππων τὸν αὐχένα
μετέωρον ἐξάραντες.
γαυρόω. de vita Mos. I, 51. II, 125
ὁρῶ δὲ λαὸν ὡς σκύμνον ἀνιστάμενον
καὶ ὡς λέοντα γαυρούμενον. cf. Num.
23, 24 LXX ἰδοὺ λαὸς ὡς σκύμνος
ἀναστήσεται καὶ ὡς λέων γαυρωθήσε-
ται.
γεγωνός. leg. alleg. III, 40. I, 111
ὁ γεγωνὸς λόγος. — de ebriet. 23. I,
371 ὕμνον ᾄδοντας οὐ γεγωνῷ φωνῇ.
γειτνίασις. de vita contempl. 3. II,
475 αἱ γειτνιάσεις.
γενεθλιαλογικός. de migr. Abr. 32.
I, 464 Χαλδαῖοι ... ἐκπεπονηκέναι δο-
κοῦσιν ἀστρονομίαν καὶ γενεθλιαλογι-
κήν. — ibid. 35. I, 466 γενεθλιαλογι-
κῆς ἀποστὰς ... ἥτις παρέπεισεν αὐ-
τὸν ὑπολαβεῖν τὸν κόσμον θεὸν τὸν
πρῶτον εἶναι.
γενικός. leg. alleg. I, 18. I, 54 τὸ
ξύλον τῆς ζωῆς ἐστιν ἡ γενικωτάτη
ἀρετή.
γεράνδρυον. de execr. 9. II, 437 νέα
ἔρνη βλαστάνουσιν ὑφ' ὧν τὰ γεράν-
δρυα παρευημερεῖται.
γεῦμα. congr. erud. grat. 30. I, 544
ἄγευστοι γάρ εἰσι τοῦ παντρόφου γεύ-
ματος σοφίας.
γεωπονέω. Steph. hat aus Philo I,
212. II, 450. 457. — Dazu: de conf.
lingu. 25. I, 423 διὰ τοῦτο καὶ ὢν
ἐγεωπόνησε τὰς ἀπαρχὰς (M. für ἀρ-
χὰς) ἑαυτῷ ταμιεύεται.
γηθοσύνη. de plant. 40. I, 354 με-
στὸν γηθοσύνης καὶ χαρᾶς.
γηροτροφέω. Steph. hat aus Philo
II, 200. — Dazu: quod omn. prob.
lib. 12. II, 459 γονέων ὑπὸ γνησίων
παίδων ... γηροτροφουμένων.
γῆρυς. de ebriet. 26. I, 373 καὶ τῶν
ἄλλων (παθῶν) ἑκάστου πολύηχος καὶ
μεγαλόφωνός τις ἡ γῆρυς.
γλισχρολογέομαι. Steph. hat aus
Philo I, 526. — vgl. Wytt. ad P. M.
p. 31 E.
γλισχρολογία. Steph. hat aus Philo I,
698. vgl. auch Wytt. l. c., der auch
de somn. I, 17. I, 636 γλισχρολογίας
mit cod. Med. für αἰσχρολογίας lesen
will.
γλισχρότης. cherub. 12. I, 146 κατε-
σχημένοις ... τύφῳ ῥημάτων καὶ ὀνο-
μάτων γλισχρότητι.
γλυκύπικρος. de somn. II, 22. I, 678
γλυκυπίκρου πληρουμένους ἡδονῆς.

γλωσσαλγία. Steph. hat aus Philo: de vita Mos. III, 25. II, 165. Ferner II, 328. 651. — Dazu: in Flacc. 5. II, 522 πλῆθος δ' ἐστὶν ἐπιτετηδευκὸς γλωσσαλγίαν.

γνώρισμα. mut. nom. 15. I, 592 τοιοῦτος μέν τις ὁ Ἰωσὴφ ἐκ τῶν γνωρισμάτων γνωρίζεται.

γνωσιμαχέω. Steph. hat Philo I, 526. Abrah. 379 = II, 31. de somn. 1144. — Dazu füge: de somn. I, 6. I, 625 οἱ δὲ ὑπὸ καρδίας αὐτὸν ἀγαλματοφορεῖσθαι διανοηθέντες γνωσιμαχοῦσιν. — de vita Mos. I, 40 II, 116 γνωσιμαχεῖν οὐκ εἰδότας. — ibid. I, 42. II, 118 ὑπὲρ τοῦ μὴ γνωσιμαχούντων μηδ' ἄλλα ἄλλων ἀπαγγελλόντων στάσιν ἐν τῷ πλήθει γενέσθαι.

γραφίς. decal. 14. II, 192 σφύρας καὶ ἄκμονας καὶ γραφίδας καὶ καρκίνους καὶ τὰ ἄλλα ἐργαλεῖα δι' ὧν ἐμορφώθεισαν αἱ ὕλαι.

γυμνασιαρχία. quod omn. prob. lib. 1. II, 445 ἀγορανομίας καὶ γυμνασιαρχίας καὶ τὰς ἄλλας λειτουργίας ὑπομένοντας.

γυναικομανής. de spec. legg. 14. II, 312 γυναικομανεῖς ἐν τῷ αὐτῷ καὶ μισογύναιοι.

γυναικόω. Steph. hat Philo I, 683. — Dazu: de Abrah. 26. II, 21 τὰ σώματα μαλακότητι καὶ θρύψει γυναικοῦντες.

γυναικώδης. de ebriet. 15. I, 366 ὑπὸ τῆς ἀνάνδρου καὶ γυναικώδους συνηθείας.

γύανδρος. Steph. hat Philo I, 512. — Dazu: de sacrif. Ab. et Cain. 30. I. 183 αἱ μὲν γυνάνδρων εἰ ζηλώσαιεν τὰ ἀνδρῶν οἱ δὲ ἀνδρόγυνων εἰ τοῖς γυναικῶν ἐπίθοιντο ἐπιτηδεύμασι, δύςκλειαν οἴσονται.

Δ.

δαδουχέω. ebriet. 41. I, 383 δᾳδουχοῦσα παιδεία.

δάκετον. de sobr. 10. I, 399 οὐδὲ τῶν δακέτων οὐδὲν ἀνὴρ μέτριος κτείνειν ἂν ἐθελήσαι μὴ μέλλον δάκνειν.

δακρυρροέω. Steph. hat Philo vit. Mos. III. Die Stelle steht dort §. 39. II, 179. — Dazu: de Joseph. 37. II, 72 ἐπ' αὐτῷ ἐδακρυρρόουν, ἱκέτευον · · ·

δακτυλοδεικτέω. in Flacc. 18. II, 539 ὁ δὲ δακτυλοδεικτούμενος τῆς ἀθρόας μεταβολῆς πιέζεται βαρυτέραις ἀνίαις. vgl. Lobeck ad Phryn. p. 623, wo auch diese St. angeführt.

δάνειον. de migr. Abr. 2. I, 438 κομίσασθαι τὰ . . . δάνεια. — ibid. 16. I, 450 δάνεια ἀναπράττειν. — quis rer. div. haer. 21. I, 487 δάνειον ἢ παρακαταθήκην.

δεητικός. de septen. 23. II, 296. — Bei Tisch. 63, 5 δεητικωτάτας εὐχάς st. Mang. δεκτικωτάταις εὐχαῖς.

δείλαιος. agricult. 16. I, 311 μεγάλα κλαίει τὴν ἰδίαν κακοπραγίαν ὁ δείλαιος.

δειματόω. decal. 28. II, 204 πτοίαν καὶ ἀγωνίαν ἀποφράδας ἀγγέλους προεκπέμπει δειματοῦντας. — in Flacc. 20. II, 542 πολλάκις δὲ ἐδειματοῦτο καὶ διεπτόητο.

δεκάδαρχος. congr. erud. grat. 20. I, 535 ἀφ' οὗ μοι δοκεῖ καὶ Μωσῆς . . . δεκαδάρχους χειροτονεῖν.

δεκάζομαι. conf. lingu. 25. I, 424 ἐν τῷ τῆς φύσεως αὐτῆς δικαστηρίῳ ἣν οὐ θέμις δεκάσασθαι. — ibid. 27. I, 426 φύσει τὸ δικαστήριον αὐτῆς (sc. τῆς ἀκοῆς) πρὸς τὸ δεκάζεσθαι ταλαντεύει. — quis rer. div. haer. 14. I, 483 καταγνοῦσα . . . τῶν κριτηρίων ὡς νενοθευμένων καὶ δεδεκασμένων. — congr. erud. grat. 6. I, 523 δεδεκασμέναις μὲν ἀκοαῖς δεδεκασμένῳ δὲ τῷ τῶν ἄλλων αἰσθήσεων δικαστηρίῳ. — quod omn. prob. lib. 2. II, 447 ὧν (sc. τῶν αἰσθήσεων) τὸ συνέδριον ὑπὸ τῶν κρινομένων ἀεὶ δεκαζόμενοι ἀβέβαιον.

δεκαπλασιάζω. de migr. Abr. 31. I, 462 ἑβδομάδος δεκαπλασιασθείσης.

δευτερεύω. leg. alleg. II, 20. I, 81 ἡ μὲν ἐν τῷ θεοφιλεῖ σωφροσύνη τιμιωτάτη ἐστί . . . δευτερεύουσα δὲ ἡ ἐν τῷ κατὰ προκοπὴν σοφίαν ἀναλαβόντι. — leg. alleg. III, 70. I, 126 τὰ δὲ βραχέα τῶν κριμάτων ἐπιτρέπει τοῖς δευτερεύουσι σκοπεῖν.

δημαρχία. de somn. II, 12. I, 669 ἀπὸ δημαγωγίας ἐπὶ δημαρχίαν βαδίζοντες.

δημηγόρος. de Joseph. 7. II, 47 ὁ μὲν γὰρ δημοκόπος καὶ δημηγόρος ἀναβὰς ἐπὶ τὸ βῆμα.

δημοθοινία. carit. 24. II, 404 εἰς μέσον προενεγκόντες ὥσπερ ἐν δημοθοινίᾳ. — de Joseph. 18. II, 55 ὥσπερ ἐν δημοθοινίᾳ τῶν κατὰ τὸ δεσμωτήριον εὐνούχων ὑπομνησθείς.

δημοκοπέω. de Joseph. 14. II, 51 δημοκοπεῖν οὔτ' ἔμαθον οὔτ' ἐπιτηδεύσω ποτέ.

δημοσιεύω. Steph. hat Philo v. M. 1. Die Stelle steht §. 54. II, 127.

διαγορεύω. de migr. Abr. 15. I, 449

γράμμα ᵟεῖον διαγορεῦον ἀεὶ σοφιστείαν
ὑπὸ σοφίας ἡττᾶσᾱαι.
διαδιδράσκω. mut. nom. 36. I, 608
εὐπρεπείᾳ λόγου διαδιδράσκουσι τὸν
ἔλεγχον.
διάζευξις. conf. lingu. 15. I, 415 ἡ
μὲν τῶν κατ' ἀρετὴν (συμφωνία) παν-
τελὴς ὑπογράφεται διάζευξις.
διαιωνίζω. Steph. hat Philo II, 154.
318. — Dazu: de gigant. 5. I, 265
ἓν δὴ τοῖς τοιούτοις ἀμήχανον τὸ τοῦ
ᵟεοῦ καταμεῖναι καὶ διαιωνίσαι πνεῦ-
μα. — de plant. 22. I. 343 τὸ τὰς τοῦ
ᵟεοῦ διαιωνίζειν χάριτας. — congr.
erud. grat. 7. I, 524 δοκεῖ ὁ εὐεργέτης
ἵνα διαιωνίζωσιν αἱ χάριτες αὐτοῦ τῷ
λαβόντι γυναῖκα τὴν ἐπιμονὴν ἐγγυῆ-
σαι. — mut. nom. 37. I, 611 τὸ ᵟεῖον
ἄκουσμα ἐπὶ ψυχῇ διαιωνίζον. — de
somn. I, 8. I, 627 καλὸν καὶ ἐν τούτῳ
γενομένους μὴ καταγηράσαι καὶ διαιω-
νίσαι. — de somn. II, 21. I, 678 δι-
αιωνίζειν (κελεύει) αὐτοῦ τὸν σωτήριον
ἔλεον. — de decal. 12. II, 190 ᵟεῖον
. . . μὴ διαιωνίζοντα λέγειν οὐ ᵟεμι-
τόν. — de septen. 6. II, 281 μετὰ τὴν
συνεχῆ καὶ ἀδιάστατον διαιωνίζουσαν
ἑορτήν.
διακαλύπτω. de vita contempl. 10.
II, 484 (ἡ ψυχὴ) τὰ μὲν σύμβολα
διαπτύξασα καὶ διακαλύψασα.
διακύπτω. quod det. pot. insid. 4. I,
193 ὅταν . . . διακύψῃς καὶ περιαγα-
γὼν ὄμμα ὅλον δι' ὅλων καταδεάσῃ
. . . — de plant. 41. I, 355 διακύψας
. . . τῷ διοιχᵟέντι καὶ φωσφόρῳ τῆς
διανοίας ὄμματι. — de conf. lingu. 13.
I, 413 διακύψασι καὶ διερευνησαμένοις
ἀκριβῶς. — ibid. 27. I. 425 διακύψας
εἰς ἕκαστα καὶ ἐπιμελῶς αὐτὰ αὐγα-
σάμενος. — de migr. Abr. 39. I, 470
πανταχόσε διακύπτον. — quis rer. div.
haer. 22. I, 488 διὰ μὲν τῶν αἰσᵟή-
σεων εἰς τὰ αἰσᵟητὰ διακύψας. — de
profug. 6. II. 551 τοὺς ἀκριβεστέρους
ἀπατᾶν οὐ δύνανται διακύπτοντας εἴσω.
— de Abrah. 16. II, 12 αἰσᵟήσεων
χῶραι δι' ὧν ὥσπερ ὀπῶν ἑκάστη πέ-
φυκε διακύπτειν. — ibid. 23. II, 17
οὔτε ὅσον διακύψαι μόνον. — de Jo-
seph. 24. II, 62 διακύπτειν εἴσω τῶν
πραγμάτων. — decal. 17. II, 195 διά-
κυψαι εἰς τὴν . . . διάνοιαν. — de
spec. legg. 1. II, 300 φιλεπιστημόνως
διακύπτειν εἰς ἕκαστον. — de praem.
et poen. 5. II, 412 διακύψαντες εἴσω
καὶ ταῖς διανοίαις ἐμβαᵟύναντες.
διακορής. quod det. pot. insid. 28. I,
212 μόλις διακορὴς ἐγένετο. — de

profug. 5. I, 550 διακορὴς ἐδωδῆς
ἐπειδὰν γένηται χανδὸν . . . πίνων γέ-
λωτα καὶ γλεύην παρέξει τοῖς ὁρῶσι.
— de ebriet. 50. I, 388 διακορεῖς γε-
νόμενοι.
διάλειμμα. ap. Euseb. VIII, 7. II,
630 πολλὰς (ἡμέρας) καὶ ταύτας οὐκ
εὐᵟὺς ἐφεξῆς ἀλλήλαις ἀλλὰ ἐκ δια-
λειμμάτων.
διάλεκτος. leg. alleg. II, 5. I, 69 μὴ
ὄντων ὀνομάτων οὐδ' ἂν διάλεκτος ἦ.
διαλλάττω. Steph. hat Philo de mundo
ohne best. Augabe. — Dazu: de ebriet.
2. I, 358 διαλλάττουσι χρόνοις.
διαμάχη. Steph. hat aus Philo II,
513. I, 7. — Dazu: quod det. pot.
insid. 10. I, 197 ἁμίλλης καὶ διαμά-
χης σύμβολον.
διαμισέω. Bei Steph. aus Philo II, 21
u. 570. — Dazu: de sobriet. 5. I. 396
τῆς δὲ ἐκτόπως τὸ αὔστηρὸν καὶ πε-
ρίσεμνον διαμεμίσηκε. — de migr. Abr.
4. I, 439 διαμισῆσαι καὶ ἀποστραφῆ-
ναι πάντα.
διαναπαύω. decal. 20. II, 197 διανα-
παυόμενος τὰς ἱερὰς ἑβδομάδας. — de
somn. I, 18. I, 637 ἐν τίνι οὖν κοι-
μηᵟήσεται τουτέστιν ἠρεμήσει καὶ δια-
ναπαύσει ἄνᵟρωπος.
διανᵟίζω. de plantat. 26. I, 346 τὸν
μηκέτι διηνᵟισμένον ποικιλίᾳ χρωμά-
των . . .
διαντλέω. cherub. 34. I, 161 παροικεῖ
μέχρις ἂν τὸν ἀπονεμηᵟέντα τοῦ βίου
χρόνον διαντλήσῃ.
διανυκτερεύω. de incorr. m. 2. II,
488 τὰ πολλὰ πειρᾶται διανυκτερεύειν
ὕπαιᵟρος. — in Flacc. 6. II, 522 οὕ-
τος διημέρευε καὶ διενυκτέρευε γυμνὸς
ἐν ταῖς ὁδοῖς.
διαπατάω. de plant. 39. I, 354 ἐν οἷς
ἔξυσαν ἱεροῖς διαπατοῦντες.
διαπιστέω. de carit. 3. II, 387 δια-
πιστοῦντες εἴ τις ἄνᵟρωπος ὢν . . .
δύναται . . . ἡλίῳ καὶ σελήνῃ καὶ τῷ
τῶν ἄλλων ἀστέρων χορῷ μεμουσω-
σᵟαι τὴν ψυχήν.
διαπυνᵟάνομαι. ap. Euseb. pr. ev.
8, 7. II, 631 ὅν τινα αὐτῶν κινεῖ καὶ
περὶ τῶν πατρίων διαπυνᵟάνῃ προχεί-
ρως ἔχει καὶ ῥᾳδίως εἰπεῖν.
διασκεδαστής. Bei Steph. aus Philo
I, 89. — Dazu: de sacrif. Ab. et
Cain. 11. I, 171 ἐὰν . . . τῷ διασκε-
δαστῇ τῶν καλῶν ἐντύχωσι . . .
διάστημα. von der Zeit gebraucht:
leg. alleg. I, 2. I, 44 σύμπας ὁ χρό-
νος ἡμερῶν καὶ νυκτῶν ἐστι διάστημα.
— quod det. pot. insid. 28. I, 212. — de

migr. Abr. 25. I, 457 τὰς πλείους μοί-
ρας τῶν χρονικῶν διαστημάτων. —
quis rer. div. haer. 29. I, 494 τὰ αὐτὰ
καὶ ὡσαύτως ἔχοντα διαστήματα (ὁδὸν
ὁ ἥλιος ἔρχεται). — mut. nom. 25. I,
599 τὰ χρόνων διαστήματα.
διαστηματικός. decal. 7. II, 184
τὴν δεκάδα . . . περιέχουσαν τήν τε
ἀδιάστατον φύσιν καὶ τὴν διαστημα-
τικήν.
διασυνίστημι. Steph. hat Philo I,
237. 292. 385. 423. 442. 444. 474.
495. 515. — Dazu: leg. alleg. I, 1.
I, 43 νοῦ καὶ αἰσθήσεως . . . τελείω-
σιν διασυνίστησιν. — de gigant. I. I,
262 ἡ τοῦ δικαίου Νῶε γένεσις . . .
τοὺς ἀδίκους πολλοὺς διασυνίστησιν. —
quis rer. div. haer. 11. I, 480 ὄνομα
τοῦ γεννηθέντος ἐκ ζωῆς . . . διασυνί-
στησι Δαμασκόν. — ibid. 49. I, 506
τὴν πραγματικὴν διαμάχην ἐναργέστα-
τα . . . διασυνιστάς. — mut. nom. 30.
I, 603 πέφυκε ἡ ἐλπὶς . . . διασυνι-
στάνειν αὐτὸ (sc. τὸ μέλλον ἀγαθὸν)
ψυχῇ. — de somn. II, 37. I, 691
πλήρη τοῦ σοφίας νάματος τὸν θεῖον
λόγον διασυνίστησι. — de Abrah. 31.
II, 25 μικράν τε καὶ οὐ μικρὰν τὴν
πόλιν ταύτην οἱ χρησμοὶ διασυνιστᾶσιν.
— de Joseph. 1. II, 41 οὗ (sc. τοῦ
πολιτικοῦ) ἐπώνυμον ἐκ τῶν φυλαρχῶν
διασυνίστησιν. — de vita Mose III, 35.
II, 175 ὅ γε πατὴρ δυσὶν ἐναργεστά-
ταις ἀποδείξεσι τὸ λόγιον τοῦ προφή-
του διασυνίστησεν.
διατειχίζω. Bei Steph. aus Philo I,
461. — Dazu: de post. Cain. 13. bei
Tisch. p. 96, 12 ἀφ' οὗπερ (sc. Σὴθ)
ἀποστέλλεται καὶ διατειχίζεται τὸ ἀπο-
θνήσκειν.
διαυλοδρομέω. Bei Steph. aus Philo
II, 291. — Dazu: de concup. 2. II,
350 ἐπιπεσόντα ἀθρόα πάλιν εἰς νή-
σους καὶ ἠπείρους διευλοδρο-
μήσαντα. — de incorr. m. 6. II, 493
ὥσπερ οἱ διαυλοδρομοῦντες ἀνακάμ-
πτουσι τὴν αὐτὴν ὁδόν.
δίαυλος. Steph. hat 1 Stelle aus Philo
de mundo. — Dazu: de mut. nom. 20.
I, 596 οὐκ αὐταὶ γεγόνασιν αἴτιαι τοῦ
τὸν δίαυλον ἐπὶ τὰ αἰσθητὰ καὶ ἀπὸ
τῶν αἰσθητῶν ἀπνευστὶ καὶ μετὰ πολ-
λῆς ῥύμης δραμεῖν.
διδυμοτοκέω. fragm. II, 663 ἡ ἐν
τῷ φαύλῳ κακία διδυμοτοκεῖ.
*διεξαρκέω. mut. nom. 35. I, 607
πρὸς δὲ τὸ παρὸν διεξαρκεῖ τὰ εἰρη-
μένα. — de septen. b. Tisch. p. 64, 8.
ὕων τροφὴν ἐξ οὐρανοῦ μήτε πλείονα

μήτ' ἐλάττονα τῆς διεξαρκούσης εἰς
ἑκάστην ἡμέραν.
διεξέρχομαι. Steph. führt an Philo
de mundo. Die Stelle steht dort §. 6.
II, 608.
διεξοδικός. congr. erud. grat. 6. I,
523 τῆς ἑρμηνευτικῆς καὶ διεξοδικῆς
σύμβολον δυνάμεως.
διερεθίζω. Steph. hat aus Philo I,
602. II, 483. — Dazu: de praem. et
poen. 3. II, 411 τῇ γὰρ διαζεύξει
κατὰ κενοῦ βαίνειν ἀνάγκη μηκέτι πα-
ρόντος ὑφ' οὗ διερεθισθήσεται. — quod
deus immut. 29. I, 293 διηρεθισμένος
τοῖς τῆς θεοφορήτου μανίας ἀκατασχέ-
τοις οἴστροις.
διερείδω. quod det. pot. insid. 13. I,
199 ἐξαναστάντες καὶ διερεισάμενοι τὰς
ἐντέχνους αὐτῶν περιπλοκὰς εὐμαρῶς
ἐκδυσόμεθα. — de posterit. Cain. 20,
b. Tisch. p. 103 sq. μείζων (sc. ἔπαι-
νος ἔπεται) εἰ δὴ διερεισάμενοι καθε-
λεῖν αὐτὸ (νόσημα) βουληθεῖέν τε καὶ
δυνηθεῖεν. — de somn. I, 21 I, 640
διερειδόμενος παλαίειν ἀναγκάζει.
διερμηνεύω. Bei Steph. aus Philo I,
226. 294. 448. II, 211. 476. — Da-
zu: de migr. Abr. 2. I, 438 αἱ τῶν
διερμηνευομένων φύσεις πραγμάτων. —
ibid. 13. I, 447 τοῦ διερμηνεύοντος
αὐτὰ (sc. ἐνθυμήματα) ἀπαίστως.
διευθύνω. agricult. 40. I, 327 ἀπνευ-
στὶ διευθῦναι τὸν δρόμον.
διηθέω. de Abrah. 2. II, 3 τοῦ κα-
θαρωτέρου καὶ διηθημένου (γένους). —
vgl. Ruhnk. ad Tim. p. 71 sq.
δικαιολογέω. legat. ad Caj. 36. II,
588 τοσαῦτα δικαιολογηθεὶς καὶ δεη-
θεὶς ἅμα περὶ τῆς πατρίδος.
δικαιοπραγέω. congr. erud. grat. 2.
I, 520 τὸ φρονεῖν τὸ δικαιοπραγεῖν τὸ
εὐσεβεῖν. — ibid. 29. I, 543 ἐπίπονον
τὸ δικαιοπραγεῖν. — profug. 6. I, 551
γενόμενοι χρηματισταὶ δικαιοπραγεῖν
ἠθελήσατε. — agricult. 27. I, 319
(περιμένει) ἵνα ὑφ' ὅσον ἀπελείφθη τοῦ
ἀδικεῖν ἐπὶ τοσοῦτον τῷ δικαιοπραγεῖν
ἐπιδράμῃ. — ebriet. 7. I, 362 παραί-
νεσις . . . ὠφελιμωτάτη . . . ὀλίγοις
μεθ' ὧν τὸ δικαιοπραγεῖν.
δικαιότης. ap. Euseb. pr. ev. 8, 14.
p. 393 b. II, 641 δικαιότης δὲ καὶ ἀλή-
θεια.
διμοιρία. quis rer. div. haer. 10. I,
480 τὸν . . . πρεσβύτερον . . . ᾧ δι-
μοιρίαν ἀπένειμε.
διοικισμός. migr. Abr. 27. I, 459
τὸν δὲ διοικισμὸν αὖθις μὲν, οὔπω δὲ
ποιήσεται.

5 *

διόλλυμι. de ebriet. 53. I, 391 ἵνα
καὶ τὴν ἀγρίαν ταύτην ἄμπελον διο-
λέσῃ·
διόμνυμι. decal. 19. II, 196 διομνυ-
μένους καὶ ὅλας ῥήσεις ὅρκων συνεί-
ροντας.
διοχλέω. de plantat. 42. I, 356 ἵνα
μὴ μακρηγορούντες ἐπὶ πλεῖον διοχλεῖν
δοκῶμεν. — Ueber die Stelle legat. ad
Caj. 38. II, 590, wo διενοχλεῖν für
διοχλεῖν hergestellt ist, s. Steph. s. v.
διοχλέω.
διχηλέω. Steph. hat Philo I, 320. —
Dazu: agricult. 32. I, 321 διχηλήσει
μὲν διαστέλλειν καὶ διακρίνειν ἕκαστα
δυνάμενος.
διχόνοια. decal. 2. II, 181 ἡ περὶ τοῦ
ἀρίστου κρατήσασα διχόνοια καὶ τὰς
πρὸς τὰ ἄλλα πάντα φορὰς ἐγέννησεν.
διωλύγιος. Ruhnk. ad Tim. p. 76 führt
aus Philo an I, 247. — Indessen siehe
I, 258 u. 295 vgl. u. ὠγύγιος.
δογματίζω. ap. Joh. Dam. II, 657
οὕτω γὰρ ἄμεινον καὶ σῶμα καὶ πρᾶ-
γμα δογματίζοιτο ἄν. — ibid. II, 674
τὴν εὐταξίαν μητέρα τῆς κατὰ σῶμα
εὐεξίας ἰατρῶν παῖδες ἐδογμάτισαν.
δοκέω. Zum Gegensatze v. δοκεῖν u.
εἶναι. vgl. de Joseph. 14. II, 52 ὁ
τοῦ δοκεῖν ἵμερος. — leg. alleg. I, 3.
I, 44 τὰ δοκοῦντα im Gegensatz zu
τὰ ἐνεργοῦντα gebraucht. — Für den
Gebrauch v. δοκεῖν im Sinne von „her-
vorragen" bei Philo, vgl. die bei Loes-
ner, observatt. ad N. T. e Philone p. 327
gesammelten Stellen.
δοκησίσοφος. Steph. hat Philo I, 605.
II, 268. — Dazu: leg. alleg. III, 63.
I, 122. — de poster. Cain. 15 b. Tisch.
p. 98, 10. — de ebriet. 10. I, 363. —
de mut. nom. 17. I, 594. — de sacrif.
Ab. et Cain. 1. I, 164 τὸν δοκησίσο-
φον νοῦν. — de somn. II, 44. I, 698
ἡ δ. ψυχή.
δολερῶς. de profug. 15. I, 557 οὐδὲν
τῶν ὑπούλως καὶ δολερῶς καὶ ἐκ προ-
νοίας πραττομένων ἀδικημάτων ἄξιον
λέγειν γίνεσθαι κατὰ θεόν.
δολιχεύω. δ. φύσιν. δ. τὸν τῆς φύ-
σεως δρόμον. s. die St. bei Müller a.
a. O. p. 205 sq.
δολοφονέω. de poster. Cain. 36, bei
Tisch. p. 122, 2 Ἄβελ τοῦ δολοφονη-
θέντος. — de confus. lingu. 12. I, 412
αἰσχύνουσι δολοφονοῦσι ἄντικρυς ἢν ὦσι
δυνατώτεροι κτείνουσι. — de nobilit. 3.
I, 439 ὁ πρεσβύτερος ὑπέμεινε τὸν νεώ-
τερον δολοφονῆσαι.

δονέω. de somn. I, 22. I, 642 καὶ δι-
νούμενος φαντασιοῦται τὸν ἀέρα.
δοξομανέω. Steph. hat Philo I, 550.
— Dazu: de somn. II, 16. I, 673 οὐκ
ἄνθρωποι μόνοι δοξομανοῦσιν ἀλλὰ καὶ
οἱ ἀστέρες.
δοξομανής. profug. 23. I, 564 ὁ πο-
λιτικὸς μὲν ἥκιστα δὲ δοξομανὴς τρό-
πος. — de somn. II, 14. I, 672 ὁ δο-
ξομανὴς καὶ φιλότυφος.
δούριος. de spec. legg. 8. II, 307 δού-
ριον κατασκευάσαι βοῦν.
δραπετεύω. de spec. legg. 1. II, 300
ἤ (sc. ἐπιστήμη) με πολλάκις ἀναπεί-
θει δραπετεύειν. — de migr. Abr. 38.
I, 469 ἔστι δὲ ὅπου καὶ τὸ δραπε-
τεύειν χρήσιμον.
δραπέτης. de migr. Abr. 38. I, 469
ὄντως γὰρ δραπέτης ὁ νοῦς τότε γίνε-
ται ὅταν . . . τράπηται πρὸς τὸ ἐναν-
τίον τάγμα τῶν αἰσθητῶν.
δρυμός. de somn. I, 4. I, 623 ἄγκεα
καὶ νάπας καὶ δρυμοὺς εἶπον αὐτοὺς
(sc. ἀστέρας) εἶναί τινες.
δυσαναπόρευτος. Steph. hat Philo I,
672 u. II, 348. — Dazu: de concup.
7. II, 354 τὸ τραχὺ καὶ δυσαναπόρευ-
τον.
δυσανασχετέω. Steph. hat Philo vita
Mos. III. Die St. steht §. 27. II, 167.
— Dazu: de vita Mos. I, 36 II, 112
ξένας εὐεργεσίας ἐκαινοτόμει τρανοτέ-
ραις ὅπως ἐμφάσεσιν αἰδεσθῶσιν ἤδη
μὴ δυσανασχετεῖν. — quod omn. prob.
lib. 15. II, 461 δυσανασχετοῦντι ἐπί τε
τῇ βλάβῃ. — legat. ad Caj. 30. II, 575
δυσανασχετήσαντες ἐπὶ τῷ τῆς ἱερᾶς
χώρας τὸ ἱεροπρεπὲς ὄντως ἀφανίζε-
σθαι.
δυσαντής. de post. Cain. 45, b. Tisch.
p. 132, 13 ὁδὸν τραχείαν καὶ δυσαντῆ
καὶ χαλεπήν·
δυσαριστέω. ebriet. 43. I, 384 οἷς
δυσηρέστησαν ἐνίοτε ἔνιοι. — de Abrah.
6. II, 6 οἱ δυσαρεστήσαντες θεῷ κα-
κοδαίμονες.
δυσάρεστος. ebriet. 2. I, 357 ἀπλη-
στίας ἀκορέστου καὶ δυσαρέστου ἐπιθυ-
μίας [so M. richtig st. des sinnlosen
εὐθυμίας]. — ibid. 43. I, 384 δυσκό-
λοις καὶ δυσαρέστοις ψυχαῖς.
δυσγένεια. Steph. führt aus Philo de
mundo 1 St. an m. unbest. Angabe. —
Dazu: quis rer. div. haer. 58. I, 514
ἀδοξία καὶ δυσγένεια.
δυσδιάλυτος. de incorr. m. 24. II,
511 δεσμὸς οὐκ ἄρρηκτος ἀλλὰ μόνον
δυσδιάλυτος.

69

δυςέκλυτος. quod det. pot. insid. 3.
I. 192 λαβυρινθώδους καὶ δυςεκλύτου
δόξης

δυςελπιστία. leg. alleg. III, 56. I,
119 δυςελπιστίαν μετὰ πολλῆς ἀνίας
κτᾶται. — quod deus immut. 34. I,
296 δυςελπιστίας ἔργον προςιέμεθα. —
de Joseph. 20. II, 57 χαλεπὸν τὸ προ-
κάμνοντας ταῖς ψυχαῖς ἀναπεσεῖν δυς-
ελπιστία. — de vita Mos. I, 35. II,
112 ἄβατος ἠρεμία καὶ δυςοδία καὶ
χαλεπαὶ δυςελπιστίαι. — legat. ad Caj.
43. II, 595 βαρυτέραν τῆς προτέρας
ἐπαγαγὼν συμφορὰν τὴν ἐκ δυςελπι-
στίας.

δύςερις. Steph. hat Philo I, 360. —
Dazu: de agricult. 37. I, 324 δύςεριν
ταραχήν.

δυςέφικτος. migr. Abr. 24. I, 457
ἐφικέσθαι τῶν δυςεφίκτων φρονήσεως
περάτων. — viell. auch de merced.
meretr. 4. II, 268.

δυςθανατάω. Steph. hat Philo II,
167. 173. — Dazu: de vita Mos. I,
21. II, 100 τοῦ βασιλέως περὶ τὴν τοῦ
ἔθνους ἄρεσιν δυςθανατῶντος (wo M.
will δυςανασχετοῦντος). — de carit. 9.
II, 390 δυςθανατῶντες περὶ πᾶσαν ἰδέαν
κέρδους.

δυςθεράπευτος. de plant. 8. I, 334
πολλὴ καὶ δυςθεράπευτος ἡ εὐήθεια. —
Ganz dieselbe Wendung ist bei Ps.-
Philo in de mundo 7. II, 608.

δυςκάθαρτος. de plantat. 25. I. 345
οἱ δυςκάθαρτοι. — de confus. lingu.
29. I, 428 τοῦ δὲ πλημμελεῖν εἰς αὐτὰ
(sc. τὰ θεῖα) οἱ δυςκάθαρτοι τὰς ἀρ-
χὰς εὑρίσκονται μόνον. — de mut. nom.
8. I, 587 ἐπ' ἀγχόνην ἥξει ἵν' ὁ μια-
ρός καὶ δυςκάθαρτος μηδὲ καθαρῷ θα-
νάτῳ τελευτήσῃ.

δυςκατέργαστος. de vict. 7. II, 244
ἡ μὲν διακριτικὴ (δύναμις) πᾶν ὅσον
ἀτέραμνον καὶ δυςκατέργαστον εἰς τὸ
παρακείμενον χολῆς ἀγγεῖον ἀποκρίνει.

δυςκατόρθωτος. de vita Mos. I, 5.
II, 83 πάντα ἐξευμαρίζει θεός ἃ ἂν
ἐθελήσῃ καὶ τὰ δυςκατόρθωτα.

δυςκίνητος. de monarch. II, 7. II,
227 ἄκρατος ... δυςκινητότερα τὰ μέ-
λη ποιεῖ.

δυςοδμία. quis rer. div. haer. 15. I,
484 τὰς ἄλλας πράσων καὶ νεκρῶν ἰχ-
θύων δυςοδμίας.

δυςπαρηγόρητος. de spec. legg. 5.
II, 304 δυςπαρηγόρητοι φιλονεικίαι.

δυςπεψία. de concup. 4. II, 352 ἀπλη-
στία τίκτει δυςπεψίαν.

δυςσεβής. de confus. lingu. 2. I, 405

τούτοις ... ὡς ἂν ἐπιβάθραις τῆς
ἀθεότητος αὐτῶν οἱ δυςσεβεῖς χρῶνται.

δυςτέκμαρτος. de migr. Abr. 35. I,
467 διὰ ταύτης (sc. ὁδοῦ) ἐλπίσας τὸν
δυςτόπαστον καὶ δυςτέκμαρτον πατέρα
τῶν ὅλων κατανοῆσαι.

δυςτόπαστος. Steph. hat Philo II,
216. — Dazu: de migr. Abr. 35. I,
467. s. unter δυςτέκμαρτος. — de
profug. 29. I, 570 τίς ἐστιν ὁ δυςόρα-
τος οὗτος καὶ δυςτόπαστος. — de somn.
I, 31. I, 648 τῷ δυςτοπάστῳ τῆς σκέ-
ψεως περιδεὴς γίνεται. — de praem.
et poen. 6. II, 414 ὁ δ' ἡνίοχος ...
δυςόρατος καὶ δυςτόπαστος ἣν ταῖς
μαρμαρυγαῖς τῆς ὄψεως ἀμυδρουμέ-
νης. — de poster. Cain. 4, bei Tisch.
p. 87. 3 ὧςτ' ἱκετεύει δυςτόπαστον οὐ-
σαν τὴν ἑαυτοῦ φύσιν δηλῶσαι γνωρί-
μως.

δυςυπομόνητος. Steph. hat Philo II,
287 u. 432. — Dazu: de merced. me-
retr. 4. II, 268 τὰ δ' ἐπαχθῆ καὶ
δυςυπομόνητα κυρίως ἑρμηνεύσαι. —
de Abrah. 34. II, 27 τὰ δυςυπομόνητα
καὶ δυςκαρτέρητα ἐπελαφρίζειν.

δυςυπονόητος. Steph. hat Philo II,
268. — Dazu: decal. 24. II, 201 δυςυ-
πονόητον καὶ δυςθήρατόν ἐστι πανούρ-
γοις τέχναις συσκιαζόμενον.

δυςφροσύνη. de Joseph. 40. II, 75
τὰς δυςφροσύνας ἐκποδὼν ποιησάμενοι.

δύςχρηστος. de merc. meretr. 4. II,
268.

δυςωπέω. Steph. hat Philo I, 756 u.
II, 195. — Dazu: de poster. Cain. 28,
bei Tisch. p. 112, 3 ἄνευ γὰρ τοῦ δυς-
ωπηθῆναι καὶ περὶ ἐνίων ἐπιπληχθῆ-
ναι νουθεσίαν ἐνδέξασθαι καὶ σωφρο-
νισμὸν ἀμήχανον. — de confus. lingu.
13. I, 412 τὸ παθῶν καὶ κακιῶν στί-
φος δυςωποῦντες. — de profug. 21. I,
563 ὃς (sc. δικαστής) ὑπ' οὐδενὸς τῶν
ἀπαγομένων εἰς κρίσιν δυςωπεῖται. —
ibid. 37. I, 576 τοῦτο δ' οὐκ ἐνδοιά-
ζων καὶ οὐ πυνθανόμενος μᾶλλον ἢ
δυςωπῶν καὶ ὀνειδίζων προφέρεται. —
de somn. I, 20. I, 639 ὡς μηδ' ἐπ'
εὐτελεῖ χλαίνῃ ποτὲ δυςωπηθῆναι. —
quod omn. prob. lib. 18. II, 465 ὡς
τὸν μὲν δυςωπηθέντα ἐφ' οἷς ἑαυτῷ
σύνοιδε καταδῦναι ...

δωδεκατημόριον. de somn. II, 16.
I, 673. Sonne und Mond gehen durch
alle Bilder des Thierkreises: τὸν μὲν
ἐν ἡμέραις τριάκοντα τὴν δὲ δωδεκα-
τημορίῳ τούτων μάλιστα ὅπερ ἡμερῶν
δυεῖν καὶ ἡμίσους ἐστίν.

δωροδοκέω. de judice 3. II, 346 τὸ

δωροδοκεῖν ἐπ' ἀδίκοις παμπονήρων
· ἐστὶν ἀνθρώπων ἔργον.
δ ω ρ ο δ ο κ ί α. de vict. offer. 4. II, 254
λαβὼν (δῶρα) ἔνοχος ἔσται δωροδοκίας.

E.

ἐ α ρ ί ζ ω. Steph. hat aus Philo II, 99.
— Dazu: de monarch. II, 5. II, 226
χειμῶνας ἐξαισίους καὶ ἐαρίζοντας. —
apud Euseb. pr. ev. VIII, 14, 43, bei
M. II, 643 θέρη χειμαίνοντα καὶ χει-
· μῶνας ἐαρίζοντας. — de opif. m. 19.
· I, 13 μετοπώρου ἐαρίζοντος.
ἐ γ γ ρ ά μ μ α τ ο ς. de plantat. 2. I, 331
ἵνα τὸ ὅλον ὥσπερ ἐπὶ τῆς ἐγγραμμά-
του μούσης [Euseb. praep. ev. 7. 13
ἐγγράμμου μουσικῆς. M. will ἐγγραμ-
μάτου φωνῆς. cf. hierzu die St. bei
Wytt. l. c. VIII, 1 p. 485] συνηχήσῃ.
ἐ γ κ ά ρ σ ι ο ς. Bei Steph. aus Philo II,
115 u. 478. — Dazu: de ebriet. 33.
I, 377 τὸν αὐχένα ἐγκάρσιον πλησιά-
ζων. — de conf. lingu. 30. I, 428 ἐγ-
κάρσια παρακέκλιται.
ἐ γ κ α τ α μ έ ν ω. Bei Steph. aus Philo II.
602. — Dazu: de nobilit. 5. II, 442
αἱ τῆς πολυτέου δόξης ἐγκαταμένουσαι
ἀπάται.
ἐ γ κ α τ α μ ί γ ν υ μ ι. legat. ad Caj. 26.
II, 570 ἐὰν οὖν τι κέντρον ἐγκαταμί-
ξῃς τοῖς τοιασμοῖς ... vgl. über die
Sache Wytt. ad P. M. p. 65 C. D.
ἐ γ κ α τ α σ κ ε υ ά ζ ω. Bei Steph. aus Phi-
lo II, 98. — Dazu: leg. alleg. III. 46.
I, 114. — de somn. I, 21. I, 640. —
ibid. 22. I, 641 γῇ τὰ χερσαῖα ἐγκα-
τεσκεύασε.
ἐ γ κ α τ α σ κ ή π τ ω. quod det. pot. in-
sid. 48. I. 225 τὴν ἀθάνατον ἐγκατα-
σκήπτει νόσον.
ἐ γ κ α τ α σ π ε ί ρ ω. de caritate 18. II.
397 τὰ ἡμερότητος καὶ ἐπιεικείας σπέρ-
ματα πολυτρόποις ἰδέαις ἐγκατασπεί-
ραι.
ἐ γ κ ο λ π ί ζ ω. Bei Steph. aus Philo I.
425. II, 603. — Dazu: congr. erud.
grat. 27. I, 541 ἐνεκολπίσασθε τὰ προ-
παιδεύματα. — ap. Joh. Damasc. s.
par. p. 438 D. I, 650 εἴ τις πάσας
τὰς ἀρετὰς ... ἐγκεκόλπισται, οὗτος
βασιλεὺς χρηματίζει.
ἐ γ χ α λ ι ν ό ω. leg. alleg. III. 53. I, 117
ὁ λόγος ... ἐγχαλινώσει τὴν ῥύμην
... τοῦ πάθους. — ibid. 70. I, 126
ἐγκεχαλίνωσαι ταῖς ἐκείνων τῶν δεσπο-
τῶν ἡνίαις. — cherub. 6. I. 142 τὴν
... φορὰν ἐπιστήμης ἐγχαλινωσάμενος.
— quod det. pot. insid. 16. I. 201 ἐγ-
χαλινωθῆναι ὑπὸ νοῦ. — quod deus

immut. 10. I, 279 τὰ ἄλογα ζῶα ...
καταζευχθέντα καὶ ἐγχαλινωθέντα.
ἔ δ ε σ μ α. de septen. 5. II, 280 τὴν ...
ἐδεσμάτων ἀμέτρων ἀναπίμπλησιν. —
ibid. 18. II, 292 δι' οἴνου καὶ ἐδεσμά-
των. — de concup. 2. II, 350 ἀκράτου
καὶ ἰχθύων καὶ ἐδεσμάτων κακοὺς δού-
λους. vgl. zu dem Worte: Wahl l. c.
p. 148.
ἐ ὐ ά ς. quod deus immut. 8. I, 278 πρὸς
τοὺς ἐυάδας ἄθλους. — legat. ad Caj.
8. II, 553 τὸν αὐτοκράτορα ... ἐυάδα
τῆς ἡγεμονικῆς ἐπιστήμης.
ἐ ξ ε λ ό δ ο υ λ ο ς. Steph. hat aus Philo I,
376. — Dazu: de merced. meretr. 4.
II. 269 neben ἐξέλεγθρος.
ἐ ξ ε λ ο κ α κ έ ω. de merced. meretr. 4.
II. 269 τὰ δ' ἄλλα ... ἐξελοκακοῦσα
ἐπεκρύψατο. — in Flacc. 6. II. 523
τοῖς ἐξελοκακοῦσι καὶ ἐξελέγχουσι ἔγου-
σι. — ibid. 16. II, 536 δικαστὴς ἐξε-
λοκακῶν. — ibid. 19. II, 539. — le-
gat. ad Caj. 6. II, 550.
ἐ ξ ε λ ο υ ρ γ ό ς. Zusammen mit αὐτοκέ-
λευστος ausser in der bei Steph. angef.
St. Philo II. 220 noch in quod deus
immut. 10. I. 280 ἐξελουργοῦ (so Vat.
für ἐλευθερούργου) καὶ αὐτοκελεύστου
γνώμης. — de confus. lingu. 13. I,
414 ἐξελουργῷ καὶ αὐτοκελεύστῳ δια-
νοίᾳ. — quod det. pot. insid. 4. I, 193.
ἐ ξ ε λ ο υ ε ί ω ς. quod deus immut. 22. I,
287.
ε ἰ δ ε χ θ ή ς. de Joseph. 19. II, 56. —
ibid. 20. II, 57 ἑπτὰ βόες λέπται καὶ
εἰδεχθεῖς. [Genes. 41, 19 LXX αἰ-
σχρὰς τῷ εἴδει.]
ε ἰ δ ω λ ο π ο ι έ ω. de somn. II, 14. I.
671.
ε ἰ κ α ῖ ο ς. de sacr. Ab. et Cain. 16. I,
174 φορυτὸν εἰκαῖον.
ε ἰ κ α σ τ ι κ ό ς. quod det. pot. insid. 12.
I, 199 εἰκαστικὴν ῥητορείαν. — che-
rub. 33 I, 160 [ὁ νοῦς] ψευδῶν εἰκ. —
de sacr. Ab. et Cain. 4. I, 166 τὴν
... εἰκαστικὴν καὶ ἀβέβαιον μυθο-
ποιίαν.
ε ἰ σ π ο ι η τ ό ς, adoptatus. — υἱὸς ἐ. de
sobriet. 11. I, 401. vgl. Thom. M. p. 95.
ἑ κ α σ τ α χ ο ῦ. de carit. 2. II, 385.
ἐ κ β λ ά σ τ η μ α. Bei Steph. blos mit
Philo leg. alleg. I, 10. I. 48 belegt.
— Dazu füge: de posterit. Cain. 13.
I, 234.
ἐ κ β ό η σ ι ς. Bei Steph. aus Philo II,
159. — Dazu: de ebriet. 25. I, 372
ἐκβοήσεων ἀκαίροις.
ἐ κ δ α κ ρ ύ ω. de Joseph. 37. II, 72. —
de spec. legg. 34. II, 331.

ἐκδιαίτησις. Bei Steph. aus Philo II, 124 169. 176. — Dazu: de somn. II. 18. I, 675.

ἐκζωπυρέω. de migr. Abr. 12. I, 446 τὸ τῆς ψυχῆς ἄλογον ἐκζωπυρῆσαι μέρος. — de somn. II, 44. I. 698 τὰ τῆς ὑγείας ἐκπυρεύματα κατ' ὀλίγον ἐκζωπυρούμενα.

ἐκθαυμάζω. de somn. II, 10. I, 668 τὸ γενόμενον πρὸ τοῦ πεποιηκότος ἐκθαυμάσας. cf. Abresch. p. 291 und Wabl l. c. p. 175.

ἐκθειόω. Bei Steph. aus Philo II. 602. — Dazu: de poster. Cain. 33. I, 247. — de conf. lingu. 34. I, 431. — de circumcis. 2. II. 212 ἑαυτοὺς ἐξεθείωσαν. — de vict. offer. 16. II, 264 ἑκάστην τῶν αἰσθήσεων ἐξεθείωσαν. — de decal. 2. II, 181 μύρια πλήθη ψευδωνύμων ἐκτεθεώκασι. — de decal. 12. II, 189. — ibid. 14. II, 192.

ἔκθεσμος. Bei Steph. aus Philo II, 616. — Dazu: quod det. pot. insid. 18. I, 203 ἔκθ. καὶ ἔκφυλος. — de plantat. 8. I, 335 ἐκθεσμότατα εὑρέματα.

ἐκθέωσις. Steph. hat aus Philo II, 600. — Dazu: decal. 16. II. 194. — legat. ad Caj. 11. II. 557 τὴν ἀθεωτάτην ἐκθέωσιν. — ibid. 30. II, 575. — ibid. 42. II, 594. — ibid. 43. II. 595.

ἐκθηλύνω. de poster. Cain. 48. I, 258 ἐκτεθηλυμένη ψυχή. — de agricult. 8. I, 305 κινήσεις ἐκτεθηλυμένας. — de plantat. 38. I, 353 ἄρρενας ἐξεθήλυναν. — de somn. I, 20. I, 640. — ibid. II, 2. II, 660. — de vita Mos. III, 20. II, 163. — de spec. legg. 7. II, 306.

ἐκθηριόω. Steph. hat aus Philo I, 430. — Dazu: de migr. Abr. 38. I. 469 μὴ ... μᾶλλον ἐκθηριώσῃς (sc. τὸ πάθος). — quod omn. prob. lib. 16. II, 462. — ap. Job. Dam. s. parall. p. 436 D. II. 650.

ἐκθυμιάω. de somn. I, 29. I. 697 τὰ ἐκθυμιώμενα τῶν ἀρωμάτων. — de somn. II, 34 I, 689 τὰς ἀρετὰς ἐκθυμιᾶ.

ἐκκακέω. de confus. lingu. 13. I, 412 ἐκκακούμενος ἐνάμφθην.

ἐκκηρύσσω. in Flacc. 16. II, 536 ἐν πολλάκις ὁ δῆμος ... καλαμοσφράκτην ἐξεκήρυξεν.

ἔκλεκτος. legat. ad Caj. 18. II. 563 διὰ φόβον ἁλώσεως ἔκλεπτον.

ἐκλιπαρέω. in Flacc. 5. II, 521 ἐχθὴν ἐκλιπαρήσαντα παραιτήσασθαι τὴν ἐνθάδε ἄφιξιν.

ἐκλογεύς. Steph. hat aus Philo II. 575. — Dazu: de Abrah. 30. II. 33. — de Joseph. 23. II. 60 τοῖς ἐκλογεῦσι τῶν χρημάτων. — de septem. 10. II. 287 τοῖς τῶν φόρων ἐκλογεῦσι. — de sacerd. bon. 2. II. 234.

ἐκμανής. legat. ad Caj. 18. II. 563 ἐκμανέσι καὶ θηριωδεστάταις ὁρμαῖς.

* ἐκμανῶς. legat. ad Caj. 7. II. 552 τινὰς ἐκμανῶς ὀργησάσας. So Mangey, Turneb., Hoesch. Tauchn. — Vielleicht ist aber zu lesen ἐκμανεῖς?

ἐκμιμέομαι. de somn. I. 20. I, 639 τὴν γυναικῶν ἐκμιμούμενοι τρυφήν.

ἐκνευρίζω. de poster. Cain. 48. I, 258 ἐκνενευρισμένης ἔργα ψυχῆς. — legat. ad Caj. 29. II. 573 τῶν σωματικῶν τόνων ἐκνενευρισμένων. — de parent. col. 6. Bei Tisch. p. 76, 11 ὑποσκελίζοντες καὶ ἐκνευρίζοντες. — de execrat. 4. II, 431 πᾶσαν ἰσχὺν ἐκτετμημένοι καὶ ἐκνενευρισμένοι. — ibid. 7. II. 434 ἡ ἐκνευρισθεῖσα χώρα.

ἐκνίζω. cherub. 5. I. 142 ἵνα (ψυχὴ) ἐκνίψηται τὰς καθ' αὑτῆς διαβολάς.

ἐκνοσηλεύω. Bei Steph. aus Philo I. 631. II, 264. — Dazu: de septem. 11. II, 288 ὕπνῳ βαθεῖ τὸν μεσημερινὸν πόνον ἐκνοσηλεύονται.

ἐκπειράζω. congr. ernd. grat. 30. I, 343 ist die Form ἐκπειράσῃ in einem Citat von Deut. 8, 2. wo LXX πειράσῃ lesen. cf. 1 Cor. 10. 9.

ἐκπρέσμος. Bei Steph. ist aus Philo II, 169. — Dazu: de spec. legg. 9. II. 277. Bei Tisch. p. 14. 14.

ἔκπτωμα. quod deus immut. 27. I, 292.

ἐκπύρωσις. Sehr oft in der Schrift de incorr. mundi. So: 2. II, 488. — 5. II, 492. — 10. II. 497 τὰς ἐκπυρώσεις καὶ παλιγγενεσίας. — Dieselbe Zusammenstellung in 14. II, 501 u. 21. II, 508. — 15. II, 502. — 16. II, 503. — 17. II, 504. — 18. II, 505. — 19. II. 506. — 20. II. 507. — vgl. auch de mundo 15 u. 16. II, 617. — Ausserdem de victim. 6. II, 242 ἐκπύρωσιν καὶ διακόσμησιν.

ἐκτιμάω. Bei Steph. aus Philo II, 137. — de nobilit. 6. II. 444 τὰς μητρυιὰς ὡς φύσει μητέρας ἐξετίμησαν.

ἐκτοξεύω. congr. ernd. grat. 12. I, 528 ἐκτετοξευκὼς ἀλήθειαν.

ἐκτραγῳδέω. de somn. I, 6. I. 625 τοὺς ἐπαίνους ... ἐκτραγῳδεῖν τοῦ γεννήσαντος πατρός.

ἐκτραχύνω. legat. ad Caj 35. II, 585 Γάιος ἔτι μᾶλλον ἐξετραχύνθη. — 38.

II, 590 τὸ τελευταῖον τοῦτο μάλιστα
αὐτὸν ἐξετράχυνε.

ἔκτρωμα. leg. alleg. I, 24. I, 59 ἂν
δὲ καὶ δοκεῖ προςφέρειν ἀμβλωθρίδια
εὑρίσκεται καὶ ἐκτρώματα ist eine An-
spielung an LXX Num. 12, 12. Diese
St. ist den bei Lobeck ad Phrynich.
p. 209, Wahl, clavis N. T. p. 158 u.
Sturz, de dial. maced. alex. p. 164 ci-
tirten hinzuzufügen. — vgl. übrigens
Loesner, observatt. ad N. T. e Philone
p. 295.

ἐκφθείρω. de spec. legg. 3. II, 302
ἡ πλείστη μοῖρα τοῦ Ἑλληνικοῦ παν-
τὸς ἐξεφθάρη πανωλεθρίᾳ. — ibid. 18.
II, 316 ὅμιλοι μεγάλοι . . . ἐξεφθάρη-
σαν.

ἐλέπολις. a) de spec. legg. 15. II,
314 τὰς ἐλεπόλεις ἐφιστάντας τοῖς λι-
μέσι καὶ τείχεσι. — Ebenso de creat.
princ. 13. II, 372 u. de caritat. 14. II,
393. — b) im übertragenen Sinne: de
concupisc. 3. II, 351 τὴν ἐπιθυμίαν ὡς
τινα τῆς ψυχῆς ἐλέπολιν. — quod omn.
prob. 6. II, 451 ἐλεπόλεις . . . ψυχῶν
ἀϊδρύτων.

ἐλευθεροστομέω. de migr. Abr. 20.
I, 454 ἐλευθεροστομεῖν ἄνευ τοῦ κακο-
νοεῖν. — quis rer. div. haer. 2. I, 474
ἐλ. πρὸς τὸν ἑαυτοῦ . . . ἡγεμόνα. —
de somn. II, 14. I, 671 ἡ ψυχὴ . . .
ἐλευθεροστομείτω. — quod omn. prob.
lib. 15. II, 461 ἐκ καθαροῦ τοῦ συνει-
δότος ἐλευθεροστομεῖν. — ibid. 21. II,
468 μετὰ πάσης ἀδείας ἐλευθεροστο-
μοῦντας.

ἐμβόσκω. Bei Steph. aus Philo II,
289. 473. — Dazu: de concup. 2. II,
351 θρεμμάτων ἐμβόσκεσθαι τρόποις
(M. τόποις).

ἔμετος. legat. ad Caj. 2. II, 548 ἔμε-
τοι.

ἐμμέθοδος. Steph. hat aus Philo II,
512, welche Stelle wiederkehrt bei Ps.-
Philo de mundo 19. II, 620.

ἐμπειροπόλεμος. de agricult. 37. I,
325 πρὸς ἐμπειροπολέμους ἰδιῶται. —
de confus. lingu. 28. I, 426 ὅπερ τῷ
τέλει τῆς ἡδονῆς πρὸς ἐμπειροπολέμων
ἀνδρῶν ἀντιτειχίζεται.

ἐμπεριέχω. de ebriet. 44. I, 385 τό-
πους, οἷς ἕκαστα ἐμπεριέχεται.

ἐμπεριπατέω. Steph. hat aus Philo
I, 358. — Dazu: de migr. Abr. 14.
I, 448 ὅταν . . . τοῖς τοῦ πανηγεμόνος
ἐμπεριπατῇ πράγμασιν ὁ νοῦς. — de
opif. m. 4. I, 3 λεκτέον δὲ ὅσα οἷόν
τε ἐστι τῶν ἐμπεριεχομένων.

ἐμπίνω. Bei Steph. aus Philo II, 512.

— Dazu: de ebriet. 1. I, 357 τοῖς μὲν
ἐμπίνειν (sc. οἶνον) ἐμπρέπει τοῖς δ᾽ οὐκ
ἐφίησι.

ἐμπιστεύω. cherub. 20. I, 151 ἐμ-
πεπίστευκε ταῖς αἰσθήσεσιν. — häufig
in den Apokr. des A. T. cf. Wahl l.
c. p. 188.

ἐμποδοστατέω. de sacr. Ab. et Cain.
35. I, 186 ἐὰν οὖν ἐμποδοστατῇ πρὸς
ἀμείνους ἐπιδόσεις ἡ φύσις . . .

ἐμπρόθεσμος. Steph. hat aus Philo
II, 532. — M. liest II, 170 de vita
Mos. III, 30 ebenfalls ἐμπρόθεσμον für
ἐκπρόθεσμον.

ἐμπύρευμα. de migr. Abr. 21. I, 455
μικρὸν δέ τι λείψανον ἀρετῆς ὥσπερ
ἐμπύρευμα. — de somn. II, 44 I, 698
τὰ τῆς ὑγείας ἐμπυρεύματα. — Mang.
will auch leg. ad Caj. 21. II, 566 ἔμπ.
oder ζώπυρον für σπέρμα lesen, doch
siehe dagg. Ruhnk. l. c. p. 110ᵃ.

ἐμφαντικῶς. Steph. hat aus Philo: I,
50 u. eine St. mit unbest. Angabe. —
Dazu: de sobriet. 5. I, 396 λίαν ἐμφ.
εἴρηκεν.

ἐμφαντικώτατα. Steph. hat aus Philo
alleg. I, 13. — Dazu: cherub. 14. I,
148 ἐμφ. παριστάς. — de plant. 10.
I, 335 ἐμφ. εἴρηται.

ἐμφέρεια. de confus. lingu. 37. I, 433
πολλάκις οὓς πρότερον οὐκ ᾔδειμεν ἀπὸ
τῶν . . . τινα πρὸς αὐτοὺς ἐχόντων ἐμ-
φέρειαν ἐγνωρίσαμεν. — de opif. m.
23. I, 15 ἐμφερέστερον οὐδὲν γηγενὲς
ἀνθρώπου θεῷ· τὴν δὲ ἐμφέρειαν μη-
δεὶς εἰκαζέτω σώματος χαρακτῆρι.

ἐμφωλεύω. de agricult. 22. I, 315
ἡδονὴν . . . ὥσπερ ὀρύγμασιν ἢ χά-
σμασιν ἑκάστῃ τῶν αἰσθήσεων ἐμφω-
λεύουσαν. — ibid. 35. I, 324 πανοί-
κιος αὐτοῖς ἐμπεφώλευκεν ἡ δειλία.—
de ebriet. 8. I, 361 ἡμῖν . . . ἐμφω-
λεύουσιν . . . οἱ λογισμοί. — de migr.
Abr. 26. I, 458 οἷς ὁ γήϊνος Ἐδὼμ
ἐμπεφώλευκε. — de somn. I, 38. I,
654 πολλὰς ἐμφωλευούσας νόσους εὑ-
ρήσεις.

ἐναγής. quod deus immut. 5. I, 275
τινὲς τῶν ἐναγεστάτων. — M. fügt
hinzu: Mss. ἀνεξετάστων, sed nil mu-
tandum. Ueber die Bed. von ἐν. und
im Gegensatz zu εὐαγής s. Ruhnk.
l. c. p. 12ᵃ.

ἐναπερεύγω. Bei Steph. aus Philo I,
762 (?). — Dazu: de carit. 14. II, 393
μὴ ἐναπερύγῃς τὸ πάθος.

ἐναποθησαυρίζω. Bei Steph. aus
Philo II, 406. — Dazu: quod deus
immut. 9. I, 278 τούτῳ (sc. τῷ νῷ)

πάνθ' ὅσα ... ἐντίζεται καὶ ἐναποθη-σαυρίζεται.

ἐναποθλίβω. congr. erud. grat. 26. I, 541 ἐναποθλίψαντες, wo M. ohne Grund in ἐναποκρύψαντες ändern will.

ἐναποθνήσκω. decal. 14. II, 192 οἱ τεχνῖται πολλάκις ... ἄδοξοι κατεγή-ρασαν ἀτυχίαις ἐπαλλήλοις ἐναποθανόν-τες. — de concup. 10. II, 355 ἐναπο-τεθνηκότος τοῦ ἰχῶρος μετὰ τοῦ αἵ-ματος.

ἐναπόκειμαι. in Flacc. 11. II, 530 κελεύει ... ἐρευνᾶν μήτις ὅπλων ἐνα-πόκειται παρασκευή.

ἐναπολαμβάνω. Bei Steph. aus Philo II, 153. — Dazu: legat. ad Caj. 31. II, 578 τοὺς ἐναποληφθέντας.

ἐναπολείπω. de incorr. mundi 23. II. 511 οἷς σημεῖα τὰ τῆς παλαιᾶς ἐνα-πολελεῖφθαι θαλαττώσεως ... cf. de mundo 18. II, 619.

ἐναπομάττομαι. de post. Cain. 48. I, 257 κεκιβδηλευμένους χαρακτῆρας ἐναπομάττοντες. — leg. alleg. I, 26. I, 59 τοὺς τύπους ἐναπεσμαξόμενοι. — quod deus immut. 9. I, 279 ἐναπεμά-ξατο τὸν οἰκεῖον χαρακτῆρα. — de mut. nom. 38. I. 610 ἐναποματτομένας ἄκρως αὐταῖς (sc. ψυχαῖς) τὰ εἴδη. — Aehn-lich de vita Mos. I, 28. II, 106. — ibid. III. 4. II. 146. — de monarch. I, 6. II, 218 μυρίους ὅσους τύπους ἐναπομάττονται. — de parent. col. 3. Bei Tisch. p. 72, 12. — de creat. princ. 4. II, 363. — de praem. et poen. 19. II, 427. — quod omn. prob. lib. 2. II, 447. — de mundo 4. II, 606.

ἐναποσημαίνω. quod deus immut. 26. I. 291.

ἐνάρετος. quod deus immut. 3. I, 274 ἐν τοῖς τῆς ἐναρέτου λόγοις ψυχῆς. vgl. über das Wort Lobeck ad Phryn. p. 328.

ἐναρίθμιος. leg. alleg. III. 57. I. 120 καλὸν τὸ ἐναρίθμιον καὶ μεμετρημένον.

ἐναρμονέω. de incorr. m. 6. II, 493 ἐναρμονεῖ.

ἐνασκέω. Bei Steph. aus Philo I, 448. II, 574. — Dazu: de spec. legg. 31. II, 328. — de victim. 3. II, 240. — ibid. 5. II, 241. — de incorr. m. 1. II, 487. — de septen. 10. II, 286 κα-λοῖς ἐνασκούμενοι νομίμοις. — de spec. legg. 8. II, 307 ταῖς ἡδοναῖς ἐνησκή-θησαν.

ἐναστράπτω. Bei Steph. aus Philo I, 448. — Dazu: de ebriet. 11. I, 364 ὅταν τῷ τῆς ψυχῆς ὄμματι ... νοη-ταὶ ἐναστράψωσιν αὐγαί.

ἐνασχημονέω cherub. 28 I. 156 μέχρι οἰκίαις ἢ χωρίοις βεβήλοις ἐνα-σχημονοῦσι, ἧττον ἁμαρτάνειν μοι δο-κοῦσιν.

ἐναυγάζω. Bei Steph. aus Philo I, 146. 422. — Dazu: de migr. Abr. 39. I. 471 ἀκριβέστερον τὰ ὄντα ἐναύγα-σαι.

ἔναυσμα. de execr. 9. II, 437 εἰς εὐ-πατρίδας ἔχοντας ἐναύσματα τῆς εὐγε-νείας. — legat. ad Caj. 33. II. 582 εἴχέ τινα ... ἐναύσματα τῆς Ἰουδαϊ-κῆς φιλοσοφίας. Ueber Synonyma hier-zu vgl. Ruhnk. l. c. p. 110ª.

ἐναφανίζομαι. de vita Mos. I. 42. II, 118 τὸ δ' ὀλίγον θάρσος ἀτολμίας ἐναφανίζεται περιουσία ...

ἐνδαχρύω. de Joseph. 30. II, 66 νε-κηδεὶς ὑπὸ τοῦ πάθους μέλλων ἐνδα-κρύειν.

ἐνδιαίτημα. cherub. 33. I, 160 ὁ νοῦς ἐμὸν ἐστιν ἐνδιαίτημα.

ἐνδόλεχος. quis rer. div. haer. 60. I, 517 ist wahrscheinlich zu lesen ἀνενδιάλλακτον ἔχοντα δύναμιν [Koch].

ἐνδιασμός. de poster. Cain. 4. I. 228 ἵνα ... ἀβεβαίου ἐνδιασμοῦ βε-βαιοτάτην πίστιν ἀλλάξηται. — de conf. lingu. 9. I, 409 ἐνδοιασμὸν καὶ ἐπαμφοτερισμόν. — congr. erud. grat. 27. I. 541 τὸν ἐνδ. ... ἐξιώμενος. — de mut. nom. 33. I, 605 πεποίηκε τὸν ἐνδοιασμὸν οὐ πολυχρόνιον. — de spec. legg. 10. II. 309. — ap. Euseb. 8, 14. II, 642.

ἐνδοιαστής. Bei Steph. als einzige Stelle angeführt: Philo II. 582. — Dazu: de migr. Abr. 27. I, 459 εἰσὶ γάρ τινες ἐνδοιασταὶ καὶ ἐπαμφοτερι-σταί.

ἐνδυασμός. ap. Joh. Mon. II, 669 οὔτε ἐνδυασμὸς οὔτε φθόνος περὶ θεόν.

*ἐνδυαστικός (?). ap. Joh. Mon. II, 669 χρῆται πολλάκις ὀνόμασιν ἐνδυα-στικοῖς (wol ἐνδοιαστικοῖς) ἢ δια-νοητικοῖς.

ἐνεδρευτικός. de merced. meretr. 4. II. 269 neben ἐπίβουλος.

ἐνευκαιρέω. Steph. hat aus Philo I. 387. — Dazu: de confus. lingu. 2. I, 405 ἐνευκαιροῦντας διαβολαῖς. — de somn. II, 18. I. 675 τῇ πατρίῳ φιλο-σοφίᾳ ... ἐνευκαιροῦντές τε καὶ ἐν-σχολάζοντες. — de spec. legg. 18. II, 316 ἐνευκαιρεῖν τοῖς αὐτοῖς ἀδικήμασι. — de creat. princ. 4. II, 363 τῆς δια-νοίας ἐνευκαιρούσης ἑκάστῳ. — in Flacc. 5. II, 522 ἐνευκαιρῶν (sc. πλῆ-θος) διαβολαῖς καὶ βλασφημίαις.

ἐνευφραίνομαι. a) Zusammenstellung
mit ἐντρυφάω: de vict. offer. 9. II,
258 παρὸν καὶ ἐνευφρανϑῆναι καὶ ἐν-
τρυφῆσαι δικαιοσύνῃ καὶ ἰσότητι. —
de septen. 5. II, 280 ἐνευφραινόμενος
καὶ ἐντρυφῶν ϑεωρίᾳ ... τοῦ κόσμου.
— b) Für sich stehend: de spec. legg.
1. II, 299 δόγμασιν ... ἐνευφραινό-
μην.
ἐνεχυράζω. de somn. I, 16. I, 636
τὸ ἐνεχυρασϑὲν ἱμάτιον. — ibid. 18.
I, 637 τὸν ἐνεχυρασϑέντα λόγον. —
ibid. 17. I, 636 οἳ καὶ τὸν λόγον ἐνε-
χυράζουσιν. Die Schreibung ἐνεχυ-
ριάζω findet sich de spec. legg. 63.
II, 333 ἔπειπων ὅτι ὁ τοῦτο δρῶν ψυ-
χὴν ἐνεχυριάζει.
ἐνηρεμέω. Steph. hat aus Philo II,
140. — Dazu: de migr. Abr. 34. I,
465 τούτοις οὖν (sc. αἰσϑήσεως χω-
ρίοις) ἐπιδιατρίψαντες ἐνηρεμήσατε καὶ
σχολάσατε.
ἐνϑαλαττεύω. de Abrah. 9. II, 8
ἐοικὼς τοῖς πλέουσιν οἳ σπεύδοντες εἰς
λιμένα καταίρειν ἔτι ἐνϑαλαττεύουσιν
ἐνορμίσασϑαι μὴ δυνάμενοι.
ἐνϑάπτω. de migr. Abr. 5. I, 439
οὐδ' ἐνϑάπτεται σορῷ.
ἔνϑερμος. Bei Steph. aus Philo II,
161. — de mut. nom. 33. I, 605 τὸ
γὰρ ἔνϑερμον καὶ διάπυρον ἠρεμεῖν αὐ-
τήν (sc. τὴν διάνοιαν) οὐκ ἐᾷ.
ἔνϑους. Steph. hat aus Philo II, 124.
— Dazu: quod deus immut. 29. I, 293
ὁ ἔνϑους οὗτος καὶ κατεσχημένος ἐξ
ἔρωτος ὀλυμπίου.
ἐνϑουσιώδης. Bei Steph. aus Philo
164. — Dazu: de somn. II, 34. I,
689 ἐπειδὰν δὲ στῇ τὸ ἐνϑουσιῶδες
καὶ ὁ πολὺς ἵμερος χαλάσῃ.
ἐνϑύμιος. de sacrif. Ab. et Caiu. 21.
I, 178 ἐνϑύμια λαμβάνειν. — Diese
Phrase ist nicht bei Steph., der nur
ἐνϑ. ποιεῖσϑαι hat.
ἐννεάζω. de somn. I, 2. I, 622 πρὶν
οὖν ἡβῆσαι καὶ ἐννεάσαι τῇ τῶν πραγ-
μάτων ἀκριβεστέρα καταλήψει οὐ χα-
λεπὸν ὑποσκελισϑῆναι.
ἐννήχομαι. Bei Steph. aus Philo II,
693. — Dazu: de ebriet. 44. I, 385
τοὺς κατὰ ϑαλάττης ἰχϑῦς οὐχ ὁρῶμεν
ὁπότε τὰς πτέρυγας διατείνοντες ἐννή-
χοιντο μείζους ἀεὶ τῆς φύσεως προ-
φαινομένους;
ἐννόημα. de somn. I, 8. I, 627 οὐκ
εἶδος οὗ γένος οὐκ ἰδέαν οὐκ ἐννόημα
... εἰδώς.
ἐνομιλέω. Bei Steph. 2 St. aus Philo.

— Dazu: de agricult. 38. I, 326 ἄλ-
λοτε ἄλλοις ἐνομιλήσουσιν ἀνϑρώποις.
ἐνομματόω. Bei Steph. aus Philo I,
586. 590. — Dazu: de ebriet. 20. I,
369 τὴν διάνοιαν ἐνομματῶσαι. —
congr. erud. grat. 26. I, 540 ὀφϑαλ-
μοῖς μείζοσι καὶ ὀξυδερκεστέροις ἐνομ-
ματωϑεῖσα. — de somn. I, 26 I, 645
πρὸς τῶν ἱερωτάτων ἐνομματωμένους
λόγων. — de fortitud. 3. II, 377 φρό-
νησις ... ἐνομματοῦσα ... διάνοιαν.
ἐνοπτρίζομαι. de migr. Abr. 17. I,
451 im Anschluss an Exod. 38, 8 (26)
LXX sagt Philo, die Spiegel seien an-
gebracht ἵν' οἱ μέλλοντες ἱερουργεῖν ...
ἐνοπτρίζωνται ἑαυτοὺς κατὰ μνήμην τῶν
ἐσόπτρων ἐξ ὧν ὁ λουτὴρ δεδημιούρ-
γηται.
ἐνορμίζω. Steph. hat aus Philo I,
409. 670. — Dazu de plantat. 37. I,
352 ναυλοχωτάτοις ὑποδρόμοις ἐνορμί-
ζεται.
ἐνόω. leg. alleg. III, 47. I, 114 τῷ δὲ
ἕρποντι ἐπὶ κοιλίαν τὸν ἐπὶ τεσσάρων
βαδίζοντα ἤνωκεν. — quod det. pot.
insid. 15. I, 201 ἐπὶ τῶν ἡνωμένων.
— ibid. 28. I, 212 ἐξ ὧν ἀμφοτέρων
μία δένδρου φύσις ἡνωμένη γίνεται. —
de confus. lingu. 15. I, 415 ἡ δὲ τῶν
κατὰ κακίαν ἡνωμένη τις κίνησις.
ἐνσφραγίζω. Bei Steph. aus Philo
I, 4. II, 117. 146. 155. — Dazu: de
ebriet. 22. I, 370 ἡ τελεία τέχνη ...
σχηματίζει καὶ ἐνσφραγίζεται τὴν αὐ-
τὴν ἁπάσαις (sc. ταῖς ὕλαις) ἰδέαν. —
de spec. legg. II, 338 βεβαιοτάτην ταῖς
ψυχαῖς εὐνοίαν ἐνσφραγίζει. — de
creat. princ. 4. II, 363 τῷ γράφοντι
κατὰ σχολὴν (τὰ νοήματα) ἐνσφραγί-
ζεται καὶ ἐνιδρύεται. — ibid. 12. II,
372 τύποι ... οὓς ἐνσφραγίζεται ψυχῇ
δικαιοσύνη. — de somn. I. 5. I, 624
ἡ γλῶττα ... τῇ τῆς φωνῆς τάσει τὸ
ἔναρϑρον ἐνσφραγίζεται. — de somn.
II, 2. I, 661 τὸ τῆς σωματικῆς ἡδο-
νῆς σπέρμα ὃ ἀρχιοινοχόων καὶ ἀρχι-
σιτοποιῶν καὶ ἀρχιμαγείρων συνδιαιτή-
σεις ἐνεσφράγισαν. — de monarch. I,
3. II, 216 ἐνσφραγίζεται βαϑεῖς τύ-
πους. — ibid. I. 9. II, 221 (ἀλήϑειαν)
πᾶσι τοῖς γνωρίμοις ἐγχαράττειν καὶ
ἐνσφραγίζειν ποϑεῖ. — de vita Mos.
III, 27. II, 166 κάλλος ἐνεσφραγισμέ-
νον (e cod. Coisl. pro ἀνεσφραγισμέ-
νον) οὐρανῷ. — de decal. 2. II, 182
οἱ νῦν ἀρχαίων παρανομημάτων ἐν-
εσφραγισϑέντες τύποι. — de spec. legg.
6. II, 305 φίλτρα ἀρχαῖα μακρᾷ συμ-
βιώσει ταῖς ψυχαῖς ἐνεσφραγισμένα. —

de septen. 12. II, 289 χρηστά ἐνοσφρα-
γιζόμενος ἦσθη. — legat. ad Caj. 11.
II, 557 ταύτην τὴν ὑπόληψιν ἐνοσφρα-
γισάμενος τῇ διανοίᾳ. — vgl. übri-
gens: Müller, Philo's Buch v. d. Welt-
schöpfung. Berlin 1841. S. 153.
ἐνοχολάζω. Bei Steph. aus Philo I,
358. — Dazu: de somn. II, 18. I, 675
(cf. ἐνευκαιρέω). — de praem. et poen.
20. II, 428 ἐνδιατρίψει καὶ ἐνοχολάσει
τοῖς σοφίας θεωρήμασι.
ἐντόσθια. de victim. 7. II, 243 τὰ
μέρη ταῦτα τῶν ἐντοσθίων καθιερού-
ται. — ibid. 10. II, 247 τὸ ἄλλο σῶμα
μόσχου μετὰ τῶν ἐντοσθίων.
ἐντρέφω. ap. Euseb. pr. ev. 8, 5. II,
626 πρὸς δὲ ἔτι νεότητι φρονημά-
των ἐντετραμμένον μεγάλως.
ἐντυμβεύω. Bei Steph. 1 St. aus Phi-
lo. — Dazu: de concup. 10. II, 356
ἐντυμβευόντες τῷ σώματι τὸ αἷμα. —
de creat. princ. 8. II, 367 (νοῦν) ἐν-
τετυμβευμένον θνητῷ σώματι.
ἐντύφομαι. Bei Steph. aus Philo I,
455. 516 u. 1 St. unbest. Angabe. —
Dazu: de ebriet. 8. I, 361 ἀπαιδευσίαν
ἐντύφεσθαι καὶ ἀνακαίεσθαι καὶ ἀνα-
φλέγεσθαι μηδέποτε σβεσθῆναι δυνα-
μένην. — de Abrah. 27. II, 21 τὸ κε-
ραύνιον πῦρ ἥκιστα σβεννύμενον ἢ νέ-
μεται ἢ ἐντύφεται. — de Joseph 1.
II. 42. — de somn. II, 14. I, 671 ὡς
σπινθῆρα ἐντυφόμενον. cf. de spec.
legg. 6. II, 340. — de incorr. m. 18.
II, 505 μηδενὸς ἐντυφομένου σπερμα-
τικοῦ λόγου.
ἐνυπάρχω. de opif. m. 24. I, 17 τὰ
ἔσχατα τῶν εἰδῶν ἐνυπάρχει τῷ γένει.
— cherub. 27. I, 155 τὰς ἐνυπαρχού-
σας ἀτοπίας ἑκάστοις ἀκριβῶσαι. —
de migr. Abr. 10. I, 444 ἀγρός . . .
ᾧ μυρία μὲν ὅσα ἐνυπάρχει φυτά . . .
— de Abrah. 27. II, 21 τὴν ἐνυπάρ-
χουσαν ζωτικὴν δύναμιν ἔφθειρεν. —
legat. ad Caj. 9. II, 555 λειψάνων τι-
νῶν ὑστάτων τοῦ ψυχικοῦ πνεύματος
ἐνυπαρχόντων.
ἐνυφαίνω. de somn. I, 39. I, 654
(χιτῶνα) ἀρετῶν ποικίλμασιν ἐνυφασμέ-
νον. — de vita contempl. 6. II, 478
στρωμναὶ ἁλουργεῖς ἐνυφασμένου χρυ-
σοῦ καὶ ἀργύρου.
ἐνώμοτος. de confus. lingu. 8. I, 409
τὸ ἐνώμοτον καὶ ἔνσπονδον.
ἐξάγιστος. Steph. hat aus Philo I,
265. — Dazu: Zusammenstellung mit
ἐπάρατος: de poster. Cain. 46. I, 256
πάντα καὶ τῶν ἐπαράτων καὶ ἐξαγί-
στων ἐστὶ κοινά. — legat. ad Caj. 26.

II, 570 ἐπάρατον καὶ ἐξάγιστον ἀνδρά-
ποδον.
ἐξαγκωνίζω. congr. erud. grat. 9. I,
528 οὐ γὰρ ὁ παγκρατιάζειν . . . εἰ-
δὼς ἐξαγκωνισθεὶς ἀπόναιτ' ἂν ἀθλή-
σεως. — de vita Mos. I, 54. II, 128
ἐξηγκωνισμένος τὸν λογισμόν. — in
Flacc. 10. II. 528 πρεσβύτας δεσμίους
ἐξηγκωνισμένους. — legat. ad Caj. 19.
II, 564 αὐτοὺς ἐξαγκωνίζοντες. - ibid.
32. II, 580 εἰς τὸ ὀπίσω περιαγαγόν-
τες τρόπον ἐξηγκωνισμένων προσῇεσαν.
ἐξαγριαίνω. Steph. verweist auf Phi-
lo ohne best. Stellenangabe. — S. de
sacrif. Ab. et Cain. 32. I, 183 τὰ μὲν
γὰρ ἄρετα καὶ ἀπελευθεριάζοντα ἐρη-
μίᾳ τοῦ πραΰνοντος ἐξαγριαίνεται. —
de somn. II, 13. I, 670 ἄρκτον τις ἢ
λέοντα . . . ἐξαγριαίνει καὶ ἀνερεθίζει.
ἐξαγριόω. de merced. meretr. 2. II, 265
ἐξηγριωμένην neben ἀτίθασσον ἀνήμε-
ρον. — de septen. b. Tisch. p. 43, 12
μανίαν ἐξηγριωμένην. — de exerc. 5.
II, 432 τὰ σώματα ἐξηγρίωται. —
de concup. 1. II, 349 Hunger u. Durst
plagen den Menschen εἰ μή τις αὐτὰς
ἐξηγριωμένας τιθασσεύῃ ποτοῖς καὶ
σιτίοις. — de incorr. m. 7. II, 494 τὰ
ἐξηγριωμένα πάθη. — legat. ad Caj.
2. II. 547 τὰ Σαρματῶν γένη καὶ Σκυ-
θῶν ἅπερ οὐχ ἧττον ἐξηγρίωνται τῶν
Γερμανικῶν. — ibid. 25. II, 570 τῶν
ἐξηγριωμένων θηρίων.
ἐξαδιαφορέω. Bei Steph. aus Philo
I, 214 u. p. 1175 = II, 279. — Da-
zu: leg. alleg. III, 71. I, 127 ὁ δὲ
ἐπιστήμων ἀθλητοῦ τρόπον . . . πρὸς
τὰ ἀλγεινὰ πάντα ἀντιπνεῖ ὡς μὴ τι-
τρώσκεσθαι πρὸς αὐτῶν ἀλλ' ἐξαδια-
φορεῖν [so Mang. richtig für ἔξω δια-
φορεῖν bei Turneb. u. Hoesch.] ἕκα-
στον.
ἐξαερόω. de somn. I. 22. I, 642 τὰς
ἀναδιδομένας ἐκ γῆς ἀναθυμιάσεις
λεπτυνομένας ἐξαεροῦσθαι συμβέβηκεν.
— de incorr. m. 21. II, 508 οὐδεὶς ἐξ-
αεροῦσθαι ἢ ἐξυδατοῦσθαι ἢ ἀπογεοῦ-
σθαι τὸν κόσμον εἶπεν. — vgl. übri-
gens Wytt. ad Pl. M. p. 97 A.
ἐξαιματόω. de vict. 7. II, 244 δι'
οὗ (sc. λόβου τοῦ ἥπατος) τὴν τροφὴν
ἐξαιματοῦσθαι συμβέβηκε.
ἐξαλλοιόω. de somn. II, 17. I, 674
ὁ νέος καὶ χειρότμητος πόντος τῷ πα-
λαιῷ τῆς φύσεως ἐξαλλοιωθείς.
ἐξαμαυρόω. de nobilit. 1. II, 438
ὅσον ἐν τῷ γένει λαμπρὸν ἐξαμαυρούν-
τάς τε καὶ σβέννυντας. — quod omn.

prob. lib. 11. II, 456 (μνήμη) ἐξα-
μαυροῦται. — ap. Euseb. pr. ev. l. 8
c. 14. II, 643 τὸ πῦρ . . . ἐξαμαυροῦ-
ται. — de vita Mos. I, 52. II, 126
γραφὴν ἐξίτηλον γενομένην καὶ . . .
ἐξαμαυρωθεῖσαν. quod det. pot. insid. 40.
I, 219 (διάνοια) ἥτις ἢ γονὰς θείας
οὐ παρεδέξατο ἢ παραδεξαμένη ἑκου-
σίως αὖθις ἐξήμβλωσε.
ἐξαμβλύνω. fragm. ex Antonio ser.
52. II, 671 ἐξαμβλύνοντες γὰρ τοὺς
λογισμοὺς οὐ συγχωροῦσι τῶν πραγμά-
των τὴν ἀλήθειαν.
ἐξανάγω. quis rer. div. haer. 60. I,
517 τῆς τῶν ψευσμάτων καὶ σοφισμά-
των χώρας ἐξαναχθησόμεθα. — de
somn. I, 8. I, 627 ὅταν . . . τις ἀπὸ
τοῦ φρέατος . . . ὥσπερ ἀπὸ λιμένος
ἐξαναχθῇ. — de decal. 3. II, 182 ὅταν
. . . ἀπὸ λιμένος ἐξαναχθῶσιν . . .
ἐξαναλίσκω. Bei Steph. mehrere St.
aus Philo. — Es fehlen de spec. legg.
6. II, 340 στρατόπεδα πολυάνθρωπα
. . . ἐξανάλωσεν. — de mundo 15. II,
616 ἐξαναλωθείσης τῆς οὐσίας ὑπὸ
πυρός.
ἐξαναλύω. Steph. hat aus Philo II,
620. — Die Stelle ist entlehnt aus de
incorr. m. 24. II, 511.
ἐξαναχωρέω. Steph. hat aus Philo
II, 204. 623. — Dazu: de opif. m.
38. I, 27 πελαγῶν . . . ἐξαναχωρούν-
των ἢ παλιρροίαις χρωμένων. — de
ebriet. 44. I, 385 τὰ μὲν προσιόντα
ἐξαναχωρεῖν τὰ δὲ ἀπιόντα πάλιν προς-
έρχεσθαι. — de septen. b. Tisch. p. 45,
16 πελάγη τότε μὲν ἐξαναχωρεῖ . . .
τότε δὲ ἐπιτρέχει κατὰ παλίρροιαν. —
de somn. I, 40. I, 656 ὡς ἄνθρωπος
ὁ θεὸς ἀφικνεῖται καὶ ἐξαναχωρεῖ. —
de concupisc. 1. II, 349. — de incorr.
m. 26. II, 514 φαίνεται γὰρ ὧν μὲν
ἐξαναχωροῦσα (sc. ἡ θάλαττα) τὰ δ'
ἐπικλύζουσα.
ἐξανιμάω. quod deus immut. 34. I,
296 ποτὸν τεθησαυρισμένον ἐξ ἐπιτεχ-
νήσεως ἀνθρώπων ἐξανιμῶντες.
ἐξαπλόω. leg. alleg. III, 14. I, 95
ἀναπετάσω καὶ ἐξαπλώσω πάσας τὰς
πράξεις θεῷ. — ibid. I, 96 οὐ κακία
κρύπτεσθαι οὐ φανήσεται ἐξαπλοῦσθαι δὲ
καὶ φανερῶς ὁρᾶσθαι. — ibid. ὅταν
διὰ πάντων ἡ ψυχὴ καὶ λόγων καὶ
ἔργων ἐξαπλωθῇ καὶ ἐκθειασθῇ . . .
— de agricult. 3. I, 302 τὰς γὰρ δι-
πλᾶς καὶ ἀμφιβόλους ὅταν ἐξαπλοῖ λέ-
ξεις. — de concupisc. 1. II, 348 πά-
θος ἐξηπλωμένον.

ἐξάπλωσις. de ebriet. 45. I, 385
μανότησι καὶ ἐξαπλώσεσι.
ἔξαρνος. decal. 32. II, 208 τὰ ἐπὶ
. . . ἐξάρνοις παρακαταθήκαις ὁρι-
σθέντα.
ἐξασθενέω. Steph. hat aus Philo:
p. 755 = II, 194, p. 732 = II, 371 u.
p. 967 = II, 519. — Dazu de cherub.
30. I, 157 πρὸς οὕτω καρτερὰν ἰσχὺν
ἐξασθενοῦντος. — quod deus immut. 3.
I, 274 ψυχὴ πληθεῖ τέκνων . . . ἐξ-
ασθενεῖ. — de Abrah. 41. II, 35 (αἰ-
σθήσεις) ἐξασθενήσασαι. — de praem.
et poen. 5. II, 413 ἀδυνατεῖ κ. ἐξασθε-
νεῖ. — de incorr. m. 12. II, 499 ἐξ-
ασθενεῖ ἡ ἐπὶ μέρους (φύσις) ἀναγκαίως
ἄγειν πρὸς ἀϊδιότητα. — de confus.
lingu. 10. I, 410 οἱ ἐξησθενηκότες καὶ
ἀπειρηκότες. — de carit. 21. II, 402
ὑπὲρ τοῦ . . . δι' ἔνδειαν ἐξασθενεῖν.
— de praem. et poen. 8. II, 416 ἡ
τῶν παθῶν ἄμετρος ἰσχὺς ἐξασθενή-
σασα. — de incorr. m. 24. II, 512
τῶν σκελῶν ἐξασθενησάντων.
ἐξατονέω. ap. Anton. Ser. 69. II, 692
ἐξ ἧς (sc. νηστείας) ἐξατονοῦσα ἡ σάρξ
διὰ ὕπνον λοιπὸν αὐτὴν παραμυθήσα-
σθαι βούλεται.
ἐξαχῆ. Von Mang. aus Plato, Tim.
p. 36, in cherub. 7. I, 143, desgl. de
agricult. 7. I, 304 hergestellt für ἐξ
ἀρχῆς. — Ferner quis rer. div. haer.
48. I, 505 τὴν δὲ ἐντὸς (σφαῖραν) ἑξα-
χῆ τμηθεῖσαν.
ἐξεικονίζω. de somn. II, 2. I, 661
ἐμφαίνεται καὶ τὸ λογικὸν [M. ἄλογον]
αἰσθήσεως μητρυιῷ γένει τῷ κατὰ
'Ραχὴλ ἐξεικονισθέν. — Vgl. Abresch.
l. c. p. 119.
ἐξερεθίζω. de justit. 1. II, 359 ἡ
κίνησις ἐξερεθίζουσα καὶ ἀνεγείρουσα.
— vgl. über dies bei Plutarch häufige
Wort Wytt. l. c. VIII, 1 p. 599.
*ἐξευδιάζω. Steph. hat nur ἐξευδιάω.
— S. de judice 1. II, 345 τοὺς χει-
μῶνας τῶν πραγμάτων ἐξευδιάζων.
ἐξευμαρίζω. Bei Steph. aus Philo 1
St. mit unbest. Ang., de opif. m. 26.
I, 19, de vita contempl. 4. II, 477 u.
de Joseph. 2. II, 43. — vgl. über das
Wort: Müller l. c. p. 283, wo auf de
cherub. 26. I, 155 verwiesen ist. —
Dazu füge: de Abrah. 34. II, 27 τὰς
ὑπερβολὰς τῶν φοβερῶν ἐξευμαριζόν-
των. — de vita Mose I, 12. II, 91
θεοῦ τὰ λίαν φοβερά . . . κατὰ πολλὴν
ἡσυχίαν ἐξευμαρίζοντος [wo M. ohne
Not ἐξευμαρίσοντος will]. — de con-
cup. 3. II, 351 ἐξευμαρίζων τὸ πάθος.

— de praem. et poen. 16. II, 423
ἀρετή . . . μόνη καθ᾽ ἡσυχίαν ἱκανή
φορὰς μεγάλων ἐξευμαρίζειν κακῶν. —
ibid. 19. II, 427 ἵλεως γὰρ ὅταν ᾖ ὁ
θεὸς ἐξευμαρίζεται πάντα.
ἐξευμενίζω. a) act. de monarch. II,
6. II, 227 ὑπὲρ ἧς (sc. πατρίδος) ἱκε-
σίαις καὶ λιταῖς εἰώθειν ἐξευμενίζειν
τὸν ἡγεμόνα. — b) med. Steph. führt
Philo p. 309 C an, wo aber das Wort
nicht vorkommt. — Es findet sich oft
bei Philo. — de sacrif. Ab. et C. 7.
I, 168 φρόνησις κ. ἀνδρία κ. δικαιο-
σύνη . . . τέλεια ἀγαθὰ ἀλλ᾽ οὐ τῇ
ῥαστώνῃ ταῦτα ληπτά, ἀγαπητὸν δὲ
εἰ συνεχέσι ταῖς ἐπιμελείαις ἐξευμενι-
σθήσονται [wo M. ἐξευμαρισθήσονται
verbessern will]. — de migr. Abr. 17.
I, 452 ἄριστον γοῦν ἐξευμενίζεσθαι τὸ
γυναικῶν τάγμα ἐν ψυχῇ. — ibid. 38.
I, 469 οὕτω γὰρ ἐξευμενισθήσεται. —
de somn. II, 44. I, 697 τὴν ἵλεω τοῦ
Ὄντος δύναμιν ἐξευμενισάμενοι. — de
Abrah. 1. II, 2 τὸν θεὸν λιταῖς καὶ
ἱκεσίαις ἐξευμενιζόμενοι. — de vita
Mos. I, 9. II, 88 τοὺς πλεῖστον ἰσχύ-
οντας λιπαρέσι θεραπείαις ἐξευμενίζε-
σθαι. — ibid. 18. II, 18 οἱ δὲ λιταῖς
τὸν θεὸν ἐξευμενίζονται. — de vita
Mosis III, 17. II, 157 ὑπὲρ οὗ τὸν θεὸν
εὐχαῖς καὶ θυσίαις ἀναγκαῖον ἐξευμε-
νίζεσθαι. — ibid. III, 19. II, 160 ἐξευ-
μενισάμενος ὁ κηδεμὼν καὶ παραιτη-
τὴς τὸν ἡγεμόνα ἐπανῄει. — de pro-
fug. 1. I, 546 τῇ μὲν οὐδεὶς προεντυγ-
χάνει ἅτε ἐξευμενισθείσῃ δι᾽ ἑαυτῆς.
— de spec. legg. 4. II, 273 εὐχαῖς
καὶ θυσίαις ἐξευμενίζεσθαι τὸ θεῖον. —
de septen. 23. II, 296 εὐχαῖς αἷς
σπουδάζουσι τὸν θεὸν ἐξευμενίζεσθαι.
— in Flacc. 4. II, 520 δεῖ παράκλη-
τον ἡμᾶς εὑρεῖν δυνατώτερον ὑφ᾽ οὗ
Γάϊος ἐξευμενισθήσεται. — ibid. 13.
II, 533 ὑπέλαβεν ἤδη τὸν Γάϊον περὶ
ὧν ὕποπτος ἦν ἐξευμενίσθαι. — legat.
ad Caj. 28. II, 572 ὑπὲρ τοῦ τὸν Ἑλι-
κῶνα ἐξευμενίσασθαι.
ἐξευνουχίζω. quod det. pot. insid.
48. I, 224 ἐξευνουχισθῆναί γε μὴν ἄμει-
νον ἢ πρὸς συνουσίας ἐκνόμους λυττᾶν.
— quod deus immut. 24. I, 289 ἐξευ-
νουχισθεὶς τὰ ἄρρενα καὶ γεννητικὰ τῆς
ψυχῆς μέρη πάντα. — de ebriet. 51.
I, 389 ἐξευνουχισμένης ψυχῆς.
ἐξητασμένως. Bei Steph. ein einzi-
ger zweifelhafter Beleg. — S. de poster.
Cain. 49, bei Tisch. p. 138, 4 ἐξ. καὶ
περιττῶς. — de migr. Abr. 18. I, 452
ἄγαν δ᾽ ἐξητασμένως ἐπιφέρει . . . —

de mut. nom. 35. I, 605 ἐξ. im Ge-
gensatze zu παρέργως. — ibid. 36. I,
607 ἐξητ. ἐλέγχθη τὸ ἐλάλησε . . . —
ibid. 43. I, 616 ἄγαν ἐξ. . . . εἶπεν. —
— de somu. II, 23. I, 679 σφόδρα ἐξ.
μιᾷ νυκτὶ φαντασιούμενοι τοὺς ὀνείρους
εἰσάγονται.
ἐξικμάζομαι. de opif. m. 56. I, 39
ᾗ (ἐπιφορὰ) γίνεται πρὶν ἐξικμασθῆναι
καὶ τὰ πρότερα. — de sacr. Ab. et Cain.
30. I, 182 προςενέγκασθαι τροφήν, τὴν
ἐξικμασθεῖσαν ἀποπέμψασθαι πάλιν . . .
ἐξιχνεύω. decal. 21. I, 198 τὴν προ-
νομίαν . . . ἐπιμελῶς καὶ πεφροντισμέ-
νως πάνυ . . . ἐξιχνεύσαντες.
ἐξοικειόω. in Flacc. 10. II, 529 ταύ-
τῃ (sc. ἀρεσκείᾳ) νομίζων ἐξοικειώσε-
σθαι μᾶλλον αὐτὸν εἰς ἅπερ διενοεῖτο.
ἔξοινος. 'de ebriet. 24. I, 372 ἔξοινοι
καὶ τῆς ψυχῆς τὸν τόνον ὑπεκλύσαν-
τες.
ἐξολιγωρέω. Bei Steph. angef., doch
ohne Beleg. — de decal. 2. II, 181
τύφῳ γὰρ καὶ τὰ θεῖα ἐξωλιγώρηται.
ἐξομματόω. leg. alleg. III, 35. I, 108
τυφλὸν γὰρ φύσει ἡ αἴσθησις ἅτε ἄλο-
γος οὖσα ἐπεὶ τὸ λογικὸν ἐξομματοῦ-
ται. — de migr. Abr. 21. I, 455 τὰ
τέως μεμυκότα καὶ τυφλὰ ἐξωμμά-
τωσε.
ἐξορθόω. ap. Euseb. pr. ev. 8, 14.
II, 641 αἷς (sc. δικαιότητι καὶ ἀλη-
θείᾳ) ἕκαστον βραβευόμενον ἐπαινετῶς
ἐξορθοῦσθαι πέφυκεν.
ἐξοτρύνω. legat. ad Caj. 20. II, 564
ἔτι μᾶλλον ἐξοτρυνόμενοι πρὸς ἀναι-
σχύντους καὶ θρασυτέρας ὥρμησαν ἐπι-
βουλάς.
ἐξυδατόω. de incorr. m. 21. II, 508
s. o. unter ἐξαερόω.
ἐξυφαίνω. de carit. 13. II, 393 νέα
παλαιοῖς ἐξυφαίνοντες ἀεὶ κεκαινουργη-
μέναις ἐπινοίαις εἰς ὠμότητα.
ἐξωμίς. ap. Euseb. pr. ev. 8, 8. II,
633 πρόκεινται . . . θέρει ἐξωμίδες εὐ-
τελεῖς. — Diese St. neben anderw. Be-
legen auch bei Wytt. l. c. VIII, 1
p. 608.
ἔξωρος. leg. ad Caj. 30. II, 576 ὃς
ἀκμῇ μὲν τῆς πρώτης ἡλικίας ὥς φα-
σιν ἐκαπήλωσε τὴν ὥραν ἔξωρος δὲ
γενόμενος ἐπὶ τὴν σκηνὴν παρῆλθεν.
— Diese St. auch bei Wytt. l. c. VIII,
1 p. 608.
ἑορτώδης. de migr. Abr. 16. I, 450
ἐν τοῖς μὴ ἑορτώδεσι καιροῖς.
ἐπαιωρέω. Bei Steph. aus Philo II,
125. — Dazu: de somn. I, 33. I, 650

ἀνίδρυτα . . . τὰ ἐκτὸς ἐπηωρημένα
φορᾷ τύχης ἀεὶ σαλευούσης.

ἐπακμάζω. de opif. m. 49 I, 34 ἔοι-
κεν ὁ μὲν πρῶτος διαπλασθεὶς ἄνθρω-
πος ἀκμῇ τοῦ ἡμετέρου παντὸς ὑπάρ-
ξαι γένους οἱ δ' ἔπειτα μηκέτ' ὁμοίως
ἐπακμάσαι. — de agricult. 39. I, 326
ἥδ' (sc. παιδεία) ἐφ' ὅσον πρόεισιν ἐπὶ
μήκιστον ἡβᾷ καὶ ἐπακμάζει.

ἐπακολούθημα. ap. Euseb. pr. ev.
8, 14. II, 643 ὧν (sc. ὑετῶν καὶ πνευ-
μάτων) ταῦτα (sc. τροφὴ καὶ αὔξησις)
ἐπακολουθήματα. — Diese St. auch
bei Wytt. l. c. VIII, 1 p. 613. — ibid.
καὶ μὲν δὴ τὸ πῦρ φύσεως ἀναγκαιό-
τατον ἔργον ἐπακολούθημα δὲ τούτου
καπνός.

ἐπαληθεύω. de sobriet. 10. I, 400
ἵνα καὶ τὸ ἑτέρωθι λεχθὲν ἐπαληθεύῃ.
— de vict. offer. 15. II, 263 οἱ πε-
πηρωμένοι . . . οἳ μήτε χερσὶ μήτε
ποσὶ δύνανται κατὰ τὸ βέλτιον τὴν
πρόσρησιν ἐπαληθεύειν ἥν . . . θέσθαι
φασὶ τοὺς προτέρους ἀδυνάτους ὀνομά-
σαντας [so richtig M. für ὀνομάσαν-
τες].

ἐπαμπέχω. Steph. hat aus Philo I,
562. 635. — Die Form ἐπαμπίσχω
in de fortitud. 5. II, 379 αἴσχιστα
ἔργα εὐπρεπέσι καὶ σεμναῖς κλήσεσιν
ἐπαμπίσχοντες. — de vict. 7. II, 244
ἐπαμπίσχει γὰρ (sc. τὸ στέαρ) αὐτὰ
(sc. τὰ σπλάγχνα) καὶ πιαίνει καὶ τῇ
μαλακότητι τῆς ἐπαφῆς ὠφελεῖ. — de
somn. I, 8. I, 627 ταῦτα ἐπαμπισχο-
μένη = illis circumdata.

ἐπαμφοτερισμός. Steph. hat aus
Philo II, 202. — Dazu: de confus.
lingu. 9. I, 409 ἐνδοιασμὸν καὶ ἐπαμ-
φοτερισμὸν . . . ἀποδυσάμενος.

ἐπαναγινώσκω. in Flacc. 12. II, 531
ἐπανεγνωσμένου . . . ψηφίσματος.

ἐπανάληψις. de vita contempl. 10.
I, 483 διαμένων καὶ βραδύνων ταῖς
ἐπαναλήψεσιν.

ἐπανάτασις. Steph. hat aus Philo II,
302. 558. 617. — Dazu: quod deus
immut. 14. I, 282 τὰς ἐπανατάσεις
[Mang. für ἐπαναστάσεις bei Turneb.,
Hoesch.] καὶ ἀπειλὰς αὐτοῦ δεδιότες.
vgl. auch de somn. II, 14. I, 671 τὰς
ἐπανατάσεις καὶ ἀπειλάς [wo Richter
desgl. Tauchn. ganz principlos mit Tur-
neb., Hoesch. ἐπαναστάσεις liest, wäh-
rend er sonst nach Mang. verbessert
hat]. — ebenso quod deus immut. 35.
I, 297 μηδὲν αὐτοῦ τῶν ἐπανατάσεων
(st. ἐπαναστ.) φροντίσαντες ἀποκρινώ-

μεθα. — de confus. lingu. 32. I, 430
μετ' ἐπανατάσεως [hier auch Turneb.
u. Hoesch. so] μαστίγων.

ἐπανατρυγάω. de caritate 9. II, 390
einige sind so gewinnsüchtig ὥστε
ἐπανατρυγῶσι τοὺς ἀμπελῶνας καὶ
ἐλαιῶνας . . . cf. Deuter. 24, 21 LXX.

ἐπανέχω. de sacrif. Ab. et Cain. 10.
I, 170 ὁ . . . τοῖς ἐγκυκλίοις μόνοις
ἐπανέχων.

ἐπανήκω. de vita Mos. I, 42. I, 117
πρὶν ἐπανήκειν κατὰ τὴν ὁδόν.

ἐπανθίζω. de merced. meretr. 2. II,
266 πολυτελεῖς ἐσθῆτας ἐπηνθισμένας.

ἐπανισόω. quis rer. div. haer. 32. I,
495 βουληθέντες προσθήκη τοῦ ἐπι-
στημονικοῦ τὸ κατὰ τὴν ὕλην ἔνδεον
ἐπανισῶσαι.

ἐπανίσωσις. Bei Steph. aus Philo
896 E = II, 479, dort merkwürdiger
Weise als 2 versch. St. angeführt. —
Dazu: de migr. Abr. 31. I, 463 ὦ
παγκάλης ἐπανισώσεως.

ἐπανόρθωσις. de ebriet. 22. I, 370
ἠθικὴ δὲ τὰ πρὸς ἀνθρωπίνων ἐπανόρ-
θωσιν ἠθῶν. — de confus. lingu. 36.
I, 432 ἔδει γὰρ τὸ μὲν ἐπανορθώσεως
ἀξιωθῆναι.

ἐπαποδύομαι. a) mit dem Dativ: de
opif. m. 9. I, 7 τῷ περὶ δυναστείας
ἀγῶνι . . . ἐπαποδυόμενα. vgl. hierzu
Müller l. c. p. 187. — quod det. pot.
insid. 10. I, 197 τοῖς ἀρετῆς τιμωσιν
ἐπαποδυσάμενοι. — de agricult. 37. I,
324 τῷ τῶν σοφιστῶν ἐπαποδύεσθαι
πολέμῳ. — de ebriet. 6. I, 360 τοὺς
ἐπαποδυομένους πολυνοινίᾳ. — ibid. 50.
I, 388 ἐπαποδύονται τοῖς αὐτοῖς ἀγω-
νίσμασιν. — de somn. II, 10. I, 668
ἐπειδὰν ταῖς ἱεραῖς ἐπαποδύσῃ λειτουρ-
γίαις . . . — de decal. 14. II, 191 τῇ
τοῦ ἀγεννήτου . . . θεραπείᾳ . . . ἐπα-
ποδυώμεθα. — legat. ad Caj. 9. II,
554 τρίτῳ ἐπαποδύετο δόλῳ. — ibid.
13. II, 559 ἐπαποδύετο τοῖς τῶν μει-
ζόνων . . . σεβασμοῖς. — in Flacc. 16.
II, 536 ταῖς κατηγορίαις ἐπαποδυσά-
μενοι. — de caritat. 18. II, 399 ἐπα-
ποδύεται αὐτὸς αὐτῷ. — de judice 5.
II, 348 ταῖς τῶν πλησίον ὠφελείαις
ἐπαποδύονται. — de fortitud. 6. II, 380
ὅπως . . . τοῖς δεινοῖς ἐπαποδύωνται.
— de praem. et poen. 2. II, 410 ὁ
χρηματιστὴς . . . ἐπαποδύεται πολυ-
τρόποις ἰδέαις πορισμῶν. — ap. Eu-
seb. pr. ev. 8, 8. II, 633 πραγματειαι
αἷς ἐπαποδύοντες ἀόκνως διαθλοῦσιν. —
ibid. 8, 14. II, 636 ἀργύρου τε καὶ
χρυσοῦ κτήσεσιν ἐπαποδύντες. — b)

unconstruirt: de Abrah. 44 II, 37 τῆς
λύπης ἐπαποδυομένης ἤδη, καὶ κατὰ
τῆς ψυχῆς κονιομένης. — vgl. Wytt.
l. c. VIII, 1 p. 616.
ἐπαπορέω. de somn. II, 45. I, 698
... τὶς εἰκότως ἐπαπορήσεις. — de
vict. 7. II, 243 ταῦτα διερευνώμενος
ἐπηπόρησα.
ἐπεγκαλέω. quod deus immut. 6. I.
276 οὐδὲν ἐπεγκαλεῖν ἔχοντες.
ἐπεισοδιόω. leg. alleg. III, 83. I,
134 ὁ τῶν αἰσθήσεων ὄχλος ἐπεισω-
διώσεν αὐτῇ (sc. ψυχῇ) κηρῶν ἀμή-
χανον πλῆθος.
ἐπεισρέω. quod omn. prob. lib. 2. II.
447 τῇ φορᾷ τῶν αὖτις ἐπεισρεόντων
(φαντασιῶν) ἥκιστα κατακλυζόμεναι
(ψυχαί).
ἐπελαφρίζω. Steph. hat aus Philo I,
154. 351. II, 200. 621. — Dazu: quod
deus immut. 5. I, 275 ἐπελαφρίζουσι
καὶ ἐπικουρίζουσι τὰ τῶν παλαιῶν ...
ἁμαρτήματα. — de plantat. 6. I. 333
τῇ τοῦ θείου πνεύματος ... φύσει κοῦ-
φος ὁ νοῦς ὧν οὐκ ἐπελαφρίζεται.
— de execr. 7. II. 434 ἡ δ' ἐκνευρισθεῖ-
σα χώρα ... ἐπιλαφρισθήσεται. — de
incorr. m. 11. II, 498 γεώδους καὶ βά-
ρος ἐχούσης οὐσίας ἐπελαφρισθείσης.
cf. de mundo 11. II, 612. — legat. ad
Caj. 4. II, 549 ἔχειν τὸν δυνησόμενον
ἐπελαφρίζειν καὶ συνεπικουρίζειν. —
ap. Euseb. pr. ev. 8, 14. II, 635 φί-
λων καὶ συγγενῶν ἐπελαφρίζει τὰ πταί-
σματα. — de vita Mos. I, 39. II, 115.
ἐπεξέλευσις. legat. ad Caj. 24. II,
569 ὡς οὐκ ἐπὶ πάντας προβάσης τῆς
ἐπεξελεύσεως.
ἐπέραστος. de somn. II, 14. I, 671
ἀληθείας τῆς ἐπεράστου γέμοντα.
ἐπευωνίζω. Bei Steph. aus Philo I,
268 u. II, 451. — Dazu für die Be-
deutung „wolfeil verkaufen":
cherub. 34. I, 161 ὁ θεὸς οὐ πωλητὴρ
ἐπευωνίζων τὰ ἑαυτοῦ κτήματα, δω-
ρητικὸς τῶν ἀπάντων. — de profug.
27. I. 568 ἀκόλαστος γὰρ ἡ μαχλὰς ἢ
τριοδῖτις σοβὰς ἢ τὸ τῆς ὥρας ἄνθος
ἐπευωνίζουσα ... — de fortitud. 3. II.
377 ἃς (sc. τὰς τῆς ψυχῆς ἀνωμαλίας)
ἔστιν ὅ τε λημμάτων αἰσχρῶν ἐπευω-
νίζοντες οὐκ ἐρυθριῶσιν ... — quod
omn. prob. lib. 18. II, 464 sagt Dio-
genes zu Räubern, die ihn karg hiel-
ten: das Vieh mästeten sie, aber ἀτο-
πώτατον „ζώων τὸ ἄριστον ἄνθρωπον
ἀσιτίαις ... κατασκελετευθέντων ἐπευω-
νίζεσθαι." — in Flacc. 16. II, 536
ὠνησαμένων ἀμφότερα τῶν ἐχθρῶν παρ'

αὐτοῦ τὰς ἀλλοτρίας οὐσίας ἐπευωνί-
ζοντος καὶ πιπράσκοντος.
ἐπιβάθρα. de agricult. 23. I, 316 σω-
φροσύνης ἴδιον τάς ... τοῦ ... πά-
θους ἐπιβάθρας διασεῖσαι. — de confus. lingu. 2. I, 405 τούτοις ... ὡς
ἂν ἐπιβάθρας τῆς ἀσεότητος αὐτῶν
... χρῶνται.
ἐπιδαψιλεύω. Steph. hat aus Philo
I, 19. — Dazu med.: de sobriet. 11.
I, 400 μήποτε δὲ καὶ ἐπιδαψιλεύεται
τὰ τῶν δωρεῶν. — de spec. legg. 9.
II, 276 ἐπιδαψιλευέσθω τὸ πέμπτον. —
de septen. bei Tisch. p. 44. 3 τοῖς μὲν
ἐκ τῆς στεργομένης ἐπεδαψιλεύσατο τὰς
χορηγίας ὁ πατήρ. — de spec. legg.
4. II, 303 ἐπιδαψιλευόμενος δυσθερά-
πευτον κακόν. — de carit. 5. II, 388.
— ibid. 18. II, 399. — ibid. 20. II,
400. — ap. Euseb. pr. ev. 8, 14. II,
635 πολλάκις δὲ καὶ τούτοις μᾶλλον ἢ
τοῖς σωφροσιν ἐπιδαψιλευόμενοι χαρί-
ζονται. Diese letzte St. ist auch bei
Wytt. l. c. VIII, 1 p. 645.
ἐπιδιατρίβω. de migr. Abr. 34. I,
465 τούτοις οὖν ἐπιδιατρίψαντες ἐνη-
ρεμήσατε.
ἐπιδιαφθείρω. Bei Steph. aus Philo
p. 42 (?). — ap. Euseb. pr. ev. 8, 14.
II, 642 τὰς ὑπὲρ ἁπάντων τίνοντες δί-
κας ἐπιδιαφθείρονται.
ἐπιδικασία. de nobilit. 6. II, 443
τῷ δ' ὕστερον καὶ ἔχοντι ἐπιδικασίας
νόμῳ.
ἐπιδιώκω. de vict. 4. II, 240 ἕκα-
στον τοῖς ἁρμόττουσιν ἐπιδιώκει, wo
Med. ἐπικοσμεῖ.
ἐπιδειάζω. quod deus immut. 1. I,
273 ἐπ' οὐδενὸς θνητοῦ βαίνειν ἅπαξ
ἐπιδειάσας ἠξίου. — de migr. Abr. 15.
I, 449 ὅταν ὁ νοῦς ἐπιδειάσας προφ-
ρηθῇ θεός. — de mut. nom. 19. I,
596 ... τρόπος φιλάρετος καὶ ἐπι-
δειάσας. — de somn. II. 26. I, 681
τῆς τῶν πάλαι προφητῶν, ὃς ἐπιδειά-
σας εἶπεν ... — de vita Mos. III,
36. II, 175 haben codd. Aug. u. Coisl.
ἐπιδειάσας für ἀποδείσας. — ibid. 39.
II, 179 καταπνευσθεὶς καὶ ἐπιδειάσας.
— de mundo 2. II, 602 ἐπιδειάσας
καταλείπει τὴν πατρίδα.
ἐπιδειασμός. Steph. hat aus Philo
I, 482 u. II, 299 — quod deus im-
mut. 29. I, 293 ὀνόματα ... ἐμπρεπῆ
τῷ ἐπιδειασμῷ (so cod. Med. für θει-
ασμῷ).
ἐπιθυμιάω. de ebriet. 21. I, 370 ἃ
λιβανωτῷ καὶ τοῖς ἐπιθυμιωμένοις ἀπει-
κάζεται. — ibid. 46. I, 386 αἱ ἀπὸ

τῶν ἐπιϑυμιωμένων ὀσμαί. — quis rer.
div. haer. 46. I, 504 μοίρας ἔχει . . .
γῆς μὲν τὰ ξύλα, ὕδατος δὲ τὰ ἐπι-
ϑυμιώμενα. — de vict. 3. II, 239 δὶς
καϑ' ἑκάστην ἡμέραν ἐπιϑυμιᾶται. —
de vict. offer. 4. II, 254 οὐ γὰρ ἐφίε-
ται τὴν ὁλόκαυτον ϑυσίαν ἔξω προς-
αγαγεῖν πρὶν ἔνδον περὶ βαϑὺν ὄρϑρον
ἐπιϑυμιάσαι.
ἐπικατασφάττω. legat. ad Caj. 14.
II, 560 προςκεχηνὼς . . . εἰς ἁρπαγὰς
ἀδίκους αἷς ἐπικατεσφάττοντο οἱ δε-
σπόται. — ibid. 32. II, 581 ἐπικατα-
σφάξαντες ἑαυτούς. vgl. zu dieser Phra-
se Wytt. l. c. VIII, 1 p. 651.
ἐπιχέρδεια. de Abrah. 14. II, 11.
ἐπίκηρος. Steph. hat aus Philo II,
616. — de profug. 19. I, 561 τοῦ
τῶν ἀνϑρώπων ἐπικήρου γένους.
ἐπικήρως. Steph. hat aus Philo II,
616. — Dazu: de ebriet. 34. I, 376
τούς τὰ σώματα ἐκ φύσεως ἐπικήρως
ἔχοντας.
ἐπίκλην. de plantat. 26. I, 345 ὁ
ἀσκητὴς ἐπίκλην Ἰακώβ.
ἐπικομπάζω. Bei Steph. aus Philo
I, 550. — Dazu: de somn. I, 21. I,
640 μηδ' ἀκροβατοῦσα (ψυχή) ἐπικομ-
πάζοι. — de mut. nom. 36. I, 608
ἐκτραγῳδεῖν καὶ ἐπικομπάζειν τὰ κακά.
ἐπικωμάζω. ap. Euseb. pr. ev. 8,
14. II, 634 τοῖς μὲν κακίστοις καὶ πο-
νηροτάτοις ἄρϑονα ἐπικωμάζει τὰ ἀγα-
ϑά, πλοῦτος, εὐδοξία . . . cf. Abresch
l. c. p. 179 sq.
ἐπιλήνιος. agricult. 35. I, 323 τὰ
ἐπιλήνια ἄγοντες.
ἐπίλυπος. de mut. nom. 31. I, 604
σκυϑρωπὸν καὶ ἐπίλυπον καὶ μεστὸν
βαρυδαιμονίας εἶναι τὸν παντὸς μοχϑη-
ροῦ βίον.
*ἐπιλύπως. leg. alleg. III, 76. I, 130
ἐπιλύπως γὰρ οὗτος ὁρᾷ καὶ ἀκούει
. . . — ibid. 88. I, 136 „ἐν λύπῃ φά-
γεσαι αὐτήν" ὅπερ ἐστὶν ἴσον τῷ ἀπο-
λαύσῃ τῆς ψυχῆς ἐπιλύπως.
ἐπιμορφάζω. Bei Steph. aus Philo:
a) Beispiele mit dem blossen Accusa-
tiv: I, 288. 510. 549. 698. II, 16. 65.
— Dazu füge: de plantat. 17. I, 340
. . . τινὲς τῶν ἐπιμορφαζόντων εὐσέ-
βειαν. — quod det. pot. insid. 7. I,
195 ἐπιμορφάζοντα ἐγκράτειαν. — de
profug. 38. I, 577 σοφιστοῦ γὰρ βού-
λημα τοῦτο τὸ λίαν σκεπτικὸν ἐπιμορ-
φάζοντος. — b) mit dem Inf. hat Steph.
die Beispiele II, 387. 551. — c) mit
ὡς bringt Steph. die St. I, 193. Aehn-
lich ist de mut. nom. 36. I, 608 ἐπι-

δείξονται . . . οἵαν ἐκ τῶν περιάπτων
ὡς νόϑην ἐπεμόρφαζεν εὐμορφίαν. —
d) zu der Constr. mit ὅτι hat Steph.
keine Beispiele. — Sie findet sich:
leg. alleg. III, 15. I, 96 ἀζητήτως
ἔχεις τῶν ϑείων καὶ ἂν ἐπιμορφάζῃς
ὅτι ζητῇς. — e) Ganz unverbunden
steht das Verb. in de ebriet. 11. I,
363 ἐλέγχῃ δ' οὐδὲν ἧττον ἐπιμορφά-
ζων ὅταν συγκρίνῃς τὰ ἀσύγκριτα . . .
ἐπιμύλιον. de spec. legg. 36. II, 333
παρὰ χρεωστῶν ἀπαγορεύει δανεισταῖς
μύλον ἢ ἐπιμύλιον ῥύσιον αἰτεῖν.
ἐπινεανιεύομαι. Bei Steph. aus Phi-
lo I, 203. II, 371. — Dazu: de po-
ster. Cain. 49. I. 258 ὁ νοῦς . . . ἐπι-
νεανιεύεται καλὴν καὶ ὁσίαν νεανείαν.
— quod omn. prob. lib. 18. II, 465
ἐπινεανιευόμενός τινι τῶν εὐνητικῶς
ἐχόντων . . . εἶπεν . . . — in Flacc. 9.
II, 527 τινὲς ἐπινεανιευόμενοι . . . ἀνε-
λάμβανον τὰ πάντων ἀνοσιμώτατα . . .
ἐπιορκέω. de vict. 11. II, 247 ὧν
ἠρνήσατο καὶ ἐπιώρκησεν.
*ἐπιπαρέχω. decal. 23. II, 200 παί-
δων γὰρ οὐδὲν ἴδιον ὃ μὴ γονέων ἐστὶν
ἢ οἴκοϑεν ἐπιδεδωκότων ἢ τὰς αἰτίας
τῆς κτήσεως ἐπιπαρασχομένων.
ἔπιπλα. Seltne Form; von ἐπίπλοον
abgeleitet bei Steph. u. Lobeck ad Phry-
nich. p. 142 f. —, andre Ableitung bei
Passow: τὰ ἔπιπλα = τὰ ἐξ ἐπιπολῆς
σκεύη. — Wytt. l. c. VIII, 1 p. 660
führt aus Philo die Stellen an: 986 D
= II, 539. — 1009 B = II, 563. —
1025 E = II, 580. — 1058 D = I,
592.
*ἐπιπλαδάω. Die Stelle de praem. et
poen. 11. II, 418 ᾽Η δὲ (ψυχή) ἀγα-
ϑῆς μὲν φύσεως ἀγαϑῆς δὲ παιδεύ-
σεως ἐπιλαχοῦσα καὶ ἐκ τρίτου συνα-
σκηϑεῖσα τοῖς τῆς ἀρετῆς ϑεωρήμασιν
ὡς μηδὲν αὐτῶν ἐξ ἐπιπολῆς ἐπιπλα-
δᾶν, ἔγκολλα δ' εἶναι καὶ ἐντετυπω-
μένα τὰ πάντα . . . κτᾶται μὲν ὑγίειαν
κτᾶται δὲ δύναμιν, gewinnt einen gu-
ten Sinn, wenn für ἐπιπλαδᾶν gelesen
wird ἐπίπλαστον [Koch].
ἐπιποτάομαι. Bei Steph. aus Philo
II, 200. — Dazu: de gigant. 5. I, 265
καὶ τοῖς ἐξαγίστοις ἐπιποτᾶται πολλά-
κις αἰφνίδιος ἡ τοῦ καλοῦ φαντασία.
ἐπιστασία. de plant. 34. I, 350 τῶν
ἀφρένων ἄτεχνον καὶ πλημμελῆ ποιου-
μένων αὐτοῦ (sc. τοῦ φυτοῦ) ἐπιστα-
σίαν.
ἐπιστολιμαῖος. Bei Steph. aus Philo
p. 980 = II, 533. vgl. Lobeck ad

Phryn. p. 559. — Dazu: de Joseph.
29. II, 65 ἐπιστολιμαίοις γράμμασι.
ἐπισυμβαίνω. ap. Euseb. pr. ev. 8,
14. II, 643 οὐκ ἔργα φύσεως προη-
γούμενα, φυσικοῖς δὲ ἐπισυμβαίνοντα
ἔργοις.
ἐπισυνίστημι. de incorr. m. 12. II,
497. cf. de mundo 12. II, 613 μυρία
ἄλλα τῶν εἰωθότων ἐπισυνίστασθαι. —
in Flacc. 1. II, 518 μιγάδων καὶ συγ-
κλύδων ἀνθρώπων ὄχλον ἐκώλυεν ἐπι-
συνίστασθαι.
ἐπιτέχνησις. quod deus immut. 34.
I, 296 ἐξ ἐπιτεχνήσεως ἀνθρώπων.
ἐπιτραγωδέω. de vita Mos. I, 27.
II, 105 οὐδὲν ἐπιτραγῳδῶν πρὸς σεμνό-
τερον ὄγκον. — de incorr. m. 24. II,
512 ἀλογήσαντες τῶν ἐπιτραγῳδουμέ-
νων θεοῖς μύθων. cf. de mundo 19.
II, 621.
ἐπιφράσσω. de vita Mos. III, 25.
II, 165 . . . οὔτε τὰ τοῦ μέλλοντος
ἀκούειν ὦτα ἐπεφράχθη.
ἐπιφροσύνη. Steph. hat aus Philo
p. 352 B = II, 4 u. 532 B = II, 47.
Aus Joseph. führt er die angezweifelte
Stelle antiqq. 15, 11, 3 κατ᾽ ἐπιφρο-
σύνην τοῦ θεοῦ an. — Dieselbe Wen-
dung findet sich bei Philo agricult. 39.
I, 326. Ausserdem sobriet. 4. I, 395
ἐπιφροσύνη θεοῦ.
ἐπιχαιρεκακία. de carit. 15. II, 394
βαρύμηνι πάθος τὴν ἐπιχαιρεκακίαν εἰ-
δώς.
ἐπιχαιρέκακος. de merced. meretr.
4. II, 269.
ἐπιχειρονομέω. Bei Steph. aus Philo
II, 371 u. 485. — Dazu: quod deus
immut. 36. I, 298 πρὸς τοὺς πολλοὺς
ἔτι νεανιευόμενος καὶ ἐπιχειρονομῶν ἄρ-
χεται . . . φιλοσοφεῖν.
ἐπιψεκάζω. Bei Steph. aus Philo I,
566. — Dazu: quis rer. div. haer. 42.
I, 501 διανοίαις . . . ἀρετώσαις ἠρέμα
σοφίαν ἐπιψεκάζει.
ἐπονείδιστος. de merced. meretr. 1.
II, 264 πόρνης, εἰλομένης ἕνεκα λημ-
μάτων αἰσχρῶν ἐπονείδιστον βίον.
ἐποχετεύω. Bei Steph. aus Philo I,
9. 19. II, 40. 244. 263. — Dazu: de
sobriet. 8. I, 398 ἐπειδάν . . . ὁ γεωρ-
γὸς . . . τροφὴν ἀναγκαιοτάτην ἄρδη
καὶ ἐποχετεύῃ τοῖς φυτευθεῖσι . . .
ἐπωδύνως. leg. alleg. III, 88. I, 136
ἐπωδύνως γὰρ ὁ φαῦλος πάντα τὸν
βίον χρῆται τῇ ἑαυτοῦ ψυχῇ.
ἐργοδιώκτης. quis rer. div. haer. 51.
I, 509 ἐργοδιώκτας οὖν Αἴγυπτος ἔχει
πρὸς τὴν τῶν παθῶν ἐπισπεύδοντας

ἀπόλαυσιν. — de vita Mos. I, 7. II,
86 ἐπιστάτας τῶν ἔργων . . . ᾑρεῖτο
οὓς ἐργοδιώκτας ἀπὸ τοῦ συμβεβηκό-
τος ὠνόμαζον. — vgl. die Beispiele bei
du Cange p. 434 und die Stelle Esra
5, 58, s. hierzu Fritzsche u. Grimm,
Apokryphen des A. T.'s I p. 40.
ἐρείπιος. quod det. pot. insid. 10. I,
197 διὰ τί οὖν οἰκίας ὡς μὴ γένοιτο
ἐρείπιος οὐκ ἐπιμελησόμεθα. — [Die
St. ist bei Steph. fälschlich als de che-
rub. p. 125 A stehend angeführt.]
ἑρματίζω. ap. Joh. Dam. s. p. P. 436 D.
II, 650 οἱ τῷ σώφρονι λογισμῷ μάλα
ἑρματισμένοι καὶ ἀναχαιτιζόμενοι.
ἑρπηνώδης. Bei Steph. aus Philo II,
205. 491. — Dazu: de concup. 1. II,
349 ἡ λεγομένη παρὰ τοῖς ἰατροῖς ἑρ-
πηνώδης νόσος. — de execrat. 5. II,
432 ἕλκεσιν ὑπυπύοις ἑρπηνώδεσι. —
de mundo 9. II, 610 ἑρπηνώδους νο-
σήματος τρόπον. — ap. Euseb. pr. ev.
8, 14. II, 640 νόσον ἑρπηνώδους καὶ
φθινώδους χαλεπωτέραν.
ἐρυσίβη. de execrat. 1. II, 429 συνό-
λως ὅσα σπαρτὰ ἢ δένδρα καρποῖς αὐ-
τοῖς ἐξαναλωθήσεται πρὸς ἐρυσίβης.
ἔσοπτρον. de migr. Abr. 17. I, 451
ἵν᾽ οἱ μέλλοντες ἱερουργεῖν . . . ἐνο-
πτρίζωνται ἑαυτοῖς κατὰ μνήμην τῶν
ἐσόπτρων ἐξ ὧν ὁ λουτὴρ δεδημιούρ-
γηται.
ἑταιρέω. de merced. meretr. 1. II,
264 τὰ παρὰ γυναικὸς ἡταιρηκυίας
δῶρα ἀνίερα.
ἑτερογενής. de vict. 14. II, 250 ἐκ-
πλήττει με τῶν τριῶν ζώων . . . μη-
δὲν αὐτῶν ἑτερογενὲς ἀλλὰ ταυτοῦ γέ-
νους τὰ πάντα.
ἑτεροδοξέω. quis rer. div. haer. 50.
I, 508 μεγέθους τε πέρι καὶ κινήσεως
τῶν κατ᾽ οὐρανὸν . . . ἑτεροδοξοῦσιν.
ἑτεροδοξία. ap. Joh. Dam. p. 5. II,
654 αἱ διαφωνίαι αἱ διαμάχαι καὶ ἑτε-
ροδοξίαι . . .
ἑτερόδοξος. de sobriet. 13. I, 403
ἵνα . . . τὰς τῶν ἑτεροδόξων παραδοθεί-
μῃ περὶ τοῦ ἀγαθοῦ φήμας. — de
migr. Abr. 31. I, 463 μηδενὸς ἔτι τῶν
ἑτεροδόξων παρακολουθοῦντος.
ἑτεροειδής. de spec. legg. 4. II, 339
δίκη δὲ ἔστω κατὰ μὲν τῶν ἑτεροει-
νεῖς ἀνδραποδισαμένων . . .
ἑτεροειδής. de creat. princ. 11. II,
370 τὸ μὴ συνυφαίνειν τὰ ἑτεροειδοῦς
οὐσίας [so Vat. u. Aug. für τὰς ἑτερο-
ειδεῖς]. — de incorr. m. 16. II, 503
ἵνα μηδὲ ἑτεροειδῆ τινα παράσχῃ τύ-
πον μορφῆς. cf. de mundo 14. II, 615.

.6

— ap. Joh. Dam. p. s. II, 657 ἑτερό-
μορφα καὶ ἑτεροειδῆ φανεῖται τῆς κοι-
νωνίας στερούμενα.
ἑτερόζυγος. de creat. princ. 11. II,
369 φάσκων τὰ κτήνη μὴ ὀχεύειν ἑτε-
ροζύγοις.
ἑτεροιόω. Zu der St. bei Steph. füge
de monarch. I, 9. II, 221 ἃ ... ἑτε-
ροιούμενα τὰς οἰκείας φύσεις ἐξαλλάτ-
τει πρὸς τὴν χείρω μεταβολήν.
ἑτερομήκης. leg. alleg. I, 2. I, 44
die Zal 6 ἀπὸ ἑτερομήκους συνίσταται
= ist ein Product von zwei unglei-
chen Factoren, näml. τοῦ δὶς τρία.
ἑτερόμορφος. ap. Joh. Dam. p. s.
II, 657. siehe unter ἑτεροειδῆς.
εὐαισθησία. de sobriet. 12. I, 401
χρῆσθαι ... ταῖς σώματος ὑγείαις καὶ
εὐαισθησίᾳ. — de Abrah. 45. II, 38
ὑγείᾳ καὶ εὐαισθησίᾳ, ἢ ῥώμη καὶ
κάλλει σώματος πιστευτέον; — de
praem. et poen. 20. II, 427 ebenfalls
Zusammenstellung mit ὑγεία. — desgl.
ap. Euseb. pr. ev. 8, 14. II, 634 u.
ap. Joh. Dam. s. p. P. 326 C. II, 648.
εὐανδρέω. de somn. I, 22. I, 641
πόλις εὐανδρεῖ πολίτας ἀφθάρτους καὶ
ἀθανάτους ἔχων. — de Abrah. 27. II,
21 ἡμέρᾳ μιᾷ αἱ μὲν εὐανδροῦσαι πό-
λεις τάφος τῶν οἰκητόρων ἐγεγένηντο.
— legat. ad Caj. 14. II, 560 εὐαν-
δροῦσας πόλεις βάλλεις — ἐπ' ὀλέθρῳ
παντελεῖ. — de spec. legg. 3. II, 302
κεναὶ αἱ πρότερον εὐανδροῦσαι πόλεις
οἰκητόρων.
εὐγένεια. Wytt. l. c. ad p. 5 D führt
aus Philo de nobilit. 1. II, 437 an.
εὐγνωμονέω. de cherub. 33 I, 160
χρῆσιν δὲ ἔχοντες, ἐὰν μὲν εὐγνωμο-
νῶμεν, ἐπιμελησόμεθα ὡς θεοῦ κτη-
μάτων.
εὐδιάγωγος. Bei Steph. aus Philo I,
52. II, 224.
εὐεκτέω. de mut. nom. 38. I, 611
παντὶ τῷ τὸ μὲν σῶμα εὐεκτοῦντι. —
quod omn. prob. lib. 22. II, 470 (ψυ-
χαὶ) ἀνδρωθεῖσαι καὶ εὐεκτήσασαι.
εὐέκτης. mut. nom. 4. I, 583 εὐέκται
... καὶ σφριγῶντες ἀθληταί.
εὐελπιστία. Bei Steph. aus Philo I,
353. 560. II, 77. — quis rer. div.
haer. 42. I, 502 πρὸς εὐελπιστίαν τοῦ
μή ποτε τὸν ἵλεων θεὸν περιιδεῖν τὸ
ἴδιον ἔργον.
εὐένδοτος. de cherub. 24. I, 153 τὸ
ὑπεῖκον καὶ εὐένδοτον. — de plantat.
32. I, 349 μαλακότητας εὐενδότους. —
de migr. Abr. 26. I, 458 εὐένδοτος
ἀσθένεια.

εὐέντευκτος. de decal. 10. II, 187
εὐπρόσιτον ... καὶ εὐέντευκτον ἐμαυ-
τὸν παρέξω.
εὐεπίβατος. de migr. Abr. 26. I, 459
τὸ ὑπέραυχον ... κακὸν καὶ τοῦ τα-
πεινοῦ καὶ ἀφανοῦς μεταποιεῖσθαι σχή-
ματος εὐεπίβατον.
εὐεπιβούλευτος. de profug. 34. I,
574 ἄστεγον καὶ ἀτείχιστον καὶ εὐεπι-
βούλευτον κατεσκεύασεν ἑαυτόν. — le-
gat. ad Caj. 7. II, 552 εὐεπιβούλευτον
γὰρ ὁ κοιμώμενος.
εὐερνής. de somn. I, 10. I, 619 δέν-
δρον εὐερνέστατον.
εὔζηκτος. de poster. Cain. 23. I, 240
εὐζύ(θ)βόλῳ καὶ εὐζήκτῳ γνώμῃ. —
ibid. τὰς εὐζήκτους ἐπιβουλάς.
εὐζηνία. Bei Steph. aus Philo I, 438
u. 1 St. unbest. Angabe. — Dazu:
congr. erud. grat. 30. I, 544 τὸ ἐνάν-
τιον εὐζηνίας καὶ εὐετηρίας. — de
mut. nom. 44. I, 618 ὁ φρονήσεως εὐ-
ζηνίαν καὶ εὐετηρίαν ἔχων. — de
Abrah. 1. II, 1 Gegensatz von λιμὸν
καὶ εὐζηνίαν.
εὐζηξία. de praem. et poen. 8. II, 416
τῆς διανοίας εὐζηξίαις καὶ εὐσκόποις
ἐπιβολαῖς προςγινομένης.
εὔζικτος. Bei Steph. aus Philo I, 286.
— Dazu: leg. alleg. I, 16. I, 54 ὁ δὲ
πλαστὸς νοῦς οὔτε μνημονεύει τὰ καλὰ
οὔτε ἐργάζεται, μόνον δὲ εὔζικτός ἐστι.
— legat. ad Caj. 26. II, 570 εὔζικτος
εἰ τὴν φύσιν.
εὐζιξία. Bei Steph. aus Philo I, 593.
— Dazu: leg. alleg. I, 16. I, 54 τριῶν
... ἐξ ὧν συνέστηκεν ἡ εὐφυΐα εὐζι-
ξίας, ἐπιμονῆς, μνήμης. — de cherub.
30. I, 157 ἐκ μὲν γὰρ εὐφυΐας εὐζι-
ξία, ἐπιμονὴ, μνήμη ...
εὐζυτενής. Bei Steph. aus Philo I,
338. — Dazu: de agricult. 22. I, 316
κατὰ λεωφόρου καὶ εὐζυτενοῦς βαίνειν.
εὐζυωρία. de poster. Cain. 48. I, 258
ἐκ τῆς ἄντικρυς καὶ κατ' εὐζυωρίαν
προςβολῆς.
εὐκαταφρόνητος. de agricult. 11. I,
307 χρηστότης γὰρ πρᾶγμα εὐκατα-
φρόνητον. — de Abrah. 19. II, 14 πρά-
ξεις οὐκ εὐκαταφρόνητοι.
εὐλογιστέω. leg. alleg. III, 76. I, 130
ἐὰν γὰρ ἔλθῃ εἰς τὴν διάνοιαν ἔννοια
θεοῦ εὐλογιστεῖ τε εὐθύς.
εὐλογιστία. de migr. Abr. 13. I, 447
διάνοιαν εὐλογιστίᾳ πρὸς πάντα μικρὰ
καὶ μείζονα χρωμένην. — de confus.
lingu. 15. I, 415 τοῦτε τὸ πάθος ἀνα-
τολὴ μὲν ἀφροσύνης κατάδυσις δὲ εὐ-
λογιστίας ἐστίν.

εὐμάθεια. de cherub. 30. I, 157 ἐκ
δὲ διδασκαλίας εὐμάθεια, προσοχῇ . . .
εὐμετάβλητος. ap. Joh. Dam. s. p.
p. 776 E. II, 657 ἀνθρώποις τὸ εὐμε-
τάβλητον διὰ τὴν ἐν τοῖς ἐκτὸς ἀβε-
βαιότητα συμβαίνειν ἀνάγκη.
εὐνοϊκός. de septen. b. Tisch. p. 42,
12 πάντων εὐνοϊκώτατοι κηδεμόνες.
εὐόλιστος. Bei Steph. aus Philo II,
464. — Wytt. l. c. VIII, 1 p. 710 ci-
tirt Philo ap. Euseb. pr. ev. 8, 382 A.
— Dazu: de fortitud. 7. II, 381 ἡ δὲ
νεότης εἰς ἀκρασίαν εὐόλιστον sc. ἀγω-
γόν ἐστι.
εὐοπλέω. Bei Steph. aus Philo I, 20.
372. — Dazu: de vita Mos. I, 31. II,
108 στρατιὰν εὐοπλοῦσαν. — ibid. 45.
II, 120 μετὰ τῆς οἰκείας νεότητος εὐο-
πλούσης.
εὐορκέω. de decal. 17. II, 195 δεύτε-
ρος δέ φασι πλοῦς τὸ εὐορκεῖν.
εὔπαις. quod deus immut. 3. I, 274
εὔτεκνος καὶ εὔπαις φύσις.
εὐπαράγωγος. Steph. hat aus Philo
II, 481. — Dazu: de ebriet. 12. I, 364
πρὸς ἀπάτην αἰσθήσεως εὐπαραγώγου.
— de profug. 3. I, 549 διὰ τὸ ἀπα-
τηλόν καὶ εὐπαράγωγον φύσει τῶν αἰ-
σθήσεων. — de gigant. 13. I, 271
ἀπάτας καὶ σοφίσματα δι' ὀφθαλμῶν
ψυχαῖς εὐπαραγώγοις τεχνιτεύουσι. —
de agricult. 3. I, 303 τὴν εὐπαράγω-
γον ἀπάτην. — ibid. 22. I, 313 πιθα-
νότησιν εὐπαραγώγοις γυναῖκα ἀπατῶν.
εὐπαράδεκτος. Bei Steph. aus Philo
I, 136. — Dazu: de poster. Cain. 44.
I, 254 ἰδοῦσα δὲ εὐπαράδεκτον ἀρετῆς
τοῦ παιδὸς φύσιν. — quis rer. div.
haer. 7. I, 478 ψυχαὶ . . . δεισιδεστά-
των εὐπαράδεκτοι χαρακτήρων. — de
profug. 31. I, 572 ἡ ἐν τῷ διδασκο-
μένῳ φύσις εὐπαράδεκτος οὖσα πρὸς
τὰ κατὰ μέρος θεωρήματα.
εὐπάρυφος. [vgl. zu dem Worte Wytt.
l. c. ad p. II, 57 A.] de judice 3. II,
346 εἰσὶ γὰρ εὐπάρυφοί τινες . . .
εὐπλοέω. de somn. I, 8. I, 627 δεύ-
τερος γὰρ ἀεὶ πλοῦς ὁ πρὸς αἴσθησιν
τοῖς μὴ δυνηθεῖσι πρὸς τὸν ἡγεμόνα
νοῦν εὐπλοῆσαι.
εὐπόριστος. de somn. I, 20. I, 639
ζηλωταὶ τῶν εὐποριστοτάτων.
εὑρεσιλογέω. Bei Steph. aus Philo
I, 314. — Dazu: de agricult. 36. I,
324 μηδεὶς εὑρεσιλογῶν. — de Joseph.
10. II, 49 τοῦτο παρέσχεν αὐτῇ τὸ
ἔργον εὑρεσιλογεῖν προφάσεις σκεπτο-
μένη κατὰ τοῦ νεανίσκου. — de incorr.
m. 18. II. 505 εὑρεσιλογούντων δὲ πλά-

σματα ταῦτ' ἐστί. — ap. Euseb. pr.
ev. 7, 21. II, 626 σοφιστείας μὲν ἔρ-
γον εὑρεσιλογεῖν σοφίας δὲ ἕκαστα διε-
ρευνᾶν.
εὑρεσιλογία. Bei Steph. aus Philo I,
628. 698. — Dazu: de incorr. m. 25.
II, 512 ἀναγκαῖον δὲ πρὸς τὴν τοσαύ-
την εὑρεσιλογίαν ἀπαντῆσαι. — cf. de
mundo 19. II, 621.
εὐρωστέω. de caritat. 23. II, 403 εὐ-
ρωστεῖ σοι τὰ πράγματα.
εὐσάλευτος. leg. alleg. III, 15. I, 96
αἱ τοῦ σοφοῦ (πράξεις) βαρεῖαι καὶ
ἀκίνητοι οὐδ' εὐσάλευτοι.
εὐσαρκία. de somn. I, 42. I, 657
ἀναίσθητον εὐσαρκίαν. — ibid. II, 8.
I, 666 (ὁ τῆς ἐλαίας καρπὸς) εὐσαρ-
κίαν ἐμποιεῖ. — de vita contempl. 6.
I, 479. — de opif. m. 47. I, 33 μετὰ
δὲ τῆς συμμετρίας καὶ εὐσαρκίαν προσ-
ανέπλαττε.
εὔσαρκος. de concupisc. 4. II, 352
ὅσα τῶν χερσαίων . . . ἐστὶν εὐσαρκό-
τατα καὶ πιότατα.
εὐτοκέω. Bei Steph. aus Philo II, 316.
— Dazu: de poster. Cain. 46. I, 249
τὰ κατὰ γῆν σπέρματα . . . πρὸς καρ-
πῶν γενέσεις εὐτοκεῖ.
εὐτολμία. Bei Steph. aus Philo 2 St.
mit unbest. Angabe. — Dazu: de pro-
fug. 1. I, 547 εὐτολμίᾳ χρῆσθαι.
εὐτονέω. de nobilit. 6. II, 443 θανά-
του κινδύνῳ πρὸς εὐσέβειαν ηὐτόνησεν.
ἐφάμιλλος. de gigant. 10. I, 268 ἐφά-
μιλλές τε καὶ ἀσύγκριτος ἡ σύγκρισις.
ἐφημερίς. legat. ad Caj. 25. II, 570
ταῖς ὑπομνηματικαῖς ἐφημερίσιν.
ἐφυβρίζω. de decal. 24. II, 202 ὁ
μοιχὸς ἐφυβρίσας καὶ ἐναπερυγὼν τὸ
πάθος.
ἐχεμυθέω. de sacrif. Ab. et Cain. 15.
I, 173 (ψυχὴ) ταμιευομένη αὐτὰ (sc.
μυστήρια) καὶ ἐχεμυθοῦσα. — quod
det. pot. insid. 27. I, 211 τὸ γὰρ ἐχε-
μυθεῖν ἐστιν ὅπου χρήσιμον. — de
agricult. 13. I, 309 τὸ μέν οὖν πρῶτον
. . . ἐχεμυθήσουσιν. — de concupisc. 2.
II, 350 ἐχεμυθοῦσι καὶ τὸ ἐναντίον.
ἐχομένως. leg. alleg. II, 25. I, 84
ἐχομένως πτερνιστής ἐστιν ὁ τὴν στά-
σιν τοῦ γεννητοῦ καὶ φθαρτοῦ διασείων
τρόπος.
ἐχυρόω. de cherub. 24. I, 153 γνώ-
μην ἐχυρωσάμενον.
ἑωσφόρος. de cherub. 7. I, 142 ἡλίου
καὶ ἑωσφόρου καὶ στίλβοντος ἐπίκλη-
σιν.

6 *

84

Z.

Ζέσις. leg. alleg. III, 44. I, 112 ἑαυτὸν (ὁ ϑυμός) τῆς πολλῆς ζέσεως ἀπαλλάξει.

ζηλοτυπέω. in Flacc. 5. II, 522 ἰδίᾳ ἐζηλοτύπει καὶ ἐξελάλει τὸ μῖσος.

ζοφερός. de plantat. 26. I, 345 τῆς ἐν μέσοις ποικιλίας σκοταίας καὶ ζοφερᾶς πανταχοῦ ἀναιρεϑείσης.

ζοφόω. de septen. b. Tisch. p. 44, 18 συνόδῳ μὲν γὰρ ἂν ὑποδραμοῦσα ἥλιον σελήνη προσήμερος ἐζόφωται.

ζυγάδην. de post. Cain. 17. I, 237 οὓς τὸ διπλοῦν σπήλαιον ζυγάδην κεχώρηκεν.

ζυμωτός. fragm. ap. M. II, 678 οὐ δεῖ ζυμωτὸν παρεῖναι ἐπὶ τῶν ϑυσιαζομένων. — vgl. LXX b. Steph. s. h. v.

ζωγράφημα. Bei Steph. aus Philo II, 38. — Dazu: ap. Euseb. pr. ev. 8, 14. II, 637 ἔν τε ζωγραφήμασι καὶ ἀνδριάσι καὶ ὑφασμάτων ποικιλίαις. — decal. 14. I, 192 τὰ δὲ ὑπ᾽ ἐκείνων δημιουργηϑέντα πλάσματα καὶ ζωγραφήματα ϑεοὺς ἐνόμισαν.

ζῳοπλαστέω. Bei Steph. aus Philo I, 13. — Dazu: de decal. 23. II, 201 μιμούμενοι τὸν ἀγέννητον ἐν τῷ ζωοπλαστεῖν. — de spec. legg. 6. II, 305 οἱ ἐν τῇ μήτρᾳ τῷ τῆς φύσεως ἐργαστηρίῳ ζωοπλαστοῦντες.

ζωοτοκέω. de gigant. 2. I, 263 εἰ καὶ τὰ ἄλλα πάντα ζώων ἄγονα ἦν μόνος ἀὴρ ὤφελε ζωοτοκῆσαι.

ζωοτόκος. quis rer. div. haer. 43. I, 502 ᾠοτόκα ζωοτόκα.

ζωοτροφέω. de somn. I, 22. I, 641 εἰκός γε ἀέρα γῆς μᾶλλον καὶ ὕδατος ζωοτροφεῖν.

ζωοφόρος. de septen. b. Tisch. p. 45, 5 ἐν ἐλάττονι προϑεσμίᾳ σελήνη τὸν ζωοφόρον περιπολεῖ. — ibid. p. 56, 19 τοῦ ζωοφόρου κύκλου παράδειγμα.

*ζωοφυτεύω. de septen. bei Tisch. p. 54, 6 γῆς φλεψὶ μαλακαῖς διέζωσται καὶ σφόδρα βαϑείαις αἳ διὰ πιότητα ζωοφυτεύειν εἰσὶν ἀγαϑαί.

ζωοφυτέω. de creat. princ. 12. II, 732 πνεῦμα ζωοφυτοῦν.

ζωπυρέω. Bei Steph. aus Philo 407 A = I, 455. — Dazu: de opif. m. 12. I, 9 ἐκ τῆς εὐκρασίας τῶν πνευμάτων ἃ ψυχραῖς ἅμα καὶ μαλακωτέραις αὔραις ζωπυρεῖται. — de sacrif. Ab. et Cain. 11. I, 172 φησὶ τῷ πρώτῳ μνήμην μὲν ἀνῃρηκότι, λήϑην δὲ ζωπυροῦντι. — ibid. 37. I, 187 τοῦτο ὥσπερ ἐμπύρευμα πάσαις ἐπιμελείαις ζω-

πυρητέον. — quod det. pot. insid. 21. I, 205 τέϑνηκε τὰ καλὰ ζωπυρηϑέντων κακῶν. — ibid. 25. I, 209 ὅταν ἐν ἡμῖν ζωπυρῆται Φαραὼ καὶ ὑγιαίνειν δοκῇ. — ibid. 48. I, 215 (τὰ φαῦλα) ἀεὶ ζωπυρούμενα τὴν ἀϑάνατον ἐγκατασκήπτει νόσον τοῖς ἅπαξ πρὸς αὐτῶν ἁλοῦσιν. — de migr. Abr. 3. I, 438 (μνήμαις) δι᾽ ὧν τὰ καλὰ ζωπυρεῖσϑαι πέφυκε. — quis rer. div. haer. 12. I, 481 ὁ ἔναιμος ὄγκος ... συνέστηκε καὶ ζωπυρεῖται προνοίᾳ ϑεοῦ. — ibid. 61. I, 517 ἵνα ... ὁ νοῦς ... ἀλεαινόμενος ὑπεκκαύμασιν ἀρετῆς ζωπυρῆται. — de mut. nom. 37. I, 610 ἵνα τὸ ϑεῖον ἄκουσμα ... ἐγείρῃ τε αὐτὸν καὶ ζωπυρῇ. — de somn. I, 9. I, 628 αὔραις γὰρ ἀρετῆς οὗτοι ζωπυρηϑήσονται. — de somn. II, 27. I, 683 ἄμοιροι ἀϑανασίας ἢ τέκνων ἢ ἐγγόνων διαδοχαῖς εἰσαεὶ ζωπυρεῖται. — ibid. 28. I, 683 τὴν οὐρανίαν φλόγα ἀναχαίτιζε καὶ ζωπυρεῖν ἐπειγόμενος. — de Abrah. 4. II, 4 τὰς δ᾽ ἀρετὰς αἱ ἀπολειφϑεῖσαι γραφαὶ ζωπυροῦσιν. — ibid. 37. II, 31 τὸ ἀκατάλλακτον ἐν αὐτοῖς ζωπυροῦντες. — de Joseph. 1. II, 42 ἐζωπύρει τὴν τοῦ παιδὸς φύσιν ἐξαιρέτοις καὶ περιτταῖς ἐπιμελείαις. — ibid. 2. II, 42 τὸ δὲ μῖσος ἔτι μᾶλλον ἐζωπυρεῖτο. — ibid. 4. II, 43 ὑπὸ τῶν ὀργὴν ἀμείλικτον ἐπ᾽ αὐτῷ ζωπυρούντων. — ibid. 29. II, 65 τούτῳ (sc. τῷ πάϑει) ὑποτυφομένῳ καὶ ζωπυρουμένῳ. — de vita Mos. I, 43. II, 119 πατρικὴν ἔχϑραν ζωπυροῦσα. — ibid. 57. II, 129 ὅσον ἐν ταῖς ψυχαῖς προϋπῆρχε γενναιότητος ζωπυρήσαντες. — de decal. 9. II, 186 τὴν κεκαινουργημένην φωνὴν ἐπιπνεύσασα ϑεοῦ δύναμις ἤγειρε καὶ ἐζωπύρει. — de vict. offer. 5. II, 254 τὸ σύμβολον τῆς εὐχαριστίας ἡ ἱερὰ φλὸξ ζωπυρείσϑω καὶ ἀεὶ ἄσβεστος ἔστω. — de septen. b. Tisch. p. 51, 8 βουλόμενος ἀνὰ πᾶν ἔτος τῆς σεμνῆς καὶ αὐστηρᾶς διαίτης ἐμπυρεύματα ζωπυρεῖν. — ibid. p. 61, 15 μηδὲν ἐμπύρευμα καρπῶν φϑορᾶς ἐάσας ζωπυρηϑῆναι. — de praem. et poen 2. II, 410 τὰς ἐν τῇ ψυχῇ κακίας ζωπυρήσαντες ἐνέπρησαν. — de nobilit. 2. II, 439 τοὺς τὰ τῆς ἔχϑρας ὑπεκκαύματα ζωπυρήσαντες. — quod omn. prob. lib. 11. II, 456 (σοφίαν) ἣν δυνατὸν ἦν ἐκφυσήσαντα καϑάπερ ἐν ὕλῃ σπινϑῆρα τυφόμενον ζωπυρῆσαι. — de incorr. m. 17. II, 504 σβεσϑεῖσα (φλὸξ) εἰς ἄνϑρακα τελευτᾷ, ζωπυρουμένη δὲ ἔχει φέγγος. cf. de mundo 15. II, 616.

ζωώδης. de Abrah. 29. II, 22 ζωω-
δέσταται μὲν οὖν καὶ ἀνδραποδωδέστα-
ται τῶν πέντε τρεῖς εἰσιν αἰσθήσεις
γεῦσις ὄσφρησις ἁφή.

H.

ἠθοποιέω. de plantat. 41. I, 355 τῆς
μέθης ἠθοποιούσης καὶ ἄνεσιν καὶ ὠφέ-
λειαν (M. ἀφέλειαν) ἐργαζομένης.

ἡλιακός. de cherub. 19. I, 150 ἡλια-
κῷ φέγγει καταυγασθείς. — deus im-
mut. 17. I, 284 τὰς ἡλιακὰς ἀκτῖνας
ἔτεινε μὲν ἀπ᾽ οὐρανοῦ μέχρι γῆς τερ-
μάτων. — de confus. lingu. 14. I, 414
ἄμεινον ὅταν ἡλιακῶν ἀκτίνων τρόπον
ἀνάσχῃ τὸ ἀρετῶν φέγγος. — de
ebriet. 42. I, 383 τὸν δὲ αὐχένα τῆς
περιστερᾶς ἐν ἡλιακαῖς αὐγαῖς οὐ κατ-
ενοήσας μυρίας χρωμάτων ἀλλάττοντα
ἰδέας; — de mut. nom. 47. I, 619
ταῖς σεληνιακαῖς ἢ ἡλιακαῖς . . . πε-
ριόδοις. — de somn. I, 4. I, 623 φέγ-
γος ἡλιακαῖς ἐπιλαμπόμενον ἀκτῖσιν. —
cf. ibid. I, 15. I, 634. — ibid. 35. I,
651 ἀφ᾽ ἡλιακῶν ἀκτίνων ἄσκιος . . .
αὐγή. — de vict. offer. 4. II, 254 οὔτε
φῶς ἡλιακὸν σκότος (παραδέχεται). —
de septen. bei Tisch. p. 48, 4 τάξει
κατὰ τὸν ἡλιακὸν κύκλον . . . πρῶτός
ἐστι. — de septen. 24. II, 297 ἔκ τε
φλογώσεως ἡλιακῆς. — de spec. legg.
8. II, 344 ἐν ταῖς ἡλιακαῖς ἐκλείψεσιν.
— quod omn. prob. lib. 1. II, 445
ἡλιακῶν ἀκτίνων ἐπικρατούντων.

ἠλιθιότης. de poster. Cain. 48 ὠγύ-
γιός τις ἠλιθιότης. cf. Tisch. p. 137,
10.

ἠλιτόμηνος. quod deus immut. 3. I,
274 ἠλιτόμηνα καὶ ἀμβλωθρίδια. —
ebenso de migr. Abr. 7. I, 411.

ἡμερήσιος. de vict. 3. II, 239 τὴν
τῆς ἑβδόμης θυσίαν ἐξομοιῶσαι τῇ ἐν-
δελεχείᾳ τῶν ἡμερησίων ἀμνῶν δια-
νοήθη.

ἡμερίς. de mut. nom. 30. I, 603 τὴν
ἡμερίδα ἄμπελον ἴδε ὡς ὑπὸ φύσεως
τεθαυματούργηται — cf. Wytt. l. c.
ad p. 15 E, wo auch diese St. ange-
führt ist.

ἡμίβρωτος. de vita contempl. 6. II,
479 τὰς δὲ (ἐπιδειπνίδας) λωβήσαντες
καὶ σπαράξαντες ἡμιβρώτους ἐῶσιν.

ἡμίεργος. Bei Steph. aus Philo I, 322.
— Dazu: de somn. I, 18 I, 637 ἡμί-
εργος δύναμις.

ἡμίφλεκτος. in Flacc. 9. II, 527 τὰ
σώματα ἡμίφλεκτα ἀναμὶξ ἔκειτο.

ἠπειρόω. Bei Steph. 2 St. aus Philo
mit unbest. Angabe. — Dazu: de somn.
I, 3. I, 622 ὡς τὰ μὲν νησιάζειν τὰ
δὲ ἠπειροῦσθαι.

Θ.

θαλαμεύω. de agricult. 35. I, 323
θαλαμεύεσθαι. — ap. Euseb. pr. ev.
8, 14. II, 645 οὐ μόνον τειχῶν ἐντὸς
ἀλλὰ καὶ κλεισιάδων θαλαμευομένοις.

θαλαττεύω. Bei Steph. aus Philo:
p. 307 D = I, 287 u. II, 257. —
Dazu: de poster. Cain. 7. I, 230 ναῦς
θαλαττεύουσα. cf. quod deus immut.
36. I, 381. — de post. Cain. 30. I,
244 θαλαττεῦον σκάφος. — de agri-
cult. 40. I, 327 τούτους οὐκ ἄν τις
θαλαττεύοντας ἔτι αἰτιάσαιτο. — de
vict. offer. 8. II, 257 ἄνευ καὶ κάτω
θαλαττεύειν. — quod omn. prob. lib.
10. II, 456 τίς ἢ μακρᾶς ὁδοιπορίας
ἢ τοῦ θαλαττεύειν ἐστὶ χρεία πρὸς
ἔρευναν . . . ἀρετῆς: — in Flacc. 5.
II, 521 ἔξω . . . μὴ μακρὰν ἀφιστα-
μένους θαλαττεύειν. — ibid. 13. II,
533 κελεύει τῷ κυβερνήτῃ μέχρις ἡλίου
καταδύσεως ἔξω θαλαττεύειν.

θαλία. congr. erud. grat. 28. I, 542
ἑορταὶ καὶ θαλίαι.

θαμινά. de merced. meretr. 4. II, 267
εἶδον ἡδονὴν . . . λιπαρῶς θαμινά σοι
προσομιλοῦσαν.

θανάσιμος. de plantat. 36. I, 351
θανάσιμον φάρμακον. cf. Lobeck ad
Phryn. p. 652.

θανατώδης. de opif. m. 56. I, 39.
σιτίων δὲ ἀμετρία θανατῶδες φύσει
καὶ ἰοβόλον. — de Abrah. 8. II, 8 θα-
νατώδη νόσον νοσήσαντα.

θαυματοποιός. de plantat. 1. I, 330
wird Gott schlechthin ὁ θαυματοποιός
genannt. — de Abrah. 16. II, 12 νοῦς
ἀοράτως καθάπερ θαυματοποιὸς ἔνδο-
θεν ὑπήχει ταῖς ἑαυτοῦ δυνάμεσιν. —
vgl. hierzu Ruhnk. l. c. p. 118ᵇ und
einige vou Wytt. l. c. VIII, 1 p. 764
augef. St.

θαυματουργέω. de mut. nom. 30. I,
603 s. unter ἡμερίς. — de somn. II,
17. I, 674 τὰ δὲ περίγεια . . . θαυ-
ματουργήσας ἀνέβαινε . . . — de Abrah.
23. II, 18 τίνος γὰρ ἕνεκα ταῦτα ἐθαυ-
ματουργεῖτο.

θεήλατος. Bei Steph. aus Philo 2 St.
ohne best. Angabe. — Wytt. l. c. VIII,
1 p. 766 citirt Philo ap. Euseb. pr.
ev. 8, 394 A. 396 A. — Dazu: de mut.
nom. 18. I, 595 ἵνα μηδὲν ἔτι κακὸν

θεήλατον τίκτη (τὸ πάθος). — de somn.
II, 18. I, 675 κακά χειροποίητα καὶ θεήλατα.

θειάζω quis rer. div. haer. 9. I, 479 θειάζει τε καὶ θεοφορεῖται. — de mut. nom. 22. I, 597 τελειοτέρας ψυχῆς καὶ ὡς ἀληθῶς θειαζούσης ἦν ἐπάγγελμα.

θειόω. de ebriet. 28. I, 374 οἱ τὰ θνητὰ θειώσαντες.

θεομισής. de somn. I, 36. I, 653 μεγαλαυχίαν τὸ κακὸν θεομισέστατον.

θεομίσητος. de decal. 24. II, 202 στυγητὸν καὶ θεομίσητον πρᾶγμα.

θεοπλαστέω. Bei Steph. aus Philo 682 = II, 164. — Dazu: de poster. Cain. 48. I, 257. — de ebriet. 24. I, 371 θεοπλαστεῖν μὲν τὸ σῶμα, θεοπλαστεῖν δὲ τὸν ... Τῦφον. — ibid. 28. I, 374 θεοπλαστεῖν ἀρξάμενος ἀγαλμάτων ... ὕλαις ... κατέπλησε τὴν οἰκουμένην. — de migr. Abr. 32. I, 464 εἱμαρμένην δὲ καὶ ἀνάγκην θεοπλαστήσαντες ἀσεβείας πολλῆς κατέπλησαν τὸν ἀνθρώπινον βίον. — quis rer. div. haer. 35. I, 496 δεύτερος (θεσμὸς) περὶ τοῦ μὴ θεοπλαστεῖν τὰ μὴ αἴτια. — de Joseph. 42. II, 77 γενητὰ καὶ θνητὰ θεοπλαστεῖν. — de monarch. 1, 2. II, 214 οὐδ' ἐξ ἑτέρας ὕλης χειρόκμητον οὐδὲν τοπαράπαν θεοπλαστήσετε. — de vict. offer. 16. II, 264 οἱ μὲν ἐκεῖνον (sc. νοῦν) οἱ δὲ ταύτας (sc. αἰσθήσεις) θεοπλαστοῦσιν. — de praem. et poen. 4. II, 412 ὁ τὰ ἄψυχα θεοπλαστῶν. — quod omn. prob. lib. 10. II, 455 θεοπλαστοῦσα δὲ ἡ κενὴ δόξα τὸν τύφον ... — legat. ad Caj. 16. II, 562 ἀνθρώπου γενετὴν καὶ φθαρτὴν φύσιν εἰς ἀγένητον καὶ ἄφθαρτον ὅσα τῷ δοκεῖν θεοπλαστῆσαι. — ibid. 20. II, 566 οἱ κύνας καὶ λύκους ... θεοπλαστοῦντες. — de profug. 2. I, 547 οἱ τὴν ἄποιον καὶ ἀνείδεον καὶ ἀσχημάτιστον οὐσίαν θεοπλαστοῦντες. — ibid. 17. I, 559 τοὺς θεοπλαστήσαντας τὸν χρυσοῦν μόσχον ... κατέκτεινον.

θεόπτης. de mut. nom. 2. I, 579 Μωϋσῆς ὁ τῆς ἀειδοῦς φύσεως θεατὴς καὶ θεόπτης.

θεοφόρητος. quod deus immut. 29. I, 293 διηρεθισμένος τοῖς τῆς θεοφορήτου μανίας ἀκατασχέτοις οἴστροις. — de mut. nom. 37. I, 609 σοφιστείᾳ μαντικῇ τὴν θεοφόρητον προφητείαν προεχάραξε. — de somn. I, 43. I, 658 κατεχόμενον ἐκ μανίας θεοφορήτου. — de somn. II, 1. I, 659 τῆς ἡμετέρας διανοίας ... θεοφορήτου μανίας ἀναπιμπλαμένης.

θεοφράδμων. Bei Steph. aus Philo I, 516. II, 176. — Dazu: de mut. nom. 15. I, 593.

θεραπαινίς. de opif. m. 59. I, 40 τὰ δῶρα θεραπαινίδων τρόπον προσφέρουσιν. — de poster. Cain. 38. I, 250 Ἀγάρ, θεραπαινὶς Σάρρας — congr. erud. grat. 3. I, 520. — ibid. 5. I. 522. — ibid. 6. I, 523. — ibid. 14. I, 529. — ibid. 27. I, 541. — de profug. 14. I, 557. — ibid. 37. I, 576.

θεραπευτρίς. Steph. hat s. v. θεραπευτής die St. de poster. Cain. 54. I, 261 διάνοιαν λειτουργὸν καὶ θεραπευτρίδα οὖσαν. — Dazu füge: de somn. I, 40. I, 655 ταῖς ... ἀσωμάτοις καὶ θεραπευτρίσιν αὐτοῦ (sc. θεοῦ) ψυχαῖς. — de somn. II, 41. I, 695 τὸν τῆς ψυχῆς θεραπευτρίδος ἄνδρα καὶ πατέρα (sc. θεόν). — Ueber die St. de vita contempl. 1. II, 471 vgl. Lobeck ad Phryn. p. 257 u. Steph. s. v. θεραπευτής.

θερμολουσία. de merc. meretr. 2. II, 266 θερμολουσίαις ἐπαλλήλοις χρωμένη. — legat. ad Caj. 2. II, 548 θερμολουσίαι ἄκαιροι. vgl. zur Sache Wytt. l. c. ad p. 127 E.

θεσμοφύλαξ. Steph. citirt aus Philo I, 371. — Indessen steht die angef. Stelle de sacrif. Ab. et Cain. 12. I, 171.

θεσπιωδός. de mut. nom. 22. I, 597 ὑπὸ τοῦ θεσπιῳδοῦ νομοθέτου. — M. will freilich θεοῦ lesen.

θετός. de agricult. 1. I, 301 θετοὺς παῖδας. — congr. erud. grat. 5. I, 522 οἱ θετοὶ παῖδες. — de mut. nom. 26. I, 600 τέκνον ... οὐχ ὀθνεῖον οὐδ' ὑποβολιμαῖον, οὐδ' αὖ θετὸν ἢ νόθον, ἀλλὰ γνήσιον καὶ ἀστόν.

θηλυδρίης. de cherub. 24. I, 153 καθάπερ οἱ θηλυδρίαι κεκλασμένοι καὶ παρειμένοι ... — de poster. Cain. 48. I, 257 τοὺς ἄνδρας ... μηδέποτε γινομένους ἀεὶ θηλυδρίας ὄντας ... — de gigant. 1. I, 262 ἄνανδροι καὶ κατεαγότες καὶ θηλυδρίαι τὰ φρονήματα ... — de merced. meretr. 4. II, 268. Die Form θηλυδρίας, die sonst üblich ist, vgl. Steph. s. v.

θηλυκός. quod deus immut. 30. I, 294 ἀνοίκειον γάρ ἐστι θηλυκῷ ὀνόματι τῇ σαρκὶ ἀρρενικὴν ἐπιφέρεσθαι πτῶσιν τὴν αὐτοῦ.

θηλυμανέω. de Abrah. 26. II, 20 θηλυμανοῦντες ἀλλοτρίους γάμους διέφθειρον.

θηλύμορφος. de vict. offer. 13. II

261 τὸν ἄρρενα τύπον μεταχαράττοντας εἰς θηλύμορφον ἰδέαν.

θηλύνω. de cherub. 14. I, 148 τὰς ἀνάνδρους ἐπιθυμίας αἷς ἐθηλύνετο ἐκποδὼν ἀνελών. — quod deus immut. 1. I, 273 πάθεσι τοῖς κατεαγόσι καὶ τεθηλυμμένοις.

θηριάλωτος. de Joseph. 7. II, 47. — de concupisc. 10. II, 356 s. u. θνησιμαῖος.

θηρίκλειον. de vita contempl. 6. II, 478 ἕτερα πολυειδῆ τεχνικώτατα θηρίκλεια.

θησαυροφυλακέω. Steph. hat aus Philo I, 338. — Dazu: de monarch. I, 2. II, 215 τὸ δὲ ποριστὲν (χρυσίον) ὡς ἄγαλμα θεῖον ἐν ἀδύτοις θησαυροφυλακοῦσιν. — de septen. 10. II, 287 ἅμα τοῖς χρήμασι καὶ τὰς ἀνελευθέρους κακίας ... θησαυροφυλακοῦντες. — quod omn. prob. lib. 12. II, 457 οὐκ ἄργυρον καὶ χρυσὸν θησαυροφυλακοῦντες. — de judice 5. II, 347 μήτ᾽ οὖν ὁ πλούσιος ἄργυρον καὶ χρυσὸν ... θησαυροφυλακείτω. — de carit. 18. II, 399 τὰ δ᾽ οἰκεῖα ἀγαθὰ μὴ θησαυροφυλακοῦντες. — de migr. Abr. 29. I, 461 ἃ πάντα ἐν τῷ πατρικῷ οἴκῳ θησαυροφυλακεῖται. — ibid. 37. I, 468 ὕλας καὶ τροφὰς ἀφθόνους θησαυροφυλακεῖ ταῖς πέντε αἰσθήσεσιν.

θιασώτης. de plantat. 9. I, 335 ὁ τοῦ Μωσέως θιασώτης. — de confus. lingu. 18. I, 417 τοὺς θιασώτας πάντας παρακαλεῖ.

θίξις. ap. Joh. Dam. p. s. p. 748 B. II, 654 ἄβατος ... ὁ θεῖος χῶρος ... ὡς θίξει μόνον (διάνοιαν) ἐπιψαῦσαι.

θνησιμαῖος. de concupisc. 10. II, 356 ἀπειρηκὼς θνησιμαίων καὶ θηριαλώτων ἀπόλαυσιν.

θυμηδία. legat. ad Caj. 3. II, 548 πάλιν ... ἐπὶ τὰς αὐτὰς ἐπετρέποντο θυμηδίας.

θυμήρης. de Abrah. 42. II, 36 τελευτᾷ ἡ γυνὴ θυμηρεστάτη.

θυρωρέω. ap. Joh. Dam. s. p. P. 613 D. II, 651 καὶ νύκτωρ καὶ μεθ᾽ ἡμέραν θυρωρεῖ τὰς τῶν σοφῶν οἰκίας.

θωρακεῖον. de vita contempl. 3. II, 476 τὸ μὲν ἐξ ἐδάφους ἐπὶ τρεῖς ἢ τέσσαρας πήχεις εἰς τὸ ἄνω συνῳκοδόμηται θωρακείου τρόπον.

I.

ἰδιάζω. Bei Steph. aus Philo I, 197. — Dazu: leg. alleg. III, 14 I, 95 ὅταν ἀδολεσχῇ καὶ ἰδιάζῃ θεῷ. — de vita Mos. I, 53. II, 127 τί γὰρ ... ἰδιά-

ζεις καὶ συμβουλεύεις ... — ibid. III, 19. II, 159 Μωσέως ... πλείους ἡμέρας ἰδιάζοντας τῷ θεῷ. — ibid. ὁμιλίας ἃς ἰδιάζων μόνος μόνῳ διελέγετο. — de vict. offer. 7. II, 256 τῆς ψυχῆς ... δυναμένης ... ἰδιάζειν καὶ ἐνομιλεῖν ἑαυτῇ.

ἰδικός. vgl. die bei Wytt. l. c. VIII, 1 p. 791 angef. Stellen. — quod deus immut. 16. I, 284 ἵνα οὖν ὑπάρχῃ τὸ γένος καὶ ἂν πολλὰ τῶν ἰδικῶν βύζια χωρῇ τὸν ἔλεον ἀνακίρνησιν ...

ἰδιοποιέω. de monarch. I, 6. II, 219 ἐπειδὴ ἕκαστον τῶν ὄντων ἰδιοποιοῦσι, wo M. εἰδοποιοῦσι lesen will.

ἰδιότης. de ebriet. 42. I, 383 αἱ περὶ τὰς τῶν κατὰ σῶμα καὶ ψυχὴν ἀμυθήτων παθῶν ἰδιότητας.

ἰδιότροπος. de somn. I. 16. I, 635 τῷ τῆς ἑρμηνείας ἰδιοτρόπῳ.

ἱεροφαντέω. Bei Steph. aus Philo I, 194 — Dazu: quod omn. prob. lib. 2. I, 447 οἱ δὲ ὥσπερ ἐν ταῖς τελεταῖς ἱεροφαντηθέντες. — ibid. 11. II, 456 οἳ (sc. Μάγοι) ... καθ᾽ ἡσυχίαν τὰς θείας ἀρετὰς τρανωτέραις ἐμφάσεσιν ἱεροφαντοῦνταί τε καὶ ἱεροφαντοῦσιν.

ἕκτερος. de excerat. 5. II, 432.

ἱμονιά. de vita Mos. I, 10. II, 89 τῶν ἱμονιῶν ἐκδησάμεναι τοὺς καδίσκους.

ἱππόστασις. de spec. legg. 8. II, 309 ἐν τοῖς ἱπποφορβίοις καὶ ταῖς ἱπποστάσεσιν ὄνους ὑπερμεγέθεις ... ἀνατρέφουσιν.

ἰσάζω. de plantat. 19. I, 341 τὰ ἐπαγγέλματα τῆς τέχνης ἰσάζει τοῖς ἔργοις τοῦ τεχνίτου. — quis rer. div. haer. 34. I, 496 αἱ πρεσβύταται τοῦ ὄντος δυνάμεις ἰσάζουσιν.

ἰσῆλιξ. Bei Steph. aus Philo I, 6. — Dazu: leg. alleg. II. 18. I, 79 δυνάμεις δέ εἰσιν αὐτῶν καὶ ἡλικίαι διάφοροι νοούμεναι μόνον, χρόνῳ δὲ ἰσήλικες. — de mundo 19. II, 620 ἀναγκαῖον ἀνθρώπους (?) συνυπάρξαι τὰς τέχνας ὡς ἂν ἰσήλικας. — ibid. 22. II, 623 λεκτέον τὰς τέχνας ἰσήλικας ἀνθρώπων γένει.

ἰσημερινός. de opif. m. 38. I, 27. — quis rer. div. haer. 29. I, 493 τοὺς παραλλήλους κύκλους τούς τε ἰσημερινούς, ἐαρινὸν καὶ μετοπωρινὸν ...

ἰσοδυναμέω. de plantat. 37. I, 352 τὸ πρὸς πλοῦν ἰσοδυναμοῦν ἱστίοις. — de migr. Abr. 21. I, 455 beim Vergleich zweier Citate τοῦτο ... ἰσοδυναμεῖ τῷ ... — ibid. 37. I, 468 ἰσοδυναμοῦν ἐστι πρᾶγμα αἰσθήσει. — de septen. 15. II, 291. — de spec. legg.

12. II, 311 οἱ ὁμολογίαι γάμοις ἰσοδυ
ναμοῦσιν.
ἰσοκρατής. Steph. hat aus Philo de
mundo II, 618. — Die Stelle ist entlehnt aus de incorr. m. 23. II, 510.
ἰσολύμπιος. Bei Steph. aus Philo II,
567. — Dazu: de decal. 2. II, 181
τιμὰς ἰσολυμπίους ἀπένειμαν.
ἰσομοιρέω. de septen. b. Tisch. p. 41,
4 παρθένοι ... ἰσομοιρείτωσαν τοῖς ἄρ
ρεσιν. — ibid. p. 42, 19 παίδων ὁ
πρεσβύτατος οὐκ ἰσομοιρεῖ τοῖς μετ᾽
αὐτόν.
ἰσοστάσιος. Bei Steph. aus Philo I,
462. — Dazu: de confus. lingu. 4. I,
406 ἔθνος ἓν πολλάκις ... τοσοῦτον
ἐπιβῆναι κακίας ὥστε τοῖς ἀνθρώπων
ἁπάντων ἁμαρτήμασιν ἰσοστάσια δύνα
σθαι πλημμελεῖν.
ἰσχυρογνώμων. de praem. et poen.
5. II, 413 μόνῳ ἐπερείσασθαι ... θεῷ
μετ᾽ ἰσχυρογνώμονος λογισμοῦ. — quod
omn. prob. lib. 5. II, 449 τὴν ψυχὴν εὖ
μάλα κραταιωθεὶς ἰσχυρογνώμονι λογι
σμῷ. — legat. ad Caj. 29. II, 574 πε
παίδευται φέρειν τὰ δεινὰ λογισμοῖς
ἰσχυρογνώμοσιν οὐ προκαταπίπτουσα
(sc. γενεά).
ἰχνευτικός. de Abrah. 45. II, 38 ὅπερ
ὄψις ἑτέροις τοῦτο μυκτῆρες κυσὶ κυ
νηγετικοῖς καὶ θηρευτικοῖς καὶ ἰχνευτι
κοῖς.
ἰχνηλατέω. Bei Steph. aus Philo p. 893
= II, 475 u. 1 St. unbest. Angabe,
sie steht: de incorr. m. 20. II, 508.
cf. de mundo 16. II, 617. — Dazu:
de opif. m. 18. I, 12 οὐκ ἄτοπον ἴσως
καὶ λόγῳ τὸ ἀληθὲς ἰχνηλατῆσαι. —
de confus. lingu. 28. I, 426 ὅπερ ἀπο
κεκρυμμένον ἰχνηλατεῖται. — de somn.
I, 9. I, 628 τῆς ἄλλης ἀρετῆς ἡδεῖαν
αὖραν ὁ παιδείας ἐραστὴς ἰχνηλατεῖ.
— de praem. et poen. 6. II, 414 τὴν
ἀξιέραστον ἀλήθειαν ἰχνηλατῆσαι. —
de Joseph. 19. II, 56 μηδενὸς στοχα
σμοῖς εἰκόσι τὸ ἀληθὲς ἰχνηλατῆσαι
δυνάμενον. — de somn. II, 39. I, 693
οὕτω τὸ εἰκάσται ποταμῷ λόγον ἐπαί
νετὸν ἰχνηλατοῦντες εὑρήκαμεν. — quod
omn. prob. lib. 10. II, 455 ἡμᾶς ...
ἰχνηλατεῖν ἔδει τὰς τούτων καταδύσεις.
ibid. 17. II, 463 Λακωνικοῦ παιδὸς
ᾄδεται παρ᾽ οἷς ἰχνηλατεῖν ἔθος τὰς
ἀρετάς. — de incorr. m. 26. II, 514
φυσιολογίας ἀντίπαλον φιλονεικία τρι
πόθητον ἡγουμένη ἀλήθειαν ἰχνηλα
τεῖν. — ap. Euseb. pr. ev. 8, 14. II,
644 τὰς ἑκάστων φύσεις τε καὶ δυνά
μεις ἰχνηλατεῖν ἀδυνατοῦντες·

K.

καθηδυπαθέω. cf. Abresch. l. c. p.
278. — de concupisc. 11. II, 357 μέμ
φεται ... τὸ καθηδυπαθεῖν. — de vita
Mos. I, 28. II, 106 ἐπειδὰν γοῦν ἡγε
μὼν ἄρξηται καθηδυπαθεῖν καὶ πρὸς
τὸν ἀβροδίαιτον ἀποκλίνειν βίον ...
καθικετεύω. de carit. 2. II, 384 κα
θικετεύει τὸν ἀοράτου ψυχῆς ἔφορον
θεὸν μόνον. de Joseph. 3. II, 43 τὸν
μὲν καθιμῶσιν εἰς βαθεῖς βόθρους.
καθοσιόω. de parent. col. 8 ist für
τὰ καθόσιμα zu lesen τὰ καθωσιωμένα
παρακόπτειν. S. Steph. s. v. καθόσι
μος u. Tisch. p. 78, 18. — de praem.
et poen. 13. II, 420 μηδὲ νεωτερίζειν
εἰς τὰ ἄγια καὶ καθωσιωμένα. — legat. ad Caj. 31. II, 577 περὶ τοῦ μη
δὲν κινεῖν τῶν ἐξ ἀρχῆς καθωσιωμέ
νων. — ibid. 32. II, 581 σου χαζομέ
νους ... τῆς πρὸς τοὺς καθωσιωμένους
νόμους ἀποδοχῆς. — ibid. 43. II, 596
τὸν βραχὺν περίβολον ... καθιερω
θέντα καὶ καθωσιωθέντα. — de concupisc. 3. II, 351 ἐπιμένων ἄχρις ἂν
αἱ ἀπαρχαὶ καθοσιωθῶσιν. — ibid. 11.
II, 357 τῷ καθωσιωμένῳ καὶ ἱερῷ πυρί.
— fragm. II, 679.
καθυποκρίνομαι. Steph. hat aus
Philo II, 520. — Dazu: de Joseph. 28.
II, 65 βλέμμασι καὶ φωνῇ καὶ τοῖς
ἄλλοις καθυποκρινόμενος τὸν δυσχεραί
νοντα. — de fortitud. 7. II, 382 πε
πλασμένον ἤδος σωφροσύνης ... καθυ
ποκρινόμενοι. — de spec. legg. 7. II,
341 ἀπιστίᾳ καθυποκρινάμενος νόθην
πίστιν. — in Flacc. 5. II, 521 ἐν τῷ
φανερῷ τὸν ἑταῖρον καὶ φίλον καθυπε
κρίνετο. — ibid. 9. II, 527 οἱ ταῦτα
δρῶντες ὥσπερ ἐν τοῖς θεατρικοῖς μί
μοις καθυπεκρίνοντο τοὺς πάσχοντας.
— de nobilit. 2. II, 439 τί δὴ μελε
τήσαντες ἀλλοτρίωσιν τὴν δι᾽ ἔργων τὴν
ἐν λόγῳ συγγένειαν. ... καθυποκρίνε
σθε. — de Joseph. 10. II, 49 καθυ
ποκρινομένη τὴν σώφρονα καὶ κόσμιον.
— de profug. 28. I, 570 εἰ καὶ νοσῶν
τὸν ὑγιαίνοντα καθυποκρίνοιτο. — de
mut. nom. 31. I, 604 καθυποκρινομέ
νους τὸ δοκεῖν. — vgl. auch Abresch.
l. c. p. 290.
καθυποσκελίζω. de Joseph. 21. II,
58 διαναστάντες ὀρθοῦνται παγίως καὶ
βεβαίως ὡς μὴ καθυποσκελισθῆναι.
καίνισις. de Joseph. 5. II, 45 πρὸς
ἀνίας ὑπόμνησιν καὶ ὧν ὑπέμεινε καί
νισιν.

καινοτομέω. de incorr. m. 4. II, 490 ἔνια τῶν ἀναγκαιοτάτων εἰς ἕκαστον φιλοσοφίας μέρος καινοτομήσας προςεξεύρετο.

καινουργέω. Bei Steph. aus Philo 2 St. ohne best. Angabe. — Dazu: de migr. Abr. 9. I, 443 καὶ τοῦτ᾽ ἰδίως καὶ ξένως κεκαινούργηκεν. — de somn. II, 4. I, 662 ὅπερ ὡς ὅτε ἐκαινούργησαν ἐξεῦρον περιτομῆς περιτομήν. — ibid. 17. I, 675 καινουργῶν τὴν φύσιν. — ibid. 43. I, 696 σύγχυσις, οἰκεῖον ὄνομα τῷ καινουργηθέντι τολμήματι. — de Abrah. 34. II, 27 ἐγχειρητὴν κεκαινουργημένης πράξεως. — de septen. 10. II, 287 κεκαινουργημέναις βασάνοις. — de carit. 18. II, 398 δι᾽ ὑπερβολὴν τοῦ καινουργηθέντος πάθους. — de execrat. 3. II, 430 τῶν τετραγωδημένων ... βαρύτατον πέφυκε καινουργεῖν. — legat. ad Caj. 31. II, 578 μὴ πυθόμενοι τὴν καινουργουμένην ἀνάθεσιν. — ibid. 38. II, 590 τοῦ καινουργηθέντος τολμήματος. — ibid. 43. II, 597 καινουργῶν καὶ μεγαλουργῶν ἃ μήτε δρᾶν μήτε λογίζεσθαι θέμις. — quod omn. prob. lib. 16. II, 462 στρεβλούμενοι κεκαινουργημέναις αἰκίαις. — in Flacc. 9. II, 526 διὰ μέγεθος κεκαινουργημένης ὠμότητος.

καινουργία. de Abrah. 27. II, 21 καινουργίαις ἐκτόποις καὶ παρηλλαγμέναις τιμωρίαις ἐπετιμωρήσατο.

καιροφυλακέω. de mut. nom. 34. I, 606 τὸ ἀντίπαλον θνητὸν ἄχθος ἐστὶν ὅτε ἀντέρρεψε καὶ ἐφεδρεύσαν ἐκαιροφυλάκησε τὰς ἀκαιρίας τοῦ λογισμοῦ ὡς ἀντιβιάσασθαι. — de Joseph. 43. II, 78 οὐ γὰρ ὑπερθέσει ἀμύνης ἐκαιροφυλάκουν. — de Abrah. 40. II, 34 καιροφυλακήσας νυκτὸς ἐπιπίπτει τοῖς πολεμίοις. — ibid. 41. II, 35 πρὸς τὰς πέντε τῶν τεττάρων περὶ κράτους ἀρχῆς ἀμιλλωμένων ἐξαπιναίως καιροφυλακήσας ἐπιτίθεται. — de praem. et poen. 15. II, 422 οἱ δὲ τολμηταὶ καὶ θρασύτεροι προεπιχειροῦσι καιροφυλακοῦντες. — vgl. auch Lobeck ad Phryn. p. 575, wo einige St. aus Philo angeführt sind.

κακίζω. Bei Steph. 1 St. aus Philo ohne best. Angabe. — Dazu: de migr. Abr. 7. I, 441 τὴν μὲν (διάνοιαν) κακίσας τῆς οἰήσεως.

κακοδαιμονίζω. Bei Steph. aus Philo I, 219. — Dazu: fragm. ex Anton. II, 671 εὐδαιμονιστέον μὲν καὶ πόλιν καὶ χώραν καὶ οἰκίαν ὅταν ἔχῃ τινὰ σπουδαῖον· κακοδαιμονιστέον δὲ ὅταν ἔρημος ᾖ τοιούτου.

κακομήχανος. de merced. meretr. 4. II, 268.

κακονοέω. de migr. Abr. 20. I, 454 ἐλευθεροστομεῖν ἄνευ τοῦ κακονοεῖν.

κακοπολιτεία. Steph. hat aus Philo I, 41. — Dazu: de agricult. 11. I, 307 ὡς μὴ τῆς φαυλοτάτης τῶν κακοπολιτειῶν (so cod. Med. pro κακοπολιτῶν) ὀχλοκρατίας. — de mut. nom. 27. I, 601 κακοπολιτεῖται neben ἀνομία.

κακοπραγέω. de carit. 16. II, 395 τοὺς ... γενομένους ἐξ ἐλευθέρων δούλους οὐκ εἰςάπαν κακοπραγεῖν ἐᾷ.

κακοπραγία. de opif. m. 53. I, 36 ἔχρῆν καὶ τὸν πρῶτον ἄνθρωπον ἀπολαῦσαί τινος κακοπραγίας. — de vita Mos. III, 19. II, 159 μηθ᾽ ὑπεριδεῖν (ὑπομένων) τοῦ πλήθους ἐμπιπλαμένου τῶν ἐξ ἀναρχίας κακοπραγιῶν. — de decal. 10. II, 187 καὶ τῶν εὖ πραττόντων καὶ τῶν ἐν κακοπραγίαις. — in Flacc. 18. II, 538 εἶτά τις εὐφορία γίνεται κακοπραγιῶν αὐτῷ. — ibid. 20. II, 541 ταῖς ἐναύλοις μνήμαις τῶν κακοπραγιῶν διακναιόμενος. — ibid. 21. II, 544 μαντικώτατον γὰρ ἡ ἑκάστου ψυχὴ καὶ μάλιστα τῶν ἐν κακοπραγίαις. — legat. ad Caj. 18. II, 563 κατὰ μαντείαν τῶν ἐξαπιναίων κακοπραγιῶν. — ibid. 20. II, 565 ὑπὲρ τοῦ πάντα τρόπον ἐμφορεῖσθαι τῶν ἐπὶ τῷ ἔθνει κακοπραγιῶν. — ibid. 29. II, 573 ἐθάδες γεγόναμεν ἤδη κακοπραγιῶν.

κακοτεχνέω. de confus. lingu. 5. II, 407 τοὺς ... κακοτεχνοῦντας ἰδίᾳ μὲν διελέγξουσιν. — ibid. 17. II, 416 προςτιθεὶς τὰ ἐκ τοῦ κακοτεχνεῖν τέλεια γυμνάσματα. — vgl. Abresch. l. c. p. 286.

κακωτικός. legat. ad Caj. 11. II, 557 ἕνεκα τοῦ τὰ βλαβερὰ καὶ κακωτικὰ φύσεως ἑκατέρας ἀνελεῖν.

καλλίγραφος. ap. Euseb. pr. ev. 8, 14. II, 637 ὁρῶν ἐν ἀψύχοις περιμάχητα καλλιγράφων ἔργα καὶ πλαστῶν.

καλλιερέω. de agricult. 29. I, 319 τῷ Κάϊν λόγιον ἐξέπεσε μὴ θαρρεῖν ὡς κεκαλλιερηκότι.

καλλιστεύω. de septen. b. Tisch. p. 57, 6 εἰ δὲ τοῦ ἐλάττονος εἰκών ἐστιν ἡ καλλιστεύουσα τῶν ἐν οὐρανῷ σφαῖρα ἡ ζωηφόρος ... — de spec. legg. 3. II, 337 προνομίαν διδοὺς ζώοις ἃ καλλιστεύει ἐν ταῖς ἡμέραις ἀγέλαις. — ibid. 4. II, 338 ἄνθρωπος ... τὸν καλλιστεύοντα κλῆρον ἔλαχεν ἐν ζώοις. — de praem. et poen. 9. II,

416 καλλιστεύει δὲ ὡς ἐν χορῷ παραλαβοῦσα τὴν ἡγεμονίαν ἡ εὐσέβεια καὶ δικαιοσύνη. — de parent. col. 10. b. Tisch. p. 82, 6 ἡδ᾽ ὥσπερ ἐν χορῷ καλλιστεύουσα καὶ κατάρχουσα πασῶν ὁσιοτήτων.

κά λος. de cherub. 11. I, 146 παντὸς καὶ ἀνασεισθέντος κάλου· cf. Steph. s. h. v. und b. Wytt. l. c. VIII, 2 p. 839 die St. Arist. I, 118 κάλου ῥαγέντος·

καμπτήρ. de plantat. 18. I, 341 βαλβῖδι μὲν μονάδα, καμπτῆρι δὲ εἴκασαν μυριάδα. — ibid. 29. I, 347 δεκάδα
... πρῶτον καμπτῆρα τῶν ἀπὸ μονάδος συντιθεμένων ἀριθμῶν ἑστάναι. — de opif. m. 15. I, 10 (δέκας) ὅρος τῆς ἀπειρίας τῶν ἀριθμῶν ἐστι περὶ ὃν ὡς καμπτῆρα εἰλοῦνται καὶ ἀνακάμπτουσι.

καραδοκέω. Bei Steph. aus Philo 1 St. unbest. Angabe, sie steht de vita Mos. I, 4. II, 83. — Dazu: de Joseph. 2. II, 43 ἐλπίζειν καὶ καραδοκεῖν. — de vita Mos. III, 21. II, 162 ὁ δὲ τὰ προσταχθέντα ποιήσας ἐκαραδόκει τὸ ἀποθησόμενον. — in Flacc. 21. II, 543 τοιαῦτα ἀναπολῶν καὶ σφαδάζων ἐκαραδόκει τῆς εἱμαρμένης τὸ πέρας. — legat. ad Caj. 19. II, 564 τούτων τὰς διαδύσεις καραδοκοῦντες ἐπετήρουν. — ap. Euseb. pr. ev. 8, 14. II, 640 ἐκαραδόκει τὸν οἰκεῖον ὄλεθρον. — vgl. übrigens Loesneri observatt. ad N. T. e Philone Alex. p. 256 ff.

κάρταλλος. de somn. II, 41. I, 694.

κάταγμα. de incorr. m. 2. II, 488 ὥσπερ ἐν τοῖς θλάσμασι καὶ τοῖς κατάγμασι δεξάμενος παντελῆ σύγχυσιν.

καταγοητεύω. de poster. Cain. 45. I, 255 ἀνθεῖλκον (αἱ τέρψεις) ἕλκουσαι καὶ περιπλεκόμεναι καὶ λιπαρῶς καταγοητεύουσαι.

καταδαρθάνω. Bei Wytt. l. c. ad p. 75 D sind angeführt zur Form καταδαρθέντα, p. 998 = II, 552 καταδαρθών, p. 989 = II, 541 καταδαρθέντες, p. 1186 = II, 289, besser καταδαρθόντες.

καταθνήσκω. de incorr. m. 11. II, 497 κατθανεῖν in einem Citat; vgl. darüber Wytt. l. c. ad p. 107 B.

καταθρασύνω. de opif. m. 61. I, 41 οἱ δὲ τολμηρότεροι καὶ κατεθρασύναντο φάμεναι ... — de spec. legg. 31. II, 328 χαλεπὸν δ᾽ ἐκεῖνο εἴ τις γυνὴ τοσούτον καταθρασύναιτο ὡς διαδράξασθαι τῶν τοῦ διαφερομένου γεννητικῶν.

καταιγίς. quod deus immut. 13. I, 282

καταιγίδα καὶ κεραυνὸν ... ὅπλα τοῦ αἰτίου φασὶν εἶναι.

κατακεντέω. Bei Steph. für die übertragene Bed. des Worts aus Philo p. 308 = I, 287. — Dazu: de mut. nom. 37. I, 609 ὁ μὲν κατακεντούμενος ὑπὸ φρενοβλαβείας τῆς ἑαυτοῦ.

κατακερματίζω. de ebriet. 48. I, 387 τῶν δὲ πρὸς πλείω κατακερματιζόντων (τὸ ἀγαθόν) ... — de sobriet. 12. I, 401 (τὸ ἀγαθὸν) εἰς πολλὰ καὶ ἀνόμοια κατακερματιζόμενον. — de somn. II, 13. I, 670 οἱ τὸ τῆς ψυχῆς νόμισμα παιδείαν ἐξιστάντες καὶ κατακερματίζοντες οἰκτρῶς ἀναλίσκουσιν. — de Joseph. 40. II, 75 αἱ τροφαὶ παρ᾽ ἐμοὶ μόνῳ ταμιεύονται διανέμοντι καὶ κατακερματίζοντι πρὸς τὰς ἀναγκαίας χρείας ἑκάστοις τῶν δεομένων.

κατακερτομέω. Bei Steph. aus Philo p. 131 F. — p. 1041 = legat. ad Caj. 45. II, 598 u. 1042 = II, 599. — Dazu: mut. nom. 8. I, 587 ἤκουσα χλευάζοντος καὶ κατακερτομοῦντος ἀνδρός. — de nobilit. 3. II, 440 εἰς ἐτόλμησε τὸν αἴτιον τῆς σωτηρίας πατέρα κατακερτομεῖν. — quod omn. prob. lib. 8. II, 453 οἴδ᾽ ὅτι πολλοὶ τοῦ λόγου κατακερτομήσουσιν. — in Flacc. 6. II, 523 τὸν μεμηνότα συλλαβὼν καὶ καθείρξας ἵνα μὴ παρέχῃ τοῖς κατακερτομοῦσιν ἀφορμὴν εἰς ὕβριν τῶν βελτιόνων. — de execrat. 9. II, 436 κατακερτομοῦντες καὶ ἐπιχλευάζοντες. — ibid. 14. II, 534 ἐπὶ τῷ κατακερτομεῖσθαι καὶ ἐνεδρεύεσθαι δοκεῖν ὠδύνωντο. — legat. ad Caj. 18. II, 563 πολλάκις ἐν ὄφεσι τῶν δεσποτῶν κατακερτομοῦντες καὶ ἐπιχλευάζοντες. — de incorr. m. 3. II, 489 ἔλεγέ τε ... καὶ κατακερτομῶν ὅτι πάλαι μὲν ἐδεδίει περὶ τῆς οἰκίας ...

κατάκλησις. de migr. Abr. 10. I, 444 ἡ κατάκλησις τῆς ἀπ᾽ αὐτοῦ (sc. τοῦ θεοῦ) συμμαχίας πρὸς τὸν ἐμφύλιον ... τοῦ βίου πόλεμον.

κατακρημνίζω. de agricult. 15. I, 311 ὑπὸ τῆς ἐν τῷ δρόμῳ ῥύμης κατακρημνισθῆναι.

κατακωχή. de sacrif. Ab. et Cain. 16. I, 174 τὸν τρόπον τῆς πεπάνσεως καὶ βελτιώσεως ἔκ τινος θείας κατακωχῆς γεγεννημένον οὐκ ἐξελάλησαν. — de migr. Abr. 15. I, 448 τὸ γὰρ ἑρμηνεῦον τὰ θεοῦ προφητικόν ἐστι γένος ἐνθέῳ κατακωχῇ τε καὶ μανίᾳ χρώμενον. — Ueber I. 509. 511 vgl. u. κατοχωτικός.

καταλαζονεύομαι. Bei Steph. aus

Philo I, 339. 697. — Dazu: de Joseph. 24. II, 61 εὐδοξεῖς καὶ τετίμησαι; μὴ καταλαζονεύου.

καταλεύομαι. legat. ad Caj. 19. II, 564 πολυτρόπων ἀπήλαυον συμφορῶν ἢ καταλευόμενοι ἢ κεράμῳ τιτρωσκόμενοι . . . — de ebriet. 24. I, 371 διὰ τὸ τοῦ τῆς ἀφροσύνης πόματος ἀκράτου καὶ πολλοῦ σπάσαι καταλεύειν ὁ ἱερὸς λόγος δικαιοῖ.

καταλέω. leg. alleg. I, 31. I, 63 καταλέσας καὶ ἐπιλεάνας μὴ ἰδιώτου ἀλλ᾽ ἀθλητοῦ τρόπον τὴν τροφήν. — de poster. Cain. 47, b. Tisch. p. 135, 17 τὸ σύστημα τῶν σωματικῶν ἀγαθῶν εἰς λεπτὸν καὶ ἀνωφελῆ χοῦν καταλέσαντας ἀναλῦσαι.

καταλοάω. ap. Euseb. pr. ev. 8, 14 II, 645 ἐν ἱπποδρομίαις εἶδόν τινας . . . οἳ . . . ποσὶ καὶ τροχοῖς κατηλοήθησαν.

καταλογάδην. de mut. nom. 39. I, 612 διά τε ᾠδῆς καὶ τῶν καταλογάδην τοῦ ὄντος ἐγκωμίων. — de somn. II, 41. I, 694 τάς δὲ καταλογάδην ῥήσεις ἐπιζητοῦντες. — de Abrah. 4. II, 4 διά τε ποιημάτων καὶ τῶν καταλογάδην συγγραμμάτων.

καταμαξεύω. de confus. lingu. 28. I, 426 τὸ πρόχειρον τοῦτο καὶ κατημαξευμένον.

καταποικίλλω. de somn. I, 39. I, 655 ἐπειδὴ . . . ἡμᾶς ὁ ἱερὸς λόγος . . . τοῖς ἀπορρήτοις φιλοσοφίας ἀληθοῦς κατεποίκιλε λόγοις. — de monarch. II, 5. II, 226 ἐπὶ δὲ τοῦ λογείου διττὰ ὑφάσματα καταποικίλλει. — de praem. et poen. 4. II, 412 γελάσαντες . . . τῦφον ὅς ἐκ ψευσμάτων ἀεὶ συνυφαίνεται καὶ καταποικίλλεται πρὸς ἀπάτην τῶν ὁρώντων.

καταποντιστής. de vict. offer. 12. II, 261 λῃστάς . . . καὶ καταποντιστὰς καὶ γυναικῶν θιάσους βδελυκτῶν.

καταποντόω. Bei Steph. aus Philo p. 1043 D = II, 600. — Dazu: de sobriet. 3. I, 394 ἧς (sc. Αἰγύπτου) τὸ μάχιμον καὶ ἡγεμονεῦον ὅταν ἴδῃ ὁ ὁρῶν καταπεποντωμένον καὶ διεφθαρμένον ὕμνον εἰς θεὸν ᾄδει. — de confus. lingu. 15. I, 415 καταπεποντωμένης ὥσπερ ἐν μεσαιτάτῳ ποταμοῦ βυθῷ τῆς διανοίας αὐτοῦ . . .

καταρρυπαίνω. Bei Steph. aus Philo I, 273. 488. 552. 597. — Dazu: de cherub. 28. I, 156 τὰ δὲ ψυχῆς ἐκνίψασθαι πάθη οἷς καταρρυπαίνεται ὁ βίος. — de mut. nom. 6. I. 585 ἄπειρα μέν ἐστι τὰ καταρρυπαίνοντα τὴν

ψυχὴν ἅπερ ἐκνίψασθαι καὶ ἀπολούσασθαι παντελῶς οὐκ ἔνεστιν.

κατασκελετεύω. Bei Steph. aus Philo I, 198. 583. II, 438. 464. — cf. Wytt. l. c. ad p. 7 D.

καταστερίζω. de profug. 33. I, 573 ὁ ζωδιακὸς ἐν οὐρανῷ κύκλος τοσούτοις κατηστερισμένος φωσφόροις ἄστροις.

καταστηλιτεύω. fragm. II, 678 τῶν δὲ κατεστηλιτευμένων δογμάτων τὰ μὲν ἀστεῖά ἐστιν . . . τὰ δὲ ἐπίληπτα.

καταστηματικός. leg. alleg. III, 54. I, 118 τοῖς λέγουσι καταστηματικὴν εἶναι τὴν ἡδονὴν οὐ συμφέρεται. — cf. Diog. Laert. 2, 87. 10, 136.

*καταστραταρχέω. de praem. et poen. 16. II, 423 mit Anspielung auf Num, 24, 7: ,,ἐξελεύσεται γὰρ ἄνθρωπος . . . καταστραταρχῶν καὶ πολεμῶν.'' — Bei den LXX findet sich l. c. dies Wort nicht.

καταστρατηγέω. Bei Steph. aus Philo p. 764 B = II, 203. — Dazu: de decal. 18. II, 196 πρὸς δὲ τῷ ἀζέῳ καὶ καταστρατηγεῖς τὸν ὅρκον . . .

κατάσχετος. de plantat. 36. I, 351 τὰς ἐξ αὐτοῦ (sc. οἴνου) κατασχέτους γενομένας (ἐκάλεσαν) βάκχας μαινάδας.

*κατατεχνέω. de mut. nom. 36. I, 608 τὰ περικαλύμματα . . . ταῦτα ὅσα λόγῳ κατατεχνοῦντες συνύφαναν ἀπαμφιάσαντες.

καταυγάζω. de cherub. 19. I, 150 ἡλιακῷ φέγγει καταυγασθείς.

καταφρονητικός. quod deus immut. 33. I, 295.

καταφρονητικῶς. quod deus immut. 35. I, 297 καταφρονητικῶς ἔχομεν πάντων ὅσα ἐκτός τε καὶ περὶ σῶμα.

καταφωράω. de agricult. 5. I, 303 ἡνίκα τὸ ἐπὶ τῇ ἀδελφοκτονίᾳ ἄγος ἐργασάμενος καταφωρᾶται. — de Joseph. 3. II, 43 ὑπὲρ τοῦ μὴ καταφωραθῆναι ῥιπτεῖν ἀνελόντες ἐγνώκεσαν εἰς ὄρυγμα γῆς βαθύτατον.

κατειρωνεύομαι. legat. ad Caj. 5. II, 550 κατειρωνευόμενος τὴν φύσιν τῆς ἀληθείας.

κατεξανίσταμαι. Bei Steph. aus Philo p. 247 E = I, 365. — Dazu: de Joseph. 7. II, 47 τῶν μὲν ὀλίγων εὐτόνως κατεξανιστάμενον μετὰ δὲ πειθοῦς τοῖς πολλοῖς ὁμιλοῦντα. — de poenit. 1. II, 405 μυθικῶν πλασμάτων κατεξαναστάντες ἅπερ ἐκ πρώτης ἡλικίας ἁπαλαῖς ἔτι ψυχαῖς γονεῖς . . . ἐνεχάραξαν. — congr. erud. grat. 29.

Ι, 543 τῶν τῆς φύσεως ἀναγκαίων κατεξαναστάντες.

κατεπαγγέλλω. de spec. legg. 18. ΙΙ, 316 τὰ φαυλότατα περιμάττειν καὶ καθαίρειν κατεπαγγελλόμενα.

κατευωχέω. de execrat. 9. ΙΙ. 437 τὰ πένθη κατευωχηθέντες.

κατηφέω. Bei Steph. aus Philo 2 St. unbest. Angabe u. p. 884 = ΙΙ, 465. — Dazu: de agricult. 27. Ι, 319 οἱ δὲ καὶ ἂν δευτερείων ἢ τρίτων ἀξιωθῶσι μὴ κατηφείτωσαν.

κατοικίδιος. de fortitud. 4. ΙΙ, 378 τῷ μὲν γὰρ ὁ κατοικίδιος τῷ δ' ὁ πολιτικὸς προσκεκλήρωται. — ap. Euseb. pr. ev. 8, 7. ΙΙ, 630 μὴ νεοττίαν φησὶ κατοικίδιον ἐρημοῦν.

κατοκνέω. quod omn. prob. lib. 2. ΙΙ, 447 κατοκνοῦσι δὲ οὗτοι νόσον ψυχῆς ἀπαιδευσίαν ἀπώσασθαι.

κατολιγωρέω. de sacerd. honor. 6. ΙΙ, 236 οὐδὲ τῶν ἐν τῇ δευτέρᾳ τάξει κατωλιγώρησεν.

κατοπτρίζομαι. leg. alleg. ΙΙΙ, 33. Ι, 107 μηδὲ κατοπτρισαίμην ἐν ἄλλῳ τινὶ τὴν σὴν ἰδέαν ἢ ἐν σοὶ τῷ θεῷ. — cf. 2 Cor. 3, 18. vgl. auch Wahl, clavis N. T. p. 266 u. Loesner, observatt. p. 304.

κατόρθωμα. leg. alleg. ΙΙΙ, 67. Ι, 124 τῇ μὲν φωνῇ βαρβαρισμός ἐστι, τῷ δὲ σημαινομένῳ κατόρθωμα. — vgl. zu dem Worte: Sallier bei Thomas Mag. p. 515 ff. — Lobeck ad Phryn. p. 251. — Abresch. lectt. Arist. p. 21. — Wytt. l. c. VIII, 2 p. 894.

*κατοχωτικός. quis rer. div. haer. 51. Ι, 509 ἔνθεος κατοχωτική τε μανία. — ibid. 53. Ι, 511 ἡ ἔνθεος ἐπιπίπτει κατοχωτική τε [M. will κατοχή] καὶ μανία. Zur Sache vgl. Plato, Ion 536. Phaedr. 244. — Ausserdem vgl. oben S. 46 Anm. 4.

καχεξία. de plantat. 38. Ι, 353 τὸν πλήρη καὶ ναστὸν ... ὑπ' εὐτονίας ὄγκον εἰς παρὰ φύσιν οἰδοῦσαν καχεξίαν ἀγαγόντες.

καχυπόνους. Bei Steph. aus Philo ΙΙ, 570. — Dazu: de merced. meretr. 4. ΙΙ, 269.

κενοδοξία. de mut. nom. 15. Ι, 593 ἐν αὐταῖς ὠδῖσιν ἀποθνήσκουσαν ἣν τίκτει κενοδοξίαν παρέστησεν. — legat. ad Caj. 16. ΙΙ, 562 τυφλὸν ... ἡ ἐπιθυμία καὶ μάλισθ' ὅταν προσλάβῃ κενοδοξίαν ... — fragm. ΙΙ, 668 φασί τινες ὅτι ὕστατον ἀποδύεται τὸν τῆς κενοδοξίας χιτῶνα ὁ σοφός.

*κενοπονέω. de somn. Ι, 43. Ι, 638 τί οὖν ἔτι ψυχὴ ματαιάζεις καὶ κενοτονεῖς ...

κέρκωψ. de merced. meretr. 4. ΙΙ, 268. — ap. Euseb. pr. ev. 8, 5. ΙΙ, 627 οὕτω καὶ ἐλοιδόρουν γόητα καὶ κέρκωπα λόγων.

κεφαλαιώδης. quod deus immut. 19. Ι, 286 τὰς ἐν τῷ ἡγεμονικῷ τῶν ἀρετῆς δογμάτων κεφαλαιώδεις ἀνατολὰς συναύξοντα ...

κεφαλαλγής. Bei Steph. 1 St. aus Philo unbest. Angabe. — Dazu: de ebriet. 52. Ι, 390 τὰ δὲ περὶ ἐξέτασιν οἴνου θᾶττον ἀναδιδομένου καὶ μὴ κεφαλαλγοῦς ...

κηλιδόω. Bei Steph. aus Philo p. 502 E, p. 70 B u. p. 230 C. An allen 3 Stellen sind aber die angeführten Worte nicht zu finden. — Dagegen steht das Wort: leg. alleg. ΙΙΙ, 58. Ι, 120 τοὺς οὖν ἀσκητὰς ὥσπερ νόμισμα δοκιμάζει ὁ ὀρθὸς λόγος πότερα κεκηλίδωνται ... — quod deus immut. 2. Ι, 274 κεκηλιδωμένη καὶ πεφυρμένη διανοίᾳ.

κηραίνω. Bei Steph. aus Philo ΙΙ, 167. Ι, 105. und ap. Euseb. pr. ev. VIII p. 387 B. — Dazu: quod deus immut. 11. Ι, 280 ἀσθενείας γὰρ ἀνθρωπίνης τὸ κηραίνειν ἴδιον ... — de somn. Ι, 37. Ι, 654 καταφρονήσας ἀνθρωπίνων πραγμάτων ἃ δελεάζοντα κηραίνει καὶ ἀσθενεῖαν ἐργάζεται. — de ebriet. 34. Ι, 378 περὶ μηδὲν μὴ μέγα μὴ μικρὸν ἁπλῶς κηραίνων πάθος. — ibid. 40. Ι, 382 περὶ ταῦτά μοι δοκεῖ Λὼτ ... μάλιστα κηραίνειν. — de confus. lingu. 7. Ι, 408 κηραίνει δὲ καθ' αὑτὸ ἕκαστον ἰδίᾳ.

κιονόκρανον. de somn. ΙΙ, 8. Ι, 666 κιονόκρανα κοσμοῦντες.

κισσύβιον. de somn. ΙΙ, 9. Ι, 667 τὸ γεωργικὸν κισσύβιον οὐχ ἱκανὸν ἦν.

κιχλίζω. de merced. meretr. 2. Ι, 265 (γυνὴ) σεσαρυῖα καὶ κιχλίζουσα. — cf. Clem. Alex. paedag. ΙΙ p. 196.

κληροδοτέω. de plantat. 13. Ι, 337 κληροδοτεῖν μὲν θεὸν ἀναγκαῖον κληρονομεῖν δὲ ἴσως οὐκ εὔλογον. — de sobriet. 5. Ι, 395 ἡ ἂν ἡμέρᾳ κληροδοτῇ τοῖς υἱοῖς τὰ ὑπάρχοντα.

κλινήρης. de spec. legg. 19. ΙΙ, 317 ἐὰν ... νόσῳ χρήσηται καὶ κλινήρης γινόμενος ἐπιμελείας τυχὼν ... ἐξαναστῇ.

κλιντήρ. de somn. ΙΙ, 8. Ι, 666 κλιντῆρες ὀστράκοις πολυτελέσι καὶ ποικίλαις χελώναις ἐνδεδεμέναι.

93

κοινοπραγέω. de Joseph. 37. II, 72
τί γὰρ εἰς μετουσίαν ἄξιον καλεῖν τι-
μωριῶν τοὺς μὴ τῶν ἀδικημάτων κοι-
νοπραγήσαντας; — de septen. b. Tisch.
p. 45, 3 ἵνα ... τὰ οἰκεῖα κοινοπρα-
γῶσι. — de decal. 24. II, 201 δεῖ
πάντως δύο κοινοπραγῆσαι. — de spec.
legg. 7. II, 341 μήτε ἑτέρῳ κοινοπρα-
γῆσαι. — de creat. princ. 6. II, 366
οὐκ ἀπορεῖ βοηθῶν κοινοπραγούντων. —
de carit. 12. II, 392 κελεύει δὴ τοῖς
ἀπὸ τοῦ ἔθνους ἀγαπᾶν τοὺς ἐπήλυδας
... κατά τε σῶμα καὶ ψυχὴν ὡς οἷόν
τε κοινοπραγοῦντας. — de nobilit. 6.
II, 444 φθόνος ... οὐκ εἰσοικίζεται
σοφῶν ψυχαῖς οὐ μὴ παρόντος κοινο-
πραγοῦσι τῶν ἀγαθῶν. — legat. ad
Caj. 4. II, 549 βούλομαι τὸν γένει μὲν
ἀνέψιον εὐνοίᾳ δὲ ἄδελφον ... κοινο-
πραγεῖν τῆς αὐτοκρατοῦς ἐξουσίας. —
ibid. 12. II, 559 μήτε Ἡρακλέους ἢ
Διονύσου τιμαῖς κοινοπράγει. — ibid.
18. II, 563 εἰ δὲ καὶ πλείους συνέ-
θεντο κοινοπραγῆσαι τῶν ἁρπάγων.
κοινοπραγία. de vita Mos. I, 24. II,
102 συνέβη ... διὰ τὴν κοινοπραγίαν
τοῦ πάθους ἁπάντων ἀθρόως ὁμοθυμα-
δὸν ἐκ βοησάντων ἕνα θρῆνον ἀπὸ πε-
ράτων ἐπὶ πέρατα συνηχῆσαι. — de
praem. et poen. 13. II, 420 ἐπ᾽ οἰ-
κίαις ... συνθεμέναις κοινοπραγίαν
ἁμαρτημάτων.
κοινωφελής. Bei Steph. aus Philo II,
47. 52, 136. 138. 362. 364. 371. 404.
I, 389. — Dazu: de vict. offer. 12. II,
260 τοῖς δὲ τὰ κοινωφελῆ δρῶσιν ἔστω
παρρησία.
κομπαστής. de spec. legg. 5. II, 273
ἕτεροι δέ εἰσι κομπασταὶ τῶν ὑπ᾽ ἀλα-
ζονείας φυσωμένων.
κονίαμα. de cherub. 30. I, 157 κονιά-
ματα καὶ γραφαὶ καὶ πινάκια ...
de agricult. 35. I, 323 οἱ δὲ κονιάματα
καὶ λήρους κόσμον ἄψυχον οἰκίαις περ-
ριτιθέντες. — ibid. 37. I, 235 δεῖ
ὥσπερ τὰ κονιάματα στηριχθῆναι.
κορμός. de agricult. 1. I, 301 ὅσα μὴ
εὔσαρκα ἑτέρων εἰς τὸν πρὸς ταῖς ῥί-
ζαις κορμὸν ἐνθέσει ... βελτιοῦν ἐθε-
λήσει.
κοσμοπλαστέω. Bei Steph. als ein-
ziges Beispiel Philo I, 437. — Dazu:
quis rer. div. haer. 34. I, 496 τὴν χα-
ριστικὴν (δύναμιν) καθ᾽ ἣν ἐκοσμοπλά-
στει (ὁ θεός).
κοσμοποιέω. de opif. m. 6. I, 3 οὐ-
δὲν ἂν ἕτερον εἴποι τὸν νοητὸν εἶναι
κόσμον ἢ θεοῦ λόγον ἤδη κοσμοποιοῦν-

τος. — de mundo 13. II, 614 τίνος
ἕνεκα τὸν κόσμον φθείρει ὁ θεός; ἤτοι
γὰρ ὑπὲρ τοῦ μηκέτι κοσμοποιῆσαι ἢ
ὑπὲρ τοῦ ἕτερον κατασκευάσαι.
κράμα. de ebriet. 26. I, 372 τὸ ψυχῆς
καὶ σώματος ὕφασμα ἢ πλέγμα ἢ
κράμα.
κραταιόω. de agricult. 37. I, 325 τὰς
τῶν τελειωθέντων ψυχὰς κραταιωθεί-
σας.
κρεωνομέω. legat. ad Caj. 32. II, 580
κτεινέτωσαν ἱερευέτωσαν κρεωνομείτω-
σαν ἀμαχεὶ καὶ ἀναιμωτί.
κτηνοτροφία. de agricult. 6. I, 304
μέμνηται γὰρ ποτὲ μὲν κτηνοτροφίας
ποτὲ δ᾽ αὖ ποιμενικῆς ὁ νομοθέτης.
κτηνοτρόφος. de agricult. 6. I, 304
τοῖς θρεμμάτων προεστηκόσιν ἀμφότε-
ρα ἐπιφημίζειν ἔθος κτηνοτρόφων καὶ
ποιμένων ὀνόματα.
κύησις. de cherub. 12. I, 146 τὴν
ἀρετῶν κύησιν καὶ ὠδῖνα. cf. Wytt.
l. c. ad p. 3 A.
κυλλαίνω. fragm. ap. Joh. Dam. s.
par. p. 774 B. II, 656 αὗται (sc. αἱ
ἀσεβεῖς ἄνοδίαι) εἰσὶν ἐμπόδος καὶ
προσπταισμάτων αἴτίαι διὰ (?) ὧν κυλ-
λαίνων ὁ νοῦς ὑστερίζει τῆς κατὰ φύσιν
ὁδοῦ.
κυματόω. de somn. II, 24. I, 680 χει-
μαίνοντι καὶ κυματουμένῳ πελάγει.
κυμάτωσις. Bei Steph. aus Philo I,
14. II, 174. — Dazu: fragm. II, 674
ὁ τῶν ἀνθρώπων βίος ὁμοιούμενος πε-
λάγει κυματώσεις καὶ στροφὰς παν-
τοίας προσεπιδέχεται.
κυνίδιον. de praem. et poen. 15. II,
422 τὰ μελιταῖα τῶν κυνιδίων.
κυοφορέω. Bei Steph. aus Philo I,
183. — Dazu: de opif. m. 13. I, 9 ἡ
δὲ (γῆ) ὥσπερ ἐκ πολλοῦ κυοφοροῦσα
καὶ ὠδίνουσα τίκτει πάσας ... ἰδέας.
— de poster. Cain. 21. I, 239 τὸ πά-
θος ὅτ᾽ ἂν κυοφορήσῃ, ... νοσήματα
... ἔτεκεν ἀνίατα. — ibid. 40. I, 251
ἄρχεται τὸ εὔδαιμον γένος κυοφορεῖν
Ἰσαάκ. — ibid. 51. I, 260 (αἱ κακαὶ
γνῶμαι) ὅτ᾽ ἂν ... κραιπαλᾷ κυοφο-
ρήσουσι καὶ ἐπιμέμπτοις μὲν ὠδῖσιν
ἐπάρατος δὲ ταῖς γοναῖς χρήσονται. —
quod deus immut. 29. I, 293 παραδέ-
χεται (ψυχή) θείαν γονὴν καὶ πληρου-
μένη τῶν τῆς ἀρετῆς σπερμάτων κυο-
φορεῖ καὶ ὠδίνει καλὰς πράξεις. — de
migr. Abr. 25. I, 457 τὸ τῆς ἀρετώ-
σης ψυχῆς γέννημα ἄρρεν, τὸν ἐπαν-
θήσαντα καρπὸν αὐτῇ ... οὐ φανέντος
δόξασα κυοφορῆσαι ... — quis rer.

div. haer. 10. I, 480 ὅταν ἡ ψυχή κυοφορῇ καὶ τίκτειν ἄρχηται τὰ ψυχῇ πρέποντα τηνικαῦτα ὅσα αἰσθητὰ στειρούμενα ἄτοκεῖ . . . — congr. erud. grat. 13. I, 528 οὐδὲν αὐτῶν ἴσχυσεν ἡ ψυχή συλλαβεῖν καὶ κυοφορῆσαι. — ibid. 23. I, 537 ὅσαι . . . ψυχαὶ μετὰ φρονήσεως κυοφοροῦσι πραγμάτων τίκτουσιν ὁμοίως τὰ συγκεχυμένα διακρίνουσαι. — ibid. 24. I, 539 κυοφορεῖ γὰρ αὐτὸ (τὸ παιδίον) οὐχ ἡ λαβοῦσα ἀλλ᾽ ἡ ἐν γαστρὶ ἔχουσα. — de profug. 37. I, 576 τὸ γὰρ γνῶναι ὅτι τὸ κυοφορούμενον ἄρρεν ἐστὶν οὐκ ἀνθρωπίνης δυνάμεως . . . — ibid. 38. I, 577 ἡ κυοφοροῦσα τὸν σοφιστὴν λόγον ψυχή. — de mut. nom. 28. I, 601 οὓς γὰρ κυοφορεῖ καὶ ἀποτίκτει πάντες εἰσὶν ἡγεμόνες. — ibid. 44. I, 617 οὐκ εἰκότως εὐχέσεσαι ἂν δόξαι (ὁ ἀστεῖος) τὸν Ἰσμαὴλ ζῆν εἰ μὴ δύναται κυοφορῆσαί πω τὸν Ἰσαάκ. — de praem. et poen. 11. II, 418 παντὸς γὰρ ἀνθρώπου κατ᾽ ἀρχὰς ἅμα τῷ γενέσει κυοφορεῖ δίδυμα ἡ ψυχή . . .

κυριολογέω. Bei Steph. 1 St. aus Philo ohne best. Angabe. Sie steht de vita Mos. I, 14. II, 92. — Dazu: de sacrif. Ab. et Cain. 30. I, 183 . . . ὅσα ἀνθρώποις ἐπὶ θεοῦ κυριολογεῖται κατάχρησις δὲ ὀνομάτων ἐστὶ παρηγοροῦσα τὴν ἡμετέραν ἀσθένειαν. — quod det. pot. insid. 17. I, 202 τοιαῦτα οὐ πέφυκεν ὑπὸ τοῦ αἰτίου κυριολογεῖσθαι. — de poster. Cain. 2. I, 227 λογισαμένως ὅτι τῶν προταθέντων κυριολογεῖται τὴν δι᾽ ἀλληγορίας ὁδὸν φυσικοῖς φίλην ἀνθράσι τρέπεσθαι. — ibid. 48. I, 258 τὸ δὲ ὁρατὸν εἶναι τὸ ὂν οὐ κυριολογεῖται. — quod deus inmut. 15. I, 283 τὸ κυριολογούμενον ἐπ᾽ ἀνθρώπων πάθος ὁ θυμὸς εὐθυβόλως εἴρηται. — de somn. II, 37. I. 691 καί τινα τῶν ἐπὶ γῆς ῥεόντων (ποταμὸν) ἄλογον κυριολογεῖσθαι. — de Abrah. 24. II, 18 μὴ μέντοι νομισάτω τις ἐπὶ θεοῦ τὰς σκιὰς κυριολογεῖσθαι. — ap. Joh. Dam. s. p. p. 748 B. II, 654 τὸ δὲ πρόσωπον οὐ κυριολογεῖται.

κωλυσιουργέω. Bei Steph. aus Philo I, 64. 267. 430. — Dazu: de poster. Cain. 23. I, 230 μηδενὸς τῶν εἰς εὐμαρῆ κατάληψιν κωλυσιεργοῦντος [so Tisch. p. 106, 13 für κωλυσιουργοῦντος bei Richt. u. Tauchn.]. — vgl. Lobeck ad Phryn. p. 667.

κωφός. in Flacc. 4. II, 520 κωφὸν ὡς ἐπὶ σκηνῆς προσωπεῖον. — cf.

Wytt. l. c. ad p. 337 E u. VIII, 2 p. 950.

Δ.

λαβή. de confus. lingu. 10. I, 410 ἀπειρηκότες διὰ τὴν τῶν ἐναντίων ἰσχὺν . . . λαβὴν οὐδεμίαν ἐσθ᾽ εὑρίσκοντες. — de somn. II, 10. I, 668 πάσαις ταῖς διανοίας λαβαῖς.

λάβρως. de migr. Abr. 18. I, 452 μὴ λάβρως . . . ἀλλ᾽ ἠρέμα καὶ πρᾴως.

λάγνος. de somn. I, 15. I, 634 ἀκολάστως καὶ λαγνίστερον ὁμιλοῦντας ταῖς . . . αἰσθήσεσιν.

λαγών. de somn. II, 18. I, 675 τὴν δὲ ἑτέραν (χεῖρα) ὑπὸ τῆς ἀμπεχόνης παρὰ ταῖς λαγόσι πήξαντες.

λαιμαργία. Steph. hat Philo I, 686. — Dazu: de agricult. 22. I, 316 τὰ μὲν γὰρ τῆς ἀκρασίας καὶ λαιμαργίας . . . τίκτουσιν ἡδοναί. — de plantat. 24. I, 345 ὀψοφαγίαν δὲ καὶ λαιμαργίαν ἀγαπῶντας. — quis rer. div. haer. 22. I, 488 ὑπὸ λαιμαργίας καὶ λαγνείας (ψυχή κατειλημμένη). — de somn. II, 23. I, 679 ὁ ἀρχισιτοποιὸς λαιμαργίαν ἔλαχε.

λάρναξ. de migr. Abr. 3. I, 438 ὥσπερ λάρνακι ἢ σορῷ . . . (τῷ σώματι) ἐνετάφησαν.

λάσιος. de Abrah. 27. II, 21 λάσια ἄλση.

λαφυραγωγέω. de cherub. 23. I, 152 λαφυραγωγήσειν ἐλπίσας.

λαφύττω. de profug. 5. I, 550 λαφύττειν καὶ σπαθᾶν ἑτοιμότατος.

λειαίνω. de agricult. 3. I, 302 ὥσπερ κηρὸν λελειασμένον τὸν νοῦν ἀπεργάζεται. — de mut. nom. 38. I, 610 τὰς τῶν εὐφυῶν ψυχὰς ἔστιν ἰδεῖν κηροῦ τρόπον λελειασμένου.

λειποθυμία. de somn. I, 9. I, 628 ὀσμὰς ἃς ἰατρῶν παῖδες λειποθυμίας ἀκεστήρια προευτρεπίζονται.

λειποτακτέω. Steph. hat Philo de mundo. Die St. steht §. 12. II, 614 u. ist entlehnt aus de incorr. m. 12. II, 499. — Dazu: de gigant. 10. I, 268 καλὸν δὴ μὴ λειποτακτῆσαι τῆς τοῦ θεοῦ τάξεως. — de ebriet. 36. I, 379 ἄνευ θείας χάριτος ἀμήχανον ἢ λειποτακτῆσαι τὰ θνητὰ ἢ τοῖς ἀφθάρτοις ἀεὶ παραμεῖναι. — de incorr. m. 7. II, 494 τοῦ μὴ λειποτακτεῖν τάξιν οἰκείαν.

λειποτάκτης. de cherub. 10. I, 144 τὸν Βαλαάμ . . . εἰσάγει Μωυσῆς ἀστράτευτον καὶ λειποτάκτην. — quod det. pot. insid. 39. I, 218 οὓς ἀποστραφείς κατάπερ λειποτάκτας ιερωτάτων θεσμών έξώρισεν. — quod deus immut. 7. I. 277 τῆ κατὰ λειποτακτῶν ὡσιομένῃ μετέρχεται δίκῃ. — de decal. 33. II, 209 υπάρχοις θεοῦ ... επι λειποτάκταις οι λείπουσι τὴν τοῦ δικαίου τάξιν ἀμυντηρίοις χρῆσθαι.

λειποταξία und λειποτάξιος. Steph. hat Philo II, 132, wo λιποτάξιον geschrieben ist. — Dagegen steht de confus. lingu. 34. I, 431 λειποταξία (so cod. Vat. et Med. für λειποταξίου) ου θέμις αλωῶναί ποτε τὸ θείον στράτευμα.

*λειφαιμία. [Steph. hat nur die Worte: λιφαιμέω u. λίφαιμος]. — de incorr. m. 24. II, 512 υπὸ λειφαιμίας αποθνήσκειν

λεοντῆ. legat. ad Caj. 11. II, 557 τοτὲ μὲν λεοντὴν καὶ ρόπαλον αμφότερα επίχρυσα διακοσμούμενος εἰς Ἡρακλέα. — vgl. hierzu Wyttenb. l. c. ad P. M. p. 59 C.

λεπτόγεως. leg. alleg. I, 13. I, 50 τὴν λεπτόγεων καὶ τραχεῖαν καὶ ἄγονον γῆν.

λεπτολογία. leg. alleg. III, 50. I, 116 παρατήρει πᾶσαν τὴν λεπτολογίαν· ουδὲν γὰρ λεχθὲν πάρεργως ευρήσεις.

λεπτομερής. de cherub. 32. I, 160 λ. γὰρ ἡ φύσις αυτῆς (sc. τ. ψυχῆς) ὡς μηδεμίαν εμπαρέχειν λαβὴν σώματι.

λεπτουργία. leg. alleg. III, 63. I, 123 ὅρα πάλιν τὴν εν τούτω λεπτουργίαν τῆς αρετῆς.

λεπτύνω. de somn. I, 22. I, 642 τὰς αναδιδομένας εκ γῆς αναθυμιάσεις λεπτυνομένας.

λευκασμός. de agricult. 10. I, 306 λ. γὰρ ερμηνεύεται Λάβαν.

λευκός. In leg. allegr. III, 18. I, 98 hat λ. die allgemeine Bedeutung „Farbe". — Es heisst: τίς γὰρ έδωκε τῆ διανοία γνωρίσαι τὸ σῶμα ἢ τὸ λευκόν· ου ἡ ὄψις; oder ist etwas ausgelassen? vgl. Clem. Alex. strom. VI, 10. 83 ἥλιος επιλάμψας τὰ χρώματα καὶ τὸ λευκόν καὶ τὸ μέλαν ... διαδείκνυσιν.

λευχειμονέω. de cherub. 28. I, 156 λευχειμονοῦντες εἰς τὰ ιερὰ βαδίζειν σπουδάζουσιν. — de vita contempl. 8. I, 481 επειδὰν οὖν συνέλθωσι λευχειμονοῦντες φαιδροί ... — legat. ad Caj. 2. II, 547 ουδέν ἦν ιδεῖν ἕτερον κατὰ πόλεις ἢ βωμοὺς ιερεῖα θυσίας λευχειμονοῦντας εστεφανωμένους φαιδρούς.

λεύω. Steph. hat Philo de mundo ohne best. Angabe. Die St. steht §. 9. II, 610, wo bei Hoeschel, Mangey, Richter u. Tauchn. derselbe sinnlose Fehler λευκομένοις wiederkehrt, obwol in der Originalstelle de incorr. m. 5. II. 491 richtig λευομένοις steht.

λεωφόρος. Steph. hat Philo de mundo ohne best. Angabe. — Das Wort ist sehr häufig bei Philo. — leg. alleg. III, 90. I, 137 τὴν μεταξὺ τοῦ βίου τρίψας οδὸν ου λεωφόρον αλλὰ τραχεῖαν. — de poster. Cain. 45. b. Tisch. p. 132, 14 τὴν επ' αρετὴν ἄγουσαν οδὸν τραχεῖαν ... νομισθεῖσαν ... λεωφόρον απέδειξε θεός. — quod deus immut. 13. I, 282 τὴν ... οδὸν τοῦ βίου λεωφόρον κ. ευθεῖαν ευρίσκοντες. ibid. 35. I, 297 βάσιμοι καὶ λεωφόροι οδοὶ πᾶσαι. — ibid. 37. I, 299 ἵνα ἄπταιστοι διὰ λεωφόρου βαίνωμεν τῆς οδοῦ. — de agricult. 22. I, 316 κατὰ λεωφόρου καὶ ευθυτενοῦς βαίνειν. — de confus. lingu. 6. I, 407 ευμαρεῖς καὶ λεωφόρους έχων ... τὰς οδούς. — quis rer. div. haer. 14. I, 482 ἵνα κατὰ λεωφόρον βαίνω τῆς οδοῦ. — congr. erud. grat. 6. I, 523 λεΐως διὰ τῆς λεωφόρου βαίνειν. — de profug. 37. I. 576 λεωφόρος πᾶσα ἡ κατὰ παιδείαν οδός. — de Abrah. 2. II, 2. — de Joseph. 23. II, 61.

λῆμμα. de plant. 24. I, 344 τοῖς καθ' εκάστην ημέραν λήμμασιν επικεχηνασι.

λῃραίνω. leg. alleg. II, 16. I, 77 αρετῆς αφαιρέσει εκ τροπῆς γινομένη όταν λῃραίνῃ καὶ παρανοῆ ἡ ψυχή.

λιβάς. Steph. hat Philo vita Mos. 1 ohne best. Angabe. — Dazu: de somn. II, 30 I. 686 ταῖς εκθλιβομέναις λιβάσιν.

λιγαίνω. de merced. meretr. 4. II, 267 ώτα φθεγξαμένη λιγαίνει.

λιγυρός. quod omn. prob. lib. 2. II, 447 κατὰ τὸν λιγυρώτατον Πλάτωνα.

λιθοκόλλητος. de vita contempl. 6. II, 478 τρίκλινά τε καὶ περίκλινα χελώνης ἢ ελέφαντος κατεσκευασμένα καὶ τιμαλφεστέρας ύλης ών τὰ πλῆστα λιθοκόλλητα.

*λιθοτομέω. [Steph. hat nur λιθοτομέομαι.] de poster. Cain. 14, b. Tisch. p. 97, 15 ἢ ο αυτὸς λιθοτομεῖν ἂν δύναιτο υλοτομεῖν σίδηρον χαλκὸν εργάζεσθαι ...

λιθόω. leg. alleg. III, 75. I, 130 τῆς Λὼτ γυναικὸς τῆς λιθουμένης διὰ τὸ

Σοδόμων ἐρᾶν. — de ebriet. 40. I,
382 δύο θυγατέρας (Λὼτ) ἐκ τῆς λι-
θουμένης γυναικὸς ἔσχηκεν.
λικμάω. de Joseph. 20. II, 57 ἁλοών-
των καὶ λικμώντων.
λιμνάζω. Steph. hat 1 St. aus Philo
ohne jede best. Ang. — Dazu: quod
deus immut. 37. I, 298 τὰ ἀμπωτί-
ζοντα πελάγη ποτὲ μὲν ... βίᾳ φέρε-
ται καὶ ἀναχεόμενα λιμνάζει τὴν τέως
χέρσον. — de Abrah. 19. II, 14 τοῦ
μὲν ποταμοῦ ἐν καιρῷ λιμνάσαντος τὰ
πεδία ταῖς πλημμύραις. — de Joseph.
20. II, 57 ἀνὰ πᾶν ἔτος τοῦ ποταμοῦ
•λιμνάζοντας τὰς ἀρούρας. — de vita
Mos. III, 25. I, 164 τοῦ ποταμοῦ
πλημμύραις εἰωθυῖας (sc. χώρας) ἀνὰ
πᾶν ἔτος λιμνάζεσθαι.
λιμώττω. quod det. pot. insid. 28. I,
212 παρ' ἣν αἰτίαν λιμώττουσα ἠσθέ-
νει. — de ebriet. 53. I, 391 ἡ ἄπλη-
στος ἐν αὐτοῖς ὄρεξις ὥσπερ ἔτι λι-
μώττουσα μαρμάζει (?) [Benzel μαιμά-
ζει].
λιπαίνω. Steph. hat 1 St. aus Philo
p. 721 D = de judice 5. II, 347. —
Dazu: de Joseph. 20. II, 57 τῆς γῆς
λιπαινομένης.
λιπάω. de somn. II, 10. I, 668 πίονα
καὶ λιπῶσαν (ψυχὴν ἀνάγειν).
λίχνος. leg. alleg. III, 35. I, 109 λίχ-
νον αὐτὴν (sc. αἴσθησιν) ἀπεργασαμένη
τοῦ ἑαυτῆς ποιητικοῦ. — de plant. 20.
I, 348 τὰς παιδείας ἀεὶ λίχνους ἡμε-
τέρας παρῆλθεν ἀκοάς. — de migr.
Abr. 26. I, 458 ὁ δὲ ὑπενδοὺς ὑπὸ τοῦ
πεινῶντος ἡδονῆς καὶ λίχνου παθῶν ...
ἐκτετμήσεται.
λοβός. de sacr. Ab. et Cain. 40. I, 190
λοβὸν ἥπατος — ἀναφέρειν.
λογοθήρας. Steph. hat Philo p. 685
= II, 167. — Dazu: congr. erud. grat.
10. I, 526 λογοπώλαι καὶ λογοθῆραί
τινες.
λοιμικός. de gigant. 2. I, 263 οὐκ
ἀέρος κακωθέντος τὰ λοιμικὰ συνίστα-
σθαι παθήματα φιλεῖ;
λυμαντικός. de exec. 2. II, 429 ὅσα
λυμαντικὰ μὲν φυομένων φθοροποιὰ δὲ
καρπῶν καταπεπανθέντων.
λυχνοῦχος. quis rer. div. haer. 17.
I, 485 τὸ μὲν γὰρ (ψυχῆς ὄμμα) ἔοι-
κεν ἡλίῳ, λυχνούχοις δὲ οὗτοι (sc. οἱ
κατὰ σῶμα ὀφθαλμοί).
λωποδυτέω. de somn. I, 16. I, 635
ὁ μόνον ἣν ἐκείνῳ ἱμάτιον λαμβάνει
ἐνέχυρον ὅπερ ἑτέρῳ ὀνόματι λωποδυ-
τεῖν εἰκότως ἂν λέγοιτο.
λωποδύτης. de somn. I, 16. I, 635

καὶ γὰρ λωποδύταις ἔθος ἀπαμπίσχουσι
τὰς μὲν ἐσθῆτας ἀφαιρεῖσθαι ... —
de Joseph. 15. II, 53 συνδιατρίβουσι
δὲ οἱ εἰρκτοφύλακες λωποδύταις κλέ-
πταις ...
λωφάω. de confus. lingu. 22. I, 420
λωφήσαντος τοῦ κακοῦ καὶ τῆς φορᾶς
ἐπισχούσης.

M.

μαγγανεία. de merced. meretr. 3. II,
267 διὰ τῶν περιάπτων καὶ μαγγα-
νειῶν ἔνυπτεν.
μαγειρεῖον. de Joseph. 10. II, 50
τὴν δίαιταν ἐν μαγειρείῳ ποιούμενος.
μᾶζα. de somn. II, 7. I, 665 σιτίοις
καὶ ποτοῖς τρεφόμεθα καὶ ἂν ἡ εὐτε-
λεστάτη μᾶζα καὶ ὕδωρ ναματιαῖον.
μακραίων. congr. erud. grat. 11. I, 527
ἵνα μὴ ἐφήμερα ἀλλ' ἀθάνατα καὶ μα-
κραίωνα γένηται τὰ θεῖα βλαστήματα.
— de somn. I, 6. I, 625 ἐν κόσμῳ
καθ' ὃν ἀι ἄφθαρτοι καὶ μακραίωνες
φύσεις περιπολοῦσιν.
μακρηγορέω. Steph. hat Philo II,
620. — Dazu: de plant. 42. I, 356
μακρηγοροῦντες ἐπὶ πλεῖον. — de
ebriet. 43. I, 384 τί δεῖ μακρηγο-
ροῦντα περὶ τούτων ἐνοχλεῖν. — de
profug. 32. I, 573 στοχαστέον τοῦ μὴ
μακρηγορεῖν. — quod omn. prob. lib.
6. II, 450.
μακρολογέω. de plant. 37. I, 352
ταῦτα δ' οὐ μακρολογοῦντες ὅλως εἴ-
πομεν.
μαλθάσσω. quod deus immut. 6. I,
276 μήτε ἀνεῖναι μαλθάξαντα τὴν ἀρε-
τῶν καὶ τῶν φύσει καλῶν ἁρμονίαν.
μανιώδης. de somn. I, 6. I, 625 ἄπαυ-
στοι καὶ μανιώδεις οἶστροι.
μανός. de mundo 16. II, 617 πάντων
εἰς πῦρ ἀναλυθέντων κοῦφον μὲν ἔσται
καὶ μανὸν καὶ θέρμον. — de confus.
lingu. 22. I, 420 τὸ μανὸν καὶ κεχυ-
μένον τῆς μὴ σὺν λόγῳ φορᾶς. cf.
Ruhnk. ad Tim. p. 148.
μανότης. de ebriet. 45. I, 385 τὸ
ἐναντίον μανότησι καὶ ἐξαπλώσει. —
de somn. I, 3. I, 623 πυκνότητας καὶ
μανότητας — ἐνδεχόμενος.
μαρμαρυγή. de mundo opif. 1. I, 2
τὰ ... τῆς κοσμοποιίας ὑπερβάλλοντα
κάλλη καὶ ταῖς μαρμαρυγαῖς τὰς τῶν
ἐντυγχανόντων ψυχὰς ἐπισκιάζοντα.
μάρσιππος. quis rer. div. haer. 8.
I, 478 ὥσπερ ... ἐν τῷ ἀνακύπτειν
οὐκ ἔστι τὸ κύπτειν, οὐδ' ἐν τῷ κατα-
πίνειν τὸ πίνειν οὐδ' ἐν μαρσίππῳ ὁ

ἵππος οὕτως οὐδ' ἐν τῷ καταφιλεῖν τὸ
φιλεῖν.
μαστεύω. de ebriet. 17. I, 367 ὁ μα-
στεύσας καὶ ἀναζητήσας τὰ τῆς φύσαρ-
τῆς γενέσεως. — de mut. nom. 18. I,
595 λόγον μαστεύειν καὶ ἀναζητεῖν
ἕκαστα ἱκανόν.
μαστροπεύω. de cherub. 27. I, 156
αἱ μαστροπεύουσαι καὶ προξενοῦσαι (sc.
παιδεύσεις) τὰς ἡδονὰς γαστρὶ ...
μαστροπής. de profug. 5. I, 550
πορνοτροφῶν καὶ μαστροπῶν καὶ παν-
τὸς ἀκολάστου βίασου χορηγός.
ματαιάζω. Steph. hat Philo p. 113
= I, 145. p. 184 = I, 222. — Da-
zu: de somn. I, 43. I, 658 τί οὖν ἔτι
ψυχὴ ματαιάζεις καὶ κενοπονεῖς. —
de confus. lingu. 31. I, 429 τὸν οἰω-
νομάντιν καὶ τερατοσκόπον περὶ τὰς
ἀβεβαίους εἰκασίας ματαιάζοντα.
ματαιόπονος. de incorr. m. 13. II,
500 ματαιόπονος ὁ τεχνίτης.
μαχλάς. Sallier ad Thom. Mag. p. 601
führt an Philo p. 772 = P. 997 = II,
551. — Dazu: de profug. 27. I, 568
ἀκόλαστος γὰρ ἢ μαχλὰς ἢ τριοδῖτις
σοβάς.
μάχλος. de merced. meretr. 4. II, 267
τὴν τερατουργὸν καὶ μάχλον καὶ μυσο-
λόγον εἶδον ἡδονήν.
μεγαλαυχέω. Mehrere St. hat Loes-
ner l. c. p. 463. — Dazu: de plant.
16. I, 339 μηκέτι νῦν οἱ τὰς βασιλείας
καὶ ἡγεμονίας ἀναψάμενοι μεγαλαυχεί-
τωσαν.
μεγαλεῖον. de ebriet. 11. I, 363 ὅταν
... λέγῃς παρὰ πάντας τοὺς θεοὺς τὸ
μεγαλεῖον τοῦ ὄντος ἐγνωκέναι. — de
somn. II, 36. I, 652 μεγαλεῖον τῆς
ἐπιστήμης.
μεγαλουργία. de confus. lingu. 2. I,
405 βεληθάντων ὑπ' ἀνοίας ἅμα καὶ
μεγαλουργίας οὐρανοῦ ψαῦσαι.
μεγαλόφωνος. quis rer. div. haer. 4.
I, 475 τῷ παμμούσῳ καὶ μεγαλοφω-
νοτάτῳ φωνῆς ὀργάνῳ.
μεγεθύνω. de incorr. m. 19. II, 507
συμβαίνει κατὰ μὲν τὸν γειτνιῶντα τῇ
γενέσει χρόνον βραχύτερα τὰ γεννήμα-
τα εἶναι μεγεθύνεσθαι δ' αὖθις ἄχρι
παντελοῦς τελειώσεως.
μεθέλκω. Steph. hat Philo p. 268 =
I, 387. — Dazu: de migr. Abr. 12.
I, 446 μηδενὸς ἀντισπῶντος ἔτι καὶ
μεθέλκοντος.
μεθημερινός. de cherub. 27. I, 155
μεθημερινοὶ γάμοι. — de vict. offer. 7.
II, 256 τοῦ μεθημερινοῦ φωτός. vgl.
Lobeck ad Phryn. p. 54.

μεθολκή. Steph. hat Philo II, 559 (?)
s. u. — Dazu: de migr. Abr. 27. I,
459 παρασχεῖν ἀντισπάσματα καὶ με-
θολκάς. — de profug. 17. I, 559 ὑπὲρ
τοῦ δίχα μεθολκῆς θεραπεύειν τὸ ὄν.
μειονεκτέω. de septen. b. Tisch. p.
53, 24 μηδεμίαν γῆς τοσαύτης ἀποτο-
μὴν τῷ μειονεκτεῖσθαι διανειμάμενοι
...
μειρακιόομαι. congr. erud. grat. 15.
I, 531 ὅταν ἐκβαίνοντες τῆς παιδικῆς
ἡλικίας μειρακιοῦσθαι μέλλωμεν.
μειρακιώδης. de cherub. 19. I, 150
μειρακιώδους καὶ νηπίας καὶ ἰδιωτικῆς
τῷ ὄντι ψυχῆς.
μελίζω. de confus. lingu. 27. I, 425
οὐ χάριν μελίσας ᾄσω? cod. Med. με-
λετήσω. Trin. μελέτης. Par. μελετή-
σασα ᾄσω. Mang. εὐμελῶς ᾄσω.
μελίπηκτον. Steph. hat Philo I, 392 (?)
soll wol heissen: I, 390 = de ebriet.
52. — Dazu: de somn. II. 7 I, 665
ἡ κενὴ δόξα προσεπέσχεν ἀμήτων καὶ
μελιπήκτων πεμμάτων γένη μυρία.
Μελιταῖος. de praem. et poen. 15. II,
422 καθάπερ τὰ Μελιταῖα τῶν κυνι-
δίων ταῖς κέρκοις μεθ' ἱλαρωτέρας κι-
νήσεως προσαίνοντα.
μεμψιμοιρέω. Die bei Steph. unge-
nau angegebene St. steht: de vita Mos.
I. 33. I, 109 πάλιν ἤρξαντο μεμψιμοι-
ρεῖν.
μεσιτεύω. de plant. 2. I, 331 τὰς
τῶν ἐναντίων ἀπειλὰς πειθοῖ τῇ συνό-
δῳ μεσιτεύοντός τε καὶ διαιτῶντος. —
vgl. Carpzov, exercitt. s. p. 285.
μεσολαβέω. Steph. hat: de vita Mos.
1. Die St. steht §. 2. II, 82. — Da-
zu: de Abrah. 32. II, 26 φθάνει δὲ
ὁ σωτὴρ θεὸς ἀπ' ἀέρος φωνῇ μεσο-
λαβήσας τὸ ἔργον.
μεταβατικῶς. Steph. hat Philo I,
492. — Dazu: de sacr. Ab. et Cain.
18. I, 176 οὐ μ. κινούμενος.
μεταγινώσκω. de mut. nom. 41. I,
614 ὁ τεθεὶς νόμος ἐπὶ τοῖς ἐκδυσμέ-
νοις τὰ ἁμαρτήματα καὶ μεταγινώσκειν
δοκοῦσι.
μεταδιδάσκω. quod det. pot. insid.
2. I, 192 τὰς ψυχῆς ἀλόγους φορὰς
μεταδιδάσκουσιν. — ibid. 4. I, 193
ταύτην τὴν δόξαν πέμπεται μεταδιδαχ-
θησόμενος πρὸς ἄνδρας μόνον τὸ κα-
λὸν ἀγαθὸν νομίζοντας.
μεταιτέω. de carit. 6. II, 389 τάχυ
γοῦν οὗτοι μεταιτοῦσι ἔρανον παρά-
σχοιεν.
μετακίνημα. leg. alleg. II, 24. I,
84 ἐν ψυχῇ καὶ ἄψυχα καὶ ἀτελῆ ...

7

καὶ μυρία ἄλλα κηρῶν μετακινήματά
ἐστι.
μετακλαίω. quod det. pot. insid. 25.
I, 209 μετακλαίομεν καὶ μεταστένομεν
τῆς παλαιᾶς διαίτης ἑαυτούς.
μετακλίνω. de poster. Cain. 30, b.
Tisch. p. 113, 4 τὸν δὲ τοῦ μεταποι-
οῦντος νοῦ τὰ πράγματα λόγον μετα-
κλίνοντα σφόδρα δεόντως ὠνόμασε. —
ibid. 32, b. Tisch. p. 116, 19 ὁ μετα-
κλίνων λόγους.
μετακόσμιος. Steph. hat Philo I, 648.
— Dazu: de confus. lingu. 27. I, 425
ὑπερωκεάνιος καὶ μετακόσμιος ἀσέβεια.
μεταναστεύω. quod deus immut. 37.
I, 299 μετακλῖναι δὲ καὶ μεταναστεῦ-
σαι πρὸς τὰ ἄφθαρτα.
μεταποιέω. S. μετακλίνω u. de post.
Cain. 29, b. Tisch. p. 112, 17 μετα-
ποιῶν τὰ καλά. — de migr. Abr. 17.
I, 451 τελείας ψυχῆς ἐστι τοῦ εἶναι
καὶ τοῦ δοκεῖν εἶναι μεταποιεῖσθαι. —
ibid. 26. I, 459 τοῦ ταπεινοῦ καὶ ἀφα-
νοῦς μεταποιεῖσθαι σχήματος. — quis
rer. div. haer. 12. I, 481 μόνου γὰρ
τοῦ πρὸς ἀνδρῶν μεταπεποίηται.
μετασκευάζω. legat. ad Caj. 13. II,
559 εἰς Ἀπόλλωνα μετεμορφοῦτο καὶ
μετεσκευάζετο.
μεταστένω. S. o. μετακλαίω.
μεταστοιχειόω. Steph. hat Philo
1124 = I, 674. — Dazu: de migr.
Abr. 15. I, 449 τὰς βακτηρίας εἰς δρα-
κόντων μεταστοιχειοῦσι φύσεις.
μετασχηματίζω. Steph. hat Philo
de mundo p. 715 = II, 615. Die St.
ist entlehnt aus de incorr. m 16. II,
503. — Ferner legat. ad Caj. 11. II,
557 ἑνὸς σώματος οὐσίαν μετασχημα-
τίζων καὶ μεταχαράττων εἰς πολυτρό-
πους μορφάς.
μετατυπόω. Steph. hat Philo II, 360.
— Dazu: de somn. I, 27 I, 646 με-
τατυπωθεὶς τῷ κρείττονι χαρακτῆρι.
μεταχαράττω. Steph. hat Philo I,
454 u. med. II, 460. — Dazu: quod
det. pot. insid. 41. I, 270 μετάπλαττε
καὶ μεταχάραττε τὸ θεῖον νόμισμα. —
de poster. Cain. 29, b. Tisch. p. 112,
17 μεταχαράττων . . . τὰ καλά. — de
migr. Abr. 8. I, 442 εἰς τὸν ὁρῶντα
Ἰσραὴλ μεταχαράττεται τὸ μαθήσεως
καὶ διδασκαλίας ὄνομα. — ibid. 21. I,
454 ὅσαι ἀντὶ παθῶν εἰς εὐπάθειαν
μεταχαράττονται. — de mut. nom. 10.
I, 589 τὸν μεταχαραχθέντα τρόπον. —
ibid. 21. I, 597 τὸν ποιὸν εἰς ἕξιν με-
ταχαράττων. — de somn. I, 21. I, 640
τὸν μεταχαραχθέντα καινὸν τύπον. —

de vict. offer. 13. II, 261 τὸν ἄρρενα
τύπον μεταχαράττοντας εἰς θηλύμορ-
φον ἰδέαν. — quod omn. prob. lib. 15.
II, 460 μεταχαραττόμενοι πρὸς τὸ δό-
κιμον. — legat. ad Caj. 10. II, 556
τὰς φύσεις τῶν ὀνομάτων ὁμοῦ καὶ
πραγμάτων μεταχαράττοντες. — ibid.
11. II, 557 s. o. μετασχηματίζω. —
ibid. 14. II, 560 τὴν ἰατρικὴν Ἀπόλ-
λωνος εὖ πως μετεχάραξεν.
μετεωρέω. leg. alleg. III, 76. I, 130
οὐκ ἂν ἀνεβιβάσθη καὶ ηὐξήθη καὶ
μετεωρεῖν ἤρξατο.
μετεωρίζω. Steph. hat aus Philo: de
vita Mos. 1 ohne best. Angabe. An-
dre St. s. b. Loesner l. c. p. 115 ff. —
Dazu: quis rer. div. haer. 14. I, 483
μετεωρίζοντος καὶ φυσῶντος ἑαυτόν. —
ibid. 49. I, 507 αἴρεται καὶ μετεωρίζε-
ται διὰ τὸ ἀεὶ ὀλυμπίων ἐρᾶν. — ibid.
54. I, 511 μετεωρίζεται καὶ φυσᾶται
τὸ φρόνημα. — congr. erud. grat. 23.
I, 537 μετεωρίσας καὶ φυσήσας ἑαυ-
τὸν ὑψαυχενεῖ.
μετεωρολέσχης. Steph. hat Philo I,
589. II, 458. — Dazu: de somn. I,
26. I, 645 γλῶτταν τῶν περὶ ἀστρονο-
μίαν μετεωρολεσχῶν ἀπολιπών.
μετεωροπολέω. Steph. hat Philo I,
101 u. de vita Mos. ohne best. Angabe.
— Dazu: de plantat. 35. I, 351 με-
τεωροπολοῦντα αὐτόν . . . ἐπὶ τὴν γῆν
ἀπ᾽ οὐρανοῦ κατεβίβασαν. — quod det.
pot. insid. 9. I, 196 τὸν περίγειον κα-
ταλελοιπότες χῶρον μετεωροπολεῖν ἐγνώ-
κασιν. — quis rer. div. haer. 26. I,
491 τῆς θείας ἐπιστήμης τὸ ἀεὶ με-
τεωροπολεῖν ἴδιον. — ibid. 48. I, 505
τοὺς πτηνοὺς καὶ μετεωροπολεῖν πεφυ-
κότας δύο λόγους. — ibid. 49. I, 506
(ψυχαὶ αἵ) καθαρθεῖσαι μετεωροπολεῖν
ἰσχύουσιν. — de somn. I, 22. I, 642
ἄνω κούφοις πτεροῖς πρὸς αἰθέρα ἐξ-
αρθεῖσαι (ψυχαὶ) μετεωροπολοῦσι τὸν
αἰῶνα.
μετεωροπορέω. de vict. 6. II, 242
ἡ τοῦ φιλοθέου ψυχὴ πρὸς ἀλήθειαν
ἀπὸ γῆς ἄνω πρὸς οὐρανὸν πηδᾷ καὶ
πτερωθεῖσα μετεωροπορεῖ.
μετοχετεύω. de somn. I, 17. I, 637
εἰς βαναύσους καὶ ἀνελευθέρους τέχνας
μετοχετευσάμενοι.
μετριάζω. Steph. hat de vita Mos. 1
ohne best. Angabe. — Dazu: de profu-
fug. 6. I, 551 τῶν γαστρὸς . . . ἡδο-
νῶν ἐπιμορφάζοντες ἀλογεῖν ἡνίκα τὰς
εἰς ταῦτα ἀφθόνους ὕλας εἴχετε ἐμε-
τριάσατε. — de mut. nom. 40. I, 613

οὐ μετριάζειν ἐν ἐνίοις ἀξιοῖς εἰ μὴ ἐν πᾶσι δύνασαι.

μετριοπάθεια. leg. alleg. III, 45. I, 113 οὐ μετριοπάθειαν ἀλλὰ συνόλως ἀπάθειαν ἀγαπῶν. — ibid. 49. I, 115 προςεπιτείνει τὴν τοῦ προςπίπτοντος μετριοπάθειαν.

μετωπηδόν. de concupisc. 7. II, 354 ἀποστρέφει καὶ μετωπηδὸν ἀντίσταται.

μῆνιγξ. quod det. pot. insid. 24. I, 208 τὸν ἀνθρώπινον νοῦν μήνιγγι ἢ καρδίᾳ ... ἐγκατειλημμένον. — de post. C. 41, b. Tisch. p. 127, 3 ὅπερ εἴτε μήνιγγα εἴτε καρδίαν εἶναι συντέτευχον.

μήνιμα. de vita Mos. I, 20. II, 99 ὑπέλαβον ... ἐκ μηνιμάτων θείων κεκαινουργῆσθαι τὰ σύμπαντα.

μικροπολίτης. de somn. I, 7. I, 626 μικροπολῖται (so cod. Med. für μικρολόγοι] μὲν οὖν τινες ἴσως ὑπολήψονται.

μικροψυχία. de carit. 9. II, 390 τὴν δουλοπρεπῆ καὶ ἀνελεύθερον αὐτῶν μικροψυχίαν ἐλέγχοντες.

μιμολόγος. de judice 2. II, 345 μυθογράφων ἢ μιμολόγων ἢ τυφλοπλαστῶν ... ῥήσεις.

μισάδελφος. de somn. II, 14. I, 671 ἀνδρῶν ὡς μισανθρώπου καὶ μισαδέλφου δεῖγμα ἤθους ἐκφερόντων.

μισάλληλος. de confus. lingu. 12. I, 412 μισάνθρωπος καὶ μισάλληλός ἐστιν.

μισάνθρωπος. s. μισάλληλος.

μισάρετος. quis rer. div. haer. 8. I, 479 Λάβαν ὁ μισάρετος. — de confus. lingu. 10. I, 410 οἱ μισάρετοι καὶ φιλοπαθεῖς. — ibid. 38. I, 435 μισάρετοι τρόποι. — de migr. Abr. 20. I, 454 τὰ ... καλὰ ὁ φιλάρετος ὑπήχει θεός, τὰ ... φαυλότερα ἔτικτεν ἡ μισάρετος διάνοια. — ibid. 32. I, 464 φθόνον τὸν μισάρετον κ. μισόκαλον. — ibid. 36. I, 468 ἡ μισάρετος κ. φιλοπαθὴς φύσις.

μισθαρνέω. Steph. hat Philo II, 127. — Dazu: de plantat. 24. I, 344 τὰς γὰρ μισθαρνούσας ἐπὶ τῇ ὥρᾳ τοῦ σώματος ἰδεῖν ἔστι περιεχομένας τῶν ἐραστῶν.

μισθαρνία. de poster. Cain. 44, bei Tisch. p. 131, 10 σοφισταὶ ὑπὸ μισθαρνίας ἅμα καὶ φθόνου τὰς τῶν γνωρίμων κελεύοντες φύσεις. — de caritate 14. II, 394 τὴν μέλλουσαν εὐνῆς ἀνδρὸς ἐπιβήσεσθαι μὴ κατὰ μισθαρνίαν ... ἀλλ' ἢ δι' ἔρωτα τοῦ συμβάντος ἢ διὰ τέκνων γένεσιν.

μισθοδοτέω. leg. alleg. I, 26. I, 59 στεφανούμενος ὑπὸ θεοῦ καὶ μισθοδο-

τούμενος. — in Flacc. 17. II, 537 μισθοδοτήσας τοὺς ἀλειφοβίους.

μισογύναιος. de spec. legg. 14. II, 312 γυναικομανεῖς ἐν τῷ αὐτῷ καὶ μισογύναιοι.

μισόκαλος. Steph. hat Philo p. 352 (?). — Dazu: de migr. Abr. 32. I, 464 φθόνον τὸν μισάρετον καὶ μισόκαλον ἀπελήλακυῖα ἀφ' ἑαυτῆς.

μισόπολις. legat. ad Caj. 14. II, 561 ὁ μισόπολις, ὁ δημοβόρος.

μισοπόνηρος. Steph. hat Philo de vita Mos. 1. 2. 3 ohne best. Angabe. — Dazu: de confus. lingu. 12. I, 411 τῆς ψυχῆς αὐτῷ ἠρεμεῖν μὴ δυναμένης διὰ τὸ μισοπόνηρον φύσει. — ibid. 26. I, 424 ἡ φιλάρετος κ. μισοπόνηρος δίκη. — de mut. nom. 18. I, 595 Φινεὲς ... φύσει μισοπόνηρος ὤν. — leg. ad Caj. 29. II, 574 ὅσοι τὰς φύσεις μισοπονηρότατοι τῶν ὁμοφύλων.

μνησικακία. de Joseph. 43. II, 78 δείσαντες μή τι χαλεπὸν πάθωσι ἐκ μνησικακίας.

μογερός. de sacr. Ab. et Cain. 19. I, 176 καταφεύγετε ὦ μογεροί.

μοιράζω. de sacr. Ab. et Cain. 33. I, 185 (ἱερεῖον) μηδενὸς πάθους φθοροποιοῦ μεμοιρασμένον (so Vat. et Med. für λελωβημένον).

μοιράω. Steph. hat Philo de mundo 18. — Dazu: de cherub. 22. I, 152 ἐὰν μεταβάλῃς καὶ ὧν χρὴ φρενῶν μοιραθῇς ἐρεῖς πάντα τοῦ θεοῦ κτήματα.

μοιχίδιος. de mut. nom. 23. I, 598 ἄτοπον μὲν γὰρ ἕτερον ἄνδρα εἶναι ἐξ ἑτέρου δὲ νόθα καὶ μοιχίδια παιδοποιεῖσθαι.

μοναυλία. de spec. legg. 31. II, 327 γυνὴ ζητοῦσα μοναυλίαν.

μονονουχί. leg. alleg. III, 20. I, 99 τῆς ἡδονῆς ἀπατώσης καὶ μονονουχὶ διεξιούσης.

μονότροπος. de cherub. 18. I, 150 ἐοικὼς τοῖς μονοτρόποις καὶ μονωτικοῖς ζώοις.

μονώτικος. Steph. hat Philo p. 454 = I, 549. p. 455 = I, 551. p. 924 = II, 422. — Dazu: de cherub. 18. I, 150 s. o. unter μονότροπος.

μορμολύσσω. quod omn. prob. lib. 20. II, 468 οὐ μορμολύττεταί με ταῦτα οὐδ' εἰμὶ πυκτῶν ἢ παγκρατιαστῶν ἐλάττων. Diese St. ist auch bei Ruhnk. ad Tim. p. 152 [nicht 182, wie im Steph. steht].

μόσχευμα. Steph. hat Philo II, 117. 348. 456. 603. 608. — Dazu: de agricult. 4. I, 303 φυσεύσω ταῖς ... ψυχαῖς μοσχεύματα. — de plantat. 1. I, 330 ταῦτα τὰ τέλεια τοῦ παντὸς ἦν μοσχεύματα. — ibid. 7. I, 334 εὐγενῆ μοσχεύματα. — de sobriet. 8. I, 398 κληματίδας καὶ μοσχεύματα δένδρων ἐμφυτεύειν. — de mut. nom. 30. I, 603 ἄμπελον ὡς ὑπὸ φύσεως τεθαυματούργηται κληματίσιν ἑλιξι, μοσχεύμασι ...

μουσόω. Steph. hat Philo p. 700. — Dazu: leg. alleg. II, 18. I, 80 τὴν ἀκοὴν αὐλὸς ἡδύνει ... ζώων ἀλόγων ἐμμελεῖς φῶναι ... τῶν ἄλλων ὅσα φύσις μεμούσωκε λογικῶν.

μυθεύω. quis rer. div. haer. 47. I, 505 διὰ τὴν ἐν τῇ πυργώσει μυθευομένην τερατολογίαν.

μυθοπλαστέω. Steph. hat Philo p. 468 = I, 564. — Dazu: de monarch. II, 4. II, 225 τύφον ὃν ἐπ' ἀλόγοις ζώοις καὶ μάλιστα ταύροις μυθοπλαστοῦσι.

μυθοποιΐα. de sacr. Ab. et Cain. 4. I, 166 τῷ δὲ θεοῦ θεραπευτῇ πρεπώδες ἀληθείας περιέχεσθαι τὴν τῶν εὐλόγων εἰκαστικὴν καὶ ἀβέβαιον μυθοποιΐαν χαίρειν ἑῶντι. — ibid. 21. I, 178 παλαιαῖς ἐντρεφόμενοι μυθοποιΐαις.

μυθώδης. leg. alleg. II, 7. I, 70 τὸ ῥητὸν ἐπὶ τούτου μυθῶδές ἐστι.

μύλων. de somn. I, 4. I, 623 τί δὲ οἱ ἀστέρες; πότερον γῆς εἰσιν ὄγκοι πυρὸς πλήρεις ... αὐτοὶ δεσμωτηρίου καὶ μύλωνος ἐν οἷς τὰ τοιαῦτ' ἐστὶν ἐπὶ τιμωρίᾳ τῶν ἀσεβῶν.

μυσάττομαι. de spec. legg. 3. II, 301 τὸ Περσικὸν ἔθος εὐθὺς ἀποστραφεὶς καὶ μυσαξάμενος ἀπεῖπεν ὡς μέγιστον ἀνοσιούργημα. — ibid. 8. II, 308 εἰς οὐδεμίαν τῶν περὶ βίον ὑπηρεσίαν μυσαττόμενοι καὶ ἀποστρεφόμενοι. — de concup 3. II, 351 (τὸ πάθος) μυσαξάμενος ὡς αἴσχιστον. — de praem. et poen. 19. II, 427 γίνεται ἵλεως ... αἰσχρὰ εἴδωλα μυσαττομένοις.

μύωψ. de agricult. 15. I, 311 μάστιγες καὶ μύωπες εὐτρεπεῖς.

N.

ναματιαῖος. Steph. hat Philo p. 1114 = I, 665. — Dazu: de Joseph. 26. II, 63 ἀκράτου δίχα ζώσιν ἄνθρωποι ναματιαίω ὕδατι ποτῷ χρώμενοι.

νάρκα. de somn. I, 21. I, 640 ὁ δὲ στέφανος ἔκτοπον ἔχει καὶ ξένον καὶ ἴσως οὐκ εὔφημον ὄνομα· καλεῖται γὰρ ὑπὸ τοῦ ἀγωνοθέτου νάρκα. — de mut. nom. 35. I, 606 οὐκ ἔστι ... ἀρτίπους ἡ ἐν ὑγιητῷ σώματι ἀρετὴ ἀλλὰ παραπλησιόν τι πάσχουσα νάρκη μικρὸν ὅσον ὑποχωλαίνουσα.

ναστός. Steph. s. h. v. sagt: et apud Philonem κόσμος est πλήρης καὶ ναστὸς καὶ τῶν ὄντων βαρύτατος. So heisst es: de plantat. 2. I, 330. — Ausserdem: ibid. 38. I, 353 τὸν πλήρη καὶ ναστὸν ὡς ἔφη τις ὑπ' εὐτονίας ὄγκον. — quod omn. prob. lib. 5. II, 449 τὸν τυπτόμενον ὑπὸ πυκνότητος σαρκῶν πεπιλημένον στρυφνὸν ναστὸν

ναύλοχος. Steph. hat Philo I, 517. — Dazu: de plant. 37. I, 352 ναυλοχωτάτοις ὑποδρόμοις ἐνορμίζεται.

ναυτίλλομαι. de plant. 35. I, 351 οἱ ἄπειροι τοῦ ναυτίλλεσθαι διαφθείρονται.

νεάζω. Steph. hat Philo de vita Mos. 3 ohne best. Angabe. — Dazu: de Abrah. 12. II, 9 τοῦ νεάσοντος [besser Mang. νεάζοντος] αὖθις καινοῦ γένους ἀνθρώπων. — ibid. 43. II, 36 ὁ δὲ θαυμάσας τῆς γυναικὸς ἔτι μᾶλλον τὴν ἀεὶ κινουμένην φιλανδρίαν καὶ νεάζουσαν. — de incorr. m. 7. II, 494 γνώσεται τὴν ἀνένδοτον καὶ ἀκάματον τῆς γῆς ἀεὶ νεαζούσης ἀκμήν.

νεανιεύομαι. Steph. hat Philo de vita Mos. 1. — Dazu: leg. alleg. III, 71. I, 127 καί μοι δοκεῖ νεανιευσάμενος (? wol νεανιευσάμενον) ἂν ἐπιφωνῆσαι τὸ τραγικὸν πρὸς τὴν ἀληθόνα ... — quod deus immut. 36. I, 298 καὶ πρὸς τοὺς πολλοὺς ἔτι νεανιευόμενος καὶ ἐπιχειρονομῶν ἄρχεται ... φιλοσοφεῖν. — de agricult. 4. I, 303 ταῖς νεανιευομέναις καὶ ἀνθρωπείαις (ψυχαῖς).

νεβρίς. legat. ad Caj. 11. II, 557 ἔστι δὲ ὅτε κιττῷ καὶ θυρσῷ καὶ νεβρίσιν εἰς Διόνυσον ἤσκειτο.

νεκροφορέω. Steph. hat Philo II, 540. — Dazu: de agricult. 5. I, 304 τὸν ψυχῆς ἔγγιστα οἶκον [M. ὄγκον] ὃν ἀπὸ γενέσεως ἄχρι τελευτῆς ... οὐκ ἀποτίθεται νεκροφοροῦσα. — de migr. Abr. 5. I, 439 τῷ νεκροφορουμένῳ σώματι συντέθηκε. — de somn. II, 36. I, 690 κατασυρόμενος ταῖς τῶν ἐπιρρεόντων διὰ τοῦ νεκροφορουμένου σώματος δίναις ἐπαλλήλαις.

νεκροφύλαξ. de confus. lingu. 17. I, 417 ἐρεῖ τοῖς νεκροφύλαξι καὶ ταμίαις τῶν θνητῶν.

νεογνός. de mut. nom. 29. I, 602 ἀμνὸν ἢ χίμαρον ἢ βοῦν ἔτι νεογνὸν οὐκ εἶδες ... ἀντιβεβηκότα;

*νεοττοτροφέω. de decal. 23. II, 200
αὐτοδιδάκτω τῇ φύσει νεοττοτροφηθέν-
τες γηροτροφοῦσι χαίροντες.
νεῦμα. de confus. lingu. 4. I, 406 ἐκ-
τετμημένοι γλῶτταν νεύμασι καὶ βλέμ-
μασι καὶ ταῖς ἄλλαις τοῦ σώματος σχέ-
σεσι καὶ κινήσεσιν . . . ἃ ἂν θέλωσιν
ὑποσημαίνουσι.
νευροσπαστέω. de profug. 8. I, 553
ὁ τὰ θαύματα κινῶν καὶ νευροσπα-
στῶν. — fragm. II, 667 ὁ δὲ οὐκ ἔτι
νευροσπαστῶν οὐδὲ παρέχων κίνησιν αὐ-
ταῖς (sc. αἰσθήσεσι) ἠρεμεῖ.
νευστικός. Steph. hat 1 Stelle aus
Philo de mundo, welche entlehnt ist
aus de incorr. m. 25. II, 513 τὸ μὲν
δὴ πῦρ συνανέλκον γῆν ὑπὸ τοῦ περὶ
αὐτὴν νευστικοῦ βρίθειν ἀναγκάζεται.
νεφόω. de Abrah. 27. II, 21 κελεύει
γὰρ ἐξαίφνης τὸν ἀέρα νεφωθέντα πο-
λὺν ὄμβρον οὐχ ὕδατος ἀλλὰ πυρὸς
ὗειν.
νεωκορία. de somn. II, 41. I, 695
ἐπιστήσας τοὺς ἀριστίνδην ἐπιλελεγμέ-
νους πρὸς τὴν ἱερὰν νεωκορίαν.
νεωτερίζω. Steph. hat Philo de vita
Mos. 3 ohne best. Angabe. — Dazu:
de somn. I, 17. I, 636 κατὰ τῶν νεω-
τεριζόντων εἰς αὐτὸν (sc. ἄνθρωπον)
ὅπλον ἀμυντήριον (λόγος ἐδόθη). —
ibid. 20. I, 639 ἐφ' ὅσον μὴ νεωτερί-
ζειν ἄρχεται λιμός. — de somn. II, 13.
I, 671 διὰ φόβον τοῦ μηδὲν ἀπ' αὐ-
τῶν εἰς ἡμᾶς νεωτερισθῆναι.
νεωτερισμός. Steph. hat Philo de
vita Mos. II ohne best. Angabe. —
Dazu: de plantat. 35. I, 350 ἐπιχειροῦ-
σιν . . . τὸν ἐπὶ τῇ ψυχῇ νεωτερισμὸν
αὐτῶν καθελεῖν.
νεωτέρισμα. fragm. ap. Euseb. pr.
ev. 8, 8. II, 633 οὐ χρυσὸν οὐ θάλ-
πος οὐχ ὅσα ἀέρος νεωτερίσματα προ-
φασιζόμενοι.
νεωτεροποιΐα. Steph: hat Philo de
vita Mos. 3 ohne best. Angabe. —
Dazu: de sacr. Ab. et Cain. 22. I, 178
μηδεμίαν ἀποδεχομένου νεωτεροποιΐαν.
de sobr. 2. I, 393 νεωτεροποιΐαν ἀγα-
πῶντος ἐμφαίνει τρόπου διάθεσιν. —
ibid. 4. I, 395 εἰς τὴν τῆς ψυχῆς
νεωτεροποιΐαν ἀφορῶν. — legat. ad
Caj. 34. II, 584 τὰς πρὸς νεωτερο-
ποιΐαν ἀφορμάς.
νεωτεροποιός. de sobr. 4. I, 395
κεκιβδηλευμένοι νεωτεροποιοὶ τὰς ψυ-
χὰς ἅπαντες. — legat. ad Caj. 29. II,
574 ὁ νεωτεροποιὸς καὶ μεγαλουργὸς
ἄνθρωπος.
νῆψις. leg. alleg. III, 26. I, 103 Μελ-

χισεδὲκ . . . ποτιζέτω . . . ψυχὰς ἵνα
κατάσχετοι γένωνται θείᾳ μέθῃ νηφα-
λεωτέρᾳ νήψεως αὐτῆς.
νοθεία. de agricult. 37. I, 324 δύσε-
ριν ταραχὴν ἐπὶ νοθείᾳ τοῦ ἀληθοῦς
ἀεὶ μελετῶντι.
νομοθέτημα. quis rer. div. haer. 5.
I, 476 κατὰ τὸ ἱερώτατον νομοθέτημα.
νοσηλεύω (νοσιλεύω). Wytt. ad P. M.
p. 123 D führt aus Philo folgende Stel-
len au: quis rer. div. haer. 59. I, 516
ταύτην τὴν ἐπίνοσον γενεὰν ἢ ἡλικίαν
ὑπό τινος τρίτης οἷα ὑπ' ἰατρικῆς φι-
λοσοφίας νοσηλευθῆναι χρή. — de Jo-
seph. 5. II, 45 ἐθεράπευσα ἐνοσίλευσα
πρότερον ἀποθνῄσκοντα. — quod omn.
prob. lib. 12. II, 459 οἵ τε νοσηλεύον-
τες . . . πρὸς τὰς νοσηλείας ἐκ τῶν
κοινῶν ἔχοντες ἐν ἑτοίμῳ . . .
νοσφισμός. de spec. legg. II, 336
τὰς ἐπὶ νοσφισμῷ πάγας τίθησι. —
ibid. II, 341 περὶ τοῦ μὴ ἐπισκιάζειν
ἐψευσμένῳ θανάτῳ νοσφισμὸν ἄδικον.
νουθετητής. Steph. hat Philo II, 519.
— Dazu: quis rer. div. haer. 15. I,
483 ὅταν . . . νουθετητὰς μὲν καὶ σω-
φρονιστὰς ἔτι δὲ ἔλεγχον καὶ παιδείαν
ἀποδιδράσκῃ . . .
νοῦς. . Der Dat. νοΐ findet sich leg. al-
leg. III, 16. I, 97 συγκέκληται τῷ
Ἀδὰμ τῷ νοΐ καὶ ἡ γυνὴ αἴσθησις.
Diese St. auch bei Lobeck ad Phryn.
p. 453.
νυκτεγερσία. de cherub. 27. I, 156
νυκτεγερσίαι πρὸς ἀπλήστους ἐπιθυ-
μίας.
νυκτοφύλαξ. Steph. hat Philo II, 236.
— Dazu: fragm. II, 677 λῃστὰς νυκ-
τοφύλακες . . . οὓς ἀδόλως συλλαβεῖν
οὐκ ἔστιν ἐνεδρεύοντες κατορθοῦν δο-
κοῦσι.
νυμφοστολέω. Steph. hat Philo I,
323. — Dazu: congr. erud. grat. 14.
I, 529 τὴν ἐγκύκλιον παιδείαν ἐγγυᾷ
καὶ μόνον οὐ προξενεῖν καὶ νυμφοστο-
λεῖν ὑπομένει. — de Abrah. 43. II, 36
οὗ χάριν οὐχ ὑπερθήσομαι νυμφοστο-
λεῖν.
νυστάζω. congr. erud. grat. 15. I, 531
ἔτι νυστάζοντος. καὶ ὡς ἐν ὕπνῳ βαθεῖ
καταμεμυκότος.
νωθής. de post. Cain. 46, bei Tisch.
p. 134, 11 ὄνος τὸ δοκοῦν ἐν ζώοις
εἶναι νωθέστατον. — quod deus immut.
14. I, 282 νωθεστέρᾳ καὶ ἀμβλείᾳ κε-
χρημένοι τῇ φύσει. — ibid. 20. I, 286
νωθέστεροι καὶ βραδεῖς τὰς ψυχάς.

Ξ.

ξεναγέω. de somn. I, 11. I, 630 ξεναγηθείς ὑπὸ τῆς σοφίας. — ibid. 32. I, 649 ὑπὸ τῆς τοῦ οὐρανοῦ φαντασίας ξεναγοῦνται. — de execr. 9. II, 436 ξεναγούμενοι πρός τινος θειοτέρας ... ὄψεως.

ξενιτεία. de Joseph. 42. II, 76 ᾔδει ... ξενιτείας τὴν εἰς τὸ ἁμαρτάνειν ἐκκεχειρίαν. — in Flacc. 20. II, 541 ὠνείδισά ποτε ἀτιμίαν καὶ ξενιτείαν αὐτοῖς ἐπιτιμίοις οὖσι κατοίκοις.

ξενιτεύω. Steph. hat Philo de vita Mos. 3, die St. steht §. 30. I, 170; ferner II, 45 u. de mundo ohne best. Angabe. Die Stelle steht §. 11. II, 613 entlehnt aus de incorr. m. 11. II, 498. — Dazu füge: de Joseph. 32. II, 69 ἵνα καὶ εὐάρεστοι τοῖς ἐγχωρίοις ξενιτεύοντες ἦτε. — de monarch. II, 1. II, 223 οὐκ ἂν ὑπομείνῃ πατρίδα καὶ φίλους καὶ συγγενεῖς ἀπολιπὼν ξενιτεύειν. — fragm. II, 677 τοῖς ἐν Αἰγύπτῳ ξενιτεύσασιν.

ξιφηφορέω. quod deus immut. 13. I, 282 ξιφηφοροῦντα καὶ βέλεσι χρώμενον καὶ πνεύμασι καὶ φθοροποιῷ πυρί.

ξυλίζομαι. Steph. führt an Philo de vita Mos. 3. Die St. steht §. 28. II, 168.

O.

ὁβολοστάτης. Steph. hat Philo 454 = I, 550. — Dazu: de septen. bei Tisch. p. 27, 12 τοκογλύφων καὶ ὁβολοστάτην. — de praem. et poen. 18. II, 425 θεραπεύεις δὲ τὰς τῶν δανειστῶν καὶ ὁβολοστατῶν οἰκίας ἐπὶ πολλῷ δανειζόμενος. — de carit. 6. II, 389 τὴν ὁβολοστατῶν καὶ τοκογλύφων εὔπορον ἀπορίαν.

ὁδαξέω. spec. legg. 36. II, 332 χαλεπὴ ζημία κατὰ τὴν ἑλκὴν τοῦ γάλακτος ὀδαξουμένοις.

ὀδοντοφυέω. de vict. 1. II, 238 τὸ ἐνδοτέρω φάτνιον οὐκ ὀδοντοφυεῖ.

οἰκονόμος. de mut. nom. 27. I, 601 ἀρετὴ δὲ καὶ κυβερνήτης οἰακονόμος οἰκονομεῖ [M. will οἰακονομεῖ, was im Steph. nicht aufgeführt ist] κατὰ πλοῦν τὸ σκάφος.

οἰησίσοφος. leg. alleg. III, 69. I, 125 μάταιος δὲ καὶ οἰησίσοφος ὁ λέγων ...

*οἰητικός (?). de cherub. 33. I, 160 ὁ ψευδῶν εἰκαστικός, ὁ πλάνης οἰητικός [Mang. οἰστικός?].

οἰκέτις. congr. erud. grat. 27. I, 541

ἐκ τῆς φανερᾶς πρὸς τὴν οἰκέτιν (cod. Vat. παιδίσκην) ὁμιλίας.

οἰκίδιον. quis rer. div. haer. 54. I, 511 τὰ κατὰ γῆν ἐστιν οἰκίδια.

οἰκότριψ. Steph. hat Philo de vita Mos. 1 ohne best. Angabe. — Dazu: de parent. col. 4, b. Tisch. p. 73, 17 δεσπότειαν γονεῖς ἔλαχον ... τήν τε ἐπ᾽ οἰκότριψι καὶ ἀργυρωνήτοις. — p. 74, 2 ... οἰκότριβες ἂν εἶεν οἱ μὴ μόνον οἴκοι γεννηθέντες ἀλλὰ καὶ οἱ ὑπὸ τῶν τῆς οἰκίας δεσποτῶν.

οἰκουρία. Steph. hat Philo 327. — Dazu: congr. erud. grat. 2. I, 520 ὡς ἐπαινέτης καὶ σώφρονος οἰκουρίας ἀνέχεσθαι. — de profug. 27. I, 569 τὴν ἑνὸς οἰκουρίαν ἀγαπῶσαν καὶ μοναρχίᾳ χαίρουσαν.

οἰκοφθόρος. de agricult. 16. I, 311 ἢ δ᾽ (sc. ἐπιθυμία) ἀνελεύθερος καὶ δουλοπρεπὴς καὶ πανουργίᾳ χαίρουσα οἰκόσιτος οἰκοφθόρος.

οἴναρον. quod deus immut. 8. I, 278 ἀποτίκτει πέταλα καὶ κληματίδας ἕλικας οἴναρα καρπὸν ἐπὶ πᾶσιν.

οἰνοφλυγία. Steph. hat Philo de vita Mos. I, 22; muss heissen III, 22. II, 163. — Loesner l. c. p. 480 führt an: opif. m. 36. temul. 272 E. spec. legg. 783 C. — Dazu: de mut. nom. 37. I, 609 οἱ κατηγοροῦντες τοῦ υἱοῦ γονεῖς ἐπ᾽ οἰνοφλυγίᾳ. — de somn. II, 30. I, 686 τὴν πηγὴν ἀφ᾽ ἧς τὸ οἰνοφλυγίας ὀμβρεῖ κακόν. — de somn. II, 23. I, 679 ὁ μὲν ἀρχιοινοχόος οἰνοφλυγίαν ὁ δὲ ἀρχισιτοποιὸς λαιμαργίαν ἔλαχε.

οἰωνόμαντις. de confus. lingu. 31. I, 429 τὸν οἰωνόμαντιν καὶ τερατοσκόπον.

ὀλάργυρις. Steph. hat Philo I, 666, wo ὀλοάργυρος ist. — Dazu: de spec. legg. 8. II, 276 δραχμὰς διακοσίας νομίσματος ὀλαργύρου.

ὀλιγάκις. de confus. lingu. 23. I, 422 προνοίας δὲ οὐ τὸ ὀλιγάκις ἀλλὰ τῆς μὲν ἀνθρωπίνης πολλάκις τῆς δὲ θείας ἀδιαστάτως ἀεὶ κατορθοῦν.

ὀλιγανδρέω. de somn. II, 25. I, 681 ἢ δι᾽ ἀσθένειαν ὀλιγανδροῦσιν ᾗ δι᾽ ὀλιγανδρίαν ἀσθενοῦσιν.

ὀλιγανδρία. s. ὀλιγανδρέω.

ὀλιγοδρανέω. Steph. hat Philo II, 466. — Dazu: legat. ad Caj. 29. II, 573 ἀχανεῖς εἰστήκειμεν ὀλιγοδρανοῦντες καὶ κατάρεοντες. — de migr. Abr. 28. I, 460 ὀλιγοδρανοῦσα ἡ διάνοια.

ὀλιγοτόκος. quis rer. div. haer. 43.

I, 502 ἐν ζώοις καὶ φυτοῖς ... πολυτόκα ὀλιγοτόκα.

ὀλιγοχρόνιος. de sobr. 4. I, 395 Ἀβραὰμ ὀλιγοχρονιώτατος εἰσάγεται. — quis rer. div. haer. 58. I, 515 ὃν ἀναγράφει γήρᾳ χρησόμενον καλῷ τῶν πρὸ αὐτοῦ σχεδὸν ἁπάντων ὀλιγοχρονιώτατον εἰσήγαγε. — de profug. 20. I, 562 οἱ δὲ ὀλιγοχρονιώτατοι τῶν ἀρχιερέων εἰσί.

ὀλισθαίνω. Von dem seltnen Aorist ὠλίσθησα findet sich ein bei Lobeck ad Phryn. p. 742 nicht mit aufgeführtes Beispiel: de agricult. 40. I, 327 σπάνιον εἴ τῳ δωρήσεται ὁ θεὸς ἀπ᾽ ἀρχῆς ἄχρι τέλους σταδιεῦσαι τὸν βίον μήτ᾽ ὀκλάσαντι μήτ᾽ ὀλισθήσαντι. ὀλισθος. de cherub. 20. I, 151 καὶ μὴν τοὺς ὀλίσθους ἀνάγκη τούτους περὶ ἕκαστον ἡμῶν ἀεὶ συμβαίνειν. — de migr. Abr. 27. I, 459 ὑπὲρ τοῦ καὶ ἐκείνῳ παρασχεῖν ἀντισπάσματα καὶ μεθολκὰς καὶ κατάγειν ἔνθεν ὄλισθος (? ὄλισθον).

ὀλοθρεύω. leg. alleg. II, 9. I, 73 ἐᾷ τὸν ὀλοθρεύοντα εἰσελθεῖν.

ὀλυμπιονίκης. de nobilit. 2. II, 438 ἐὰν οἱ τοῦ γένους ἀρχηγέται δι᾽ ἀθλητικὴν ῥώμην ἐν ὀλυμπιονίκαις ἢ περιοδονίκαις γράφωνται.

ὀμηρεύω. quis rer. div. haer. 42. I, 502 μέσος τῶν ἄκρων ἀμφοτέροις ὀμηρεύων.

ὀμογάστριος. de migr. Abr. 37. I, 468 τὸν ὀμογάστριον ἀδελφόν. — desgl. de mut. nom. 15. I, 592. — de somn. II, 6. I, 664. — de nobilit. 6. II, 444.

ὀμογνωμονέω. quis rer. div. haer. 50. I, 508 ἣ δ᾽ οὐχ ὀμογνωμονοῦσιν ἐν ταῖς κατὰ μέρος ζητήσεσιν ... — de Joseph. 9. II, 48 μόνον τοῦ ὀμογνωμονοῦσιν. — ibid. 30. II, 66 συμπνεόντων καὶ ὀμογωμονούντων περὶ πράγματος. — de vita Mos. III, 35. II, 174 τὰς τοσαύτας μυριάδας ἔπεισεν ὀμογνωμονῆσαι. — de creat. princ. 2. II, 362 ἡ πληθὺς ὀμογνωμονοῦσα. — legat. ad Caj. 31. II, 577 πάντας εὕρισκεν ὀμογνωμονοῦντας.

ὀμοδίαιτος. de cherub. 31. I, 158 ὀμοδίαιτοι καὶ ὀμοτράπεζοι ταῖς φιλαρέτοις γενόμεναι ψυχαῖς. — ibid. 32. I, 159 πόσον δὲ χρόνον ἡμῖν ὀμοδίαιτος ἔσται. — ap. Euseb. pr. ev. l. 8, 8. II, 633 οἱ δὲ ὀμοδίαιτοι καὶ ὀμοτράπεζοι κατὰ ἑκάστην ἡμέραν εἰσὶ τοῖς αὐτοῖς ἀσμενίζοντες. — ibid. II,

646 τῶν δὲ πρὸς ἀπόλαυσιν οὐδὲν ὀμοδίαιτον.

ὀμοεθνής. de carit. 11. II, 392 μυρία τῶν ἐν μέρει διατεταγμένων πρὸς τοὺς ὀμοεθνεῖς χρηστὰ καὶ φιλάνθρωπα.

ὀμοιοειδής. ap. Euseb. pr. ev. 7, 7. II, 631 τὸ γὰρ συνεχὲς καὶ ὀμοιοειδὲς ἀεί, μάλιστα δὲ ἐπὶ ἔργων βλάπτειν ἔοικε.

ὀμόνομος. de confus. lingu. 4. I, 406 ἔθνος ἓν οὐχ ὀμόφωνον μόνον ἀλλὰ καὶ ὀμόνυμον καὶ ὀμοδίαιτον.

ὀμοτράπεζος. s. o. ὀμοδίαιτος und fr. ap. Euseb. pr. ev. 8, 14. II, 646 οὕτως ἡμέρωται τὸ ζῶον ὑπὸ ἀδείας ὥστε οὐ μόνον ὑπωρόφιον ἀλλὰ καὶ ὀμοτράπεζον ἀεὶ γίγνεσθαι.

ὀμοφροσύνη. de praem. et poen. 15. II, 422 ὀμοφροσύνην δὲ καὶ κοινωνίαν ἀσπαζομένους. — in Flacc. 7. II, 525 ὀμοφροσύνης ἀλογεῖν.

ὀμόφωνος. s. ὀμόνομος.

ὀμωνυμέω. de confus. lingu. 15. I, 414 αἵτινες ὀμωνυμοῦσαι ταῖς προτέραις ...

ὀνειροκριτικός. de somn. II, 1. I, 659 ἐδεήθησαν τῆς ὀνειροκριτικῆς ἐπιστήμης. — ibid. 16. I, 673 τὴν δὲ ἑτέραν (ὄψιν) καιρὸς ἤδη σκοπεῖν καὶ ὡς ὀνειροκριτικὴ τέχνη διαστέλλεται. — de Joseph. 22. II, 59 ὁ πολιτικὸς πάντως ὀνειροκριτικός ἐστιν. — ibid. 24. II, 61 τὴν ὀνειροκριτικὴν ... διδάσκοντα.

ὀνειροπολέω. de somn. I, 27. I, 646 ἐὰν ὁ ἀσκητής ... διαυγῶς ἴδῃ ἃ πρότερον ἀμυδρῶς ὠνειροπόλει. — ibid. II, 23. I, 680 λύπην ὡς χαρὰν ὀνειροπολεῖ.

ὀνείρωξις. Steph. hat Philo II, 446. — Dazu: de somn. II, 44. I, 698 οὐδὲ ἐπιπόλαιον ἔσχον ἡ δοκησίσοφος ψυχὴ τὴν τῶν ὑπὲρ ἑαυτὴν ὀνείρωξιν.

ὀνειρώττω. de somn. II, 3. I, 661 τοῖς ἐκ βαθέος ὕπνου διανισταμένοις καὶ ἔτι ὀνειρώττουσιν ἁρμόττον λέγειν ᾤμην. — ibid. 14. I, 671 ὀνειρώττοντα δόξαν. — de Joseph. 24. II, 62 ψευδέσι δόξαις ὑφ᾽ ὧν ὀνειρώττειν ἀναγκαζόμενα (oder nach Cod. Vat. u. Coisl. ἀναγκαζομένη sc. ψυχή) οὐδὲν παγέως (besser ἱκανὰ (besser ἱκανή) καταλαμβάνειν ἐστί. — de monarch. II, 13. II, 230 ὅταν ... ἱερεὺς ... νύκτωρ οἷα φιλεῖ πολλάκις ὀνειρώξῃ ... [im Schlaf Samen lässt].

ὀνομαστικῶς. Nach Lobeck pathol. p. 66 wechselnd mit ὀνοματικῶς. — de cherub. 18. I, 150 ὃ κέκληκε προση-

γορικῶς μὲν γυναῖκα, ὀνομαστικῶς [cod.
Aug. ὀνοματικῶς] δὲ Εὐαν αἰνιττόμε-
νος αἴσθησιν.
ὀνοματοποιέω. de mut. nom. 29. I,
602 τὸ γινόμενον ἔρυσιν ἐκάλεσαν οἷς
ὀνοματοποιεῖν ἔθος.
ὀξυδερκέω (ὀξυδορκέω). Steph. hat
Philo 195 = I, 309. 324 = I, 409.
756 = II, 194. 898 = II, 480. —
Dazu: de migr. Abr. 36. I, 467 ἡνίκα
τῆς ἀχλύος σκεδασθείσης ὀξυδορκήσειν
ἔμελλεν. — de somn. I, 2. I, 622 u.
de somn. II, 25. I, 681 τοῖς διάνοιαν
ὀξυδορκοῦσι. — de somn. I, 26. I,
645 εἰκὸς ἦν καὶ τοὺς τυφλοὺς τὴν
διάνοιαν ὀξυδερκῆσαι. — de ebriet. 22.
I, 370 τὸ δὲ αὐτῆς ἀληθὲς εἶδος ἄτρε-
πτον ἐμφαίνει τοῖς ὀξυδορκοῦσι. vgl.
auch Lobeck ad Phryn. p. 576.
ὀξυδερκής. de migr. Abr. 7. I, 441
ὀξυδερκεστάτην ὄψιν. — congr. erud.
grat. 9. I, 526 ὀξυδερκέστερα ἐμβλέ-
πειν. — ibid. 25. I, 540 ὀφθαλμοῖς
μείζοσι καὶ ὀξυδερκεστέροις ἐνομματω-
θεῖσα. — de profug. 3. I, 549 ὁ τῶν
ὄντων ὀξυδερκέστατος. — de mut. nom.
7. I, 586 ἐνομματώσας ὀξυδερκέσι κό-
ραις. — quod omn. prob. lib. 20. II,
467 οἱ τῶν Ἑλλήνων ὀξυδερκέστατοι
διάνοιαι Ἀθηναῖοι. — de incorr. m.
18. II, 505 ὀξυδερκέστερον ἐκ μακροῦ
θεασάμενοι. — legat. ad Caj. 40. II,
593 λογισμὸν ὃς οὕτως ὀξυδερκὴς ἐγέ-
νετο . . . — fragm. ap. Euseb. pr. ev.
8, 8. II, 633 ὀξυδερκέστερον ἰδόντες.
ὀξυκίνητος. de cherub. 9. I, 144
ὀξυκινητότατον καὶ θερμὸν λόγος. —
de profug. 28. I, 569 τῆς ὀξυκινητο-
τάτης ὁρμῆς. — de mut. nom. 33. I,
605 ἐνδοιασμὸν . . . αὐτοῦ περὶ τὴν
ὀξυκίνητον διάνοιαν ἱστάμενον. — de
somn. II, 9. I, 668 ὀξυκίνητον πρὸς
τὴν εὐσέβειαν σπουδήν.
ὀξυωπέω. de sobriet. 1. I, 342 τότε
γὰρ μάλιστα ὀξυωπῆσαν σύνεσιν καὶ
φρόνησιν αὐτὴν ἐμβλέπον τοῖς νοητοῖς
ἀγάλμασιν ἐντεύξεται.
ὀξυωπής. de migr. Abr. 9. I, 443 τῷ
καθαρωτάτῳ καὶ ὀξυωπεστάτῳ γένει.
— ibid. 14. I, 448 ὀφθαλμὸς ὀξυωπέ-
στατος. — ibid. 39. I, 471 τυφλὸν γὰρ
ὕπνος ὡς ὀξυωπὲς ἐγρήγορσις. — con-
gr. erud. grat. 15. I, 351 ἤδη τοῦ λο-
γισμοῦ πρὸς τὸ ὀξυωπέστερον ἐπιδε-
δωκότος. — de Abrah. 45. II, 38 τίς
δὲ ὀξυωπέστερος ἱέρακος. — legat. ad
Caj. 1. II, 545 οὗ (sc. λογισμοῦ) τὴν
ὄψιν ὀξυωπεστέραν οὖσαν τῆς δι᾽ ὀμ-

μάτων σώματος ἀμαυροῦμεν. — de
plantat. 13. I, 338 ὀξυωπέστατα ὁρῶν.
ὀξυωπία. de somn. II, 5. I, 664 ὁ δὲ
φῶς ἀντὶ σκότους μεταδιώκων ἐγρη-
γόρσεως ὀξυωπίας. — de vita con-
templ. 11. II, 486 εὐημερίαν καὶ ἀλή-
θειαν ἐπεύχονται καὶ ὀξυωπίαν λογι-
σμοῦ.
ὀπισθόδομος. de vita Mos. III. 5.
II, 148 ἐννέα δὲ (πήχεις ἀπολαμβάνει)
ὀπισθόδομος. — ibid. 7. II, 149 τῶν
κατὰ τὸν ὀπισθόδομον εἴκοσι (πήχεων).
ὁπλολογέω. in Flacc. 11. II, 530 οὐ
πρὸ πολλοῦ τῶν κατὰ τὴν χώραν Αἰ-
γυπτίων ὁπλολογηθέντων ὑπὸ Βάσσου
τινός.
ὀστρακόδερμος. quis rer. div. haer.
43. I, 502 καὶ ἐν ζώοις καὶ φυτοῖς
. . . μαλακὰ ὀστρακόδερμα.
οὐδένεια. Steph. hat Philo I, 477. 586.
— Dazu: de sacrif. Ab. et Cain. 14.
I, 172 μεμνημένος τῆς ἰδίας περὶ πάντα
οὐδενείας.
οὐρανοκλῖμαξ. de somn. I, 1. I, 620
τὸ φανὲν ἐπὶ τῆς οὐρανοκλίμακος τόδε.
— ibid. II, 1. I, 659 ἡ ἐπὶ τῆς οὐ-
ρανοκλίμακος φανεῖσα ὄψις.
οὐρανομήκης. de merced. meretr. 2.
II, 266 ἔρνος οὐρανομηκες. — quod
omn. prob. lib. 10. II, 456 τῆς ἐπι-
μελείας οὐρανομήκεις ἐστελέχωσαν ἀρε-
τὰς ἀειζαλῆ καὶ ἀθάνατα ἔρνη. — de
incorr. m. 19. II, 506 δένδρα οὐρανο-
μήκη πολλάκις ἀναβλαστάνει ἐκ βραχυ-
τάτης κέγχρου.
οὐρανομίμητος. fragm. II, 653 οὐ-
ρανομίμητον πολιτείαν.
οὐριοδρομέω. legat. ad Caj. 27. II,
572 ἐφέρετο πλησίστιος οὐριοδρομῶν.
vgl. Lobeck ad Phryn. p. 617.
οὐσιώδης. de migr. Abr. 35. I, 466
θεὸν . . . ἔξω τῆς ὑλικῆς φύσεως . . .
ἐξεληλυθέναι . . . τῷ οὐσιώδει. — quod
det. pot. insid. 25. I, 209 ζωτικῆς δυ-
νάμεως ἧς τὸ οὐσιῶδες αἷμα.
ὀφθαλμοφανῶς. de mut. nom. 41.
I, 614 οὐκ ὀφθαλμοφανῶς δείκνυσι.
ὀφιώδης. leg. alleg. II, 21. I, 81
δάκνεται ὑφ᾽ ἡδονῆς τοῦ ποικίλου καὶ
ὀφιώδους πάθους.
ὄφλημα. de Joseph. 5. II, 45 τὸ οἰ-
κεῖον ὄφλημα τῆς φύσεως.
ὀχεία. de Abrah. 26. II, 20 ἄκρατον
πολὺν καὶ ὀψοφαγίας καὶ ὀχείας ἐκ-
θέσμους μεταδιώκοντας. — ibid. 29.
II, 22 πρὸς ὀχείας ὁρμᾷ.
ὀχλικός. Steph. hat Philo 762 (?). —
Dazu: de sacr. Ab. et Cain. 12. I, 171

ἀπὸ τῶν ὀχλικῶν τῆς πολιτείας σπουδασμάτων.
ὀψαρτυτής. de agricult. 14. I, 310
ὁ δὲ ὀψαρτυτοῦ τινος ἢ σιτοπόνου (ὄνομα ὑποδύσεται).

II.

παγίως. leg. alleg. III, 73. I, 128 π.
πιστεύειν. — de cherub. 8. I, 143 ἡ
δὲ (γῆ) μόνη τῶν τοῦ κόσμου μερῶν
ἑστῶσα παγίως. — quod deus immut.
10. I, 280 π. καὶ βεβαίως. — de agricult. 1. I, 301 π. ἐναρμόζεσθαι. — de
ebriet. 10. I, 363 ἀκολουθῆσαι π. τῷ
ἀληθεῖ. — ibid. 29. I, 374 παγίως
ἱδρυμένων καὶ μηδεμίαν δεχομένων μεταβολήν. — de migr. Abr. 5. I, 439
ἑστάναι π. ἐπὶ τῶν ἰδίων . . . δογμάτων. — de somn. II, 3. I, 661 τὸ μὲν
ὤμην . . . ἀμυδρῶς ὑπολαμβάνοντος οὐ
παγίως καὶ τηλαυγῶς ὁρῶντος ἀνάφθεγμά ἐστι. — ibid. 18. I, 675 ὁ
τινάττων καὶ κυκῶν τὰ παγίως ἑστῶτα
σεισμός — ibid. 42. I, 695 παγίως
ἐπιβὰς αὐτοῖς. — ibid. 44. I, 698 περὶ
τοῦ βεβαίως καὶ π. ταῦθ᾽ ἑστάναι.
παιδεραστέω. de spec. legg. 7. II,
305 ἐπεισκεκώμακε ταῖς πόλεσιν ἕτερον . . . κακὸν τὸ παιδεραστεῖν. — ap.
Euseb. pr. ev. 8, 7. II, 628 ἐὰν παιδεραστῇς, ἐὰν μοιχεύῃς, ἐὰν βιάσῃ
παῖδα . . . θανατὸς ἡ ζημία.
παιδοποιέομαι. leg. alleg. I, 33. I,
64 οὐκ ἀποθνήσκουσιν ἀλλὰ καὶ παιδοποιοῦνται καὶ ἑτέροις τοῦ ζῆν αἴτιοι
καθίστανται. — de poster. Cain. 51.
I, 259 Λὼτ αἱ θυγατέρες . . . ἐκ τοῦ
πατρὸς αὐτῶν ἐθέλουσι παιδοποιεῖσθαι.
— congr. erud. grat. 3. I, 521 νοῦ
γὰρ πρὸς ἀρετὴν ἐστι σύνοδος ἐξ αὐτῆς ἐφιεμένου παιδοποιεῖσθαι. — ibid.
14. I, 529 μήπω δυναμένοις ἡμῖν ἐκ
φρονήσεως παιδοποιεῖσθαι . . . — de
mut. nom. 23. I, 598 ἄτοπον μὲν ἕτερον ἄνδρα εἶναι ἐξ ἑτέρου δὲ νόθου καὶ
μοιχίδια παιδοποιεῖσθαι. — de Abrah.
43. I, 37 ἄγεται τὴν ὑπ᾽ αὐτῆς δοκιμασθεῖσαν ἄχρι τοῦ παιδοποιήσασθαι.
— de decal. 10. II, 187 γυναιξὶ χηρείαν ὑπομενούσαις . . . ἢ μηδὲ παιδοποιησαμένοις τοπαράπαν.
παιδοσπορέω. de Abrah. 26. II, 20
παιδοσποροῦντες ἠλέγχοντο μὲν ἀτελῆ
γονὴν σπείροντες. — de septen. 5. II,
280 παιδοσποροῶν καὶ βιαζόμενος τὸν
ἄρρενα τῆς φύσεως χαρακτῆρα παρακόπτειν καὶ μεταβάλλειν εἰς γυναικόμορφον ἰδέαν.

παιδοτριβέω. de merced. meretr. 1.
II, 265 ψυχῆς δὲ πορνείαν ἀκολασίᾳ
συντρόφῳ καὶ συνήθει πεπαιδοτριβημένης τίς ἂν αἰὼν μεταβάλλοι πρὸς
εὐκοσμίαν;
παιδοτροφία. de gigant. 7. I, 266
γάμος καὶ παιδοτροφία καὶ πορισμὸς
τῶν ἀναγκαίων.
παλεύω. de somn. I, 38. I, 654 δεινοὶ παλεῦσαι καὶ κατεπᾶσαι καὶ γοητεῦσαι. cf. Wytt. l. c. ad p. 52 B.
παλινδρομέω. de somn. I, 22. I, 642
αἱ μὲν (ψυχαὶ) τὰ σύντροφα καὶ συνήθη τοῦ θνητοῦ βίου ποθοῦσαι παλινδρομοῦσιν αὖθις. — de somn. II, 34.
I, 689 (ὁ νοῦς) παλινδρομήσας ἀπὸ
τῶν θείων ἄνθρωπος γίνεται. — de
Abrah. 18. II, 14 τίς δὲ οὐκ ἂν μετατρεπόμενος ἐπαλινδρόμησεν οἴκαδε.
— de praem. et poen. 3. II, 411 ὡς
δέος εἶναι, μὴ παλινδρομήσῃ τὸ πάθος.
παμμίαρος. de confus. lingu. 24. I,
422 ὦ σχέτλιοι καὶ παμμίαροι. — de
migr. Abr. 2. I, 437 τὸ παμμίαρον . . .
ἐκφυγὼν δεσμωτήριον.
πανάκεια. quod det. pot. insid. 33.
I, 215 πανακείας τυχὼν δικαιοσύνης.
*πανκτησία. de septen. 13. II, 290
μὴ γὰρ δίδοτε τὰς ἐπὶ πανκτησίᾳ τιμάς. So Tisch. p. 37, 2, für ἐπ᾽ ἀκτησίᾳ bei Hoesch., Richt. u. ἐπ᾽ ἀεικτησίᾳ bei Mang. u. Tauchn.
πάνλευκος. de somn. I, 38. I, 654
τῆς πανλεύκου καὶ φωτοειδεστάτου
ἐσθῆτος.
παντευχία. de Abrah. 41. II, 35 ὃς
ἐπειδὰν ἀναλάβῃ τὴν αὐτοῦ παντευχίαν
. . . δύναμιν ἀνανταγώνιστον ἐρρωμενέστατα κρατεῖ.
πανύστατος. de sobriet. 5. I, 396
ἀπὸ γενέσεως ἀρχῆς ἄχρι πανυστάτου
γήρως. — de confus. lingu. 16. I, 415
τὸ πανύστατον καὶ νεώτατον αἰσθητὸν
ἀγαθόν. — de somn. I, 2. I, 622 ὅτε
πανύστατα ἔξεισιν. — quod omn. prob.
lib. 17. II, 463 ἐλεύθεροι τὴν ἀναγκαίαν καὶ πανυστάτην ὁδὸν περαιωσέσθε. — in Flacc. 5. II, 522 ὁ γὰρ
ἐπιπλήττειν ἢ τὸ πανύστατον ἐπέχειν
ἂν δυνηθείς . . .
πανωλεθρία. de spec. legg. 3. II,
302 ἡ πλείστη μοῖρα τοῦ Ἑλληνικοῦ
παντὸς ἐξεφθάρη πανωλεθρίᾳ. — de
nobilit. 3. II, 439 ἐν μεγάλῳ κατακλυσμῷ τῶν πόλεων ἀφανιζομένων πανωλεθρίᾳ. — quod omn. prob. lib. 18.
II, 464 αὐθαίρετον πανωλεθρίαν ὑποστάντας. — legat. ad Caj. 32. II, 580

ἵνα ἢ περισώσητε πάντας ἢ πάντας
πανωλεθρίᾳ διαφθείρητε. — Zur Schrei-
bung vgl. Lobeck ad Phryn. p. 705 u.
Steph. s. h. v.

παππῷος. in Flacc. 5. II, 521 τῆς
παππῴας λήξεως τρίτην μοῖραν. — le-
gat. ad Caj. 4. II, 549 κληρονόμος τῆς
παππῴας ἀρχῆς.

παραδοξολογέω. de plantat. 17. I,
340 τοὺς μὲν οὖν πάντα τοῦ σπουδαίου
φάσκοντας εἶναι παραδοξολογεῖν ᾠήθη-
σάν τινες . . .

παραθήγω. Bei Steph. aus Philo II,
575. — Dazu: de gigant. 13. I, 271
ἐπιτηδεύει τέχνας παραθήγων καὶ ἀκο-
νῶν . . . αὐτόν. — de agricult. 23. I,
316 τοῦ παρατεθηγμένου καὶ ὀξυκινή-
του καὶ σκιρτητικοῦ πάθους ἐπιβάθρας
διασεῖσαι. — de confus. lingu. 23. I,
421 ἐπαίρει καὶ παραθήγει καὶ τὸ ἄλλο
ἀτίθασσον ἐκ φύσεως τῶν παθῶν στί-
φος. — congr. erud. grat. 6. I, 523
πρὸς ἣν (sc. ἀκόνην) ὁ . . . νοῦς πα-
ραθηγόμενος ὀξύνεται. — de agricult.
3. I, 302 (διαλεκτικὴ) παραθήγει τὸν
νοῦν. — de ebriet. 39. I, 381 ἀνεγεί-
ρων καὶ παραθήγων διάνοιαν. — de
profug. 23. I, 564 οἱ . . . πάντ᾽ ἐπι-
μελῶς ἐξετάζοντες ἀκονοῦσι καὶ παρα-
θήγουσι αὐτόν (sc. τὸν νοῦν).

παραιτητέος. Bei Steph. aus Philo
I, 275. — Dazu: de cherub. 35. I,
161 παραιτητέον τὸν νοῦν ὃς τὸ γεν-
νηθὲν . . . κτῆμα ἴδιον ᾠήθη.

παρακμή. ap. Joh. Dam. s. p. P. 404
C. II, 650 σώματος παρακμὴ κατα-
στολὴ παθῶν.

παρακούω. de cherub. 20. I, 151
παρορᾶν ἢ παρακούειν. — ibid. 21. I,
152 παρορῶν εἰπέ μοι, παρακούων ἀεί.
— de plantat. 19. I, 342 παρορᾶν ἢ
παρακούειν ἢ παρανοεῖν. [cf. hierzu
Plato, Theaetet. p. 195 A.] — de ebriet.
39. I, 381 οὐδὲν οὔτε παρορᾶν οὔτε
παρακούειν ὑπομένει. — quis rer. div.
haer. 22. I, 488 αἴσθησιν . . . ἀλο-
γοῦσαν τῶν σωφρονιστῶν ὡς παρορᾶν
καὶ παρακούειν καὶ ὅσα ἂν ἐπ᾽ ὠφε-
λείᾳ διεξέρχωνται παραπτύειν.

παραλαμβάνω: in der Bed. „anneh-
men, setzen". leg. alleg. I, 2. I, 44
ὅταν οὖν λέγῃ συνετέλεσεν ἕκτῃ ἡμέρᾳ
τὰ ἔργα, νοητέον ὅτι οὐ πλῆθος ἡμε-
ρῶν παραλαμβάνει. vgl. hierzu die bei
Abresch. l. c. p. 102 angef. St. aus Lu-
cian, somn. c. 2 und bei Wytt. l. c.
VIII. 2 p. 1188 die angef. St. zu der
Bed. „subintelligo quid sub quo".

παράληρος. Bei Steph. aus Philo I,

376. 387. — Dazu: de somn. II, 31.
I, 686 παροίνιον καὶ παράληρον κακόν.

παρανόμημα. de opif. m. 53. I, 37
(ἡδονὴ) ἀδικημάτων καὶ παρανομημά-
των ἀρχή. — de vita Mos. II, 10. II,
143 τῶν ἐγχωρίων παρανομημάτων οὐ-
δὲν ἠσπάσατο. — de vita Mos. III, 20.
II, 161 ἀφ᾽ οὗ τὸ παρανόμημα γενό-
μενον εἶδον. — ibid. 28. II, 168 τὸ
π. διπλασιάζοντα. — ibid. 38. II, 177
δύο ἐν τῷ αὐτῷ παρανομήματα συνύ-
φαινον. — de decal. 2. II. 182 οἱ τῶν
ἀρχαίων παρανομημάτων ἐνσφραγιστέν-
τες τύποι. — de vict. 7. II, 244 θεοῦ
βωμῷ δι᾽ οὗ πάντων ἁμαρτημάτων καὶ
παρανομημάτων ἀπολύσεις γίνονται. —
de spec. legg. 30. II. 327 παρανομ-
μάτων αἱ τιμωρίαι. — de judice 3. II,
346 ὁρμητήριον τῶν μεγίστων παρανο-
μημάτων. — in Flacc. 6. II. 523 και-
νότατον . . . εἰσηγούμενοι παρανόμημα.

παραπαίω. de ebriet. 2. I, 357 σύμ-
βολον τὸν ἄκρατον Μωσῆς . . . νομίζει
τοῦ ληρεῖν καὶ παραπαίειν. [cf. die-
selbe Zusammenstellung bei Aristoph.
Plut. v. 508.] — de somn. I. 23. I,
643 σπούδασον ὦ ψυχή . . . γενέσθαι
. . . εὐλογιστοτάτη ἐκ παραπαιούσης.
— de somn. II, 12. I, 669 παραπαί-
ουσι καὶ μεμήνασιν. — ibid. 23. I,
680 τὸ ἀφροσύνης καὶ τοῦ παραπαίειν
φυτὸν ἄμπελον ὁρᾷ.

παραπικραίνω. leg. alleg. III, 38.
I, 110 οἱ φιλήδονοι στερόμενοι τῶν
ἡδονῶν ὀργίζονται καὶ παραπικραίνον-
ται. Carpzov, exercit. in ep. ad He-
braeos führt zu Hebr. 3, 16 auch die
St. an: de vita Mos. I p. 648 = II,
128 παραπικρανθεὶς καὶ πληρωθεὶς ὀρ-
γῆς δικαίας. — de somn. II, 26. I,
682 παραπικραίνειν κ. παροργίζειν.

παραπολαύω. de Abrah. 19. II, 15
παραπήλαυσε τῆς τιμωρίας σύμπας αὐ-
τῷ ὁ οἶκος. — ibid. 43. II, 36 μὴ
παραπόλαυε τῆς ἐμῆς ἀγονίας.

παραριθμέω. Bei Steph. aus Philo I,
613. — Dazu: de sobriet. 3. I, 394
μετὰ τῶν νόθων τὰ δοκήσει πρὸ τῶν
γνησίων καὶ τῷ εἶναι παραριθμουμέ-
νων τετίμηται. — de migr. Abr. 19.
I, 453 τὸ μὲν γὰρ ταῖς τῶν πολλῶν
δόξαις . . . παραριθμεῖται.

παρασιωπάω. Bei Steph. 1 St. aus
Philo ohne best. Angabe. — Dazu:
de opif. m. 55. I, 37 ἣν (sc. ἀπάτης
πρόφασιν) οὐκ ἄξιον παρασιωπῆσαι. —
de Abrah. 10. II, 8 ἃ δὲ χρὴ περὶ
τῶν τριῶν συλληβδὴν προειπεῖν ἀναγ-
καῖον μὴ παρασιωπῆσαι.

παρασπονδέω. Bei Steph. aus Philo
II, 201. — Dazu: de migr. Abr. 39.
I, 472 ἐρημία γε τῶν βοηθησόντων
τοῖς παρασπονδουμένοις ἐστίν. — legat.
ad Caj. 24. II, 569 ὑπὲρ τοῦ παρα-
σπονδηθῆναι κινδυνεύσαντος αὐτοκρά-
τορος.
παραστάτης. de vict. 7. II, 244 διὰ
τοὺς παραστάτας καὶ τὰ γεννητικά.
παράστημα. Bei Steph. aus Philo II,
177. — Dazu: de vita Mos. III, 25.
II, 165 ὑπόπλεως ὢν παραστήματος
εὐγενοῦς.
παρασυνάπτω. de agricult. 31. I, 321
τῶν οὐχ ἁπλῶν (ἀξιωμάτων) τὰ μὲν
συνημμένα τὰ δὲ παρασυνημμένα τὸ
μᾶλλον ἢ ἧττον.
παρατετηρημένως. Bei Steph. aus
Philo I, 221. — Dazu: leg. alleg. III,
49. I, 115 σφόδρα π. — desgl. de
poster. Cain. 41. I, 252. — de plan-
tat. 11. I, 336 π. . . . τὸν πεπλασμέ-
νον εἰςαχθῆναί φησιν εἰς τὸν παράδει-
σον. — de migr. Abr. 9. I, 442. —
de spec. legg. 13. II, 312 π. καὶ σφό-
δρα καλῶς ἀπολογούμενος.
παρατρέφω. quod omn. prob. lib. 6.
II, 450 ὑπηρετοῦντες ἀόκνως ἕνεκα
τοῦ παρατρέφεσθαι. cf. Abresch. l. c.
p. 115.
παραφροσύνη. leg. alleg. II, 17. I,
78 ἐν τοῖς χόροις ἐν ταῖς μέθαις ἐν
ταῖς παραφροσύναις. — de plantat. 36.
I, 351 μανίας καὶ παραφροσύνης αἴ-
τιος . . . ὁ οἶνος. — de ebriet. 4. I,
359 μέθην τὴν ἐκστάσεως καὶ παρα-
φροσύνης αἰτίαν.
παραχαράττω. Bei Steph. aus Philo
p. 1008 C = II, 562 u. p. 697 [?]. —
Dazu: quod omn. prob. lib. 1. II, 445
κάλλος τὸ σοφίας εἰς τὸ σοφιστείας
αἶσχος παραχαράξαντες.
παρεισέρχομαι. Bei Steph. aus Philo
I, 104. 381. — Dazu: de Abrah. 19.
II, 15 τὰς δ' ἐναντίας παρεισεληλυθέ-
ναι φροντίδας. — Loesner l. c. p. 252
führt zu Röm. 5, 20 an: de opif. m.
52. I, 36 μηδενὸς ἀρρωστήματος ἢ
νοσήματος ἢ πάθους παρεισεληλυθότος.
vgl. auch Müller, Philo's Buch v. der
Weltsch. p. 385.
παρεισρέω. de somn. I, 5. I, 624
προσρώμενοι . . . ὡς μὴ λάθρα (τι)
παρεισρυὲν αἴτιον ζημίας ἀνηκέστου
. . . γένηται.
παρεισφθείρομαι. Bei Steph. aus
Philo II, 341. 570. — Dazu: de agri-
cult. 3. I, 302 τοὺς ἐπὶ τὸ σίνεσθαι

παρεισφθείρεσθαι βουλομένους ἀνείργον.
— legat. ad Caj. 30. II, 575 ἕτεροι
δέ τινες ἀλλόφυλοι παρεισφθαρέντες ἀπὸ
τῶν πλησιοχώρων.
παρεκλέγω. legat. ad Caj. 30. II,
575 ἐξ ὧν νοσφίζεται καὶ παρεκλέγει
ποικίλον τινὰ καὶ πολὺν πλοῦτον ἤθροι-
κώς.
παρεπιδημέω. de confus. lingu. 17.
I, 416 παρεπιδημήσαντες . . . ἀπέστη-
σαν αὖτις.
παρευημερέω. Bei Steph. aus Philo
I, 19. 666. II, 181. — Dazu: quod
deus immut. 1. I, 273 οἱ τοῦ σκότους
ἑταῖροι παρευημερήσαντες. — de pro-
fug. 27. I, 569 πολλάκις γὰρ ἀπὸ τοῦ
δοκεῖν παρευημερήθη τὸ εἶναι. — de
somn. I, 14. I, 633 τῆς διανοίας ὑπὸ
τῶν κατ' αἴσθησιν κινήσεων ἔτι παρ-
ευημερουμένης. — de Abrah. 14. II,
11 τὸν ἐπὶ τοῖς θνητοῖς ἵμερον παρ-
ευημερούντος ἔρωτος οὐρανίου. — ibid.
38. II, 32 ἔτι τῶν παθῶν καὶ νοση-
μάτων παρευημερούντων τοὺς ὑγιαίνον-
τας λόγους. — de septen. 3. II, 278
εἴ γε μὴ παρευημέρησαν αἱ κακίαι . . .
μία ἂν ἦν ὁ ἀπὸ γενέσεως ἄχρι τε-
λευτῆς χρόνος ἀδιάστατος ἑορτή.
de monarch. II, 13. II, 231 τάξις
ἀναιρεθήσεται ὑπὸ τῆς βλαβερωτάτης
παρευημερηθεῖσα συγχύσεως. — quod
omn. prob. lib. 12. II, 458 ὧν τὴν
συγγένειαν ἡ ἐπίβουλος πλεονεξία παρ-
ευημερήσασα διέσεισεν. — ibid. 15.
II, 461 γέλως οὖν ἂν εἴη . . . τὰ κατὰ
τὰς λεγομένας ὠνὰς γράμματα ἐπειδὰν
καθ' ὧν γράφεται παρευημερηθῇ στε-
ναρωτέρᾳ δυνάμει. — in Flacc. 5. II,
521 ἵνα μὴ παρευημερηθεὶς ὁ τῆς χώ-
ρας ἡγεμὼν ἀδοξῇ. — legat. ad Caj.
22. II, 567 τῷ κάλλει καὶ μεγέθει
τῶν Καισαρείων παρευημερεῖσθαι. —
de vita Mos. I, 49. II, 123 ὑπὸ γὰρ
ἀλόγου ζώου παρευημερεῖτο (ὁ ἄνθρω-
πος) τὰς ὄψεις . . . — de execr. 9.
II, 437 νέα ἔρνη βλαστάνει ὑφ' ὧν τὰ
γεράνδρυα παρευημερεῖται. — de vita
contempl. 2. II, 474 ὁ τῆς φύσεως
πλοῦτος ὥρισται καὶ παρευημερεῖ τὸν
ἐν ταῖς κεναῖς δόξαις. — de septen.
b. Tisch. p. 51, 6 χρήσασθαι ταῖς τοῦ
κόσμου δωρεαῖς . . . μήπω τῆς ἡδο-
νῆς παρευημερούσης. — ap. Euseb.
pr. ev. 8, 14. II, 636 τῶν γὰρ ἀτο-
πωτάτων ἐστὶν ἐπὶ θηρίων ἀρεταῖς καὶ
ταῦτα παρευημερούμενον ὑπὸ αὐτῶν
ἄνθρωπον ὄντα σεμνύνεσθαι.
παρευτρεπίζω. Bei Steph. aus Philo
II, 204. — Dazu: de Joseph. 30. II,

66 οἱ δ' ἄλλοι τὴν οἴκαδε ἐπάνοδον
ἤδη παρηυτρεπίζοντο.
παρηγορέω. Bei Steph. 1 St. aus
Philo ohne Angabe. — Dazu: de
somn. II, 22. I, 678 δίψης κουφότε-
ρόν ἐστι κακὸν ὁ λιμὸς οὗτος ἔρωτα
καὶ πόθον ἔχων παρηγοροῦντας. — de
Joseph. 4. II, 44 ἰδὼν κείμενον παρη-
γορηθήσομαι.
παρηγόρημα. de Abrah. 46. II, 39
ἡ πρὸς τὸν θεὸν πίστις, παρηγόρημα
βίου. — de Joseph. 15. II, 53 ὡς ...
παρηγόρημα τῶν συμφορῶν ὑπολαμβά-
νειν ἀλεξίκακον εὑρηκέναι τὸν ἄνθρω-
πον. — de septen. b. Tisch. p. 42, 7
βραχὺ π. μεγάλου κακοῦ.
παρηγορία, fomentum. — quod deus
immut. 14. I, 282 ἐκ δὲ τῆς τῶν ἐναν-
τίων παρηγορίας ... τὸ ἀρρώστημα
λωφήσον. — de somn. I, 18. I, 638
ἐπὶ τὸ τρίτον ἀφικνεῖται βοήθημα παρ-
ηγορίαν. φάρμακον γὰρ ὡς τραυμά-
των καὶ ψυχῆς παθῶν ὁ λόγος ἐστὶ
σωτήριον.
παροργίζω. de somn. II, 26. I, 682.
cf. παραπικραίνω.
παρόσον, quatenus. leg. alleg. II, 5.
I, 69 ἡ μὲν ῥητὴ (ἀπόδοσις) παρόσον
τὴν θέσιν τῶν ὀνομάτων προσῆψε τῷ
πρώτῳ γεννωμένῳ ὁ νομοθέτης. — cf.
Wytt. l. c. ad p. 177 D.
παφλάζω. de somn. II, 44. I, 698
τὸ παλμῶδες καὶ πάφλαζον τοῦ νοσή-
ματος.
πειθαρχέω. de opif. m. 60. I, 40 οὐ
(sc. ἀνδρὸς) τοῖς ἐπιτάγμασι πειθαρχεῖν
ἀναγκαῖον. — de ebriet. 9. I, 362 ἡ
πειθαρχοῦσα πατρὶ (παίδων τάξις). —
congr. erud. grat. 31. I, 544 ἐπιτά-
γμασι πᾶσι πειθαρχεῖν. — de profug.
18. I, 561 ὁ πειθαρχῶν οἷς ἂν προσ-
τάττῃ (θεός) πᾶσιν εὐδαιμονήσει. —
de mut. nom. 17. I, 594 ὁ μέγας πάν-
τα πειθαρχεῖ. — ibid. 20. I, 596 ἀγα-
θὰ πάρεστιν ἀθρόα τοῖς πειθαρχοῦσι
καὶ μὴ ἀφηνιάζουσι τῶν θρεμμάτων.
— ibid. 37. I, 609 τοῖς ἐπιτάγμασι
τοῦ ὀρθοῦ λόγου ... πειθαρχοῦντος. —
de somn. II, 10. I, 668 ᾧ ψυχὴ πει-
θαρχοῦσα τῷ διδάσκοντι. — ibid. 22.
I, 679 αἰπόλοις αἰπόλια πειθαρχεῖ. —
de Abrah. 16. II, 12 ᾧ (sc. νῷ) καὶ
τοῦ σώματος ἅπασα κοινωνία πειθαρ-
χεῖ. — ibid. 23. II, 18 ἑνὶ πειθαρ-
χοῦντας κελεύσματι. — ibid. 39. II,
33 πειθαρχοῦντα τοῖς τῶν βασιλέων
ἐπιτάγμασι. — de Joseph. 3. II, 43
ταῖς ἐπισκήψεσι πειθαρχεῖν τοῦ πα-
τρός. — ibid. 13. II, 51 ἐμοὶ δὲ πει-

θάρχει. — ibid. 29. II, 65 τιμωρία
κατὰ τῶν μὴ πειθαρχούντων. — de
vita Mos. I, 6. II, 85 ὅταν ἡγεμόνι
λόγῳ πειθαρχῶσι. — ibid. 60. II, 133
πειθαρχεῖν σοι τοιῷδε ἡγεμόνι. — de
vita Mos. II, 12. II, 144 οὗ χάριν
πάντα ἐπειθάρχει. — de sacerd. honor.
5. II, 236 εἰ γὰρ ἐπειθαρχοῦμεν τοῖς
κελευσθεῖσι. — de vict. offer. 9. II,
258 πειθαρχήσων νόμοις φύσεως. —
de parent. col. 5. b. Tisch. p. 74, 11
ὡς ἄρχουσι πειθαρχοῦντες. — de spec.
legg. 7. II, 306 νόμῳ πειθαρχοῦντας.
— de concupisc. 3. II, 351 πειθαρχού-
σης (ψυχῆς) κυβερνήτῃ λογισμῷ. —
de justit. 3. II, 361 τοῖς ἀναγραφεῖσι
νόμοις πειθαρχῶ. — de carit. 2. II,
385 δείσας ἐπειθάρχησα. — quod omn.
prob. lib. 7. II, 452 πειθαρχούντων
αὐτοῖς τῶν πολιτευομένων. — in Flacc.
5. II, 521 ὁ δὲ πειθαρχεῖ ὡς δεσπότῃ
... — legat. ad Caj. 8. II, 553 ὁ τὸν
αὐτοκράτορα τῷ ὑπηκόῳ πειθαρχεῖν
ἀξιῶν. — ibid. 10. II, 556 ὑπηκόῳ
(οἰκειότατον) τὸ πειθαρχεῖν.
πειθαρχικός. in Flacc. 3. II, 519
νομίζων ἐκεῖνον εἶναι Γάϊον τὸν ἡνίκα
ἔτι ἔζη Τιβέριος ἐπιεικὴ καὶ πειθαρ-
χικόν. — legat. ad Caj. 6. II, 551
εὔνουν καὶ πειθαρχικὸν ἀπέφαινε τὸν
Γάϊον.
πενταχῆ. Bei Steph. aus Philo I, 79.
— Dazu: de somn. I, 5. I, 624 (αἴ-
σθησις) πενταχῆ σχίζεται.
περιαθρέω. Bei Steph. 2 St. aus Phi-
lo: ap. Euseb. pr. ev. p. 387. 393.
— Dazu: leg. alleg. III, 13. I, 95 ἀστέ-
ρας οὓς ἐβουλόμεθα μὲν περιλαβεῖν καὶ
περιαθρῆσαι. — de cherub. 19. I, 150
περιαθρήσας ἑαυτόν τε καὶ τὰς δυνά-
μεις. — de somn. II, 20. I, 677 πε-
ριαθρεῖν ἐν κύκλῳ. — ibid. II, 25. I,
681 ἐκέλευσε περιαθρεῖν τὴν ἅπασαν
ἀρετῆς χώραν. — ibid. II, 42. I, 696
τὸ δ' ἀγαθὸν μείζοσιν ὀφθαλμοῖς ἀεὶ
περιαθροῖτο. — de spec. legg. 34. II,
330 περιαθρήσασα (φιλοσοφία) κατά τε
γῆν καὶ κατὰ θάλασσαν. — de
creat. princ. 5. II, 365 ἱκανοὶ πάντα
περιαθρεῖν. — ibid. 10. II, 369 τὰ ἐν
μυχοῖς ὡς ἐν ἡλίῳ καθαρῷ περιαθρεῖν.
— de fortitud. 3. II, 377 ὅλα δι' ὅλων
καθ' ἕκαστα τῶν μερῶν ἀκριβοῦσα καὶ
περιαθροῦσα. — de incorr. m. 7. II,
494 τὰς ... συνεχεῖς καὶ βαθείας ὕλας
περιαθρήσειν. — in Flacc. 13. II, 533
ἅπαντα μετὰ ἀκριβείας περιαθρήσας. —
de septen. 3. II, 279 ὅπως αἰθεροβα-
τοῦντες τὰς ἄνω δυνάμεις περιαθρῶσιν.

— quod omn. prob. lib. 1. II, 445 εἰ-
λικρινέστατα περιαλγήσαντες.
περιαλγέω. Bei Steph. 1 St. aus Philo
ohne best. Angabe. — Dazu: fragm.
II, 663 ὀδυνηθεὶς καὶ περιαλγήσας.
περιανίστημι. Bei Steph. aus Philo
I, 672 u. II, 552. cf. Abresch, lectt.
Aristaen. p. 149, wo angeführt sind:
p. 91 E. 859 C. 233 E. 422 D. 797 C.
868 A. 772 G [p. 859 C = Pariser A.
1111 A = I, 661 hat διανισταμένοις,
gehört also nicht hieher.] — Dazu: in
Flacc. 19. II, 541 τῶν ἐν τοῖς ὀνείροις
φανέντων οὐδὲν περιαναστάντες εὑρίσκο-
μεν. — fragm. II, 664 τὴν τῶν προς-
ταγμάτων μελέτην προσέταξεν ἀεὶ μά-
λιστα δὲ εὐθὺς περιαναστάντας ἅμα
τῆς ἔω ποιεῖσθαι. — leg. alleg. II, 8.
I, 71 περιαναστάσης καὶ ζωπυρηθείσης
αἰσθήσεως.
περίαπτον. Bei Steph. aus Philo I,
288. — Dazu: de merc. meretr. 3. II,
267 διὰ γὰρ τῶν περιάπτων καὶ μαγ-
γανειῶν ἔνυπτεν . . .
περιαυγάζω. Bei Steph. aus Philo I,
364. 395. — Dazu: ap. Euseb. pr. ev.
8, 14. II, 638 ὑπὸ τῆς τῶν ἔξω πε-
ριαναγασθέντες λαμπρότητος.
περιαυχένιον. de merc. meretr. 2. II,
266.
περίβλεπτος. de plant. 17. I, 340
Μωσῆς οὕτω περίβλεπτον καὶ περιμά-
χητον ἡγεῖται σοφίαν . . . — congr.
erud. grat. 6. I, 523 δόξης καὶ πλού-
του καὶ ἡδονῆς ἃ περίβλεπτα καὶ πε-
ριμάχητα ὁ πολὺς . . . ὄχλος κρίνει.
περιβραχιόνιον. de merc. meretr. 2.
II, 266.
περιδράσσομαι. quod det. pot. in-
sid. 35. I, 216 τότε γὰρ περιδραξά-
μενος (τὸν νοῦν) ἄριστος ἑρμηνεὺς γί-
νεται. — de confus. lingu. 10. I, 410
ὑπὲρ τοῦ μὴ πίπτειν συνεχῶς πλησίον
ἐχυροῦ τινος ταῖς χερσὶ περιδράττεται.
περιεργία. de ebriet. 41. I. 383 βια-
σάμενός τις ὑπὸ περιεργίας ἢ τοῦ φι-
λομαθοῦς.
περιθραύω. de agricult. 16. I, 312
ἐν ἁρματροχιαῖς αὐταῖς κεφαλήν τε καὶ
αὐχένα καὶ ὤμους ἀμφοτέρους περι-
θραύεται κατασυρόμενος. — de somn.
II, 35. I, 690 τὰ περιθραύοντα καὶ
κατακλῶντα καὶ καταγνύντα τὴν ψυχήν.
περιικπεύω. de mut. nom. 3. I, 581
τὰς δραστηρίους ἢν περιιππεύων (Mang.
will περιέπων) δυνάμεις.
περικαθαίρω. de plant. 26. I, 346
[τὸ ξύλον] περικαθαίρεσθαι. cf. 4 Mac-
cab. 1, 29.

περιλάμπω. de praem. et poen. 14.
II, 421 ὥσπερ ἐκ ζόφου βαθέος εἰς
φῶς ἀναχθέντα περιλαμφθήσεται.
περινοστέω. de ebriet. 19. I, 368
περινοστοῦσιν αἱ μέγισται τῶν πόλεων
χῆρας.
περιοδονίκης. de nobilit. 2. II, 438
οἱ τοῦ γένους ἀρχηγέται δι’ ἀθλητικὴν
ῥώμην ἐν ὀλυμπιονίκαις ἢ περιοδονί-
καις γράφονται.
περιοικοδομέω. de spec. legg. 27.
II, 324 τὰ στόμια περιοικοδομῆσαι.
περιουσιάζω. de somn. I, 20. I, 640
βασιλικαῖς ὕλαις καὶ παρασκευαῖς πε-
ριουσιάζοντα τὸν ἀθλητὴν τῶν καλῶν
ἐπιτηδευμάτων.
περιπείρω. Bei Steph. aus Philo II,
411. I, 671. — Dazu: de somn. II,
23. I, 680 βάτοις καὶ τριβόλοις περι-
πειρόμενος.
περιστροφή. de Abrah. 29. II, 23
κινήσεις καὶ παλμοὺς καὶ περιστροφὰς
ἀτάκτους ἐνδεχόμενοι.
περίστωον. ap. Euseb. pr. ev. 8, 14.
II, 637 πάνθ’ ὑπερβάντες τὰ περί-
στωα.
περιυβρίζω. de profug. 27. I, 568
ὑπὸ μυρίων σωμάτων ὁμοῦ καὶ πραγ-
μάτων ἐμπαιζομένη καὶ περιϋβριζο-
μένη (ἡ πεπορνευμένη ψυχή).
περιφύρω. ap. Joh. Dam. p. s. P.
754 C. II, 656 ὁ σοφός . . . μετανα-
στής ἐστιν ἐκ τοῦ περιπεφυρμένου βίου
πρὸς εἰρηναίοις . . . πρέπουσαν ζωήν.
περιχαίρεια. Bei Steph. aus Philo II,
174. — Dazu: de migr. Abr. 28. I,
460 τοῖς χορευταῖς ἀρετῆς . . . δα-
κρύειν ἔθος . . . διὰ περιχαίρειαν.
πευστικός. leg. alleg. III, 17. I. 97
οὐ τὸ πευστικὸν ἀλλὰ τὸ ἀποφαντόν.
πέψις. de opif. m. 56. I, 39 (σιτίων)
πέψιν οὐκ ἐνδεχομένων. — de ebriet.
27. I, 373 πέψιν παρ’ ἥπατος . . .
πηδαλιουχέω. Bei Steph. aus Philo
I, 131. p. 334 B = I, 419. p. 523
= I, 516. p. 999 = II, 553. — Da-
zu: de migr. Abr. 1. I, 437 ὁ τῶν
ὅλων κυβερνήτης, πηδαλιουχεῖ τὰ σύμ-
παντα. — de praem. et poen. 8. II,
416 ἐνεχείρισε (κυβερνήτῃ) τοὺς οἴα-
κας ὡς ἱκανῷ πηδαλιουχεῖν τὰ ἐπίγεια.
— de incorr. m. 16. II, 503 ἡνίοχου
καὶ κυβερνήτου τρόπον ἡνιοχεῖ καὶ πη-
δαλιουχεῖ τὰ σύμπαντα.
πῆξις. leg. alleg. III, 60. I, 121 πῆ-
ξιν ἀνεγείρει τῷ γεώδει καὶ σωματικῷ
καὶ αἰσθητικῷ παντί.
πιθανότης. Bei Steph. aus Philo I,
315. 367. 517. — Dazu: de agricult. 3.

I. 302 τὰς διὰ τῶν σοφισμάτων πιθανότητας ἐπιλύειν. — de plantat. 40.
I, 354 τῆς πρὸς τὴν ἐτυμολογίαν πιθανότητος. — de ebriet. 8. I, 361 ἀγων πιθανότητας πορίζειν ἐπὶ καθαιρέσει τοῦ καλοῦ. — de confus. lingu.
26. I, 424 ὀχύρωμα διὰ τῆς τῶν λόγων πιθανότητος κατεσκευάζετο. — de migr. Abr. 14. I, 448 μυθικαὶ πιθανότητες πρὸ τῆς τῶν ἀληθῶν ἐναργείας τετίμηνται. — congr. erud. grat. 4. I, 521 τὰς τῶν σοφισμάτων πιθανότητας ἐλέγχουσα. — congr. erud. grat. 6. I, 523 ἡ λογικὴ σοφισμάτων εὑρεσις εὐστόχῳ πιθανότητι καταγοητεύουσα. — de somn. II, 42. I, 695 τὰς συνηγορούσας τῷ πάθει πιθανότητας ἀνατρέψαι.

πίλημα. de cherub. 8. I, 143 (ἥλιος) φλογός ... ὧν πίλημα πολλῆς. — quod deus immut. 17. I, 264 (ἥλιος) πίλημα αἰθέριον. — cf. Justin. mart., quaestt. chr. ad gent p. 266 D ὁ ἥλιος πίλημα, αἰθεροειδὴς τῇ οὐσίᾳ, λαμπρὸς τῷ εἴδει ... — de somn. I, 4. I, 623 (ἀστέρες) πιλήματα ἀδιάλυτα αἰθέρος. — ibid. 22. I, 642 (σελήνη) πίλημα ἄκρατον αἰθέρος οὐκ ἐστιν, κρᾶμα δὲ ἐκ τε αἰθερώδους οὐσίας καὶ ἀερώδους.

πλαδάω. Bei Steph. aus Philo I, 179. 441. 459. II, 411. — Dazu: de conf. lingu. 22. I, 420 ἔργον ὡς πλαδῶντα πηλὸν ἀναδεῖξαι. — congr. erud. grat. 22. I. 536 πλαδώσης ἔτι τῆς διανοίας.

πλέγμα. de ebriet. 26. I, 372 τὸ ψυχῆς καὶ σώματος ὕφασμα ἢ πλέγμα ἢ κρᾶμα. — de somn. I. 35. I, 652 τὸν τούτου τοῦ πλέγματος [so cod. Med. für πράγματος] δημιουργόν.

πλευρά. Die Phrase: πλευρὰς ἔχειν in der Bed. „Kräfte haben, Tüchtigkeit, Geschick zeigen" ist weder bei Steph. noch sonst angeführt, obwol ersterer s. v. ἔμπλευρος die Stelle Philo's leg. alleg. II, 7. I, 70 citirt, in der es heisst: λέγομεν γὰρ πλευρὰς ἔχειν τὸν ἄνθρωπον ἴσον τῷ δυνάμεις καὶ ἔμπλευρον [Med. εὔπλευρον] εἶναι τὸν ἀθλητὴν ἀντὶ τοῦ ἰσχυρόν, καὶ πλευρὰς ἔχειν τὸν κιθαρῳδὸν ἀντὶ τοῦ δύναμιν ἐρρωμένως ἐν τῷ ᾄδειν.

πλήμμυρα. leg. alleg. I, 13. I, 50 ποταμοὺς ἀναχέων ταῖς πλημμύραις. — de sacr. Ab. et Cain. 18. I, 175 ἡ τοῦ λόγου πλ. — de somn. II, 36. I, 690 εὐφορεῖ πλημμύραις ὁ μὲν ὕδατος ὁ δὲ ῥημάτων καὶ ὀνομάτων. — de Abrah. 19. II, 14 τοῦ ποταμοῦ ἐν καιρῷ λι-

μνάσαντος τὰ πεδία ταῖς πλημμύραις. Loesner l. c. p. 108 führt ausserdem an zu Luc. 6, 48: de opif. m. 19. I, 13 ποταμῶν πλημμύρας καὶ κενώσεις. vgl. hierzu Müller l. c. p. 232. — de vita Mos. 634 = II, 113 ὁ ἐν Αἰγύπτῳ ποταμός ... ταῖς ἐπιβάσεσι πλημμυρῶν ὅταν ἀρδεύῃ τὰς ἀρούρας. — ibid. 682 = II, 164 τῆς χώρας ... ταῖς τοῦ ποταμοῦ πλημμύραις εἰωθυίας ἀνὰ πᾶν ἔτος λιμνάζεσθαι.

πλησίστιος. Bei Steph. aus Philo II, 571, bei Wytt l. c. VIII, 2 p. 1276 ist citirt: p. 1007 E? u. 1078 C. Dies die unten angef. St. I, 611. — Dazu: de cherub. 11. I, 146 πλησίστιοι ... νῆες. — de mut. nom. 38. I, 611 πλησίστιοι πρὸς τὰς ἀπολαύσεις τῶν παθῶν φερόμεθα.

πλησιφαής. de opif. m. 34. I, 24 εἶθ᾿ ἑτέραις τοσαύταις (ἡμέραις) πλησιφαὴς γίνεται (σελήνη). — congr. erud. grat. 19. I, 534 πλ. σελήνη.

πλουσιαστία. de poster. Cain. 33, b. Tisch. p. 118. 4 σύνθετον πλουσυγείαν κτησάμενοι.

πλουτοδότης. de poster. Cain. 10. I, 232 ὑοντος τοῦ πλουτοδότου θεοῦ τὰς ... ἀθανάτους χάριτας αὐτοῦ.

πλωτήρ. de opif. m. 39. I, 28 ἄρκτος, ἥν φασι πλωτήρων εἶναι προπομπόν. — quod deus immut. 21. I, 287 αὐτοῖς πλωτῆρσι καὶ φορτίοις ἀνατραπεῖσαι.

ποδηγετέω. Bei Steph. aus Philo I, 294. 672 u. 2 St. unbest. Angabe; sie stehen II, 176 u. II, 442 — Dazu: de opif. m. 23. I, 16 ἑπόμενος ἔρωτι σοφίας ποδηγετοῦντι. — de migr. Abr. 5. I, 440 Μωσῆ ποδηγετοῦντι. — de profug. 3. I, 549 χρησμῶν θεῖων ... οἵ καὶ μέχρι νῦν με ποδηγετοῦσι. — de mundo 1. II, 602 ὡς ποδηγετούμενος ἐπὶ τὴν τοῦ ἑνὸς ἀσκνωτάτην σπουδὴν καὶ ζήτησιν ἧει.

ποηφάγος. de concup. 4. II, 352 τὰ ποηφάγα διακρίνας εἰς ἡμέρους ἀγέλας.

ποίκιλμα. de somn. I, 36. I, 652 τὸ τοῦ θεοῦ καλὸν ποίκιλμα ὅδε ὁ κόσμος.

πολεμόω. Bei Steph. aus Philo I, 387. — Dazu: de carit. 21. II, 401 τί δὲ δεῖ πεπολεμῶσθαι πρὸς τὰ μὴ πολέμια.

πολίζω. de execrat. 9. II, 436 πολισθήσονται πάλιν αἱ ἐρείπιοι γενόμεναι πρὸ μικροῦ ...

πολίτευμα. Loesner l. c. p. 356 führt ausser confus. lingu. 331 = I, 416, was aber nur sachliche Parallele ist, noch an de opif. m. 33 = 1, 34 τῷ μεγίστω καὶ τελειοτάτω πολιτεύματι ἐγγραφέντες und de Joseph. 536 == II, 51 ἐφιέμενος ἐγγραφῆς τῆς ἐν μεγίστω καὶ ἀρίστω πολιτεύματι τοῦδε τοῦ κόσμου. — Dazu füge: de agricult. 17. I, 312 τῷ τῆς ἀρετῆς ἐγγεγραμμέναι πολιτεύματι. (cf. N. T. Philipp. 3, 20.) πολῖτις. S. Steph. s. v. πολίτης, wodurch Mangey's Bemerkung zu de confus. lingu. 29. I, 427 καὶ ἐπὶ τῆς πολίτιδος τὸ κατασκευαστὸν παραπλήσιον ἰδεῖν ἔστιν, „non alibi occurrit vox ista" hinfällig wird. s. auch: Plato legg. VII, 814 C.

πολλαπλασιάζω. congr. erud. grat. 17. I, 532 τὴν μὲν γὰρ πολλαπλασιαζομένην ἐφ᾽ ἑαυτὴν τριάδα πρὸς ἐννάτω γένεσιν ἀριθμοῦ πολεμιωτάτην ἐξεῖπον οἱ χρησμοί.

πολυάνθρωπος. legat. ad Caj. 20. II, 566 στίφη πολυανθρωπότατα [cf. Diod. 5, 21 γένη πολυανθρωπότατα]. — ap. Euseb. pr. ev. 8, 7. II, 632 μεγάλους καὶ πολυανθρώπους ὁμίλους. — ibid. II, 642 ὅμιλοι μεγάλοι καὶ πολυάνθρωποι.

πολυαρχία. de vict. offer. 13. I, 262 πολυαρχίας λέγων τὸν κόσμον ἀναπλήσαντες. — legat. ad Caj. 22. II, 567 ἀντὶ πολυαρχίας ἑνὶ κυβερνήτη παραδοὺς τὸ κοινὸν σκάφος οἰακονομεῖν ... — de creat. princ. 6. II, 365 τὴν ἑνὸς τιμίου τιμὴν ἀπὸ μυθικῶν πλασμάτων καὶ πολυαρχίας ...

πολυθεία. de mut. nom. 37. I, 609 οἱ πολυθείας ἐρασταὶ καὶ τὸν πολύθεον ἐκτετιμηκότες θίασον.

πολύθεος. Bei Steph. Philo mit unbest. Angabe. Er führt π. δόξα an. Dies findet sich de opif. m. 61. I, 41 u. de migr. Abr. 12. I, 447. — Dazu: de ebriet. 28. I, 374 τὸ γὰρ πολύθεον ἐν ταῖς τῶν ἀφρόνων ψυχαῖς ἀθεότης. — de confus. lingu. 28. I, 426 τὸ π. στῖφος. — de profug. 21. I, 563 τὸ πολυμιγὲς καὶ πολύανδρον καὶ πολύθεον ... κακόν. — de mut. nom. 37. I, 609 cf. πολυθεία.

πολυμήχανος. de somn. II, 19. I, 676 παλαίσμασι πολυτρόποις καὶ πολυμηχάνοις.

πολυμιγής. Bei Steph. aus Philo I, 661. II, 53. — Dazu: de plantat. 11. I, 336 ὁ τοῦ πολυμιγοῦς καὶ γεωδεστέρου σώματος ... ἀμέτοχος. — de profug. 21. I, 563 cf. πολύθεος. — ibid. 23. I, 565 ἐν θνητῷ καὶ πολυμιγεῖ καὶ πολυμόρφω βίω διατρίβων.

πολυμιγία. de confus. lingu. 28. I, 426 ἀπειρίαν ὁμοῦ καὶ πολυμιγίαν τῶν πραγμάτων καταγέαντες. — de migr. Abr. 5. I, 439 διὰ τὴν ὑποσύγχυτον τοῦ θνητοῦ πολυμιγίαν ...

πολύπαις. de Joseph. 32. II, 68 ὁ πολύπαις καὶ εὔπαις. — de praem. et poen. 10. II. 418 ὁ πολύπαις τε καὶ μόνος εὔτεκνος. — de nobilit. 4. II, 421 πολύπαις ἦν ὁ πρῶτος ἐκ τριῶν παιδοποιησάμενος γυναικῶν. — ap. Euseb. pr. ev. 8, 8. II, 633 καθάπερ οὐ πολύπαιδες μόνον ἀλλὰ καὶ σφόδρα εὔπαιδες.

πολυπλασιάζω. de plantat. 18. I, 341 πλάτους τῶν ἴσων (πηχῶν) κατὰ τὴν τοῦ τετραγώνου φύσιν πολυπλασιασθέντων. — de profug. 33. I, 574 τὴν δεκάδι πολυπλασιαζομένη ἑβδομάδι. — de opif. m. 16. I, 11 ὁ ἐξ συντιθέμενος ἐκ δυοῖν τριάδων οὐκ ἔτι γεννᾶται πολυπλασιασθεισῶν ἀλλ᾽ ὁ ἕτερος ὁ ἐννέα. — ibid. 30. I, 22 ὀκτάκις ὀκτω πολυπλασιασθέντων.

πολυποσία. de somn. II, 27. I, 682 τῷ θάτερον εἶδος γαστριμαργίας πολυποσίαν ἐπιτηδεύοντι. — fragm. ex Anton. Ser. 69. II, 672 ὥσπερ ἡ πολυποσία συνήθεια εἴρηται οὕτως καὶ πολυπνία.

πολυσαρκία. de spec. legg. 9. II, 276 οὐ γὰρ πολυσαρκία καὶ πιότητι ζώων χαίρει ὁ θεός. — de septen. 10. II, 287 τῶν εἰς πολυσαρκίαν πιαινομένων.

πολύσεμνος. de decal. 19. II, 196 τῷ τοῦ θεοῦ πολυσέμνω [so Mangey's gute Conjectur statt des sinnwidrigen πολυωνύμω] χρησαμένους ὀνόματι.

πολυσοφία. de circumcis. 1. II, 210 τῷ Αἰγυπτιακῷ (ἔθνει) ὃ καὶ πολυανθρωπότατον καὶ πολυσοφώτατον εἶναι δοκεῖ, wo Mang. ganz ohne Grund φιλοσοφώτατον lesen will.

πολύστροφος. de vita contempl. 10. II, 484 στροφαῖς πολυστρόφοις.

πολυσχιδής. de opif. m. 23. I, 16 τέχναις καὶ ἐπιστήμαις πολυσχιδεῖς ἀνατέμνων ἐδούς. — quod deus immut. 1. I, 272 ἐν πολυσχιδεῖ καὶ πολυμόρφω ψυχῇ.

πολύφημος. de ebriet. 22. I, 371 ὁ πολύφημος ὡς ἀληθῶς καὶ πολυώνυμος σοφός.

*πολύχηλος. de concup. 6. II, 353 ἢ μονώνυχα ἢ πολύχηλα.

πολυχρήματος. ap. Euseb. pr. ev. 8, 14. II, 638 ἢ παρὰ φίλων πολυχρημάτων ἢ παρὰ βασιλέων δωρεὰς μεγάλας προτεινόντων.

πολυψηφία. legat. ad Caj. 22. II,
567 πολυτρόπων αἰτίαι κακῶν αἱ πο-
λυψηφίαι.
πολυωρία. ap. Euseb. 8, 7. II, 629
γονεῖς παίδων ἄρχειν ἐπὶ σωτηρίᾳ καὶ
πολυωρίᾳ.
πομποστολέω. de Joseph. 34. II, 70
τὰ μηδεμιᾶς ἄξια σπουδῆς ... πομ-
ποστολοῦντες.
πόρθησις. de agricult. 38. I, 326 μὴ
προενεγκόντα πόρθησιν.
πορνοτρόφος. de profug. 5. I, 550
πορνοτρόφων καὶ μαστροπῶν καὶ παν-
τὸς ἀκολάστου διάσου χορηγὸς φιλοτι-
μότατος.
ποσόν, quantitas. de profug. 2. I, 548
τὸ γὰρ γενόμενον ζῶον ἀτελές μέν ἐστι
τῷ ποσῷ ... τέλειον δὲ τῷ ποιῷ.
πρασιά. ap. Euseb. pr. ev. 8, 7. II,
629 μηδὲ ἀναιρεῖσθαι μηδὲ ἐκ πρα-
σιᾶς μηδὲ ἐκ ληνοῦ μηδὲ ἐξ ἅλωνος.
πρεπώδης. de ebriet. 29. I, 374 τὰ
πρεπωδέστατα καὶ οἰκειότατα ταῖς συν-
τυχίαις ἐξάρχων ᾄσματα.
πρῖνος. legat. ad Caj. 19. II, 564 ἢ
κεράμῳ τιτρωσκόμενοι ἢ πρίνου κλά-
δοις καὶ δρυὸς τὰ κυριώτατα μέρη τοῦ
σώματος ... καταγνύμενοι.
προαγωνίζομαι. Bei Steph. aus Phi-
lo II, 177. — Dazu: de decal. 23. II,
200 τοὺς δὲ κύνας ἐν ταῖς ποίμναις
φασὶ προαγωνιζομένους τῶν θρεμμάτων
ἄχρι νίκης ἢ θανάτου παραμένειν. —
de fortitud. 5. II, 379 καὶ ἂν ... προ-
αγωνίζεσθαι καὶ προκινδυνεύειν ἐθέλου-
σιν.
προαγωνιστής. Bei Steph. aus Philo
I, 396. II, 312. 542. — Dazu: de
somn. I, 17. I, 636 τούτῳ δὲ προαγω-
νιστῇ χρώμενος. — de opif. m. 57. I,
39 μυρίοις ὑπερμάχοις καὶ προαγωνι-
σταῖς ἡδονῇ χρῆται.
προαισθάνομαι. legat. ad Caj. 34.
II, 584 τί δέ μου τῆς γνώμης προαι-
σθάνονταί τινες;
προαναιρέω. legat. ad Caj. 14. II,
561 οἷς εἰ μὴ ἔφθασε προαναιρεθεὶς
ὑπὸ τῆς δίκης χρήσασθαι.
προανακρούω. de decal. 28. II, 205
τὰ ἑρπηνώδη τῶν νοσημάτων εἰ μὴ
προανακρουσθείη τομαῖς ἢ καύσεσιν
... σύμπασαν καταλαμβάνει τὴν τοῦ
σώματος κοινωνίαν.
προαναπίπτω. Bei Steph. aus Philo
I, 154. — Ausserdem ist fälschlich
noch einmal citirt I, 154; die angef.
Stelle steht vielmehr de vita Mos. I, 7.
II, 87. — Dazu: de Joseph. 20. II, 57

ἵνα μὴ προαναπέσωσιν αἱ διάνοιαι τῶν
ἐγχωρίων.
προανατέμνω. fragm. II, 663 ἵνα
προανατέμνῃ τὴν εἰς σωτηρίαν ὁδόν.
προανείργω. de vict. offer. 13. II,
261 προανείργει πάντας τοὺς ἀναξίους
ἱεροῦ συλλόγου.
προανθέω. Bei Steph. aus Philo I.
602. — Dazu: de creat. princ. 12. II,
370 συμβαίνει ... τὰ μὲν ἀφαυαίνε-
σθαι προανθήσαντα τὰ δὲ βλαστάνειν
προαφαυανθέντα.
προαπαντάω. Bei Steph. aus Philo
I, 429. II, 391. — Dazu: congr. erud.
grat. 22. I, 537 τὴν ἀρετὴν ἔστιν ἰδεῖν
προαπαντῶσαν. — de poenit. 2. II, 407
προαπαντᾶν τῷ βουλεύματι τοῦ ...
ἰόντος ἐπὶ τὴν θεραπείαν αὐτοῦ.
προαποθνήσκω. Bei Steph. aus Philo
II, 542. — Dazu: de Joseph. 22. II,
59 τῶν ἡλικιῶν ἑκάστη παραχωροῦσα
τοῦ κράτους τῇ μετ' αὐτὴν προαποθνή-
σκει. — ibid. 32. II, 68 ζῶν προαπο-
θανεῖται τῷ δέει. — legat. ad Caj. 31.
II, 576 ὑπερασπιοῦντας τοῖς νόμοις καὶ
προαποθανουμένους τῶν πατρίων πολε-
μοποιεῖς; — ibid. II, 578 προαποθνή-
σκειν αἱρουμένους τῶν πατρίων ...
— de decal. 23. II, 200 s. u. προασπίζω.
προασπίζω. de praem. et poen. 20.
II, 428 διὰ τὴν τοῦ προασπίζοντος ἐξου-
σίαν. — de decal. 23. II, 200 κύνες
οἴκουροι προασπίζουσι καὶ προαποθνή-
σκουσι τῶν δεσποτῶν.
προγονικός. de nobilit. 2. II, 438
ὀξυωπίας προγονικῆς ἐστερημένφ.
προδιαστέλλω. de somn. II, 20. I,
677 παγκάλως ... προδιέσταλται.
*προδιατίθημι. legat. ad Caj. 10.
II, 555 οὗτος ἃ παθεῖν ἐμέλλησεν ἂν
ὑπὸ δυνατωτέρῳ προδιέθηκεν.
προδιορίζω. de migr. Abr. 9. I, 442
τὸν μέλλοντα τῇ ὑποσχέσει χρόνον προ-
διώρισται. — de somn. I, 12. I, 631
τούτων προδιωρισμένων.
προδουλόω. de spec. legg. 25. II, 322
τὴν αὑτοῦ πατρίδα προδουλωσάμενος.
προεκδίδωμι. ap. Euseb. pr. ev. 8,
8. II, 631 τί ἐκώλυε πρὸς τοῦ θεοῦ
ἐπὶ τοῦ παραθέντος ἔτους αὐτὴν (sc.
χώραν) προεκδοῦναι.
προεκλογίζομαι. de septen. 4, bei
Tisch. p. 18, 11 διὰ τὸ προεκλελογί-
σθαι τὰς ἐπιθέσεις αὐτῆς [Hoesch.
Richt. προςεκλελογῆσθαι].
προεκτρέχω. Bei Steph. aus Philo I,
166. — Dazu: de vita Mos. I, 6. II,
85 δεδιὼς μὴ προεκδραμοῦσαι (ψυχῆς
ὁρμαὶ) ... πάντα διὰ πάντων συγχέω-

σιν. — congr. erud. grat. 22. I, 537
προεκτρέχει πολλάκις.
προεκφοιτάω. de septen. bei Tisch.
p. 56, 7 προεκφοιτῶν.
προεντυγχάνω. Bei Steph. aus Philo
angef. V. M. 3. §. 22. p. 162. — Da-
zu: de profug. 1. I, 547 τῇ μὲν οὐ-
δεὶς προεντυγχάνει. — ap. Joh. Dam.
p. s. P. 774 B. II, 656 ἡ ψυχή . . .
προεντυγχάνουσα ταῖς ἀσεβέσιν ἀνο-
δίαις.
προεξανίστημι. de circumcis. 1. II,
210 μὴ προεξαναστάντας καταγινώ-
σκειν μεγάλων ἐθνῶν εὐχέρειαν.
προεξασθενέω. de praem. et poen.
12. II, 371 εὐγενεῖς καρποὺς οὐδέποτ'
οἴσει προεξασθενήσαντα ταῖς ἐνδείαις.
προεόρτιος. Bei Steph. aus Philo II,
481. — τὸ προεόρτιον. de septen.
b. Tisch. p. 56, 10 ἡ ἐπὶ τῷ δράγματι
πανήγυρις προεόρτιόν ἐστιν.
προεπινοέω. fragm. b. Tisch. p. 144,
8 ἰσήλικες γὰρ αἴγε περὶ τὸν θεὸν
ἁπάσαι δυνάμεις ἀλλὰ προεπινοεῖταί
πως ἡ ποιητικὴ τῆς βασιλικῆς.
προετοιμάζω med. de victim. 1. II,
238 βόες δὲ (ὠφελεῖς) εἰς τὸ ἀρόσαι
γῆν καὶ προετοιμάσασθαι σπόρον . . .
— de vict. offer. 2. II, 252 Μωσῆς
τέφραν προετοιμασάμενος ὑπολειφθεῖ-
σαν ἐξ ἱεροῦ πυρός. Bei Loesner l. c.
p. 260 ist angeführt: opif. m. p. 17
= I, 18 τὰ ἐν κόσμῳ πάντα προητοι-
μάσατο.
προευτρεπίζω. de opif. m. 43. I, 31
προευτρεπισαμένη (φύσις) τροφὰς τῶν
γεννησομένων. — de monarch. II, 14.
II, 232 σιτία τε καὶ ποτὰ καὶ ὄψα
τοῖς δεσπόταις προευτρεπιζόμενοι. —
de spec. legg. 10. II, 309 τούτων προ-
ευτρεπισθέντων. — de praem. et poen.
2. II, 409 ἐξ ἀρχῆς . . . ὁ θεὸς προ-
ευτρεπίσατο τὰ ἐπιτήδεια πᾶσι ζώοις
ἐκ γῆς ἀνιείς . . . — de incorr. m. 18.
II, 505 ἠξίωσαν . . . βοηθήματα προ-
ευτρεπίζεσθαι. — legat. ad Caj. 18.
II, 563 διαφθαρέντων διὰ σπάνιν τῶν
ἀναγκαίων οὐ προηυτρεπισμένων τὰ ἐπι-
τήδεια . . . — de confus. lingu. 18. I,
417 τὴν ἁρμόττουσαν προευτρεπισαμέ-
νους ὕλην. — de somn. I, 9. I, 628
ὀσμὰς ἃς ἰατρῶν παῖδες λειποθυμίας
ἀκεστήρια προευτρεπίζονται. — quod
det. pot. insid. 29. I, 212 προευτρεπι-
σθέντι σωτηρίῳ πεπαίνεται φαρμάκῳ.
— de somn. I, 40. I, 656 ὅσα πρὸς
τιμωρίας ὄργανα ἐπιτήδεια κατὰ τῶν
ἀδίκων προηυτρέπισται. — de vita

contempl. 5. I, 478 τὸν εἰς τὴν ὑστε-
ραίαν πότον . . . προευτρεπιζομένους.
προθεραπεύω. de Abrah. 3. II, 3
οἷς (sc. ἀρεταῖς) οὐκ ἔστιν ἐντυχεῖν μὴ
ταύτην (sc. ἐλπίδα) προθεραπεύσαντας.
προθεσμία. de profug. 20. I, 561 ἡ
προθ. τῆς τῶν πεφευγότων καθέδου.
— ibid. 21. I, 563 φυσικωτάτη πρ.
καθόδου φυγάδων ὁ τοῦ ἀρχιερέως ἐστὶ
θάνατος. — Bei Loesner l. c. p. 332 sq.
ist angeführt de sacerd. hon. 835 =
II, 237 προθεσμία ἔστω τῆς φυγῆς ὁ
βίος τοῦ μεγάλου ἱερέως. — de Jo-
seph. 540 = II, 55 καραδοκῶν τὴν
ὁρισθεῖσαν προθεσμίαν. — de caritate
init. — II, 334 ἡ προθ. θνητῆς ζωῆς.
προθεσπίζω. quis rer. div. haer. 54.
I, 511 τίνα δ' ἐστὶν ἃ ἐρρέθη προθε-
σπισθέντα καλὸν ἀκοῦσαι.
προικίδιος. Bei Steph. aus Philo II,
443. — Dazu: de septen. bei Tisch.
p. 41, 10 τοὺς κλήρους τοὺς προικι-
δίους ἐπιγαμίαις ἀλλοτριοῦσθαι.
προκαταγινώσκω. in Flacc. 12. II,
532 μηδενὸς ἀκρίτου προκαταγινώσκειν
ἀξιοῦντες. — ibid. 15. II, 535 προνοίᾳ
τοῦ μὴ δοκεῖν ἀκρίτου τινὸς προκατα-
γινώσκειν. — congr. erud. grat. 27. I,
541 οὐ προκατεγνωκυῖα ὡς ἠδικηκότος
ἀλλ' ἐνδοιάζουσα ὡς τάχ' ἂν ἴσως καὶ
κατορθοῦντος.
προκαταδύνω. de execrat. 5. II, 432
ἤβηδὸν ἀπολοῦνται προκαταδύντων ἐνέ-
δραις ἐχθρῶν.
προκαταλείπω. legat. ad Caj. 19. II,
564 τινὲς προκατελείφθησαν ἐν τοῖς
ἄλλοις μέρεσι τῆς πόλεως.
προκαταπίπτω. legat. ad Caj. 29. II,
574 (ἀρετὴ) πεπαίδευται φέρειν τὰ δει-
νὰ λογισμοῖς ἰσχυρογνώμοσιν οὐ προ-
καταπίπτουσα. — fragm. II, 663 οἱ
ἄνανδροι ὑπὸ τῆς ἐμφύτου μαλακίας
πρὶν ἢ δυνατώτερον ἀντιβιάσονται προ-
καταπίπτοντες αἰσχύνη καὶ γέλως ἑαυ-
τῶν γίνονται.
προκατασκευάζω. de incorr. m. 14.
II, 501 προκατασκευάσας.
προκόσμημα. Bei Steph. aus Philo
I, 157. II, 547. 559. — Dazu: de mo-
narch. II, 12. II, 230 τὰ περὶ αὐτὸν
προκοσμήματα.
προμάμμη. legat. ad Caj. 20. II, 565
τῆς ἀρχαίας Κλεοπάτρας ἥτις ἦν προ-
μάμμη τῆς τελευταίας. — ibid. 36.
II, 588 ἡ προμάμμη σου. — ibid. 40.
II, 592 ἡ πρ. σου Ἰουλία σεβαστή.
προμήκης. Bei Steph. aus Philo p.
171 (?). — Dazu: de mundo 3. II,
605 ζώων ἀλόγων τὰς κεφαλὰς . . .

ἐπὶ προμήκους αὐχένος ἄκρας ἡρμόζετο τῷ αὐχένι.

προνοητικῶς. legat. ad Caj. 10. II, 555.

πρόπαππος. de confus. lingu. 28. I, 427. — de praem. et poen. 10. II, 417 ὁ τούτων πάππος καὶ πρόπαππος. — Aehnlich de nobilit. 1. II, 438. — quod omn. prob. lib. 21. II, 468 τοὺς ἐκ προπάππων. — in Flacc. 7. II. 524 ἐκ πατέρων καὶ πάππων καὶ προπάππων καὶ τῶν ἔτι ἄνω προγόνων. — legat. ad Caj. 32. II, 581. — ibid. 38. II, 590. 39. 40. II, 591.

προπολεμέω. Bei Steph. aus Philo II, 131. — Dazu: de agricult. 35. I, 323 εἰ οἱ μὲν ἄλλοι προπολεμήσονται αὐτοὶ δὲ πρὸς τοῖς οἰκείοις πράγμασιν ἔσονται.

προσαδικέω. de spec. legg. 35. II, 332 μήτε τὸν πεπηρωμένον προσαδικηθῆναι κελεύσας.

*προσαναδιδάσκω. de vita Mos. I, 14. II, 92 φησὶν ἐγώ εἰμι ὁ ὧν ἵνα μαθόντες διαφορὰν ὄντος τε καὶ μὴ ὄντος προσαναδιδαχθῶσιν.

*προσαναζωγραφέω. de somn. II, 29. I, 684 ὁ δὲ εὐνοῦχος ... φαντασιωθεὶς προσαναζωγραφεῖ τρεῖς πυσμένας.

προσαναμάττω. de incorr. m. 6. II, 493 αἱ ... ἡμέτεραι γνῶμαι προσαναματτόμεναι. — in Flacc. 17. II, 537 τῆς πόλεως χαλεπῶς φερούσης ἔτι τὴν τῶν ἐνίων ἀγνωμοσύνην προσαναμάττεσθαι τὸ ὄνομα αὐτῆς.

*προσαναπίμπρημι. de spec. legg. 9. II, 340 ἐάν ... εἰς ἀκανθώδη φορυτὸν παρεμβάλῃ τις ὁ δὲ ἀναφλεχθεὶς προσαμπρήσῃ ἄλω πυρῶν ...

προσαναπλάττω. de decal. 15. II, 193 ἓν γὰρ τοῦτο ἀγαθὸν μόνον προσαναπλάττεται τοῖς ἀφιδρύμασιν.

προσαναπληρόω. de praem. et poen. 17. II, 424 νέων ἐπακμαζόντων παλαιοῖς καὶ τὴν ἐκείνων ἔνδειαν προσαναπληρούντων. — de nobilit. 6. II, 444 καὶ τὸ δοκοῦν ὑστερίζειν προσαναπλήρωσαν. — de decal. 19. II, 196 τὰ μὲν αὐτῶν ἐν τῷ λόγῳ προσαναπληροῦντες ὅρκοις.

προσαναρριπίζω. de mundo 1. II, 602 ἅμα δὲ καὶ τὸν πόθον ὃν ἐπόθει γνῶναι τὸ ὂν προσανερρίπισε λόγια τὰ χρησθέντα.

προσαναφλέγω. Bei Steph. aus Philo I, 451. — Dazu: de concup. 8. II, 354 s. o. ἀναρριπίζω.

προσαποθνήσκω. de spec. legg. 29.

II, 325 οὗτοι ... διὰ περιττὴν καὶ ὑπερβάλλουσαν εὔνοιαν ἐθέλουσι πολλάκις ἄσμενοι προσαποθνήσκειν αὐτοὺς ἐπιδιδόντες ὑπὲρ τῶν ἐνόχων οἱ ἀναίτιοι.

*προσαποκόπτω. de spec. legg. 7. II, 306 τὰ γεννητικὰ προσαπέκοψαν.

*προσαποσείομαι(?). de ebriet. 43. I, 384 προσαποσειομένους ἑκατέρᾳ τῶν χειρῶν τὰ ὦτα. Mang. will προσαποκλειομένους.

προσαρράττω. de agricult. 16. I, 312 ὧδε καὶ ἐκεῖσε φορούμενος καὶ πᾶσι τοῖς ἐν ποσὶ προσαρραττόμενος οἰκτρότατον ὑπομένει θάνατον. — de vita Mos. I, 40. II, 123 ὁπότ' οὖν τούτοις προσηρράχθη φερόμενον γόνυ καὶ κνήμας καὶ πόδας ὁ δεσπότης πιεζόμενος καὶ θλιβόμενος ἀπεδρύπτετο.

προσαφαιρέω. ap. Euseb. pr. ev. 8, 7. II, 629 τὴν ψυχὴν προσαφαιρεῖσθαι.

*προσγανόω. de praem. et poen. 8. II, 416 τῆς διανοίας εὐπηξίαις καὶ εὐσκόποις ἐπιβολαῖς προσγανουμένης.

πρόσγειος. Bei Steph. aus Philo unbest. Angabe. — Dazu: de somn. I, 22. I, 641 (ψυχαὶ) προσγειότατοι καὶ φιλοσώματοι.

προσδιατάσσω. Bei Steph. aus Philo II, 399. — Dazu: de spec. legg. 28. II, 324 τιμωρίαν ἄλλην προσδιατάττεται. — de justit. 3. II, 360 ἔτι δὲ τοῦτο προσδιατέτακται κοινωφελὲς παράγγελμα.

προσδιαφθείρω. fragm. II, 675 διὰ τί σπουδαῖον ἀπειλῶν ἀπαλείψαι καὶ τὰ ἄλογα προσδιαφθείρει;

προσδιδάσκω. de vita contempl. 2. II, 473 τὸ δὲ θεραπευτικὸν γένος βλέπειν ἀεὶ προσδιδασκόμενον.

*προσδιερευνάω. de spec. legg. 36. II, 333 (χρησμός) τρόπους προσδιερευνώμενος ψυχῆς.

προσδιορίζω. quis rer. div. haer. 58. I, 514 τὸ δὲ μετ' εἰρήνης τραφεὶς οὐκ ἀπὸ σκοποῦ προσδιώρισται.

προσεγχρίμπτω [bei Steph. προσεγχρίπτω]. quod omn. prob. lib. 9. II, 454 ἐπάγεις πίστεις ἐπαλλήλους προσεγγρίμπτοντας.

προσεισφέρω. legat. ad Caj. 43. II, 596 τὰς οὐσίας ὅλας προσεισέφερον.

προσεμπίπτω. de incorr. m. 5. II, 491 θερμότησι καὶ ψυχρότησι καὶ ταῖς ἄλλαις ἐναντιότησι προσεμπιπτεύσαις ἔξωθεν ἰσχυρῶς ἀνατρέπεται.

προσενεκτέον. de creat. princ. 13. II, 372 παραινῶν ὡς προσενεκτέον οὐ φίλοις καὶ συμμάχοις αὐτὸ μόνον ἀλλὰ καὶ τοῖς τῆς συμμαχίας ἀφισταμένοις. — de carit. 13. II, 343 οὕτω προςενεκτέον ὡς τρίτῃ γενεᾷ καλεῖν εἰς ἐκκλησίαν.

προςεντάττω. in Flacc. 16. II, 536 τὰ δ' οὐ λεχθέντα προςενέταττεν.

*προςεξαιμάτωσις. de vict. 7. II, 244, nach Mang. e cod. Med. ἔχει δὲ διττὴν δύναμιν ἧπαρ διακριτικήν τε καὶ προςεξαιμάτωσιν.

προςεξετάζω. Bei Steph. aus Philo II, 271. — Dazu: de plant. 42. I, 355 οὐδὲν περὶ τῶν ληρεῖν εἰωθότων προςεξετάζοντες. — de concup. 9. II, 355 ἄρχεται καὶ τὴν λοιπὴν φύσιν τῶν ἐν ἀέρι προςεξετάζειν. — de praem. et poen. 8. II, 416 προςεξεταστέον δὲ ὅτι καὶ οἰκειότατον ἑκάστῳ ... ἀπενεμήθη ἆθλον.

προςεξευρίσκω. de incorr. m. 4. II, 490 ἔνια τῶν ἀναγκαιοτάτων εἰς ἕκαστον φιλοσοφίας μέρος καινοτομήσας προςεξεύρετο.

προςεξηγέομαι. legat. ad Caj. 30. II, 575 τί καθ' ἡσυχίαν κάθησθε ... δέον προςεξηγεῖσθαι καὶ τὰ κεκινηκότα τὸν Γάϊον.

προςεπιβάλλω. ap. Euseb. pr. ev. 8, 7. II, 629 μὴ ταφῆς νεκρῶν ἐξείργειν ἀλλὰ καὶ γῆς αὐτοῖς ὅσον γε εἰς τὴν ὁσίαν προςεπιβάλλειν.

προςεπιδέχομαι. fragm. II, 674 ὁ τῶν ἀνθρώπων βίος ὁμοιούμενος πελάγει κυματώσεις καὶ στροφὰς παντοίας προςεπιδέχεται.

προςεπικοσμέω. de Abrah. 6. II, 6 ἐπιστεφανῶν αὐτὸν ... κηρύγματι λαμπροτάτῳ προςεπικοσμεῖ. — de spec. legg. 9. II, 308 χάριτας ἃς ἥρμοττε καλοκαγαθίᾳ προςεπικοσμῆσαι.

προςεπινοέω. Bei Steph. aus Philo in Dahlii chrest. philon. p. 129. — Dazu: de vita Mos. I, 5. II, 84 προςεπινοῶν αὐτὸς τὰ δυςθεώρητα.

προςεπιρρώννυμι. in Flacc. 5. II, 520 προςεπέρρωσεν αὐτοῦ τὴν ... ἀπόνοιαν.

προςεπισκέπτομαι. de spec. legg. 34. II, 331 εἶτα προςεπεσκέψατο τίς οὐσία τοῦ ὁρατοῦ.

προςεπισφίγγω. quod deus immut. 26. I, 291 προςεπισφίγγων αὐτὸ τοῦτο, wo Mang. προςεπισφραγίζων lesen will.

προςεπιφέρω. ap. Euseb. pr. ev. 8, 7. II, 630 μὴ δεσμὰ μὴ κακὸν ... προςεπιφέρειν.

προςεπιψηφίζομαι. Bei Steph. aus Philo p. 559 (?). — Dazu: de creat.

princ. 2. II, 362 προςεπιψηφιεῖται τὴν αἵρεσιν ἐπισφραγιζόμενος.

προςευκαιρέω. Bei Steph. aus Philo II, 46. — Dazu: legat. ad Caj. 28. II, 572 αὐτὸς τῆς ὑμετέρας ἀκούσομαι ὑποθέσεως προςευκαιρήσας.

*προςκληρονομέω. de vita contempl. 2. II, 473 ἀπολείπουσι τὰς οὐσίας υἱοῖς ... ἑκουσίῳ γνώμῃ προςκληρονομούμενοι.

προςκλητικός. de incorr. m. 10. II, 497 προςκλητικὴν ἔχει δύναμιν τὸ κάλλος.

*πρόςκοιτος. de somn. I, 16. I, 635 τῷ λαβόντι χρεώστῃ πρόςκοιτον τὸ ἱμάτιον οὐ προςέταξε μεθ' ἡμέραν πάλιν κομίσαι τῷ δανείστῃ.

πρόςκρουσμα. Ueber πρόςκρουμα u. πρόςκρουσμα vgl. Wytt. l. c. ad p. 137 B. — quis rer. div. haer. 50. I, 508 τὰ δὲ τῶν ἐνσπόνδων δυνάμεων πρόςκρούσματα. — de somn. II, 24. I, 681 τὸ δὲ (συμπόσιον πέπλησται) συννοίας κατηφείας προςκρουσμάτων λοιδοριῶν τραυμάτων. — ibid. II, 43. I, 696 οὐκ οἰκίαι ἀνηγεμόνευτοι προςκρουσμάτων γέμουσι;

πρόςκωπος. de plantat. 37. I, 352 πρόςκωποι καθίσταντες ... ὑπόπτερον αὐτὴν (sc. ναῦν) φέρεσθαι βιάζονται.

προςνομοθετέω. Bei Steph. aus Philo p. 825 = II, 227. — Dazu: de victim. 12. II, 249 ἄλλην προςνομοθετεῖ κοινὴν (sc. ἰδέαν τῶν θυσιῶν). — de septen. 7. b. Tisch. p. 24, 12 ἔοικε ... τοὺς προςταττομένους καὶ τἆλλα προςνομοθετεῖν. — de spec. legg. 7. II, 341 χρὴ δὲ καὶ περὶ τοῦ δευτέρου προςνομοθετεῖν. — de spec. legg. 21. II, 320 χρόνον δὲ τῆς φυγῆς τὸν βίον τοῦ ἀρχιερέως προςενομοθέτησε.

προςομολογέω. de mundo 16. II, 617 τοῖς μὲν ἀϊδιότητα προςομολογεῖν τοῖς δὲ τὸ ἀνύπαρκτον.

προςοφθαλμιάω. Bei Steph. aus Philo II, 560. — Dazu: de spec. legg. 1. II, 336 τοῖς ἀλλοτρίοις προςοφθαλμιῶν καὶ ἐπικεχηνὼς τὰς ἐπὶ νοσφισμῷ πάγας τίθησι.

προςόψημα. ap. Euseb. pr. ev. 8, 14, 70. II, 647 λαχανώδει χλόῃ καὶ καρποῖς δένδρων προςοψήμασιν ... χρώμενοι.

προςπαραλαμβάνω. de opif. m. 1. I, 1 προςπαραλαβόντες neben LA. προςπεριλαβόντες. — de spec. legg. 7. II, 340 μηδὲ ἀνδράποδα ἕνεκα τοῦ διακομίσαι προςπαραλαβών. Auch de spec. legg. 1. II, 271 ist es nach Tisch.

8 *

p. 2, 16 u. 17 zu lesen μηδὲν προς-
παραλαβόντες [προςλαβόντες b. Hoesch.]
u. ἀλλὰ καὶ προςπαραλαβέτω τις [προς-
λαβέτω b. Hoesch.].
προςπεριλαμβάνω. de spec. legg.
30. II, 327 καὶ τὰ ἡσυχασθέντα προς-
περιέλαβον.
πρόςπολος. de vict. 12. II, 248 οὐ
γὰρ ἂν τοὺς προςπόλους αὑτοῦ καὶ θε-
ράποντας ἐπὶ μετουσίᾳ τῆς τοιαύτης
τραπέζης ἐκάλεσεν.
προςριζόω. Bei Steph. aus Philo I,
334. — Dazu: de gigant. 7. I, 267
(ψυχαὶ) κάτω ἑλκυσθεῖσαι τὸν αὐχένα
βιαίως δίκην τετραπόδων γῇ προςερ-
ρίζωνται. — quis rer. div. haer. 49.
I, 506 (ψυχαὶ) τρόπον ἑρπετῶν προς-
ερριζωμέναι τῷ γηΐνῳ σώματι. — ibid.
54. I, 511 τὰ σώματος ... πάθη σαρ-
κὸς ἐκπεφυκότα ἢ προςερρίζωνται. —
congr. erud. grat. 5. I, 522 αἴσθησις
... τῷ τῆς ὅλης ψυχῆς ἀγγείῳ προς-
ερρίζωται. — ibid. 15. I, 531 ἄνθρω-
πος ... ἡδοναῖς καὶ ἀλγηδόσι προς-
ερριζωμένος. — de somn. I, 10. I, 628
τί δὲ ἅπτεσθαι τῶν ἐν αἰθέρι φῂς δύ-
νασθαι προςερριζωμένος χέρσω. — de
mundo 6. II, 608 τὰ δὲ ἀμείνω καὶ
τελειότερα τῷ μεσαιτάτω ... ἡγεμόνι
προςερρίζου.
*προςσυναποβάλλω. de septen. 8.
b. Tisch. p. 27, 11 ὅταν ὀρεχθεὶς πλειό-
νων προςσυναποβάλῃς καὶ τὰ ὄντα ...
So Tisch. nach cod. Laur. für προςαπο-
βάλης der andern codd. u. προςαπο-
βάλλῃς bei Mang., Hoesch., Richt.,
Tauchn.
προςτερατεύομαι. de decal. 12. II,
189 περὶ τῆς ἐτερημέρου ζωῆς αὐτῶν
προςτερατευσάμενοι διήγημα.
προςυπερβάλλω. Bei Steph. aus Phi-
lo I, 243. II, 193. 211. 262. 451. —
Dazu: quod deus immut. 6. I, 267
μήτε ἐπιτείναι προςυπερβάλλοντα μήτε
ἀνεῖναι μαλθάξαντα τὴν ἀρετῶν ...
ἁρμονίαν. — de confus. lingu. 20. I,
418 ἤδη δὲ καὶ προςυπερβάλλοντές τι-
νος ... — de migr. Abr. 12. I, 446
ἔνιοι προςυπερβάλλοντες. — quis rer.
div. haer. 17. I, 485 εἰ δὲ χρὴ καὶ
προςυπερβάλλοντα εἰπεῖν. — de Joseph.
4. II, 44 προςυπερβάλλοντες αὑτοὺς
ὠμότητι σεμνυνώμεθα. — de decal.
13. II, 190 εἰσὶ δὲ οἳ καὶ προςυπερ-
βάλλουσιν ἀσεβείᾳ. — de spec. legg.
28. II, 324 ἀεὶ μεγαλουργοῦσι προς-
υπερβάλλοντες. — quod omn. prob.
lib. 7. II, 452 νεανικώτερον ὁ τῶν Ἰου-
δαίων νομοθέτης προςυπερβάλλων. —

de incorr. m. 27. II, 515 τὸ καθεστὸς
προςυπερβαλλόντων ἐπιβάσεως. cf. de
mundo 22. II, 623. — de sacerd. ho-
nor. 1. II, 233 προςυπερβάλλων ὁ νό-
μος ... προςτέταχεν.
προςυπογράφω. Bei Steph. aus Phi-
lo I, 590. — Dazu: de profug. 38. I,
577 τρίτον προςυπογράφει χαρακτῆρα.
— quod det. pot. insid. 27. I, 210 τὸν
τρόπον καθ' ὃν ... κατάρατος ὁ νοῦς
γίνεται προςυπογράφει λέγων ...
προςυφαίνω. quis rer. div. haer. 53.
I, 511 τὰ δὲ ἀκόλουθον προςυφαίνει τῇ
γραφῇ.
προςφιλοτεχνέω. Steph. aus Philo
II, 618. — Dazu: de incorr. m. 22.
II, 509 προςφιλοτεχνοῦντες δέ τινες τὸν
ἀΐδιον ὑπολαμβανόντων τὸν κόσμον εἶ-
ναι ...
πρόςφυξ. de somn. II, 41. I, 695 οἱ
μὲν ἱκέται οἱ δὲ μετανάσται καὶ πρός-
φυγες ...
προςφυῶς. leg. alleg. III, 55. I, 118
τοῦτο προςφυῶς εἴρηται.
προτεμένισμα. Bei Steph. aus Philo
I, 157. — Dazu: legat. ad Caj. 22.
II, 567 ναὸς προπύλαια προτεμενίσματα.
στοαί ...
προτυπόω. de confus. lingn. 35. I,
431 ταῦτα μὲν οὖν ἀναγκαῖον ἦν προ-
τυπῶσαι. — de opif. m. 1. I ἐπειδὴ
προτυπῶσαι τὰς διανοίας τῶν χρησο-
μένων τοῖς νόμοις ἀναγκαῖον ἦν.
προϋπαντάω. de profug. 25. I, 566
προϋπαντῶντος (θεοῦ) διὰ τὴν ἵλεω φύ-
σιν ἑαυτοῦ ταῖς παρθένοις χάρισι ...
— de somn. I, 19. I, 638 προϋπαντᾷ
δεξιούμενος εὐθὺς ὁ ἔφεδρος ἀσκητής.
— de Abrah. 17. II, 13 προϋπαντήσας
τὴν ἑαυτοῦ φύσιν ἔδειξε. — in Flacc.
12. II, 532 Φλάκκῳ ... προϋπήντησεν
ἡ μισοπόνηρος δίκη.
προϋπάρχω. de opif. m. 44. I, 31
τὰ πρεσβύτερα εἴδη καὶ μέτρα ...
προϋπῆρχε. — de merced. meretr. 1.
II, 265 εὐχαριστῶν ἐπὶ προϋπηργμέ-
ναις εὐεργεσίαις. — ap. Joh. Dam. p.
s. P. 782 B. II, 659 πολλὰ γὰρ προϋ-
πάρξαι δεῖ τοῖς ἐφιεμένοις τῆς μετου-
σίας τούτων.
προϋπειμι. quod deus immut. 14. I,
282 νόσον ἑτέραν τῇ ψυχῇ ἀργαλεω-
τέραν τῆς προϋπούσης τοῦ σώματος
προςλαβὼν.
προϋπεργάζομαι. de vita Mos. I,
15. II, 94 τῷ δὲ προϋπείργαστο ἡ
ψυχὴ κατ' ἐπιφροσύνην θείαν πρὸς
πειθαρχίαν.

προϋποδείκνυμι. quis rer. div. haer
10. I, 480 ἐκεῖνο προϋποδείξαντες.

προϋπόκειμαι. Bei Steph. aus Philo
eine St. unbest. Angabe, sie steht de
mundo 8. II, 610. — Dazu: de praem.
et poen. 2. II, 409 πάντως ἡμίεργα
προϋπόκειται προμηϑείᾳ φύσεως. — de
mundo 9. II, 610 ἡ μὲν (αἰτία) ἐντὸς
ἡ δὲ ἐκτὸς προϋπόκειται.

προϋποτυπόω. Bei Steph. aus Philo
I, 531. — Dazu: quis rer. div. haer.
29. I, 423 τούτων προϋποτυπωϑέντων.

προχαράττω. de mut. nom. 37. I,
609 τὴν ϑεοφόρητον προφητείαν πρου-
χάραξε [wo Mang. παρεχάραξε oder
μετεχάραξε will].

πρῶτιστος. de vict. offer. 13. II, 262
ὅπερ ἢ μόνον ἢ πρώτιστον ἐξ αὐτῶν
σπαργάνων εἰκὸς ἦν ἀναδιδάσκεσϑαι.
vgl. Lobeck ad Phryn. p. 419.

πρωτοστατέω. Bei Steph. aus Philo
1 St. unbest. Angabe. — Dazu: de
septen. b. Tisch. p. 40, 16 ὡς ἐν τῇ
φύσει γυναικῶν ἄνδρες πρωτοστατοῦσι.
— ibid. p. 43, 3 φϑορᾷ τῶν πρωτο-
στατούντων.

πτεροφυέω. fragm. b. Tisch. p. 146,
16 αἱ μὲν τοῦ ϑεοῦ πᾶσαι δυνάμεις
πτεροφυοῦσι.

πύγαρτος [?]. cf. Deut. 14, 5. LXX
πύγαργος, wo Tisch. die Variante κ.
πύδαργον anführt. — πύγαρτος ist de
concup. 5. II, 353.

πυροπωλέω. de Joseph. 30. II, 66
κελεύσαντος τοῦ τῆς χώρας ἐπιτρόπου
τοῖς πυρπωλοῦσι τὰ ἀγγεῖα ... ἅπαν-
τα πληρῶσαι.

πυρπολέω. de ebriet. 8. I, 361 τὴν
ψυχὴν ἐμπιπρῶσάν τε καὶ πυρπολοῦ-
σαν.

πυρωπός. de ebriet. 42. I, 383 φοινι-
κοῦν καὶ κυανοῦν πυρωπόν τε αὖ καὶ
ἀνϑρακωειδές, ἔτι δὲ ὠχρὸν καὶ ἐρυ-
ϑρόν.

πύσμα. quod det. pot. insid. 17. I,
202 καὶ ἐρώτημα καὶ πύσμα προφέ-
ρεσϑαι. — de agricult. 31. I, 321 τῶν
τελείων τὰ μὲν ἐρωτήματα καὶ πύ-
σματα.

P.

ῥαδιουργός. de conf. lingu. 29. I,
428 τοῖς ῥαδιουργοῖς οὐ τὰ πρὸς τοὺς
ὁμοφύλους μόνον συγχεῖν δίκαια ἐξήρ-
κεστον ...

ῥάκιον. de somn. I, 16. I, 635 ῥάκιον
ἐναμπεχόμενος.

ῥανίς. fragm. ap. Euseb. pr. ev. 8, 14,
395. II, 643 ἀνϑ᾽ ὕδατος ἐλαίῳ κα-

ταιονούμενοί τινες τῶν ἀπειροκάλων εἰς
τοὔδαφος ῥανίδας ἀποστάζουσιν.

ῥιψοκίνδυνος. de agricult. 38. I, 326
διὰ τὸ ῥιψοκίνδυνον ἀποδεδρακότας. —
de decal. 13. II, 190 ἔδοξεν ἂν οὐκ
ἀγνωμονέστατος εἶναι μόνον ἀλλὰ καὶ
ῥιψοκινδυνότατος.

ῥύσιον. de somn. I, 16. I, 635 οἱ τὰ
ῥύσια κατέχοντες δανεισταὶ παρ᾽ αὐ-
τοῖς. — ibid. 18. I, 638 σπούδασον
ἐν ἡμέρᾳ τὸ ῥύσιον ἀποδοῦναι τῷ κυ-
ρίῳ.

ῥυώδης. Steph. hat Philo I, 698. —
Dazu: de spec. legg. 2. II, 301 ἰκ-
μάδα ἧς τὸ ῥυῶδες διὰ τῶν γεννητι-
κῶν ἀποχετεύεται.

ῥωμαλέος. de Abrah. 45. II, 38 τίς
γὰρ ἀνϑρώπων ἰσχυρότερος ἢ ῥωμα-
λεώτερος ταύρου.

ῥῶσις. quis rer. div. haer. 59. I, 516
παντελοῦς ὑγείας κ. ῥώσεως μεταποιοῦ-
μεϑα.

Σ.

σαίρω. de merced. meretr. 2. II, 265
σεσαρυῖα καὶ κιχλίζουσα. — legat. ad
Caj. 44. II, 597 σαρκάζων γὰρ ἅμα
καὶ σεσηρώς. vgl. Wytt. l. c. ad p.
46 D.

σαλεύω. de migr. Abr. 5. I, 439 πάν-
τας τοὺς φιλοσωμάτους κινῆσαι καὶ σα-
λεῦσαι τρέπους.

σαρκάζω. s. o. σαίρω.

σαρκοβόρος. de Joseph. 5. II, 45
ἀτιϑάσσοις καὶ σαρκοβόροις ϑηρσὶν εὐω-
χία καὶ ϑοίνη γέγονας. — de vita Mos.
I, 8. II, 87 μηδὲν εἰς ἀγριότητα τῶν
ἰοβόλων καὶ σαρκοβόρων διαφέροντες.
— de spec. legg. 20. II, 318 τὰ λεί-
ψανα προσεπιλιχμῶνται αὐτῶν οἰωνοὶ
οἱ σαρκοβόροι καταπτάντες. — de con-
cup. 9. II, 355 σαρκοβόρα καὶ ἰοβόλα.

σαφήνεια. de cherub. 35. I, 162 σα-
φήνειαν τῶν ἐνυπνίων διὰ τοῦ ϑεοῦ
εὑρεϑήσεσϑαι.

σβεστήριος. de poster. Cain. 20. bei
Tisch. p. 103, 16 σβεστηρίων ὀργάνων
... εὐπορήσαντες.

σεβάστιος. legat. ad Caj. 7. II, 553
τὸ ὑμέτερον γένος τὸ σεβάστιον.

σεληνιακός. de mut. nom. 47. I, 619.
s. ἡλιακός. — de somn. I, 22. I, 641
ἀπὸ τῆς σεληνιακῆς σφαίρας. — ibid.
II, 19. I, 676 ὡς πρὸς σεληνιακὸν ἢ
τὸ ἀφ᾽ ἡλίου καϑαρὸν φέγγος αὐγά-
ζειν.

[σεμνηγορέω. Steph. hat Philo I, 405.
II, 164.]

σεμνολογέω. de cherub. 22. I, 152

σεμνολογεῖν ἐπὶ τῷ τὸν νοῦν ἠγαπηκέναι. — de profug. 3. I, 544 ὡς σεμνολογούμενος διεξήεις.

σεμνομυθέω. z. Med. hat Steph. Philo I, 233. — Dazu: de cherub. 21. I, 151 περὶ αὐτοῦ λέγων ἅμα καὶ σεμνομυθῶν οὐ παύεται. — congr. erud. grat. 23. I, 538 τὴν αἵρεσιν καὶ γένεσιν ἑαυταῖς ἐπιγράφουσαι σεμνομυθοῦσιν.

σεμνοποιέω. de monarch. I, 2. II, 214 τὸν περὶ ταῦτα τύφον σεμνοποιούντων ὡς ἔνι μάλιστα. — de septen. b. Tisch. p. 52, 19 οἷς ἄπορος καὶ ἀδιερεύνητος ἡ ζήτησις τῆς ἀληθείας ἐστὶν οὐ μὴν τοὺς αὐτοὺς ἅπαντες ἀλλὰ ἑτέρους ἕτεροι σεμνοποιοῦσι καὶ γεραίρουσιν. — de decal. 1. II, 181 τὰς κενὰς δόξας σεμνοποιοῦντες. — de judice 2. II, 345 τυφλοπλαστῶν τὰ μηδενὸς ἄξια σεμνοποιούντων. — de fortit. 3. II, 378 καταφρονῆσαι πάντων ὅσα τῦφος εἴωθε σεμνοποιεῖν. — de praem. et poen. 20. II, 428 θεοῦ τὰ καλὰ διὰ τὴν πρὸς αὐτὸν ὁμοιότητα σεμνοποιοῦντος καὶ γεραίροντος. — legat. ad Caj. 20. II, 565 μή τις γένηται μήνυσις τῷ πάντα σεμνοποιοῦντι τὰ κατ' αὐτὸν διαφερόντως. — ibid. 23. II, 568 ἣ (sc. ἡγεμονία) διὰ τῶν τοιούτων πέφυκε σεμνοποιεῖσθαι. — ibid. 31. II, 576 οὐχ ἵνα σεμνοποιήσῃ τὴν ἀνάθεσιν (sc. τοῦ ἀνδριάντος). — ap. Euseb. pr. ev. 8, 8. II, 634 τὸ σεμνὸν αὐτῶν ἀποδοχαῖς καὶ τιμαῖς ἔτι μᾶλλον σεμνοποιοῦσι.

*σεμνοποιΐα. de decal. 16. II, 194 ὅσοι δὲ παιδείας ὀρθῆς ἐγεύσαντο τὴν ἐπ' ἀσέμνοις πράγμασι σεμνοποιΐαν καταπλαγέντες οἰκτίζονται τοὺς χρωμένους.

σημειώδης. Steph. hat Philo II, 177. 480. — Dazu: de sobriet. 10. I, 400 τὸ παραπλήσιον ἐν τοῖς περὶ τῆς τοῦ παντὸς γενέσεως χρησθεῖσι λογίοις περιέχεται σημειωδέστερον.

σθεναρῶς. de profug. 9. I, 553 ἐπικυματίζουσαν φοράν τῶν πραγμάτων σθεναρῶς ἀπώσει.

σιταρχέω. de mut. nom. 14. I, 592 τὰς τροφὰς τῆς σωματικῆς χώρας ἁπάσης Αἰγύπτου θησαυρισάμενος ἐσιτάρχει.

σκαληνός. congr. erud. grat. 26. I, 540 ἰσόπλευρα γὰρ καὶ σκαληνά, κύκλους τε καὶ πολύγωνα καὶ τὰ ἄλλα σχήματα γεωμετρία προςεξεῦρε.

σκαπάνη. de poster. Cain. 43, bei Tisch. p. 128, 15 τὸ γὰρ ἄγκυραν ἢ

πλάτην ἢ πηδάλιον γεωπόνῳ ἢ ἄροτρα καὶ σκαπάνην [so Tisch. für σκεπάρνην bei Mang.] κυβερνήτῃ ... δωρεῖσθαι ... καταγέλαστον.

σκεπαστήριον. Steph. hat Philo I, 201. — Dazu: quis rer. div. haer. 42. I, 501 τὸ σκεπαστήριον καὶ σωτήριον τῶν φίλων ἀμυντήριον δὲ καὶ κολαστήριον τῶν ἐχθρῶν ὅπλον, ἡ νεφέλη.

σκηνοβατέω. legat. ad Caj. 44. II, 597 κεῖθι γὰρ ἐπὶ παροῦσιν ἡμῖν ἡ κατὰ παντὸς τοῦ ἔθνους ἔμελλε σκηνοβατεῖσθαι δραματοποιΐα.

σκηρίπτω. Steph. hat Philo 960 = II, 512. — Dazu: de cherub. 18. I, 150 οἷς ἱκανὸς ἦν σκηρίπτεσθαι κραδαινόμενος. — de plantat. 37. I, 352 ἀκραδάντως σκηρίπτεσθαι καὶ ἐπερείδεσθαι.

σκιαγραφέω. de mut. nom. 10. I, 589 κατὰ ... τοὺς προτέρους χαρακτῆρας ὁ φιλομαθὴς καὶ μετεωρολέσχης ἐσκιαγραφεῖτο.

σκίπων. de plantat. 37. I, 352 σκίπων βακτηρία ῥάβδος ἑνὸς ὑποκειμένου διάφοροι κλήσεις.

σκιρτητικός. de agricult. 23. I, 317 τοῦ παρατεθηγμένου καὶ ὀξυκινήτου καὶ σκιρτητικοῦ πάθους.

σκληραγωγία. Steph. hat Philo II, 482. — Dazu: de concupisc. 4. II, 352 οὔτε σκληραγωγίαν ... οὔτε τὸ ἁβροδίαιτον ... ἀλλὰ μέσην ἀτραπὸν ἀμεροῦν ἀνατομῶν τὸ μὲν σφοδρὸν ἐχάλασε τὸ δὲ ἀνειμένον ἀπέτεινε.

σκοραχίζω. de cherub. 1. I, 139 σκοραχισθέντα εἰς ἀσεβῶν χῶρον. — de poster. Cain. 40, bei Tisch. p. 125, 18 διόπερ σκοραχιζόμενοι μισοῦσιν αὐτήν. — de ebriet. 43. I, 384 ὡς ἀλλότρια καὶ δυσμενῆ μακρὰν ἀφ' ἑαυτῶν ἐσκοράκισαν. — congr. erud. grat. 11. I, 527 οὐχ ὅταν ἀνασχεδάσῃ ἢ διασπείρῃ καὶ σκοραχίσῃ τὴν ψυχὴν ἀφ' ἑαυτοῦ ὁ θεὸς τὸ ἄλογον εὐθὺς γεννᾶται πάθος. — de Abrah. 25. II, 20 μηδένα σκοραχίζειν ἀξίου τὸ παράπαν. — de vict. 12. II, 248 τῷ βραχυτάτῳ μώμῳ σκοραχίζεται. — de caritate 13. II, 393 οὐχ ὡς ἐχθρῶν παῖδας ἀσυμβάτως σκοραχιστέον.

σκυθρωπάζω. de sobriet. 2. I, 393 μὴ χλευάζειν ἐφ' οἷς εἰκὸς ἦν καὶ εὐλαβούμενον τὸ σκυθρωπάζειν.

σμήνη. ap. Euseb. pr. ev. 8, 8. II, 633 ἔνιοι σμήνη μελιττῶν ἐπιτροπεύουσι.

σοβάς. Steph. hat Philo II, 266. —

Dazu: de profug. 27. I, 568 τριοδῖτις σοβάς.

σπασμώδης. leg. alleg. III, 54. I, 118 γαργαλισμοῦ καὶ σπασμώδους ἐφίσται.

σπούδασμα. de sacrif. Ab. et Cain. 12. I, 171 ἄγων αὐτὰ ἀπὸ τῶν ὀχλικῶν τῆς πολιτείας σπουδασμάτων εἰς ἐρημίαν τοῦ μὴ ἀδικεῖν. — de ebriet. 21. I, 369 ὁπότε τῶν ἀνθρωπείων σπουδασμάτων ὑποκεχώρηκε.

σταθερῶς. de migr. Abr. 11. I, 445 τὴν πρόσοδον αὐτοῦ (sc. θεοῦ) συνεγγίζοντος σταθερῶς ἄνευ καταπλήξεως ὑπομεῖναι.

*στάθμημα. de mut. nom. 40. I, 614 οἷς τὰ ἁρμόττοντα χαρίζεται πρὸς τὰ τῆς ἑκάστου ψυχῆς σταθμήματα καὶ μέτρα.

σταχυοφορέω. Steph. hat Philo II, 293. 400. vgl. auch Lobeck ad Phryn. p. 681. — de execrat. 2. II, 430 ποῦ γὰρ ἢ σίδηρος ἐσταχυοφόρησεν ἢ χαλκὸς ὑετὸν ἤνεγκε.

στερέμνιος. de somn. I, 3. I, 622 σῶμα βαρὺ καὶ ἀδιάλυτον καὶ στερέμνιον.

στεφανηφορέω. de Joseph. 4. II, 44 τοῖς ἀνδραποδισταῖς περὶ κακίας ἄθλων ἁμιλλησάμενοι στεφανηφορῶμεν. — ibid. 23. II, 60 οἱ δ' ἀπογόνοντες καὶ δευτερείων ἐφίξεσθαι τὰ πρῶτα τῶν ἄλλων στεφανηφοροῦντες ἤραντο. — Zur Schreibung vgl. Lobeck ad Phryn. p. 650.

στηλιτεύω. Steph. hat Philo: de vita Mos. 3 ohne best. Angabe, II, 2, 226. — Dazu: de confus. lingu. 16. I, 416 πράγματα . . . ἐστηλιτευμένα ἐν τῇ τοῦ σοφοῦ διανοίᾳ. — ibid. 22. I, 421 τοῦ παγίως . . . ἐστηλιτευμένου παρὰ μόνῳ τῷ θεῷ. — de migr. Abr. 15. I, 449 ἐν αἷς (sc. πλαξί) ἐστηλιτεύθησαν οἱ χρησμοί. — quis rer. div. haer. 36. I, 497 θεῖα γράμματα ἐστηλιτευμένα. — ibid. 52. I, 510 γράμμα ῥητὸν ἐστηλιτευμένον ἱεραῖς βίβλοις. — congr. erud. grat. 12. I, 527 ἔστι δὲ καὶ ἑτέρωθι τὸ γράμμα τοῦτο ἐστηλιτευμένον. — de Abrah. 30. II, 24 τοῦ θεοῦ τοὺς ἀληθεῖς ἐπαίνους αὐτῶν στηλιτεύσαντος ἐν οὐρανῷ. — ibid. 33. II, 26 ἡ πρᾶξις . . . ἐν ταῖς . . . διανοίαις ἀνάγραπτος ἐστηλίτευται. — de judice 3. II, 346 ἢν (sc. ἀλήθειαν) ὁ πάνσοφος ἐστηλίτευσεν ἱερωτάτῳ χωρίῳ. — de fortitud. 3. II, 378 διδασκαλίαι πολλαχοῦ τῆς νομοθεσίας ἐστηλιτευμέναι. — de carit. 1. II, 383 ὥσ-

περ γραφὴν ἀρχέτυπον στηλιτεύσας τὸν ἴδιον βίον. — ibid. 10. II, 391 ἃς (ᾠδάς) ἀναγράπτους στηλιτεύουσιν αἱ ἱεραὶ βίβλοι. — quod omn. prob. lib. 14. II, 460 τύπους ἐστηλίτευσεν ἀριδήλους.

στιγματίας. quod omn. prob. lib. 2. II, 446 τοῖς δὲ ἐκ τριγενείας στιγματίαις παιδότριψι καὶ παλαιοδούλοις ἐλευθερίαν (ἐπεφήμισε).

στίζω. de somn. II, 12. I, 670 στιζόμενοι μαστιγούμενοι καὶ ἀκρωτηριαζόμενοι.

στόλισις. Steph. hat Philo II, 156, muss heissen 157.

στρατηγιάω. de Abrah. 38. II, 32 οἱ φιλοχρήματοι καὶ φιλόδοξοι καὶ στρατηγιῶντες.

στροβέω. de agricult. 28. I, 319 τῆς διανοίας κατὰ τὰς συνεχεῖς μεταβολὰς στροβουμένης. — de confus. lingu. 7. I, 408 ἅπαν τῆς ψυχῆς στροβεῖ χωρίον δίναις ἐπαλλήλοις.

στωμυλία. Steph. hat Philo II, 384. — Dazu: de cherub. 30. I, 158 μετὰ στωμυλίας καὶ τῆς περὶ γλῶτταν καὶ τὰ φωνητήρια ὄργανα εὐπραγίας.

συγκαθαιρέω. legat. ad Caj. 20. II, 565 σιωπῶ τὰς συγκαθαιρεθείσας καὶ συμπρησθείσας τῶν αὐτοκρατόρων τιμάς.

συγκακουργέω. de decal. 18. II, 196 τὰ ψευδῆ μοι μαρτύρει, συγκακούργει, συρραδιουργεῖ.

συγκαταβαίνω. de somn. I, 23. I, 643 συγκαταβαίνοντες διὰ φιλανθρωπίαν καὶ ἔλεον τοῦ γένους ἡμῶν ἐπικουρίας ἕνεκα καὶ συμμαχίας.

συγκαταθύω. de caritate 18. II, 398 ἀπαγορεύων ἡμέρα τῇ αὐτῇ συγκαταθύειν μητέρα καὶ ἔγγονον.

συγκατακρημνίζω. de confus. lingu. 6. I, 408 οἷς ἡ διάνοια συγκατακρημνισθῆναι πολλάκις ἐμέλλησε. — vgl. ausserdem u. συγκαταπίνω.

συγκαταπίνω. Steph. hat Philo II, 178. — Dazu: de agricult. 15. I, 311 ὥσθ' . . . ὑπὸ τῆς ἐν τῷ δρόμῳ ῥύμης κατακρημνισθῆναι συνηνέχθη καὶ συγκαταποθῆναι τὸν φερόμενον.

συγκαταπλέχομαι. de vita Mos. III, 11. II, 150 ἡ ἐπωμὶς . . . κατεσκευάζετο . . . ὑακίνθῳ καὶ πορφύρᾳ . . . συγκαταπλεχομένου χρυσοῦ.

συγκατατάττω. de vita Mos. III, 4. II, 147 τὴν δὲ αἰτίαν ἧς ἕνεκα τοὺς πέντε τοῖς πεντήκοντα συγκατατάττω . . . δηλώσω.

συγκλύς. Steph. hat Philo II, 312. —

Dazu: leg. alleg. III, 66. I, 124 τῶν μιγάδων καὶ συγκλύδων καὶ πεφυρμένων ἀβουλλ τὸ πάϑος ἄρχει. — de ebriet. 10. I, 363 συγκλύδων καὶ μιγάδων ἀνϑρώπων κεναῖς αἰωρουμένων δόξαις.

συγκριτικός. de sacrif. Ab. et Cain. 11. I, 171 ὃς βασιλεὺς εἶναι δοκεῖ τοῦ συγκριτικοῦ ζῴου.

σύγκριτος. de cherub. 32. I, 159 οὐκ ἐσόμεϑα οἱ μετὰ σωμάτων σύγκριτοι ποῖοι ἀλλ᾽ εἰς παλιγγενεσίαν ὁρμήσομεν οἱ μετὰ ἀσωμάτων σύγκριτοι.

συγκροτέω. Steph. hat Philo: V. M. 1 ohne best. Angabe. Die Stelle steht §. 45 II, 120; ferner ibid. 48 = II, 122 u. V. M. III, 21 = II, 163. — Dazu: de plantat. 34. I, 350 ἃ κατὰ προςτάξεις καὶ ὑφηγήσεις νόμων συνεκροτεῖτο. — de mut. nom. 13. I, 591 καὶ τοῦτο γυμνάζων καὶ συγκροτῶν. — de somn. I, 27. I, 646 πατὴρ Ἰακὼβ λέγεται τοῦ μελέτῃ συγκροτηϑέντος. — ibid. 43. I, 658 πάντας τοὺς περὶ ἀρετῆς καὶ εὐσεβείας ἀλείψας καὶ συγκροτήσας λόγους. — de somn. II, 40. I, 693 ἐκ τούτου γυμνάζει καὶ συγκροτεῖ πρὸς ἄμφω τὸ λέγειν καὶ ἡσυχάζειν. — ibid. 42. I, 693 ἑκάτερον ἐπ᾽ ὀλέϑρῳ ἑαυτῶν τε καὶ ἑτέρων συγκροτοῦντες. — de Abrah. 5. II, 5 τὸν ἄπαυστον καὶ συνεχῆ πόλεμον ἐν γῇ καὶ ϑαλάσσῃ συγκροτοῦσιν. — ibid. 21. II, 16 ἀσύμβατοι καὶ ἀκατάλλακτοι στάσεις καὶ πόλεμοι συγκροτοῦνται. — de Joseph. 1. II, 41 ἕνα τῶν φυλάρχων διασυνίστησιν ἐκ πρώτης ἡλικίας συγκροτηϑέντα. — ibid. 15. II, 53 μελέτῃ συγκροτοῦνται ϑηριούμενοι. — de vict. offer. 1. II, 251 ὄψεσι . . . τῷ συνεχεῖ τῆς ἀσκήσεως συγκεκροτημέναις εἰς ἀνυπαίτιον ἐπίσκεψιν. — de vita Mos. I, 57. II, 130 γυμνάσματα δ᾽ εἰσὶ καὶ μελέται συγκροτουμένων τὰ κατ᾽ ἐχϑρῶν ἐν φίλοις. — de septen. 11. II, 288 ὅταν γὰρ αὐτοὺς συγκροτήσωσιν ἐπαλλήλοις καὶ συνεχέσι γυμνασίαις. — de spec. legg. 8. II, 343 φρονήματος ἀνδρείᾳ συγκεκροτημένου (ἐστί). — de concupisc. 4. II, 352 πρὸς ἄσκησιν ἀρετῆς δι᾽ ὀλιγοδείας καὶ εὐκολίας γυμνάζει καὶ συγκροτεῖ. — de fortitud. 4. II, 378 περὶ τοῦ γυμνάσαι καὶ συγκροτῆσαι ψυχὴν πρὸς ἀνδρίαν. — de carit. 1. II, 383 τοὺς ὑφ᾽ αὑτὸν ἅπαντας ἤλειφε καὶ συνεκρότει πρὸς κοινωνίαν. — de carit. 3. II, 387 ἵνα . . . ὑποϑήκαις καὶ παραινέσεσι τὰς ψυχὰς αὐτῶν ἀλείφωσι καὶ

συγκροτῶσι. — de praem. et poen. 15. II, 422 τὸ ἐν αὑτοῖς εἰς δεινὴν ἀγριότητα ἀεὶ συγκροτοῦντες. — quod omn. prob. lib. 6. II, 450 πόλεμος . . . ὃν ἀδοξία καὶ πενία καὶ δεινὴ σπάνις τῶν ἀναγκαίων συγκροτοῦσιν. — legat. ad Caj. 13. II, 559 χοροὶ δὲ εὐϑὺς εἱστήκεσαν συγκεκροτημένοι. — ibid. 17. II, 562 μέγιστος κ. ἀκήρυκτος πόλεμος ἐπὶ τῷ ἔϑνει συνεκροτεῖτο. — ibid. 27. II, 571 τούτοις τοῖς παραλόγοις καὶ ἐπαράτοις λογισμοῖς ἐπάρας καὶ συγκροτήσας ἑαυτόν. — ibid. 28. II, 572 ἀλείφοντι τὸν δεσπότην ἀεὶ καὶ συγκροτοῦντι κατὰ τοῦ ἔϑνους.

συγκρύπτω. de conf. lingu. 24. I, 422 νυκτὶ καὶ βαϑεῖ σκότῳ τὰ ἑαυτῶν ἀδικήματα συγκρύπτειν ὀφείλοντες.

συλλαβομαχέω. Steph. hat Philo I, 526. — Dazu: fragm. II, 657 τοὺς ἐντυγχάνοντας τοῖς ἱεροῖς γράμμασιν οὐ δεῖ συλλαβομαχεῖν.

συμβατήριος. Steph. hat Philo I, 392. II. 560. — Dazu: leg. alleg. III, 46. I, 114 τὸν συμβατήριον λόγον.

συμβιβάζω in der Bed. „lehren". quis rer. div. haer. 6. I, 476 σὺ τὰ λεκτέα συνεβίβασας εἰπεῖν.

συμβολοκοπέω. Steph. hat Philo I, 359. — Dazu: de ebriet. 6. I, 360 διό μοι δοκεῖ καὶ αὐτὸς ὀνόματι συνϑέτῳ χρῆσϑαι τῷ συμβολοκοπῶν.

συμβολομαχέω. συμβολομαχοῦντες iu congr. erud. grat. 10. I, 526 ist nach cod. Vat. zu ändern in συλλαβομαχοῦντες.

συμμεταβάλλω. quod deus immut. 5. I, 276 τὸ μὴ τοῖς πράγμασι συμμεταβάλλειν. — ibid. 6. I, 277 ὥστ᾽ ἐξ ἀνάγκης καὶ αἱ ἡμέτεραι γνῶμαι συμμετέβαλον. — de plant. 20. I, 342 συμμεταβαλλόμενος πρὸς τὴν τοῦ δράσαντος ἀπόδοσιν.

συμπαραλαμβάνω. de agricult. 40. I, 327 γιγνομένων συμπαραληφϑῆναι.

συμπαρέρχομαι. Steph. hat Philo II, 513. — Dazu: de incorr. m. 25. II, 513 μέχρι πολλοῦ συμπαρελϑεῖν βιασϑεῖσα. vgl. de mundo 19. II, 621.

συμπέρασμα. de septen. bei Tisch. p. 16, 9 ἡ τῶν σκηνῶν ἥτις ἐστὶ τῶν ἐτησίων ἑορτῶν συμπέρασμα. — ibid. b. T. p. 45, 6 τὸ συμπέρασμα τῆς περιόδου. — ibid. b. T. p. 68, 6 ἡ μετοπωρινὴ ἑορτὴ πλήρωμά τι καὶ συμπέρασμα τῶν ἐντὸς ἐνιαυτοῦ πασῶν.

συμπεριπολέω. Steph. hat Philo 15 = I, 16. — Dazu: de septen. bei

Tisch. p. 17, 17 σελήνη καὶ ἡλίῳ καὶ τῇ χορείᾳ τῶν ἄλλων ἀστέρων πλανητῶν τε καὶ ἀπλανῶν ταῖς διανοίαις συμπεριπολοῦντες. — de spec. legg. 1. II, 299 συμπεριπολεῖν ἡλίῳ καὶ σελήνῃ καὶ τῷ παντὶ οὐρανῷ τε καὶ κόσμῳ.

συμποσίαρχος. de somn. II, 37. I, 691 οἰνοχόος τοῦ θεοῦ καὶ συμποσίαρχος λόγος.

συμποτικός. de Joseph. 34. II, 70 ἐν ταῖς συμποτικαῖς συνουσίαις.

συμπρόειμι. legat. ad Caj. 13. II, 559 παρ' ἑκάτερα οἱ Ἄρεως τοῦ καινοῦ καὶ νέου θεραπευταὶ συμπροῄεσαν.

συμφόρημα. Steph. hat Philo I, 289. — Dazu: de sacr. Ab. et Cain. 33. I, 184 τούτου τοῦ συμφορήματος ὃ ψυχὴ καὶ σῶμα ... κεκλήρωται.

συμφρονέω. Steph. hat Philo de vita Mos. I u. III ohne best. Angabe. — Dazu: de septen. bei Tisch. p. 18, 18 εἰ τοῖς ὀλίγοις συνεφρόνησαν οἱ πανταχοῦ ...

συμφυΐα. vgl. Steph. s. h. v. über die Bed. dieses Worts bei Philo. — Die Bedeutung: „Zusammenhang" findet sich auch: leg. alleg. III, 12. I, 95 κρύπτει ἐν τῷ σποράδι καὶ πεφορημένῳ νῷ ὃς συμφυΐας καὶ γνώσεως τῆς πρὸς τὸ καλὸν ἐστέρηται.

συναγωνιστής. de ebriet. 4. I, 359 τοὺς ἐκ φύσεως συναγωνιστὰς ὑπάρχοντας.

συναναχεράννυμι. Steph. hat Philo II, 315. — Dazu: de vict. 14. II, 250 ἵνα τι τοῦ εὐξαμένου μέρος ... θυσίας εἴδει γοῦν συνανακραθῇ ...

συναναμέλπω. de migr. Abr. 18. I, 452 τὰ δὲ ἑπόμενα τῶν αἰσθητῶν συναναμελπόντων.

συνανασπάω. de somn. I, 23. I, 643 ὁπότε μὲν ἀνέρχοιντο (λόγοι) συνανασπῶντες αὐτήν sc. ψυχήν. — de mundo 19. II, 621 ἄνω μὲν συνανασπᾷ πολλὴν [besser wol πολύ, vgl. de incorr. m. 25. II, 513] τῆς γεώδους οὐσίας.

συναναφλέγω. Steph. hat Philo II, 27. — Dazu: de plantat. 25. I, 345 πῦρ ὅπερ αἱ τῶν ἀνιέρων ἄθυτοι θυσίαι συνανέφλεξαν. — de incorr. m. 5. II, 491 ὅταν (sc. σιδήρου καὶ χαλκοῦ οὐσίαι) ἐμπιπραμένης οἰκίας ... συναναφλεχθεῖσαι τῇ πυρὸς βιαίῳ ῥιπῇ διαλυθῶσιν. — vgl. de mundo 9. II, 610.

συναποδημέω. congr. erud. grat. 9. I, 526 ᾗ δ' οὐ συναποδεδήμηκεν αὐτῷ

(sc. τῷ σοφῷ) ... χωλὴν καὶ ἀτελῆ τὴν ἐπιστήμην ἐκτήσατο.

συναπονοέομαι. Steph. hat Philo II, 118. 132. 160. 320. 342. — Dazu: de praem. et poen. 13. II, 420 ὅς καὶ τοῦ τολμήματος μετ' ὀλίγων τῶν συναπονοηθέντων εἰσηγητὴς ἐγένετο.

συναπορρύπτομαι. leg. alleg. III, 48. I, 115 οὐ μόνον ὅλῃ τῇ γαστρὶ ἀποτάττεται ἀλλὰ καὶ τοὺς πόδας αὐτῇ συναπορρύπτεται.

*συναφηβάω. ap. Euseb. pr. ev. 8, 11 p. 379. II, 633 ὑπολαμβάνουσι γὰρ ἅττ' ἂν ἐπιτηδεύσωσιν εἶναι βιωφελέστερα καὶ ἡδίω ψυχῇ καὶ σώματι τὰ γυμνάσματα καὶ πολυχρονιώτερα τῶν ἐν ἀθλήσεσι μὴ συναφηβῶντα τῇ τοῦ σώματος ἀκμῇ.

συνδιαιωνίζω. Steph. hat Philo I, 524. II, 151. 216. 224. — Dazu: de praem. et poen. 12. II, 419 πῶς οὖν ὁ θάνατος αὐτῷ συνδιαιωνίζει; — fragm. II, 666 (εὐσέβεια) συνδιαιωνίζουσα ἡλίῳ καὶ σελήνῃ καὶ τῷ παντὶ κόσμῳ.

συνδιαπορέω. ap. Euseb. pr. ev. 8, 14 p. 394. II, 642 ἀμφότεροι γὰρ ἢ τἀληθὲς ἔχει συνδιαπορήσαντες εἰσόμεθα.

συνδιατείνω. de Joseph. 31. II, 67 φόβῳ διώξεως ἄραντες ᾗ τάχιστα συνδιέτεινον.

συνδυασμός. de opif. m. 3. I, 3 τὰς ἐκ συνδυασμοῦ γενέσεις.

συνεισέρχομαι. de plantat. 22. I, 343 ὅταν εἰς τὴν φρονήσεως ἐμβὰς ὁδὸν συνεισέρχηται τοῖς δόγμασι.

συνεκδίδωμι. de profug. 5. I, 550 συνεκδώσεις θυγατέρας ἀπόροις γονεῦσιν.

συνεκπληρόω. de praem. et poen. 18. II, 426 ἑκάστης ἡλικίας τοὺς ὁρισθέντας ἀριθμοὺς συνεκπληρώσας. — ibid. 20. II, 428 οὐ μέρος συνεκπληροῦν τὸν τῶν μελῶν ἀριθμόν.

συνεκπολεμόω. de vita Mos. I, 43. II, 119 συγγενεῖς οὓς ᾤοντο μάλιστα μὲν συνεκπολεμήσειν τὸν πρὸς τοὺς ἀστυγείτονας πόλεμον.

συνεκτικός. Steph. hat Philo I, 2. — Dazu: leg. alleg. I, 18. I, 54 [τὸ ξύλον τῆς ζωῆς] μέσον ἱδρύεται τοῦ παραδείσου τὴν συνεκτικωτάτην χώραν ἔχον. — ibid. III, 50. I, 116 συνεκτικώτατον ἢ γαστρὸς ἐκπλήρωσις. — de cherub. 26. I, 155 τὰ συνεκτικώτατα τῶν ἐν οὐρανῷ τὰς κινήσεις ἐναλλάττει. — quod det. pot. insid. 22. I, 207 πρός τι τῶν ἀναγκαιοτάτων καὶ συνεκτικωτάτων τὴν ἀναφορὰν ἐποιεῖτο.

συνεκφέρω. de migr. Abr. 15. I, 449 διὰ γλώττης καὶ στόματος φερόμενον τὸ τοῦ λόγου νᾶμα συνεκφέρει τὰ νοήματα.

συνεμπίπρημι. ap. Euseb. pr. ev. 8, 14 p. 392. II, 641 Φαύλλον . . . λόγος . . . ἐν τῷ ἐν Ἄβαις ἱερῷ συνεμπρησθέντα ἀπολέσθαι.

[συνεξαιματόω. Steph. hat Philo de vita Mos. 1. II, 96.]

συνεξαμαρτάνω. de decal. 27. II, 203 τοὺς κυρίους τῆς ψήφου συνεξαμαρτάνειν ἀναπείθοντος. — de spec. legg. 30. II, 326 εἰ μὲν γὰρ συνεξήμαρτον καὶ συγκολαζέσθωσαν.

συνεξετάζω. de incorr. m. 19. II, 506 αἱ δὲ πίστεις προχειρόταται τοῖς συνεξετάζειν μὴ ἀποκνοῦσιν.

συνεπελαφρίζω. Steph. führt Philo 745 D an (?). — Dazu: de incorr. m. 25. II, 513 ἡ γῆ συνεπελαφρισθεῖσα, in der Parallelst. de mundo 19. II, 621 steht dagegen ἐπελαφρισθεῖσα.

συνεπηχέω. de agricult. 32. I, 321 ᾧ συνεπηχείτω μέντοι καὶ τῶν φιλοσοφούντων χορὸς ἅπας.

συνεπιγράφω. Steph. hat aus Philo I, 464. — Dazu: quis rer. div. haer. 60. I, 517 ᾧ (sc. τῷ ψευδεῖ) συνεπιγράφεται πᾶς ὁ τῶν ἀγελαίων . . . ἀνθρώπων . . . ὄχλος.

συνεπικοσμέω. Steph. hat Philo II, 28. — Dazu: de opif. m. 4. I, 4 τὸ φρόνημα λαμπροῦ τὴν εὐτυχίαν συνεπικοσμοῦντος.

συνεπικουφίζω. Steph. hat Philo II, 364. — Dazu: de carit. 15. II, 394 μὴ παρελθεῖν ἀλλὰ συνεπικουρίσαι καὶ συνεγεῖραι (διδάσκει).

συνεπιμαρτυρέω. de vita Mos. III, 12. II, 153 συνεπιμαρτυρεῖ καὶ ἡ χρόα.

συνεπινεύω. Steph. hat Philo II, 17. — Dazu: de confus. lingu. 13. I, 413 μηδενὶ τούτων ἀντιλέγων ἅπασι δὲ ἑξῆς συνεπινεύων.

συνερανίζω. Steph. hat Philo II, 491. vgl. de mundo 9. II, 611. — Dazu: de ebriet. 47. I, 386 αἱ μιχταὶ καὶ ἐκ πλειόνων συνηρανισμέναι (δυνάμεις). — ibid. τὸν ἑκάστης τῶν συνερανισθεισῶν τύπον ἰδίᾳ κατανοῆσαι. — de conf. lingu. 37. I, 433 τὸ συνεράνισθεν ἐξ αὐτῶν (sc. δυνάμεων). — congr. erud. grat. 6. I, 524 ἵνα τὸ λογικὸν αὐτὸ δίχοθεν συνερανίζηται πρὸς τελείωσιν. — de Joseph. 15. II, 53 ὧν ἀφ᾽ ἑκά-

στου σπῶνταί τι μοχθηρίας καὶ συνερανίζουσι.

*συνευεργετέω. legat. ad Caj. 36. II, 587 διὰ τῶν εἰς μίαν πόλιν εὐεργεσιῶν μυρίας ἄλλας συνευεργετεῖν.

συνευνάζω. de agricult. 35. I, 323 ταῖς ὁμολογηθείσαις ἔκπαλαι παρθένοις νῦν πρῶτον εἰς ὁμιλίαν ἐρχόμενοι καὶ συνευναζόμενοι. — de ebriet. 49. I, 388 τῶν δύο θυγατέρων . . . ἁρμοσθεισῶν καὶ συνευνασθεισῶν.

συνευφραίνομαι. de plant. 41. I, 355 τὸ παίζειν καὶ γανοῦσθαι καὶ συνευφραίνεσθαι τῇ τῶν καλῶν ὑπομονῇ. — de confus. lingu. 3. I, 406 εἴ που τι λυσιτελὲς ἀπαντώῃ συνευφραίνεσθαι.

συνεφάπτομαι. de vita Mos. III, 25. II, 165 βουλόμενος πάντας τοὺς ἀπὸ τοῦ ἔθνους συνεφάψασθαι τῆς κολάσεως. — de Joseph. 30. II, 66 οὕτως ἐθάρσυνε τοὺς συνεφαπτομένους τοῦ παρανομήματος. — de carit. 2. II, 386 μὴ συνεφαψαμένης ἀνθρωπίνης γνώμης. — ibid. 11. II, 391 μὴ συνεφαψαμένης γεωργίας.

σύνθημα. Steph. hat Philo de vita Mos. I u. III ohne best. Angabe. — Dazu: in Flacc. 6. II, 523 ἀνεβόησαν ἀφ᾽ ἑνὸς συνθήματος εἰκόνας ἐν ταῖς προσευχαῖς ἀνατιθέναι.

συνθλίβω. de incorr. m. 21. II, 508. S. συνίζω.

συνίζω. de incorr. m. 21. II, 508 συνίζοντος μὲν πυρὸς κατὰ τὴν σβέσιν εἰς ἀέρα, συνίζοντος δ᾽ ὁπότε συνθλίβοιτο εἰς ὕδωρ ἀέρος. — de somn. II, 36. I, 690 τότε μὲν εὐφορεῖ πλημμύραις ὁ μὲν (ποταμός) ὕδατος ὁ δὲ ῥημάτων καὶ ὀνομάτων· ὁτὲ δὲ ἀφορεῖ χαλώμενος καὶ συνίζων.

σύννους. de somn. II, 24. I, 680 τῶν μὲν τὸ σύννουν καὶ σκυθρωπὸν ἐπανῆκε καὶ τὰς φροντίδας ἐχάλασεν.

συνοδοιπορέω. quis rer. div. haer. 49. I, 507 συνοδοιπορούσης ἀρετῆς τῆς πρὸς τὸν οὐρανὸν καὶ θεῖον χῶρον ἀγούσης. — de somn. I, 12. I, 631 ἐρήμην ψυχῇ συνοδοιπορεῖν μέλλων.

συνομαρτέω. Steph. hat Philo II, 266. — Dazu: quod deus immut. 37. I, 299 οὐχ ἅπαντες ἀρτίους καὶ πλήρεις λαμβάνουσι λογισμοὺς ἀλλ᾽ οἷς ἔθος συνομαρτεῖν ὀρθῷ καὶ πεπηγότι ὄρῳ καὶ λόγῳ. — de mut. nom. 30. I, 603 ἥκοντι . . . τῷ ἀγαθῷ συνομαρτεῖ χαρά.

συνυφαίνω. Steph. hat Philo de vita Mos. 1. Die St. steht §. 1. II, 81. — ibid. III ohne best. Angabe u. de mundo desgl. — Dazu: congr. erud. grat.

13. I, 528 τὸν δὲ εἱρμὸν τοῦ λόγου συνυφαντέον τὰ ἀκόλουθα διερευνῶντας. — de profug. 14. I, 556 τὸ γὰρ ποιήσωμεν ἄνθρωπον ἐμφαίνει τὸν ἐξ ἀλόγου καὶ λογικῆς συνυφανθέντα φύσεως. — ibid. 22. I, 563 τὴν κατὰ τὸν εἱρμὸν ἀκολουθίαν συνυφανοῦμεν. — ibid. 33. I, 573 δώδεκα (λίθους) τῇ ἱερᾷ ἐσθῆτι ... συνυφαίνειν κελεύων. — de mut. nom. 5. I, 584 τήν τε σκηνὴν δυσὶ περιβόλων ὁρίοις συνύφαινε. — ibid. 36. I, 608 τὰ περικαλύμματα καὶ περίαπτα ταῦτα ὅσοι λόγῳ κατατεχνοῦντες συνύφαναν ἀπαμφιάσαντες. — de somn. I, 35. I, 652 διαφέροντα ἐκ διαφερόντων εἰς ταὐτὸ συνάγειν καὶ συνυφαίνειν ἀξιῶν. — legat. ad Caj. 26. II, 521 συνυφαίνειν τὸ βλασφημεῖν τῷ συκοφαντεῖν.

συρμός. de sacr. Ab. et Cain. 16. I, 174 τὰ πάσης ἄξια σπουδῆς μετὰ συρμοῦ καταφέρεσθαι. — de gigant. 3. I, 264 ὑπὸ συρμοῦ δίνης βιαιοτάτης ἁρπασθεῖσαι. — quod deus immut. 37. I, 298 τὰ ἀμπωτίζοντα πελάγη ποτὲ μὲν μετὰ συρμοῦ καὶ πατάγου βίᾳ φέρεται. — de somn. II, 13. I, 670 ἄρκτον τις ἢ λέοντα μετὰ συρμοῦ θεασάμενος ἐπιόντα ... ἐξαγριαίνει; — de Abrah. 12. II, 10 ἡ κατὰ πρανοῦς φορὰ συρμὸν ἔχουσα τὸ πλέον. — ibid. 31. II, 24 ὅταν βίαι πνευμάτων καὶ κτύποι βροντῶν συρμὸν πολὺν καὶ χαλεπὸν πάταγον ἐξηχῶσιν.

συσκευωρέω. de spec. legg. 17. II, 315 τῶν κρύφα συντιθέντων καὶ συσκευωρούντων τὰς ἐπιθέσεις φαρμακείαις οὐ ῥάδιον τὰς τέχνας συνιδεῖν.

σύστασις in der Bed. „Bau, Structur". — leg. alleg. I, 1. I, 43 σύστασιν σωματοειδῆ καὶ γεωδεστέραν ἔλαχεν αἴσθησις. — ibid. 2. II, 44 καταπαύσας τὴν τῶν θνητῶν σύστασιν.

σύστημα in der Bed. „Genossenschaft". de vita contempl. 9. II, 482 οἱ νέοι τῶν ἐν τῷ συστήματι μετὰ πάσης ἐπιμελείας ἀριστίνδην ἐπικριθέντες.

συστηρίζω. de somn. I, 25. I, 644 ἐπερείδοντος καὶ συστηρίζοντος αὐτοῦ μενεῖ τὰ συσταθέντα ἀνώλεθρα κραταιῶς.

συσφαιρίζω. legat. ad Caj. 27. II, 571 συνεσφαίριζε καὶ συνεγυμνάζετο ...

σφαγιάζω. Steph. hat Philo II, 26. 28. — Dazu: de Abrah. 32. II, 25 σφαγιάσαι τὸν υἱὸν ἐπί τινος ὑψηλοτάτου κολωνοῦ. — ibid. 36. II, 29 ὁ μελλήσας σφαγιάζεσθαι.

σφαδάζω. Steph. hat Philo I, 460. — 385 = II, 37. 628 = II, 108. 708 = II, 396. 932 = II, 431. 967 = II, 519. 988 = II, 541. 990 = II, 543. 1018 = II, 573. und de vita Mos. 1 ohne best. Angabe. — Ruhnk. ad Tim. p. 203 führt ausserdem noch an: I, 145. 376. II, 451.

σφακελίζω. de execrat. 5. II, 432 σφακελίζουσιν ὀφθαλμοῖς. vgl. auch Ruhnk. ad Tim. p. 103 sq.

σφετερίζομαι. de Abrah. 36. II, 30 καταδείσασα μήποτε ἄρα τὸ χαίρειν ... σφετερίζηται. — de vict. 11. II, 247 ὧν ἥρπασεν ἢ εὗρον ἢ συνόλως ἐσφετερίσατο. — de septen. bei Tisch. p. 21, 4 αὐτῇ διαμαρτάνει σφετεριζομένη τὰς ὑπὲρ ἄνθρωπον εὐπαθείας. — de carit. 9. II, 391 τὰς ἐκείνης εὐεργεσίας σφετερίζεσθαι τολμῶσι. — de praem. et poen. 13. II, 420 ἀξιοῦντες τὰ ἐκείνων γέρα σφετερίσασθαι. — legat. ad Caj. 12. II, 558 καλὰ πάντα σφετεριζόμενος ἀπλήστοις καὶ ἀκορέστοις ταῖς ἐπιθυμίαις. — ibid. 30. II, 575 δύσερις καὶ φιλόνεικος ὢν σφετερίσασθαι τοῦτο εἰς ἑαυτὸν διανοεῖται. — ibid. 43. II, 596 τὰς ἐν ταῖς ἄλλαις πόλεσι προσευχὰς ... σφετερίζεται.

σφοδρός. Superl. σφοδρότατος in leg. alleg. II, 18. I, 79 αἱ σφοδρόταται καὶ σύντονοι αἱ περὶ τὰς γυναῖκας ὁμιλίαι.

σφοδρότης. de profug. 26. I, 567 πᾶν τὸ ὑπὲρ δύναμιν ἐπιτάσει σφοδρότητος ἀπορήσεται.

σχετλιασμός. de conf. lingu. 29. I, 428 τὸ δὲ καὶ τοῦτο ἤρξαντο ποιῆσαι μετ' οὐ μετρίου σχετλιασμοῦ λέλεκται.

σωματοειδής. congr. erud. grat. 5. I, 522 τὸ σωματοειδέστερον ψυχῆς μέρος. — de nobilit. 3. II, 420 χερσὶ θείαις εἰς ἀνδριάντα τὸν σωματοειδῆ τυπωθείς.

σωρηδόν. Steph. hat Philo de vita Mos. 1, 17 = II, 96 u. II, 530. — Dazu: de confus. lingu. 6. I, 407 πάντα σωρηδὸν ἐπιθεῖναι.

σῶστρον. de sacr. Ab. et Cain. 37. I, 187 ψυχῆς ... σῶστρα καὶ λύτρα.

T.

τάλαρος. de carit. 10. II, 391 δεκάτας ... ἐν ταλάροις πλήρεσι κομίζειν.

τανταλεῖος. de decal. 28. II, 204 ταντάλειον τιμωρίαν ἐπιφερούσης τῆς ἐπιθυμίας.

ταξιαρχέω. de migr. Abr. 11. I, 445

124

πολλάς μὲν ἂν εὕροι τάξεις ἀκοσμούσας ὧν ἡδοναί ... ταξιαρχοῦσι.
τάρανδος. Steph. führt an Philo II, 384 [?]. Es ist wol gemeint: de ebriet. 42. I, 384 θηρίον ὃ καλεῖται τάρανδος [wo codd. Med. u. Reg. Paris. haben τάρανδρος].
ταραξίπολις. Steph. hat Philo II, 520. vgl. auch Lobeck ad Phryn. p. 606. — Dazu: in Flacc. 17. II, 537 ὁ συμποσίαρχος ὁ κλινάρχης ὁ ταραξίπολις.
ταρσός. a) Ruder. de plant. 37. I, 352 ταρσοὺς ἑκατέρωθεν ἀποτείναντες. — b) Schwinge eines Vogels. de mut. nom. 29. I, 602 τὸν νεοττὸν οὐχ ὁρᾷς ὃς πρὶν ἀέρι ἐπινήχεσθαι πτερύσσεσθαι καὶ τοὺς ταρσοὺς διασείειν φιλεῖ.
ταυρωπός. de mut. nom. 29. I, 602 ταυρωπὸν ὄντως ἀποβλεψάμενοι.
ταυτότης. Steph. führt an Philo II, 5 (?). — Dazu: de decal. 21. II, 198 τὴν ἐν ὁμοίῳ ταυτότητα σώζοντα ...
ταχυναυτέω. de agricult. 40. I, 327 ἐνορμίσασθαι τοῖς λιμέσιν (εὐσεβείας) ταχυναυτοῦντες ἐσπούδασαν. — de plantat. 37. I, 352 (ἡ ναῦς) τροχάζουσα ταχυναυτεῖ. — in Flacc. 5. II, 521 τὰς ἐκεῖθεν ὁλκάδας ταχυναυτεῖν ἔφασκε. — ibid. 13. II, 533 σκάφους ἐπιβὰς τῶν μάλιστα ταχυναυτούντων.
τειχοφυλακέω. (Ueber die Schreibung vgl. Lobeck ad Phryn. p. 574.) — de vict. offer. 8. II, 257 τειχοφυλακεῖν ἐν ὑπαίθρῳ νυκτερεύοντας.
τεκνοκτονία. de spec. legg. 20. II, 318 τὸ χαλεπώτατον ἄγος τεκνοκτονίαν.
τεκνοκτόνος. Steph. hat Philo II, 82. — Dazu: de migr. Abr. 25. I, 457 οὐ τεκνοκτόνος ὁ σοφός.
τεκτονέω. de sobriet. 8. I, 398 τῷ τέκτονι τὸ τεκτονεῖν.
τελειογονέω. Steph. hat Philo II, 145. 151. 169. 239. — Dazu: de leg. spec. 20. II, 318 τοῦ τελειογονηθέντος (προνοητέον ἐστί). — de fortit. 8. II, 383 τοῖς ἀτελέσι ... ἐμπαρέσχεν (θεὸς) ἀνεγεγράφθαί τε καὶ τελειογονῆσαι. — de carit. 19. II, 400 ἄχρις ἂν σταχυοφορήσας τελειογονήσῃ (ὁ σπόρος) τὸν ἐτήσιον καρπόν. — de execr. 2. II, 429 ἡ ἀμβλίσκουσα (γῆ) καὶ τελειογονεῖν ἀδυνατοῦσα τοὺς καρπούς. — de incorr. m. 6. II, 493 νῦν ἂν ἐτελειογονεῖτο ἄνθρωπος μὴ βρέφος μὴ παῖς μὴ μειράκιον γινόμενος ἀλλ' ἀνὴρ εὐθὺς ὤν.
τελεσιουργέω. leg. alleg. II, 8. II, 71 τελεσιουργήσας ἐκεῖνον τὸ δεύτερον ... πλάττει δημιούργημα. — ibid. III,

80. I, 132. — de cherub. 30. I, 157. — de poster. Cain. 49. I, 258 τὰ ... σπέρματα ... οὐ πάντα τελεσιουργεῖται. — de confus. lingu. 30. I, 429 τελεσιουργῆσαι κωλυθέντες. — ibid. 34. I, 431 δοὺς τοῦ τελεσιουργεῖν ἐπιστήμην. — de somn. I, 36. I, 652 ὁ κόσμος ἐπιστήμῃ πανσόφῳ τετελεσιούργηται. — de Abrah. 29. II, 22 (ἡδοναὶ) τελεσιουργοῦνται. — de spec. legg. 6. II, 305 ἕκαστα ... ἀκρότητι τέχνης τελεσιουργοῦντες.
τελεσφορέω. Steph. hat Philo II, 117. 135. 239. — Dazu: quod det. pot. insid. 17. I, 203 ὁμολογεῖ τελεσφορήσειν καιρίως ἃ ᾐτήσατο. — quod deus immut. 8. I, 278 οὐ πρότερον παύεται τρέφουσα ἢ τὸν καρπὸν τελεσφορηθῆναι. — de plant. 30. I, 348 ἡνίκα ... τὸν κόσμον ὁ ποιητὴς ἐτελεσφόρησεν. — de plantat. 37. I, 352. — congr. erud. grat. 24. I, 539. — ibid. 28. I, 542 ὁ τῶν ἀρίστων καὶ τελεσφορουμένων πόθος. — de profug. 31. I, 572 θεοῦ σπείροντος κ. τελεσφοροῦντος.
τελματώδης. quis rer. div. haer. 7. I, 477 λιμνώδεις καὶ τελματώδεις ἀντὶ καρποφόρου γῆς ἔσται τὰ πεδίον.
τεναγώδης. de vita Mos. II, 6. II, 140 νῆσος ἡ Φάρος ... περικλυζόμενος οὐκ ἀγχιβαθεῖ τὰ δὲ πολλὰ τεναγώδει θαλάττῃ.
τεράστιος. Steph. hat Philo de vita Mos. 1 ohne best. Angabe. — Dazu: congr. erud. grat. 30. I, 544 τεράστιον ἔργον. — de Abrah. 23. II, 18 τεράστιον δὲ καὶ τὸ μὴ πεινῶντας πεινώντων καὶ μὴ ἐσθίοντας ἐσθιόντων παρέχειν φαντασίαν.
τερατώδης. Steph. hat Philo II, 109. 115. — Dazu: de Abrah. 23. II, 18 τὸ δὲ πρῶτον ἐκεῖνο τερατωδέστατον.
τερθρεία. de cherub. 12. I, 146 τερθρείαις ἐθῶν. Wytt. ad Plut. M. p. 31 E will τ. ἐννοιῶν. — quod det. pot. insid. 11. I, 198 τερθρείας λόγων οὐ δ' ὄναρ ἐπροθεωμαί. vgl. über das Wort Lobeck ad Phryn. p. 477 u. Carpzov, exercitt. s. p. 568.
τεταρταζω. Steph. führt an Philo p. 267 E. Die Stelle steht in der Pariser Ausg. p. 342 A, bei Mang. I, 427, de confus. lingu. §. 29.
τετραφάρμακος. Steph. hat Philo II, 615. vgl. de incorr. m. 16. II, 503. — Dazu: de confus. lingu. 37. I, 433 ὡς ἐπὶ τῆς ἐν ἰατρικῇ τετραφαρμάκου συντέτευχε.
τεχνάζω. Steph. hat Philo de mundo

ohne best. Angabe. Die St. steht §. 12.
II, 614. vgl. de incorr. m. 12. II, 499.
— Dazu: de decal. 12. II, 189 πρὸς
ἀπάτην ἀκοῆς εὖ τετεχνασμένα [wo
cod. Med. τετεχνιτευμένα] πλάσματα.
— in Flacc. 9. II, 527 οἰκτρότερον καὶ
ἐπιμηχέστερον ὄλεθρον τοῖς δειλαίοις
τεχνάζοντες. — ap. Euseb. pr. ev. 8,
14. II, 639 πόσων κακῶν ὁ ταῦτα πα-
ρατηρῶν καὶ τεχνάζων ἐπὶ γυναικός.

τ ε χ ν ο λ ο γ έ ω. leg. alleg. II, 5. I, 69
περὶ τῆς τῶν ὀνομάτων θέσεως τεχνο-
λογεῖ.

τ η θ ί ς. de spec. legg. 5. II, 303 προς-
τάξας μὴ θυγατριδῆν μὴ υἱδῆν μὴ
τηθίδα πρὸς πατρὸς ἢ μητρὸς μὴ θείου
ἢ υἱοῦ ἢ ἀδελφοῦ γυναῖκα γενομένην
ἐγγυᾶσθαι.

τ η χ ε δ ώ ν. de execrat. 5. II, 432 φθι-
νάσι τηχεδόσι.

τ η λ α υ γ ῶ ς. Steph. hat Ps.-Philo de
mundo 5 = II, 607. — Füge dazu:
quod det. pot. insid. 14. I, 200. — de
poster. Cain. 16. I, 236 τ. καταλαμ-
βάνεσθαι. — quod deus immut. 6. I,
277 τ. καθορᾶν ἃ ἀόρατα τοῖς ἄλλοις
ἐστίν. — de plantat. 5. I, 333 τ. κατι-
δεῖν τὸ ὄν. — de mut. nom. 2. I, 579
ἐζήτει τὸν τριπόθητον τ. ἰδεῖν. — de
somn. II, 1. I, 659 οὔτε σφόδρα τη-
λαυγῶς οὔτε σκοτίως ἄγαν. — ibid. 3.
I, 661 παγίως καὶ τ. ὁρῶντος.

τ ι θ α σ σ ε ί α. Steph. hat Philo I, 255.
Wytt. ad P. M. p. 61 E führt de Abrah.
368 an = §. 25. II, 20 τὴν προς-
ποίητον κολακείαν καὶ τιθασσείαν αὐ-
τῶν δεδιότες. — Dazu: de somn. II,
13. I, 670 τιθασσείαις καὶ μειλίγμασι
χρωμένους.

τ ι μ α λ φ ή ς. Steph. hat Philo de vita
Mos. 3. — Dazu: de cherub. 29. I,
157 εἰ πᾶσα γῆ χρυσὸς ἢ τι χρυσοῦ
τιμαλφέστερον μεταβαλοῦσα ἐξαίφνης
γένοιτο.

τ ι μ η τ ι κ ῶ ς. Bei Steph. aus Philo I,
237. — Dazu: quod deus immut. 2.
I, 273 εὐχαριστικῶς ἔχειν καὶ τιμητι-
κῶς τινός.

τ λ η τ ι κ ῶ ς. Steph. hat Philo II, 112 u.
163. — Dazu: quod deus immut. 14.
I, 283 τλητικῶς πάνθ' ὑποστήσεται. —
congr. erud. grat. 29. I, 543 τὰ φο-
βερὰ καὶ δεινὰ τῆς ἐρημίας πάνυ τλη-
τικῶς καὶ ἐρρωμένως ἀναδεχόμενοι.

τ ο ι χ ω ρ υ χ έ ω. in Flacc. 10. II, 527
πάντα διορύξας καὶ τοιχωρυχήσας.

τ ο ι χ ω ρ ύ χ ο ς. de Joseph. 15. II, 53
κλέπταις, τοιχωρύχοις.

τ ο κ ο γ λ ύ φ ο ς. de profug. 5. I, 550

ὀβολοστάτης καὶ τοκογλύφος. — de
septen. b. Tisch. p. 27, 12 u. de carit.
6. II, 389. S. o. ὀβολοστάτης.

τ ό λ μ η μ α. Steph. hat Philo de vita
Mos. 1 ohne best. Angabe. — Dazu:
de confus. lingu. 3. I, 406 δίκην τοῦ
τολμήματος ἔδωκε τὴν προσήκουσαν.

τ ο ν ι κ ό ς. Steph. hat Philo de mut. nom.
ohne best. Angabe. — Dazu: de sacr.
Ab. et Cain. 18. I, 176 τονικὴ χρώμε-
νος τῇ κινήσει, wo Mang. willkürlich
in ἀχρόνῳ od. μὴ τοπικῇ ändert.

τ ο π ά ζ ω. de Joseph. 2. II, 43 ὡς δὲ
ἐτόπασε. — de spec. legg. 8. II, 343
τὰ γὰρ τοπασθέντα προλέγειν οἴεται
δεῖν (ὁ προφήτης).

τ ο ρ ν ε ύ ω. de post. Cain. 31, b. Tisch.
p. 114, 13 (ἡ φύσις) τὸ οὖς ἡμῶν κύ-
κλους ἐν κύκλοις . . . γράφουσα σφαι-
ρικὸν ἐτόρνευεν.

τ ρ α γ έ λ α φ ο ς. de concupisc. 5. II, 353.

τ ρ α π ε ζ ο π ο ι ό ς. de somn. II, 7. I,
665 ὀψαρτυτὰς καὶ τραπεζοποιούς.

τ ρ ι β ό λ ι ο ν. leg. alleg. III, 89. I, 137
ἕκαστον τῶν παθῶν τριβόλια εἴρηκεν.

τ ρ ί γ λ α. quis rer. div. haer. 31. I, 494
τὰ βραχύτατα ζῷα τοῖς μεγίστοις ἀνα-
λογίᾳ σκοπῶν ἴσα ἂν εὕροι, ὡς χελι-
δόνα ἀετῷ καὶ τρίγλαν κήτει καὶ μύρ-
μηκα ἐλέφαντι.

τ ρ ι κ υ μ ί α. Steph. citirt Philo ohne
jede best. Angabe. — Dazu: de ebriet.
19. I, 368 ὥσπερ τρικυμίαις ταῖς ἰδίαις
δόξαις ἐγκαταποθέντων. — de mut.
nom. 41. I. 615 ἀμύθητα γὰρ ἐνθύμια
ἄλλα ἐπ' ἄλλοις τρικυμίας τρόπον ἐπι-
τρέχει. — de somn. II, 42. I, 695
τρικυμίαι . . . καταποντωθείς. — de
vita Mos. I, 32. II, 109 (τῆς θαλάσ-
σης) μετεώροις τρικυμίαις ἐπιδραμού-
σης.

τ ρ ι π ό θ η τ ο ς. de mut. nom. 2. I, 579
ἐζήτει τὸν τριπόθητον καὶ μόνον τη-
λαυγῶς ἰδεῖν. — ibid. 32. I, 605 ἱκα-
νὸς ὁ τριπόθητος ἐκείνων ἵμερος ἐντα-
κείς.

τ ρ ί π ρ α τ ο ς. de Joseph. 7. II, 47 οἱ
τρίπρατον κακῶν θεραπόντων τρόπον
ἀλλάττουσι τοὺς κυρίους.

τ ρ ι σ ε υ δ α ί μ ω ν. de Joseph. 4. II, 44
τρισμακαρίῳ καὶ τρισευδαίμονι τὸν καθ'
ἡμᾶς βίον ἀβίωτον παρέσχησθε.

τ ρ ι σ σ ό ς. de migr. Abr. 28. I, 460
φωτὶ τρισσῷ . . .

τ ρ ι σ ώ μ α τ ο ς. legat. sd Caj. 11. I, 557
οὐκ εἰς Γηρυόνην τὸν τρισώματον με-
ταβαλών (cf. Diodor. bibl. hist. IV, 8).

τ ρ ο χ ά ζ ω. de plantat. 37. I, 352 (ἡ
ναῦς) τροχάζουσα ταχυναυτεῖ.

τρυτάνη. de somn. II, 33. I, 688 διάνοιαν μηχέθ' ὡς ἐπὶ τρυτάνης ταλαντεύουσαν.

τρωτικός. de merc. meretr. 4. II, 269, wo aber besser cod. Med. τρωκτικός.

τυπώδης. de praem. et poen. 12. II, 419 λέλεκται τυπωδέστερον.

τυφλοπλαστέω. Steph. hat Philo I, 521. 654 und ap. Euseb. pr. ev. 8, 14 p. 389. II, 637. — Dazu: legat. ad Caj. 23. II, 568 τυφλοπλαστῶν ἑαυτόν.

τυφλώττω. de migr. Abr. 12. I, 447 τυφλώττων περὶ τὸν ἀληθῆ πατέρα. — de Joseph. 42. II, 76 τῆς ἐν Αἰγύπτῳ χώρας τυφλωττούσης περὶ τὸν ἀληθῆ θεόν. — de vict. offer. 13. II, 262 περὶ τὸ ἀναγκαῖον τῶν ὄντων τυφλώττουσιν. — legat. ad Caj. 3. II, 549 τυφλώττει ὁ ἀνθρώπειος νοῦς πρὸς τὴν τοῦ συμφέροντος ὄντως αἴσθησιν.

Υ.

ὑδατώδης. quis rer. div. haer. 41. I, 500 σταχτή ... ὑδατῶδες.

ὕθλος. de post. Cain. 48, bei Tisch. p. 136, 16 ἐκτεθηλυμένης ... ψυχῆς (ἐστι) τοὺς τοιούτους ὕθλους παραδέχεσθαι.

υἱδῆ. de spec. legg. 5. II, 303. vgl. o. τηθίς.

ὑλακτέω. de somn. II, 24. I, 681 ὑποβλεπομένων, ὑλακτούντων ... ibid. 40. I, 694 τὴν κυνώδη γλῶσσαν ὑλακτοῦσαν.

ὑπαινίττομαι. de somn. I, 31. I, 648 ἴσως δὲ καὶ τὸ περὶ ἀφθαρσίας ψυχῆς ὑπαινίττεται δόγμα διὰ τούτου.

ὑπαμφίβολος. Steph. hat Philo II, 30. — Dazu: de spec. legg. 10. II, 309 ὑπαμφίβολός ἐστιν ἡ ἀπὸ κριθῆς τροφή.

[ὑπαναπλέω. Steph. hat Philo I, 565. 593. II, 174.]

ὑπανίσταμαι. Bei Steph. in der Bedeutung von seinem Sitze aufstehen, um jem. zu ehren. vgl. ὑπανίσταμαί σοι τῆς καθέδρας. Ganz anders bei Philo: de migr. Abr. 26. I, 458 ὑπανιστάμενος τῆς ἐνέδρας, er steht auf von seinem Hinterhalt, nach Deut. 25, 18.

ὑπαντιάζω. de confus. lingu. 9. I, 409 στήσῃ γὰρ ὑπαντιάζων. — de somn. II, 17. I, 674 λόγος ἔχει ... θέοντας ὡς στῖφος πολεμίων τὸ κυματούμενον πέλαγος ὑπαντιάζειν.

ὑπάργυρος. congr. erud. grat. 28. I, 542 ὑπέλαβον ἑαυτοὺς εἶναι τοὺς ὑπαργύρους καὶ ὑποχρύσους θεούς.

ὑπαρκτόν. Steph. hat Philo I, 416. 451. 584. — Dazu: leg. alleg. III, 70. I, 126 τὰ ὑπαρκτὰ τῶν παλλακῶν. — de sacrif. Ab. et Cain. 10. I, 169 τὰ ... ὑπαρκτὰ αἱ τέλειαι ἀρεταὶ μόνου τοῦ τελείου καὶ γνησίου κτήματα.

ὑπασπιστής. de somn. II, 14. I, 671 σὺν τοῖς δορυφόροις καὶ ὑπασπισταῖς.

ὑπέκκαυμα. Steph. hat Philo de vita Mos. ohne best. Angabe, p. 405 = II, 439. — Dazu: quis rer. div. haer. 61. I, 517 ἵνα ... ὁ νοῦς ... ὑπεκκαύμασιν ἀρετῆς ζωπυρῆται. — de somn. II, 30. I, 685 τὰ ὑπεκκαύματα τοῦ πάθους ἐπανατεῖναι. — de Joseph. 26. II, 63 εὔσβεστα (cod. Coisl. ἄσβεστα) ἡδονῶν ὑπεκκαύματα.

ὑπεκλύω. fragm. II, 667 ἀκίνητοι καὶ ἀργαὶ ὑπεκλέλυνται.

ὑπεξέρχομαι. in Flacc. 5. II, 521 βουλόμενος ... ἅπαντας τοὺς ἐν τῇ πόλει λαῶν ὑπεξελθεῖν. — legat. ad Caj. 19. II, 564 ἐπετήρουν μή τις ὑπεξέλθοι λαῶν.

ὑπεξίστημι. Steph. hat Philo de vita Mos. ohne best. Angabe. — Dazu: de opif. m. 9. I, 7 ἐπειδὴ φῶς μὲν ἐγένετο σκότος δὲ ὑπεξέστη καὶ ὑπεχώρησεν.

ὑπερασπίζω. de confus. lingu. 12. I, 412 ὑπερασπίσαι μελλητής. — quis rer. div. haer. 12. I, 481 θεοῦ τοῦ τὴν χεῖρα ὑπερέχοντος καὶ ὑπερασπίζοντος. — de mut. nom. 19. I, 596 ὑπερασπίσει καὶ ῥύσεται αὐτὰ τῶν κατεχόντων ... — de somn. II, 40. I, 694 ὅταν ἀναιρεθέντος τοῦ παρ' ἡμᾶς ὅλου ἔξωθεν τὸ συμμαχικὸν αὐτοκελευστον ὑπερασπιοῦν ἥκη.

ὑπερασπιστής. de somn. I, 28. I, 646 πῶς γὰρ ἔτι φοβηθησόμεθα τὸ φόβου καὶ παντὸς πάθους λυτήριον σε τὸν ὑπερασπίστην ὅπλον ἔχοντες.

ὑπερβαλλόντως. de plantat. 30. I, 348 ἑκάστη ... τῶν ἀρετῶν ἐστι χρῆμα ἅγιον εὐχαριστία δὲ ὑπερβαλλόντως.

ὑπερεκχέω. de ebriet. 9. I, 362 τάχιστα ἀποπληρωθήσεται ὡς ἀναβλύζειν τε καὶ ὑπερεχεῖσθαι.

ὑπερθετικός. de merced. meretr. 4. II, 268, cod. Vat. et Med. für ὑποθετικός.

ὑπερκύπτω. Steph. hat 292 = I, 271. 992 = II, 545. 402 = I, 450. 439 = I, 534. 443 = I, 538. — Dazu: leg. alleg. III, 62. I, 122 τὸν λόγον ὑπερκύψας. — de sacr. Ab. et Cain. 15. I, 173 ὑπερκέκυφε τὰς δυνάμεις αὐτοῦ. — quod det. pot. insid. 27. I,

210 μηδ' όσον ἀνανήξασθαι καὶ ὑπερκύψαι δυνάμενος. — de ebriet. 14. I, 366 ὑπερκύψασα τὸν σωματοειδῆ πάντα κόσμον. — de migr. Abr. 19. I, 453 ὑπερκύπτουσα καὶ ὑπερβάλλουσα πάσας (τὰς δωρεάς). — ibid. 33. I, 465 τὸν ἀέρα ὑπερκύψαντες αἰθεροβατεῖτε. — de profug. 29. I, 570 διὰ πόθον ἐπιστήμης ὑπερκύψας ἅπαντα τὸν κόσμον. — de vita Mos. I, 6. II, 85 ὑπερκύπτειν καὶ πρὸς τὸ μεγαλειότερον ἐξῆρθαι. — de septen. b. Tisch. p. 53, 9 πάνθ' ὑπερκύψαν ὡς γενητὰ καὶ τῇ φύσει φθαρτά. — de praem. et poen. 5. II, 413 πάντα ἀσώματα ὑπεριδεῖν καὶ ὑπερκῦψαι. — quod omn. prob. lib. 1. II, 444 δόξας ἀγελαίους ὑπερκύψαντες. — legat. ad Caj. 11. II, 556 ὑπερέκυπτε (sc. τοὺς τῆς ἀνθρωπίνης φύσεως ὅρους) σπουδάζων θεὸς νομίζεσθαι.

ὑπέρμαχος. Steph. hat Philo II, 799. — Dazu: de confus. lingu. 13. I, 413 οἱ δορυφόροι καὶ ὑπέρμαχοι ψυχῆς ... λογισμοί.

ὑπεροράω. de mut. nom. 5. I, 585 τῆς καθ' αὑτοὺς φύσεως μὴ ὑπεροράωντες.

ὑποβολιμαῖος. de plant. 17. I, 340 οὐ γὰρ ἀπὸ γνησίου τοῦ πάθους ἀλλ' ὑποβολιμαίου καὶ νόθου πρὸς τὴν θεωρίαν τῶν πραγμάτων ἥκετε. — de mut. nom. 26. I, 600 τέκνων εἴρηκεν ... οὐκ ὀθνεῖον οὐδ' ἀστεῖον οὐδ' αὖ θετὸν ἢ νόθον ἀλλὰ γνήσιον καὶ ἀστόν (so recht Mang. für ἀστεῖον).

ὑποβρέχω. de poster. Cain. 51, bei Tisch. p. 140, 4 ὅταν ὁ ὑποβεβρεγμένος κραιπαλᾷ ...

ὑπογραμμός. fragm. II, 667 σκίαν δὲ καὶ ὑπογραμμὸν τῆς αὖθις ἐπομένης ἀναβιώσεως τὸν ὕπνον ... ἀπεφήναντο.

ὑπόγυιον. quod det. pot. insid. 36. I, 217 ὁ ἐξ ὑπογυίου μαθητής.

ὑπόδρομος. Steph. hat Philo I, 517 u. de vita Mos. 3 ohne best. Angabe. — Dazu: quod deus immut. 21. I, 287 μὴ τυγχάνειν ὑποδρόμων ἐφ' οὓς ἐπείγονται. — de plantat. 37. I, 352 ναυλοχωτάτοις ὑποδρόμοις ἐνομίζεται.

ὑποθάλπω. de migr. Abr. 21. I, 455 τὸ βραχύτατον ἀρετῆς ὅταν ἐλπίσι χρησταῖς ὑποθαλπόμενον ἀναλάμψῃ.

ὑποικουρέω. Steph. hat Philo ap. Euseb. pr. ev. 8 p. 394. — Dazu: de Joseph. 2. II, 42 τὴν ὑποικουροῦσαν ἔχθραν ἐκ τῶν ἀδελφῶν οὐ συνιείς.

ὑποκατακλίνω. de decal. 14. II, 191 εὐτόνως κ. ἐρρωμένως ἐπαποδυώμεθα μὴ ὑποκατακλινόμενοι μηδ' ὑπείκοντες ταῖς τῶν πολλῶν ἀρεσκείαις.

ὑπομνηματίζω. in Flacc. 16. II, 536 ὑπεμνηματίζετο τὰς δίκας εἰσάγων.

ὑποπίμπλημι. Wytt. ad P. M. p. 1 C citirt p. 380 D == de Abr. 38. II, 32 φρονήματος ὑποπλησθεῖσα.

ὑπόπτερος. de plant. 37. I, 352 ὑπόπτερον αὐτὴν (sc. τὴν ναῦν) φέρεσθαι βιάζονται.

ὑπόπυος. de vita Mos. I, 22. II, 101 ὑποπύους ἔχοντα φλυκταίνας.

ὑπόρειος. S. ὑπώρειος.

ὑποσκελίζω. Steph. hat de vita Mos. 1. Die Stellen stehen §. 9. II, 88 u. §. 59. II, 132. — Dazu: de profug. 5. I, 550 οὕτω γὰρ τὸν μακρὰ βαίνοντα καὶ φρυαττόμενον ἄθλιον ὑποσκελιεῖς. — de mut. nom. 7. I, 586 ὑποσκελιζόμενος ... μέγα πτῶμα πίπτει. — de somn. 2. I, 622 οὐ χαλεπὸν ὑποσκελισθῆναι. — ibid. 21. I, 641 ὑποσκελίσασα ἑαυτὴν χωλεύοι. — ibid. II, 19. I, 676 παλαίσμασι πολυτρόποις ... ὑποσκελίζοντες. — de Abrah. 46. II, 39 καθάπερ οἱ δι' ὀλισθηρᾶς ὁδοῦ βαδίζοντες ὑποσκελίζονται καὶ πίπτουσι. — de parent. col. 6. bei Tisch. p. 76, 11 ἃς (δυνάμεις) ὑποσκελίζοντες καὶ ἐκνευρίζοντες οὐκ ἐρυθριῶσιν.

ὑποσυγχέω. Steph. hat Philo I, 300. — Dazu: de congr. erud. grat. 24. I, 538 τὸ ψυχῆς ὄμμα τοτὲ μὲν ὑποσυγκεχυμένας καὶ ἀδήλους τοτὲ δὲ καθαρὰς ... ἀναδέχεται τὰς ἀπὸ πραγμάτων ἰδιότητας.

ὑποτοπάζω. Steph. hat Philo p. 898 == II, 480. — Dazu: quis rer. div. haer. 57. I, 513 τινὲς δὲ πατέρας ὑπετόπασαν εἰρῆσθαι τὰς τέσσαρας ἀρχάς.

ὑποτοπέω. de cherub. 8. I, 143 ῥομφαίαν φλογίνην ... τοῦ παντὸς οὐρανοῦ τὴν ἀίδιον φορὰν ὑποτοπητέον λέγεσθαι.

ὑποτυπόω. de mut. nom. 10. I, 589 κατὰ τοὺς ἀρτίως ὑποτυπωθέντας (χαρακτῆρας) ὁ φιλόσοφος ... ἐδηλοῦτο.

ὑπούλως. Steph. hat Philo ap. Euseb. pr. ev. p. 380. — Dazu: de profug. 15. I, 557 οὐδὲν τῶν ὑπούλως καὶ δολερῶς καὶ ἐκ προνοίας πραττομένων.

ὑποφήτης. de plantat. 30. I, 348 ἑνὸς τῶν ὑποφητῶν ἐπέξετο. — de mut. nom. 3. I, 581 διδάξει με ὁ ὑποφήτης αὐτοῦ λόγος. — de somn. I, 33. I, 649 διὰ τῶν ὑποφητῶν αὐτοῦ καὶ ὀπαδῶν ἀγγέλων.

ὑπόχρυσος. S. ὑπάργυρος.
ὑπώρεια. de poster. Cain. 14, bei Tisch. p. 97, 8 ὑπώρειά τις ἢ μικρὸν ἄντρον αὐταρκέστατον ἦν διαίτημα.
ὑστριχίς. de septen. 10, bei Tisch. p. 32, 17 ὡς καὶ τύπτειν ὑστριχίσι (so cod. Laur. für ὕστριξι) τολμᾶν τοὺς τεθνεῶτας.
ὕφαλμος. de vita contempl. 7. II, 481 σπείροντες ἀντὶ τῆς βαθυγείου πεδιάδος ὑφάλμους ἀρούρας.
ὑφαρπάζω. fragm. II, 676 τὸν πατέρα ἐδεδίει ... μὴ δόξῃ φενακίζειν καὶ ὑφαρπάζειν ἑτέρου γέρας.
ὑψαυχενέω. de cherub. 20. I, 151 οὐκ ἄρα ὑγιῶς κτήμαθ᾽ ἑαυτοῦ ὑπέλαβε τὰ πάντα καὶ ἂν φρυαττόμενος ὑψαυχενῇ. — congr. erud. grat. 23. I, 537 μετεωρίσας καὶ φυσήσας ἑαυτὸν ὑψαυχενεῖ. — de mut. nom. 29. I, 602 οἳ καὶ ἐπὶ τοῖς μικροτάτοις εἰώθαμεν ὑψαυχενεῖν.

Φ.

φάτνιον. de victim. 1. II, 238 τὸ ἐνδοτέρω φάτνιον οὐκ ὀδοντοφυεῖ.
φαυλίζω. de mut. nom. 8. I, 587 μετὰ ἀκριβοῦς ἐρεύνης φαυλίσαντες. — fragm. II, 674 ἃ δὲ τὴν γνώμην φαυλίζει μήτε αὐτὸς μετέρχου μήτε τοῖς φίλοις ἀνατίθη.
φειδωλία. Steph. hat Philo I, 196. II, 245. — Dazu: quod deus immut. 34. I, 297 δεξιὸν μὲν ἡ φειδωλία εὐώνυμον αἱ ἀνειμέναι δαπάναι. — ibid. 35. I, 297 μέση ... ῥαθυμίας ἐκκεχυμένης καὶ φειδωλίας ἀνελευθέρου σωφροσύνη.
φενακίζω. de confus. lingu. 12. I, 412 δεινὸς φενακίσαι. — quis rer. div. haer. 60. I, 517 φενακίσαι καὶ παρακρούσασθαι μᾶλλον εὖ εἰδότες. — de mut. nom. 18. I, 595 ᾧ ... ἐξεγένετο μὴ φενακισθῆναι. — fragm. ap. Euseb. pr. ev. 8, 14 p. 391 εἰ μὴ βούλοιτό τις ἑαυτὸν φενακίζειν.
φθινώδης. de nobilit. 2. II, 438 τὸν ἐκ μακρᾶς καὶ φθινώδους νόσου κατεσκελετευμένον.
φίλαθλος. Steph. hat Philo I, 268. — Dazu: de somn. I, 43. I, 657 φίλαθλος καὶ φιλογύμναστος ὁ πρὸς τὴν τῶν καλῶν ἐπιτηδευμάτων ὡρμημένος θήραν.
φιλαπεχθήμων. Steph. hat Philo I, 587. II, 248. 524. — Dazu: de profug. 1. I, 547 φιλαπεχθήμονος πάθος ψυχῆς. — de Abrah. 33. II, 26 τοῖς φιλαπεχθήμοσι καὶ πάντα διαβάλλου-σιν. — de Joseph. 38. II, 73 ἡμᾶς ἀνδροφόνους ... ἕκαστος ἐρεῖ τῶν φιλαπεχθημόνων. — de spec. legg. 5. II, 339 διανοίαις ἀχορέστων καὶ φιλαπεχθημόνων ἀνδρῶν ἐνιδρυμένος. — de poenit. 2. II, 406.
φιλεγκλήμων. de agricult. 14. I, 310 τὶς βάσκανος καὶ φιλεγκλήμων.
φιλεπιστημόνως. de spec. legg. 1. II, 300 φιλεπιστημόνως διακύπτειν εἰς ἕκαστον.
φιλήκοος. de somn. II, 36. I, 690 ὁ δὲ (λόγου ποταμὸς) τὰς τῶν φιληκόων ψυχὰς (ἄρδει).
φιλοδοξία. Steph. hat Philo II, 5 u. 448. — Dazu: fragm. II, 649 στενοχωρεῖται πᾶς ἄφρων θλιβόμενος ὑπὸ φιλαργυρίας καὶ φιλοδοξίας καὶ φιληδονίας.
φιλοθεάμων. de cherub. 25. I, 154 καρπὸς ἐδώδιμος ᾧ μόνῳ ψυχὴ τοῦ φιλοθεάμονος τρέφεται. — de ebriet. 32. I, 376 τοῖς φιλοθεάμοσι καὶ τὰ ἀσώματα ὁρᾶν γλιχομένοις. — de migr. Abr. 14. I, 448 ἀποχρῶσι αἱ περὶ θεοῦ καὶ τῶν ἱερωτάτων αὐτοῦ δυνάμεων ζητήσεις τῷ φιλοθεάμονι. — ibid. 30. I, 461 λέγει τοὺς εὐφυεῖς τρόπους καὶ φιλοθεάμονας. — ibid. 34. I, 466 μέλει τοῖς φιλοθεάμοσι καθαιρεῖν αὐτῶν (sc. τῶν αἰσθήσεων) τὴν ἐπίδεσιν. — congr. erud. grat. 13. I, 528 ἡ λογισμοῦ φιλοθεάμονος πρὸς ἀστὰς καὶ παλλακίδας δυνάμεις σύνοδος. — de profug. 25. I, 566 ὁ θεὸς (τὴν σοφίαν) ταῖς εὐφυέσι καὶ φιλοθεάμοσιν ἄνωθεν ἐπιψεκάζει διανοίαις. — ibid. 35. I, 575 ψυχαὶ φιλοθεάμονες ἔρωτι τοῦ ἀρίστου κατέσχηνται. — de mut. nom. 14. I, 591 φιλοπόνῳ καὶ φιλοθεάμονι ψυχῇ. — ibid. 37. I, 610 ἐξαγαγεῖν ἐκ τῆς σωματικῆς χώρας τὸν ὁρατικὸν καὶ φιλοθεάμονα νοῦν. — de somn. II, 38. I, 692 φιλοθεάμονα διάνοιαν. — ibid. 41. I, 694 τὰς τῶν φιλοθεαμόνων ἄρδειν λογικὰς ἐν ψυχαῖς ἀρούρας.
φιλόκοσμος in der Bed. „prachtliebend". in Flacc. 18. II, 538 τῆς οὐσίας ἁπάσης εὐθὺς ἐξίσταται ἥν τε παρὰ γονέων ἐκληρονόμησε καὶ ἥν αὐτὸς ἐκτήσατο φιλόκοσμος ἐν τοῖς μάλιστα γεγονώς.
φιλοπευστέω. de sacr. Ab. et Cain. 23. I, 178 φιλοπευστεῖν ἀεὶ περὶ τῶν προτέρων καὶ ἀνθρώπων καὶ πραγμάτων. — de post. Cain. 25, bei Tisch. p. 109, 17 παρὰ τῶν γονέων καὶ ἔτι ἀρχαιοτέρων φιλοπευστήσαντες οὐδὲν σαφὲς ἀνεμάθομεν. — de migr. Abr.

39. I, 470 φιλοπευστοῦντας εἴ πού τι καλόν ἐστιν ἰδεῖν ἢ ἀκοῦσαι. — de profug. 24. I, 565 τὸν φιλοπευστοῦντα περὶ τοῦ μέσου τῶν ἄκρων. — de mut. nom. 2. I, 580 φιλοπευστοῦντι πρὸς ἀλήθειαν τῷ προφήτῃ. — de somn. II, 4. I, 662 φιλοπευστῶν περὶ τοῦ γεννήσαντος πατρός. — de incorr. m. 1. II, 487 τὰ τῶν ὑπηκόων παρ᾽ ἡγεμόνος τε καὶ ἐπιστάτου πόνος φιλοπευστεῖν, οἷς ἐμπέφυκε πόθος ἀληθείας πλείων.

φιλοπραγμοσύνη. de agricult. 7. I, 305 διψῶσαι ἀεὶ περιεργίας καὶ φιλοπραγμοσύνης ἔστι δὲ ὅπου καὶ ἀνελευθέρου χλεύης ἐκπεφοιτήκασιν. — de ebriet. 19. I, 368 τὰ ἴδια καὶ τὰ κοινὰ ὑπὸ φιλοπραγμοσύνης διέποντες. — de profug. 29. I, 570 περιεργίας καὶ φιλοπραγμοσύνης μείζονος ἢ κατὰ ἀνθρωπίνην δύναμιν τὸ ἔργον. — de somn. II, 21. I, 678 ἀπαρχόμενοι φιλοπραγμοσύνης. — ibid. 33. I, 688 τὸν φιλοπραγμοσύνης χειμῶνα ἀποδιδράσκοντες. — de Abrah. 3. II, 4 φιλοπραγμοσύνη συζῶν. — fragm. II, 671 φιλοπραγμοσύναι καὶ πλεονεξίαι . . .

φιλοσύντομος. de concupisc. 3. II, 351 φιλοσύντομος ὢν καὶ εἰωθὼς ἐπιτέμνειν τὰ ἀπερίγραφα τῷ πλήθει.

φιλοτήσιος, φιλοτησία. de migr. Abr. 39. I, 470 πατρίδος καὶ πολιτικῶν φιλοτησιῶν ἀπόλαυσιν.

φιλοφρονέομαι. de Abrah. 25. II, 20 ξενιζόμενοι φιλοφρονοῦνται τὸν ξενοδόχον.

φιλοφροσύνη. Steph. hat Philo II, 124. — Dazu: de Joseph. 34. II, 70 τὸ δ᾽ ἐλλιπὲς ἀνεπλήρουν αἱ συνεχεῖς φιλοφροσύναι.

φιλοχωρέω. Steph. hat Philo de mundo ohne best. Angabe. Die St. steht §. 11. II, 613. — Dazu: de vita Mos. I, 43. II, 119 ἡ μὲν . . . ἐφιλοχώρησεν.

φλεγμαίνω. de plantat. 35. I, 350 ὑπὸ φλεγμαίνοντος ἔρωτος οἴστρῳ ἀνερριπισμένων.

φονάω. de agricult. 22. I, 315 ἡδονὴν . . . φονῶσαν κατὰ τοῦ κρείττονος. — de sobriet. 10. I, 399 λόγου ὑπεξαιρετέον ψυχῆς ὠμότητα φύσει καὶ κατὰ πάντων φονῶσαν. — de profug. 7. I, 551 (ὁ ἀπειθὴς τρόπος) κατὰ σοῦ φονᾷ.

φορυτός. de sacr. Ab. et Cain. 16. I, 174 φορυτοῦ τρόπον εἰκαίου. — ibid. 33. I, 184 ἀθέρες δὲ καὶ ἄχυρα καὶ εἴ τις ἄλλος φορυτὸς ἑτέρωσε σκίδναται.

φρενοβλάβεια. de confus. lingu. 2. I, 405 πᾶσα . . . φρενοβλάβεια δεινή. — de mut. nom. 37. I, 609 κατακεντούμενος ὑπὸ φρενοβλαβείας τῆς ἑαυτοῦ. — de somn. II, 13. I, 670 εὐηθείας καὶ φρενοβλαβείας καὶ μελαγχολίας ἀνιάτου γέμοντα. — ibid. II, 17. I, 674 ἀφανεῖ βέλει φρενοβλαβείας τιτρωσκόμενος. — de execr. 9. II, 436 ὑπὸ φρενοβλαβείας οὐ συνιέντες ὅτι . . . fragm. ap. Joh. Dam. s. p. P. 692 A ἄκουσα πολλάκις ἡ ψυχὴ τῆς ἐκείνων φρενοβλαβείας ἀπομάττεται τὰ εἴδωλα.

φρενοβλαβής. de confus. lingu. 31. I, 429 ὁ φρενοβλαβέστατος νοῦς. — de profug. 36. I, 575. — de execr. 3. II, 430 ὁ τοῖς μὴ λίαν φρενοβλαβέσιν ἔθος δρᾶν.

φρικώδης. Steph. hat Philo p. 770 = de spec. legg. 2. II, 271. — Dazu: de somn. II, 18. I, 675 τὸν ἁγιωδέστατον καὶ φρικωδέστατον . . . νόμον.

φροῦδος. leg. alleg. III, 39. I, 110 κρατοῦντος λόγου φροῦδος ἡ ἡδονή.

φυγαδευτήριον. de profug. 19. I, 561 beruht auf LXX Num. 35, 6.

φυλορροέω. Steph. hat Philo 241 = I, 358. — Dazu: quis rer. div. haer. 54. I, 512 φυλορροούντων καὶ ἀφαναινομένων τρόπῳ δένδρων. — de incorr. m. 25. II, 513 ἐκεῖνα (sc. τὰ δένδρα) καιροῖς μέν τισι φυλορροεῖ καιροῖς δὲ πάλιν ἀνηβᾷ. cf. de mundo 19. II, 621.

φωλεύω. Steph. hat Philo de mundo ohne best. Angabe. — Dazu: leg. alleg. I, 22. I, 58 (ἀνδρία) περὶ τὸ δεύτερον μέρος ψυχῆς μὲν θυμὸν σώματος δὲ τὰ στέρνα φωλεύει. — ibid. III. 2. I, 88 καθ᾽ ὃ (μέρος) φωλεύειν διέγνωκεν. — ibid. 38. I, 110 περὶ ταῦτα (sc. τὸ στῆθος καὶ τὴν κοιλίαν) φωλεύει τὰ μέρη τὸ πάθος.

φωνασκέω. in Flacc. 17. II, 537.

φωτοειδής. de somn. I, 37. I, 653 λαμπρότατον καὶ φωτοειδέστατον ἔχει (ἡ ὀθόνη) χρῶμα.

X.

χαιρεκακέω. Steph. hat Philo 3, 44 Pfeif. = de agricult. 20. I, 314 γέλωτα παρὰ πᾶσι χαιρεκακοῦσιν ὀφλήσεις θεαταῖς.

χαλδαΐζω. Steph. hat Philo I, 465. 486. II, 11. 13. — Dazu: de mut. nom. 3. I, 581 νοῦς δὲ ἡμῶν ἡνίκα ἐχαλδάϊζε μετεωρολεσχῶν τῷ κόσμῳ.

χαμαίζηλος. de migr. Abr. 10. I, 444 ἀγρὸς τέλειος ᾧ μυρία μὲν ὅσα

ἐνυπάρχει φυτὰ χαμαίζηλα. — ibid.
29. I, 461 τῷ δ᾿ ἔτι χαμαιζήλῳ καθ᾿
αὑτὰ τὰ γῆς ἄθλα ἀξιέραστα καὶ ἀξιο-
τίμητα νενόμισται. — de spec. legg.
1. II, 299 οὐδὲν ταπεινὸν φρονῶν ἢ
χαμαίζηλον.
χαμαιτύπη. de merced. meretr. 2. II,
265 πόρνης καὶ χαμαιτύπης τρόπον τε-
τρυμμένη.
χαμαιτύπος. Steph. hat Philo I, 345.
— Dazu: de somn. I, 15. I, 634 ὁμι-
λοῦντας ταῖς . . . αἰσθήσεσιν . . . ὡς
χαμαιτύποις καὶ πόρναις.
χαμευνία. quod det. pot. insid. 7. I, 195
χαμευνίαις καὶ δυσαυλίαις χρώμενον.
χαρακτηρίζω. Steph. hat Philo I,
151. 394. — Dazu: leg. alleg. I, 17.
I, 54 χαρακτηρίζει αὐτὰ (sc. τὰ φυτά).
— de poster. Cain. 42, bei Tisch. p.
127, 19 τεχνικώτατα χαρακτηρίζει τὴν
τῆς διδασκούσης καὶ ὠφελούσης ὑφή-
γησιν. — de profug. 38. I, 577 τὸν
γεννηθέντα τρόπον χαρακτηρίζει.
χαριεντισμός. quod omn. prob. lib.
18. II, 465 πρὸς χαριεντισμὸν ὑπὸ τῆς
συνήθους ἐκεχειρίας . . . ἐτράπετο.
χαρτός. de mut. nom. 31. I, 603 ἡ
ἀρετὴ χαρτόν ἐστι φύσει· καὶ ὁ ἔχων
αὐτὴν ἀεὶ γέγηθε.
χαῦνος. quis rer. div. haer. 38. I, 499
χαῦνα τά τε ἄλλα ἐξ ἑαυτῶν . . . λόγῳ
σφίγγεται θείῳ. — ibid. 54. I, 512
φυσᾶται τὸ φρόνημα χαύνῳ κουφότητι
ἐξαιρόμενον. — congr. erud. grat. 30.
I, 543 τὰς τῆς ψυχῆς ἀραιὰς καὶ χαύ-
νους ἐπάρσεις καθιεροῦν ὡς ἅγια.
χειρονομέω. quod det. pot. insid. 13.
I, 199 ἐκεῖνοι καθ᾿ ἑαυτοὺς μὲν χειρο-
νομοῦντες εὐδοκιμοῦσι πρὸς δὲ ἅμιλλαν
ἐλθόντες οὐ μετρίως ἀδοξοῦσιν.
χειρότμητος, auch wol bei Philo zu
verbessern in χειρόκμητος, s. Steph.
s. h. v. — quod deus immut. 6. I, 276
ἀρχέτυπον τῶν χειροτμήτων (besser χει-
ροκμ.) τοῦτό γε. — de sobriet. 8. I,
398 ἐπειδὰν . . . ὁ μουσικὸς . . . δύ-
νηται . . . δίχα τῶν χειροτμήτων (χει-
ροκμ.) τῷ τῆς φύσεως ὀργάνῳ χρῆ-
σθαι. — de somn. II, 17. I, 674 ὁ
νέος καὶ χειρότμητος (χειρόκμ.) εὐθὺς
πόντος ἦσαν (sc. οἱ κόλποι). Die rich-
tige Form kommt vor: de post. Cain.
48, bei Tisch. p. 136, 14 χειρόκμητος
οὐδείς ἐστιν ὄψει καὶ πρὸς ἀλήθειαν
θεός. — de somn. I, 36. I, 652 σῶμα
οὐ χειρόκμητον ἀλλὰ φύσεως ἔργον ἀο-
ράτου.
χέρσος. Steph. hat Philo de mundo
ohne best. Angabe. — Dazu: de somn.

I, 17. I, 637 πολλάκις . . . βαθύγειον
καὶ εὐδαίμονα γῆν ὀρφανῶν παίδων
ἐπίτροποι κακοὶ χέρσον (κατέλιπον).
χθαμαλός. Steph. hat Philo II, 619.
— Dazu: de Abrah. 8. II, 7 τοὺς ἐν
χθαμαλωτέροις . . . ὄρεσι κατοικοῦντας.
χλιαίνω. de ebriet. 36. I, 380 τῆς
ἔνδον ἀναχεούσης καὶ χλιαινούσης χα-
ρᾶς. — ibid. 53. I, 390 ἐπειδὰν ἀκρο-
θώρακες γενόμενοι χλιανθῶσιν.
χρειώδης. Steph. hat Philo I, 492.
ap. Euseb. pr. ev. 8 p. 380. — Dazu:
leg. alleg. II, 6. I, 70 κακὰ μὲν χρειώ-
δη δὲ ἄλλως.
χρεμετίζω. de somn. I, 17. I, 637
ἵππου τὸ χρεμετίζειν ἴδιον.
χρηματίζω, in der Bedeut. „genannt
werden", fragm. ap. Joh. Dam. p. s.
P. 438 D. II, 651 οὗτος βασιλεὺς χρη-
ματίσει καὶ ἂν ἰδιώτης τυγχάνοι.
χρησμῴδεω. de mut. nom. 22. I, 597
ὁπότε . . . τοὺς χρησμῳδουμένους χρη-
σμοὺς ἑρμηνεύων ὑφηγεῖται προσαγο-
ρεύεται Μωυσῆς.
χρυσόπαστος. de somn. II, 8. I, 666
στρωμναὶ ἀνθηροποικίλοις καὶ χρυσο-
πάστοις ἔργοις . . . διακεκοσμημέναι.
χυλός. leg. alleg. II, 19. I, 80 χυλῶν
προσηνῶν διαφοραί.

ψ.

ψεκάς. de exec. 2. II, 429 οὐ λεπτὴ
ψεκὰς οὐ βραχεῖα λιβάς. — de incorr.
m. 23. II, 510 τὰ δὲ τῷ συνεχεῖ τῶν
ψεκάδων κολάπτουσα κοιλαίνειν [sc. πέ-
φυκε ἡ ὕδατος φύσις]. vgl. de mundo
18. II, 619.
ψευδογραφέω. de ebriet. 12. I, 364
ψευδογραφεῖ τοὺς παρὰ ἀνθρώποις (νό-
μους).
ψευδοδοξέω. Steph. hat Philo I, 363.
— Dazu: de sacr. Ab. et Cain. 21. I,
178 ἵνα μὴ παλαιαῖς ἐντρεφόμενοι μυ-
θοποιίαις . . . ψευδοδοξῶσιν. — de
migr. Abr. 39. I, 472 ἀπελεγχθήσον-
ται τῷ ἔργῳ ψευδοδοξοῦντες. — de
incorr. m. 21. II, 508 οὐ μόνον ἕνεκα
τῶν εἰρημένων οἷς ἀπελέγχονται ψευ-
δοδοξοῦντες . . . — legat. ad Caj. 9.
I, 555 ἐλελήθει . . . ψευδοδοξῶν καὶ
ἀπατώμενος.
ψευδολογία. de confus. lingu. 24. I,
422 σὺν ψευδολογίαις ψευδορκίαι.
ψευδορκέω. de mut. nom. 41. I, 615
λόγοις μὴ διαμαρτάνειν ψευδόμενον ἢ
ψευδορκοῦντα . . .
ψευδολογία. S. ψευδολογία.
ψεύδορκος. de confus. lingu. 12. I,
412 ψευδορκότατος ἀπιστότατος.

ψιμμύθιον. de spec. legg. 7. II, 306
ψιμμυθίω καὶ φύκεσι καὶ τοῖς ὁμοιο-
τρόποις τὰς ὄψεις τριβόμενοι.
ψοφοδεής. de merced. meretr. 4. II,
268 extr.
ψυχαγωγέω. de sobriet. 1. I, 393
ἡ δέα ψυχαγωγοῦσα πρὸς οὐδέν. —
congr. erud. grat. 14. I, 530 ὑφ᾽ ὧν
(sc. δυνάμεων) ἔνιοι ψυχαγωγούμενοι
καταμένουσιν.
ψυχοφθόρος. fragm. II, 674 τὴν τῶν
ψυχοφθόρων παθῶν καθαιρετικὴν ὑγι-
είαν ἀληθεστάτην γνωρίζομεν.
ψώρα. de execr. 5. II, 432 ψώραις
ἀγρίαις.

Ω.

ὠγύγιος. de sacr. Ab. et Cain. 22. I,
178 τὸ παλαιαῖς καὶ ὠγυγίοις ἐντρέ-
φεσθαι δόξαις. — de poster. Cain. 48,
bei Tisch. p. 137, 10 ὠγύγιός τις ἡλι-
κιότης (wo Mangey's unnötige Conjec-

tur ὡς διωλύγιός τις) und quod deus
immut. 33. I, 295 ὠ. εὐήθεια [M. διω-
λύγιος].
ὠθισμός. legat. ad Caj. 18. II, 563
δι᾽ ὠθισμὸν καὶ πνῖγος μηδεμιᾶς εὐ-
ρυχωρίας προσφερομένης.
ὠνητικῶς. Steph. hat Philo II, 465.
468. 537. — Dazu: de profug. 27. I,
568 ὠνητικῶς ἔχουσα διάνοια τοῦ καλ-
λίστου κτήματος.
ὤνιος. de plant. 25. I, 345 τὸ μὴ δοῦ-
ναι δίκην ἐφ᾽ οἷς ἐξήμαρτον ὤνιον εἶ-
ναι νομίζοντες.
ὠοτόκος. quis rer. div. haer. 43. I,
502 ὠοτόκα ζωοτόκα.
ὠραΐζω. de somn. I, 34. I, 651 τὰς
ἔτι νέας . . . ἄνθει τῷ τῆς ἀκμῆς ὠραϊ-
ζομένας (ψυχὰς) ἀναβαίνουσιν. — de
spec. legg. 7. II, 306 τοὺς νέους ὠραΐ-
ζων καὶ τὸ τῆς ἀκμῆς ἄνθος ἐκδηλύνων.
ὠτακουστέω. Steph. führt an Philo
I, 106. Die St. steht aber p. 108 init.

Wie sehr Philo sich durch die Sprache als Grieche fühlte, geht aus solchen Stellen hervor, in denen er sich selbst den Hebräern gegenübersetzt, z. B. de confus. lingu. 26 (I, 424) ἔστι δὲ ὡς μὲν Ἑβραῖοι λέγουσι Φανουὴλ ὡς δὲ ἡμεῖς ἀποστροφὴ θεοῦ. congr. erud. grat. 8 (I, 525) nenut er das Griechische ἡ ἡμετέρα διάλεκτος.

Auch zeigt er, dass er dieselbe mannigfach zum Gegenstande seines Nachdenkens gemacht hat in den nicht seltenen Bemerkungen über den Sprachgebrauch. — Er spricht davon, wie τί häufig für διὰ τί gebraucht werde, leg. alleg. II, 6 (I, 69), wie διά oft eine verstärkende Bedeutung habe, z. B. διάλευκος = ἀριδηλότατος und in διάδηλος διάσημος = μεγάλως δῆλον, μεγάλως ἐπίσημος de somn. I, 35 (I, 651), wie ἀπό bisweilen inclusive, bisweilen exclusive gebraucht werde de somn. II, 39 (I, 692). Er beobachtet, wie in Zusammensetzungen und abgeleiteten Bildungen oft ein Wort seine Bedeutung verändere, wie z. B. φίλημα und καταφιλεῖν etwas ganz andres seien als φιλεῖν, quis rer. div. haer. 8 (I, 478), καταπίνειν etwas andres als πίνειν, ἀνακύπτειν als κύπτειν, μάρσιππος als ἵππος (ibid.). — Er lässt sich de plantat. 37. 38 (I, 352) aus über Homonymie und Synonymie. κύων könne einen Hund, ein Seethier, den Gestirn und den Diogenes bezeichnen; umgekehrt aber habe der Begriff „Pfeil" verschiedene Benennungen: ἰός, ὀϊστός, βέλος, desgleichen der Begriff „Ruder" εἰρεσία, κώπη, πλάτη. Er denkt nach über den etymologischen Zusammenhang der Worte: wie τέκνον mit τόκος (mut. nom. 26. I, 600), πρόβατον mit προβαίνω (ibid. 19. I, 595), αἴξ mit ἀΐσσω (de somn. I, 34. I, 650), κύριος mit κῦρος, Δημήτηρ mit μήτηρ und γῆ (de opif. m. 45. I, 31, de vita contempl. 1. II, 472), ἑστία mit ἵστημι (cherub. 8. I, 143), μνημοσύνη mit μνήμη (plantat. 30. I, 348), μετόπωρον mit ὀπώρα (bei Tischd. p. 66), [ῥήγιον mit ῥήγνυμι Ps.-Philo incorr. m. 26. II, 514, Πάν-

9 *

δωρα mit πᾶν und δωρέομαι ibid. 7. II, 494], πάγος mit πῆξις (leg. alleg. III, 60. I, 121) zusammenhängen.

Andre seiner Etymologien sind anderweit her aufgenommen oder nach Art des Etymologisirens der Alten Spiele mit Worten. Dahin gehören: αἴσθησις = εἴςθεσις I, 278. βίαιον = παρὰ τὸ βαιόν, βαιόν = ὀλιγοχρόνιον I, 288. μεθύειν = μετὰ τὸ θύειν I, 354. μέθη = μέθεσις ψυχῆς I, 354. ἀρετή von αἵρεσις und αἵρεσθαι I, 507. δεκάς = δεχάς II, 184. δεσπότης von δεσμός, woron wieder δέος, daher δεσπότης = φοβερὸς κύριος δεινὸς δέος ἐμποιῆσαι I, 476. δικαιοσύνη von δίχα τέμνειν I, 495. θεός von τίθημι I, 425 (vgl. Herodot II, 52). οὐρανός von ὅρος I, 329 (nach Aristot. de mundo 6) oder von ὁρατός I, 8. ψυχή von ψῦξις I, 625 (nach Plato Tim. p. 59 A). αἰθήρ von αἴθω I, 428 (cf. Schol. zu Arist. Nub. 265).

Aus Ps.-Philo sind die an die stoischen Vorgänger erinnernden Etymologien (vgl. oben S. 11) zu erwähnen: Ἥφαιστος von ἔξαψις, Ἥρα von ἀήρ und αἴρεσθαι, Ἑρμῆς = ἑρμηνεὺς θεῶν, Ἄρης von ἀρήγω II, 560. 561, χάος von χύσις II, 490, Δῆλος und Ἀνάφη vom Hervortauchen II, 511. vgl. Apoll. Rh. 4, 1717.

Doch trägt er auch kein Bedenken, hebräische oder sonst fremdländische Worte aus dem Griechischen herzuleiten: wie Πάσχα von πάσχω I, 500. Εὐφράτης von εὐφραίνω I, 58. Πειθώ [Pithom] von πείθειν I, 236. Λεῖα von λεῖος I, 77. Φεισών von φείδεσθαι und Φύσων von φυλάττειν I, 56. Εὐϊλάτ von εὖ und ἵλεως ibid. Lat. septem von σεμνός und σεβασμός I, 30. ὄνος von πόνος offenbar mit Vermittelung vom lat. onus I, 185.

§. 2. Die sprachliche Darstellung.

Was den Stil Philo's betrifft, so sind als besondere Eigentümlichkeiten desselben folgende hervorzuheben.

1. Er liebt es, synonyme Ausdrücke zu häufen.

ἀβάσκανον	steht neben	φιλόδωρον [1]).
ἀδέκαστος	- -	ἀψευδής.
ἀδιάκοπος	- -	στερρός.
ἀδιάστατος	- -	ἄπαυστος, συνεχής, ἀέννaος, ἀνελλιπής.
ἀΐδιος	- -	ἀγέννητος.
ἀκολασταίνειν	- -	ἀφραίνειν und ἀδικεῖν
ἀκονάω	- -	παραθήγω.
ἀκράδαντος	- -	βέβαιος.
ἀκρατίζειν	- -	ποτίζειν.
ἀμβλωθρίδια	- -	ἐκτρώματα, ἠλιτόμηνα.
ἀμφίδοξος	- -	ἄδηλος.
ἀναζωγραφέω	- -	εἰδωλοποιέω.
ἀναιρετικός	- -	φθοροποιός.

---

1) Siehe die Belege im Glossarium Philon. unter den angeführten Worten.

ἀνένδοτος	steht neben	ἀρρεπής, ἀκαμπής, ἀήττητος.
ἀνεξέταστος	- -	ἀνεπίσκεπτος.
ἀνεξετάστως	- -	εὐχερῶς, κατακόρως.
ἀνεπίσχετος	- -	ἄληκτος.
ἀνερεθίζειν	- -	ἀνεγείρειν.
ἀνορθιάζω	- -	ἐγείρω.
ἀνυπέρθετος	- -	ἑτοιμότατος oder ταχύς.
ἀξιέραστος	- -	ἀξιοτίμητος.
ἀπεικόνισμα	- -	μίμημα oder ἐκμαγεῖον.
ἀπερίσκεπτος	- -	ἀδιερεύνητος.
ἀπευκταῖος	- -	παλίμφημος.
ἀπλήρωτος	- -	ἀκόρεστος.
ἀποπάλλεσθαι	- -	ἀποπηδᾶν.
ἀρρώστημα	- -	νόσημα.
ἄστατος	- -	ἀνίδρυτος.
ἀστή	- -	ἀστεῖα oder ἐλευθέρα.
ἀστράτευτος	- -	λειποτάκτης.
ἀνεπίφαντος	- -	ἀτραγώδητος.
αὐθέκαστος	- -	αὐστηρός.
αὐτοκέλευστος	- -	ἐθελουργός.
ἀφηνιαστής	- -	σκληραυχήν.
ἀχόρευτος	- -	ἄμουσος.
ἄχραντος	- -	ἀκηλίδωτος.
ἀψίκορος	- -	φιλόκαινος.
βαρυπενθής	- -	δυσάλγητος.
βωμολόχος	- -	ἀδολέσχης.
γανοῦσθαι	- -	εὐφραίνεσθαι.
γάνυσθαι	- -	χαίρειν.
γαργαλίζω	- -	ἐρεθίζω.
γαργαλισμός	- -	κνησμός.
γηθοσύνη	- -	χαρά.
γυναικώδης	- -	ἄνανδρος.
δειματοῦσθαι	- -	διαπτοεῖσθαι.
δημηγόρος	- -	δημοκόπος.
διαιωνίζειν	- -	καταμένειν, καταγηράσκειν
διακύπτειν	- -	διερευνᾶσθαι.
διακαλύπτω	- -	διαπτύσσω.
διαναπαύειν	- -	ἠρεμεῖν.
δοξομανής	- -	φιλότυφος.
δυσαντὴς ὁδός	- -	ὁδὸς τραχεῖα, χαλεπή.
δυσάρεστος	- -	δύσκολος.
δυσέκλυτος	- -	λαβυρινθώδης.
δυσκατέργαστος	- -	ἀτέραμνος.
δυστέκμαρτος	- -	δυστόπαστος.
ἐκπύρωσις	- -	παλιγγενεσία (an 13 Stellen).
ἐναποθησαυρίζεσθαι	- -	ἐντίθεσθαι.
ἐναρίθμιος	- -	μεμετρημένος.

ἐνδοιασμός	steht neben	ἐπαμφοτερισμός.
ἐνδοιαστικός	- -	διανοητικός.
ἐνεδρευτικός	- -	ἐπίβουλος.
ἐνευκαιρεῖν	- -	ἐνσχολάζειν, ἐνδιατρίβειν.
ἐνευφραίνεσθαι	- -	ἐντρυφᾶν.
ἔνθερμος	- -	διάπυρος.
ἐντύφεσθαι	- -	ἀνακαίεσθαι, ἀναφλέγεσθαι.
ἐνώμοτος	- -	ἔνσπονδος.
ἐξάγιστος	- -	ἐπάρατος.
ἐξαγριαίνειν	- -	ἀνερεθίζειν.
ἐξαμαυροῦν	- -	σβεννύναι.
ἐξαμαυρωθεῖσα γραφή	- -	ἐξίτηλος γενομένη.
ἐξαπλόω	- -	ἀναπετάννυμι.
ἐξαπλοῦσθαι	- -	φανερῶς ὁρᾶσθαι.
ἐξηγριωμένη	- -	ἀτίθασσος, ἀνήμερος.
ἐπελαφρίζω	- -	ἐπικουφίζω.
ἐπικομπάζειν	- -	ἐκτραγωδεῖν.
ἐπίλυπος	- -	σκυθρωπός.
ἑτεροδοξίαι	- -	διαφωνίαι.
ἑτεροειδής	- -	ἑτερόμορφος.
εὐεκτεῖν	- -	ἀνδροῦσθαι.
εὐθηνία	- -	εὐετηρία.
εὐπαράγωγος	- -	ἀπατηλός.
ἰδιάζειν τινί	- -	ἐνομιλεῖν τινι.
κατακερτομεῖν	- -	χλευάζειν.
κενοπονεῖν	- -	ματαιάζειν.
κυοφορεῖν	- -	ὠδίνειν.
λαιμαργία	- -	ἀκρασία, ὀψοφαγία.
λάρναξ	- -	σόρος.
λαφύττειν	- -	σπαθᾶν.
λιπῶσαν ψυχήν	- -	πίονα ψυχήν.
λογοθήρας	- -	λογοπώλης.
μαγγανεῖαι	- -	περίαπτα.
μαστεύειν	- -	ἀναζητεῖν.
μαστροπεύω	- -	προξενέω.
μαστροπής	- -	πορνοτρόφος.
μεθέλκειν	- -	ἀντισπᾶν.
μεθολκαί ●	- -	ἀντισπάσματα.
μετακόσμιος	- -	ὑπερωκεάνιος.
μετασκευάζεσθαι	- -	μεταμορφοῦσθαι.
μετασχηματίζειν	- -	μεταχαράττειν.
μετεωρίζεσθαι	- -	φυσᾶσθαι.
μισάλληλος	- -	μισάνθρωπος.
μονότροπος	- -	μονώτικος.
μυσάττομαι	- -	ἀποστρέφομαι.
ναστός	- -	πλήρης, πεπιλημένος.
νυμφοστολεῖν	- -	προξενεῖν.

ὀβολοστάτης	steht neben	τοκογλύφος.
ὁμοδίαιτος	- -	ὁμοτράπεζος.
παλεύειν	- -	κατεπάδειν, γοητεύειν.
τὸ παλμῶδες νοσήματος	- -	τὸ πάφλαζον.
παραπαίειν	- -	ληρεῖν und μαίνεσθαι.
παραπικραίνειν	- -	παροργίζειν.
πολυμήχανος	- -	πολύτροπος.
πύσμα	- -	ἐρώτημα.
σύγκλυδες	- -	μιγάδες.
συγκροτεῖν	- -	γυμνάζειν.
σύννους	- -	σκυθρωπός.
συστηρίζω	- -	ἐπερείδω.
σῶστρον	- -	λύτρον.
τελματώδης	- -	λιμνώδης.
τοιχωρυχέω	- -	διορύττω.
τραπεζοποιός	- -	ὀψαρτυτής.
ὑπούλως	- -	δολερῶς.
χαμευνίαι	- -	δυςαυλίαι.

2. Er liebt es, Gegensätze einander gegenüberzustellen [1]).

Er setzt der ἀδιάστατος φύσις (s. Gloss. Phil. s. v. ἀδ.) die φύσις διαστηματική entgegen, desgleichen dem ἀδοξεῖν das εὐδοκιμεῖν, dem αἰσχρουργός den αἰσχροπαθής, der ἀστή die παλλακή, der φιλοδοξία die ἀτυφία, dem βαρβαρισμός das κατόρθωμα, dem γυναικομανής den μισογύναιος, dem γύνανδρος den ἀνδρόγυνος, der δημαγωγία die δημαρχία, dem διανυκτερεύειν das διημερεύειν, dem δοκεῖν das εἶναι, dem τὰ δοκοῦντα das τὰ ἐνεργοῦντα, den θέρη χειμαίνοντα die χειμῶνες ἐαρίζοντες, den ἐμπειροπόλεμοι die ἰδιῶται, den ζωγραφήματα die ἀνδριάντες und ὑφάσματα, den ζωοτόκα die ὠοτόκα, dem ἠπειροῦσθαι das νησιάζειν, dem κληροδοτεῖν das κληρονομεῖν, den κονιάματα die γραφαί und πινάκια, dem λάβρως das ἠρέμα καὶ πράως, den πυκνότητες die μανότητες, den οἰκότριβες die ἀργυρώνητοι, dem παρακούειν das παρορᾶν, dem πευστικόν das ἀποφαντόν, dem ὑποβολιμαῖον das γνήσιον und ἀστόν, der φειδωλία die ῥαθυμία, die ἐντελέχεια der δύναμις, dem τηλαυγῶς das σκοτίως, der τόνωσις die ἄνεσις, der περιπάθησις die ἡδονή.

In einigen Beispielen wird sogar der Gegensatz in eine monstrose Wortzusammensetzung gedrängt, wie δικαιάδικος (II, 346), μεγαλόμικρος, ὑψηλοτάπεινος (II, 61).

3. Er liebt Wortspiele.

de somn. I, 10 ὅτε γὰρ μάλιστα ἔγνω τότε μάλιστα ἀπέγνω ἑαυτόν.

de Abrah. 40. II, 33 τέλος ... ἁπάντων μάλιστα κακῶν ἤδει τὴν τελευτήν. — ibid. πόρος γὰρ καὶ ἐν ἀπόροις εὑρίσκεται.

de opif. m. 2 εἰσὶ γὰρ οἱ πλείους παραλαμβάνοντες κόσμους εἶναι οἱ

---

1) vgl. hierzu besonders die Stelle: quis rer. div. haer. 43. I, 502, wo er ausführt, dass in der Welt fast lauter Gegensätze einander gegenüberstehen.

δὲ καὶ ἀπείρους, ἄπειροι καὶ ἀνεπιστήμονες αὐτοὶ πρὸς ἀλή-
θειαν ἔχοντες. de plantat. 25. I, 345 ἄθυτοι θυσίαι. de cari-
tat. 6. II, 389 εὔπορος ἀπορία.
[de incorr. m. 16. II, 504 ἀβιώτῳ βίῳ χρήσεται.]
Wortspiel zwischen κόρη Mädchen, κόρη Pupille, κατακορής gesät-
tigt. leg. alleg. II, 17 (I, 78).

Die Darstellung Philo's ist im allgemeinen eine rednerische zu
nennen und teilt die Vorzüge und Mängel einer solchen im vollsten
Masse[1]). An den besseren Stellen lässt sich der Schwung der Rede,
der Glanz und Reichtum seiner Diction rühmen, au andern dagegen
artet der letztere in einen bisweilen unerträglichen Wortschwall aus,
dessen stärkstes Beispiel wol die Stelle de mercede meretr. 3. 4 (II,
267. 268) bietet. Hier werden bei Aufzälung der lasterhaften Eigen-
schaften des φιλήδονος nicht weniger als 148 Worte in einer Reihe
aufgeführt. — Ebenso leidet die Ausführung der Gedanken öfter an
ermüdender Weitschweifigkeit und Redseligkeit. So hätte wol bei dem
Nachweis, dass in der Welt fast alles in Gegensätze auseinandergehe,
quis rer. div. haer. 43 (I, 502) der zehnte Teil des Gesagten genügt.
Auch finden sich, so sehr er selbst gegen das παλιλλογεῖν eifert (II,
358. 378), zalreiche Wiederholungen, welche wol nicht alle in der
hernach zu besprechenden Entstehungsweise seiner Schriften aus münd-
lichen Vorträgen ihre Entschuldigung finden. Denn manche begegnen
uns in einer und derselben Abhandlung. — Hierher gehört besonders
die oft wiederkehrende, ohnehin nicht sehr tiefsinnige Auseinander-
setzung, dass die αἴσθησις sich in fünf αἰσθητήρια ὄργανα teile, de
opif. m. 20. 59 (I, 14. 40), leg. alleg. II, 3. III, 18 (I, 68. 98), che-
rub. 17 (I, 149), migr. Abr. 34 (I, 465) u. a. Desgleichen die be-
liebten Auslassungen über die Siebenzal de opif. m. 30—41 (I, 21 ff.),
leg. alleg. I, 4—7 (I, 45 ff.), das Wandeln auf der βασιλικὴ ὁδός beim
Durchzuge durch Edom als Bild des Wandels auf der Bahn der Wahr-
heit: migr. Abr. 26 (I, 458), de poster. Cain. 30 (I, 244), quod deus
immut. 31 ff. (I, 294 ff.), ibid. 35 (I, 297), ferner die Lehre von dem
allumfassenden, selbst aber von nichts umfassten Gott: leg. alleg. III,
17 (I, 97), de confus. lingu. 27 (I, 425), de migr. Abr. 32 (I, 464),
de somn. I, 11 (I, 630) u. a., die wiederholt vorgetragene Exegese
von den Cherubim: de cherub. 7—9 (I, 142 ff.), de vita Mosis III, 8 ff.
(II, 150 ff.) — Die Schilderung der beiden um unsere Seelen streitenden

---

1) Darauf kommen im Grunde die Urtheile der alten und neuen Zeit hinaus.
Euseb. hist. eccl. II, 18 sagt: πολύς γε μὴν τῷ λόγῳ καὶ πλατὺς ταῖς διανοίαις.
Theodorus Metochita περὶ Φίλωνος p. 221: καὶ πολὺς μέν ἐστι τὸν νοῦν καὶ ὑψη-
λῶν ὡς ἔφην ἐφίεται καὶ τυγχάνει γε θαυμαστῶς — und p. 125: οὐχ ἱλαρὸς καθά-
παξ ἐμπίπτει τοῖς ὠσὶν οὐδὲ λεῖος τοῖς ῥήμασιν οἷς ἑρμηνεύων ἑκάστοτ' ἐκφέρει τὸν
νοῦν κτλ. Valckenaer, de Aristob. §. XXX p. 92 sagt mit Bezug auf Philo's Lob
des Sabbat: „Philonis hac de re dictis nihil grandius excogitari potest aut magnifi-
centius." Matter, essai histor. sur l'école d'Alex. I, 225: „En effet les écrits de
Philon sont précieux pour le philologue auquel ils offrent un beau style." — Stein-
hart a. a. O. p. 1500 schreibt ihm einen nach Plato und den besten Mustern gebil-
deten Periodenbau zu.

Weiber de sacrif. Ab. et Cain. 5 (I, 167) ist teilweise wörtlich wie-
derholt de mercede meretr. 2 (II, 265), und so noch manches Andere.
Die rhetorisirende Manier fällt namentlich unangenehm auf bei
den Paraphrasen der biblischen Geschichte, für deren schöne Einfach-
heit er wenig Sinn hat, sondern sie dem Zeitgeschmack durch aller-
lei Aufputz und rednerische Einlagen geniessbarer zu machen sucht.
So bemüht er sich, den Heroismus Abrahams bei der Opferung Isaaks
durch eine jedes gesunde Gefül verletzende Ausmalung in recht grel-
les Licht zu stellen (de Abrah. 32 ff. II, 25 ff.). Die Scene, in wel-
cher Ruben den Josef nicht findet, wird dramatisch ausgeführt und
jenem seltsam genug der platonische Gedanke: Unrecht thun sei schlim-
mer als Unrecht leiden — der Vater werde darum die Brüder mehr
beklagen als den Josef — in den Mund gelegt (de Joseph. 4. II, 44).
Jakob spricht seinen Schmerz über Josefs Verlust in einem reichlich
mit classischen Reminiscenzen gespickten Ergusse (vgl. hierüber Wyt-
tenb. ad Plut. mor. p. 13 A) aus. Josef hält vor Potiphar's Weib eine
längere höchst moralische Redeübung (de Joseph. 9. II, 48 ff.) und
Moses schwatzt die midianitischen Hirten mit einem Vortrage vom
Brunnen weg, vor welchem auch der Tapferste zuletzt davon gelaufen
wäre (de vita Mos. I, 10. II, 89) u. dergl.

Zweites Capitel.

Die Literatur.

Philo war in den classischen Schriftstellern sehr belesen. Von
der Ausdehnung seiner Kenntniss derselben giebt die Aufzälung der
bei ihm vorkommenden Namen der griechischen Classiker Zeugniss,
welche Grossmann, quaestt. Philon. I p. 5 veranstaltet hat. Diesel-
ben belaufen sich auf nicht weniger als 64.
Auch hat er seine Schriften mit zalreichen classischen Citaten
und Anspielungen durchwebt, deren einzelne nur durch ihn erhalten
worden sind.
Homer ist citirt [1]) in de confus. lingu. 33 (I, 431) Ilias 2, 204.
— ibid. 2 (I, 405) Odyss. 11, 314 f. — de migr. Abr. 28 (I, 460)
Ilias 6, 484. — quis rer. div. haer. 39 (I, 499) Ilias 9, 97. — de
migr. Abr. 35 (I, 467) und de somn. I, 10 (I, 629) Odyss. 4, 392.
— ap. Euseb. praep. ev. VIII, 14 p. 387 Ilias 20, 234. — de vita
contempl. 2 (II, 474) Ilias 13, 5. 6. — de Joseph. 1. II, 41 kommt
ποιμένες λαῶν vor. [quod omn. prob. lib. 17. II, 463 Ilias 6, 407.
— ibid. 18. II, 464 Ilias 24, 602 — 4. — ibid. Ilias 1, 180. —
de incorr. m. 12. II, 499 cf. de mundo 12. II, 614 Odyss. 6, 107 ff.
— de incorr. m. 25. II, 513 Ilias 6, 147 f. — de mundo 1. II, 601
Il. 2, 204.]

---

1) Die Citate aus den angezweifelten und unächten Schriften sind in [ ] gesetzt.

[Theognis 536 ist in quod omn. prob. lib. 21 (II, 469).]

Hesiod: op. 289 de ebriet. 36 (I, 380).

quis rer. div. haer. 23 (I, 489) *ἀρχὴ δέ τοι ἥμισυ παντός* ist nicht hesiodisch, denn op. 40 steht *πλέον ἥμισυ παντός*. vgl. Plato leg. 6 p. 753 E.

[de incorr. m. 5. II, 490 cf. de mundo 8. II, 610 ist Hesiod. theog. 116.]

Pindar: Ol. 6, 101 [de incorr. m. 23. II, 511.]

Solon: Distichen: de opif. m. 35 (I, 25). cf. Clem. Alex. Strom. 814. Streit über die Aechtheit und Literatur vgl. bei Müller, Philo von der Weltschöpfung. Berlin 1841. S. 313 ff.

Adespota: [de incorr. m. 13. II, 500 und ibid. 26. II, 514.]

Citate aus den Tragikern. vgl. Nauck, tragicorum Graecorum fragmenta. Lips. 1856.

Euripides: 836 in leg. alleg. I, 13 (I, 45).

   -      688 - - - III, 71 (I, 127) Worte des Herkules im Syleus des Euripides.

   -      424 in de somn. I, 24 (I, 644).

   -      688 - de Joseph. 14 (II, 53).

   -      424 - de vita Mose I, 6 (II, 85).

   -      950 \
Sophokles: 684 } [quod omn. prob. lib. 3. II, 448].

Euripides: 688 [ibid. 4. II, 449].

adesp.   246 \
  -     264 } [ibid. 7. II, 453].

Euripides: 688 [ibid. 15. II, 461].

Ion 53 p. 576 [ibid. 19. II, 466].

Euripides: 277 [ibid. 20. II, 467].

Aeschylus: 20 [ibid. 20. II, 468].

adesp.   265 [ibid. 21. II, 469].

Euripides: 836 [de incorr. m. 2. II, 488].

   -      - [ibid. 11. II, 498].

Aeschyl. 135, 4 [ibid. 14. II, 501].

Euripides: 836 [ibid. 27. II, 515].

   -      - [de mundo 11. II, 612].

   -      947 quaest. in Genes. IV, 203 ed. Richter VII p. 188. 240.

Aeschyl.   335 de providentia II, 8 ed. Richter VIII, 50.

  -     336 - - II, 90 - - - 88.

Eurip. Hecub. 548 ff. [quod omn. prob. lib. 17. II, 463].

Citate aus den Philosophen.

Ein Fragment des Philolaus ist de opif. m. 33 (I, 24). vgl. Müller a. a. O. p. 306.

Ein anderes des Hippokrates steht de opif. m. 36 (I, 26). vgl. Mangey I, 25 not. 5.

Desgl. von Heraclides Ponticus p. 443 in leg. alleg. I, 33 (I, 65). vgl. de incorr. m. 21 (II, 509).

[Citate aus dem Timaeus des Plato sind in de iucorr. m. 4. II, 490. Tim. p. 41. ibid. 11. II, 497. Tim. p. 33 und ibid. 12. II, 499. Tim. p. 33 C.]

Dazu kommen zalreiche Entlehnungen und Benutzungen der classischen Schriftsteller, wie z. B. die Erzälung de merccd. meretr. 2 (II, 265 ff.), welche dem antiken Mythos von Herkules am Scheidewege bei Xenoph. Memorab. II, 1 nachgebildet ist, oder die Erzälung vom Fall der Seelen, welche nach Plato Timaeus p. 43 A f., Phaedon p. 386 C gegeben ist u. dgl. mehr.

Für die zalreichen Anklänge und Reminiscenzen aus den Classikern vgl. die Noten der Mangey'schen Ausgabe, die Sammlungen von Wyttenbach ad Plut. Moralia. Freilich sind diese zerstreuten Notizen noch keineswegs erschöpfend und ein commentirender Herausgeber der Werke Philo's hat hier noch sehr viel herbeizuschaffen.

Philo war von lebhafter Begeisterung für die griechische Bildung erfüllt. Er spricht über ihre Bedeutung im Allgemeinen sich in de sacrif. Ab. et Cain. 22 (I, 178) folgendermassen aus: ὠφέλιμον μὲν οὖν εἰ καὶ μὴ πρὸς ἀρετῆς κτῆσιν τελείας ἀλλά τοι πρὸς πολιτείαν καὶ τὸ παλαιαῖς καὶ ὠγυγίοις ἐντρέφεσθαι δόξαις καὶ ἀρχαίαν ἀκοὴν ἔργων καλῶν μεταδιώκειν ἅπερ ἱστορικοὶ καὶ σύμπαν τὸ ποιητικὸν γένος τοῖς τε καθ᾽ ἑαυτοῖς καὶ τοῖς ἔπειτα μνήμῃ παραδεδώκασιν . . . δέον παλαιὸν μὲν μάθημα χρόνῳ μηδὲν ἀρνεῖσθαι πειρωμένους καὶ γράμμασι σοφῶν ἀνδρῶν ἐντυγχάνειν καὶ γνώμαις καὶ διηγήσεσιν ἀρχαιολογούντων παρεῖναι καὶ φιλοπευστεῖν ἀεὶ περὶ τῶν προτέρων ἀνθρώπων καὶ πραγμάτων.

Die grossen Philosophen der Alten stellt er sehr hoch, nennt Plato den heiligen und grossen, Heraklit den grossen und vielbesungenen, Parmenides, Empedokles, Zenon, Kleanthes sind ihm göttliche Männer und bilden einen heiligen Verein (quis rer. div. haer. 43. I. 503. — de provid. II, 42. 48. I, 77. 79 Auch.).

Der Bildungsgang des Philo hatte ihn offenbar durch die damaligen Schulen der Weisheit geführt und er hatte die sogenannten encyclopädischen Wissenschaften durchgemacht, welche er wiederholt in seinen Schriften als die notwendige Vorbildung bezeichnet, mit deren Hülfe man sich zu der höchsten Erkenntniss emporschwingen könne.

Tiefgreifender und entscheidender darum als eine blos äusserliche Literaturkenntniss ward für Philo's ganzes Denken das Studium der classischen Philosophen. Die antike Philosophie beherrschte Philo's ganze Weltanschauung und sein eignes philosophisches System ist völlig auf diesem Boden erwachsen. Kaum wird man irgend ein Element seiner philosophischen Lehre ausfindig machen können, dessen griechischer Ursprung nicht sofort sich nachweisen liesse. — Der dualistische Gegensatz zwischen Gott und Welt, zwischen dem Unendlichen und Endlichen begegnet uns ebenso im Neupythagoräismus. In der Lehre von Gott als der alleinwirkenden Ursache, in der von der durch die ganze Welt verbreiteten göttlichen Vernunft, von den Kräften, die von Gott ausgehen und das Weltall durchdringen, lassen sich die Einflüsse der stoischen Lehre nicht verkennen. In der Lehre vom Logos finden sich verschiedenartige Elemente der griechischen Philosophie vereinigt. Wie Heinze, die Lehre vom Logos in der griech. Philosophie. Oldenburg 1872 · S. 204 ff. darthut, berührt sich dieselbe sowol mit der platonischen Ideenlehre (S. 221 ff.), als auch mit der stoischen Lehre von dem γενικώτατόν τι (S. 223) und der neupythagoräischen vom Vorbilde, das der Erschaffung der Welt diente (S. 226); sowie auch in der Gestaltung des λόγος τομεύς mit der heraklitischen Lehre vom Streit als dem bewegenden Prinzip (S. 228). — Philo's Lehre von der Materie als dem Todten, Formlosen, Nichtseienden stimmt im Wesentlichen mit der platonischen und stoischen überein. Sein Schöpfungsbegriff ist fast derselbe wie der Plato's, er folgt so ziemlich dem Timaeus des letztern in der Darlegung der Anfangslosigkeit und Unvergänglichkeit der Welt, schliesst mit demselben die schöpferische Tätigkeit wie den Schöpfungsact selbst von der Zeit aus, indem er den platonischen Grund anführt, dass erst mit der Welt die Zeit gesetzt werde. — Einfluss des Pythagoräismus zeigt sich in der sehr reichlich von Philo angebauten Zalensymbolik. Der aristotelische Gegensatz von δύναμις und ἐντελέχεια (metaphys. III, 73) ist bei Philo leg. alleg. I, 64. — In der Psychologie benutzt er bald die stoische Einteilung der Seele nach acht Kräften, bald die platonische Trichotomie von Vernunft, Mut und Begierde, bald die aristotelische der ernährenden, empfindenden und vernünftigen Seele, die Lehre vom Leibe als der Quelle alles Uebels trifft ganz mit der der Neupythagoräer zusammen, das Wesen der Seele wird von ihm ähnlich wie Plato der νοῦς als ein Ausfluss des Göttlichen bestimmt. Seine Ethik endlich hat sehr viel von der stoischen [1]. — Wie sehr die Allegoristik der Stoiker auf ihn eingewirkt hat, werden wir bei der Darlegung sowol der hermeneutischen Prinzipien Philo's als auch seines allegoristischen Systems erkennen.

Anmerkung. Daneben zeigen sich in secundärer Weise bei Philo auch Spuren anderweiter, namentlich orientalischer Bildungselemente, wie sie überhaupt der universeller gerichteten alexandrinischen Bildung eigentümlich waren. Dass es sich aber hier nur um Einfluss religiöser Anschauungen, nicht philosophischer handelt, darüber s. Lipsius, alex. Rel.phil. in Schenkel's Bibellexikon I, 86 ff.

Die Lehre Philo's von dem verborgenen Wesen Gottes und den aus diesem hervorgehenden wirksamen und erscheinenden Kräften erinnert an den ägyptischen Mythos von Amun (dem verborgenen) und den Hori (den sichtbaren Göttern). Der spröde Gegensatz von Geist und Materie, der sich in Philo's System zeigt, insofern er die ὕλη als selbständig neben Gott bestehend denkt, hat Berührungspunkte mit der arischen Anschauung von den beiden einander gegenüberstehenden

---

1) Die Belege hierzu sind in Zeller's lichtvoller Darstellung der philonischen Philosophie zu finden. vgl. bes. III, 2 S. 337. 338. 341. 345. 348. 352 ff. Fabricius, de Platonismo Philonis Judaei 1693 ist veraltet und beschränkt sich auf einige wenig in die Tiefe dringende Bemerkungen.

Grundmächten Zarvana Akarana (dem leuchtenden Urgrund) und Ap
oder Mitra (dem Himmelsgewässer) [1]. — Auch die aus dem göttlichen
Wesen als dem Urlicht hervorgehenden Ausflüsse bei Philo (s. die Be-
lege bei Dühne I, 272—274) haben viel Aehnliches mit den Am-
schaspands und Izeds der Zend-Avesta. Auf die auffallende Parallele,
welche zwischen Plutarch de Iside et Osiride und manchen philoni-
schen Lehren stattfindet, hat schon Lutterbeck, neutestl. Lehrbegr.
I, 385. 387 hingewiesen. Ueber die Uebereinstimmung mancher Leh-
ren Philo's mit der indischen Philosophie vgl. Ritter, Gesch. der Phi-
los. IV S. 349 ff. Freilich ist hierbei besonders die vielleicht unächte
Schrift quod omnis prob. liber herangezogen worden. — Andre frei-
lich sehr unkritische Zusammenstellungen s. bei Grossmann, quaestt.
Philon. I S. 53 ff.

---

1) vgl. Röth, Gesch. unsrer abendl. Philos. Bd. I.

Zweiter Abschnitt.

Die jüdische Bildung.

Zunächst liegt hier die Frage vor nach Philo's Kenntniss der hebräischen Sprache. Verschiedene Ansichten sind hierüber aufgestellt worden. Während einige ihm alle hebräische Sprachkenntniss absprechen[1]), lassen andere ihn geradezu den hebräischen Text des A. T. seinen Auslegungen zu Grunde legen. Dies geschieht namentlich von Hody, de biblior. textibus original. p. 195 und Carpzov, exercitatt. sacrae prolegg. p. 36, aber aus völlig unzureichenden Gründen, indem sie einige dem masorethischen Texte näher stehende Varianten der griechischen Uebersetzung bei Philo hierfür als Beweis ansehen (s. die Einzelheiten in meinen philonischen Studien, in Merx, Archiv f. wissensch. Erforschung des A. T.'s 1872. II, 2 S. 143)[2]). — Wieder andere erkennen ihm im höheren oder geringeren Masse hebräische Sprachkenntnisse zu[3]). — Um in die Sache Klarheit zu bringen, ist es vor allen Dingen nötig, die Frage nach den Sprachkenntnissen von der nach der Benutzung des Grundtextes zu trennen.

Dass Philo den Grundtext nicht benutzte, geht ganz deutlich daraus hervor, dass er erstens stets den Wortlaut des griechischen Textes bisweilen sogar mit Berücksichtigung der Accente und sonstiger Lesezeichen (s. unten) zur Grundlage seiner Beweisführung macht, dass er ferner sogar auf offenbare Uebersetzungsfehler der LXX seine ganze Auslegung stützt (s. die Belege in m. philon. Studien a. a. O. S. 144) und dass er endlich, was das Schlagendste ist, das Tetragramm (יהוה) für etwas anderes als κύριος hält, womit doch die LXX dieses stets

---

1) Scaliger, animadverss. ad Eusebii Chronicon. p. 7. epistoll. l. I, 13. de sectis Judaicis c. 18 init. sagt: „hebraismi et syriasmi imperitior fuit Philo quam ullus Gallus vel Scytha." Ihm stimmt bei Huetius, demonstrat. evang. p. 251ᵃ: „Hujus (sc. Hellenistarum) gregis fuerunt Philo Alexandrinus Platonis imitator et Josephus, qui suis scriptionibus Ebraicae linguae rudes se prodiderunt." So auch Mangey, praefat. p. 16.

2) Planck, de principiis et causis interpret. Philon. alleg. 1806 §. 21 folgt jenen, ahnt aber schon das Richtige: „graecam bibliorum translationem olim aliter in istis locis habuisse."

3) Lobend spricht sich namentlich aus Loesner, lection. Philon. spec. §. 12 p. 116 ff., einschränkender Michaelis, de chronol. Mosis post diluvium p. 164, Hornemann, spec. exercitatt. in LXX ex Philone p. 24 ff.

übersetzen. Dies hätte ihm unmöglich bei einer Vergleichung der Uebersetzung mit dem Grundtexte entgehen können. — Damit ist aber noch keineswegs bewiesen, dass Philo kein Hebräisch verstand. Da die griechische Uebersetzung der LXX bei den hellenistischen Juden für völlig mit dem Grundtexte übereinstimmend galt [1]) und der Glaube an ihre wunderbare Entstehung unter ihnen allgemein verbreitet war [vgl. Aristeasbuch und Philo, de vita Mosis II, 6 (II, 139)] und da insbesondere dem Philo nach der unten angeführten Stelle die Uebersetzer nicht blos ἑρμηνεῖς, sondern ἱεροφάνται καὶ προφῆται waren, welche den Geist des Mose erreichten, so war es für ihn unbedenklich, die Uebersetzung der LXX als die eigentlich heilige Schrift anzusehen und zu behandeln. Dieser Umstand ist daher kein Beweis für Unkenntniss des Hebräischen, da es natürlich war, dass Philo, der sich der Identität beider Bibeln versichert glaubte, diejenige vorzog, welche dem ihm sonst geläufigen Idiom angehörte. — Es ist die vorliegende Frage daher lediglich nach den von Philo aufgestellten hebräischen Wortdeutungen zu entscheiden. Dieselben entsprechen nun allerdings keineswegs den Anforderungen moderner Philologie, aber es bedarf wol kaum der Bemerkung, dass wir nicht berechtigt sind, dieselben an Philo zu stellen. Vielmehr verlangt das historische Verfahren, dass wir Philo's Wortdeutungen in eine Reihe setzen mit den Erzeugnissen des etymologischen Midrasch, dessen Anfänge im A. T. und dessen weitere Ausführungen uns in den Sammelwerken der Agada vorliegen. Wie Philo von diesem Midrasch in der Aufnahme ganzer Namendeutungen sich abhängig zeigt [2]), so finden wir bei ihm auch Spuren einer gewissen traditionellen Sprachbehandlung, die nach bestimmten Regeln verfuhr und in den späteren onomasticis sacris sich fortsetzte. Wir haben in unsern philonischen Studien a. a. O. S. 149 ff. den Versuch gemacht, das bei Philo herrschende grammatische System (wenn man es so nennen darf) aus der Gesammtheit seiner Etymologien zu entwickeln. Wir begnügen uns daher, hier auf die dort gegebene Ausführung zu verweisen [3]) und ausserdem insonderheit an die

---

1) de vita Mos. II, 7 (II, 140): „ἐάν τε Χαλδαῖοι τὴν ἑλληνικὴν γλῶτταν ἐάν τε ῞Ελληνες τὴν Χαλδαίων ἀναδιδαχθῶσι καὶ ἀμφοτέραις ταῖς γραφαῖς ἐντύχωσι τῇ τε χαλδαϊκῇ καὶ τῇ διερμηνευθείσῃ καθάπερ ἀδελφὰς μᾶλλον δὲ ὡς μίαν καὶ τὴν αὐτὴν ἔν τε τοῖς πράγμασι καὶ τοῖς ὀνόμασι τεθήπασι καὶ προσκυνοῦσι οὐχ ἑρμηνεῖς ἐκείνους ἀλλ᾽ ἱεροφάντας καὶ προφήτας προσαγορεύοντες οἷς ἐξεγένετο συνδραμεῖν λογισμοῖς εἰλικρινέσι τῷ Μωσέως καθαρωτάτῳ πνεύματι.

2) Biblische Etymologien wiederholt er bei Kain = κτῆσις nach Gen. 4, 1 in de cherub. 15. 20 (I, 148. 151), Isaak = γέλως nach Gen. 17, 17 in leg. alleg. III, 28 (I, 104), Jakob nach Gen. 27, 36 oft πτερνιστής genannt, Japhet nach Gen. 9, 27 = πλάτος de sobriet. 12 (I, 401) latitudo quaestt. in Gen. II, 80, Moab nach Gen. 19, 37 = ἐκ πατρός leg. alleg. III, 80 (I, 132) u. a. — Ueber Anklänge an die Agada s. unten.

3) Einzelne Nachträge mögen hier ihre Stelle finden. Zur Aussprache des Kamez in oa S. 149. 156 vgl. Origenes, hom. in Numeros XVII (ed. Lommatzsch X, 214) Gog = tecta (גֹּג)

S. 150. Zu den Beispielen der Vertauschung von ע und א gehört auch ᾿Αμμανίτης = ἐκ μητρός (עם und אם)

S. 147 f. angeführten Fälle *Ἀαρών* (הר), *Ἄννα* (חן), *Ἐφρών* (עפר), *Εἴρ* (עיר), *Ἐσεβών* (חשב), *Μεήλ* (מן חיה אל), *Τανίς* (עצה צוה) u. a. zu erinnern, aus denen unwiderleglich hervorgeht, dass Philo nicht blos aus dem griechischen Text heraus etymologisirte. Er verstand hebräisch — nicht im modernen Sinne, aber nach den Ueberlieferungen über Gesetze und Wortschatz der heiligen Sprache, die nach Alexandria von den Palästinern überbracht und daselbst seit lange einheimisch waren (über den Verkehr zwischen Palästinern und Alexandrinern vgl. oben S. 5 f.). Er sahe deshalb auch die heilige Sprache keineswegs als etwas Abgestorbenes an. Er arbeitet mit dem Material derselben wie mit etwas zur Zeit noch Bildsamen, fügt und schweisst Wortstämme zusammen, ohne nach den grammatischen Gesetzen der alten Sprache zu fragen, die ihm allerdings unbekannt waren, und ohne ängstlich um die Orthographie bekümmert zu sein. Er unterscheidet deshalb auch das Althebräische gar nicht von den späteren Dialekten, sondern behandelt Hebräisch und Chaldäisch als ganz gleichbedeutende Dinge. — So sagt er de Abrah. 5 (II, 5) φιλάρετον ὃς Ἑβραίων μὲν γλώττῃ καλεῖται Νῶε τῇ δὲ Ἑλλήνων ἀνάπαυσις κτλ., de migr. Abr. 3 (I, 438) τὸ ἀποκλινόμενον τῆς ψυχῆς πρὸς τὸ αἰσθητὸν εἶδος ... ὃ κέκληται παρ’ Ἑβραίοις Λώτ, de congr. erud. grat. 8 (I, 525) τὴν δὲ ἀνάμνησιν ἐκ λήθης Μανασσῆν προςαγορεύουσιν Ἑβραῖοι, de somn. I, 10 (I, 629) τὸν τρόπον τοῦτον θάρραν μὲν Ἑβραῖοι Σωκράτην δὲ Ἕλληνες ὀνομάζουσι, de somn. II, 38 (I, 691) ἡ δὲ θεοῦ πόλις ὑπὸ Ἑβραίων Ἱερουσαλὴμ καλεῖται ἧς μεταληφθὲν τὸ ὄνομα ὅρασίς ἐστιν εἰρήνης u. a. Daneben aber finden sich Stellen wie diese: de vita Mos. II, 5 (II, 138) τὸ παλαιὸν ἐγράφησαν οἱ νόμοι γλώσσῃ Χαλδαϊκῇ, die oben angef. St. ibid. II, 7 (II, 140), de vita Mos. III, 29 (II, 169) τὰ διαβατήρια ... τὸ χαλδαϊστὶ λεγόμενον Πάσχα u. a. [1]) Es mochte auf diese Identifikation auch der Umstand mit eingewirkt haben, dass selbst im palästinischen Judentum, wo man die sprachliche Form des Althebräischen vom Chaldäischen sehr gut zu unterscheiden wusste, die Meinung aufkam, die chaldäischen Ueberstzungen seien von gleichem Werte mit dem Grundtexte. Nach Nedarim 37[b] war die chaldäische Paraphrase des Pentateuch dem Mose mündlich gelehrt worden, vgl. Kiduschin 49[a] בסיני נאמר התרגום, sie war nur in Vergessenheit geraten und später aufs Neue wieder festgestellt worden. Megillah 3[a] שכחום וחזרו ויסדום. Auch die chaldäische Sprache galt wegen ihrer nahen Verwandtschaft mit der hebräischen als eine heilige. Dadurch erklärt es sich, wenn die hellenistischen Juden

---

ibid. ist bei Besprechung der k laute die Vertauschung von ג und ע hinzuzufügen, die in Γαιδάδ == ποιμνίον hervortritt. Denn letztere führt auf עֵדֶר, vgl. Mangey I, 237. Frankel, Vorstudien zu LXX §. 18.

S. 154 ist μάρτυρα in μαρτυρία zu verbessern (vgl. Tischendorf, ined. Phil. 106, 11).

Zu S. 159, 2 gehört auch Χάλεβ == πᾶσα καρδία כל לב

1) Andere Stellen finden sich noch bei Carpzov, exercitatt. s. prolegg. lib. I c. 2.

nicht sonderlich zwischen Hebräisch und Chaldäisch unterscheiden zu müssen glaubten.

Auch von der Halacha ist wol Einiges zu ihm gedrungen, wie er denn selbst ap. Euseb. praep. ev. VIII, 7, 6 auf μυρία ἄγραφα ἔϑη καὶ νόμιμα hinweist. Dahin gehört die Bestimmung über die Reinigungen, denen sich diejenigen unterziehen mussten, die in den Tempel eingehen wollten (de spec. legg. 36. II, 333). Ferner die Erbschaftsordnung, welche auf Grund von Num. 27, 8 so festgestellt wird: zuerst erben die Söhne, falls keine da sind, die Töchter, denen das Erbe gewissermassen wie ein Schmuck von aussen her umgelegt werden soll (cf. περιϑήσετε l. c.), da es streng genommen nicht als ein ihnen zustehender Besitz angesehen werden darf; in dritter Stelle kommen dann die Brüder, zuletzt die Väter. Natürlich, fügt er hinzu, können auch die Väter die Söhne beerben, denn es wäre thöricht anzunehmen, dass der Vater selbst nicht erben könnte, während doch die Brüder des Vaters die Erbschaft des Neffen erhalten dürfen (de vita Mos. III, 31. 32. II, 171 ff.). Die Worte εἰ δὲ μὴ εἶεν υἱοὶ δευτέρας ϑυγατέρας αἷς φησὶ δεῖν περιτιϑέναι τὸν κλῆρον ὡσανεὶ κόσμον ἔξωϑεν ἀλλ' οὐχ ὡς ἴδιον καὶ συγγενὲς κτῆμα stimmen ganz mit Baba bathra c. 8 וְהִלְתוּ לבתו אֶת וְהִצֽבֵּרהֵם לו אֵין וּבֵן יָמוּת כִּי אִישׁ.

Indessen tiefgehend war wol Philo's Kenntniss der Halacha nicht[1]. Auch widerstrebte seine ganze Schriftbehandlung der Weise der Halacha. Die halachische Exegese weist die bildliche Auslegung der Gesetze ab, von welcher Philo so ausschweifenden Gebrauch macht. שֵׁבֶ״ל ה p. 41 heisst es: „nur an 3 Stellen hat R. Ismael die Bibel bildlich erklärt, aber nur an zweien hat man ihm beigestimmt." Exod. 22, 2 „wenn die Sonne scheint" wird erklärt: „wenn keine Gefahr vorhanden ist" und Deut. 21, 19 „wenn er auf die Krücke gestützt geht" soll bedeuten: „wenn er wohl ist". Dagegen die Auslegung von Deut. 22, 17 das Gewand sei als Beweis der Unschuld zu verstehen, ward von den Lehrern nicht angenommen. — Philo aber hält, wie wir hernach sehen werden, den Wortsinn der Gesetze für etwas Unwesentliches. Wo er gleichwol auf ihn zurückzugehen sich genötigt findet und es auf die überlieferte Begründung der Gesetze ankommt, hält er sich an die Berichte Sachkundiger. So sagt er de circumcis. 2 in Beziehung auf die Beschneidung: ταῦτα μὲν οὖν εἰς ἀκοὰς ἦλϑε τὰς ἡμετέρας ἀρχαιολογούμενα παρὰ ϑεσπεσίοις ἀνδράσιν οἳ τὰ Μωσέως οὐ παρέργως διηρμήνευσαν.

Die mündlichen Traditionen der Agada dagegen waren dem Philo auch hinsichtlich der geschichtlichen Ueberlieferungen neben der Bibel bekannt geworden. Er weist selbst in der Biographie Mose's

---

1) So ist schon früher geurteilt von Cudworth, true notion of the Lords supp. p. 17: „Philo Alexandrinus though Jew of nation yet very ignorant of Jewish customs." — Hugo Grotius, ad Matth. 26, 18: „in moribus Hebraeis Philo ipse Alexandrinus non satis certus est auctor." — Von Neueren vgl. Hirschfeld, halachische Exegese. 1840. S. 16 „Philonis opera omnia . . . für die halachische Exegese von sehr geringer Bedeutung."

darauf hin, dass er dieselben in den Bericht der Schrift mit verwebt habe. Er sagt de vita Mos. I, 1. II, 81 τὰ περὶ τὸν ἄνδρα μηνύσω μαϑὼν αὐτὰ καὶ ἐκ βίβλων τῶν ἱερῶν ... καὶ παρά τινων ἀπὸ τοῦ ἔϑνους πρεσβυτέρων.

Derartige Züge der historisirenden Agada sind:

a) Aus der Geschichte Abraham's:

die quis rer. div. haer. 8. I, 478 sich findende Annahme, Elieser sei ein Sohn Abraham's von einer Sklavin Masek gewesen. vgl. den Midrasch bei Raschi zu Genes. 22, 3, wo die beiden Knechte, welche Abraham zurücklässt, als Elieser und Ismael bezeichnet werden; deutlicher noch heisst es in Clement. recognitt. I, 33: nati sunt ei duo filii, quorum unus Ismael alter Heliesdros appellati sunt. — Ferner die Agada über Sarah: de Abrah. 19. II, 15, nach welcher die Schönheit der Sarah zuerst von den Alles visitirenden ägyptischen Zollwächtern entdeckt und dann weiter gemeldet sei. So heisst es Beresch. rabb. c. 40 היתה נתונה בתיבה וגעל בפניה כיון דמטא למכס' אמרין ליה
הב מכסא אמר אנא יהיב מכסא אמרין ליה מאנין את טעין אמר אנא אנא
יהיב דמאנין א"ל דהב את טעין אמר אנא יהיב מן דדהב א"ל מטכסין
את טעין אמר דמטכסין אנא יהיב מרגלין את טעין אמר אנא יהיב דמרגלין
אמרין ליה א"ל אל אפשר אלא דפתחת וחמית לן מה בגוה כיון שפתחה
הבהיקה כל ארץ מצרים מזיוה

b) Aus der Geschichte Josef's.

Die Erzälung in de Joseph. 30 (II, 66), dass Josef den Simeon deshalb habe binden lassen, weil dieser ganz besondere Schuld an dem grausamen Verfahren gegen ihn getragen habe. vgl. Raschi zu Gen. 42, 24, der zum Namen Simeon bemerkt: הוא השליכו לבור הוה
שאמר ללוי הנה בעל החלומות הלזה בא
Jonathan fügt zu der Stelle die Worte: דיעט לנקטליה

Die Vermutung, dass Josef (Gen. 41, 1) deshalb noch eine Weile habe im Kerker bleiben müssen, damit er nicht auf den Mundschenken, sondern auf Gott die Hoffnung seiner Errettung setzte (de Joseph. 19 [II, 55] ἴσως δὲ καὶ κατὰ πρόνοιαν ϑεοῦ βουληϑέντος τὰς εὐπραγίας τῷ νεανίᾳ μὴ δι' ἀνϑρώπου γενέσϑαι μᾶλλον ἢ δι' ἑαυτοῦ), findet sich ähnlich Tanchuma (Ausg. Wien 1863) p. 46[b]: לא היה צריך יוסף לעשות
שם אלא ד' שנים ולמה נהוספו לו שם ב' שנים אמר הק"' בה אתה השלכה
בטחוני ובטחת בשר המשקים ואמרת לו שתי זכירות כיאם זכרתני והזכרתני
תשתכח ב' שנים בבית הסוהר (vgl. Gen. 40, 14)

c) Aus der Geschichte des Mose.

Die philonische Deutung der Erscheinung im brennenden Busch auf das Abbild des Göttlichen oder einen Engel (de vita Mos. 12. II, 91 μορφή τις περικαλλεστάτη ... ϑεοειδέστατον ἄγαλμα εἰκὼν τοῦ ὄντος ... καλείσϑω δὲ ἄγγελος) findet sich ähnlich im palästinischen Midrasch, der hier den Michael oder Gabriel findet. Bemerkenswert ist der Zusatz: Schemoth rabb. c. 2 כל מקום שמיכאל נראה שם הוא כבוד השכינה

Die Annahme, dass die erste Plage in Aegypten deshalb das Wasser betroffen habe, weil die Aegypter das Wasser verehrten und für die Ursache des Alls hielten (de vita Mos. I, 17. II, 98 ἐπειδὴ γὰρ τὸ ὕδωρ Αἰγύπτιοι διαφερόντως ἐκτετιμήκασιν ἀρχὴν τῆς τῶν ὅλων γενέσεως τοῦτο εἶναι νομίζοντες ...), findet ihre Parallele in Schemoth rabb. c. 9 לא היה יוצא אלא המימה לפי שאותו הרשע משתבח ואומר שהוא אלוה

Dazu kommen zalreiche Züge aus dem allegorischen Midrasch. Bei manchen derselben ist es schwer zu entscheiden, ob sie älter als Philo sind oder ob sie vielmehr umgekehrter Weise erst aus der philonischen Exegese in die Agada übergegangen sind. Einige Fälle der letztern Art werden wir später kennen lernen. Dagegen giebt es auch eine nicht geringe Anzal solcher Agada's, auf welche Philo als auf etwas schon Bekanntes sich bezieht oder welche doch an ihrer Stirne den Stempel des Altjüdischen tragen. — Suchen wir über die letztern hier einen Ueberblick zu gewinnen.

1. In der Lehre vom Wesen Gottes begegnet uns schon im A. T. der Gedanke, dass Leiden, Strafen, überhaupt alles Uebel nicht unmittelbar von Gott ausgehe. Schon im Buche Hiob klingt bekanntlich diese Vorstellung an, indem Satan und nicht Gott Unglücksfälle und Krankheit über Hiob bringt. Damit stimmt ganz zusammen, wenn Philo de Abrah. 28. II, 22 ausführt, dass nur zwei von den himmlischen Wesen, die dem Abraham erschienen waren, nach Sodom gingen, um das göttliche Strafurteil zu vollziehen; das erste derselben, ein Abbild des Seienden, hielt dafür, ihm komme es nur zu das Gute zu spenden, das Böse dagegen durch dienstbare Mächte zu senden, wie auch nach Gen. 11, 7 συγχέωμεν de confus. lingu. 35. I, 432 die Engel das Werk der Verwirrung vollbringen. — Und es lag ganz auf der Linie dieser Vorstellung, wenn nun weiter geschlossen ward, Gott könne noch weniger das sittlich Böse schaffen, dies sei ebenfalls durch dienstbare Mächte gewirkt worden, denn diese von geringerer Reinheit als Gott zu denken war ebenfalls durchaus alttestamentliche Anschauung (Hiob 4, 18). Daraus entwickelte sich die midraschische Exegese, welche den Plural in Gen. 1, 26 auf die Engel bezog. — Wie es Beresch. rabb. c. 8 heisst: משל למלך שבגה פלטין על ידי ארדכל ראה אותה לא עברה לו על מי יש לו להתרעם לא על ארדכל (vgl. Jalkut c. 13), so lässt auch Philo das Mangelhafte am Menschen, nämlich den Leib, nicht von Gott, sondern von den Engeln gebildet werden, de opif. m. 24. I, 17. de confus. lingu. 35. I, 432. s. darüber unten.

2. Engellehre.

Die Ansicht, dass die Engel die Luft bevölkern, de gigant. 2. I, 263 begegnet uns Beresch. rabb. c. 26 כדי לעמוד על ההקופות ועל המזלות Ebenso die de Abrah. 28. II, 22 ausgeführte Meinung, dass jeder der beiden Engel eine besondere Function gehabt habe: der eine die züchtigende (κολαστήριος), der andere die wohltuende (εὐεργέτις). Der eine habe vier Städte verderbt, der andere eine gerettet. Etwas abweichend aber in der Hauptsache verwandt ist, was Beresch. rabb. c. 50 steht:

לא ב' מלאכים עושים שליחות אחת ואת אמרה שני מ' אלא מיכאל אמר
בשורתו נסתלק גבריאל נשתלח להפוך את סדום ורפאל להציל לוט

3. Lehre von der Schöpfung.

Der philonische Gedanke, dass die schöpferische Thätigkeit eine der Natur Gottes wesentliche sei, die darum auch niemals aufhören könne, und dass daher das Ruhen Gottes nur in Bezug auf die Vollendung bestimmter Werke gebraucht werde leg. alleg. I, 3, wird Jalkut c. 16 in ähnlicher Weise ausgeführt. Es heisst hier: ממלאכת

שולמו שבת ממלאכת הצדיקים והרשעים לא שבת

Das Sechstagewerk wird de opif. m. 3 dadurch motivirt, dass die Geschöpfe einer gewissen Ordnung bedurften, nicht aber der Schöpfer selbst, der alles zugleich wirke (ἅμα γὰρ πάντα δρᾶν εἰκὸς θεόν). vgl. Jalkut p. 3ᵇ: ר' נחמיה אומר מיום הראשון נברא כל היעולם. Ferner: מטרונא שאלה לרבי יוסי בן חלפתא לכמה ימים ברא הק "בה את עולמו א"ל מן היום הראשון א"ל מנין א"ל עשיה אריסטון אמרה ליה הין א"ל וכמה מינין היו לך א"ל כך וכך אמר לה וכל' נהת לפניהן בבת אחת א"ל לא אלא בשלתי התבשילוך כא" והכנסתיה לפניהם א' וא' וג'"

Die Auslegung von Gen. 1, 1 ἐν ἀρχῇ ἐποίησεν durch πρῶτον ἐποίησεν τὸν οὐρανόν, der Himmel als das Beste wurde zuerst geschaffen, begegnet uns auch im Midrasch. — Nach Jalkut p. 2 waren das Haus Hillel's und Schammai's auch über diese Frage getheilter Ansicht. Nach Schammai ward zuerst der Himmel geschaffen, wie ein König sich eher einen Thron erbaue als eine Fussbank; nach Hillel gieng die Erde voraus, wie ein König eher das Fundament als das obere Stock seines Palastes baue. Vermittelnd war R. Jochanan's Meinung, die Schöpfung habe mit dem Himmel begonnen (לבריאה קדמו השמים), wie die Bibel sage: בראשית ברא הש' [also dieselbe Exegese wie Philo]. Dagegen sei die Erde eher vollendet worden als der Himmel (לשכלול), da es heisse Gen. 2, 4: ביום עשות יה' ארץ ושמים

Dass der Schöpfung des wirklichen Himmels und der wirklichen Erde die eines höheren Himmels und einer höheren Erde vorangieng, ist auch eine eigentümlich jüdische Ansicht. Wir lesen Jalkut p. 2ᵇ:

אפילו אותן שכתוב בהן כי הנני בורא שמים חדשים וארץ חדשה כבר הם
בריאים : שתת ימי בראשית הה"ד כי כאשר השמים החדשים כי כאשר
שמים הדשים אין כתיב כאן אלא החדשים

Aus dem dabeistehenden bestimmten Artikel wird erschlossen, dass der neue Himmel und die neue Erde bereits seit dem Sechstagewerk da sei, wenngleich natürlich dem Menschen verborgen.

Philo konnte also seine Theorie vom οὐρανὸς ἀσώματος und der γῆ ἀόρατος an etwas Aehnliches im Judentum anknüpfen. de opif. m. 7.

Und in ganz ähnlicher Weise, wie aus dem Vergleich von Gen. 1, 1 mit v. 7 der Unterschied des οὐρανὸς ἀσώματος und des οὐρ. σωματικός de opif. m. 10 ergeleitet wird, heisst es Jalkut p. 3ᵃ: הלא

השמים נבראו ביום ראשון וא'" זה רקיע זה רקיע נבי רקיע שני ביום שני שיל ראשי
(Hinweis auf Ezech. 1, 22.)   החיות

Wie Philo de opif. m. 9 von einem zwischen Licht und Finster-
niss entbrennenden Kampfe erzält, den Gott schlichtet und durch feste
Grenzen verhütet, so heisst es Jalkut p. 3ᵃ: ויבדל הבדלה מבש נשל
למלך שהיו לו שני איסטרטיגין א' שליט ביום וא' שליט בנדינה והיו
שניהן מדיבין זה עם זה זה אומר ביום אני שליט וזה אומר ביום אני שליט
קרא המלך לראשון ואמר יום יהיה התחונך וכן לשני לילה תהיה התחונך
היא שהק"בה אמר לאיוב המיומיך וגו'" (Hiob 38, 12) כד"א יוצר בורא
חשך עושה שלום במרומין כשבראו עושה שלום שלום ביניהן

vgl. namentlich mit den letzten Worten, was Philo a. a. O. sagt: ἵνα
οὖν μὴ ἀεὶ συμφερόμενα στασιάζωσι καὶ πόλεμος ἀντὶ εἰρήνης ἐπικρατήσῃ
τὴν ἀκοσμίαν ἐν κόσμῳ τιθεὶς οὐ μόνον ἐχώρισε φῶς καὶ σκότος ἀλλὰ καὶ
ὅρους ἐν μέσοις ἔθετο διαστήμασιν οἷς ἀνεῖρξε τῶν ἄκρων ἑκάτερον.

Die Reflexion, dass Gott bei der Schöpfung alles zum Unterhalt
des Menschen Dienende vorher zubereitet habe, ehe er den letztern
schuf, wie Philo de opif. m. 25. I, 18 ausführt: ὡς οἰκειοτάτῳ καὶ
φιλτάτῳ ζῴῳ τὰ ἐν κόσμῳ πάντα προητοιμάσατο βουληθεὶς γενόμενον αὐ-
τὸν μηδενὸς ἀπορῆσαι τῶν πρός τε τὸ ζῆν καὶ τὸ εὖ ζῆν hat nach des
letztern eigner Angabe jüdische Vorgänger (οἱ τοῖς νόμοις ἐμβαθύνον-
τες ἐπιπλέον καὶ τὰ κατ' αὐτοὺς ὡς ἔνι μάλιστα μετὰ πάσης ἐξετάσεως
ἀκριβοῦντες l. c.). Wir finden sie Beresch. rabb. c. 8: ברכו צרכו
מזונותיו ואחר כך בראו
Auch das von Philo a. a. O. weitläuftig ausgeführte Bild von einem
Wirthe, der erst Alles zubereitet, ehe er die Gäste zu Tische ruft,
findet sich Jalkut c. 15: כדי שיכנס לסעודה ניד משל למלך ב"ו שבנה
פלטין והתקין הסעודה וא"חכ הכניס אורחים
Dass Gott die Gewächse nicht allmälich habe wachsen lassen, son-
dern zu Anfang gleich fertig geschaffen habe, lehrt Jalkut c. 8: כל
מעשה בראשית לדעתם נבראו בקומתן נבראו לצביונם נבראו
und ebenso Philo de opif. m. 12. I, 9: ἐπεβρίθει δὲ πάντα καρποῖς
εὐθὺς ἅμα τῇ πρώτῃ γενέσει κατὰ τὸν ἐναντίον τρόπον ἢ τὸν νῦν καθ-
εστῶτα.

4. Traditionen über Adam, Abel, Kain, Seth, Enos, Henoch,
Noah, Isaschar, Misael.

Adam. Jalkut c. 34 deutet an, dass Adam aus der Erde des
Landes Moriah genommen sei. Es scheint, als deute Philo auf diese
Agada hin, wenn er de opif. m. 47. I, 33 sagt: οὐδὲ ἐκ τοῦ τυχόντος
μέρους τῆς γῆς ἔοικεν ὁ θεὸς χοῦν λαβὼν ... ἀλλὰ διακρίνας ἐξ ἁπάσης
τὸ βέλτιστον. Gemeinsam ist wenigstens die Voraussetzung, dass ein
besonders ausgewälter Teil der Erde genommen sei. — Im Midrasch
werden dem Adam ferner besondere leibliche Vollkommenheiten zuge-
schrieben. So heisst es Jalkut c. 17, vgl. Beresch. rabb. c. 8: קומתן
נעשה של נאה אמה und Tanchuma p. 4ᵃ wird seine Schönheit (זיו פניו)
hervorgehoben. Auch Philo sagt a. a. O.: μετὰ δὲ τῆς συμμετρίας καὶ
εὐσαρκίαν προςέπλαττε καὶ εὔχροιαν ἠνθογράφει βουλόμενος ὡς ἔνι μάλι-

στα κάλλιστον ὀφθῆναι τὸν ἄνθρωπον. — Auch seine geistigen Fähigkeiten sind hervorragend: Gott giebt ihm dieserhalben den zweiten Platz nach sich. De opif. m. 52. I, 36 sagt Philo: ὁ θεὸς ἠξίου (αὐτὸν) δευτερείων. Ebenso wird Beresch. rabb. c. 8 das Verhältniss des Menschen zu Gott mit dem des Exarchen zum Könige verglichen und die geistige Erhabenheit des ersteren so gross dargestellt, dass selbst die Engel nahe daran sind, ihn mit Gott zu verwechseln: טעו מלאכי השרת ובקשו לומר לפניו קדוש Der Grund dieser bevorzugten Stellung des Menschen ist bei Philo de opif. m. l. c. die Weisheit, welche derselbe in der Namengebung der Thiere offenbart, wie auch Beresch. rabb. c. 17 Gott den Engeln geradezu ins Gesicht sagt, dass Adam's Weisheit grösser sei als die ihre und dies dadurch beweist, dass er die Thiere vorführt, denen nun die Engel keine Namen zu geben wissen, während Adam dieselben findet.

Auch durch Tugend zeichnete sich der erste Mensch aus. Jalkut c. 20 sagt, Gott habe den Adam in der Gerechtigkeit Abraham's (בזכותו של אברהם) gebildet und nach c. 35 hat bei Adam und Eva die göttliche Glorie gewohnt (ולא שניהם בלא שכינה). So lässt auch Philo den Adam in einem reinen und seligen Leben mit den λόγικαι θεῖαι φύσεις verkehren. de opif. m. 50. I, 34.

Von diesen Herrlichkeiten gieng nun Manches nach dem Fall verloren. Es ward zwar Adam's Strafe durch die Gnade des Schöpfers gemildert. Beresch. rabb. c. 21: כשטרדו טרדו במדת הדין ובמדת הרחמים Philo de opif. m. 60. I, 41: ὁ δὲ ἅτε τὴν φύσιν ἵλεως οἶκτον λαβὼν ἐμετρίασε τὴν τιμωρίαν.

Aber die Geschlechter der Menschen kamen im Laufe der Zeiten immer mehr herunter. Jalkut c. 39 sagt, bis zu Enos hätte man allenfalls noch etwas vom göttlichen Ebenbilde sehen können, von da an aber sei das Verderbniss immer mehr hervorgetreten: מכאן ואילך נתקלקלו הדורות Aehnlich vergleicht Philo de opif. m. 49. I, 34 die Menschen mit Eisenstäbchen, die an einem Magnet hangen; je weiter sie von diesem ab sind, desto mehr verlieren sie von der magnetischen Kraft.

Kain und Abel. Oft begegnet uns im Midrasch die Annahme, Kain habe Gott Opfer von schlechter Beschaffenheit dargebracht. So heisst es Beresch. rabb. c. 22, vgl. Jalkut c. 35 zu ויבא קין folgendermassen: מן הפסולות מ"לאריס רע שהיה אוכל את הבכורות ומכבד למלך בסייפות Aehnlich Philo de sacrif. Ab. et Cain. 13. I, 171: ἕτερον δὲ (ἔγκλημα) τὸ ἀπὸ τῶν καρπῶν ἀλλὰ μὴ ἀπὸ τῶν πρώτων καρπῶν (εὐχαριστῆσαι τῷ θεῷ).

Ein zweiter Vorwurf, der gegen Kain erhoben wird, ist der einer Unredlichkeit, deren er sich bei der zwischen ihm und Abel stattfindenden Teilung der Welt schuldig gemacht habe. So wird Beresch. rabb. c. 22 erzält, Kain habe den ganzen Grundbesitz für sich in Anspruch genommen und dem Abel blos die beweglichen Güter übrig gelassen. Dieser Midrasch scheint auch auf die Uebersetzungen der

Bibel eingewirkt zu haben: LXX Genes. 4, 7 ὀρϑῶς δὲ μὴ διέλῃς, Vulg. non autem recte dividas [1]). Auch Philo nennt den Kain einen schlechten Teiler und macht ihn in seiner Weise umdeutend zum Typus derjenigen, die in der Beurteilung des göttlichen Wesens nicht recht unterscheiden. Diese machen Gott zum Urheber aller Dinge, was ganz lobenswert ist, vergessen aber das Böse davon auszunehmen und begehen darin einen grossen Distinctionsfehler, de agricult. 29. I, 319 f. Bei Jeruschalmi und Pseudo-Jonathan streiten Kain und Abel, jener stellt gottlose Behauptungen auf, welchen dieser widerspricht. Kain sagt: לית דין ולית דיין ולית עלם אחרן ולית למתן אגר טב לצדיקיא ולית למפרעא מן רשיעיא

Abel entgegnet mit der genau entsprechenden Antithese, und so kommt es von Worten zu Thaten.

Ein Anklang hieran ist wol bei Philo darin zu finden, wenn er sagt, beide hätten περὶ ἐναντίων καὶ μαχομένων δοξῶν gestritten. Abel habe alles auf Gott bezogen (ἀναφέρων ἐπὶ ϑεὸν πάντα), Kain auf sich selbst (ἐφ' ἑαυτόν). Jener war Vertreter des φιλόϑεον δόγμα, dieser des φίλαυτον. quod det. pot. insid. 10. I, 197. vgl. de migr. Abr. 13. I, 447.

Die Behauptung Philo's, Kain habe den Abel mehr durch List als durch Stärke (τέχνη μᾶλλον ἢ ῥώμη) überwunden und sei darum ein Symbol der sophistischen Wortfechter, die nur scheinbare Siege erkämpfen, de migr. Abr. 13. vgl. quod det. pot. insid. 14. I, 200, ist ohne den Midrasch völlig unverständlich. — In letzterem wird 1) Beresch. rabb. c. 22. Jalkut c. 38 behauptet, Abel sei stärker als Kain gewesen: הבל היה גבור מקין שאין ח"ל ויקם אלא מלמד שהיה נתון תחתיו

2) wird erzält, wie der am Boden liegende Kain Abel's Mitleid hinterlistiger Weise zu erregen gewusst habe und dadurch wieder empor gekommen sei. Beresch. rabb. l. c.: אמרו לו שיניו בעולם מה את הולך ואומר לאבא נתמלא עליו רחמים מיד עמד עליו והרגו[2] vgl. noch den Zusatz im Perusch Matnot Kehuna: ואין לאבינו בן אחר בזה תאמר לאבא אם תהרגני

Dass Seth von Philo gefasst wird als ein Same menschlicher Tugend (σπέρμα ἀνϑρωπίνης ἀρετῆς), welcher niemals ganz verkommen werde unter den Menschen (οὐδέποτε τὸ ἀνϑρώπων ἀπολείψει γένος), de posterit. Cain. 50, findet sein Vorbild Jalkut c. 42: רבי שמעון אומר נשה עלו ונתחייסו כל הדורות של צדיקים

---

1) Er ist auch sonst weit verbreitet. Für Hieronymus vgl. Rahmer, die hebr. Traditionen in den Werken des Hieronymus, in Frankel's Monatsschrift 1865 S. 18 f. — Er findet sich aber auch bei Ephraem Syr. opp. I, 144 E ff., bei Irenaeus, adv. haereses IV, 18 (ed. Stieren p. 614), bei Ambrosius, de poenitent. c. 7. Für Augustin vgl. Diestel, Gesch. des A. T. S. 87.

2) Dieser Midrasch ist auch bei Hieron. ad Damasum: „tertium (crimen) quod dolose egerit dicens transeamus in campum." Hier wird die List etwas anders gefasst, dort zeigt sie sich im Kampf, hier nur in dem Hinauslocken aufs Feld. Aehnlich Ambros., de poenit. c. 7: „Quartum est quod dolo fefellit obsecundantem sibi ut pariter comitarentur in campum."

Agadisch ist auch die in de Abrah. 2 sich findende Auslegung der Stelle Genes. 5, 1 *αὕτη ἡ βίβλος γενέσεως ἀνθρώπων*, als welche darauf hindeute, dass die Vorfahren des Enos eine Mischrace gewesen seien (*τοὺς μὲν ἀρχηγετὰς τοῦ μικτοῦ γένους ὑπέλαβεν εἶναι*), während in Enos erst die wahre Menschheit beginne. Aehnlich heisst es Beresch. rabb. c. 24: אלה תולדות ואין הראשונים תולד ות ומה הן

רוֹחוֹת דאמר ר' סימון בל ק"ל ש:ה שפרשה חזה מאדם היו רוחות הזכרים מתהממים ב:מנה ודהיו מולידים ממ:ה ורוחות נקיבות מתחממים מאדם ומולידים ממנו

Den Henoch als Symbol der *μετάνοια* zu fassen und dies aus dem *μετέθηκεν αὐτὸν ὁ θεός* in Gen. 5, 24 abzuleiten[1]) (de Abrah. 3: *ἡ γὰρ μετάθεσις τροπὴν ἐμφαίνει καὶ μεταβολήν· πρὸς δὲ τὸ βέλτιον ἡ μεταβολὴ διότι προμηθείᾳ γίνεται θεοῦ κτλ.*), ward Philo ebenfalls durch den Midrasch angeleitet. Es heisst Beresch. rabb. c. 25: "אמר ר

איבו חנוך חנף היה פעמים צדיק פעמים רשע אמר הק"בה עד שהוא בצדקו אסקל:ו

vgl. Sirach 44, 16 und zu dieser Stelle Fritzsche, Apokryphen Bd. V S. 260 ff. Ausserdem s. Dähne, jüdisch-alex. Rel.phil. II, 143. Frankel, palästin. Exegese S. 43 ff.

Von Noah's Gerechtigkeit spricht Philo wiederholt das Urtheil aus, dass dieselbe keine vollkommene gewesen sei, namentlich sei es ihm nicht möglich gewesen, alle lässlichen Sünden (*ἀκούσια ἁμαρτήματα*) zu vermeiden (quod deus immut. 16. de agricult. 40. de Abrah. 7). So urtheilte darüber die jüdische Tradition: Beresch. rabb. c. 29 אונקיא אחת היתה ביד :ח schreibt ihm nur eine Unze Gerechtigkeit zu, ibid. c. 30 wird seine Gerechtigkeit nur eine relative, im Verhältniss zur Sündhaftigkeit seiner Zeit beachtenswerte genannt, die zu Mose's oder Samuel's Zeiten nicht in Betracht gekommen sein würde: (בדורותיו היה צדיק הא אלו היה בדורו של משה או בדורו של שמואל לא היה צדיק)

Letztere Exegese fast wörtlich so bei Philo de Abrah. 7.

Damit zusammenhängend wird dann auch Noah's Rettung bei der Sintflut als ein Erweis göttlicher Gnade aufgefasst; nach dem strengen Recht hätte auch er mit untergehen müssen, da aber Gott auch Gnade walten liess, ward er gerettet. So Beresch. rabb. c. 29: נח אפילו נח שנשתייר מהן לא היה כדאי אלא שמצא חן בעיני יה"

vgl. Jalkut c. 47.

Ebenso benutzt Philo das *χάριν εὑρεῖν* in quod deus immut. 16.

Dass Noah Gen. 9, 20 *γεωργός* genannt wird, ist dem Philo de agricult. 1 sehr wichtig. Er findet hierin angedeutet, dass Noah sein Geschäft als Sachverständiger betreibt. Aehnliches scheint Beresch. rabb. c. 36: איש האדמה בורגר לשם בורגרותיה zu liegen. Und selbst die geistige Deutung von der Pflege der Tugenden findet sich Jalkut c. 61: נח מש:קרא איש צדיק נקרא איש האדמה

---

1) Auch aus dem Wortlaut von Gen. 5, 22, wo es heisst: Henoch habe fromm gelebt, nachdem er den Methusalah gezeuget, ward geschlossen, dass dies vorher nicht der Fall gewesen sei. Dadurch ward Henoch Symbol der *μετάνοια*.

Wie Philo dazu kommt zu sagen leg. alleg. I, 26, Isaschar bedürfe des Leibes, nämlich der Augen, um das Gesetz zu lesen, der Ohren, um die Mahnung desselben zu hören, begreift sich nur, wenn man weiss, dass der Midrasch Beresch. rabb. c. 99 Gen. 49, 15 so auslegt: כשם שההמו רגיען את הבשא כך יששכר טוען את התורה Isaschar ist der stehende Typus des Gesetzesstudiums, vgl. de migr. Abr. 39.

Etwas rätselhaft sind die Worte leg. alleg. II, 15: διὸ καὶ οἱ περὶ τὸν Μισαδαὶ οὐχὶ τοῖς ἰδίοις χιτῶσιν ἀλλὰ τοῖς τῶν ἐκπυρωθέντων καὶ ἀναληφθέντων Ναδάβ καὶ Ἀβιούδ· sc. ᾖραν αὐτούς.

Der zu Grunde liegende Vorgang ist Levit. 10, 5. Misael [LXX Μισαδάη, wozu die Varianten bei Philo Μισαδαὶ und Μισαδέ, hebr. מִישָׁאֵל] und Elzaphan werden von Mose beauftragt, die verbrannten Leichname des Nadab und Abihu zu beerdigen und sie tragen dieselben heraus, wie es heisst: בְּכֻתֳּנֹתָם LXX ἐν τοῖς χιτῶσιν αὐτῶν. Es entstand über diesen Zusatz ein Streit. Da jene verbrannt waren, so erschien das letztere unmöglich, denn die Kleider hätten ja jedenfalls zuerst verbrennen müssen. Deshalb bezogen einige das Pronominalsuffix auf die Kleider der Hinaustragenden, welche die Asche der Verbrannten gesammelt und in ihren Kleidern fortgeschafft hätten, während andere dadurch halfen, dass sie Nadab und Abihu vom Blitz getroffen werden liessen. In diesem Falle konnten die Gestorbenen in ihren eignen Kleidern weggetragen werden. Synhedr. c. 7, 1. Philo trat nach den oben angeführten Worten der letztern Erklärung bei.

5. Etymologischer Midrasch.

Auch der etymologische Midrasch hat auf Philo eingewirkt.

Dass Nimrod der Anfänger des Abfalls von Gott war und ein Geschlecht von Abtrünnigen begründete, wird de gigant. 15 aus der Deutung seines Namens durch αὐτομόλησις erwiesen. Ebenso bemerkt Jalkut c. 47: כל השמות הללו לשון מרדות הן und ibid. c. 72: נמרוד שהעמיד מרד בעולם Die Deutung von Chetura durch θυμιῶσα de sacrif. Ab. et Cain. ist auch Beresch. rabb. c. 6: שמקוטרת מצוה ומעשים טובים und Tanchuma (Berliner Ausg. 1863) p. 31ᵇ: שנאים מעשים לקטירת Lot de migr. Abr. 3. 27 ἀπόκλισις erscheint auch im Midrasch als einer, der vom rechten Wege abweicht. Tanchuma p. 45ᵇ: הרשעים נופלין בעיניהם שנ״ וישא לוט וג״ וירא את כל ככר הירדן זה סדום שהיה לאברהם והלך לסדום לעשות כנעשיהם לכך קרא שמו לוט גרם לו Wenn Philo Σαραὶ mit ἀρχή ἐμή, Σάῤῥα mit ἄρχουσα de mut. nom. 8 übersetzt, so kann er dies nur aus dem Midrasch (vgl. Jalkut c. 82: לשעבר היית שרי לעצמה ועכשיו שרה לכל באי העולם) aufgenommen haben, da er selbst die Namensveränderung in der Hinzufügung eines ϱ bestehen lässt.

Die Etymologie von Euphrates καρποφορία leg. alleg. I, 23 findet sich ähnlich Joma 39ᵇ, wo der Name auch von פרה abgeleitet wird; vgl. auch Jalkut c. 22: פרת שהוא פורה ורבה עד שעוברין בו בספינה הבריים אומרים פרת שמו שמימיו פרין ורבין

Von den zwei Etymologieu des Namens Esau bei Philo ist die,
welche denselben mit ποίημα übersetzt und demnach von עשה her-
leitet, congr. erud. grat. 12, ebenfalls midraschisch; vgl. Raschi zu
Genes. 25, 25: הכל קראו לו כן לפי שהיה נעשה וגמר בשערו כבן
שנים הרבה

6. Einzelne Deutungen.

Gen. 2, 12. Die Deutung des Goldes auf die göttliche Weisheit.
leg. alleg. I, 25 findet sich ähnlich Jalkut c. 22: מלמד שאין תורה כתורת
א"י ולא הכמה כחכמת א"י

Gen. 6, 1. Die weiblichen Geburten bei diesen Menschen waren Stra-
fen ihrer Sündhaftigkeit. Jalkut c. 43: לפי שהיו שטופין בזנות ריבה
להן הק"בה בנקיבות

Die Deutung von קטן in Gen. 9, 24 auf sittlichen Mangel findet
sich bereits Beresch. rabb. c. 36, cf. Jalkut c. 61: בנו הפסול unter
Hinweisung auf 1 Kön. 8, 64. Ebenso sagt Philo de sobriet. 2: νεώ-
τερον ὅταν φῇ υἱὸν οὐχ ἡλικίας ὄνομα ἀναγράφει νεωτεροποιίαν δὲ ἀγα-
πῶντος ἐμφαίνει τρόπου διάθεσιν.

Auch hinsichtlich Ismael's finden wir das gleiche Befremden bei
Philo wie im Midrasch darüber, dass er Gen. 21, 15. 16 ein Kind ge-
nannt wird, ob er gleich schon 17 Jahre alt war. Philo löst auch
hier die Schwierigkeit durch die allegorische Deutung, Ismael als So-
phist war in geistiger Beziehung ein Kind zu nennen. de sobriet. 2.
Anders Beresch. rabb. c. 53, Sarah habe ihn durch den bösen Blick
hinschwinden machen.

Gen. 12, 1 die Deutung des Auszugs Abrahams aus Ur in Chal-
däa auf ein Verlassen der chaldäischen Astrologie.

Beresch. rabb. c. 44: צא מאצטגנינות נביא את ואין את

cf. Jalkut c. 76: אסטרולוגוס

ibid.: אין מזל לישראל

Desgl. de migr. Abr. 32. quis rer. div. haer. 20.

Die Anschauung, dass der Gerechte durch seine Fürbitte eine
Stütze der menschlichen Gesellschaft sei. Jalkut c. 76: אב לעותרא
איןון שתירין מיכן כשנכנסין לצרה הן שואלים לנו ואנו מגלין להם
de migr. Abr. 21: τῷ γὰρ ὄντι ἔρεισμα τοῦ γένους τῶν ἀνθρώπων ἐστὶν
ὁ δίκαιος ... ὅσα δ' ἂν μὴ εὑρίσκῃ παρ' ἑαυτῷ τὸν μόνον πάμπλουτον
αἰτεῖται θεὸν κτλ.

Gen. 12, 1 δείξω. Das Futurum erregte die Aufmerksamkeit der
Erklärer. Beresch. rabb. c. 39: למה לא גלה לו כדי להבבה בעיניו וליתן
שכר על כל פסיעה ופסיעה
Auf diese Freude der Hoffnung weist auch Philo de migr. Abr. 9 hin.

Gen. 15, 2 τί μοι δώσεις sagt Philo quis rer. div. haer. 7: οὐκ
ἀπορούντός ἐστι φώνημα μᾶλλον ἢ ἐπὶ τῷ πλήθει καὶ μεγέθει ὧν ἀπή-
λαυκεν ἀγαθῶν εὐχαριστοῦντος. Aehnlich Beresch. rabb. c. 44: אינו
אומר מה תתן לי אלא שאמר לי שאל
Denn auch hier wird in Abrahams Worten nicht der Ausdruck des
Zweifels, sondern des Dankes gefunden.

Gen. 15, 5 schien der Ausdruck החוצה etwas Besonderes andeuten zu wollen. Der Midrasch deutete es darauf, dass Gott den Abraham aus der Welt herausgeführt habe. Beresch. rabb. c. 44: וכי
נהיה לעילם הוציאו שאמר הכתוב ויוצא אותו החוצה
Jalk. c. 75: אחוי ליה שקקיה טביא והצלה אותי למעלה מקצה הרקיע
Philo quis rer. div. haer. 16 deutet es ähnlich, Gott führte den Abraham aus den Fesseln der Leiblichkeit heraus.

Gen. 15, 12 sehr ähnliche Unterscheidungen der ἔκστασις in Beresch. rabb. c. 44 und quis rer. div. haer. 51.

Dort heisst es: שלש הרדמותהן תרדמת שינה Diese findet sich Gen. 2, 21. Ebenso Philo l. c. im Anschluss an diese Stelle: ἔκστασιν τὴν ἠρεμίαν καὶ ἡσυχίαν τοῦ νοῦ παραλαμβάνων. — Sodann ותרדמה נבואה nach Gen. 15, 12 bei Philo: ἐνθουσιῶντος καὶ θεοφορήτου τὸ πάθος. Weiter heisst es: ותרדמת מרמשא Dies sei 1 Sam. 26, 12. Dem entspricht bei Philo die ἔκστασις als πτόησις und κατάπληξις. Endlich: ורבנן אמרין את תרדמה של שטות nach Jes. 29, 10. So bei Philo: ἔκστασις ἡ μέν ἐστι λύττα μανιώδης παράνοιαν ἐμποιοῦσα.

Gen. 16, 1: Sarah gebar dem Abraham nichts. — Der Midrasch betont das לו. Es heisst Jalkut c. 78: לי לא ילדה אלו נשאת לאחר ילדה
Philo benutzt diesen Zug. Er sagt congr. erud. grat. 3: διὰ τοῦτο οὖ φησι μὴ τίκτειν ἀλλ' αὐτῷ τινι μὴ τίκτειν τὴν Σάῤῥαν.

Gen. 24, 63 ἀδολεσχῆσαι, schon von Onkelos לצלאה wiedergegeben, wird Berachoth 26ᵇ, Chulin 91ᵇ vom Gebete verstanden. So auch quod det. pot. insid. 9: μόνον ἰδιάσαι βουλόμενος καὶ ἰδιολογήσασθαι τῷ . . . θεῷ.

Gen. 45, 28: Der Ausruf Jakobs wird im Midrasch als ein verwundernder gefasst; Jakob ist erstaunt, dass Josef noch lebt und besonders dass er in so vielen Versuchungen seine Gerechtigkeit bewahrt hat. Beresch. rabb. c. 94: רב כוהו של יוסף כמה צרות הגיעוהו
ועדיין הוא עומד בצדקו
vgl. de migr. Abr. 5: μέγα μοι ἔστιν εἰ ἔτι ὁ υἱός μου Ἰωσὴφ ζῇ ἀλλὰ μὴ κεναῖς δόξαις καὶ τῷ νεκροφορουμένῳ σώματι συντέθηκε. de mut. nom. 38: τεθαύμακεν εἴ τις ἐν μέσῳ τοῦ βίου ποταμῷ φορούμενος ἀπ' οὐδεμιᾶς ῥύμης κατασύρεται.

In der Agada heisst es: das Mannah habe mancherlei Geschmack angenommen. Joma 75: כל זמן שישראל אוכלין אותו מוצאין בו
כמה טעמים
Philo quod det. pot. insid. 31 (I, 213) spricht von zweierlei Backwerken, die aus dem Mannah bereitet seien, eins aus Honig und eins aus Oel. Hierbei liegen ausserdem die Stellen zu Grunde: Exod. 16, 31: τὸ δὲ γεῦμα αὐτοῦ ὡς ἐγκρὶς ἐν μέλιτι und Deut. 32, 13: ἐθήλασαν μέλι ἐκ πέτρας καὶ ἔλαιον ἐκ στερεᾶς πέτρας.

Zu Philo leg. alleg. I, 4: τίς γὰρ οὐκ οἶδεν ὅτι τῶν βρεφῶν τὰ μὲν ἑπταμηνιαῖα γόνιμα τὰ δὲ πλείω χρόνον προσλαβόντα ὡς ὀκτομῆνας ἐνδιαιτηθῆναι γαστρὶ κατὰ τὸ πλεῖστον ἄγονα. vgl. Beresch. rabb. c. 14:
יצירה לז יצירה לט נוצר לז או לט הי לח הי איני הי

In de cherub. 1 stellt Philo Betrachtungen an über den Unter-
schied zwischen ἐξαπέστειλεν Gen. 3, 23 und ἐξέβαλε v. 24. — Auch
im Midrasch wird darauf Wert gelegt. Jalkut c. 34 heisst es: וירגרש
מלמד שנתן לו הק"בה גירושן כאשה
Zu וישלחהו wird ebenda bemerkt: למלך שנשא אשה ועשה לה שלשלת
של מרגליות סרחה נטלו היוגיזה וכתב לה גט וכך הב"ה הניחו לאדם בגן
עדן ועשה לו עשר חופות כיון שהנשא נתן לו גט שנ" וישלחהו ואין שלוח
אלא גט שנ" ושלחה מביתו vgl. Deut. 24, 1.

Unter mehreren Auslegungen des ποῦ εἶ Gen. 3, 9 stellt Philo
leg. alleg. III, 17 auch folgende auf: ποῦ γέγονας ὦ ψυχή; ἀνϑ' οἵων
ἀγαϑῶν οἷα ᾖρησαι κακά; καλέσαντός σε τοῦ ϑεοῦ πρὸς μετουσίαν ἀρετῆς
κακίαν μετέρχη κτλ. Damit vgl. Jalkut c. 28: אמר רב אדם הראשון
כיון היה שנ" ויאמר לו איכה לאן נוטה לבך

Die allegorische Deutung des flammenden Schwertes Gen. 3, 24
auf den Logos cherub. 9 (λόγου sc. σύμβολον· ὀξυκινητότατον γάρ καὶ
ϑερμὸν λόγος) findet ihr Gegenbild Jalkut c. 34: רבנן אמרי חרב תורה
mit Berufung auf Ps. 149, 6.

7. Hellenistische Fortbildungen des Midrasch.

Dazu kommen solche Deutungen, in welchen der palästinische
Midrasch schon eine hellenistische Färbung angenommen hat.

So war es rabbinischer Grundsatz, dass die Thora das Fundament
der Welt bilde (תורה יסוד העולם), oder wie es ausführlicher heisst
Jalkut p. 2: הב"ה נביט בתורה ובורא את העולם יהתורה אמרה בי ראשית

In dem hellenistischen Judentum hatte man nun, wie wir bereits
oben S. 20 ff. an 4 Maccab. 5, 24 sahen, diesen Grundsatz in der Weise
mit der stoischen Philosophie zu vereinigen gewusst, dass man folgen-
den Syllogismus baute. Die wahre Sittlichkeit besteht darin, dass man
nach der Natur lebt (ὁμολογουμένως τῇ φύσει ζῆν, secundum naturam
vivere), nun finden wir die beste Belehrung über diese naturgemässe
Sittlichkeit in den mosaischen Gesetzen, so folgt also daraus, dass diese
Thora die durch die Natur hindurchgehende göttliche Regel ist. Ein
feines Kunststück, man hatte sein altjüdisches Vorurtheil und redete
wie ein Philosoph. Philo spann mit Behagen diesen Faden weiter.
Da die Welt mit dem Gesetz zusammenstimmt (τοῦ κόσμου τῷ νόμῳ
καὶ τοῦ νόμου τῷ κόσμῳ συνᾴδοντος), so ist der gesetzliche Mann zu-
gleich der wahre Weltbürger (τοῦ νομίμου ἀνδρὸς εὐϑὺς ὄντος κοσμο-
πολίτου), seine Handlungen vollziehen sich nach dem Willen der Na-
tur (πρὸς τὸ βούλημα τῆς φύσεως τὰς πράξεις ἀπευϑύνοντος καϑ' ἣν καὶ
ὁ σύμπας κόσμος διοικεῖται). Daraus erklärt sich auch, dass das mo-
saische Gesetz mit der Weltschöpfung beginnt, indem es das ursprüng-
liche Zusammensein beider Elemente des Gesetzes und der Natur an-
deuten will. de opif. m. 1. Ebenso beweisen die Patriarchen diese
Naturgemässheit des Gesetzes, da sie den wesentlichen Inhalt dessel-
ben schon vor seiner Erscheinung befolgten (ἀγράφῳ τῇ νομοϑεσίᾳ
πρίν τι τὴν ἀρχὴν ἀναγραφῆναι τῶν ἐν μέρει ῥᾳδίως καὶ εὐπετῶς ἐχρή-
σαντο οἱ πρῶτοι. de Abrah. 1).

Ebenso sahen wir oben, wie die altjüdische Vergeltungslehre durch Pseudo-Salomo (vgl. S. 22 ff.) die eigentümliche Fortbildung erfahren hatte, dass auch die Qualität des Leidens der Beschaffenheit der Sünde entsprechend gedacht wurde [1]).

Ferner gehört hierher die bereits bei Pseudo-Josephus (s. oben S. 21) sich findende Auffassung der Patriarchen als lebendige Darstellungen der mosaischen Gesetze. Philo bezeichnet dieselben ebenfalls de Abrah. 1 als ἔμψυχοι καὶ λογικοὶ νόμοι und führt diese Typik in den einzelnen Figuren der alttestamentlichen Geschichte, wie wir unten im Einzelnen sehen werden, auf das Eingehendste aus; ebenso sind ihm aber die Gegenbilder der Patriarchen nach der andern Seite hin typisch.

Inwiefern auch in die einzelnen Lehren biblische und überhaupt jüdische Bestandtheile verwebt sind, werden wir unten auseinanderzusetzen haben.

In seinem Judentum war Philo sehr eifrig. Er dringt mit grossem Ernst auf die Beobachtung der Gesetze gegenüber jener Partei, welche die äusserste Consequenz der Allegoristik zog, die äusserliche Gesetzlichkeit als etwas für das Geistesleben Unwesentliches bei Seite zu lassen. Ihr hält er die freilich sehr ungenügenden Gründe entgegen, man müsse einmal für den guten Ruf (εὐφημία) durch Befolgung der Gesetze sorgen und sodann werde man durch genaue Beobachtung dieser Ceremonien nach ihrer leiblichen Seite auch ihre symbolische Bedeutung besser erkennen (de migr. Abr. 16. I, 450. 451). Er mochte fühlen, wie eben das Gesetz das sein Volk zusammenhaltende Band bildete und je mehr er dasselbe in der Theorie auflöste, desto weniger war er geneigt, es in der Wirklichkeit zu lockern. Denn das Judentum galt ihm als eine göttliche Schöpfung, bei der Grosses und Kleines von gleich hoher Bedeutung ist. Wer sich an ihm vergreift, verfällt der göttlichen Züchtigung: sei es dass er wie jener Spötter, der über die Kleinlichkeit in der Namensveränderung des Abraham und der Sarah gelacht hatte, eines unnatürlichen Todes stirbt (de mut. nom. 8. I, 587), oder dass ihn wie den Judenverfolger Flaccus eine ausgesuchte Strafe trifft, deren Einzelheiten Philo mit einer erfinderischen Phantasie und einem Behagen ausmalt, das man bei einem so frommen Manne nicht erwarten sollte (in Flacc. 13 ff. II, 533 ff.). Auch findet er es recht, dass Mose den Aegypter erschlug (εὐαγὲς ἔργον de vita Mos. I, 8. II, 87).

Die Juden sind ihm das vor allen auserwälte Volk Gottes (de creat. princ. 6. II, 366), sie sind von wahrem Adel, insofern sie von den Patriarchen als den tugendhaftesten Menschen abstammen, de vita

---

1) Andere Einzelheiten s. bei Grossmann, de Philonis operum continua serie I p. 12 sq. Frankel, palästin. Exegese S. 41 u. a. — Zuerst wies auf die Uebereinstimmung Philo's mit der Agada hin Asarja de Rossi in Meor Enajim, besonders c. 4: הדברים הטובים אשר נמצאו בידריה הנזכר נאותים להתרחני vgl. auch c. 36. 37 u. a.

Mos. III, 37 (II, 177), de nobilitate 4 ff. II, 441 ff., deren Verherr-
lichung Philo besonders auch die Biographien Abrahams, des Moses u. a.
bestimmt hat. Die Gesetze Mose's sind die besten, sie stimmen mit
der Natur überein, de opif. m. 1. I, 1, sie sind weltberühmt, de vita
Mos. I, 1 (II, 80), über die ganze Erde verbreitet (de vita Mos. II, 4.
II, 137) und immer unverändert geblieben (ibid. II, 3. II, 136). —
Der Eindruck der heiligen Schriften auf die Heiden war daher auch
ein ausserordentlicher, wie ihm dies besonders die mit gläubiger Red-
seligkeit berichtete Erzälung von der Uebersetzung derselben auf Ver-
anstaltung des Ptolemäus Philadelphus zu bestätigen scheint (de vita
Mos. II, 5—7. II, 138 ff.). So hängt denn auch Philo mit grosser
Innigkeit an der Hoffnung auf den Eintritt späterer herrlicher Zeiten,
in denen das Judentum seinen vollen Glanz offenbaren und die ihm
gebührende Machtstellung einnehmen wird, de praem. ac poen. 14 ff.
(II, 421 ff.), und wenn er auch den Frieden und die Freuden jener
chiliastischen Periode andern Völkern zukommen lassen will, so sind
ihm doch die Juden die Mittler dieses Glücks (de execrat. 8 ff. II,
435 ff.) und der jüdische Hohepriester ist es, welcher nicht nur das
eigne Volk, sondern alle Menschen, ja die ganze Natur mit Gott ver-
söhnt (de monarch. 6. II, 227). — Wie sehr er selbst mit seinem
Volke sich verwachsen fühlte und bereit war dem Wohle desselben
Opfer zu bringen, bewies er, als er die ihm so theure wissenschaft-
liche Musse, die er de legg. spec. 1. II, 299 ff. so anziehend zu schil-
dern weiss, daran gab, um an der gefahrvollen Gesandtschaft sich zu
beteiligen, welche man, um den Schutz des Rechts der alexandrini-
schen Juden zu erbitten, an Cajus Caligula absandte.

Auch in seiner Philosophie sehen wir den Philo oft bei seinem
eklektischen Verfahren solche hellenische Lehren bevorzugen, die ein
gewisses Verwandtschaftsverhältniss zum Judentum zeigen, dagegen
andre dem letztern feindliche lebhaft bestreiten. — So wendet er sich
wiederholt gegen die aristotelische Lehre von der Ewigkeit der Welt,
die mit dem Judentum ganz unverträglich ist[1]), und eignet sich die
platonische Ansicht der Weltentstehung (Timaeus 28. 40) zu, die mit
der Genesis stimmt. de opif. m. 2. I, 2. vgl. Müller, Philo von der
Weltschöpfung S. 123 ff. — Ebenso wiederholt er eifrigst die platoni-
sche Lehre (Timaeus 30 A. C f. 37 A) von der Vollkommenheit der
Welt, die mit Gen. 1, 31 harmonirt. de opif. m. a. a. O. de cherub.
31. I, 159. de agricult. 12. I, 308. Die pythagoräische Zalenlehre
weiss er geschickt mit den heiligen Zalen des A. T.'s in Verbindung
zu setzen, wie die Lehre von den Dämonen mit der biblischen An-
gelologie. Die innere Verwandtschaft der stoischen Ethik mit der des
Judentums wol erkennend, weiss er beide einander möglichst zu nä-

---

1) Auch Maimonides erklärt More Nebuchim II c. 25, diese Lehre zerstöre die
Thora in ihrer Grundlage: הִיא כִּיתֵית הֵית מְצַקְרֵה. — Ebenso Nachmanides zu
Gen. 1, 1 nennt die Lehre von der Schöpfung סֵיוּשׁ הַאֱמוּנה und sagt: שֵׁאֵינוּ בְּאֵמִין
בַּזֶה וְחוּשֵׁב סֵהֵעֵילִם קַדְמוֹן הוּא כִּיזֵּ־ בְּעִיקָר יָאֵין לִי תוֹרֵה כְּלָל

hern. — Aber trotz alledem hat wol kein jüdischer Schriftsteller so viel zur Durchbrechung des Partikularismus und zur Auflösung des Judentums beigetragen als gerade Philo. Die Geschichte seines Volks, wenn auch nach ihrem Wortsinne von ihm geglaubt, ward ihm doch in der Hauptsache ein didaktisch-allegorisches Gedicht zur Einprägung der Lehre, dass durch Ertödtung der Sinnlichkeit der Mensch zum Gottschauen gelangt. Die Gesetze galten ihm als der beste Wegweiser auf diesem Wege, verloren aber, da die Möglichkeit unbestreitbar blieb, auch ohne sie zum Ziel zu gelangen, ihren ausschliesslichen Wert und hatten zudem ihren Zweck ausser sich. Der Gott Philo's war nicht mehr der alte lebendige Gott Israels, sondern ein wesenloses Gedankending, das, um der Welt gegenüber zu Kräften zu kommen, einen Logos 'brauchte, durch welchen das Palladium Israels, die Gotteseinheit geraubt wurde. — So verlor Israel nichts weniger als Alles, wodurch es eben charakterisirt wurde, und die Sophisten des Wortsinns, wie Philo sie nennt, hatten ihre guten Gründe, sich diese sogenannte πάτριος φιλοσοφία (de vita Mos. III, 27. II, 168), welche ihnen die Seele aus dem Leibe schneiden wollte, fern zu halten.

Es wiederholte sich hier dasselbe Schauspiel auf jüdischem Boden, welches uns oben (S. 9 ff.) auf heidnischem die Stoiker boten. Die allegoristische Vertheidigung richtete den Gegenstand ihres Schutzes völliger zu Grunde, als es der grimmigste Angriff der Freigeister vermocht hätte.

Zweites Hauptstück.

Die allegorische Schriftauslegung Philo's.

Erster Abschnitt.

Die hermeneutischen Grundsätze.

Wie wir gesehen haben, war Philo ebenso sehr begeisterter Verehrer griechischer Bildung und Wissenschaft als in seinem Herzen gläubiger Jude. Dieser Widerspruch fand zunächst in seinem Innern darin eine Ausgleichung, dass er die griechische Wissenschaft als einen Ausfluss der alttestamentlichen Offenbarung ansah. (Quaestt. b. Auch. II, 83: *Socrates a Moyse edoctus.* ib. 178: *Heraclitus ... a theologo nostro mutuatus sententias de contrariis.* ib. 360: *Heraclitus furtim a Moyse dempta lege et sententia dicit* etc. vgl. quis rer. div. haer. 43. I, 503: φασὶν Ἡράκλειτον ... αὐχεῖν ὡς ἐφ' εὑρέσει καινῇ· παλαιὸν γὰρ εὕρεμα Μωσέως ἐστί u. a.) Ein Schritt, welcher in unsern Augen viel von seiner Gewaltsamkeit verlieren wird, wenn wir uns dessen erinnern, was die Stoiker aus Homer, Hesiod u. a. herzuleiten wussten (s. oben S. 13 ff.) und was bereits Aristobulos von diesen Prinzipien für Anwendung auf Mose gemacht hatte (s. o. S. 24 f.)[1]. Aber es handelte sich jetzt noch um ein vollständig ausgebildetes wissenschaftliches System, durch welches die Identität beider Seiten: der griechischen Philosophie und des A. T.'s erwiesen würde. Solches zu begründen war die Aufgabe der allegorischen Auslegung, welche dem alttestamentlichen Buchstaben den Gehalt der griechischen Philosophie verleihen sollte. Philo fand, wie wir oben (S. 26 f.) sahen, die Allegoristik bereits vor, er suchte aber dieselbe zu einer durchgebildeten

---

1) Die Untersuchung der Frage, ob Philo den Aristobulos gelesen habe (Valckenaer, de Aristob. p. 95), halten wir bei der Geringfügigkeit der Ueberreste des letztern für eine ziemlich vergebliche.

Technik, die nach bestimmten Regeln verfuhr, zu erheben. Es sollte durch eine bestimmte Methode möglich gemacht werden, aus der Hülle des Buchstabens mit Sicherheit die tieferen Ideen herauszuziehen und so auf dem Boden der Bibel ein grossartiges System höherer Weisheit zu errichten. — Diese Methode kennen zu lernen wird unsere nächste Aufgabe sein.

Zum richtigen Verständniss der philonischen Schriftbehandlung ist vor Allem zu erwägen, dass dem Philo wie dem ganzen späteren Judentume das A. T. als Quelle und Norm nicht nur der religiösen Wahrheit, sondern überhaupt jeder Wahrheit galt. Alles, was Anspruch auf Geltung erhob in der Welt der Gedanken sowol wie im Leben, hatte aus dem Buchstaben der Schrift die Berechtigung dazu herzuleiten. Somit musste in unserem Falle das Gleiche auch für die Lehren der griechischen Philosophie versucht werden. Da können wir vom modernen Standpunkte aus nun freilich nicht begreifen, wie Philo sich bei solchen Grundsätzen lediglich an eine Uebersetzung halten konnte. Aber wir sahen ja bereits oben S. 143, dass man die letztere für ebenso inspirirt hielt als das Original. Zu erwägen, dass eine Uebersetzung niemals wörtlich, ja buchstäblich — dass es auch darauf ankam, wird sich unten zeigen — mit dem Original sich decken kann, lag dem unphilologischen Geist dieses Zeitalters fern. — Dem Philo ist die griechische Bibel die Trägerin der Gottessprüche, aus deren Deutung das Gewebe der höheren Weisheit gesponnen wird. In ihr redet der ἱερός, auch ϑεῖος und ὀρϑὸς λόγος (de agricult. 12. I, 308. de somn. II, 25. I, 681 u. a.) bisweilen unmittelbar, bisweilen vermittelst eines Profeten, dem entweder der Spruch gewissermassen zugeraunt wird oder der ihn im inspirirten Zustande in sich findet (de vita Mos. III, 23 ff. II, 136 ff.). Es verschwindet daher auch für diesen Standpunkt der Unterschied der Verfasser der biblischen Schriften. Philo nennt sie Profeten, Freunde, Schüler des· Moses u. dgl. [1]). — Sein Kanon ist wesentlich schon der unsrige. Man kann die Untersuchung über diese Frage nach dem, was Hornemann, observationes ad illustrationem doctrinae de canone V. T. ex Philone, Eichhorn, Einl. ins A. T. I, S. 122—135 (vgl. auch Ewald VI, 271) hierüber ermittelt haben, für abgeschlossen ansehen und genügt es hier auf diese Arbeiten zu verweisen. Eine Nebenfrage, wie sich der philonische Bibeltext zu dem uns überlieferten der LXX verhalte, ist ebenfalls zuerst von Hornemann, specimen exercitat. criticarum in versionem LXX interpretum ex Philone. 1773. spec. II 1776. ausführlicher untersucht worden. Wir haben den Versuch gemacht, auf Grund der grossen kritischen Leistungen, die von Tischendorf und de Lagarde

---

1) vgl. hierzu die schöne Darstellung von Philo's Schriftbehandlung im Allgemeinen bei Ewald, Gesch. des Volkes Israel Bd. VI S. 268 ff. — Ob vielleicht der Umstand, dass Philo de cherub. 14. I, 148 den Jeremias so besonders hervorhebt, darin seine Erklärung findet, dass an diesen Profeten gerade in Aegypten infolge seines späteren Verweilens daselbst eine lebhaftere Erinnerung sich fortgepflanzt hatte.?

für den LXXtext vorliegen, diese Untersuchung zu wiederholen in
Hilgenfeld's Zeitschr. für wissenschaftl. Theol. Jahrg. 1873 H. 2 S. 217
—238, H. 3 S. 411—428, H. 4 S. 522—540. Aus den dort gesam-
melten Belegen scheint sich uns folgendes Resultat zu ergeben. Ein
grosser Teil der Schriftcitate Philo's sind Paraphrasen oder freie An-
gaben aus dem Gedächtnisse; in manchen Fällen sind Citat und Aus-
legung so in eins verschmolzen, dass eine völlige Sonderung nicht
mehr möglich ist; bei vielen Beispielen kommen doppelte Citate vor,
das eine Mal zusammenstimmend mit den LXX, das andere Mal ab-
weichend; manche Varianten Philo's finden sich auch in einzelnen
Handschriften der LXX; andre erklären sich aus dem hebräischen
Text; wieder andre sind Abweichungen untergeordneter Art; einzelne
Fälle kommen vor, die auf einen andern hebräischen Text als den
masoretischen hinführen; in andern zeigt sich ein Bestreben das Grie-
chische der LXX zu verbessern, Hebraismen, schlechte Formen, un-
griechische Phrasen und Constructionen oder sonst Anstössiges zu ver-
meiden; manche Abweichungen erklären sich durch Fehler in den
Philohandschriften, doch kommen auch Beispiele vor, in denen Philo's
biblische Texte nach dem überlieferten LXXtexte verbessert sind, was
zum Teil schon in den Handschriften, zum Teil von den Herausge-
bern, namentlich von Mangey geschah. — Besonders merkwürdig sind
solche Stellen, in denen Philo eine Auslegung auf einen bestimmten
Textausdruck begründet, der in unserem LXXtexte sich nicht findet.
— Die zalreichen Belege für diese Sätze findet man in der oben an-
geführten Abhandlung.

Wenden wir uns nunmehr zur Darlegung der hermeneutischen
Grundsätze Philo's [1]). Die fundamentalen Stellen für seine Auslegungs-
weise finden sich in quod deus immut. 11 (I, 280 ff.) und de somn.
I, 40 (I, 656). Der Gang seines Beweises ist folgender. Wenn Num.
23, 19 gesagt werde: „Gott sei nicht wie ein Mensch", dagegen Deut.
1, 31; „er sei wie ein Mensch", so seien hierin ebensowol die beiden
wichtigsten Bestimmungen über das höchste Wesen ($\delta\acute{v}o$ $\tau\grave{\alpha}$ $\grave{\alpha}\nu\acute{\omega}\tau\alpha\tau\alpha$
$\varkappa\varepsilon\varphi\acute{\alpha}\lambda\alpha\iota\alpha$ $\pi\varepsilon\varrho\grave{\iota}$ $\tau o\tilde{v}$ $\alpha\grave{\iota}\tau\acute{\iota}o\upsilon$) als die beiden Wege der Gesetzgebung ($\delta\acute{v}o$
$\ldots$ $\tau\tilde{\eta}\varsigma$ $\nu o\mu o\vartheta\varepsilon\sigma\acute{\iota}\alpha\varsigma$ $\acute{\alpha}\pi\acute{\alpha}\sigma\eta\varsigma$ $\acute{o}\delta o\acute{\iota}$) angedeutet. Der eine der letzteren
gehe auf die Wahrheit unmittelbar ($\acute{\eta}$ $\pi\varrho\grave{o}\varsigma$ $\tau\grave{o}$ $\grave{\alpha}\lambda\eta\vartheta\grave{\varepsilon}\varsigma$ $\grave{\varepsilon}\pi\iota\nu\varepsilon\acute{v}o\upsilon\sigma\alpha$), der
andere bequeme sich den Anschauungen der schwächeren an ($\acute{\eta}$ $\pi\varrho\grave{o}\varsigma$
$\tau\grave{\alpha}\varsigma$ $\nu\omega\vartheta\varepsilon\sigma\tau\acute{\varepsilon}\varrho\omega\nu$ $\delta\acute{o}\xi\alpha\varsigma$). Darin liegt Philo's Begründung für die An-
nahme eines doppelten Schriftsinnes. Der eine ist der Wortsinn, der
andere der allegorische. — Fassen wir zunächst den ersteren ins

---

1) vgl. hierzu Henr. Planck, commentatio de principiis et causis interpretationis
Philonianae allegoricae. Gotting. 1806. — Gfrörer, Urchristenth. I, 68—113. —
Dähne, alex. Rel.philos. I, 49—80. — Hirschfeld, hagad. Exegese. Berlin 1847,
bes. S. 156 ff. 197 ff. 205 ff. — Frankel, palästinische u. alexandrinische Schriftfor-
schung, Progr. des Breslauer Seminars v. 1854. — Zeller a. a. O. III, 2 S. 219 ff.
224 ff. 300 ff. — In Tholuck's literar. Anzeiger 1831 No. 44 findet sich eine Hin-
deutung auf eine Arbeit von Coneybeare, Gesch. der allegor. Interpretation der heil.
Schrift durch Philo, welche aber selbst nicht nach Deutschland gelangt zu sein
scheint.

163

Auge. Er heisst bei Philo: ἡ ῥητὴ καὶ φανερὰ ἀπόδοσις de Abrah. 36
(II, 29), αἱ ῥηταὶ γραφαί ibid. 41 (II, 35), ἡ ῥητὴ διήγησις de Joseph.
6 (II, 46), τὰ ῥητά de Abrah. 38 (II, 31), er ist der allgemein ver-
ständliche, ἡ ἐν φανερῷ καὶ πρὸς τοὺς πολλοὺς ἀπόδοσις de Abrah. 29
(II, 22) und hat als solcher allgemeine Gültigkeit. Die historischen
Theile der Bibel berichten wirkliche Vorgänge. Die Lebensgeschichte
der Patriarchen, die Erlebnisse des israelitischen Volks werden von
Philo als tatsächliche Ereignisse behandelt und wiedererzült, wobei
freilich nicht ausgeschlossen bleibt, dass er noch abgesehen von den
oben (S. 146. 149 ff.) besprochenen Zutaten aus der mündlichen Ueber-
lieferung derselben allerlei Ausschmückungen eignen Geschmacks (vgl.
oben S. 137) beifügt. Ebenso versucht er manchmal in rationalisirender
Weise die Vorgänge dem verständigen Denken annehmbarer zu ma-
chen, wie z. B. de vita Mos. I, 12 (II, 91) im brennenden Busch eine
schöne Gestalt erscheint, welche Mose für ein Abbild des Ewigen
nimmt. Oder wenn es de decal. 11 (II, 188) heisst: aus dem vom
Himmel fliessenden Feuer tönte eine Stimme hervor, indem die Flamme
sich zu einer Rede wandelte, welche den Hörern verständlich war,
so soll dadurch das Reden Gottes, das wider Philo's Anschauung vom
göttlichen Wesen war, ausgeschlossen werden. Ebenso sucht er die
Rückkehr aller Juden aus der Zerstreuung als eine Wirkung des Ein-
drucks aufzufassen, den ihre Vortrefflichkeit auf alle Völker machen
werde, welche infolge dessen alle Juden aus der Sclaverei entlassen.
de execrat. 8 ff. (II, 435 ff.).

Die Gesetze sind ebenfalls nach ihrem Wortsinn aufzufassen und
zu erfüllen. de execrat. 7 (II, 434), de migr. Abr. 16 (I, 450), vgl.
oben S. 157.

Die Besprechung des Wortsinns schliesst Philo öfter mit einer
Formel ab, die an das כשמו הי des Midrasch erinnert. So quaestt.
in Gen. II, 80. IV, 19: littera haec, littera haec complectitur. quaestt.
in Gen. I, 53: ad literam sic habet. leg. alleg. II, 16 (I, 77): κατὰ
λόγον.

Aber so sehr auch der Wortsinn anerkannt und im Allgemeinen
aufrecht erhalten wird, so gilt es dem Philo doch für unmöglich bei
demselben stehen zu bleiben, und dies wird von ihm mit grossem
Eifer gegen die engherzigen Anhänger desselben (πρὸς τοὺς τῆς ῥητῆς
πραγματείας σοφιστὰς καὶ λίαν τὰς ὀφρῦς ἀνεσπακότας) de somn. I, 16.
17 (I, 635. 636) ausgeführt.

Abgesehen noch davon, dass an manchen Stellen die Worte als
solche überhaupt keinen Sinn geben (s. unten), ist nach ihm der al-
legorische Sinn der eigentliche Schriftsinu; der Wortsinn ist, wie aus
den [quod deus immut. 11 und de somn. I, 40 (s. oben S. 162)] an-
geführten Stellen hervorgeht, blos aus einer Anbequemung an das
menschliche Bedürfniss hervorgegangen, er ist der Körper, welcher
den allegorischen Sinn als die Seele umschliesst (de migr. Abr. 16.
I, 450), und der letztere geht als ein feineres Fluidum durch das
ganze Gesetz hindurch. Σχεδὸν γὰρ τὰ πάντα ἢ τὰ πλεῖστα τῆς νομο-

11 *

ϑεσίας ἀλληγορεῖται, sagt Philo de Joseph. 6 (II, 46) und de spec. legg. 32 (II, 329) heisst es: τὰ πλεῖστα τῶν ἐν νόμοις σύμβολα φανερὰ ἀφανῶν καὶ ῥητὰ ἀρρήτων. Mose selbst deutet darauf, dass er nicht das Alltägliche im Auge habe, indem er Exod. 4, 10 von sich sagt, er sei nicht εὔλογος, sein Sinn sei nicht auf die εὔλογα καὶ πιϑανά gerichtet, de sacrif. Ab. et Cain. 4 (I, 166). Mit vollem Recht kann daher der Allegoriker bei Aufstellung seiner Auslegung sagen: Μωσέως ἔστι δόγμα οὐκ ἐμόν. de opif. m. 6 (I, 5). — Wortsinn und Allegorie stören daher auch einander gar nicht, sondern gehen selbständig nebeneinander her. — Nach dem Wortsinn ist Simeon ein besonders grausamer unter Josefs Brüdern (de Joseph. 30. II, 66 ff.), in der Allegorie dagegen ein geistig Strebender, der die Stufe des φιλήκοος einnimmt (de ebriet. 23. I, 371 u. a.), dem Wortsinn nach ist Josef ein grausam verfolgter und gemisshandelter (de Joseph. 2. II, 42 ff.), den die Brüder grundlos hassen und beneiden, in der Allegorie dagegen ist er der der Leiblichkeit zugewendete und die Brüder thun recht daran ihn zu hassen und zu unterdrücken, denn nur so können sie den τρόπος ψυχῆς δοξομανοῦς bekämpfen (de somn. II, 14 ff. I, 671 ff.). Dem Wortsinne nach sind die Patriarchen Männer, in der Allegorie τρόποι ψυχῆς, Mose erschlägt den Aegypter wirklich, de vita Mos. I, 8 (II, 87), allegorisch ist er Tödter der Begierde, leg. alleg. III, 12 (I, 94) u. dgl. mehr. Bisweilen allerdings kommt es hier zu unleidlichen Widersprüchen. Das Gesetz Deut. 20, 5—7 wird in der allegorischen Exegese als ein ganz widersinniges nachgewiesen (de agricult. 34. 35. I, 323 ff.), dagegen de fortitud. 5 (II, 379) ein sehr verständiges genannt.

Der allegorische Sinn selbst wird von Philo sehr verschieden bezeichnet. Er nennt ihn: τὰ νοητά Abrah. 38 (II, 31), ἀσώματα καὶ γυμνὰ πράγματα ibid. 41 (II, 34), τὰ ἐν ὑπονοίαις de Joseph. 6 (II, 46), ἡ τροπικωτέρα ἀπόδοσις ibid. 22 (II, 59), vgl. leg. alleg. II, 5 (I, 69) ἡ τροπικὴ ἀπόδ. und de Abrah. 18 (II, 14 ἡ δι' ὑπονοιῶν ἀπόδ.). — ἀλληγορία de plantat. 9 (I, 335), ἡ ἐν ἀλληγορίᾳ ϑεωρία Abrah. 25 (II, 20), ὁ τρόπος ἀλληγορίας de decal. 1 (II, 180), ἡ πρὸς διάνοιαν ἐπιστήμη φιλομαϑής de spec. legg. p. 191, bisweilen auch steht blos die Bezeichnung συμβολικῶς de opif. m. 54 (I, 37). vgl. Müller a. a. O. S. 394. — Alle diese Benennungen aber deuten darauf, dass das Vorliegende als Träger geistiger Beziehungen angesehen wird. — Dieser Sinn ist allerdings, da er nicht auf der Oberfläche liegt, im Gegensatze zum Wortsinn nur für Wenige und Eingeweihte. Er heisst deshalb auch ἡ ἐν ἀποκρύφῳ καὶ πρὸς ὀλίγους ἀπόδοσις de Abrah. 29 (II, 22), ὁρατικοῖς φίλη ἀνδράσι de plantat. 9 (I, 335). Von ihm heisst es de Abrah. 36 (II, 29): τὰ λεχϑέντα φύσιν τοῖς πολλοῖς ἀδηλοτέραν ἔοικε παρεμφαίνειν ἣν οἱ τὰ νοητὰ πρὸ τῶν αἰσϑητῶν ἀποδεχόμενοι καὶ ὁρᾶν δυνάμενοι γνωρίζουσιν. Er wird denen vorgetragen οἷς τὰ ῥητὰ τρέπειν πρὸς ἀλληγορίαν ἔϑος de septen. 18 (II, 292). Deshalb werden auch die μύσται oft angeredet und aufgefordert, das Anvertraute zu bewahren, de cherub. 14 (I, 147), de somn. I, 33 (I, 649) u. ö.

Die Ermittelung dieses allegorischen Sinnes hat nun ihre bestimmte Methode. Es giebt κανόνες τῆς ἀλληγορίας de vict. offer. 5
(II, 255), de somn. I, 13 (I, 631), νόμοι τῆς ἀλληγορίας de Abrah. 15
(II, 11) und die Allegorie ist demnach etwas Künstliches, sie erbaut
auf dem Grunde der Schrift ein Gebäude nach Regeln der Kunst. Sie
heisst daher ἡ σοφὴ ἀρχιτέκτων de somn. II, 2 (I, 660).

Diese Regeln sind zum Teil überlieferte, wie denn Philo von
ihnen als von einer bekannten bereits seit längerer Zeit in Ausübung
begriffenen Sache spricht (vgl. die oben angef. St.), und sind, wie
sich unten im Einzelnen deutlicher ergeben wird, zumeist nichts anderes als eine Mischung aus den Auslegungsregeln (מדות) der Agada
und den oben besprochenen hermeneutischen Grundsätzen der Stoiker.
Andernteils hat aber auch Philo selbst eigne Regeln aufgestellt und
sie mit jenen zu einem festgeschlossenen System verbunden, das wir
nunmehr kennen lernen werden. Es wird sich aus der Uebersicht
desselben ergeben, dass nichts falscher ist als die Behauptung, Philo
mache aus Allem Alles oder verfahre nach Willkür. Eher könnte
man sich noch den Ausspruch Gfrörer's gefallen lassen Urchristenth.
I, 113: „Wahnsinn ist's, doch hat's Methode", wenn nicht der völlig
ungeschichtliche Sinn des Verfassers und die darin liegende absolute
Unfähigkeit, dieser Sache gerecht zu werden, sich darin offenbarte. —
Das Richtige ist vielmehr, dass Philo mit dem ganz bestimmten Bewusstsein an die Schrift herantritt, dieselbe nach festen Regeln der
Auslegung zu behandeln, die nach der Ansicht der Zeit aus der Natur
der Bibel selbst abgeleitet waren. Freilich haben diese Regeln für
den Standpunkt der modernen Hermeneutik das Bedenkliche, dass sie
auf eine Vielfachheit des Sinnes hinleiten und dass sie die Berufung
auf eine besondere hermeneutische Inspiration des Einzelnen zulassen,
welche auch Philo für sich in Anspruch nimmt. de cherub. 9 (I, 144),
de somn. I, 8 (I, 627) [1]). Die Regeln der Allegorie zerfallen bei
Philo in zwei Hauptclassen: einmal solche, nach denen der Wortsinn
ausgeschlossen und der allegorische als der einzig mögliche erwiesen
wird, und sodann solche, nach denen das allegorische als ein neben
oder über dem Wortsinn bestehender erschlossen wird.

Erstes Capitel.
Die Regeln vom Ausschlusse des Wortsinnes.

1. Der Wortsinn ist unzulässig, sobald etwas Gottes Unwürdiges
   in einer Schriftstelle gesagt wird.

Dies war nichts anderes als die Anwendung des stoischen Grund

---

1) Nur eine solche, nicht etwa eine profetische, wie Stahl, Philo's Lehrbegriff
bei Eichhorn, Biblioth. IV S. 795 irrigerweise annimmt. — Noch falscher ist die
Voraussetzung S. 796, Philo denke daran seine Schriften den heiligen irgend gleich
zu stellen.

satzes: πάντη γὰρ ἠσέβησεν Ὅμηρος εἰ μὴ ἠλληγόρησεν (vgl. o. S. 10) auf die Bibel. Man vergleiche mit den dort angeführten Beispielen die folgenden des Philo.

Wenn von Adam gesagt wird, er habe sich vor Gott verborgen, so ist die wörtliche Auffassung unmöglich, da Gott Alles erfüllt, leg. alleg. III, 2 (I, 88), quod det. pot. insid. 42 (I, 220). — Ebensowenig kann es buchstäblich genommen werden, wenn Gott etwas fragt, da er doch Alles weiss, quod det. pot. insid. 17 (I, 202. 203), Gotteslästerlich wäre es, Gott einen Körper oder körperliche Leidenschaften zuzuschreiben, de poster. Cain. 1 (I, 226 ff.), quod deus immut. 11. 12 (I, 280. 281) oder ihm einen Garten als Aufenthaltsort zuzuweisen, de plantat. 8 (I, 334) oder zu sagen, dass Gott Bäume pflanze und den Acker baue, leg. alleg. I, 14 (I, 51. 52) [1]) oder ihm ein Herabsteigen zuzuschreiben, Gen. 11, 5, de confus. lingu. 27 (I, 425). Kaum glaublich ist es, dass Gott sich so speciell um das Oberkleid kümmern sollte, als es nach Exod. 22, 27 den Anschein hat, de somn. I, 16 (I, 634. 635). Ueber den mythischen Charakter von Gen. 11, 1 ff. handelt ausführlich de confus. lingu. 1 ff. (I, 404 ff.).

2. Der Wortsinn ist gegen den allegorischen aufzugeben, wenn jener unlösbare Schwierigkeit bietet, sei es dass er überhaupt keinen Sinn oder einen Widerspruch oder etwas Unzulässiges oder der Schrift nicht Würdiges enthält.

Ganz so waren die Stoiker beim Homer verfahren (vgl. oben S. 10 f.).

Ganz sinnlos sei z. B. nach dem Wortverstande Gen. 4, 15 die siebenfache Strafe, die dem Mörder Kains angedroht werde, denn es sei nicht zu begreifen, worin die sieben Strafen bestehen und wie sie vollzogen werden sollten, quod det. pot. insid. 46 (I, 223). — Unbegreiflich, dass Jakob, der so viele Knechte habe, seinen liebsten Sohn schicke, quod det. pot. insid. 5 (I, 194), dass die Seufzer der Kinder Israel Exod. 2, 23 nach dem Tode Pharao's aufsteigen, wo sie doch eher Veranlassung zur Freude gehabt hätten, ibid. 25 (I, 209), dass Mose Deut. 17, 15. 16 die Reiterei verbiete, welche doch einen sehr wichtigen Bestandtheil der kriegerischen Macht bilde, de agricult. 18. 19 (I, 313. 314), dass Kain Gen. 4, 17 eine Stadt baue, was für die aus drei Menschen bestehende Familie das denkbar Unnötigste gewesen sei, de poster. Cain. 14 (I, 234. 235), dass Gen. 39, 7 ff. dem Eunuchen ein Weib zugeschrieben werde, leg. alleg. III, 84 (I, 134), dass von Kain's Weibe Gen. 4, 17 geredet werde, während kein anderes Weib als Eva da war, de poster. Cain. 11 (I, 232). — Unpassend sei Exod. 15, 17 der Ausdruck κληρονομία von Gott, da Gott wol ein Erbe giebt (κληροδοτεῖ), aber nicht nimmt (κληρονομεῖ), de plantat. 13 (I, 337. 338).

Einen Widerspruch enthalte Gen. 11, 6 καὶ τοῦτο ἤρξαντο ποιῆ-

---

1) Merkwürdig ist es, dass er dem Wortsinn von Gen. 3, 21 eine erträgliche Seite abzugewinnen sucht (quaestt. in Gen. I, 53).

σαι mit v. 5 ᾠκοδόμησαν, wonach Stadt und Thurm fertig erscheinen, confus. lingu. 29 (I, 428), desgl. Gen. 22, 3. 4. Abraham kommt an den Ort und sieht doch den Ort von fern, de poster. Cain. 6 (I, 229), Ps. 75 (74), 9, ein Becher voll von Mischung des ungemischten Weins, quod deus immut. 17 (I, 284), 1 Sam. 2, 5, wo Hanna sich sieben Söhne zuschreibt, während sie nur einen hat, quod deus immut. 3 (I, 274), Gen. 15, 15 Abraham soll zu seinen Vätern kommen, von denen auszuwandern ihm doch Gott ausdrücklich geboten hatte, daher können nicht wirkliche Väter gemeint sein, quis rer. div. haer. 56 (I, 513), Gen. 28, 13 wird Abraham Jakob's Vater genannt, während er doch sein Grossvater war, die Schrift will dadurch offenbar etwas Höheres andeuten, nämlich dass dem ἀσκητικός der lernende näher steht als der αὐτοφυὴς τρόπος, de somn. I, 27 (I, 646), Lev. 13, 11 ff. wird der teilweis Aussätzige für unrein, der ganz Aussätzige dagegen für rein erklärt, quod deus immut. 27 (I, 291. 292), Lev. 14, 35. 36 werde das Haus durch den Eintritt des Priesters unrein, während man doch erwarten sollte, dass es dadurch gereinigt werde, ibid. 28 (I, 292).

Ps. 46 (45), 5 könne unmöglich auf die wirkliche Stadt Jerusalem gehen, da diese vom Meer und allen Flüssen weit ab liege, de somn. II, 37ᵇ (I, 691), ebenso könne Ps. 65, 10 nicht ein wirklicher Fluss gemeint sein (ibid.). Ebenso könne der Engel die Hagar nicht im buchstäblichen Sinne fragen: woher kommst du und wohin gehst du? Gen. 16, 8, da er dies als Engel wissen muss und ausserdem sein übernatürliches Wissen v. 11 dadurch erweist, dass er Hagar's Schwangerschaft kennt, de profug. 37 (I, 576). — Unerklärlich sei es ferner, dass über Kanaan der Fluch komme, während Ham gesündigt habe, de sobriet. 7 (I, 397), unverständlich, wie das Kameel deshalb unrein genannt werde, weil es wiederkäue und ungespaltene Klauen habe, Levit. 11, 4, de agricult. 30 (I, 320). Auch das Gesetz Deut. 20, 5—7 sei nach dem Wortsinne nicht zu begreifen, da gerade die Besitzer eines Hauses, Weinbergs oder Weibes die dringendste Veranlassung hätten das Ihre zu schützen und daher den meisten Kriegseifer zu zeigen, de agricult. 34. 35 (I, 323). Etwas Anstössiges habe der Verjährungstermin beim Tode des Hohenpriesters, da darin eine nicht zu rechtfertigende Ungleichmässigkeit in der Behandlung der Verbrecher liege. Es könne sich ereignen, dass der eine sehr lange von der Heimat verbannt sei, der andere nur einen Tag, de profug. 20 (I, 562). — Unwürdig erscheine es der Schrift, dass Mose soviel vom Graben der Brunnen rede, nur die allegorische Erklärung hebe diesen Anstoss, de somn. I, 7 (I, 626), und kein Verständiger werde glauben, dass Mose 1 Chron. 7, 14 blos eine historische Genealogie habe schreiben wollen, congr. erud. grat. 8 (I, 525), oder dass das Gesetz Deut. 20, 6 blos von Weinbergen u. dgl. reden wolle, vielmehr seien durch dasselbe ethische Lehren angedeutet, de agricult. 36 (I, 324). Unmöglich endlich sei es, eine Vollendung der Welt in sechs Tagen anzunehmen, leg. alleg. I, 2 (I, 44), oder die Schöpfung des Weibes aus einer

Ribbe, welches auch durch den streng symmetrischen Bau des männlichen Körpers ausgeschlossen sei, leg. alleg. II, 7 (I, 70) [1]. So drängt also die Behauptung von der trotzdem bestehenden höchsten Zweckmässigkeit dieser Gesetze (vgl. oben S. 20 f. Ps.-Josephus u. S. 158 Philo) mit Notwendigkeit auf die Allegorie hin.

3. Vom Wortsinn abzugehen und den allegorischen anzunehmen nötigt uns bisweilen der allegorische Ausdruck der Schrift. Auch hierin ähnelt das stoische Verfahren (vgl. oben S. 10).

Wenn von Bäumen der Erkenntniss und des Lebens die Rede ist, so kann dies nur allegorisch gefasst werden, da es in der Wirklichkeit solche Bäume nicht giebt, de opif. m. 54 (I, 37). Ferner, wenn Gott sich Deut. 10, 9 selbst einen κλῆρος der Leviten nennt, so kann dies nur bildlich gemeint sein, da in Wirklichkeit doch Niemand Gott besitzen kann, de plantat. 15 (I, 339). Ebenso hat die Erzälung von der sprechenden Schlange etwas Mythisches, in der Wirklichkeit giebt es dergleichen nicht, die Schrift nötigt uns hier selbst zur Allegorie, de agricult. 22 (I, 315).

Zweites Capitel.
Die Regeln der Allegorie.

1. Die Schrift deutet auf tieferen Sinn durch Verdoppelung des Ausdrucks [2]).

Diese Regel ist bereits midraschisch. Beresch. rabb. c. 39 wird לֶךְ לְךָ in Gen. 12, 1 auf eine doppelte Auswanderung gedeutet, die dem Abraham aubefohlen werde. Ebendaselbst c. 56 wird die Namenswiederholung in Gen. 22, 11 „Abraham Abraham" als bedeutungsvoll hervorgehoben, es liege einmal darin der Ausdruck der göttlichen Liebe (לְשׁוֹן חִיבָּה), sodann der der Warnung (לְשׁוֹן זֵרוּז). Bei Raschi zu Exod. 1, 1 findet sich die Bemerkung: „wessen Name zweimal hintereinander in der Schrift genannt wird, den liebt Gott und er hat Anteil an der zukünftigen Welt."

Aehnlich findet Philo in dem ἄνθρωπος ἄνθρωπος Lev. 18, 6 angedeutet, dass hier nicht der Mensch von Leib und Seele, sondern der Tugendhafte gemeint sei, de gigant. 8 (I, 267).

2. Dieselbe Bedeutung hat ein anscheinend überflüssiger Ausdruck der Schrift.

Auch dies findet sich im Midrasch. Beresch. rabb. c. 16 wird

---

1) Aus diesen Beispielen ergiebt sich, dass auch bei Philo au manchen Stellen das γράμμα gar nicht einen wahren Schriftsinn giebt, so dass auch hierin kein Unterschied dem Origenes gegenüber stattfindet, wie Diestel, Gesch. des A. T.'s S. 36 will.

2) Im Allgemeinen ist auch der talmudische Grundsatz zu vergleichen, dass alle Ereignisse und Erzälungen der Schrift bedeutungsvoll seien: כל מה שאירע לאבות סימן לבנים

aus מות תמות in Gen. 2, 17 erschlossen, dass hier der Tod Adam's und Eva's und zugleich der ihrer Nachkommenschaft angedeutet sei.

Philo stellt diese Regel ausdrücklich auf de profug. 10 (I, 554): περιττὸν ὄνομα οὐδὲν τίϑησιν (ὁ νόμος) und behandelt danach das ϑανάτῳ ϑανατούσϑω in Exod. 21, 15. Die tiefere Betrachtung lehre, dass hier der geistige Tod des Schlechten gemeint sei [1]. — Die Stelle Gen. 2; 17 bespricht er leg. alleg. I, 33 (I, 64) in ähnlicher Weise: Der Zusatz ϑανάτῳ deute darauf, dass hier nicht der leibliche, sonder geistige Tod gemeint sei, welcher ein Begrabenwerden der Seele im Leibe genannt werden könne. Nur durch diese allegorische Fassung der Stelle werde auch die Schwierigkeit beseitigt, die darin liegt, dass sie trotz der Uebertretung des Verbots doch nicht am selben Tage sterben.

In Gen. 2, 16 βρώσει φάγῃ deute der Zusatz βρώσει auf ein Essen besonderer Art, nämlich auf geistige Nahrung, die Stelle rede von einer geistigen Aneignung, die mit Bewusstsein, mit Erkenntniss der Gründe stattfinde, leg. alleg. I, 31 (I, 63).

Gen. 22, 16 εὐλογῶν εὐλογήσω will sagen, dass man nicht nur εὐλόγιστα thun, sondern dieselben auch ἐπ᾽ εὐλογίαις verrichten soll, d. h. man soll das Gute auch in der rechten Absicht ausführen, leg. alleg. III, 74 (I, 129).

Ebenso sind überflüssige Partikeln, adverbiale Zusätze u. dgl. von einer besonderen Bedeutung.

Gen. 15, 5 ἐξήγαγεν αὐτὸν ἔξω. Der letzte Zusatz ist auffällig, denn wer, fragt Philo, wird jemanden nach innen herausführen? Die Schrift will damit sagen, Gott führte den Abraham εἰς τὸ ἐξωτάτω χωρίον, d. h. er befreite ihn von allen Fesseln des Leibes. In solchem Zustande ist man geistig ausserhalb, während man in der Wirklichkeit innerhalb des sichtbaren Leibes weilt, leg. alleg. III, 13 (I, 95), quis rer. div. haer. 16 (I, 484). Die Erklärung der Stelle im Midrasch ist ganz ähnlich, vgl. Beresch. rabb. c. 44 Jalkut c. 75.

Gen. 15, 10 μέσα διεῖλεν. In μέσα liegt der wichtige Lehrsatz von den gleichen Teilen, in welche Gott alle Dinge durch den λόγος τομεύς zerlegt, quis rer. div. haer. 28 ff. (I, 493).

Gen. 2, 11 ἐκεῖ οὗ. Philo meint, das Wörtlein οὗ sei überflüssig, es hätte genügt zu sagen ἐκεῖ ἐστι τὸ χρυσίον. Die Schrift will damit sagen, dass das Gold der φρόνησις sich befinde dort (ἐκεῖ) in der Weisheit Gottes, aber die φρόνησις sei nicht ein Besitz der Weisheit, sondern Gottes, dessen (οὗ) auch die Weisheit selbst sei. leg. alleg. I, 15 (I, 59).

Anderweite überflüssige Zusätze:

Deut. 16, 21 οὐ φυτεύσεις σεαυτῷ ἄλσος. Das σεαυτῷ soll vor Ueberhebung warnen, denn nur Gott pflanzt den Hain der Tugenden, nicht der Mensch. leg. alleg. I, 15 (I, 53).

---

1) Er sagt: „φρονήσας παρὰ γυναῖκα σεμνὴν ἢ σκεύεσι ὄνομα τοῦ ζητεῖν ἀπήλλαγην· ἐδίδαξε γάρ με ὅτι καὶ ζῶντες ἔνιοι τεθνήκασι καὶ τεθνηκότες ζῶσι.

Num. 21, 8 ποίησον σεαυτῷ. Moses macht die Schlange für sich selbst. Daraus geht hervor, dass die σωφροσύνη nicht jedermanns Besitz ist, sondern nur des θεοφιλής. leg. alleg. II, 20 (I, 80).

Gen. 11, 5 ὃν ᾠκοδόμησαν οἱ υἱοὶ τῶν ἀνθρώπων. Hier möchte jemand spotten und sagen: das ist eine ganz neue Weisheit, die hier der Gesetzgeber lehrt, dass Städte und Thürme von Menschen gebaut werden. — Offenbar deutet aber die Schrift hier auf einen tieferen Sinn. de confus. lingu. 28 (I, 426).

3. Eine Hindeutung auf tieferen Sinn liegt auch in der Wiederholung bekannter bereits früher gesagter Dinge.

Diesen Grundsatz stellt Philo congr. erud. grat. 14 (I, 529) auf: οὐ μακρολογίας τὸ φαυλότατον εἶδος ταυτολογίαν ἐπιτετήδευκε (ἡ γραφή) und stimmt darin ganz mit der älteren jüdischen Exegese, welche ebenfalls bei einer jeden Wiederholung einen besondern Zweck voraussetzt. In Beziehung auf Gesetze galt als Axiom, dass eine Wiederholung etwas Neues hinzufügen oder etwas Besonderes einschärfen wolle. So heisst es Baba kama 64[a]: כל דבר שנאמרה וניש{נית לא

נישנית אלא בשביל דבר שנתחדש בה

Auch die hagadische Exegese sucht in einem derartigen Zusatz immer etwas Besonderes. Wenn Genes. 32, 4 es heisst: „es schickte Jakob Boten voran zu Esau seinem Bruder", so ist der letzte Zusatz unnütz, da wir bereits wissen, dass Esau sein Bruder ist. Es soll daher in אחיו liegen, dass Esau, obwol ein Frevler, deshalb doch Jakob's Bruder bleibe. Beresch. rabb. c. 75.

Dem ist sehr ähnlich die Art, wie Philo congr. erud. grat. 14 (I, 529) die Frage aufwirft und beantwortet, warum Gen. 16, 3 Sarah ausdrücklich Abraham's Weib genannt werde, da wir ja dies aus dem Früheren schon wissen. Es geschah, sagt er, einzuschärfen, dass Sarah trotz seines Verkehrs mit der Agar doch sein eigentliches Weib bleibt, denn die höhere Weisheit stehe über allen menschlichen Wissenschaften.

4. Besondere Beachtung verdient auch ein Wechsel im Ausdruck.

Laban der Syrer ist das sich erhebende πάθος, denn Συρία bedeutet μετέωρα, leg. alleg. III, 6 (I, 91), dagegen Laban der Bruder der Rebekka ist als solcher der Liebhaber der Zucht. de profug. 8. 9 (I, 552 ff.).

Ein Wechsel im Ausdruck giebt einer Person das Gepräge eines schwankenden Charakters. Josef schwört. Gen. 42, 15: νὴ τὴν ὑγείαν Φαραώ, v. 16 aber οὐ τὴν ὑγείαν Φ. [LXX haben auch hier νή, vgl. m. Abhandl. in Hilgenfeld's Zeitschr. f. wiss. Theol. 1873. IV, 531]. Der erste Eid hält die väterliche Satzung dem πάθος gegenüber aufrecht, der zweite dagegen ist der Eid Aegyptens, der das πάθος retten will. de migr. Abr. 29 (I, 461).

5. Es ist zulässig, die Worte, abgesehen von dem Sinne, der sich aus dem Zusammenhange ergiebt, anderweit und ohne Rücksicht auf Interpunktion zu verknüpfen. Der sich alsdann ergebende Sinn ist auch ein von der Schrift beabsichtigter.

Eine Regel, die im Midrasch völlige Geltung hat. Jakob wird gegen den Vorwurf, seinen Vater belogen zu haben, dadurch vertheidigt, dass Gen. 27, 19 אָנֹכִי von den Worten עֵשָׂו בְּכֹרֶךָ getrennt und alsdann übersetzt wird: „Jakob antwortete seinem Vater, ich bin es (näml. Jakob), aber Esau ist dein Erstgeborener", Beresch. rabb. c. 65. In Gen. 16, 1 werden die Worte לֹו וְלֶדֶת zusammengefasst, um die Exegese zu bekämpfen, welche behauptete: „ihm gebar sie nichts, hätte sie aber einen andern Mann gehabt, so würde sie dem einen Sohn geboren haben." Dagegen sagte R. Nehemja: „weder ihm gebar sie, noch würde sie einem andern geboren haben", denn es heisst לֹו וְלֶדֶת. Beresch. rabb. c. 45.

Ganz ähnlich verfährt Philo, wenn er Gen. 19, 20 mit Beiseitesetzung der Frage den Widerspruch findet, die Stadt Zoar werde μικρά τε καὶ οὐ μικρά genannt und daraus schliesst, dass hier auf den Sinn des Gesichts gedeutet werde, der klein sei an Umfang, aber gross in Beziehung auf den Kreis, den er umspanne. de Abrah. 31 (II, 25).

Kühner noch ist die Wortcombination in Gen. 28, 17: οὐκ ἐστι τοῦτο ... v. 16: ὅτι ἐστὶ κύριος ἐν τῷ τόπῳ. Das ist nicht der Fall, dass der Herr sich an einem Orte befände. de somn. I, 32 (I, 648).

Die Stelle Levit. 19, 23: ὁ καρπὸς αὐτοῦ τρία ἔτη ἔσται ἀπερικά-θαρτος οὐ βρωθήσεται wird de plantat. 27 (I, 346) so erklärt, dass ἀπερικάθαρτος einmal zum Vorhergehenden und einmal zum Folgenden gezogen wird. Daraus ergiebt sich ein doppelter Sinn: im letzteren Falle will die Schrift sagen, dass die Frucht der Bildung durch alle drei Zeiten, durch Vergangenheit, Gegenwart und Zukunft, unversehrt bleibe, da die Natur des Guten unversehrbar sei, im ersteren dagegen, dass diese Frucht der Bildung keiner Reinigung bedürfe, sondern so wie sie sei genossen werden könne.

6. Besonderer Wert ist auf die synonymischen Unterschiede zu legen. Es ist jedesmal der Grund zu ermitteln, weshalb die Schrift im vorliegenden Falle gerade diesen Ausdruck gebrauchte. Philo spricht diesen Grundsatz de agricult. 1 (I, 300) aus. „Die meisten Menschen", sagt er, „geben, nicht tiefer in die Natur der Dinge eindringend, denselben verfehlte Benennungen, Moses dagegen wälte für jedes die treffendste Bezeichnung." (ὀνόμασιν εὐθυβολωτάτοις καὶ ἐμφαντικωτάτοις εἴωθε χρῆσθαι.)

Auch im Midrasch begegnen uns derartige Untersuchungen. Es wird gefragt, weshalb Genes. 13, 9. 11 הִפָּרֶד und nicht הִבָּדֵל steht, weshalb es Ps. 82, 1 נִצָּב und nicht עוֹמֵד heisse, Schemoth rabba c. 24.

So fragt auch Philo, weshalb Exod. 15, 1 ἀναβάτης stehe, dagegen Gen. 49, 17 ἱππεύς und antwortet: der ἀναβάτης sei der Unkundige, der sich vom Pferde mit fortreissen lasse und mit demselben zu Grunde gehe, der ἱππεύς dagegen in der Reitkunst erfahren falle vom Pferde rückwärts[1]), d. h. er reisse sich von der Macht der Leidenschaften los, leg. alleg. II, 26 (I, 85), de agricult. 15 (I, 311). —

---

1) Freilich kein sonderlicher Beweis von Reitkunst!

Gen. 3, 24 steht ἐξέβαλε, dagegen v. 23 ἐξαπέστειλε. Der Fortge-schickte kann wieder kommen, dagegen der von Gott Vertriebene muss für immer fliehen. Damit will die Schrift sagen, dass es für diejenigen, die noch nicht allzusehr von Sünde erfasst sind, eine Rück-kehr zum Guten giebt, de cherub. 1 (I, 138). — Zum Midrasch vgl. oben S. 156.

Gen. 4, 12 steht ἐργάσεται τὴν γῆν, c. 9, 20 aber wird dem Noah die γεωργικὴ τέχνη zugeschrieben, quod det. pot. insid. 28 (I, 211. 212). Daran knüpft sich de agricult. 1 (I, 300) die Unterscheidung zwischen einem γεωργός und einem ἐργάτης γῆς. Der letztere ist ein Tagelöhner, der nur um des Lohnes willen arbeitet und keine Kunst anwendet, jener aber ist ein Sachverständiger. Das alles deutet auf die kunstvolle Pflanze der Seele. ibid. 5 (I, 303 ff.).

Aehnlich ist der Unterschied zwischen ποιμήν und κτηνοτρόφος, jener ist ein guter, dieser ein schlechter Führer der Herde. de agri-cult. 6 (I, 304) und de poster. Cain. 29 (I, 244).

Lev. 9, 14 κοίλια, ibid. 1, 9 ἐγκοίλια, jenes von Mose, dieses von Aaron gebraucht. Mose beseitigt die ganze κοιλία d. h. die ἡδονή, Aaron dagegen nur die Eingeweide, einen Teil der Lust. leg. alleg. III, 48 (I, 115).

Gen. 3, 16 στεναγμός neben λύπαι gestellt, bedeutet eine beson-ders schwere Traurigkeit, welche sich in doppelter Weise äussern kann, als Verlangen nach Befriedigung der Begierde und als Reue. leg. alleg. III, 75 (I, 129).

Gen. 15, 2 ist der Ausdruck δεσπότης mit Absicht gebraucht, denn in τί μοι δώσεις lag eine Kühnheit, die durch ὦ δέσποτα gemildert wurde, denn δεσπότης ist = φοβερὸς κύριος. quis rer. div. haer. 6 (I, 476).

Josef und Thamar besitzen beide Halsbänder, aber jener Gen. 41, 43 einen κλοιὸς χρυσοῦς, diese erhält Gen. 38, 18 einen ὁρμίσκος. Jenes bedeutet das Band der Notwendigkeit, dieses den natürlichen Zusammenhang der Dinge, τὸν εἱρμὸν (Wortspiel mit ὁρμ.) τῶν τῆς φύ-σεως πραγμάτων. de somn. II, 6 (I, 665).

Zu beachten ist der Unterschied zwischen λαός und γένος. Jenes bezeichnet den Schwarm, dieses die auserwälte Gemeinschaft. Abra-ham Gen. 25, 8, Jakob Gen. 49, 33 werden dem λαός zugefügt, Isaak dagegen Gen. 35, 29 dem γένος. Jene gehören dem niederen Grade als Lernende und Strebende, dieser als der Wissende dem höheren Grade an. de sacrif. Ab. et Cain. 2 (I, 164).

Levit. 19, 32 bringt den Gegensatz von πολιός und πρεσβύτερος. πολιός bezeichnet die Zeit, in welcher nichts zu Stande kommt, von ihr soll man sich losmachen [ἐξαναστήσῃ wird = μετανίστασθαι καὶ ἀποδιδράσκειν genommen], dagegen der πρεσβύτερος ist zu ehren, denn die Kunde alter Zeit ist schätzenswert. Darin liegt ein Lob der Ge-schichtskenntniss. de sacrif. Ab. et Cain. 22.

Gen. 12, 2 wird Abraham εὐλόγητος genannt, nicht εὐλογημένος, denn dies ist nur Sache des Gerüchts, jenes aber bezeichnet einen Ruf, der mit der Wahrheit übereinstimmt. de migr. Abr. 19 (I, 453). Gen. 1, 27 ἐποίησεν, Gen. 2, 8 ἔπλασεν. Der Wechsel des Ausdrucks deutet auf die Schöpfung zweier verschiedener Menschengattungen. Der πεπλασμένος ist der ἄνθρωπος γήϊνος, der andere κατ᾽ εἰκόνα ist der ἄνθρ. οὐράνιος. leg. alleg. I, 12. 16 (I, 49. 53 sq.).

Gen. 2, 2 steht κατέπαυσε, nicht ἐπαύσατο, um anzudeuten, dass Gott nicht seine schöpferische Thätigkeit überhaupt einstellte, da diese nie aufhören kann, sondern dass hier nur ein relativer Abschluss stattfand. leg. alleg. I, 3 (I, 44).

Gen. 47, 4 παροικεῖν οὐ κατοικεῖν ἤλθομεν will sagen: „in dieser Welt wohnt der Weise wie in der Fremde, sein wahres Vaterland ist der Himmel." de agricult. 14 (I, 310).

Gen. 17, 16 ist der Ausdruck τέκνον gewält, um hervorzuheben, dass hier nicht ein untergeschobenes oder uneheliches Kind, sondern ein ächter Sprössling der Seele gemeint sei. de mut. nom. 26 (I, 600).

Gen. 2, 7 steht πνοή, nicht πνεῦμα, um anzudeuten, dass der irdische Mensch im Gegensatz zum geistigen nur einen gelinden Anhauch göttlichen Geistes ertragen kann. leg. alleg. I, 13 (I, 51).

Ein βασιλεύς ist zu unterscheiden von τύραννος. Dieser handelt ohne Gesetz oder legt schädliche Gesetze auf und ist daher ein ἄρχων πολέμου. Der βασιλεύς aber ist gerecht und ein ἡγεμὼν εἰρήνης. Darum wird Melchisedek ohne Weiteres als gerecht eingeführt, die Gerechtigkeit liegt schon in der Benennung βασιλεύς. leg. alleg. III,′25 (I, 103).

Bedeutungsvoll ist auch der Gegensatz von ὑπήκουσε Gen. 16, 2 und εἰςήκουσε Gen. 28, 7 (wo LXX ἤκουσεν, vgl. m. Abh. a. a. O. S. 415), weil Abraham als Lernender auf die Lehre hört und sie befolgt, Jakob dagegen der Lehre keine Aufmerksamkeit schenkt (deshalb εἰςήκουσε = er hörte nur obenhin), sondern als Asket nach dem Beispiel sich richtet. congr. erud. grat. 13 (I, 528. 529).

7. Auch Combinationen, die sich durch Wortspiele ergeben, sind für den tieferen Schriftsin nutzbar zu machen.

Nicht ohne Grund ist Gen. 18, 6 der Ausdruck ἐγκρυφίας ποιεῖν gebraucht. Es liegt darin die Verpflichtung für den in die höhere Weisheit Eingeweihten ausgesprochen, das ihm anvertraute heilige Wort vom Ewigen und seinen Kräften zu bewahren und solche Geheimnisse nicht leichtfertig auszuplaudern. de sacrif. Ab. et Cain. 15 (I, 174). — Wenn Exod. 13, 13 befohlen wird, einen neugebornen Esel mit einem Schaf einzutauschen, so deutet der Esel (ὄνος) auf die Mühe (πόνος) [wobei wol lat. onus das Mittelglied bildet], das Schaf aber (πρόβατον) deutet auf Fortschritt (προβαίνειν). So will also das Gesetz sagen: tausche für deine Arbeit den Fortschritt ein, und indem die Stelle schliesst: ἐὰν δὲ μὴ ἀλλάξῃς λυτρώσῃ αὐτό, soll damit gesagt sein: wenn dir alle Mühe nichts hilft und du keine Fortschritte machst, dann gieb auch die Arbeit auf. — vgl. de mut. nom. 19 (I, 595), wo die Schafe von Num. 31, 49 als Fortschritt des νοῦς gedeutet werden.

8. Aus einzelnen Partikeln als Adverbien, Präpositionen u. dergl. kann ein bestimmter allegorischer Sinn erschlossen werden.

Gen. 2, 19 ist ἔτι nicht ohne Grund hinzugefügt, da ja schon Gen. 1, 24 von der Thierschöpfung die Rede war. Es liegt darin, dass hier mit dieser zweiten Thierschöpfung gesagt werden soll: „die Bosheit sei überreich, immer wieder neue Schlechtigkeiten erzeugend oder auch die erste Thierschöpfung sei die ideale, diese die wirkliche." leg. alleg. II, 4 (I, 68. 69).

Ganz ähnlich ist Jalkut I, 798 aus dem בם in 1 Sam. 17, 36 geschlossen, dass mit dem Löwen noch zwei Junge waren.

Gen. 2, 23 muss das νῦν einen besondern Sinn haben, offenbar den, dass die Sinnlichkeit ihrer Natur nach ganz im Jetzt befangen sei. leg. alleg. II, 12 (I, 74).

Gen. 3, 12 steht μετ᾽ ἐμοῦ statt ἐμοί. Darin liegt, dass die Sinnlichkeit eine gewisse Unabhängigkeit neben der Vernunft behauptet. Das Gesicht sieht auch, wenn jemand nicht sehen will u. s. w. leg. alleg. III, 18 (I, 98).

Gen. 1, 27 κατ᾽ εἰκόνα. Die Präposition κατά deutet an, dass der Mensch nicht das Ebenbild Gottes selbst, sondern dass er nach dem Ebenbilde Gottes, dem Logos, geschaffen sei. quis rer. div. haer. 48 (I, 505).

9. Sogar aus einzelnen Bestandtheilen eines Wortes kann ein besonderer allegorischer Sinn hergeleitet werden.

Gen. 31, 10 διάλευκος ist absichtsvoll. διά in Zusammensetzungen ist verstärkend, wie aus διάδηλος, διάσημος hervorgeht. διάλευκος ist daher sehr stralend. Die Schrift will also sagen: die ersten Sprösslinge der den heiligen Samen der Weisheit empfangenden Seele seien ganz weissglänzend. de somn. I, 35 (I, 651).

Gen. 12, 2 εὐλογήσω τε. Das εὖ dieses Verbums bezeichnet etwas in jeder Beziehung Lobenswertes und die Stelle gewinnt dadurch den Sinn: ich werde dir den lobenswerten Logos schenken (ἐπαινετὸν λόγον δωρήσομαι). de migr. Abr. 13 (I, 447).

10. Ein jedes Wort kann nach dem ganzen Umfange seiner möglichen Bedeutungen erörtert und dadurch ein vielfacher Sinn gewonnen werden.

Gen. 3, 24 ἀντικρύ (LXX ἀπέναντι) kann 1) ein feindliches Gegenüberstehen bedeuten wie bei Kain, Gen. 4, 16 (wo LXX κατέναντι), 2) das Stehen eines Angeklagten vor dem Richter, Num. 5, 18 (wo LXX ἔναντι) und 3) das Stehen eines Freundes vor dem Freunde, wie Gen. 18, 22 (wo LXX ἐναντίον) bei Abraham, der vor Gott steht. de cherub. 4 (I, 140. 141).

Gen. 2, 21 πλευρά. πλ. bedeutet zunächst Ribbe, kann aber in gewissen Verbindungen den Sinn von Kraft erhalten, wie πλευρὰς ἔχειν = δύναμιν ἔχειν, ἔμπλευρος ἀθλητής = ἰσχυρὸς ἀ. Es wird im Anschluss daran die Lehre gefolgert, dass die αἰσθητικὴ δύναμις aus dem νοῦς hervorgehe. leg. alleg. II, 7 (I, 70).

Ibid. ἔλαβεν ist etwas anderes als ἀφεῖλεν, es kann den Sinn haben κατηρίθμησεν, ἐξήτασεν, wie in λάβε τὸ κεφάλαιον Num. 31, 26. leg. alleg. II, 10 (I, 73).

Gen. 2, 19 τί καλέσει αὐτά. τί kann auch für διά τι gebraucht werden, wie z. B. τί λέλουσαι, τί περιπατεῖς u. dgl. Gott wollte sehen, wie der Mensch zu den Dingen sich verhalten werde, warum er dies als gut, jenes als böse, anderes als gleichgültig bezeichne. leg. alleg. II, 6 (I, 69. 70).

τηρέω Gen. 3, 15 kann auch den Sinn des sorgfältigen Bewahrens haben. leg. alleg. III, 68 (I, 125).

κόσμος Schmuck und Welt. Deshalb ist der Schmuck des Hohenpriesters ein Symbol der Welt. de vita Mos. III, 14 (II, 155).

Gen. 15, 18 ἀπὸ ποταμοῦ Αἰγύπτου. Es kann ἀπό einschliessenden und ausschliessenden Sinn haben. Der erstere findet statt, wenn wir z. B. sagen, von Morgen bis Abend sind 12 Stunden, dagegen wenn ich sage, das Feld liegt von der Stadt 300 Stadien weit, so rechne ich die Stadt nicht mit. Hier ist blos der letztere Sinn gemeint, denn wir sollen von Aegypten, dem Lande des Wollebens, ausgeschlossen werden. de somn. II, 39 (I, 692. 693).

Gen. 15, 9 λάβε μοι. In μοι liegt: 1) du hast nichts Eignes, sondern was du zu haben wähnst, hat dir ein Anderer dargereicht; 2) nimm es nicht für dich selbst, sondern halte alles für ein Pfand und gieb es dem zurück, der es dir anvertraute. quis rer. div. haer. 21 (I, 487).

Gen. 3, 9 ποῦ εἶ will sagen: 1) in welches Unrecht, o Seele, hast du dich verwickelt; 2) negative Frage = Nirgends, denn keinen Ort hat der Böse, weshalb er auch ἄτοπος genannt wird; 3) dort, wo die sind, welche Gott und Tugend fliehen; über 4) vgl. unten No. 11. leg. alleg. III, 17 (I, 97).

Aehnlich Gen. 16, 18 πόθεν ἔρχῃ spricht den Tadel darüber aus, dass sie der rechten Einsicht entlaufen ist, und ποῦ πορεύῃ die Warnung, sie solle nicht ins Unsichere entlaufen. de profug. 37 (I, 576).

Gen. 4, 10 τί ἐποίησας enthält 1) Missbilligung des Mordes des Guten; 2) Spott über den Wahn des Bösen, als hätte er das Bessere wirklich vernichtet; 3) die Antwort: οὐδὲν ἐποίησας. quod det. pot. insid. 20 (I, 205).

Gen. 15, 5 οὕτως bezeichnet: 1) die Zal ὥστε μυρίῳ πλήθει τὰ νοητὰ τῶν αἰσθητῶν ὑπερβάλλειν. 2) die Qualität: „so strebend, so voll himmlischen Lichts." Die Weisen sollen ein Gegenbild des Himmels darstellen. quis rer. div. haer. 17 (I, 485).

Gen. 28, 11 τόπος kann sein: 1) leiblich erfüllter Raum; 2) der von Gott mit körperlosen Kräften erfüllte θεῖος λόγος; 3) Gott selbst. de somn. II, 11 (I, 630).

Gen. 17, 16 ἐξ αὐτῆς kann heissen: 1) ausserhalb ihrer selbst. Dann bedeutet die Stelle: das Beste ist, wenn die Seele kein ἴδιον καλόν aufweisen will, sondern alles Gute als ein von aussen Gegebenes ansieht; 2) kann es sein = παραχρῆμα; 3) aus ihr d. h. der ἀρετή. de mut. nom. 25 (I, 599. 600).

11. Auch ist es gestattet, durch geringe Aenderungen innerhalb eines Wortes einen neuen Sinn zu erschliessen.

Diese Regel gilt auch in der hagadischen Exegese. Oft werden derartige Umänderungen in derselben eingeleitet durch die Formel אל תקרי כך אלא כך. So z. B. wird gesagt, Esau איש שדה könne auch gelesen werden איש צדה = Mann der Jagd und der List. Raschi zu Gen. 25, 25. — Gen. 2, 1 צבאם sei auch צבײם Umrisse, Formen zu lesen. Chulin 60ᵇ. Im Talmud sowie in der Kabbala schritt man sogar dazu fort, durch Buchstabenvertauschung ein ganz neues Alphabet herzustellen und danach Schriftstellen zu erklären. S. Pesachim 5ᵃ. Succa 52ᵇ.

So ändert Philo Accente oder Spiritus.

Gen. 3, 9 ποῦ εἶ kann auch mit Beiseitesetzung der Frage ποῦ εἶ verstanden werden; dann soll darin liegen: du hast ein ποῦ, du bist an einem Orte, Gott aber nicht, wie du zu meinen scheinst, da du dich vor ihm zu verbergen suchst. leg. alleg. III, 17 (I, 97). Ueber den Vorgang dieser Exegese im Midrasch s. oben S. 156.

τί kann auch τὶ gelesen und als das allgemeine unbestimmte Etwas verstanden werden. leg. alleg. II, 21 (I, 81. 82).

πονηρόν der Böse Lev. 27, 10 wird geändert in πόνηρον und dadurch begründet, dass das Böse doch nimmermehr zu etwas Heiligem werden könne, wie die Schlussworte von v. 10 voraussetzen. Es sei daher hier an das Mühevolle, ἐπίπονον, gedacht. de poster. Cain. 27 (I, 243).

Eine Aenderung des Spiritus wird in Gen. 4, 8 vorgenommen, ἀπέκτεινεν αὐτόν in ἀπ. αὑτόν geändert. Kain tödtete sich selbst. Diese Aenderung ist notwendig, denn dass Abel nicht wirklich getödtet ist, ergiebt sich daraus, dass er v. 10 schreit. Die Schrift will also sagen, dass die Bosheit sich selbst tödte. quod det. pot. insid. 14 (I, 200).

Accent und Spiritus zugleich sind geündert bei der Etymologie von Σισείν = ἐκτός μου, was offenbar von Philo von שׁשׁ hergeleitet und ursprünglich mit ἕκτος μου übersetzt, dann aber, um den Sesein zum Vater derer machen zu können, welche die äusseren Güter (τὰ ἐκτός ἀγαθά) hochschätzen, in ἐκτός μου geändert ist. vgl. m. philon. Studien in Merx Archiv II, 2 S. 161.

12. Einen tieferen Sinn zu suchen berechtigt auch etwas Auffallendes im Ausdruck.

Gen. 1, 5 steht ἡμέρα μία st. πρώτη, um anzudeuten, dass der κόσμος νοητός oder ἀσώματος die Schöpfung des ersten Tages ist, denn dieser hat eine φύσις μοναδική und auf diese μόνωσις geht der Ausdruck μία. de opif. m. 9 (I, 7).

Deut. 21, 20. Der Ausdruck οὗτος deutet an, dass die Eltern noch andere verständige Söhne haben, welche ihrer Weisung gehorchen, wie auch Gen. 17, 18 in Ἰσμαήλ οὗτος der Wunsch liegt, dass gerade dieser auf Gott hörende Ismael leben möchte, da so viele andere nicht auf die heilige Weisung achten. de mut. nom. 37 (I, 609).

Gen. 9, 20 ἤρξατο de agricult. 40 (I, 328) beweist, dass Noah nur die Anfänge der geistigen Ackerbaukunst verstand, aber nicht bis zu den Grenzen derselben vorzudringen vermochte.

Gen. 3, 23 αὕτη will die αἴσθησις κατ' ἐνέργειαν von der αἴσθ. καθ' ἕξιν unterscheiden. leg. alleg. II, 13 (I, 74).

Gen. 15, 11 fällt der Ausdruck καταβαίνειν bei Vögeln auf, da diese doch durch ihre Flügel in die Höhe gezogen werden. Das Herabfliegen ist für diese etwas Widernatürliches. Es deutet darauf, dass die Seelen den reinen Aether verlassend, auf die Erde herabsteigen. quis rer. div. haer. 49 (I, 506).

Exod. 20, 18 ἑώρα τὴν φωνήν. Die sichtbare Stimme deutet auf den Stral des Lichtes der Tugend. So steht ὁρᾶν überall, wo es sich um göttliche Reden handelt: Exod. 20, 22. Deut. 4, 12. — de migr. Abr. 9 (I, 443).

Bemerkenswert ist es auch, wenn einem Flusse eine Lippe zugeschrieben wird. Exod. 7, 15 der Fromme steht fest an der Lippe des Flusses, d. h. er widersteht den verführerischen Reden, die Gottlosen erliegen ihnen. ibid. 14, 30. de somn. II, 42 (I, 695. 696).

Ebenso deutet die Schrift auf etwas Besonderes, wenn ein Ausdruck nicht recht auf den erzälten Vorgang passt, wie z. B. σύγχυσις nicht auf die Scheidung der Sprachen, was besser durch τομή, διάκρισις bezeichnet wäre. In der Tat handelt es sich hier auch mehr um Auflösung des στῖφος τῆς κακίας. de confus. lingu. 38 (I, 434).

13. Beachtung verdient auch der Numerus der Worte und das Tempus der Verba. (vgl. in Bezug auf das ähnliche Verfahren im Midrasch: Surenhus, βίβλος καταλλαγῆς p. 84 ff.)

A. Numerus.

a. Auffallende Plurale.

Gen. 1, 26 ποιήσωμεν. Der Plural deutet auf Mithelfer bei der Schöpfung des Menschen. Solche waren nötig, da Gott den Teil des menschlichen Wesens, der für die Sünde den Anknüpfungspunkt bot, nicht selbst bilden konnte. de opif. m. 24 (I, 16. 17). de mut. nom. 4 (I, 583). — vgl. auch Gen. 3, 22 und de confus. lingu. 33 (I, 431). — Ueber den Midrasch in Beresch. rabb. c. 8 s. oben S. 147.

Gen. 11, 7 συγχέωμεν deutet auf die Berufung der Engel, da Gott sich mit dem Bösen nicht befassen kann. de confus. lingu. 36 (I, 432).

b. Auffallende Singulare.

Gen. 17, 16 fällt der Sing. τέκνον auf. Warum will Gott nur ein Kind schenken? Der Sing. deutet auf die Wahrheit ὅτι τὸ καλὸν οὐκ ἐν πλήθει ἀλλ' ἐν δυνάμει. de mut. nom. 26 (I, 600).

Ebenso Gen. 18, 3 ist die Anrede κύριε auffällig, da doch von drei Wesen die Rede gewesen ist. Darin liegt, dass wir es nur mit einer dreifachen Erscheinung eines Wesens zu thun haben (ὅτι ἡ τριττὴ φαντασία δυνάμει ἑνός ἐστιν ὑποκειμένου). de Abrah. 25 (II, 20).

12

c. Auch auf den Wechsel des Numerus ist zu achten.

Gen. 1, 26 steht ποιήσωμεν, v. 27 ἐποίησεν. Darin liegt, dass der wahre Mensch als der νοῦς καθαρώτατος von Gott allein gebildet wird, der irdische aber, welcher mit der αἴσθησις verbunden ist, von mehreren geschaffen ist. de profug. 14 (I, 556).

Gen. 2, 16 steht φαγῇ, dagegen v. 17 οὐ φάγεσθε. Das deutet darauf, dass das Gute selten, dagegen das Böse massenhaft vorhanden sei.

B. Tempus.

δείξω. Nach de migr. Abr. 9 (I, 442 f.) ist mit Bedacht das Futurum Gen. 12, 1 gesetzt (παρατετηρημένως οὐ τὸν ἐνεστῶτα ἀλλὰ τὸν μέλλοντα . . . χρόνον προδιώρισται εἰπὼν οὐχ ἣν δείκνυμι ἀλλ' ἣν σοι δείξω) zum Beweis des Glaubens, den Abraham leistete.

14. Ebenso ist das Geschlecht der Worte wichtig.

Auch im Midrasch wird daraus öfter ein besonderer Sinn hergeleitet. Threni 1, 3 גלתה יהודה. Das Femininum deutet an, dass Juda, als er in das Exil gieng, so schwach war wie ein Weib.

So bei Philo Gen. 3, 15 αὐτός für αὐτή. Das Mascul. geht auf den νοῦς und der Vers gewinnt somit den Sinn: ὁ νοῦς σωτηρήσει τὸ κεφάλαιον καὶ ἡγεμονικὸν δόγμα. leg. alleg. III, 67 (I, 125).

Gen. 6, 12 steht τὴν ὁδὸν αὐτοῦ, wo man αὐτῆς erwarten sollte. Die Schrift will sagen: κατέφθειρε πᾶσα σὰρξ τὴν τοῦ αἰωνίου καὶ ἀφθάρτου τελείαν ὁδὸν τὴν πρὸς θεὸν ἄγουσαν. quod deus immut. 30 (I, 293. 294).

15. Auch auf das Stehen oder Fehlen des Artikels kommt es an.

Die hagadische Exegese legt auch hierauf Wert. Gen. 14, 13 הפליט der bekannte Flüchtling deutet auf Og. Beresch. rabb. c. 42.

So erklärt Philo, das Wort ἄνθρωπος mit dem Artikel sei = ὁ κατ' ἐξοχὴν ἄνθρωπος, der höhere geistige Mensch, ohne Artikel sei es der aus vernünftiger und unvernünftiger Natur gemischte. de profug. 14 (I, 556). θεός mit dem Artikel bedeutet den Seienden selbst, ohne Artikel den Logos. de somn. I, 39 (I, 655).

16. Eine irgendwo ermittelte Combination wird alsdann als feststehende Grösse betrachtet und so auch anderweit verwendet.

So ist es in der altjüdischen Exegese. Weil David 2 Sam. 7, 18 Gott für die Begründung seines Reichs dankend den Ausdruck gebraucht: „du hast mich gebracht bis hierher" (עד־הלום), so wird הלום auch anderwärts als symbolischer Ausdruck für „Reich, Regieren" etc. angesehen.

Ganz ebenso macht es Philo, wenn er aus Ps. 26, 1: „der Herr ist mein Licht" schliesst, das Licht bedeute immer in der Schrift Gott und die Sonne sei ein Bild Gottes. de somn. I, 13 (I, 632).

17. Wichtig ist auch die Stellung der Verse.

In der halachischen Exegese wird öfter aus einem zufällig nahe bei einem andern stehenden Gebote aus diesem für jenes eine Begründung herbeigezogen mit der Formel סמיך ליה.

Aehnlich ist Gen. 17, 16 δώσω σοι τέκνον. Dieser Vers steht, nachdem soeben die Namensveränderung der Sarah bewirkt ist, und so liegt darin die Hindeutung darauf, dass Gott selbst sich über die von Menschen gehasste Tugend erbarmt und ihr die Quelle der Fruchtbarkeit öffnet. de mut. nom. 23 (I, 598).

18. Auch aus auffallender Versverbindung kann eine Allegorie erschlossen werden.

Gen. 2, 18 sagt Gott: „Ich will ihm eine Gehülfin machen", v. 19 bildet er die Thiere. Daraus ergiebt sich, dass die Affecte unsere Gehülfen sind. leg. alleg. II, 4 (I, 68).

19. Wichtig ist auch das Fehlen eines Ausdrucks oder irgend welche Auslassung.

Derartige Dinge zu beachten, sagt Philo, sei keineswegs, wie einige meinten, eine Kleinigkeitskrämerei (γλισχρολογία), sondern es sei Trägheit darüber hinwegsehen zu wollen. de somn. II, 45 (I, 698). So stehe Gen. 4, 25 ἔτεκεν υἱόν, dagegen ibid. v. 1 bei der Geburt des Kain fehle υἱόν, wo man doch viel eher eine Angabe des Geschlechts erwarten würde, da Kain der Erstgeborne war. Daraus ergebe sich, dass Kain nicht ein Sohn, sondern ein Seelenzustand sei. de cherub. 16 ff. (I, 149 ff.).

Gen. 2, 9 beim Baum des Lebens ist angegeben, dass er in der Mitte des Gartens sich befinde, dagegen fehlt beim Baum der Erkenntniss die Angabe des Standorts. Daraus ist zu schliessen, dass derselbe sowol innerhalb als ausserhalb des Paradieses seinen Platz habe, οὐσίᾳ ἐν αὐτῷ δυνάμει ἐκτός. leg. alleg. I, 18 (I, 55).

Gott verurteile die Schlange ohne Vertheidigung zu gewähren, trotz Deut. 19, 17. Daraus gehe hervor, dass die Schlange an sich selbst böse sei als die ἡδονή. leg. alleg. III, 21 (I, 100).

Gen. 38, 7 Gott hält den Eir für böse, ohne dass gesagt wird weshalb. Es muss also Eir in sich selbst etwas Böses sein. Er ist die Leiblichkeit, welche die Seele niederzieht. leg. alleg. III, 22 (I, 100. 101). — Dem entgegengesetzt wird Noah ohne allen Grund in der Schrift gelobt Gen. 6, 8. Das deutet darauf, dass schon in seinem Namen die Gerechtigkeit liegt, er bezeichnet die Ruhe, welche der Gerechte hat. leg. alleg. III, 24 (I, 102). Aehnlich ist Melchisedek ohne weitere Begründung lobend als Priester Gottes eingeführt (vgl. oben No. 6 S. 171). Isaak wird sogar schon vor seiner Geburt gelobt; auch hier liegt der Grund in seinem Namen, er bezeichnet die Freude, welche die Seele in der Tugend empfindet. ibid. 28 (I, 104).

Bedeutungsvoll ist auch, dass bei Abraham, Isaak, Jakob und Mose die Formel nicht vorkommt: „und er erkannte sein Weib". Es ergibt sich hieraus, dass die Weiber derselben nur Symbole der Tugend sind. de cherub. 12 (I, 146).

Gen. 37, 15 wird der Name des Mannes nicht genannt, den Josef trifft, als er seine Brüder sucht. Es heisst nur εὗρεν αὐτὸν ἄνθρωπος, die Schrift will sagen, dass der Name des nach Wahrheit Strebenden „Mensch" ist (ἰδιαίτατον καὶ εὐθυβολώτατον ὄνομα αὐτοῦ λογι-

κῆς διανοίας οἰκειοτάτη πρόςρησις). quod det. pot. insid. 8 (I, 195.
196). — Ebenso wird nicht gesagt, worin das Zeichen bestand, wel-
ches Kain erhielt. Das Zeichen liegt in den Worten *τοῦ μὴ ἀνελεῖν
αὐτὸν πάντα τὸν εὑρίσκοντα* Gen. 4, 15. Die Schrift meint: Kain
werde niemals getödtet werden, die *ἀφροσύνη* werde wie die Skylla
ein unsterbliches Uebel sein. quod det. pot. insid. 48 (I, 224). Aus
demselben Grunde berichtet auch die Bibel nichts vom Tode Kain's.
de profug. 11 (I, 555). — Beim Euphrat ist nicht wie bei andern
Flüssen von Ländern die Rede, durch die er fliesst. Die Schrift will
dadurch darauf hinleiten, dass sie hier überhaupt etwas anderes meint
als blosse Flüsse. leg. alleg. I, 27 (I, 60).
Das Wort *χεῖλος* findet sich nur beim Nil, nicht beim Euphrat
und andern Flüssen de somn. II, 45 (I, 698). — Gen. 3, 9 ruft Gott
blos Adam; warum nicht auch die Eva? — Wenn der *νοῦς* gerufen
wird, ist die *αἴσθησις* von selbst mit einbegriffen. leg. alleg. III, 16
(I, 97). — Vom Leuchter wird kein Mass angegeben, während dies
beim Schaubrottisch und Rauchaltar stattfindet. Daraus geht hervor,
dass der Leuchter das Himmelslicht bedeutet, denn auch der Himmel
ist unmessbar. quis rer. div. haer. 47 (I, 505).

20. Im Gegensatz dazu sind auffallende Angaben bedeutsam.
Es ist merkwürdig, dass Gen. 5, 1 steht *αὕτη ἡ βίβλος γενέσεως
ἀνθρώπων*, während doch schon vorher von Menschengeschlechtern
die Rede ist. Offenbar will die Bibel andeuten, dass erst in Enos die
wahre Menschheit beginne (ähnlich im Midrasch, s. oben S. 152). Fer-
ner ist es auffallend, dass Sarah nach Gen. 16, 4 die Schwangerschaft
der Hagar sieht und nicht die letztere selbst. Dies findet seine Er-
klärung darin, dass die *μέσαι τέχναι*, deren Symbol Hagar ist, undeut-
liche Erkenntniss haben, während die *ἐπιστήμη* (Sarah) klar sieht.
congr. erud. grat. 25 (I, 539).

Für Abraham, den umherziehenden Pilger, ist die Bezeichnung
König auffallend Gen. 23, 6. Der Ausdruck deutet auf die Würde,
die er in der geistigen Welt besitzt, auf die *βασιλικὴ ἕξις* der Ge-
rechten. Er ist als Weiser ein Führer der Unwissenden und Mose
spricht darin den Satz aus: *μόνος ὁ σοφὸς βασιλεύς.* de mut. nom. 28
(I, 601). Auch die Umstellung der natürlichen Ordnung in Gen. 4, 2
ist auffallend. Abel's Beruf wird eher angegeben als der des Kain.
de sacrif. Ab. et Cain. 4 (I, 166).

Baithuel, die Tochter Gottes, wird Vater der Rebekka genannt;
die ewig jungfräuliche Weisheit hat wol einen weiblichen Namen, aber
eine männliche Natur und kann darum die vollkommene Tugend er-
zeugen. de profug. 9 (I, 553).

21. Symbolik der Zalen.
Die symbolische Bedeutung der Zalen findet sich eben so sehr in
den Büchern des A. T.'s als bei den Alten [1]). Die eigentümliche Aus-

---

1) vgl. die wenn auch unwissenschaftliche, so doch reichhaltige und in einem
der philonischen Anschauung verwandten Sinne veranstaltete Sammlung in Bähr's
Symbolik des mosaischen Cultus I S. 128—209. Ausserdem s. v. Bohlen, Genesis
§. 10 S. 75 ff.

bildung der Anschauung Philo's von der Bedeutung der einzelnen Zalen und ihrer Verhältnisse erfolgte aber im Anschluss an die pythagoräischen Philosophen und an die Stoiker, s. oben S. 12 ff., sowie an eine hierüber schon bestehende Tradition, auf welche Philo hindeutet. de vita contempl. 8 (II, 481).

Die wichtigsten der hier in Betracht kommenden Bestimmungen sind folgende:

Die Einzal ($\mu o\nu\acute{\alpha}\varsigma$) ist die Zal Gottes, der für sich allein sein kann. leg. alleg. II, 1 (I, 66). Sie ist ausserdem das Grundprinzip aller Zalen [1]).

Die Zwei ist die Zal der Spaltung, de opif. m. 9 (I, 7), und des Geschaffenen, leg. alleg. I, 2 (I, 44), der zweite Baum bringt daher dem Adam den Tod, er zieht die $\delta v\acute{\alpha}\varsigma$ der $\mu o\nu\acute{\alpha}\varsigma$ vor, das Geschaffene dem Schöpfer, de somn. II, 10 (I, 668). Für die Neupythagoräer vgl. Zeller a. a. O. S. 98. Aehnliches bei den Stoikern, s. oben S. 12.

Die Drei ist die Zal des Körpers, leg. alleg. I, 2 (I, 44), oder sie bezeichnet das göttliche Wesen nebst seinen beiden Grundkräften, de sacrif. Ab. et Cain. 15 (I, 173).

Die Vierzal ist der Möglichkeit nach, was die Zehnzal in Wirklichkeit ist: die Zal der Vollkommenheit, de opif. m. 15. 16 (I, 10. 11), de plantat. 28. 29 (I, 347). — Ueber die Parallelen bei den Alten vgl. Müller a. a. O. S. 211.

Indessen ist die Vierzal auch die Zal der $\pi\acute{\alpha}\vartheta\eta$, congr. erud. grat. 17 (I, 532) u. a.

Die Fünf ist wegen der fünf Sinne die Zal der Sinnlichkeit, de opif. m. 20 (I, 14), de plantat. 32 (I, 349), de migr. Abr. 37 (I, 468) u. a.

Die Sechs, das Produkt der männlichen und weiblichen Zal 3 $\times$ 2, gleich in ihren Teilen 3 $+$ 3, stellt die Bewegung organischer Wesen dar, leg. alleg. I, 2 (I, 44).

Die Siebenzal ist reich an den wunderbarsten Eigenschaften, de opif. m. 30 — 43 (I, 21 ff.), vgl. Müller a. a. O. S. 294 ff., leg. alleg. I, 4—7 (I, 45 ff.), quis rer. div. haer. 44 (I, 503) u. a.

Die Neun ist die Zal des Streites, wie dies im Kampfe der fünf Könige gegen die vier Gen. 14, 1 ff. angedeutet ist, congr. erud. grat. 17 (I, 532).

Die Zehn ist die Zal der Vollkommenheit, de plantat. 29 (I, 347), congr. erud. grat. 17 ff. (I, 532 ff.), de decal. 5 ff. (II, 183 ff.) u. a. — vgl. Müller a. a. O. S. 213.

Aber die Zehnzal ist auch die Zal der $\mu\acute{\epsilon}\sigma\eta$ $\pi\alpha\iota\delta\epsilon\acute{\iota}\alpha$, de mut. nom. 40 (I, 613).

Die Zehnzal verbunden mit 5, die Zal 50, ist die der völligen Befreiung, de mut. nom. 40 (I, 613).

70, das Produkt von 10 $\times$ 7, die Vollkommenheit verbunden mit

---

1) S. darüber Müller a. a. O. S. 143. 147.

der heiligen Zal, ist Symbol derer, die sich Gott opfern, de migr. Abr. 36 ff. (I, 467 ff.). Die 70 Böcke am Laubhüttenfeste Num. 29, 13 ff. werden in 7 Tagen geschlachtet, mit 13 wird angefangen und jeden Tag einer abgezogen, das gibt 13 + 12 + 11 + 10 + 9 + 8 + 7 = 70, de profug. 33 (I, 573 ff.). 100 ist ebenfalls die Zal der Vollkommenheit, de mut. nom. 35 (I, 607).

Die Zwölfzal ist auch ein $\tau\epsilon\lambda\epsilon\iota o\varsigma$ $\dot\alpha\rho\iota\vartheta\mu o\varsigma$, de profug. 33 (I, 573). Ueber die Zal 120 vgl. was angeführt ist bei Zeller III, 2 p. 341. Ueber das Verhältniss der $\mu o\nu\dot\alpha\varsigma$ zur $\mu\nu\rho\iota\dot\alpha\varsigma$ s. de plantat. 18 (I, 341), auch de plantat. 28 ff.

22. Symbolik der Dinge.

„Alles Vergängliche ist nur ein Gleichniss." Dies Wort des Dichters könnte man auf Philo's Allegoristik buchstäblich anwenden. Alle in der Schrift vorkommenden Wesen, Verhältnisse, Zustände werden ihm zu Trägern geistiger Vorgänge. Es bedarf nur der Auffindung irgend eines Vergleichspunktes zwischen dem genannten Gegenstande und einer Idee, um jenen sofort zum symbolischen Vertreter dieser zu erheben und man könnte von dieser Seite der Sache aus füglich sagen, dass die ganze Kunst der Deutung darauf hinauslaufe, zwischen den Erzälungen und Satzungen der Bibel einerseits und den Ideen der griechischen Philosophie andrerseits ein tertium comparationis zu finden. Es bleibt dabei unerheblich, ob es in der Sache selbst oder vielleicht blos im Namen derselben, in der Etymologie gefunden wird, und es können je nach der Verschiedenheit des Ausgangspunktes, je nachdem das eine Mal diese, das andre jene Beziehung aufgegriffen wird, bisweilen ganz entgegengesetzte Resultate herauskommen. Hier droht dem System die Gefahr, in einem allgemeinen Wirrwarr zu enden, welche nur dadurch vermieden wird, dass gewisse Vergleiche als die herrschenden angesehen werden, denen die andern gelegentlichen sich unterordnen [1]).

Wir wollen versuchen, uns über die reiche Fülle der Allegorien einen gesicherten Ueberblick zu verschaffen.

a. Thiere.

Die Thiere, insofern sie vernunftlose Wesen sind, werden Symbole der Leidenschaften, welche ebenfalls das $\ddot\alpha\lambda o\gamma o\nu$ im Menschen darstellen, leg. alleg. II, 4 (I, 68. 69), leg. alleg. III, 37 (I, 110), de poster. Cain. 19 (I, 238) u. ö., oder sie sind auch die sinnlichen Empfindungen ($\alpha\dot\iota\sigma\vartheta\dot\eta\sigma\epsilon\iota\varsigma$), de sacrif. Ab. et Cain. 32 (I, 183 ff.). — Denken wir uns dagegen die Thiere unter der Leitung eines Hirten stehend, so sind sie die leiblichen Vermögen, welche von der Vernunft beherrscht werden, de agricult. 7 (I, 304. 303), oder auch die von derselben gezügelten $\pi\dot\alpha\vartheta\eta$, ibid. 13. 14 (I, 309 ff.).

---

1) Auch im Midrasch stehen sich ausschliessende Exegesen oft gleichberechtigt neben einander, nur durch die Formel רָבָר אַחֵר von einander geschieden.

α. Vierfüssige Thiere.

Die Schafe, als die zahmsten unter den Thieren, welche jährlich eine Frucht bringen, sind mit dem νοῦς zu vergleichen, der in uns das Beste ist, de mut. nom. 43 (I, 616). Durch seinen Namen πρόβατον deutet das Schaf auf Fortschritt (προβαίνειν) und ist daher Symbol der zur Gerechtigkeit fortschreitenden Seele, de somn. I, 34 (I, 650), oder auch des in Erkenntniss fortschreitenden νοῦς, de profug. 19 (I, 561).

Betrachtet man jene dagegen von Seiten ihrer Vernunftlosigkeit, so sind sie ein Bild der πάθη, die von den Strebenden, den Söhnen Jakobs, geleitet werden, de sacrif. Ab. et Cain. 11 (I, 170), und ihrer Dummheit wegen eignen sie sich zum Symbol der μὴ λογικά, der Fehler, die nicht aus Bosheit, sondern Unkunde (ἀμαθία) hervorgehen (ibid.). — Hier ist die Allegoristik beim Gegenteil des vorhin Angenommenen angelangt.

Die Ziegen sind etymologisch betrachtet, da αἴξ von ἀΐσσω kommt, die lebhaft nach Gerechtigkeit Strebenden (ἄττουσαι πρὸς δικαιοσύνην), de somn. I, 34 (I, 650), aber als vernunftlose Thiere auch Symbole der αἴσθησις, quis rer. div. haer. 22 (I, 488).

Die junge Kuh (δάμαλις Gen. 15, 9) ist die ψυχή, quis rer. div. haer. 22. 25 (I, 487. 490) im Zustande der Empfänglichkeit für Bildung.

Die Böcke (τράγοι) wegen ihrer störrigen Natur sind Leidenschaften, Lev. 16, 7 ff. Der Zusatz ἀποπομπαῖος deutet auf das ἀποπόμπιμον πάθος leg. alleg. II, 14 (I, 75), quis rer. div. haer. 37 I, 498).

Der Widder (κριός) ist entweder die Leidenschaft des Zorns ἐριστικὸν εἶδος, leg. alleg. III, 45 (I, 113), oder Symbol des streitenden Wortes, quis rer. div. haer. 22 (I, 488), namentlich des die Trugschlüsse (σοφίσματα) bekämpfenden, ibid. 25 (I, 490), in Gen. 22, 13 in dem an den Hörnern festhangenden Widder erscheint der λόγος als augenblicklich ruhig und an sich anhaltend (ἡσυχάζων καὶ ἐπέχων), de profug. 24 (I, 565).

Das Pferd in seiner Wildheit ist ein sehr geeignetes Bild für die Leidenschaft. — Stürmisch, springend, voll Selbstgefälligkeit wie das Pferd ist das πάθος leg. alleg. II, 25 (I, 84). Die vier Schenkel des Pferdes sind die vier Affekte (ibid.).

Die Pferde sind ἐπιθυμία und θυμός, de agricult. 16 (I, 311).

Der Tiger vermöge seiner ungebändigten Wildheit ist die Begierde, leg. alleg. I, 21 (I, 57).

Das Kameel, mit seiner Fähigkeit die Flüssigkeit lange in sich zu beherbergen, eignet sich zum Symbol der μνήμη, de post. Cain. 44 (I, 254).

Der Esel ist die unverständige Natur (ἄλογος φύσις), de migr. Abr. 39 (I, 472).

Die Eselin: der unverständige Lebensplan (ἄλογος προαίρεσις τοῦ βίου), de cherub. 10 (I, 144).

Das Schwein: der dem πάϑος preisgegebene Mensch, de agricult. 32 (I, 322).

β. Vögel.

Der Vogel, geflügelt und wenn er einmal entflohen nicht leicht wiederzuholen, ist ein Bild des Wortes (λόγος), de mut. nom. 43 (I, 616); insofern er aber gern in höheren Sphären weilt, ist er der Weisheit vergleichbar; so Sepphora = ὀρνίϑιον quis rer. div. haer. 26 (I, 491). Fliegen dagegen die Vögel wider ihre Natur herab (Gen. 15, 11 καταβαίνειν), so sind sie Symbol der Seelen, welche den Aether verlassend in den Leib einkehren, quis rer. div. haer. 49 (I, 506); stürzen sie sich auf eine Sache, um sie zu beschädigen, so sind sie ein Abbild der Leidenschaft, leg. alleg. II, 4 (I, 68). — Verbunden mit der Siebenzal sind sie die sieben leiblichen Vermögen, nämlich die fünf Sinne, die Sprache und die Zeugungskraft, und zwar als Männchen im handelnden, als Weibchen im ruhenden Zustande Gen. 7, 3 in quod det. pot. insid. 46. 47 (I, 223 ff.).

Von einzelnen Vögeln ist

die Turteltaube (τρυγών), da sie nach Levit. 5, 7 als Sündopfer gebracht wird, der λόγος ψευδής, de mut. nom. 43 (I, 616); sieht man aber darauf, dass sie die Einsamkeit liebt und nur eines Einzigen Gefährtin zu sein begehrt: so hat man in ihr ein Abbild des göttlichen λόγος, quis rer. div. haer. 25. 48 (I, 491. 506).

Die junge Taube (περιστερά), da sie als Ganzopfer gebracht wird (ὁλοκαύτωμα), ist der λόγος ἀληϑής, der ebenfalls vollständig (τέλειος) ist, de mut. nom. 43 (I, 616), als zahmes mit uns zusammenlebendes Wesen ist die Taube unser νοῦς, quis rer. div. haer. 48 (I, 506), oder auch die menschliche Weisheit, ibid. 25 (I, 491).

γ. Kriechende Thiere, Insekten, Würmer, Wasserthiere.

Die ἑρπετά im Allgemeinen sind ein Abbild derer, die sich unersättlichem leiblichem Genusse hingeben, de concupisc. 8 (II, 354).

Die Schlange, insofern sie auf dem Bauche kriecht, Erde frisst Gen. 3, 14, den Menschen beisst Deut. 8, 15, denselben täuscht Gen. 3, 13, ist ein Bild der Lust, welche an der Erde haftet und die Seele des Menschen gefährdet, de opif. m. 56 (I, 38), leg. alleg. II, 18 (I, 79), de agricult. 22 (I, 315), welche dem Menschen falsche Vorstellungen beibringt, leg. alleg. III, 20 (I, 99 sq.). — Die Schlange als die böse Lust erklärt begegnet uns auch Baba batra 16ᵃ: הוא יצר הרע הוא השטן הוא מלאך המות

Anders aber liegt die Sache, wenn die Schlange von Erz ist, dann wird sie zur σωφροσύνη, welche auch fest ist wie Erz, leg. alleg. II, 20 (I, 80. 81), de agricult. 22 (I, 315).

Die von der Erde hochspringenden Thiere wie die Heuschrecke sind ein Symbol der sich von der Last des Irdischen befreienden Seele, de concupisc. 8 (II, 355).

Die Wasserthiere ohne Flossen und Schuppen stellen die ψυχή

φιλήδονος, die andern die ψυχὴ καρτερίαν καὶ ἐγκράτειαν ποθοῦσα dar, de concupisc. 7 (II, 354).

b. Pflanzen.

Gute und nützliche Pflanzen sind die Tugenden, de plantat. 9 ff. (I, 335 ff.), schädliche dagegen wie Dornen und Disteln Gen. 3, 18 sind die in der Seele der Unverständigen sich regenden πάθη, welche dieselben stechen und verwunden, leg. alleg. III, 89 (I, 136) [vgl. Matth. 13, 7. 22], τριβόλια aber sind nach Gen. 3, 18 die πάθη, weil bei jedem derselben dreierlei in Frage kommt: der Affect selbst, der Gegenstand des Begehrens und die Handlung, z. B. ἡδονή, ἡδύ, ἥδεσθαι u. dgl. ibid.

Unter den Pflanzen bedeutet das Gras als Nahrung unvernünftiger Thiere τὸ αἰσθητόν, als den unvernünftigen Teil der Seele, leg. alleg. I, 10 (I, 48), oder auch den Schlechten (φαῦλος), der des ὀρθὸς λόγος entbehrt, leg. alleg. III, 90 (I, 137).

Das zartere Kraut (χλωρός) dagegen ist das νοητόν, leg. alleg. I, 10 (I, 48).

Die Bäume: als fruchttragend sind Tugenden [1]); sind sie schön anzusehen, so bedeuten sie die theoretischen Tugenden; gut zu essen, so sind sie die praktischen Tugenden, leg. alleg. I, 17 (I, 54). Der Baum des Lebens ist die Tugend als Gattungsbegriff (γενικωτάτη ἀρετή) ibid. I, 18 (I, 54), oder auch das Herz, weil auch dieses die Ursache des Lebens ist (ibid.).

Wilde Bäume aber sind Laster, leg. alleg. I, 15 (I, 53).

Die hohe Eiche zu Sichem bedeutet die παιδεία, welche auch etwas Festes und Unbeugsames ist, de migr. Abr. 39 (I, 471).

Blüten [im Allgemeinen sind ein Bild der Erde, aus welcher alles hervorblüt, de vita Mos. III, 12 (II, 153)], s. unten.

Granaten [bedeuten das Wasser mit Hülfe der Etymologie ῥοΐσκος von ῥύσις (ibid.)], s. unten S. 188.

Damit hängen zusammen die folgenden Allegorien:

Der Acker bietet sich sehr natürlich dar als Bild des geistigen Anbaues.

Der νοῦς und αἴσθησις sind beide Aecker, weil sie Früchte bringen, leg. alleg. I, 9 (I, 47. 48), ibid. II, 4 (I, 68).

Ebenso der Garten als eine Pflanzung der Tugend, de plantat. 9 ff. (I, 335 ff.).

Der Weinberg ist ein Bild der εὐφροσύνη, der Oelberg: des Lichtes, quod deus immut. 21 (I, 287) und de profug. 31 (I, 572).

Unter den Früchten sind hervorzuheben:

Der Wein als Bild der ἄνοια de somn. II, 25. 29 (I, 681. 684), das Oel als das der θεωρήματα mit leichtem Uebergang von der äusseren zur inneren Erleuchtung, quod det. pot. insid. 31 (I, 213).

---

1) vgl. die ähnliche Verwendung der Bäume in den Parabeln des N. T. Matth. 3, 17 u. a.

Die Garben des Korns (δράγματα) sind Abbilder der verschiedenen Thätigkeiten, nach denen ein jeglicher greift (ἐπιδράττεται Wortspiel mit δράγμα), um sich durch sie zu erhalten, de somn. II, 4. 5 (I, 663).

Das Mehl, besonders das Weizenmehl, ist ein Symbol des Thuns (πράξεως), es bedarf wie dieses der Kunst, sorgfältiger Reinigung d. h. Vorbereitung, de mut. nom. 43 (I, 616).

Der daraus gewonnene Teig deutet auf die verborgenen Offenbarungen Gottes (zugleich Wortspiel mit ἐγκρυφία), de sacrif. Ab. et Cain. 15. 16 (I, 174).

Das Brot, als Nahrung vernünftiger Wesen, geht auf die νοητά leg. alleg. III, 90 (I, 137), ist Nahrung der Seele ibid. 56 (I, 119). Die Schaubrote sind ein Symbol der ἐγκράτεια de vict. 3 (II, 239), oder der zwölf Zeichen des Thierkreises und der zwölf Monate de profug. 33 (I, 573).

Der Honig bezieht sich auf die Süssigkeit der ῥήματα ἐπιστήμης, quod det. pot. insid. 31 (I, 213).

c. Steine.

Der Fels ist die unbeugsame und ununterbrochene Weisheit Gottes, quod det. pot. insid. 31 (I, 213).

Gold ist die σοφία, leg. alleg. I, 25 (I, 59), oder die Vernunft, de vita Mos. III, 4 (II, 147).

Kohle bezeichnet den φρόνιμος ibid. 26 (I, 59).

Sapphir: λίθος πράσινος Gen. 2, 12 ist ὁ φρονῶν ibid. 20. 26 (I, 57. 59).

Kupfer ist die αἴσθησις de vita Mos. III, 4 (I, 147).

Asphalt die verhärtete Bosheit, de confus. lingu. 22 (I, 420).

Koth: τὸ ἐν φύσει γεῶδες ibid.

Backstein: 1) ein Bild der Welt, die fest erscheint, aber doch beweglich ist, wie der Backstein eine feste Masse zu sein scheint, aber doch aus flüssigem Stoff besteht, de confus. lingu. 20. 21 (I, 419). vgl. Mangey ibid. not. v. 2) insofern sie im Feuer gebrannt werden, sind sie ein Symbol der Leidenschaften, de confus. lingu. 22 (I, 420).

d. Himmel. Himmelskörper. Erde.

Der Himmel ist der νοῦς leg. alleg. I, 1 (I, 43), wofür leg. alleg. II, 4 (I, 68) als Beweis angeführt wird, dass der νοῦς wie der Himmel viele glänzende Gestalten in sich trägt.

Die Himmelsleiter Gen. 28, 12 ist entweder die Luft, deren Basis ebenfalls die Erde und deren Spitze der Himmel ist, de somn. I, 22 (I, 641), oder die Seele, deren Grundlage etwas Irdisches, die αἴσθησις, deren Haupt aber etwas Himmlisches, der νοῦς, ist, ibid. 23 (I, 642).

Die Sonne ist 1) Gott selbst Gen. 28, 11 vgl. mit Ps. 26, 1, de somn. I, 13 (I, 631 ff.) und §. 16 (I, 634 ff.). 2) der menschliche νοῦς ibid. 14 (I, 632). 3) die αἴσθησις, sie ist eine zweite Sonne, welche der Seele die sinnlichen Dinge zeigt (ibid.) und 4) der λόγος ibid. 15 (I, 633).

Die Erde ist die αἴσθησις, dies folgt daraus, dass der Himmel der νοῦς war und dass die αἴσθησις eine irdische Existenz hat, leg. alleg. I, 1 (I, 43).

e. Quellen. Brunnen. Flüsse.

Die Quelle ist 1) im Paradiese ein Bild des νοῦς, der die αἰσθήσεις belebt, leg. alleg. I, 11 (I, 49), de poster. Cain. 37 (I, 249 ff.), de profug. 32 (I, 573). 2) ist sie die λογικὴ ἕξις καὶ παιδεία de profug. 32 (I, 573). 3) ἡ φαύλη διάθεσις ibid. 4) ἡ σπουδαία διάθεσις ibid. 5) αὐτὸς ὁ τῶν ὅλων ποιητὴς καὶ πατήρ ibid. 6) die göttliche Weisheit, quod. det. pot. insid. 31 (I, 213). 7) der λόγος θεοῦ de poster. Cain. 37 (I, 249).

Brunnen (φρέατα) sind wegen ihrer Tiefe ein Symbol der θεωρήματα de somn. I, 2 (I, 621).

Flüsse sind entweder Tugenden [1]). Der Hauptfluss des Paradieses ist die ἀγαθότης, die vier Flüsse aus demselben sind die vier Cardinaltugenden, leg. alleg. I, 19 (I, 56), oder sie sind ein Symbol des Wortes, wie man ja sonst schon vom Strom der Rede spricht. Auf diese Symbolik deutet auch der Ausdruck χεῖλος ποταμοῦ, de somn. II, 36. 40 (I, 690. 693).

f. Feld. Wohnorte.

Felder sind Kampfplätze, quod det. pot. insid. 1 (I, 191), 9 (I, 196).

Das Lager (παρεμβολή) ist Exod. 33, 7 die Leiblichkeit, quod det. pot. insid. 44 (I, 221).

Das Zelt (σκηνή) ist 1) die göttliche Tugend (ἡ θεία ἀρετή), quis rer. div. haer. 23 (I, 488). 2) die menschliche Tugend (ἡ ἀνθρώπου ἀρετή) Exod. 33, 7, quod det. pot. insid. 44 (I, 221). — Die Stiftshütte ist ein Symbol der Welt, de vita Mos. III, 6 (II, 148).

Das Haus ist entweder als Haus Gottes die Welt, de poster. Cain. 2 (I, 227), oder die Seele quod deus immut. 28 (I, 292), oder die einzelne Tugend (αἱ ἐν εἴδει ἀρεταί) quod deus immut. 21 (I, 287), de profug. 31 (I, 572).

Die Arche ist das Gefäss der Seele (ἀγγεῖον ψυχῆς), also der Leib, quod det. pot. insid. 46 (I, 223), de plantat. 11 (I, 336).

Städte sind 1) γενικαὶ ἀρεταί quod deus immut. 21 (I, 287). 2) Symbol des Leibes Exod. 9, 29, de ebriet. 26 (I, 372). 3) die Stadt Kain's ist das φίλαυτον δόγμα de poster. Cain. 14. 15 (I, 235).

g. Stoffe. Geräte.

Das Feuer ist im schlimmen Sinne die Leidenschaft, leg. alleg. 82. 89 (I, 133. 136), im guten die Erhebung der Seele de cherub. 10 (I, 144).

---

1) Ueber das Vorbild dieser Behauptung bei Ps.-Josephus vgl. oben S. 21.

στάκτη, von σταγονες ὕδατος, Symbol des Wassers.

ὄνυξ, als etwas Trocknes ist Symbol der Erde.

χαλβάνη, ein wolriechendes εὐῶδες, bezeichnet die Lust. λίβανος etwas Durchscheinendes (διαφανές) das Licht, quis rer. div. haer. 41 (I, 500).

Weihrauch: Symbol der Genügsamkeit und Enthaltsamkeit (ὀλιγοδείας καὶ ἐγκρατείας) de vict. 3 (II, 240).

Salz: Symbol des Bestehens aller Dinge (διαμονῆς τῶν συμπάντων) ibid.

Der Stab ist die παιδεία, welche eine geistige Stütze bildet, de sacrif. Ab. et Cain. 17 (I, 174), leg. alleg. II, 22 (I, 82), de poster. Cain. 28 (I, 243), congr. erud. grat. 17 (I, 532), de mut. nom. 23 (I, 598).

Der Ring ist 1) die grundlegende Idee, welche alle körperlosen Gestaltungen in sich befasst (ἡ τῶν ὅλων σφραγὶς ἡ ἀρχέτυπος ἰδέα), de mut. nom. 23 (I, 598). 2) die Gestalt, welche Gott der einzelnen Seele aufprägt, de somn. II, 6 (I, 665). 3) der Ring Pharao's versetzt die Seele ins Schwanken, bewirkt eine πίστις ἄπιστος ibid.

Die Kette ist 1) ein Symbol für den Zusammenhang des All, de mut. nom. 23 (I, 598). 2) ein Bild der leiblichen Notwendigkeit, die den Menschen unter sich zwingt, de somn. II, 6 (I, 664).

Das Schwert: das feurige Schwert Gen. 3, 24 ist der flammende λόγος, der immerfort sich zu dem Guten hinzu-, vom Bösen hinwegbewegt, de cherub. 9. 10 (I, 144).

Der Spiess (σειρομαστής) ebenfalls der λόγος.

Der Bogen ist ebenfalls Waffe des treffenden Wortes. Die Bogenschützen sind Sophisten, de post. Cain. 38 (I, 250).

Der Wagen ist ein Bild der Ueberhebung, de somn. II, 6 (I, 665).

Kleider sind 1) Symbole der Leiblichkeit, leg. alleg. III, 85 (I, 134), leg. alleg. II, 15 (I, 76). Deshalb erscheint die Welt als Kleid des λόγος (ibid.). 2) der bunte Rock ist das Kleid des Politikers, der den leiblichen Sorgen seine Aufmerksamkeit schenken muss, quod det. pot. insid. 3 (I, 192), das bunte Gewand des Hohenpriesters ist ein Gemisch der νοηταὶ καὶ αἰσθηταὶ δυνάμεις, de migr. Abr. 18 (I, 452). Das einfache linnene Kleid ist das Abbild der Wahrheit, de ebriet. 21 (I, 369).

Ausserdem ist aber auch das Kleid (ἱμάτιον) der menschliche λόγος de somn. I, 17. 18 (I, 636 ff.), insofern beide Angriffe abwehren und Schutz gewähren und zum Schmucke dienen.

Besondern allegorischen Wert haben die heiligen Gewänder. Oben ist schon das hohepriesterliche Gewand erwähnt, das Unterkleid ist ein Abbild der Luft, welche von oben herab bis auf die Erde hängt und wie jenes dunkelfarbig (μέλας) ist, die Blumen daran sind ein Bild der Erde, aus welcher alles emporblüht, die Troddeln ein Symbol des Wassers (aus der Etymologie, ῥοΐσκός wird mit ῥύσις zusammengebracht), die Glocken deuten auf die Harmonie und das Zusammenwirken der Erde und des Wassers bei der Schöpfung, das Schulterkleid bedeutet den Himmel, die beiden Smaragde auf der Schulter Sonne und Mond oder auch die beiden Hemisphären, die sechs Namen darauf bedeuten sechs Sternbilder, die zwölf Steine sind die zwölf Sternbilder des Thierkreises, in vier Reihen geteilt, weil es vier Jahreszeiten giebt. Das doppelte Brustschild deutet auf den idealen λόγος und den λόγος der sichtbaren Dinge, der im Menschen als ἐνδιάθετος und προφορικός erscheint. de vita Mos. III, 12 ff. (II, 153 ff.). vgl. de monarch. II, 6 (II, 226 ff.)[1]).

Die Waschgefässe von Frauenspiegeln sollen zu der Reinigung des νοῦς von allen Flecken auffordern, ibid. 15 (II, 156).

Der Leuchter: Bild der sieben Planeten, de vita Mos. III, 9 (II, 150. 151), wobei freilich der mittelste Schaft zugleich die Sonne abbildet.

Das Buch ist der λόγος, weil in diesen die Substanz aller Dinge eingegraben ist, leg. alleg. I, 8 (I, 47).

h. Farben.

Die vier Farben der Vorhänge bedeuten die vier Elemente. Byssos die Erde, weil er das Produkt derselben ist; Purpur das Wasser, weil er aus einem Wasserthiere gewonnen wird; Hyazinth die Luft wegen der gleichen Farbe; Kokkus das Feuer aus demselben Grunde, de vita Mos. III, 6 (II, 148).

i. Zustände. Handlungsweisen.

Hitze: ein Bild der Leidenschaft, Bosheit, de sobriet 10 (I, 399).

Kälte: das Erkalten der Leidenschaft, leg. alleg. III, 60 (I, 121).

Trunkenheit ist 1) der freudige Zustand, in welchen uns der Genuss der Weisheit versetzt, de plantat. 40 (I, 354). 2) das Bild der ἀφροσύνη, de ebriet. 8 (I, 361).

Nacktheit: 1) der neutrale Seelenzustand, wo weder Gutes noch Böses in derselben wohnt, Gen. 2, 25. Beispiel: Adam und Eva, γύμνωσις μέση. 2) die Befreiung der Seele von allen irdischen Leidenschaften, Lev. 10, 1 ff. Beispiel des Nadab und Abihu. 3) die Hinwegnahme der Tugend (ἀρετῆς ἀφαίρεσις). Beispiel des Noah Gen. c. 9, 21 ff. leg. alleg. II, 15 ff. (I, 76 ff.).

Opfern hat eine symbolische Bedeutung: die Reinheit der Seele Gott darbringen, de agricult. 28 (I, 319), die einzelnen Züge der Opferhandlung nach ihrem allegorischen Werte werden de vict. 5 ff. (II, 241) besprochen. Ebenso Reinigen: Reinheit der Seele, de vict. offer. 1 ff. (II, 251 ff.).

k. Geschlecht.

Insofern im Manne der Verstand vorwiegt, eignet er sich zum Symbol des νοῦς, leg. alleg. II, 1 (I, 66) u. a.

Das Männliche ist das Tüchtigere, Bessere, daher sind männliche Geburten Tugenden.

---

1) Aehnliche Deutung Weisheit Sal. c. 18, 11 ff.

de gigant. 1 (I, 262) ὁ δίκαιος (Νῶε) ἀρρενογονεῖ. — de sacrif.
Ab. et Cain. 31 (I, 183) ἄρρεν (ἔγγονον ψυχῆς ἐστι) εὐπάθεια καὶ ἀρετή.
— de mut. nom. 45 (I, 618) τέξεταί σοι ἡ ἀρετὴ υἱὸν γενναῖον ἄρρενα.
— de vict. 5 (II, 241) τὸ λογικὸν τῆς ἄρρενος γενεᾶς ἐστιν.
Im Weibe überwiegt die Empfindung [1]). Es ist daher ein Symbol
der αἴσθησις, leg. alleg. II, 8 ff. (I, 71 ff.), de vict. 5 (II, 241) τὸ ἄλο-
γον τῆς γυναικῶν (γενεᾶς) ὅπερ ἔλαχον αἴσθησις u. ö.

Das Weibliche steht aber auch dem Männlichen nach und daher
sind weibliche Geburten Laster.

de gigant. 1 (I, 262) ἄδικος οὐδεὶς ἄρρενα γενεὰν ἐν ψυχῇ σπείρει
τὸ παράπαν ἀλλὰ θηλυγονοῦσιν ἐκ φύσεως ἄνανδροι. — de sacrif. Ab.
et Cain. 31 (I, 183) θῆλυ μὲν οὖν ἔγγονον ψυχῆς ἐστι κακία καὶ πάθος.

Im Gegensatze hierzu leitet die Idee jungfräulicher Reinheit dazu
hin, die Tugenden als Jungfrauen, oder die der Enthaltsamkeit dazu,
sie als Wittwen vorzustellen. Es sind daher Sepphora, Sarah, Rebekka
von Philo aus dem oben (S. 179) erörterten Grunde als jungfräuliche
Weiber aufgefasst und als Bilder der Tugend hingestellt: Sarah die
herrschende, Rebekka die ausdauernde, Sepphora die sich zum Him-
mel aufschwingende Tugend, de cherub. 12 (I, 146); dazu de poster.
Cain. 40 (I, 251), Lea die von den Menschen gehasste Tugend.

Die Tugend als Wittwe ist Thamar, sie hat sich von allen πάθη
losgemacht und erwartet die göttliche Befruchtung, quod deus immut. 29
(I, 293).

Alle Tugenden haben weibliche Namen, indem Gott als ihr Mann
vorgestellt wird, de profug. 9 (I, 553). Das Weib was der junge Is-
raelit Deut. 20, 7, nicht verlassen soll ist die παιδεία, de agricult. 36
(I, 324).

1. Die Glieder des Leibes.

Die Hand bedeutet 1) Macht (vgl. das von Aristobulus Gesagte
S. 25). de somn. II, 30 (I, 685) ἐν τῇ χειρί μου ἴσον τῷ ἐν ταῖς ἐμαῖς
ἐγχειρήσεσι καὶ ἐπιβολαῖς καὶ δυνάμεσιν. 2) Handlung, leg. alleg. III,
15 (I, 96). „Die Hände Mose's waren schwer" will sagen, die Hand-
lungen der Weisen sind fest und unerschütterlich.

Arm ist Arbeit, leg. alleg. III, 46 (I, 114) σύμβολον ὁ βραχίων
πόνου καὶ κακοπαθείας.

Schulter bezeichnet Last, Mühe, quod det. pot. insid. 4 (I, 193).

23. Symbolik der Namen.

Der etymologische Midrasch hat seine Wurzeln in der Bibel selbst.
Vorzugsweise in der Genesis, aber auch in andern Büchern des A. T.'s
finden sich Deutungen der Eigennamen von Personen und Orten, die
bisweilen nicht im mindesten auf die Gesetze der Sprache Rücksicht
nehmen und sich vielfach als freie Spiele des Witzes erweisen. Auch
wird häufig in der Schrift in dem Namen ein allegorischer Ausdruck
der ihn tragenden Person gefunden.

---

1) vorbildlich im Midrasch. S. oben S. 154.

Diese freiere Weise der Namendeutung finden wir in der älteren hagadischen Exegese fortgesetzt. Man war sich dessen wol bewusst, keine strenge Etymologie gegeben zu haben, aber man schrieb sich das Recht zu, den Namen nach irgend einer Aehnlichkeit, die zwischen ihm und einer sprachlichen Wurzel vorlag, zu deuten. So sagt z. B. Beresch. rabb. c. 25 in Bezug auf die biblische Deutung des Namens Noah Gen. 5, 29: „Name und Deutung sind hier zweierlei Dinge. Genau genommen hätte die Schrift sagen müssen entweder ,dieser Noah wird uns Ruhe‘ oder ,dieser Nachman wird uns Trost bringen‘ [1].“ — So war man der Meinung, dass Gott in den Namen seine geheimnissvollen Absichten habe andeuten wollen und begründete diese Anschauung der Sache aus Ps. 46, 9, indem man das Wort שמות statt שַׁמּוֹת Verwüstung vielmehr שֵׁמוֹת Namen las. Berachoth 7ᵇ. Synhedr. 19ᵇ. — Darnach behandelte denn auch die hagadische Exegese mehrfach die Namen, fand z. B. im Namen Goliath eine Andeutung seines offenbaren (גלה) Redens wider Gott u. ähnl.

Ganz auf demselben Grunde steht Philo. Dass die Namen tiefere Bedeutung enthalten, spricht er besonders de cherub. 17 (I, 149) aus. Er sagt: παρὰ Μωυσεῖ αἱ τῶν ὀνομάτων θέσεις ἐνάργειαι πραγμάτων εἰσὶν ἐμφαντικώταται ὡς αὐτὸ τὸ πρᾶγμα ἐξ ἀνάγκης εὐθὺς εἶναι τὸ ὄνομα καὶ καθ' οὗ τίθεται διαφέρειν μηδέν. vgl. ausserdem de agricult. 1 (I, 300) Μωυσῆς κατὰ πολλὴν περιουσίαν τῆς ἐν τοῖς πράγμασιν ἐπιστήμης ὀνόμασιν εὐθυβολωτάτοις καὶ ἐμφαντικωτάτοις εἴωθε χρῆσθαι.

Von den Deutungen, die er aufgestellt hat, beruhen einige auf der biblischen Etymologie, wie Eva Ζωή de agricult. 21 (I, 315) auf Gen. 3, 20, Jakob πτερνιστής auf Gen. 27, 36 ἐπτέρνικε, Japhet πλάτος de sobriet. 12 (I, 401) auf Gen. 9, 27 πλατύναι, Isaak γέλως leg. alleg. III, 28 (I, 104) u. o. auf Gen. 17, 17 u. a., Kain κτῆσις de cherub. 15 (I, 148) u. a. auf Gen. 4, 1 ἐκτησάμην, Moab ἐκ πατρός auf Gen. 19, 37 LXX λέγουσα ἐκ τοῦ πατρός μου. Andre, wie Lot, Nimrod, Chetura, Sarai, Sara, Euphrat, Esau, stammen aus dem Midrasch, s. o. S. 153 f. Dazu kommen Einflüsse aus den Vorgängen innerhalb der griechischen Philosophie. Für Plato vgl. Zeller Bd. II S. 401, zur Namendeutung der Stoiker s. o. S. 11. — Auch unter den übrigen Worterklärungen mag manches Ueberlieferte sich finden und es ist schwer zu sagen, wie viel Philo bei diesen Etymologien aus der Tradition nahm und was er selbst erfand. Jedenfalls zeigen dieselben in ihrer Gesammtheit eine bestimmte Anschauung von der Sprache, welche die damalige Zeit hatte, und es ist nichts falscher als in dieser Beziehung dem Philo Willkür vorzuwerfen, wo er augenscheinlich nach einem ganz festen, wenn auch immerhin nicht haltbaren System verfährt. Der Versuch, diese grammatischen Gesetze aus Philo's Wortdeutungen zu ermitteln, ist von uns in der oben S. 142 erwähnten Abhandlung gemacht worden.

Ganz eigentümlich ist aber bei Philo die Verwendung dieser so ge-

---

[1) לא השם הוא המדרש ולא המדרש הוא השם ולא צריך קרא למימר אלא אי זה זה ינידנו

אי נחמן זה ינחמינו

fundenen Wortdeutungen. Sie bilden gewissermassen das Knochenge-
rüst seines ganzen allegorischen Systems. Die Träger der Namen wer-
den allegorische Figuren von bestimmt ausgeprägtem Charakter und zie-
hen die ganze sie umgebende Geschichte in ihre geistige Sphäre hinein.
Er spricht es bestimmt aus, die Namen bedeuten seelische Zustände: de
congr. erud. grat. 8 (I, 525) οὐχ ἱστορικὴ γενεαλογία (sagt er in Bezug
auf ein Namenverzeichniss) ταῦτ᾽ ἐστὶν ἀναγραφεῖσα παρὰ τῷ σοφῷ νο-
μοθέτῃ, μηδεὶς τοῦτ᾽ εὖ φρονῶν ὑπονοήσειεν ἀλλὰ πραγμάτων ψυχὴν
ὠφελῆσαι δυναμένων διὰ συμβόλων ἀνάπτυξις· τὰ δ᾽ ὀνόματα μεταβαλόν-
τες εἰς τὴν ἡμετέραν διάλεκτον εἰσόμεθα τὴν ὑπόσχεσιν ἀληθῆ. — Gott,
sagt er ferner, schenkt nicht todte Namen, die Namen sind das Abbild
von Kräften: de mut. nom. 9 (I, 588) οὐ γράμματα ἄφωνα ἢ φωνήεντα
ἢ συνόλως ῥήματα καὶ ὀνόματα χαρίζεται ὁ ϑεός· ... ἀλλὰ τὸ τοιαῦτα
χαρακτῆρες δυνάμεών εἰσι βραχεῖς μεγάλων αἰσθητοὶ νοητῶν φανεροὶ
ἀδήλων.

Damit ist freilich das nicht ausgeschlossen, was uns oben bei den
Zalen und Dingen ähnlich begegnete, dass die Namen in verschiedener,
ja bisweilen in entgegengesetzter Weise verwendet werden können.
Unter Umständen lässt Philo auch die Etymologie fallen und entwickelt
aus irgend einer Angabe der Bibel über die betreffende Person etwas
Neues [1]).

So ist ihm:

Aaron: ὀρεινός (von הַר) im Allgemeinen Symbol des Wortes
(λόγος), weil dieses sich wie die Berge zum Himmel erhebt. Die An-
wendung ist aber verschieden. Er bezeichnet: 1) das menschliche Ver-
mögen der Rede (λόγος προφητικός). So Exod. 4, 14 Aaron begegnet
dem Mose, denn das Wort kommt dem Gedanken entgegen, und freut
sich über Mose, denn das Wort freut sich über den aussprechbaren Ge-
danken, de migr. Abr. 14 (I, 448). 2) ist Aaron das profetische, sich
zum Himmel erhebende Wort (ὁ γεγωνὸς λόγος προφητεύων διανοίᾳ), de
migr. Abr. 31 (I, 462), das zum Lichte der Wahrheit empordringende
Wort, welches im Lichte vollendet wird, weshalb Aaron Num. 20, 25
in Ὤρ [wo אוֹר für הוֹר genommen ist] stirbt, leg. alleg. III, 15 (I,
96). — Daran schliesst sich 3) der nach oben strebende Gedanke (με-
τέωρα καὶ ὑψηλὰ φρονῶν λογισμός) de ebriet. 32 (I, 377). Die vierte
Bedeutung Aaron's sieht dagegen ganz von der Etymologie ab, sie
schliesst sich an Lev. 9, 14 an und fasst Aaron im Gegensatze zu Mose,
dem τέλειος als dem Fortschreitenden (προκόπτων), leg. alleg. III, 48
(I, 115).

---

1) Alphabetisch geordnet sind diese Etymologien in meiner Abhandlung: „Die
hebräischen Worterklärungen des Philo und die Spuren ihrer Einwirkung auf die
Kirchenväter." Magdeburg 1863. Indessen fehlen hier: Gomorra = μέτρον (הַמֹּרֶה)
in de somn. II, 29. Manna = τί leg. alleg. II, 21 (I, 52). Mariam = ἐλπίς de
somn. II, 20 (I, 677). Syros = μετέωρος de profug. 8 (I, 552) und Thamna =
ἔκλειψις σαλευομένη congr. erud. grat. 12 (I, 528). — Die hier noch ungenügende
Behandlung der grammatischen Formen ist von mir in der oben angef. Arbeit in
Merx Archiv wieder aufgenommen.

Aegypten: ohne alle Etymologie ist als Land des Ueberflusses und Wollebens bei Philo: 1) der Leib leg. alleg. II, 19 (I, 80) u. ö. 2) die Sinnlichkeit (αἴσθησις) de migr. Abr. 14 (I, 448). 3) der Affect (πάθος) ibid.

Agar: παροίκησις, über die Etymologie vgl. m. philon. St. a. a. O. S. 155. Sie ist bei Philo 1) die vorbereitende Wissenschaft, bei welcher der Lernende nur vorübergehend wohnt (παροικεῖ οὐ κατοικεῖ), leg. alleg. III, 87 (I, 135), de sacrif. Ab. et Cain. 10 (I, 170). 2) die μετάνοια, insofern sie auf des Engels Geheiss in Abraham's Haus zurückkehrt Gen. 16, 9 ff., de profug. 38 (I, 577).

Japhet: πλάτος ist 1) im guten Sinne der erlaubte Genuss aller Güter Leibes und der Seele de sobriet. 12 (I, 401) und 2) im schlimmen Sinne die unersättliche Begierde quaestt. in Gen. II, 80.

Josef: πρόςθεμα πρόςθεσις, κυρίου πρόςθεσις, vgl. m. phil. St. S. 153. 1) Beförderer der leiblichen Güter de mut. nom. 14 (I, 592) nach Gen. 41, 55. Damit hängt zusammen: 2) der das Leibliche liebende Sinn (νοῦς φιλοσώματος) quod deus immut. 24 (I, 289). 3) Versteht man die äusserlichen Dinge als die Staatsangelegenheiten, so wird Josef der Staatsmann (πολιτικός) de Joseph. 1 ff. (I, 41 ff.), de migr. Abr. 29 (I, 461). 4) Insofern ein Staatsmann vielerlei Künste anwenden muss, wird Josef auch als Sophist auf dem politischen Gebiet betrachtet. Er wird deshalb auch Gen. 37, 15 auf dem Felde d. h. auf dem Kampfplatz der Worte (vgl. oben S. 187) gefunden und ist ὁ ποικίλου δόγματος εἰςηγητής, quod det. pot. insid. 9 (I, 196). 5) Aber er ist zugleich derjenige, der den leiblichen Gütern einen zu hohen Wert beilegt. Darum ein δοκησίσοφος, der einem falschen Wahne huldigt, leg. alleg. I, 63 (I, 122). Ganz steht aber alledem entgegen, dass er 6) nach Gen. 39, 13 als der vor der ἡδονή fliehende Asket aufgefasst wird, leg. alleg. III, 85. 86 (I, 135).

Ismael: ἀκοὴ θεοῦ. 1) der Hörende befindet sich auf tieferer Stufe der Erkenntniss als der Sehende. Demnach ist Ismael der Sophist, de poster. Cain. 38 (I, 250) u. ö. 2) Insofern er aber göttliche Lehren hört, wird er ein Symbol derer, welche das θεῖον ἄκουσμα belebt, und ist daher zu wünschen, dass er gesund sein möge (Gen. 17. 18), de mut. nom. 37. 38 (I, 609. 610).

Laban: λευκός, λευκασμός, zunächst Symbol der Farben de agricult. 10 (I, 306), dadurch des Aeusserlichen, also: 1) der Leiblichkeit und der leiblichen Güter de migr. Abr. 6 (I, 440), 38 (I, 470). 2) des Gefallens an und der Begierde nach denselben, des blinden πάθος, leg. alleg. III, 6 (I, 91). 3) insofern ihm die ποίμνη ἄσημος zufällt, der ὕλη ἄποιος, de profug. 2 (I, 547). 4) des verblendeten Urteils de cherub. 21 (I, 151) oder der ψυχὴ ἀμαθής de profug. 9 (I, 547). Indessen insofern er als Rebekka's Bruder, als Bruder der ausdauernden Tugend betrachtet wird, wird er 5) der ἐραστὴς παιδείας de profug. 8 (I, 552).

Madiam: de mut. nom. 18 (I, 594) ἐκ κρίσεως aus דין und מן, daneben aber leg. alleg. III, 4 (I, 89) κρίσις als ein Wort מדין. Es wird gedeutet 1) in der letztern Stelle als κρίσις τῆς φύσεως πραγμάτων,

Stätte der Selbstprüfung, denn Mose erwägt hier, ob er die Kraft habe, das πάθος (Aegypten) gleich wieder anzugreifen, oder ob er noch damit warten müsse. Dagegen in de confus. lingu. 13 (I, 413) ist Midian = ἡ τῶν σωματικῶν τροφή.

Mariam wird nicht etymologisirt, aber gedeutet: 1) als die αἴσθησις ἀναίσχυντος nach Num. 12, 14, leg. alleg. II, 17 (I, 78). 2) als die gereinigte αἴσθησις de agricult. 17 (I, 312), weil sie Gott lobsingt, Exod. 15, 20. 21. 3) nach Exod. 2, 5 als die ἐλπίς, de somn. II, 20 (I, 677). Mangey's willkürliche Konjektur ἐμβλέπουσα wird heutzutage Niemand billigen.

Mose erscheint 1) als der Gott erkennende Weise leg. alleg. III, 4 (I, 89). 2) als der von allen Affecten gereinigte νοῦς τέλειος leg. alleg. III, 45. 48 (I, 113. 115). 3) als der die πάθη fliehende Asket leg. alleg. III, 4 (I, 89). 4) als der die πάθη bekämpfende Asket leg. alleg. III, 4 (I, 90).

Pharao: σκεδασμός. 1) der Feind der Enthaltsamkeit de somn. II, 31 (I, 686) u. a. 2) der νοῦς ὑπέραυχος de ebriet. 29 (I, 374).

Rahel: ὅρασις βεβηλώσεως. vgl. m. phil. St. S. 152. 156. 1) sie erkennt die sichtbaren Dinge als profane und leitet uns an, dieselben zu verachten, congr. erud. grat. 6 (I, 523). 2) andrerseits dagegen ist sie diejenige, die auf das Profane sieht (βέβηλα ὁρᾷ), und daher die Lockungen irdischer Freuden bringt, de poster. Cain. 40 (I, 251) nach Gen. 30, 14 ff., wo sie im Besitz der Liebesäpfel erscheint. 3) diejenige, die vom Irdischen alles erwartet. Sie will Kinder haben vom irdischen νοῦς Gen. 30, 1. 2 und muss von diesem zurecht gewiesen werden, leg. alleg. II, 13 (I, 74. 75).

Thamar: φοῖνιξ, σύμβολον νίκης. 1) Symbol der gänzlich von aller irdischen Lust freigewordenen Natur, quod deus immut. 29 (I, 293). 2) Symbol der menschlichen sich selbst überhebenden Weisheit, weil sie von sich sagt Gen. 38, 25 ἐν γαστρὶ ἔχω, im Gegensatze zu Rebekka, welcher Gen. 25, 21 das ἐν γαστρὶ λαμβάνειν zugeschrieben wird, als des Symbols der Weisheit, die alle Erkenntniss auf Gott zurückführt, congr. erud. grat. 23 (I, 537).

Bisweilen wird aus einem Namen durch doppelte Etymologisirung eine mehrfache allegorische Bedeutung hergeleitet. — Manchmal dagegen wird wieder eine und dieselbe Allegorie in zweifacher Etymologie begründet.

So finden sich Namen mit doppelter hebräischer Etymologie:

Abel: 1) ἀναφέρων ἐπὶ θεὸν πάντα quod det. pot. insid. 10 (I, 197), de sacrif. Ab. et Cain. 1 (I, 164). Hier ist das Wort הֶבֶל von Philo zurückgeführt auf אֶל אֵל אַבֵל הֵבִיא [wobei אֶל doppelt gerechnet ist, was bei Philo öfter vorkommt, s. m. philon. St. S. 153], dadurch wird er φιλόθεον δόγμα. 2) wird Abel erklärt als ὄνομα τοῦ τὰ θνητὰ πενθοῦντος καὶ ἀθάνατα εὐδαιμονίζοντος de migr. Abr. 13 (I, 447). Der Ausdruck πενθοῦντος weist auf אָבַל zurück.

Babel: 1) de gigant. 15 (I, 272) μετάθεσις mit Hinweis darauf, dass es das Reich Nimrod's, des Vertreters der αὐτομόλησις sei. —

Der Ausdruck μετάθεσις scheint בלל, das Hosea 7, 8 im Hithpael von einer Vermengung mit fremden Völkern gebraucht wird, in diesem engeren Sinne zu fassen. Dadurch wird Babel das Symbol des Ueberlaufens zur Schlechtigkeit. 2) de somn. II, 43 (I, 696) σύγχυσις geht auf Gen. 11, 9 συγχέωμεν zurück. — Somit wird Babel das Bild der Anarchie.

Chet (stupor. ἐξιστάντες κ. κατακερματίζοντες).

Esau: congr. erud. grat. 12 (I, 528) τοτὲ μὲν ποίημα θεοῦ τοτὲ δὲ δρῦς ἑρμηνεύεται. 1) ποίημα geht auf עשה. Ueber den Ursprung dieser Etymologie im Midrasch vgl. o. S. 154. Philo fasst ποίημα als Gebilde und demnach den Esau als Gegenbild zu Jakob, der Gen. 25, 27 LXX ἄπλαστος genannt wird. Darum ist er πλάσμα τύφου, nichtige Bildung, Symbol des unverständigen Lebens. ibid. 2) δρῦς geht auf עץ vgl. zu dieser Ableitung m. philon. St. S. 151. — Hiernach ist Esau die unverständige Hartnäckigkeit.

Geon: στῆθος ἢ κερατίζων. leg. alleg. I, 21 (I, 57). 1) στῆθος geht auf גחון s. Gen. 3, 14. Levit. 11, 42. Die Unterseite der kriechenden Thiere. 2) κερατίζων geht auf נגח mit den Hörnern stossen, cf. Exod. 21, 28. Dadurch wird Geon zum Symbol der ἀνδρία, die in der Brust ihren Sitz hat und die Kenntniss der Vertheidigungskunst besitzt.

Gerara: 1) quaest. in Gen. IV, 176 = septum (sepes) Verwechselung mit גדר 2) ibid. c. 195 peregrinatio, geht auf גור

Lea: de mut. nom. 44 (I, 617) ἀνανευομένη καὶ κοπιῶσα. — Sie ist ein Abbild der von den Meisten gemiedenen, sich abmühenden Tugend. Ueber die erste Bildung s. m. philon. St. S. 153, die zweite ist von לאה sich abmühen. Gen. 19, 11 u. a.

Pharan: quaestt. in Genes. III, 36 grando vel far. Ersteres erinnert an ברד, letzteres an die Wurzel פרה

Sabbat: ἀνάπαυσις in de cherub. 26 (I, 154) vom St. שבת Dagegen περὶ νηστείας b. Tischdf. p. 62. σάββατα σαββάτων = ἑβδομάδα ἑβδομάδων erinnert an שבע sieben. vgl. m. philon. St. S. 150 f.

Hierneben finden sich Fülle, in denen griechische und hebräische Etymologie neben einander erscheinen. Auch hierzu bietet die ältere jüdische Exegese Parallelen. So wird z. B. Richt. 4, 9 אפס durch das Griechische ἢ φής erklärt und übersetzt: מה את סבור. Midr. Rab. Gen. p. 40°. Auch Beispiele, wo die hebräischen Worte durch arabische erläutert werden, kommen vor Jalkut I, 145 u. a.

Bei Philo finden sich folgende Beispiele:

Aethiopia ταπείνωσις leg. alleg. I, 21 (I, 57) vom arab. قَاسَ hebr. קוש (s. m. philon. St. S. 151) neben

Aethiopissa: πεπυρωμένη leg. alleg. II, 17 (I, 78) von αἴθω als Symbol der ἀμετάβλητος καὶ κατακορὴς γνώμη, wozu Creuzer theol. Studien 1832. I, 23 an das platonische κατακορὴς νοῦς erinnert und auf den Doppelsinn von κόρη Pupille (das Schwarze im Auge) und κόρη Mädchen (hier zugleich die schwarze Aethioperin) aufmerksam macht.

Euphrates: 1) καρποφορία von פרת. 2) εὐφραίνουσα leg. alleg. I, 23 (I, 58). quis rer. div. haer. 62 (I, 518).

Evilat: 1) leg. alleg. I, 24 (I, 59) ὠδίνουσα. vgl. m. philon. St. S. 151. 157. Der nach Unerreichbarem trachtende und gewissermassen immerfort in Wehen liegende Unverstand. 2) ibid. 20 (I, 56) εὖ und ἵλεως als Bezeichnung der ruhigen Haltung der Seele (τὴν εὐ-μενῆ καὶ πραεῖαν καὶ ἵλεων κατάστασιν).

Lea: Die hebräischen Ableitungen s. o. S. 195. Dazu kommt die Griechische von λεῖος leg. alleg. II, 15 (I, 77). Die λειότης ist die γύμνωσις ψυχική.

Pascha: 1) διάβασις de migr. Abr. 5 (I, 440) u. a. Uebergang vom Irdischen zu Gott. 2) von πάσχειν quis rer. div. haer. 40 (I, 500) mit mehrfachen Wortspielen: πάσχα δὲ ἔστιν ὅταν ἡ ψυχὴ τὸ μὲν ἄλογον πάθος ἀπομαθεῖν μελετᾷ τὴν δ' εὔλογον εὐπάθειαν ἑκουσίως πάσχῃ.

Peitho: 1) στόμα ἐκθλῖβον de poster. Cain. 16 (I, 236), de somn. I, 14 (I, 632). vgl. m. philon. St. S. 159. 2) von πείθειν in der ersteren Stelle. Symbol des Logos.

Phison: 1) στόματος ἀλλοίωσις leg. alleg. I, 24 (I, 58) s. m. philon. St. S. 154. 156. — Symbol der φρόνησις, welche in der Aenderung der Rede besteht; man legt die sophistischen Reden ab und wendet sich ernsten Thaten zu. 2) von φείδεσθαι ibid. 20 (I, 56) und in der Schreibung Φυσών von φυλάττειν ibid. — Beschützung der Seele vor dem Unrecht (φείδεσθαι καὶ φυλάττειν τὴν ψυχὴν ἀπὸ ἀδι-κημάτων).

Bei dem Namen Mose steht sogar eine ägyptische Erklärung neben der hebräischen. Er wird de vita Mos. I, 4 (I, 83) vom ägyptischen μῶς = ὕδωρ hergeleitet, während er de mut. nom. 22 (I, 597) λῆμμα καὶ ψηλάφημα erklärt, also von משה (vgl. die Etymologie von Chamos = ὡς ψηλάφημα in leg. alleg. III, 82 [I, 133]) abgeleitet wird.

Bisweilen bemerkt indessen Philo, dass er von solchen aus dem äusseren Gleichklange hervorgehenden Deutungen hebräischer Namen aus dem Griechischen die eigentliche Dolmetschung (ἑρμηνεία) noch unterscheide, wie z. B. in der oben angeführten Stelle de poster. Cain. 16 (I, 236), wo er sagt: Ἡ μὲν γὰρ Πειθὼ ὁ λόγος ἐστὶν ὅτι περὶ τούτον τὸ πείθειν, ἔχει δὲ ἑρμηνείαν στόμα ἐκθλῖβον.

Ueber die Bedeutung, welche die einzelnen Namen als Träger geistiger Zustände (τρόποι ψυχῆς) haben, werden wir bei der Darlegung des allegorischen Systems des Philo handeln.

24. Gattungen der Allegorie.

Es bleibt zum Schluss uns hier nur noch übrig, etwas über die Gattungen der Allegorie zu sagen, welche im Systeme Philo's in Geltung sich befinden. Während er öfter allegorische Erklärungen bloss aus der Ueberlieferung berichtet oder als gleichberechtigte Deutungen neben einander aufführt [1]), tritt an mehreren Stellen der bestimmte

---

1) Wie z. B. die Untersuchung, was die Himmelsleiter ἐν κόσμῳ und was sie ἐν ἀνθρώπῳ bedeute. de somn. I, 22. 23 (I, 641 ff.).

Gegensatz einer doppelten Auslegungsweise hervor, den er mit den Worten φυσικῶς und ἠθικῶς, λόγος φυσικώτατος καὶ ἠθικώτατος, letzterer auch ἡ πρὸς τὸ ἦθος ἀπόδοσις genannt, einführt. Dies war eine von den Stoikern entlehnte Unterscheidung (s. oben S. 13). Es fragt sich nur, welchen bestimmten Sinn dieselbe bei Philo habe. Wenn man die so bezeichneten Stellen mit einander vergleicht, so ergiebt sich Folgendes. Zunächst ist zu beachten, dass φυσικῶς und φυσικὸς λόγος bei Philo auch in einem allgemeineren Sinne für jede Allegorie vorkömmt, wie das Wort schon von den Stoikern und von Aristobul gebraucht worden ist[1]). Tritt aber die physische Allegorie im bestimmten Gegensatz zur ethischen auf, so bezieht sich jene auf Vorgänge in der Natur im weitesten Sinne, diese auf Vorgänge, die speciell im höheren Seelenleben des Menschen statt haben. — Z. B. Gen. 2, 2 ff. wird in leg. alleg. I, 6 (I, 46) φυσικῶς verstanden als eine allegorische Darstellung der Wahrheit, dass auf die Schöpfung der irdischen Güter die der himmlischen folge, da die Sechszal auf ϑνητὰ γένη, die Siebenzal auf die ϑεῖα deute, als ethische Auslegung wird aber angegeben, dass in der menschlichen Seele das Sterbliche (die Sechszal) aufhöre, sobald das Unsterbliche (die Siebenzal) in ihr Raum gewinne. — Die doppelte Thierschöpfung Gen. 1, 24 und 2, 19 wird leg. alleg. II, 4 (1, 68) φυσικῶς auf die Schöpfung der γένη und εἴδη παϑῶν, ἠθικῶς dagegen auf die Ueberfülle der Schlechtigkeit in den Menschen bezogen, welche immer aufs Neue Schlechtes gebiert. Das Blasen ins Angesicht Gen. 2, 7 wird leg. alleg. I, 13 (I, 51) φυσικῶς auf die Schöpfung der Sinnesorgane am Gesicht gedeutet, ἠθικῶς auf die Belebung des νοῦς, der dem Gesicht wegen seiner das geistige Leben beherrschenden Bedeutung vergleichbar sei. — Als eine physische Allegorie wird leg. alleg. II, 2 (I, 67) die Erklärung der Nachschöpfung des Weibes Gen. 2, 18 angeführt, nach welcher die αἴσϑησις und πάϑη das Spätere in der Seele sind; als ethische dagegen leg. alleg. II, 6 (I, 69) die Erklärung von τί καλέσῃ in Gen. 2, 19: Gott wollte die Entfaltung des Geisteslebens im Menschen beobachten und sehen, aus welchen Gründen er die Thiere so oder so benenne, was er für gut, was für böse erklären würde. — de plantat. 28 (I, 347) wird die Vierzal im Gesetze von Lev. 19, 24 physisch als die Zal der die Welt umfassenden Elemente, ethisch als die Zal der vom Logos umfassten menschlichen Tugenden erklärt.

Andere Kategorien, wie z. B. die, welche Planck in seiner oben erwähnten commentatio de princ. Phil. interpr. all. anführt als der sensus psychologicus, physiologicus, mathematicus, astronomicus, zu welchen Carpzov ad Ebr. 9, 2 p. 387 gar den sensus chemicus fügt, sind ein fremdartiger Schematismus, der in Philo selbst keine Anhaltepunkte findet.

---

1) So giebt Philo de Abrah. 20 (II, 14) eine jedenfalls ethische Allegorie als eine solche, welche ihm φυσικοὶ ἄνδρες mitgeteilt hätten.

Zweiter Abschnitt.

Der Schriftbeweis für die Lehren Philo's.

Im Auslegen seid frisch und munter,
Legt ihr's nicht aus, so legt was unter.
Goethe.

Nachdem wir im Vorhergehenden die Gesetze der philonischen Schriftdeutung kennen gelernt haben, liegt uns nunmehr ob, die letztere von ihrer sachlichen Seite zu betrachten. Wir verstehen indessen diese Aufgabe nicht so, als ob darin eine ausführliche Darlegung des philosophischen Systems des Philo eingeschlossen läge. Diese setzen wir vielmehr voraus und verweisen in dieser Rücksicht auf die zalreichen und bekannten Darstellungen desselben [1]. — Unsere Sache ist es, zu untersuchen, auf welche Art Philo seine Lehren biblisch begründet habe, weil gerade hierin seine Bedeutung für die Entwickelung der alttestamentlichen Auslegung in der Folgezeit ruht. Dieser Nachweis kann uns aber nur dann gut gelingen, wenn wir zuvor das Verhältniss kritisch gewürdigt haben, in welchem die philonischen Lehren an und für sich zum A. T. stehen, weil wir erst hiernach recht in der Lage sind zu beurteilen, inwiefern zu ihrer Schriftbegründung eine Allegoristik nötig war und wie die philonische Ausle-

---

1) Unter den Darstellungen der Lehre Philo's vom philosophischen Standpunkte aus sind als die wichtigsten hervorzuheben: Stahl, Versuch eines systematischen Entwurfs des Lehrbegriffs Philo's von Alexandrien, in Eichhorn's Biblioth. d. bibl. Lit. Bd. 4 S. 770—890. Gfrörer, Urchristenthum I, 116—584. Dähne, geschichtl. Darstellung der jüd.-alex. Rel.philos. I, 114—438 und Ersch u. Gruber, Encykl. 3 Sect. 23 Thl. S. 444—450. Ritter, Gesch. der Philos. IV, 444 ff. Preller, hist. phil. gr. rom. §. 500 ff. Brandis, Gesch. der Entwickelung griech. Philos. II, 282. Ueberweg, Grundriss der Gesch. d. Phil. 3 Aufl. I, 226 ff., besonders 231 ff. Baur, Recension des Buchs v. Dähne, Jahrbb. f. wissenschaftl. Kritik 1835 S. 476. Ders. Lehre von der Dreieinigkeit I, 59—78. Dorner, Entwicklungsgesch. der L. v. der Person Christi I. Einleitung S. 21—57. Lutterbeck, neutestl. Lehrbegr. I, 418—446 (auf Ritter beruhend). Grossmann, quaestiones Philoneae, Lips. 1829. Ewald, Gesch. d. V. Israels VI, 268—290. Steinhart in Pauly's Realencyklopädie V, 1499 ff. Wolff, die philon. Philos. in ihren Hauptmomenten 2 Aufl. Gothenburg 1859. Zeller, Philosophie der Griechen III, 2 S. 306—367. Hausrath, neutestamentl. Zeitgeschichte. Heidelberg 1872. II, 143 ff. Keim, Jesu v. Nazara I, 216 ff. Lipsius, alexandrinische Religionsphilosophie in Schenkel's Bibellexikon I, 85—90. Noack, „der Jude Philon von Alex. u. s. Weltansicht" in der Psyche II (1861) H. 6. H. Schultz, über die alex. Relig.phil. in Gelzer's Monatsbl. Octob. 1864.

guug diese Aufgabe löste. Damit ist uns unser Verfahren vorgeschrieben. Wir stellen demnach in kurzen Zügen die philonischen Lehren dar, wir untersuchen ihr Verhältniss zum A. T. an sich und wir zeigen, auf welche Weise sie von Philo künstlich mit der Schrift in Verbindung gebracht wurden. — Es wird am einfachsten sein, den gesammten Stoff nach folgenden Gesichtspunkten zu ordnen. Wir beginnen mit der Lehre von Gott, den göttlichen Kräften und von dem Logos, lassen dann die Lehre von der Materie und der Schöpfung folgen, knüpfen hieran die Lehre vom Menschen und schliessen mit den ethischen Lehren.

———— ··

Erstes Capitel.
Die Theologie.

§. 1. Die Lehre von Gott.

Die philonische Gotteslehre, soweit sie von den Einflüssen der griechischen Philosophie abhängt, bewegt sich, wie die neu-pythagoräische [1]), in einer doppelten Reihe von Bestimmungen, welche einander völlig entgegengesetzt sind. Es sind nämlich einmal solche, welche auf dem Wege der Verneinung gewonnen werden und sodann positive Aussagen über die Natur des göttlichen Wesens. Daneben her spielen Einflüsse biblischer oder altjüdischer Theologie.

I.

Was die negativen Bestimmungen betrifft, so zeigt sich in ihnen das Bestreben, Gott und die Welt so scharf als möglich zu unterscheiden. Gott ist nach Philo nicht wie der Himmel oder wie die Welt oder wie der Mensch, er hat kein räumliches oder zeitliches Sein, keine menschlichen Eigenschaften oder Affecte; er hat überhaupt gar keine Eigenschaften ($\mathring{\alpha}\pi o\iota o\varsigma$), infolge dessen auch keinen Namen ($\mathring{\alpha}\varrho$-$\varrho\eta\tau o\varsigma$) und ist deshalb für Menschen nicht wahrnehmbar ($\mathring{\alpha}\varkappa\alpha\tau\mathring{\alpha}\lambda\eta\pi\tau o\varsigma$). — Es gab für diese Anschauungen gewisse reale Anhaltspunkte im A. T.: für jenen Gegensatz Gottes zur Welt die oft vorgetragene Lehre von der Erhabenheit des Herrn über die Erde und die Menschen, für die Unerkennbarkeit Gottes die Weigerung des Herrn, sein Angesicht zu zeigen, Exod. 33, 20 ff. — Aber von einem eigenschaftslosen Gott weiss das A. T. nichts, vielmehr hat Gott in demselben sehr bestimmte Eigenschaften; auch ist Gott im A. T. nichts weniger als frei von Affecten, sondern von sehr lebhaftem Eifergeist erfüllt, von Reue bewegt u. ähnl.; und er ist durchaus kein namenloses Wesen, sondern seinem Volke unter einem bestimmten heiligen Namen geoffenbart. Das A. T. endlich unterscheidet wol Gott von der Welt, ist aber sehr

---

1) vgl. Zeller III, 2 S. 101.

weit entfernt diesen Gegensatz zum unversöhnlichen Dualismus zu treiben. Es ist daher offenbar, dass das A. T. nicht das Fundament der philonischen Gotteslehre sein kann; wir entdecken das letztere vielmehr in jenem Gegensatze, in welchen die platonische Philosophie die Idee zur Materie stellt. Erscheint diese bei Plato als das eigentlich Mangelhafte, ja geradezu Böse, so bleibt für den mit der Idee identificirten Gott keine andere Stellung übrig als die des völligsten Gegensatzes zur Materie, und Philo selbst trug kein Bedenken die äusserste Consequenz dieser Anschauung zu ziehen, nämlich Gott jede Beziehung zur Welt sowol vor als nach der Schöpfung abzusprechen [1]). Eine solche Theologie, wenn sie nicht geradezu mit dem A. T. brechen wollte, war zu den gewaltsamsten Umdeutungen genötigt.

Im A. T. werden Gott Hände und Füsse, Kommen und Gehen, Augen und Ohren (quod deus immut. 12. I, 281); Mund und Nase (leg. alleg. I, 13. I, 50), ja Zunge und Luftröhre (de decal. 9. II, 185) zugeschrieben. Die Auskunft, diese unläugbaren Anthropomorphismen der älteren Theile der Bibel als durch die Entwickelung des späteren Profetismus corrigirt anzusehen, war für Philo nicht vorhanden, da ihm der Buchstabe der Schrift durchweg als göttlich galt und er keine Unterschiede ihrer Bestandtheile kannte. Andererseits standen diese Vorstellungen der oben beschriebenen Anschauung Philo's vom göttlichen Wesen diametral entgegen und er erklärte sich daher auch mit einer gewissen Leidenschaftlichkeit gegen dieselben, nannte sie ἀτοπία (leg. alleg. l. c. de sacrif. Ab. et Cain. 29. I, 182) ὑπερωκεάνιος καὶ μετακόσμιος ἀσέβεια (de confus. lingu. 27. I, 425) und behauptete nachdrücklichst οὐδ' ἀνθρωπόμορφος θεός (l. c.). Wenn in der Bibel dem Menschen Gottebenbildlichkeit zugeschrieben werde, so sei nicht zu übersehen, dass Gen. 1, 27 nicht da stehe εἰκόνα θεοῦ, sondern κατ' εἰκόνα θεοῦ ἐποίησεν αὐτόν, worin liege, dass nicht der Mensch selbst ein Abbild Gottes sei, sondern dass er nach einem Abbilde Gottes (d. h. dem Logos) geschaffen sei, de opif. m. 23. I, 16. Dass dergleichen sonst in der Schrift vorkomme, erkläre sich aus einer Accommodation derselben an menschliche Vorstellungen: de confus. lingu. 21. I, 419, bes. 27. I, 425 ταῦτα ἀνθρωπολογεῖται παρὰ τῷ νομοθέτῃ περὶ τοῦ μὴ ἀνθρωπομόρφου θεοῦ. vgl. auch oben S. 162. 166. Den Beweis für die Richtigkeit dieser Annahme fand Philo in der Zusammenstellung zweier Schriftstellen, Num. 23, 19 οὐχ ὡς ἄνθρωπος und Deut. 1, 31 ὡς ἄνθρωπος παιδεῦσαι τὸν υἱὸν αὑτοῦ. Aus der ersteren schloss er, dass Gott an sich nicht sei wie ein Mensch, aus der zweiten, dass er uns pädagogischen Rücksichten bisweilen wie ein Mensch dargestellt werde. (quod deus immut. 11. I, 281 ὥστε παιδείας ἕνεκα καὶ νουθεσίας ἀλλ' οὐχὶ τῷ πεφυκέναι τοιοῦτον εἶναι λέλεκται.)

Diese Accommodationstheorie galt auch für die Affectlosigkeit Gottes. Gott ist an sich frei von den ἄλογα ψυχῆς πάθη (quod

---

1) de mut. nom. 4 (I, 582): τὸ γὰρ ὂν ᾗ ὄν ἐστιν οὐχὶ τῶν πρός τι· αὐτὸ γὰρ ἑαυτοῦ πλῆρες καὶ αὐτὸ ἑαυτῷ ἱκανὸν καὶ πρὸ τῆς τοῦ κόσμου γενέσεως καὶ μετὰ τὴν γένεσιν τοῦ παντὸς ἐν ὁμοίῳ.

deus immut. l. c.) (ἀσεβῶν αἱ μυθοποίαι ... ἀνθρωποπαθὲς εἰςαγόντων τὸ θεῖον ibid. 12. I, 281), er ist ἄλυπος ἄφοβος καὶ ἀμέτοχος παντὸς πάθους (de Abrah. 36. II, 29), wird aber menschlicher Weise bisweilen so dargestellt, als hätte er Leidenschaften (quod deus immut. l. c. de sacrif. Ab. 29. I, 182). Dass Gott an und für sich unbewegt ist von Leidenschaften, zeigt Exod. 2, 12. Mose blickt in seiner Seele umher und sieht alles in derselben in Aufruhr, er sieht nur Gott unbewegt stehen. (περιβλεψάμενος τὴν ὅλην ψυχὴν ὧδε καὶ ἐκεῖσε καὶ μηδένα ἰδὼν ἑστῶτα ὅτι μὴ τὸν ὄντα θεὸν τὰ δ' ἄλλα κλονούμενα καὶ σαλευόμενα leg. alleg. III, 12. I, 94.)

Das muss uns — meint Philo — anleiten, auch den anthropopathisch klingenden Ausdrucksweisen der Schrift den rechten Sinn abzugewinnen. So bezeichnen z. B. die Ausdrücke ἐνεθυμήθη καὶ διενοήθη Gen. 6, 6 nicht eine Reue Gottes, sondern wollen sagen, dass Gott sich seiner ἔννοια, der in ihm ruhenden Erkenntniss (ἡ ἐναποκειμένη νόησις) und seiner διανόησις d. h. der nach Aussen wirkenden Einsicht bediene, wenn er seine Werke betrachte. Diejenigen derselben, welche in der festgesetzten Ordnung bleiben, lobe er und strafe die, welche dieselbe verlassen haben (quod deus immut. 7. I, 277). — Die mit dieser Affectlosigkeit zusammenhängende innerliche Unveränderlichkeit des göttlichen Wesens: (τὸ στῆναι καὶ ἄτρεπτον κτήσασθαι διάνοιαν de cherub. 6. I, 142. τὸ θεῖον ἄτρεπτον ibid.) fand Philo in Stellen wie Deut. 5, 31 σὺ δὲ αὐτοῦ στῆθι μετ' ἐμοῦ. Das Stehen Gottes deute τὸ ἀκλινὲς καὶ ἀρρεπὲς τῆς γνώμης an. quod deus immut. 6. I, 276. Auch werde man finden, wie die Schrift durch vorsichtige Wortstellung eine Sinnesänderung in Gott ausschliesse. Es heisse Gen. 6, 7 nicht διότι ἐποίησα αὐτοὺς ἐθυμώθην, weil hierin eine solche liegen würde, sondern ἐθυμώθην ὅτι ἐποίησα αὐτούς. quod deus immut. 15. I, 283.

Indem so von dem Göttlichen alle Aehnlichkeit mit dem Menschlichen fern gehalten wurde, knüpfte sich hieran leicht das Bestreben überhaupt jeden Vergleich mit dem Geschaffenen auszuschliessen. Philo motivirte auch diesen Schritt seiner Speculation mit Num. 23, 19, indem er aus οὐχ ὡς ἄνθρωπος θεός die Folgerung zog οὐθ' ὡς οὐρανός οὐθ' ὡς κόσμος quod deus immut. 13 (I, 282), vgl. quaestt. in Genes. II, 54: re enim vero non sicut homo Deus est neque etiam sicut sol neque sicut coelum neque ut mundus sensibilis.

Aus dieser Absonderung von allem Kreatürlichen folgte mit Notwendigkeit, dass Gott ein Sein oder eine Bewegung im Raume abgesprochen wurde. In Gen. 3, 9 Ἀδάμ, ποῦ εἶ liegt mit Beiseitesetzung der Frage und des Accents (vgl. oben S. 176): Adam, du bist irgendwo, Gott dagegen hat kein ποῦ, kein Sein im Raume, wie du annahmst, als du dich vor ihm verstecktest, leg. alleg. III, 17. I, 97. Gen. 28, 16 ff. erzält: „es erwachte Jakob von seinem Schlaf und sprach: der Herr ist an diesem Ort, ich aber wusste nichts (sic!) und er fürchtete sich" u. s. w. Damit will die Schrift sagen: Jakob wusste nicht, dass Gott überhaupt nicht an irgend einem Orte sei, indessen gleich darauf erkannte er dies, indem er sprach: οὐκ ἔστι τοῦτο ὃ ἐδόξασα ὅτι κύριος ἔν τῷ τόπῳ, und fürchtete sich wegen seiner bisherigen thörichten Meinung, de somn. I, 31. 32. I, 648. — Aus Gen. 22, 3. 4 ἦλθεν ἐπὶ τὸν τόπον . . . εἶδε τὸν τόπον μάκροθεν ersehen wir, wie Abraham die Wahrheit erkannte, dass Gott über alle Schöpfung hinausliege (τὸ μακρὰν τὸν θεὸν εἶναι πάσης γενέσεως), wobei τόπος wie später in der Kabbala מָקוֹם als Bezeichnung Gottes gefasst wird. de somn. I, 11. I, 630. vgl. de profug. 14 (I, 557) zu Exod. 21, 13 δώσω σοι τόπον· τόπον γὰρ καλεῖ νῦν οὐ χώραν ἐκπεπληρωμένην ὑπὸ σώματος ἀλλὰ δι' ὑπονοιῶν αὐτὸν τὸν θεὸν ἐπειδὴ περιέχων οὐ περιέχεται καὶ ὅτι καταφυγὴ τῶν ὅλων ἐστί.

Die Bewegungslosigkeit Gottes liegt in Deut. 5, 31 σὺ δὲ αὐτοῦ στῆθι μετ' ἐμοῦ. Ausdrücklich sagt die Schrift so und nicht ἐγὼ μετά σου, weil das Stehen eben Gott eigentümlich ist, τὸ ὂν ἀκίνητον οὐ στήσεται ἀλλ' ἀεὶ ἕστηκεν de poster. Cain. 9. I, 231. — Aehnlich Exod. 17, 6 ὁ δὲ στὰς ἐγὼ πρὸ τοῦ σε, das Göttliche ist unsichtbarer Weise überall, bewegt sich nach keinem Punkte hin. de confus. lingu. 27. I, 425. de migr. Abr. 32. I, 465. leg. alleg. III, 2. I, 88. — Leicht schloss sich hieran die Anschauung der bleibenden Natur Gottes. Auch auf sie deutet der tropische Ausdruck des „Stehens" in der Bibel. Gen. 17, 3 Abraham fällt auf sein Gesicht, indem er erkannte, dass Gott allein der Stehende d. h. der Bleibende ist. de mut. nom. 7. 8 (I, 586 ff.). de somn. II, 32 (I, 688) heisst Gott ἑστὼς ἐν ὁμοίῳ καὶ μένων.

Diese Natur Gottes sollte nun nach dem Vorhergehenden weder mit der menschlichen noch mit der irgend welches wirklichen Dinges Aehnlichkeit haben. Sie übertraf alles Vorhandene und jede Vorstellung. Deus quoniam similitudinem aut comparationem aut aenigma non patitur beatissimus ille ac felicissimus, immo superat vel ipsam beatitudinem ac felicitatem ac quidquid his melius potiusque cogitari possit. quaestt. in Gen. II, 54. Es ergab sich hieraus mit Notwendigkeit die Behauptung der Eigenschaftslosigkeit Gottes. Das Verbot der Götzenbilder Exod. 20, 23. Deut. 27, 15 beweist, dass Gott ohne Eigenschaften ist, denn jene beruhen ja auf der Annahme, dass Gott eine Qualität beigelegt werden könne, leg. alleg. I, 15 (I, 53), III, 11 (I, 94). Daher die richtige Erkenntniss: τὸ ψιλὴν ἄνευ χαρακτῆρος τὴν ὕπαρξιν (θεοῦ) καταλαμβάνεσθαι, quod deus immut. 11 (I, 281). Im Grunde war aber mit dieser Eigenschaftslosigkeit nichts anderes gemeint, als dass Gott ausser aller Beziehung zur Materie stehe. Darum nennt Philo auch die göttliche Natur eine einfache und ungemischte, während alle übrigen Wesenheiten gemischter Art halb ideell halb materiell sind.

Das findet er in Ps. 62 (61), 12 ἅπαξ κύριος ἐλάλησε. Das Einmalige komme nur dem Ungemischten (ἄκρατον) zu, dieses sei die μονάς, quod deus immut. 18 (I, 285). Ferner Gen. 2, 18 οὐ καλὸν εἶναι τὸν ἄνθρωπον μόνον. Allein zu sein sei nur Gott möglich, er sei kein σύγκριμα, eine ἁπλῆ φύσις καὶ μονάς. leg. alleg. III, 1 (I, 66). vgl. de mut. nom. 34 (I, 606).

Schwierig war es besonders, die von Philo behauptete Namen- losigkeit des göttlichen Wesens mit den im A. T. vorkommenden Namen desselben in Einklang zu bringen. Hier half dem Philo seine mangelhafte Kenntniss des Hebräischen. Die LXX geben die beiden Gottesnamen אלהים und יהוה durch ϑεύς und κύριος wieder. Philo, der nicht ahnte, dass der letztere die Uebersetzung des geheimnissvollen Tetragrammaton sei, übertrug diese beiden Bezeichnungen auf die beiden vornehmsten göttlichen Kräfte (s. unten) und behauptete, der eigent- liche Name Gottes sei unaussprechbar, ja er sei überhaupt gar nicht vorhanden. Die 4 Buchstaben am Schilde des Hohenpriesters deute- ten nach seiner Meinung den Namen Gottes nur an (de vita Mos. III, 14. II, 155 ἐξ ὧν (γραμμάτων) ὄνομα τοῦ ὄντος φασὶ μηνύεσϑαι). Ihn durften nur die Geweihten im Heiligthume aussprechen (ibid. III, 11. I, 152)[1]). Der Sinn dieses Namens sei „der Seiende", vgl. de Abrah. 24. II, 19 πατὴρ τῶν ὅλων ... ὃς ἐν ταῖς ἱεραῖς γραφαῖς κυρίῳ ὀνόματι καλεῖται ὁ Ὤν, und sonach komme Gott in der Tat gar kein Name zu, sondern nur das Sein. (de vita Mos. I, 14. II, 42 ἐγὼ εἰμὶ ὁ ὢν [nach Exod. 6, 2. 3] ἵνα ... προςαναδιδαχϑῶσιν ὡς οὐδὲν ὄνομα ἐπ' ἐμοῦ τὸ παράπαν κυριολογεῖται ᾧ μόνῳ πρόςεστι τὸ εἶναι.) Damit stimmt zusammen Exod. 3, 14. Die Worte ἐγὼ εἰμὶ ὁ ὢν beweisen, dass es dem Menschen nur möglich sei, das Sein (τὴν ὕπαρ- ξιν) Gottes zu erkennen, de somn. I, 39. 40 (I, 655). Ebenso geht aus Exod. 6, 3 τὸ ὄνομά μου οὐκ ἐδήλωσα αὐτοῖς und aus Gen. 32, 29 dem Verbote, nach dem Namen Gottes zu fragen, hervor, dass Gott namenlos sei (ὅτι τὸ ὂν ἄρρητόν ἐστι), de mut. nom. 2 (I, 579. 580). — Nur so erklärt es sich auch, weshalb Levit. 24, 15 ff. das Nennen des göttlichen Namens für etwas Schlimmeres erklärt wird als das Fluchen (de vita Mos. III, 25. I, 161).

Weniger Schwierigkeiten machte es, wie bereits oben angedeutet, die Lehre von der Unerkennbarkeit Gottes im A. T. nachzuwei- sen. Aus Exod. 20, 21, wo es heisst, Mose sei, um mit Gott zu re- den, in das Dunkel (εἰς τὸν γνόφον) eingegangen, entnahm Philo, dass in dem letzteren die unverkennbare Natur des göttlichen Wesens an- gedeutet sei. (αἱ ἄδυτοι καὶ ἀειδεῖς περὶ τοῦ ὄντος ἔννοιαι de poster. Cain. 5. I, 228. ἡ ἀόρατος οὐσία de mut. nom. 2. I, 579. vgl. de Abrah. 16. II, 12. fragm. II, 662.) Mose habe in dem Dunkel vor- wärts strebend nichts gefunden und so habe er denn an Gott die Bitte gerichtet, ihm sein Angesicht zu zeigen, Exod. 23, 13. Wie das An-

---

1) Eine ungenaue Auffassung der Tradition. Dass der Hohepriester nur im Allerheiligsten den „Namen" habe aussprechen dürfen, findet sich nirgend. Vielmehr geschah dies beim Priestersegen, aber allmählich nahm die Scheu vor Miss- brauch zu und das deutliche Aussprechen des Namens unterblieb, ja zuletzt auch das Aussprechen überhaupt. Synhedr. 10, 1. Philo scheint eine alte Halacha miss- verstanden zu haben, welche den Gebrauch des Namens ausserhalb der priester- lichen Dienstverrichtungen untersagte.

gesicht beim Menschen der eigentliche Ausdruck des Wesens sei, so
bedeute es bei Gott die reinste Idee des Seienden [1]). Mose habe die-
selbe zu schauen begehrt, da ihm die Welt immer nur das Sein Got-
tes, nie aber die Art dieses Seins gezeigt habe (de monarch. I, 6. II,
218). Darauf habe ihm Gott erwiedert, dass er etwas Unmögliches
begehre, da dies durch die Schranken der menschlichen Fassungskraft
verhindert werde. (τὸ ὂν ἀκατάληπτόν ἐστι, de mut. nom. l. c.) Dass
der Mensch auf die Erkenntniss des Seins Gottes beschränkt sei, zeige
auch Deut. 32, 29. Die Schrift vermeide es, Gott die Worte ἴδετε ἐμέ
in den Mund zu legen, sondern es heisse: ὅτι ἐγώ εἰμι ἴδετε == τὴν
ἐμὴν ὕπαρξιν θεάσασθε, de post. Cain. 48 (I, 258). Dasselbe liege in
Gen. 22, 4 „am dritten Tage kam er an den Ort und sahe den Ort
von ferne". Die Schrift wolle sagen: „als er hinkam, war ihm das
Object seiner Erkenntniss wieder weit hinausgerückt". Es wird hier-
bei τόπος (מָקוֹם) wie oben S. 202 als Bezeichnung Gottes gefasst. de
poster. Cain. 6 (I, 229). Auch Exod. 17, 6 ὁ δὲ στὰς ἐγώ πρὸ τοῦ σε
d. h. ich stand hier, ehe du da warst, nun du da bist, stehe ich nicht
mehr hier, deutet darauf, dass Gott stets dem menschlichen Erkennen
sich entzieht. de confus. lingu. 27 (I, 425). Deshalb auch wohne
Gott in Sina == inaccessum, d. h. auf einer unzugänglichen Höhe.
quaestt. in Exod. II, 45.

II.

Die bisherige Fassung des Gottesbegriffs machte sowol Schöpfung
wie jegliche Einwirkung Gottes auf die Welt unmöglich, auch schloss
sie Gott gänzlich vom Menschen ab und raubte somit der Ethik jede
religiöse Grundlage.

Nun waren aber göttliche Schöpfung, Welterhaltung und Welt-
leitung wesentlich jüdische Glaubenssätze, von deren Wahrheit auch
Philo tief durchdrungen war. Ausserdem empfand er lebhaft einen
sehnsuchtsvollen Zug des Herzens nach mystischer unmittelbarer Ge-
meinschaft mit Gott. Er ergriff darum mit Begierde die Handhabe,
welche ihm die stoische Lehre von der Immanenz Gottes bot, um auch
diese Vorstellungen in das Gewand griechischer Denkart kleiden zu
können. Glücklicherweise besass er Unklarheit genug, nicht zu mer-
ken, in wie grosse Widersprüche er sich hierbei verwickelte [2]). Hatte
er bisher Gott ganz ausserhalb der Welt versetzt, so betrachtete er
ihn nun als das einzig Wirkliche in der Welt, nennt ihn den einzi-
gen Bürger der Welt (κόσμου πολίτης), während alle übrigen Wesen
nur Anwohner (πάροικοι) derselben seien, de cherub. 34 (I, 161).
Konnte Gott vorher gar nichts in der Welt wirken, so wirkt er nun-

---

1) Fragm. II, 654: τὸ πρόσωπον οὐ κυριολογεῖται· παραβολὴ δέ ἐστιν εἰς δή-
λωσιν τῆς καθαρωτάτης καὶ εἰλικρινεστάτης τοῦ ὄντος ἰδέας· ἐπειδὴ καὶ ἄνθρωπος
οὐδενὶ γνωρίζεται μᾶλλον ἢ προσώπῳ κατὰ τὴν ἰδίαν ποιότητα καὶ μορφήν.

2) Diesen Umstand übersieht Wolff, die philon. Philos. S. 16 ff.; denn Gott
gelangt bei Philo nicht bloss im Logos zum lebensvollen Sein, auch Gott an sich
ist, wie aus der folgenden Darstellung hervorgehen wird, lebens- und wirkungsvoll.

mehr alles und ist die einzige Ursache aller Dinge, leg. alleg. III, 3 (I, 88). Nicht nur einmal schafft er, er schafft beständig, leg. alleg. I, 13 (I, 44). Und er erfüllt und umfasst die ganze Welt (s. d. zahlreichen Stellen bei Zeller S. 310. Gfrörer I, 123 ff. Dähne I, 282 ff.). Ja es findet sich sogar die ganz pantheistisch klingende Aeusserung εἶς καὶ τὸ πᾶν αὐτὸς ὤν, leg. alleg. I, 14 (I, 52). Insonderheit ist er die einzige Quelle jedes höheren Lebens im Menschen, de mut. nom. 1 (I, 579) u. o.

Die Einflüsse des Stoicismus zeigen sich auf das deutlichste in der Bezeichnung Gottes als δραστήριον αἴτιον de opif. m. 2 (I, 2), de cherub. 26 (I, 155), quod det. pot. insid. 44 (I, 222) vgl. mit Diog. Laert. I, 7. 134. Sextus Emp. adv. phys. I, 1, als der wirkende νοῦς τῶν ὅλων de migr. Abr. 35 (I, 466), de opif. m. 23 (I, 16) vgl. mit Epictet. II, 8. Marc. Anton. XII, 26.

Die aus dieser Anschauung hervorgehenden positiven Aussagen Philo's über Gott sind zunächst solche, welche die Natur des göttlichen Wesens an sich beschreiben. Aus Jerem. 3, 4, wo Gott οἶκος genannt wird, gewinnt Philo den Begriff einer geistigen Natur (ἀσωμάτων ἰδεῶν ἀσώματος χώρα), de cherub. 14 (I, 148).

Aus Ps. 50 (49), 10 scheint er die Worte ὅλα μου ἐστιν entlehnt zu haben, auf welche er es begründet, dass Gott die vollkommenste Natur (τελειοτάτη φύσις) sei. de cherub. 25 (I, 154).

Mit dieser innern Vollkommenheit hängt es zusammen, dass Gott allein im Zustande der wahren Freude und Seligkeit sich befindet (μόνος ὁ θεὸς ἀψευδῶς ἑορτάζει· καὶ γὰρ μόνος γήθει καὶ μόνος χαίρει καὶ μόνος εὐφραίνεται καὶ μόνῳ τὴν ἀμιγῆ πολέμου συμβέβηκεν εἰρήνην ἄγειν. de cherub. l. c.). Aus diesem Grunde bringt auch Abraham den Isaak Gotte zum Opfer dar, denn da Isaak == γέλως ist, so ziemt es sich, dass dieser Gott geopfert werde, dem allein die Freude zusteht (ὅτι τὸ χαίρειν μόνῳ θεῷ οἰκειότατόν ἐστιν). de Abrah. 36 (I, 29).

Dasselbe gilt vom Zustande der Ruhe und des Friedens. Die Worte in Deut. 5, 31 σὺ δὲ αὐτοῦ στῆθι μετ' ἐμοῦ zeigen an, dass in die menschliche Seele wol heftige Bewegungen eindringen, in Gott aber beständige Stille herrscht (νηνέμῳ εὐδίᾳ χρώμενος γαληνιάζει), quod deus immut. 6 (I, 276). — στάσις τε καὶ ἠρεμία ἀκλινὴς ἡ παρὰ τὸν ἀκλινῶς ἑστῶτα ἀεὶ θεόν de gigant. 11 (I, 269). Darum ist auch Jerusalem (ὅρασις εἰρήνης) Gottes Stadt, denn wer Gott schaut, hat Frieden, da Gott selbst der Friede ist, de somn. II, 38 (I, 692), und dem entsprechend wird Levit. 23, 3 der Sabbat als Sabbat Gottes bezeichnet, indem Gott allein unter den Dingen wahrhafte Ruhe hat, de cherub. 26 (I, 155).

Unter den Eigenschaften Gottes gibt es nun eine, welche gewissermassen aus dem Wesen Gottes herausstrebt: nämlich die Güte. Sie drängt nach Manifestation und wird darum die Grundlage der Weltschöpfung. de mut. nom. 5 (I, 585) sagt Philo: τίς γὰρ οὐκ εἴδεν ὅτι καὶ πρὸ τῆς τοῦ κόσμου γενέσεως ἱκανὸς ἦν αὐτὸς ἑαυτῷ . . . διὰ τί γοῦν ἐποίει τὰ μὴ ὄντα; ὅτι ἀγαθὸς καὶ φιλόδωρος ἦν. vgl. de opif.

m. 5 ff. (I, 5), de cherub. 35 (I, 261 f.), de sacrif. Ab. et Cain. 15 (I, 173).

Da nun Philo unter *θεός* insbesondere den Weltschöpfer versteht, indem er das Wort von *τίθημι* herleitet (de confus. ling. 27. I, 425), [darum erklärt er Gen. 17, 1 *ἐγώ εἰμι θεὸς σός* durch *ἐγώ εἰμι ποιητὴς καὶ δημιουργός*, de mut. nom. 4 (I, 583)], so wird ihm *θεός* zugleich zum charakteristischen Namen der Güte in Gott.

Diese weltschöpferische Macht Gottes ist die alleinige Ursache der Dinge.

Die Bibel nennt die irdische Welt den Fussschemel Gottes, um anzudeuten, dass die Weltursache nicht in dem Geschaffenen liege (*ὅτι οὐκ ἐν τῷ γεγονότι τὸ πεποιηκὸς αἴτιον*), de confus. lingu. 21. (I, 419). vgl. de cherub. 35 (I, 161 ff.). — Num. 5, 2 wird befohlen, dass jeder *λεπρός* und *γονορρυής* aus der Gemeinde ausgeschlossen werden solle. Der *λεπρός* mit seiner Vermischung verschiedener Farben ist ein Abbild derer, welche für die Dinge zweierlei Ursachen, Gott und die Welt annehmen, der *γονορρυής* ist der, welcher wie Heraclit alles von der Welt herleitet. Beide Ansichten sind falsch und werden aus dem *θεῖος χορός* ausgeschlossen, leg. alleg. III, 3 (I, 88). Darum wird Gott Jer. 3, 4 Vater genannt, weil er alles erzeugt hat (*τῶν συμπάντων πατὴρ ἅτε γεγεννηκὼς αὐτά*), de cherub. 14 (I, 148).

Insonderheit rühren von der Güte Gottes die guten Gaben her. So schreibt Jakob Gen. 48, 16 dieselben Gott zu, indem er sagt: *ὁ θεὸς ὁ τρέφων με ἐκ νεότητος*. confus. lingu. 36 (I, 432): *τὰ μὲν γνήσια τῶν ἀγαθῶν ... ἐπὶ θεὸν ἀναφέρεται μόνως αἴτιον*. Auch das Passah, die *διάβασις ἐπὶ θεὸν ἀπὸ τοῦ γεννητοῦ καὶ φθαρτοῦ* deutet darauf hin, dass es nichts Gutes giebt, welches nicht von Gott herrührt (*οὐδὲν γὰρ ἔστι τῶν καλῶν ὃ μὴ θεοῦ τε καὶ θεῖον*) de sacrif. Ab. 17 (I, 174). de profug. 13 (I, 556): *τὰ πρεσβύτερα ἀγαθά ... ἀνέθηκε θεῷ*.

Das Schlechte dagegen in der Welt kann nicht von Gott herkommen, das zeigt Gen. 1, 26. Bei der Menschenschöpfung ruft Gott andere Mächte zu Hülfe, da er mit der materiellen Natur des Menschen sich nicht befassen kann. — (*ἵνα αἱ μὲν τοῦ νῦν κατορθώσεις ἐπ᾽ αὐτὸν ἀναφέρωνται μόνον ἐπ᾽ ἄλλους δὲ καὶ ἁμαρτίαι* de confus. lingu. 35. I, 432. *ἀναγκαῖον δὲ ἡγήσατο τὴν κακῶν γένεσιν ἑτέροις ἀπονεῖμαι δημιουργοῖς τὴν δὲ τῶν ἀγαθῶν ἑαυτῷ μόνῳ*. de profug. 13. I, 556.) vgl. de mut. nom. 4 (I, 583). Daher bildet Gott nur die Seele des Guten, die Seele des Schlechten nicht. Für die *μέση ψυχή* ruft er die Mithelfer herbei, welche dieselbe mit dem Leibe in Verbindung bringen. Dies deutet die Schrift an durch Wechsel des Numerus Gen. 1, 26 *ποιήσωμεν*, dann aber v. 27 *ἐποίησεν*, ersteres geht auf die *μέση ψυχή*, letzteres auf den *νοῦς καθαρώτατος*. de profug. 14 (I, 556).

Wer daher Gott auch das Schlechte zuschreibt, den trifft der Vorwurf des Kain *οὐκ ἐὰν ὀρθῶς προςενέγκῃς ὀρθῶς δὲ μὴ διέλῃς* Gen. 4, 7. Er thut zwar recht daran, im Allgemeinen Alles von Gott herzuleiten, aber macht keine gute Eintheilung, indem er das Böse mit dem Guten unterschiedslos zusammenwirft. de agricult. 29 (I, 319).

Auf diese Weise wird die Behauptung, dass Alles von Gott herrühre, wieder eingeschränkt. Der Platonismus gerieth in Conflict mit dem Stoicismus, ersterer konnte keine Berührung mit der Materie zulassen, letzterer will Alles durch die Weltvernunft getragen wissen.

Zu der geschaffenen Welt hat Gott bei Philo, wenn er sich diesem Zuge der stoischen Betrachtungsweise hingiebt, das ganz entgegengesetzte Verhältniss, als es vorhin bestimmt wurde. Wurde er vorher ganz von ihr getrennt gehalten, so ist er nunmehr ganz und gar in ihr. Ward vorher aus dem ποῦ εἶ in Gen. 3, 9 gefolgert, dass Gott gar kein Verhältniss zum Raume habe, so wird nun daraus blos geschlossen, dass er nicht an irgend einem bestimmten Orte sei, sondern den Gesammtraum umfasse (ὅτι ὁ μὲν θεὸς οὐχί που· οὐ γὰρ περιέχεται ἀλλὰ περιέχει τὸ πᾶν leg. alleg. III, 17. I, 97). Ebenso beweist Deut. 4, 39 ὁ θεὸς ἐν τῷ οὐρανῷ ἄνω καὶ ἐπὶ τῆς γῆς κάτω καὶ οὐκ ἔστιν ἔτι πλὴν αὐτοῦ, dass Gott an jedem Orte ist. ποῖον γὰρ τόπον ἐφέξει ἐν ᾧ οὐχὶ θεός ἐστι fragt Philo ibid. III, 2 (I, 88). Denselben Schluss zieht er aus der vielgebrauchten Stelle Exod. 17, 6 ἔγω ἔστηκα πρὸ τοῦ σε. Gott ist überall und vor allen Geschöpfen (πρὸ γὰρ τοῦ παντὸς γενητοῦ ὁ θεός ἐστι καὶ ἔσται πανταχοῦ) ibid. — Ja er geht sogar zu der Behauptung fort, dass Gott allein das in den Dingen wirklich Seiende sei. Aus Exod. 3, 14 ἐγώ εἰμι ὁ ὤν wird bewiesen, dass, während alles andere nur zu sein scheine, Gott allein wirklich sei. quod det. pot. insid. 44 (I, 222). (ἵνα μαθόντες διαφοράν ὄντος τε καὶ μὴ ὄντος προςαναδιδαχθῶσιν de vita Mos. I, 14 (II, 92) [1]). Doch diese Schöpfung bildet nicht den Abschluss des göttlichen Wirkens: Gen. 2, 3 steht nicht ἐπαύσατο, sondern κατέπαυσεν, um anzudeuten, dass blos eine bestimmte Schöpfungsperiode abgeschlossen sei, nicht das Schaffen überhaupt. leg. alleg. I, 13 (I, 44). Deshalb heisst auch Levit. 23, 2 die Ruhe Gottes ἀνάπαυσις, welche wol von der ἀπραξία zu unterscheiden ist. Sie ist das unbehinderte freie Wirken (ἡ ἄνευ κακοπαθείας μετὰ πολλῆς εὐμαρείας ἀπονωτάτη ἐνέργεια) de cherub. 26 (I, 155). Aus Exod. 17, 6 folgert Philo, dass Gott auch das zukünftig Werdende kennt (ὁ προλήψει πάντα οὐ γενόμενα ἀλλὰ καὶ πρὶν γενέσθαι σαφῶς κατειληφώς) de confus. lingu. 27 (I, 425).

Die Erhaltung und Leitung des Geschaffenen wird in de agricult. 12 (I, 308) auf Grund von Ps. 23, 1 Gott in ganz allgemeinem Sinne zugeschrieben. Er leitet das Universum und alles, was darin ist an geistigen und materiellen Existenzen, wie ein Hirt seine Heerde (καθάπερ γάρ τινα ποίμνην γῆν καὶ ὕδωρ καὶ ἀέρα καὶ πῦρ καὶ ὅσα ἐν τούτοις φυτά τε καὶ ζῷα τὰ μὲν θνητὰ τὰ δὲ θεῖα ἔτι δὲ οὐρανοῦ φύσιν καὶ ἡλίου καὶ σελήνης περιόδους καὶ τῶν ἄλλων ἀστέρων τροπάς τε αὖ καὶ χορείας ἐναρμοσίως ὡς ποιμὴν καὶ βασιλεὺς ὁ θεὸς ἄγει κατὰ δίκην καὶ νόμον) [2]). — An andern Stellen wird aber diese Weltleitung wiederum

---

1) Merkwürdig ist, dass er πνεῦμα θεοῦ Gen. 1, 2 nur auf die über dem Wasser schwebende Luft deutet. de gigaut. 5 (I, 265).

2) Ueber die Modalitäten dieser Weltleitung, insonderheit über die Theodicee Philo's s. Gfrörer I, 472 ff.

eingeschränkt und Gott nur das Wolthun zugeschrieben. So wird aus Gen. 48, 16 gefolgert, dass Gott Ernährer (τροφεύς) sei und somit die guten Gaben selbst gebe (τὰ ἀγαθὰ αὐτοπροσώπως αὐτὸν τὸν ὄντα διδόναι) leg. alleg. III, 62 (I, 122). de profug. 13 (I, 556). Ebenso folge aus Gen. 21, 33 ἐπεκάλεσα ὄνομα κύριος ὁ θεὸς αἰώνιος, insofern Gott der Name θεός als ewiger beigelegt werde, dass das wahre Wesen Gottes im ununterbrochenen Wolthun bestehe (τὸ δὴ θεὸς αἰώνιος ἴσον ἐστὶ τῷ ὁ χαριζόμενος οὐ ποτὲ μέν, ποτὲ δὲ οὔ, ἀεὶ δὲ καὶ συνεχῶς ὁ ἀδιαστάτως εὐεργετῶν) de plantat. 20 (I, 342).

Daher steht denn Gott mit dem Bösen so wenig in Beziehung, dass er nicht einmal aus demselben befreien kann, sondern sich dazu nach Gen. 48, 16 eines ἄγγελος ῥυόμενος bedient. leg. alleg. l. c. de profug. l. c. — Noch weniger gehen natürlich die Strafen des Bösen von ihm aus, wie auch die Schrift durch den Plural in Gen. 11, 7 δεῦτε καταβάντες συγχέωμεν andeutet. de confus. lingu. 36 (I, 432). Gott sucht die Strafen nach der Freundlichkeit seiner Natur noch zu mildern, de mundi opif. 60 (I, 41), da das Erbarmen in ihm die Gerechtigkeit überwiegt, wie sich aus der Voranstellung von ἔλεος vor κρίσις in Ps. 101 (100), 1 ergiebt (πρεσβύτερος γὰρ δίκης ἔλεου παρ᾽ αὐτῷ ἐστιν) quod deus immut. 16 (I, 284). Gen. 28, 21 sagt Jakob καὶ ἔσται κύριος ἐμοὶ εἰς θεόν d. h. er wird mir nicht mehr seine herrschende, sondern die bei ihm überwiegende wolthätige Macht zeigen. de plantat. 21 (I, 343).

Ein ganz eigentümliches Verhältniss hat nach Philo Gott zu dem Menschen und zwar insonderheit zu der menschlichen Seele. Sie ist sein unmittelbarstes Werk, welches er selbst bildete, das lehrt Gen. 1, 27 ἐποίησεν τὸν ἄνθρωπον, de profug. 14 (I, 556). Der Singular im Gegensatz zu ποιήσωμεν in v. 26 deutet an, dass Gott hier ausschliesslich selbstthätig auftritt, der bestimmte Artikel, der v. 26 fehlt, weist darauf hin, dass es sich hier um den ἀειδὴς κ. ἄκρατος λογισμός handelt, vgl. oben S. 200. An andern Stellen bezeichnet er diese höhere (vom niedern Lebensprincip zu unterscheidende) Seele (nach Gen. 1, 27 κατ᾽ εἰκόνα) als Abglanz Gottes (ἀπαύγασμα ἐκμαγεῖον) oder auch als Teil der göttlichen Vernunft (ἀπόσπασμα), de opif. m. 51 (I, 35). quod det. pot. insid. 24 (I, 208 sq.). Auf die letztere Benennung mochte die stoische Anschauung von den menschlichen Seelen als Ausflüssen der allgemeinen Weltseele hingeführt haben, vgl. Diog. Laert. VII, 156. Marc. Anton. X, 26 u a. Plutarch de animae procreatione. — Im Allgemeinen vgl. über diese Gottähnlichkeit des νοῦς oder der ψυχή bei Philo Müller, Philo's Buch v. d. Weltschöpfung S. 254 ff.

Wie die Seele unmittelbar von Gott herrührt, so kann das höhere Leben derselben auch nur durch ihn genährt und erhalten werden. Philo benutzt zur Erläuterung dieses Verhältnisses vorzugsweise zwei Bilder der Schrift, das des Lichtes und der Quelle.

Die Sonne ist nach den Gesetzen der Allegorie Gott, denn Ps. 26, 1 wird ausdrücklich Gott ein Licht genannt, de somn. I, 16 (I, 632), er ist ἀρχέτυπος αὐγή de cherub. 28 (I, 156), πηγὴ τῆς καθαρωτάτης αὐγῆς de mut. nom. 1 (I, 579), ebenso ist das Feuer des Altars Lev. 6, 2 ein Bild des geistigen und göttlichen Lichts, de vict. offer. 5 (II, 254 sq.). So wird Gott das Licht der menschlichen Seele. Indessen nach seiner Art wird Philo hier wieder schwankend, insofern ihm einfällt, dass die Seele eigentlich das himmlische Licht Gottes selbst nicht zu fassen vermag (τοῖς μὴ δυναμένοις τὸν πρὸ τόπου καὶ λόγου θεὸν ἰδεῖν), sondern nur das Licht des Logos schaut, de somn. I, 19 (I, 638).

Unter dem Bilde der Quelle wird zwar auch die schöpferische und erhaltende Kraft Gottes von Philo verstanden, aber im engern Sinne wird im Anschluss an Jerem. 2, 13 ausgeführt: μόνος γὰρ ὁ θεὸς ψυχῆς καὶ ζωῆς καὶ διαφερόντως λογικῆς ψυχῆς καὶ τῆς μετὰ φρονήσεως ζωῆς αἴτιος de profug. 36 (I, 575). Gott ist die alleinige Quelle des höheren Lebens im Menschen.

Er allein rettet die Seele aus den Banden der Sinnlichkeit und heisst darum μόνος σωτήρ de confus. lingu. 20 (I, 418). Er nimmt in der also gereinigten Seele seine Wohnung. Sie heisst deshalb auch das Haus Gottes (τίς γὰρ οἶκος παρὰ γενέσει δύναιτ' ἂν ἀξιοπρεπέστερος εὑρεθῆναι θεῷ πλὴν ψυχῆς τελείως κεκαθαρμένης;) de sobriet. 13 (I, 402). So schliessen die positiven Aussagen über das Wesen Gottes damit ab, dass die Immanenz Gottes in der Welt zuletzt im höchsten Sinne als Sein Gottes in der Seele der Frommen gefasst wird.

III.

Es bleibt uns nun noch übrig, diejenigen Momente der philonischen Theologie herauszuheben, welche auf das A. T. oder auf jüdische Einflüsse zurückzuführen sind.

Dahin rechnen wir vorzüglich die Bezeichnung Gottes als ein Licht, welche deutlich auf die im Feuerglanz stralenden Theophanien des A. T.'s zurückgeht. Ebenso die Benennung σωτήρ, welche dem alttestamentlichen ישע entspricht. Philo bezieht dieselbe nämlich auf die Befreiung vom πάθος, de confus. lingu. 20 (I, 418). Hierfür ist aber bei ihm Aegypten die symbolische Figur und ebenso wird im A. T. Gott vorzugsweise als Befreier von Aegyptens Knechtschaft ישע genannt Exod. 6, 6. 15, 13 u. a. — Ebenso erinnern an 1 Kön. 8, 27 die Worte θεοῦ γὰρ οὐδὲ ὁ σύμπας κόσμος ἄξιον ἂν εἴη χωρίον καὶ ἐνδιαίτημα. leg. alleg. I, 14 (I, 52). Dass Gottes Grösse noch über die Welt hinausragt, passt nicht recht zu Philo's sonstiger Ansicht von der Welt als dem Kleide Gottes, de monarch. II, 5 (II, 225), oder der vollkommensten Heerde (de agricult. 12. I, 308) u. a.

Aecht jüdisch ist auch die Anschauung, dass die Güte Gottes die Ursache der Weltschöpfung sei (s. oben S. 205 f.), obwol sich Philo äusserlich an den platonischen Ausdruck (Tim. 29. D. E) anlehnt. Wir finden denselben Gedanken im Buch der Weisheit c. 11, 24. 25 ausgeführt, wo es von Gott heisst: „er liebe alles Seiende, denn sonst würde er es nicht geschaffen haben."

Auch die Ansicht von dem Verhältniss der Barmherzigkeit und

14

Gerechtigkeit, nach welcher jene als die stärkere erscheint, ist alt-jüdisch und begegnet uns in der Agada. S. darüber unten. Desgleichen die schon oben S. 22 f. berührte eigentümliche Fortbildung der jüdischen Vergeltungslehre, nach welcher die Natur der Strafe der der Sünde entspreche. Auch die Ansicht vom Verhältniss Gottes zum Bösen trägt midraschische Züge, wie wir sie oben S. 147 aufgezeigt haben. Ganz besonders aber zeigen sich jüdische Einflüsse in Philo's Wunderbegriff, der mit seiner sonstigen Theologie sich gar nicht verträgt, denn ein ausserordentliches Eingreifen Gottes ist ebenso bei der Transcendenz Gottes unmöglich, da ja bei dieser schon ein regelmässiges Mitwirken Gottes im irdischen Geschehen ausgeschlossen ist, als es auch bei der Immanenz nicht statthaben kann, da diese ein stetiges Wirken Gottes in der Welt voraussetzt. Philo zeigt daher in dieser Frage auch vielfaches Schwanken. Er deutet bisweilen die Wunder in rationalistischer Weise in natürliche Vorgänge um. Er hält es für möglich, dass die Quelle des Felsens, aus der Mose's Stab Wasser lockte, schon vorher unbemerkter Weise da war oder dass der Erguss derselben durch den Schlag veranlasst wurde, de vita Mos. I, 38 (II, 114). Die Stimme Gottes am Sinai, insofern sie eine sichtbare genannt wird, ist ihm ein symbolischer Ausdruck dafür, dass Gott zu dem Menschen durch Werke spricht, die gesehen werden können, de decal. 11 (II, 188). Indessen daneben hält er es doch für möglich, dass Gott ausserordentlicher Weise Quellen erschlossen habe, da dies nicht wunderbarer sei als die Schöpfung (de vita Mose l. c.), und lässt am Berge Sinai ein Wunder in den Ohren der Hörer stattfinden, in welchen ein vom Berg her tönender Schall als artikulirter Laut vernommen und so die bestimmten Worte des Gesetzes gehört worden seien (de decal. l. c.).

Dagegen ist das eigentümlich partikularistische Gepräge des jüdischen Gottesbegriffs bei Philo geschwunden. So sehr sich zeitweise, wie wir oben S. 157 ff. sahen, das religiöse und nationale Pathos des Juden bei Philo regte, so konnte doch das göttliche Wesen, wie er es construirte, unmöglich ein rechter Gott Israels werden. Er war ja das Eigentum des Gottschauenden (de plantat. 14. I, 338. legat. ad Caj. 1. II, 546). Ein Gottschauender aber ward der, welcher durch Askese sich vom sinnlichen Leben und seinen Affecten losriss. Mochte immerhin von Philo versichert werden, dass man durch die Befolgung des jüdischen Gesetzes dieses Ziel am besten erreiche. Jedenfalls konnte es auch auf andere Weise erreicht werden und unter allen Umständen ward das Judentum nur ein Durchgangspunkt und sein Gesetz nur ein Mittel.

Mochte Philo immerhin diesen Gott den Gott Abrahams, Isaaks und Jakobs nennen: jene drei Patriarchen wurden zu blossen Typen für drei verschiedene Wege, auf denen der Mensch zum Gottschauen gelangt (de mut. nom. 2. I, 580). Der Philosoph vermochte den kräftigen nationalen Egoismus, der Israels Erwälung zu einem Act göttlicher Willkür machte, nicht mehr zu leisten.

Philo's Theologie streift allenthalben den jüdischen Partikularismus ab, der ächte Jude konnte in diesem Schemen vom göttlichen Wesen unmöglich den lebendigen Gott seiner Väter wiedererkennen.

§. 2. Die Lehre von den göttlichen Kräften.

Obwol, wie wir gesehen haben, Philo wiederholt das göttliche Wesen auf stoische Weise lebendig und in der Welt wirksam anzuschauen sich bemühte, so war doch der platonische Widerwille gegen das Materielle in seinem Geiste der stärkere Zug und er endete daher, wenn er darauf zu sprechen kam, dass das Göttliche keine Berührung mit dem Bösen haben dürfe, regelmässig damit, dies Böse als den Stoff zu definiren und also seinen Gott überhaupt aus dieser Welt hinaus zu befördern. Es blieb ihm daher, wenn er das Wirken Gottes auf die Welt vorstellig machen wollte, nichts weiter übrig, als den hierhin gerichteten Kräften desselben eine gewisse Selbständigkeit zu verleihen und ihrer Natur ein gewisses Schwanken zwischen einem Sein in Gott und einem Sein ausser Gott aufzuprägen.

Auf diese Weise entstand in Philo's System die Lehre von den göttlichen Kräften, welche in ihrer weiteren Ausbildung sich als eine Mischung von vorzugsweise drei Bestandtheilen, nämlich griechisch-philosophischen, biblischen und midraschischen erweist. Was zunächst die philosophischen Elemente betrifft, so sind diese teils der platonischen teils der stoischen Philosophie entlehnt. Jener gehört die Auffassung der göttlichen Kräfte als Urbilder und Musterbilder der wirklichen Dinge ($\dot{\alpha}\varrho\chi\acute{\epsilon}\tau\nu\pi o\iota$ $\iota\delta\acute{\epsilon}\alpha\iota$, $\dot{\alpha}$. $\sigma\varphi\varrho\alpha\gamma\acute{\iota}\varsigma$) an (mit Plato Timaeus p. 29 vgl. bes. de opif. m. §§. 4—9)[1]), in welcher Lehre übrigens Philo bereits jüdische Vorgänger hatte (quis rer. div. haer. 57. I, 513). Stoisch ist dagegen die Bezeichnung dieser Kräfte als der wirkenden Ursachen, welche die vorhandenen Dinge nicht blos vorbildlich darstellen, sondern schaffen und erhalten (de monarch. I, 6. II, 219)[2]). Insofern sie die ganze Welt durchdringen und die lebendigen Träger ihres Daseins und aller einzelnen Dinge in ihr sind (de confus. lingu. 34. I, 431), treffen sie ganz mit dem stoischen $\lambda\acute{o}\gamma o\varsigma$ $\sigma\pi\epsilon\varrho\mu\alpha\tau\iota\kappa\acute{o}\varsigma$ zusammen.

Da nun schon die Stoiker diese die Welt durchdringenden Teilkräfte des göttlichen Wesens mit den Dämonen des griechischen Volksglaubens identificirt hatten, lag es für Philo nahe, diese Gleichsetzung auch auf die biblischen Engel auszudehnen, wie er de gigant. 2 (I, 263), de somn. I, 22 (I, 641 ff.) ausdrücklich tut. Freilich gieng dies nicht ohne eine wesentliche Schädigung der alttestamentlichen Anschauung ab. Denn die Bibel kennt die Engel entweder nur als Geschöpfe Gottes, wenn auch höherer Art als der Mensch ist, oder im

---

1) Andere Stellen s. bei Dähne I, 205 ff. 253 ff. Grossmann I, 20. Gfrörer I, 179 ff. Zeller III, 2 S. 314.

2) Anderweite Belege s. bei Zeller a. a. O. Ausserdem vgl. Keferstein, Philo's Lehre von den göttlichen Mittelwesen. Leipzig 1846.

מלאך יה״ als eine bestimmte Form der Theophanie, weiss aber nichts davon, dass es göttliche Kräfte gebe, die durch das Universum verbreitet seien. Ebensowenig kennt das A. T. jenen abstracten Gegensatz zwischen dem geistigen Gott und der Materie, welcher dem ersteren eine Schöpfung unmöglich macht und denselben zur Hervorbringung einer Mittlerzunft der Engel nötigt. Somit wird bei Philo die biblische Engellehre ihres wesentlichen Inhalts entleert und zu einem hohlen Schema entsprechend der philosophischen Anschauung gemacht. Die Annahme, dass die Engel die Luft bewohnten (de gigant. 2), ist auch eine Annäherung an antike Vorstellungen von den Naturgöttern, während die de gigant. 2, de monarch. I, 1. II, 213. 214 erscheinende Benennung der Sterne als der Statthalter Gottes an die auch im A. T. (Hiob 9, 9. 38, 7) vorkommende Anschauung von den Gestirnen als beseelten ätherischen Wesen anklingt.

Ausserdem aber wirkte auf Philo auch die spätere jüdische Speculation über die Herrlichkeit Gottes, bekannt unter dem Namen der Lehre vom Thronwagen Gottes (מעשה מרכבה) ein.

Dieselbe hatte sich zunächst an die Auslegung der Vision des Ezechiel (c. 1) angeschlossen und war in ihren Anfängen bereits vor Abfassung der Chronik vorhanden, welche 1 Chron. c. 28, 18 וּלְתַבְנִית הַמֶּרְכָּבָה auf sie hindeutet. Daneben giengen Erklärungen vom Traume Jakobs (Gen. 28), von Mose's Theophanie und von der Vision Jesaja's c. 6 her. Aus der wichtigen Stelle im Talmud Jeruschalmi Chagiga 2 geht hervor, dass diese mystische Speculation seit langer Zeit ein feststehender Gegenstand der Behandlung im allegorischen Midrasch war. Denn wenn wir auch nicht annehmen wollen, was daselbst erzält wird, dass bereits Elia und Elisa über מ״מ״ grübelten, so deutet doch diese Notiz darauf, dass diese Fragen schon seit langer Zeit das Nachdenken beschäftigten. Auch Jochanan ben Saccai, der Schüler des älteren Hillel, der Zeitgenosse der Apostel, Succa 28 weist auf alte Traditionen des מ״מ zurück. Man betrachtete in diesen Speculationen das כביד יה״ den Erscheinungsglanz des göttlichen Wesens und erörterte die מ דודה א״ die Eigenschaften Gottes an sich selbst und in ihrem Verhältniss zum göttlichen Wesen.

Es ist offenbar, dass in der letztern Unterscheidung bereits die Gefahr lag, diese Eigenschaften zu selbständigen Wesen zu erheben und dadurch die Gotteseinheit zu schädigen. Das palästinische Judentum behandelte deshalb diesen Zweig des Midrasch mit besonderem Misstrauen und grosser Vorsicht. Obwol mit hoher Bewunderung von Elieser ben Arach geredet wird, bei dessen tiefsinniger Erläuterung des Thronwagens sich der Himmel öffnete und die Bäume Beifall säuselten (Chagiga 2), wird doch warnend erzält, dass von vier Männern, die in diesen Zaubergarten eintraten, nur einer, R. Akiba, glücklich wieder heraus gekommen sei (Chagiga 14), und festgestellt, dass Niemand vor dem 30sten Jahre den Ezechiel lesen solle (Sabbath. 13ª) und dass man über den Thronwagen nur vor einem einzigen Zuhörer und auch dann nur, wenn dieser ein verständnissfähiger sei, vortragen solle (Chagiga 2. אלא במרכבה ביחיד אלא אם כן היה חכם ומבין (מדעתו)

Weniger vorsichtig war man in Alexandrien, dort ass man, wie es von Ben Soma heisst (Chagiga 15), „zu viel des Honigs"; man schaute und ward geisteswirre (הציץ ונפגע Chagiga 14), d. h. vom jüdischen Standpunkt aus die strenge Fassung der Gotteseinheit ward zersprengt. Die Speculation über מ"מ ward hier fortgesetzt und mit den oben angedeuteten Elementen griechischer Philosopheme vermischt. Schon Aristobulos schob zwischen Gott und Welt vermittelnde Wesen und zwar solche guter Art ein, von denen Wirkungen herbeigeführt werden, welche nicht unmittelbar von Gott ausgehen können. (vgl. hierzu Graetz, über die Ursprünge des philon. Logos in der Mtsschr. für Gesch. u. Wissensch. des Judenth. 1872. S. 297 ff.) Philo gieng auf diesem Wege weiter. — Zunächst kann die ganze Speculation Philo's über die Entfaltung des göttlichen Wesens zur Fülle seiner Kräfte ihren agadischen Ursprung nicht verleugnen. Wie im Midrasch diese höhere Speculation mit einem eingezäunten Garten (פרדס) verglichen wird [1]), um sie als einen esoterischen Gegenstand (סתר. סת.ר. cf. Beresch. rabb. c. 71) zu bezeichnen, so ist auch bei Philo quaestt. in Genes. I, 6 der paradisus symbolisch die sapientia, der Baum des Lebens scientia . . . majoris supremaeque causae universorum.

Halb midraschisch halb griechisch-philosophisch sind demnach auch Philo's einzelne Lehren über die Kräfte und ihr Verhältniss zu Gott. Wie im Midrasch die den Menschen offenbare Herrlichkeit Gottes in der שכינה fast wie ein selbständiges Wesen neben dem verborgenen Gott gefasst wird (Berachoth 6ª, Sota 17ª u. a.), so löst sich auch bei Philo eine Grundkraft gewissermassen von Gott ab, die er mit deutlichem Anklang an die stoische Philosophem den Logos nennt, über welche unten noch besonders zu handeln sein wird. — Und wie in der Agada die göttliche Grundkraft sich gewissermassen wieder in zwei Gegensätze spaltet: מדת הדין ומדת הרחמים, welche einander temperiren, so unterscheidet auch Philo die beiden göttlichen Kräfte der Güte und der Macht (de sacrif. Ab. et Cain. 15. I, 173 ἀγαϑότης und ἀρχή oder ἐξουσία, quis rer. div. haer. 34. I, 496 χαριστική und κολαστική, de Abrah. 25. II, 19 εὐεργέτις und κολαστήριος), obwol hierbei der Unterschied nicht zu übersehen ist, dass in der älteren vom Alexandrinismus nicht beeinflussten Agada nur von Bewegungen im Innern Gottes, nicht von aus ihm heraustretenden selbständigen Kräften die Rede ist. Der Midrasch findet diese Gegensätze auch in den Gottesnamen angedeutet: אלהים gilt als Träger der Gerechtigkeit und des Gerichts, יהוה als der der Barmherzigkeit und Gnade. So übersetzt der Targum. Ps. 56, 11 ביהוה אהלל וג' באלהים אהלל דג' mit: במדת דינה דאלהא אשבח במימריה במדה רחמין דר' אשבח במימריה Philo hat diesen Unterschied aufgenommen, aber aus Unkenntniss des Hebräischen Verwirrung angerichtet. Da er bekanntlich das Tetra-

---

1) In der berühmten Stelle chagiga 14 heisst es ארבעה נכנסו לפרדס

grammaton für unübersetzbar hielt (de vita Mos. III, 14. II, 155), wie er es denn selbst immer mit ὁ ὤν umschrieb, s. oben S. 203, so merkte er gar nicht, dass die LXX dasselbe stehend durch κύριος wiedergaben, während sie אלהים mit θεός übersetzen. Infolge dessen fieng er auf eigne Hand an aus dem Griechischen her zu etymologisiren. Und da er θεός von τίθημι herleitete (de confus. lingu. 27. I, 425), so schien ihm hierin die ποιητικὴ δύναμις zu liegen, und indem er ferner die Schöpfung ganz besonders als einen Erweis der göttlichen Güte betrachtete (quod deus immut. 23. I, 289), so fand er eben im Namen θεός insonderheit die ἀγαθότης angedeutet (de migr. Abr. 32. I, 464). Dadurch wurde die Sache auf den Kopf gestellt. Nun ward κύριος, wozu auch die Etymologie Veranlassung bot, der Träger der βασιλικὴ δύναμις, welche sich besonders als richtende und strafende äussert (de Abrah. 24. II, 19). vgl. de plantat. 20 (I, 342). Demnach heisst es de vict. offer. 9 (II, 258) zu Deut. 10, 17 προςαγορεύεται ἡ μὲν εὐεργέτις (δύναμις) θεὸς ἐπειδὴ κατὰ ταύτην ἔθηκε καὶ διεκόσμησε τὸ πᾶν, ἡ δὲ ἑτέρα κύριος καθ' ἣν ἀνῆπται τῶν ὅλων τὸ κράτος. (vgl. de vita Mos. III, 8. II, 150.)

Die ebenfalls in der Agada sich findende Anschauung, dass von diesen beiden Mächten die Güte in Gott die stärkere sei, begegnet uns auch bei Philo; vgl. Jalkut c. 26: מדת טובה מרובה ממדת פורעניות mit quod deus immut. 16 (I, 284) πρεσβύτερος γὰρ δίκης ἔλεος παρ' αὐτῷ ἐστιν. — Auch de profug. 18 (I, 560), de vita Mos. III, 8 (II, 150) wird ausdrücklich die ποιητική als die erste, die βασιλική als die zweite Macht bezeichnet, vgl. auch quaestt. in Exod. II, 62. 68: quamvis enim coaetaneae sint quae circa deum sunt virtutes verum prius intelligitur creativa quam regia.

Philo leitet aus dem Wortlaute von Exod. 25, 18 LXX χερούβ εἷς . . . καὶ χ. εἷς (s. unten) eine Rangordnung ab.

Das Nebeneinanderwirken beider Mächte erscheint in folgenden Fällen.

Wie es Beresch. rabb. c. 21 bei der Austreibung Adams aus dem Paradiese heisst: וכשטרדו טרדו במדת הדין ובמדת הרחמים, so bemerkt auch Philo zu ἐξαπέστειλεν αὐτὸν κύριος ὁ θεός in Gen. 3, 23: ἵνα ἐπεὶ καὶ ὡς δεσπότης ὁ κύριος καὶ ὡς εὐεργέτης ὁ θεὸς ἐνετέλλετο πάλιν ὡς ἀμφότερα τὸν παρακούσαντα τιμωρῆται. leg. alleg. I, 30 (I, 63). Aehnlich sagt er zu Gen. 6, 8, wo die LXX den Zusatz τοῦ θεοῦ haben, in quod deus immut. 24 (I, 289): Νῶε φησὶν εὐαρεστῆσαι ταῖς τοῦ ὄντος δυνάμεσιν κυρίῳ τε καὶ θεῷ; — vgl. zu Gen. 21, 33. Die Worte ὄνομα κύριος ὁ θεὸς αἰώνιος deuten auf die beiden Grundkräfte in Gott, de plantat. 20 (I, 342).

Gen. 17, 1 ὤφθη κύριος ward de mut. nom. 3 (I, 581) darauf gedeutet, dass dem Abraham die δύναμις βασιλική erschien, um ihm deutlich zu machen, dass nicht die Gestirne, sondern Gott der Herr der Welt sei, darauf aber folge ἐγὼ εἰμι θεὸς σός, weil diese Kraft den Guten Wohltaten erweise (ibid.). vgl. ibid. 4 (I, 582 sq.).

Als Symbole dieser beiden göttlichen Kräfte in der Schrift erscheinen bei Philo:

1) die Cherubim vor dem Paradiese Gen. 3, 24. de cherub. 9 (I, 144). quaestt. in Genes. I, 57.
2) die beiden Gott begleitenden Engel Gen. 18, 2. quaestt. in Genes. IV, 2. de Abrah. 24. 25. II, 19.
3) die Cherubim der Bundeslade Exod. 25, 18.

Die Etymologie des Wortes ἐπίγνωσις καὶ ἐπιστήμη πολλή, welche Philo de vita Mos. III, 8 (II, 150) giebt, ist nach Delitzsch nicht unwahrscheinlicher Vermutung (Jesurun S. 193) auf כר = הַכָּרָה, רב und בים = בֵּין zurückzuführen. Näher erläutert wird der Sinn dieser Uebersetzung von Philo in den quaestt. in Exod. II, 62, wo er sagt: explicatur scientia multa in cetera nomina intelligentiam ac copiam suam refundens. Danach sind also die Cherubim die Träger der ursprünglichsten Fülle der göttlichen Offenbarung, welche sie alsdann weiterhin auf andere Organe überströmen lassen.

Die Deutung der beiden Cherubim auf die ἀγαθότης und ἐξουσία nimmt übrigens Philo als seine eigenste Erfindung in Anspruch (de cherub. 9. I, 143 ἤκουσα δέ ποτε καὶ σπουδαιοτέρου λόγου παρὰ ψυχῆς ἐμῆς εἰωθυίας τὰ πολλὰ θεοληπτεῖσθαι) und thut sich sehr viel darauf zu gute. vgl. auch de profug. 19 (I, 561).

Eine weitere Entfaltung dieser Kräfte versucht Philo aus den Num. 35, 6 erwähnten sechs Freistädten herzuleiten. Er zält de profug. 18 (I, 560) auf: 1. θεῖος λόγος, 2. ἡ ποιητικὴ δύναμις, 3. ἡ βασιλικὴ, 4. ἡ ἵλεως, 5. ἡ νομοθετική, 6. ὁ κόσμος νοητός. Materiell ist er damit freilich nicht weiter gekommen, als er schon oben war, denn die schöpferische Gewalt ist nur ein bestimmter Erweis der gnädigen und ebenso ist die gesetzgeberische Kraft nur ein Zweig der königlichen, der κόσμος νοητός aber ist nur die Zusammenfassung der übrigen, also keine selbständige Kraft. Es kam ihm hier wol nur auf ein Spiel mit der heiligen Siebenzal an, da man doch zu jenen Kräften noch den ὤν hinzurechnen muss. — Eine andere Unterscheidung wird quod deus immut. 7 (I, 277) versucht. Auf Grund von Gen. 6, 6 wird zwischen ἔννοια und διανόησις in Gott unterschieden, jene als das latente geistige Vermögen (ἡ ἐναποκειμένη νόησις), diese als das in Tätigkeit versetzte, nach Aussen wirksame Nachdenken (ἡ νοήσεως διέξοδος) definirt. Indessen wird das Verhältniss dieser göttlichen Kräfte zu den übrigen nicht weiter bestimmt und ist ihre Hervorhebung überhaupt nur eine vereinzelte. — An einigen Stellen wird auch versucht, der σοφία noch eine besondere Stellung anzuweisen, wie de ebriet. 8 (I, 362), wo gesagt wird, dass sie den göttlichen Samen empfangend den sinnlichen Sohn, diese Welt gebäre. Und neben diesem Bilde eines Weibes Gottes kommt für die Weisheit auch das einer Tochter Gottes vor de profug. 9 (I, 553), wo der Name Βαιθουήλ = θυγάτηρ θεοῦ בֵּת אֵל gedeutet und auf die σοφία bezogen wird, welche weiblich und auch männlich sei, da Bethuel Gen. 28, 2 ein Mannesname sei. Indessen eine neue selbständige Kraft ist damit nicht bezeichnet, im Wesentlichen werden ihr dieselben Eigenschaften wie dem Logos (s. unten) zugeschrieben. — Aber wenn auch Philo's Pro-

ductionskraft in diesen Genealogien göttlicher Kräfte bald erlahmte und
er es nicht zu näheren und classificirten Bestimmungen derselben
brachte, so hat er doch in Fortbildung jener Anfänge, die in מב"כ
vorlagen, den späteren Aufstellungen der Aeonenreihen die Bahn ge-
brochen, auf deren Unendlichkeit er selbst schon hingedeutet hat, in-
dem er aus Deut. 10, 17, wo Gott βασιλεὺς τῶν ϑεῶν genannt wird,
schliesst, dass seine Kräfte unzälige sind (de confus. lingu. 34. I, 431).
Die reiche, ja überreichliche Nachfolge, die er auf diesem Wege fand,
werden wir später zu besprechen haben.

Jetzt liegt es uns ob, zu ermitteln, wie Philo sich das Verhält-
niss dieser Kräfte zum Wesen Gottes dachte und in welcher Weise er
dasselbe exegetisch begründete.

Aus Gen. 18, wo Gott noch als etwas Besonderes neben den bei-
den Engeln erscheint (de Abrah. 24. II, 18), und aus Exod. 25, wo
von Gott gesagt wird, dass er noch über den Cherubim schwebe, wird
erschlossen, dass Gott noch über seine höchsten Kräfte hinausrage
(ὑπερκέκυφε τὰς δυνάμεις), wie auch Sarah dies erkenne, dass der
ἀγέννητος von diesen Mächten noch zu trennen sei, da sie Gen. 18, 6
drei Mass nehme. de sacrif. Ab. et Cain. 15 (I, 173). quaestt. in
Exod. II, 68: propitiam creativam omnemque virtutem superat di-
vinitas.

Ueber das Ausgehen der Kräfte von Gott sucht Philo aus den
Bildern, welche die Schrift gebraucht, etwas zu ermitteln. Da findet
sich zunächst das Bild des Lichts oder des Feuers. Dies namentlich
in den Stellen der Schrift von den Theophanien wie in den vom bren-
nenden Busch, von der Feuersäule, vom feurigen Wagen Elia's u. ähnl.,
und so ist auch in מב"כ, wenn von dem יי כבוד die Rede ist, die Er-
wähnung des Feuers stehend. Auch bei der Schechina ist der Feuer-
glanz die Hauptsache. Sota 17ᵃ heisst es, wenn Mann und Frau tu-
gendhaft sind, so weilt die Schechina bei ihnen, nämlich aus י in איש
und aus ה in אשה wird der Name יה gebildet, dagegen wenn sie
schlecht sind, so weicht die Schechina d. h. der Jahvename und es
bleibt nur das Feuer אש zurück und verzehrt sie.

Daran knüpft auch Philo an. Er benutzt so Ps. 26, 1 in de
somn. I, 13 (I, 632). Er spricht quod deus immut. 17 (I, 284) von
Strahlen, die vom göttlichen Urlicht ausgehen, welches er als νοητὸς
ἥλιος bezeichnet (de carit. 22. II, 403).

Ferner erweist er aus Jerem. 2, 13, dass Gott eine Quelle sei
(ἡ πρεσβυτάτη πηγή), aus welcher die geistigen Mächte (αἱ κατὰ μέρος
ἐπιστῆμαι) abfliessen. de profug. 35. 36 (I, 575).

Endlich gebraucht die Schrift Gen. 2, 7 das Bild von einem Hau-
chen, Gott lässt seine Kraft durch Vermittelung eines Hauchs bis zum
Gegenstande seiner Wirkung dringen. leg. alleg. I, 13 (I, 51).

Die Kräfte sind danach Stral des Lichts, Ausfluss der Quelle,
Hauch des Mundes, sie sind in Gott und doch ausser ihm, sie sind
dasselbe wie Gott und doch etwas anderes, sie sind Bewegungen Got-

tes und sie sind selbständige Mächte: in diesen Gegensätzen bewegt sich die philonische Lehre [1]).

Diese Kräfte haben ein anderes Verhältniss zu Gott als zur Welt. Darum heisst es Ps. 75, 9, Gott habe einen Becher in der Hand, in welchem sich eine Mischung ungemischten Weins befinde. Dieser Widerspruch findet darin seine Lösung, dass die Kräfte im Verhältniss zu Gott ungemischt sind, aber in ihrer Beziehung zur Welt eine Mischung erleiden (quod deus immut. 17. I, 284).

Gott ist an sich ausserhalb der Welt. Das zeigt Gen. 22, 3. 4. Denn als Abraham an den Ort (τόπος d. h. zu Gott) kommt, sieht er, dass der Ort ganz ferne ist, de somn. I, 11 (I, 630), aber in seinen Kräften ist er der Welt ganz nahe, das beweist dieselbe Stelle, insofern aus ihr hervorgeht, dass Abraham an den Ort kam, de poster. Cain. 6 (I, 229). Desgleichen bezeugt Exod. 17, 6 die Ausserweltlichkeit Gottes, aber Josua 2, 11 ὁ θεὸς ἐν τῷ οὐρανῷ ἄνω καὶ ἐπὶ τῆς γῆς κάτω beweist, dass die das All ordnende Kraft Gottes in der Welt sei. de migr. Abr. 32 (I, 464).

Dasselbe Verhältniss findet der menschlichen Erkenntniss gegenüber statt. Wenn die menschliche Seele den Einen sieht, so sieht sie sofort drei, Gen. 18; denn ihren Blicken zeigen sich sogleich die Kräfte, in denen sie den Ewigen allein erkennen kann. Aber sie sieht sogleich, dass er selbst noch etwas anderes ist als diese, da sie ihn neben denselben erblickt. So schwankt das menschliche Erkennen zwischen Gott und seinen Kräften, zwischen Nichtsehen und Dochsehen beständig hin und her. de sacrif. Ab. et Cain. 15. de Abrah. 24 (II, 19). quaestt. in Genes. IV, 2.

Die unendliche Menge dieser Kräfte bildet eine ideale Welt, welche der wirklichen als Vorbild vorausgeht, de monarch. I, 6 (II, 218. 219). Die Schrift deutet auf dieselbe Gen. 1, 5 mit dem Worte μία, welches hier absichtsvoll statt πρώτη steht, um die einzigartige Natur der geistigen Welt anzudeuten (de opif. m. 9. I, 7: διὰ τὴν τοῦ νοητοῦ κόσμου μόνωσιν μοναδικὴν ἔχοντος φύσιν). Auch die Verschiedenheit der Quellen in dem Schöpfungsberichte der Genesis wird von Philo mit grossem Geschick zur Begründung dieses Unterschieds benutzt. Er beweist aus Gen. 2, 4 ff., dass eine zwiefache Schöpfung stattgefunden habe, die der geistigen und der wirklichen Welt, indem er so construirt: αὕτη ἡ βίβλος γενέσεως . . . ᾗ ἡμέρᾳ ἐποίησεν ὁ θεὸς τὸν οὐρανὸν καὶ τὴν γῆν καὶ πᾶν χλωρὸν ἀγροῦ πρὸ τοῦ γενέσθαι ἐπὶ τῆς γῆς κτλ. und demnach übersetzt: „er machte . . . alles Kraut des Feldes, ehe es auf Erden war." de opif. m. 44 (I, 38). leg. alleg. I, 9 (I, 48). — Ein Symbol dieser idealen Welt findet er in dem Siegel der Stirnbinde des Hohenpriesters Exod. 28, 32, dasselbe bedeutet die ἰδέα ἰδεῶν καθ᾽ ἣν ὁ θεὸς ἐτύπωσε τὸν κόσμον ἀσώματος δήπου καὶ νοητή, de migr. Abr. 18 (I, 452).

Diese ideale Welt, welche zugleich eine Fülle treibender Kräfte

---

1) vgl. Zeller III. 2 S. 317 ff.

iu sich schliesst, bewegt sich nun so zu sagen vorwärts, bis sie auf
die Materie stösst, wodurch dann die Schöpfung zu Stande kommt.
Dass letzteres durch ihre Mithülfe geschieht, deutet der Plural ποιή-
σωμεν in Gen. 1, 26 an de confus. lingu. 33 (I, 430) u. a. Inson-
derheit fällt ihnen die Bildung dessen zu, welches hervorzubringen
für Gott selbst unzulässig war (vgl. oben S. 206), wie z. B. den Leib
und die Sinnlichkeit des Menschen. — Sie sind nach der Schöpfung
die Mittler zwischen Gott und Welt. Gen. 28, 12 zeigt uns, wie auf
der Leiter der Luft von der Mondsphäre als dem untersten Himmels-
kreise die leiblosen Seelen an Zal den Sternen gleich sich zu uns
herab und von uns wieder hinaufbewegen. Die Heiden nannten diese
Dämonen, die Juden Engel, de somn. I, 22 (I, 641. 642). — Gen.
18, 2 ff. erscheinen sie als Helfer (συνεργοί), welche Gott umgeben,
de sacrif. Ab. et Cain. 15 (I, 173) u. a., Gen. 11, 7 (συγχέωμεν), Gen.
3, 22 (ὡς εἷς ἡμῶν) begegnen sie uns als diejenigen, an welche Gott
sich wendet, wenn er etwas in der Welt ausführen will. de confus.
lingu. 33 (I, 430). Auch Josua 2, 11 deutet in den Worten ὁ θεὸς
ἐν τῷ οὐρανῷ ἄνω καὶ ἐπὶ τῆς γῆς κάτω auf diese Wesen, denn Gott
selbst ist nicht an einem bestimmten Orte, seine Kräfte aber verthei-
len sich durch die höhere und niedere Welt das All als unzerbrech-
liche Bande zusammenhaltend, de migr. Abr. 32 (I, 464). — In Be-
ziehung auf den Menschen sind diese Mächte die Ueberbringer gött-
licher Offenbarungen. Sie sind der von den höheren Kräften erfüllte
τόπος, welchen Jakob Gen. 28, 11 antrifft, de somn. I, 11 (I, 630),
21 (I, 640), an welchen Abraham Gen. 18, 33 sich zurückzieht, de
somn. I, 12 (I, 631). — Sie sind Helfer der Gerechten, wie Noah
Gnade fand, Gen. 6, 8 παρὰ κυρίῳ τῷ θεῷ d. h. bei der herrschenden
und wolthätigen Macht Gottes, quod deus immut. 23. 24 (I, 289), und
wie Jakob Gen. 48, 16 (ὁ ἄγγελος ὁ ῥυόμενός με ἐκ πάντων τῶν κακῶν)
sich bewusst ist, von einem Engel gerettet worden zu sein. — Sie
strafen die Gottlosen und zwar ist dies ihr ausschliessliches Amt, da
Gott mit der Sünde in gar keine Beziehungen treten kann (vgl. oben
S. 208). Dies zeigt am deutlichsten Gen. 18, 2 vgl. mit 19, 1, da
von drei Männern, die zu Abraham kamen, nur zwei in Sodom er-
scheinen, de Abrah. 28 (II, 22), vgl. oben S. 208. Auch in der Ge-
setzgebung zeigt sich dies, wo Gott nur die Gebote und Verbote hin-
stellt, ohne eine Strafbestimmung hinzuzufügen. Dies ist Sache der
πάρεδρος δίκη und der anderweiten ὑπηρέται καὶ ὕπαρχοι decal. 33 (II,
208. 209). Ebenso sind es diese, welche nach Deut. 32, 7—9 (ἔστη-
σεν ὅρια ἐθνῶν κατ᾽ ἀριθμὸν ἀγγέλων θεοῦ) die Grenzen der Tugenden
und ihre Arten bestimmen, de poster. Cain. 25. 26 (I, 242), und wel-
che von der Sünde erretten (ebenfalls nach Gen. 48, 16), de profug. 13
(I, 556), de somn. I, 12 (I, 631), leg. alleg. III, 62 (I, 122), wäh-
rend die Gabe des Guten Gott selbst zugeschrieben wird (ὁ θεὸς ὁ
τρέφων με).

§. 3. Die Lehre vom Logos.

Die Gesammtheit der eben beschriebenen göttlichen **Kräfte** wird nun von Philo auch in ihrer Einheit angeschaut und wie ein einziges selbständiges Wesen behandelt. Er bezeichnet letzteres mit dem Namen Logos [1]). Die philonische Lehre vom Logos ist in ähnlicher Weise wie die von den göttlichen Kräften eine Mischung von griechisch-philosophischen, biblischen und spätjüdischen Bestandtheilen. — Es ist von Heinze (die Lehre vom Logos in der griechischen Philosophie, 1872) nachgewiesen, dass der Begriff des Logos zuerst von Heraklit aufgebracht worden sei und dass die Stoiker denselben fortgebildet haben, indem sie darunter die in der Materie herrschende Weltvernunft verstanden. Aber wenn es auch keinem Zweifel unterworfen ist, dass Philo den Namen Logos lediglich von den Stoikern entlehnt, so ist doch mit Recht von Graetz (über die Ursprünge des philonischen Logos, Mtsschrift f. Gesch. u. Wisssch. des Judenth. 1872. S. 301 ff.) darauf hingewiesen, dass der Gehalt dieses Begriffs bei Philo sehr reichliche heraklitische und platonische Bestandtheile aufzeigt. Auf Heraklit weist Philo selbst quis rer. div. haer. 43 (I, 503) hin, indem er von dem λόγος τομεύς spricht, der durch Herausbildung von Gegensätzen die Dinge ins Dasein ruft. Platonisch ist die Fassung des Logos als ἰδέα τῶν ἰδεῶν de migr. Abr. 18 (I, 452), ἀρχέτυπος ἰδέα de spec. legg. 36 (III, 333). Stoisch die Bezeichnung desselben als wirkende und belebende Kraft de cherub. 9 (I, 144) u. a. vgl. Grossmann de logo Phil. S. 43 ff. Zeller III, 2 S. 335 ff. Heinze S. 208 ff. 238 ff.

In der Bibel hatte die philonische Logoslehre Anknüpfungspunkte in den Stellen, in welchen das göttliche Schaffen sich durch Vermittelung des Wortes vollzieht (Gen. 1, 3 u. a.), ferner in solchen, wo von dem Engel des Herrn (מלאך יי) als dem Träger der göttlichen Offenbarung die Rede ist (Exod. 33, 2 u. a.), oder wo das Angesicht (פָּנַי) von Gott selbst unterschieden wird Exod. 33, 14, oder wo der „Name" wie etwas besonderes Göttliches bezeichnet wird Exod. 33, 21. Num. 6, 27 u. a., oder wo das כבוד יי in ähnlicher Weise von Gott abgesondert wird (s. Gesenius thes. s. v. כבוד); endlich auch in der Lehre von der weltschaffenden göttlichen Weisheit (Proverb. c. 8).

Diese biblischen Elemente hatte nun das **spätere Judentum** weiter ausgebildet und hierdurch der philonischen Auffassung vorgearbeitet.

So finden wir zunächst die Lehre von dem weltschaffenden göttlichen Wort im palästinischen Judentum fortentwickelt. Aboth 5, 1 heisst es: בעשרה מאמרות נברא העולם durch 10 göttliche Aussprüche ward die Welt erschaffen (es kommt nämlich in Gen. 1 der Ausdruck ויאמר אלהים 10mal vor). Daran schloss sich dann die **Frage:**

---

1) Ueber den gesammten Sprachgebrauch des Wortes λόγος bei Philo handelt Grossmann, de Logo Philonis. Lips. 1829.

והלא במאמר אחד יכול להבראות „konnte sie nicht durch einen ein-
zigen Ausspruch geschaffen werden?" — Auch das finden wir bei den
Palästinern angedeutet, dass die Aussprüche Gottes zu selbständigen
Wesen werden können. So heisst es Chagiga 14ᵃ: מכל דיבור שיצא
מפי הק״בה נברא מלאך
Da haben wir zwei Elemente, die uns hernach bei Philo wieder be-
gegnen werden: die schöpferische Kraft und die Selbständig-
keit des Logos.

Ferner hatte man in der schon oben erwähnten Geheimlehre von
dem göttlichen Thronwagen das Wesen Gottes in doppelter Richtung
zum Gegenstande der Speculation gemacht: einmal nach der Seite sei-
ner geschlossenen Einheit und sodann nach der Vielheit seiner Kräfte
(מדות). Man schaute die letzteren symbolisirt in den Chajoth oder
Cherubim des Thronwagens. Nun war es aber auch in Bezug auf
diese wieder möglich, den Blick entweder auf ihre Mannigfaltigkeit
zu richten, sie zu zälen und zu spalten, wie wir dies vorhin (S. 215)
auch den Philo tun sahen, oder auch sie als eine Einheit zu betrach-
ten, da ja doch der Cherub, obwol er vier Gesichte hatte, eigentlich
nur ein einziger war. Für diese die Kräfte zusammenfassende und
leitende Grundmacht gebrauchte man in der מעשה מרכבה die Bezeich-
nung des Wagenlenkers, welche auch Philo für seinen Logos ange-
nommen hat. Er sagt de somn. I, 25 (I, 644), der Logos stehe oben
ὡς ἅρματος ἡνίοχος, desgl. de profug. 19 (I, 561) ὥςϑ' ἡνίοχον μὲν
εἶναι τῶν δυνάμεων τὸν λόγον. Dabei bezeichnet er das Verhältniss
ausdrücklich so, dass Gott dem Wagenlenker den Befehl giebt und
dieser danach die Leitung ausführt[1]).

Das alttestamentliche Bild von כבוד יי war in der Lehre von
der Schechinah weiter ausgeführt. Man verstand darunter zunächst
die im Tempel, dann auch die in der Gemeinde Israels wohnende Gott-
heit. In Pirke Aboth c. 3, 10 heisst es: „wenn 10 da sitzen und
im Gesetz studiren, so wohnt die Schechinah zwischen ihnen." Dem
entspricht auch der Gebrauch des Wortes in den Thargumim, wo es
stets von dem sich offenbarenden Gotte vorkommt, so besonders von
seiner Erscheinung auf dem Sinai (s. die Stellen bei Levy, chald. Wör-
terb. II, 480). Als in der Gemeinde waltender Geist Gottes heisst die
Schechinah auch רוח הקדש. — Es ist offenbar, dass hierauf bei Philo
die Bezeichnungen des Logos als δόξα ϑεοῦ, als ἀνϑήλιος αὐγή der
göttlichen Sonne, als εἰκών und ἀπεικόνισμα ϑεοῦ zurückgehen (s. die
Stellen bei Grossmann, de Logo S. 46. 54 ff.).

Auch das finden wir im späteren Judentum, dass der Name Got-
tes auf seinen Diener übergeht. Daher die Formel Synhedr. 38ᵇ:
ששמו כשם רבו. — In diesem Sinne heisst auch bei Philo der Logos
ὄνομα ϑεοῦ. In der Stelle leg. alleg. III, 73 (I, 128) heisst es, wir
müssen uns begnügen den Namen Gottes d. h. den Logos zu durch-

1) de monarch. I, 1 (II, 213) wird dasselbe Bild vom Verhältnisse Gottes zu
den Dingen gebraucht. Möglicherweise hat hier auch Plato Phaedr. 2, 46 ὁ μέγας
ἡγεμὼν πτηνὸν ἅρμα ἐλαύνων eingewirkt.

dringen. vgl. de confus. lingu. 28 (I, 427). Es machen diese Aeusserungen zusammengehalten mit denen, welche wir oben hinsichtlich der Unerkennbarkeit des Tetragrammaton zusammenstellten (s. S. 203 f.), den Eindruck, als habe Philo den Unterschied gekannt, welchen die jüdische Theologie zwischen dem שם המפורש oder שם המיוחד und den כנויים (den Eigenschaftsnamen) ausgebildet hatte. Zu den letzteren zälte er κύριος und θεός (vgl. oben S. 214), welche beide der Logos in sich vereinigte.

Sodann ist beachtenswert die weitere Entwickelung der biblischen Engellehre. Schon Josua c. 5, 14 ist die Rede von einem שר צבא יהוה; Daniel c. 10, 13 kennt שרים Engelfürsten. Daraus entstand im späteren Judentum die Lehre von einem die sämmtlichen Heerschaaren leitenden Engel, שר הצבאים, für welchen alsdann die Benennung מטטרון aufkam [1]). Obwol nun unzweifelhaft auf die weitere Ausbildung dieser Lehre Philo wiederum mannigfach eingewirkt hat, worüber wir unten weiter zu reden haben werden, so ist doch sicherlich dieselbe in ihren Anfängen schon vor Philo dagewesen, denn er bezieht sich auf dieselbe wie auf etwas Bekanntes. Er nennt den Logos ἄγγελος πρεσβύτατος, ἀρχάγγελος πολυώνυμος de confus. lingu. 28 (I, 427). vgl. leg. alleg. III, 62 (I, 122), de somn. I, 41 (I, 656), quis rer. div. haer. 42 (I, 501), ταξιάρχης de carit. 17 (II, 396).

Wie der Metatron denselben Namen hat wie sein Herr, so verbindet auch Philo in den angef. Stellen ἀρχάγγελος und ὄνομα θεοῦ. Und der Beiname πολυώνυμος erinnert an das agadische: שמא רבא
נפרש בשבעין שמהן
das durch 70 Namen verdeutlichte Tetragramm.

Ein ähnliches Verhältniss ist es mit der Theorie vom himmlischen Adam (אדם קדמון). Auch auf ihre Ausbildung hat Philo Einfluss ausgeübt, aber die Anfänge derselben sind schon vor ihm da, denn auch diese Lehre trägt er wie etwas bereits Feststehendes vor. leg. alleg. I, 12 (I, 49). Er verbindet sie mit der vom Logos de confus. lingu. 11 (I, 411) ἄνθρωπος θεοῦ τοῦ αἰδίου λόγος.

Zu beachten ist endlich, dass im nachexilischen Judentum der Hohepriester als der Mittler zwischen Menschen und Gott dem letzteren näher gerückt worden war. Er empfängt höhere Offenbarung und seine Fürbitte hat die Kraft, der Barmherzigkeit in Gott das Uebergewicht über den Zorn zu verschaffen, Berachot 7ᵃ. Er ist im Besitz des heiligen Gottesnamens, den er am Versöhnungstage ausspricht, Joma 10ᵃ. Er allein kann unverletzt die Herrlichkeit des

---

1) Die Etymologie des Wortes ist streitig: Frank, Kabbalah S. 43 u. Graetz, Gnosticismus u. Judenthum S. 44 lösen es auf in μετὰ θρόνον, der hinter dem Gottesthron zunächst dienende Engel. Cassel, jüdische Gesch. bei Ersch u. Gruber II, 27 S. 41 auf Grund von Tanchuma p. 44ᵃ und Sachs, Beiträge I S. 108 leiten es vom lat. metator „der Vorreiter, Platzmacher" ab. — Sehr ansprechend ist Levy's Etymologie chald. Wörterb. II, 31 von μετὰ τύραννον derjenige, welcher den nächsten Rang nach dem Herrscher einnimmt. Das würde ungefähr mit dem philonischen ἔπαδός θεοῦ übereinkommen. quis rev. div. haer. 48 (I, 506) ὁ θεοῦ λόγος . . . ἑνὶ ὀπαδὸς εἶναι μεμελετηκώς.

Herrn schauen. Der Preis dieser hohen Würde des Priesters ist in den vier Sühntaggebeten enthalten, welche uns als „kostbare Ueberreste aus der Liturgie des alttestamentlichen Tempelcultus" aufbewahrt sind (Delitzsch, Gesch. der jüd. Poesie S. 184 ff.). Auch von diesen Zügen ist einiges in den philonischen Logos übergegangen: er bezeichnet ihn als ἀρχιερεύς, welcher die Sünden der Menschen sühnt, er spricht davon, dass er nur zeitweise wie jener am Versöhnungstage Gott nahe, de gigant. 11 (I, 269). vgl. de migr. Abr. 18 (I, 452), de profug. 20 (I, 562) nennt ihn ἱκέτης quis rer. div. haer. 42 (I, 501) und παράκλητος de vita Mos. III, 14 (II, 155) und lässt in eben diesen Stellen durch seine Vermittelung die Barmherzigkeit in Gott den Sieg davon tragen. s. unten.

Zu diesen palästinischen Theologumenen kamen nun die des alexandrinischen Judentums. Dieses hatte namentlich die Lehre von der weltbildenden Weisheit Gottes weitergeführt.

Im Buche der Weisheit wird die σοφία als ein Ausfluss des göttlichen Wesens bezeichnet, in welchem vorzüglich die Güte und die Macht desselben zur Erscheinung komme, c. 7, 25 ff., sie heisst auch der Geist Gottes c. 1, 4. 7, 7; sie stand Gott bei der Weltbildung wie eine Künstlerin zur Seite c. 7, 21. 8, 6; sie dehnt sich aus durch das ganze Weltall c. 7, 27 und hält dasselbe zusammen c. 1, 7. Wie sie das Prinzip der äusseren Weltordnung ist, so ist sie auch das der moralischen. Sie bildete den Menschen c. 9, 3, stattete ihn mit geistigem Vermögen aus und leitete ihn zur Einsicht und Tugend c. 7, 22 ff. 9, 9 ff., besonders theilte sie sich den strebenden Geistern mit c. 6, 12 ff. und leitete das fromme Volk Israel c. 10—12. 16—18.

Auch diese Anschauung hat Philo in seine Logoslehre mit aufgenommen und dadurch die Einheit derselben nicht wenig gefährdet, indem er die σοφία bald als das höhere Prinzip fasst, aus welchem erst der Logos hervorgeht (vgl. de somn. I, 37. I, 690: κάτεισι δὲ ὥσπερ ἀπὸ πηγῆς τῆς σοφίας ποταμοῦ τρόπον ὁ θεῖος λόγος. de profug. 20. I, 562, wo Gott als Vater, die σοφία als Mutter des Logos bezeichnet wird; desgleichen de ebriet. 8. I, 362 nach Prov. 8, 22. quod det. pot. insid. 16. I, 202 nach Exod. 20, 12), bald die σοφία mit dem Logos völlig gleichsetzt. (vgl. quod det. pot. insid. 31. I, 213, wo der Felsen, den Mose schlug, als Weisheit und dann als Logos bezeichnet wird.) Andere Belege s. bei Keferstein a. a. O. S. 153 ff. 156 ff. 167. — Eine Verknüpfung beider Begriffe versuchte Philo in der symbolischen Figur des Bethuel zu geben. Er übersetzte dies θυγατὴρ θεοῦ und findet in diesem weiblichen Namen ein Symbol der σοφία, da aber die Person ein Mann war, so konnte der Name auch Symbol des Logos sein, insofern die Weisheit trotz ihres weiblichen Namens eine männliche Natur habe. de profug. 9 (I, 553).

Dazu kommen noch manche einzelne Aehnlichkeiten. Ps.-Salomo identificirt c. 10 die Weisheit mit dem das Volk Israel leitenden Engel. So erscheint bei Philo der Logos als der Leiter der Patriarchen, des Mose, des Volkes Israel (s. die zalreichen Belege bei Grossmann,

de logo S. 64 ff.), insonderheit hofft er auf eine glänzende Erscheinung des Logos, welche die Zerstreuten Israels aus der Verbannung zusammenbringen werde (de execrat. 9. II, 436 ξεναγούμενοι πρός τινος θειοτέρας ἢ κατὰ φύσιν ἀνθρωπίνης ὄψεως).
Ferner war Ps.-Salomo c. 18, 24 zu der Identification des Hohenpriesters mit der weltschöpferischen Macht Gottes vorgeschritten, indem ihm symbolisch das Kleid des Hohenpriesters als ein Abbild der Welt galt. Dies findet sich auch bei Philo de profug. 20 (I, 562) ἐνδύεται ὁ μὲν πρεσβύτατος τοῦ ὄντος λόγος ὡς ἐσθῆτα τὸν κόσμον. de migr. Abr. 18 (I, 452) heisst sein Kleid πεποικιλμένη ἔκ τε τῶν νοητῶν καὶ αἰσθητῶν δυνάμεων.

So erscheint denn der philonische Logos als eine Mischung sehr verschiedenartiger Elemente und es ist nicht mit einem Worte zu sagen, was derselbe sei. Er ist Urbild der Dinge, productive Kraft Gottes, immanente Weltvernunft, jüdischer Erzengel, Hoherpriester, Inbegriff der göttlichen Emanationswelt, einzelnes Wesen, Vielheit, Gott selbst, verschieden von Gott, Eigenschaft Gottes, selbständiges Wesen. Der philonische Logos ist ein Thesaurus alles dessen, was über כיים "יי מלאך חכמה מאמר שם im A. T. und palästinischen Judentum, über σοφία im Alexandrinismus und über den λόγος bei den Griechen philosophirt worden war. Systematische Constructionen der Logoslehre Philo's lassen sich daher nur dann gut und in Abrundung ausführen, wenn man sich die Freiheit nimmt, nach Befinden der Umstände die eine oder andere seiner Aeusserungen zu unterschlagen. Gerade dieser Mangel an Systematik bei Philo erklärt aber die ausserordentliche Fruchtbarkeit seiner Logoslehre und die Fülle der Einwirkungen, welche von derselben auf spätere Lehrbildungen ausgieng. Unser Religionsphilosoph besass jene musterhafte Unklarheit, welche Hand in Hand gehend mit einer ausserordentlichen Empfänglichkeit, ihn befähigte, eine Menge der verschiedenartigsten Anschauungen in seinem Geiste zu behausen, sie neben und durcheinander wirken zu lassen, so dass bald diese bald jene Farbe uns entgegenschillert.

Nachdem wir so uns einen Ueberblick verschafft haben über die verschiedenartigen Einflüsse, welche auf die Gestaltung der philonischen Logoslehre einwirkten, liegt uns nunmehr ob, darzulegen, wie Philo dieselbe in der Schrift zu begründen suchte.

Dass er auch hierin Vorgänger hatte, deutet er selbst an. So erwähnt er de somn. I, 19 (I, 638) eine ältere Auslegung von Gen. 28, 11, welche den τόπος auf den Logos bezog.

Philo's eigene Exegese werden wir am passendsten so besprechen, dass wir nach einander die Lehren vom Verhältniss des Logos zum göttlichen Urwesen, zu den göttlichen Kräften, zur Welt und zum Menschen betrachten.

1. Die Grundstelle, auf welche Philo bei der Erläuterung des eigentümlichen Verhältnisses des Logos zu Gott fast immer wieder zuzurückkömmt, ist Gen. 1, 27: ἐποίησεν ὁ θεὸς τὸν ἄνθρωπον κατ' εἰκόνα θεοῦ. Man dürfe hier, führt er aus, nicht übersetzen: er machte den

Menschen zum Abbilde Gottes, weil sonst εἰκόνα statt κατ᾽ εἰκόνα dastehen müsse, vielmehr sei der Sinn: „er machte den Menschen nach dem Abbilde Gottes". Es ergebe sich also daraus, dass ein Abbild Gottes (εἰκών, ἀπεικόνισμα) vorhanden sei, welches wieder für anderes ein Vorbild (παράδειγμα) oder in platonischer Bezeichnung die Uridee (ἰδέα ἰδεῶν, ἀρχέτυπος ἰδέα, ἀρχέτυπον) und insofern es den Dingen aufgeprägt sei, ein Siegel (σφραγίς, χαρακτήρ) genannt werden könne. Alle diese Benennungen werden ausdrücklich auf die angeführte Schriftstelle begründet, so dass Philo behaupten zu können glaubte: Μωσέως ἐστὶ τόδε δόγμα τοῦτο οὐκ ἐμόν. — So de opif. m. 6 (I, 5). leg. alleg. III, 31 (I, 106). quis rer. div. haer. 48 (I, 505). de monarch. I, 6 (II, 218). de profug. 2 (I, 547). Ps.-Philo de mundo 3 (II, 606). — Daneben findet sich der Name Beseleel Exod. 31, 2 für diesen Beweis verwendet. Philo löste ihn auf in: אֵל בְּצַל und übersetzte ἐν σκιᾷ θεοῦ. So leg. alleg. III, 31 (I, 106), wo schon Mangey richtig θεοῦ aus ὁ θεός verbessert hat, denn gleich die unmittelbar folgenden Worte σκιὰ θεοῦ δὲ ὁ λόγος κτλ. leiten darauf hin; vgl. auch de somn. I, 35 (I, 652). Der Logos ist gewissermassen der Schatten, welchen Gott wirft, er hat die Umrisse des letztern ohne seine blendende Lichtfülle.

Oder insofern er doch Stralenglanz hat, wenn auch nicht den vollen des göttlichen Wesens, kann er nach Exod. 33, 22 ff. ἡ περὶ θεὸν δόξα genannt werden, de monarch. I, 6 (II, 218), oder nach Gen. 31, 13 ἐγώ εἰμι ὁ θεὸς ὁ ὀφθείς σοι ἐν τόπῳ θεοῦ das erscheinende Abbild Gottes de somn. I, 39. 41 (I, 655. 656) und insofern Gott selbst keinen Namen hat (s. oben S. 203), bedeutet θεός in der Bibel eben den Logos (de somn. I, 39). Aber freilich ist dieser Gott nur die Hülle des eigentlichen Gottes, wie die Schrift dadurch andeutet, dass sie Gen. 28, 17 von einem Hause Gottes spricht. Sie meint damit den Logos de migr. Abr. 1 (I, 437). Ebenso ist Exod. 26, 1 ff. das geistige Haus Gottes (ὁ νοητὸς οἶκος), der Logos im Gegensatze zum sinnlichen Hause (αἰσθητὸς οἶκος) der Welt, congr. erud. grat. 21 (I, 536). Freilich de profug. 14 (I, 557) wird das Bild wieder umgekehrt, hier lässt Philo im Anschluss an Exod. 21, 13 den λόγος in der ἐπιστήμη Gottes wohnen.

Es zeigt sich also, dass die Logoslehre Philo's nicht die eigentliche Gotteseinheit aufheben will. Das besondere Wesen des Logos soll nicht das allgemeine göttliche Sein aufheben. (vgl. Niedner, de subsistentia τῷ θείῳ λόγῳ apud Philonem et Joannem apostolum tributa in der Zeitschr. f. histor. Theol. 1849. S. 337 ff.)

2. Dem Logos stehen zunächst, wie wir oben S. 213 sahen, die beiden göttlichen Grundkräfte. Man hat darüber gestritten, ob diese oder der Logos das Ursprüngliche seien, ob sie den Logos erst bilden oder ob der Logos sie aus sich hervorgehen lasse. In Wahrheit findet sich beides bei Philo. Es steht eine doppelte Reihe von Schriftauslegungen unvermittelt nebeneinander. Nach der einen erscheint der

Logos als das Höhere über beiden Mächten, nach der andern als das zwischen beiden Stehende. Für die erstere ist die Hauptstelle Exod. 25, 21: λαλήσω σοι ἄνωθεν τοῦ ἱλαστηρίου. Demnach heisst quis rer. div. haer. 34 (I, 496) der Logos ἑστὼς ἐπάνω. quaestt. in Exod. II, 68: ostendit hoc inprimis quod propitiam creativam omnemque virtutem superat divinitas. Ex ente verbo tanquam ex fonte disruptae scaturiunt ambae virtutes. Nach diesen Stellen ist ganz deutlich der Logos das Ursprüngliche. Die Stelle Exod. 25, 1 wird aber auch für die andere Auffassung verwendet. Der Zusatz ἀνὰ μέσον τῶν Χερουβίμ weist nach Philo dem Logos eine mittlere Stellung zwischen beiden Mächten an. Und zwar wird die letztere wieder zwiefach aufgefasst: trennend oder verbindend. Im ersteren Sinne heisst der Logos τομεύς quis rer. div. haer. 34 (I, 496), im letzteren mediator et arbiter, quaestt. in Exod. II, 68. — In ähnlicher Weise wird Gen. 3, 24 herangezogen. Das flammende Schwert bei den Cherubim ist der zwischen den Grundkräften sich beständig hin und her bewegende lebenswarme Logos de cherub. 9 (I, 144). — Hiernach erscheint der Logos als Mischung der beiden Mächte (τὴν τῶν ἀκεράτων δυνάμεων σύνοδόν τε καὶ κρᾶσιν). — In de somn. I, 41 (I, 656) ist der Logos nach Gen. 31, 13 die Vereinigung von κύριος und θεός.

Es ist bereits oben S. 215 f. ausgeführt worden, wie aus dem Logos oder den beiden Grundkräften wiederum andere Kräfte bis ins Unendliche hervorgehen. Hier ist nur noch zu erörtern, in welches Verhältniss der Logos zu denselben auf Grund der Bibel versetzt wird. Auch hier ist eine doppelte Betrachtungsweise herrschend. Nach der einen ist der Logos Haupt und Führer dieser Mächte, nach der andern ist er der Complex derselben. — Betrachten wir zunächst die Begründung der ersteren.

Philo geht hier aus von der Stelle Gen. 2, 4 αὕτη ἡ βίβλος γενέσεως und indem er αὕτη auf ἡμέρα ἑβδόμη in v. 3 bezieht, versteht er dieselbe so: dieser 7te Tag ist das Buch der Schöpfung Himmels und der Erde. Da nun das Buch der Logos ist, insofern alle Ideen in denselben eingetragen sind und da das Buch in jenem Verse dem 7ten Tage gleichgesetzt ist, so folgt, dass auch der 7te Tag den Logos bedeutet. Der Logos ist als die Grundlage der geistigen Welt mit der heiligen Siebenzal zu vergleichen. (ὁ κατὰ ἑβδομάδα κινούμενος τέλειος λόγος, ἀρχὴ γενέσεως τοῦ κατὰ τὰς ἰδέας τεταγμένου νοῦ καὶ τῆς κατὰ τὰς ἰδέας τεταγμένης αἰσθήσεως) leg. alleg. 1, 8 (I, 47).

Ebenso Gen. 28, 13 der an der Spitze der Leiter stehende κύριος ist der alle himmlischen Mächte überragende Logos de somn. I, 25 (I, 644). Hier erscheint er als ἀρχάγγελος an der Spitze selbständiger Wesen, vgl. auch die oben S. 221 angef. Stellen. — Ferner in Num. 35, 6 wird die μητρόπολις auf den Logos gedeutet, zu dem die übrigen Mächte sich wie ausgesandte Colonien verhalten, de profug. 18 (I, 560).

Es ist klar, dass in diesen Bildern die göttlichen Mächte als selbständige neben dem Logos, der sie leitet, gedacht werden.

Dagegen der *ἀρχάγγελος πολυώνυμος* (vgl. oben S. 221), die Bezeichnung des Logos als *τόπος τοῦ κόσμου νοητοῦ* de mundi opif. 5 (I, 4), als der, welcher den *κόσμος ἀσώματος* umfasst (ibid. 7. I, 7), ja als der *κόσμος νοητός* selber (ibid. 6. I, 5), alles dies, begründet durch die Beziehung des *οὐρανός* in Gen. 1, 1 auf den Logos, spricht dafür, dass Philo an diesen Stellen die Kräfte nur als Modalitäten des Logos dachte. Ebenso ist es auch in der vorhin erwähnten Deutung von Gen. 2, 4 in leg. alleg. I, 8 (I, 47), wo er den Logos ein Buch nannte, in welches sämmtliche Ideen eingegraben sind.

3. In seinem Verhältniss zur Welt erscheint der Logos zunächst wie Gott als das allgemeine Sein, welches allen Dingen zu Grunde liegt. — Philo entwickelt dies aus Deut. 3, 8. Dort wird ausdrücklich das Manna als das *ῥῆμα ἐκπορευόμενον διὰ στόματος θεοῦ* bezeichnet. Damit schien die Beziehung des Manna auf den Logos gesichert und die Worterklärung von Man musste über eine bestimmte Seite des Logosbegriffs Aufschluss geben. Nun ergab sich als die Bedeutung von Man *τί* [1]), somit war der Logos gleich dem *γενικώτατον τί*. leg. alleg. II, 21 (I, 82). III, 61 (I, 121). Daher erklärt sich denn auch, warum Deut. 32, 13 das Mannah als der Felsen bezeichnet wird, aus dem alle Nahrung hervorquillt. quod det. pot. insid. 31 (I, 213) [2]).

Bestimmter wird dann das Verhältniss zu den Dingen gefasst, wenn der Logos als das Urbild alles Geschaffenen, als der Grundriss und Plan bezeichnet wird, nach welchem die Welt gebaut ist.

Das *ἐκτύπωμα σφραγίδος* Exod. 28, 32 wird von Philo auf die *ἰδέα ἰδεῶν καθ᾽ ἣν ὁ θεὸς ἐτύπωσε τὸν κόσμον* gedeutet de migr. Abr. 18 (I, 452). Ebenso der Ring Gen. 38, 25 *ὁ δακτύλιος ... ἡ ἀρχέτυπος ἰδέα ᾗ τὰ πάντ᾽ ἀνείδεα ὄντα καὶ ἄποια σημειωθέντα ἐτυπώθη*. de mut. nom. 23 (I, 598) *τὸν ὅλον κόσμον ἐσφράγισε εἰκόνι καὶ ἰδέᾳ τῷ ἑαυτοῦ λόγῳ* de somn. II, 6 (I, 665). Auch hier wird Beseleel Exod. 31, 2 (vgl. oben S. 224) benutzt, er deutet an, dass eine *σκιά* als *ἀρχέτυπον ἑτέρων* vorlag. leg. alleg. III, 31 (I, 106). Das Bild von dem Plane, nach dem der Baumeister baut, ist besonders de opif. m. 4 (I, 4) weitläuftiger ausgeführt.

Einen weiteren Schritt thut dann Philo, indem er dem Logos nicht blos vorbildliche Natur, sondern auch hervorbringende Kraft zuschreibt.

Nach Gen. c. 1 schafft Gott durch das Wort, daher ist der Logos *ὄργανον*, Werkzeug der Schöpfung: leg. alleg. I, 9 (I, 47). ibid. III, 31 (I, 106) u. a. In diesem Zusammenhange heisst es: *ὁ μιμούμενος τὰς τοῦ πατρὸς ὁδοὺς πρὸς παραδείγματα ἀρχέτυπα ἐκείνου βλέπων ἐμόρφου εἴδη* de confus. lingu. 14 (I, 414).

Im Anschluss an Gen. 15, 10 *διεῖλεν αὐτὰ μέσα* bildet Philo den

---

1) S. m. philon. Studien bei Merx, Archiv II, 2 S. 155.
2) Ueber die agadische Grundlage dieser Deutung s. o. S. 155.

oben S. 225 in anderer Rücksicht erwähnten Begriff des λόγος τομεύς weiter aus. Er meint, durch das Fehlen des Subjectes sei im ganzen Verse geheimnissvoll auf den Logos hingewiesen, welcher die zallosen Gegensätze hervorrufe, aus denen die Welt bestehe, und zwar vollziehe er diese Teilung mit einer ganz besondern Schärfe und Genauigkeit, auf welche in dem Worte μέσα angespielt werde. quis rer. div. haer. 26 ff. (I, 491 ff.). 43 ff. (I, 502 ff.). In derselben Weise trenne er dann auch die Welt als Ganzes von Gott ibid. 42 (I, 501. 502) [λόγῳ δωρεὰν ἐξαίρετον ἔδωκεν ... ἵνα μεθόριος στὰς τὸ γενόμενον διακρίνῃ τοῦ πεποιηκότος]. vgl. de profug. 35 (I, 575), wo alles dies der Weisheit zugeschrieben wird.

Aber im Gegensatze hierzu verbindet auch der Logos wieder die einzelnen Dinge und hält sie zusammen. Das bunte Gewand des Hohenpriesters deutet die Vereinigung der geistigen und sinnlichen Mächte (νοηταὶ κ. αἰσθηταὶ δυνάμεις) an, wie sie durch den Logos vollzogen wird. de migr. Abr. 18 (I, 452). de vita Mos. III, 14 (II, 155). Der Logos hat so die ganze Welt wie ein Gewand umgethan und er zerreisst dieses Gewand nicht (Levit. 21, 10 καὶ τὰ ἱμάτια οὐ διαρρήξει), sondern hält es fest zusammen. de profug. 20 (I, 562). Darum heisst er auch δεσμός quis rer. div. haer. 6 (I, 476). ibid. 38 (I, 499).

Insofern die Dinge in Bewegung sind, wird diese Tätigkeit des Logos auch als eine leitende beschrieben und mit der eines Hirten verglichen. Nach Ps. 23, 1 führt Philo in de agricult. 12 (I, 308) aus, der Logos leite wie eine Heerde Erde, Wasser, Feuer, Luft und was darin Gepflanztes oder Lebendiges sich bewege. Er thue dies als Vertreter Gottes (ὕπαρχος θεοῦ).

4. Von besonderer Bedeutung ist endlich das Verhältniss des Logos zum Menschen.

Er ist das Urbild des Menschen. Aus der schon oben S. 200 angezogenen Stelle Gen. 1, 27 geht hervor, dass der Mensch nicht nach dem Bilde Gottes, sondern nach dem Bilde des Logos geschaffen ist: quis rer. div. haer. 48 (I, 505). — Er heisst deshalb ἀπεικόνισμα, μίμημα τοῦ λόγου. Die Aehnlichkeit besteht nach Gen. 2, 7 in dem νοῦς des Menschen, denn auf diesen will die Schrift deuten mit dem Blasen in das Angesicht. de opif. m. 48 (I, 33). Insofern nun aber der wirkliche Mensch diesem Urbilde nicht entspricht, steht ihm der Logos als ἄνθρωπος οὐράνιος zum Vorbilde da. Von ihm gilt das τετυπῶσθαι κατ' εἰκόνα θεοῦ im Gegensatz zum πεπλάσθαι (vgl. Gen. 2, 7) des ἄνθρωπος γήϊνος (ibid.). — In de confus. lingu. 28 (I, 427) heisst der λόγος ὁ κατ' εἰκόνα ἄνθρωπος. Nach Sacharj. 6, 12 ἰδοὺ ἄνθρωπος ᾧ ὄνομα ἀνατολή ist er ὁ ἀσώματος θείας ἀδιαφορῶν εἰκόνος· τοῦτον γὰρ πρεσβύτατον υἱὸν ὁ τῶν ὄντων ἀνέτειλε πατήρ. de confus. lingu. 14 (I, 414). Auch auf diesem Gebiete begegnet uns der λόγος τομεύς, insofern er nach Deut. 5, 5 καὶ ἐγὼ εἱστήκειν ἀνὰ μέσον κυρίου καὶ ὑμῶν zwischen Gott und Menschen steht, weder ungeschaffen wie Gott, noch geschaffen wie der Mensch. quis. rer. div. haer. 42 (I, 502). — Aber seine Stellung ist auch hier wie oben beim κόσμος nicht blos eine scheidende, sie ist auch eine verbindende. Aus jenem ἀνὰ μέσον der angef. Schriftstelle wird der Begriff des λόγος μεσίτης abgeleitet, von ihm heisst es μέσος τῶν ἄκρων, ἀμφοτέροις ὁμηρεύων, er tritt mit beiden Teilen in Verbindung. l. c. — Von Seiten Gottes wird dieser vermittelnde Logos der Verkünder und Ausleger seiner Ratschlüsse für die Menschen (ἑρμηνεὺς θεοῦ). Auf ihn deuten Gen. 22, 16. Deut. 6, 13 die Formeln κατ' ἐμαυτοῦ ὤμοσα, ἐπὶ τῷ ὀνόματι αὐτοῦ ὀμῇ. Denn was sollte κατ' ἐμαυτοῦ bedeuten? Die Bekräftigung des Eides muss durch einen andern geschehen, dieser andere kann keiner als der Logos sein. leg. alleg. III, 72. 73 (I, 127 ff.). Der Logos in dieser Function wird zum Profeten: quod deus immut. 28 (I, 293) ἑρμηνεὺς καὶ προφήτης, de mut. nom. 3 (I, 581) ὑποφήτης. — Umgekehrter Weise wenn man auf die Seite der Menschen sieht, erhält seine Vermittlung (ἡ μέση τάξις de mut. nom. II, 34) einen priesterlichen Charakter. Dass der wahrhaft zwischen Gott und Menschen vermittelnde Hohepriester nicht ein Mensch ist, geht aus Lev. 16, 17 hervor: ὅταν εἰσίῃ εἰς τὰ ἅγια τῶν ἁγίων ὁ ἀρχιερεὺς ἄνθρωπος οὐκ ἔσται. Philo übersetzt hier: wenn der Priester ins Allerheiligste eingeht, so wird er kein Mensch mehr sein. Er ist daher etwas Göttliches d. h. der Logos, de somn. II, 28 (I, 684). II, 34 (I, 689) κατὰ τὸ ἀθάνατον οἰκειούμενος τῷ ἀγεννήτῳ κατὰ δὲ τὸ θνητὸν γενέσει. — Er hebt die Sünden der Menschen durch seine hohepriesterliche Reinheit auf. Das sonst eine grosse Rechtsungleichheit enthaltende Gesetz Num. 35, 25 findet darin seine Erklärung, de profug. 20 (I, 562). — Er mildert die Strafen nach seinem S. 221 erörterten Vermögen der ἵλεως δύναμις das Uebergewicht über die κολαστική zu verschaffen, er hält Gott ab ἀκοσμίαν ἀντὶ κόσμου zu wälen. Er ist der Aaron, welcher räuchernd in die Mitte tritt und sogleich der Plage wehrt: Num. 16, 48 ἵνα στῇ μέσος τῶν τεθνηκότων καὶ τῶν ζώντων. quis rer. div. haer. 42 (I, 502).

Wie seine versöhnende Tätigkeit auch auf die übrigen Geschöpfe ausgedehnt wird und so die Weltversöhnung in die Welterhaltung übergeht, haben wir oben S. 227 gesehen.

Endlich aber hat dieser priesterliche Logos ein besonders mystisches Verhältniss zur einzelnen Seele.

Er erleuchtet sie und heisst darum in der Schrift „die Sonne" (ἥλιος) Gen. 19, 23 ff. Es ist den Menschen nicht möglich, in das volle Licht des göttlichen Wesens zu blicken, darum heisst es Gen. 28, 11 ἔδυ ὁ ἥλιος, aber der Zusatz ὑπήντησε τόπῳ deutet darauf, dass der Schauende auf den göttlichen Logos traf. de somn. I, 15. 19 (I, 634. 638). So hatten die Gott Schauenden in Aegypten Licht in allen ihren Wohnungen Exod. 10, 23. ibid. — Auf den Logos deutet Gen. 31, 13 ἐγώ εἰμι ὁ θεὸς ὁ ὀφθείς σοι ἐν τόπῳ θεοῦ, denn diese Worte haben doch offenbar den Sinn: „ich (der Logos) bin der Gott, welcher dir an der Stelle des höchsten Gottes erschien." de somn. I, 39 (I, 655).

Daneben steht für diese Mitteilung von Offenbarungen das Bild der Nahrung. Der Logos wird mit dem Mannah verglichen und hier geht die Wirkung der Belehrung zugleich in die der sittlichen Erneuerung über. Der Genuss dieses Mannah befreit die Seele von allen Mängeln, insonderheit vom Hange zum Sinnlichen. So Deut. 8, 3 ff. in leg. alleg. II, 21 (I, 82). τρέφεται τῶν μὲν τελειοτέρων ἥ ψυχὴ ὅλῳ τῷ λόγῳ. leg. alleg. III, 61 (I, 122). Dieses Mannah bedeckte nach Exod. 16, 13 ff. die ganze Erde wie ein Thau (ὡςεὶ πάγος ἐπὶ τῆς γῆς), so erstreckt sich auch die Wirkung des Logos auf alle Seelen. Es fällt ἐπὶ πρόσωπον τῆς ἐρήμου, so kommt die Wirkung des Logos auch nur auf die einsame, von allen sinnlichen Erregungen befreite Seele. Das Mannah ist ferner λεπτόν, so ist auch der λόγος λεπτὸς νοῆσαί τε καὶ νοηθῆναι; es ist λευκόν, ebenso der λόγος ist σφόδρα διαυγὴς καὶ καθαρὸς ὁραθῆναι. Und endlich ist das Mannah ὡςεὶ κόριον. Vom Koriander erzälen aber die Landleute, dass der Same, wenn er auch in noch so viel Teile geschnitten werde, doch in jedem Teile keimfähig bleibe. So ist auch der göttliche Logos als Ganzes und in jedem einzelnen Teile wirksam. Denn wie eine κόρη (Pupille) der kleinste Teil im Auge ist, dennoch aber das Bild von Land und Meer umfasst, so ist auch scharfblickend und alles durchdringend der göttliche Logos. (Hier ist der Vergleich mangelhaft, es liess sich nicht durchführen, den Logos an sich als das Kleinste zu bezeichnen.) leg. alleg. III, 59 (I, 120. 121).

Die von Sünden reinigende Macht des Logos ist in 'der Schrift besonders Levit. 21, 11 ff. ausgesprochen. „Er geht in keine gestorbene" Seele ein (ἐπὶ πᾶσαν ψυχὴν τετελευτηκυῖαν οὐκ εἰςελεύσεται). Der Tod der Seele ist das Leben in Sünde; sobald also eine Seele in Sünden lebt, hat sie mit dem Logos nichts zu schaffen. Ebenso die Worte ἐὰν δέ τις ἀποθάνῃ ἐπ' αὐτῷ ἐξάπινα παραχρῆμα μιανθήσεται beweisen, dass, so lange der Logos in der Seele lebt, es ganz unmöglich für sie ist, auch nur in eine unwillkürliche Versündigung zu verfallen. de profug. 21 (I, 563).

In dieser die Seele mit himmlischer Offenbarung, mit Tugend und Seligkeit erfüllenden Tätigkeit hat der Logos sein Vorbild in Melchisedech. Wie dieser ἱερεὺς θεοῦ τοῦ ὑψίστου Gen. 14, 18 genannt wird, so ist auch der Logos Priester, dessen Priesterloos (κλῆρος) der Seiende ist, von dem er hohe Gedanken hat (ὑψηλῶς περὶ αὐτοῦ καὶ ὑπερόγκως καὶ μεγαλοπρεπῶς λογιζόμενος) und er bringt als Melchisedek d. h. als βασιλεὺς δίκαιος und als König von Salem d. h. als βασιλεὺς εἰρήνης der Seele Gerechtigkeit und Friede. leg. alleg. III, 25. 26 (I, 103). Diese die menschliche Seele zum Schauen Gottes emporhebende, erleuchtende, reinigende, befreiende Tätigkeit ist die höchste Function des philonischen Logos.

Zweites Capitel.
Die Kosmologie.

Die Lehre von der Welt zerfällt bei Philo in zwei Haupttheile. An vielen Stellen redet er blos von dem Stoffe an sich, an andern von dem aus diesem Stoffe Gebildeten, der Welt.

§. 1. Der Stoff.

Die vorherrschende Anschauung Philo's vom Weltstoffe ist eine ganz unbiblische. Das A. T. lehrt wol, dass die Welt sich anfänglich im chaotischen Zustande befunden habe, setzt aber voraus, dass nicht nur die Form, sondern auch der Stoff der Welt von Gott herrühre. Philo dagegen folgte der Ansicht Plato's, nach welcher der Stoff einmal etwas ist, das Gott vorfindet, und sodann etwas, was der göttlichen Tätigkeit widerstrebt. Daneben findet sich bei ihm die den Stoikern [1]) entlehnte Bezeichnung, nach welcher Gott als das δραστήριον αἴτιον, die Materie dagegen als das παθητὸν αἴτιον der gegenwärtigen Welt aufgefasst wird.

Da ist es nun zunächst sehr auffallend, dass Philo ohne weitere Umstände diese Theorie dem Mose zuschreibt. Er sagt de opif. m. 2 (I, 2): Μωσῆς ... ἔγνω δή ὅτι ἀναγκαιότατόν ἐστιν ἐν τοῖς οὖσιν τὸ μὲν εἶναι δραστήριον αἴτιον τὸ δὲ παθητόν· καὶ ὅτι τὸ μὲν δραστήριον ὁ τῶν ὅλων νοῦς ἐστιν εἰλικρινέστατος καὶ ἀκραιφνέστατος ... τὸ δὲ παθητὸν ἄψυχον καὶ ἀκίνητον ἐξ ἑαυτοῦ κινηθὲν δὲ καὶ σχηματισθὲν καὶ ψυχωθὲν ὑπὸ τοῦ νοῦ. Da er nun hier weiter gar nicht ausführt, woraus denn hervorgehe, dass Mose dies lehre, so müssen wir vermuthen, dass er in den Worten der Genesis c. 1, 2 πνεῦμα θεοῦ ἐπεφέρετο ἐπάνω τοῦ ὕδατος den Stoff wie etwas Selbständiges Gott gegenüber fand und dass er den Geist Gottes als die Vermittelung zwischen Materie und Gott auffasste. Wenn Philo aber diese Exegese wie etwas sich von selbst Verstehendes voraussetzt, so scheint die Vermutung wol begründet, dass er hier an bereits ausgebildete jüdische Speculationen über den Weltstoff anknüpfte, wie uns solche in den Philosophemen des מעשה בראשית vorliegen. Da diese in ihren Anfängen in die Zeit vor Sirach zurückreichen, welcher in c. 3, 21 u. a. St. vor dergleichen Verirrungen des Denkens warnt, so ist es durchaus wahrscheinlich, dass auch Philo auf sie zurückweist. Man war auf dem Boden des Judentums ganz selbständig aus der Speculation über die Worte der Genesis c. 1, 2: רוח אלהים מרחפת על פני המים auf den Schluss gekommen, das Wasser sei als etwas für sich Bestehendes Gott gegenüber zu denken und war allmälich dazu fortgeschritten, das Wasser als den Stoff zu betrachten, aus welchem Gott die Welt gebildet

---

1) S. die Belege bei Zeller III, 2 S. 99 ff., Müller, Philo's Buch v. d. Weltschöpf. S. 128.

habe. So sagte nach Chagiga 2 R. Jehuda ben Pasi: die Welt war zu Anfang Wasser auf Wasser (בתחילה היה העולם מים במים), dann verdichtete Gott das Wasser zu Eis (הזר וישאו שלג) und bildete daraus die Erde (הזר,וישאו ארץ). Ben Soma kam nach Beresch. rabb. c. 1 bei der Betrachtung von מ"ב zu dem Schluss: es sei zwischen den oberen und unteren Wassern nur ein Zwischenraum von zwei bis drei Fingern gewesen, da es heisse: „der Geist Gottes schwebte über den Wassern." Entsetzt rief R. Josua aus, als er dies hörte: Ben Soma ist ausser sich (נבהוץ). Die offenbare Identification Gottes mit den oberen Wassern schien doch allzu bedenklich. Es schien hier die fast materialisirende Vorstellung zu Grunde zu liegen, als habe Gott in den oberen Wassern sich befruchtend auf die todt da liegenden unteren Wasser niedergelassen und dadurch die Welt gebildet. — Derselbe Ben Soma schloss aus ויעש אלהים את הרקיע in Gen. 1, 7, die Bibel lehre einen Stoff, aus welchem Gott den Himmel bereitete. Indessen diese Lehre schien ihm selbst anstössig, da es doch sonst heisse, die Himmel seien durch das Wort des Herrn entstanden (הלא בדיאמר הן). — So stützte Philo seine platonisch-stoische Kosmogonie auf bereits geläufige jüdische Exegesen des מ"ב. Ganz so wie bei Ben Soma Gott durch die oberen Wasser sich bildend auf die unteren herabsenkt, lässt auch Philo die göttliche Schöpferkraft sich durch Vermittelung des Geistes zu dem materiellen Substrat hinstrecken (leg. alleg. I, 3 (I, 51): τείνοντος τοῦ θεοῦ τὴν ἀφ' ἑαυτοῦ δύναμιν διὰ τοῦ μέσου πνεύματος ἄχρι τοῦ ὑποκειμένου).

Die Lehre von den Eigentümlichkeiten der Materie ist ebenfalls von Philo ganz im Anschluss an die griechische Philosophie ausgeführt. Wie Plato und die Stoiker (s. die Belege bei Müller S. 161) die Materie als eigenschaftslos und insbesondere gestaltlos bezeichnen, so redet auch Philo von einer ἄποιος κ. ἄμορφος ὕλη. Er findet diese Lehre in der Schrift vornehmlich in Gen. 30, 32 ff. begründet. Insofern nämlich Laban (d. h. λευκασμός vgl. m. philon. St. S. 152. 153) das Symbol der sinnlichen Qualität ist (de migr. Abr. 6. I, 440 ὄνομα ποιότητος, ibid. 38. I, 470 χρωμάτων δὲ καὶ ποιοτήτων σύμβολον), ist es von Bedeutung, dass ihm Gen. 30, 42 τὰ ἄσημα, ἡ ἄσημος ποιμνή zugeschrieben wird. Darin liegt angedeutet, dass die Materie an und für sich unbezeichnet d. h. eigenschaftslos ist, de profug. 2 (I, 547). Sie bekommt ihr Gepräge (σφραγίς) erst durch den Logos, de somn. II, 6 (I, 665). — Ebenso ist zu beachten, dass Deut. 23, 1 der τεθλασμένος aus der Gemeinde Gottes ausgeschlossen wird. Jener, dem die geschlechtliche Qualität genommen ist, deutet auf die überhaupt qualitätslose Materie und der Ausschluss desselben will sagen, dass Gott selbst mit dieser Materie sich nicht befassen kann (οὐ γὰρ ἦν θέμις ἀπείρου καὶ πεφυρμένης ὕλης ψαύειν . . . θεόν). de vict. offer. 13 (II, 261). Und Gen. 15, 10 ἔλαβε αὐτῷ πάντα ταῦτα καὶ διεῖλεν αὐτὰ μέσα zeigt, dass erst durch den λόγος τομεύς die Sonderung vorgenommen wurde, welche den materiellen Dingen bestimmte Eigenschaften beilegte (διαιρεῖ τήν τε ἄμορφον καὶ ἄποιον τῶν ὅλων οὐσίαν καὶ τὰ ἐξ αὐτῆς ἀποκριθέντα τέσσαρα τοῦ κόσμου στοιχεῖα καὶ τὰ διὰ τούτων παγέντα ζῷά τε καὶ φυτά). quis rer. div. haer. 27 (I, 492). Wenn Jerem. 2, 13 Gott als die Quelle des Lebens bezeichnet wird, so folgt daraus, dass die Materie an und, für sich etwas Todtes ist (ἡ μὲν γὰρ ὕλη νεκρόν). de profug. 36 (I, 575).

Daneben findet sich nun aber bei Philo die mit der Eigenschaftslosigkeit der Materie gar nicht verträgliche Annahme, dass dieselbe in vier verschiedene Elemente zerfalle, aus deren Mischung die jetzige Welt entstanden sei (s. die Belege b. Dähne I, 191). Er findet diese vier Elemente in den vier Brunnen angedeutet, welche Abraham und Isaak graben (Gen. 26), und zwar deute der vierte Brunnen mit seinem Namen φρέαρ ὅρκου c. 26, 33, insofern durch den Eid jede Unsicherheit beseitigt werde (τὰ ἀβέβαια βεβαιοῦται), auf die φύσις ἀκατάληπτος des vierten Elementes des Himmels, welcher aus dem reinsten Feuer (πῦρ καθαρώτατον) bestehe, während die drei niederen Brunnen Erde, Wasser und Luft bedeuten. de somn. I, 2 ff. (I, 622 ff.).

Die für das ganze System Philo's so äusserst wichtige Lehre, dass die Materie das Böse sei, beruht vorzugsweise auf der Benutzung von Gen. 1, 31. Gott lobt nur das, was er gemacht hat (τὰ ἑαυτοῦ τεχνικὰ ἔργα), dagegen über die von ihm erst bearbeitete Materie (τὴν δημιουργηθεῖσαν ὕλην) spricht er kein Lob aus. quis rer. div. haer. 32 (I, 495). Sie ist πλημμελής, ἄψυχος, διάλυτος, φθαρτή, ἀνώμαλος, ἄνισος (ibid.).

Ganz mit allen diesen Anschauungen streitend ist eine Stelle, in welcher bei Philo die strengjüdische Auffassung, nach welcher Gott die alleinige Ursache aller Dinge ist, überwog. Sie steht de somn. I, 13 (I, 632). Hier sagt Philo: ἄλλως τε ὡς ἥλιος ἀνατείλας τὰ κεκρυμμένα τῶν σωμάτων ἐπιδείκνυται οὕτω καὶ ὁ θεὸς τὰ πάντα γεννήσας οὐ μόνον εἰς τὸ ἐμφανὲς ἤγαγεν ἀλλὰ καὶ ἃ πρότερον οὐκ ἦν ἐποίησεν οὐ δημιουργὸς μόνον ἀλλὰ καὶ κτίστης αὐτὸς ὤν. Wenn wir von der Unklarheit des Denkens in diesem Vergleich absehen, da ja eben aus dem Gegensatze des göttlichen Wirkens zu dem der Sonne hervorgeht, dass Gott nicht mit der Sonne zu vergleichen ist, so bleibt für uns aus der Gegenüberstellung von κτίστης und δημιουργός so viel sicher, dass hier im Gegensatz zu allen sonstigen Ausführungen Philo's Gott auch die Schöpfung der Materie beigelegt wird. Er bildet die Dinge nicht blos, sondern macht alles, was an ihnen ist.

§. 2. Die Schöpfung.

Nach den bei Philo herrschenden Voraussetzungen kann von einer Schöpfung im strengeren Sinne nicht die Rede sein. Vielmehr folgt aus denselben die platonische Lehre von einer Weltbildung, bei welcher Gott als Werkmeister und Künstler (τεχνίτης, δημιουργός, κοσμοπλάστης, μορφῶν τὸν κόσμον) erscheint. Philo gebraucht mit Vorliebe für die schöpferische Tätigkeit Gottes die Bilder des Architekten und des Gärtners. Im ersteren Falle wird die Welt mit einer grossen

Stadt verglichen, die nach einem Plane, der im *κόσμος νοητός* vorlag
(vgl. oben S. 224), ausgeführt wird, de opif. m. 4 (I, 4), im letzte-
ren mit einer grossen Pflanzung, in welcher aus einer gemeinsamen
Wurzel viele Schösslinge und Ranken hervorspriessen, de plantat. 1
(I, 339 ff.).

Die biblische Grundlage für die erstere Anschauung und den in
ihr liegenden Gegensatz der vorbildlichen und der wirklichen Welt bil-
dete die Stelle Gen. 1, 1. 2, wo die Worte *ἐν ἀρχῇ ἐποίησεν ὁ θεὸς τὸν
οὐρανὸν καὶ τὴν γῆν, ἡ δὲ γῆ ἦν ἀόρατος καὶ ἀκατασκεύαστός* zusammen-
fassend so ausgelegt werden. — *Ἐν ἀρχῇ* kann nicht einen zeitlichen
Anfang bezeichnen, da ja die Zeit nicht vor der Welt da war, sondern
erst mit ihr gegeben wurde, es kann hier nur eine *ἀρχὴ κατ᾽ ἀριθμόν*
gemeint sein, so dass sich der Sinn ergiebt: *πρῶτον ἐποίησε τὸν οὐρα-
νόν*, und zwar zeigt der Zusatz *ἡ δὲ γῆ ἦν ἀόρατος*, dass hier nicht die
wirkliche Erde gemeint sei, noch der wirkliche Himmel (da er v. 1 mit
genannt wurde, ist er auch in v. 2ᵃ mit einzubegreifen), sondern eben
die *γῆ ἀόρατος* und der *οὐρανὸς ἀσώματος*. de opif. m. 7 (I, 6). Diese
bilden zusammen die geistige Lichtwelt, welche die finstere Materie
zurückdrängt, Gen. 1, 2. 3; dem hierbei entstehenden Kampfe und dem
Hin- und Herfluten beider Mächte machte Gott dadurch ein Ende, dass
er feste Grenzen setzte (Gen. 1, 4 *ἐχώρισεν*). Damit schliesst die Vor-
schöpfung ab, der das Wirkliche vorbildende *κόσμος νοητός* ist vollendet
und in seinem Bestande gesichert. Er hat eine *μοναδικὴ φύσις*, daher
Gen. 1, 5 *ἡμέρα μία* f. *πρώτη* (s. oben S. 176), de opif. m. 8. 9 (I, 7).

Nun beginnt die Schöpfung der wirklichen Welt und zwar genau
nach Analogie der vorbildlichen und in demselben Stufengange. Des-
halb wird jene auch Gen. 28, 17 *πύλη τοῦ οὐρανοῦ* genannt, insofern
nämlich der *κόσμος αἰσθητός* uns allein einen abbildlichen Begriff vom
κόσμος νοητός, dem wahren *οὐρανός* verschafft und somit gewissermas-
sen eine Eingangspforte zu dem letzteren bildet. Dieses abbildlichen
Verhältnisses wegen kann daher auch die sinnliche Welt in einem wei-
teren Sinne l. c. *οἶκος θεοῦ* genannt werden, welche Benennung im en-
geren Sinne nur dem *κόσμος νοητός* zukommt. de somn. I, 32 (I,
648 sq.). Denselben Sinn hat die Bezeichnung der Welt als des Tem-
pels Gottes de monarch. II, 1 (II, 222). Jenem abbildlichen Verhält-
nisse gemäss entspricht dem *οὐρανὸς ἀσώματος* der *οὐρ. σωματικός*, wel-
cher Gen. 1, 6 deshalb den Namen *στερέωμα* erhält, weil mit ihm die
Schöpfung der Körperwelt, das *στερεὸν καὶ τριχῇ διάστατον* beginnt.
Und mit Recht führt er seinen Namen (*οὐρανός*), da er einmal die
Grenze aller Wesenheiten (*ὄρος*) und der Erstling der sichtbaren Dinge
(*τῶν ὁρατῶν*) ist. Das Entstehen der Körperwelt wird durch die Zwei-
zal bezeichnet (de opif. m. 10. I, 8). Den weiteren Verlauf der Schöp-
fung schildert Philo ohne weitere Einmischung von Philosophemen ganz
nach der Genesis. Der dritte Tag bringt Sonderung des Wassers und
der Erde und Hervorgehen einer fertigen Pflanzenwelt (de opif. m. 11 ff.
I, 8 ff.). Am vierten Tage werden die Gestirne geschaffen infolge der
vielfachen, besonders musikalischen Vorzüge der Vierzal. Die Gestirne

werden teils als leuchtende Körper beschrieben, welche die Zeit im Allgemeinen und im Besondern die Jahreszeiten durch ihre Bewegung regeln, teils werden sie als ätherische gottähnliche Wesen (ἀγάλματα θεῖα) aufgefasst, de opif. m. 15 ff. (I, 11 ff.), ζῶα νοερά in de plantat. 3 (I, 331). Der fünfte Tag, welcher die Zal der Sinne trägt, bezeichnet deshalb den Beginn der Thierschöpfung, insonderheit der Wasser- und Luftthiere, de opif. m. 20 ff. (I, 14 ff.). Der sechste Tag mit dem τέλειος ἀριθμός umschliesst die Vollendung der Schöpfung. Die Landthiere werden geschaffen in der Stufenfolge von unten nach oben aufsteigend je nach der Feinheit der Seele, mit welcher sie begabt sind. Aus diesem Grunde bildet auch der Mensch den Abschluss des Ganzen. de opif. m. 21 (I, 15). Die Sechszal beim Schöpfungswerk will nicht besagen, dass Gott zu dem letzteren der Zeit bedurft habe, da er alles zugleich tun kann, sondern dass das Geschaffene sich in bestimmter Ordnung entwickelt habe. Die Zal der Vollendung und der Zeugungsfähigkeit drücke aus, dass die Welt als etwas Lebensfähiges und in sich Vollendetes aus der Hand des Schöpfers hervorgegangen sei. de opif. m. 3 (I, 3). — Anderweit sagt Philo wieder, dass die Bildung der Welt nach dem Gesetze der Zehnzal erfolgt sei. Er geht dabei von den Bestimmungen in Exod. 29, 40. vgl. Levit. 5, 11 aus, nach welchen Gott der Zehnte gegeben werden musste. Die Darbringung des Zehnten, sagt er, ist das geistige Passah (τὸ ψυχικὸν πάσχα), nämlich der Uebergang vom Sinnlichen zum Geistigen (ἡ ἀπὸ παντός . . . αἰσθητοῦ διάβασις πρὸς τὸ . . . νοητὸν καὶ θεῖον). Die neun Teile vom Opfer, welche wir behalten, gehören der Welt an, denn die Welt hat die Neunzal erhalten: sie hat neun Sphären, acht davon gehören dem Himmel an, nämlich sieben bewegliche und eine unbewegliche, die neunte ist die der Erde. congr. erud. grat. 19 (I, 534).

Freier bewegt Philo sich in der Kosmogonie, welche er de plantat. 1 ff. (I, 329 ff.) vorträgt. Hier knüpft er nur äusserlich an Gen. 9, 20 an und nennt Gott den grössten und kunstvollsten Gärtner (φυτουργός), der diese grosse Pflanze, die Welt, gepflanzt habe und zwar so, dass er Erde und Wasser gleichsam die Wurzel habe bilden lassen, während er Luft und Feuer wie Zweige des Baumes in die Höhe streben liess. Das Ganze habe dann der ätherische Kreis umzogen. Das zusammenhaltende Band der Schöpfung bilde der Logos. Jedes der vier Elemente ist belebt von den ihm zugehörenden Wesen, die Luft nicht nur von sichtbaren Vögeln (πτηνὰ αἰσθητά), sondern auch von unsichtbaren Kräften, den Seelen. Die höchste Gattung der letzteren, welche von den Hellenen Heroen, von Mose Engel genannt werden, wohnt aber im ätherischen Kreise.

Wenn Philo im Ueberschwang seines jüdischen Gottesgefühls Gott bisweilen als den alleinigen Schöpfer aller Dinge preist, der auch den Stoff hervorgebracht habe, wenn er ihn vorherrschend wenigstens als den Bildner aller Dinge betrachtete: so mussten diese Vorstellungen doch, wenn er philosophisch genau reden wollte, beträchtliche Einschränkungen erfahren. Da die Materie das Grundböse und Gott stracks

Entgegengesetzte ist, so kann er streng genommen mit ihr sich gar nichts zu tun machen. Er kann sie auch nicht einmal bilden. Vielmehr ruft er zu diesem Zweck, wie wir oben (S. 206. 218) sahen, nach Gen. 1, 26. 11, 7 (vgl. 3, 22) Helfer herbei, welche die göttlichen Ideen der Materie als wirksame Kräfte einbilden. Insonderheit aber ist die Schöpfung (s. oben S. 226 f.) das Werk des Logos. Für Gott selbst bleibt im strengsten Sinne (nach Plato Tim. p. 41) nur die Bildung der Seele des Menschen übrig, sie ist seine eigentliche und unmittelbarste Schöpfung und auch sie nur insofern sie gut ist. Die Seele des Schlechten und die μέση ψυχή bleiben von der göttlichen Schöpfertätigkeit im engsten Sinne ausgeschlossen: de mut. nom. 4 (I, 583). de profug. 13. 14 (I, 556) (s. oben S. 206). vgl. auch de opif. m. 24 (I, 16) und dazu Müller a. a. O. S. 262 ff.

Insofern aber die sinnliche Welt Werk des Logos ist, heisst sie νεώτερος υἱός, quod deus immut. 6 (I, 277), oder nach Proverb. 8, 22 ein Erzeugniss Gottes und der Weisheit, ἡ δὲ παραδεξαμένη τὸ τοῦ ϑεοῦ σπέρμα τελεσφόροις ὠδῖσι τὸν μόνον καὶ ἀγαπητὸν αἰσθητὸν υἱὸν ἀπεκύησε τόνδε τὸν κόσμον de ebriet. 8 (I, 361 sq.). — Symbolisch wird, insofern der Logos (s. oben S. 228) ein Hoherpriester ist, dies Verhältniss der Welt zu ihm durch das Kleid des Hohenpriesters ausgedrückt, bei welcher Exegese das Wortspiel zwischen κόσμος Schmuck und Welt mithelfen muss. Es heisst de vita Mos. III, 14 (II, 155): „also geschmückt (διακοσμηθείς) müsse der Hoherpriester zur Darbringung der Opfer in das Heiligtum treten, damit, wenn er zur Verrichtung der heiligen Handlungen sich anschicke, mit ihm der ganze Schmuck d. h. die ganze Welt eintrete" (ἵνα ... συνεισέρχηται πᾶς ὁ κόσμος αὐτῷ). Ueber die Einzelheiten der Deutung vgl. oben S. 188 f.

Drittes Capitel.
Die Anthropologie.

Der Mensch ist in doppelter Weise bei Philo Gegenstand der Betrachtung. Er beschäftigt sich einmal mit ihm als Naturwesen und stellt nach dieser Seite hin physiologische und psychologische Lehren auf, sodann betrachtet er ihn als sittliches Wesen.

§. 1. Die Lehre vom Menschen als Naturwesen.

A. Die Leiblichkeit.

Obwol Philo im Allgemeinen auf die leibliche Natur des Menschen nicht gut zu sprechen ist, so sieht er doch in ihr einen wesentlichen Bestandteil des menschlichen Organismus, wie er dermalen beschaffen ist.

Der Leib ist in der Schrift Gen. 15, 2 als ein Damaskos bezeichnet.

Δαμασκός = *αἷμα σάκκου* deutet, da der Sack offenbar der Leib ist und *αἷμα* auf das Leben im Blute (*ζωὴ ἔναιμος* vgl. Lev. 17, 11) geht, darauf hin, dass der Leib sein Lebensprincip im Blute hat, quis rer. div. haer. 11 (I, 481). Dieses ist die *δύναμις ζωτική*, gewissermassen nach Deut. 12, 23 *σαρκὸς ψυχή*. Freilich bedarf auch das Blut der alles erhaltenden Kraft Gottes, weshalb der Damasker den Namen Eliezer = Gott ist meine Hülfe trägt. quod det. pot. insid. 22 (I, 206 ff.). quis rer. div. haer. l. c.

Das Leibesleben ist daher eine Naturnotwendigkeit und bedarf zu seiner Erneuerung der Nahrung, weshalb auch bei Bildung des Sterblichen Balla = *κατάποσις* mit betheiligt ist. leg. alleg. II, 24 (I, 84). ibid. III, 50 (I, 116). — Auch in den drei Beamten des Königs von Aegypten deutet die Schrift auf diese Tatsache hin. Aegypten ist das Symbol des Leibes (vgl. oben S. 193). Der Leib kann ohne Essen und Trinken nicht bestehen, deshalb werden der Bäcker und der Mundschenk, die ihre Schuldigkeit nicht getan haben, in das Gefängniss geworfen; da aber Essen nötiger ist als Trinken, so wird der Bäcker gehängt und der Schenk begnadigt. Letzterem kommt es zu Statten, dass er der Weinschenk ist, denn man kann in Ermangelung des Weins allenfalls von Wasser leben. Der Oberkoch aber (nach Gen. 39, 1 LXX *ἀρχιμάγειρος*) kommt gar nicht ins Gefängniss, da Leckerbissen zur Erhaltung des Leibes nicht notwendig sind. de ebriet. 52 (I, 389. 390). — Ein anderweites biblisches Symbol für den, welcher für die leiblichen Dinge sorgt, ist Josef. Er besorgt das Getreidewesen und ernährt die Seinen. de mut. nom. 14 (I, 592) [1]).

Der Besitz irdischer Güter im weiteren Sinne ist in der Bibel durch Asser symbolisirt. de somn. II, 5 (I, 663): *μακαρισμὸς γὰρ ἑρμηνεύεται ἐπειδὴ μακάριον κτῆμα νενόμισται πλοῦτος.*

Der Leib ist aber auch ferner für die Entwickelung des menschlichen Geisteslebens unentbehrlich. Denn letzteres empfängt seine Nahrung durch die leiblichen Vermögen (*αἱ τοῦ ἀλόγου δυνάμεις*), welche sieben an der Zal, nämlich die fünf Sinne, das Zeugungsvermögen und die Sprache [2]), ein jedes auf seinem Gebiete die äusseren Dinge an den Geist bringen. Auf sie deutet die Bibel Num. 31, 49 in den sieben Töchtern des Priesters zu Midian, sie weiden die Schafe d. h. sie bewirken Fortschritt der Erkenntniss, wobei das Wortspiel zwischen *πρόβατα ποιμαίνειν* und *προβάσεις καὶ παραυξήσεις τοῦ πατρὸς νοῦ συνίστασθαι* helfen muss. de mut. nom. 19 (I, 595). quod det. pot. insid. 46 (I, 223). Auch zeigt die Schrift, dass der geistige Mensch eines körperlichen Substrats zur Gewinnung von Erkenntnissen aus der Sin-

---

1) Er heisst ὁ τῶν τοῦ σώματος ἐπιτηδείων προστάτης, sein Name bedeutet „Zusatz" πρόςθεμα, ἐπεὶ τῶν ἔξωθεν ἐπειςοδιαζομένων καὶ προςτεθειμένων τοῖς κατὰ φύσιν προστασίαν ἀνῆπται ... τὰς τροφὰς τῆς σωματικῆς χώρας ἁπάσης θησαυρισάμενος ἐσιτάρχει.

2) Daneben besteht freilich auch eine andere Rechnung: die sinulichen Mächte sind sechs, fünf Sinne und λόγος προφορικός und bilden so einen Gegensatz zur heiligen Siebenzal. de Abrah. 5 (II, 5).

nenwelt bedarf ($\delta\epsilon\tilde{\iota}$ $\ddot{v}\lambda\eta\varsigma$ $\sigma\omega\mu\alpha\tau\iota\varkappa\tilde{\eta}\varsigma$ $\dot{\epsilon}\pi\epsilon\dot{\iota}$ $\pi\tilde{\omega}\varsigma$ $\dot{\alpha}\nu\alpha\gamma\nu\dot{\omega}\sigma\epsilon\tau\alpha\iota$ $\chi\omega\varrho\dot{\iota}\varsigma$ $\dot{o}\mu\mu\dot{\alpha}$-$\tau\omega\nu$ $\varkappa\tau\lambda.$), indem sie Gen. 2, 12 den Isaschar mit einem Stein vergleicht, was auf die Körperlichkeit desselben geht. Letzteres erweist Philo durch eine überaus künstliche Combination von Gen. 2, 12 $\ddot{\alpha}\nu\vartheta\varrho\alpha\xi$ $\varkappa\alpha\dot{\iota}$ $\lambda\dot{\iota}\vartheta o\varsigma$ $\pi\varrho\dot{\alpha}\sigma\iota\nu o\varsigma$ mit Num. 28, 19, wo $\ddot{\alpha}\nu\vartheta\varrho\alpha\xi$ $\varkappa\alpha\dot{\iota}$ $\sigma\dot{\alpha}\pi\varphi\epsilon\iota\varrho o\varsigma$ steht. Da nun diese Steine den zwölf Stämmen entsprechen, so kommt $\ddot{\alpha}\nu\vartheta\varrho\alpha\xi$ auf Juda und $\lambda\dot{\iota}\vartheta o\varsigma$ $\pi\varrho.$ = $\sigma\dot{\alpha}\pi\varphi\epsilon\iota\varrho o\varsigma$ auf Isaschar. leg. alleg. I, 26 (I, 60).

Es besteht daher auch zwischen Leib und Seele eine enge notwendige Verbindung, welche die Schrift in Chebron symbolisirt. de poster. Cain. 17 (I, 237). quod det. pot. insid. 6 (I, 194)[1]), oder wie es Philo auch ausdrückt: das natürliche Leibesleben umschliesst ein höheres, welches gewissermassen das Leben des Lebens ($\psi\upsilon\chi\dot{\eta}$ $\psi\upsilon\chi\tilde{\eta}\varsigma$) ist, wie auch das Auge als ein grösserer Kreis in sich denjenigen Teil trägt, mit dem wir eigentlich sehen. quis rer. div. haer. 11 (I, 480).

Dabei haftet aber der Natur des Leiblichen die Nichtigkeit und Vergänglichkeit an, weshalb auch die Schrift Gen. 23, 10 den Leib Ephron d. h. Schutt ($\chi o\tilde{v}\varsigma$), de confus. lingu. 17 (I, 417) oder Sella d. i. Schatten ($\sigma\varkappa\iota\dot{\alpha}$), de post. Cain. 33 (I, 246) nennt. Auch bezeichnet sie ihn als Eir Gen. 38, 17, dieser als der $\delta\epsilon\varrho\mu\dot{\alpha}\tau\iota\nu o\varsigma$ bedeutet den Leib und sein Tod erinnert daran, dass der Leib etwas Todtes und auf immer Gestorbenes ($\nu\epsilon\varkappa\varrho\dot{o}\nu$ $\varkappa\alpha\dot{\iota}$ $\tau\epsilon\vartheta\nu\eta\varkappa\dot{o}\varsigma$ $\dot{\alpha}\epsilon\dot{\iota}$) ist. leg. alleg. III, 22 (I, 100).

Bemerkenswert ist, dass Philo von einem allmälichen Verfall der Leiblichkeit spricht. Der erstgeschaffene Mensch, sagt er, sei 1) aus der neugeschaffenen Erde, 2) aus einem besonders auserlesenen Teile derselben, 3) von einem ganz besonders trefflichen Bildner geschaffen worden und habe daher auch ganz besondere Schönheit und Kraft besessen. Wir dagegen stünden jenem ersten Menschen nach. Wie beim Magnete eine Reihe aneinander gehängter Eisenstäbchen nach dem Grade ihrer Entfernung von jenem eine abnehmende magnetische Kraft zeige, so sei auch unsere leibliche Vollkommenheit nach unserem Abstande vom Urmenschen geringer. de opif. m. 47 ff. (I, 32 ff.).

B. Die geistige Natur des Menschen.

In der geistigen Natur des Menschen unterscheidet Philo eine doppelte Richtung: 1) diejenige, welche dem Leiblichen, Irdischen, Aeusserlichen, und 2) diejenige, welche dem Geistigen, Himmlischen, Innerlichen zugewendet ist. Jene nennt er „Sinnlichkeit" ($\alpha\ddot{\iota}\sigma\vartheta\eta\sigma\iota\varsigma$), diese „Vernunft" ($\nu o\tilde{v}\varsigma$)[2]).

---

1) $\sigma\upsilon\zeta\upsilon\gamma\dot{\eta}$ $\delta\dot{\epsilon}$ $\varkappa\alpha\dot{\iota}$ $\sigma\upsilon\nu\epsilon\tau\alpha\iota\varrho\dot{\iota}\varsigma$ $\varkappa\alpha\lambda\epsilon\tilde{\iota}\tau\alpha\iota$ $\chi\epsilon\varrho\varrho\tilde{\omega}\nu$ $\sigma\upsilon\mu\beta o\lambda\iota\varkappa\tilde{\omega}\varsigma$ $\dot{\eta}\mu\tilde{\omega}\nu$ $\tau\dot{o}$ $\sigma\tilde{\omega}\mu\alpha$ $\ddot{o}\tau\iota$ $\sigma\upsilon\nu\dot{\epsilon}\zeta\epsilon\upsilon\varkappa\tau\alpha\iota$ $\varkappa\alpha\dot{\iota}$ $\ddot{\omega}\sigma\pi\epsilon\varrho$ $\dot{\epsilon}\tau\alpha\iota\varrho\dot{\iota}\alpha\nu$ $\varkappa\alpha\dot{\iota}$ $\varphi\iota\lambda\dot{\iota}\alpha\nu$ $\pi\varrho\dot{o}\varsigma$ $\psi\upsilon\chi\dot{\eta}\nu$ $\tau\dot{\epsilon}\vartheta\epsilon\iota\tau\alpha\iota$.

2) Er drückt sich darüber auch so aus: Die geistige Natur des Menschen habe zwei Seiten, die eine, nach der wir lebendes Wesen ($\zeta\tilde{\omega}o\nu$), die andere, nach der wir Mensch ($\ddot{\alpha}\nu\vartheta\varrho\omega\pi o\varsigma$) seien. Jene werde getragen durch die $\delta\dot{\upsilon}\nu\alpha\mu\iota\varsigma$ $\zeta\omega\tau\iota\varkappa\dot{\eta}$; diese durch die $\delta\dot{\upsilon}\nu\alpha\mu\iota\varsigma$ $\lambda o\gamma\iota\varkappa\dot{\eta}$. An jener haben die $\ddot{\alpha}\lambda o\gamma\alpha$ in uns Theil, von dieser hange das Vernünftige in uns ab. quod det. pot. insid. 22 (I. 207).

a. Die Sinnlichkeit (αἴσϑησις).

Die Sinnlichkeit als die dem Leiblichen und Irdischen zugewendete Seite der menschlichen Seele heisst in der Bibel Gen. 2, 1 geradezu die Erde (γῆ). vgl. leg. alleg. I, 1 (I, 43) τὴν δὲ αἴσϑησιν καλεῖ γῆν ὅτι σύστασιν σωματοειδῆ καὶ γεωδεστέραν ἔλαχεν αἴσϑησις. Da sie dem unvernünftigen Teile der menschlichen Seele (τῷ ἀλόγῳ μέρει τῆς ψυχῆς) zugehört, so wird sie Gen. 2, 5 mit Gras (χορτός) bezeichnet, welches die Nahrung der unvernünftigen Thiere ist, leg. alleg. I, 10 (I, 48), vgl. III, 90 (I, 137), und ihr Symbol ist Hemor = ὄνος, der die φύσις ἄλογος bedeutet, de migr. Abr. 39 (I, 472). — Der Sitz der αἴσϑησις ist im Leibe, denn sie wohnt in Haran. Haran = τρῶγλαι bedeutet die Wohnorte der Sinne, de migr. Abr. 34 (I, 465), und eben dasselbe meint die Schrift, wenn sie Gen. 37, 14 sagt, dass Josef der Vertreter der Leiblichkeit, ἐκ κοιλάδος τῆς Χεβρών aufgebrochen sei, denn Hebron ist der Leib (s. oben S. 237) und die Hölungen desselben sind die Sinneswerkzeuge, quod det. pot. insid. 6 (I, 194).

Die Zal der αἴσϑησις ist die 5, als die Zal der Sinne. Daher verlangt Josef, der Verwalter der sinnlichen Güter (s. oben S. 236), den 5ten vom Getreide Gen. 47, 24 in de migr. Abr. 37 (I, 468), denn er muss für jeden Sinn reichen Vorrat haben. Benjamin wird mit 5 Kleidern beschenkt, um die Zal der Sinne zu ehren (ibid.), die 5 Töchter Salpaad (ibid.) und die 5 Städte des Salzthales sind Symbole der αἴσϑησις (de Abrah. 29. II, 22), desgleichen die 5 Säulen der Stiftshütte, sie stehen am Eingang wie die Sinnlichkeit, die sich bald nach Aussen zu den körperlichen Dingen, bald nach Innen der Vernunft zuwendet, de vita Mos. III, 4 (II, 147).

Unter den Sinnen wird in der Schrift das Gesicht besonders ausgezeichnet. Es ist die eine Stadt des Salzthals, welche gerettet wird; diese ist Gen. 19, 20 klein und nicht klein (s. oben S. 171), denn die ὄψις ist etwas Kleines, kann aber Grosses umspannen. Auch giebt das zum Himmel sich erhebende Gesicht dem Menschen Anreiz, sich edleren Freuden zuzuwenden. de Abrah. 31 (II, 25).

Mit der Leiblichkeit der αἴσϑησις hängt aber ihre Beschränktheit zusammen. Sie ist ganz an das Jetzt (νῦν) gewiesen, wie Gen. 2, 23 andeutet, sie hat keinen Anteil an der Vergangenheit durch Erinnerung oder an der Zukunft durch Hoffnung. leg. alleg. II, 12 (I, 74). Die αἰσϑήσεις sind Töchter Manasse's, sie hängen mit dem Vergessen zusammen, denn Manasse ist = ἐκ λήϑης. de migr. Abr. 37 (I, 468).

Aber die Sinnlichkeit ist wie der Leib (s. oben S. 236) eine Naturnotwendigkeit für das Leben des Menschen.

Sie vermittelt jegliche sinnliche Erkenntniss. Dies drückt die Schrift dadurch aus, dass sie Gen. 3, 12 Adam (den νοῦς, s. unten) sagen lässt: das Weib (die αἴσϑησις) gab mir von dem Baume, leg. alleg. III, 18 (I, 98). Ja sie übt sogar in dieser Beziehung einen gewissen Zwang auf den νοῦς, darum lasse die Schrift Gen. 3, 13 die Eva (= αἴσϑησις) sagen: die Schlange gab mir und ich ass, denn wenn sie isst, muss notwendiger Weise auch der Mann essen; ist die Sinnlichkeit von Eindrücken erfüllt, so muss auch die Vernunft daran teilnehmen. leg. alleg. III, 19 (I, 99). Auch giebt die αἴσθησις (anders als die ἡδονή, s. unten) dem νοῦς richtige Bilder der Dinge (leg. alleg. III, 20. I, 99), weshalb Adam Gen. 3, 13 von Eva sagt: αὕτη μοι ἔδωκεν, und Laban (s. unten), die αἴσθησις zeigt Farbe und Beschaffenheit der sinnlichen Dinge, de migr. Abr. 38 (I, 470). Der νοῦς kann daher die αἴσθησις nicht entbehren, ist ohne sie blind und unfähig (de cherub. 18. I, 150), es konnte Adam (der νοῦς) deshalb nicht allein bleiben, Gen. 2, 18, die αἰσθητικὴ δύναμις musste ihm als Gehülfin beigesellt werden (leg. alleg. II, 7 ff. I, 70). Auch der geistige Mensch muss deshalb wenigstens bisweilen (Gen. 27, 44 ἡμέρας τινάς) in Haran Gen. 27, 43, dem Lande der Sinne (s. oben) weilen, denn er bedarf derselben für die Dauer des sterblichen Lebens, de profug. 8 (I, 552. 553), und ein jeder ist in gewisser Beziehung ein Sohn der Masek (αἴσθησις), er stammt ἐκ φιλήματος, denn etwas liebt jeder das Leben in der Sinnlichkeit, quis rer. div. haer. 8 (I, 478).

Andrerseits aber bedarf die Sinnlichkeit ebenso sehr der Vernunft, um in Wirksamkeit treten zu können. Denn sie ist zunächst Gen. 2, 1 nur in der Idee vorhanden, die Schöpfung der Erde bedeutet die Schöpfung der Idee der Sinnlichkeit, leg. alleg. I, 1. 10 (I, 43. 48), oder wie Philo auch es ausdrückt, sie befindet sich von Hause aus im ruhenden Zustande als ἡ καθ᾽ ἕξιν αἴσθησις leg. alleg. II, 10 (I, 73). Sie bedarf des νοῦς, um ἡ κατ᾽ ἐνέργειαν αἴσθ. zu werden. Darum heisst es Gen. 2, 5ᵇ: es war kein Mensch da die Erde zu bearbeiten, d. h. so lange der νοῦς untätig war, blieb auch die αἴσθησις ohne Leben. Sobald aber Gott regnen liess d. h. die einzelnen sinnlichen Dinge dem Geiste vorführte, da regte sich der νοῦς und regte zugleich die αἴσθησις an (leg. alleg. I, 10. I, 48), oder wie es in anderem Bilde Gen. 2, 6 heisst, der νοῦς bewässerte wie eine Quelle die αἴσθησις, führte ihr belebende Strömungen zu und leitete sie an zur Aufnahme des Gegenständlichen. leg. alleg. I, 11 (I, 49). de poster. Cain. 37 (I, 249). de profug. 32 (I, 573). In diesem Verhältniss zur αἴσθησις ist daher der νοῦς = Seth ποτισμός, der seine bewässernde Kraft durch alle Sinneswerkzeuge streckt, denn Niemand wird sagen die Augen sehen, sondern der νοῦς sieht vermittelst der Augen. de post. Cain. 36 (I, 249). vgl. leg. alleg. III, 65 (I, 124) ἀπὸ γὰρ τούτου καθάπερ τινὸς πηγῆς αἱ αἰσθητικαὶ τείνονται δυνάμεις. — Es ist daher die αἴσθησις ganz und gar vom νοῦς abhängig, weshalb auch Gen. 3, 9 blos Adam und nicht auch Eva gerufen wird, denn diese ist in Adam schon mit enthalten. leg. alleg. III, 16 (I, 97). Insofern kann die αἴσθησις geradezu als eine Kraft des νοῦς selber bezeichnet werden, welche neben andern wie der δύναμις λογική, διανοητική u. dgl. besteht. Darum nennt auch die Schrift Gen. 2, 21 die Eva eine Ribbe Adams, denn πλευρά, wie aus πλευρὰς ἔχειν = δύναμιν ἔχειν hervorgeht, bezeichnet eine δύναμις. Als solche erkennt sie auch der νοῦς sogleich, er sieht die bisher in ihm ruhende Kraft in Bewegung und sagt: sie ist Bein von meinem Bein. leg. alleg.

II, 10 ff. (I, 73 ff.). III, 65 (I, 124). Dies Abhängigkeitsverhältniss und dies gegenseitige Bedürfen wird am besten durch das Bild des Mannes und Weibes (Adam und Eva) ausgedrückt (vgl. oben S. 189 f.) und leg. alleg. II, 13 (I, 74). — Der Mann als der gebende ist der νοῦς, das Weib als die Empfangende ist die αἴσθησις (vgl. oben l. c.), bes. leg. alleg. II, 11 (I, 49). — Auch könne man, meint Philo, den νοῦς als den Führer der αἰσθήσεις bezeichnen, deshalb heisse es Gen. 4, 15 ὁ ἀποκτείνας Καῒν ἑπτὰ παραλύσει, denn wer den führenden νοῦς tödte, löse auch die sieben sinnlichen Vermögen (vgl. oben S. 236) auf. quod det. pot. insid. 46 (I, 223). — Damit hängt auch das Bild vom Hirten zusammen Exod. 13, 12 ff. in de sacrif. Ab. et Cain. 32 (I, 183. 184). Oder man könnte wegen der oben geschilderten, die αἰσθήσεις hervorbringenden Kraft den νοῦς auch als den Vater, die αἰσθήσεις als die Töchter ansehen. leg. alleg. III, 80 (I, 132) nennen sie sich θυγατέρες Μωάβ, Töchter vom Vater (ἐκ πατρός s. m. Abhldg. bei Merx II, 2 S. 158) d. h. vom νοῦς.

Noch stärker ist der symbolische Ausdruck, nach welchem der νοῦς als Gott der αἰσθήσεις bezeichnet wird, wie Exod. 7, 1 Mose (= νοῦς), Gott Pharao's (= αἴσθησις) genannt wird. leg. alleg. I, 13 (I, 51).

Indessen hat trotz dieses Abhängigkeitsverhältnisses die αἴσθησις doch eine gewisse Selbständigkeit, weshalb die Bibel Gen. 3, 12 den Adam sagen lässt ἡ γυνὴ ἣν ἔδωκας μετ᾽ ἐμοῦ statt ἐμοί. Denn die αἴσθησις kann sich den Weisungen des νοῦς entziehen. Wollte er ihr auch befehlen nicht zu sehen, die αἰσθήσεις würden deshalb doch tätig sein. leg. alleg. III, 18 (I, 98).

Eben deshalb aber bleibt die αἴσθησις für die höhere Erkenntniss ein störendes Element. Um etwas recht genau zu erkennen, müssen wir daher in die Einsamkeit gehen, Auge und Ohr verschliessen, damit nichts Sinnliches unser Denken hindere. Darum sagt die Schrift (Gen. 3, 21 ὕπνωσε), dass die αἴσθησις im Schlafe des νοῦς geschaffen sei, denn sie schwindet, sobald der letztere erwacht. leg. alleg. II, 8 (I, 71).

b. Die Vernunft (νοῦς).

Die Vernunft, die den himmlischen Dingen zugewandte Seite unseres Geistes, ist der Hauch, welchen Gott Gen. 2, 7 als eine Kraft wahrhaftigen Lebens uns einblies, leg. alleg. I, 12 (I, 49). de plantat. 5 (I, 332). Dadurch ward der von Hause aus nur irdische Geist (νοῦς γεώδης καὶ φθαρτός) zu einer höheren Natur erhoben (εἰς νοερὰν καὶ ζῶσαν ὄντως ψυχήν) und dies πνεῦμα, das die δύναμις λογική enthält, bildet das eigentliche Wesen der Seele (quod det. pot. insid. 22. I, 207). Es ist ein göttliches Gebilde, vermöge dessen wir uns in den Himmel erheben (ibid. 23. I, 207) und zur Erkenntniss Gottes vordringen können. leg. alleg. I, 13 (I, 50). quod det. pot. insid. 24 (I, 208).

Den νοῦς vergleicht die Schrift mit dem Manne, weil sein Eigentümliches das Tun ist, leg. alleg. II, 11 (I, 73). Auf ihn deutet sie Exod. 1, 11 mit dem Namen On oder Heliopolis. — On bedeutet Hügel,

der *νοῦς* ist der Haufen, in welchem alle Schätze der Begriffe aufge-
speichert liegen (s. m. Abhdl. b. Merx II, 2 S. 160), er ist Heliopolis,
die Sonne, welche die Auffassung der Dinge möglich macht. de poster.
Cain. 16 (I, 236). de somn. I, 14 (I, 632). Ursprünglich befindet sich
der *νοῦς* im ruhenden Zustande. Nach Gen. 2, 5ᵇ (vgl. das oben über
die *αἴσθησις* S. 238 f. Gesagte) war er *ἄπρακτος* leg. alleg. I, 10 (I, 48),
nach Gen. 2, 24ᵇ *γυμνός*, wie es leg. alleg. II, 16 (I, 78) heisst: ην
. . . *τοῦ νοεῖν ἔρημός τε καὶ γυμνός.* — Er setzt sich dann plötzlich in
Bewegung, regt die *αἴσθησις* an (s. oben S. 239) und aus ihm selbst
gehen dann hervor **die einzelnen Erwägungen** (*τὰ κατὰ μέρος
ἐνθυμήματα*), welche wie Säulen eingegraben sind und die Seele stützen.
Sie sind Num. 21, 28 *στῆλαι Ἀρνῶν*, die Säulen ihres (der Seelen) Lich-
tes [Arnon ist = *φῶς αὐτῶν*], denn jede Sache wird erst durch Schluss-
folgerung klar (*ἐν λογισμῷ σαφηνίζεται*) leg. alleg. III, 82 (I, 133).

Unter den einzelnen Kräften des *νοῦς* sind besonders hervorzu-
heben:

1. **die Urteilskraft:** Dina (*τὸ δικαστήριον τῆς ψυχῆς*) de migr.
Abr. 39 (I, 471) oder Dan, welcher die Fähigkeit des Geistes dar-
stellt, die Dinge zu unterscheiden (*διακρίσεως καὶ τομῆς πραγμά-
των σύμβολον*). de somn. II, 5 (I, 664).

2. **die Erinnerung und das Gedächtniss.** Jene ist Manasse
= *ἐκ λήθης*, denn die Erinnerung stammt aus dem Vergessen her,
das ihr vorausgieng. Dieses ist Ephraim = *καρποφορία*, denn das
Gedächtniss hält als ein fruchtbares Vermögen frische und deut-
liche Bilder der Dinge fest. leg. alleg. III, 30 (I, 106).

3. **das sprachbildende Vermögen**, aus welchem heraus der *νοῦς*
den Dingen Namen beilegt, Gen. 2, 19. 20 in de opif. m. 52 (I,
36) und leg. alleg. II, 15 (I, 69).

Auf den *λόγος* als das menschliche Sprachvermögen deutet Exod. 22,
26. 27 das *ἱμάτιον*, welches als dem Menschen so unentbehrlich darge-
stellt wird. Denn das Wort ist die wichtigste Waffe und der schönste
Schmuck des Menschen, in dem Worte findet er Ruhe und Trost (mit
Anspielung auf *ἐν τίνι κοιμηθήσεται*). de somn. I, 17. 18 (I, 636 ff.).

Wie dieser menschliche *λόγος* in doppelter Phase erscheint, als
innerlich gedachter (*λ. ἐνδιάθετος*) und als äusserlich gesprochener (*λ.
προφορικός*), darüber vgl. Zeller III, 2 S. 326 ff.

Als Schrifttypen für den menschlichen *λόγος* treten auf:
Aaron: der *λόγος προφορικός*. S. das oben S. 192 über ihn Ge-
sagte.
Peitho: vgl. über ihn oben S. 196. Er steht de poster. Cain. 16
(I, 236) und de somn. I, 14 (I, 632) neben On = *νοῦς* und Ra-
messe = *αἴσθησις* als drittes Geistesvermögen.

Die Geisteskraft des ersten Menschen übertraf nach Philo weit die
aller seiner Nachkommen, da der *νοῦς* desselben unmittelbar nach dem
Abbilde des *λόγος* geschaffen ward. de opif. m. 48 (I, 33).

Indessen ist der menschliche *νοῦς* im Vergleich mit dem gött-
lichen nur ein beschränkter, da er wol die Dinge ausser sich, aber

nicht sich selbst, noch weniger das Wesen Gottes zu begreifen vermag, wie ja Adam allen andern Dingen Namen giebt, sich selbst aber nicht benennen kann. leg. alleg. I, 29. 30 (I, 61 ff.).

§. 2. Die Lehre vom Menschen als sittlichem Wesen.

In Bezug auf die sittliche Natur des Menschen unterscheidet Philo zwei Zustände desselben: den vorzeitlichen und den zeitlichen.

a. Der vorzeitliche Zustand.

Im vorzeitlichen Zustand waren die Seelen leiblos (ἄσαρκοι καὶ ἀσώματοι) de gigant. 7 (I, 266), alles Irdischen unteilhaftig (γεώδους οὐσίας ἀμέτοχοι) leg. alleg. I, 12 (I, 49). vgl. ibid. 28 (I, 61) νοῦς ἀϋλώτερος. — Auf diesen Zustand deutet Gen. 1, 27, wo die Schöpfung des ἄνθρωπος οὐράνιος beschrieben wird. Dieser ist nach Gottes Bild geschaffen, ein Urbild, eine Gattung, geistig, leiblos, weder männlich noch weiblich, ein ἄνθρωπος γενικός nach Gen. 1, 27, leg. alleg. II, 4 (I, 68), vgl. den Midrasch vom androgynen Menschen in Beresch. r. c. 8, von Natur unvergänglich de opif. m. 46 (I, 32), von reiner Substanz leg. alleg. I, 28 (I, 61). Die Schrift sagt deshalb von ihm ein τετυπῶσθαι κατ᾽ εἰκόνα θεοῦ Gen. 1, 26, kein πεπλάσθαι aus leg. alleg. I, 12 (I, 49), oder sie gebraucht in Beziehung auf ihn Gen. 2, 15 den Ausdruck ὅν ἐποίησε [über diese abweichende LA. Philo's st. ἔπλασε der LXX vgl. m. Abhdlg. in Hilgenfeld's Zeitschr. f. w. Th. XVI, 4 S. 529] leg. alleg. I, 16 (I, 53. 54). vgl. auch ὁ ποιηθεὶς νοῦς ibid. 28 (I, 61). — Auf diesen νοῦς geht auch das λαμβάνειν in Gen. 2, 15. leg. alleg. I, 16 (I, 54). — Die Gottebenbildlichkeit liegt in der geistigen Natur und dass hier ein dem Urbild genau entsprechendes Abbild stattfindet, sagt der Ausdruck καθ᾽ ὁμοίωσιν in Gen. 1, 26. de opif. m. 23 (I, 16).

In sittlicher Beziehung war der νοῦς in diesem vorzeitlichen Zustande vollkommen (τέλειος) und bedurfte weder der Gebote noch der Ermahnungen. leg. alleg. I, 30 (I, 62). Er war nach Gen. 2, 15 in das Paradies d. h. in die Mitte der Tugenden hineingepflanzt, leg. alleg. I, 16 (I, 53 ff.), und vereinigte in diesem Zustande 1) εὐθιξία symbolisirt durch das Hineinsetzen ins Paradies, 2) ἐπιμονή oder πρᾶξις τῶν καλῶν durch ἐργάζεσθαι Gen. 2, 15 angedeutet, und 3) μνήμη oder φυλακὴ καὶ διατήρησις τῶν ἁγίων δογμάτων durch φυλάσσειν ibid. bezeichnet. leg. alleg. l. c. — Doch auch in diesem Zustande findet noch ein Streben statt, der himmlische Mensch, Gottes Abbild, sehnt sich nach seinem Urbilde, leg. alleg. II, 2 (I, 67), worauf die Schrift Gen. 2, 18 deutet in den Worten: οὐ καλὸν τὸν ἄνθρωπον εἶναι μόνον.

b. Der zeitliche Zustand.

Philo beschreibt das Eintreten desselben zum Teil nach Plato Timaeus 43 A und sucht für diese Darstellung in der biblischen Erzälung Gen. 6, 2 ff. einen Anhaltspunkt zu gewinnen. Im Anschluss hieran erzält er: von den reinen leiblosen Seelen seien einige zu den Leibern herabgestiegen und hätten dadurch die Reinheit ihrer Natur verloren. de gigant. 3 (I, 264). de plantat. 4 (I, 331. 332). de somn. I, 22 (I, 641).

Daneben aber stellt er auch den Vorgang nach Gen. 1, 26 als ein Werk Gottes und niederer Dämonen dar, welche eine μικτὴ φύσις bilden (vgl. oben S. 206)[1]). Von den letzteren rührt die Leiblichkeit und der νοῦς γήϊνος her, de opif. m. 24 (I, 17). de confus. lingu. 35 (I, 432)[2]). Diesem irdischen Gebilde haucht dann Gott eine δύναμις ἀληθινῆς ζωῆς ein, welche freilich nur eine πνοή ist (Gen. 2, 7), denn die volle Einwirkung des göttlichen πνεῦμα kann nur der νοῦς ἐπουράνιος ertragen. Dieses Anhauchen wirkt auf den νοῦς γήϊνος, wie durch die Hindeutung, dass Gott dem Menschen ins Angesicht bläst, klar wird, und dadurch wird dieser zu einer ψυχὴ νοερά: leg. alleg. I, 12. 13 (I, 49 ff.). — Auf diese Mischbildung der gegenwärtigen menschlichen Natur deutet die Schrift durch den Namen Adam = γῆ leg. alleg. I, 29 (I, 62) oder durch die Bezeichnung φύραμα Num. 15, 19, de sacrif. Ab. et Cain. 33 (I, 184) und durch den Ausdruck ἔπλασεν in Gen. 2, 7, durch welchen der πεπλασμένος im Gegensatze zu dem κατ' εἰκόνα γεγονώς benannt wird leg. alleg. I, 16 (I, 54). Der so aus Leib und Seele bestehende Mensch heisst bei Philo auch ἄνθρωπος αἰσθητός. de opif. m. 46 (I, 32).

Die Leiblichkeit ist daher der eigentliche Sitz des Sündlichen. Indessen ist Philo darüber schwankend, ob der Leib an sich selbst etwas Böses sei oder nur das Ueberwiegen des Leibes über den Geist.

Die erstere Ansicht ist leg. alleg. III, 22 (I, 100. 101) aufgestellt. Eir, δερμάτινος, Symbol des Leibes (s. oben S. 179. 237), wird Gen. 38, 7 getödtet ohne Angabe eines Grundes. Daraus geht hervor, dass der Leib zu den an sich selbst schädlichen Dingen (φύσεις ἐξ ἑαυτῶν ἐπίληπτοι ibid. 23. I, 102) gehört. Freilich ist dies eine Erkenntniss, die zunächst nur Gott hat, daher Gen. 38, 7 πονηρὸν οἶδεν ὁ θεός, ἐναντίον κυρίου πονηρὸς Εἴρ, doch wenn der Weise in Gottes Geheimnisse eindringt, wird er den Leib als böse erkennen (πονηρὸν κ. δυσμενὲς κρίνει τὸ σῶμα).

Nach der andern Seite ist leg. alleg. III, 23 (I, 101) die Entscheidung gegeben. Eir sei nach Gen. 38, 6. 7 erst getödtet, nachdem er die Thamar geheiratet habe, erst da habe ihn der Herr als böse erkannt. Das bedeute: wenn der Leib sich mit dem Siege verbinde (θαμάρ = φοῖνιξ Symbol der Sieger), dann sei er todeswürdig.

Jedenfalls aber bleibt der Leib etwas sittlich Gefährliches, dem sich der Weise so viel als möglich entziehen soll. — Das Symbol für

---

1) Bemerkenswert ist besonders die Stelle: de mut. nom. 4 (I, 583): φαύλου μὲν γὰρ ψυχὴν οὐ διέπλασεν (ὁ θεός), ἐχθρὸν γὰρ θεῷ κακία· τὴν δὲ μέσην οὐ δι' ἑαυτοῦ μόνου κατὰ τὸν ἱερώτατον Μωυσῆν, ἐπειδὴ κηροῦ τρόπον ἔμελλεν αὐτὴ δέξασθαι καλοῦ τε καὶ αἰσχροῦ διαφοράν. Darum heisse es: lasset uns Menschen machen, damit er, falls er ein schlechtes Gepräge annimmt, als das Werk anderer erscheine, wenn aber gute, als ein Werk Gottes. de profug. 13 ff. (I, 556).

2) Daneben kommt auch freilich die Anschauung vor, nach welcher auch der νοῦς γήϊνος ein Abbild des λόγος ist. de opif. m. 48 (I, 33).

den Leib in dieser seiner den Geist herabziehenden und ihm nachstellenden Bedeutung ist in der Schrift:

1) **Aegypten**: ὁ σωματικὸς οἶκος leg. alleg. II, 19 (I, 80). Der wahrhaft Weise zieht deshalb Gen. 26, 2 gar nicht nach Aegypten, er bleibt immer des Leibes ledig. leg. alleg. II, 15 (I, 76). Israel wundert sich Gen. 45, 28 (so werden die Worte μέγα μοι ἔστιν κτλ. von Philo gedeutet), dass Josef, obwol er in Aegypten weilt, noch lebt, dass er nicht schon alles höhere Seelenleben durch das Leben im Leibe eingebüsst hat. de migr. Abr. 5 (I, 439). de mut. nom. 38 (I, 611). In Aegypten liegt Τάνις = ἐντολὴ ἀποκρίσεως (s. m. Abhdl. S. 147), der Auftrag der Lossagung von der Tugend, de poster. Cain. 17 (I, 236).

2) **die Erde**, γῆ, begründet in Gen. 3, 19. de migr. Abr. 1 (I, 436). Abraham bekommt Gen. 12, 1 den Befehl, die Erde d. h. den Leib zu verlassen. de migr. Abr. 2 (I, 437). — Kain wird Gen. 4, 11 ἐπὶ τῆς γῆς verflucht, weil der Leib, das γεῶδες, in ihm die Hauptschuld trug. quod det. pot. insid. 26 (I, 210).

3) **das goldne Kalb**: Exod. 32. de poster. Cain. 46 (I, 256).

4) **die Arche**: sie nimmt die Thiere, die in dem Leibe wütenden Leidenschaften in sich auf. de plantat. 11 (I, 336).

Sobald die Seele eine Verbindung mit dem Leibe eingegangen ist, entsteht in ihr die **Sinnlichkeit** (αἴσθησις). — Ueber ihre Bedeutung für das geistige Leben des Menschen ist oben (S. 238 f.) gehandelt worden. Hier kommt ihr Einfluss auf die sittliche Entwickelung desselben in Betracht.

Philo's Urteil über den sittlichen Wert der αἴσθησις ist in ähnlicher Weise schwankend wie das über den Leib (s. oben S. 243). — Er folgert aus dem Umstande, dass Gen. 3, 13 das Weib zur Vertheidigung zugelassen und erst dann verurteilt wird, als sie eingesteht dem Bösen gefolgt zu sein, dass die Sinnlichkeit an sich ein Mittleres (μέσον) sei und erst dann böse werde, wenn sie der Lust (ἡδονή) nachgebe. leg. alleg. III, 21 (I, 100). Aehnlich sagt er im Anschluss an Exod. 13, 12 ff., dass die αἰσθήσεις zahme Thiere seien, so lange sie der Führung der Vernunft (νοῦς) folgen; wilde, wenn sie sich derselben entziehen. de sacrif. Ab. et Cain. 32 (I, 183. 184). — In de agricult. 17 (I, 312) nimmt er sogar eine αἴσθησις κεκαθαρμένη an, welche Gott Dankeslieder singt und als deren Symbol Mirjam erscheint.

In den meisten Stellen aber betrachtet er die αἴσθησις als etwas, was in sich selbst böse sei.

Die Verbindung des νοῦς mit der αἴσθησις ist von Hause aus schädlich, denn um des Weibes (der αἴσθησις) willen verlässt der Mann (νοῦς) seinen Vater (Gott) und seine Mutter (die Weisheit) und hängt sich ganz und gar an die Sinnlichkeit, Gen. 2, 14 in leg. alleg. II, 14 (I, 75). — Die αἴσθησις macht es wie die Erde Gen. 4, 11, welche das Blut aufsaugt, sie öffnet ihre Mündungen, um durch die Einströmungen der sinnlichen Dinge den νοῦς überfluten zu lassen. quod det. pot. insid. 27 (I, 210). Deshalb wird dem Weisen befohlen Gen.

12, 1, wie den Leib (γῆ) so auch die αἴσθησις (συγγένεια) zu verlassen. de migr. Abr. 2 (I, 436).

Als Typen dieser schädlichen αἴσθησις erscheinen in der Schrift:
1) Num. 12, 14 die unverschämte Mirjam, welche sich gegen die höhere Natur der Seele auflehnt. ἡ ἀναίσχυντος καὶ θρασεῖα αἴσθησις, leg. alleg. II, 17 (I, 78). III, 33. 34 (I, 107 ff.).
2) Ramesse d. h. σεισμὸς σητός von סס und רעש s. m. Abhdl. bei Merx II, 2 S. 159. Von der αἴσθησις wird der νοῦς wie von Motten aufgezehrt. de poster. Cain. 16 (I, 236). de somn. I, 14 (I, 632).
3) die Töchter Moab's Num. 21, 19, von denen das Feuer der Leidenschaft ausgeht und bis Moab d. h. bis zu ihrem Vater dem νοῦς frisst und hier die Säulen desselben Arnon d. h. das Licht der verständigen Erwägungen (vgl. oben S. 241) zerstört. leg. alleg. III, 82 (I, 133). vgl. de somn. I, 15 (I, 634) die buhlerischen Töchter Moab's.
4) Aus der Thiersymbolik gehören hierher: a) die Thiere im Allgemeinen, s. oben S. 182. b) die Ziegen S. 183.

Die Erregungen dieser schädlichen Sinnlichkeit sind doppelter Art. Sie zeigen sich als Affecte (πάθη) und als Lüste (ἡδοναί).

Den engen Zusammenhang der Affecte mit Leiblichkeit und Sinnlichkeit giebt Philo schon dadurch zu erkennen, dass er für alle drei dasselbe Symbol hat. Aegypten, das Land des Leibes, ist auch das der Sinnlichkeit und der Affecte, de migr. Abr. 14 (I, 448) τὰ κατ' αἴσθησιν ἢ πάθος ἢ σῶμα ὧν ἐστιν ἡ Αἰγύπτου χώρα σύμβολον.

Die Affecte wenden sich zunächst an die Sinnlichkeit, um von hier aus die ganze Seele zu zerrütten. Von diesem Kampfe erzält Gen. 14, 1 ff. Hier wenden sich 4 πάθη gegen 5 αἰσθήσεις, congr. erud. grat. 17 (I, 532). Ausführlicher de Abrah. 40 (II, 33. 34). Den 4 Affecten sind die 5 Sinne unterthan und bringen ihnen Tribut. Im Alter werden die Sinne stumpf und in der unbefriedigten Seele entsteht Aufruhr. Von den 5 Königen fallen Gen. 14, 10 der König von Sodom und Gomorra in die Brunnen d. h. Gefühl und Geschmack gehen in die Tiefe des Leibes, die drei andern eilen in die Flucht, denn die übrigen Sinne streben nach aussen.

Wieder anders ist das Verhältniss leg. alleg. III, 65 (I, 124) aufgefasst. Hier wendet sich die ἡδονή gegen die αἴσθησις, das πάθος dagegen wider den νοῦς.

Das πάθος ist ein doppeltes. Zu unterscheiden sind τὰ γένη oder αἱ ἰδέαι τῶν παθῶν, von deren Schöpfung Gen. 1, 24 ψυχὴν ζῶσαν κατὰ γένος redet, und τὰ εἴδη τῶν παθῶν, auf welche ἔτι in Gen. 2, 19 deutet. leg. alleg. II, 4 (I, 68. 69). vgl. oben S. 174.

Die Zal der πάθη wird in den oben angef. Stellen auf 4 angegeben. Ebenso leg. alleg. II, 25 (I, 84) τετρασκελὲς γὰρ καὶ τὸ πάθος. — Es werden namhaft gemacht: ἡδονή, ἐπιθυμία, φόβος, λύπη. Das hindert aber den Philo ebensowenig, wie oben (S. 216) bei den göttlichen Kräften, zu sagen, dass die einzelnen πάθη ebenso zallos

seien wie Gen. 41, 49 das Getreide Aegyptens, de post. Cain. 28 (I,
243). vgl. auch leg. alleg. II, 4 (I, 69) πλούσιόν ἐστι τὸ κακίας γένος
ἐν τῷ γεννητῷ ὥστε ἀεὶ γεννᾶσθαι τὰ φαυλότατα ἐν τούτῳ, wobei die
Gleichsetzung von πάθος und κακία zu beachten.

Die Schrift hat folgende Symbole der πάθη:
1) Amalek = λαὸς ἐκλείχων. Die πάθη sind ein die ganze Seele
würgendes und verzehrendes Volk. s. m. Abhdl. bei Merx II, 2
S. 152. — leg. alleg. III, 66 (I, 124),
2) Lamech = ταπείνωσις. s. m. Abhdl. l. c. S. 154. — Das πάθος
bewirkt, dass die Spannung in der Seele nachlässt und in Folge
dessen Krankheiten eintreten, welche die Seele erniedrigen, bis
zuletzt Methusalah = ἐξαποστολὴ θανάτου (s. m. Abhdl. l. c.
S. 154. 159) eintritt und der Tod der Seele erfolgt. de poster.
Cain. 21 (I, 239).
3) Sattein = ἄκανθαι (s. m. Abhdl. l. c. S. 148. 151). Die πάθη
sind Stacheln, welche die Seele stechen, Num. 25, 1. de somn.
I, 15 (I, 634). vgl. auch Gen. 3, 18 ἀκάνθας καὶ τριβόλους in
leg. alleg. III, 89 (I, 136).
4) Syria = μετέωρα (אֲרָם). Das πάθος als gegen die Seele sich er-
hebende Macht. leg. alleg. III, 6 (I, 91).
5) die Töchter der Menschen Gen. 6, 4. Die vom höheren Geiste
verlassenen Seelen vereinigen sich mit den πάθη und erzeugen
böse Thaten. quod deus immut. 1 (I, 273).
6) die wilden Thiere Gen. 3, 19. Die πάθη werden v. 18 im ironi-
schen Sinne „Helfer" genannt, weil sie in Wahrheit nicht helfen,
sondern höchst schädlich sind. leg. alleg. II, 4 (I, 68). vgl. o.
S. 182.
7) die Vögel (πετεινὰ τοῦ οὐρανοῦ Gen. 2, 19), denn die πάθη flie-
gen plötzlich auf das Denken los. leg. alleg. l. c. vgl. o. S. 184.
8) die Pferde: Gen. 49, 17. vgl. o. S. 183.
9) die Böcke. vgl. o. S. 183.
10) der Widder. vgl. o. S. 183.
11) die Schafe. vgl. o. S. 183.

Die Lüste (ἡδοναί) stehen neben den Affecten (πάθη).

Sie werden bisweilen ganz mit den letzteren zusammengeworfen.
So heisst es zu Gen. 3, 14 κατάρας (ἐπαξία) ἡδονὴ τὸ πάθος leg. alleg.
III, 35 (I, 108) oder das πάθος erscheint als genus, die ἡδονή als
species. Leg. alleg. II, 21 (I, 81) wird die ἡδονή ein ποίκιλον καὶ
ὀφιῶδες πάθος genannt, ibid. 26 (I, 85) heisst sie das schlimmste πά-
θος und III, 37 (I, 110) wird Gen. 3, 14 so gedeutet, dass die ἡδονή
vor allen πάθη verflucht werde.

An andern Stellen wird aber beides unterschieden. leg. alleg. III,
85 (I, 134) ist das πάθος das medium, durch welches die ἡδονή den
Sinn zu fesseln sucht, denn Potiphars Weib (die ἡδονή) hält Josef
beim Mantel (πάθος).

Die ἡδονή selbst wird von Philo leg. alleg. III, 38 (I, 110) auch wieder als eine zwiefache aufgefasst. Sie ist entweder der lüsterne Genuss des Sinnlichen und wohnt dann nach Gen. 3, 14 in der κοιλία oder sie ist das Verlangen nach demselben und wohnt in der Brust (στῆθος).

Die ἡδονή ist dasjenige, welches die Verbindung des νοῦς und der αἴσθησις hervorbringt. Diese Verbindung ist nun zwar eine psychologische Notwendigkeit (s. oben S. 236 f.), aber unter dem Gesichtspunkte des Sittlichen betrachtet ist sie ein Uebel. So wird dem νοῦς und der αἴσθησις dem Adam und der Eva die ἡδονή in der Schlange Gen. 3, 1 beigesellt.

Die Schlange ist daher das hauptsächlichste Symbol der ἡδονή (vgl. oben S. 184).

Die ἡδονή ist gewunden (πολύπλοκος) wie eine Schlange, ringelt sich fünffach nach der Zal der Sinne, ist buntfarbig (ποικίλη), denn mannigfach sind die Genüsse des Auges, des Ohrs u. s. w. leg. alleg. II, 18. 19 (I, 79 ff.); sie geht auf dem Bauche, denn sie zieht zur Erde nieder und frisst Erde, hat mit irdischen Genüssen zu thun, de opif. m. 56 (I, 38). de migr. Abr. 12 (I, 446). leg. alleg. III, 38 (I, 110); auch hat sie menschliche Stimme, denn viel Vertheidiger hat die ἡδονή unter den Menschen, de opif. m. l. c.; sie ist listig wie eine Schlange, denn die sinnlichen Dinge, welche den Menschen reizen, sind mit vieler Kunst gearbeitet, ibid. 26 (I, 85), sie giebt falsche Bilder der Dinge und bethört die Menschen, weshalb Eva Gen. 3, 13 sagt ὁ ὄφις ἠπάτησέ με, leg. alleg. III, 20 (I, 99), führt die αἴσθησις irre, Deut. 27, 18 in leg. alleg. III, 35 (I, 109), daher auch die Trunkenen weder sehen noch hören, ibid. 64 (I, 123); sie verrückt die Grenzen der Seele, Deut. 27, 17 [die Beziehung auf die ἡδονή beruht allein auf dem hier und in Gen. 3, 14 vorkommenden ἐπικατάρατος], denn sie hebt die Tugend weg und setzt das Böse an die Stelle (ibid. III, 35. I, 109), sie stellt dem Menschen nach, selbst wenn er sich aus Aegypten, dem Lande des Leibes, in die Einsamkeit zurückzieht, denn auch dort ist nach Deut. 8, 15 der ὄφις δάκνων, leg. alleg. II, 21 (I, 81); sie bringt den Tod wie die Schlange Num. 21, 6 (= ἀμετρία ἡδονῶν), de opif. m. 56 (I, 38), leg. alleg. II, 19 (I, 80).

Das zweite Symbol ist der Tiger. s. oben S. 183.

Das dritte das Weib Pharao's, welches zum νοῦς spricht Gen. 39, 7 συνευνασθῶμεν d. h. geniessen wir die menschlichen Güter (τὰ ἀνθρώπινα ἀγαθά), de migr. Abr. 4 (I, 439).

Ausserdem werden die ἡδοναί verglichen mit den Lev. 14, 37 die Steine aushölenden κοιλάδες χλωρίζουσαι ἢ πυρρίζουσαι, und da sie zugleich die Seele beschweren, so wird ibid. v. 40 angeordnet, dass man die Steine herausnehmen solle, quod det. pot. insid. 6 (I, 194).

Diese Wirkungen des Lebens im Leibe, diese Erregungen der Sinnlichkeit und ihrer Affecte und Lüste treten aber im zeitlichen Leben des Menschen nicht sofort ein. — Philo kennt vielmehr einen zeitlichen Urstand des Menschen, der in gewisser Beziehung als ein status integritatis anzusehen ist und dem der spätere status corruptionis gegenüber gestellt wird.

α. Der zeitliche Urstand

des Menschen ist ein Zustand der Gebundenheit der einzelnen Elemente des menschlichen Wesens, den Philo in sittlicher Beziehung als einen neutralen ansieht und durch die Ausdrücke γυμνός oder μέσος bezeichnet.

In diesem Zustande befinden sich Adam und Eva, νοῦς und αἴσθησις, unmittelbar nach der Schöpfung, was in Gen. 2, 25 in den Worten ἦσαν οἱ δύο γυμνοί liegt. Nackt ist der νοῦς, der weder mit Sünde noch mit Tugend angetan, sondern in beiderlei Beziehung noch bloss ist. In diesem Stande befindet sich auch die Seele des Kindes: leg. alleg. II, 16 (I, 77). Er nennt diese γύμνωσις auch μέση, ibid. und leg. alleg. I, 30 (I, 62). — Auch aus dem Umstande, dass vom Baume der Erkenntniss nicht angegeben wird, ob er innerhalb oder ausserhalb des Paradieses gestanden habe, schliesst Philo, dass derselbe ein Symbol unseres νοῦς sei, der, dem Wachs gleichend, für gut und böse gleich empfänglich war. leg. alleg. I, 18 (I, 55). Derselbe Schluss wird aus dem Befehl Gen. 2, 17 gezogen. leg. alleg. I, 32 (I, 64). So heisst auch Adam: ὁ μέσος νοῦς. leg. alleg. III, 88 (I, 136)[1]. — Dieser Zustand, weil frei von jedem Gefül des Unterschieds von gut und böse, schliesst die Scham aus, daher Gen. 2, 24ᵇ οὐκ ᾐσχύνοντο. leg. alleg. II, 17 (I, 78).

In dieser Periode der sittlichen Unentschiedenheit sucht Gott den νοῦς γήϊνος zur Tugend zu bilden. Er setzt ihn deshalb, wie die Schrift Gen. 2, 8 erzält, ins Paradies, denn dass dies auf den irdischen Menschen geht, bezeugt der Ausdruck ὃν ἐποίησε (s. oben S. 242) und giebt ihm nach Gen. 2, 16 (ἐνετείλατο) Ermahnungen, leg. alleg. I, 30 (I, 62), oder wie Philo es auch ausdrückt, er hält ihm im Paradiese in der ἐπίγειος σοφία καὶ ἀρετή ein Abbild der himmlischen Weisheit vor, ibid. I, 14 (I, 52).

Ein Symbol dieses neutralen Zustandes ist ausser Adam auch Lamech, der ebensowol Abkömmling Kain's Gen. 4, 23 sein kann und als solcher die sich zum Bösen erniedrigende (= ταπείνωσις s. oben S. 246) Seele darstellt, als er als Nachkomme Seth's Gen. 5, 28 in demütiger Selbsterniedrigung allen Hochmut aufgibt, de poster. Cain. 13 (I, 234). Auch Hosea (ποιός οὗτος s. m. Abhdl. S. 155), der noch qualitätslose, gehört hierher. de mut. nom. 21 (I, 597).

β. Der sündliche Zustand.

Aus jener Neutralität tritt der Mensch (νοῦς) schnell heraus (leg. alleg. I, 16. (I, 54 μέλλων αὐτίκα φυγὰς ἀρετῆς ἔσεσθαι). — Sobald das Weib, die αἴσθησις, ihm entgegentritt, wird er von Verlangen zu

---

1) Dem widerspricht nun freilich die Vorstellung, nach der Adam mit den himmlischen Mächten verkehrte. de opif. m. 50 (I, 34). Das konnte er unmöglich in jenem Zustande.

ihr ergriffen, de opif. m. 53 (I, 36), durch die ἡδονή wird Gen. 3, 1 ff. eine Verbindung zwischen νοῦς und αἴσθησις vermittelt, leg. alleg. II, 18 (I, 79), so dass die sinnliche Lust der Ursprung alles Bösen ist. Sofort stellt sich auch die Scham ein, nachdem der νοῦς sich in die Bande der αἴσθησις verstrickt sieht, ibid. 17 (I, 78).

Viertes Capitel.

Die Ethik.

Aus jenem süudlichen Zustande ergeben sich die ethischen Aufgaben der Menschen.

Es bestehen seit dem Eintritt desselben in die Menschenwelt zwei entgegengesetzte Richtungen. Die eine überlässt sich diesem Zustande, die andere strebt aus demselben hinaus.

Philo charakterisirt diese beiden Richtungen in folgender Weise. Die einen, sagt er, stiegen in den Leib wie in einen Fluss hinab und wurden von demselben in gewaltigem Wirbel mit fortgerissen und verschlungen. Sie verachteten die Weisheit und gaben sich solchen Beschäftigungen hin, die sich auf den Leib oder irdische Dinge beziehen. Die andern aber sind die Seelen der Philosophen, welche dem Leibe abzusterben trachteten, damit sie des unverweslichen Lebens bei dem Ewigen teilhaftig würden. de gigant. 3 (I, 264). quis rer. div. haer. 9 (I, 479). de sacrif. Ab. et Cain. 1. 2 (I, 163 ff.)[1]).

Die sittliche Entwickelung der Seele nach der einen und andern Seite hin wird von Philo auf das eingehendste verfolgt. Die Personen der biblischen Geschichte werden zu Trägern der verschiedenen Zustände und Stufen, welche sich da ergeben und das ganze Material der Schrift wird zur Beleuchtung derselben verwendet.

§. 1. Das Leben in der Sinnlichkeit.

Diese Richtung ist die zeitlich frühere. Kain ist älter als Abel, Esau älter als Jakob, erst später beginnen die Menschen sich den Banden der αἴσθησις zu entziehen. de sacrif. Ab. et Cain. 4 (I, 166). Philo betrachtet das Leben in der sinnlichen Lust sowol an und für sich, als er auch die Wirkungen desselben auf das eigentlich geistige Leben, auf das Erkenntnissvermögen untersucht.

A. Das Leben in der sinnlichen Lust.

Das Symbol der beginnenden Hingabe an das Sinnliche ist der

----

1) Wie sehr diese stoisch-asketische Anschauung vom Ziele der sittlichen Arbeit, der eigentümlich praktischen Richtung der biblischen Ethik widerstrebt, welche vielmehr das Verhältniss des Menschen zum Menschen im Auge hat — darauf hat mit Recht aufmerksam gemacht Frankel, zur Ethik des jüdisch-alexandrin. Philosophen Philo. Mtsschr. f. das Judenth. 1867. S. 248 ff.

Jordan (κατάβασις s. m. Abhdl. bei Merx II, 2 S. 153) das Herab-
steigen zur irdischen Natur leg. alleg. II, 22 (I, 82) oder Nimrod das
Ueberlaufen (αὐτομόλησις) zu der unbeseelten Natur des Fleisches de
gigant. 15 (I, 272). Die Seele wird angelockt durch die Reizmittel
der sinnlichen Vergnügungen und gewinnt Rahel (die αἴσθησις) lieb,
welche nach Gen. 30, 14 ff. sich im Besitz dieser φίλτρα befindet, de
poster. Cain. 40 (I, 251). Sie begiebt sich unter die Herrschaft Pha-
rao's (σκεδασμός s. m. Abhdl S. 150), welcher Zerstreuung und Unter-
gang der Enthaltsamkeit betreibt, de somn. II, 31 (I, 686).

Bald wird alsdann die Seele vom Sinnlichen und sei-
ner Lust gefangen genommen und immer tiefer in dieselbe
hineingezogen.

Sie nimmt ihre Wohnung in Haran (τρῶγλαι s. m. Abhdl. S. 149),
den Höhlungen, da die Sinne ihren Sitz haben und die vernunftlosen
Mächte (αἱ ἄλογοι δανάμεις) Gen. 29, 4 weilen, de migr. Abr. 38 (I,
470), sie hängt am Leibe (φιλοσώματος) und sagt zu demselben Achi-
man d. h. mein Bruder bist du (s. m. Abhdl. S. 153. 155), de poster.
Cain. 17 (I, 236), ja sie klammert sich fest an die Materie und klebt
an ihr bis zum Tode wie die Gekreuzigten und wird wie Thalamein
(κρεμάμενός τις s. m. Abhdl. S. 149. 155. 159) ibid. Sie wird ein
Sklave der Masek (der αἴσθησις s. oben S. 239) und beginnt dieselbe
übermässig zu lieben und mit ihr einen βίος ἀβίωτος zu führen, quis
rer. div. haer. 8. 9 (I, 478 ff.). vgl. auch Esau leg. alleg. III, 69 (I,
126). — In dieser dem leiblichen Wolleben fröhnenden Weise wird
die Seele zur Noema (πιότης s. m. Abhdl. S. 160), denn die Anhänger
dieses Treibens werden fett, de poster. Cain. 35 (I, 248), da ihnen
drei Diener, Koch, Bäcker und Mundschenk, zur Verfügung stehen.
Gen. 39, 1. 40, 2. de ebriet. 51 ff. (I, 389 ff.).

Die Seele vergnügt sich alsdann auch bei Laban (s. oben S. 193)
an den glänzenden Erscheinungen der sinnlichen Dinge, de agricult.
10 (I, 307). de profug. 8 (I, 552), bei Jothor Exod. 3, 1 (περισσός,
יֶתֶר) am überflüssigen Prunke irdischer Güter, de agricult. 10 (I, 307),
de mut. nom. 17 (I, 594), schätzt die äusseren Güter (τὰ ἐκτὸς ἀγαθά)
im Sesein (ἐκτός μου s. m. Abhdl S. 161) de poster. Cain. 17 (I, 236)
und freut sich wie Benjamin (υἱὸς ἡμερῶν s. m. Abhdl. S. 155) an
schönen Gewändern, Bildern u. dgl., de mut. nom. 15 (I, 592). — So
sucht dann der schlechtgewordene νοῦς die ἡδονή eifrigst zu bewah-
ren (τηρήσει Gen. 3, 15. vgl. oben S. 175), leg. alleg. III, 68 (I, 125),
oder er wird als νοῦς φιλοσώματος im Kerker der Leidenschaft fest-
gehalten Gen. 39, 1 in quod deus immut. 24 (I, 289).

Das Symbol der immer mehr die Menschen fortreissenden ἡδονή
sind die Assyrer (εὐθύνοντες, St. אָשֻׁר) leg. alleg. I, 21 (I, 57).

Der Zustand der Menschen in diesem Lustleben ist
aber nicht der der Ruhe und Befriedigung.

Die Seele wird von der inneren Verderbtheit wie von einer Fie-
berhitze erfüllt, Ham (θέρμη, חָם) wohnt in ihr, de sobriet. 10 (I,
399) und diese erschüttert sie, setzt sie in Bewegung, weshalb auch

Ham's Sohn Chanaan (σάλος s. m. Abhdl. S. 154) genannt wird (ibid.).
Die Seele befindet sich in einem Aufruhr, der mit einem Kriege ver-
glichen wird Exod. 32, 17, der νοῦς wird von den ἄλογοι ὁρμαί be-
stürmt de ebriet. 25 (I, 372), und die ἡδονή lässt ihm keine Ruhe,
weshalb auch Gen. 3, 14 πορεύσῃ steht, leg. alleg. III, 54 (I, 118).
Die Seele des Bösen ist unstät und flüchtig wie Adam Gen. 3, 8 oder
wie Esau, der deshalb Gen. 25, 27 ἀγροῖκος heisst. leg. alleg. III, 1
(I, 87). Sie ist ohne Ort ἄτοπος, weshalb auch das Böse ἄτοπον
heisst, denn die Antwort auf Gottes Frage an Adam ποῦ εἶ lautet
οὐδαμῶς. leg. alleg. III, 17 (I, 97). Kain ist in Naid (σάλος, נוד),
dem Symbol der die Seele beunruhigenden Bosheit, de cherub. 4 (I,
140). Die Seele ist wie ein schwankendes Schiff, ibid. und de po-
ster. Cain. 10 (I, 232). — Ausserdem sind Symbole dieser heftigen
Erschütterung der Seele durch das πάθος: Sennaar (ἐκτιναγμός s. m.
Abhdl. S. 154) de confus. lingu. 15 (I, 415) und Thamna (ἔκλειψις
σαλευομένη s. m. Abhdl. ebendas.) congr. erud. grat. 12 (I, 525).

Dieser unruhige Zustand ist zugleich ein peinvoller
und schmerzerfüllter. Darum heisst es Gen. 3, 16 von der αἴ-
σθησις: ich will dir viel Schmerzen machen und die Grösse des Schmer-
zes ist durch das beigefügte στεναγμός noch hervorgehoben. leg. al-
leg. III, 71. 75 (I, 127. 129).

Dieser Schmerz äussert sich besonders auch in dem
Gefül einer beständigen Leere und einem daraus hervor-
gehenden unersättlichen Verlangen. Der Sinnliche taumelt
von Begierde zum Genuss und im Genusse schmachtet er nach Begierde.
Die Seele des Sinnlichen ist in Beelphegor (ἀνωτέρω στόμα δέρ-
ματος s. m. Abhdl. S. 157), indem derselbe alle Mündungen des Lei-
bes weit aufthut, um die Ströme der Lust in sich aufzunehmen, de
mut. nom. 18 (I, 595). Die immer wieder erwachende Begierde ver-
langt aufs Neue Befriedigung, Pharao lässt den Mundschenk an sei-
nem Geburtstage, als am Tage der sich erneuenden Lust, aus dem
Kerker holen de ebriet. 50. (I, 388), der Genuss steigert sich je mehr
und mehr, der Mundschenk reicht dem Pharao neue und immer grös-
sere Becher (wovon freilich in der Schrift nichts steht) ibid. 53 (I,
390. 391). Symbol der unersättlichen Begierde nach Reichtum ist
Japhet (latitudo) quaestt. in Gen. II, 80, und Thobel der Schmied
Gen. 4, 22, der die Seele bearbeitet und ihre Gelüste immer wieder
erregt; auch ruft er oft Kriege hervor, die ja meist um sinnliche Gü-
ter geführt werden, auch darauf deutet Thobel als Verfertiger von
Eisengeräten. de poster. Cain. 34 (I, 248).

Die Wirkungen dieses Lebens sind Entfernung von
Gott, von himmlischen Dingen und von der Tugend.

Diese Entfernung stellt Philo bald als eine von Gott, bald als
eine vom Menschen herbeigeführte dar.

In der ersteren Weise erscheint dies in Eliphas Gen. 36, 12 (= ὁ
θεός με διέσπειρεν s. m. Abhdl. S. 160). Gott verjagt die vom πάθος
beherrschte Seele, congr. erud. grat. 11 (I, 527), Gott vertreibt Deut.

32, 8 die Söhne Adams d. h. die irdisch Gesinnten ($\tau o\grave{v}\varsigma\ \gamma\eta\acute{\iota}\nu ov\varsigma\ \tau\varrho\acute{o}$-$\pi ov\varsigma$) und macht sie heimatlos, ibid. 12 (I, 528), er verschliesst dem Adam das Paradies für immer, de cherub. 1 (I, 139).

Für die zweite Auffassung ist Kain der Typus. Er entfernt sich freiwillig ($\grave{\epsilon}\vartheta\epsilon\lambda o\nu\tau\grave{\eta}\varsigma\ \grave{\epsilon}\xi\acute{\epsilon}\varrho\chi\epsilon\tau\alpha\iota$) Gen. 4, 16, de poster. Cain. 3 (I, 228). Allgemeines Symbol derer, die das höhere Leben aus Gott entbehren, ist Meel (= $\grave{\alpha}\pi\grave{o}\ \zeta\omega\tilde{\eta}\varsigma\ \vartheta\epsilon o\tilde{v}$ d. h. vom Leben Gottes entfernt, s. m. Abhdl. S. 147). de poster. Cain. 20 (I, 238).

Die Entfernung von der Tugend symbolisirt Laban. Er darf seine Töchter, die dem Tugendfreunde folgenden Mächte, nicht küssen, Gen. 31, 28 quis rer. div. haer. 8 (I, 479). — Ebenso die Verschnittenen Deut. 23, 1. Sie können keinen Sprössling der Wahrheit erzeugen und dürfen darum nicht in die Gemeinde Gottes kommen. de ebriet. 51 (I, 389).

Das Sinnenleben endet in der vollständigen sittlichen Versunkenheit.

Sie zeigt sich bei Aunan Gen. 38, 9, welcher alle Grenzen überschreitet. Er achtet nicht der Ehrfurcht, die er den Eltern, der Fürsorge, die er dem Weibe, der Zucht, die er den Kindern schuldet, er kümmert sich nicht um Hauswesen, Gemeinde, Gesetz und Sitte, nicht um die Achtung, die dem Alter gebürt, noch um die Pflichten der Frömmigkeit. Alles kehrt er um und schüttet er hin ($\check{\epsilon}\varkappa\chi\epsilon\tilde{\iota}$ Gen. 38, 9), indem er nur für sich selbst säen will d. h. nur auf seine sinnliche Lust bedacht ist. de poster. Cain. 53 (I, 260). — Ebenso waren bei den Leuten vor der Sintflut alle Sünden erfüllt (Gen. 6, 5 $\grave{\epsilon}\pi\lambda\eta\vartheta\acute{v}\nu$-$\vartheta\eta\sigma\alpha\nu$), d. h. nicht nur ein Teil der Seele war verderbt, so dass er durch die andern hätte geheilt werden können, sondern nichts war in der Seele unverderbt und gesund geblieben. de confus. lingu. 7 (I, 408). — Auch Lot's versteinertes Weib ist ein Symbol der gänzlichen Erstarrung alles Guten und der Unfähigkeit, zur Tugend zurückzukehren, leg. alleg. III, 75 (I, 129), desgleichen der für immer von der Paradiesespforte verbannte Adam, de cherub. 3 (I, 140), Kain, der absichtlich sündigend unheilbarer Bosheit verfiel ($\grave{\alpha}\nu\iota\acute{\alpha}\tau\omega\varsigma\ \epsilon\grave{\iota}\varsigma\ \grave{\alpha}\epsilon\grave{\iota}\ \varkappa\tilde{\eta}\varrho\alpha\varsigma\ \grave{\epsilon}\nu\delta\acute{\epsilon}\xi\epsilon\tau\alpha\iota$) de poster. Cain. 3 (I, 228), und der Mundschenk de somn. II, 30 (I, 685).

B. Einflüsse des Lebens im Sinnengenuss auf das geistige Leben.

Die schlimmste Wirkung desselben ist die vollkommene Urteilslosigkeit. Sie wird von Philo mit dem Bilde der Blendung bezeichnet. Das Symbol dieses Zustandes ist Sodom ($\sigma\tau\epsilon\acute{\iota}\varrho\omega\sigma\iota\varsigma\ \varkappa\alpha\grave{\iota}\ \tau\acute{v}\varphi\lambda\omega\sigma\iota\varsigma$.

— Ersteres deutet vielleicht auf arab. سلم, letzteres scheint keine Etymologie, sondern lediglich auf Gen. 19, 11 zu beruhen —) de ebriet. 53 (I, 391). de somn. II, 29 (I, 684). quaestt. in Genes. II, 43. — Ferner Chamos ($\dot{\omega}\varsigma\ \psi\eta\lambda\acute{\alpha}\varphi\eta\mu\alpha$ s. m. Abhdl. S. 157), insofern der umhertappende Blinde ein Bild des urteilslosen $\nu o\tilde{v}\varsigma$ abgiebt, leg. alleg.

III, 82 (I, 133). Bisweilen ist das Urteilsvermögen so abgestumpft, dass völlige Unempfindlichkeit (ἡ παντελὴς ἀναισθησία) eintritt, wie bei Lot's Weib de ebriet. 40 (I, 382), oder völlige Unwissenheit, wie bei Laban nach der Entführung der Lea und Rahel Gen. 31, 26, [ihm ist das φρονεῖν geraubt und die ἀμαθία καὶ ἀπαιδευσία zurückgeblieben, leg. alleg. III, 6 (I, 91)], oder lauter verkehrte Urteile, wie bei Lot, der sich mit seinen beiden Töchtern der βουλή und der συναίνεσις verbindet d. h. allem zustimmt, jedem sinnlichen Eindrucke folgt, der ihm begegnet, de ebriet. 40 (I, 382). de poster. Cain. 51 (I, 259). — Das Symbol des λόγος ἀπαιδευσίας sind die Frösche, die seelen- und blutlosen, sie kommen empor, wenn die Fische, die νοήματα, sterben, de somn. II, 39 (I, 693).

Einen geringeren Grad der geistigen Verdunkelung bildet die Stufe der ἀφροσύνη oder οἴησις, des thörichten Wahnes.

Ihr gehören alle die an, welche die sinnlichen Dinge höher als die geistigen schätzen.

So Laban, der an Farben und Schatten, Jothor, der am Schönen, Benjamin, der an äusserer Pracht (vgl. oben S. 250) mehr Wolgefallen findet als an der Wahrheit, Josef, der am Luxus ein solches Behagen findet, dass er von Jakob bei lebendigem Leibe als todt beklagt wird Gen. 37, 33 in de somn. II, 7 ff. (I, 665 ff.), Psontomphanech (ἐν ἀποκρίσει στόμα κρῖνον s. m. Abhdl. S. 160 sq.), der den Reichen für glücklich hält, de mut. nom. 15 (I, 592), Thobel, der im Reichtum die ganze Welt zu besitzen wähnt (σύμπασα s. m. Abhdl. S. 161 sq.) de poster. Cain. 33 (I, 247), und die Erbauer von Babel, welche das αἰσθητόν allein für wirklich halten, de somn. II, 43 (I, 696). — Auch Kain erscheint auf dieser Stufe, insofern er ein Erzeugniss des νοῦς γήϊνος (Adam) und der αἴσθησις (Eva), von dem Wahne sich beherrscht zeigt, er müsse alles haben und diesem folgend auf alles losstürmt, de cherub. 19 (I, 150).

Beispiele einzelner verkehrter Urteile liefern auch Balak der Unverständige (ἄνους s. m. Abhdl. S. 152), welcher glaubte den Seienden selbst täuschen zu können und daher auch in Mesopotamien d. h. in der mittelsten Tiefe des Flusses wohnt, insofern sein Denken so tief versenkt ist, dass es nicht emportauchen kann, de confus. lingu. 15 (I, 415), und ebenso Bileam (μάταιος λαός s. m. Abhdl. S. 159), der glücklicherweise Num. 22, 6 kein Schwert hat, denn welch ein Unheil wäre es, wenn dem Unverstande das Schwert des Worts anvertraut würde. Er beschuldigt ganz unbegründet die Beschäftigungen, denen er obliegt (die Eselin s. oben S. 183), des Unglücks, das ihn betroffen hat. Diese aber erinnern ihn an den entgegenstehenden λόγος θεοῦ, da sie selbst weder am Glück noch am Unglück schuld sind, de cherub. 10. 11 (I, 144 ff.).

Ein Hauptirrtum dieser Stufe ist es, den menschlichen νοῦς zu überschätzen. Die im Wahn Befangenen halten den νοῦς für das Mass aller Dinge, wie Kain, der Vorläufer des Protagoras, der δοκησίσοφος νοῦς, quod det. pot. insid. 10 (I, 197), welcher den Henoch erzeugt.

Henoch ($\chi\alpha\varrho\iota\varsigma$ $\sigma o\upsilon$ s. m. Abhdl. S. 149) spricht zum $vo\tilde{\upsilon}\varsigma$: deine Gnade und Gabe ist alles, was da ist, de poster. Cain. 11 (I, 232). Gomorra ($\mu\acute{\epsilon}\tau\varrho o\nu$ s. m. Abhdl. S. 150) ist Symbol derer, die den Menschen für das Mass aller Dinge halten, während Gott das Mass der Dinge ist, de somn. II, 29 (I, 684). Adam verbirgt sich Gen. 3, 8 $\acute{\epsilon}\nu$ $\mu\acute{\epsilon}\sigma\omega$ $\tau o\tilde{\upsilon}$ $\xi\acute{\upsilon}\lambda o\upsilon$ d. h. $\varkappa\alpha\tau\grave{\alpha}$ $\mu\acute{\epsilon}\sigma o\nu$ $\tau\grave{o}\nu$ $vo\tilde{\upsilon}\nu$, flüchtet in den eignen $vo\tilde{\upsilon}\varsigma$, von diesem alles herleitend, leg. alleg. III, 9 (I, 93). Lot in seiner Trunkenheit wähnt, er sei selbst $\delta\eta\mu\iota o\upsilon\varrho\gamma\grave{o}\varsigma$ $\acute{\epsilon}\varkappa\acute{\alpha}\sigma\tau o\upsilon$ $\tau\tilde{\omega}\nu$ $\dot{\alpha}\nu\vartheta\varrho\omega\pi\epsilon\acute{\iota}\omega\nu$ $\pi\varrho\alpha\gamma$-$\mu\acute{\alpha}\tau\omega\nu$, de poster. Cain. 51 (I, 259). — Rahel verlangt Gen. 30, 1 ff. vom $vo\tilde{\upsilon}\varsigma$ Kinder d. h. Erkenntnisse, welche doch nur Gott erzeugen kann, leg. alleg. II, 13 (I, 75). III, 63 (I, 123), die Moabiter leiten alles vom $vo\tilde{\upsilon}\varsigma$ als ihrem Vater her (s. oben S. 240), leg. alleg. III, 25 (I, 103). Die Kinder Machir's (s. m. Abhdl. S. 156) halten den $vo\tilde{\upsilon}\varsigma$ für den Vater aller Erinnerungen, nicht bedenkend, dass in den $vo\tilde{\upsilon}\varsigma$ auch das Vergessen eindringt, er somit nicht der Vater sämmtlicher Erinnerungen sein kann, congr. erud. grat. 8 (I, 525).

Neben diesen Missurteilen stehen diejenigen, welche die $\alpha\H{\iota}\sigma\vartheta\eta\sigma\iota\varsigma$ in ähnlicher Weise überschätzen. — So Laban, der thörichter Weise Gen. 31, 43 behauptet, die Töchter sind meine Töchter, die Erkenntnisse sind meine eigenen, das Vieh ist mein Vieh, die Sinneswahrnehmungen sind meine eigenen. de cherub. 21 (I, 151). 32 ff. (I, 159 ff.). Ferner die Ammoniter, welche alles von der $\alpha\H{\iota}\sigma\vartheta\eta\sigma\iota\varsigma$ als ihrer Mutter (s. m. Abhdl. S. 153) herleiten. de poster. Cain. 52 (I, 260).

Einzeln alle diese verfehlten Urteile aufzuzälen ist unmöglich, denn sie steigen wie ein Schwarm im Unverständigen auf, daher Gaidad ($\pi o\iota\mu\nu\acute{\iota} o\nu$ wahrscheinlich $=$ גדר mit Vertauschung von ג und ע, ähnliche Fälle s. m. Abhdl. S. 150) das Symbol dieses Zustandes ist de poster. Cain. 19 (I, 237), oder auch die zalreichen Frösche d. h. die $\check{\alpha}\psi\upsilon\chi o\iota$ $\delta\acute{o}\xi\alpha\iota$, welche die Seele bedrängen, de sacr. Ab. et Cain. 19 (I, 176).

Solcher Unverstand ist unbelehrbar und unbiegsam wie Eichenholz, weshalb Esau ($=$ $\delta\varrho\tilde{\upsilon}\varsigma$ s. m. Abhdl. S. 151) desselben Symbol [1]) ist. Insofern Esau auch $\pi o\acute{\iota}\eta\mu\alpha$ oder $\pi\lambda\acute{\alpha}\sigma\mu\alpha$ bedeutet (von עשה), ist seine ganze Lebensweise wegen ihres beständigen Verfehlens der Wahrheit gewissermassen ein Spottgedicht. congr. erud. grat. 12 (I, 528). de profug. 7 (I, 552). Auch bringt solcher Unverstand nichts zu Stande, er ist wie Evilat ($\omega\delta\acute{\iota}\nu o\upsilon\sigma\alpha$ s. m. Abhdl. S. 151), immerfort in Wehen liegend ohne etwas zu gebären, leg. alleg. I, 24 (I, 59). Bringt die $\dot{\alpha}\varphi\varrho o\sigma\acute{\upsilon}\nu\eta$ etwas zum Vorschein, so ist es eine Fehlgeburt Num. 12, 12, welche die Hälfte ihres Fleisches wegfrisst (ibid.).

Eine frevelhafte Aeusserung des Unverstandes ist aber der Versuch der Auflehnung gegen Gott und göttliche Dinge.

So wagt es Kain Gott gegenüber zu treten und wie Alexander

---

1) Er heisst $\acute{o}$ $\delta\varrho\acute{\upsilon}\H{\iota}\nu o\varsigma$ $\varkappa\alpha\iota$ $\acute{\upsilon}\pi'$ $\dot{\alpha}\mu\alpha\vartheta\acute{\iota}\alpha\varsigma$ $\dot{\alpha}\pi\epsilon\iota\vartheta\dot{\eta}\varsigma$ $\tau\varrho\acute{o}\pi o\varsigma$.

der Grosse die ganze Welt als sein Besitztum in Anspruch zu neh-
men. Daher sein Name Kain = κτῆσις (nach Gen. 4, 1 ἐκτησάμην)
de cherub. 19. 20 (I, 150. 151). — Jothor unternimmt es, an die
Stelle der von Gott gegebenen Naturgesetze von ihm selbst erfundene
ihnen entgegengesetzte aufzurichten, de ebriet. 10 (I, 363). Phanuel
(ἀποστροφὴ θεοῦ s. m. Abhdl. S. 154) verweigert Gott die Ehre, de
confus. lingu. 26 (I, 424) vgl. Pharao: νοῦς ὑπέροχος de ebriet. 29.
Die Erbauer von Babylon wollen in ihren Gedanken den Himmel stür-
men und Gottes Herrschaft vernichten, de somn. II, 43 (I, 696).
Laban masst sich göttliches Tun an, de cherub. 24 (I, 153). Auch
Syrien ist ein Bild des Hochmuts. congr. erud. grat. 8 (I, 525). vgl.
oben S. 246.

Auch gegen die Freunde der Weisheit sind solche Feinde des λο-
γισμός oft sehr übermütig, wie die Söhne Het's (ἐξιστάντες καὶ κατα-
κερματίζοντες s. m. Abhdl. S. 150), welche das Gepräge der Seele ver-
wüsten und nur durch Schmeichelei besänftigt werden, de somn. II,
13 (I, 670).

Auf dem Gebiete der Politik hebt ein solcher wie ein stolzes
Pferd den Nacken, bringt alles unter seine Gewalt und schreitet von
der Volksleitung zur Volksbeherrschung fort. So richtete Josef's Garbe
Gen. 37, 7 sich gegen alle auf und er ist das Symbol derer, welche
auch die unabhängig Gesinnten zu beugen und zu brechen wissen, de
somn. II, 12 (I, 669). Sein Hochmut zeigte sich auch darin, dass er
Pharao's zweiten Wagen bestieg, de somn. II, 6 (I, 665). vgl. oben
S. 188.

Die Geisteskraft, welche der sinnliche Mensch besitzt, wendet er
meist zur Sophisterei an, deren Absehen nach Philo meist dahin ge-
richtet ist, die sinnlichen Güter für vorzüglicher als die geistigen dar-
zustellen.

Der in den Bösen vorhandene und diese unterstützende Geist ist
Ada Gen. 4, 19 (μάρτυρα s. m. Abhdl. S. 154) ἡ μαρτυροῦσα τοῖς φαύ-
λοις, de poster. Cain. 23 (I, 230). Sie gebiert den Jobel (μεταλλοιῶν
s. m. Abhdl. S. 149), den alles umgestaltenden νοῦς, der mit sophi-
stischer Kunst die Grenzen des Guten und Bösen ändert, worüber
Deut. 27, 17 der Fluch ausgesprochen wird, de poster. Cain. 24 (I,
241). Neben diesem steht Seon (διαφθείρων s. m. Abhdl. S. 153), der
die Wahrheit zerstörende νοῦς, leg. alleg. I, 81. 83 (I, 133. 134), und
Josef als die das Unächte zum Aechten fügende κενὴ δόξα, de somn.
II, 6 (I, 665).

Vorzugsweise treiben nun diese Sophisten Missbrauch mit dem
Wort. Darum ist auch Jobal Gen. 4, 21 (μετακλίνων s. m. Abhdl.
S. 149) der Bruder des vorhin erwähnten Jobel, der λόγος des die
Dinge verwirrenden νοῦς. Er heisst mit Recht der hin und her bie-
gende, denn wie ein von Wogen bewegtes Fahrzeug wendet er sich hin
und her. Etwas Sicheres zu sagen hat der Thörichte nicht gelernt, de
poster. Cain. 30 (I, 244). — Fernere Symbole der Sophisten sind: die
Amoräer (λαλοῦντες, אֱמֹרִים) Redekünstler; ihr König ist der Sophist,

tüchtig Künste auszuklügeln, von denen diejenigen überlistet werden, welche die Grenze der Wahrheit überschreiten, leg. alleg. III, 82 (I, 133). Die Amoräer trachten nach Unklarheit, nach dem trüglichen Wort (λόγος ἄδηλος καὶ ψευδής. πιϑανὸν ψεῦδος), quis rer. div. haer. 60 (I, 516. 517).

Ausserdem Edom: welcher den Strebenden nicht auf der königlichen Strasse der Wahrheit Num. 20, 17 wandeln lassen will, de poster. Cain. 30 (I, 244). quod deus immut. 30. 31 (I, 294). de migr. Abr. 26 (I, 458).

Ferner Kain: der mit sophistischer Kunst viel mehr als durch Stärke (τέχνη μᾶλλον ἢ ῥώμῃ) den Abel überwand, quod det. pot. insid. 10 ff. (I, 197 ff.). vgl. hierzu oben S. 151.

Ismael: der τοξότης, welcher die Pfeile der Worte abschiesst, de poster. Cain. 38 (I, 250), der ἀγροικόσοφος und σοφιστής de profug. 38 (I, 577).

Sichem: (ὠμίασις, שְׁכֶם) der sich Mühe giebt, die Seele und zwar besonders das Urteilsvermögen (Dina s. oben S. 241) zu verderben, de migr. Abr. 39 (I, 468).

Der Sophist auf dem Gebiete der Politik ist Josef. quod det. pot. insid. 9 (I, 197) heisst er ὁ ποικίλου δόγματος εἰσηγητὴς πρὸς πολιτείας μᾶλλον ἢ πρὸς ἀληθείας τύπον χρησίμου.

Das Symbol des sophistischen Streites selber ist Debon (δικασμός s. m. Abhdl. S. 151) leg. alleg. III, 83 (I, 133).

Die sophistischen Gedanken sind 1) in Esebon (λογισμοί s. m. Abhdl. S. 147) symbolisirt, dies sind αἰνίγματα ἀσαφείας γέμοντα leg. alleg. III, 80 (I, 132); 2) in Ruma (ὁρῶσά τι s. m. Abhdl. S. 155). Ruma sieht eins der Dinge (ἕν τι τῶν ὄντων), sie bekümmert sich gerade um die besten Dinge nicht, sondern um die μικρὰ σοφίσματα. Ihr gehören die λογοπῶλαι καὶ λογοθῆραι, die γνωσιμαχοῦντες συμβολομαχοῦντες an, congr. erud. grat. 210 (I, 525. 526).

§. 2. Die Erhebung in das Gebiet der Vernunft.

Den Gegensatz zu der eben geschilderten Richtung auf die Sinnlichkeit bildet die auf die Vernunft.

Das allgemeine Symbol für die Erhebung aus dem Sinnlichen in das Geistige ist der Ebraeus (περάτης). Er ist der Auswanderer, der sich von den irdischen Dingen zu den göttlichen wendet. Die dies thun, bilden ein γένος οἷς ἔθος ἀπὸ τῶν αἰσθητῶν ἐπὶ τὰ νοητὰ μετανίστασθαι, de migr. Abr. 4 (I, 439). — Die Verbindung der Seele mit der Tugend im Allgemeinen drückt Hebron aus, de poster. Cain. 17 (I, 236).

Diese Erhebung kann nun nach einer dreifachen Methode stattfinden: 1) durch Lehre (μάθησις, διδασκαλία), 2) durch Uebung (ἄσκησις) und 3) durch die Güte der Natur (εὐφυΐα, ὁσιότης). de agricult. 36 (I, 324). de mut. nom. 2 (I, 580). de somn. I, 27 (I, 646). de Abrah.

9. 11 (II, 8. 9). de Joseph. 1 (II, 41. de praem. et poen. 2 ff. (II, 410 ff.). — Es war dies keine Erfindung Philo's, sie findet sich bereits bei Aristotel. apud Diog. Laert. V, 18, wo es heisst: τριῶν ἔφη δεῖν παιδείαν φύσεως μαθήσεως ἀσκήσεως. A. St. vgl. bei Wyttenb. ad Plut. Moral. p. 2 A. — Auch sahen wir, wie bereits bei Ps.-Josephus im IV Makkabäerbuch (s. oben S. 20 f.) das mosaische Gesetz als das zweckmässigste Anleitungsmittel für diese sittlichen Uebungen und als der beste Wegweiser auf diesem Wege zur Gerechtigkeit empfolen ward und wie die Patriarchen als die besten Vorbilder der Tugend angepriesen wurden. Es war also bereits die Verknüpfung der stoischen Ethik mit dem Mosaismus hergestellt, an welche Philo mit seiner Betrachtung der Patriarchen als ἔμψυχοι καὶ λογικοὶ νόμοι de Abrah. 1 (II, 1. 2) sich anschloss. Eigentümlich ist ihm dabei nur die vollständige Durchführung dieses Grundsatzes und die Verteilung dieser Methoden an die drei Patriarchen, denen aber je ein Vorläufer zugeordnet wird, so dass eine doppelte Stufenreihe entsteht (de somn. I, 27. I, 646). Die niedere Stufe bilden: Enos — Enoch — Noah, die höhere Abraham — Jakob — Isaak, oder um nach den Methoden zu ordnen: die μάθησις niederen Grades ist Enos, die des höheren Abraham, die ἄσκησις des niederen Enoch, des höheren Jakob, die εὐφυΐα des niederen Noah, des höheren Isaak. — vgl. die vollständige Stellensammlung bei Grossmann, de logo Philonis p. 64 ff.

Folgen wir dieser Anordnung Philo's im Einzelnen.

I. Die Methode der Lehre.

A. Die Vorstufe.

Das Erwachen des Geistes, die Hoffnung besserer Erkenntniss.

Den Beginn dieses Zustandes deutet Sebulon (φύσις νυκτερίας, s. m. Abhdl. S. 154, St. לב u. זוב) an. Wenn die Nacht verfliesst, steigt das Licht herauf, de somn. II, 5 (I, 663). Das Licht, um welches es hier sich handelt, ist kein anderes als das Licht der Wahrheit. Darauf deutet Or Exod. 17, 12 (s. über die hier stattfindende Verwechselung m. Abhdl. S. 148. 150) leg. alleg. III, 15 (I, 96).

In diesem Dämmerlichte bei dieser Morgenröte der Erkenntniss ist der Mensch noch nicht im Zustande des Schauens, sondern in dem der Erwartung, oder wie Philo es nennt, der Hoffnung. Dies ist die Stufe des Enos, den Philo mit ἐλπίς übersetzt im Anschluss an Gen. 4, 26, wo die LXX ἤλπισεν haben, vermuthlich הוֹחֵל (von חול = יחל) statt des הוּחַל des Grundtextes lesend, quod det. pot. insid. 38 (I, 218). Er war πρῶτος ἐλπίδος ἐραστής und darum der erste wirkliche Mensch, denn der Hoffnungslose (δύσελπις) ist kein Mensch, sondern nur ein menschenähnliches Wesen (ἀνθρωποειδὲς θηρίον). Nur der ist ein Mensch, der das Gute erwartet, weshalb auch die Bibel Gen. 5, 1 αὕτη ἡ βίβλος γενέσεως ἀνθρώπου sagt. Denn obwol schon vorher mehrere Menschennamen vorkommen, so beginnt doch erst mit Enos das wahre

Menschengeschlecht, er ist $\mathring{α}ν\vartheta ρωπος$ $κατ'$ $\mathring{ε}ξοχήν$. Er hat auch die heilige Vierzal Levit. 19, 24, denn er ist der vierte Adam, de Abrah. 2 (II, 2). Diese Hoffnung ist die ahnungsreiche Erwartung höherer Erkenntniss, de praem. et poen. 2 (II, 410). $\vartheta εωρητικο\tilde{υ}$ $\mathring{ε}λπ\grave{ι}ς$ $βίου$ de migr. Abr. 13 (I, 447).

Neben Enos begegnen uns als Typen dieses Zustandes: Mariam, welche Exod. 2, 5 hoffend ausschaut, was aus Mose werden würde, de somn. II, 20 (I, 677), und Thara ($κατασκοπ\grave{η}$ $\mathring{ο}δμ\tilde{η}ς$ s. m. Abhdl. S. 153), der ein Symbol derjenigen ist, welche auf dieser Vorstufe stehen bleiben und sich mit dem Duft der Erkenntnisse begnügen, de somn. I, 9 (I, 627).

B. Das Fortschreiten zur Erkenntniss.

Beginn der $μά\vartheta ησις$.

Der $φιλομαθής$ beginnt damit, dem Befehl Gottes (Gen. 12, 1) entsprechend, sich vom Leibe loszureissen. Dass $γ\tilde{η} = σ\tilde{ω}μα$ ist, sahen wir oben S. 244. Nicht dem Wesen nach trennt er sich vom Leibe, denn dies würde der Tod sein, sondern im Gedanken ($τ\grave{η}ν$ $γνώμην$ $\mathring{α}λλοτριώθητι$) de migr. Abr. 1. 2 (I, 436). Damit hängt zusammen das Verlassen der $α\mathring{ι}σθησις$ (der $συγγένεια$ in Gen. 12, 1, s. oben S. 245) und des Wortes ($ο\mathring{ι}κος$ $πατρός$ in Gen. 12, 1, s. oben S. 241), er reisst sich los von der Sinnlichkeit und von der täuschenden Rede (ibid.).

Der Mensch beginnt auf dieser Stufe ein Interesse zu nehmen an geistigen Dingen. Er begiebt sich wie Hagar nach Sur ($τε\tilde{ι}χος$ $\mathring{η}$ $ε\mathring{υ}θυσμός$, שׁוּר) Gen. 16, 7, d. h. auf den festen, wolumzäunten Weg der Bildung, de profug. 37 (I, 576), und wird, wenn auch noch nicht aus der Quelle der Wahrheit schöpfend, so doch in ihrer Nähe sitzend (Gen. 16, 7 $\mathring{ε}π\grave{ι}$ $τ\tilde{η}ς$ $πηγ\tilde{η}ς$) gefunden, ibid. — Er erkennt, dass er dem Unsicheren nachgelaufen wie Hagar, welche Gen. 16, 8 auf die Frage $πο\tilde{υ}$ $πορεύη$ beschämt schweigt, und sieht ein, dass es besser ist, sich unter die Herrschaft der Erkenntniss zu begeben (Gen. 16, 9 $\mathring{α}ποστράφηθι$ $πρ\grave{ο}ς$ $τ\grave{η}ν$ $κυρίαν$). Er wirft die thörichte Einbildung weg (Gen. 16, 9 $ταπεινώθητι$ $\mathring{υ}π\grave{ο}$ $τ\grave{α}ς$ $χε\tilde{ι}ρας$ $α\mathring{υ}τ\tilde{η}ς$) und erhebt sich hierdurch bis zu einem der niederen Erkenntnissgrade, was die Schrift Gen. 16, 11 mit der Versicherung der Geburt Ismael's andeutet, de profug. 38 (I, 577).

Neben der Hagar erscheint auch Simeon als ein Symbol des Lernenden. Simeon ($\mathring{α}κοή$, $ε\mathring{ι}ςακοή$ s. m. Abhdl. S. 153) ist ein $φιλήκοος$. Er hört auf die Lehre und wird dadurch $μαθήσεως$ $κα\grave{ι}$ $διδασκαλίας$ $σύμβολον$, de ebriet. 23 (I, 371). de mut. nom. 16 (I, 593). de somn. II, 5 (I, 663). Gleichbedeutend ist Ismael ($\mathring{α}κο\grave{η}$ $θεο\tilde{υ}$ s. m. Abhdl. S. 154), dem als $θε\tilde{ι}ον$ $\mathring{α}κουσμα$ oder als einem derjenigen, die auf die göttlichen Satzungen hören, Gen. 17, 18, Leben und Dauer gewünscht wird, de mut. nom. 37 (I, 609. 610), und der ausdrücklich als $γενε\grave{α}$ $\mathring{α}ρρ\grave{η}ν$ $\mathring{α}κοα\tilde{ι}ς$ $θείαις$ $σωφρονισθε\tilde{ι}σα$ bezeichnet wird, de profug. 38 (I, 577).

Die $μά\vartheta ησις$ als solche hat drei Grade [1]), welche wir im Leben

---

1) Andere Eintheilung: de ebriet. 22 (I, 370). Die $σοφία$ an sich ist eine und

Abrahams, des eigentlichen Grundtypus des φιλομαθής, wie im Leben Mose's beobachten können.

Der erste Grad ist τὸ φυσικὸν μέρος und beschäftigt sich mit Betrachtung der sinnlichen Natur, der Welt, der Sterne und zuletzt des eignen Leibes. — Ihm gehörte Abram an von der Zeit, da er sich zu Ur in Chaldäa befand, bis zu seiner Einwanderung nach Haran. — Mose stand auf dieser Stufe, als er die Weisheit der Aegypter lernte.

Der zweite Grad ist τὸ λογικὸν μέρος: in diesem werden die Fachwissenschaften, die allgemeine Bildung, Encyclopädie angeeignet. — Auf dieser Stufe stand Abram seit seiner Einwanderung in Kanaan während des Verkehrs mit der Hagar. — Mose als er die ἐγκύκλιος παιδεία von den Griechen lernte.

Der dritte Grad ist τὸ ἠθικὸν μέρος. Er betreibt die Betrachtung des höchsten Gutes, dies ist die wahre Philosophie. — Diesen Grad erreichte Abraham in Mamre seit seinem Verkehr mit der Sarah. — Mose als ihn der λογισμὸς ἀστεῖος die höhere Tugend lehrte. de mut. nom. 10 (I, 589). de agricult. 3 (I, 302).

a. Die μάϑησις als φυσιολογία.

Auf dieser Stufe stand Abram (πατὴρ μετέωρος s. m. Abhdl. S. 152), als er in Chaldäa sich mit Beobachtung der Gestirne befasste, die Grösse der Weltkörper und ihre Bahnen berechnete, de mut. nom. 9 (I, 588), die Luft und ihre Erscheinungen betrachtete, de cherub. 2 (I, 139) und die Beziehung der Sterne zur Erde zu ergründen versuchte, de Abrah. 15 (II, 11. 12). Damals versenkte er sich in die Erforschung des Zusammenhanges, in welchem die Theile des Weltganzen zu einander stehen, und betrieb die Sterndeuterei (γενεθλιαλογική), de migr. Abr. 32 (I, 464) [1]).

Aber er ahnte noch nichts von einer ausserhalb der Welt befindlichen höheren Macht und hielt den Himmel, die Sterne, die Welt für Götter. de nobilit. 5 (II, 441. 442).

Darum heisst er: ὁ φυσιολογικός, μετεωρολογικός, der, welcher τὰ μετέωρα ἐφιλοσόφει, leg. alleg. III, 87 (I, 135). Das Symbol derer, die auf dieser ersten Stufe der μάϑησις stehen bleiben, ist Nachor (φωτὸς ἀνάπαυσις s. m. Abhdl. S. 152). Er ist Ruhe des Lichts d. h. er begnügt sich mit dem Stral der Erkenntniss, welche er gewann, und strebt nicht weiter. Darum bleibt er in Chaldäa zurück, als Abram auswandert (Gen. 11, 29 ff.), hält an der irrigen Meinung fest, die Welt sei Gott, und betreibt die Astronomie weiter, congr. erud. grat. 9 (I, 525). Sein Weib ist Melca (βασίλισσα, מַלְכָּה) Gen. 11, 29, denn wie

dieselbe (τέχνη τεχνῶν), aber ihre Erscheinung wechselt in den Stoffen. Auf das Ὄν bezogen ist sie εὐσέβεια καὶ ὁσιότης, in Bezug auf die Himmelserscheinungen ist sie μετεωρολογική, richtet sie sich auf Verbesserung der menschlichen Sitten, wird sie ἠϑική, als Wissenschaft des Staats ist sie πολιτική, als Fürsorge für das Haus οἰκονομική, als Regierungskunst βασιλική, als Gesetzgebung νομοϑετική.

1) Diese sogenannte chaldäische Weisheit hatte damals von Ostasien aus weitere Verbreitung gefunden. vgl. Chwolsohn, Ssabier II, 4 ff. 403.

der Himmel König der sinnlichen Dinge ist, so gilt die Himmelskunde dieser Erkenntnissstufe als die Königin der Wissenschaften. congr. erud. grat. 10 (I, 526).

Abram dagegen erkannte das Ungenügende dieser Stufe. Er sah ein, dass diese Forschung im Grunde etwas Unfruchtbares sei, indem wir über alle diese Dinge nichts Genaues wissen können, da sie uns zu fern liegen. Zweckmässiger sei es, vom Himmel auf die Erde zu steigen, die irdische Natur und insbesondere unsre eigne zu durchforschen, um hier den grossen Gegensatz des Herrschenden und des Beherrschten, des Unsterblichen und Sterblichen, des Vernünftigen und Unvernünftigen zu ergründen. Deshalb beschloss Abram aus Ur auszuwandern und sich zunächst in Haran niederzulassen. de migr. Abr. 24. 33 (I, 457. 465).

b. Die μάϑησις als ἐγκύκλιος παιδεία.

Lange hatte Abram mit der physiologischen Weltanschauung zusammengelebt, da öffnete er plötzlich wie aus tiefem Schlafe erwachend das Auge der Seele und erblickte einen Stral des höheren Lichts, dem er folgte. Er erkannte, dass es einen höheren Lenker der Dinge giebt, und diesem Winke folgend liess er sich zu Haran nieder, versenkte er sich in die Betrachtung des eignen Leibes (s. oben S. 238). Hier erkannte er den in ihm selbst waltenden *νοῦς* und schloss von diesem auf den *νοῦς* des Weltganzen. de Abrah. 16. 17 (II, 12. 13). de migr. Abr. 35 (I, 466).

So erhebt sich Abram von der Betrachtung des Sinnlichen zu einer Geisteswissenschaft. Freilich ist diese noch nicht die vollkommene, sondern erst eine vorbereitende.

Es wird ihm die Agar (*παροίκησις* s. m. Abhdl. S. 155) beigelegt, Gen. 16, 2. Dies ist die *ἐγκύκλιος παιδεία*, leg. alleg. III, 87 (I, 135), auch *μέση παιδεία* genannt, de cherub. 1 (I, 138), denn sie steht auf der Grenze zwischen Naturbetrachtung und Ethik, de agricult. 3 (I, 302), oder *ἐγκύκλιος μουσικὴ καὶ λογική*, congr. erud. grat. 3 (I, 520). — Sie giebt die Vorbereitungen (*προπαιδεύματα*) für den Weg zur Tugend (*σύνοδος νοῦ πρὸς ἀρετήν*). de sacrif. Ab. et Cain. 10 (I, 170). Es bilden diese Wissenschaften gewissermassen einen Schmuck der Seele, de cherub. 30 (I, 157. 158). Auch sind ihre Kenntnisse notwendig, damit der Weise den Künsten der Sophisten gewachsen sei und es ihm nicht ergehe wie Abel, der aus Mangel an denselben der List des Kain erlag, de migr. Abr. 13 (I, 447). Deshalb verschaffte sich auch Mose dieselben, um den ägyptischen Sophisten entgegentreten zu können, ibid. 14 (I, 448).

Aber es ist nicht eher möglich, mit Erfolg diesen Beschäftigungen obzuliegen, als bis der Weise längere Zeit sich von den *πάϑη* freigehalten hat, weshalb die Agar dem Abram erst nach 10 Jahren (Gen. 16, 3) beigelegt ward, congr. erud. grat. 15 (I, 531). de ebriet. 9. 15 (I, 362. 366).

Die Stoffe dieser Fachwissenschaften gliedert Philo nach der in damaligen gelehrten Schulen herkömmlichen Einteilung. Er zült sie congr. erud. grat. 4 (I, 521) in folgender Ordnung auf: γραμματική, μουσική, γεωμετρία, ῥητορική, διαλεκτική, etwas anders geordnet ibid. 14 (I, 530) γραμματική, γεωμετρία, μουσική, am vollständigsten ibid. 3 (I, 520) γραμματική, γεωμετρία, ἀστρονομία, ῥητορική, μουσική, λογική θεωρία und beschreibt sie folgendermassen: die Grammatik verschafft das Verständniss der Schriftsteller, die Musik lehrt Rhythmus, Harmonie und Melodie, die Geometrie die Gleichheit und Aehnlichkeit der Formen, die Rhetorik übt die Gabe des Worts, die Dialektik lehrt wahre und falsche Urteile unterscheiden und heilt die Seele von der Sophistik.

Die Menge dieser Wissenschaften und die Masse ihrer Stoffe macht dem φιλομαθής grosse Mühe, so dass er eine Zeitlang in Sichem Gen. 12, 6, dem Symbol der Last (vgl. oben S. 256), wohnen, de migr. Abr. 39 (I, 471) und auf dem Wege dahin das ganze Land durchziehen (διοδεῦσαι) d. h. alle Gebiete des Wissens durchforschen muss (ibid.).

Hat er es auf diesen Gebieten zur Vollkommenheit gebracht, so macht er es wie Beseleel (s. oben S. 224. 226), der σοφίας ἐραστής, welcher aus den verschiedensten wissenschaftlichen Gebieten die Stoffe zu verweben weiss und so wenigstens irdische Nachbilder (μιμήματα) der höheren Kunst zu Stande bringt, de somn. I, 35 (I, 652).

Allein auch dieser Stufe haftet noch Ungenügendes an. Der diese Wissenschaften Betreibende bedarf noch der leiblichen Organe zur Gewinnung seiner Erkenntnisse, der Jünger der Fachwissenschaft bedarf der Augen, Ohren u. s. w., um die Gegenstände seiner Beobachtung wahrzunehmen. Deshalb steigt auch Hagar mit einem Schlauch (dem Symbol des Leiblichen) zur Quelle (der Wahrheit) Gen. 21, 19, de poster. Cain. 41 (I, 252). vgl. de congr. erud. grat. 5 (I, 522).

Die encyklopädische Wissenschaft wohnt im Grenzgebiete des Heiligen und Profanen, wie Hagar zwischen Kades (ἅγιος, קָדֵשׁ) und Barad (ἐν κοινοῖς s. m. Abhdl. S. 157). Sie ist zwar dem Bösen entlaufen, kann aber noch nicht zum vollkommen Guten kommen. Es folgen ihr immer noch τὰ ἄλογα ψυχῆς δόγματα nach, deren Symbol Lot ist, de migr. Abr. 27 (I, 459). Die Seele vermag durch die ἐγκύκλια προπαιδεύματα noch nicht auf den Grund der ἐπιστήμη zu sehen, sie sieht die Wahrheit nur wie im Spiegel, de profug. 38 (I, 577). Hagar sieht selbst nicht, dass sie schwanger ist, sondern Sarah sieht es. Gen. 16, 4 ἰδοῦσα bezieht Philo auf Sarah; erst v. 5 erkennt es Hagar selbst. — Die μέσαι τέχναι bieten immer nur Theile des Wissens, niemals das Ganze, congr. erud. grat. 25 (I, 540). Deshalb wird auch diese Stufe als diejenige bezeichnet, wo Milch und nicht feste Speise gegeben wird, congr. erud. grat. 4 (I, 522), oder wo der Mensch mehr nur einen angenehmen Duft (τινὰ ὀδμὴν ἡδεῖαν) der Erkenntnis hat, was durch Chetura (θυμιῶσα s. m. Abhdl. S. 147. 162) symbolisirt wird. Die menschliche Wissenschaft hat auch in sich manch

Mängel. Ihre Erkenntnisse erweisen sich sehr oft als falsch und so bewirkt sie Beschämung, daher ist Phua (ἐρυϑρόν s. m. Abhdl. S. 150) das Erröten ihr Symbol, quis rer. div. haer. 26 (I, 491). — Und vielfach bildet sie nicht wirklich Wissende, sondern nur Sophisten aus, wie Hagar den Ismael (s. oben S. 193) gebiert, de poster. Cain. 38 (I, 250), und verleitet zu hochmütiger Ueberhebung gegen das höhere Wissen, wie Hagar die Sarah verachtete Gen. 16, 4, congr. erud. grat. 27 (I, 541).

Darum darf für den strebenden Weisen diese Stufe nur eine vorübergehende sein. Er darf nicht vergessen, dass die μέσαι τέχναι nur seine Kebsweiber, die Philosophie dagegen sein ächtes Weib ist, de congr. erud. grat. 14 (I, 530), dass Agar nur die Dienerin der Sarah ist, das Wohnen bei ihr daher nur ein vorübergehendes (παροικεῖν), nicht ein dauerndes (κατοικεῖν) sein kann, de sacrif. Ab. et Cain. 10 (I, 170).

Denn wenn er sie so auffasst, bringen ihn die ἐγκύκλια προπαιδεύματα bis an die Pforte der Tugend nach Aelim (πυλῶνες s. m. Abhdl. S. 149). Die Strebenden lagern sich hier nicht bei den 70 Palmen (φοίνικες), weil Purpurbinden, die Zeichen des Sieges, noch nicht für diese Stufe ziemen, Exod. 15, 27, de profug. 33 (I, 573), sie befinden sich hier in den αὔλειοι, προάστεια, προοίμια ἀρετῆς.

c. Die μάϑησις als φιλοσοφία.

Dies ist die letzte und höchste Stufe, die der Lernende zu erklimmen hat, auf ihr wird der φιλομαϑής zum σοφός.

Die Seele beginnt sich zu diesem Grade emporzuschwingen, sobald sie das Sterbliche vom Unsterblichen scheidet.

Dies gelingt ihr, sobald sie vom Baum der Erkenntniss des Guten und Bösen genossen hat [1]), dieser Genuss verschafft ihr die φρόνησις μέση, die Fähigkeit, τὰ ἐναντία φύσει zu unterscheiden, de opif. m. 54 (I, 37).

Das Symbol dieser Stufe ist D a n (κρίσις s. m. Abhdl. S. 152), er ist διακρίσεως καὶ τομῆς πραγμάτων σύμβολον de somn. II, 5 (I, 663), er ist der λόγος σωφροσύνης, welcher τὸ ϑεῖον καὶ τὸ φϑαρτόν, τὰ ἀϑάνατα ἀπὸ τῶν ϑνητῶν zu sondern weiss. Darum heisst er eine Schlange am Wege, weil er der Seele die Verschiedenheit der Richtungen aufzeigt, leg. alleg. II, 24 (I, 83).

Auch J o s e f erkennt diesen Unterschied, denn indem er seine Gebeine nach Kanaan gebracht haben will Gen. 50, 25, giebt er dadurch zu verstehen, dass ihm der Gegensatz der irdischen Dinge (Aegyptens) und der himmlischen (Kanaans) aufgegangen ist und indem er Gen. 40, 8 die Auslegung Gott zuschreibt, sieht er ein, dass das menschliche Wissen nur unsichere Phantasien enthält, de migr. Abr. 4 (I, 439).

---

1) Diese That ist also bei Philo nicht der Beginn der Sünde, welche vielmehr in der durch die Schlange (ἡδονή) begründeten Verbindung der αἴσϑησις mit dem νοῦς liegt. S. oben S. 249.

Auf diese Erkenntniss folgt dann der Entschluss, das Sinnliche von sich abzustreifen.

Abram verlässt Haran, den Ort der Sinnlichkeit (s. oben S. 238), Saul die σκευή (die Leiblichkeit), um das Königtum der Philosophie zu erlangen, de migr. Abr. 36 (I, 467), Gott führt den Abram heraus aus den Fesseln des Leibes (Gen. 15, 5 ἔξω, vgl. oben S. 169), quis rer. div. haer. 16 (I, 484).

Die ihm noch ferner sich aufdrängende Richtung zum Sinnlichen nötigt er zum Abschied. Er verlangt von Lot (ἀπόκλισις s. m. Abhdl. S. 162 sq.), von der zum αἰσθητὸν εἶδος hinneigenden Richtung der Seele, „trenne dich von mir“ Gen. 13, 9, de migr. Abr. 3 (I, 438). Ja er ergreift Feuer und Schwert Gen. 22, 6, das Nachbild des flammenden Schwertes des λόγος, um das Sterbliche und Sinnliche bei sich auszurotten, de cherub. 10 (I, 144). Auch das Ungenügende der zweiten Stufe, der blossen Fachbildung erkennt er, lernt σοφία von σοφιστεία unterscheiden und treibt die Agar aus, de cherub. 3 (I, 140). So kommt die Seele alsdann nach Dothaim (ἔκλειψις ἱκανή s. m. Abhdl. S. 149. 160) d. h. zur völligen Befreiung von den κεναὶ δόξαι, Gen. 37, 17, quod det. pot. insid. 9 (I, 196). de profug. 23 (I, 565).

An die Stelle dieser hemmenden Einflüsse treten hebende und belebende.

Abram, der sich von Lot losgemacht hat, wält sich jetzt bessere Gesellschaft. Er nimmt mit sich die εὐφυεῖς τρόποι, nämlich: Eschcol: πῦρ (s. m. Abhdl. S. 153), ein Symbol der εὐφυΐα, der reinen, guten, lebenswarmen Natur, Aunan (ὀφθαλμοί s. m. Abhdl. S. 149. 155) φιλοθεάμονος σύμβολον, den Freund höherer Anschauungen, und wält statt der vertriebenen Agar die Sarah, die höhere Weisheit und Tugend zu seinem Weibe, de migr. Abr. 30 (I, 462) und de cherub. 3 (I, 140).

Mose, der zum Anschauen der höheren Wahrheit emporstrebende, nimmt Exod. 24, 1 mit sich Aaron, das profetische Wort (ὁ γεγωνὼς λόγος προφητεύων διανοίᾳ μετέωρα καὶ ὑψηλὰ φρονῶν λογισμός), de migr. Abr. 31 (I, 462), de ebriet. 32 (I, 377). vgl. de migr. Abr. 14 (I, 448). Ueber Aaron = ὀρεινός s. oben S. 192, ferner: Nadab: ἑκούσιος (s. m. Abhdl. S. 152), den freiwillig Gott liebenden, und Abiud (πατήρ μου s. m. Abhdl. S. 153. 155), den Gott als Vater liebenden, nicht als Herrn fürchtenden, de migr. Abr. l. c. de somn. II, 9 (I, 667). Auf diese Art gelangt der lernend Strebende endlich nach Mamre (ἀπὸ ὁράσεως s. m. Abhdl. S. 148. 158), zum Schauen der Wahrheit, dem βίος θεωρητικός, zu dem Orte, da sich Gott selbst befindet, de migr. Abr. 30 (I, 462).

So wandelt sich Abram zum Abraham: aus dem πατὴρ μετέωρος wird der πατὴρ ἐκλεκτὸς ἠχοῦς (s. m. Abhdl. S. 159). Er erkennt, dass die Betrachtung des Himmels und der Natur keinen sittlichen Nutzen bringt, keine Beseitigung der Begierde, dass auch die Logik und die Fachwissenschaften nicht ausreichen, sondern der alleinige Gegenstand der Betrachtung des Weisen das Ethische sei. So wird sein *νοῦς* ein *πατηρ ἔκλεκτος*, ein auserlesener Vater, eine weisheiterfüllte Vernunft, von der dann auch dem entsprechende Worte (*ἠχεῖ μὲν ὁ γεγωνὼς λόγος*) ausgehen. — Nun wird der *φιλομαθής* zum *σοφός* und *φιλόθεος*, de cherub. 2 (I, 139). de mut. nom. 9. 10 (I, 588 ff.) u. a. Während er vorher die Sarai (*ἀρχή ἐμή* s. m. Abhdl. S. 155) d. h. nur einen Theil der Tugend zur Gattin hatte, erhält er jetzt die Sarra (*ἄρχουσα* s. m. Abhdl. S. 163), die ganze Tugend zur Herrin, de cherub. 2 (I, 139). de mut. nom. 8 (I, 587). 11 (I, 590). congr. erud. grat. 1 (I, 519).

Die Seele wird durch den Strom der *σοφία* getränkt, was in Seth (*ποτισμός* v. שׁתה) symbolisirt wird, de poster. Cain. 36 (I, 249), dahin gehört auch das Beispiel des von Rebekka getränkten Elieser, ibid. 41 (I, 252). — Die Seele erlangt vollendete Gedanken in vollendeter Form, de migr. Abr. 13 (I, 447).

Diese *διδακτή ἀρετή* vollendet den Weisen, er erlangt in ihr Besitz und Gebrauch (*κτῆσις* und *χρῆσις*) der Tugend, seine eigne innere Natur wird gebessert, und zwar — dies ist ein Vorteil im Vergleich zum Asketen (s. unten) — ohne Möglichkeit des Rückfalls, die *μνήμη* bewirkt ein Nichtvergessen der Lehre, de mut. nom. 13 (I, 591), wobei ebenso, wie dies von Plato geschieht, Tugend und Wissen beständig gleichgesetzt werden.

Die höchste Stufe ist dann das Schauen der himmlischen Dinge: wovon geheimnissvoll die Schrift Exod. 20, 18 den Ausdruck *ἑώρα τὴν φωνήν* gebraucht, de migr. Abr. 9 (I, 443). Die Fülle dieser *θεωρήματα* beschreibt Gen. 12, 2, ibid. 10. 11 (I, 444 ff.).

Das letzte Ziel der Erkenntniss ist Gen. 18, 1 ff. die Natur des ewigen Gottes selber, von welcher es wieder eine niedere und eine höhere Anschauung giebt. Die niedere erfasst ihn nur in den beiden ihn begleitenden Kräften, die höhere erfasst den Seienden selbst, de Abrah. 24. 25 (II, 18 ff.).

Auf dieser letzten Stufe führt Gott den Weisen gewissermassen nach Gen. 15, 5 *εἰς τὸ ἐξωτάτω χωρίον*: nachdem er ihn von den leiblichen Bedürfnissen, von sinnlichen Wahrnehmungen, von sophistischen Gedanken frei gemacht hat, befreit er ihn zuletzt von sich selber und lässt ihn gewissermassen ganz in die göttliche Natur übergehen, leg. alleg. III, 13 (I, 95).

Zu dieser Stufe gelangte Abraham nach der eben erwähnten Stelle; desgleichen Mose in der Verbindung mit Sepphora (*ὀρνίθιον*, צפּוֹר), der zum Himmel fliegenden, dort die göttlichen Dinge schauenden Tugend, de cherub. 12 (I, 146), auch ihn zog Gott nach Deut. 5, 31 zu sich empor, de sacrif. Ab. et Cain. 3 (I, 165).

Wie hoch diese Stufe noch über der der *ἐγκύκλιος παιδεία* steht, kann man besonders an dem Verhältniss des Mose zu Beseleel sehen. vgl. Exod. 19, 20. Mose hat *τὰ πρωτεῖα τῆς ἀνακλήσεως*, Beselcel *τὰ δευτερεῖα*, jener bildet *τὰς ἀρχετύπους φύσεις τῶν πραγμάτων*, dieser bildet nur Schatten, er ist *ὁ ἐν σκιαῖς ποιῶν*, Mose erkennt die letzte

Ursache (τὸ αἴτιον) [1]) klar, Beselcel nur trübe wie einen Schatten, de plantat. 6 (I, 333). leg. alleg. III, 31 (I, 106). vgl. ausserdem oben S. 261.

II. Die Methode der Uebung (ἄσκησις).

A. Die Vorstufe.

Die Vorstufe bildet das Stadium der Umkehr (μετάνοια).

Nachdem ein Teil der Lebenszeit dem Bösen gewidmet war (de Abrah. 9. II, 8), empfindet der Mensch Unwillen über dieses Treiben. Wenn die Herrschaft der Lust und des Vergnügens an derselben nachlässt, d. h. nach der Schrift wenn der König von Aegypten stirbt Exod. 2, 23, dann beginnt die Seele zu seufzen und sich nach Befreiung zu sehnen, leg. alleg. III, 75 (I, 129).

Der Typus dieser Stufe ist Henoch (κεχαρισμένος s. m. Abhdlg. S. 149. 156).

Er wendet sich ab vom Leben im Sinnlichen, es tritt eine ἀποδημία ein, oder wie man auch sagen könnte, Gott verpflanzt ihn an einen andern Ort nach Gen. 5, 24 ὅτι μετέθηκεν αὐτὸν ὁ θεός, de praem. ac poen. 3 (II, 411).

Ferner zieht er sich in die Einsamkeit zurück, um der Bosheit der Menge, lästigen Besuchen zu entgehen u. s. w. Auf diese μόνωσις deutet οὐχ εὑρίσκετο in Gen. 5, 24, denn der Bereuende ist δυςεύρετος, de Abrah. 3 (II, 4). So verschwand das alte tadelhafte Leben und ward nicht mehr gefunden (οὐχ εὑρίσκετο) und der Gebesserte, der nun in eine höhere Ordnung aufgenommen worden, war schwer zu finden, während der Schlechte überall zu finden ist (ibid.). Denn auch hierauf deutet οὐχ εὑρίσκετο. Tugend und Weisheit sind so selten, dass einzelne die Wirklichkeit, ja die Möglichkeit derselben leugneten. Beide sind wirklich, ja das einzige wahrhaft Wirkliche, freilich schwer zu finden, de mut. nom. 4 (I, 583).

Neben Henoch sind hier noch zu nennen:

Abel: insofern er als אֶבֶל [2]) ein ὄνομα τοῦ τὰ θνητὰ πενθοῦντος · καὶ τὰ ἀθάνατα εὐδαιμονίζοντος ist, de migr. Abr. 13 (I, 447).

Hagar: indem sie von der ἄρχουσα ἀρετή flüchtend vom θεῖος λόγος zurückgeschickt wird und dieser Mahnung folgt, Gen. 16, 9 ff. de cherub. 1 (I, 139). de profug. 38 (II, 577).

Josef: insofern er in Aegypten Gen. 50, 19 sich dessen erinnert, dass er unter Gott ist. Infolge dessen können auch seine strebenden Brüder sich mit ihm versöhnen. Die Gründlichkeit seiner Umkehr zeigt sich in dem Befehl Gen. 50, 25, seine Gebeine aus Aegypten zu schaffen, und wird auch Exod. 13, 19 von Mose als solche anerkannt, de somn. II, 15 (I, 672. 673).

---

1) Im Widerspruche damit steht nun freilich, wenn nach Exod. 33, 20 ff. auseinandergesetzt wird, Mose habe blos ein ἐκμαγεῖον καὶ ἀπεικόνισμα Gottes gesehen. de monarch. I, 6 (II, 218 sq.).
2) S. oben S. 194.

B. Die Uebung in der Tugend.

Auf die Umkehr folgt nun die eigentliche Arbeit der Tugendübung (ἄσκησις), welche ebenfalls verschiedene Stadien zu durchlaufen hat.

a. Das Entlaufen (δρασμός).

Die niedrigste Stufe der Tugendübung nimmt derjenige ein, welcher den Kampf gegen das πάθος noch nicht zu führen wagt, sondern der Gefahr, die ihm durch dasselbe droht, sich durch die Flucht zu entziehen sucht [1]). Dieselbe wird durch das Pascha (διάβασις Exod. 12, 11) bezeichnet. Ein schleuniger Aufbruch wird dem νοῦς befohlen, de migr. Abr. 5 (I, 440).

Jakob erhält Gen. 31, 13 den Befehl, das Land der leiblichen Dinge (σωματικαὶ ποιότητες), den Laban zu verlassen, de migr. Abr. 6 (I, 440), er entflieht heimlich Gen. 31, 30 ἔκρυψε Λάβαν, um nicht durch Vorspiegelung sinnlicher Freuden gefesselt zu werden, leg. alleg. III, 5 (I, 90), als er in Syrien das πάθος μετέωρον (Anspielung auf אֲרָם) sieht, flieht er, durchschreitet den Fluss der αἰσθητά, der die Seele zu ertränken sucht, und eilt nach dem hohen Berge der vollkommenen Tugend. Diese Auswanderung bezeichnet Galaad (μετοικία μαρτυρίας s. m. Abhdl. S. 152. 159).

Mose: flieht vor Pharao Exod. 2, 15, er entzieht sich dem διασκεδαστὴς τρόπος, den Einflüssen der zerstreuenden Sinnlichkeit, und sucht zu Madian (κρίσις, hier wol מִדְיָן, sonst ἐκ κρίσεως s. m. Abhdl. S. 158) seine Kraft zu erproben, ob sie gross genug sei, den Kampf wieder aufzunehmen, leg. alleg. III, 4 (I, 89). — Ebenso flieht er vor der Schlange (der ἡδονή), leg. alleg. II, 23 (I, 83).

Auch Josef gehört hierher: er flieht vor der ἡδονή, s. oben S. 247). — Er vermochte noch nicht sie zu bekämpfen. Denn dass er ihr nicht Gewalt getan, sondern von ihr Gewalt erlitten hatte, konnte man deutlich daran sehen, dass er ihr seinen Mantel hatte zurücklassen müssen, leg. alleg. III, 85 (I, 135). de Joseph. 10 (II, 49). Das Höchste, was Josef erreicht, ist die Enthaltsamkeit, ἡ πρὸς ἡδονὴν ἀλλοτρίωσις, de migr. Abr. 4 (I, 439), er ist der ἐγκρατὴς τρόπος, leg. alleg. III, 86 (I, 135), er kann sich daher Gen. 40, 15 rühmen, er habe nichts in Aegypten getan, er gehöre dem Geschlechte der Hebräer an d. h. derer, die von der Sinnlichkeit auswandern, und er fürchte Gott, obwol er ihn freilich noch nicht zu lieben vermag, de migr. Abr. l. c.

Dem Leibe haben sich auch Josef's Brüder entzogen, Gen. 37, 17 ἀπήρκασιν; sie sind zu Dothaim (ἔκλειψις ἱκανή) völlig frei von seinen Fesseln, quod det. pot. insid. 9 (I, 196).

b. Der Kampf gegen die Sinnlichkeit.

Den Beginn dieses Stadiums, den Angriff auf die πάθη bezeichnet

---

1) δευτέρα ἔφοδος εἰς σωτηρίαν τοῖς ἀμύνεσθαι μὴ δυναμένοις δρασμός ἐστιν.

unter den Söhnen Jakobs des Asketen Gad (s. m. Abhdl. S. 153 *ἐπί-θεσις*): er ist *ἐπιθέσεως καὶ ἀντεπιθέσεως πειρατικῆς σύμβολον*, de somn. II, 5 (I, 663).

Asketische Kämpfer sind ferner:

Gideon: (*πειρατήριον* s. m. Abhdl. S. 151. 153) er ist der *πειράτης ἀδικίας*, der nach Richt. 8, 9 immer aufs Neue etwas gegen sie aussinnt, confus. lingu. 26 (I, 425).

Mose, welcher die Schlange der *ἡδονή* am Schwanz ergreift, dass sie zum Stabe wird, d. h. dass sie durch die Zucht gebändigt wird, leg. alleg. II, 23 (I, 83).

Dan: 1) die Schlange am Weg, der *λόγος σωφροσύνης*, welcher das Pferd, das vierfache *πάθος* beisst, so dass der Reiter davon abfällt, leg. alleg. II, 24—26 (I, 83 ff.). 2) die eherne Schlange, die *καρτερία*, die im Kampfe gegen die *ἡδονή* aushält, de agricult. 21 (I, 315).

Die Brüder Josef's, welche die *κενὴ δόξα* bekämpfen, die in Josef ihnen entgegentritt, de somn. II, 14. 15 (I, 671 ff.).

Jakob: Ihm hängen sich die Schwärme der *αἰσθήσεις* an, die 75 Seelen, die mit ihm nach Aegypten ziehen, Gen. 46, 27. Er ruht aber nicht eher, als bis er die Fünfzal der Sinnlichkeit (s. o. S. 238) aus ihnen herausgeschnitten hat und sie zu 70 Seelen Deut. 10, 22 werden, de migr. Abr. 36 (I, 467. 468). — Auch er bekämpft die *πάθη* lediglich durch die *παιδεία*, denn er hatte nichts als den Stab Gen. 32, 10, da er über den Jordan gieng, leg. alleg. II, 22 (I, 82). Das Bild des Kampfes geht unwillkürlich in das der Arbeit über.

Grundzüge dieser Auffassung sind: Sichem: (*ὦμος*). Er wird *τλητικοῦ σημεῖον πόνου* genannt und als ein Symbol der *φιλάρετοι* bezeichnet, welche die grösste Last tragen in dem Widerstreben gegen den Leib und seine Lust, quod det. pot. insid. 4 (I, 193).

Lea: *κοπιῶσα*, s. oben S. 195, ist die sich abmühende Tugend, die Ausdauer im Guten, de migr. Abr. 26 (I, 458), welche indess noch der Anfeuerung und Stärkung bedarf und darum Selpa (*πορευόμενον στόμα* s. m. Abhdl. S. 156), einen mitwandelnden Mund bei sich hat, der sie durch Reden zur Tugend anhält, congr. erud. grat. 6 (I, 523).

Levi: (*αὐτός μοι* s. m. Abhdl. S. 156) ist *ἐνεργειῶν καὶ πράξεων σπουδαίων σύμβολον*, de somn. II, 5 (I, 663). Er erlangt durch diesen Dienst der Tugend Rubens' Erstgeburt, de sacrif. Ab. et Cain. 36 (I, 186).

Die Israeliten: welche nach Levit. 7, 34 Brust und Arm vom Opfer empfangen. Da der Arm (s. oben S. 190) das Symbol der Arbeit ist, so liegt hierin, dass sie die Tugend nur mit Mühe erlangen, leg. alleg. III, 46 (I, 113. 114).

Isaschar: (*μισθός*) ist der durch das Gesetzesstudium sich bildende Asket[1]), leg. alleg. I, 26 (I, 59). de somn. II, 5 (I, 663).

---

1) Ueber diese Exegese von Gen. 49, 15 s. oben S. 153.

Diese Arbeit wird mit der des Ackermanns verglichen. Die Pflanzung der Tugenden besorgt Isaschar, de plantat. 33 (I, 349). — Daneben findet sich das Bild des Hirtenlebens: der Asket hält als Hirt die leiblichen Vermögen in Zucht: so Jakob, Moses, die Brüder Josef's, de agricult. 10. 14 (I, 307. 310). vgl. oben S. 182.

Freilich zeigt die Arbeit eben auch das Unvollendete dieses ganzen sittlichen Zustandes.

Aaron: ὁ προκόπτων, der in Arbeit Fortschreitende hat nach Lev. 1, 9 nur ἐγκοιλία κ. πόδας heraus gewaschen, d. h. nur die überflüssigen Lüste, aber noch nicht alle Lust von sich abgeschüttelt, leg. alleg. III, 48 (I, 115). Daraus erklärt sich Num. 16, 48 seine Stellung zwischen Lebenden und Todten; er hat Eifer für die Tugend, ist aber noch nicht zu ihrer Höhe emporgedrungen, de somn. II, 35 (I, 689).

Die Priester Lev. 1, 13 (πλυνοῦσι st. ἔπλυναν) entschlagen sich der Lust erst auf Befehl, leg. alleg. III, 49 (I, 115).

Bisweilen wird das asketische Streben auch unter dem Bilde der Zurücklegung eines Weges dargestellt.

Der Tugendfreund strebt auf der βασιλικὴ ὁδός vorwärts, quod deus immut. 30 ff. (I, 294 ff.). de migr. Abr. 26 (I, 458).

Eine besondere Erscheinung des asketischen Lebens, wodurch dasselbe sich zu seinem Nachteile von dem lernenden Streben (vgl. oben S. 264) unterscheidet, sind die Rückfälle, denen es ausgesetzt ist.

Denn es ist von mancherlei Gefahren bedroht. Sinnlichkeit und Freude suchen den Asketen aufs Neue an sich zu locken.

Aegypten, der Leib, jagt den asketischen Söhnen Israels nach, de somn. II, 45 (I, 695). Laban, die Sinnlichkeit, jagt dem Jakob nach, um ihn wieder zurückzuholen durch die Lockungen des Lebensgenusses, leg. alleg. III, 6 (I, 91). Lot reist immer mit Abraham, ihn als eine beständige Gefahr umgebend, s. oben S. 263. Potiphar's Weib will dem Josef die irdischen Genüsse als unentbehrlich darstellen, s. oben S. 247. Die Schlange der Lust Deut. 8, 15 folgt dem Asketen, auch wenn er zur Uebung in der Entsagung sich in die Einsamkeit zurückzieht, leg. alleg. II, 21. 22 (I, 81. 82).

Dazu kommt, dass die Sophisten ihn berücken: wie Kain den Abel, de migr. Abr. 13 (I, 447), Emor die Dinah, de mut. nom. 36 (I, 607. 608). So bereitet Edom dem fortschreitenden Asketen Hindernisse und lässt ihn nicht durch, quod deus immut. 35 (I, 297). Josef sucht die ἀστεῖοι λόγοι zu bereden, dass sie ihm dienen möchten, de somn. II, 19 (I, 676).

Und oft lässt sich der Asket zu Falle bringen: Jakob steigt zu den sterblichen Dingen herab und zeugt den Josef, quod deus immut. 25 (I, 290).

Der Asket wird durch die beständigen Mühen unmutig, wie zu Merra (πικρία, מָרָה), congr. erud. grat. 29 (I, 543), er erlahmt in seiner Anstrengung Gen. 32, 25, wie Jakob beim Ringen, de mut. nom.

35 (I, 606), und selbst Abraham's Glaube erwies sich wiederholt als ein schwankender (vgl. Gen. 17, 17), ibid.

Indessen Gottes Hülfe errettet ihn aus diesen Gefahren. Dies Stadium der Errettung vertritt Elieser (ὁ θεός μου βοηθός s. m. Abhdl. S. 155), quis rer. div. haer. 12 (I, 481).

Gott half zu Mara aus der Erbitterung, indem er Exod. 15, 25 in die Seele ein versüssendes Holz warf d. h. dieselbe mit φιλοπονία statt der μισοπονία erfüllte, de poster. Cain. 45 (I, 255).

Und so gelangt denn zum Schluss der Asket zum entscheidenden Siege.

Dies Stadium ist in Arphaxat (συνετάραξε ταλαιπωρίαν s. m. Abhdl. S. 157) erreicht. de mut. nom. 35 (I, 607) καλόν γε ἔγγονον ψυχῆς κλονεῖν καὶ συγχεῖν καὶ διαφθείρειν τὴν ταλαίπωρον καὶ γέμουσαν κακῶν ἀδικίαν.

Der siegende Asket, welcher die ἡδονή ertödtet, ist Phinees. Er vernichtet sie durch den Spiess des eifernden Wortes (ζηλωτικὸς λόγος) Num. 25, 7 der Art, dass auch die Möglichkeit ihres Wiedererstehens ausgeschlossen ist, da er den Mutterschoss der ἡδονή durchbohrt (vgl. διὰ τῆς μήτρας αὐτῆς), leg. alleg. III, 86 (I, 135), er geht Num. 25, 8 εἰς τὴν κάμινον mitten hinein in das lodernde Lustleben und tödtet die ἡδονή und auch den Menschen, den λογισμός, der ihr nachfolgt, de ebriet. 17 (I, 367). — Dieser Phinees (στόματος φιμός s. m. Abhdl. S. 150. 154) bändigt den Uebermut der Begierde und verstopft ihren Mund. Er ist ὁ τῶν σωματικῶν στομίων καὶ τρημάτων δίοπος, de poster. Cain. 54 bei Tischd. p. 141.

Nach diesem Siege wandelt sich Jakob (πτερνιστής), der kümpfende Asket, in Israel: den Gott schauenden (איש ראה אל s. m. Abhdl. S. 151) und auf dieser höchsten Stufe gehen ἄσκησις und μάθησις in einander über.

Während Jakob den fortschreitenden Asketen bezeichnet, ist Israel der vollendete. de ebriet. 20 (I, 369) heisst Jakob μαθήσεως καὶ προκοπῆς ὄνομα, seine Stufe war die des Hörens, er ist ὄνομα ἀκοῆς ἐξηρτημένων δυνάμεων. Israel dagegen ist τελειότητος ὄνομα, er sieht den Seienden. — vgl. de confus. lingu. 16. 28 (I, 415. 427). de migr. Abr. 8 (I, 442), 36 (I, 467). quis rer. div. haer. 15 (I, 484). de Abrah. 12 (II, 9).

Er erlangt Galaad (vgl. oben S. 266), den λόγος τελείας ἀρετῆς, leg. alleg. III, 6 (I, 91).

Neben Israel steht auch Kaleb (πᾶσα καρδία, כל־לב), der mit ganzem Herzen sich Gott Hingebende, de mut. nom. 21 (I, 597).

III. Die Methode der freien Entfaltung sittlicher Genialität (εὐφυΐα).

Höher als Lehre und Uebung steht die in sittlicher Beziehung glücklich beanlagte Natur. Bei ihr ist die Tugend nicht ein mühevoll erworbenes Resultat des Lernens und der Uebung in der Enthaltsamkeit, sondern die von selbst am guten Baume reifende treffliche Frucht.

A. Die Vorstufe.

Die niedere Stufe wird auf diesem Gebiete durch N o a h bezeichnet. Er wird gelobt, ohne dass besondere gute Thaten von ihm berichtet würden. Daraus geht hervor, dass hier die Bibel auf die Güte seiner Natur deutet, leg. alleg. III, 24 (I, 102). Auch sein Name spricht dies aus. Er heisst ἀνάπαυσις oder δίκαιος. Ersteres deutet auf נוח: ruhen, letzteres ist aus Gen. 7, 1 hervorgegangen, cf. Sirach 48, 17. 2 Petri 2, 5. Das will sagen, dass die δικαιοσύνη als die erste der Tugenden Ruhm bringt, indem die Guten das friedliche Leben lieben, de Abrah. 5 (II, 5).

Indessen auf der andern Seite zeigt sich doch auch, dass wir es hier noch nicht mit der vollkommenen Güte der Natur zu tun haben. Denn Noah wird Gen. 6, 9 nur im Vergleich zu seinen Zeitgenossen gut genannt (vgl. oben S. 152), de Abrah. 7 (II, 6. 7). Auch heisst es Gen. 6, 8, er habe dem Herrn und Gott (κυρίῳ καὶ θεῷ) gefallen. Er gefiel also nur den Kräften des Seienden, während es z. B. von Mose heisst, er habe Gott selbst gefallen, quod deus immut. 24 (I, 289). Es befand sich daher Noah noch auf dem Standpunkte des Anfanges der Tugend, wie die Schrift auch Gen. 9, 20 durch ἤρξατο andeutet, und es gelang ihm noch nicht, alle unfreiwilligen Sünden (ἀκούσια ἁμαρτήματα) zu vermeiden, de agricult. 40 (I, 327).

B. Die vollendete Güte der Natur.

Ihre Symbole im ganz allgemeinen Sinne sind R u b e n; de mut. nom. 16 (I, 593) heisst er εὐφυΐας σύμβολον. E s c h c o l, de migr. Abr. 30 (I, 461), vgl. oben S. 263, und S e m ἐπώνυμος ἀγαθοῦ, de sobriet. 11 (I, 400). Am vollkommensten ausgeprägt tritt sie uns aber entgegen in I s a a k γέλως, χαρά, s. m. Abhdl. S. 154. — Er ist von Hause aus vollkommen (τέλειος ἐξ ἀρχῆς) und wird deshalb schon vor der Geburt gelobt, leg. alleg. III, 28 (I, 104), er hat diese Vollkommenheit als einen Bestandteil seiner Natur (ἐκ φύσεως), er der αὐτήκοος καὶ αὐτομαθὴς τρόπος de ebriet. 23 (I, 371) u. a., und kann sie daher nie verlieren, de Abrah. 9. 11 (II, 8. 9). de mut. nom. 14 (I, 591). Der innere Grund davon liegt in seiner vollkommenen Leiblosigkeit, infolge deren er sich selbst und den eignen νοῦς verlässt und mit Gott redet Gen. 24, 62, leg. alleg. III, 14 (I, 95). In dieser Beziehung steht ihm J u d a (κυρίῳ ἐξομολόγησις s. m. Abhdl. S. 153) nahe. Er ist der ἄϋλος καὶ ἀσώματος νοῦς leg. alleg. I, 26 (I, 60), ὁ εὐλογῶν τὸν θεὸν νοῦς καρπός ... ὑπὸ φύσεως λογικῆς καὶ σπουδαίας ἐνεχθείς, de plantat. 33 (I, 349). Ebenso M o s e, der sein Zelt ausserhalb des Lagers (des Leibes) aufschlägt, leg. alleg. III, 15 (I, 96)[1]. vgl. über die ideale Auffassung der Erscheinung Mose's bei Philo auch Haüsrath, neutestl. Zeitgesch. II, 155—166. — Ebenso sind diese Naturen frei

---

1) Im Gegensatze hierzu hält es Philo freilich auch für möglich, dass jemand irdische und himmlische Güter zugleich besitzt und macht zum Symbol dieser Gruppe den Japhet. de sobriet. 12 (I, 401).

von allen Leidenschaften, wie Thamar (ἠρήμωται καὶ κεχήρευκεν ἀνθρωπίνων ἡδονῶν) und darum empfänglich für göttliche Befruchtung, quod deus immut. 29 (I, 293).

Hierher gehören auch Levi, der ganz Gott geweihete als ὁ τελείως κεκαθαρμένος νοῦς, der alles Irdische verachtet, de plantat. 15 (I, 339), der Hohepriester mit seinem Brustschild als Symbol der ἱερωμένη διάνοια, leg. alleg. III, 43 (I, 112), und Josua (σωτηρία κυρίου) als Symbol der ἕξις ἀρίστη, de mut. nom. 21 (I, 597).

Das unerschütterliche Beharren im Guten stellen dar: Rebekka (ὑπομονή s. m. Abhdl. S. 150), de cherub. 12 (I, 146) ἐπιμονὴ τῶν καλῶν, vgl. quod det. pot. insid. 9 (I, 197). de plantat. 40 (I, 354). congr. erud. grat. 7 (I, 524). leg. alleg. III, 29 (I, 105), und Aethiopissa, leg. alleg. II, 17 (I, 78) ἡ ἄτρεπτος καὶ πεπυρωμένη καὶ δόκιμος φύσις.

Der Zustand der Seele ist in diesem Stadium der der Ruhe und der Freude.

Die Ruhe symbolisiren: Sabbat (ἀνάπαυσις) de cherub. 26 (I, 154). de Abrah. 5 (II, 6). Jerusalem: (ὅρασις εἰρήνης s. m. Abhdl. S. 154), de somn. II, 38 (I, 692), der Friede, der mit dem Schauen Gottes verbunden ist. Naphthali: (πλατυσμός ἢ διανεωγμένον, פתה ausbreiten, פתה öffnen) διανοίγεται γὰρ καὶ εὐρύνεται πάντα εἰρήνῃ, de somn. II, 5 (I, 663).

Die Freude (γέλως ψυχῆς) ist in Isaak personificirt, leg. alleg. III, 77 (I, 130), eine Freude, deren höheren Grund oft die Seele selbst nicht kennt, sie fühlt sich beseligt und erhoben und fragt „was ist das?" Da belehrt sie denn Moses Exod. 16, 15: das ist das Manna der göttliche Logos, welcher dich so frölich macht, leg. alleg. III, 60 (I, 121).

Die glückliche Stimmung der Seele drückt auch Evilat aus; nach seiner griechischen Etymologie (s. oben S. 196) bezeichnet dies τὴν εὐμενῆ καὶ πραεῖαν καὶ ἵλεων κατάστασιν, leg. alleg. I, 20 (I, 56). Ferner Maieleth: (s. m. Abhdl. S. 158) quaestt. in Genes. IV, 245. A. 442 haec autem est in virtute voluptas uti a principio a primaque creatione connutrita omni cum animali credita. Auch Eden (τρυφή) deutet darauf: ἀρετῇ δὲ ἁρμόττον εἰρήνη καὶ εὐπάθεια καὶ χαρὰ ἐν οἷς τὸ τρυφᾶν ὡς ἀληθῶς ἐστι, leg. alleg. I, 14 (I, 52). Bisweilen wird dieser Zustand auch unter dem Bilde einer heiligen Trunkenheit beschrieben, de plantat. 34 ff. (I, 350 ff.).

Die eigentliche Tugendlehre des Philo ist ebenfalls ganz die stoische (Zeller S. 352), obwol er auch hier schwankt, ob völlige ἀπάθεια leg. alleg. III, 45 (I, 113) oder μετριοπαθεῖν de Abrah. 44 (II, 137) der eigentlich tugendhafte Zustand sei. Uns interessirt hierbei nur die Weise, in der diese Systematik mit der Bibel in Verbindung gesetzt wird.

Die Tugend an sich, das höchste sittliche Gut, ist eins mit der göttlichen Weisheit und darum werden die Symbole beider mit einander vertauscht. Und da der Begriff der Weisheit sich wieder nahe

mit dem des Logos berührt, so gehen auch hier die allegorischen Be-
zeichnungen leicht in einander über.

Das Paradies, der Garten Eden, ist daher sowol σοφία τοῦ θεοῦ
als auch λόγος τοῦ θεοῦ und ἀρετή, leg. alleg. I, 19 (I, 56). de somn.
II, 37ᵃ (I, 690), doch insofern hier zunächst von menschlicher Tu-
gend die Rede sein soll, sind nicht jene göttlichen Mächte an sich
damit gemeint, sondern nur ihre irdischen Abbilder (ἐπίγειος σοφία κ.
ἀρετή. ὁ ὀρθὸς λόγος), ibid. 14 (I, 52).

Aus der ἀρετή geht zunächst hervor die Grundtugend, wie aus
Eden der grosse Hauptfluss Gen. 2, 10ᵃ. Diese ἡ γενικωτάτη ἀρετή
wird von einigen die ἀγαθότης genannt, ibid. 19 (I, 56). vgl. Frank,
Kabbalah S. 234 über diese Combination israelitischer und griechischer
Anschauung. — Aus dem Hauptflusse gehen nach Gen. 2, 10ᵇ vier
Arme hervor, welche die vier Cardinaltugenden bezeichnen (vgl. Buch
der Weisheit und IV Makkab. besonders die These, dass das Gesetz
die vier Cardinaltugenden lehre, s. oben S. 211), und zwar:

1) der Phison, die φρόνησις, weil sie die Seele schützt und bewahrt
   (παρὰ τὸ φείδεσθαι καὶ φυλάττειν) vor den unrechten Handlungen
   (vgl. oben S. 196), leg. alleg. I, 20 (I, 56), und weil sie ἐν ἀλ-
   λοιώσει τοῦ στόματος (s. m. Abhdl. S. 154. 156) τουτέστι τοῦ ἑρ-
   μηνευτικοῦ λόγου erkannt wird, insofern sie nämlich den Menschen
   von sophistischen Reden abbringt und zu weisheitsvollen Thaten
   anleitet, ibid. 24 (I, 59).

2) Geon (στῆθος ἢ κερατίζων, s. oben S. 195) die ἀνδρία, denn diese
   wohnt in der Brust und ist die Kenntniss des Angriffs und der
   Abwehr, ibid. 21 (I, 57).

3) Tigris (s. oben S. 183) eigentlich ἐπιθυμία, deutet hier durch den
   Gegensatz auf die σωφροσύνη, welche es mit der Bekämpfung der
   Lust zu thun hat, ibid. Daneben erscheint auch Dan als Symbol
   der σωφροσύνη, leg. alleg. II, 24 (I, 84), desgleichen die eherne
   Schlange ibid. 20 (I, 80).

4) Euphrates (καρποφορία s. oben S. 196) die δικαιοσύνη, weil sie
   καρπόφορος und εὐφραίνουσα ist, ibid. 23 (I, 58).

Ein anderes Symbol für die γενικὴ ἀρετή ist auch der Baum des
Lebens leg. alleg. I, 18 (I, 55), aus ihm entspringen wie Zweige die
einzelnen Tugenden.

Letztere (αἱ κατὰ μέρος ἀρεταί) finden sich ausserdem Gen. 2, 9 in
den allerlei Bäumen des Gartens angedeutet und zwar deutet der Zu-
satz ὡραῖον εἰς ὅρασιν auf die theoretischen Tugenden, dagegen die
Worte καλὸν εἰς βρῶσιν auf die praktischen Tugenden, leg. alleg. I, 17
(I, 54).

Unter den einzelnen Tugenden finden sich symbolisch dargestellt:
Sara die die Seele beherrschende Tugend, Rebekka die Ausdauer im
Guten, Lea die arbeitsame Tugend, Sepphora die dem Himmlischen
zugewendete Seelenstimmung, de cherub. 12 (I, 146). vgl. ausserdem
oben S. 263. 267. 269. 271.

Zweiter Theil.

Der geschichtliche Einfluss der philonischen Schriftauslegung.

Einleitung.

Wir machten bereits bei der Betrachtung der jüdischen Bildung Philo's (S. 159. 210) die Beobachtung, welche durch den weiteren Verlauf der vorangehenden Untersuchung fast auf jedem Schritte bestätigt wurde, dass das Judentum in seinem Partikularismus durch Philo aufgelöst und insbesondere durch die Versetzung mit griechischer Philosophie zu etwas Anderem gemacht worden sei. Ob das als ein Glück oder als ein Unglück anzusehen sei, könnte bis auf einen gewissen Grad als eine Geschmackssache erscheinen. Vom geschichtlichen Standpunkte aus wird aber gesagt werden müssen, dass Philo in diesen durcheinander gearbeiteten Massen griechischer Philosophie und alttestamentlicher Exegese ein mächtiges Bildungsferment in die Zeit warf, das wie ein gewaltiger Strom in vielteiligen Armen die verschiedensten Gebiete ergriff und in dem philosophisch gebildeten Heidentum, Judentum und Christentum die nachhaltigsten Wirkungen zurückliess. Da unsere Aufgabe nur eine auslegungsgeschichtliche ist, so haben wir nicht die ganze Summe dieser Einwirkung zu ziehen und dürfte namentlich hier der Stoff, welcher der Geschichte der Philosophie und der Dogmen angehört, ausgeschlossen sein. Indessen da die alttestamentliche Auslegung Philo's so eng zusammenhängt mit seiner Lehre, so wird, um eine Darstellung der Einflüsse der ersteren nicht allzu bruchstückartig erscheinen zu lassen, nicht vermieden werden können, wenigstens in Umrissen die allgemeine Einwirkung philonischer Lehre anzudeuten. Wir müssen hierbei freilich einen Vorbehalt machen, der überhaupt für die ganze folgende Darstellung von Bedeutung ist. — Einflüsse Philo's lassen sich in vielen Fällen ganz bestimmt nachweisen, in sehr vielen aber blos vermuten. Nicht jede Uebereinstimmung in der Lehre oder in der Auslegung ist sogleich ein Beweis unmittelbarer Einwirkung Philo's. Für solche Fälle werden wir uns begnügen das Gemeinsame festzustellen und bitten nur im Allgemeinen um ein günstiges Vorurteil für unseren vielgelesenen und oft benutzten Schriftsteller. Denn mehr als einen höheren oder geringeren Grad von Wahrscheinlichkeit hier aufzeigen zu wollen, würde ein Missbrauch des Wortes quod post hoc ergo propter hoc sein.

Was zunächst die spätere griechische Philosophie betrifft, so zeigt sich insonderheit der Neupythagoräismus in manchen Zügen der Lehre

18 *

Philo's sehr ähnlich. Es begegnet uns bei Apollonius von Tyana, den wir in gewissem Sinne wol auch hierher rechnen können, dieselbe Richtung auf das innerliche Gottschauen und ebenso die Empfehlung der Askese als der rechten Vorbereitung für dasselbe. Es wird ebenso der Wert der weltlichen encyklischen Wissenschaften gegenüber der mystischen Contemplation herabgesetzt. Wir haben wie bei Philo ein Streben nach Vergeistigung und Verinnerlichung des Gottesdienstes, als dessen höchste Aeusserungen das Gebet und die Verzückung beschrieben werden, und daneben dieselbe Anhänglichkeit an die Gebräuche der älteren Gottesverehrung. Und ebenso sind ganz verwandte Züge die bei beiden sich findende warme Anhänglichkeit an das Vaterländische zusammengehend mit einem Zuge zur geheimen Weisheit der Fremden [1]. Noch mehr Berührungspunkte finden sich mit Plutarch. So in der Lehre von Gott, wenn derselbe seinem Wesen nach als verborgen, den Menschen unbekannt, ohne Berührung mit den Dingen beschrieben wird, wenn er als der Seiende bezeichnet wird [2]. Vgl. oben S. 201 ff. Besonders nahe aber berührt sich die plutarchische Lehre von der Isis mit der philonischen vom Logos [3]. Isis ist der vermittelnde Gott, sie verbindet die irdischen Dinge mit Osiris, dem obersten Gott. Sie sammelt auch die in den Dingen zerstreuten Glieder d. h. die ewigen Gedanken Gottes, welche vorzugsweise in den Gestirnen weilen, und führt sie uns Menschen zu, indem sie uns im Sinnlichen das Uebersinnliche erblicken lässt. Damit vgl. die philonische Logoslehre oben S. 226 ff. Ueber anderweite Mittelwesen kommen bei Plutarch nur zerstreute Bemerkungen vor. An Philo erinnert die Meinung, dass die Dämonen mit Luft bekleidete Seelen seien. — Die Lehre von der Materie erscheint in manchem Betracht ausgebildeter als bei Philo. Der Unklarheit, wonach dieselbe bei dem Letzteren bald als etwas Notwendiges bald als etwas Schädliches erscheint, macht Plutarch dadurch ein Ende, dass er ein doppeltes Prinzip in sie hineinlegt; nach dem einen bietet sie zur Weltbildung geeigneten, nach dem andern schädlichen Stoff dar [4]. Aber darin stimmen doch beide wieder überein, dass das Böse nur von der Materie ausgeht. — Daraus folgt dann mit Notwendigkeit auch bei Plutarch die Empfehlung der Askese [5], durch welche die Seele für das Gottschauen sich rüste. Die Schilderung des Enthusiasmus als des Zustandes, in welchem die Seele leidend und empfangend der göttlichen Einwirkung hingegeben sei, nachdem sie für dieselbe durch Reinigung von niederen Leidenschaften sich vorbereitet habe, ist ganz philonisch. de Pyth. orac. 21. 22. de anim. procr. 27. Letzteres namentlich auch in der Forderung, dass die Seele vom Leibe möglichst frei zu werden suchen müsse.

---

1) S. die Belege hierzu bei Ritter, Gesch. der Philos. Bd. IV S. 495 ff.
2) S. Ritter a. a. O. S. 511. 512.
3) S. Lutterbeck, die neutestamentl. Lehrbegriffe Bd. I S. 385—387. Ritter a. a. O. S. 512.
4) S. die Stellen bei Gieseler, Kirchengesch. I, 1 S. 181 ff.
5) s. Ritter a. a. O. S. 510.

Von dem Vorläufer der Neuplatoniker Numenios ist bekannt, dass er den Moses als grossen Profeten verehrte und den Plato einen attisch redenden Mose nannte. — Auch bei ihm wird das Wesen Gottes als das des Unkörperlichen, Immateriellen, Unendlichen, Unerkennbaren bestimmt und mit dem Namen des Seienden belegt. So steht Gott ebenfalls die Materie entgegen als dasjenige, woher alles Böse stammt. Die Vermittelung bildet der weltbildende Gott, welcher vom ersten Gott ausgeht und von diesem die Vernunft empfängt. So ist der erste Gott der Urgrund, der zweite das Abbild. Letzterer ist teils Gott zugewendet, von dem er Gedanken nimmt, welche er der Materie einbildet, teils versinkt er bildend in die Materie und wird dadurch selbst zur Welt. Infolge dessen spaltet sich in der Welt alles in Gegensätze, welche namentlich auch in der Seele des Menschen wiederkehren. Um in dieser der geistigen Macht das Uebergewicht zu verschaffen, ist vor Allem als Vorübung Entsagung und das Studium der mathematischen Wissenschaften nötig. Sie bilden den Eingang zur Erkenntniss des Seienden [1]). — Es ist unverkennbar, dass uns auch hier philonische Gedanken fortgebildet begegnen.

Dass der Einfluss Philo's auf das System des Plotin ein sehr grosser gewesen sei, wird allgemein zugestanden [2]), wenn auch der letztere als Philosoph seinen Vorgänger bedeutend überragen mag. — In der Theologie lehren beide den über Sein und Vernunft noch hinausgehenden Gott, der für das menschliche Denken unergründlich ist (Zeller S. 370. Richter S. 41). Ihm steht die Materie nicht nur als das Nichtseiende, sondern geradezu als das Böse gegenüber (Zeller S. 489). Die Kluft zwischen Gott und Materie wird durch Mittelwesen ausgefüllt, die göttlichen Kräfte, welche zugleich als Eigenschaften Gottes gedacht sind und im Logos zusammengefasst werden (Zeller S. 370). Die wirkliche Welt ist ein Abbild einer höheren Geisteswelt, deren höhere Formen (λόγοι) in der Materie eine freilich mangelhafte Ausprägung gefunden haben (Zeller S. 494 ff.). Die Seele der Menschen ist ein geistiges Wesen, welches in das fremdartige leibliche Element hinabgestiegen ist (Zeller S. 516 ff.); die Ethik kann daher keine andere Aufgabe stellen, als die, diese unnatürliche Verbindung wieder zu lösen. Es geschieht dies durch Abkehr vom Sinnlichen; mit dieser Abtödtung des Leibes ist die Erhebung zum Uebersinnlichen gegeben (Zeller S. 537 ff.), welche ihr letztes Ziel in der Ekstase findet, in welcher die Seele über das Denken hinausgehend zum unmittelbaren Schauen Gottes gelangt und in leidentlichem Zustande Gott hingegeben von diesem ganz erfüllt wird (Zeller S. 549 ff. Richter

---

1) vgl. Ritter a. a. O. S. 525 ff.
2) S. Zeller a. a. O. III, 2 S. 370 ff. Heinze a. a. O. S. 298 ff. Auch der gründliche neuere Kenner Plotin's, Arthur Richter, sagt neuplatonische Studien. 1867. 1 S. 38: „Nicht nur seine (Philo's) Grundrichtung, sondern auch seine Theologie und Ethik wurden der Anknüpfungspunkt der weiteren religions-philosophischen Entwickelung, unter andern seine Lehre von einer Erkenntniss Gottes durch ein Schauen der Seele in einem Zustande, dessen Natur in mannigfacher Modification ihm die alttestamentlichen Namen symbolisirten."

1, 49). Hierbei ist auch das mit Philo Uebereinstimmende in Plotin's Lehre, dass diesem höchsten ethischen Ziele gegenüber, die praktische Tugend, die sittliche Bewältigung der Lebensaufgaben als eine untergeordnete Sache erscheint (Zeller S. 541).

So reichen die Nachwirkungen Philo's weit hinein in die spätere Entwickelung der griechischen Philosophie und es liessen sich dieselben noch in manchen Einzelheiten dartun, zu deren Aufzälung wir aber hier keine Zeit haben. — Wir wenden uns nunmehr unsrer eigentlichen Aufgabe zu, die Spuren der Einwirkung zu verfolgen, welche Philo auf die spätere Bibelauslegung ausübte.

Erster Abschnitt.
Philo's Einfluss auf die spätere jüdische Schriftauslegung.

Erstes Capitel.
J o s e p h u s.

Wenn man von Philo kömmt, stösst man auf jüdischem Gebiete zunächst auf Josephus. Der Mühe wert ist es wol zu fragen, ob auch bei diesem Spuren einer Einwirkung des Philo sich entdecken lassen. — Bekannt ist ihm natürlich Philo. Er berichtet von seiner Führung der Gesandschaft an den Caligula antiquitt. 18, 8, 1 und nennt ihn hier ἀνὴρ τὰ πάντα ἔνδοξος καὶ φιλοσοφίας οὐκ ἄπειρος. Dass ein so belesener Mann wie Josephus das letztere blos von Hörensagen wissen sollte, ist von vornherein nicht wahrscheinlich, vielmehr ist anzunehmen, dass er aus Philo's Schriften diese Ueberzeugung gewann. Hätte Josephus die philosophische Betrachtung des Gesetzes ausgeführt, welche er antiquitt. praef. extr. verspricht, so würden wir wol in grösserem Umfange den Einfluss erkennen können, welchen Philo auf ihn ausübte [1]. Nunmehr sind wir auf vereinzelte Andeutungen und Parallelen gewiesen, aus welchen sich jedoch immerhin Einiges erschliessen lässt.

Da ist uns vor allen Dingen die merkwürdige Einheit des Gedankenganges aufgefallen, welche zwischen Philo's Einleitung zu de opificio mundi und der praefatio des Josephus zu seinen Altertümern stattfindet. Beide Schriftsteller gehen nämlich hier von der Frage aus, warum der mosaischen Gesetzgebung ein Bericht über die Weltschöpfung vorausgeschickt sei. — Wie Philo l. c. ἡ δὲ ἀρχὴ . . . ἐστι θαυμασιωτάτη κοσμοποιΐαν περιέχουσα, so Josephus praef. 4 (ed. Haverkamp.) ἀνάγκη μοὶ βραχέα περὶ ἐκείνου προειπεῖν ὅπως ἂν μή τινες τῶν

---

1) Es heisst dort: τοῖς μέντοι βουλομένοις καὶ τὰς αἰτίας ἑκάστων σκοπεῖν πολλὴ γένοιτ᾽ ἂν ἡ θεωρία καὶ λίαν φιλόσοφος · ἣν ἐγὼ νῦν μὲν ὑπερβαλοῦμαι θεοῦ δὲ διδόντος ἡμῖν χρόνον πειράσομαι μετὰ ταύτην γράψαι τὴν πραγματείαν.

ἀναγνωσομένων διαποϱῶσιν πόϑεν ἡμῖν ὁ λόγος πεϱὶ νόμων καὶ πϱάξεων ἔχων τὴν ἀναγϱαφὴν ἐπὶ τοσοῦτον φυσιολογίας κεκοινώνηκεν. — Philo erinnert daran, dass zwar andere Gesetzgeber die Gesetze so ohne weitere Begründung hingestellt hätten, Mose habe dies aber für ganz unphilosophisch gehalten und nicht gleich was man tun oder lassen solle angegeben (μητ᾽ εὐϑὺς ἃ χϱὴ πϱάττειν ἢ τὸ ἐναντίον ὑπειπών). Ganz ähnlich sagt Josephus, dass Mose nicht wie andere mit der Einzelgesetzgebung begonnen habe (τῆς τῶν νόμων ϑέσεως οὐκ ἀπὸ συμβολαίων καὶ τῶν πϱὸς ἀλλήλους δικαίων ἤϱξατο τοῖς ἄλλοις παϱαπλησίως). — Auch habe Mose nicht wie andere allerlei mythischen Ballast mit den Gesetzen vermengt. So Philo: οἱ δὲ πολὺν ὄγκον τοῖς νοήμασι πϱοςπεϱιλαβόντες ... μυϑικοῖς πλάσμασι τὴν ἀλήϑειαν ἐπικϱύψαντες. Josephus: οἱ μὲν γὰϱ ἄλλοι νομοϑέται τοῖς μύϑοις ἐξακολουϑήσαντες τῶν ἀνϑϱωπίνων ἁμαϱτημάτων εἰς τοὺς ϑεοὺς τῷ λόγῳ τὴν αἰσχύνην μετέϑησαν καὶ πολλὴν ὑποτίμησιν τοῖς πονηϱοῖς ἔδωκαν. — Vielmehr habe Mose, bemerkt Philo, die Schöpfung der Welt vorangestellt, um zu zeigen, dass das Gesetz mit der Welt übereinstimme und dass der gesetzmässige Mann zugleich der wahre Weltbürger sei (vgl. oben S. 158). Josephus hat dieselbe Begründung, nur dass er etwas weiter ausholt. Er sagt: Mose habe vor Allem erst die Israeliten anleiten wollen, den rechten Begriff von der Natur Gottes zu fassen (πϱῶτον ϑεοῦ φύσιν κατανοῆσαι), das sei aber dadurch am besten möglich gewesen, dass sie im Geiste Gottes Werke betrachteten (τῶν ἔϱγων τοῦ ἐκείνου ϑεατὴν τῷ νῷ γενόμενον), sie hätten zunächst erkennen müssen, dass Gott Vater und Herr [das will sagen Schöpfer und Lenker] aller Dinge sei (ὅτι πάντων πατήϱ τε καὶ δεσπότης ὁ ϑεὸς ὤν), darum habe er zuerst ihre Gedanken auf Gott und die Schöpfung geführt (ἐπὶ τὸν ϑεὸν καὶ τὴν τοῦ κόσμου κατασκευὴν τὰς γνώμας αὐτῶν ἀναγαγών). Bei weiterer Betrachtung werde man aber erkennen, dass dieselbe Ordnung, welche in der Natur herrsche, auch das Gesetz durchdringe (πάντα γὰϱ τῇ τῶν ὅλων φύσει σύμφωνον ἔχει τὴν διάϑεσιν).

Hinsichtlich der Auslegung des Gesetzes stellt Josephus ebenso wie Philo den Wortsinn und den allegorischen neben einander, indem er zugleich darauf hinweist, dass das Gesetz öfter rätselhafte Andeutungen mache. (praefat. in antiquitt. extr. τὰ μὲν αἰνιττομένου τοῦ νομοϑέτου δεξιῶς τὰ δὲ ἀλληγοϱοῦντος μετὰ σεμνότητος, ὅσα δὲ ἐξ εὐϑείας λέγεσϑαι συνέφεϱε ταῦτα ῥητῶς ἐμφανίζοντος.) — Dass er in philonischer Weise und wol auch von diesem abhängig allegorisirt, zeigt insonderheit die Deutung der Stiftshütte mit ihren Geräten und der Kleidung des Hohenpriesters, welche er antiquitt. III, 7, 7 giebt. Die Stiftshütte ein Symbol der Welt (ἕκαστα γὰϱ τούτων εἰς ἀπομίμησιν καὶ διατύπωσιν τῶν ὅλων ... γεγονότα· τήν τε γὰϱ σκηνὴν ... τὴν γῆν καὶ τὴν ϑάλασσαν ἀποσημαίνειν). Das Allerheiligste bedeutet den Himmel, vgl. oben S. 187; die Schaubrote die 12 Monate des Jahres, vgl. de vita Mos. III, 7 ff.; der Leuchter die 7 Planeten, ibid. Die 4 Stoffe der Vorhänge sind die 4 Elemente: Byssus die Erde, aus der das Leinen kommt, Purpur das Meer, Hyacinth die Luft, Coccus das Feuer, vgl. oben S. 189. Das linnene Kleid des Hohenpriesters ist die Erde: (χιτὼν τὴν γῆν λίνεος ὢν ἀποσημαίνει). Bei Philo: die Welt s. oben S. 188. Der Hyacinth bedeutet den atmosphärischen Himmel (τὸν πόλον), die Granaten (ῥοϊσκοί) die Blitze, die Glöckchen (κώδωνες) den Donner; anders Philo s. oben S. 188. Das Schulterkleid bedeutet die Natur des All (τὴν τοῦ παντὸς φύσιν), das Gold darin den Glanz, der Alles erleuchtet, das Brustschild befindet sich in der Mitte des Schulterkleides, wie die Erde die Mitte des Weltalls einnimmt. Der Gürtel ist Symbol des Oceans, welcher das Weltall umschliesst, die Smaragden auf den Schultern stellen Sonne und Mond dar (vgl. oben S. 189), die 12 Edelsteine sind die 12 Sternbilder des Thierkreises oder die 12 Monate, vgl. oben S. 189. Der Turban bedeutet den Himmel, denn er trägt den Namen Gottes und hat einen goldnen Kranz wegen des Glanzes, an dem Gott sich erfreut.

Auch in den Namendeutungen finden sich Uebereinstimmungen, die indessen auch auf die gemeinsame ältere Ueberlieferung zurückgeführt werden können: wie Abel = πένθος, Kain = κτῆσις antiquitt. I, 2, 1 (ed. Haverk. p. 9). Ismael: θεόκλυτον ἄν τις εἴποι διὰ τὸ εἰςακοῦσαι τὸν θεὸν τῆς ἱκεσίας antiquitt. I, 10, 4. Melchisedek = βασιλεὺς δίκαιος antiquitt. I, 10, 2. Man: τὸ γὰρ μὰν ἐπερώτησις κατὰ τὴν ἡμετέραν διάλεκτον τί τοῦτ' ἐστὶν ἀνακρίνουσα ibid. III, 1, 6. vgl. oben S. 226.

Vielleicht könnte man in der Deutung der Figur des Abel, die Josephus an der oben angef. Stelle giebt, einen Anklang an das philonische ἀναφέρων ἐπὶ θεὸν πάντα (vgl. oben S. 194) finden. Er sagt: Ἄβελος μὲν γὰρ ὁ νεώτερος δικαιοσύνης ἐπιμελεῖται καὶ πᾶσιν τοῖς ὑπ' αὐτοῦ πραττομένοις παρεῖναι τὸν θεὸν νομίζων ἀρετῆς προενόει.

Zu bemerken ist auch, dass er antiquitt. I, 1, 1 den Ausdruck μία in Gen. 1, 5 als auffällig hervorhebt und den Grund bei einer andern Gelegenheit anzugeben verspricht. Welches Gewicht Philo auf diese Bezeichnung legt, haben wir oben S. 176 gesehen [1]).

· Wenn Josephus in ähnlicher Weise wie Philo (vgl. oben S. 158) den Wert des jüdischen Gesetzes verteidigt, seine erhabene Lehre von Gott und von der Schöpfung (c. Apion. II, 22), seine Menschenfreundlichkeit und hohen sittlichen Gehalt (antiquitt. XVI, 2, 4) hervorhebt, den langen Bestand desselben (ibid. II, 19) und seine weite Verbreitung (ibid. II, 39) geltend macht u. dgl., so ist aus diesen Allgemeinheiten kein weiterer Schluss zu ziehen, da sie sich leicht bei jedem jüdischen Apologeten der Zeit ähnlich gestalten mussten.

In der Allegoristik dagegen zeigt sich in den wenigen Fällen, die

---

1) Auch der Gottesbegriff des Josephus hat Aehnlichkeiten mit dem des Philo. c. Apion. II, 16: ἀλλ' αὐτὸν (sc. τ. θεὸν) ἀπέφηνε καὶ ἀγένητον καὶ πρὸς τὸν αἴδιον χρόνον ἀναλλοίωτον πάσης ἰδέας θνητῆς κάλλει διαφέροντα καὶ δυνάμει μὲν ἡμῖν γνώριμον ὁποῖος δὲ κατ' οὐσίαν ἐστὶν ἄγνωστον. vgl. oben S. 203. Der Ausdruck antiquitt. VI. 11, 8 τὸν θεὸν τοῦτον ὃν πολὺν ὁρᾷς καὶ πανταχοῦ κεχυμένον erinnert fast an den λόγος σπερματικός.

sich nachweisen lassen, eine so bestimmte Aehnlichkeit, dass man ein Abhängigkeitsverhältniss wol anzunehmen berechtigt ist.

Zweites Capitel.

Die Targumim.

Fassen wir zunächst den Onkelos ins Auge, so zeigt schon ein flüchtiger Ueberblick über die Eigentümlichkeiten dieser Uebersetzung, welche Luzatto im Philoxenus Wien 1830 zusammengestellt hat, dass die Grundrichtung in der Schriftbehandlung der des Philo gerade entgegengesetzt ist. Onkelos beruht auf dem Peschat, er will den Wortsinn der Schrift wiedergeben oder wo möglich noch klarer stellen: er erläutert Vergleichungen, beseitigt bildliche und allegorische Ausdrücke und ersetzt sie durch verständliche (vgl. hierzu auch Winer, de Onkeloso ejusque paraphrasi chaldaica S. 37 ff.). Philo dagegen geht auf den Derusch zurück, ihm ist die Allegorie das Wesentliche der Schrift.

Wenn beide in der Berücksichtigung der Agada hie und da zusammentreffen, wie z. B. in der Uebersetzung von לשוה in Gen. 24, 63, welches Onkelos durch לצלאה, Philo (quod det. pot. insid. 9. I, 197) durch ἰδιάσαι καὶ ἰδιολογήσασθαι βουλόμενος θεῷ wiedergiebt, so erklärt sich dies aus der gemeinsamen palästinischen Ueberlieferung, führt aber nicht auf ein Abhängigkeitsverhältniss des Onkelos von Philo.

Auch die Beseitigung der Anthropomorphismen, der Gottes unwürdigen Ausdrucksweisen der Schrift und ähnlicher Dinge, der wir bei Onkelos begegnen, ist nicht auf etwaige alexandrinische Einflüsse zurückzuführen. Das Gefül für das Bedenkliche solcher Wendungen war selbständig auch auf palästinischem Boden entstanden und spätere Correcturen des masorethischen Textes geben davon Zeugniss (vgl. oben S. 17). Daran knüpfte Onkelos an, wenn er überall, wo das göttliche Wesen in menschliches Tun oder Leiden verwickelt zu werden drohte, Ausdrücke wie שכינתא, מימרא, יקרא oder die Präposition קדם vor dem Gottesnamen einschiebt (vgl. Winer a. a. O. S. 44 ff.), und wir haben deshalb keine Veranlassung etwa vereinzelt das מימרא די herauszugreifen und mit dem philonischen Logos in Verbindung zu bringen. — Es bliebe demnach nur noch die Frage übrig, ob unter den allegorisirenden Uebersetzungen, welche sich gleichfalls bei Onkelos vorfinden, auch solche seien, die an Philo erinnern? Indessen die letzteren — ohnehin gering an Zal — tragen viel mehr das Gepräge des palästinischen als des alexandrinischen Midrasch, wie wenn z. B. das עשׂוּ in Genes. 12, 5 wiedergegeben wird durch נפשתא דשעבידו לאוריתא (die Seelen, welche sie dem Gesetz unterworfen hatten), oder wenn Gen. 48, 22 אשר לקחתי מיד האמורי בחרבי ובקשתי bei Onkelos lautet: די נסבית מידא דאמוראה בצלותי ובבעותי also „Schwert und Bogen" vertauscht werden mit Gebet und Flehen gemäss einer öfter hervortretenden Tendenz, die Erzväter zu verherrlichen; oder wenn

Gen. 49, 24 der „Bogen" allegorisch gedeutet wird auf die Profetie, welche die Lehre in Israel fest macht (‏והבת בהון ‏בביאותה ‏של ‏דקים‏ ‏אוריתא ‏בסתרא ‏וג"‏).
Allegorie ist es — aber philonische Allegorie ist es nicht.

Näher stehen dem Philo durch ihre ganze Richtung die Targumim des Pseudo-Jonathan und Jeruschalmi. Auch sie gehen auf den Derusch zurück. Indessen bei näherer Betrachtung erweist sich der letztere eben als der palästinische [1]) und insofern auch aus diesem manches in Philo's Allegoristik übergegangen war, zeigen sich Berührungspunkte zwischen der letzteren und der jener Uebersetzungen. So in der Vermeidung von Anthropomorphismen (vgl. die Uebers. von Jes. 6, 4. 2 Kön. 1, 10. 1 Kön. 19, 11. Jerem. 32, 31. Ezech. 1, 25) in mancherlei agadischen Zügen, wie in der Ausführung des Gesprächs, welches Gen. 4, 8 Kain mit Abel führt (vgl. oben S. 151), in der Annahme der Mannweiblichkeit Adam's Gen. 1, 27 (vgl. de opif. m. 34) u. dgl. [2]). — Reichliche allegorische Elemente findet man besonders in der Uebersetzung poetischer und profetischer Stellen [3]), indessen eine Allegoristik, welche philosophische Begriffe in die Personen und Sachen der Schrift hineinlegte, wird man in diesen Targumim vergeblich suchen. — Manches, was auf den ersten Blick wie aus Philo herausgenommen aussieht, erweist sich bei näherem Zusehen doch ganz und gar als auf palästinischem Boden erwachsen. So wenn Jerusch. Gen. 1, 1 übersetzt ‏בחוכמא ‏ברא ‏יי"‏, so harmonirt dies zwar ganz mit Philo's Ansicht von der weltschaffenden göttlichen Weisheit, welche mit dem Logos identisch ist. Wir sahen aber schon oben S. 212 f., wie bereits in der Schrift selbst diese Anschauung einheimisch ist und wie sie auf altpalästinischem Boden weiter ausgebildet wurde. — Ebenso stimmt die Uebersetzung von Gen. 1, 2 הות ‏דיי" ‏קדם ‏מן ‏דרחמין ‏ריהא‏ ‏מיא ‏אפי ‏על ‏מנשבא‏ bei Jerusch. und Pseudo-Jonathan ganz mit Philo's Ansicht, dass die Güte Gottes die eigentlich weltschöpferische Macht sei (vgl. oben S. 205), aber wir sahen (S. 213), dass bereits im altpalästinischen ‏מרכבה ‏מעשה‏ unter den ‏מדות‏ Gottes diese ganz besonders hervorgehoben wurde. — Auch Jerusch. zu Gen. 2, 15 אדם ‏יה ‏אלהים ‏יי" ‏ונסב‏ ‏ולנטור ‏באורייתא ‏פלח ‏למיהוי ‏יתיה ‏ואצ:צ ‏דעדן ‏בגינתא ‏ואשרייה‏ (vgl. Pseudo-Jonath. z. d. St.) stimmt mit Philo, welcher leg. alleg. I, 16 (I, 54) die Arbeit Adam's als eine geistige fasst und dieselbe im Bewahren der Lehre der Tugend und in der Ausübung ihrer Vorschriften bestehen lässt. Allein auch hier liegt wol eine gemeinsame agadische Ueberlieferung zum Grunde, welche schon den Adam sich

---

1) Man vgl. besonders das Lob der Pharisäer Jes. 53, 8. Jerem. 32, 20. — Ganz palästinisch ist auch Gen. 3, 15: „die Schlange wird überwunden durch Befolgung des Gesetzes"; Philo würde gesagt haben durch Askese.

2) Eine Uebersicht über das Agadische in beiden Targumim giebt Zunz, gottesdienstl. Vorträge der Juden S. 72.

3) S. Huetius, de claris interpretibus §. 64.

mit dem Gesetze beschäftigen liess, worauf auch Philo's Ausdrucksweise διατήρησις τῶν ἁγίων δογμάτων hindeutet.

Anderes trifft wol mit verwandten philonischen Anschauungen zusammen, ohne dass deshalb ein Einfluss von Seiten der letzteren anzunehmen wäre. Wenn z. B. Jerusch. zu Gen. 2, 7 sagt: „es ward
der Hauch im Leibe des Menschen zu einem Wind, der ihn erfüllte
zur Erleuchtung der Augen und zum Hören der Ohren", so stimmt
dies mit der oft von Philo ausgeführten Betrachtung, dass die αἴσϑη
σις eine sei, viele aber seien die αἰσϑητήρια ὄργανα — aber kaum
dürfte man berechtigt sein, hier einen näheren Zusammenhang vorauszusetzen.

Beachtenswert dagegen erscheint uns, abgesehen von allgemeineren öfter wiederkehrenden Anklängen an die späteren Vorstellungen
von der Weisheit, den Ideen u. dgl. die folgende Uebersetzung von
Gen. 1, 27 bei Jerusch.: וברא מימרא דיי״ ית אדם בדמותיה בדמות מן
קדם יי״ ברא יתיה

Sie erinnert sehr an das, was Philo leg. alleg. III, 31 (I, 106) und
besonders quis rer. div. haer. 48 (I, 505) ausführt: καλεῖ δὲ Μωσῆς
τὸν μὲν ὑπὲρ ἡμᾶς εἰκόνα ϑεοῦ τὸν δὲ καϑ' ἡμᾶς τῆς εἰκόνος ἐκμαγεῖον.
Auch der Targumist scheint hervorzuheben, dass wir nach der Aehnlichkeit nicht Gottes selbst, sondern eines Abbildes von Gott geschaffen seien, wie Philo zuerst den göttlichen νοῦς, dann den νοῦς μέσος,
den Logos, als Abbild jenes (παράδειγμα τούτου) und dann den menschlichen νοῦς als τρίτον τύπον καὶ ἀπεικόνισμα τοῦ λόγου setzt.

Auch das Vorkommen des Metatron, wovon unten ausführlicher
zu reden sein wird, deutet darauf, dass diese Targumim nicht völlig
von philonischen Vorstellungen unberührt geblieben sind.

Gen. 5, 24 wird Henoch von Jerusch. der Name Metatron, der
grosse Schreiber מיטטרון ספרא רבא beigelegt, Deut. 34, 6 gehört der
Metatron zu den Fürsten der Weisheit: רבני חכמתא. Dass die Lehre
vom Metatron durch die philonische vom Logos in ihrer Entwickelung
beeinflusst ist, wird aus der folgenden Ausführung erhellen.

Drittes Capitel.
Der Midrasch.

Dass der palästinische Midrasch, wie er den Philo stark beeinflusste (vgl. oben S. 146 ff.), auch von diesem wieder Mancherlei aufnahm, ist nicht zu bezweifeln. Wenn auch der Pharisäismus die philosophischen Umdeutungen der Geschichte und des Gesetzes nicht wol
annehmen konnte, so freute man sich doch an der tiefen Weisheit
und den mancherlei Geheimnissen, die in der Lehre verborgen lagen
(סתרי תורה), sowie an der wunderbaren Uebereinstimmung, die zwischen der Lehre des Gesetzes und den höheren Wahrheiten stattfand.
So werden einzelne philosophische Mythen im Midrasch in derselben
Weise vorgetragen, wie sie uns bei Philo begegneten.

Wie der Logos bei Philo in einer doppelseitigen Weise aufgefasst wird, wie er einmal als Weltplan und dann als der den Plan ausführende Baumeister erscheint de opif. m. 4. 5 (I, 4), so findet sich auch Jalkut c. 1 diese doppelte Vermittelung: der König baut einen Palast, doch nicht nach seiner Idee, sondern nach der seines Architekten und dieser wieder baut nach dem vorliegenden Plan. Es heisst: בנוהג שבעולם מלך בו"ד בונה בירה כלסטרין ואינו בונה אותו מדעת עצמו אלא מדעת האומן והאומן אינו בונה מדעת עצמו אלא דפטראות ופינקסאות יש לו וג'

Der Beweis dafür, dass Gott den Menschen zuerst mannweiblich geschaffen habe, wird von Philo de opif. m. 24 (I, 17) aus den Worten ἄρσεν καὶ θῆλυ Gen. 1, 27 geführt (πάνυ δὲ καλῶς τὸ γένος ἄνθρωπον εἰπὼν διέκρινε τὰ εἴδη φήσας ἄρρεν τε καὶ θῆλυ δεδημιουργῆσθαι μήπω τῶν ἐν μέρει μορφὴν λαβόντων, ἐπειδὴ τὰ ἔσχατα τῶν εἰδῶν ἐνυπάρχει τῷ γένει). Noch deutlicher leg. alleg. II, 4 (I, 49) προτυπώσας γὰρ τὸν γενικὸν ἄνθρωπον ἐν ᾧ τὸ ἄρσεν καὶ τὸ θῆλυ γένος φασιν εἶναι, ὕστερον δὲ τὸ εἶδος ἀπεργάζεται τὸν Ἀδάμ. — Ganz dieselbe Begründung lesen wir Beresch. rabb. c. 8: בשעה שברא הק"בה את אדם הראשון אנדרוגינוס בראו הדא הוא דכתיב זכר ונקבה בראם vgl. Jalkut c. 20. Weiter ausführend sagt R. Samuel bar Nachman: דיו פרצופין בראו ויסרו ועשאו גבייה גב לכאן וגב לכאן וג' Da die Vorstellung eine ursprünglich griechische (vgl. Plato Sympos. p. 189 E) ist und die Beweisführung in derselben Weise bei Philo vorkommt, so ist wol dieser der Vermittler für den Midrasch gewesen.

Die Lehre von einer doppelten Bildung des Menschen, einer höheren und einer niederen, des ἄνθρωπος οὐράνιος und des ἄνθρ. γήϊνος, trägt Philo de opif. m. 12 (I, 49. 50) vor. Damit ist zu vergleichen Beresch. rabb. c. 14 zu Gen. 2, 7 וייצר. Aus dem doppelten Jod wird erschlossen, dass es sich um zwei Bildungen handelt (שתי יצירות), und zwar יצירה מן התחתונים ויצירה מן העליונים oder auch יצירה בעולם הזה ויצירה לעה"ב ב. Die rabbinische Bezeichnung des Menschen חלק אלוה ממעל erinnert deutlich an das philonische ἀπόσπασμα οὐ διαιρετόν, wie die Benennung des menschlichen Geistes als נר וישצרץ נהשם נהדול דיי" an Philo's ἀπαύγασμα θεοῦ.

Besonders aber dürfte die weitere Entwickelung der Lehre vom Metatron im palästinischen Judentume für den Einfluss Philo's beweisend sein. Wenn auch die Herausbildung einer Mittelsperson zwischen Gott und Welt in ihren Anfängen, wie wir oben S. 220 sahen, schon vorphilonisch ist, so trägt doch die weitere Gestaltung derselben im späteren Judentum deutlich philonische Züge. Der Metatron ist Chagiga 15ᵃ derjenige, welchem es gestattet ist, im innersten Gemache Gottes zu sitzen. Wenn es Exod. 24, 1 heisst „komme zu Gott" statt „komme zu mir", so geht daraus hervor, dass der Metatron Gottes Namen trägt und ihm ähnlich ist, Synhedr. 38ᵇ, weshalb auch Elia der Metatron ist, denn אלי הו er ist Gott selbst. Der Metatron ist זנגנאל Gott eingeboren. Die Stimme Gottes wird von Ben Asai und Ben Soma auf den Metatron gedeutet, Beresch. rabb. c. 4. — Ebenso erscheint er als Weltbilduer ש- היוצר (Tosaphot zu Chull. 60ª), als

Diener Gottes (Tanchuma p. 74), auch als der Lehrer der Menschen, insonderheit der Kinder des Volkes Israel, Aboda sara 3[h].

Alles Bestimmungen, die deutlich an Philo erinnern. Aber wir glauben, dass sich noch ausser diesen Einzelheiten ein tiefeingreifender Einfluss der philonischen Denkart und Schriftbehandlung im späteren Judentum erkennen lässt. — Dass auch den palästinischen Juden der ersten Jahrhunderte nach Christo keineswegs die griechische Literatur fremd war, geht sowol aus der grossen Menge griechischer Worte hervor, die im Talmud Aufnahme gefunden haben (vgl. Cassel in Ersch u. Gruber's Encycl. II, 27 S. 28 ff.), als auch aus verschiedenen Stellen, in denen im Allgemeinen griechische Sprache und Literatur gepriesen werden oder von einem Verkehr mit griechischen Philosophen die Rede ist (vgl. Aboda Sara 54[b]. Derecherez rabba c. 5. Beresch. rabb. c. 16). Von Homer's Lesung heisst es ausdrücklich, dass sie zu gestatten sei, seine Bücher verunreinigen nicht die Hände. Jadaj. 4[b]: ספרי המירוס אינם מטמאין את הידים Es wird sogar die Lectüre desselben der der Bücher Ben Sira's vorgezogen und gesagt, es sei so gut, als ob man einen Brief lese. Jerusch. Synhedr. 28[a]: ר׳ עקיבא אומר את הקורא בספרים החיצונים כגון ספרי בן סירא וספרי בן לענה אבל ספר המירוס וכל הספרים שנכתבו מיכן ואילך הקורא בהן כקורא באיגרת

Dass bei diesen Werken der griechischen Literatur auch die der hellenistischen Juden mit inbegriffen zu denken sind, ergiebt sich aus der angeführten Stelle. Dass aber auch alexandrinische Weisheit und Allegoristik hie und da Eingang gefunden hatten, scheint uns aus einer merkwürdigen Stelle im Talmud Jeruschalmi Chagiga 15 deutlich hervorzugehen. Dort wird nämlich von dem Apostaten Elisa ben Abuja genannt Achar (Acher) erzält, dass griechische Lieder nicht von seinem Munde kamen (זמר יוני לא פסק מפומיה), und in unmittelbarer Verbindung hiermit erwähnt, dass einmal im Lehrhause, als er aufstand, viel ketzerische Bücher aus seinem Busen flogen (בשעה שהיה עומד בבית הנידרש הרבה ספרי מינין נושרין מחיקו) Diese ספרי מינים will Graetz, Gnosticismus u. Judenth. S. 15 ff. auf gnostische Schriften beziehen. Uns scheint jedoch die Zusammenstellung von זמר יוני und ספרי מינין auf eine andere Combination hinzuweisen. — Was zunächst die Etymologie von מין betrifft, so ist die Bedeutung „Gattung, Art" im Neuhebräischen offenbar in die von Partei αἵρεσις übergegangen [1]). Hinsichtlich des Sprachgebrauchs ist aber festzuhalten, dass מין niemals einen Andersgläubigen, sondern stets einen ketzerischen Israeliten bezeichnet. Im Talmud bilden מין und נכרי Gegensätze. Gittin 45[b] heisst es „eine Gesetzesrolle, welche ein מין schrieb, soll verbrannt, dagegen eine solche von einem נכרי (Nichtisraeliten) geschriebene nur bei Seite gelegt werden. Wenn wir nun

---

1) Die Conjectur מין als Abbreviatur von מאמין ישו anzusehen (Orient 1845), scheint in jeder Beziehung unglücklich, doch wird sie an Unhaltbarkeit wol noch durch die Ableitung des Wortes von Meni, welche Elias Levita versuchte, übertroffen.

weiter fragen, worin die Ketzerei bestehe, so ist ursprünglich nicht damit der Abfall zum Christentume gemeint. Vielmehr ersieht man die Grundbedeutung des Worts aus Stellen wie Talmud Jeruschalmi Berach. c. 9. Dort heisst es, die Minim hätten gefragt: „wie viel Gottheiten haben die Welt erschaffen? was bedeutet (Gen. 1, 26) in unserem Ebenbilde, in unserer Form?" Wozu ein Thosafist a. a. O. bemerkt: המינים הם אותם שמאמינים שהיו שני אלוהות Das ist es, worauf es ankommt: „Spaltung der Gotteseinheit." Das ist für den Israeliten die eigentliche Häresie, das πρῶτον ψεῦδος. Wo aber finden wir diese Ketzerei mit so viel philosophischem Scheine und so viel rednerischem Pathos vorgetragen als bei Philo und was liegt darum näher als die ספרי מינין, welche neben den griechischen Liedern erscheinen, zu beziehen auf die ebenfalls griechische alexandrinische Schriftauslegung, in welcher Gott zuerst einen Genossen, einen δεύτερος θεός in dem Logos erhielt? Auch das würde dieser Beziehung günstig sein, dass den Minim Fälschung in der Auslegung der Schrift zugeschrieben wird (vgl. Berach. c. 9 Megilla 25[b] כל מקום שפקרו המינים וג'") und noch mehr werden wir uns für dieselbe gewinnen lassen, wenn wir hören, dass die Minim aus dem Plural אלהים in Gen. 1, 1 eine Mehrheit in Gott zu erweisen und aus אל אלהים יי in Josua 22, 22 eine Dreiheit göttlicher Kräfte darzutun versuchten [1]). Das geschah ja eben im alexandrinischen Judentume. — Auch Synhedr. 100 werden die ספרי מינין den החיצונים ס' gleichgestellt und beide von der eigentlich griechischen Literatur (חכמת יונית) unterschieden: die letztere wird wie ein Adiaphoron behandelt, die ketzerischen Bücher von Israeliten dagegen werden verboten. — Dass die Bücher der Minim ausserdem nicht auf judenchristliche Schriften bezogen werden können, geht aus Stellen hervor, wo sie ausdrücklich von Evangelien unterschieden werden (vgl. Graetz a. a. O. S. 17).

So führt uns denn alles dies auf die alexandrinische Schriftdeutung hin. — Dazu aber kommt auch das Zeugnis des Hieronymus. Er sagt epist. 89: usque hodie per totas orientis synagogas inter Judaeos haeresis est quae dicitur Minaeorum et a Pharisaeis usque nunc damnata quos vulgo Nazaraeos nuncupant — sed nec Judaei sunt nec Christiani. Wenn Hieronymus sagt, sie seien weder Juden noch Christen, so kann er das erstere unmöglich im absoluten Sinne meinen, da er selbst vorher von einer haeresis inter Judaeos, die in allen Synagogen des Morgenlandes auftrete, gesprochen hatte. Er kann offenbar nur meinen, sie sind weder rechtgläubige Juden noch Christen. Wir haben es hier jedenfalls mit Juden zu tun, die um ihre Anerkennung in den Synagogen kämpften. Dass aber diese so gefährliche Hä-

---

1) Beresch. rabb. c. 8 entgegnet, dass sie übersahen, wie in allen diesen Fällen das Verbum im Singular stehe (ברא . ידע) und daher nur von verschiedenen Benennungen derselben Sache die Rede sein könne, wie man sage βασιλεύς Caesar Augustus.

resis nicht die kleine Fraction des christusgläubigen Israel war [1]), sondern jene allegorisirende alexandrinische Richtung, ergiebt sich aus den jüdischen Quellen, welche von immer weiterem Umsichgreifen derselben berichten. Jener Acher, dem die ketzerischen Schriften aus dem Busen flogen, hat vollkommen philonische Grundsätze. Er schliesst aus dem Wesen Gottes jeden Affect aus (Chagiga 15), und da er hört, dass dem Engel Metatron die Erlaubniss gegeben sei, Israels Verdienste aufzuzeichnen, folgert er daraus, dass es zwei Mächte (שׁתֵּי רְשׁוּיּוֹת) in Gott giebt (ibid.).

Man sieht, er hat den nationalen Gottesbegriff verloren und den der spätgriechischen Philosophie dafür eingetauscht und die abstracte Fassung dieses Gottesbegriffs hat ihn genötigt, auch die weitere Consequenz des Philonismus, ein göttliches Mittelwesen, das zwischen den Seienden und die Welt eingeschoben wird, hinzunehmen. — Die Ueberlieferung von seiner frechen Verachtung des Gesetzes (בָּזַק לְתַרְבּוּת רָעָה) deutet darauf, dass er jener von Philo bekämpften Richtung der Allegoristen (vgl. oben S. 26 u. 157) angehört, welche die Consequenz zog, dass es auf die äussere Befolgung des Gesetzes überhaupt nicht ankomme.

Die anderweiten Nachrichten von seinen geschlechtlichen Ausschweifungen und seiner Begründung derselben: er wolle die Freuden dieser Welt geniessen, da ihm die Freuden der höheren versagt seien, die Erzälung, er sei am Gesetz irre geworden, als er gesehen, wie ein Gesetzestreuer bei strenger Erfüllung des Gesetzes den Tod gefunden, oder als er die Zunge des Märtyrers R. Jehuda von einem Hunde hin und her zerren sah — kennzeichnen sich als Mythen einer späteren Zeit, die Acher's Abfall vom Gesetze aus zufälligen Umständen sich zu erklären suchte, da sie für den innerlichen Ursprung desselben kein Verständniss hatte. Einzelne Züge wie אֲשָׁכְּבָה זוֹנָה הַבְּעַל tragen das deutliche Gepräge gehässiger Erfindung, mit welcher der jüdische Fanatismus die Heterodoxie zu verfolgen pflegte.

Aber nicht blos abtrünnige, auch gesetzestreue Juden zeigten sich zeitweise ergriffen von dieser allegorisirenden Richtung der Zeit. Selbst R. Akiba, der grosse Meister der Halacha, konnte nicht widerstehen einzutreten in das Paradies der höheren Weisheit und von ihren Quellen (מֵעַיְנוֹת הַחָכְמָה) zu schöpfen; und selbst ihm drohte die Gefahr, dass der Fels des Glaubens an die Gotteseinheit erschüttert würde. Der Fall war folgender. Die Schwierigkeit des pluralischen Gottesnamens in der Bibel fand in den meisten Versen durch das im Singular dabei stehende Verb ihre Lösung. Bedenklich aber blieb Dan. 7, 9, wo vor Gott Throne (כָּרְסָוָן) gesetzt werden. Es entstand die Frage, warum mehrere Sessel und für wen? Akiba beantwortete dieselbe dahin, ein Sessel sei für Gott, der andere für den Messias bestimmt (אֶחָד כִּי וְאֶחָד לְדָוִד), indem er dabei den Messias lediglich als Menschen, als theokratischen König auffasste. R. Jose fand darin eine

---

1) mit welcher Hieronymus ungenau sie a. a. O. zusammenwirft.

Profanation des göttlichen Wesens. Er sagte: עד מתי אתה עושה שכינה חול
Indessen was er selbst dafür bot, war nicht minder bedenklich. Er liess einen Stul für die Gerechtigkeit und einen für die Milde hingesetzt sein: אחר לדין ואחר לצדקה. צדקה steht hier offenbar statt des sonst gewöhnlichen רחמים. — Akiba nahm diese Auslegung an (קבלה מניה) Synhedr. 38.

Aber waren nicht hier die beiden Kräfte Gottes ganz substanziell verschieden gedacht, war nicht eine vollkommene Zweiheit gesetzt? So war denn in der That R. Akiba nahe daran, die Gotteseinheit aufzugeben, indessen er kämpfte sich durch. Der Talmud stellt diesen inneren Kampf Akiba's in seiner Weise folgendermassen dar. Auch den R. Akiba, heisst es, suchten die Engel des Dienstes zu verdrängen (d. h. sie suchten, indem sie sich selbst als höchste Objecte der Erkenntniss darboten, ihm den Blick auf die Glorie Gottes zu versperren), aber Gott sprach: „lasst diesen Greis, er ist würdig sich mit meiner Herrlichkeit zu beschäftigen." Der Ausdruck זקן scheint darauf zu deuten, dass R. Akiba erst spät diesen Irrtum völlig überwand.

Was die merkwürdige Aeusserung Chagiga 14[b] betrifft, wonach R. Akiba zu seinen Schülern sagt, als sie in den Pardes, in den Zaubergarten der metaphysischen Speculation eintraten: כשתגיעו למקום אבני שיש טהור אל האמרו מים מים שנאמר דובר שקרים לא יכון לנגד עיני (vgl. Ps. 101, 7) — so kann uns die von Graetz, Gnostic. S. 95 aufgestellte und von Levy, chald. Wörterbuch II, 30 wiederholte Beziehung derselben auf die gnostische Lehre vom Wasser als dem Urstoffe der Welt nicht befriedigen. Wir vermögen keinen Sinn in einer Uebersetzung wie diese zu finden: „wenn ihr an die Stätte der reinen Marmorsteine kommt, so sprecht nicht, das Wasser sei der Urstoff." Man begreift nicht, warum diese Ansicht blos an der Stätte der reinen Marmorsteine vermieden werden soll, da sie ja überhaupt falsch ist. Uns scheint Cassel a. a. O. S. 44 der Wahrheit näher zu kommen, wenn er in diesen rätselhaften Worten eine Warnung vor voreiligem Urteil erblickt, welches weissen parischen Marmor für Wasser ansieht. R. Akiba will seine Schüler im Beginn dieser Speculationen darauf hinweisen, dass es hier vor allen Dingen auf scharfe Scheidung der Begriffe ankomme.

Bei diesen Gefahren, welche dem jüdischen Gottesglauben aus der griechischen Philosophie und besonders aus der allegorisirenden Vermengung der letzteren mit der heiligen Schrift erwuchsen, war es natürlich, wenn man später beides möglichst absperrte. R. Ismael urteilte Menachot 99: da es heisse das Buch des Gesetzes soll nicht von deinem Munde weichen und du sollst darüber nachdenken Tag und Nacht, so dürfe für die griechische Wissenschaft nur eine Stunde benutzt werden, die weder Tag noch Nacht sei. Und R. Akiba wollte die Schriften der Exoteriker, d. h. wie wir oben S. 285 f. sahen, die Auslegungen der Allegoristen gänzlich ausgeschlossen wissen. Er sagt:
הקריא בספרים החיצונים אין לו חלק לעולם הבא

Viertes Capitel.
Die Kabbalah.

A. Franck in seinem sehr rhetorisch geschriebenen Buche „die Kabbala oder die Religionsphilosophie der Hebräer aus dem Französ. übersetzt v. Gelinek, Leipzig 1844" hat den Versuch gemacht, die jüdische Kabbalah als eine Nachbildung der persischen Theologie zu erweisen (vgl. bes. S. 271 ff.). Doch hat schon Joel in seinem fleissigen Schriftchen „die Religionsphilosophie des Sohar', Leipzig 1849" die mancherlei geschichtlichen Versehen Franck's im Einzelnen und die ungenügende Begründung der Hypothese im Allgemeinen aufgedeckt und selbst die Ansicht aufgestellt: die Kabbalah sei lediglich als ein Erzeugniss des Judentums zu betrachten, in welchem dasselbe in ganz eigentümlicher Weise die in der israelitischen Religion liegenden Probleme zu lösen versucht habe (S. 387).

Für uns ist dieser Streit nur soweit von Interesse, als hier die Fragen berührt werden: ist die Kabbalah von Philo abhängig und wie weit ist sie abhängig? Franck stellt jeden Einfluss Philo's durchaus in Abrede: S. 217 ff. und führt dazu im Wesentlichen folgende Gründe an. Erstens sei bei den Palästinern die griechische Bildung verpönt gewesen. Allein wir haben bereits oben S. 285 f. gesehen, dass dies keineswegs der Fall war. Sodann habe kein Verkehr zwischen Palästinern und Alexandrinern geherrscht. Auch in Bezug hierauf können wir auf das oben S. 5 f. Gesagte verweisen. — Drittens führt er die Unbekanntschaft des jüdischen Mittelalters mit Philo's Schriftauslegung und Philosophie in das Feld. Aber man sieht leicht, dass dies kein Grund sein kann, Philo's Einfluss auf die Kabbalah in Abrede zu stellen. — Viertens macht er geltend, dass in der Kabbalah keine Spur von griechischer Bildung uns begegne. Aber deshalb dürfte doch immer ein Einfluss philonischer Philosopheme und Schriftdeutungen an sich möglich sein. — Fünftens hebt er hervor, dass in der Kabbalah keine Spur der eigentümlich philonischen Allegorien sich finde. S. 239 ff. Auf diesen Punkt müssen wir im Folgenden etwas ausführlicher eingehen und während wir im Uebrigen noch auf Joel's Widerlegung Franck's a. a. O. S. 349 ff. bes. S. 358 verweisen [1]), ist es nötig, dass wir mit der Ansicht dieses Gelehrten uns noch näher auseinander-

---

1) Wie leichtfertig Franck argumentirt, kann man an Stellen sehen wie S. 208, wo er, nachdem von מעשה מרכבה die Rede gewesen, fortfährt: „Kann man noch annehmen, dass die Kabbalah blos ein der Sonne Alexandrinischer Philosophie entlehnter Strahl sei?" — Er vergisst, dass die Sonne alexandrinischer Philosophie selbst unter ihrer Lichtfülle Stralen aus der älteren מ"מ besitzt. Es fragt sich hier nur, ob in der Kabbalah neben den Spuren altjüdischer Theosophie auch specifisch Alexandrinisches sich findet. — Aehnlich S. 238, wo er es als eine Unmöglichkeit hinstellt, dass die philonischen Schriften die „einzigen Wegführer" der Kabbalisten gewesen seien. Als ob die Frage so läge und nicht vielmehr nur gefragt würde: ob auch Spuren philonischen Einflusses in der Kabbalah vorliegen?

setzen, welcher eine Benutzung Philo's seitens der Kabbalisten in se-
cundären Fragen nicht für unwahrscheinlich hält (S. 373), dagegen
eine Abstammung der Kabbalah von Philo in Hinsicht auf die Grund-
prinzipien leugnet (S. 387). — Wir bemerken hier zuvor, dass eine
solche Unterscheidung ohne nähere Grenzbestimmung immer etwas
Missliches hat. Um zu einer gesicherten Ansicht über die Ausdehnung
des philonischen Einflusses auf die Kabbalah zu gelangen, wird es nö-
tig sein, auf analytischem Wege die Berührungspunkte zwischen bei-
den Systemen zu ermitteln.

I. Hermeneutische Grundsätze.

Beide haben zunächst das Gemeinsame, dass ihnen die heilige
Schrift die einzige Lehrgrundlage ist und dass sie aus ihr jegliche hö-
here Wahrheit ableiten. Bei näherer Betrachtung werden wir aber
auch finden, dass eine gewisse Aehnlichkeit stattfindet zwischen den
hermeneutischen Prinzipien, welche wir oben bei Philo kennen lern-
ten, und denen der Kabbalisten.

1. Bei beiden wird der Wortsinn der Schrift als unver-
   brüchlich hingestellt. Jeder Buchstabe derselben
   hat einen hohen Wert.

Für Philo vgl. oben S. 176. Im Sohar II, 99 heisst es: פשטיה
דקרא כמה דאיהו דלא לאוספא ולא למגרע אפי' את חד
(der Wortsinn der Schrift bleibt so wie er ist, nicht das Geringste
darf hinzugefügt oder hinweggenommen werden).

Auch die weitere Folge dieses Grundsatzes: die strenge Verbind-
lichkeit der Gesetze hat die Kabbalah mit Philo gemein [1]).

2. Andererseits gilt es aber auch für unmöglich, bei
   demselben stehen zu bleiben.

Wie Philo es für unwürdig hält, anzunehmen, die Schrift wolle
vom Graben der Brunnen, von Weinbergen u. dgl. reden (vgl. oben
S. 166 f.), so ruft der Sohar III, 152ᵃ aus: ר"ש אמר ווי לההוא בר
נש דאמר דהא אוריתא אתא לאחזאה ספורין בעלמא ומלין דהדיוטי
(wehe dem, welcher spricht, dies Gesetz enthalte weltliche Erzälungen
und gewöhnliche Sprüche).

3. Vielmehr ist der buchstäbliche Sinn nur die Hülle,
   welche den allegorischen als die Seele umschliesst.

Philo nennt den Wortsinn den Körper, in welchem der allegori-
sche als die Seele wohne, vgl. oben S. 163. Im Sohar III, 152ᵃ ist
ein ähnliches Bild. Es heisst: האי ספור דאוריתא לבושא דאוריתא
(die Erzälung des Gesetzes ist das Kleid desselben), und weiter:
חמרא לא יתיב אלא בקנקן כך אוריתא לא יתיב אלא בלבושא דא
(Wein steckt nirgends anders als im Kruge, so steckt auch die Lehre

---

1) Was Joel a. a. O. S. 327 als ersten Grundsatz der Kabbalisten hinstellt:
„Die Kabbala anerkennt zwar einen — mit dem buchstäblichen gleichberechtigten
geheimen Sinn der heiligen Schrift, setzt sich aber nirgend weder über das histori-
sche Faktum noch über die Verbindlichkeit des Gesetzes hinweg" könnte Philo eben-
falls Wort für Wort unterschreiben.

nicht anders als in diesem Gewande sc. der Erzälung.) Ebenda wird
dann auseinandergesetzt, wie unter dem Kleide zunächst der Körper
(גופא) sich befinde, so liege unter der Erzälung die Moral, und wie
im Körper die Seele (נשמתא) wohne, so stecke in der Moral der Ge-
heimsinn. Die Thörichten (טפשין דעלמא) sehen nur auf das Kleid (die
Erzälung) und achten nicht auf das, was unter dem Kleide ist, die
Geförderteren (ידעין יתיר) achten auch auf den Körper, die Weisen
(חכימין) sehen auf die Seele.

Eine jede Geschichte deutet nach Sohar III, 149ᵇ auf eine all-
gemeine Wahrheit hin. Es heisst: ספור ... לא ללמד על עצמו יצא
אלא ללמד על הכלל

4. Dieser verborgene Sinn ist aber nur für die Einge-
weihten.

Wie Philo bei seinen Auslegungen sich vorzugsweise an die μύ-
σται wendet, sahen wir oben S. 164. Im Sohar II, 99 wird die Lehre
verglichen mit einer im Palast verborgenen Jungfrau, welche nur dem
Geliebten das Fenster öffnet und nachdem sie zuerst ihm einen Wink
(רמן) gegeben, ihm alsdann einiges durch den Schleier zulispelt (דרוש),
weiterhin dann den verhüllenden Flor dünner macht und deutlicher
redet (אגדה), bis sie zuletzt ihm die Geheimnisse des Herzens anver-
traut (סוד).

Ueber Verbindlichkeit des Wortsinnes, über die Notwendigkeit des
allegorischen, über das Verhältniss der letzteren zum Wortsinn und
über die Bestimmung des allegorischen Sinnes hat demnach die Kab-
balah dieselben Anschauungen wie Philo.

II.

Gehen wir nun auf das Gebiet der Lehre über.

1. Lehre von Gott.

Gottes Wesen erscheint in der Kabbalah wie bei Philo o. S. 203 f.
als gänzlich verborgen und völlig unfassbar. Er heisst: Tikkune So-
har 71ᵉ טמירא דכל טמירין סתימא דכל סתימין עלאה על כל עלאין in
Steigerungen und Vergleichen, die sehr an legat. ad Caj. 1 (II, 546)
u. ähnl. St. erinnern.

Gottes Wesen kann nicht durch Weisheit noch durch unsern Ver-
stand erreicht werden. Idra Suta im Sohar III, 288ᵇ: דלא אתדבק
בחכמתא ולא בסוכלתנו
vgl. Tikkune ha Sohar 71ᵉ: לית מחשבה תפיסה בך כלל Er hat an
sich gar keinen Namen noch giebt es etwas, womit man ihn verglei-
chen oder worin man ihn darstellen könnte. vgl. oben S. 203. So-
har II, 42ᵇ: דהא קדם דברא דיוקנא בעלמא וצייר צורה הוה הוא יחידאי
בלא צורה ודמיון ... אסור למיעבד ליה צורא ... לא באות ה' ולא באות
ר' ואפילו בשמא קדישא
„Bevor er ein Bild in der Welt schuf oder eine Gestalt formte, war
er der Einzige, der ohne Bild und Gleichniss .... daher ist es ver-

19 *

boteu ihm ein Bild zu machen, sei es mit dem Zeichen He[1]) oder mit dem Zeichen Jod[2]) oder selbst mit dem heiligen Namen." — Dieselbe Begründung des Verbotes der Götzenbilder fanden wir oben bei Philo S. 202.

Es ist deshalb auch nicht möglich ihm Eigenschaften beizulegen. vgl. oben S. 202. Sohar II, 42[b]: ווי ליה מאן דישוה ליה בשום מדה ואפילו מאלין מדות דיליה

„Wehe jedem, der ihn zu vergleichen wagt mit einem Attribute und wäre es selbst von seinen eignen Attributen."

Er liegt an sich selbst immer wieder jenseits der Kräfte und Eigenschaften, welche von ihm wahrgenommen werden können. Darauf bezieht sich der sinnreiche Ausdruck der Kabbalah von Gott: „er werde nicht gefunden". Sohar III, 288[a]: לא אתהתקן בגין דלא שכיח Hiermit vgl. das von Philo S. 203 f. Gesagte, namentlich die Stellen Mang. I, 228. 229.

Um ihn aber doch irgendwie bezeichnen zu können, nennt die Kabbalah Gott schlechtweg: אין oder אין סוף. Sohar III, 288[b]. Dieses Nichts ist aber, wie v. Meyer Sefer jezira c. 1 Anm. e richtig bemerkt, das wahre Sein, das wirkliche Etwas (מה), worauf der Ausdruck בלי מה das Nichts, welches Etwas ist, deutet. — Das wäre sachlich dasselbe, was Philo oben S. 204 ausspricht: die ὕπαρξις sei das Einzige, was man von Gott aussagen könne. — Die häufig sich findende Bezeichnung Gottes מקום entspricht ganz dem philonischen Gebrauch des Wortes τόπος, s. oben S. 202. 204. Namentlich vgl. zu Gen. 28, 11 die Erklärung des Sohar I, 147[b]. Er fragt: מאן מקום und erwiedert: רבי חייא אמר דא הוא מקומו דקאמרן דכתיב ואל מקומו שואף desgl. Philo's Definition von τόπος de somniis I, 11 (I, 630 ff.).

2. Lehre von den Kräften.

Aus dieser Unzugänglichkeit trat Gott heraus durch die Vermittelung seiner Kräfte.

Hier stossen wir nun auf die verwickelte Frage nach dem Verhältniss der philonischen λόγοι zu den Sephiroth der Kabbalah.

Joel a. a. O. S. 357 macht geltend, dass Philo's Logoi Formen der göttlichen Intelligenz seien, ohne welche diese selbst keine Existenz haben würde, während die Sephiroth als Geschöpfe prinzipiell vom Schöpfer unterschieden seien.

Was zunächst die λόγοι betrifft, so möchten wir doch fragen, wie Joel mit seiner Ansicht in Einklang zu bringen gedenkt die Stellen: de sacrif. Ab. et Cain. 15 (I, 173) τὸν ἀνωτάτω εἶναι ϑεὸν ὃς ὑπερκέκυφε τὰς δυνάμεις αὐτοῦ καὶ χωρὶς αὐτῶν ὁρώμενος καὶ ἐν ταύταις ἐμφαινόμενος, Gott erscheint hier als dritter neben den beiden Engeln, ferner quaestt. in Exod. II, 58, wo Gott noch über den Cherubim der

---

1) He bedeutet im Sohar אמא die Allmutter.

2) Jod bedeutet אבא den Erzeuger. — Beides auf Grund der Stelle Jes. 26, 4 בְּיָה ה'' צוּר עוֹלָמִים

Bundeslade d. h. noch oberhalb seiner beiden Grundkräfte als selb-
ständig existirend angesehen wird. Philo sieht hier keineswegs das
göttliche Wesen als blosse Zusammensetzung seiner Kräfte an, sondern
hält es für etwas in sich Bestehendes und trifft darin vollkommen zu-
sammen mit dem, was Sohar II, 42ᵇ steht: אפילו האי תמונה לית
ליה באתריה אלא כד נחית
„Gott hat auch diese Gestalt nicht an seinem Orte, sondern wenn er
herabsteigt."

Zuzugeben ist, dass im Sohar die Sefiroth wiederholt als „Ge-
schöpfe Gottes" bezeichnet werden, z. B. Sohar II, 42ᵇ: עביד הא
דיוקנא דמרכבא
„er machte dies Bild des Wagens" u. a. vgl. Joel a. a. O. S. 165 ff.,
und dass andrerseits Philo die λόγοι ausdrücklich δυνάμεις ἀγενήτους
nennt, vgl. quod deus immut. 17 (I, 284). Aber es darf doch dabei
nicht vergessen werden, dass gerade über diesen Punkt, nämlich ob
die Sephiroth עצמות או כלים, ob sie zum Wesen Gottes gehören oder
blos Werkzeuge seiner Macht seien (vgl. Joel S. 195 ff.), unter den
Kabbalisten ein lebhafter Streit geführt worden ist. Und selbst wenn
Joel's Ansicht, nach welcher die Nichtgöttlichkeit der Sephiroth offen-
kundig sein und nur in ihrer Vermittelung unserer subjectiven Gottes-
anschauung eine Beziehung zur Gottheit liegen soll (S. 199), zugege-
ben wird, so bleibt doch immer das bestehen, dass den Sephiroth ein
gewisser Anteil am Göttlichen eingeräumt wird. Wie weit er gehe,
scheint bei den Sephiroth eine ebenso schwebende Frage zu sein als
bei den Logoi, so dass man sie auch in dieser Beziehung gar sehr als
gleiche Brüder erkennen wird. Und unter allen Umständen bleibt es
bestehen, dass das Göttliche der Welt durch diese Mittelwesen zugäng-
lich gemacht wird, die als Sephiroth, wie als Logoi eine Seite haben,
die sich nach oben, und eine, die sich nach unten wendet.

Wie bei Philo Gott auf die Welt durch die λόγοι wirkt (vgl. Mül-
ler, Philo v. d. Weltschöpfung S. 175), so erscheinen im Sohar die
Sephiroth als die geistigen Mächte רוחניות העולמים, als die Kanäle,
durch welche Gott den Naturmächten seinen Willen zusendet. Sie er-
scheinen Sohar III, 68ᵇ als die auf allen Stufen des Naturlebens wie
der Intelligenz wirksamen göttlichen Prinzipien. — Und wie bei Philo
das Herabsteigen Gottes zur Welt und ähnliche Ausdrücke der Schrift auf
die Logoi bezogen werden, so geht auch im Sohar alles Zeitliche und
Räumliche, was von Gott ausgesagt wird, auf die Sephiroth. S. die
Stellen bei Joel S. 285. Bei Philo gelangt die menschliche Erkennt-
niss höchstens bis zu den λόγοι, zu Gott selbst emporzudringen ist
unmöglich, s. oben S. 217, besonders die Stelle de monarch. I, 6
(II, 218). Ebenso bezieht sich in der Kabbalah die menschliche Er-
kenntniss blos auf die Gestalt Gottes d. h. auf die Welt der Sephi-
roth. — Und in derselben Exegese von Gen. 28, 12, in der Philo be-
tont, dass Jakob einen von den Steinen d. h. ἕνα τῶν λόγων, wovon
der θεῖος τόπος erfüllt ist, genommen habe, sagt auch der Sohar I,
147ᵇ: אבני המקים לא כתיב אלא מאבני המקום

Die bei Philo beginnende Specialisirung der göttlichen Kräfte zeigt
sich in der Kabbalah bereits systematisch durchgeführt. Doch lassen
sich noch manche Spuren erkennen, welche die Abstammung von Philo
verrathen.

Wie Philo die schöpferische Kraft mit $\vartheta\epsilon\acuteο\varsigma$ bezeichnet, s. oben
S. 214, so die Kabbalah mit אלהים. Sohar I, 2ᵃ sagt auf Grund von
מי ברא אלה in Jes. 40, 26: vor der Schöpfung hiess Gott מי, als er
die Dinge (אלה) schuf, trat beides zusammen und er hiess אלהים.

Die $\beta\alpha\sigma\iota\lambda\iota\varkappa\grave{\eta}$ $\delta\acuteυ\nu\alpha\mu\iota\varsigma$ bei Philo, die die Welt erhaltende und lei-
tende Kraft Gottes, wird durch $\varkappa\acuteυ\varrho\iota\varsigma$ bezeichnet, s. oben S. 214, so
findet auch der Sohar in יהוה die Benennung Gottes als des Erhalters
der Welt. Es heisst Sohar I, 2ᵃ: הוא שמא דאשתהקן תדיר וברזא דא
אתקיים עלמא

Die Gegenüberstellung der $\acuteῑ\lambda\epsilon\omega\varsigma$ und $\nu\omega\mu\omega\vartheta\epsilon\tau\iota\varkappa\grave{\eta}$ $\delta\acuteυ\nu\alpha\mu\iota\varsigma$ begegnet
uns in der zweiten Dreiheit des Sohar, wo חסד und דין Gegensätze
bilden.

3. Der Logos und die Ursubstanz.

Wie die Logoi Philo's zu einem Ganzen sich zusammenschliessen
im Logos, so umfasst im Sohar der himmlische Mensch (אדם עלאה)
oder die Ursubstanz die gesammte Welt der Sephiroth. Mit Recht
macht Joel geltend, dass die kabbalistische Ursubstanz geschaffen[1]),
der Logos unerschaffen sei: aber darin stimmen doch beide wieder
überein, dass in jedem derselben ein Mittelwesen als der vollkommene
Träger des Göttlichen der Welt gegenüber erscheint und dass beide
mit denselben charakteristischen Zügen ausgestattet erscheinen. Wie
Philo den Logos als das allgemeine Sein ($\gamma\epsilon\nu\iota\varkappa\acute{\omega}\tau\alpha\tau\acuteο\nu$ $\tau\iota$)), s. oben
S. 226, bezeichnet, so heisst auch die Ursubstanz in der Kabbalah die
alle Gestalten umfassende Gestalt. Idra Suta 288ᵃ: תקונא דעתיקא
קדישא אתהתקן בתקונא חד כללא דכל תקונין והיא חכמא עלאה סתימאה
כללא דכל טמיר
Sie ist zugleich auch die höchste und verborgene Weisheit, die alles
Uebrige enthält.

Der Logos des Philo ist das Siegel ($\sigma\varphi\varrho\alpha\gamma\acuteι\varsigma$, $\chi\alpha\varrho\alpha\varkappa\tau\acute{\eta}\varrho$), in wel-
ches sämmtliche Ideen eingeprägt sind, s. oben S. 226, so sagt Sohar
I, 2ᵃ: צייר בה כל ציירים דהקק בה כל גליפין vgl. II, 42ᵇ. III, 128ᵃ.
— So ist die Ursubstanz die Quelle aller Formen und Gedanken.

Auch die Fassung des Logos als des urbildlichen Menschen be-
gegnete uns bei Philo oben S. 227. Daran knüpft das an, was wir
Idra Rabba 141ᵇ lesen: דיוקנא דאדם הוי דיוקנא דעלין וחתאין דאתכללו

---

1) Vom Adam kadmon kommt häufig der Ausdruck נברא vor. — Aber wegen
dieses Unterschiedes den innern Zusammenhang zwischen dem Adam kadmon und
λόγος Philo's in Abrede stellen, würde ebenso viel heissen als die Verwandtschaft
zwischen dem letzteren und dem gnostischen Demiurg deshalb leugnen, weil dieser
meist als Repräsentant des Weltlebens im Gegensatz zu Gott erscheint, während der
Logos bei Philo umgekehrt der Inbegriff des Göttlichen der Welt gegenüber ist.

ביה ובגין דהאי דיוקנא כליל עלאין וחהאין אתקין עתיקא קדישא חקונוי
בהאי דיוקנא ותקונא

Die Gestalt des Menschen ist das Urbild der oberen und unteren Dinge,
welche in ihr vollendet werden und deshalb, weil dies geschah, hat
der Alte diese Gestalt zu der seinen gewählt.

Der philonische Gedanke vom λόγος τομεύς, welcher die Gegen-
sätze innerhalb des Göttlichen vermittelt (s. oben S. 225), begegnet
uns in weiterer Durchführung in dem kabbalistischen Systeme. So
steht im Buch Jezire zwischen Mann und Weib die Krone, zwischen
דין und חסד steht תפארת, zwischen נצח und הוד steht יסוד

4. Die Schöpfung.

In der Lehre von der Schöpfung findet sich die grosse Differenz,
dass bei Philo die herrschende Anschauung die von einer Weltbildung
ist, insofern die Materie etwas von Gott Vorgefundenes ist, dem er
die Logoi einbildet (s. oben S. 230 ff.), dass dagegen die Kabbalah streng
an der jüdischen Auffassung einer Schöpfung aus Nichts festhält. —
Die Ursubstanz der Kabbalah, rein geistiger Art, entfaltet sich zu im-
mer weiteren Kreisen, die aus dem Geistigen sich allmälich verdichtend
sich hinabbewegen und zu etwas Stofflichem werden oder, wie es der
Sohar ausdrückt: es wird aus dem Punkt eine Gestalt. In allen die-
sen Sphären ist aber die Kraft Gottes wirksam, die Sephiroth sind die
Träger des göttlichen Einflusses auf das Entstehen der Dinge. Auf
diesem Punkte begegnet sich die Kabbalah wieder mit den Logoi des
Philo und zwar so sehr, dass sie ebenfalls das Bild vom Bauwerke,
welches Philo anwandte, s. oben S. 226, vorträgt.

Die Commentatoren zu Sohar I, 2 sagen, die Weltbildung sei
einem Bauwerke zu vergleichen, erst fasse der Baumeister den Plan,
dann denke·er nach über die Weise und zuletzt über die Mittel der
Ausführung. Was bei Philo der Logos thut, vollbringt hier die Ur-
substanz. — Diese Schöpfung wird wie bei Philo so auch in der Kab-
balah stets als eine freie That Gottes bezeichnet (vgl. Joel a. a. O.
S. 355).

Die geschaffene Welt bezeichnet Philo öfter als das Kleid des
Logos, s. oben S. 227. Aehnlich heisst sie im Sohar Gottes Kleid.
So I, 2ª: ואתלבש בלבוש יקר דנהיר וברא אלה er bekleidete sich mit
einem kostbaren Lichtgewande und schuf diese, d. h. mit Anklang an
Jes. 40, 26 diese Welt.

Auch der freilich aus dem älteren Midrasch herübergenommene
Gedanke Philo's, dass die Welt mit dem Gesetze übereinstimme, das
Gesetz gewissermassen die Grundlage der Welt bilde, s. oben S. 156,
ist in Sohar I, 24ᵇ: ק"בה ברא עלמא ובריה באוריתא כמה דאוקמוה
בראשית דאתאמר ביה יי" קנני ראשית דרכו ובהאי ראשית ברא ית שמיא
וית ארעא

5. Die Lehre vom Menschen.

Das platonische Dogma von der Präexistenz, welches Philo, s. oben S. 242 vorträgt, begegnet uns auch im Sohar [1]). Nach dem letztern werden die Seelen von Gott zugleich mit der Weltidee gebildet. Es heisst II, 96[b]: בזמנא דבעי ק״בה לנוברי עלמא ... וצייר כל
נשמתין דאינון זמינין למיהב בבני נשא
„Zur Zeit, da Gott die Welt zu schaffen beabsichtigte, da bildete er alle Seelen, welche bestimmt waren den Menschen gegeben zu werden."

In der weiteren Ausführung zeigt sich der Unterschied, dass bei Philo die Auswanderung der Seele aus dem rein geistigen Zustande als Schuld erscheint (s. oben S. 243), während der Sohar dies als eine göttliche Anordnung darstellt, die um der sittlichen Erziehung des Menschen willen getroffen wird. So heisst es im Sohar a. a. O. weiter:
ובשעתא דמטא זמנייהו קרי ק״בה להההיא נשמתא אמר לה זילי עולי
בדוך פלן בגוף פלן
„Zu der Stunde, wo die für die einzelne Seele bestimmte Zeit eintraf, rief der Herr diese Seele und sprach zu ihr: gehe, tritt hinein in den und den Ort, in den und den Körper." — Da erwiedert die Seele:
מאריה דעלמא די לי לעלמא דאנא יתבא ביה ולא אידך לעלמא אחרא
דישׁח עבדון בי ואהא מלוכלכא בינייהו
„Herr der Welt, es genügt mir die Welt, in welcher ich wohne, und ich verlange nicht nach einer andern Welt, welche mir Dienstbarkeit bereiten wird und in welcher ich wie eine Besudelte sein werde."

Worauf Gott ihr erwiedert, dass dieser Durchgang ein notwendiger sei.

Indessen finden sich doch auch im Sohar Stellen, welche der Anschauung nahe kommen, wonach das Herabsteigen in diese Welt als eine Verschuldung erscheint. So heisst es III, 61: מתרחקין מקמיה
ק״בה ועאלון בנוקבא דתהומא רבא ודחקין שעתא דנחתין לעלמא ...
כך היו עד לא יתון לעלמא
„Die Seelen entfernten sich vom Heiligen und traten in die Oeffnung des grossen Abgrundes und kamen der Zeit zuvor, in welcher sie auf Erden hinabsteigen sollten ... So waren die Seelen, bevor sie unter uns gekommen sind."

Der irdische Mensch erscheint wie bei Philo, s. oben S. 227, als ein Abbild des himmlischen.

Sohar III, 48[a]: אדם דלעילא בתר דאתגלייא מלתא מגו סתיחו עלאה
קדמאה ברא אדם לתתא
Es schuf also der himmlische Adam den irdischen. Und weil er so die höchste Stufe der Schöpfung einnimmt, wird er zuletzt geschaffen, indem in ihm die Schöpfung sich vollendet. Aehnlich wie Philo oben S. 149 diese Sache ansieht, sagt Sohar a. a. O.: כיון דנברא אדם

---

1) Dass es auch im Talmud vorkommt, ist nicht zu bestreiten. Es würde also vorläufig offene Frage sein, ob es der Sohar aus palästinischen oder alexandrinischen Quellen habe.

אתחקן כלא כל כל מה דלעילא וחתא וכלא אתכליל באדם איהו שלימותא
דכלא

Der erste Mensch war vor der Sünde schöner und kräftiger. Zu Philo
vgl. oben S. 149 f. Der Sohar sagt III, 83 b: כיון דחטא אתחשך ואזעיר
גרמיה ואטריך לגופא אחרא
„nachdem er gesündigt hatte, verfinsterte sich sein Körper und ward
kleiner und gieng in einen andern Körper über."

Sohar II, 229 b heisst es: ועל דא אדם קדמאה כד עאל לגו גנתא
אלביש ליה ק"בה בלבושא דההוא נהורא ואעיל ליה המן
„als Gott in den Garten Eden trat, bekleidete ihn Gott mit einem Ge-
wande von Licht."

Ebenso war der erste Mensch von ganz besonderer Weisheit, s.
Philo oben S. 150. Im Sohar I, 625 a heisst es: „von den 48 Pro-
feten, die in Israel erstanden, bekam jeder einen Tropfen aus dem
Garten Eden. Der erste Mensch aber schöpfte aus der Quelle selbst.
Wie gross muss seine Weisheit gewesen sein." — I, 52 heisst es:
עד לא חטא אדם הוה סליק וקאים בחכמא דנהירא עלאה
„vor der Sünde lebte er in der Weisheit des höheren Lichts."

Auch die gleichfalls midraschische Vorstellung vom androgynen
Menschen, welche Philo hat, s. oben S. 284, findet sich im Sohar I, 55 b:
אדם לא אקרי אלא דכר ונקובא כחדא
Der Name Adam kommt nur für Mann und Weib zusammen vor. vgl.
auch Sohar I, 91 b: כל אינון רוחין ונשמתין כלהו כלילין דכר ונקובא
דמתחברן כחדא ובשעתא דנחתין מתפרשין דא מן דא ואחית להו בבני
נשא וכר מטא עידי זווגא דלהון ק"בה דידע אינון רוחין ונשמתין מחבר
לון כקדמיתא וכד מתחברן אתעבידו חד גופא חד נשמתא

6. Die Ethik.

Wenngleich Philo und die Kabbalah in ihren Vorstellungen vom
Ursprunge der Materie auseinandergehen, indem jener sie für gleich-
ewig mit Gott hält, diese dieselbe durch allmäliche Vergröberung der
von Gott geschaffenen Substanz erklärt: so stimmen doch beide darin
überein, dass das Böse in der Materie und nur in ihr stecke. So er-
scheint denn auch in der Kabbalah der Fall Adam's als ein Herab-
steigen in die Materie. Es heisst Sohar I, 52: „Als Adam dem Ver-
langen, die irdischen Dinge kennen zu lernen und zu ihnen herabzu-
steigen, nachgab, lernte er das Böse kennen und vergass das Gute."
Demnach erscheint auch hier der Körper als das Schlechte. Das Fleisch,
sagt der Sohar II, 76 a, erinnert uns an die schlechte Seite der Welt.
— Das Leben der Sinne hat Sohar II, 142 a gar kein Licht in sich,
es ist eng mit dem Körper verbunden, wird also wie bei Philo, oben
S. 252 f., als ein Zustand der Blindheit geschildert. — Das Schlimmste
ist daher, wie bei Philo oben S. 249 ff., die böse Lust, das Verlangen
nach materiellen Genüssen, und auch im Sohar ist die Schlange ein
Symbol derselben. Es heisst I, 35 b: והנחש דא יצר הרע דא מלאך
המות דא שטן וכלא חד

Die Schlange ist die böse Lust, der Engel des Todes der Satan, all dies ist eins.

So ist demnach auch im Sohar die Hauptaufgabe des Menschen die Abtödtung der Sinnlichkeit. Der Weise wird nur das dringend Notwendige von der Materie nehmen. Zu Philo s. oben S. 270, vgl. Sohar I, 125ª, und die höchste Stufe erreicht der, welcher wie Mose das Körperliche ganz abzustreifen vermag. So Philo oben S. 270 und Sohar I, 66ª: תא חזי משה לא יביל לקרבא לאסתכלא בזיה דאסתכל

אלא כד אתהלבשא בלבושא אחרא

Dies Kleid wird dann bezeichnet als ל' דזהרא כלאה vgl. 65ᵇ.

Und dem entsprechend erscheint dann auch wie bei Philo de Abrah. 44 der Tod als eine Befreiung für den Weisen. Sohar II, 163.

III. Schriftauslegung.

Zu jenen Aehnlichkeiten zwischen dem Lehrgrunde und der Lehrform der Kabbalah und der des Philo, welche soeben aufgeführt sind, kommen nun aber noch mancherlei Einzelheiten in der Exegese, welche sehr deutlich an verwandte Züge bei Philo erinnern. Wenn auch die Kabbalah keineswegs jenes durchgeführte System der Typik zur Ausgleichung philosophischer Theorien mit der biblischen Erzälung anwendet, welches uns bei Philo begegnete, so finden wir doch disjecta membra der philonischen Allegoristik auch in der Kabbalah.

Schon oben S. 293 sahen wir, wie Gen. 28, 12 die Steine auf die göttlichen Kräfte, wie S. 297 die Schlange auf die böse Lust von beiden übereinstimmend gedeutet wurde. So deutet gemeinschaftlich mit Philo quaestt. in Genes. I, 53 auch der Sohar II, 229ᵇ die Kleider in Genes. 3, 21 auf die sinnliche Natur des Menschen (vgl. Franck a. a. O. S. 184). Wie bei Philo die Jäger als Sophisten erscheinen, die den Pfeil des Wortes schnellen, z. B. Ismael, Esau, s. oben S. 188. 256, so sagt der Sohar 139ª zu Gen. 25, 28: מאי איש שדה לקפחא

לון לבני נשא ולקטבלא לון ואיהו אמר דעביד צלותא וצייד ליה בפומיה

Und wie Edom bei Philo, S. 256, als Symbol der Versunkenheit ins Irdische erscheint, so fasste auch die Kabbalah Edom als das Prinzip der materiellen Trägheit, welchem Israel, das active lebendige Sein, gegenübersteht. So heisst es Sohar I, 135ᵇ: „Wenn gesagt wird, dass die Könige Edoms starben, so meint man nicht damit den wirklichen Tod oder die völlige Vernichtung, sondern der Tod bedeutet auch ein jedes Herabsinken. Die Schrift will also sagen, sie sanken bis auf die letzte Stufe, wo alles Widerstand und materielle Trägheit ist." — vgl. auch diese Deutung des Todes bei Philo oben S. 252.

Auch das ist bemerkenswert, dass in der Kabbalah wie bei Philo das Weibliche das Schlechte und Materielle und das Männliche das Gute und Geistige darstellt, vgl. oben S. 189 f. und Sohar a. a. O., wo es heisst: „Die Edomiter sanken auf jene Stufe, wo ein strenges Gericht ohne Gnade stattfindet, wo Alles weiblich und wo kein männliches Prinzip ist." Und wie trotzdem bei Philo, S. 264, Sarah die

Tugend und Weisheit ist, so heisst es auch Sohar I, 111ᵇ: „Abraham sahe fortwährend die Schechinah bei der Sarah und sagte deshalb, sie ist meine Schwester", und zwar erklärt sich dies nach I p. 140ᵇ aus Prov. 7, 4: „Sprich zur Weisheit, sie ist meine Schwester". — Deshalb verliess sich Abraham gar nicht auf sich selbst (על סמיך לא
גרמיה כלום)
sondern auf die Sarah, bei welcher die göttliche Weisheit wohnt.

Wie Henoch bei Philo, s. S. 265, als Symbol der Reue erscheint, so auch im Sohar, welcher die Agada von Henoch's zu befürchtendem Abfall wiederholt, I, 56ᵇ [1]). Und ebenso ist Isaak das Symbol der Freude der Gerechten. Bei Philo S. 271, im Sohar 135ᵃ: הנשמה
מולידה השמחה והשחוק הוה בעולם
Jakob der Asket, vgl. oben S. 266 ff., in Sohar a. a. O.: „Gott hielt ihn für tüchtig die alte Schlange zu bekämpfen und nannte ihn deshalb Jakob". (דאי חכים לקבליה) sc. חיויא קדמאה.

Bei so viel Berührungspunkten sowol in den allgemeinen Anschauungen wie in verschiedenen Einzelheiten scheint es uns doch nicht berechtigt anzunehmen, dass die Kabbalah rein aus sich selbst auf eben diese Wege geraten sei. Das Natürlichste ist doch, in diesen Dingen den Einfluss Philo's zu erkennen.

Fünftes Capitel.
Die jüdischen Religionsphilosophen.

Durch das Mittelglied des Neuplatonismus haben philonische Lehren auch auf spätere jüdische Denker einen tiefgreifenden Einfluss geübt. Nach der Begrenzung unserer Aufgabe können wir hier nur die wichtigsten hervorheben und in Umrissen die Ausdehnung dieses Einflusses angeben.

Der als Denker wie als Dichter so tiefsinnige Ibn-Gabirol hat in seinen Grundgedanken unverkennbare Aehnlichkeiten mit Philo. — Sein Gottesbegriff fasst das höchste Wesen als die in sich einige Ursubstanz, der man keine Eigenschaften beilegen kann, die unendlich und über Alles erhaben und darum für Menschen unbegreiflich ist (vgl. oben S. 202 ff.). In dieser Ursubstanz lebt eine bewegende schöpferische Kraft: Wille oder Wort Gottes genannt. Dieses mit dem Wesen Gottes geeinigte Wort schliesst in sich eine unendliche Fülle vollkommener Wesen und ihm entströmen zallose schöpferische Kräfte. Unter diesen sind wieder zwei Grundkräfte, die aber durch den göttlichen

---

1) Die Stelle lautet: עד שהמלך במסבו נרדי נתן רוהי עד שהמלך דא הק"בה במסבו
דא ההוא ב' נס דאתדבק ביה ואזיל באדחוי נרדי נתן ריחו אינין עובדין טבין
In Bezug auf Henoch's Abfall heisst es dann: דודע ילבתר יומין יסרה אקדים ולקיט
ריחיה מניה וסליק ליה מעלמא

Willen zusammengehalten werden [1]). So lehrt auch Philo vom Logos und den Logoi.

Die Materie bringt Ibn-Gabirol nicht in den dualistischen Gegensatz zu Gott, welchen wir bei Philo herrschend fanden. Hierin ist sein System mehr emanatistisch, aber er ist doch darin ihm wieder gleich, dass auch er die Körperwelt als etwas Dunkles und Störendes ansieht und darum die ethische Aufgabe des Menschen darein setzt, dass er sich von den Banden der Sinnenwelt befreie. In der höheren Erkenntniss, die er dann gewinnt, findet er des Menschen wahre Glückseligkeit, ist also auch darin Philo ähnlich, dass er das contemplative Gottschauen für das höchste Ziel des menschlichen Strebens hält und sich somit von der praktischen Ethik des jüdischen Gesetzeswesens abwendet. — Auch darin war er dem Philo ähnlich, dass er die Schrift durch allegoristische Deutung seiner Lehre anzubequemen suchte [2]).

Noch mehr Aehnlichkeiten wird man in Lehre und Schriftbehandlung zwischen dem grossen Religionsphilosophen Maimuni und Philo entdecken.

Auch in Maimuni's Gottesbegriff findet sich jene Doppelseitigkeit, welche uns oben S. 204 f. bei Philo begegnete, nach der das göttliche Wesen einerseits als eigenschaftslos und dabei doch als eine Fülle der Vollkommenheit in sich schliessend gedacht wird. Er schliesst (More nebochim I c. 55) von Gott jede Körperlichkeit (גשמות), jeden Affect, jede Beraubung, jede Aehnlichkeit mit etwas Geschaffenem aus. Gott kann (ibid. I, 56) mit nichts Anderem verglichen werden und es kann daher auch der Mensch das Wesen Gottes in keiner Weise erkennen (More neboch. I, 54 עצמו לא יושג לפי מה הוא). Dem göttlichen Wesen zunächst stehen reine Geister, bei den Israeliten Engel genannt (ibid. II, 6 שכלים נפרדים ואנו נאמר מלאכים), sie sind Mittler zwischen Gott und den irdischen Dingen (ibid. אמצעיים בין הבורא ית"

ובין הנמצאות)

denn alles verrichtet Gott durch sie nach dem Ausspruch: „Gott thut nichts ohne Berathung mit der höheren Familie" אין הק"בה עושה דבר
עד שמסתכל בפמליא שלמעלה
wobei der Ausdruck מסתכל ausdrücklich durch das platonische Hinblicken in die Welt der Ideen erläutert wird. — Durch sie bildet Gott die Welt in einer freithätigen Schöpfung (vgl. oben S. 217 f.), doch finden sie sich hierbei durch die Natur des groben Stoffs gehindert, der wie bei Philo der Ursprung des Bösen ist (III, 8).

Auf sie ausschliesslich bezieht sich auch die Erkenntniss, welche der Mensch von Gott gewinnt (ibid. I, 54 הדרכים אשר בקש ידיעתם
והודיעו הם הם הפעולות הבאות ממנו ית" והחכמים יקראום מדות)
Diese מדות hat Gott nicht an sich, sondern sie sind eben der Ausdruck seiner Beziehungen zur Welt. Diese Welt ist eine unvollkom-

---

1) Die nähere Bestimmung dieser Grundkräfte als forma universalis und materia universalis weicht dann von Philo ab.
2) Siehe Orient Jahrgang 1850 Litbl. 515.

mene Mischung göttlicher Kräfte und der bösen Materie. Der Mensch hat die Aufgabe, den Stoff zu bewältigen durch geistigen Aufschwung. Da streift er das Thierische ab und erwirbt sich die Einheit mit Gott. Als das höchste Vorbild dieses Weges erscheint wie bei Philo Mose, der sich von den Banden der Sinnlichkeit, von jedem Affect frei zu machen wusste und mit dem Geistesauge das Wesen Gottes durchdrang.

Wie der Zweck des grossen religionsphilosophischen Werkes des Maimuni ähnlich war demjenigen, welchen Philo verfolgte, so war auch das Mittel ein ähnliches, welches angewandt wurde, diesen Zweck zu erreichen.

Wie Philo, so wollte auch Maimuni den Gegensatz zwischen Philosophie und Bibelglauben ausgleichen. Er sagt in der Vorrede zu More neboch.: „Dieses Buch sei bestimmt für denjenigen, welcher in die Anfänge der Philosophie eingeweiht sei und den Worten des Gesetzes glaube, aber verstrickt sei (נבוך) in Bezug auf das Verständniss der darin befindlichen Doppeldeutungen und metaphorischen Worte (השמות המסופקים והמושאלים). Dann sagt er ganz philonisch (vgl. oben S. 162 ff.), die göttliche Weisheit gebrauche doppelsinnige Worte, damit die Menge sie verstehe in dem Sinne, welchen ihr Verständniss und die Schwäche ihrer Einsicht erreiche, die Vollkommenen dagegen sie in einem andern Sinne nehmen (ושם הדברים בכל זה בשמות המשתתפים בעבור שיבינם ההמון על עניין כשיעור הבנתם וחולשת ציורם ויקחם השלם שכבר ידע על עניין אחר)

Damit ist der doppelte Schriftsinn gegeben: der wörtliche für den gewöhnlichen Verstand und der allegorische für den Eingeweihten. Jenen setzt die Bibel accommodationsweise (II, 26 דברי התורה בלשון בני אדם)

dieser ist nach gewissen Grundsätzen zu ermitteln: sowol in einzelnen Ausdrücken als in den profetischen Gleichnissen, damit das Gesetz als mit der Vernunft und der Naturwissenschaft übereinstimmend sich erweise. In der Vorrede zu More Neboch. heisst es: „Als Gott unsere Gemeinde durch seine praktischen Gesetze vervollkommnen wollte, so setzten diese reine Theorien voraus, die wieder auf richtige Begriffe von Gott und seinem Verhältnisse zu uns gegründet sein müssen. Da nun diese die Naturwissenschaft voraussetzen, so fieng er sein Gesetzbuch mit der Schöpfungsgeschichte an, welche eine allegorische Darstellung der Grundsätze der Naturwissenschaft ist."

Wie bei Philo die encyklischen Wissenschaften die notwendige Vorbildung für die Erkenntniss der höheren Weisheit geben, so verlangt auch Maimuni, dass das Studium der höheren Geheimnisse des Gesetzes erst dann vorgenommen werde, wenn man die logischen Wissenschaften durchgemacht hat: II, 29 (אחר השלמות בחכמות המופתיות) Die Allegoristik selbst ist bei Maimuni eine andere als bei Philo, weil er durchaus von der grammatischen Grundlage und der Erörterung des hebräischen Sprachgebrauchs ausgeht, also z. B. die Synonyma צלם und דמות, חזה הביט und ראה bespricht und durch Erläuterung ihres Wortsinnes ihren allegorischen Wert zu gewinnen sucht.

Doch fehlt es nicht an einzelnen Berührungspunkten. So hört auch bei Maimuni (II, 33) das Volk Israel bei der Gesetzgebung eine in der Luft geschaffene Stimme (הקול הנברא אשר נעשו חובן הדבור) vgl. oben S. 163. Auch ihm sind die Namen in der Schrift bedeutungsvoll (II, 30) und die einzelnen Umstände, welche sich an sie knüpfen, wie z. B. dass Kain den Abel gerade auf einem Felde erschlägt, dass Kain und Abel alle beide starben, dagegen Seth allein eine dauernde Existenz erlangt (ומה שצריך שתדעהו גם כן ותתעורר עליו אופני החכמה בקריאת בני אדם קין והבל והיות קין הוא ההורג להבל בשדה ושהם יחד אבדו אף על פי שהאריך לרוצח ושלא התקיים מציות אלא לשת וג")

Diese Betrachtungsweise entspricht ganz dem, was wir oben S. 179 von Philo lasen.

Zweiter Abschnitt.

Philo's Einfluss auf die christliche Schriftauslegung.

Photius cod. 105 ἐξ οὗ οἶμαι καὶ πᾶς ὁ ἀλληγορικὸς τῆς
γραφῆς ἐν τῇ ἐκκλησίᾳ λόγος ἔσχεν ἀρχὴν εἰσρυῆναι.

Erstes Capitel.

Die neutestamentlichen Schriftsteller.

Wie die christliche Gemeinde aus dem Schoosse der jüdischen her-
vorgieng, so trug auch die Behandlung des A. T.'s innerhalb des er-
sten Christentums das Gepräge der im damaligen Judentum üblichen
Formen der Schrifterklärung. Wie wir oben S. 3 ff. sahen, traten in
dem letzteren damals vorzugsweise zwei Richtungen hervor: die palä-
stinische und die alexandrinische. Jene vertrat die Entwickelung des
in sich abgeschlossenen Judentums, diese zeigte dasselbe in seiner Be-
rührung mit der Weltcultur. Das palästinische Judentum betrachtete
das A. T. einerseits unter dem Gesichtspunkte des Gesetzes und es
ergab sich hieraus die Aufgabe der Anwendung des letzteren auf die
Zeit. Feste Lebensregeln mussten aufgestellt werden und diese traten
uns in der Halacha entgegen. Daneben bestand die Betrachtung des
A. T.'s als einer Quelle religiöser Erbauung, welche die reichste und
mannigfachste Leitung ihrer Lebensströme zuliess — und diese Be-
handlungsweise bietet die Hagada. — Das alexandrinische Judentum
endlich hatte die Richtung auf Versöhnung des Bibelwortes mit der
Weltbildung durch Umdeutung.

Alle diese Elemente finden wir auch in der neutestamentlichen
Schriftdeutung wirksam. Die Formen der halachischen Exegese begeg-
nen uns hie und da in den Reden Jesu [1]) und in den Schriftbeweisen
des Apostels Paulus [2]). — Anklänge an die Agada zeigen die paulini-

---

1) S. die Beispiele bei Hausrath, neutestamentliche Zeitgeschichte I, 97.
2) Die Belege s. bei Hartmann, die enge Verbindung des A. T. mit dem neuen.
1831. S. 520. 594 ff. Hausrath a. a. O. S. 96 und II, 409 ff. Diestel, Gesch. des
A. T.'s in der christl. Kirche S. 12.

schen Briefe [1]), der Hebräerbrief c. 12, 21 in Worten Mose's, die im
A. T. sich nicht finden, der zweite Brief an den Timotheus c. 3, 8
in der Erwähnung des Jannes und Jambres, die auf Pseudo-Jonathan
zu Exod. 7, 11 zurückgeht, der Brief Judä v. 9 im Streite Michael's
mit dem Teufel über den Leichnam Mose's (vgl. Jalkut p. 404 [b]), in
v. 13, wo Henoch's Weissagung wie im Sepher Hajjaschar erzält wird,
die Apokalypse c. 2, 14 ff. in der Erzälung von Bileam's Vorschlage,
die Israeliten durch Unzucht zu verführen u. a. — In Titus 1, 10 ff.
scheint sogar ein gewisses Ueberhand'nehmen der agadischen Erklä-
rungsweise bekämpft zu werden.

Auch die Weise der alexandrinischen Allegoristik begegnet uns
im N. T. [2]). Als ein völlig aus dieser Schule hervorgegangener Schrift-
deuter tritt Apollos auf: AG. 18, 24 ff. 1 Cor. 1, 12. 3, 4 ff. 16, 12.
Titus 3, 13. vgl. Hausrath a. a. O. II, 672.

In wiefern hier gerade ein bestimmter Einfluss Philo's stattfinde,
wird im Einzelnen oft schwer zu entscheiden sein. Es wird daher
nötig sein, die blossen Parallelen zu sondern von solchen Erscheinun-
gen, in denen deutlich philonische Einwirkung hervortritt.

Im Allgemeinen ist der innere Zusammenhang, in welchem zu-
nächst philonische und christliche Lehre stehen, unverkennbar. Bei-
den gemeinsam ist das Bestreben, eine höhere Vereinigung des Juden-
tums und des Heidentums zu geben. Beide haben den wichtigen Be-
griff eines Mittelwesens, welches Gott und Welt, Gott und Menschen
verbindet. Beide haben die gleiche Anschauung von der vollkomme-
nen Sündhaftigkeit des menschlichen Geschlechts und der ethischen
Aufgabe, die demselben gestellt ist, sündenrein zu werden. Daneben
freilich bestehen auch wieder tiefgreifende Unterschiede. Philo's Got-
tesbegriff ist mehr heidnisch-philosophisch als biblisch, während der
des N. T.'s die Züge des lebendigen Gottes Israels zeigt. Die Logos-
lehre Philo's neigt zur pantheistischen Fassung, während die des N.
T.'s sich durchaus auf dem Boden des Theismus hält. In der Ethik
ist dem N. T. die Anschauung, welche das Böse ausschliesslich in die
Leiblichkeit verlegt, ganz fremd.

Aber diese Differenzen schränken die obige Gemeinsamkeit nur
ein, heben sie nicht auf.

Ausserdem treten zu ihr bei den einzelnen Schriftstellern des N.
T.'s manche dem Philo verwandte Züge.

§. 1. Die Paulinischen Briefe.

Offenbar finden wir von den hermeneutischen Kanones des Philo
auch bei Paulus einige in Geltung. Wenn Philo de somn. I, 16 (I,
634. 635) zu Exod. 22, 27 bemerkt, es könne unmöglich angenommen
werden, dass Gott sich so speciell um ein Oberkleid kümmere, und

---

1) S. Diestel a. a. O. und Hausrath a. a. O. I, 93.
2) vgl. über die allgemeine Empfänglichkeit des Christentums für diese Erklä-
rungsweise Lutterbeck, neutestl. Lehrbegriffe I, 440.

daraus den Schluss zieht, es sei hier unter dem Gewande das schützende Wort zu verstehen: so ist es ganz dieselbe Verfahrungsweise, deren Paulus sich 1 Cor. 9, 9 bedient, indem er zu Deut. 25, 4 sagt: „Gott wird doch nicht etwa um die Ochsen sich kümmern?"[1]) und daraus folgert, dass dies Gebot die Verpflichtung der Gemeinde ausspreche, ihre Lehrer zu erhalten. — Wir haben hier den philonischen Canon: der Wortsinn ist zu verlassen, wenn er etwas Gottes nicht Würdiges ausspricht, s. oben S. 165 f.

Die Regel von der allegorischen Geltung des Numerus (s. oben S. 177) findet sich bei Paulus Gal. 3, 16 in Anwendung. Wie Philo den sg. $\tau\acute{\epsilon}\varkappa\nu o\nu$ in Gen. 17, 16 de mut. nom. 26 (I, 600) deutet, so presst der Apostel in Gen. 22, 18 den sg. $\sigma\pi\acute{\epsilon}\varrho\mu\alpha\tau\iota$.

In 1 Cor. 10, 4 ist die Anspielung auf den hinter Israels Heereszug sich herrollenden Fels agadisch. So heisst es Jalkut Rubeni fol. 144, 4: „womit ist der Quell in Num. 21, 16 zu vergleichen? Mit einem Felsen, der sich auf den Zügen Israels durch die Wüste vor ihnen hinwälzte" (ובאה במסיעות מתגלגלת והיתה). Machte man an einem Orte Halt, so setzte sich der Fels vor das Heer. Dann kamen Israels Fürsten und sprachen die Worte Num. 21, 16. — Auch von Jakob heisst es Tanchuma 50, 4, es habe sich, als er im 27sten Jahre das Vaterhaus verliess, ein Quell vor ihm herbewegt (הבאר והיתה לפניו מהלכת) von Bersaba bis Moria.

Indessen die paulinische Deutung dieses Felsens auf Christus steht der philonischen auf den Logos sehr nahe. vgl. quod det. pot. insid. 30 (I, 214) $\tau\grave{\eta}\nu$ $\pi\acute{\epsilon}\tau\varrho\alpha\nu$ $\tau\alpha\acute{\upsilon}\tau\eta\nu$ $\acute{\epsilon}\tau\acute{\epsilon}\varrho\omega\vartheta\iota$ $\sigma\upsilon\nu\omega\nu\upsilon\mu\acute{\iota}\alpha$ $\chi\varrho\acute{\omega}\mu\epsilon\nu o\varsigma$ $\varkappa\alpha\lambda\epsilon\tilde{\iota}$ $M\acute{\alpha}\nu\nu\alpha$ $\tau\grave{o}\nu$ $\pi\varrho\epsilon\sigma\beta\acute{\upsilon}\tau\alpha\tau o\nu$ $\tau\tilde{\omega}\nu$ $\check{o}\nu\tau\omega\nu$ $\lambda\acute{o}\gamma o\nu$ $\vartheta\epsilon\tilde{\iota} o\nu$. Gal. 4, 21 beruht die ganze Beweiskraft der Allegorie auf der Interpretation des Namens Agar, durch welche derselbe dem Sinai gleichgesetzt wird. Dem entspricht bei Philo der allegorische Kanon, durch welchen aus dem Griechischen heraus hebräische Worte verdolmetscht werden können (s. oben S. 196).

Aehnlichkeiten finden sich auch in den Theologumenen. Sehr ähnlich ist z. B. die Art und Weise, wie sich Philo und Paulus über die Verletzung der göttlichen Ehre aussprechen, welche in der Kreaturvergötterung liegt. Man vgl. nur Stellen wie de ebriet. 28 (I, 374) $\vartheta\epsilon o\tilde{\upsilon}$ $\tau\iota\mu\tilde{\eta}\varsigma$ $\mathring{\alpha}\lambda o\gamma o\tilde{\upsilon}\sigma\iota\nu$ $o\mathring{\iota}$ $\tau\grave{\alpha}$ $\vartheta\nu\eta\tau\grave{\alpha}$ $\vartheta\epsilon\iota\acute{\omega}\sigma\alpha\nu\tau\epsilon\varsigma$, de somn. I, 14 (I, 632) $o\mathring{\iota}$ $\gamma\acute{\epsilon}\nu\epsilon\sigma\iota\nu$ $\pi\varrho\grave{o}$ $\tau o\tilde{\upsilon}$ $\mathring{\alpha}\gamma\epsilon\nu\nu\acute{\eta}\tau o\upsilon$ $\vartheta\epsilon\varrho\alpha\pi\epsilon\acute{\upsilon}\epsilon\iota\nu$ $\mathring{\alpha}\nu\alpha\gamma\varkappa\alpha\zeta\acute{o}\mu\epsilon\nu o\iota$ mit Röm. 1, 25 $\mathring{\epsilon}\lambda\acute{\alpha}\tau\varrho\epsilon\upsilon\sigma\alpha\nu$ $\tau\tilde{\eta}$ $\varkappa\tau\acute{\iota}\sigma\epsilon\iota$ $\pi\alpha\varrho\grave{\alpha}$ $\tau\grave{o}\nu$ $\varkappa\tau\acute{\iota}\sigma\alpha\nu\tau\alpha$ oder de ebriet. ibid. $\varkappa\alpha\grave{\iota}$ $\mathring{\alpha}\lambda\acute{o}\gamma o\iota\varsigma$ $\zeta\acute{\omega} o\iota\varsigma$ $\varkappa\alpha\grave{\iota}$ $\varphi\upsilon\tauo\tilde{\iota}\varsigma$ $\tau\tilde{\eta}\varsigma$ $\tau\tilde{\omega}\nu$ $\mathring{\alpha}\varphi\vartheta\acute{\alpha}\varrho\tau\omega\nu$ $\tau\iota\mu\tilde{\eta}\varsigma$ $\mu\epsilon\tau\acute{\epsilon}\delta o\sigma\alpha\nu$, de vita Mos. III, 20 (II, 161) $o\mathring{\iota}$ $\tau\grave{o}\nu$ $\mathring{\alpha}\lambda\eta\vartheta\tilde{\eta}$ $\vartheta\epsilon\grave{o}\nu$ $\varkappa\alpha\tau\alpha\lambda\iota\pi\acute{o}\nu\tau\epsilon\varsigma$ $\tau o\grave{\upsilon}\varsigma$ $\psi\epsilon\upsilon\delta\omega\nu\acute{\upsilon}\mu o\upsilon\varsigma$ $\mathring{\epsilon}\delta\eta\mu\iota o\acute{\upsilon}\varrho\gamma\eta\sigma\alpha\nu$ $\vartheta\epsilon o\grave{\upsilon}\varsigma$ $\varkappa\alpha\grave{\iota}$ $\gamma\epsilon\nu\eta\tau\alpha\tilde{\iota}\varsigma$ $o\mathring{\upsilon}\sigma\acute{\iota}\alpha\iota\varsigma$ $\tau\grave{\eta}\nu$ $\tau o\tilde{\upsilon}$ $\mathring{\alpha}\gamma\epsilon\nu\acute{\eta}\tau o\upsilon$ $\varkappa\alpha\grave{\iota}$ $\mathring{\alpha}\varphi\vartheta\acute{\alpha}\varrho\tau o\upsilon$ $\pi\varrho\acute{o}\varrho\varrho\eta\sigma\iota\nu$ $\mathring{\epsilon}\pi\iota\varphi\eta\mu\acute{\iota}\sigma\alpha\nu\tau\epsilon\varsigma$ mit Röm. 1, 23 $\mathring{\eta}\lambda\lambda\alpha\xi\alpha\nu$ $\tau\grave{\eta}\nu$ $\delta\acute{o}\xi\alpha\nu$ $\mathring{\alpha}\varphi\vartheta\acute{\alpha}\varrho\tau o\upsilon$ $\vartheta\epsilon o\tilde{\upsilon}$ $\varkappa\tau\lambda$.

Ferner sind zu vergleichen in Bezug auf die Erkenntniss Gottes,

---

1) vgl. hierzu auch Philo de vict. offer. 1 (I, 251): $o\mathring{\upsilon}$ $\gamma\grave{\alpha}\varrho$ $\mathring{\upsilon}\pi\grave{\epsilon}\varrho$ $\tau\tilde{\omega}\nu$ $\mathring{\alpha}\lambda\acute{o}\gamma\omega\nu$ $\acute{o}$ $\nu\acute{o}\mu o\varsigma$ $\mathring{\alpha}\lambda\lambda'$ $\mathring{\upsilon}\pi\grave{\epsilon}\varrho$ $\tau\tilde{\omega}\nu$ $\nu o\tilde{\upsilon}\nu$ $\varkappa\alpha\grave{\iota}$ $\lambda\acute{o}\gamma o\nu$ $\mathring{\epsilon}\chi\acute{o}\nu\tau\omega\nu$.

die der Mensch aus den Werken gewinnt: de praem. ac poen. 7 (II, 415) οὗτοί γε θεσπέσιοι ... κάτωθεν ἄνω προῆλθον οἷα διά τινος οὐρανίου κλίμακος ἀπὸ τῶν ἔργων εἰκότι λογισμῷ στοχασάμενοι τὸν δημιουργόν und Röm. 1, 20 τὰ γὰρ ἀόρατα αὐτοῦ ἀπὸ κτίσεως κόσμου τοῖς ποιήμασι νοούμενα καθορᾶται.

In der Lehre von den göttlichen Kräften steht die philonische Anschauung von göttlichen Seelen (ψυχαὶ θεῖαι), welche die Sterne gewissermassen zu Leibern haben, de gigant. 2 (I, 163), de plantat. 4 (I, 332), der paulinischen von den σώματα ἐπουράνια, die sich im Glanze von einander unterscheiden, sehr nahe, s. 1 Cor. 15, 40 ff., denn der ganze Zusammenhang dieser Stelle weist darauf, dass der Apostel den Glauben des Altertums von dem beseelten ätherischen Wesen der Gestirne theilt [1]).

Die Sünde sieht Philo wie Paulus in seinem ἐφ' ᾧ πάντες ἥμαρτον Röm. 5, 12 für etwas der menschlichen Natur anhaftendes an: de vita Mos. 3, 17 (II, 157) παντὶ γεννητῷ ... παρ' ὅσον ἦλθεν εἰς γένεσιν συμφυὲς τὸ ἁμαρτάνειν ἐστίν. — Auch stimmen beide darin überein, dass die Sünde so lange nicht eigentlich dem Menschen als Uebertretung angerechnet werden kann, bis demselben eine höhere Belehrung darüber zu Theil geworden ist. Diese bringt bei Paulus der νόμος, bei Philo der λόγος, in welcher Anschauung letzterer sich noch näher mit Johannes berührt (s. unten), vgl. quod deus immut. 28 (I, 292) ἕως μὲν γὰρ ὁ θεῖος λόγος εἰς τὴν ψυχὴν ἡμῶν ... οὐκ ἀφῖκται πάντα αὐτῆς τὰ ἔργα ἀνυπαίτια mit Röm. 5, 13 ἄχρι γὰρ νόμου ἁμαρτία ἦν ἐν κόσμῳ, ἁμαρτία δὲ οὐκ ἐλλογεῖται χωρὶς νόμου, und weiter Philo ibid. ὅταν δὲ εἰσέλθῃ ... τηνικαῦτα γνωρίζομεν τὰ ἐναποκείμενα ἡμῖν οὐκ εὐαγῆ τῇ ψυχῇ βουλεύματα vgl. mit Röm. 3, 20 διὰ γὰρ νόμου ἐπίγνωσις ἁμαρτίας [2]).

Den durch die Sünde gewirkten inneren Zwiespalt schildert Philo mit sehr ähnlichen Worten wie Paulus. vgl. de migr. Abr. 28 (I, 459) παγκάλως δὲ καὶ εὐθυβόλως τὴν τοῦ φαύλου ψυχὴν ἐπίμικτον καλεῖ· συνηρημένη γὰρ καὶ συμπεφορημένη καὶ μιγὰς ὄντως ἐκ πλειόνων καὶ μαχομένων δοξῶν mit Röm. 2, 15 καὶ μεταξὺ ἀλλήλων τῶν λογισμῶν κατηγορούντων καὶ ἀπολογουμένων.

Ebenso das Seufzen nach Befreiung aus diesem Zustande. vgl. leg. alleg. III, 75 (I, 129) ἕτερον δὲ (sc. στένειν) ὃ γίνεται περὶ τοὺς μετανοοῦντας καὶ ἀχθομένους ἐπὶ τῇ πάλαι τροπῇ καὶ λέγοντας κακοδαίμονας ἡμεῖς ὅσον ἄρα χρόνον ἐληλύθειμεν νοσοῦντες ἀφροσύνης νόσον καὶ ἀδικίας ἐπιτηδευμάτων mit Röm. 7, 24 ταλαίπωρος ἐγὼ ἄνθρωπος· τίς με ῥύσεται ἐκ τοῦ σώματος τοῦ θανάτου τούτου.

---

1) Wenigstens verstanden ihn die Kvv. so. — Eusebius praep. ev. VII, 15 p. 325ª sagt mit Berufung auf diese Stelle: ταύτῃ πῃ τοιγαροῦν καὶ τὸν ἐν ἀσωμάτοις καὶ νοεραῖς οὐσίαις κόσμον χρὴ νοεῖν.

2) Das Wesen der Sünde wird freilich bei Philo und Paulus sehr verschieden aufgefasst. Bei jenem liegt sie ausschliesslich in der Leiblichkeit oder Sinnlichkeit, bei diesem in den wider das göttliche Gesetz gehenden Gelüsten. Aber hier wollten wir nicht die Unterschiede, sondern die Aehnlichkeiten aufsuchen.

Auch begegnen sich beide in den Schilderungen des heidnischen Sittenverderbens. Was Philo de Abrah. 26 (II, 20. 21) sagt: οὐ γὰρ μόνον ϑηλυμανοῦντες ἀλλοτρίους γάμους διέφϑειραν ἀλλὰ καὶ ἄνδρες ὄντες ἄρρεσιν ἐπιβαίνοντες τὴν κοινὴν πρὸς τοὺς πάσχοντας οἱ δρῶντες φύσιν οὐκ αἰδούμενοι παιδυσποροῦντες ἠλέγχοντο μὲν ἀτελῆ γονὴν σπείροντες. vgl. auch de spec. legg. 7 (II, 306), de septen. 5 (II, 280), stimmt ganz überein mit Röm. 1, 27. — Die gemeinsame Quelle beider Schilderungen ist Gen. 19, 1 ff.

Auch in Bezug auf die Lehre von der göttlichen Gnade ergeben sich einige überraschende Parallelen.

Wenn es de confus. lingu. 25 (I, 424) heisst, alle unsre Gedanken und Wahrnehmungen sind unsicher, die richtigen Gedanken und Anschauungen schenkt uns Gott, so ist das wesentlich derselbe Gedanke, welchen wir 2 Cor. 3, 5 ausgesprochen finden. — Ebenso klingt ganz paulinisch der Ausspruch Philo's de mut. nom. 25 (I, 599) ἄριστα κεκρίσϑαι παρὰ ὀρϑῷ λόγῳ τὸ μηδὲν ἀποφαίνειν τὴν ψυχὴν ἴδιον αὑτῆς καλὸν ἀλλὰ προσγινόμενον ἔξωϑεν κατὰ τὴν μεγαλόνοιαν τοῦ χάριτος ὀμβροῦντος ϑεοῦ. vgl. auch de migr. Abr. 7 (I, 441) ὧν μὲν γὰρ ἂν ὠδίνῃ δι᾽ ἑαυτῆς ἡ ψυχὴ τὰ πολλὰ ἀμβλωϑρίδια καὶ ἡλιτόμηνα· ὅσα δ᾽ ἂν ἐπινίφων ὁ ϑεὸς ἄρδη τέλεια καὶ ὁλόκληρα κτλ. — So setzt Paulus auch ἰδία δικαιοσύνη und δ. ϑεοῦ entgegen Röm. 10, 3 (Phil. 3, 9).

Der Glaube wird von Philo als eine Fähigkeit beschrieben, sich von allem Irdischen loszumachen und allein auf den Unsichtbaren zu vertrauen. quis rer. div. haer. 18 (I, 486) ἀπιστῆσαι γενέσει τῇ πάντα ἐξ ἑαυτῆς ἀπίστῳ μόνῳ δὲ πιστεῦσαι ϑεῷ. So schaut der Glaube das nicht Seiende wie etwas Wirkliches. de migr. Abr. 9 (I, 442) heisst es mit Bezug auf ἣν συνδείξω in Gen. 12, 1, dies stehe εἰς μαρτυρίαν πίστεως ἣν ἐπίστευσεν ἡ ψυχὴ ϑεῷ . . . ἀνενδοίαστα νομίσασα ἤδη παρεῖναι τὰ μὴ παρόντα διὰ τὴν τοῦ ὑποσχομένου βεβαιοτάτην πίστιν ἀγαϑὸν τέλειον ἆϑλον εὕρηται. — Ganz ähnlich wird Röm. 4, 19 ff. der Glaube Abraham's als ein solcher gepriesen, der im Vertrauen auf Gottes Allmacht, die τὰ μὴ ὄντα ὡς ὄντα rufen könne, fest auf die Geburt Isaaks hoffte.

Dem entsprechend wird bei Philo ganz wie Röm. 4, 1 ff. Abraham als der erste Gläubige gepriesen und die πίστις selbst als βασιλὶς ἀρετῶν verherrlicht. S. die Stellen bei Dähne I, 392 ff. Gfrörer I, 452 ff. u. besonders Schneckenburger, annotat. in epist. Jacobi. Stuttg. 1832. p. 130 sq. [1])

Wie auch über die Liebe und Hoffnung manche mit den paulinischen Aeusserungen sich nahe berührende Stellen bei Philo vorkommen, hat Gfrörer I, 457 ff. dargetan.

Auch in der Ethik finden sich einige Parallelen.

Die Forderung, sich über das äussere Gesetz zu erheben zum in-

---

1) Freilich findet hierbei wieder der grosse Unterschied statt, dass in Philo's System die asketische Ertödtung der Sinnlichkeit den eigentlichen Nerv bildet, nicht die durch Vermittelung der πίστις eintretende innerliche Umwandlung des Menschen aus der Kraft der göttlichen Gnade.

nerlichen Durchdrungensein von dem Willen Gottes, in de mut. nom. 3
(I, 582) εἰ δὲ βούλει διανοίας κλῆρον τὸν θεὸν ἔχειν αὐτὸς πρότερον γενοῦ
κλῆρος ἀξιόχρεως αὐτοῦ· γενήσῃ δὲ ἂν τοὺς χειροποιήτους καὶ ἑκουσίους
ἅπαντας νόμους ἐκφύγῃς erinnert sehr an Röm. 2, 28. 29 [vgl. auch
quod omn. prob. lib. 7 (II, 452) νόμος δὲ ἀψευδὴς ὁ ὀρθὸς λόγος οὐχ
ὑπὸ τοῦ δεῖνος ἢ τοῦ δεῖνος θνητοῦ φθαρτὸς ἐν χαρτιδίοις ἢ στήλαις ἄψυ-
χος ἀψύχοις ἀλλ' ὑπ' ἀθανάτου φύσεως ἄφθαρτος ἐν ἀθανάτῳ διανοίᾳ
τυπωθείς].

Ebenso das Verlangen, sich zur Ebenbildlichkeit mit dem gött-
lichen Mittler zu erheben. vgl. de confus. lingu. 28 (I, 427) καὶ ἂν
μηδέπω μέντοι τυγχάνῃ τις ἀξιόχρεως ὢν υἱὸς θεοῦ προςαγορεύεσθαι
σπουδαζέτω κοσμεῖσθαι κατὰ τὸν πρωτόγονον αὐτοῦ λόγον vgl. mit
Röm. 8, 29 προώρισε συμμόρφους τῆς εἰκόνος τοῦ υἱοῦ αὐτοῦ εἰς τὸ εἶναι
αὐτὸν πρωτότοκον ἐκ πολλοῖς ἀδελφοῖς.

Auch sonst finden sich noch mancherlei zusammenstimmende Ein-
zelheiten. Wenn quis rer. div. haer. 14 (I, 482) die Frommen κληρο-
νόμοι θείων ἀγαθῶν genannt werden, so stimmt das mit Röm. 8, 17
(Eph. 1, 3), wo sie κληρονόμοι θεοῦ heissen. — Die Stelle leg. alleg.
III, 76 (I, 130), in der es heisst, dass die Gebete durch Vermitte-
lung des λόγος ἱκέτης zu Gott aufsteigen, der als ἔννοια θεοῦ auch in
der Seele des Menschen alle Krankheiten heilt (πάσας τὰς νόσους ἰᾶ-
ται), erinnert stark an Röm. 8, 26 τὸ πνεῦμα συναντιλαμβάνεται ταῖς
ἀσθενείαις ἡμῶν ... αὐτὸ τὸ πνεῦμα ὑπερεντυγχάνει ὑπὲρ ἡμῶν.

Die Unterscheidung einer Gerechtigkeit, die vor Menschen, und
einer, die vor Gott gilt, welche Röm. 4, 2 u. a. hervortritt, hat auch
Philo de profug. 6 (I, 551) ἀναγκαῖον τοὺς τῶν θείων ἀξιοῦντας μετα-
ποιεῖσθαι τὰ ἀνθρώπεια πρότερον ἐκπληρῶσαι ... γνωρισθῆτε οὖν πρό-
τερον τῇ κατ' ἀνθρώπους ἀρετῇ ἵνα τῇ καὶ πρὸς τὸν θεὸν συσταθῆτε[1]).
Die merkwürdige Uebereinstimmung zwischen de execrat. 6 (II, 433)
und Röm. 11 ist schon Gfrörer I, 514 aufgefallen. — Der Vergleich
des Asketen mit Kämpfern, die den eignen Leib angreifen, de profug.
17 (I, 559) nach Exod. 32, 26 ist ähnlich in 1 Cor. 9, 27 ὑπωπιάζω-
μεν τὸ σῶμα, und ebenso wird auch Röm. 12, 1 das asketische Opfer
des eigenen Leibes als eine λογικὴ λατρεία gepriesen. [Zu dem letz-
teren Ausdruck vgl. auch die philonische Bezeichnung der Patriarchen
als ἔμψυχοι καὶ λογικοὶ νόμοι de Abrah. 1 (II, 2).]

Die Lehre vom ersten und zweiten Adam zeigt auch einen Zu-
sammenhang zwischen 1 Cor. 15, 45 ff. und leg. alleg. I, 12 (I, 49).
In beiden Füllen haben wir: a) einen himmlischen Adam in der pneu-
matischen Welt und einen irdischen in der himmlischen Welt; b) der
erstere ist bei Paulus wie bei Philo der nach Gottes Ebenbilde erschaf-
fene, steht über allen Unterschieden, ist geschlechtlos u. dgl. — Die
gemeinsame Quelle ist auch hier der Midrasch, s. oben S. 284. vgl.
hierzu auch Hausrath a. a. O. II, 153. 444. 478 ff.

---

1) Der Unterschied ist hierbei, dass Philo dieser niederen Gerechtigkeit propä-
deutischen Wert beilegt, Paulus sie für nichts achtet. Aber wir wollten hier nicht
die Unterschiede, sondern das Aehnliche aufsuchen.

Mannigfache sprachliche und sachliche Parallelen hat gesammelt Loesner, observationes ad novum testamentum e Philone Alexandrino, 1777. Doch ist auch hier noch Manches nachzutragen. Z. B. zu dem paulinischen διασυνίστημι Röm. 3, 5. 5, 8 vgl. de gigant. 1 (I, 262) εἰκότως οὖν καὶ ἡ τοῦ δικαίου Νῶε γένεσις καὶ τῶν υἱῶν αὐτοῦ τοὺς ἀδίκους πολλοὺς διασυνίστησι. — Für die Formel Röm. 1, 13 οὐ θέλω ὑμᾶς ἀγνοεῖν vgl. ausser den bei Loesner S. 243 angeführten Stellen auch de ebriet. 22 (I, 370) χρὴ μέντοι μηδὲ τοῦτ' ἀγνοεῖν.

Zur Bezeichnung Gottes als μόνος σοφός in Röm. 16, 27 (1 Tim. 1, 17. Jud. 15) vgl. de migr. Abr. 24 (I, 457). de sacrif. Ab. et Cain. 17 (I, 175). — Mit der Wendung Röm. 2, 4 ἢ τοῦ πλούτου τῆς χρηστότητος αὐτοῦ ... καταφρονεῖς vgl. leg. alleg. I, 13 (I, 50) τί ἕτερον παρίστησιν ἢ τὴν ὑπερβολὴν τοῦ πλούτου καὶ τῆς ἀγαθότητος αὐτοῦ.

Die Bezeichnung der menschlichen Erkenntnissweise 1 Cor. 13, 12 βλέπομεν ... δι' ἐσόπτρου vgl. mit de decal. 21 (II, 198) ὡς διὰ κατόπτρου. Zu Röm. 2, 7—10 vgl. de somn. I, 15 (I, 633) ὁ γὰρ τοῦ θεοῦ λόγος ὅταν ἐπὶ τὸ γεῶδες ἡμῶν σύστημα ἀφίκηται τοῖς μὲν ἀρετῆς συγγενέσι καὶ πρὸς ἀρετὴν ἀποκλίνουσιν ἀρήγει καὶ βοηθεῖ ὡς καταφυγὴν καὶ σωτηρίαν αὐτοῖς πορίζειν παντελῆ, τοῖς δὲ ἀντιπάλοις ὄλεθρον καὶ φθορὰν ἀνίατον ἐπιπέμπει.

Zu 2 Cor. 2, 16, wo die ὀσμὴ γνώσεως in ὀσμὴ θανάτου und ὀσμὴ ζωῆς sich gliedert, vgl. de mut. nom. 37 (I, 609) τῶν δὲ θείων δογμάτων οἱ μὲν ἀκούουσιν ἐπ' ὠφελείᾳ οἱ δ' ἐπὶ βλάβῃ.

Die schwierige Stelle 1 Cor. 4, 5 erhält vielleicht das rechte Licht durch de somn. I, 15 (I, 634), wo Philo Gen. 19, 23 erklärend sagt: διὰ συμβόλων ἥλιον τὸν πατέρα τῶν ὅλων ἐκάλεσεν ᾧ πάντα πρόοπτα καὶ ὅσα ἐν μύχοις τῆς διανοίας ἀοράτως ἐπιτελεῖται (vgl. 1 Cor. 4, 5 ὃς καὶ φωτίσει τὰ κρυπτὰ τοῦ σκότους καὶ φανερώσει τὰς βουλὰς τῶν καρδιῶν). Nun fährt Philo so fort: nachdem aber diese verborgenen Sünden des Herzens zum Vorschein gekommen sind und die διάνοια erkannt hat, dass vor Gott nichts verborgen bleibt, zeigt die letztere Reue, und um dieser willen lässt Gott ihr ein mildes Gericht zu Theil werden und lobt sie wegen dieser μετάνοια. Hieraus scheint sich uns der Zusatz 1 Cor. 4, 5 τότε ὁ ἔπαινος γενήσεται ἑκάστῳ ἀπὸ τοῦ θεοῦ zu erklären. Das Lob bezieht sich auf die vorausgesetzte Busse des Frommen.

Auch zwischen den dem späteren Paulinismus zugehörigen Briefen und dem Philo finden sich manche Berührungspunkte.

Die Anschauung, dass Gott Niemand sehen könne, in 1 Tim. 6, 16 ist ähnlich de mut. nom. 1 (I, 578) μὴ νομίσῃς τοῖς σώματος ὀφθαλμοῖς γίνεσθαι τὴν προσβολὴν ... ἀλλὰ τὸ δεχόμενον τὴν θείαν φαντασίαν τὸ τῆς ψυχῆς ἐστιν ὄμμα. — Zu 1 Tim. 6, 16 φῶς οἰκεῖν ἀπρόσιτον vgl. de mut. nom. l. c. de opif. m. 23 (I, 16). de monarch. 1 (II, 218). — Zu 1 Tim. 6, 15 ὁ μακάριος καὶ μόνος δυνάστης vgl. de Abrah. 36 (II, 27) ἄλυπος δὲ καὶ ἄφοβος καὶ ἀμέτοχος παντὸς πάθους ἡ τοῦ θεοῦ φύσις εὐδαιμονίας καὶ μακαριότητος παντελοῦς μόνη μετέχουσα. de somn. II, 18 (I, 675) (θεὸς) ὁ πάντα μακάριος. de septen. 5 (II, 280). An-

dere Stellen s. bei Gfrörer I, 119. — Gottes vollkommene Bedürfniss-
losigkeit: AG. 17, 25 οὐδὲ ὑπὸ χειρῶν ἀνθρώπων θεραπεύεται προςδεό-
μενός τινος vgl. mit de mut. nom. 4 (I, 582) ἄτρεπτον γὰρ (τὸ ὂν) καὶ
ἀμετάβλητον χρῆζον ἑτέρου τὸ παράπαν οὐδενὸς ὥστε αὐτοῦ μὲν εἶναι τὰ
πάντα μηδενὸς δὲ κυρίως αὐτό. — Gott als Retter (σωτήρ) Tit. 3, 4. 6
vgl. mit de migr. Abr. 22 (I, 455).
Die versöhnende Tätigkeit des Hohenpriesters erstreckt sich über
die ganze Welt. de monarch. II, 6 (II, 227). de vita Mos. III, 14
(II, 155). Damit vgl. Col. 1, 20.
Die Anschauung von den die Luft erfüllenden höheren Wesen
(vgl. oben S. 212) de gigant. 2 (I, 623). de plantat. 4 (I, 332). de
confus. lingu. 34. 35 (I, 431. 432). de somn. I, 22 (I, 641) ist eben-
falls Ephes. 6, 12 τὰ πνευματικὰ τῆς πονηρίας ἐν τοῖς ἐπουρανίοις. vgl.
auch Ephes. 2, 2 ἄρχων τῆς ἐξουσίας τοῦ ἀέρος. Nur dass sie hier
durchaus als böse Wesen gefasst werden.
Der Vergleich des Strebenden mit einem Läufer: 2 Tim. 4, 7. 8.
1 Cor. 9, 24. 25 findet sich ganz ähnlich de migr. Abr. 24 (I, 456)
ἐὰν μέντοι πορευόμενος μήτε κάμῃ ὡς ὑπενδοὺς ὀκλάσαι μήτε ῥᾳθυμήσῃ
ὡς παρ' ἑκάτερα ἐκτραπόμενος πλανᾶσθαι τῆς μέσης καὶ εὐθυτενοῦς δια-
μαρτὼν ὁδοῦ· μιμησάμενος δὲ τοὺς ἀγαθοὺς δρομεῖς τὸ στάδιον ἀπταί-
στως ἀνύσῃ τοῦ βίου στεφάνων καὶ ἄθλων ἐπαξίων τεύξεται πρὸς τὸ τέλος
ἐλθών.
Die Anschauung, dass der Fromme in einem höheren himmlischen
Vaterlande lebe, hier auf der Erde als ein Fremdling walle, ist in
sehr ähnlichen Ausdrücken wie Philipp. 3, 20 dargestellt: de agricult.
14 (I, 310), besonders aber de confus. lingu. 17 (I, 416) διὰ τοῦτο
οἱ κατὰ Μωσῆν σοφοὶ πάντες εἰσάγονται παροικοῦντες (vgl. Hebr. 13, 14),
αἱ γὰρ τούτων ψυχαὶ στέλλονται μὲν ἀποικίαν δή ποτε τὴν ἐξ οὐρανοῦ ...
πατρίδα μὲν τὸν οὐράνιον χῶρον ἐν ᾧ πολιτεύονται (vgl. Phil. 3, 20),
ξένον δὲ τὸν περίγειον ἐν ᾧ παρῴκησαν νομίζουσαι (vgl. Hebr. 11, 13.
14. 16. 1 Petr. 2, 11).
Die göttliche Inspiration wird ganz wie 2 Petri 1, 21 beschrieben
de monarch. I, 9 (I, 222) τὶς ἐπιφανεὶς ἐξαπιναίως προφήτης θεοφόρη-
τος θεσπιεῖ καὶ προφητεύσει λέγων μὲν οἰκεῖον οὐδέν ... ὅσα δὲ ἐνηχεῖται
διελεύσεται καθάπερ ὑποβάλλοντος ἑτέρου· ἑρμηνεῖς γάρ εἰσιν οἱ προ-
φῆται θεοῦ καταχρωμένου τοῖς ἐκείνων ὀργάνοις πρὸς δήλωσιν ὧν ἂν
ἐθελήσῃ.
Zu der Mahnung Tit. 3, 9 μωρὰς δὲ ζητήσεις περιίστασο vgl. de
somn. II, 40 (I, 693), die philonische bei den ἐριστικαὶ γνωσιμαχίαι
zu schweigen. — Desgl. de sacrif. Ab. et Cain. 4 (I, 166). de migr.
Abr. 13 (I, 447).

§. 2. Der Jakobusbrief.

Für den Jakobusbrief sind die Parallelen aus Philo sehr sorgfäl-
tig und ziemlich vollständig gesammelt von Schneckenburger in seiner
annotatio ad epistolam Jacobi perpetua. Stuttgart 1832, so dass uns

hier nur eine Uebersicht des Stoffes zu geben und einzelne Ergänzungen beizufügen übrig bleibt [1]).

Ein Teil der von Schneckenburger beigebrachten Stellen ist dazu geeignet, den Sprachgebrauch des Jakobusbriefs aus Philo zu erläutern, ohne dass deshalb auf einen unmittelbaren Einfluss des letztern zu schliessen wäre. So sind für den Gebrauch des Wortes τίκτειν in Jac. 1, 15 die S. 26 angeführten Stellen zu vergleichen, in denen dasselbe bei Philo ebenfalls von geistigen Hervorbringungen gebraucht wird; für den Gegensatz von ῥυπαρά und λαμπρὰ ἐσθής in Jac. 2, 2 vgl. de Joseph. p. 541 D, bei Schn. S. 51; zur Exegese von ἐδικαιώθη in Jac. 2, 21 s. δίκαιος ἐνομίσθη bei Philo leg. alleg. 103, bei Schn. S. 65, s. auch die S. 66 angef. St.; für das χαλιναγωγεῖν in Jac. 3, 2 s. πάθη χαλιναγωγεῖν bei Philo de agricult. 197 C, bei Schn. S. 73. vgl. auch Jac. 1, 26 mit Philo de sacrif. Ab. et Cain. 137 B, bei Schn. S. 46; für das καθαρίζειν χεῖρας in Jac. 4, 8 vgl. Philo de carit. 718 A. quod det. pot. insid. 176 D, bei Schn. S. 97; zum Gebrauch von ἐγγίζειν Gott gegenüber vgl. Jac. 4, 8 mit Philo de migr. Abr. 397, bei Schn. S. 96; für den Unterschied von σοφός und ἐπιστήμων in Jac. 3, 13 vgl. Philo de praem. et poen. 923 A, bei Schn. S. 86. Anderweite phraseologische Bemerkungen zu Jac. 5, 4. 5 s. bei Schn. S. 109.

Ebenso hat Jakobus manche Bilder mit Philo gemein: So das Bild des Funkens, welcher ein grosses Feuer anzündet, c. 3, 5, vgl. Philo de migr. Abr. 407 A, bei Schn. S. 77; das Bild des Spiegels für die innerliche Selbstbetrachtung Jac. 1, 24 vgl. Philo de migr. Abr. 403 C, bei Schn. S. 43; das Bild der Quelle für die aus dem Innern des Menschen hervorsprudelnden Worte Jac. 3, 11. vgl. Philo de somn. 1240 E. quod det. pot. 162 E, bei Schn. S. 85; das Bild von der Bändigung der wilden Thiere durch den Menschen Jac. 3, 7, bei Philo de opif. m. 19. 20, s. Schn. S. 80 f.; von allgemeinerer Aehnlichkeit das Bild vom Landmann, der seine Saat zu ernten hofft, bei Philo leg. alleg. II p. 103 B und bei Jakobus vom Handelsmann, der seinen Gewinn für sicher hält, c. 3, 13. 14. Beide beachten nicht die Flüchtigkeit des Lebens. s. Schn. S. 102. Doch bei der allgemeinen Natur dieser Bilder ist wol auch hier noch nicht auf einen bestimmten Einfluss zu schliessen [2]).

Anderes erklärt sich aus der gemeinsamen Quelle der biblischen

---

1) Bei einzelnen derselben ist freilich der Anklang nur ein sehr allgemeiner, wie bei den zu Jac. 3, 2 aufgeführten Stellen von der allgemeinen Sündhaftigkeit der Menschen S. 72, bei der Parallele zwischen Raab in Jac. 2, 25 und Thamar bei Philo de nobilit. p. 908 E S. 69, oder die Sachen decken sich nicht, wie z. B. Jacobus c. 3, 2 es als das Höchste darstellt, frei von allen Zungensünden zu sein, Philo dagegen die Freiheit von allen Gedankensünden für das Höchste hält, s. Schn. S. 72.

2) Anders ist es freilich, wenn auch der wörtliche Ausdruck der Schilderung ganz oder teilweise zusammenstimmt. So ist es bemerkenswert, dass in der Darstellung der Vergänglichkeit des Reichtums Jac. 1, 11 derselbe Ausdruck μαραίνεσθαι vorkommt, der bei gleicher Veranlassung bei Philo de vict. p. 855 A sich findet. S. bei Schn. S. 18.

und der altjüdischen Ueberlieferung. So die Betonung der Gottesein-
heit Jac. 2, 19 vgl. mit Philo leg. ad Caj. p. 1008 B, bei Schn. S. 63;
die Gottebenbildlichkeit des Menschen Jac. 3, 9, vgl. die Stellen Phi-
lo's bei Schn. S. 82; die Bezeichnung des Götzendienstes unter dem
Bilde des Ehebruchs Jac. 4, 4, vgl. die St. bei Schn. S. 92 f.; die Be-
nennung Abraham's als eines Freundes Gottes Jac. 2, 23 nach Jes.
41, 8. Weisheit Sal. 7, 27, in LXX Gen. 18, 17, bei Philo leg. alleg.
III, 88. de sobriet. 11 (I, 400) [wobei ein Wechsel der Ausdrücke
παῖς und φίλος]. vgl. ausserdem m. Abhdlg.: Philo u. der Text der
LXX in Hilgenfeld's Zeitschr. f. w. Theol. 1873 H. 2 S. 225. — Fer-
ner: der Hinweis auf die herrschende jüdische Eidespraxis Jac. 5, 12
vgl. mit Philo de spec. legg. 770 A, bei Schn. S. 117; auf die hei-
lende Macht des Oels Jac. 5, 14 vgl. mit Philo de somn. p. 1116, bei
Schn. S. 119; ϑρησκεία ... παρὰ ϑεῷ in Jac. 1, 27 vgl. Philo de mut.
nom. 1050 E, bei Schn. S. 48 ist ein einfacher Hebraismus (בְּכִי יי).
Die Mahnung, schnell zum hören, langsam zum reden und zum Zorn
zu sein Jac. 1, 19 vgl. Philo quis rer. div. haer. 482 E hat häufige
Vorbilder im A. T., s. Schn. S. 36. — Zum Gegensatze von ἀκροατής
und ποιητὴς λόγου in Jac. 1, 22 vgl. Philo de praem. et poen. 923 B,
bei Schn. S. 41 und den daselbst aufgeführten Spruch aus Pirke Aboth
II, 17. Das Mitleid mit Wittwen und Waisen Jac. 1, 27 vgl. de vict.
offer. p. 854 D, bei Schn. S. 48 wird oft im A. T. empfolen. — Die
Anschauung, dass das Bekenntniss der Sünde etwas Heilendes für die
Seele habe, bei Jac. 5, 16 und Philo de somn. 1136. 1149 vgl. Schn.
S. 120, dürfte ihre gemeinsame Wurzel in den Psalmen des A. T.'s
haben. — Ebenso war das Verhältniss von ἔλεος und κρίσις im älte-
ren Judentum vorgebildet (s. oben S. 214). Zu Jac. 2, 13 κατακαυχᾶ-
ται ἔλεος κρίσεως vgl. quod deus immut. 16 (I, 284) οὐ μόνον δικάσας
ἐλεεῖ ἀλλ' ἐλεήσας δικάζει· πρεσβύτερος γὰρ δίκης ὁ ἔλεος παρ' αὐτῷ ἐστιν.

Manches aber berührt sich sowol im Gedanken als auch in der
Art und Weise der Ausführung sehr nahe mit Philo. So namentlich
die Schilderung der reinen Lichtnatur Gottes, wie sie Jac. 1, 17 ge-
geben wird. Wie Jakobus Gott πατὴρ τῶν φώτων nennt, so bezeich-
net ihn Philo de opif. m. p. 6 D als πηγὴ τῶν αἰσθητῶν ἀστέρων, und
wie jener dieses Licht als ein wechselloses darstellt, so sagt auch Philo
de Joseph. 24 (II, 62)[1]) von Gott, er habe ἡμέραν αἰώνιον νυκτὸς καὶ
πάσης σκιᾶς ἀμέτοχον. — Auch die aus dieser Lichtnatur Gottes gezo-
gene Folgerung ist bei Philo und Jakobus dieselbe. Es geht von Gott
nur gute Gabe aus. Jakobus πᾶσα δόσις ἀγαθὴ καὶ πᾶν δώρημα τέλειον
ἄνωθέν ἐστι καταβαῖνον. Philo de sacrif. Ab. et Cain. p. 138 E ὁλό-
κληροι καὶ παντελεῖς αἱ τοῦ ἀγεννήτου δωρεαὶ πᾶσαι. Andere St. s. bei
Schn. S. 30 ff. Der Urheber des Bösen dagegen ist Gott nicht. Jac.
1, 13 πειράζει ... οὐδένα. Philo de cherub. 122 D μόνον ἀγαθῶν
ἐστιν ὁ ϑεὸς αἴτιος, κακοῦ δὲ οὐδενὸς παράπαν. de profug. 462 B.

---

1) Eine Stelle, welche sowol Schneckenburger (s. S. 30 ff.) als Loesner, obser-
vationes ad N. T. e Philone Alexandrino S. 456 entgangen ist.

δυσίατος ἢ παντελῶς ἀνίατος μῶμος τὸ φάσκειν καὶ κακῶν αἴτιον εἶναι τὸ θεῖον. Andere St. s. bei Schn. S. 21.

Die Sünde entsteht aus der eignen Begierde des Menschen. Jac. 1, 14 vgl. mit Philo de profug. 15 (I, 557) ἐν ἡμῖν γὰρ αὐτοῖς οἱ τῶν κακιῶν εἰσι θησαυροί. Die ἐπιθυμία wird bei Jakobus l. c. wie bei Philo als etwas persönlich Lockendes vorgestellt. leg. alleg. p. 519 B ἐπιθυμία μὲν γὰρ ὁλκὸν ἔχουσα δύναμιν κἂν φεύγῃ τις τὸ ποθούμενον διώκειν ἀναγκάζεται, und besonders de opif. m. 38 C ὁ λογισμὸς ... δελεασθεὶς ὑπήκοος ἀνθ' ἡγεμόνος γίγνεται und de agric. p. 202 E ἓν οὐδέν ἐστιν ὃ μὴ πρὸς ἡδονὴν δελεασθὲν εἵλκυσται καὶ ἐμφέρεται τοῖς πολυπλοκωτάτοις δικτύοις αὐτοῦ. S. bei Schn. S. 25. 26. — Auch ist sie es, welche die Zwistigkeiten unter den Menschen hervorruft, vgl. Jac. 4, 1 mit Philo de migr. Abr. 399 C ὅλον τὸ ἐπιθυμίας εἶδος σύμπαντα δὴ τὸν πολεμικὸν θυμὸν ... bei Schn. S. 91. Sie ist etwas den Menschen Beschmutzendes. Jac. 1, 21 ῥυπαρία, vgl. Philo de mut. nom. 1051 τὰ καταρυπαίνοντα τὴν ψυχήν, bei Schn. S. 38, auch der Ausdruck περισσεία κακίας, welchen hier Jakobus gebraucht, hat seine Parallele bei Philo de somn. p. 1114 C. 1116 E. S. bei Schn. S. 39.

Auch in der Erlösungslehre fehlt es nicht ganz an Berührungspunkten. Die judaistische Richtung des Jakobusbriefes legt bekanntlich grossen Wert auf die Befolgung des Gesetzes und lässt die praktische Befreiung von der Sünde im Dienste der Werke sich vollziehen. Obwol nun Philo vorzugsweise die asketische Abtödtung der Sinnlichkeit betont, so kommt doch eine Stelle vor, in der er mit Jakobus in der Darstellung der von der Sünde befreienden Macht des Gesetzes zusammentrifft. Jac. 1, 25 vgl. mit quod omn. prob. lib. 871 A καὶ τῶν ἀνθρώπων παρ' οἷς μὲν ὀργὴ καὶ ἐπιθυμία ἤ τι ἄλλο πάθος ἢ καὶ ἐπίβουλος κακία δυναστεύσῃ πάντες εἰσὶ δοῦλοι· ὅσοι δὲ μετὰ νόμου ζῶσιν ἐλεύθεροι. S. bei Schn. S. 44. Allerdings ist aber diese Stelle aus einer angezweifelten Schrift Philo's. Doch in der Behauptung, dass der Glaube ohne Werke nichtig sei, trifft Philo mehrfach mit Jac. 2, 14 ff. zusammen. So de congr. erud. grat. 430 ἡ γὰρ ἄνευ πράξεως θεωρία ψιλὴ οὐδὲν ὄφελος τοῖς ἐπιστήμοσιν. de ebriet. III, 266 τί γὰρ λόγων ἱερῶν ἀκροάσεως ὄφελος ἐκτετμημένῳ πίστιν καὶ παρακαταθήκην βιωφελεστάτων δογμάτων φυλάξαι μὴ δυναμένῳ. Bei Schn. S. 132.

Beachtenswert ist aber das Zusammentreffen beider Schriftsteller in der Anschauung, dass die Tugenden in der Seele durch Gott gezeugt werden. So Jac. 1, 18 vgl. mit de cherub. 13 (I, 147) τίς οὖν ὁ σπείρων ἐν αὐταῖς (ψυχαῖς) τὰ καλὰ πλὴν ὁ τῶν ὅλων πατὴρ ὁ ἀγέννητος θεὸς καὶ τὰ σύμπαντα γεννῶν; σπείρει μὲν οὖν οὗτος, τὸ δὲ γέννημα τὸ ἴδιον ὃ ἔσπειρε δωρεῖται. Eine andere ähnliche Stelle s. bei Loesner a. a. O. S. 457. Verwandt hiermit ist die besondere Wertschätzung der Weisheit. Auch diese schenkt Gott, Jac. 1, 5 vgl. mit Philo de profug. p. 458 τῷ γὰρ ὄντι τὴν αἰθέριον σοφίαν ὁ θεὸς ταῖς εὐφυέσι καὶ φιλοθεάμοσιν ἄνωθεν ἐπιψεκάζει διανοίαις, bei Schn. S. 11. Jac. 3, 15 ἡ σοφία ἄνωθεν κατερχομένη zu vgl. mit Philo de profug. p. 571 σοφία ἄνωθεν ὀμβρηθεῖσα ἀπ' οὐρανοῦ. de mut. nom. 1083 οὐράνιον σοφίαν ἄνωθεν ἐπιπέμπει, bei Schn. S. 88. — Der Gerechte erbittet sie von Gott. Jac. 4, 3 vgl. mit de migr. Abr. 406 D ὁ δίκαιος ὅσα ἂν μὴ εὑρίσκῃ παρ᾽ ἑαυτῷ τὸν μόνον πάμπλουτον αἰτεῖται θεόν, bei Schn. S. 92, der aber die bezeichnenden folgenden Worte fortlässt: ὁ δὲ τὸν οὐράνιον ἀνοίξας θησαυρὸν ὀμβρεῖ καὶ ἐπινίφει τὰ ἀγαθὰ ἀθρόα. Der friedliche Charakter dieser Weisheit bei Jac. 3, 17 ist ähnlich bei Philo geschildert de agricult. 37 (I, 324) ἁρμόττει δὲ πᾶσι τούτοις (sc. σοφοῖς) . . . βιοῦν αφιλονείκως καὶ μὴ τῷ τῶν σοφιστῶν ἐπαποδύεσθαι πολέμῳ . . . ἐπειδὴ τὸ ἀληθὲς εἰρήνη φίλον.

Hiezu kommen noch einige Einzelheiten. Die philonische Unterscheidung einer niederen und höheren Frömmigkeit und die Benennung der letzteren als παντελὴς καὶ ὁλόκληρος de Abrah. 375 D ἀρετὴ τελεία ἐν βίῳ τελείῳ quod det. pot. insid. 166 D vgl. auch ἀγαθὰ τέλεια de sacrif. Ab. et Cain. 134 C u. a. St. bei Schn. S. 8, kehrt bei Jakobus c. 1, 4 wieder (ἔργον τέλειον. τέλειοι κ. ὁλόκληροι). — Die Vergleichung des zwischen Gut und Böse schwankenden Seelenzustandes mit einer vom Winde bewegten Meereswelle Jac. 1, 6 ist sehr ähnlich der philonischen mit einem Schiffe de cherub. 110 B ἀνάγκη δὲ ὅταν ἀπὸ τῆς τοῦ θεοῦ φαντασίας ἐξέλθῃ διάνοια νεὼς αὐτίκα τρόπον θαλαττευούσης ἀντιστατούντων βιαίως πνευμάτων ὧδε καὶ ἐκεῖσε φέρεσθαι κτλ. de migr. Abr. p. 410 E εἰσὶ γάρ τινες ἐδοιασταὶ καὶ ἐπαμφοτερίσται (vgl. Jac. 1, 8 ἀνὴρ δίψυχος) πρὸς ἑκάτερον τοῖχον ὥσπερ σκάφος ἐπ᾽ ἐναντίων πνευμάτων διαφερόμενον ἀποκλίνοντες u. a. St. bei Schn. S. 14. 15.

Ebenso ist sehr ähnlich die Ausführung, wie man bei Vermeidung der einen Uebertretung durch das Begehen einer andern eine Verletzung des ganzen Gesetzes herbeiführe, in Jac. 2, 11 und Philo leg. alleg. II, 105 οὐ φυγόντες τινὲς τὸ ἱεροσυλεῖν ἐξ ἰδιωτικῆς ἔκλεψαν οἰκίας καὶ οὐκ ὄντες πατροτύπται ἀλλότριον ὕβρισαν; οὗτοι ἐξέρχονται μὲν ἀπὸ τῶν ἁμαρτημάτων εἰς ἕτερα δὲ εἰσέρχονται· τὸν δὲ τελείως ἐγκρατῆ δεῖ πάντα φεύγειν τὰ ἁμαρτήματα κτλ., s. bei Schn. S. 57.

Ferner vgl. Jac. 3, 10 (wir fluchen dem Menschen mit demselben Munde, mit welchem wir Gott loben) mit Philo de decem orac. II, 196 οὐ γὰρ ὅσιον δι᾽ οὗ στόματος τὸ ἱερώτατον ὄνομα προφέρεται διὰ τούτου φθέγγεσθαί τι τῶν αἰσχρῶν, bei Schn. S. 84.

Dass in manchen dieser Parallelen Spuren philonischen Einflusses zu erkennen sind, scheint uns unzweifelhaft. Nur dürfte sich das unserer Erkenntniss entziehen, wie und wodurch diese alexandrinische Weisheit dem heiligen Schriftsteller vermittelt wurde.

§. 3. Die Evangelien. Das Johannesevangelium.

I. Die synoptischen Evangelien.

Für die synoptischen Evangelien ist mancherlei Sprachliches und Sachliches aus Philo in den bereits mehrfach erwähnten observationes von Loesner gesammelt worden.

Wir begnügen uns daher hier damit, solche Stellen nachzutragen, welche bei Loesner sich nicht finden. Inwieweit aus diesem Material ein bestimmter Einfluss philonischer Denkweise hervorgehe, darüber wagen wir keine Entscheidung zu treffen. Jedenfalls aber ergiebt sich aus diesem mannigfachen Zusammentreffen in Ausdruck und Gedanke, dass das alexandrinische Judentum den Evangelien in manchem Betracht sehr nahe stand.

Zu Matth. 5, 6 „Hungern und Dürsten nach der Gerechtigkeit" ist zu den Stellen bei Loesner S. 10 noch zu fügen: de profug. 25 (I, 566) διψῶντες καὶ πεινῶντες καλοκαγαθίας. de judice 1 (II, 345) διψῶντες εὐνομίας. — Zu Matth. 24, 7 vgl. Luc. 21, 11 erwähnt Loesner S. 54 f. einige Stellen, doch nicht die merkwürdigste de somn. II, 18 (I, 675), wo dieselbe Zusammenstellung vorkommt: ἢ λιμὸς ἢ λοιμὸς ἢ σεισμός, bei Matth. καὶ ἔσονται λιμοὶ καὶ λοιμοὶ καὶ σεισμοί.

Sachliche Parallelen sind folgende.

Für die Vergleichung des Geistes Gottes mit einer Taube liegt offenbar die ursprüngliche Veranlassung in Gen. 1, 2 מרחפת רוח Der über dem Wasser brütende und es zu Gestaltungen belebende Geist Gottes wird mit einem Vogel verglichen. — Bei Philo quis rer. div. haer. 25 (I, 490) vgl. 48 (I, 505) ist die Turteltaube Bild der göttlichen, die Taube Bild der menschlichen Weisheit. Von der ersteren heisst es: φιλέρημος γὰρ ἡ θεία σοφία διὰ τὸν μόνον θεὸν οὗ κτῆμά ἐστι; desgl. ὁ γὰρ θεοῦ λόγος φιλέρημος ... ἄνω φοιτᾶν εἰθισμένος ἀεί. — So Matth. 3, 16. Bei den Samaritern ist die Taube göttlich verehrt als Achina = Schechina die göttliche Lichthülle.

Die Art und Weise, wie Matth. 5, 18 sich über die Unvergänglichkeit des jüdischen Gesetzes ausspricht, ist sehr ähnlich der Stelle bei Philo de vita Mos. II, 3 (II, 136), namentlich vgl. die Phrase: ὥσπερ ἀθάνατα ἕως ἂν ἥλιος καὶ σελήνη καὶ ὁ σύμπας οὐρανός τε καὶ κόσμος mit Matth. ἕως ἂν παρέλθῃ ὁ οὐρανὸς καὶ ἡ γῆ.

Zu Matth. 5, 29. 30 vgl. quod det. pot. insid. 48 (I, 224) διόπερ ἑλέσθαι ἄν μοι δοκοῦσιν οἱ μὴ τελείως ἀπαίδευτοι πεπηρῶσθαι μᾶλλον ἢ τὰ μὴ προσήκοντ᾽ ὁρᾶν, κεκωφῶσθαι μᾶλλον ἢ βλαβερῶν ἀκούειν λόγων καὶ ἐκτετμῆσθαι γλῶσσαν ὑπὲρ τοῦ μηδὲν τῶν ἀρρήτων ἐκλαλῆσαι.

Matth. 5, 33 — 37. Die Stelle de spec. legg. I, 2 (II, 271 ff.) ist öfter berücksichtigt worden (vgl. auch de Wette, k. Erkl. des Ev. Matth. z. d. St.). Dagegen noch näher trifft mit Matth. zusammen de decal. 17 (II, 195) κάλλιστον δὴ καὶ βιωφελέστατον καὶ ἅρμοττον λογικῇ φύσει τὸ ἀνώμοτον οὕτως ἀληθεύειν ἐφ᾽ ἑκάστου δεδιδαγμένῃ ὡς τοὺς λόγους ὅρκους εἶναι νομίζεσθαι.

Zu Matth. 6, 16 ist eine merkwürdige Parallele, welche sich unter den von Loesner S. 21 aufgeführten nicht findet. Es heisst de profug. 6 (I, 551) μέμψαιτο δὲ ἂν οὖν δεόντως ἡ ἀλήθεια τοῖς ἀνεξετάστως ἀπολείπουσι τὰς ἐν τῷ πολιτικῷ βίῳ πραγματείας καὶ πορισμοὺς καὶ δόξης καὶ ἡδονῆς καταπεφρονηκέναι λέγουσιν. Ἀλαζονεύονται γὰρ οὐ καταφρονοῦσι τὸ ῥυπᾶν καὶ σκυθρωπάζειν αὐστηρῶς τε καὶ αὐχμηρῶς ἀποζῆν δελέατα προτιθέντες ὡς δὴ κοσμιότητος καὶ σωφροσύνης καὶ καρτερίας ἐρασταί. Τοὺς δὲ ἀκριβεστέρους ἀπατᾶν οὐ δύνανται κτλ. — Philo scheint sich hier ebenso gegen essäische Heuchelei zu wenden wie Jesus gegen pharisäische.

Zu Matth. 7, 13. 14 finden sich in leg. alleg. II ed. Pf. I, 236 und de agricult. III, 48 (§. 23 M. I, 316) zwei fast wörtlich stimmende Parallelen, worauf aber schon Gfrörer I, 444 aufmerksam gemacht hat.

Zu Matth. 8, 11. 12 (Luc. 13, 28. 29) vgl. de execrat. 6 (II, 433) ὁ μὲν ἔπηλος ἄνω ταῖς εὐτυχίαις μετέωρος ἀρθεὶς περίβλεπτος ἔσται ... ὁ δὲ εὐπατρίδης παρακόψας τὸ νόμισμα τῆς εὐγενείας ὑποσυρήσεται κατωτάτω πρὸς αὐτὸν τάρταρον καὶ βαθὺ σκότος ἐνεχθείς.

Zu Matth. 10, 39. 16, 25. Marc. 8, 35. Luc. 17, 33. Joh. 12, 25 vgl. de profug. 10 (I, 554) ἐδίδαξε γάρ με ὅτι καὶ ζῶντες ἔνιοι τεθνήκασι καὶ τεθνηκότες ζῶσι· τοὺς μέν γε φαύλους ἄχρι γήρως ὑστάτου παρατείνοντας νεκροὺς ἔλεγεν εἶναι τὸν μετ᾽ ἀρετῆς βίον ἀφῃρημένους, τοὺς δὲ ἀστείους καὶ ἂν τῆς πρὸς σῶμα κοινωνίας διαζευχθῶσι ζῆν εἰς ἀεὶ ἀθανάτου μοίρας ἐπιλαχόντας. quod det. pot. insid. 15 (I, 201) ὁ μὲν δὴ σοφὸς τεθνηκέναι δοκῶν τὸν φθαρτὸν βίον ζῇ τὸν ἄφθαρτον, ὁ δὲ φαῦλος ζῶν τὸν ἐν κακίᾳ τέθνηκε τὸν εὐδαίμονα.

Matth. 11, 18. 19 führt den Gedanken aus, dass die wahrhafte Frömmigkeit, wie sie in Christo erschienen, nichts Düsteres an sich trage, sondern heiter sei, freilich in dieser ihrer Weise nur von den Kindern der Weisheit erkannt werde (ἐδικαιώθη ἡ σοφία ἀπὸ τῶν τέκνων αὐτῆς). Damit vgl. de plantat. 40 (I, 354) λεκτέον ὅτι οὐ σκυθρωπὸν καὶ αὐχμηρὸν τὸ τῆς σοφίας εἶδος ... ἀλλ᾽ ἔμπαλιν ἱλαρὸν καὶ γαλληνίζον μεστὸν γηθοσύνης καὶ χαρᾶς· κατὰ γοῦν τὸν ἱερώτατον Μωσὴν τέλος ἐστὶ σοφίας παιδιὰ καὶ γέλως.

Matth. 12, 35 vgl. c. 15, 13. Das Böse kommt nicht von aussen in uns hinein, wir haben einen θησαυρὸς πονηρός in uns. — Damit vgl. de profug. 15 (I, 557) ἐν ἡμῖν γὰρ αὐτοῖς οἱ τῶν κακιῶν εἰσι θησαυροί. S. auch oben zu Jac. 1, 14 S. 313.

Mit Matth. 12, 47—50 stimmt, was Philo de vict. offer. 11 (II, 259) auseinandersetzt: αἱ δὲ ἐκ προγόνων ἀφ᾽ αἵματος αὗται λεγόμεναι συγγένειαι καὶ αἱ κατ᾽ ἐπιγαμίας ἤ τινας ἄλλας ὁμοιοτρόπους αἰτίας οἰκειότητες ἀπορριπτέσθωσαν εἰ μὴ πρὸς τὸ αὐτὸ τέλος ἐπείγονται τὴν τοῦ θεοῦ τιμήν ... Bei Loesner S. 37 fehlen gerade diese entscheidenden Worte.

Matth. 13, 44. Philo gebraucht dasselbe Bild für das mühelose Finden der Güter der Weisheit, welche Gott dem Menschen darreicht, in quod deus immut. 20 (I, 286) πολλάκις δὲ ἐνετύχομεν τούτοις ἃ μηδ᾽ ὄναρ πρότερον εἴδομεν, ὥσπερ γεωπόνον φασί τινες ὑπὲρ τοῦ τι τῶν ἡμέρων δένδρων φυτεῦσαι σκάπτοντα χωρίον θησαυρῷ περιτυχεῖν ἀνελπίστῳ χρησάμενον εὐτυχίᾳ.

Die Stelle Matth. 17, 2 hat in Exod. 34, 30 ihr alttestamentliches Vorbild. Philo sagt de vita Mos. III, 2 (II, 146), die Israeliten hätten Mose's Angesicht nicht anblicken können κατὰ τὴν προσβολὴν ἡλιοειδοῦς φέγγους ἀπαστράπτοντος, vgl. damit den Ausdruck bei Matth. ἔλαμψε τὸ πρόσωπον αὐτοῦ ὡς ἥλιος.

Zu Matth. 19, 12 vgl. quod det. pot. insid. 48 (I, 224) ἐξευνουχισθῆναί γε μὴν ἄμεινον ἢ πρὸς συνουσίας ἐκνόμους λυττᾶν.

Zur Erklärung von μαμμωνᾶ τῆς ἀδικίας in Luc. 16, 9 vgl. Philo de monarch. II, 8 (II, 228) καίτοι γε τὸ νόμισμα καθ' αὑτὸ οὐκ ἔνοχον ἀλλὰ διὰ τὴν λαβοῦσαν (sc. πόρνην vgl. Deut. 23, 18) κατὰ τὴν πρᾶξιν ἐφ' ᾗ δέδοται. Zu Luc. 19, 13 ff. bes. v. 20 ff. vgl. quis rer. div. haer. I, 21 (I, 487), wo Philo zu Gen. 15, 9 λαβέ μοι bemerkt, wir sollten alles, was wir von Gott empfangen, nicht für uns selbst hinnehmen, sondern als ein anvertrautes Pfand ansehen — und dann hinzufügt: σὺ δὲ ὦ γενναῖε πειρῶ παντὶ σθένει μὴ μόνον ἀσινῆ καὶ ἀκιβδήλευτα φυλάττειν ἃ ἔλαβες ἀλλὰ καὶ πλείονος ἐπιμελείας ἀξιοῦν ἵν' ὁ παρακαταθέμενος μηδὲν ἔχῃ τῆς παρὰ σοῦ φυλακῆς αἰτιᾶσθαι. In gewissem Sinne liesse sich auch zu Luc. 24, 51. AG. 1, 9 vergleichen quis rer. div. haer. 56 (I, 513) δογματικῶς δὲ τὸν ἀστεῖον οὐκ ἀποθνήσκοντα ἀλλ' ἀπερχόμενον εἰςήγαγεν ἵν' ἄσβεστον καὶ ἀθάνατον τὸ τῆς κεκαθαρμένης ἄκρως ψυχῆς ἀποφανῇ γένος ἀποδημίᾳ τῇ ἐνθένδε πρὸς οὐρανὸν χρησάμενον οὐ διαλύσει καὶ φθορᾷ ἣν ἐπάγειν θάνατος δοκεῖ.

II. Das Johannesevangelium.

Dass zwischen der philonischen und der johanneischen Logoslehre ein geschichtlicher Zusammenhang bestehe, ist nicht blos von Ballenstedt, Philo und Johannes, 1802. Dähne I, 202 ff. Gfrörer I, 243 ff. Lücke, Kommentar über das Ev. Joh. I, 290 ff. de Wette - Brückner, Erkl. des Ev. u. der Br. Johannis S. 4 ff. behauptet, sondern auch von Dorner, Lehre von der Person Christi I, 57. Neander, Pflanzung der christl. Kirche 4 A. S. 796 ff. Tholuck, Kommentar z. Ev. Joh. S. 60 ff. Lutterbeck, neutestl. Lehrbegr. I, 441. II, 150 u. a. anerkannt worden und kann auch wol beim besten Willen von Niemandem in Abrede gestellt werden. Es würde für unsern Zweck zu weit führen, die ganze Geschichte der Exegese über die Logosstelle bei Johannes durchzunehmen [1]). Es genügt diejenigen Momente hervorzuheben, aus denen das Abhängigkeitsverhältniss des Johannesevangeliums in dieser Lehrbildung hervorgeht.

Zunächst ist allgemein anerkannt, dass Johannes [2]) den Namen Logos für das erscheinende Göttliche von Philo entlehnte. — Sodann stimmt er mit Philo in der Bezeichnung des Logos als Gott (θεός) überein. Und zwar ist hiebei zu beachten, dass, wie Philo de somn. I, 39 (I, 655) ausdrücklich hervorhebt, ὁ θεός bezeichne den Seienden selbst, θεός dagegen τὸν πρεσβύτατον αὐτοῦ λόγον: auch bei Johannes ein ähnlicher Unterschied angedeutet erscheint, indem er sagt ὁ λόγος ἦν πρὸς τὸν θεὸν καὶ θεὸς ἦν ὁ λόγος. c. 1, 1. — vgl. auch leg. alleg. III, 73 (I, 128) οὗτος (sc. ὁ λόγος) ἡμῶν τῶν ἀτελῶν ἂν εἴη θεὸς τῶν δὲ σοφῶν

---

1) Man vgl. darüber die Johannescommentare, bes. Lücke I, 630 ff.; ausserdem Dorner a. a. O. I, 22 ff.

2) Wir nennen den Verfasser des Evangeliums hier der Kürze wegen so, da die Frage, ob der Apostel das Evangelium geschrieben habe oder nicht, für uns hier gleichgültig ist.

καὶ τελείων ὁ πρῶτος. ap. Euseb. praep. evang. VII, 13. 1 πρὸς τὸν δεύτερον θεὸν ὅς ἐστιν ἐκείνου λόγος. — Drittens ist beiden gemeinsam die Annahme eines selbständigen Wesens, in welchem der Logos von Gott unterschieden ist. Dem johanneischen πρὸς τὸν θεόν c. 1, 1. 2 entspricht Philo's ὁ θεοῦ λόγος ... ἑνὶ ὁπαδὸς εἶναι μεμελετηκώς quis rer. div. haer. 48 (I, 506). Auch gehören die zalreichen Stellen hierher, in welchen der Logos als σκιά, εἰκών, ἀπεικόνισμα, χαρακτὴρ θεοῦ bezeichnet wird, s. dieselben bei Grossmann, quaest. de logo Philonis S. 46 ff. Zeller III, 2 S. 325 ff.

Viertens hat Johannes ebenfalls die Lehre von der vermittelnden Tätigkeit des Logos bei der Weltschöpfung. Er bedient sich dabei der dem Philo charakteristischen Ausdrucksweise δι' αὐτοῦ c. 1, 3. vgl. de cherub. 35 (I, 162) πρὸς γὰρ τὴν τινος γένεσιν πολλὰ δεῖ συνελθεῖν τὸ ὑφ' οὗ τὸ ἐξ οὗ τὸ δι' οὗ τὸ δι' ὅ, und zwar ist δι' οὗ τὸ ἐργαλεῖον und ergebe sich als dieses ὄργανον der λόγος θεοῦ δι' οὗ κατεσκευάσθη (ὁ κόσμος). de migr. Abr. 1 (I, 437) ὅτε ἐκοσμοπλάστει χρησάμενος ὀργάνῳ τούτῳ πρὸς τὴν ἀνυπαίτιον τῶν ἀποτελουμένων σύστασιν; de monarch. II, 5 (II, 225) δι' οὗ σύμπας ὁ κόσμος ἐδημιουργεῖτο.

Fünftens haben beide Schriftsteller die Anschauung vom Logos als einer insbesondere die Menschenwelt erleuchtenden Macht. — Bei Joh. 1, 4 τὸ φῶς τῶν ἀνθρώπων. So Philo leg. alleg. III, 59 (I, 121) τί γὰρ ἂν εἴη λαμπρότερον ἢ τηλαυγέστερον θείου λόγου οὗ κατὰ μετουσίαν καὶ τὰ ἄλλα τὴν ἀχλὺν καὶ τὸν ζόφον ἀπελαύνει φωτὸς κοινωνῆσαι ψυχικοῦ γλιχόμενα. — in de somn. I, 41 (I, 656) heisst er ἡ ἀνθήλιος αὐγή, welche wir Menschen zu schauen im Stande sind.

Soweit die Uebereinstimmung, welche in den Grundzügen des johanneischen Prologs uns entgegentritt [1]). Dazu kommen nun zalreiche Anklänge in der Ausführung des Einzelnen, von denen wir uns begnügen müssen nur die wichtigsten herauszuheben [2]).

Die bei Johannes c. 1, 14 sich findende Anschauung, dass in dem Logos die δόξα des Vaters widerstrale, findet ihr Vorbild bei Philo de monarch. I, 6 (II, 218). Hier bittet nach Exod. 33, 18 Mose nicht Gottes Angesicht, sondern nur τὴν περὶ αὐτὸν δόξαν θεάσασθαι. Diese δόξα wird gebildet von den δορυφοροῦσαι δυνάμεις, welche im Logos zusammengefasst sind, der deshalb auch εἰκὼν θεοῦ, ἡ ἀνθήλιος αὐγή genannt wird. de somn. I, 41 (I, 656).

Oft begegnet uns bei Philo der Gedanke, dass der Logos alles nach den Vorschriften des Vaters bilde, wobei zunächst an die weltschöpferische Tätigkeit des Logos gedacht wird. Bei Johannes findet man dies auf das irdische Wirken Christi übertragen und im ethischen Sinne gefasst, wodurch aber die Aehnlichkeit in den allgemeinen Zügen nicht

---

1) Sie wird nicht geleugnet werden können trotz aller Unterschiede, die zwischen dem philonischen und johanneischen Logos teils wirklich bestehen, teils ausgeklügelt werden. vgl. Carpzov, Philoniana lib. VII de logo Philonis non Johanneo. — Frommann, Joh. Lehrbegriff S. 142 ff. Hölemann, de ev. Joannis introitu 1855. u. a.

2) Vgl. im Uebrigen Loesner S. 137—163, der indessen fast nur Phraseologisches beibringt und sehr wichtige Parallelen übersieht.

aufgehoben wird. Man vergleiche Joh. 5, 19 οὐ δύναται ὁ υἱὸς ποιεῖν ἀφ᾿ ἑαυτοῦ οὐδὲν ἐὰν μή τι βλέπῃ τὸν πατέρα ποιοῦντα· ἃ γὰρ ἂν ἐκεῖνος ποιῇ ταῦτα καὶ ὁ υἱὸς ὁμοίως ποιεῖ mit de confus. lingu. 14 (I, 414) μιμούμενος τὰς τοῦ πατρὸς ὁδοὺς πρὸς παραδείγματα ἀρχέτυπα ἐκείνου βλέπων (ὁ λόγος) ἐμόρφου εἴδη. — Und zu Joh. 5, 20 ὁ γὰρ πατὴρ φιλεῖ τὸν υἱὸν καὶ πάντα δείκνυσιν αὐτῷ ἃ αὐτὸς ποιεῖ καὶ μείζονα τούτων δείξει αὐτῷ ἔργα vergleiche de migr. Abr. 9 (1, 443) εἴη δ᾿ ἂν μόνῳ τῷ καθαρωτάτῳ καὶ ὀξυωπεστάτῳ γένει ᾧ τὰ ἴδια ἐπιδεικνύμενος ὁ τῶν ὅλων πατὴρ ἔργα μεγίστην πασῶν χαρίζεται δωρεάν. — Auch zu diesem Verse und zu v. 30 καθὼς ἀκούω κρίνω vgl. de migr. Abr. 23 (I, 456), wo es im Anschluss an Gen. 1, 24 heisst: ὡς λαλεῖ ὁ θεός ... οὕτως ὁ σπουδαῖος ἕκαστα δρᾷ ὥστε τὰ ἔργα τοῦ σοφοῦ λόγων ἀδιαφορεῖν θείων [1]).

Hinsichtlich der oben berührten Beziehung des Logos zur Menschenwelt finden wir bei Philo in hervorragender Weise den Gedanken ausgeführt, dass dasselbe Wort Gottes, welches die Welt schuf, auch die Seelen der Guten zu Gott erhebe. Es heisst de sacrif. Ab. et Cain. 3 (I, 165) von Mose: διὰ ῥήματος τοῦ αἰτίου μετανίσταται δι᾿ οὗ καὶ ὁ σύμπας κόσμος ἐδημιουργεῖτο· ἵνα μάθῃς ὅτι τὸν σοφὸν ἰσότιμον κόσμῳ ὁ θεὸς ἤγαγε, dass Gott es sei, welcher durch den Logos die Seelen der Guten überhaupt bilde (vgl. oben S. 227). Dem entspricht die johanneische Anschauung (c. 1, 13) von denen οἳ οὐκ ἐξ αἱμάτων οὐδὲ ἐκ θελήματος σαρκὸς οὐδὲ ἐκ θελήματος ἀνδρὸς ἀλλ᾿ ἐκ θεοῦ ἐγεννήθησαν. vgl. hiermit auch quis rer. div. haer. 13 (I, 482), wo es heisst: nicht der οἰκογενής noch ὁ τῆς ἐναίμου ζωῆς ἔγγονος ἀλλ᾿ ἀσώματοι φύσεις νοητῶν πραγμάτων εἰσὶ κληρονόμοι. — Die vermittelnde, die Menschen mit Gott versöhnende Wirksamkeit des Logos wird bei Philo auch durch den Namen παράκλητος ausgedrückt. So heisst es de vita Mos. III, 14 (II, 155): ἀναγκαῖον γὰρ ἦν τὸν ἱερωμένον τῷ τοῦ κόσμου πατρὶ παρακλήτῳ χρῆσθαι τελειοτάτῳ τὴν ἀρετὴν υἱῷ πρός τε ἀμνηστείαν ἁμαρτημάτων καὶ χορηγίαν ἀφθονεστάτων ἀγαθῶν. Denselben Namen hat Christus 1 Joh. 2, 1.

Nach dieser die Seele belebenden Wirksamkeit wird der Logos mit dem Mannah verglichen. So Joh. 6, 50. 51 vgl. mit quis rer. div. haer. 15 (I, 484) τὸν θεῖον λόγον τὴν οὐράνιον φιλοθεάμονος ψυχῆς ἄφθαρτον τροφήν. ibid. 39 (I, 499) τὴν οὐράνιον τροφὴν ψυχῆς ἣν καλεῖ μάννα διανέμει πᾶσι τοῖς χρησομένοις λόγος θεῖος ἐξ ἴσου. de profug. 25 (I, 566) τῷ γὰρ ὄντι τὴν αἰθέριον σοφίαν ὁ θεὸς ταῖς εὐφυέσι καὶ φιλοθεάμοσιν ἄνωθεν ἐπιψεκάζει διανοίαις.

Wie Philo so schreibt auch Johannes dem Logos ein Wohnen in den Seelen der Gerechten zu. So vgl. de poster. Cain. 35 (I, 249) οἷς μὲν ὁ ψυχῆς βίος τετίμηται λόγος θεῖος ἐνοικεῖ mit Joh. 14, 23 μόνην παρ᾿ αὐτῷ ποιήσομεν. — Dieselbe zurechtweisende, teils richtende, teils zur höheren Erkenntniss führende Macht über die Seelen, welche

---

1) Das Bild von Christus als dem Hirten ist wol auf die alttestamentlichen Vorbilder zurückzuführen, wo es stehend für das Verhältniss Gottes zur Gemeinde angewendet wird, während bei dem philonischen Logos unter diesem Bilde stets die Welterhaltung und Weltleitung Gottes vorgestellt wird. So bes. de agricult. 12 (I, 308): die ἱερὰ ἀγέλη ist die Welt.

Joh. 16, 8 ff. dem heiligen Geist zuschreibt, sehen wir bei Philo den Logos ausüben.

Von der strafenden Gewalt, welche die Bösen der Sünde überführt, redet ähnlich wie Joh. 16, 8 ἐλέγξει τὸν κόσμον περὶ ἁμαρτίας κτλ. Philo in de gigant. 5 (I, 265) καὶ τοῖς ἐξαγίστοις ἐπιποτᾶται πολλάκις αἰφνίδιος ἡ τοῦ καλοῦ φαντασία . . . οἴχεται . . . τοὺς προςεληλυθότας οἰκήτορας νόμον καὶ δίκην ἐκδεδιητημένους ἀποστραφεῖσα πρὸς οὓς οὐδ' ἂν ποτε ἧκεν εἰ μὴ τοῦ διελέγξαι χάριν τοὺς ἀντὶ καλῶν αἰσχρὰ αἱρουμένους.

Von der bessernden und erhebenden Gewalt redet Joh. 16, 13 ff. und bei Philo quod deus immut. 26 (I, 292) τὸ γὰρ ὑγιαῖνον καὶ ζῶν ἐν ψυχῇ χρῶμα ὡς ἀληθῶς φαινόμενον ἐπ' αὐτῆς ἔλεγχός ἐστιν . . . ἡ δ' ἐλεγχομένη γνωρίζει τὰ καθ' ἕκαστα ὧν παρὰ τὸν ὀρθὸν λόγον ἐπετήδευε. vgl. 29 (I, 293), wo es heisst, der göttliche Logos erinnert an die alten Sünden, damit man sich immer mehr von denselben abwende und dahin folge, wohin der göttliche Dolmetscher führt; quod det. pot. insid. 40 (I, 219) τὸν σωφρονιστὴν ἔλεγχον τὸν ἑαυτοῦ λόγον εἰς τὴν διάνοιαν ἐκπέμψας δι' οὗ δυσωπήσας καὶ ὀνειδίσας περὶ ὧν ἐπλημμέλησεν αὐτὴν ἰάσεται. de profug. 21 (I, 563) ὁ ἀμίαντος ἀρχιερεὺς ἔλεγχος.

Demnach erscheint der Gerechte ebenso wie Joh. 3, 3 ἄνωθεν γεννηθείς, bei Philo quis rer. div. haer. 13 (I, 482) als νοῦς καθαρώτατος ὁ καταπνευσθεὶς ἄνωθεν [1]). — Wie bei Joh. 3, 8 der plötzliche Eintritt dieser Geisteswirkung mit dem Wehen des Windes verglichen wird, der auf einmal da ist und ebenso schnell wieder verschwindet und nur an der Wirkung erkannt wird, so sagt ähnlich Philo de mut. nom. 25 (I, 599) zu Gen. 17, 16, ἐξ αὐτῆς sei = παραχρῆμα εὐθὺς ἀνυπερθέτως ἄνευ μελλήσεως. Τοῦτον δὲ τὸν τρόπον, fährt er fort, αἱ θεῖαι φιλοῦσι συμβαίνειν δωρεαὶ φθάνουσαι καὶ τὰ χρόνων διαστήματα. — Die also vom Geist Ergriffenen achten nicht auf die Freuden des Leibes, sondern geniessen geistige Speisen. So Joh. 4, 31 ff. vgl. mit leg. alleg. III, 52 (I, 117) τρέφεται γὰρ (ἡ ψυχὴ) τότε θειοτέραις τροφαῖς ἐν ταῖς ἐπιστήμαις δι' ἃς καὶ τῆς σαρκὸς ἀμελεῖ. de vita Mos. III, 2 (II, 146) σιτίων τε καὶ ποτῶν ἐπὶ τεσσαράκοντα ἡμέρας ἑξῆς ἠλόγησε δῆλον ὅτι τροφὰς ἔχων ἀμείνους τὰς διὰ θεωρίας. — Auch das Bild des die Seele erquickenden Wassers Joh. 4, 10 ff. findet sich de plantat. 19 (I, 341) οἱ τὴν τῶν ὄντων φύσιν διερευνῶντες . . . παραπλήσια ποιοῦσι τοῖς τὰ φρέατα ὀρύττουσι· καὶ γὰρ ἐκεῖνοι τὰς ἐν ἀφανεῖ πηγὰς ἀναζητοῦσι· καὶ κοινὸς μὲν πόθος ἅπασίν ἐστι ποτὸν ἐνευρεῖν· ἀλλὰ τοῖς μὲν δι' οὗ σῶμα τοῖς δὲ δι' οὗ ψυχὴ πέφυκε τρέφεσθαι. — Und wie Joh. 3, 34 Gott diese Geistesgaben reichlich giebt (οὐ γὰρ ἐκ μέτρου δίδωσι ὁ θεὸς τὸ πνεῦμα), so lesen wir bei Philo de migr. Abr. 13 (I, 447) χαρίζεται δὲ ὁ θεὸς τοῖς

---

1) Das ἐνεφύσησε in Joh. 20, 22 geht auf Gen. 2, 7 LXX ἐνεφύσησεν εἰς τὸ πρόσωπον αὐτοῦ πνοὴν ζωῆς zurück, welche Stelle schon von Philo de opif. m. 46 (I, 32) auf Mitteilung des πνεῦμα ϑεῖον bezogen wird. — Die christliche Anschauung lässt diese Mitteilung nicht bei der Schöpfung am ersten Adam, sondern bei der Erlösung durch den letzten Adam erfolgen. vgl. 1 Cor. 15, 15 ὁ ἔσχατος Ἀδὰμ ἐγένετο εἰς πνεῦμα ζωοποιοῦν.

ὑπηκόοις ἀτελὲς οὐδὲν πλήρη δὲ καὶ τέλεια πάντα. — Besonders frappant ist auch das Zusammentreffen von Joh. 16, 13 τὸ πνεῦμα τῆς ἀληθείας ὁδηγήσει ὑμᾶς εἰς πᾶσαν τὴν ἀλήθειαν mit de vita Mos. III, 36 (II, 176) ὁ γὰρ νοῦς οὐκ ἂν οὕτως εὐσκόπως εὐθυβόλησεν εἰ μὴ καὶ θεῖον ἦν πνεῦμα τὸ ποδηγετοῦν πρὸς τὴν ἀλήθειαν. — Für Joh. 3, 12, wo die höhere Erkenntniss auf ἐπίγεια und ἐπουράνια sich erstreckt, vgl. leg. alleg. III, 58 (I, 126) τούτοις συμβέβηκε μὴ ταῖς γηΐνοις ἀλλὰ ταῖς ἐπουρανίαις ἐπιστήμαις τρέφεσθαι.

§. 4. Der Hebräerbrief.

Dass der Verfasser des Hebräerbriefs alexandrinisch gebildet war, ist allgemein anerkannt (vgl. Bleek, Hebräerbrief Bd. I S. 398). Lutterbeck, neutestl. Lehrbegr. II, 101 sagt von ihm, „er habe sich die allegorische Schriftauslegung und die Religionsphilosophie der Alexandriner zu eigen gemacht." vgl. auch I, 441. II, 245. — Riehm, der in seinem Lehrbegriff des Hebräerbriefs besonders bedacht ist, die Unterschiede zwischen dem letztern und Philo hervorzuheben (so namentlich I, 260 ff. II, 856), schreibt doch (I, 259) dem Verfasser des Hebräerbriefs alexandrinische Bildung zu.

Damit ist aber noch nicht entschieden, dass er auch den Philo gelesen habe. Nach Grotius soll schon dem Hieronymus die Aehnlichkeit zwischen Philo und dem Hebräerbriefe aufgefallen sein. Indessen ist die Richtigkeit dieser Angabe von Carpzov, Philoniana VI, 1 p. 96 und Bleek Bd. I S. 402 bezweifelt worden. — Im Allgemeinen aber spricht sich Bleek selbst Bd. I S. 398 dahin aus, dass eine grosse Aehnlichkeit zwischen beiden nicht nur in Ansehung der Lehrweise und Argumentation, sondern auch in manchen Vorstellungen und Gedanken und vielfältig selbst in dem Ausdruck und den einzelnen Sprachweisen stattfinde, so dass man nicht umhin könne, hier einen äusserlichen Zusammenhang anzunehmen.

Suchen wir von der Verwandtschaft beider Schriftsteller uns eine bestimmte Vorstellung zu verschaffen.

I. Was zunächst die zalreichen Berührungspunkte in sprachlicher und phraseologischer Hinsicht betrifft, so findet sich ein umfangreiches Material für diese Frage in Carpzov's sacrae exercitationes in S. Pauli epist. ad Hebraeos e Philone Alex. Helmst. 1750, anderes bei Eichhorn, Einleitung in das N. T. III, 442 ff. und an vielen einzelnen Stellen in Bleek's Hebräerbrief. Berlin 1828—1840, s. daselbst II, 1 S. 118. 147. 289. 309. 318. 332. 343. 347. 364. 376. 394. 517. 554. 586. II, 2 S. 16. 40. 82. 89. 115. 149. 257. 269. 273. 344 u. a.

Hieran schliessen sich manche Eigentümlichkeiten der Form, welche der Hebräerbrief mit Philo gemein hat. — Dahin gehört die Manier, lehrhafte und paränetische Stellen mit einander abwechseln zu lassen. Man vergleiche Stellen wie de poster. Cain. 40 (I, 251). quod deus immut. 24 (I, 289). de agricult. 25 (I, 317). de migr. Abr. 24 (I, 457) u. ähnl. mit Hebr. 2, 1 ff. 3, 1 ff. — Ferner die Wendung, dass eine Sache als zu schwierig oder zu weitführend für jetzt übergangen werden solle. So vgl. de migr. Abr. 18 (I, 452) τὰ μὲν ἄλλα μακροτέρων ἢ κατὰ τὸν παρόντα καιρὸν δεῖται λόγων καὶ ὑπερθετέον u. a. mit Hebr. 5, 11. 6, 1. — Sodann gewisse Aehnlichkeiten in rednerischen Vergleichen. Wie Hebr. 3, 3 es heisst καθ᾽ ὅσον πλείονα τιμὴν ἔχει τοῦ οἴκου ὁ κατασκευάσας αὐτόν, so ähnlich de plantat. 16 (I, 340) ὅσῳ γὰρ ὁ κτησάμενος τὸ κτῆμα τοῦ κτήματος ἀμείνων καὶ τὸ πεποιηκὸς τοῦ γεγονότος ... Auch ähnliche rednerische Steigerungen finden sich. Man vergleiche de profug. 16 (I, 462) εἰ γὰρ οἱ τοὺς θνητοὺς κακηγορήσαντες γονεῖς ἀπάγονται τὴν ἐπὶ θανάτῳ τίνος ἀξίους χρὴ νομίζειν τιμωρίας τοὺς τῶν ὅλων πατέρα καὶ ποιητὴν βλασφημεῖν ὑπομένοντας mit Hebr. 2, 2 ff. — Auch gewisse Nachlässigkeiten in der Wortstellung sind übereinstimmend. So hat das logisch versetzte πάλιν in Hebr. 1, 6, was dem Sinne nach jedenfalls zu λέγει zu ziehen ist (s. Bleek Bd. 2 S. 131), sein Vorbild in leg. alleg. III, 9 (I, 93) ὁ δὲ πάλιν ἀποδιδράσκων θεὸν ... φησί, wo ebenfalls πάλιν zu φησί gehört.

II. Wichtiger aber ist die gleiche Ansicht von der Schrift und die gleiche Behandlung, welche beide der letzteren angedeihen lassen.

Die philonische Anschauung von der Inspiration, nach welcher der Geist Gottes in den Profeten redet, so dass diese nicht ihre eignen Gedanken aussprechen, sondern vielmehr ein Höherer sie zu Werkzeugen seiner Mittheilung gebraucht, finden wir auch im Hebräerbrief. Man vergl. Stellen wie quis rer. div. haer. 52 (I, 510) προφήτης γὰρ ἴδιον μὲν οὐδὲν ἀποφθέγγεται ἀλλότρια δὲ πάντα ὑπηχοῦντος ἑτέρου. de praem. et poen. 9 (II, 417) ἑρμηνεὺς γάρ ἐστιν ὁ προφήτης ἔνδοθεν ὑπηχοῦντος τὰ λεκτέα τοῦ θεοῦ. de monarch. I, 9 (II, 222) τίς ἐπιφανεὶς ἐξαπιναίως προφήτης θεοφόρητος θεσπιεῖ καὶ προφητεύσει λέγων μὲν οἰκεῖον οὐδέν ... ὅσα δὲ ἐνηχεῖται διελεύσεται καθάπερ ὑποβάλλοντος ἑτέρου. Ἑρμηνεῖς γάρ εἰσιν οἱ προφῆται θεοῦ καταχρωμένου τοῖς ἐκείνων ὀργάνοις πρὸς δήλωσιν ὧν ἂν ἐθελήσῃ — mit Hebr. 1, 1 ὁ θεὸς λαλήσας τοῖς πατράσιν ἐν τοῖς προφήταις ... ἐλάλησεν ἡμῖν ἐν υἱῷ. (vgl. auch 2 Petr. 1, 21 οὐ γὰρ θελήματι ἀνθρώπου ἠνέχθη ποτὲ προφητεία ἀλλ᾽ ὑπὸ πνεύματος ἁγίου φερόμενοι ἐλάλησαν οἱ ἅγιοι θεοῦ ἄνθρωποι.)

Und wie daher dem Philo die einzelnen Schriftsprüche unmittelbar als Gottessprüche gelten, so führt auch der Hebräerbrief sie in derselben Weise an c. 1, 5. 6. 7. 13. c. 4, 3. 7. c. 5, 5. 6 u. a. (s. Bleek Bd. I S. 378). Auch darin ist eine Aehnlichkeit, dass, wie Philo die Schriftsprüche öfter als Worte des Logos citirt, z. B. de somn. I, 19 (I, 676) und ibid. 20 (I, 677) ein Wort Jakob's Gen. 37, 10 als Ausspruch des ὀρθὸς λόγος anführt, ganz so Hebr. 2, 11 f. 13. c. 10, 5. 8 ff. mehrere alttestamentliche Stellen als Worte Christi, des Sohnes Gottes, und Hebr. 3, 7 ein Wort des Psalmisten (Ps. 95, 7) als Ausspruch des heiligen Geistes bezeichnet wird (vgl. auch Hebr. 10, 15 ff.).

Die Folge dieser Ansicht von der heiligen Schrift bei Philo ist, wie wir oben S. 161 sahen, die unbestimmte Citationsweise. Denn wenn Gott oder der Logos die eigentlichen Urheber des Schriftwortes sind, so treten die menschlichen Verfasser dagegen zurück. Dieselbe

Erscheinung haben wir im Hebräerbrief. Wie Philo ganz unbestimmt von irgend einem Schüler des Mose spricht, der in den Psalmen dies oder das gesagt habe, de plantat. 9 (I, 335), de somn. II, 37ᵇ (I, 691), oder auch nur in allgemeiner Weise angiebt, dass dieser oder jener Ausspruch irgendwo stehe (de plantat. 21. I, 342 εἶπε γάρ που. ibid. 33. I, 350. de ebriet. 14. I, 365 εἶπε γάρ πού τις. ibid. 8. I, 362. de confus. lingu. 11. I, 410. ibid. 14. I, 414 und viele a. St.) — so redet auch der Hebräerbrief schlechtweg von irgend jemand, der irgendwo dies oder das ausspreche. (Hebr. 2, 6 διεμαρτύρατο δέ πού τις λέγων. c. 4, 4 εἴρηκε γάρ που περὶ τῆς ἑβδόμης οὕτω.) — Auch die Phrase μαρτυρεῖσθαι von einer durch die Schrift bezeugten Sache hat Philo leg. alleg. III, 81 (I, 132) Μωσῆς μαρτυρούμενος ὅτι ἐστὶ πιστός ὅλω τῷ οἴκω sehr ähnlich dem Hebräerbrief c. 7, 8 μαρτυρούμενος ὅτι ζῇ. — Bisweilen sogar scheint es, als bringe der Hebräerbrief Bibelcitate nach Philo. Die Stelle Hebr. 13, 5 αὐτὸς γάρ εἴρηκεν οὐ μή σε ἀνῶ οὐδ' οὐ μή σε ἐγκαταλίπω findet sich so nirgends im A. T. vgl. 1 Chron. 28, 20. Deut. 31, 6. Josua 1, 5, dagegen citirt Philo die Stelle gerade so de confus. lingu. 33 (I, 430).

Sodann begegnen uns im Hebräerbrief einige der hermeneutischen Kanones des Philo.

1. Der Kanon, nach welchem der geschichtliche Sinn zu verlassen ist, weil er etwas Widersprechendes enthält, s. oben S. 166 f., findet sich angewandt Hebr. 3, 11 ff. 4, 8. 9, wo die folgende Schlussfolgerung angewandt wird. Die Ruhe, welche Ps. 95, 7 ff. verkündigt, kann nicht eine äusserliche sein, denn da von den älteren Israeliten alle mit alleiniger Ausnahme Josua's sich gegen Gott versündigten, so ward von diesen überhaupt keiner in die Ruhe gebracht. Aber auch die Ruhe, zu welcher das spätere Israel durch Josua geführt wurde, kann nicht gemeint sein, denn sonst würde Gott nicht Ps. 95, 7 ff. den Fluch wiederholt haben. Es muss also die Ruhe des Volkes Gottes in einem höheren Sinne verstanden werden. Aehnlich Hebr. 11, 13—15. Die Frommen des A. T.'s nennen sich Fremdlinge und geben dadurch zu verstehen, dass sie ihr Vaterland suchen. Das irdische Vaterland kann damit nicht gemeint sein — denn was hindert sie nach dort zurückzukehren? — es muss daher das himmlische verstanden werden.

2. Der Kanon von der tiefen Bedeutung des Schweigens der Schrift, s. oben S. 179, ist Hebr. c. 1, 5. 13 in Geltung.

Da niemals zu einem Engel gesagt wird in der Bibel „du bist mein Sohn" oder „setze dich zu meiner Rechten", so folgt daraus, dass der Messias, an welchen beide Ausdrücke gerichtet werden, höher steht als die Engel. Aehnlich ist Hebr. 2, 16. Es kommen in der Bibel oft Stellen vor, in denen die göttliche Erwälung des Samens Abraham's gemeldet wird, nirgend aber wird etwas Derartiges von den Engeln gesagt, so folgt daraus, dass in Christo die menschliche Natur noch über die Engel erhöht wird [1]).

---

1) Vgl. hiezu Sohar III, 68: „Gott belebte jeden Theil des Firmaments mit

3. Die Argumentation aus der Wortbedeutung, s. oben S. 174 f.
Hebr. 8, 8 ff. wird in der Erklärung von Jer. 31, 31 ff. das Wort
καινή gepresst und daraus die Unzulänglichkeit des Bundes mit Israel
erwiesen. Denn wäre — so wird geschlossen — dieser Bund bereits
vollkommen gewesen, so würde die Verheissung eines neuen überflüs-
sig gewesen sein. Der Ausdruck *καινή* stempele daher jenen Bund zu
einem alten, das Alte aber sei das dem Untergange sich zuneigende.
4. Das Etymologisiren. s. o. S. 190 ff.
So c. 7, 2 Melchisedek als *βασιλεὺς δικαιοσύνης* und Salem als *εἰ-
ρήνη*, letzteres auch so bei Philo leg. alleg. III, 25 (I, 102). Salem
wird im Hebräerbrief nicht auf Jerusalem bezogen, denn wie schon
Carpzov, exercitt. s. S. 299 f. und nach ihm Bleek II, 2 S. 288 be-
merkten, würde sonst sicher der Verfasser des Briefs nicht unterlassen
haben, darauf hinzuweisen, dass das Vorbild des neutestamentlichen
Hohenpriesters schon in Jerusalem, dem Vorbilde der himmlischen
Stadt, den Priesterdienst verwaltet hat. Er macht aber nur den ety-
mologischen Wert des Wortes geltend, wonach Melchisedek als König
des Friedens anzusehen sei. vgl. leg. alleg. l. c.
In der Benutzung der Deutung besteht dann allerdings ein be-
merkenswerter Unterschied. Philo verwendet sie im philosophiren-
den, der Hebräerbrief im religionsgeschichtlichen Interesse, s. Tholuck,
Hebräerbr. S. 78 ff. 84—90. Das A. T. im N. T. S. 49 ff.
III. Hierzu kommen philonische Einflüsse, die in den theologi-
schen Anschauungen des Hebräerbriefs hervortreten.
Vorzugsweise findet dies statt in der Lehre vom Sohn, die der
letztere vorträgt.
Wenn Hebr. 1, 3 der Sohn ein *ἀπαύγασμα τῆς δόξης (τοῦ πατρός)*
genannt wird, so erkennt man unschwer, wie hier das, was Philo de
opif. m. 51 (I, 35) von der Seele des Menschen lehrt, in hervorragen-
dem Sinne auf Christum übertragen ist. Philo sagt a. a. O.: *πᾶς ἄν-
θρωπος κατὰ μὲν τὴν διάνοιαν ᾠκείωται θείῳ λόγῳ τῆς μακαρίας φύσεως
ἐκμαγεῖον ἢ ἀπόσπασμα ἢ ἀπαύγασμα γεγονώς.* — Ausserdem nennt ja
Philo den Logos *εἰκὼν θεοῦ* de confus. lingu. 20 (I, 419).
Dasselbe gilt von dem Ausdruck *χαρακτὴρ τῆς ὑποστάσεως* in Hebr.
1, 3. Derselbe beruht auf quod det. pot. insid. 23 (I, 207), wo Philo
das höhere *πνεῦμα* im Menschen *τύπον τινὰ καὶ χαρακτῆρα θείας δυνά-
μεως* nennt. Der Hebraerbrief überträgt diesen Ausdruck auf das Ver-
hältniss des Sohnes zu Gott. vgl. ausserdem de plantat. 5 (I, 332)
εἶπε αὐτὴν (sc. *τὴν ψυχήν*) *τυπωθεῖσαν σφραγίδι θεοῦ ἧς ὁ χαρακτὴρ
ἐστιν ἀΐδιος λόγος.*
Ebenso geht auf Philo zurück die Benennung des Sohnes als *πρω-*

einem besonderen Geist. Sogleich waren alle himmlischen Heere gebildet und be-
fanden sich vor ihm d. h. mit dem Hauch seines Mundes schuf er alle Heere. Die
heiligen Geister nun, welche die Boten des Herrn sind, steigen blos von einer Stufe
herab, die Seelen der Gerechten dagegen von zweien, die sich zu einer Stufe wie-
derum vereinigen. Daher steigen auch die Seelen der Gerechten höher und ist auch
deren Stufe höher."

τότοκος Hebr. 1, 6. Philo nennt den Logos πρωτόγονος υἱός de agri-
cult. 12 (I, 308). de confus. lingu. 14 (I, 414). 28 (I, 427). leg.
alleg. III, 61 (I, 121). de somn. I, 37 (I, 653). — πρεσβύτατος υἱός
in de confus. lingu. 14 (I, 414).

Wie bei Philo der Logos der Mittler der Weltschöpfung ist, so
auch Hebr. 1, 2. Das δι' οὗ καὶ τοὺς αἰῶνας ἐποίησεν entspricht ganz
dem philonischen καὶ ὅτε ἐκοσμοπλάστει χρησάμενος ὀργάνῳ τούτῳ πρὸς
τὴν ἀνυπαίτιον τῶν ἀποτελουμένων σύστασιν de migr. Abr. 1 (I, 437),
ὄργανον (εὑρήσεις) λόγον θεοῦ δι' οὗ (ὁ κόσμος) κατεσκευάσθη de cherub.
35 (I, 162). vgl. auch de monarch. II, 5 (II, 225) δι' οὗ σύμπας ὁ
κόσμος ἐδημιουργεῖτο. — Aehnlich leg. alleg. III, 32 (I, 107). Dane-
ben besteht bei beiden die Anschauung, dass das göttliche Wort im
buchstäblichen Sinne schöpferisch sei. Man vgl. de sacrif. Ab. et Cain.
18 (I, 175) ὁ θεὸς λέγων ἅμα ἐποίει mit Hebr. 11, 3 πίστει νοοῦμεν
κατηρτίσθαι τοὺς αἰῶνας ῥήματι θεοῦ.

Der Logos als Träger und Erhalter des Weltganzen wird von Philo
und dem Hebräerbrief fast in gleichen Worten beschrieben.
Man vgl. quis rer. div. haer. 7 (I, 478) ὁ τὰ μὲν [1]) ὄντα φέρων
καὶ τὰ πάντα γεννῶν mit Hebr. 1, 3 φέρων τε τὰ πάντα τῷ ῥήματι τῆς
δυνάμεως αὐτοῦ. — Auch gehört hierher die bei Carpzov fehlende
Stelle de somn. I, 41 (I, 656) τὸ πᾶν ὑπερείσας ἵνα στηριχθῇ βεβαίως
τῷ κραταιῷ καὶ ὑπάρχῳ μου λόγῳ.

Inwieweit der λόγος τομεύς des Philo in Hebr. 4, 12. 13 wieder-
zufinden sei, ist streitig. Riehm, Lehrbegr. des Hebr.Br. 1 S. 250
macht darauf aufmerksam, dass die Tätigkeit des durchschneidenden
Logos bei Philo eine rein metaphysische sei, während der Hebräer-
brief von der kräftig sittlichen und richtenden Wirkung des Wortes
Gottes rede. Der philonische Logos teile entweder die Kräfte der Na-
tur oder die der Seele (quis rer. div. haer. 28 ff. I, 493 ff.) oder wo
von sittlicher Wirkung die Rede sei, wie in de poster. Cain. 46 (I,
256), spreche Philo nicht vom Logos selbst, sondern von dem Wei-
sen, der vermittelst des Logos alles Sterbliche wegzuschneiden strebe.
— Indessen der letzte Unterschied ist doch sehr unerheblich, denn
jedenfalls ist es doch in beiden Fällen der Logos, durch welchen das
Böse eigentlich beseitigt wird. Ausserdem aber klingen die Worte des
Hebräerbriefs in der Wendung διικνούμενος ἄχρι μερισμοῦ ψυχῆς τε καὶ
πνεύματος unverkennbar an das an, was wir bei Philo von dem Lo-
gos lesen, der in der Seele τὸ ἄλογον καὶ τὸ λογικόν sondert, quis rer.
div. haer. 26 (I, 491), wobei auch keineswegs die sittliche Wirkung
übersehen ist, indem derselbe τομεύς auch τὸ ἀληθές und τὸ ψεῦδος
von einander trennt und beides einander gegenüberstellt. Die Aehn-
lichkeit geht hierbei bis zur Ausdrucksweise, man vgl. nur das διικ-
νούμενος mit der Wendung Philo's a. a. O. ἐπειδὰν δὲ μέχρι τῶν ἀτό-
μων ... διεξέλθῃ. — Nimmt man hierzu noch weiter, dass auch die
Vergleichung der δύναμις τμητική des Logos mit einem Schwerte sich

---

1) So offenbar zu lesen statt μή bei Turneb., Hoesch., Mangey, Tauchnitz.

bei Philo findet (de cherub. 9. I, 144), dass ferner die Hebr. 4, 12 geschilderte, alles durchschneidende Kraft des Logos, die *ἄχρι μερισμοῦ ἀρμῶν τε καὶ μυελῶν* dringt, ähnlich quis rer. div. haer. l. c. beschrieben wird, wo der Logos *εἰς τὴν ὀξυτάτην ἀκονηθεὶς ἀκμήν* genannt wird, vgl. ibid. 27 (I, 492), dass endlich die Wendung Hebr. 4, 13 *οὐκ ἔστι κτίσις ἀφανὴς ἐνώπιον αὐτοῦ* ihr deutliches Vorbild findet in leg. alleg. III, 59 (I, 121), wo es heisst: *καὶ ὁ θεῖος λόγος ὀξυδερκέστατός ἐστιν ὡς πάντα ἐφορᾶν εἶναι ἱκανός* — so wird es das Natürlichste sein, wie auch schon von Grotius, Mangey, Bleek, Delitzsch, Köstlin u. a. geschehen, die ganze Anschauung des Hebräerbriefs von der Wirkung des Wortes als eine auf Grundlage der philonischen sich erhebende anzusehen. — Einzelne Besonderheiten sind ihr dadurch nicht abgesprochen.

Sehr wichtig ist ferner die gemeinsame Anschauung vom Logos als dem Hohenpriester.

Uebereinstimmend wird derselbe von beiden

1. *μέγας* genannt. Man vgl. Hebr. 4, 14 mit de somn. I, 38 (I, 654) *ὁ μὲν δὴ μέγας ἀρχιερεύς.*

2. als sündlos geschildert.

De profug. 20 (I, 562) *λέγομεν γὰρ τὸν ἀρχιερέα οὐκ ἄνθρωπον ἀλλὰ λόγον θεῖον εἶναι πάντων οὐχ ἑκουσίων μόνον ἀλλὰ καὶ ἀκουσίων ἁμαρτημάτων ἀμέτοχον.* — ibid. 21 (I, 563) *ἀμέτοχος γὰρ καὶ ἀπαράδεκτος παντὸς εἶναι πέφυκεν ἁμαρτήματος.* — Damit ist zu vgl. Hebr. 7, 26. Auch der Ausdruck *ἀμίαντος* findet sich wiederholt bei Philo in den angef. St.

3. wird seine Milde und Gütigkeit hervorgehoben de profug. 18 (I, 561) *οὐκ ἀπαραίτητον ἀλλ' εὐμενὲς δι' ἡμερότητα φύσεώς ἐστι τὸ θεῖον* vgl. mit Hebr. 4, 15. 16.

Auch die Wirkung auf das Gemüt der reuigen Sünder ist bei beiden Schriftstellern dieselbe. Philo sagt a. a. O., die Erinnerung an diese Milde des Göttlichen bewirke, dass ein Mensch, auch wenn er gesündigt habe, doch alsbald in Hoffnung auf Verzeihung umkehre (*καὶ ἂν ἁμάρτῃ πρότερον αὖθις μετενόησεν ἀμνηστίας ἐλπίδι*). Damit stimmt Hebr. 4, 16 *προςερχώμεθα οὖν μετὰ παρρησίας τῷ θρόνῳ τῆς χάριτος ἵνα λάβωμεν ἔλεον*[1]).

4. wird Melchisedek als Typus des hohepriesterlichen Logos aufgefasst.

Man vgl. Hebr. c. 5, 10. 7, 1 ff. mit leg. alleg. III, 26 (I, 103) *ἱερεὺς γὰρ ἐστιν λόγος κλῆρον ἔχων τὸν ὄντα.* congr. erud. grat. 18 (I, 533). Die Bezeichnung des *ἀρχιερεύς* als *ἀπάτωρ ἀμήτωρ* Hebr. 7, 3 findet

---

1) Merkwürdig wäre das Zusammentreffen von Hebr. 3, 1 *ἀρχιερέα τῆς ὁμολογίας* mit de somn. I, 38 (I, 654) *ὁ μὲν δὴ μέγας ἀρχιερεύς τῆς ὁμολογίας*, wenn nicht die beiden letzten Worte im cod. Med. fehlten und sich ausserdem als sinnstörender Zusatz erwiesen. Mit Recht vermutet daher Mangey z. d. St., dass hier ein aus dem Hebräerbrief geflossenes Glossem vorliege. Seine Conjectur *τῆς ἀληθείας* ist freilich höchst unglücklich, obwol die Autorität der übrigen Handschriften, welche Carpzov, exercitt. s. p. 121 ins Feld führt, wenig besagen will.

sich ausdrücklich so nicht bei Philo, welcher ἀμήτωρ von der Sarah (de ebriet. 14. I, 365) und von der Siebenzal (de opif. m. 33. I, 24) gebraucht, aber der Sache nach sagt er doch dasselbe, wenn es de profug. 20 (I, 562) heisst: λέγομεν γὰρ τὸν ἀρχιερέα οὐκ ἄνθρωπον ἀλλὰ λόγον θεῖον εἶναι ... διότι οἶμαι γονέων ἀφθάρτων καὶ καθαρωτάτων ἔλαχεν πατρὸς μὲν θεοῦ ... μητρὸς δὲ σοφίας.

5. erscheint der Logos als hohepriesterlicher Fürbitter de migr. Abr. 21 (I, 455) ταῦτα δὲ ἱκέτην ἑαυτοῦ λόγον οὐκ ἀποστρα-φεὶς εἴωθε δωρεῖσθαι, und quis rer. div. haer. 42 (I, 501) stillt er die Plage, Num. 16, 48. — Damit vgl. Hebr. 7, 25.

6. nennt Philo den Mose einen Hohenpriester de vita Mos. II, 1 (II, 135). III, 1 (II, 145), womit die Vergleichung Christi als Hoherpriester mit Mose in Hebr. 3, 2 zusammenstimmt. Bemerkenswert ist auch, dass wie Mose als τέλειος ἱκέτης θεοῦ bei Philo quod det. pot. insid. 44 (I, 221) sein Zelt ausserhalb des Lagers aufschlägt, so auch im Hebräerbrief c. 13, 13 Christus sich ausserhalb des Lagers (ἔξω τῆς παρεμβολῆς) der israelitischen Gemeinde befindet.

Auch in der Lehre vom Opfer findet sich viel Uebereinstimmung. Das rituelle Opfer kann nach Philo nicht Vergebung, sondern nur Erinnerung an die Sünden bewirken. de vita Mos. III, 10 (II, 151) οὐ λύσιν ἁμαρτημάτων ἀλλ᾽ ὑπόμνησιν ἐργάζονται (οἱ ἀσεβεῖς). de plant. 25 (I, 345) αἱ τῶν ἀνιέρων ἄθυτοι θυσίαι ... ὑπομιμνήσκουσαι τὰς ἑκά-στων ἀγνοίας τε καὶ διαμαρτίας. Damit vgl. Hebr. 10, 3. De victim. 7 (II, 244) εὔηθες γὰρ τὰς θυσίας μὴ λήθην ἁμαρτημάτων ἀλλ᾽ ὑπόμνησιν αὐτῶν κατασκευάζειν. Letztere Stelle scheint auf den ersten Blick dem Obigen zu widersprechen, nach dem Zusammenhange ist aber der Sinn: „es wäre thöricht anzunehmen, dass die eigentliche Tendenz des Opfers nur darauf ginge an die Sünde zu erinnern; da nun aber das rituelle Opfer keine andere Wirkung habe, so müsse man eben zu einer höheren Anschauung als der des äusseren Opferdienstes sich erheben, nämlich zum innerlichen Opfer der Gesinnung." Und hierin stimmt Philo nun wieder ganz mit dem Hebräerbrief. Man vgl. de plantat. 25 γνήσιοι εἰσὶν αἱ ψυχῆς (θεράπειαι) ψιλὴν καὶ μόνην θυσίαν φερούσης ἀλήθειαν und quod det. pot. insid. 7 (I, 195) mit Hebr. 13, 15 [1]).

Auch in der Darstellung der alttestamentlichen Opfergebräuche finden sich manche Aehnlichkeiten.

Man vgl. die Aeusserung über das täglich stattfindende Opfer des Hohenpriesters de spec. legg. 23 (II, 321) ὁ ἀρχιερεὺς ... εὐχάς τε καὶ

---

1) Es soll hierbei nicht verkannt werden, dass Unterschiede zwischen dem philonischen Opferbegriff und dem des Hebräerbriefes stattfinden. — Der Hebräerbrief behauptet die Notwendigkeit eines äusserlich dargebrachten Sühnopfers, wie solches in Christo geschehen sei, wovon natürlich bei Philo sich nichts findet, indem dieser durchaus nur das Opfer der Gesinnung an die Stelle des unzureichenden Thieropfers setzt. vgl. Riehm a. a. O. I, 257 ff. — Für die Vorstellung übrigens, dass der sündenreine Mensch zum Sühnopfer geeignet sei, vgl. Chagiga 12[b]: „im vierten Himmel ist ein Altar, vor welchem der Erzengel Michael steht und täglich ein Opfer darbringt. Was für Opfer bringt er? Die Seelen der Gerechten."

ϑυσίας τελῶν καϑ' ἑκάστην ἡμέραν mit Hebr. 7, 27 ὃς οὐκ ἔχει καϑ' ἡμέ-
ραν ἀνάγκην ὥσπερ οἱ ἀρχιερεῖς ... ϑυσίας ἀναφέρειν.

Ferner die Uebereinstimmung beider Schriftsteller in der Meinung,
dass der Hohepriester nur ein einziges Mal im Jahre in das Allerhei-
ligste gehe, während er nach dem Talmud tract. Joma allerdings nur
am Versöhnungstage hineingeht, aber an diesem mehrere Male[1]). de
monarch. II, 2 (II, 223) τὰ γὰρ ἐντὸς ἀόρατα παντὶ τῷ πλὴν ἑνὶ τῷ
ἀρχιερεῖ καὶ τούτῳ μέντοι δι' ἔτους ἐπιτετραμμένων ἅπαξ εἰσιέναι. legat.
ad Caj. 39 (II, 591) ἄδυτα εἰς ἃ ἅπαξ τοῦ ἐνιαυτοῦ ὁ μέγας ἱερεὺς εἰσέρ-
χεται τῇ νηστείᾳ λεγομένῃ μόνον ἐνθυμιάσων. Sehr ähnlich Hebr. 9, 7
εἰς τὴν δευτέραν ἅπαξ τοῦ ἐνιαυτοῦ μόνος ὁ ἀρχιερεὺς (εἰσέρχεται). vgl.
auch Bleek Bd. I S. 387.

In der Kosmologie des Philo erscheint die sichtbare Welt nur als
ein Abdruck der höheren. Wie Philo de somn. I, 32 (I, 649) sagt:
τὸν ἐκ τῶν ἰδεῶν συσταϑέντα ... κόσμον νοητὸν οὐκ ἔνεστιν ἄλλως κατα-
λαβεῖν ὅτι μὴ ἐκ τῆς τοῦ αἰσϑητοῦ καὶ ὁρωμένου τούτου μεταναβάσεως,
so bietet ähnlich Hebr. 9, 23 das irdische Heiligtum τὰ ὑποδείγματα
τῶν ἐν οὐρανοῖς, vgl. v. 24 ἀντίτυπα τῶν ἀληϑινῶν.

Auch in der typischen Auffassung der Erzväter findet sich eini-
ges Verwandte.

Abel erscheint bei Philo als ein nach seinem Tode noch leben-
diger. quod det. pot. insid. 14 (I, 200) μαρτυρήσει δὲ τὸ χρησϑὲν λό-
γιον ἐν ᾧ φωνῇ χρώμενος καὶ βοῶν ἃ πέπονϑεν ὑπὸ κακοῦ συνϑέτου τη-
λαυγῶς εὑρίσκεται. vgl. ib. 20 (I, 205) mit Hebr. 11, 11 καὶ δι' αὐτῆς
(sc. τ. πίστεως) ἀποϑανὼν ἔτι λαλεῖ. In λαλεῖ liegt eine deutliche An-
spielung an die Benutzung des βοῶν von Gen. 4, 10 bei Philo.

Noah wird bei Philo vorzugsweise als δίκαιος angesehen und be-
nannt. So leg. alleg. III, 24 (I, 102). de Abrah. 5 (II, 5). congr.
erud. grat. 17 (I, 532) πρῶτος οὗτος δίκαιος ἐν ταῖς ἱεραῖς ἀνερρήϑη
γραφαῖς. Damit stimmt Hebr. 11, 7 τῆς (κατὰ πίστιν) δικαιοσύνης ἐγέ-
νετο κληρονόμος.

Abraham's Glaubensgehorsam wird von Philo besonders darin ge-
funden, dass er auf Gottes Befehl in ein unbekanntes Land zieht.
Denn, hebt er vor, es stehe Gen. 12, 1 nicht ἣν δείκνυμι, sondern
ἣν σοι δείξω, und das diene εἰς μαρτυρίαν πίστεως ἣν ἐπίστευσεν ἡ ψυχὴ
ϑεῷ. Nicht ein Land sei ihm gezeigt, sondern ein Versprechen gege-
ben, dem er traue: ἀνενδοίαστα νομίσασα ψυχὴ ἤδη παρεῖναι τὰ μὴ παρ-
όντα διὰ τὴν τοῦ ὑποσχομένου βεβαιοτάτην πίστιν (vgl. Hebr. 11, 1).
Ganz dieselbe Auffassung ist Hebr. 11, 8 ὑπήκουσεν ἐξελϑεῖν εἰς τὸν
τόπον ὃν ἤμελλε λαμβάνειν εἰς κληρονομίαν καὶ ἐξῆλϑε μὴ ἐπιστάμε-
νος ποῦ ἔρχεται.

Bei Mose wird Hebr. 3, 2. 5 insbesondere die Eigenschaft der Treue
im Dienste hervorgehoben (πιστὸς ἐν ὅλῳ τῷ οἴκῳ). So auch leg. alleg.
III, 81 (I, 132) καὶ Μωσῆς ἄρχει μαρτυρούμενος ὅτι ἐστὶ πιστὸς ὅλῳ τῷ
οἴκῳ. vgl. auch 72 (I, 128).

---

1) Vgl. hierzu unter Andern Winer, Realwörterbuch Bd. II S. 657 f.

Dazu kommen noch anderweite Einzelheiten. Die Unterscheidung zwischen Anfängern und Fortgeschrittenen in der Erkenntniss, wobei zugleich das Bild der Nahrung, welche beiden gezieme, übereinstimmt. De agricult. 2 (I, 301) ἐπεὶ δὲ νηπίοις μέν ἐστι γάλα τροφή, τελείοις δὲ τὰ ἐκ πυρῶν πέμματα. de migr. Abr. 6 (I, 440) γένος αὐτομαθές ... τὸ νητίας καὶ γαλακτώδους τροφῆς ἀμέτοχον, desgl. de sobr. 2 (I, 394), congr. erud. grat. 4 (I, 522). — So Hebr. 5, 12—14. vgl. 1 Cor. 3, 1.

Ferner die Bezeichnung der Frommen als Gottes Wohnung. Bei Philo de sobriet. 13 (I, 402) τίς γὰρ οἶκος παρὰ γενέσει δύναιτ᾽ ἂν ἀξιοπρεπέστερος εὑρεθῆναι θεῷ πλὴν ψυχῆς τελείως κεκαθαρμένης (vgl. auch 1 Cor. 3, 16) und de somn. I, 23 (I, 643) σπούδασον ὦ ψυχὴ θεοῦ οἶκος γενέσθαι, im Hebr.Br. c. 3, 6 οὗ (sc. θεοῦ) οἶκός ἐσμεν ἡμεῖς.

Die Art, wie über den Schwur gesprochen wird, welchen Gott bei sich selbst leistet. — Schon Grotius hat hingewiesen auf leg. alleg. III, 72 (I, 127) εὖ καὶ τῷ ὅρκῳ βεβαιώσας τὴν ὑπόσχεσιν καὶ ὅρκῳ θεοπρεπεῖ· ὁρᾷς γὰρ ὅτι οὐ καθ᾽ ἑτέρου ὀμνύει θεός· οὐδὲν γὰρ αὐτοῦ κρεῖττον ἀλλὰ καθ᾽ ἑαυτοῦ ὅς ἐστι πάντων ἄριστος, und de sacrif. Ab. et Cain. 28 (I, 181) μάρτυρός γε μὴν οὐδενὸς δεῖται οὐδὲ γάρ ἐστιν ἄλλος θεὸς ἰσότιμος αὐτῷ. Ἐῶ λέγειν ὅτι ὁ μαρτυρῶν παρόσον μαρτυρεῖ κρείττων ἐστι τοῦ μαρτυρουμένου. — Damit vgl. Hebr. 6, 13 ff. bes. die Worte ἐπεὶ κατ᾽ οὐδενὸς εἶχε μείζονος ὁμόσαι ὤμοσε καθ᾽ ἑαυτοῦ. — S. auch Bleek II, 2 S. 246.

Auch die Vergleichung des Wortes Gottes mit einer leiblichen Speise ist beiden gemeinsam. Philo sagt leg. alleg. III, 60 (I, 121), die Seele werde oft erquickt und erfreut durch den lieblichen Saft des göttlichen Worts; im Ausdruck mit de profug. 25 (I, 566) αἱ ψυχαὶ γευσάμεναι (ῥῆμα θεοῦ) λόγον θεῖον οὐράνιον τροφήν stimmt Hebr. 6, 5 καλὸν γευσαμένους θεοῦ ῥῆμα.

Anderes berührt sich näher mit den Vorstellungen des palästinischen als des alexandrinischen Judentums. So die Anschauung vom himmlischen Jerusalem c. 12, 22. 13, 14. Dem Philo ist die Gottesstadt die Welt oder die Seele des Weisen oder die Tugend, nicht aber der gemeinsame zukünftige Sammelpunkt der vollendeten Gläubigen. S. auch Riehm I S. 253.

Ebenso ist die Gottesruhe (σαββατισμός) eine andere im Hebräerbriefe als bei Philo. Sie gehört in jenem völlig der Zukunft an, ist Gegenstand der Hoffnung und tritt erst bei der Auferstehung ein, schliesst sich also ganz an den pharisäischen Glauben von הבה עולם an. Bei Philo dagegen ist der Sabbat die Vereinigung der Welt oder auch des Menschen mit dem göttlichen Logos. Es herrscht demnach die Gottesruhe, insoweit die Welt oder der Menschengeist vom letzteren durchdrungen ist. — Endlich darf man sicherlich nicht mit Köstlin (theol. Jahrbb. 1854 S. 410) die philonische Lehre vom Ursprung der menschlichen Seele in Hebr. 12, 9 finden. Wir haben kein

Recht, in dem Ausdruck πατρὶ τῶν πνευμάτων die ganze Theorie von der Bildung des λογικόν durch Gott, des θνητόν durch die Engel hineinzutragen.

Zweites Capitel.
Die griechischen Kirchenväter.

§. 1. Barnabas.

Unter den Schriften der apostolischen Väter erregt billigerweise der Brief des Barnabas um seiner allegorisirenden Schriftdeutung willen unsere Aufmerksamkeit. — Dass derselbe im Allgemeinen unter dem Einflusse jüdischer Tradition steht, leidet keinen Zweifel, begegnen uns doch in ihm starke Spuren der palästinischen Ueberlieferung. Aus der Halacha stammen einige mehr oder minder begründete Bemerkungen, wie z. B. die Erzälung, dass die Priester allein vom Sühnopfer des Versöhnungstages das ungewaschene Eingeweide mit Essig geniessen müssten, c. 7 (ed. Coteler. p. 21), dass das ganze Volk den Sündenbock angespuckt habe (ibid.), dass die rothe Kuh von erwachsenen Männern herbeigebracht und geschlachtet werden müsse, während Knaben die Asche derselben zu nehmen und in ein Gefäss zu werfen hätten, c. 8 (p. 25) u. dgl.

Agadisch ist die Erzälung, dass Mose beim Kampfe gegen die Amalekiter Waffen auf Waffen gehäuft habe, bis er höher als alle andern gestanden, dann habe er so stehend die Hände ausgebreitet, c. 12 (p. 39).

Nach rabbinischer Gematria ist die Deutung der 318 Knechte Abraham's gegeben, wonach der Zalwert von יח (18) = IH die Abkürkung des Namens Jesu enthält, während ת (300) = T das Zeichen des Kreuzes darstellt, so dass diese 318 auf den gekreuzigten Jesus anspielen, c. 9 (p. 29). Eine einzige Person fand auch Resch Lakisch in den 318, indem er aus ihrem Zalwerte den Namen Elieser herausdeutete, Beresch. rabb. c. 43.

Indessen die Verfolgung dieser Züge ist für unsern Zweck weniger wichtig. Wir fragen, ob auch Spuren des Zusammenhangs mit der Deutungsweise der Alexandriner sich zeigen.

In der Tat sehen wir im Barnabasbrief mehrere der Regeln der Allegorie herrschend, welche wir als dem Philo eigentümlich entdeckten. — Dahin gehört:

1. Dieselbe Methode, welche Philo gebraucht, den Wortsinn als ganz unmöglich zu erweisen und daraus die Notwendigkeit des allegorischen zu folgern. vgl. oben S. 167.

Barnabas führt c. 6 (p. 18) folgenden Beweis. Wenn Jes. 8, 14. 28, 16 von einem Stein die Rede ist, auf welchen man seine Hoffnung setzen soll, so kann die Schrift unmöglich meinen, dass ein wirklicher

Stein uns Heil bringen werde (ἐπὶ λίθον οὖν ἡμῖν ἡ ἐλπίς; μὴ γένοιτο). Der Fels ist vielmehr Christus, insofern nämlich seine Erscheinung im Fleisch eine gewaltige war (ἐπεὶ ἐν ἰσχύϊ ἔθηκε τὴν σάρκα αὐτοῦ ὁ κύριος).

2. Die bei Philo gebräuchliche Weise, die Wortbedeutung gründlich zu entwickeln und daraus einen eigentümlichen Sinn der Stelle zu gewinnen. S. oben S. 174 f.

Auf Grund von Exod. 20, 11 καὶ ἐποίησεν ὁ θεὸς ἐν ἓξ ἡμέραις τὰ ἔργα τῶν χειρῶν αὐτοῦ καὶ συνετέλεσεν ἐν τῇ ἡμέρᾳ τῇ ἑβδόμῃ führt Barnabas aus: συντελεῖν bedeute vollkommen zu Ende führen. Die Schrift wolle also sagen, Gott habe die Welt in 6 Tagen zu Ende geführt und da bei ihm 1000 Jahre gleich einem Tage seien (Ps. 90, 4), so folge daraus, dass die Welt 6000 Jahre dauern werde c. 15 (p. 45. 46).

3. Feststehende Deutungen werden anderweit als Beweismittel verwendet. S. oben S. 178. Philo's Deuteregel No. 16.

Die Stelle Levit. 20, 24 „das Land, welches von Milch und Honig fliesst" wird so ausgelegt. Das Land (γῆ) ist Adam, denn er ist aus Erde gebildet (ἀπὸ προσώπου γὰρ τῆς γῆς ἡ πλάσις τοῦ Ἀδὰμ ἐγένετο). Das gute Land ist daher die durch die Erlösung erneuerte Natur des Menschen (ἰδοὺ οὖν ἡμεῖς ἀναπεπλάσμεθα). Was sollen aber Milch und Honig? (τί οὖν τὸ γάλα καὶ μέλι;) Wie ein Kind zuerst durch Honig, dann durch Milch am Leben erhalten wird, so leben auch wir durch den Glauben an die Verheissung und das Wort (ὅτι πρῶτον τὸ παιδίον μέλιτι εἶτα γάλακτι ζωοποιεῖται οὕτω καὶ ἡμεῖς τῇ πίστει τῆς ἐπαγγελίας καὶ τῷ λόγῳ ζωοποιούμενοι ζήσομεν) c. 16 (p. 19. 20). — Es ist offenbar, dass der ganze Beweis auf der als feststehend geltenden Deutung von γῆ = Ἀδάμ beruht.

4. Der ausgedehnte Gebrauch von der symbolischen Bedeutung der Dinge. s. o. S. 182 ff.

Der Sündenbock ist Christus, c. 7 (p. 24), die Sünder, welche denselben schlachten, sind die, welche Christum kreuzigen, die Knaben, welche das Reinigungswasser sprengen, sind die Apostel, drei Knaben sind es zur Erinnerung an Abraham, Isaak und Jakob. Sie müssen um einen Stab Wolle wickeln, weil durch ein Holz (nämlich das des Kreuzes) das Reich Christi gegründet ist, Wolle und Ysop müssen sie darum wickeln, weil in seinem Reiche böse Tage bevorstehen, c. 8 (p. 25). Das Gebet Mose's und die eherne Schlange bieten das Zeichen des Kreuzes, c. 12 (p. 40). Die Beschneidung ist Symbol der Herzenserneuerung, die Ohrenbeschneidung Symbol der Eröffnung höheren Verständnisses, c. 9 (p. 26). Das Verbot Schweine zu essen deutet auf das Meiden des Umgangs unreiner Menschen, das des Genusses der Adler, Geier und Raben will die Gemeinschaft mit zauberischen Menschen verbieten, c. 10 (p. 31) u. dgl. Diese letztere Art der Deutung ist ganz ähnlich der philonischen Weise. vgl. o. S. 26.

An eine bestimmte Deutung Philo's erinnert die Auslegung des Gebots Levit. 11, 3. — Philo erklärt dasselbe dahin, dass der Lernende dem wiederkäuenden Thiere gleich die Gegenstände des Wissens immer wiederholen müsse, de concup. 5 (II, 353). Aehnlich sagt Barnabas c. 10 (p. 36), es liege in diesem Gebote die Mahnung: κολλᾶσϑαι μετὰ τῶν φοβουμένων τὸν κύριον, μετὰ τῶν μελετώντων ὃ ἔλαβον διάσταλμα ῥήματος ἐν τῇ καρδίᾳ μετὰ τῶν λαλούντων τὰ δικαιώματα κυρίου καὶ τηρούντων μετὰ τῶν εἰδότων ὅτι ἡ μελέτη ἔργον ἐστὶν εὐφροσύνης καὶ μηρυκωμένων τὸν λόγον κυρίου. Die Thiere mit den gespaltenen Klauen werden alsdann abweichend ausgelegt. Philo bezieht sie auf den scheidenden Verstand, Barnabas deutet sie auf die zwiefache Welt, für die der Christ lebt: er wandelt in dieser Welt und erwartet eine andere.

§. 2. Die älteren Apologeten der griechischen Kirche.

Der Einfluss des Philo auf die Kirchenschriftsteller dieser Periode ist sowol in der Lehrbildung als auch in der Schriftbehandlung ziemlich erheblich zu nennen.

I.

Der Gottesbegriff zuerst zeigt manche dem philonischen nahe verwandte, ja ihm entstammende Züge. — Die Bestimmung des göttlichen Wesens als des alleinigen wahrhaften Seins bei Justinus und dem unbekannten Verfasser der Mahnrede erinnert sowol durch sich selbst als durch die Art ihrer Herleitung ganz an das, was Philo I, 222. II, 92 u. a., vgl. oben S. 203, ausführt [1]). Man vergleiche besonders die Stelle cohort. ad Gentiles 20. 21 p. 19 B. C ἀκηκοὼς γὰρ ἐν Αἰγύπτῳ τὸν ϑεὸν τῷ Μωυσεῖ εἰρηκέναι Ἐγὼ εἰμὶ ὁ ὤν ... ἔγνω (sc. Πλάτων) ὅτι οὐ κύριον ὄνομα ἑαυτοῦ ὁ ϑεὸς πρὸς αὐτὸν ἔφη· οὐδὲν γὰρ ὄνομα ἐπὶ ϑεοῦ κυριολογεῖσϑαι δυνατόν· τὰ γὰρ ὀνόματα εἰς δήλωσιν καὶ διάγνωσιν τῶν ὑποκειμένων κεῖται πραγμάτων πολλῶν καὶ διαφόρων ὄντων· ϑεῷ δὲ οὔτε ὁ τιϑεὶς ὄνομα προϋπῆρχεν οὔτε αὐτὸν ἑαυτὸν ὀνομάζειν ᾠήϑη δεῖν εἷς καὶ μόνος ὑπάρχων, ἐγὼ γὰρ φησὶν εἰμὶ ὁ ὤν, ἀντιδιαστέλλων ἑαυτὸν δηλονότι ὁ ὢν τοῖς μὴ οὖσιν. — Es stimmt diese Stelle teilweise in den Worten mit dem, was Philo de vita Mos. I, 14 (II, 92) sagt. Philo macht ganz wie Pseudo-Justin folgende drei Punkte geltend: 1) dass Gott keinen eigentlichen Namen habe (ὡς οὐδὲν ὄνομα ἐπ' ἐμοῦ τὸ παράπαν κυριολογεῖται), 2) dass ihm allein das Sein, allen andern Dingen das Nichtsein zukomme (ἵνα μαϑόντες διαφορὰν ὄντος τε καὶ μὴ ὄντος προσαναδιδαχϑῶσιν) und 3) dass alles dies aus Exod. 3, 14 herzuleiten sei.

Die Namenlosigkeit Gottes wird ebenso bei Justin. apol. II, 6 p. 44 C (ὄνομα δὲ τῷ πάντων πατρὶ ϑετὸν ἀγεννήτῳ ὄντι οὐκ ἔστιν) behauptet, vgl. auch apol. I, 10 p. 58 B. 61 p. 94 D. 63 p. 95 C. — Im dial. c. Tryph. 126 p. 355 D heisst Gott ἀνωνόμαστος. — Gott als das wahre Wesen aller Dinge wird von Tatian. orat. ad Gr. 5 (145 A) ἡ τοῦ παντὸς ὑπόστασις genannt.

---

1) Wie auch Möller, Kosmologie der griechischen Kirche, Halle 1860, S. 132 richtig gegen Semisch, Justin der Märtyrer II S. 253 ff. geltend macht.

Wie bei Philo (s. oben S. 202) jede Bestimmung vom Wesen Gottes selbst ausgeschlossen wird, so sagt auch Theophilus v. Antiochien, dass die Bestimmungen niemals auf ihn selbst, sondern stets auf etwas ihm bereits Untergeordnetes gehen; ad Autolyc. I, 3 p. 71 εἰ γὰρ φῶς αὐτὸν εἴπω ποίημα αὐτοῦ λέγω, εἰ λόγον εἴπω ἀρχὴν αὐτοῦ λέγω νοῦν ἐὰν εἴπω φρόνησιν αὐτοῦ λέγω, πνεῦμα ἐὰν εἴπω ἀναπνοὴν αὐτοῦ λέγω κτλ.

Ueber die Bedeutung der Namen Gottes spricht er sich ganz wie Philo (S. 214) aus, ad Autol. I, 4 p. 72 C θεὸς δὲ λέγεται διὰ τὸ τεθεικέναι τὰ πάντα ἐπὶ τῇ ἑαυτοῦ ἀσφαλείᾳ καὶ διὰ τὸ θέειν, τὸ δὲ θέειν ἐστὶν τὸ τρέχειν ... καὶ τρέφειν ... καὶ ζωοποιεῖν τὰ πάντα . κύριος δέ ἐστιν διὰ τὸ κυριεύειν αὐτὸν τῶν ὅλων. vgl. auch l. c. κύριον ἐὰν εἴπω κριτὴν αὐτὸν λέγω.

Und ganz ähnlich wie Philo in quod deus immut. 5. 12 ff. (I, 275. 281 ff.), die aus diesem abstracten Sein Gottes folgende Bewegungslosigkeit darstellt und die entgegenstehenden Schriftsprüche durch die Accommodationstheorie beseitigt, lesen wir im dial. c. Tryph. 127 p. 366 D καὶ ἱκανῶς εἰρῆσθαί μοι ὑπολαμβάνω ὅτι ὅταν μου ὁ θεός λέγῃ ἀνέβη ὁ θεὸς ἀπὸ Ἀβραὰμ ἢ ἐλάλησε ὁ κύριος πρὸς Μωυσῆν καὶ κατέβη κύριος τὸν πύργον ἰδεῖν ὃν ᾠκοδόμησαν οἱ υἱοὶ τῶν ἀνθρώπων ἢ ὅτε ἔκλεισεν ὁ θεὸς τὴν κιβωτὸν Νῶε ἔξωθεν — μὴ ἡγεῖσθε αὐτὸν τὸν ἀγέννητον θεὸν καταβεβηκέναι ἢ ἀναβεβηκέναι ποθέν. Ὁ γὰρ ἄρρητος πατὴρ καὶ κύριος τῶν πάντων οὔτε ποι ἀφῖκται οὔτε περιπατεῖ οὔτε καθεύδει οὔτε ἀνίσταται ἀλλ' ἐν τῇ αὐτοῦ χώρᾳ ὅπου ποτὲ μένει. — ibid. οὔτε κινούμενος ὁ τόπῳ ἀχώρητος. vgl. Philo de post. Cain. 9 τὸ ὂν ἀκίνητον und die S. 201 f. angef. St.

Auch die Unmöglichkeit wirklicher Gotteserscheinungen und die Notwendigkeit vermittelnder Wesen folgert ganz ähnlich wie Philo de somn. I, 39 u. a. (s. oben S. 203) Justin im dial. c. Tryph. 60 p. 283 B. ibid. 127 p. 356 D. 357 A (οὐχ ὁ ποιητὴς τῶν ὅλων ἔσται θεὸς ὁ τῷ Μωυσεῖ εἰπὼν αὐτὸν εἶναι θεὸν Ἀβραὰμ καὶ θεὸν Ἰσαὰκ καὶ θεὸν Ἰακὼβ ἀλλ' ὁ ἀποδειχθεὶς ὑμῖν ὦφθαι τῷ Ἀβραὰμ καὶ τῷ Ἰακώβ, τῇ τοῦ ποιητοῦ τῶν ὅλων θελήσει ὑπηρετῶν κτλ.). — Dahin gehört ebenfalls die Unerkennbarkeit des göttlichen Wesens für den menschlichen Verstand. vgl. zu den Aussprüchen Philo's oben S. 203. Athenag. supplicat. pro Christianis 10 p. 10 B θεὸς ἀκατάληπτος. Tatian. orat. ad Gr. 4 p. 6 C ἀνθρωπίνοις οὐκ ἔστιν ὁρατὸς ὀφθαλμοῖς οὐ τέχνῃ περιληπτός. Theoph. ad Autol. I, 3 p. 71 A τὸ μὲν εἶδος τοῦ θεοῦ ἄρρητον καὶ ἀνέκφραστόν ἐστιν ... Δόξῃ γὰρ ἐστιν ἀχώρητος μεγέθει ἀκατάληπτος ὕψει ἀπερινόητος ἰσχύϊ ἀσύγκριτος σοφίᾳ ἀσυμβίβαστος ἀγαθοσύνῃ ἀμίμητος καλοποιίᾳ ἀνεκδιήγητος.

Unter den positiven Bezeichnungen Gottes bei Philo begegnet uns die als ὁ τῶν ὅλων νοῦς de migr. Abr. 35 (I, 466) wieder bei Athenag. 10 p. 10 C. 23 p. 26 A ἀΐδιος νοῦς; bei Ps.-Justin. de resurr. ed. Mar. 588 C θεὸς ὁ πατὴρ τῶν ὅλων ὅς ἐστι νοῦς τέλειος, ibid. 593 C ὁ τῶν ὅλων νοῦς.

Ferner die Benennung Gottes als τόπος, der alles einschliesst, selbst aber von nichts umschlossen ist, s. oben S. 207, ist ähnlich bei Theophilus von Antiochien. Man vgl. mit Philo de somn. I, 11 (I, 630) αὐτὸς ὁ θεὸς καλεῖται τόπος τῷ περιέχειν μὲν τὰ ὅλα περιέχεσθαι πρὸς μηδενὸς ἁπλῶς und αὐτὸς τόπος ἑαυτοῦ mit Theoph. ad Autol. II, 81 θεὸς γὰρ οὐ χωρεῖται ἀλλὰ αὐτός ἐστι τόπος τῶν ὅλων. II, 88 B αὐτὸς ἑαυτοῦ τόπος. II, 22 p. 100 A Ὁ μὲν θεὸς καὶ πατὴρ τῶν ὅλων ἀχώρητός ἐστι καὶ ἐν τόπῳ οὐχ εὑρίσκεται.

Die Logoslehre hängt eng mit der philonischen zusammen.

a. Das Verhältniss des Logos zum göttlichen Wesen wird ähnlich wie bei Philo bestimmt.

Der Logos erscheint als auf das engste mit diesem verbunden, s. oben S. 224. So dial. c. Tryph. 128 p. 358 B ἄτμητον δὲ καὶ ἀχώριστον τοῦ πατρὸς ταύτην τὴν δύναμιν ὑπάρχειν ὅνπερ τρόπον τὸ τοῦ ἡλίου φῶς ἐπὶ γῆς εἶναι ἄτμητον καὶ ἀχώριστον ὄντος τοῦ ἡλίου ἐν τῷ οὐρανῷ· καὶ ὅταν δύσῃ συναποφέρεται τὸ φῶς οὕτως ὁ πατὴρ ὅταν βούληται λέγουσι δύναμιν αὐτοῦ προπηδᾶν ποιεῖ καὶ ὅταν βούληται πάλιν ἀναστέλλει εἰς ἑαυτόν. — cohort. ad Gentiles 38 p. 36 C der Logos ist ἀχώρητος δυνάμει. — Er ist von Anfang an in Gott. Tatian. or. ad Gr. 5 p. 145 A σὺν αὐτῷ (sc. τῷ θεῷ) διὰ λογικῆς δυνάμεως αὐτὸς καὶ ὁ λόγος ὃς ἦν ἐν αὐτῷ ὑπέστησε. Athenag. supplic. pro Christ. 10 p. 10 D ἐξ ἀρχῆς γὰρ ὁ θεὸς νοῦς ἀΐδιος ὢν εἶχεν αὐτὸς ἐν ἑαυτῷ τὸν λόγον ἀϊδίως λογικὸς ὤν.

Er erscheint aber trotzdem wie bei Philo, s. oben S. 220, als etwas Selbständiges, das auch für sich ein Wesen hat. Justin sagt dial. c. Tryph. 61 p. 284 A γεγέννηκε δύναμίν τινα ἐξ ἑαυτοῦ λογικήν. Tatian ad Gr. 5 p. 145 A θελήματι τῆς ἁπλότητος αὐτοῦ προπηδᾷ ὁ λόγος.

Die Art des Hervorgehens wird wie bei Philo de somn. I, 13 u. a., s. oben S. 228, durch das Bild des Feuers deutlich gemacht. So dial. c. Tryph. 61 p. 284 C ὁποῖον ἐπὶ πυρὸς ὁρῶμεν ἄλλο γινόμενον οὐκ ἐλαττουμένου ἐκείνου ἐξ οὗ ἡ ἄναψις γέγονεν ἀλλὰ τοῦ αὐτοῦ μένοντος καὶ τὸ ἐξ αὐτοῦ ἀναφθὲν κατ' αὐτὸ ὂν φαίνεται οὐκ ἐλαττῶσαν ἐκείνο ἐξ οὗ ἀνήφθη. Justin polemisirt ibid. 218 p. 358 C. D gegen diejenigen, welche sich diese Ablösung κατὰ ἀποτομήν vorstellen, indem dadurch eine Schwächung des göttlichen Wesens herbeigeführt werde. Vielmehr bestehe der Logos neben Gott wie eine Flamme neben der andern. Die erste Flamme werde nicht verringert dadurch, dass eine zweite aus ihr hervorgehe. Anders stehe es mit dem Bilde von Licht und Sonne (s. oben S. 186), welches ausdrücklich von ihm verworfen wird [1]). Auch Tatian. orat. ad Graec. 5 p. 145 B sagt: γέγονε (ὁ λόγος) κατὰ μερισμὸν οὐ κατὰ ἀποκοπήν und gebraucht das Bild von einer Fackel.

Das Verhältniss der Logoi zum Logos bei Philo war, wie wir

---

1) Ueber Aehnlichkeiten und Verschiedenheiten der philonischen und justin'schen Logoslehre s. auch Dorner, Christol. I, 428.

oben S. 224 f. sahen, schwankend. Den Kirchenschriftstellern lag es näher sich an die Vorstellung anzuschliessen, welche die Logoi (Engel) aus dem Logos hervorgehen lässt. — So Tatian. ad Graec. 7 p. 146 C ὁ μὲν οὖν λόγος πρὸ τῆς τῶν ἀνθρώπων κατασκευῆς ἀγγέλων δημιουργός γίνεται. Athenag. suppl. 10 p. 10 C καὶ πλῆθος ἀγγέλων καὶ λειτουργῶν φαμεν οὓς ὁ ποιητὴς καὶ δημιουργὸς κόσμου θεὸς διὰ τοῦ παρ' αὑτοῦ λόγου διένειμε.

b. Das Verhältniss des Logos zur Welt betreffend, finden wir auch bei den altchristlichen Apologeten die Anschauung, dass im Logos die wirksame Kraft liege, durch welche die Welt geschaffen worden. So heisst es von ihm bei Athenag. suppl. pr. Chr. 10 p. 10 D ὡς τῶν ὑλικῶν ξυμπάντων ... ἰδέα καὶ ἐνέργεια εἶναι προελθών. Justin. cohort. ad Graec. 15 p. 16 B τῷ λόγῳ τοῦ θεοῦ πᾶσα ἐγένετο ἡ κτίσις. — Theoph. ad Autol. I, 7 p. 74 B ὁ θεὸς διὰ τοῦ λόγου αὑτοῦ καὶ τῆς σοφίας ἐποίησε τὰ πάντα· τῷ γὰρ λόγῳ αὑτοῦ ἐστερεώθησαν οἱ οὐρανοί κτλ. Der in Gott wohnende Logos wird zum λόγος προφορικός und schafft die Welt, ibid. II, 22 p. 100 B.

Auch ist der Logos der Träger der Weltordnung, s. oben S. 226 f. Der Brief an den Diognet 7 p. 498 C. nennt ihn τὸν τεχνίτην καὶ δημιουργὸν τῶν ὅλων οὗ τὰ μυστήρια πιστῶς πάντα φυλάσσει τὰ στοιχεῖα. Er ist also das verborgene Gesetz der Dinge.

c. Das Verhältniss des Logos zum Menschen. Der Logos ist wie bei Philo, s. oben S. 228, der Träger aller Gotteserscheinungen. — Im dial. c. Tryph. 56 ff. p. 278 ff. wird ausgeführt, wie der Logos dem Abraham, Lot, Jakob, dem Mose erschienen sei, er sei auch der erscheinende Engel Gottes. ibid. p. 275 C ἐστὶ καὶ λέγεται θεὸς καὶ κύριος ἕτερος ὑπὸ τὸν ποιητὴν τῶν ὅλων ὃς καὶ ἄγγελος καλεῖται διὰ τὸ ἀγγέλλειν τοῖς ἀνθρώποις ὅσαπερ βούλεται αὐτοῖς ἀγγεῖλαι ὁ τῶν ὅλων ποιητής. — ibid. p. 276 D οὗτος ὅ τε τῷ Ἀβραὰμ καὶ τῷ Ἰακὼβ καὶ τῷ Μωυσεῖ ὦφθαι λεγόμενος καὶ γεγραμμένος θεὸς ἕτερός ἐστι τοῦ τὰ πάντα ποιήσαντος θεοῦ, ἀριθμῷ λέγω ἀλλ' οὐ γνώμῃ. — 127 p. 357 C. D οὔτε οὖν Ἀβραὰμ οὔτε Ἰσαὰκ οὔτε Ἰακὼβ οὔτε ἄλλος ἀνθρώπων εἶδε τὸν πατέρα καὶ ἄρρητον κύριον τῶν πάντων ἁπλῶς καὶ αὐτοῦ τοῦ Χριστοῦ ἀλλ' ἐκεῖνον τὸν κατὰ βουλὴν τὴν ἐκείνου καὶ θεὸν ὄντα υἱὸν αὐτοῦ καὶ ἄγγελον ἐκ τοῦ ὑπηρετεῖν τῇ γνώμῃ αὐτοῦ ... ὃς καὶ πῦρ ποτε γέγονε τῇ πρὸς Μωυσέα ὁμιλίᾳ τῇ ἀπὸ τῆς βάτου. — Theophil. ad Autol. II, 22 p. 100 A ὁ λόγος αὑτοῦ δι' οὗ τὰ πάντα πεποίηκεν δύναμις ὢν καὶ σοφία αὑτοῦ ἀναλαμβάνων τὸ πρόσωπον τοῦ πατρὸς καὶ κυρίου τῶν ὅλων οὗτος παρεγίνετο εἰς τὸν παράδεισον ἐν προσώπῳ τοῦ θεοῦ καὶ ὡμίλει τῷ Ἀδάμ. — Wie bei Philo der Logos auf die Bildung des Menschen besondern Einfluss hat, so sagt auch Tatian c. 7 p. 146 C κατὰ τὴν τοῦ γεννήσαντος αὑτοῦ πατρὸς μίμησιν εἰκόνα τῆς ἀθανασίας τὸν ἄνθρωπον ἐποίησεν. Der Logos wirkt insbesondere auf die Seele des Menschen. Der ursprünglich stoische, bei Philo quis rer. div. haer. 24 (I, 289) sich findende Ausdruck λόγος σπερματικός ist bei Justin aller Naturbeziehung entkleidet und bezeichnet blos die sittlich und geistig befreiende Macht, welche der göttliche Logos auf die Seele des Menschen ausübt [1]). Es erstreckt sich dieselbe auch auf die Heidenwelt; apol. I, 46 heisst es: οἱ μετὰ λόγου βιώσαντες Χριστιανοί εἰσι κἂν ἄθεοι ἐνομίσθησαν οἷον ἐν Ἕλλησι μὲν Σωκράτης ... ἐν βαρβάροις δὲ Ἀβραάμ. Bei Philo ist diese Anschauung vorgebildet in der Vergleichung des Logos mit dem die Seele erleuchtenden und fröhlich machenden Mannah: quis rer. div. haer. 39 (I, 499). leg. alleg. II, 21 (I, 82). III, 61 (I, 122). de profug. 25 (I, 566). — Auch der Brief an den Dioguet kennt diese innerlich wirkende Kraft des Logos: c. 7 p. 498 C τὸν λόγον τὸν ἅγιον καὶ ἀπερινόητον ἀνθρώποις ἐνίδρυσε καὶ ἐγκατεστήριξε (ὁ θεός) ταῖς καρδίαις αὐτῶν.

Als Befreier von den Leidenschaften (vgl. oben S. 229) erscheint der Logos in der orat. ad Gentiles p. 40 D ὁ λόγος ἐξ αὐτῶν τῶν τῆς ψυχῆς μυχῶν τὰ δεινὰ τῆς αἰσθήσεως ἀπελαύνει πάθη. Er wird hier mit einem Beschwörer verglichen, welcher aus einer Höle die Schlangen hervorlockt.

In der Lehre von der Schöpfung vertritt die cohort. ad Gent. 29 p. 28 E die philonische Ansicht, dass Plato seine Theorie von einem idealen Vorbilde, welches der Weltbildung zu Grunde gelegen, aus Mose entlehnt habe. Und zwar hat sie dieselbe exegetische Begründung wie Philo in leg. alleg. III, 31 (I, 106). de somn. I, 35 (I, 652) durch Exod. 25, 40, indem das dem Mose auf dem Berge gezeigte Bild als das Urbild der Welt gedeutet wird. — Wie Philo de opif. m. 4 ff. (I, 4 ff.) die Worte Gen. 1, 2 ἡ δὲ γῆ ἦν ἀόρατος benutzt, um den Unterschied der γῆ ἀόρατος und αἰσθητή zu begründen und wie er in de opif. m. 10 (I, 8) den Ausdruck στερέωμα in Gen. 1, 6 in ähnlicher Weise für den Unterschied eines οὐρανὸς ἀσώματος καὶ σωματικός verwendet, so finden wir das gleiche Verfahren angewendet in cohortat. ad gent. 30 p. 29 B ᾠήθη ὅτι ταύτην μὲν περὶ ἧς ἔφη ἡ δὲ γῆ ἦν τὴν προϋπάρχουσαν εἰρῆσθαι γῆν ... ταύτην δὲ περὶ ἧς λέγει ἐποίησεν ὁ θεὸς τὸν οὐρανὸν καὶ τὴν γῆν ᾠήθη ταύτην λέγει αὐτὸν τὴν κατὰ τὸ προϋπάρχον εἶδος ὑπὸ τοῦ θεοῦ γενομένην αἰσθητήν. ... ibid. C τὸν ... οὐρανὸν ὂν καὶ στερέωμα ὠνόμασε τοῦτον εἶναι τὸν γενόμενον αἰσθητόν.

In der Lehre vom Menschen begründet die cohort. ad Gent. 30 p. 29 D die Theorie von einer doppelten Menschenschöpfung wie Philo (s. oben S. 173) auf Gen. 1, 26. 27 und Gen. 2, 7 und nennt, trotzdem an letzterer Stelle von ihr ἐποίησεν gelesen wird, doch den zweiten Menschen nach Philo (de opif. m. 46. leg. alleg. II, 4, s. oben S. 242) τὸν ἐκ τῆς γῆς πλασθέντα.

Ebenso sagt Theophilus ad Autol. II, 26 p. 128 διὸ καὶ πλασθέντος τοῦ ἀνθρώπου ἐν τῷ κόσμῳ τούτῳ μυστηριωδῶς ἐν τῇ Γενέσει γέγραπται ὡς δὶς αὐτοῦ ἐν τῷ παραδείσῳ τιθέντος, nur darin abweichend,

---

1) Vgl. hierzu Duncker, zur Geschichte der christl. Logoslehre in den ersten Jahrhunderten. Die Logoslehre Justin's. Göttingen 1848.

dass er das erste auf die Schöpfung, das zweite auf die Auferstehung des Menschen bezieht.

II.

Die Aehnlichkeit der Interpretationsweise Justin's mit der des Philo ist auch sonst schon bemerkt worden. Rosenmüller, de fatis interpretationis scripturae s. in ecclesia christiana V p. 7 sagt: „quis autem a Philonis lectione ad Justini libros legendos accedens non deprehendat prorsus eandem sacras literas interpretandi rationem?"

In der Tat finden wir bei Justin eine ganze Anzal der philonischen Regeln der Allegorie in Geltung. Die hervortretendsten sind folgende:

1. Widersprüche der Schrift leiten auf höheren Sinn hin. vgl. oben S. 167.

So sagt Justin dial. c. Tryph. c. 91 p. 318 C. zu Deut. 33, 17 *κέρατα μονοκέρωτος* ist ein Widerspruch, von Hörnern eines Einhorns kann man nicht sprechen. Man findet dies nur beim Kreuz, es ist ein Holz, welches wie ein Horn hervorragt, von dem aber wieder die einzelnen Spitzen wie Hörner abstehen.

Gott befiehlt dem Mose kein Bild zu machen und doch wird er hernach beauftragt, eine eherne Schlange zu errichten. Der Widerspruch findet darin seine Lösung, dass die letztere ein auf Christum deutendes Mysterium ist, ibid. c. 94 p. 321 D. — Mit Jakob rang ein Mensch, der hernach Gott genannt wird. Die Schrift deutet auf den Logos dial. c. Tryph. c. 126 p. 355 D. — Jes. 43, 15 wird Israel ein König genannt, was er doch niemals war. Es geht daraus hervor, dass das geistliche Israel gemeint ist, c. 135 p. 365 A. — Das Volk Israel wird getadelt und doch wird ihm der Segen der Verheissung zugesprochen. Es folgt daraus, dass es ein doppeltes Israel giebt, das fleischliche und das geistliche, ibid. p. 365 D.

2. Der natürliche Sinn, welcher dem Geiste der Schrift widerstreitet, ist aufzugeben gegen den allegorischen.

Unmöglich kann Mose den Glauben an eine Schlange verlangt haben, da doch sonst stets der Götzendienst verboten wird. Die Deutung auf den gekreuzigten Christus ist hier durch die innere Notwendigkeit der Sache gegeben. dial. c. Tryph. 91 p. 312 B.

3. Die Schrift sagt nichts Ueberflüssiges, Wiederholungen, doppelter Ausdruck u. dgl. sind bedeutungsvoll. S. oben S. 168 f.

Gen. 19, 24 heisst es *κύριος ἔβρεξεν ... παρὰ κυρίου*. — Aus der Wiederholung geht hervor, dass mit dem zweiten *κύριος* ein anderer gemeint ist als mit dem ersten. dial. c. Tryph. c. 129 p. 358 D *ὅταν λέγῃ ἔβρεξε κτλ. δύο ὄντας ἀριθμῷ μηνύει ὁ λόγος ὁ προφητικὸς τὸν μὲν ἐπὶ γῆς ὄντα ὅς φησι καταβεβηκέναι ἰδεῖν τὴν κραυγὴν Σοδόμων τὸν δὲ ἐν τοῖς οὐρανοῖς ὑπάρχοντα ὃς καὶ τοῦ ἐπὶ γῆς κυρίου κύριός ἐστιν ὡς πατὴρ καὶ θεὸς αἴτιός τε αὐτῷ τοῦ εἶναι καὶ δυνατῷ καὶ κυρίῳ καὶ θεῷ.* — Dasselbe wird aus Ps. 110, 1 *λέγει ὁ κύριος τῷ κυρίῳ μου.* Ps. 45, 7. 8 *ἔχρισέ σε ὁ θεὸς ὁ θεός σου* gefolgert. dial. c. Tryph. c. 56 p. 277 C.

4. Das bedeutungsvolle Schweigen der Schrift. s. o. S. 179.

Warum wird von Henoch, Noah u. a. nicht erzält, dass sie beschnitten worden sind, während es doch von Abraham und seinen Nachkommen berichtet wird? Die Schrift will hier schon auf die Glaubensgerechtigkeit anspielen. dial. c. Tryph. c. 92 p. 319 C. Warum werden dem Abraham, Isaak und Jakob Verheissungen, aber nicht dem Esau und dem Ruben? — Der Grund ist, dass nur denen solche zu Teil werden, von denen Christus abstammt. ibid. c. 120 p. 348 A.

5. Feststehende Deutungen werden zu anderweiten Combinationen verwendet. s. o. S. 178.

Da nach Ps. 89, 4 1 Tag des Herrn = 1000 Jahren ist, so folgt, dass die Worte Gen. 2, 17 ᾗ δ' ἂν ἡμέρᾳ φάγῃ ... ἀποθανεῖται anzeigen, Adam werde nicht 1000 Jahre alt werden (ἔγνωμεν αὐτὸν μὴ ἀναπληρώσαντα χίλια ἔτη). — Ebenso beweist die Stelle Jes. 65, 72 κατὰ τῆς ἡμέρας τοῦ ξύλου αἱ ἡμέραι τοῦ λαοῦ μου ἔσονται, dass das Volk Gottes ein 1000jähriges Reich haben werde, denn der Tag des Baumes der Erkenntniss gelte 1000 Jahre. dial. c. Tryph. 81 p. 308 A. B. vgl. Synhedr. 97.

Noch künstlicher ist die folgende Beweisführung. Insofern Adam vom Geiste Gottes beseelt wird, ist er ein οἶκος τοῦ ἐμφυσήματος zu nennen. Daher sind die Häuser, welche nach Exod. 12, 7 mit dem Blute des Passahlammes bestrichen werden sollen, die Menschen, welche sich mit Christi Blut selbst salben sollen (οὓ τῷ αἵματι ... χρίονται τοὺς οἴκους ἑαυτῶν τουτέστιν ἑαυτούς ... ὅτι γὰρ τὸ πλάσμα ὃ ἔπλασεν ὁ θεὸς τὸν Ἀδὰμ οἶκος ἐγένετο τοῦ ἐμφυσήματος). dial. c. Tryph. 40 p. 259 A.

6. Die Worte werden nach allen Möglichkeiten ihrer Bedeutungen erwogen. S. oben S. 174 f.

Das ποῦ in Gen. 3, 15. 4, 9 braucht nicht notwendig im eigentlichen Sinne fragend zu sein, es hat hier die Bedeutung einer strafenden Frage. dial. c. Tryph. 99 p. 326 C οὐδὲ τῷ θεῷ εἰς ἄνοιαν ἦν τὸ ἐρωτᾶν τὸν Ἀδὰμ ποῦ ἐστιν οὐδὲ τὸν Κάϊν ποῦ Ἄβελ ἀλλ' εἰς τὸ ἕκαστον ἐλέγξαι ὁποῖός ἐστι.

7. Symbolische Zahlen.

Die 12 Glöckchen [1] am Priestertalar bedeuten die 12 Apostel, insofern dieselben von Christo als dem Hohenpriester gewissermassen herabhängend Kunde geben. dial. c. Tryph. 42 p. 260 D. Die beiden Sündenböcke deuten auf die doppelte Ankunft Christi, ibid. 41 p. 260 A, die 8 in der Sintflut Geretteten weissagen auf den 8ten Tag, an dem Christus auferstand, c. 138 p. 367 C.

8. Symbolik der Dinge.

Sie ist ebenso reichlich übersprudelnd als bei Philo. Alle Personen und Ereignisse des A. T. werden zu weissagenden Typen Christi und seines Kreuzes. Diese Typik zieht sich namentlich durch den

---

[1] Vgl. über die hier vielleicht vorliegende Verwechselung Otto, Justini opera I, 2 S. 136.

ganzen Dialog mit Trypho hindurch und nimmt auch in der ersten
Apologie c. 32 ff. einen grossen Raum ein.

So sind z. B. die gefleckten Schafe Jakob's die vielerlei Menschen,
für die Christus starb. dial. c. Tryph. c. 134 p. 364 C. Holz und
Wasser rettet den Noah: das deutet darauf, dass die Christen durch
das Kreuz und die Taufe von den Sünden errettet werden. c. 138
p. 367 D. Das geröstete Passahlamm c. 40 p. 259 C, der betende Mose
c. 90 p. 318 B, der Stab Mose's, Aaron's, die Stäbe Jakob's c. 86
p. 313 B u. a. deuten auf das Kreuz Christi. Der Sand am Meere, mit
dem die Israeliten Gen. 22, 17 verglichen werden, deutet darauf, dass
viele ungläubig bleiben werden, die Trockenheit desselben symbolisirt
die Dürre der jüdischen Herzen. c. 120 p. 348 B. Die Eselin mit
dem Sattel Matth. 21 bedeutet die Juden, welche das Joch des Gesetzes
tragen, das Eselsfüllen ohne Sattel die Heiden, c. 53 p. 272 C. D
u. dgl. m.

Lauter Deutungen nach philonischer Methode.

9. Symbolik der Namen.

Sie beruht bisweilen nach Philo's Weise auf der Wortdeutung aus
dem Grundtexte, doch ist Justin in den Etymologien selbst von diesem
unabhängig.

Satanas wird in die beiden Worte שטה abfallen und נחש Schlange
zerlegt und als die abfallende Schlange gedeutet. dial. c. Tryph. c. 103
p. 331 B. S. d. ähnl. Verfahren Philo's oben S. 194 f.

Bei Abraham und Sarah wird wie bei Philo die Veränderung in
die Hinzufügung eines Alpha und eines Rho gesetzt (vgl. oben S. 153)
διὰ τί μὲν ἓν ἄλφα πρώτῳ προςετέθη τῷ Ἀβραὰμ ὀνόματι θεολογεῖς καὶ διὰ
τί ἓν Ῥῶ τῷ Σάρρας ὀνόματι ὁμοίως κομπολογεῖς. ibid. c. 113 p. 340 B.

Israel anders als von Philo oben S. 269, ἄνθρωπος νικῶν [1] δύ-
ναμιν erklärt, also in איש שרה אל aufgelöst.

Bei andern Namen ist nicht aus der Etymologie, sondern aus an-
dern Umständen die allegorische Bedeutung erschlossen. Lea ist we-
gen ihrer schwachen Augen ein Bild der Verblendung der Synagoge,
die hellblickende Rahel ein Bild der Kirche. Ihr Götzendiebstal be-
deutet, dass sie die falschen Götter beseitigt. Jakob, der von dem
Bruder gehasste, ist ein Bild Christi, c. 134 p. 364. Thamar Mutter
der Gläubigen, c. 86 p. 314 A. Auses, der in das Land der Verheis-
sung führt, ein Vorbild Christi, c. 132 p. 362 C.

Einzelne Deutungen, die an Philo erinnern, sind solche wie zu
Gen. 18, 2 dial. c. Tryph. c. 56 p. 279 A: ὁ εἷς τῶν τριῶν ὁ καὶ θεὸς
καὶ κύριος τῶν ἐν τοῖς οὐρανοῖς ὑπηρετῶν κύριος τῶν δύο ἀγγέλων, s.
oben S. 217. — Ausdrücklich weist er auf alexandrinische Allegoristik
hin der Auslegung von Gen. 1, 26 im dial. c. Tryph. c. 62 p. 285 D
οὐ γὰρ ὅπερ ἡ παρ᾽ ὑμῖν λεγομένη αἵρεσις δογματίζει φαίην ἂν ἐγὼ ἀλη-

---

1) In älteren Ausgaben fehlt hier das wichtige νικῶν, wie schon Clericus ad
constitutt. apostol. l. 7 c. 36 ed. Cotel. p. 376 mit Recht bemerkt. — vgl. ausser-
dem Otto, Justini opp. I, 2 S. 422 not. 5.

θὲς εἶναι ἢ οἱ ἐκείνης διδάσκαλοι ἀποδεῖξαι δύνανται ὅτι ἀγγέλοις ἔλεγεν ἢ ὅτι ἀγγέλων ποίημα ἦν τὸ σῶμα τὸ ἀνθρώπινον. vgl. oben S. 206.

Auch bei Theophilus von Antiochien finden wir einzelne Spuren der allegorischen Regeln.

1. Die Wiederholung in der Schrift ist bedeutungsvoll. Gen. 2, 8. 15. Die Schrift sagt zweimal, dass Adam in das Paradies gesetzt worden sei. Darin liegt die geheimnissvolle Hindeutung darauf, dass, wie es einmal bei der Schöpfung geschehen sei, es so auch einmal bei der Auferstehung geschehen werde. ad Autolycum II, 26 p. 103 A.

2. Der Plural ist von tieferer Bedeutung. Gen. 1, 26 *ποιήσωμεν* deutet auf Gehülfen beim Werk der Menschenbildung. ibid. II, 18 p. 96 D. Gen. 3, 5 *ὡς θεοί* deutet auf die Vielgötterei II, 28 p. 104 B.

3. Die vielseitige Deutung des Ausdrucks im Einzelnen. *ποῦ* in Gen. 3, 9. 4, 9 wie oben bei Justin (s. S. 338) soll nicht Zeichen der Unwissenheit sein, sondern eine pädagogische Frage, die zur Sinnesänderung anleitet. (*οὐχ ὡς ἀγνοῶν* ... *ἀλλὰ* ... *ἀφορμὴν ἐδίδου αὐτῷ μετανοίας καὶ ἐξομολογήσεως*) ad Autol. II, 26 p. 103 C. II, 29 p. 105 C.

Das *ἐργάζεσθαι* neben *φυλάσσειν* in Gen. 2, 15 bedeutet nichts anderes als die gründliche Ausführung der Bewahrung der Gebote Gottes (*οὐκ ἄλλην τινὰ ἐργασίαν δηλοῖ ἀλλ' ἢ τὸ φυλάσσειν τὴν ἐντολὴν τοῦ θεοῦ*) ad Autol. II, 24 p. 102 A. vgl. hiemit Philo leg. alleg. I, 28 (I, 60) *τὸ ἐργάζεσθαι τὰς ἀρετὰς καὶ μηδέποτε αὐτῶν ἀφίστασθαι ἀλλ' ἀεὶ ταμιεύειν καὶ φυλάττειν ἑκάστην.*

4. Die Symbolik der Dinge. Die Sonne ist ein Bild Gottes. *ὁ γὰρ ἥλιος ἐν τύπῳ θεοῦ ἐστιν* ad Autol. II, 15 p. 94 C. vgl. oben S. 208.

5. Symbolik der Namen. *Νῶε* = *ἀνάπαυσις* (vgl. Philo oben S. 270) ist Symbol der Errettung, denn er baute die Arche. Er ist aber auch Deukalion, weil er den Menschen zurief: *δεῦτε καλεῖ ὑμᾶς ὁ θεὸς εἰς μετάνοιαν* ad Autol. III, 19 p. 129 B.

Zur Deutung von Sabbat = *ἑβδομάς* ad Autol. II, 12 p. 91 D. vgl. oben S. 195 und m. philon. Studien bei Merx II, 2 S. 150 f.

Ἐδέμ = *τρυφή* ad Autol. II, 24 p. 101 C. S. oben S. 271.

Von den einzelnen Deutungen erinnert an Philo der Schluss auf einen doppelten Himmel aus dem Ausdrucke *στερέωμα*. Es heisst ad Autol. II, 13 p. 93 A: *τῇ μὲν οὖν πρώτῃ ὑποθέσει τῆς ἱστορίας καὶ γενέσεως τοῦ κόσμου εἴρηκεν ἡ ἁγία γραφὴ οὐ περὶ τούτου τοῦ στερεώματος ἀλλὰ περὶ ἑτέρου οὐρανοῦ τοῦ ἀοράτου ἡμῖν ὄντος μεθ' ὃν οὗτος ὁ ὁρατὸς ἡμῖν οὐρανὸς κέκληται στερέωμα.*

Anhang.
Philo und die Gnostiker.

Philo's Einfluss auf die Gnostiker ist wie an sich unverkennbar, so auch allgemein zugegeben. Wir können uns daher hier darauf beschränken, die wichtigsten Gesichtspunkte kurz hervorzuheben. — In allen gnostischen Systemen begegnen uns vorzugsweise folgende vier Lehren, welche in dieser Klarheit und Vollständigkeit zuerst bei Philo ihre Ausprägung empfangen haben: der abstracte Gottesbegriff, die Lehre von den Mittelwesen und dem Logos, die Lehre von der bösen Natur der Materie und des Leibes und von der Askese als dem einzigen Erlösungsmittel. — Doch nicht nur der Gehalt dieser Lehren, auch ihr Ausdruck und die bisweilen sich findende allegorische Begründung erinnert an Philo.

1. Wie bei Philo das göttliche Wesen als ein völlig bestimmungsloses und unerkennbares gefasst wird: so nennen die Naassener Gott ἡ πρώτη καὶ μακαρία ... ἀσχημάτιστος οὐσία (Hippol. V, 7 p. 100), er ist der vor allem Sein Seiende (προών ibid. V, 9 p. 117); ebenso bezeichnen die Peraten Gott als τὸ ἀγέννητον, welches aber zugleich die grosse Quelle alles Seins sei (Hippol. V, 12 p. 123); bei Justin dem Gnostiker heisst er: πατὴρ πάντων τῶν γεννητῶν ἀπρόγνωστος καὶ ἄγνωστος καὶ ἀόρατος (Hippol. V, 26 p. 150), in der simonianischen Lehre δύναμις ἀπέραντος, ἀόρατος ἀκατάληπτος (Hippol. V, 9 p. 163), bei Basilides in schärfster Ueberspannung der Lehre οὐδέν, das nicht einmal ἄρρητον heissen kann (Hippol. VII, 20 p. 230), der nicht seiende Gott; bei Cerinthus die principalitas quae est super universa (Iren. adv. haer. 1, 26, 1); bei Valentinus προπάτωρ, προών ... ὃς πάντοτε περιέχει τὰ πάντα καὶ οὐκ ἐμπεριέχεται (Epiph. haer. 31, 5) [ähnlich oft bei Philo, s. S. 207]. — In den Pseudo-Clementinen begegnet uns die negative und die positive Seite des philonischen Gottesbegriffs. Gott heisst dort einerseits das reine Sein (ὄντως ὄν), die vollkommene Ruhe (ἀνάπαυσις), andrerseits aber auch die Güte und die Gerechtigkeit, nur dass hier abweichend von Philo die Gerechtigkeit höher als die Güte gestellt wird (homil. 17, 7, 8). — Auch die echt philonische Bezeichnung Gottes als ἑστώς (s. oben S. 201 f. 205) findet sich öfter. So bei Dositheus (Orig. de princ. 4, 17), bei Simon Magus (Clem. hom. II, 22, 24. XVIII, 12, 14).

2. Die philonische Anschauung von dem Logos als dem urbildlichen Menschen finden wir im System der Naassener. Sie lassen aus Gott einen Urmenschen, ein ἀρχέγονον σπέρμα hervorgehen, welches ganz wie der philonische Logos zunächst gewissermassen nach innen gewendet mit dem Urwesen wieder zusammenfällt und deshalb als ἀχαρακτήριστος bezeichnet wird. Aber wie der Logos so hat auch dieser Urmensch eine nach aussen gewendete Seite und wird so zur Be-

hausuug (οἰκητήριον) aller zu schaffenden Dinge und alsdann die alles Geschaffene erhaltende Substanz (Hippol. V, 9, 117 ff.). Er lässt sowol die geistigen Potenzen als die realen Dinge von sich ausgehen. Die entgegengesetzte Anschauung, welcher wir gleichfalls bei Philo (s. o. S. 225) begegneten, nach welcher die Kräfte in ihrer Vielheit das Vorangehende sind, der Logos dagegen nur eine Zusammenfassung derselben, findet sich wieder bei den Peraten, vgl. Hippol. V, 17, 135 στρέφεται (ὁ λόγος) πρὸς τὸν πατέρα καὶ ἀναλαμβάνει τὰς δυνάμεις εἰς τὸ πρόσωπον ἑαυτοῦ. Noch bestimmter erinnert an Philo die Lehre der Sethianer, nach welcher durch das Aufeinanderwirken der geistigen Mächte Abdrücke wie von Siegeln in grosser Menge entstehen, welche die Urbilder der Dinge werden. Diese σφραγῖδες erinnern sachlich und dem Ausdrucke nach an de opif. m. 6 (I, 5). de monarch. I, 218. de cherub. 14 (I, 148). — Bemerkenswert ist auch, dass Simon Magus (Theodoret. fab. I, 1) ähnlich wie Philo (s. o. S. 215) eine sechsfache Gliederung der Aeonen versucht, wobei das erste Aeonenpaar νοῦς und ἐπίνοια dem philonischen νοῦς und σοφία entspricht.

3. Wie bei Philo so gilt die Materie als feindselig und böse bei Simon Magus, gehört sie bei Saturninus als ὕλη ἄναρχος dem Satan an, heisst bei Basilides die finstere, bei Valentinus das κένωμα, lässt bei Bardesanes den Satan aus sich hervorgehen u. dgl. m. Deshalb ist ebenfalls bei allen Gnostikern die Schöpfung ein Werk der Mittelwesen, ja der Demiurg wird eben in Folge dieser Tätigkeit in den gnostischen Systemen selbst zu einem etwas heruntergekommenen Wesen, welches viel mehr der bösen Materie als dem guten Gotte zugewendet erscheint und insofern allerdings sich vom philonischen Logos, bei dem die letztere Seite hervorgekehrt ist, unterscheidet. So lässt Cerinthus die Weltbildung durch eine von Gott abstehende Kraft vollziehen (non a primo Deo factum esse mundum docuit sed a virtute quadam valde separata et distante. Iren. adv. haer. I, 26), bei den Naassenern hat der Urmensch neben dem νοερόν und ψυχικόν auch das finstere χοϊκόν in sich, bei den Peraten ist der Demiurg sogar das Prinzip der φθορά, die demiurgische Schlange der Sethianer wird gar zum Gegenbild des guten Gottes als ὁ πατὴρ ὁ κάτωθεν, der Demiurg Valentin's ist ein sehr weit entferntes Abbild des höchsten Gottes u. a. m. — Damit hängt es zusammen, dass die Gnostiker wie Philo die leibliche Natur des Menschen für böse und darum für ein Gebild niederer Wesen halten, während das Geistige höheren Ursprungs ist. So sind im Systeme der Naassener die Menschen in das Gebilde von Koth herabgesenkt und dienen dem Demiurgen dieser Schöpfung, dem Jaldabaoth, aber es kommt zugleich auf dieses irdische Nachbild des oberen Adam ein Hauch vom himmlischen Urmenschen und wird von der niederen Seele in der irdischen Behausung festgehalten (Hippol. V, 7, 97 ff.). Die Sethianer lassen den höheren νοῦς durch einen Zug der Natur (φορᾷ φύσεως) in das Schlangengebilde des menschlichen Leibes einkehren (Hippol. V, 19, 141), Saturninus lehrte, der Mensch sei ein Gebild der Engel (hominem angelorum esse facturam), Gott habe aber diesem

Machwerke nachträglich seinen Geist geschenkt (Iren. adv. haer. I, 29) u. a. m. — Ferner begegnet uns auch bei den Gnostikern die in der philonischen Symbolik so häufige Beziehung Aegyptens auf den sündlichen Leib. So bei den Naassenern ἡ κάτω μίξις, Αἴγυπτος . . . τὸ σῶμα (Hippol. V, 7 p. 106), ähnlich bei den Peraten, wo auch das rothe Meer (vgl. Philo de agricult. 17) mit der φθορά des Körpers in Verbindung gebracht wird (Hippol. V, 16 p. 131 ff.). Auch der Zug der philonischen Typik (vgl. o. S. 189 f.), wonach das Weibliche als das Sündliche, das Männliche als das Gute erscheint, kehrt bei den Gnostikern wieder. So heisst es Clement. hom. III, 27 p. 640: ὁ ἄρσην ὅλος ἀλήθεια ἡ θήλεια ὅλη πλάνη und die stoffliche Natur heisst bei den Sethianern γέννημα θηλείας (Hippol. V, 19 p. 141).

4. Dem entspricht es nun, wenn die Askese, die Abtödtung des Leiblichen, auch bei den Gnostikern als einziges Rettungsmittel angepriesen wird. So vernehmen wir bei den Naassenern die ganz philonisch klingende Mahnung: „ihr seid Götter und Söhne des Höchsten, wenn ihr euch beeilt aus Aegypten zu fliehen . . . wenn ihr euch aber wieder umwendet nach Aegypten, werdet ihr wie Menschen sterben, denn sterblich ist alle untere Geburt, unsterblich sind die oben Geborenen" (Hippol. V, 7 p. 105 ff.). Ganz an Philo erinnert es (vgl. oben S. 184. 247), wenn wir im System der Peraten hören, dass die Macht der schädlichen Schlangen, der sinnlichen Potenzen nur durch die wahre Schlange, welche Mose errichtet, gebrochen werden kann, wie denn auch Mose's Stab die Schlangen der Aegypter vertilgt habe (Hippol. V, 16 p. 133 ff.).

§. 3. Die alexandrinischen Kirchenlehrer. Clemens.

Die Abhängigkeit des Clemens von Philo zeigt sich zunächst in den hermeneutischen Prinzipien. In Uebereinstimmung mit de migr. Abr. 16 (I, 450), s. o. S. 163, unterscheidet er zwischen dem Körper und dem Geist der Schrift. vgl. strom. VI, 15, 132 (p. 806) οἱ μὲν τὸ σῶμα τῶν γραφῶν τὰς λέξεις καὶ τὰ ὀνόματα . . . προσβλέπουσιν, οἱ δὲ τὰς διανοίας καὶ τὰ ὑπὸ τῶν ὀνομάτων δηλούμενα διορῶσιν. Auch er hält den allegorischen Sinn für einen durch die ganze Schrift sowol nach ihren profetischen als nach ihren gesetzlichen Teilen verbreiteten. Er sagt strom. V, 6, 32 (p. 664): μακρὸν δ' ἂν εἴη πάντα ἐπεξιέναι τὰ προφητικὰ καὶ τὰ νομικὰ τὰ δι' αἰνιγμάτων εἰρημένα ἐπιλεγομένους· σχεδὸν γὰρ ἡ πᾶσα ὧδέ πως θεσπίζεται γραφή (damit vgl. oben S. 164 die Stelle aus de Joseph. 6), ähnlich ibid. 4, 25 p. 659: περὶ πάσης γραφῆς τῆς καθ' ἡμᾶς ἐν τοῖς ψαλμοῖς γέγραπται ὡς ἐν παραβολῇ εἰρημένης. Eben deshalb hält es auch Clemens für unmöglich beim Wortsinn stehen zu bleiben, nennt vielmehr das αὐτῇ ψιλῇ ἀποχρῆσθαι τῇ λέξει einen ketzerischen Missbrauch der Schrift und verlangt, man solle τὰ σημαινόμενα σκοπεῖν strom. VII, 16, 96 p. 891. vgl. die ganz ähnliche Polemik Philo's gegen die Wortklauber oben S. 163 f. Der Gründe, weshalb die Schrift so den Sinn verstecke, giebt Clemens

strom. VI, 15, 126 p. 803 verschiedene an. Mit Philo (vgl. oben
S. 162) trifft namentlich die strom. II, 16, 72 p. 467 vorgetragene
Accommodationstheorie zusammen, besonders in den Worten: οὐ γὰρ
ὡς ἔχει τὸ θεῖον οὕτως οἷόν τε ἦν λέγεσθαι ἀλλ᾿ ὡς οἷόν τε ἦν ἐπαΐειν
ἡμᾶς σαρκὶ πεπηδημένους. — Auch stimmt er darin mit Philo (vgl.
oben S. 165), dass er die richtige Schriftauslegung von höherer Er-
leuchtung abhängig macht; strom. VII, 16, 95 p. 891: καθ᾿ ἣν ἐπι-
στήμην οἱ ... προσωτέρω χωρήσαντες ἀκριβεῖς γνώμονες τῆς ἀληθείας
ὑπάρχουσιν οἱ γνωστικοί.

Von den philonischen Gesetzen der Allegorie sehen wir bei
Clemens folgende in Anwendung.

Keine Stelle der Schrift darf etwas Gott nicht geziemendes aus-
sagen (vgl. oben S. 165 f.). — Clemens macht es strom. l. c. dem Aus-
leger zur Pflicht, διασκέψασθαι τί τῷ κυρίῳ καὶ τῷ παντοκράτορι θεῷ
τελέως οἰκεῖόν τε καὶ πρέπον. — Unmöglich könne man z. B. die Ruhe
Gottes wörtlich verstehen, da Gott niemals aufhöre zu wirken (strom.
VI, 16, 141 p. 813 οὐ πέπαυται ποιῶν ὁ θεός vgl. leg. alleg. I, 130,
oben S. 205); ebensowenig könne Gott ein Aufenthalt an einem Orte
zugeschrieben werden, weshalb das Dunkel, in welches Mose hinein-
gehe, auf die dunkeln Begriffe vom göttlichen Wesen zu beziehen sei,
strom. II, 2, 6 p. 431: εἰςελθεῖν εἰς τὰς ἀδύτους καὶ ἀειδεῖς περὶ τοῦ
ὄντος ἐννοίας. vgl. oben S. 203.

Weiter entlehnt Clemens von Philo etymologische Wortspiele, wie
das de sacrif. Ab. et Cain. 15, vgl. oben S. 173, sich findende über
ἐγκρυφίας ποιεῖν (Gen. 18, 6). Er schreibt fast wörtlich nach Philo
strom. V, 12, 81 p. 294: ὅτι τὸν ἱερὸν ὡς ἀληθῶς περὶ τοῦ ἀγεννήτου
καὶ τῶν δυνάμεων αὐτοῦ μύστην λόγον ἐπικεκρύφθαι δεῖ. — Der auffal-
lende Ausdruck von der sichtbaren Stimme (Exod. 20, 18) wird nach
Philo's Vorgange (de migr. Abr. 9, s. oben S. 177) auf den Vergleich
des göttlichen Worts mit dem Lichte der Wahrheit bezogen; strom.
VI, 3, 34 p. 756: ἡ κυριακὴ φωνὴ λόγος ἀσχημάτιστος ἡ τοῦ λόγου δύ-
ναμις ῥῆμα κυρίου φωτεινὸν ἀλήθεια οὐρανόθεν ... ἀφιγμένη.

Ueber die symbolischen Zalen wird von Clemens ähnlich wie von
Philo geredet.

Die Dreizal in Exod. 16, 36 bezieht er nach de congr. erud. grat.
18 (I, 533) auf die drei Vermögen der αἴσθησις, des λόγος und νοῦς,
strom. II, 11, 50 p. 455. — Die Fünf ist die Zal der Sinnlichkeit (s.
oben S. 181); strom. V, 6, 33 p. 665 die, welche an der Fünf hän-
gen (οἱ τῇ πεντάδι τῶν αἰσθήσεων προσέχοντες μόνῃ), sind gegen den
höheren Sinn verschlossen. — Die Sechs ist Symbol der Zeugung (γό-
νιμος ἀριθμός) und bezeichnet die sinnliche Welt (κόσμος αἰσθητός)
strom. V, 14, 24 p. 702 nach Philo de opif. m. 3 (I, 3). — Die Eigen-
schaften der Siebenzal werden strom. VI, 16, 143 p. 813 ebenso wie
leg. alleg. I, 4 (I, 45) auseinandergesetzt. — Die Neun ist die Zal der
Welt, sie wird im Passah, das den Uebergang in das Geistige darstellt,
überschritten, weshalb die Zehn das Symbol des letzteren ist; strom. II,
11, 51 p. 455 nach de congr. erud. grat. 19 (I, 534).

Weitere Aehnlichkeiten mit Philo finden sich auch in dem symbolischen Werte der Dinge. Auch dem Clemens ist das Pferd ein Symbol der Leidenschaften. Er findet in Exod. 15, 1 den Vorgang dargestellt, wie die Leidenschaft (τὸ πολυσκελὲς καὶ κτηνῶδες καὶ ὁρμητικὸν πάθος) denjenigen, welcher der Begierde nachgiebt, in die sinnlichen Wirren (εἰς τὰς κοσμικὰς ἀταξίας) hineinschleudert; strom. V, 8, 53 p. 677, damit vgl. leg. alleg. II, 25 τὸ τετρασκελὲς κ. ὁρμητικὸν π. de agricult. 18. de somn. II, 41. — Die Schlange gilt (vgl. o. S. 184) als Bild der ἡδονή; cohort. XII, 111 p. 86: ὄφις ἀλληγορεῖται ἡδονὴ ἐπὶ γαστέρα ἕρπουσα κακία γηΐνη εἰς ὕλας τρεπομένη.

Die 4 Farben der Vorhänge in der Stiftshütte werden nach de vita Mos. III, 6, s. o. S. 189, auf die 4 Elemente gedeutet strom. V, 6, 32 p. 665. Die Kleidung des Hohenpriesters wird als Abbild des κόσμος αἰσθητός strom. V, 6, 38 p. 668 in allen Einzelheiten genau nach de vita Mos. III, 12, s. o. S. 188 f., ausgelegt; vgl. Bähr, Symbolik des mosaischen Kultus. 1839. Bd. 2 S. 149. So wird das Unterkleid als der Zwischenraum zwischen Himmel und Erde (τὴν ἀπ᾽ οὐρανοῦ μέχρι γῆς αἰνισσομένη συνθήκην) strom. l. c. p. 664, das Brustschild als das Wort ibid. p. 669 gedeutet. — Desgleichen wird die Bedeutung der heiligen Geräte nach de vita Mos. III, 9. 10 (II, 150 ff.) bestimmt. So ist der Rauchaltar strom. l. c. p. 665 das Symbol der Erde, weil aus dieser die Wolgerüche (ἀναθυμιάσεις) aufsteigen, der Leuchter ibid. p. 666 das Bild der Bewegung der 7 Planeten (αἱ τῶν ἑπτὰ φωσφόρων κινήσεις); über das Verhältniss des mittleren Schaftes zur Sonne vgl. eben diese Stelle mit quis rer. div. haer. 45 (I, 504). Auf die philonische Deutung der Bundeslade vom κόσμος νοητός bei Tischendorf, ined. Philon. p. 150 weist Clemens[1]) strom. V, 6, 37 p. 667 zurück in den Worten: εἴτ᾽ οὖν ὀγδοὰς καὶ ὁ νοητὸς κόσμος εἴτε καὶ ὁ περὶ πάντων περιεκτικὸς ἀσχημάτιστός τε καὶ ἀόρατος δηλοῦται θεὸς τὰ νῦν ὑπερκείσθω λέγειν.

Von den philonischen Namenerklärungen finden sich bei Clemens folgende: Abram, πατὴρ μετέωρος strom. V, 1, 8. Abraham, πατὴρ ἔκλεκτος ἠχοῦς ibid. Agar, παροίκησις (mit ausdrücklicher Nennung Philo's) strom. I, 5, 31. Cherubim, ἐπίγνωσις πολλή strom. V, 6, 36. Eden, τρυφή strom. II, 11, 51. Eva, ζωή strom. III, 9, 56. Jerusalem, ὅρασις εἰρήνης strom. I, 5, 29. Isaak, γέλως paedag. I, 5, 21. Israel, ὁ ὀψόμενος (Philo ὁρῶν) τὸν θεόν strom. I, 5, 31. fragm. 56 ed. Sylb. p. 341. Judas, strom. l. c. Ἰούδας ... σώζων τὴν πρὸς θεὸν ὁμολογίαν vgl. mit Philo de plant. 33 (I, 349) κυρίῳ ἐξομολόγησις[2]). Melchisedek, βασιλεὺς δίκαιος strom. IV, 25, 163. Moses, vgl. de vita Mos. I, 4 εἶτα δίδωσιν ὄνομα θεμένη Μωυσῆν ἐτύμως διὰ τὸ ἐκ τοῦ ὕδατος αὐτὸν ἀνελέσθαι· τὸ γὰρ ὕδωρ μῶς ὀνομάζουσιν Αἰγύπτιοι mit strom.

---

1) Er weicht also auch hierin nicht von Philo ab, wie Bähr, Symbolik I, 104 annimmt.

2) Clemens hat daneben noch die Etymologie δυνατός.

I, 23, 152 εἶτα τίθεται τῷ παιδίῳ ὄνομα ἡ βασιλὶς Μωυσῆν ἐτύμως διὰ τὸ ἐξ ὕδατος ἀνελέσθαι αὐτό · τὸ γὰρ ὕδωρ μῶς ὀνομάζουσιν οἱ Αἰγύπτιοι. Naid, σάλος strom. II, 11, 51. Rebekka, ὑπομονή strom. I, 5, 31. paed. I, 5, 21. Salem, εἰρήνη strom. IV, 25, 163. Sara, ἀρχή μου strom. I, 5, 31.

Hiezu kommen zalreiche Uebereinstimmungen in den Lehren und der Art ihrer allegorischen Begründung.

Gott beschreibt Clemens ganz nach Philo (s. o. S. 199 ff.) als den Vater des All, von welchem man nicht Gestalt noch Bewegung, Lage, Ort u. dgl. aussagen dürfe, da er erhaben sei über jeglichen Namen und Gedanken ohne alle Bestimmung und Eigenschaft: strom. V, 10, 66 p. 685. II, 2, 7 p. 432. Man vgl. auch paedag. I, 8, 71 p. 140 ἓν δὲ ὁ θεὸς καὶ ἐπέκεινα ἑνὸς καὶ ὑπὲρ αὐτὴν μονάδα mit leg. alleg. II, 1. — Ein Name kann daher auch nach Clemens Gott nicht beigelegt werden (strom. V, 13, 84 p. 696: πᾶν τοίνυν ὃ ὑπὸ ὄνομα πίπτει γεννητόν ἐστιν), die gebrauchten Gottesnamen sind uneigentlich zu verstehen (strom. V, 12, 83 p. 695) κἂν ὀνομάζωμεν αὐτό ποτε οὐ κυρίως καλοῦντες ἤτοι ἓν ἢ τἀγαθὸν ἢ νοῦν ἢ αὐτὸ τὸ ὂν ἢ πατέρα ἢ θεὸν ἢ δημιουργὸν ἢ κύριον κτλ.). Clemens bezeichnet deshalb Gott in der Regel durch ὁ ὢν (paedag. I, 8, 71 p. 140 u. a.), τὸ ὄν (strom. I, 25, 166 p. 420), welches Wort er auch wie Philo im Tetragrammaton findet (strom. V, 6, 34 p. 666: λέγεται δὲ Ἰαοὺ ὃ μεθερμηνεύεται ὁ ὢν καὶ ὁ ἐσόμενος), auch darin diesem folgend (vgl. de vita Mos. III, 12), dass er diesen Namen für einen nur den Eingeweihten bekannten hält (ὄνομα τὸ μυστικὸν ὃ περιέκειντο οἷς μόνοις τὸ ἄδυτον βάσιμον ἦν). Auch die philonische Bezeichnung Gottes als ἑστώς ist bei Clemens strom. I, 25, 163 p. 418, obwol hier als Neutrum verstanden. — Clemens hält aus diesen Gründen auch eine eigentliche Erkenntniss Gottes für unmöglich und beschreibt nach Philo de somn. I, 11 auf Grund von Gen. 22, 3. 4 den Zustand des nach dieser Erkenntniss Strebenden als einen solchen, in welchem der Gegenstand der Erkenntniss, je mehr man sich ihm anzunähern meine, immer ferner rücke; strom. II, 2, 5 p. 431 u. V, 11, 74 p. 690: μακρόθεν οὖν ἀκολούθως ὁρᾷ τὸν τόπον, δυςάλωτος γὰρ ἡ χώρα τοῦ θεοῦ. — Doch erweisen sich wie bei Philo (s. o. S. 205. 214) zwei Eigenschaften Gottes vorzugsweise als wirksam und erkennbar: die Güte und die Gerechtigkeit, doch so, dass jene die grössere und die eigentliche Wurzel der letztern ist, paedag. I, 9, 88 p. 150. Der unerschöpflich sprudelnde Reichtum der Güte Gottes wird mit einem Brunnquell nach quis rer. div. haer. 7 (I, 477) in paedag. III, 7, 39 p. 101 verglichen.

Das Offenbarungsprinzip Gottes ist der Logos, welcher wie bei Philo als der Inbegriff der Ideen und zugleich der schöpferischen Kräfte erscheint (strom. IV, 25, 158 ff. p. 635. VII, 2, 7 p. 832). Er heisst εἰκὼν θεοῦ, υἱὸς γνήσιος τοῦ θεοῦ cohort. 10, 98 p. 79. — Auch einzelne Aussagen über den Logos hat Clemens aus Philo aufgenommen. Er bezeichnet ihn als das wahre Gesetz. Man vgl. de migr. Abr. 23 (I, 456) νόμος οὐδὲν ἄρα ἢ λόγος θεῖος προςτάττων ἃ δεῖ καὶ ἀπαγορεύων ἃ μὴ χρή mit strom. I, 25, 166 p. 420: ἤ τινες ἀκολούϑως δηλονότι τῇ χρηστῇ δόξῃ λόγον ὀρϑὸν τὸν νόμον ἔφασαν προςτακτικὸν μὲν ὧν ποιητέον ἀπαγορευτικὸν δὲ ὧν οὐ ποιητέον. — Die Schilderung der die Seele nährenden Kraft des Logos quod det. pot. insid. 31 kehrt wieder paedag. I, 6, 43 αὐτὸς ὁ τροφεὺς ἡμῶν λόγος κτλ.; ebenso ist der bei Philo l. c. 51 vorkommende Vergleich der Kräfte des Logos mit dem Honig und dem Oel bei Clemens l. c. τὸ μέλιτος γλυκίων ῥέεν αὐδὴ ἐπὶ τοῦ λόγου λελέχϑαι μοι δοκεῖ ὅς ἐστι μέλι und τὸ πολυέλαιον τοῦ λόγου ... τοῦ ἐνδίκως καὶ τρέφοντος καὶ αὔξοντος καὶ φωτίζοντος τοὺς νηπίους unter Beziehung auf die auch bei Philo zu Grunde liegende Stelle Deut. 32, 13 ff. [1])

Den Inbegriff der göttlichen Kräfte bezeichnet auch Clemens als κόσμος νοητός und findet in diesem das Urbild des κόσμος αἰσϑητός. Was wir bei Philo de opif. m. 4 (s. auch S. 233 f.) lesen, kehrt wieder strom. V, 14, 94 p. 702: κόσμον τε αὖϑις τὸν μὲν νοητὸν οἶδεν ἡ βάρβαρος φιλοσοφία τὸν δὲ αἰσϑητὸν, τὸν μὲν ἀρχέτυπον τὸν δὲ εἰκόνα τοῦ καλουμένου παραδείγματος. Zur exegetischen Begründung dieses Unterschiedes wird wie bei Philo der doppelte Schöpfungsbericht der Bibel benutzt. Wie dieser στερέωμα in Gen. 2, 6 als Bezeichnung der sinnlichen Welt fasst, dagegen in γῇ ἀόρατος Gen. 1, 2 eine Hindeutung auf die urbildliche Welt erblickt (de opif. m. 10, s. o. S. 233), so sagt Clemens strom. V, 14, 94 ff. p. 702 ff.: ἐν μὲν τῇ μονάδι συνίστησιν οὐρανὸν ἀόρατον καὶ γῆν ἁγίαν ... ἐν δὲ τῇ κοσμογονίᾳ τῇ αἰσϑητῇ στερεὸν οὐρανὸν δημιουργεῖ, τὸ δὲ στερεὸν αἰσϑητόν κτλ. — Den Zeitbegriff schliesst auch Clemens mit derselben Berufung auf Gen. 2, 4 vom Schöpfungsvorgange aus. Man vgl. leg. alleg. I, 8 (I, 47) ἵνα μὴ καϑ' ὡρισμένας χρόνων περιόδους ὑπολάβῃς τὸ ϑεῖόν τι ποιεῖν ἀλλ' ἀειδῆ ἄδηλα ἀτέκμαρτα καὶ ἀκατάληπτα τῷ ϑνητῷ γένει τὰ δημιουργούμενα ἐπιφέρει τὸ ὅτε ἐγένετο mit strom. VI, 16, 145 p. 815: τὸ μὲν γὰρ ὅτε ἐγένετο ἀόριστον ἐκφορὰν καὶ ἄχρονον μηνύει. — Die von Philo de cherub. 8 (I, 143) u. ö. vorgetragene Ansicht, dass die Cherubim die beiden Halbkugeln (τὰ δύο ἡμισφαίρια) der Welt darstellen, wird strom. V, 6, 36 p. 667 wiedergebracht, wobei durch eine Verwechselung mit den Seraphim in ihren 2 × 6 Flügeln ein Bild des Thierkreises gefunden wird.

Von den anthropologischen Lehren Philo's hat Clemens die quis rer. div. haer. 11 (I, 480) sich findende Ansicht, dass die ζωὴ ἔναιμος die Grundlage des geistigen Lebens bilde, aufgenommen; paedag. I, 277: πρωτόγονον γὰρ τὸ αἷμα ἐν ἀνϑρώπῳ ὅ δή τινες οὐσίαν ψυχῆς εἰπεῖν τετολμήκασιν. — Auf die aus Philo entlehnte Begründung der Dreiteilung der geistigen Vermögen ist schon oben S. 344 hingewiesen: die Gliederung der leiblichen Vermögen nach der Siebenzal, wie sie Philo de mut. nom. 19 u. a. s. oben S. 236 hat, bringt Clemens strom. VI, 16, 134 p. 808: τὰ αἰσϑητήρια πέντε καὶ τὸ φωνητικὸν καὶ τὸ σπερματικόν. —

---

[1] Die anderweite Gestaltung der Logoslehre des Clemens und ihre Unterschiede von der philonischen s. bei Dorner, Lehre von der Person Christi I. 413 ff. und Möller, Kosmologie S. 506 ff.

Der philonische Unterschied des Ideal- und Erscheinungsmenschen (s. o. S. 242) ist bei Clemens strom. IV, 23, 152 p. 632. Das Geistige in dem letzteren fasst er wie Philo de opif. m. 48. quis rer. div. haer. 48 als Bild Gottes oder genauer als Bild des Bildes Gottes d. h. des Logos; strom. V, 14, 95 p. 703: εἰκὼν μὲν γὰρ θεοῦ λόγος θεῖος καὶ βασιλικός, εἰκὼν δ' εἰκόνος ἀνθρώπινος νοῦς.

In der Lehre von der Materie weicht Clemens von Philo ab, er betont es wiederholt, dass der Stoff, die Leiblichkeit an sich nicht als böse anzusehen und daher der leibliche Genuss als solcher unschuldig sei [1]). Doch finden sich auch Stellen, die hart an philonische Asketik anstreifen. So strom. V, 11, 68 p. 686: ἐπειδὴ γυμνὴν τῆς ὑλικῆς δορᾶς γενομένην τὴν γνωστικὴν ψυχὴν ἄνευ τῆς σωματικῆς φλυαρίας καὶ τῶν παθῶν πάντων ... ἀποδυσαμένην τὰς σαρκικὰς ἐπιθυμίας τῷ φωτὶ καθιερωθῆναι ἀνάγκη und ibid.: θυσία δὲ ἡ τῷ θεῷ δεκτὴ σώματός τε καὶ τῶν τούτου παθῶν ἀμετανόητος χωρισμός. Hier ist ganz ähnlich wie bei Philo de sacrif. Ab. et Cain. 25 das Verlangen nach möglichster Entsinnlichung ausgesprochen. So besteht auch nach Clemens die Sündlosigkeit Christi in der völligen Freiheit von jedem Affekt (paedag. I, 2, 4 p. 99: ὁ μὲν ἀπόλυτος εἰς τὸ παντελὲς ἀνθρωπίνων παθῶν· διὰ τοῦτο γὰρ καὶ μόνος κριτὴς ὅτι ἀναμάρτητος μόνος). Und wie bei Philo (de agricult. 14 u. a.) so befindet sich auch bei Clemens strom. IV, 26, 167 p. 639 die Seele des Frommen im Leibe wie in der Fremde und sehnt sich nach dem Verlassen dieses Kerkers.

So kann denn auch letzterer die Grundzüge der philonischen Symbolik in Betreff der ethischen Entwickelung des Menschen ohne Schwierigkeit aufnehmen. Wenn Philo (de poster. Cain. 36. 50) die Entwickelung, welche die menschliche Natur ihrer allgemeinen Anlage nach nehmen kann, unter dem Bilde der drei Söhne Adam's anschaut und zeigt, wie von diesem Kain der Feind der Tugend, Abel der vom Sinnlichen zum Göttlichen auswandernde und Seth der Begründer der wahren Tugend ausgehen: so folgt ihm hierin Clemens vollständig fragm. 54 p. 982: ἀπὸ δὲ τοῦ Ἀδὰμ τρεῖς φύσεις γεννῶνται πρώτη μὲν ἄλογος ἧς ἦν Καῖν, δευτέρα δὲ ἡ λογικὴ καὶ ἡ δικαία ἧς ἦν Ἀβελ, τρίτη δὲ ἡ πνευματικὴ ἧς ἦν Σήθ.

Die Sünde wird oft wie bei Philo, s. o. S. 249, als ein Herabsteigen vom Uebersinnlichen zum Sinnlichen gefasst. So strom. II, 11, 51 p. 456: εἰς τὰ θνητά τε καὶ γενητὰ καταβαίνων ἐκ τῆς τοῦ ἀγενήτου γνώσεως. Sie erscheint demnach vorzugsweise als die sinnliche Lust unter dem Bilde der Schlange, s. o. S. 247. Als Symbol des πάθος erscheint auch bei Clemens Aegypten (strom. II, 380: εἴτε κόσμου καὶ ἀπάτης εἴτε παθῶν καὶ κακιῶν σύμβολον). Das völlige Versunkensein in das Sinnliche stellt Lot's Weib dar; vgl. de profug. 22 mit strom. II, 14, 61 p. 461: κακία κοσμητικὴ ἀναίσθητος. Die Exegese von Num. 6, 9, wo-

---

1) Freilich sahen wir oben S. 236 f., dass auch Philo hierüber sich nicht völlig klar war.

nach die unfreiwillige Sünde unter dem plötzlichen Tode zu verstehen sein soll, hat Clemens aus Philo entlehnt. Man vgl. leg. alleg. I, 7 (I, 46). de agricult. 40 (I, 327). quod deus immut. 19 (I, 186), namentlich die Worte letzterer Stelle: ὁ δὲ τυφών οὗτος τροπή τίς ἐστιν ἀκούσιος παραχρῆμα τὸν νοῦν μιαίνουσα ἣν καλεῖ θάνατον mit paedag. I, 2, 5 (p. 100) τὴν ἀκούσιον ἁμαρτίαν αἰφνίδιον θάνατον προςειπών. Wie bei Philo (s. o. S. 252 ff.) so ist auch bei Clemens mit diesem Leben in der Sinnlichkeit eine Verdunkelung des Geistes verbunden: strom. II, 11, 51 ἐκ τῶν τῆς ἀληθείας οὐχ ἅπτεται ἀστάτοις καὶ ἀνιδρύτοις ὁρμαῖς κεχρημένος. Die Erkenntniss des Göttlichen ist getrübt. Die Menschen sind alsdann, sagt Clemens strom. V, 11, 69 p. 687 nach Philo de sacrif. Ab. et Cain. 29 (I, 182), wie die Schnecken in ihren Häusern und wie die kugelförmig zusammen gerollten Igel, sie können mit ihrem Urteil nicht aus ihrer irdischen Umgrenzung hinaus. Das Urbild dieses Zustandes ist Kain der οἰησίσοφος, der sich für einen αὐτομαθής hält und die göttlichen Gebote nicht achtet. strom. II, 11, 51 nach de poster. Cain. 10, s. o. S. 253 f.

Ebenso kennt Clemens einen dreifachen Weg der Erhebung aus dem Sinnlichen in das Geistige, den die drei Erzväter abbilden: strom. I, 5, 31 p. 334 διὰ τῶν τριῶν προπατόρων κυρίαν εἶναι τὴν σφραγῖδα τῆς γνώσεως ἐκ φύσεως καὶ μαθήσεως καὶ ἀσκήσεως συνεστῶσαν. vgl. o. S. 256 f.

Vertreter der μάθησις ist ihm ebenfalls Abraham, den er l. c. als Anhänger der διδακτή σοφία bezeichnet. Er geht aus von der Betrachtung der Himmelskörper (ἐκ τῆς τῶν οὐρανίων θέας), ist von Hause aus Astronom (ἐπὶ τῆς ἀστρονομίας ἔχομεν ὑπόδειγμα τὸν Ἀβραάμ. strom. VI, 11, 84 p. 781) und Meteorolog (τὴν μετάρσιον τῶν κατὰ ἀέρα συμβαινόντων καὶ τὴν μετέωρον τῶν κατὰ τὸν οὐρανὸν κινουμένων φιλοσοφίαν μετιών. strom. V, 1, 8 p. 648). Danach wohnt er der Agar bei, der κοσμικὴ παιδεία (strom. I, 5, 32 p. 335), von der er in die weltlichen Wissenschaften (ἐγκύκλια μαθήματα ibid. 30 p. 333) eingeführt wird, wie er sich denn in der Arithmetik bewandert zeigt, indem er Gen. 14, 14 seine 318 Hausgenossen zusammenrechnet (ἐπὶ τῆς ἀριθμητικῆς ὑπόδειγμα, ἠρίθμησε τους ἰδίους οἰκογενεῖς τιη´ ἀριθμήσας strom. VI, 11, 84 p. 781). In dieser Periode war die Sarah ihm unfruchtbar (vgl. congr. erud. grat. 2. I, 521), die Wissenschaft brachte in ihm noch nichts Tugendhaftes zu Stande (μηδέπω μηδὲν ἐνάρετον ἀποκυήσασα τῷ Ἀβραάμ strom. I, 5, 30 p. 333). Er verkehrte nur mit Agar und stand in Gefahr sich gänzlich an sie zu verlieren, wie so viele durch die Reize dieser Wissenschaften angezogen, darüber die Philosophie vernachlässigen: vgl. congr. erud. grat. 14 (I, 530) mit strom. I, 5, 29 p. 332: ἤδη γάρ τινες τοῖς φίλτροις τῶν θεραπαινίδων δελεασθέντες ὠλιγώρησαν τῆς δεσποίνης φιλοσοφίας. Deshalb beschwerte sich Sarah bei Abraham congr. erud. grat. 27 (I, 541) vgl. mit strom. I, 5, 32, und Abraham erkannte nach Gen. 16, 6 an, dass sie die ἀρχικωτάτη φιλοσοφία, die eigentliche Herrin sei. Auch der Agar selbst machte Sarah dies Sachverhältniss klar, wie in ἐκάκωσεν Gen. 16, 6 = ἐνουθέτησε καὶ

ἐσωφρόνισε liegt; vgl. congr. erud. grat. 28 (I, 542) mit strom. l. c.
Damit hängt denn auch Abram's Namensveränderung zusammen; zur
Etymologie s. o. S. 345. Abraham wird aus einem φυσιόλογος ein φιλό-
θεος strom. V, 1, 8 p. 648, er erkennt, dass Gott über der Schöpfung
stehe (ἐπιγνοὺς θεὸν κρείττονα τῆς ποιήσεως καὶ πάσης τῆς ἐν αὐτῇ τά-
ξεως ibid. vgl. Philo de Abrah. 16 (II, 12) u. a. Auf dieser Stufe
bildet Abraham den Gegensatz zu Kain. Wie dieser unstät ist, in der
Unsicherheit der Meinungen lebt, so ist Abraham in dem Frieden, wel-
chen die Wahrheit bringt; strom. II, 11, 52 p. 456 : συγγενὲς τῷ ψεύδει
μετάβασις ἐκτροπὴ καὶ ἀπόστασις ὥσπερ τῷ γνωστικῷ ἠρεμία καὶ ἀνάπαυ-
σις καὶ εἰρήνη. Daneben tritt auch Judas als φιλομαθής auf, der nichts
undurchforscht lässt (ὁ μηδὲν ἄσκεπτον καὶ ἀδιερεύνητον καταλιπών) und
zur Weisheit (Thamar) abbiegt, strom. I, 5, 31 p. 334 vgl. mit congr.
erud. grat. 23 (I, 537).

Auf dem Gebiete der ἄσκησις tritt ebenfalls (vgl. o. S. 265) Enoch
als Vorstufe auf, den auch Clemens strom. II, 15, 70 p. 461 als den
Bereuenden (τὸν μετανοήσαντα) bezeichnet. Der wirkliche Asket ist
Jakob, der am Schlusse seiner Laufbahn Israel (διορατικός) wird, pae-
dag. I, 7, 57. strom. I, 5, 31 p. 334. Die Losreissung vom Affekt
symbolisirt das Passah. Wörtlich nach de congr. erud. grat. 19 (I, 535)
sagt Clemens strom. II, 11, 51 p. 456: ἡ τοῦ πάσχα ἑορτὴ ... παντὸς
πάθους καὶ παντὸς αἰσθητοῦ διάβασις οὖσα.

Die dritte Stufe, die der begünstigten Natur (φύσις), vertritt Isaak
(τὸ αὐτομαθές) vgl. oben S. 270. Er ist μιᾶς γυναικὸς ἀνήρ, denn er
verkehrt nur mit der Tugend, deren Bild Rebekka ist; strom. l. c. Er
hat an ihr seine einzige Freude; nach de plantat. 41 (I, 355) heisst es
paedag. I, 5, 22 p. 111: τί γὰρ ἄλλο εὐπρεπὲς ἔργον σοφῷ ἢ παίζειν καὶ
συνευφραίνεσθαι τῇ τῶν καλῶν ὑπομονῇ, nur dass Clemens die ὑπομονή
auf die Kirche deutet, welche in Ewigkeit bleibt (ὑπομένει) oder durch
die Ausdauer der Gläubigen besteht. — Diesem Spiel der reinen Natur
mit der Tugend sieht die höhere Weisheit in Abimelech Gen. 26, 8 zu.
So nach de plantat. l. c. Clemens im paedag. I, 5, 21 p. 110: βασιλεύς
μοι δοκεῖ, Ἀβιμελὲχ ὄνομα αὐτοῦ, σοφία τις εἶναι ὑπερκόσμιος κατασκο-
ποῦσα τῆς παιδείας τὸ μυστήριον. Das Abstreifen alles Sinnlichen hält
auch Clemens zur Erlangung der Gotteserkenntniss für unentbehrlich:
strom. V, 13, 84 p. 696 ἄνω τῶν ὑπερκειμένων αἴρεται ἡ ψυχὴ πᾶν τὸ
βρῖθον ἀποτιθεμένη καὶ ἀποδιδοῦσα τῷ συγγενεῖ. V, 6, 34 p. 666 εἰς δὲ
τὸν νοητὸν κόσμον μόνος ὁ κύριος γενόμενος εἴξεισι τῶν παθῶν εἰς τὴν
τοῦ ἀρρήτου γνῶσιν παρεισδυόμενος. In diesem Zustande geniesst der
Mensch das wahre Glück, vgl. quod det. pot. insid. 17 (I, 103) εὐδαι-
μονίαν δὲ χρῆσιν ἀρετῆς τελείας ἐν βίῳ τελείῳ νενόηκα mit paedag. II,
1, 15 p. 174 εὐδαιμονία δὲ ἐν χρήσει ἀρετῆς ἐξετάζεται. Als Symbol
dieses Zustandes dient wie bei Philo (s. oben S. 271) Eden: strom. II,
11, 51.

Zu alle diesem kommen noch vereinzelte Entlehnungen aus Philo
hinzu. Besonders zalreich sind dieselben in der Lebensbeschreibung
des Mose. So ist de vita Mos. I, 2. 3 nacherzält in strom. I, 23, 151

p. 411 sq. Ferner gehören hierher: die Beziehung des brennenden Busches auf eine Erscheinung des Logos, vgl. de vita Mos. I, 14 mit paedag. II, 8, 75 p. 215; die Bezeichnung Mose's als νόμος ἔμψυχος de vita Mos. I, 28 vgl. mit strom. I, 26, 167 p. 421; die Behauptung, die Griechen hätten ihre Weisheit von Mose entlehnt, strom. V, 1, 10 p. 650. Dass das Schafehüten für Mose eine Vorbereitung zum Herrscherberuf gebildet habe, erzält Clemens fast wörtlich nach de Joseph. 1 in strom. I, 23, 156 p. 415. Wie in de vita Mos. I, 4 wird strom. I, 23, 152 p. 412 angenommen, die Tochter Pharao's sei, als sie Mose fand, kinderlos gewesen. Auf die in de vita Mos. I, 5 enthaltene Erzälung, nach welcher Mose in den encyklischen Wissenschaften ausgebildet wurde, bezieht sich Clemens strom. I, 23, 153 p. 413 unter ausdrücklicher Berufung auf Philo. Die Einteilung der mosaischen Schriften in ἱστορικόν und νομοθετικόν de vita Mos. II, 8 ist auch in strom. I, 28, 176 p. 424. — Dass die den Aegyptern entführten Gefässe der für die lange Dienstzeit rückständige Lohn gewesen seien, erzält Clemens strom. I, 23, 157 p. 415 nach de vita Mos. I, 25.

Anderweite Benutzungen sind folgende. Die Stelle de mut. nom. 41 (I, 614), in welcher Deut. 30, 14 als Ermahnung zur εὐβουλία, εὐλογία und εὐπραξία gefasst wird, ist benutzt cohort. 10, 109 p. 85: σύμβολον τοῦτο γνήσιον τρισὶ τοῖς πᾶσι συμπληρουμένης τῆς ἀληθείας βουλῇ καὶ πράξει καὶ λόγῳ. — Die Stelle strom. VII, 9, 53 p. 863: καθάπερ ἰατρὸς πρὸς νοσοῦντας ἐπὶ σωτηρίᾳ τῶν καμνόντων ψεύσεται, ψεῦδος ἐρεῖ κατὰ τοὺς σοφιστάς hat ihr Vorbild de cherub. 5 (I, 141).

§. 4. Fortsetzung. Origenes.

Wir beginnen auch hier mit einer Vergleichung der hermeneutischen Prinzipien [1]).

Die Basis der Allegoristik Philo's (vgl. o. S. 162 f.), dass Gott wie ein Mensch und nicht wie ein Mensch rede, hält auch Origenes mit deutlicher Berufung auf jenen fest. Er sagt in Matth. ed. Lommatzsch p. 475: τῶν μὲν πρὸ ἡμῶν ποιήσας τις βιβλία νόμων ἱερῶν ἀλληγορίας τὰς ὥσπερ ἀνθρωποπαθεῖς παριστάσας λέξεις τὸν θεὸν διηγούμενος καὶ τὰς τὸ θεῖον αὐτοῦ ἐμφαινούσας ἑνὶ μὲν ῥητῷ ἐχρήσατο περὶ τοῦ ὡς ἄνθρωπον λέγεσθαι εἶναι τὸν θεὸν ἀνθρώπους οἰκονομοῦντα τῷ ἑτεροφόρησέ σε κύριος ὁ θεός σου ὡς εἴ τις τροποφορήσαι ἄνθρωπος τὸν υἱὸν αὐτοῦ· ἑνὶ γὰρ περὶ τοῦ μὴ ὡς ἄνθρωπον εἶναι τὸν θεὸν τῷ οὐχ ὡς ἄνθρωπος ὁ θεὸς διαρτηθῆναι. — Origenes leitet hieraus ebenfalls den doppelten Sinn der Schrift ab. — Es ist ihm kein Zweifel, dass an vielen Stellen der Wortsinn gelte: de princip. IV, 19 σαφῶς ἡμῖν παρίσταται περί τινων τὸ τῆς ἱστορίας εἶναι ἀληθές. So in den Geschichten der Schrift: es ist kein Zweifel, dass Abraham wirklich in der Doppelhöle begraben ist, dass Josef Sichem als Erbe erhalten hat, dass Jerusalem

---

1) Vgl. hierzu Redepenning, Origenes Leben und Lehre I, 296—324. Diestel, Gesch. des A. T.'s in d. christl. Kirche S. 36 ff.

die Hauptstadt von Judäa ist (ibid.). Ebenso findet dies auch in der Gesetzgebung statt (de princ. IV, 15 ἐν ᾗ [sc. νομοθεσίᾳ] ἐστι πολλάκις εὑρεῖν καὶ τὸ αὐτόθεν χρήσιμον πρὸς τοὺς καιροὺς τῆς νομοθεσίας ἁρμόζον). Auch zweifelt Origenes nicht daran, dass der Wortsinn grossen Nutzen habe (princ. IV, 12 ἀπὸ μὲν οὖν τῆς πρώτης ἐκδοχῆς καὶ κατὰ τοῦτο ὠφελούσης ὅτι ἔστιν ὄνασθαι μαρτυρεῖ τὰ πλήθη τῶν γνησίως καὶ ἁπλούστερον πεπιστευκότων). Ja er schreibt demselben sogar erbauliche Kraft zu (princ. 14, 4 προέκειτο γὰρ καὶ τὸ ἔνδυμα τῶν πνευματικῶν λέγω δὲ τὶ σωματικὸν τῶν γραφῶν ἐν πολλοῖς ποιῆσαι οὐκ ἀνωφελὲς δυνάμενόν τε τοὺς πολλοὺς ὡς χωροῦσι βελτιοῦν). — Andrerseits aber bietet der Wortsinn grosse Anstösse, die Gott selbst hineingelegt hat, um zum Verlassen desselben zu nötigen (princ. IV, 15 ᾠκονόμησέ τινα οἱονεὶ σκάνδαλα καὶ προςκόμματα καὶ ἀδύνατα διὰ μέσου ἐγκαταταχθῆναι τῷ νόμῳ καὶ τῇ ἱστορίᾳ ὁ τοῦ θεοῦ λόγος). ‚ Origenes fällt an manchen Stellen sehr wegwerfende Urteile über den buchstäblichen Sinn: hom. in Jos. II, 401. in Cantic. II, 19. in Jesaj. II, 109. in Jerem. XII, 193 u. a., und polemisirt in ganz ähnlicher Weise wie Philo gegen die einseitigen Anhänger desselben (οἱ σκληροκάρδιοι), welche teils, um die Anwendung der Schriftsprüche auf Christum unmöglich zu machen, diese Auslegungsweise festhielten (οἱ ἰδιῶται τῶν ἐκ περιτομῆς princ. IV, 8), teils in ketzerischer Weise durch buchstäbliche Interpretation das A. T. herabzusetzen suchten (ibid. und in Genes. 13, 95 in Lucam 25, 962).

Auf diese Weise wird denn auch dem Origenes der allegorische Sinn der eigentliche und hauptsächliche. Es folgt ihm dies schon aus der göttlichen Eingebung der Schrift (de princ. IV, 9 τοῖς πειθομένοις μὴ ἀνθρώπων εἶναι συγγράμματα τὰς ἱερὰς βίβλους ἀλλ' ἐξ ἐπινοίας τοῦ ἁγίου πνεύματος . . . ταύτας ἀναγεγράφθαι . . . τὰς φαινομένας ὁδοὺς ὑποδεικτέον κτλ.). Deshalb will auch Origenes die Regeln der Auslegung nur den Gläubigen mitteilen, weil eben diese einen tieferen Sinn in der Schrift voraussetzen. Er giebt sich dabei der Selbsttäuschung hin, er habe sein Interpretationssystem aus einer von Christo und den Aposteln ausgehenden Ueberlieferung. Doch hat er damit wol nur bei Huetius Glauben gefunden, welcher (Origeniana II, 13) aus c. Celsum IV, 44 entnimmt, der Apostel Paulus sei das Vorbild für Origenes' Auslegung gewesen. Indessen räumt auch jener (Origeniana II, 1, 4) ein, dass Philo viel Einfluss auf Origenes gehabt. Und in der Tat wenn irgend etwas deutlich ist, so ist es dieses.

Wie Philo (s. oben S. 165) so betrachtet auch Origenes die Entdeckung des allegorischen Geheimsinns als eine göttliche Gnadengabe (χάρισμα τῆς σοφίας serm. in Matth. p. 835), auf die man durch Gebet und Enthaltsamkeit (vgl. oben a. a. O.) sich am besten vorbereite, hom. in Ezech. II, 362. de princip. I, 94. Die Allegoristik ist auch ihm (vgl. o. S. 165) eine Kunstübung, er nennt sie tom. in Joann. XXII, 257 die edelste aller Künste und Wissenschaften, durch welche allmälich der eine Körper der Wahrheit zusammengefügt werde, ibid. 258. Und auch bei ihm kam es natürlich nicht zu einem Ganzen, sondern nur zur Aufhäufung massenhafter Bruchstücke. Ebenfalls gilt bei Origenes der allegorische Sinn als nur für die Geförderten vorhanden und gebraucht er das gleichfalls philonische Bild (s. oben S. 329) vom Gegensatze der Milch zur festen Speise: in Matth. XII, 5, 50. Die zalreichen Bezeichnungen für den allegorischen Sinn bei Origenes findet man bei Redepenning l. c. I, 305 zusammengestellt. Wie Philo, s. oben S. 196 f., so sucht auch Origenes noch anderweite Gattungen des Schriftsinns herauszuklügeln, namentlich versucht er nach Analogie der platonischen Trichotomie einen buchstäblichen, psychischen (ethischen) und pneumatischen (allegorischen) Sinn zu unterscheiden hom. in Genes. II, 65. XI, 91. in Lev. II, 193. V, 205. 209. de princ. IV, 59. Aber wie die letzten beiden Klassen doch wieder ineinander fliessen, kann man aus den bei Redepenning l. c. I, 310 angeführten Beispielen zur Genüge ersehen und an andern Stellen (hom. in Levit. I, 184. V, 205. in Jerem. IV, 143) hält er lediglich den Unterschied zwischen wörtlichem und bildlichem Sinne fest.

Von den hermeneutischen Gesetzen des Philo finden wir bei Origenes folgende in Geltung.

1. Der Wortsinn ist aufzugeben, wenn etwas Gottes Unwürdiges in der Schrift ausgesagt wird.

Man vgl. Philo leg. alleg. I, 14 μὴ γὰρ τοσαύτη κατάσχοι τὸν ἡμέτερον λογισμὸν ἀσέβεια ὡς ὑπολαβεῖν ὅτι θεὸς γεωπονεῖ καὶ φυτεύει παραδείσους mit de princip. IV, 16: quis vero ita idiotes invenietur, ut putet velut hominem quendam agricolam Deum plantasse arbores in paradiso und c. Cels. IV, 16: καὶ ἑκὼν οὔτε τὸν παράδεισον ὠνόμασεν οὔτε ὡς πεφυτευκέναι λέγεται ὁ θεὸς ἐν Ἐδὲμ κατ' ἀνατολὰς ... καὶ τὰ ἐπὶ τούτοις εἰρημένα δυνάμενα αὐτόθεν κινῆσαι τὸν εὐμενῶς ἐντυγχάνοντα ὅτι πάντα ταῦτα οὐκ ἀσέμνως τροπολογεῖται. — Ferner vgl. leg. alleg. II, 7 mit c. Cels. ibid.: διεχλεύαζε καὶ τὸ ἐπέβαλε ὁ θεὸς ἔκστασιν κτλ. οὐδὲ τὴν λέξιν ἐκθέμενος δυναμένην ἐπιστῆσαι τὸν ἀκούοντα ὅτι μετὰ τροπολογίας εἴρηται. — Ausserdem Stellen Philo's, wie de plantat. 8. leg. alleg. III, 2. de poster. Cain. 1 sqq. vgl. mit de princip. IV, 16: et illud quod Deus post meridiem deambulare dicitur in paradiso und Adam latere sub arbore, Cain vero exiens a facie Dei manifeste prudentem lectorem movet ut requirat quae facies Dei sit et quomodo quis exire possit ab ea. So auch in Gen. hom. XII, 2, es sei unmöglich anzunehmen, dass Rebekka an einen bestimmten Ort gegangen sei, um Gott zu fragen; sel. in Genes. p. 58, ganz thöricht sei es (ἠλίθιον καὶ γραῶδές) anzunehmen, Gott hätte den Thieren Felle abgezogen und daraus den Menschen Kleider genäht. So werden auch die anthropopathischen Ausdrücke allegorisch gedeutet: Reue (sel. in Gen. 71 μετεμελήθην ... τὴν τοῦ γενομένου ἀτοπίαν παρίστησιν), Zorn (c. Cels. IV, 72 p. 211) u. a. Es trägt bei dieser Gelegenheit Origenes die mit Philo (quod deus immut. 11, s. oben S. 200) übereinstimmende Accommodationstheorie vor. Er sagt c. Cels. IV, 71 (210), Gott machte es mit uns, wie wir es mit den Kindern machen, μετρήσας τῇ δυνάμει τῶν ἀκουόντων καὶ τῷ πρὸς αὐτοὺς χρησίμῳ τὸ ἐν τῇ ἀπαγγελίᾳ πρέπον.

2. Innere Widersprüche oder anderweite Unzulässigkeiten nötigen zum Verlassen des Wortsinns. vgl. oben S. 166 f.

So sei (de princip. IV, 17) das Gesetz von der Ausrottung der unbeschnittenen Kinder unbegreiflich, da doch vielmehr die Eltern die Strafe treffen müsse, der tragelaphus, der Greif, seien fabelhafte Thiere, das Sabbatsgebot sei nach dem Wortsinn unausführbar. — Der Befehl Gottes an Abraham: „alles, was Sarah sagt, thue" (Gen. 21, 12) widerspreche dem Worte Gen. 3, 16. Daher nötige dieser Umstand, unter Sarah die Tugend zu verstehen. in Genes. hom. VI, 1.

3. Jede Wiederholung ist allegorisch zu deuten.

Das Beispiel Philo's de gigant. 8, s. oben S. 168, ist bei Orig. in Num. XXIV, 2 wiederholt. Aus dem doppelten homo homo wird der Unterschied des exterior und interior homo hergeleitet.

4. Beachtung des synonymischen Unterschieds.

Wie bei Philo de confus.-lingu. 17 Abraham sich das παροικεῖν, den Hethitern das κατοικεῖν zuschreibt, so sagt Orig. sel. in Gen. p. 69: ὡς φαῦλοι οἱ Χαναναῖοι κατώκουν καὶ οὐ παρῴκουν τὴν γῆν. vgl. ibid. p. 68: οὐ κατώκει Αἴγυπτον (Ἀβραὰμ) ἀλλὰ παρῴκει.

5. Das Wortspiel.

ἐγκρυφίας ποιεῖν in Gen. 18, 6 bei Philo, s. o. S. 173, vgl. mit Orig. in Gen. homil. IV, 1 ἐγκρυφίας . . . occultos vel absconditos vel mysticos panes indicat.

6. Andere Wortverbindung.

Das philonische Beispiel Gen. 19, 20, s. oben S. 171, hat Orig. in Genes. hom. V, 5: quae ergo sit quantum ad legem pertinet civitas pusilla et non pusilla videamus, obwol seine Deutung anders ist. Die Stadt ist bei ihm das Gesetz, dessen Verständniss klein ist, wenn es äusserlich, gross, wenn es geistlich verstanden wird.

7. Besondere Betonung eines einzelnen Ausdruckes zur Gewinnung einer allegorischen Deutung.

Wenn Philo de somn. II, 3. 36 das ᾤμην in Gen. 41, 17 hervorhebt und daraus die Unsicherheit der Erkenntniss des sinnlichen Menschen schliesst, so Orig. sel. in Genes. p. 85: ὁ ἐπὶ τοῖς ῥευστοῖς καὶ ἀβεβαίοις πεποιθὼς ᾤετο ἑστάναι ἐπὶ τοῦ ποταμοῦ. — Aehnlich wird ἐναντίον in Gen. 17, 18 nach Philo's Vorgange de mut. nom. 39 (I, 611) erklärt: sel. in Gen. p. 72 τὸ γὰρ ζῆν ἐναντίον κυρίου μακαρίων ἐστὶ καὶ τῶν ἁγίων μόνον. Desgleichen die Fassung von σήμερον als Bezeichnung der Ewigkeit: vgl. leg. alleg. III, 8 (I, 92). de profug. 11 (I, 554) mit Orig. in Joh. t. 1 c. 32 zu Ps. 2, 7: λέγεται πρὸς αὐτὸν ὑπὸ τοῦ θεοῦ ᾧ ἀεί ἐστι τὸ σήμερον.

8. Auffallender Ausdruck.

Nach Philo de sobriet. 2 kann μικρότερος in Gen. 9, 24 nicht auf das Alter gehen, sondern ist allegorisch zu fassen. So sagt Orig. sel. in Gen. p. 65: μικρότερος μὲν γὰρ υἱὸς αὐτοῦ ὁ Χὰμ οὐκ ἦν ἀλλὰ δεύτερος· Σὴμ γὰρ φησὶ καὶ Χὰμ καὶ Ἰαφὲθ καὶ εἰ τὸν μικρὸν ἤθελε δεῖξαι τὸν Ἰαφὲθ ἂν ἔλεγεν.

Die sichtbare Stimme, von der Philo de migr. Abr. 5 spricht, begegnet uns wieder bei Orig. in Ps. 88: ἡμῖν μὲν ὁ λαλῶν ἐν ἀκοῇ λαλεῖ τοῦ πρὸς ὃν λαλεῖ, ὁ δὲ θεὸς ἐν ὁράσει τοῖς υἱοῖς αὐτοῦ. vgl· c. Cels. VI, 62 (318).

9. Fehlen eines Ausdrucks.

Da bei Abraham πρεσβύτερος steht, dieser Zusatz aber bei viel älteren Patriarchen fehlt, so geht daraus hervor, dass er nicht das physische Alter, sondern das, was der Ehre würdig ist, bezeichnet. Dies wird nach Philo de sobriet. 4 von Origenes in Gen. hom. III, 3 ausgeführt: quanti ante eos longioribus annorum spatiis vitam duxere non gentis et eo amplius annis aliqui non multo minus usque ad diluvium vixere et nulli ex his presbyteri appellati sunt. Non enim hoc nomine in Abraham senecta corporis sed cordis maturitas appellata est.

10. Verschweigen von Tatsachen (vgl. S. 197 f.).

Niemals werden von Frommen Geburtstagsfeiern berichtet, stets nur von Gottlosen, wie von Pharao, Herodes u. a., die Frommen vielmehr verfluchen den Tag ihrer Geburt, wie Hiob, Jeremias u. a. Die Schrift will also damit sagen, der Eintritt in das leibliche Leben sei als ein Unglück zu betrachten. sel. in Gen. p. 85, in Levit. hom. VIII, 3, in Matth. p. 230.

11. Zalensymbolik (vgl. S. 180 ff.).

Die Einzal ist die Zal der Tugend, die Zweizal die der Spaltung und des Bösen. Vgl. select. in Gen. p. 68: καὶ οὕτω τηρῶν τὴν γραφὴν εὑρήσεις ὅτι ὅπου πλῆθος ἀριθμοῦ ὅπου σχίσμα ὅπου διαίρεσις καὶ διαφωνία καὶ ὅσα τοιαῦτα κακίας ἐστὶ γνωρίσματα, ὅπου δὲ ἑνότης καὶ ὁμόνοια καὶ πολλὴ δύναμις ἐν λόγοις ἀρετῆς γνωρίσματα mit Philo de spec. legg. 32 (II, 329). Die Fünf ist die Zal der Sinne. Nach Philo de migr. Abr. 37 (I, 468) sagt Orig. in Num. hom. XXII, 1: quinarius iis numerus adscribitur (nämlich den 5 Töchtern Salphaat's); quinque enim corporei sensus sunt quibus omne expletur opus in corpore. — Die Aegypter gaben den Fünften, in Genes. hom. XVI, 6: vide Aegyptium populum quinario numero tributa pendentem; quinque enim sensus corporei designantur quibus populus carnalis deservit. — Die Zehn ist die Zal der Vollendung, in Genes. hom. XVI, 6: Israeliticus populus honorat decadem perfectionis numerum, u. dgl. m.

12. Symbolik der Dinge.

Thiere im Allgemeinen sind Leidenschaften. vgl. oben S. 182 mit in Gen. hom. I, 16: secundum allegoriam ... in piscibus et volatilibus et animalibus et repentibus terrae ea mihi videntur indicari ... quae de sensu animae et cordis cogitatione procedunt vel quae ex desideriis corporalibus et carnis motibus proferuntur.

Die Ochsen sind die irdischen Affecte, die Schafe die thörichten Gemütsbewegungen, wie Leichtsinn, Wankelmut; die Tauben die leichtfertigen, unstäten Gedanken, tom. in Joh. X p. 185 vgl. mit Philo de sacrif. Ab. et Cain. 11. leg. alleg. II, 4 u. a. — Ganz nach de concupisc. 5 (II, 353) setzt Origenes sel. in Deut. p. 376 auseinander: τὸ μὲν διχηλεῖν ἐπὶ τῆς ὁπλῆς τὴν πορείαν καθ᾽ ἣν πρὸς πᾶν ὁτιοῦν ἐρχόμεθα τῶν ἀγαθῶν σπουδασμάτων ἐμφάνειν· ὁ δὲ μηρυκισμὸς τὸ ἄνω τε καὶ κάτω ποιεῖν τῆς θεοπνεύστου γραφῆς καὶ οἷον ἀναμάσσεσθαι καὶ καταλεπτύνειν ἐρεύναις τὰ κεκρυμμένα τῶν θεωρημάτων. — Ebenso wird die Stelle select. in Genes. p. 70 ἵππον Σοδομῖται νῦν πρῶτον ὠνομασμένην ὡς φαῦλοι ἔχειν λέγονται nur verständlich, wenn man aus Philo weiss, dass das Pferd ein Symbol der Leidenschaften ist.

Pflanzen sind wie bei Philo (s. S. 185) sinnliche Triebe oder Tugenden: hom. in Gen. I, 17 secundum allegoriam tamen herba terrac et fructus ejus ... potest de affectibus intelligi corporalibus.

Bäume sind Tugenden: select. in Genes. p. 56 λέγομεν ὅτι οὐκ ἔνι αἰσθητὰ ξύλα ἐν τῷ τόπῳ, sie sind Bilder der ἔργα πνευματικά. vgl. homil. in Genes. I, 3.

Gold ist nach Philo leg. alleg. I, 25 ein Bild der Weisheit: select. in Genes. p. 56 τρέφει (ἡ ψυχὴ) καλὰ δόγματα ἅπερ αἰνιττύμενος ὁ λόγος εἶπεν χρυσίον καλόν.

Kleider bedeuten den Leib oder die Sterblichkeit. vgl. sel. in Gen. p. 58 mit Philo quaestt. in Gen. I, 53 (A. I, 35).

Brunnen bedeuten die aus der Tiefe des Geistes quellenden Erkenntnisse: vgl. Philo quaestt. in Genes. IV, 191 (p. 392) putei fossi symbola sunt disciplinae et intelligentiae mit select. in Genes. p. 77: φιλοτιμητέον ἑκάστῳ εὐχομένῳ εἶναι τέκνον τοῦ Ἰσαὰκ ταῦτα νοῆσαι τὰ φρέατα καὶ ὀρύξαι αὐτὰ ἐν ἑαυτῷ. Auch Philo weist an jener Stelle darauf hin, dass man diese Brunnen im eignen Geiste haben solle. — Orig. in Num. XII, 1: putei qui sunt in anima nostra indigent fodiente. Auch sind die Brunnen die Offenbarungen Gottes, weshalb die heiligen Frauen Rebekka, Rahel, Sepphora gern an Brunnen sitzen: in Num. hom. XII, 1 und in Genes. hom. X, 2: animarum est ista eruditio et spiritualis doctrina quae te instituit et docet quotidie ire ad puteos scripturarum.

Flüsse sind himmlische Tugenden (s. o. S. 187): in Num. hom. XVII, 4 flumina possumus accipere ... angelorum vel coelestium virtutum erga hujusmodi animas adjutoria, rigantur enim ab illis et inundantur atque ad omnem scientiam et agnitionem rerum coelestium nutriuntur.

Farben sind Bilder der Elemente: so nach Philo de vita Mos. III, 6, s. o. S. 189, die vier Farben der Vorhänge der Stifthütte bei Orig. hom. in Exod. XIII, 3.

Von den Geschlechtern ist das männliche Symbol des νοῦς, das weibliche das der αἴσθησις, s. o. S. 189 f. hom. in Exod. XIII, 5: mulier secundum allegoriam rationem ... caro accipitur et vir rationabilis sensus. Daher sind männliche Geburten Tugenden, weibliche Laster. Pharao lässt deshalb die ersteren tödten, denn er hasst das Geistige, welches sich zur Erkenntniss Gottes erhebt, die letzteren lässt er leben, weil er wünscht, dass Alle das Zeitliche und die sinnlichen Lüste lieb gewinnen, in Exod. hom. II, 1. Vgl. auch mit Philo de ebriet. 14. de profug. 30 und de somn. II, 28, Orig. hom. in Gen. VIII, 10: quem filium (virtutum) ita demum generabis si, ut de Sara scriptum est, ... ita deficiant et anima tua muliebria.

Hirten sind Bändiger der Leidenschaften. So nach Philo de sacrif. Ab. et Cain. 11. de agricult. 13. 14 zu Gen. 47, 3, auch Origenes sel. in Genes. p. 96: παρρησιάζονται τὸ ποιμένες εἶναι πρὸς τὸν Φαραώ. Warum sie sich dessen rühmen, wird nur aus Philo verständlich.

13. Symbolik der Namen.

Auch Origenes sieht in den Namen der Schrift Stationen des geistig-sittlichen Entwickelungsganges des Menschen. Wie man in der Schule die Knaben nach ihren Leistungen einteile in abecedarii, syllabarii, nominarii, calculatores, so bezeichne die Schrift durch die Namen die verschiedenen moralischen Standpunkte. in Num. hom. XXVII, 13. vgl. auch sel. in Genes. p. 72: τὰς ἑρμηνείας τῶν ὀνομάτων ζήτει· δυνάμει γὰρ ὠνομάσθησαν ὑπὸ τοῦ ἁγίου πνεύματος· ἀλλὰ μὴν καὶ τοῦτο χρὴ εἰδέναι ὅτι τὰ ὀνόματα ἕξεών ἐστι καὶ καταστάσεων καὶ ποιοτήτων δηλωτικά· ἐξ ὧν ἐστιν ἰδεῖν τὴν ἐπιτηδειότητα τοῦ ὀνομαζομένου.

In den Etymologien erweist sich im Einzelnen Origenes vielfach unabhängig von Philo [1]), wie denn auch die Zal seiner Worterklärungen weit über die des letzteren hinausgeht. — Doch stimmt er in folgenden Deutungen mit diesem überein: Amalek: populus ablingens (in Jud. hom. VIII, 1), doch ablingens populum (in Num. hom. XIX, 1, in Jesu Nave XIV). Amorraei: loquentes (in Num. hom. XII, 4, wo auch in amaritudinem adducentes). Baithuel: ἔνοικον θεοῦ ἢ θυγατέρα θεοῦ (sel. in Gen. p. 74). Balaam: μάταιος λαός (sel. in Num. X, 5). Beelphegor: στόματος δέρμα τουτέστιν ἀκρότης φιληδονίας καὶ νεκρότης λόγου (sel. in Num. p. 5) [2]). Canaan: in Ex. hom. VI, 8 inhabitantes Canaan qui mutabiles interpretantur et mobiles cum vident moveri regna sua (bei Philo σάλος). Chebron: conjunctio vel conjugium (in Jesu Nave hom. XIII). Cherubim: multitudo (cf. רוב) id est perfectio scientiae (in Num. hom. X, 3). Chetura: θυμίαμα (in Gen. hom. XI). Daneben findet sich sel. in Gen. p. 76 μικροτέρα ἢ ὑποδεεστέρα. Verwechselung mit קטורה. Edom: terrenus (hom. in Exod. VI, 8). Eliphas: deus me dispersit (in Num. hom. XIX, 1). Enoch: χάρις σου (select. in Genes. p. 76). Ephraim: fructificatio (in Jesu Nave · hom. XXI, 2). Ephron: χοῦς ἢ γήϊνος ἢ σποδός (sel. in Gen. p. 76). Er: pellis (in Levit. homil. V, 4). Esau: rubrus vel terrenus [ist Erklärung von Edom] vel factura (in Genes. hom. XII, 4. vgl. Philo congr. erud. grat. 12. I, 528). Esebon: cogitationes (in Num. hom. XIII, 2). Evilat: ὠδίνουσα (sel. in Genes. p. 77). Jerusalem: ὅρασις εἰρήνης (in Ps. 147) visio pacis (in Jesu Nave hom. XXI, 2). Jordanes: κατάβασις (in Ps. 41) κ. αὐτῶν (in Joh. p. 132). Ismael: ἀκοὴ θεοῦ (sel. in Gen. p. 77). Israel: homo videns deum (in Num. hom. XII, 2.

---

1) Dass er auf diesem Gebiet aber überhaupt von fremder Autorität abhängig, zeigen Wendungen wie: ut ajunt qui Hebraea nomina interpretantur u. ähnl. vgl. in Genes. hom. XII, 4.

2) Abweichend in Num. hom. XX interpretationem nominis hujus quum quaereremus attentius inter hebraea nomina hoc tantum invenimus scriptum, quia Beelphegor species sit turpitudinis, vgl. Eusebius. Onomasticon ed. Larsow et Parthey, Berlin 1862 p. 102 Βεελφ. ἑρμηνεύεται εἶδος ἀσχημοσύνης.

XV, 2. XVII, 3). Judas: confessio (in Genes. hom. XVII, 3). Kaddes: sanctificatio vel sanctum (in Num. hom. XIX, 1). Madian: extra judicium (in Jud. hom. VIII, 1). Mambre: ἀπὸ ὁράσεως (sel. in Genes. p. 77) visio seu perspicacia (in Genes. hom. IV, 3). Melcha: βασιλεία (sel. in Genes. p. 74). Methusalem: θανάτου ἐξαποστολή (sel. in Gen. p. 60). Nachor: ἀνάπαυσις φωτός (sel. in Gen. p. 74). Phinees: oris obturatio (in Sam. I hom. I, 7). Phua: rubens (in Exod. hom. II, 2). Raguel: ποιμασία θεοῦ (in Genes. p. 76, wo auch φίλος ἰσχυρός == רְעֵ אֶל). Ramesse: commotio tineae (in Exod. homil. V, 2. in Num. hom. XXVII, 9). Rebecca: ὑπομονή (sel. in Gen. p. 74) patientia (in Num. hom. XII, 1). Salem: pacificus (in Jesu Nave hom. XXIV, 1). Salomon: εἰρηνικός (in Ps. 71). Sennaar: ὀδόντων ἐκτιναγμός (c. Cels. V p. 251), bei Philo de confus. lingu. 15 (I, 415) fehlt ὀδόντων. Sepphora: passer (in Exod. hom. II, 2). Sur: τεῖχος (in Gen. p. 77). Susui (שׁוּשַׁי): extra me (in Jesu Nave hom. XX, 5). Syria: μετέωρον (sel. in Gen. p. 74). Thalmein: praecipitium vel suspensio (in Jesu Nave hom. XX, 5).

Hiezu kommen noch diejenigen Namen, welche nach der gemeinsamen biblischen Quelle etymologisirt sind, wie Jacob a luctando (in Genes. hom. XII. in Exod. hom. XI). Japhet: dilatatio (in Jesu Nave hom. III). Mara: amara (in Exod. hom. VII, 1) u. a.

Hinsichtlich der Lehre des Origenes müssen wir uns der Natur unsrer Aufgabe gemäss darauf beschränken, kurz hervorzuheben: inwieweit Ausdruck und biblische Begründung derselben sich auf Philo zurückführen lassen.

Der origenistische Gottesbegriff erinnert in den Bestimmungen, nach welchen Gott als die ἑνάς oder μονάς definirt wird, welche noch über Wahrheit und Weisheit, über Vernunft und Geist, über Sein und Wesen hinaus liege (c. Cels. VII, 38. de princip. I, 1, 6. in Joh. II, 18. XIII, 21. 23) unverkennbar an den philonischen. Letzteres namentlich auch darin, dass in Gott etwas Unmitteilbares von Origenes angenommen wird, was auch dem Sohne nicht zu Teil werden kann. Diese spröde Abgeschlossenheit des göttlichen Wesens hat bei Origenes für den Logos dieselben Folgen wie bei Philo. Derselbe hat einerseits am göttlichen Wesen Teil und umfasst die ganze Fülle der göttlichen Krafte (λόγος εἷς συνεστὼς ἐκ πλειόνων θεωρημάτων in Joh. V, 4), andrerseits hat er, da das göttliche Wesen über ihn wiederum hinaus liegt, eine gewisse Selbständigkeit neben Gott und ist demselben untergeordnet [1]).

Der Welt gegenüber erscheint auch bei Origenes der Logos als Plan, was er mit dem philonischen Bilde des Bauwerks ausführt, in Joh. t. I c. 22: ὥσπερ κατὰ τοὺς ἀρχιτεκτονικοὺς τύπους οἰκοδομεῖται ἢ τεκταίνεται οἰκία καὶ ναῦς ἀρχὴν τῆς οἰκίας καὶ τῆς νεὼς ἐχόντων τοὺς ἐν τῷ τεχνίτῃ τύπους καὶ λόγους, οὕτω τὰ σύμπαντα γεγονέναι κατὰ τοὺς ἐν τῇ σοφίᾳ προτρανωθέντας ὑπὸ τοῦ θεοῦ τῶν ἐσομένων λόγους. So

---

1) S. das Nähere bei Dorner, Lehre v. der Person Christi I, 665 ff.

siud auch bei Origenes wie bei Philo leg. alleg. III, 31 die Dinge nicht Bilder Gottes, sondern nur Abbilder des Logos: in Matth. p. 377. in Joh. XVIII. — Das Verhältniss des Logos zur Menschenseele wird ganz nach leg. alleg. III, 59 beschrieben· sel. in Deut. p. 373. Der Logos sei wie das Mannah λεπτὸν καὶ διῆκον διὰ πάντων πνευμάτων νοερῶν καθαρῶν λεπτοτάτων; er sei ein κόριον, weil er wie dieser Same auch im kleinsten Teile keimfähige Kraft habe, er sei wie das Mannah etwas Leichtes und Weisses, aber dabei wie Reif in sich fest und beständig.

In der Lehre von der Schöpfung hat Origenes den erheblichen Unterschied von Philo, dass er keine ὕλη ἀγέννητος kennt und andererseits eine ewige Schöpfung annimmt. Doch hat er trotzdem im Einzelnen vom letzteren Manches entlehnt.

So benutzt er wie dieser de opif. m. 10 den Unterschied zwischen coelum und firmamentum zur Begründung der Lehre vom coelum spirituale und corporeum, in Gen. hom. I, 1. — Ebenso entlehnt er aus leg. alleg. I, 1, wo οὐρανός == νοῦς gefasst wird, die Deutung des coelum spirituale auf unsere Seele (hom. in Genes. I, 2: illud primum coelum quod spirituale diximus mens nostra est quae et ipsa spiritus est).

In der Lehre vom Menschen unterscheidet Origenes, wie Philo leg. alleg. I, 16 u. a. zwischen dem ἄνθρωπος ποιηθείς und πλασθείς, so zwischen dem höheren Menschen, dem homo interior invisibilis et incorporalis, welcher nach dem Bilde gemacht sei (factus), und dem homo corporalis, plasmatus non factus (in Genes. hom. I, 13). Die Sünde ist auch ihm das Versinken in die Sinnlichkeit: in Gen. hom. I, 15 si anima conjuncta spiritui atque ejus ut ita dicam conjugio copulata declinat aliquando ad corporeas voluptates sensumque suum in delectationibus carnalibus inclinat ... talis anima velut adulterio corporis maculata neque crescere neque multiplicari legitime dicitur. Darum ist auch der Eintritt in das zeitliche Leben ein Unglück, vgl. oben S. 243, besonders zu Gen. 40, 20 sel. in Gen. p. 85: τῶν μὲν πρὸ ἡμῶν ἐτήρησέ τις (näml. Philo) ὅτι φαυλός ἐστιν ὁ τὰ τῆς γενέσεως τιμῶν πράγματα καὶ τὴν ἡμέραν τῆς γενέσεως αὐτοῦ ἀποδεχόμενος. Die Leiblichkeit ist an sich das Mangelhafte: in Levit. hom. V, 4 Her pessimus erat et occidit eum Deus quia isti tales Domino non offeruntur vgl. mit Philo leg. alleg. III, 22. de poster. Cain. 53. Das Hinabsteigen der Söhne Gottes zu den Töchtern der Menschen ist das Versinken in die Leiblichkeit: nach Philo de gigant. 3 heisst es in Joh. p. 132: ἥντινα κατάβασιν αἰνίσσεσθαί τινες ὑπειλήφασι τὴν τῶν ψυχῶν κάθοδον ἐπὶ τὰ σώματα, θυγατέρας ἀνθρώπων τροπικώτερον τὸ γήϊνον σκῆνος λέγεσθαι ὑπειληφότες. — Das Symbol der Sinnlichkeit ist Aegypten: in Gen. hom. XVI, 2 servire Aegyptiis non aliud est quam obnoxium fieri carnalibus vitiis, ibid. XVI, 6 semper enim Aegyptii visibilibus rebus et corporalibus obsequuntur. Darum sagt Origines (nach Philo de mut. nom. 38. de migr. Abr. 5) wundert sich auch Jakob Gen. 45, 28, dass Josef noch lebt, sel. in Gen. p. 96: θαυμαστόν ἐστι τὸν γενόμενον ἐν Αἰγύπτῳ μὴ βλαβῆναι ἀπὸ τῶν Αἰγυπτίων καὶ μεῖναι ἐν τῇ κατὰ θεὸν ζωῇ. vgl. in Genes. hom. XV, 3. — Darum zieht auch Jakob nach Aegypten, nicht Israel: in Genes. hom. XV, 9, denn kein Weiser beteiligt sich an den Handlungen der Aegypter (nach de migr. Abr. 4 deutet Origenes sel. in Gen. p. 84 die Worte ὧδε ἐποίησα οὐδέν folgendermassen: τὸ μηδὲν ἐπιχωρίων Αἰγυπτίων ποιεῖν αἰνίσσεται ... Αἰγυπτίων δὲ ἔργον ἦν καὶ τὸ συνελθεῖν τῇ . τοῦ κυρίου γυναικί. — Die höchste Stufe der sinnlichen Lust bezeichnet Baalpeor, vgl. oben S. 251 und Philo de mut. nom. 18 (I, 595) mit select. in Num. p. 5.

Die erste Anforderung an den nach der Tugend Strebenden ist daher die Erhebung über das Sinnliche, das Verlassen Aegyptens: in Num. hom. XXVI, 4 illam figuram esse diximus exeundi de Aegypto cum relinquit anima mundi hujus tenebras ac naturae corporeae caecitatem et transfertur ad aliud saeculum. — Nach leg. alleg. III, 24 wird dann auch die Deutung des ἀδολεσχῆσαι Gen. 24, 63 von Origenes sel. in Gen. p. 75 in diesem Sinne gegeben, er sagt: ἐξελθεῖν δεῖ τῶν γηΐνων τὸν μέλλοντα περὶ τῶν θείων ὁμιλεῖν ὅπερ ἀδολεσχῆσαι νῦν ὠνόμασεν. Diese Erhebung ist ein Werk der göttlichen Gnade: vgl. leg. alleg. III, 13 mit Orig. sel. in Gen. p. 70: τὰ γὰρ γεννήματά φησι τῆς ψυχῆς τοῦ ἁγίου καὶ πλήθει καὶ λαμπρότητι ἅτε θεοῦ συνεργήσαντος τοσαῦτα καὶ τοιαῦτα γενέσθαι. — Von solchen höheren Naturen heisst es Gen. 5, 24 „sie werden nicht gefunden". So nach Philo de Abrah. 3 (II, 4). de mut. nom. 4 (I, 583) Orig. in Num. hom. XXVII, 12: quod etsi videatur esse adhuc in saeculo qui hujusmodi est et in carne habitare tamen non invenietur. In quo non invenietur? In nullo actu saeculari in nulla re carnali in nullo colloquio vanitatis invenitur. Transtulit enim eum Deus ab iis et esse fecit in regione virtutum.

Typen der Gerechtigkeit sind ihm (vgl. oben S. 257): Enos der hofft, der Name des Herrn werde angerufen werden, Enoch der Gott nach der Erzeugung des Methusalah gefiel, und Noah der der Gerechte genannt wird: in Joh. XX, 3.

Ebenso kennt Origenes die drei Stufen der μάθησις, ἄσκησις und εὐφυΐα.

Der Typus der μάθησις ist auch ihm Abram, der auf der Stufe der προπαιδεύματα mit Agar lebt und die Sarah verachtet. So nach de congr. erud. grat. 26 Orig. sel. in Gen. p. 72: πέφυκεν ἀτιμάζεσθαι ἀρετὴ ἡνίκα τὰ προπαιδεύματα γεννήσῃ. In der Zeit nennt Abram die Tugend noch seine Schwester: vgl. Philo quaestt. in Genes. IV, 60 mit Orig. in Genes. homil. I, 1. — Auf der höheren Stufe verkehrt er mit der Sarah (hom. in Gen. VI, 1 puto ergo Saram quae interpretatur princeps vel principatum agens formam tenere ἀρετῆς quod est anima virtus), ist fähig die ganze Fülle des göttlichen Lichts in sich aufzunehmen (vgl. Philo quaestt. in Genes. IV, 30 mit Orig. in Genes. hom. IV, 1 veniunt ad Abraham tres viri meridie, ad Lot duo vespere veniunt. Non enim capiebat Lot meridianae lucis magnitudinem, Abraham vero capax fuit plenum fulgorem lucis excipere).

In der ἄσκησις bezeichnet wie bei Philo (s. oben S. 265) Enoch den Anfang, er ist Zeichen der Umkehr. Da er Gott erst nach Methusalah's Geburt gefiel, so ist offenbar ὅτι ἐκ μετανοίας εὑηρέστησεν ὅτε ἐγέννησεν τὴν τοῦ θανάτου ἐξαποστολήν. sel. iu Gen. p. 66. — Alle sittlichen Kämpfer steigen nach Aegypten herab, um es zu bekämpfen. (Moses quia magnus erat et potens athleta descendit in Aegyptum ad agones et exercitia virtutum. Sed et Abraham descendit in Aegyptum quia erat et ipse magnus et potens athleta. Nam de Jacobo quid dicam qui ipso nomine athleta est? Luctator enim et supplantator interpretatur. in Exod. hom. XI.)

Auch das philonische Bild des Wegs für die sittliche Uebung (s. oben S. 268) hat Origenes. Er nennt sel. in Gen. p. 82 den Jakob ὁ διὰ προκοπῆς ὁδεύων, und da ihm das Ziel fern ist, so ist die Arbeit nicht klein, wobei das hübsche Wortspiel: ἐπεὶ μακράν ἐστιν ὁ τόπος οὐ μικρὸς ὁ κόπος. — Jakob verkehrt mit Lea, welche Gott Kinder gebiert: sel. in Gen. p. 79 ἀνοίγει μήτραν ἐπὶ ἁγίων γεννήσει· κατὰ δὲ τὸν πνευματικὸν νόμον ψυχῆς ἀνοίγει μήτραν ἵνα γεννήσῃ θεοῦ λόγον ἡ ἐσομένη αὐτοῦ μήτηρ. vgl. Philo congr. erud. grat. 2. — Zuletzt geht die sittliche Uebung in ein höheres Schauen über: in Num. XVII, 4 Jacob habendus est in eorum personis qui in actibus et opere perfecti sunt, Israel vero illi intelligendi sunt qui studium erga sapientiam ac scientiam gerunt; in Ps. 17 ist Israel ὁ γνωστικῆς θεωρίας καταξιωθείς.

Auf der Stufe der εὐφυΐα ist Noah, wie bei Philo de Abrah. 7, so bei Orig. in Num. hom. IX, 1 der Anfänger. Es heisst hier: de Noe scriptum est quod esset justus et perfectus in generatione sua. In quo ostenditur quod non ex integro perfectus sed in generatione sua perfectus fuerit et ad comparationem ceterorum justus pronuntiatus sit.

Am höchsten steht Isaak: er verbindet sich mit der Tugend (Rebekka): in Genes. hom. X, 5 dignus est ut Isaac transeat de virtute ad virtutem, insofern er nämlich Sohn der Sarah und Mann der Rebekka war, welche beide Symbole der Tugend sind.

Hiezu kommen noch mancherlei vereinzelte Entlehnungen aus Philo.

Das Verfahren des Arztes gegen den Kranken wird nach Philo quod deus immut. 14 geschildert: in Jerem. hom. 19 ὡς ἰατρὸς ἀπατᾶν τὸν κάμνοντα πραγματεύεται μὴ δυνάμενον θεραπευθῆναι ἐὰν μὴ ἀπάτης παραδέξηται λόγους ... λεγέτω ὁ ἰατρὸς τῷ κάμνοντι τμηθῆναί σε δεῖ καυτηριασθῆναί σε δεῖ οὐκ ἂν παράσχοι αὐτὸν ἐκεῖνος. — Von den zehn Plagen Aegyptens wird nach de vita Mos. I, 17 bemerkt, dass einige Aaron, andere Mose, wieder andere Gott verhängt: in Exod. hom. IV, 3. Die Bemerkung zu Gen. 9, 21 ἐγυμνώθη ὁ Νῶε ἀλλ' ἐν οἴκῳ αὐτοῦ· ἁγίου γὰρ τὸ μὴ ἔξω τοῦ οἴκου αὐτοῦ γυμνοῦσθαι (sel. in Gen. p. 67) ist aus Philo leg. alleg. II, 16. — Mit Philo quaestt. in Genes. IV, 8 vgl. in Gen. hom. IV, 1: im Hause der Weisen ist alles tätig, ipse currit uxor festinat puer accelerat nullus piger est u. s. w. — Die Erklärung des ἄνθρωπος θεοῦ bei Philo de gigant. 13 vgl. mit Orig. c. Cels. V, 394

in Joh. p. 76. — Der Sabbat: (Philo de cherub. 26 vgl. mit Orig. in
Joh. p. 161). — Die Geistesmitteilung Mose's an die 70 Aeltesten ist
nach de gigant. 6 geschildert in Num. hom. VI: „quod dixit quia as-
sumens de spiritu Mosis dedit LXX senioribus spiritum, non ita in-
telligas quasi materialem aliquam corporeamque substantiam auferens
Deus a Mose in septuaginta secuerit portiones. Sed hoc modo figuram
mystici hujus sermonis adverte quasi spiritus qui erat in Mose claris-
simi cuiusdam luminis fuerit lucerna ex qua alias septuaginta lucernas
accenderit." vgl. auch c. Cels. VI p. 323. — Die Deutung der Stifts-
hütte als Bild der Welt in Exod. hom. IX: tabernaculum hoc totius
mundi tenet figuram.

§. 5. Fortsetzung. Eusebius von Cäsarea.

Dass Eusebius von Cäsarea den Philo genau kannte, beweisen
zunächst schon die Fragmente, welche er uns von dem letztern auf-
bewahrt hat (s. das vollständige Verzeichniss derselben in Eusebii opp.
recogn. Dindorf II p. 422). Dass ihm aber auch in der Auslegung
Philo eine Autorität ist, spricht er aus praep. ev. VII, 12 p. 322:
ἵνα δὲ μὴ σοφίζεσθαί με ταῦτα νομίσῃς ἑρμηνέα σοι τῆς ἐν τῇ γραφῇ δια-
νοίας Ἑβραῖον ἄνδρα παραστήσω τὰ οἰκεῖα πατρόθεν ἀκριβοῦντα καὶ παρὰ
διδασκάλων τὸ δόγμα μεμαθηκότα, εἰ δή σοι τοιοῦτος ὁ Φίλων. — Er
unterscheidet wie dieser: praep. ev. VII, 8 p. 312 τὰ μὲν προφανῶς
ἐκ τοῦ προδήλου διαταττομένου Μωσέως τὰ δὲ δι' ὑπονοιῶν αἰνιττομένου;
oder τὰ μὲν πρὸς λέξιν θεωρούμενα τὰ δὲ καὶ δι' ὑπονοιῶν ἀλληγορούμενα.

So begegnen wir denn auch bei ihm vielfachen Reproductionen
philonischer Lehren und Auslegungen.

Er nennt Gott ἀνέκφραστος, ἀπειρομεγέθης φύσις, ἀγέννητος καὶ
ἀχώρητος θειότης demonstr. ev. IV, 6 p. 154. — Er trägt ausführlich
die philonische Logoslehre vor (praep. ev. VII, 13 p. 323), nennt den
Logos: δευτέρα οὐσία κ. θεία δύναμις ἐκ τοῦ πρώτου αἰτίου γεγενημένη
mit ausdrücklicher Berufung auf Philo (ibid. VII, 12 p. 420, vgl. auch
VII, 15 p. 324), der Logos ist der sich offenbarende Gott, der die
Fülle der Kräfte den Geschöpfen mitteilt, namentlich die Völker leitet
und regiert (demonstr. ev. IV, 6 p. 156 sq.). — Daneben bringt er die
philonische Lehre von den beiden Grundkräften: praep. ev. VII, 8
p. 306[d] τοῦτο δὲ δηλοῖ τὸ μηδένα πλὴν τῶν ἁπάντων τὸν δημιουργὸν δε-
σπότην ὁμοῦ καὶ θεὸν τῶν ὅλων ἐπιγράψασθαι· πεπεῖσθαι γὰρ αὐτὸν οὐ
μόνον ποιητικῇ δυνάμει εὖ καὶ ἐν κόσμῳ τὸ πᾶν διατεθεικέναι ἀλλὰ
καὶ δεσπότου δίκην ὡς ἂν μεγάλης πόλεως (cf. Philo de opif. m. 5.
49) τοῦ σύμπαντος κυριεύειν οἰκονομεῖν καὶ οἰκοδεσποτεῖν ὁμοῦ καὶ κύ-
ριον ὄντα καὶ βασιλέα καὶ θεόν.

Wie Philo ferner an Mose lobt, dass er der Gesetzgebung den
Bericht von der Schöpfung vorausschicke, weil daraus erhelle, dass der
Schöpfer und der Gesetzgeber derselbe sei, sowie dass Welt und Ge-
setz zusammenstimmen, so sagt auch Eusebius praep. ev. VII, 9 p. 313
von Mose: πολιτείαν εὐσεβείᾳ προσήκουσαν ... προκαταβαλλόμενος, παι-

δεύει ... τοῦτον ἡγεῖσθαι μὴ μόνον τῶν πρὸς αὐτοῦ σμικρὸν ὕστερον δια-
ταχθησομένων ἀνθρώποις νόμων αὐθέντην εἶναι καὶ κύριον ἀλλὰ καὶ τῶν
ἐν τῇ φύσει τῶν ὅλων. — Deshalb nennt er die Welt ποίημα τοῦ παν-
σόφου τῶν ὅλων ἀρχιτέκτονος ibid. p. 315, vgl. Philo de opif. m. 5. 49.
— Auch lässt Eusebius die geistige Welt der materiellen vorausgehen,
welche nach ihrer Beschaffenheit den Namen στερέωμα erhalten hat:
praep. ev. XI, 6 p. 517 πάλιν Μωσῆς τὸν οὐρανὸν ἐτύμως τῇ Ἑβραίων
γλώσσῃ στερέωμα προσαγορεύει παρὰ τὸ πρῶτον εἶναι μετὰ τὴν ἀσώματον
καὶ νοερὰν οὐσίαν τοῦδε τοῦ κόσμου στερεὸν καὶ αἰσθητὸν σῶμα.

In der Anthropologie bringt Eusebius die philonische Lehre, nach
welcher der Geist des Menschen ein Abbild des Logos sei: praep. ev.
VII, 10 p. 316: εἶναι δὲ ἀρχέτυπον καὶ ἀληθῆ τοῦ θεοῦ τῶν ὅλων εἰκόνα
τὸν αὐτοῦ λόγον αὐτοσοφίαν τυγχάνοντα καὶ αὐτοζωὴν καὶ φῶς καὶ ἀλή-
θειαν καὶ εἴ τι καλὸν καὶ ἀγαθόν τις ἐπινοήσειεν· εἰκόνα δὲ εἰκόνος τὸν
ἀνθρώπινον νοῦν παρ' ὃ καὶ κατ' εἰκόνα θεοῦ γεγονέναι ἀνωμολόγηται.
Er beruft sich für die Richtigkeit dieser Auslegung ibid. VII, 13 p. 323
auf Philo als Gewährsmann und führt von demselben die Stellen de
agricult. 12, de plantat. 2 und fragm. II, 625 an. vgl. auch ibid.
VII, 17. 18 p. 330 ff., wo de plantat. 5 citirt wird. — Wie Philo
zwischen dem ἄλογον μέρος als der δύναμις ζωτική und dem λογικόν
unterscheidet: so lässt Euseb. praep. ev. VII, 10 p. 316 die ψυχή zer-
fallen in eine νοερὰ καὶ ἀσώματος καὶ λογικὴ οὐσία κατ' εἰκόνα θεοῦ
δεδημιουργημένη und in die πνοὴ ζωῆς, ἑνωτικὴ καὶ ἀναπνοϊκὴ δύναμις.

Die Namen haben ihm in der Schrift durchweg symbolische Gel-
tung: praep. ev. XI, 6 p. 514 Μωσέως ... διὰ πάσης αὐτοῦ γραφῆς
μυρία περὶ τῆς τῶν ὀνομάτων θέσεως πεπραγματευμένον καὶ τοτὲ μὲν φυ-
σικώτατα τῶν παρ' αὐτῷ πάντων τὰς ἐπωνυμίας διατεταγμένου τοτὲ δὲ τῷ
θεῷ τὴν κρίσιν τῆς τῶν εὐσεβῶν ἀνδρῶν μετωνυμίας ἀναθέντος φύσει τε
ἀλλ' οὐ θέσει τὰ ὀνόματα κατὰ τῶν πραγμάτων κεῖσθαι πεπαιδευκότος.

Mit Philo übereinstimmende Etymologien sind:
Abel: πένθος (praep. ev. XI, 6 p. 518).
Abram: πατὴρ μετέωρος (ibid.).
Adam: γῆ (ibid. p. 516).
Ebraeus: περατικός (ibid. p. 520).
Enoch: χάρις θεοῦ (ibid. VII, 8 p. 308). Philo χ. σου.
Enos: ἐλπίζων (ibid. p. 307).
Jakob: πτερνιστής (ibid. XI, 6 p. 519).
Isaak: γέλως (ibid.).
Israel: ὁρῶν θεόν (ibid.).
Melchisedek: βασιλεὺς δίκαιος (ibid. VII, 8 p. 309).

Adam ist wie bei Philo leg. alleg. I, 28. 29 Bezeichnung des all-
gemein Menschlichen: praep. ev. VII, 8 p. 307 (τὸν κοινὸν καὶ πολὺν
ἄνθρωπον καὶ τὸ γένος sc. σημαίνει).

Die über das Irdische Hinausstrebenden bilden auch hier die be-
kannte philonische Doppeltrias.

Der erste Gottesfreund ist Enos: praep. ev. l. c. ὁ θεοφιλῶν πρώ-
τιστος ὃς ἤλπισεν ἐπικαλεῖσθαι τὸ ὄνομα κυρίου. Ganz wie Philo (s. o.

S. 257 f.) so sieht auch Eusebius hierin erst das wahrhaft Menschliche: er nennt ihn l. c. πρῶτος ἀληθὴς ἄνθρωπος, hinzufügend οὐδὲ γὰρ ἄλλον φασὶν ἀληθῆ προςήκειν ἡγεῖσθαι καὶ ὀνομάζειν ἄνθρωπον ἢ τὸν θεοῦ γνώσεως καὶ εὐσεβείας ἐπήβολον τὸν ἀληθῶς γνωστικὸν ὁμοῦ καὶ εὐσεβῆ. — So ist Enos im Unterschiede vom γεώδης (Adam) der λογικὸς ἄνθρ. praep. ev. XI, 6 p. 516.

Der zweite Gott Wolgefällige war Enoch: praep. ev. VII, 8 p. 308 οὐχ εὑρίσκετο ... διότι μετέθηκεν αὐτὸν ὁ θεὸς δι᾽ ἄκραν ἀρετῆς τελείωσιν, δυςεύρετος γὰρ ὅ γε σοφὸς ἀληθῶς (vgl. o. S. 265). Er ist dem Treiben der Welt entrissen; letzteres schildert Eusebius ganz in den Farben von de Abrah. 3.

Der dritte war Noah, der δίκαιος genannt wird. praep. ev. l. c. Darüber erhebt sich die höhere Trias der Hebräer. praep. ev. VII, 8 p. 309: περατικοὶ γάρ τινες ἑρμηνεύονται τὴν ἀπὸ τῶν τῇδε ἐπὶ τὴν τοῦ τῶν ὅλων θεοῦ διάβασίν τε καὶ ἑρμορίαν στειλάμενοι. Dieses gottselige Leben fasst auch Eusebius vorzugsweise als Erhebung über die Sinnlichkeit. Er nennt l. c. die Erzväter φυσικοῖς λογισμοῖς καὶ νόμοις ἀγράφοις τὴν ὀρθὴν τῆς ἀρετῆς διευθύναντες πορείαν καὶ πέραν τῶν σαρκὸς ἡδονῶν ἐπὶ τὸν πάνσοφον καὶ θεοσεβῆ βίον διαβεβηκότες. vgl. ibid. p. 306.

Abram betritt den Weg der Lehre. Zunächst ist er Astrolog: praep. ev. XI, 6 p. 518: μετεωρολόγος τίς οὗτος καὶ τῆς τῶν ἀστέρων θεωρίας τῶν τε κατ᾽ οὐρανὸν μαθημάτων εἰδήμων τὸ πρὶν ὅτε τῆς χαλδαϊκῆς μετεποιεῖτο σοφίας γεγονὼς Ἄβραμ ἐκαλεῖτο. Dann beruft ihn Gott zur Erkenntniss des Unsichtbaren und nennt ihn Abraham.

Jakob ist Tugendkämpfer (τὸν ἀρετῆς ἐναθλῶν ἀγῶνα, ἀσκητής, πρακτικός ibid. p. 519), gelangt zuletzt zum höheren Schauen, wird θεωρητικός, Israel = ὁρῶν θεόν (ibid.). vgl. VII, 8 p. 310. demonstr. ev. IV, 7.

Isaak bezeichnet die ungetrübte Freude an der Tugend (praep. ev. XI, 6 p. 519: τὸ τῆς ἐναρέτου χαρᾶς σύμβολον).

§. 6. Zerstreutes aus andern griechischen Kirchenvätern.

Wie aus dem Vorhergehenden erhellt, so haben nicht am wenigsten die hebräischen Wortdeutungen Philo's bei den älteren Kirchenschriftstellern Aufnahme gefunden. Ja man fieng neben dieser sporadischen Benutzung schon früh an, aus Philo's Schriften besondere Verzeichnisse dieser Etymologien anzulegen. Schon bei Orig. ad Joh. p. 79 wird eine solche Sammlung unter dem Titel ἑβραϊκῶν ὀνομάτων ἑρμηνεῖαι erwähnt, doch ohne dass Philo's Name dabei genannt wird. Euseb. hist. eccles. II, 18 und Hieronymus in der praefatio zu de nominibus hebraicis geben Philo geradezu als Verfasser dieser Sammlung an [1]). Griechische Fragmente dieser Schrift sind von Martianay opp.

---

1) Hieron. sagt: Philo vir disertissimus Judaeorum Origenis quoque testimonio

Hieron. t. II p. 108 ff. zusammengestellt. Wenn es nun aber an sich schon unwahrscheinlich ist, dass Philo selbst aus seinen Schriften einen derartigen alphabetischen Index ausgezogen haben sollte, so zeigt der Einblick in diese Fragmente ganz deutlich, dass dieselben unmöglich von Philo herrühren können, denn es finden sich sogar neutestamentliche Namen und Worte darin, wie Zachaeus, Pilatus, Quirinus, raka, osanna u. dgl., und manche Worte werden hier ganz anders erklärt als in Philo's Schriften, wie z. B. Aaron: ὁρῶν ὅρασιν, Rachel: πρόβατον, Zabulon: δῶρον u. a. Wir haben hier vielmehr Bruchstücke alter Onomastika, die vermutlich zunächst an Philo's Deutungen sich anschlossen und dann allmälich erweitert wurden. Sammlungen solcher Wortdeutungen sind neuerdings von Lagarde (onomastica sacra, 1870) herausgegeben. Wir geben im Folgenden eine Zusammenstellung derjenigen Erklärungen aus denselben, die sich an Philo anschliessen. Die in Klammern vorangestellte Deutung ist die des Philo.

Ἀαρών (ὀρεινός) b. Lag. p. 174, 91 ὄρος ἰσχύος. p. 176, 41 ὄρος δυνάμεως.

Ἄβελ (ἀναφέρων ἐπὶ θεόν und ὄνομα πενθοῦντος) b. Lag. p. 177, 67 πένθος ἢ ἀναφέρων. p. 185, 47 ἀναφέρων ἐπὶ θεόν ... ἢ πένθος.

Abimelech (paternus rex) Lag. 186, 7 πατὴρ βασιλεύς.

Ἀβραάμ (πατὴρ ἐκλεκτὸς ἤχους) Lag. 177, 76 πατὴρ ἐκλεκτός.

Ἀβράμ (πατὴρ μετέωρος) Lag. 177, 76 πατὴρ ὑψηλός.

Ἄγαρ (παροίκησις) Lag. 186, 9 παροίκησις.

Ἀδά (μαρτυρία) Lag. 201, 25 μαρτυρία.

Ἀδάμ (γῆ · γήϊνος) Lag. 172, 46 χοῦς ἢ γῆ σαρκουμένη. p. 200, 13 γήϊνος.

Αἰθιοπία (ταπείνωσις) Lag. 186, 100 ταπείνωσις.

Ἀμαλήκ (λαὸς ἐκλείχων) Lag. 161, 8 λαὸς ἐκλιχνῶν. p. 186, 17 λαὸς ἐκλείχων ἢ ἐκκλίνων.

Ἀμορραῖοι (λαλοῦντες) Lag. 201, 31 λαλούμενοι.

Ἄννα (χάρις αὐτῆς) Lag. 162, 29 χάρις. p. 176, 41 χάρις αὐτοῦ. p. 186, 21 χάρις αὐτῆς.

Ἀρνῶν (φῶς αὐτῶν) Lag. 200, 24 φῶς αὐτῶν.

Ἀρφαξάτ (συνετάραξε ταλαιπωρίαν) Lag. 187, 47 συνταρασσομένη ταλαιπωρία.

Ἀσήρ (μακαρισμός) Lag. 177, 82 μακαρισμός.

Ἀσσύριοι (εὐθύνοντες) Lag. 187, 41 κατευθύνοντες.

Βαβυλών (de gigant. 15. I, 272 μετάθεσις. de somn. II, 43. I, 696 σύγχυσις) Lag. 174, 91 σύγχυσις. p. 188, 57 σύγχυσις μεταθέσεως.

Βαλαάμ (μάταιος λαός) Lag. 188, 80 ματαίωσις λαοῦ ἢ λόγος.

Βάλλα (κατάποσις) Lag. 201, 54 καταποντισμός.

Βενιαμίν (υἱὸς ἡμερῶν) Lag. 188, 70 τέκνον ὀδύνης ἢ υἱὸς ἡμερῶν.

Βεσελεήλ (ἐν σκιᾷ θεοῦ) Lag. 188, 73 ἐν σκιᾷ θεοῦ.

---

comprobatur edidisse librum Hebraicorum nominum eorumque etymologias iuxta ordinem literarum e latere copulasse.

Γάδ (de somn. II, 5. I, 664 σύμβολον ἐπιθέσεως καὶ ἀντεπιθέσεως πειρατικῆς) Lag. 172, 52 πειρατήριον.

Γαλαάδ (μετοικία μαρτυρίας) Lag. 179, 21 μαρτυρία. p. 189, 92 κατοικία μαρτυρία Ἰάσωνος.

Γεδέων (πειρατήριον) Lag. 173, 61 πειράζων ἀδικίαν.

Gerara (septum) Lag. 189, 7 φραγμός.

Δάν (κρίσις) Lag. 172, 52 κρίσις.

Δεῖνα (κρίσις) Lag. 190, 26 κρίσις αὐτῆς.

Ἑβραῖος (περάτης) Lag. 190, 32 περάτης ἢ διαπεπραχώς.

Ἐδέμ (τρυφή) Lag. 180, 54 αἱμάτωσις, τρυφή. vgl. 190, 29.

Ἐδώμ (γήϊνος) Lag. 190, 34 γήϊνος.

Ἐλιέζερ (ὁ θεός μου βοηθός) Lag. 173, 76 θεοῦ βοήθεια desgl. 182, 3. — doch 190, 36 θεοῦ μου βοήθεια und 202, 70 ὁ θεός μου βοηθός μου.

Ἐλιφάς (ὁ θεός με διέσπειρεν) Lag. 163, 43 θεοῦ σπορά — θεός με διέσπειρεν.

Ἐμώρ (ὄνος) Lag. 190, 42 λόγος ἢ ὄνος λαλῶν [λαλῶν deutet auf אמר).

Ἐνώς (quod det. pot. insid. 38. I, 218 ἐλπίς. de praem. ac poenis 2. II, 410 ἄνθρωπος) Lag. 164, 56 ἄνθρωπος, ἄνθρωπος ἔφελπις.

Ἐνώχ (χάρις σου) Lag. 164, 37 χαρίεις, χάρις σου, ἐγκαινισμένος.

Ἐσεβών (λογισμοί) Lag. 164, 59 λογισμοί.

Εὗα (ζωή) Lag. 164, 64 ζωή, ὄφις, θηλεία.

Εὐιλάτ (ὠδίνουσα) Lag. 164, 65 ὠδείνουσα.

Εὐφράτης (καρποφορία) Lag. 191, 46 καρποφορία.

Ἐφραίμ (καρποφορία) Lag. 164, 67 καρποφορία.

Ἐφρών (χοῦς) Lag. 164, 68 χοῦς, χοῦς αὐτῶν.

Ζαβουλών (ῥύσις νυκτερίας) Lag. 164, 72 χάρισμα ῥύσις, ῥύσις νυκτερίας.

Ζέλφα (πορευόμενον στόμα) Lag. 191, 60 πορευόμενον στόμα.

Ἤρ (δερμάτινος) Lag. 165, 96 δέρμα.

Ἡσαῦ (ποίημα θεοῦ. δρῦς δρυΐνος) Lag. 166, 98 ποίημα φιλόδρυο ... 177, 78 ποίημα ἢ δρύϊνος.

Θάμαρ (φοῖνιξ) Lag. 166, 3 φοῖνιξ.

Θάμνα (ἔκλειψις σαλευομένη) Lag. 166, 4 ἔκλειψις σαλευομένων.

Θάρρα (κατασκοπὴ ὀδμῆς) Lag. 166, 7 κατασκοπὴ ὀδμῆς.

Θόβελ (σύμπασα) Lag. 167, 21 σύμπασα ἐπιστροφή.

Ἰακώβ (πτερνιστής. πτερνίζων) Lag. 167, 32 πτερνισμός, πτερνίζων, ἄδολος.

Ἰάφεθ (πλάτος de sobriet. 12. I, 401) Lag. 177, 32 πλατυσμός.

Ἰερουσαλήμ (ὅρασις εἰρήνης) Lag. 169, 66 ὅρασις εἰρήνης. desgl. 174, 91.

Ἰησοῦς (σωτηρία κυρίου) Lag. 192, 1 σωτηρία κυρίου, daneben 174, 87 σωτὴρ αἰνούμενος. 175, 16 σωτὴρ σῴζων.

Ἰοθόρ (περισσός) Lag. 193, 3 Ἰόδωρ περιττός.

Ἰορδάνης (κατάβασις) Lag. 169, 81 κατάβασις.

Ἰούδας (κυρίου ἐξομολόγησις) Lag. 203, 95 ἐξομολόγησις.

Ἰσαάκ (γέλως· ψυχῆς χαρά) Lag. 170, 85 γέλως. 177, 33 γέλως κ. χαρά. vgl. 193, 5.

Ἰσμαήλ (ἀκοὴ θεοῦ) Lag. 170, 88 ἀκοὴ θεοῦ. 193, 6 εἰσακουσμός κυρίου.

Ἰσραήλ (ὁρῶν θεόν) Lag. 170, 90 νοῦς ὁρῶν θεόν. ἄνθρωπος ὁρῶν θεόν. 181, 83 ὁρῶν θεόν u. ö.

Ἰσσάχαρ (μισθός) Lag. 170, 41 μισθός, ἔστιν μισθός.

Ἰωβήλ (μεταλλοιῶν) Lag. 193, 20 μεταλλοιωμένος ἢ ἀφεστηκώς.

Ἰωσήφ (πρόσθεμα. πρόσθεσις) Lag. 171, 17 πρόσθεμα. 193, 10 πρόσθεμα κυρίου. 203, 96 πρόσθεσις.

Κάδδης (ἅγιος) Lag. 171, 23 Κάδης ἅγιον. ἅγια.

Κάϊν (κτῆσις) Lag. 172, 47 κτῆμα ἢ ζηλοτυπία. desgl. 177, 68.

Λαβάν (λευκασμός) Lag. 194, 47 λευκασμός.

Λάμεχ (ταπείνωσις) Lag. 176, 48 πλήξαντος ἢ ταπείνωσις.

Λεῖα (ἀνανευομένη κ. κοπιῶσα) Lag. 179, 29 κοπιῶσα ἢ ἐμόχθησεν ἢ ἀνανευομένη. p. 203, 7 κοπιῶσα Λία.
    Philo leg. alleg. II, 15 (I, 77) Λεῖα v. λεῖος. vgl. Lag. 203, 7 Λεία ὁμαλή.

Λώτ (ἀπόκλισις) Lag. 203, 9 ἀπόκλεισις. 176, 49 λελυτρωμένος ἢ ἀποκλείων.

Μαδιάμ (ἐκ κρίσεως) Lag. 195, 62 ἐνέγκασις ἢ ἀπόκρισις.

Μαθουσάλεμ. Μαθουσάλα (ἐξαποστολὴ τοῦ θανάτου) Lag. 177, 70 ἀπεσταλμένος. 195, 62 θανάτου ἀποστολὴ ἢ ἀπεσταλμένος.

Μαμβρῆ (ἀπὸ ὁράσεως) Lag. 194, 59 τοῦ υἱοῦ ἢ ἀπὸ ὁράσεως.

Μάννα (Τί) Lag. 183, 39 Μὰν τί.

Μαχείρ (υἱὸς Μ. = πατρός) Lag. 195, 68 ἔξοδος πατρὸς ἢ ἐγρήγορσις πατρός.

Μελχά (βασίλισσα) Lag. 183, 39 Μελχὴ βασιλεύς.

Μελχισεδέκ (βασιλεὺς δίκαιος. β. εἰρήνης) Lag. 178, 84 ἀπόστολος δίκαιος ἢ βασιλεὺς δίκαιος ἢ εἰρηνεύων. 183, 35 β. εἰρήνης.

Μέρρα (πικρία) Lag. 183, 34. 195, 71 πικρία.

Μωάβ (ἐκ πατρός) Lag. 182, 92 ἐκ τοῦ γένους μου καὶ ἐκ τοῦ πατρός μου. 182, 5 εἰς γένος πατρός μου. 183, 36 ἐκ τοῦ πατρός μου.

Μωσῆς (Philo de vita Mos. I, 4. II, 83 εἶτα δίδωσιν ὄνομα θεμένη Μωσῆν ἐτύμως διὰ τὸ ἐκ τοῦ ὕδατος αὐτὸν ἀνελέσθαι. Τὸ γὰρ ὕδωρ μῶς ὀνομάζουσιν Αἰγύπτιοι.)
    Lag. 183, 33 ὕδατος ἀναίρεσις· Μωυσεῖ μὴ ὕδωρ ἐστί;

Ναΐδ (σάλος) Lag. 282, 86 σάλος.

Ναχώρ (φωτὸς ἀνάπαυσις) Lag. 196, 45 ἀνάπαυσις φωτὸς ἢ στέλεχος.

Νεβρώδ (αὐτομόλησις) Lag. 196, 99 αὐτομόλησις ἢ ἄνταρσις.

Νεφθαλείμ (πλατυσμός) Lag. 172, 52 πλατυσμός.

Νοεμάν (πιότης) Lag. 203, 20 πίστις. [Sollte diese LA. aus πιότης entstanden sein?]

Νῶε (ἀνάπαυσις) Lag. 176, 51 u. ö. ἀνάπαυσις.

Πάσχα (διάβασις) Lag. 197, 1 διαβατήριον ἢ ὑπερβατήριον ἢ λύτρον. 204, 24 διαβατήριον, λύτρωσις.

Πειθώ (στόμα ἐκθλῖβον) Lag. 179, 14 στόμα αἰώνιον.

Ῥαγουήλ (ποιμασία θεοῦ) Lag. 197, 33 ποιμανσία ἢ φίλος ἰσχυρός. 204, 27 ποιμανσία θεοῦ.

Ῥαμεσσή (σεισμὸς σητός) Lag. 197, 27 Ῥαμέσι ποιμανσία ἐκ σητός.

Ῥεβέκκα (ὑπομονή) Lag. 179, 26 πολλὴ ὑπομονή. vgl. 197, 29.

Ῥουβίν. Ῥουβείμ (ὁρῶν υἱός) Lag. 204, 26 Ῥουβὴν ὁρῶν υἱός.

Σάββατον (ἀνάπαυσις) Lag. 197, 38 κατάπαυσις. 204, 36 ἀνάπαυσις.

Σαλήμ (εἰρήνη) Lag. 198, 51 εἰρήνη ἐπίχαρις. 204, 32 εἰρήνη.

Σαλομών (εἰρηνικός) Lag. 204, 31 Σαλωμὼν εἰρηνικός.

Σαρά (ἀρχή μου) Lag. 173, 59 ἀρχομένη.

Σάρρα (ἄρχουσα) Lag. 173, 59 ἄρχουσα.

Σέλλα (σκιά) Lag. 198, 57 σκιὰ ἢ σκέπη αὐτή.

Σεναάρ (ἐκτιναγμός) Lag. 204, 42 ἐκτιναγμός.

Σόδομα (στείρωσις κ. τύφλωσις de ebriet. 53. I, 391, doch quaestt. in Genes. II, 43 caecitatem et sterilitatem ... Chaldaei adpellant Sodomam et Gomorrham. Damit vgl. Lag. 198, 12 Γόμορρα ... τύφλωσις ἢ στείρωσις.

Συμεών (ἀκοή. εἰςακοή) Lag. 176, 53 ἀκούων λύπην. 183, 40 μακάριος εἰ Σίμων μακάριος ὁ ὑπακούων. 172, 50 ὑπακούων. 204, 31 εἰςακοὴ ἢ ὑπακούων.

Συρία (μετέωρα) Lag. 198, 68 μετέωρος ἔγκλησις.

Συχέμ (ὦμος) Lag. 181, 75 ὦμος.

de migr. Abr. 39 (I, 468) sagt Philo von Σ. πόνου σύμβολον. Damit vgl. Lag. 204, 43 πόνος ἢ ἄσκησις.

Φινεές (στόματος φιμός) Lag. 200, 4 στόματος φιμὸς ἢ ἀνανεύων.

Φουά (ἐρυθρόν) Lag. 200, 98 ἐρυθρὰ ἢ πτῶσις.

Χάλεβ (πᾶσα καρδία) Lag. 200, 7 ὡς καρδία ἢ πᾶσα καρδία.

Χάμ (θέρμη) Lag. 200, 10 θέρμη.

Χαμώς (ὡς ψηλάφημα) Lag. 200, 8 χαμὸς ὡς ψηλάφημα. Schreibung χαμώς ist p. 303, 75.

Χαναάν (σάλος). Insofern Philo darunter den Zustand der Seele versteht, welcher sich zum Sündigen in Bewegung setzt, erinnert sachlich an seine Etymologie Lag. 200, 9 Χαναναία μεταβάλλουσα. 176, 22 Χαναναῖοι μετάβολοι.

Χερουβίν (ἐπίγνωσις καὶ ἐπιστήμη πολλή). Diese Etymologie ist in eine der LXX-Handschriften übergegangen. Nach de Lagarde, Genesis graece zu c. 3, 24 fügt cod. r ἐπίγνωσις πεπληθυμμένη ein. — Damit vgl. Onomast. sacra p. 173, 72. 185, 82.

Chus (Aethiops) Lag. 180, 61 Αἰθίοψ.

Wie sehr der Einfluss des Origenes die ganze morgenländische Kirche durchdrang und überall hin die Allegoristik verbreitete, ist bekannt und hier weiter zu verfolgen nicht unsre Aufgabe [1]). Nur an einzelnen Beispielen wollen wir zeigen, inwiefern dadurch auch zu-

---

1) vgl. hierüber Diestel, Gesch. des A. T.'s S. 122 ff.

gleich specifisch philonische Schriftauslegungen mit verbreitet wurden. Dahin rechnen wir z. B. die bei Didymus de spiritu sancto II sich findende Deutung des Namens Israel (hoc siquidem ex Hebraeo sermone in lingua nostra interpretatur Israel id est mens videns dominum). vgl. auch Macarius homil. 47 §. 5: Ἰσραὴλ γὰρ ἑρμηνεύεται νοῦς ὁρῶν τὸν θεόν· ἐλευθεροῦται οὖν ἀπὸ τῆς δουλείας τοῦ σκότους ἀπὸ τῶν Αἰγυπτίων πνευμάτων. Ferner die bei Basilius Magnus sich findende Beziehung der vier Substanzen des Rauchwerks auf die vier Elemente der Welt (opp. ed. Garnier t. I, 402), die bei Gregor v. Nyssa de vita Mos. sich findende Wiederholung der philonischen Deutung von der Kleidung des Hohenpriesters, die von Chrysostomus hom. in laud. Joh. Bapt. (Opp. II, 793) vorgetragene philonische Auffassung von der Stiftshütte als eines Abbildes der Welt [1] (καὶ ποιεῖ τὸν ναὸν πρὸς τὴν εἰκόνα τοῦ κόσμου παντός, τοῦ τε αἰσθητοῦ καὶ τοῦ νοητοῦ), welche auch in der typographia christiana des Cosmas Indicopleustes p. 221 wiederkehrt, wo jene ἐκμαγεῖον παντὸς τοῦ κόσμου genannt wird, u. a. m.

Mehrfache Anklänge an Philo finden sich besonders bei Theodoret von Kyros. Von den philonischen Namendeutungen hat er folgende: Abel: πένθος. Adam: γῆ. ἀδαμθά. γήϊνος ἢ χοϊκὸς Ἀδάμ. Kain: κτῆσις. Noa: ἀνάπαυσις (quaest. in Gen. 60). Moab: ἐκ τοῦ πατρὸς γενηθείς (in Dan. c. 11). Zabulon: ῥύσις νυκτερίας (in Esaj. c. 9). Passa: 1) von πάσχειν (epistol. 63 u. a.), 2) quaest. 12 in Exod. τὸ δὲ πάσχα ὁ μὲν Φίλων ἡρμήνευσε διαβατήρια. — Cherubim: in Ezech. I, 75 εἰς γὰρ τὴν Ἑλλάδα (?) φωνὴν μεταφερόμενον πλῆθος γνώσεως ἑρμηνεύει τὸ ὄνομα. ibid. c. X, 1 σημαίνει δὲ τὸ ὄνομα πλήρης γνώσεως. Da er den Philo in der Stelle quaest. 12 in Exod. ausdrücklich namhaft macht, so ist wahrscheinlich, dass er alle oben angeführten Erklärungen aus ihm entlehnt hat; vielleicht hat er auch manches Midraschische durch ihn, wie z. B. was er quaest. 103 in Genes. und quaest. 46 in Josuam über Simeon sagt, mit Philo de Joseph. 30 übereinstimmt.

Auch manche allegorische Deutungen Philo's finden wir bei Theodoret wieder. So die von der Stiftshütte als einem Abbilde der Schöpfung, der unzugängliche Teil derselben stellt τὰ ἐπουράνια, der zugängliche τὰ ἐπίγεια dar, der Leuchter die 7 Wochentage, der Schaubrottisch die Erzeugnisse der Erde, quaest. 40 in Exod. und ad Hebr. 9, 1. Die Cherubim nennt er quaest. in Exod. 60 εἰκάσματα τύπον τῶν ἀσωμάτων δυνάμεων ἔχοντα, die 4 Farben der Stiftshütte sind die 4 Elemente (καὶ ταῦτα δὲ τῶν τεσσάρων στοιχείων ἦν αἰνίγματα· ὁ μὲν γὰρ ὑάκινθος τῷ ἀέρι προσέοικε, τὸ δὲ ῥοδοειδὲς ἢ κοκκοβαφὲς τῷ πυρί, τὸ δὲ ἁλουργικὸν μηνύει τὴν θάλατταν, ἡ δὲ βύσσος τὴν γῆν, ἐκ ταύτης γὰρ φύεσθαι λέγεται). Vgl. ferner mit dem, was Philo de victim. 2 (II, 238) über die Bedeutung der Fehllosigkeit des Opferthiers sagt (βούλεται γὰρ αὐτοὺς ἀναδιδάξαι διὰ συμβόλων ὁπότε προσέρχοιντο εἰς βωμοὺς

---

1) vgl. zu Clemens u. Origenes oben S. 345 und S. 362.

24

... μηδὲν ἀρρώστημα ἢ πάθος ἐπιφέρεσθαι τῇ ψυχῇ) Theodoret quaest.
in Levit. 1: διδάσκει διὰ τούτων τοὺς ἐν ἑκάστῃ πολιτείᾳ τὸ ἄμωμον ἔχειν.
Wie Philo (de vict. offer. 6. II, 256), so sieht auch Theodoret l. c.
im Sauerteige ein Bild des Hochmuts, im Honig ein Bild der Lust. —
Die Deutung der Schulter und der Brust der Opferstücke, der erste-
ren als des Bildes der Kraft und des Handelns, der letzteren als des
Bildes der Sanftmut, welche Philo de praemiis sacerd. 3 (II, 234) vor-
trägt, wiederholt Theodoret in quaest. 63 in Exod. — Aehnlich ist
es mit der symbolischen Fassung der Besprengung des Ohrs, der Hand
und des Fusses bei der Priesterweihe, vgl. Philo de vita Mos. III, 17
(II, 158) mit Theodoret quaest. 8 in Levit.

Schliesslich verdient von den Antiochenern hier noch Ephraem
Syrus eine Erwähnung. Man sollte ihn freilich nicht in dieser Gesell-
schaft erwarten, wenn man seine geharnischte Erklärung gegen die
Allegoristen (opp. ed. Rom. 1737 T. I p. 6 A) bei Gelegenheit der Er-
klärung des Hexaemerons gelesen hat. Er sagt hier: „Niemand glaube,
dass man beim Werke der 6 Tage allegorische Erklärungen zu suchen
habe ... noch meine man, dass die Worte etwas anderes bedeuten
als die Dinge, welche sie zunächst bezeichnen ... vielmehr wenn wir
lesen, dass im Anfang Himmel und Erde geschaffen seien, so sollen
wir darunter einen wirklichen Himmel und eine wirkliche Erde ver-
stehen. — Auch die andern Schöpfungswerke sind nicht etwa Andeu-
tungen (von etwas Höherem), sondern wirkliche Dinge, welche den
Benennungen, die in ihren Namen liegen, entsprechen."[1]) Und in
der Tat zeigt seine ganze Schriftauslegung mehr eine Hinneigung zu
der dem Allegorisiren abholden jüdisch-babylonischen Exegese, aus der
er auch zahlreiche Agada's aufgenommen hat[2]).

Doch fällt er trotz alledem — so gross war damals die Macht
dieser Erklärungsweise über die Geister — unwillkürlich an vielen
Stellen in das Allegorisiren zurück. Gerson macht in der unten angef.
Schrift S. 24 Anm. 2 darauf aufmerksam, wie sich neben Ephraem's
fortlaufendem Kommentare noch Scholien zu den biblischen Büchern
finden, in welchen dieselben Texte meist allegorisch erklärt werden.
Unter diesen Allegorien sind nun manche, welche den philonischen
Ursprung offen an der Stirn tragen. Zunächst einige Namendeutungen.

Will man Melchisedek: ܡܠܟܝܙܕܩ ܗܘ ܡܠܟ ܐܘ ܗܘ ܟܠܢܕ ܐܘ ܗܘ? ܐܘ ܡܠܟ ܕܙܕܩ
(opp. I, 159 F) nicht für voll ansehen, so dürfte doch Philo wol je-
denfalls als sein Eigentum in Anspruch nehmen die Uebersetzungen
von: Cherubin = ܪܘܓܙܐ (opp. I p. 142 E), Israel: (opp. I, 183 F) =
ܓܒܪܐ ܕܚܙܐ ܠܐܠܗܐ und Ammon: opp. I, 74 B (vgl. dagegen p. 168 F),
wobei eine offenbare Verwechselung mit Moab vorliegt, Ephraem sagt

---

1) Vgl. über diese Richtung der Exegese Ephraem's Lengerke, de Ephraemi
Syri arte hermeneutica. 1831. S. 39. 121 ff.
2) S. den ausführlichen Nachweis bei Gerson, die Commentarien des Ephraem
Syrus im Verhältniss zur jüdischen Exegese, in Frankel's Mtsschrift f. Gesch. u.
Wisssch. des Judenth. Jahrg. 17. 1868. S. 15 ff. 64 ff. 98 ff. 141 ff.

nümlich: ܗܘ ܐܒܐ ܕܝܠܗ ... ܗܘ ܐܒܐ ܐܡܪ, während Philo Ammon = *ἐκ τῆς μητρός*, dagegen Moab = *ἐκ πατρός* erklärt.

Vielleicht gehört hierher auch: Nod (opp. I, 45 B). Es heisst hier: Kain habe die erbaute Stadt nach dem Namen seines Sohnes Henoch genannt, damit sie nicht auch von seinem Zittern den Namen erhielte (ܡܢ ܕܘܥܬܗ) vgl. oben S. 251.

Allegorische Deutungen von jedenfalls philonischer Art sind die opp. I p. 22 F vorgetragene geistliche Fassung der Quelle und der Bäume des Paradieses, ebenso die allegorische Auslegung des „Bauen und Bewahren" (Gen. 2, 15), welche er opp. I p. 23 E giebt, wo er sagt: „keine andere Bewachung wurde dem Adam übertragen als die des göttlichen Gebots und keine andere Arbeit ihm auferlegt als die, das ihm gegebene Gesetz zu beobachten." — Ebenso ist philonisch die Deutung des Honigs als Symbols der irdischen Vergnügungen (opp. I p. 237 A sagt Ephraem, das Gesetz verbiete den Honig aus diesem Grunde Lev. 2, 11); ferner die Stelle I p. 241 B: „das Wiederkäuen bezeichne die sorgfältige Ueberlegung, welche der Handlung vorausgehe", vgl. oben S. 331 f.; besonders aber ist die I p. 267 B vorgetragene Beziehung der 5 midianitischen Könige auf die 5 Sinne im Sinne Philo's, zumal wenn hinzugefügt wird: die Sünde bestehe darin, dass die Menschen den Sinnen folgen, Irrtum und Sünde zögen durch 5 Thore in den Menschen ein (ܣܘܪܚܢܐ ܗܠܝܢ ܥܠ ܡܫܠܡܢ ܠܡܦܘܠܬܐ ܒܢ ܕܐܝܬ)

vgl. oben S. 245. Auch die allegorische Deutung des Esels als eines Symbols der Ausdauer im sittlichen Streben erinnert an Philo, vgl. de sacrif. Ab. et Cain. 34 (I, 185). So sagt Ephraem opp. I, 268 C:

ܬܣܥܪ ... ܕܚܡܪܐ ܫܘܥܒܕܐ ܘܡܣܝܒܪܢܘܬܐ.

Er fasst daher auch Gen. 49, 14 das Lasttragen Isaschar's als Dienst Gottes (opp. I, 109 C: „er neigte seine Schulter zum Dienste nicht der Völker, sondern Gottes").

Drittes Capitel.
Die lateinischen Kirchenväter.

§. 1. Ambrosius.

Dass Ambrosius den Philo reichlich benutzt und ausgeschrieben habe, ist eine schon öfter gemachte Beobachtung. Zwar rief Aucher, als er die häufigen Entlehnungen aus den von ihm herausgegebenen quaestiones et solutiones des Philo bei Ambrosius entdeckte, voller Freude aus: „fit eo pacto ut quemadmodum quibusdam Philo erat alter Plato ita nobis Ambrosius sit Philo Christianus. Res mira profecto quam laeta sed mirabunda universa accipiet Europa." Allein Europa hätte blind sein müssen, wenn es nicht die so äusserst zalreichen Excerpte des Ambrosius aus Philo bereits bei den übrigen Schriften desselben bemerkt hätte und so finden sich denn auch schon bei Mangey häufige Verweisungen auf diese Benutzungen sowol im Allgemeinen wie I, p. 1 p. 43, p. 263 als auch bei einzelnen Stellen.

In welcher Weise oft lange Stellen wörtlich abgeschrieben sind, wollen wir an einigen hervorragenden Beispielen nachweisen [1]).

Im philonischen Tractat de sacrificiis Abelis et Caini §. 5 (I, 167 ff.) ist die Rede von den zwei in uns sich bekämpfenden Gegensätzen der Lust und der Tugend, welche unter dem Bilde der zwei feindseligen Weiber im Deut. 21, 15—17 dargestellt werden.

Ihm folgt fast wörtlich Ambrosius. Nach Anführung der Schriftstelle fahren beide also fort:

Philo a. a. O.	Ambrosius (de Ab. et Cain. I, 4).
Ἐπίγνωθι ὦ ψυχὴ καὶ γνώρισον τίς ἐστιν ἡ μισουμένη καὶ τίς ὁ τῆς μισουμένης υἱὸς καὶ εὐθὺς αἰσθήσῃ ὅτι ἄλλῳ μὲν οὐδενὶ μόνῳ δὲ τούτῳ καθήκει τὰ πρεσβεῖα.	Recognosce anima partus tuos et odibilis istius mulieris quaere mysterium. Intra te ea invenies si requiras. Repete cogitationes, relege sensus tuos et cui primitiae debeantur agnosces.
Δύο γὰρ ἡμῶν ἑκάστῳ συνοικοῦσι γυναῖκες ἐχθραὶ καὶ δυσμενεῖς ἀλλήλαις, τῶν ζηλοτυπίας τὸν ψυχικὸν οἶκον ἀναπιμπλᾶσαι φιλονεικιῶν.	Duae enim mulieres unicuique nostrum cohabitant inimicitiis ac discordiis dissidentes velut quibusdam zelotypiae contentionibus nostrae replentes animae domum.
Τούτων τὴν μὲν ἑτέραν ἀγαπῶμεν χειροήθη καὶ τιθασσὸν καὶ φιλτάτην καὶ οἰκειοτάτην αὐτοῖς νομίζοντες, καλεῖται δὲ ἡδονή.	Una earum nobis suavitati et amori est blandae conciliatrix gratiae quae vocatur voluptas. — Hanc nobis opinamur sociam ac domesticam.

Abel und Kain sind das Bild zweier entgegengesetzter Seelenzustände.

Philo de sacrif. Ab. et Cain. §. 1.	Ambros. de Ab. et Cain I, 1.
Ἥ τινος πρόσθεσις ἀφαίρεσίς ἐστιν ἑτέρου, ὡς ἀριθμητικῆς μορίων καὶ ψυχῆς λογισμῶν.	Cum adjicitur aliquid quod prius erat tollitur. Idque colligitur ex arithmeticae portionibus et animae cogitationibus, addito enim numero aboletur superior et cogitatio accedens excludit superiorem.
Εἰ δὲ τὸν Ἄβελ προςτίθεσθαι φατέον Κάϊν ἀφαιρεῖσθαι νομιστέον.	Ergo cum adjicitur Abel aufertur Cain.

---

1) vgl. den ähnlichen Beweis für die Benutzung des vierten Makkabäerbuchs durch Ambrosius bei Freudenthal a. a. O. S. 32 ff.

[Κάϊν] ἐπικαλούμενος κτῆσις πα-
ρὰ τὸ πάντα κεκτῆσθαι δοκεῖν (vgl.
de cherub. 19. I, 151 ὡς τὰ πάντα
ἑαυτοῦ νομίσαι κτήματα) "Αβελ ...
ἑρμηνεύεται γὰρ ἀναφέρων ἐπὶ θεόν.

Δύο τοίνυν δόξας εἶναι συμβέβη-
κεν ἐναντίας καὶ μαχομένας ἀλλή-
λαις, τὴν μὲν τῷ νῷ πάντα ἐπιτρέ-
πουσαν ὡς ἡγεμόνι τῶν ἐν τῷ λογί-
ζεσθαι ἢ αἰσθάνεσθαι ἢ κινεῖσθαι ἢ
ἴσχεσθαι τὴν δὲ τῷ θεῷ ἑπομένην
δημιουργίαν οὖσαν (cod. Vat. ἐπι-
γράφουσαν) αὐτοῦ.

Τῆς μὲν οὖν προτέρας ἐκτύπωσίς
ἐστι Καῖν ... τῆς δὲ ἑτέρας ὁ "Αβελ.
...
'Αμφοτέρας μὲν οὖν τὰς δόξας
ὠδίνει μία ψυχή.

'Ανάγκη δὲ αὐτὰς ὅταν ἀποκυη-
θῶσι διακριθῆναι· συνοικεῖν γὰρ
πολεμίοις ἄχρι παντὸς ἀμήχανον.

Καὶ γὰρ (Ρέβεκκα) τὰς μαχομέ-
νας δύο φύσεις ἀγαθοῦ καὶ κακοῦ
συλλαβοῦσα καὶ ... ἀνασκιρτώσας
αὐτὰς ἰδοῦσα καί τινα τοῦ μέλλον-
τος πολέμου δι' ἀκροβολισμῶν προ-
αγῶνα ποιουμένας ἱκετεύει τὸν θεὸν
τί τέ ἐστι τὸ πάθος αὐτῇ παραστῆ-
σαι καὶ τίς ἂν ἴασις αὐτοῦ γένοιτο.
Προσθεὶς οὖν ὁ θεὸς τῇ ψυχῇ
καλὸν δόγμα τὸν "Αβελ ἀφεῖλεν αὐ-
τῆς δόξαν ἄτοπον τὸν Καῖν.
Τὴν δὲ ἑτέραν ἐχθραίνομεν ἀτί-
θασσον ἀνήμερον ἐξηγριωμένην πο-
λεμιωτάτην ἡγούμενοι ὄνομα δὲ καὶ
ταύτης ἐστὶν ἀρετή.

Quod nominum interpretatione
plenius deprehenditur. Cain etenim
dictus est acquisitio quod omnia sibi
acquireret, Abel qui omnia refert ad
Deum pia devotus mentis intentione
nihil sibi arrogans ut superior fra-
ter sed totum tribuens conditori
quod accepisset ab eo.

Duae itaque sectae sunt duorum
fratrum nomine compugnantes in-
vicem et contrariae sibi. Una quae
totum menti suae deputat tanquam
principali et quasi cuidam cogita-
tionis et sensus et motus omnis au-
ctori hoc est et quae omnes inven-
tiones humano adscribit ingenio.

Altera quae tanquam operatori et
creatori omnium Deo defert et eius
tanquam parentis atque rectoris
subdit omnia gubernaculo.

Illa prior per Cain significatur
haec posterior per Abel.

Has duas sectas anima una par-
turit et ideo germana habentur quod
uno funduntur utero.

Sed contrariae sunt quare opor-
tet eas cum partu editae fuerint di-
vidi ac separari.

Compugnantibus enim hospitium
unum perpetuo esse non potest.

Denique Rebecca cum duas na-
turas humani ingenii parturiret
unam mali alteram boni easque ex-
siliri intra uterum sentiret unum
... mirata quid illud esset quod
discordiam quondam concepti cer-
neret foetus consuluit Deum ut pas-
sionem perderet medelam daret.

Adjiciens ergo Deus bonum ani-
mae dogma Abel abstulit improbum
dogma Cain.

Illam alteram immitem asperam
feram credimus, cui nomen virtus
est.

Alsdann lässt Ambrosius hier folgen, was de merc. meretr. 2 (II, 265 sq.) sich bei Philo anschliesst. Hier heisst es weiter:

Ἡ μὲν οὖν προςέρχεται πόρνης καὶ χαμαιτύπης τρόπον τετρυμμένη κεκλασμένῳ τῷ βαδίσματι ὑπὸ τρυφῆς τῆς ἄγαν καὶ χλιδῆς σαλεύουσα τὼ ὀφθαλμὼ

Illa igitur meretricio procax motu infracto per delicias incessit.

Das Uebrige ist nur dem Gedanken nach entlehnt, in den Worten aber freier ausgeführt.

Philo a. a. O. §. 6.

Οὔτε γὰρ ἥλιος οὔτε σελήνη χρήζουσιν ἑρμηνέως, ὅτι τὸν σύμπαντα κόσμον ὁ μὲν ἡμέρας ἡ δὲ νυκτὸς ἀνίσχοντες φωτὸς ἐμπιπλᾶσιν, ἀλλ' ἔστιν αὐτοῖς ἡ ἐπίλαμψις ἀμάρτυρος πίστις.

Ambrosius de Ab. et Cain I, 6.

Neque enim Sol et Luna interprete indigent, habent interpretem fulgorem sui luminis quo totus repletus orbis est.

Illis illuminatio est fides sine judice quaedam ut ita dicam intestata testis.

Philo a. a. O. §. 10.

Τὰ μὲν γὰρ ὑπαρκτὰ αἱ τέλειαι ἀρεταὶ μόνον τοῦ τελείου κ. γνησίου κτήματα τὰ δὲ μέσα τῶν καθηκόντων ἐφαρμόττει καὶ τοῖς ἀτελέσι τοῖς μέχρι τῶν ἐγκυκλίων προπαιδευμάτων ἐλθοῦσιν ὧν Ἄγαρ καὶ Χετούρα μετέχουσιν ἡ μὲν Ἄγαρ παροίκησις ἡ δὲ Χετούρα θυμιῶσα.

Ὁ γὰρ τοῖς ἐγκυκλίοις μόνοις ἐπανέχων παροικεῖ σοφίᾳ οὐ κατοικεῖ, καθάπερ τινὰ ὀδμὴν ἡδεῖαν ἐκ τῆς περὶ τὴν θεωρίαν γλαφυρότητος ἐπιπέμπων τῇ ψυχῇ.

Τροφῶν δὲ οὗτος οὐκ ὀσμῶν δεῖται πρὸς τὸ ὑγιαίνειν, ὄσφρησιν δὲ ὑπηρέτιν γεύσεως καθάπερ βασιλίδος προγευστρίδα ὑπήκοον λέγεται ἡ φύσις εὐμηχάνως δημιουργῆσαι.

Τὰς δὲ ἡγεμονίδας πρὸ τῶν ἀρχομένων ἀεὶ θεραπευτέον καὶ τὰς αὐτόχθονας πρὸ τῶν παροίκων ἐπιστήμας.

Ταῦτα ἀκούσας ὁ νοῦς ἀποστρέφεται μὲν ἡδονήν, ἁρμόζεται τῇ ἀρε-

Ambros. de Ab. et Cain. I, 6.

Perfectae enim virtutes totum accipiunt gloriae patrimonium usitatis et mediocribus vile aliquid aspergitur.

Et ideo Agar quae advena latine dicitur atque accola et Cethura quae odorifera significatur haeredes non sunt.

Qui enim mediis utitur disciplinis accola non inhabitator est sapientiae, odore aspersus non fructu expletur.

Sanitatem autem cibus non odor invehit, quia odor fructuum nuntius est.

Principales itaque disciplinas sequentibus et indigenas accolis agnoscimus praeferendas.

Haec cum audit mens avertit se a voluptate virtutique adjungit veri

τῇ τὸ κάλλος ἄπλαστον καὶ γνήσιον
καὶ ἱεροπρεπέστατον αὐτῆς κατανοή-
σας.

decori admirans gratiam purum ad-
fectum simplicem sententiam, me-
diocrem vestem . . .

Philo a. a. O. §. 14   Ambros. de Ab. et Cain. I, 7
nach Anführung von Deut. 8, 12 ff.

πότε οὖν οὐκ ἐπιλήσῃ θεοῦ; ὅταν
μὴ ἐπιλάθῃ σεαυτοῦ· μεμνημένος
γὰρ τῆς ἰδίας περὶ πάντα οὐδενείας
μεμνήσῃ καὶ τῆς τοῦ θεοῦ περὶ
πάντα ὑπερβολῆς.

tunc autem oblivisceris Dominum
cum oblitus fueris tui. Si autem
cognoscas infirmum te esse cogno-
sces, Deum esse super omnia.

Aehnliche Entlehnungen sind folgende: Philo de sacrif. Ab. et
Cain 12: ἄγαμαι καὶ τοῦ θεσμοφύλακος Μωυσέως κτλ. vgl. mit Ambros.
de Ab. et Cain I, 6: denique ipse sibi legislator cet. — Philo l. c.
§. 13: δύο ἐγκλήματα κτλ. vgl. mit Ambr. l. c. I, 7: duplex culpa cet.
— Philo l. c. §. 17: καὶ γὰρ τὸ πάσχα ... vgl. mit Ambr. l. c. I, 8:
et patres nostri festinantes ... — Philo l. c. §. 27: Ἄβελ δὲ ἤνεγκεν
οὐ τὰ αὐτά ... vgl. mit Ambr. l. c. I, 9: haec munera obtulit Abel ...
— Philo l. c. §. 28: οὐ γὰρ δι' ὅρκον πιστὸς ὁ θεὸς ἀλλὰ δι' αὐτὸν καὶ
ὁ ὅρκος vgl. mit Ambr. l. c.: non enim propter sacramentum fidelis
Deus sed propter Deum etiam sacramentum fidele est. — Philo l. c.
§. 29: εἰς τὸ θνητὸν εἰςδυόμενοι καθάπερ οἱ κοχλίαι vgl. mit Ambr. l. c.
I, 10: quia nos usu quodam mortalium. — Philo l. c. §. 39: κακίας
ἔξοδος εἴςοδον ἀρετῆς ἐργάζεται ... vgl. mit Ambr. de Ab. et Cain II, 4:
cum enim renuntiatur improbitati statim adsciscitur virtus ...
Zu diesen wörtlichen Entlehnungen kommen zalreiche sachliche.
Zunächst erweist sich Philo als Vermittler mancher agadischer
Elemente der Schriftauslegung für Ambrosius. — So besonders bei der
Erzälung von dem Opfer Kain's und Abel's. Auf die Frage, warum
Kain's Opfer schlechter gewesen sei als das Abel's, giebt der Midrasch
die Antwort: Kain habe nicht recht geteilt (vgl. Gen. 4, 7 LXX: ὀρ-
θῶς δὲ μὴ διέλῃς). Philo de agricult. 29 versteht dies nun dahin, dass
einige Gott auch das Böse zuteilen und ihn so zum Urheber desselben
machen. Ebenso schreibt Ambrosius epist. l. 2: „Cain recte obtulit
sed non recte divisit", doch erläutert er dies de poenit. c. 7: „primum
enim crimen est quod non recte divisit hoc est de primitiis terrae
fructibus primo comedit antequam obtulit", hierin allerdings von Philo
abweichend. Dagegen eine andere Motivirung, welche Philo de sacrif.
Ab. et Cain. 13 giebt, wonach die falsche Teilung in dem Hochmute
besteht, mit welchem die Menschen das, was ihnen durch Gottes Gnade
zufiel, ganz oder teilweise ihrer eignen Klugheit zuschreiben, hat auch
Ambros. de Ab. et Cain. I, 7: tumidis et elatis (interdum irrepit) ar-
rogare eventus sibi et bonum ... propriis virtutibus vendicare; ter-
tium genus est peccati ... eorum qui datorem bonorum Deum non
negant sed quae acciderint ea sibi propter prudentiam suam cetera-
rumque merita virtutum jure delata arbitrantur.

Als fernerer Grund wird in der Agada angeführt: Abel habe Gott das Beste dargebracht, was er besessen, Kain dagegen habe schlechtere Opfer gebracht. So nennt nach Philo de sacrif. Ab. et Cain. 27 Ambr. l. c. 2, 9 die Opfer Abel's sacrificia non de insensibilibus sed de animantibus non secunda sed prima non exigua sed pinguia. Man vgl. auch Philo l. c. 12: Ἄβελ ... ὁ τὰ ἄριστα ἐπὶ τὸν θεὸν ἀναφέρων Καϊν ... ὁ ἀναφέρων ἐφ᾽ ἑαυτόν mit Ambr. dehort. ad Virgin.: „iste (Abel) adhaerens Deo et totus a Domino, ille (Cain) mundana et terrena possessio." — Ausserdem sagt Philo l. c. 13 Kain's Fehler sei gewesen: τὸ ἀπὸ τῶν καρπῶν ἀλλὰ μὴ ἀπὸ τῶν πρώτων καρπῶν (εὐχαριστῆσαι τῷ θεῷ); damit vgl. Ambr. de incarnat. Dom. c. 1: „sunt quidem qui recte arbitrentur quia alius quae offerret elegerat alius quae viliora habuit offerebat."

Der dritte Vorwurf nach Gen. 4, 3 (μεθ᾽ ἡμέρας), Kain habe nicht sogleich das Opfer gebracht, sondern damit gezögert, wird nach Philo l. c. 13 vorgetragen bei Ambr. l. c. I, 7: „... culpa ... quod post dies obtulit. Sacrificium autem et celeritate commendatur et gratia; ingrati est tardare promissum." — Den vierten Vorwurf: Kain habe Abel aufs Feld gelockt und dort trügerisch gegen ihn gehandelt, bringt nach Philo quod det. pot. insid. 1 u. 14 Ambr. de poenit. c. 7: „quartum est quod dolo fefellit obsecundantem sibi ut pariter comitarentur in campum."

Was die Schriftbehandlung selbst betrifft, so ist auf Philo's Autorität wol auch die bei Ambrosius sich findende Ueberschätzung der LXX zurückzuführen; vgl. Ambros. in Ps. 43 no. 74 LXX virorum ... interpretationes testimonia de scripturis sunt nobis accensenda divinis mit S. 143 1).

Von Philo's Regeln der Allegorie sind folgende bei Ambrosius in Geltung.

1. Die synonymischen Unterschiede in den Ausdrücken der Schrift sind zu beachten.

Man vgl. für Ambrosius de Noe et arca c. 29 die Erörterung Philo's über den Unterschied von γεωργός und ἐργάτης (de agricult. 1. vgl. S. 172). Ambrosius sagt: „haec putantur similia, sed si verba consideres quae iam vim sensus altioris exprimunt aliud est operatorem terrae esse aliud agricolam. Alius enim tanquam mercenarii alius tanquam patres familias loco fungitur. Denique Cain qui fratrem occidit erat operarius terrae." Ebenso vgl. mit Philo de agricult. 5 Ambr. l. c.: „terra autem caro nostra est quam improbus operatur bonus autem excolit; operator autem quid aliud nisi escam tantummodo corporis sui quaerit ventris magis usui studens." — Der Unterschied zwischen λαός und γένος, der bei Philo so wichtig ist (s. o. S. 172), wird ebenso von Ambrosius behandelt: de Ab. et Cain. I, 2: „denique de Isaac non perfunctorie scriptum putatur quod relinquens corporis

---

1) Wie Philo gebraucht auch Ambrosius die Bezeichnungen Chaldaei und Hebraei promiscue.

istius speciem quae animae suae attexebatur appositus sit ad genus suum; et pulchre autem ad genus ait non ad populum sicut alibi." — In quod dct. pot. insid. 19 bestimmt Philo den Unterschied zwischen ποιεῖν und φυλάσσειν, so dass das erstere dem Strebenden, das letztere dem Vollendeten eigentümlich ist. Wörtlich so sagt Ambr. de parad. c. 4: „non enim idem est operari et custodire. In opere enim quidam virtutis processus est, in custodia quaedam consummatio operis deprehenditur, eo quod quasi consummatio custodia." Eine etwas andere Deutung hat Philo leg. alleg. I, 28, wo ἐργάζεσθαι = πράττειν, φυλάττειν = μνημονεύειν gefasst wird. Indessen was ihm Ambrosius l. c. noch im Tone des Vorwurfs vorhält, er habe die Werke auf den Acker, die Bewachung auf das Haus beschränkt, findet sich in unsern Texten nicht. Es mag aber in dem des Ambrosius gestanden haben. vgl. auch Mangey, Philo I, 61.

2. Der Gehalt des einzelnen Ausdrucks wird entwickelt (s. oben S. 175).

So nach Philo leg. alleg. III, 17 das ubi es von Gen. 3, 9 bei Ambrosius de paradiso c. 14: „Ubi es. Id est non in quo sed in quibus es? Non ergo interrogatio est sed increpatio. De quibus inquit bonis de qua beatitudine de qua gratia in quam miseriam cecidisti."

Das καλόν beim Alter des Gerechten nach Philo quis rer. div. haer. 58 (μόνον τὸν ἀστεῖον εὐγήρων) bei Ambros. de Abrah. II, 9: „non dicit longa sed bona quia iustus bene senescit."

3. Bedeutung des Wortspiels (s. oben S. 173).

Gen. 18, 6 ἐγκρυφίας ποιεῖν nach Philo de sacrif. Ab. et Cain. 15 bei Ambrosius de Abrah. I, 5: „Graece ἐγκρυφίας dicitur hoc est abscondita eo quod latere debeat omne mysterium et quasi operiri fidei silentio ne profanis temere divulgetur auribus."

4. Wechsel des Numerus oder Genus (s. oben S. 177 f.).

Nach Philo leg. alleg. I, 32 bemerkt Ambrosius de paradiso c. 5: „ergo ubi bonum praecipit tanquam ad unum praecipit dicens „edes", unitas enim praevaricari non potest. Ubi vero de ligno scientiae boni et mali dicit non esse gustandum quasi ad plures dicit non editis. Quod enim prohibitorium est pluribus imperatur."

Ambrosius hat das bei Philo quod deus immut. 30 vorkommende Beispiel Gen. 6, 12 τὴν ὁδὸν αὐτοῦ st. αὐτῆς. Er sagt de Noe c. 5: „Alii habent viam ipsius hoc est Dei."

5. Auffallende Angaben der Schrift (s. oben S. 180).

De Abrah. I, 5 hebt Ambrosius hervor, dass Gen. 18, 17 Abraham, obwol ein Greis, doch ein Knabe (παῖς) genannt werde. Er sagt: „senilem utique aetate Abraham superius scriptura significavit . . . quomodo nunc puerum dicit? Sed cum immemorem senectutis exploratorem indefessum cursu impigrum standi patientissimum deducendi studiosissimum expresserit nonne convenire nomen pueri videtur?"

Ferner habe Gen. 4, 2 die Umstellung der Ordnung bei Abel und Kain etwas Auffallendes. Er sagt nach Philo de sacrif. Ab. et Cain. 4 in de Ab. et Cain. I, 3: „recte ubi nascuntur hi fratres servatur etiam in praedicando ordo naturae, ubi vero exprimitur disciplina vivendi seniori junior antefertur quia etsi tempore iunior virtute praestantior est. Innocentia enim tempore posterior quam malitia est . . . Ubi ergo generatio exprimitur praeveniat Cain ubi disciplinarum fit praedicatio praecurrat Abel."

6. Auslassungen, Verschweigen der Schrift (s. oben S. 179).

Das bei Philo leg. alleg. I, 27 bei Erwähnung des Euphrat vorkommende Beispiel hat Ambrosius de paradiso c. 3. Er sagt: „Causam autem cur caeteri qua commeant fluvii describantur regiones locorum qua Euphrates commeat non describantur illam accipimus quia aqua ejus vitalis asseritur et quae foveat atque augeat ... deinde quia ubi prudentia ibi et malitia ubi fortitudo ibi iracundia ubi temperantia ibi intemperantia plerumque est aut alia vitia, ubi autem justitia ibi concordia virtutum est caeterarum, ideo non ex locis qua fluit hoc est non ex parte cognoscitur. Non enim pars est justitia sed quasi mater est omnium."

7. Symbolik der Zalen (s. oben S. 181).

Die Bedeutung der Siebenzal wird nach Philo de opif. m. 30 ff. ausgeführt. Es wird die Siebenzal der Planeten, septentrio u. dgl. hervorgehoben, an zwei Augen, Ohren, Nasenlöcher und Mund als die sieben leiblichen Oeffnungen erinnert, ebenso an die fünf Sinne, Sprache und Zeugungsvermögen; vgl. oben S. 236 und Philo a. a. O. §. 40 mit Ambrosius enarrat. II in Genes. und de Ab. et Cain. 2, 10. — Mit Philo §. 41 stimmt besonders auch enarrat. II in Genes.: „septimo mense in plerisque origo legitima formatur et qui fuerit editus vitalis generationis curricula sortitur? octavo autem mense interdicta naturali lege pariendi cernimus tempora ac si forte letalis necessitas partus claustra laxaverit periculum pariter generantis properetur et pignoris."

Ueber das Verhältniss der Siebenzal zur Einzal spricht sich Ambros. in Uebereinstimmung mit Philo de posterit. Cain. 18 in seiner Abhandlung de Noa c. 12 so aus: „septimus numerus plenus quia hebdomas ut decas est similis illius primi quia facta est ad similitudinem illius qui est semper."

8. Symbolik der Dinge (s. oben S. 182 ff.).

Thiere sind wie bei Philo

1) Symbole der Leiblichkeit und der Sinne (s. o. S. 182). Ambros. de Ab. et Cain. I, 6: „ovium pastor inducitur (Jacob) eo quod imperitare corpori et sensibus ejus ac voluptatibus . . . praestantius aestimatur quam regere populos." vgl. auch ibid. II, 1 (nach Philo de sacrif. Ab. et Cain. 32): „dixerat ... de gregalibus hoc est reliquis velut plebejis sensibus qui irrationalibus comparantur jumentis."

2) der Leidenschaften. So nach Philo leg. alleg. II, 4 Ambrosius de paradiso c. 11: „bestiae autem agri et volatilia coeli quae adducantur ad Adam nostri irrationabiles motus sunt. Volatilia autem coeli quid aliud aestimamus nisi inanes cogitationes quae velut volatilium more nostram circumvolant animam et huc atque illuc vario motu saepe traducunt."

Die Schlange ist die Lust. Nach Philo, s. o. S. 184. 247, sagt Ambrosius de paradiso c. 2 extr.: „in specie serpentis figuram accipiens (scriptura) delectationis." ibid. c. 15 nach Philo leg. alleg. III, 38: „qui sunt qui in utero suo ambulant nisi qui ventri et gulae vivunt?"

Bäume sind Tugenden. So ist der Baum des Lebens die Weisheit. Ambr. de parad. c. 1: „lignum vitae hoc est sapientia" (s. o. S. 185).

Die Quelle oder der Hauptfluss des Paradieses ist nach Philo leg. alleg. I, 19 ὁ λόγος τοῦ θεοῦ. So Ambros. in Ps. 45: „est et fluvius qui de Edem exit et circuit universam terram verbum Dei quo paradisus intelligibilis irrigatur" (s. o. S. 187).

Die Flüsse sind die einzelnen Tugenden, so die vier Paradiesesflüsse die vier Kardinaltugenden. Nach Philo l. c. und ibid. §. 22 ff. sagt Ambrosius de paradiso c. 3: „fons . . . procedit ut irriget paradisum hoc est quaedam diversarum fruteta virtutum quarum sunt quattuor initia in quae sapientia ista dividitur. Quae sunt quattuor initia virtutum nisi unum prudentiae aliud temperantiae tertium fortitudinis quartum justitiae?" — Wobei Ambrosius der ächt philonischen Meinung ist, die Alten hätten jene Einteilung aus dieser Stelle der Genesis entlehnt (s. oben S. 187).

Brunnen deuten auf die Tiefe der Weisheit. Nach Philo de somn. I, 5 sagt Ambrosius de Isaac. c. 1: „Quid est enim puteus aquae vivae nisi profundae sapientiae altitudo?"

Felder sind Kampfplätze des Wortstreites. Philo quod det. pot. insid. §. 1. Ebenso Ambros. de fuga saeculi c. 8: „et nos primo sapientiae copulemus et sic exeamus in campum quaerere et invenire cupientes. Multi enim sine sapientia male quaerunt. Et ideo Cain quia non acceperat a Deo prudentiam male quaesivit male exivit in campum, Abel bene qui perfectum sacrificii munus impleverit."

Gold: nach Philo leg. alleg. I, 25 bei Ambros. de paradiso c. 3: „aurum pro inventis prudentibus frequenter accipimus."

Kohle und Saphir: nach Philo a. a. O. I, 26 φρόνιμος καὶ φρονῶν. So Ambros. ibid.: „habet etiam splendidum carbunculum in quo quidam animae nostrae vivit igniculus; habet et prasium lapidem qui viride quiddam atque vitale coloris sui specie ostentare videtur."

Zustände der Menschen.

Nacktheit ist bei Philo leg. alleg. II, 16 ἀφαίρεσις ἀρετῆς, vgl. oben S. 189. Ebenso bei Ambros. de parad. c. 3: „Ergo quicunque praevaricatur mandatum Dei spoliatur atque nudatur."

Die Trunkenheit ist nach Philo de plantat. 35 doppelter Art (s. oben S. 189). Ebenso bei Ambr. de Noe c. 29: „Ebrietatis itaque species gemina est: una quae titubationem corpori adfert atque ejus supplantet vestigia sensumque perturbet, altera quae mentem virtutis vaporet gratia et omnem infirmitatem videatur avertere."

Geschlecht (s. oben S. 189 f.).

Männliche Geburten sind Tugenden, weibliche Laster. So nach

Philo de sacrif. Ab. et Cain. 31 Ambrosius de Ab. et Cain. I, 9 extr.: „Harum generationum quaedam foemineae sunt malitia petulantia luxuries intemperantia impudicitia aliaque hujusmodi vitia quibus animi nostri quaedam enervatur virilitas. Masculinae sunt castitas patientia prudentia temperantia . . .“ — Besonders Erstgeburten sind von Tugend erfüllt. Nach Philo l. c. 32 bei Ambr. l. c. II, 1: „dixerat de principalibus generationibus hoc est plenis capacibusque rationis.“

9. Etymologie und Symbolik der Namen (s. oben S. 190 ff.).

Abel: nach Philo quod det. pot. insid. 10 ἀναφέρων ἐπὶ θεὸν πάντα bei Ambros. de Cain. et Ab. I, 1: „Abel (dictus) qui omnia referret ad Deum pia devotus mentis attentione nihil sibi arrogans ut superior frater sed totum tribuens conditori quod accepisset ab eo.“

Abram: wird von Ambrosius de Abrah. I, 17 pater vanus erklärt, was offenbar eine Uebersetzung des philonischen πατὴρ μετέωρος (leg. alleg. III, 27. de ebriet. 23. de mut. nom. 8) sein soll.

Abraham: über die Etymologie dieses Namens spricht sich Ambros. de Abrah. I, 17 sehr verworren, aber mit deutlichen Anklängen an Philo so aus: „mutat ei nomen litera addita ut Abram vocaretur Abraham hoc est de patre vano sicut habet latina interpretatio (s. o.) vocaretur pater sublimis [das wäre nun auch wieder eigentlich == אֲבְרָם und πατὴρ μετέωρος] pater electus [cf. Philo de cherub. 2. de mut. nom. 9 πατὴρ ἐκλεκτὸς ἠχοῦς] vel de patre fieret pater filii“ [letzteres scheint auf Gen. 17, 5 zurückzugehen]. Ueber die Verwechselung mit Eber s. unter diesem Namen.

Adam: bei Philo leg. alleg. I, 29 == γῆ, Symbol des νοῦς. Dem entspricht de paradiso c. 2 extr.: „recte igitur in Graeco νοῦς viri figuram accepit . . . unde quidam Adam νοῦν terrenum interpretati sunt.“ cf. ibid. c. 3.

Aegyptus: ohne Etymologie. Bild der Leiblichkeit, speziell vom Nil, bei Philo de somn. I, 39, danach Ambros. de Abrah. 2, 10: „Aegyptus flumen corporalia videtur significare.“

Aethiopia: 1) nach Philo leg. alleg. I, 21 ταπείνωσις. So bei Ambros. de paradiso c. 3: „Aethiopia enim abjecta et vilis latina interpretatione signatur.“ Indessen weicht die symbolische Benutzung ab. Bei Philo ist Aethiopien ein Bild der Feigheit, bei Ambros. des Leibes. „Quid abjectius“, fährt er a. a. O. fort, „corpore nostro.“ — 2) erklärt Philo leg. alleg. II, 17 Αἰθ. == πεπυρωμένη die durch das Feuer geschwärzte, sieht aber darin ein Bild der im Feuer bewährten Tugend, Ambrosius a. a. O. folgt wieder in der Etymologie, aber nicht in der Anwendung. Er sagt: „quid tam Aethiopiae simile (sc. quam corpus) quod etiam nigrum est quibusdam tenebris peccatorum.“

Agar: bei Philo leg. alleg. III, 87. de congr. erud. grat. 5. de sacrif. 10 παροίκησις, Symbol der ἐγκύκλιος παιδεία. Desgleichen Ambros. de Ab. et Cain. I, 6, der letztern Stelle Philo's folgend: „Agar quae advena latine dicitur atque accola . . . Qui enim mediis utitur disciplinis accola non inhabitator est sapientiae.“ — Indessen sagt er de Abr. II, 10: „Agar dicitur habitatio.“

Assyrii: bei Philo leg. alleg. I, 21 εὐϑύνοντες, bei Ambros. de parad. c. 3 dirigentes. — Auch hier mit entgegengesetzter Anwendung, Philo bezieht es auf die ἡδονὴ τὴν ἀνϑρωπίνην ἀσϑένειαν κατευϑύνειν δοκοῦσα. Ambros. spricht von der „animi fortitudo dirigens ad superna".

Bethuel: Philo de profug. 9 (I, 553) σοφίας δὲ ὄνομα Βαιϑουὴλ ἐν χρησμοῖς ᾄδεται τοῦτο δὲ μεταληφϑὲν ϑυγάτηρ ϑεοῦ προςαγορεύεται. Danach Ambr. de fuga saec. c. 4: „in hymnis vel oraculis a plerisque Bethuel sapientia dicitur interpretatione autem latina filia dei significatur."

Cham: nach Philo de sobriet. 10 bei Ambros. de Noa et arca c. 32 mit „calor" übersetzt.

Chanaan: ebenso a. a. O. mit „commotio et inquietudo". Ueber das Verhältniss beider spricht sich Ambros. a. a. O. ganz nach jener Stelle des Philo so aus: „caeterum non tam hic homines quam mores comprehenduntur quorum in utroque una natura. Nam Cham calor Chanaan commotio est et inquietudo. Qui enim calidus est utique inquietus atque commotior est. In duobus igitur erat una passio et unus affectus."

Daneben hat Ambr. de Abrah. II, 3 auch die Uebersetzung humilitas von כנע. Es heisst hier von Abraham: „ubi ad aliam demigravit non regionem sed veram religionem paratam humilitati (hoc enim significat Chanaan) Deum videre coepit." Einigermassen scheint dies auch Philo anzudeuten in de Abrah. 17: ἐπεὶ δὲ μεϑωρμίσατο καὶ μετεχώρησε κατὰ τὸ ἀναγκαῖον τὸν κόσμον ὑπήκοον κτλ.

Chananaei: bei Ambros. de Ab. et Cain. I, 9: mobiles et inquieti, mit der Deutung ibid. II, 4 auf vilis ratio et levis sermo.

Charan: nach Philo de migr. Abr. 34. 35. de Abr. 16 τρῶγλαι, σύμβολον αἰσϑήσεων, bei Ambros. de fuga saec. c. 4: „Jacob accipere jubetur uxorem a filiabus Laban qui habitat in Charris quod significat cavernas." Und ebenda: „in Charris ... in quibus species [M. I, 552 liest specus, indessen soll species vielleicht das griechische εἶδος wiedergeben] est sensuum qui sunt tamquam in cavernis corporis ut visus in oculis auditus in auribus odoratus in naribus in ore sapor." — Ebenso de Abrah. I, 2: „qui iustus est vir rationabile animae suae ab irrationabili sejungere debet ac segregare. Hoc est enim exire de Charra tanquam de cavernis quibusdam et cuniculis latibulisque egredi. Latere enim criminosae conscientiae est. Et nos igitur sequentes Abraham exeamus de latibulis."

Daneben betrachtet aber auch Philo de Abrah. 16 Charan als Sitz der Leidenschaften. So Ambr. de Abr. II, 1: „Haec ergo mens erat in Charra id est in cavernis obnoxia variis passionibus."

Cherubim: nach Philo de vita Mos. III, 8 ἐπίγνωσις καὶ ἐπιστήμη πολλή bei Ambr. de interpell. III, 8 „cognitionis profundum".

Chet: Philo quaestt. in Gen. IV, 79 stupor. Ambr. in Ps. 118 serm. 8: „Octava litera Heth quae interpretatione latina dicitur pavor."

Chetura: nach Philo de sacrif. Ab. et Cain. 10 ϑυμιῶσα bei Ambros. de Ab. et Cain. I, 6: „Cethura quae odorifera vocatur." Sie ist wie bei Philo Symbol der mediae disciplinae, mit derselben Begründung, dass, wer auf dieser Stufe stehe, nur den Geruch der Erkenntniss habe. „Odore aspersus non fructu expletur. Sanitatem autem cibus non odor invehit quia odor fructuum nuntius est." vgl. oben unter Agar.

Dan: nach Philo leg. alleg. II, 24. de agric. 21 κρίσις, bei Ambros. de bened. patr. c. 7 judicium.

Dothaim: Philo quod det. pot. insid. 9. de profug. 23 ἔκλειψις ἱκανή mit der Deutung σύμβολον ψυχῆς οὐ μέσως ἀλλὰ τελείως ἀποδεδρακυίας τὰς κενὰς δόξας findet sich ebenso bei Ambr. de fuga saec. c. 8: „Significatur autem illo verbo defectus idoneus id est vanarum opinionum defectus non mediocris sed perfectus et plenus", [abweichend de Jos. patr. c. 3: „Invenit autem Joseph fratres suos in Dothaim quod significat defectionem. Ubi est enim nisi in defectione qui Deum deserit?"]

Eber: wird von Ambrosius mehrfach mit Abraham zusammengeworfen. So macht er epist. ad Phil. c. 4 den Vorschlag, auch den Namen der Hebräer von Abraham abzuleiten und ihn demgemäss zu schreiben: „immutata est enim litera propter sonum ut non vocarentur Abraei sed Hebraei ... Si enim origo ex Abraham est, ex ipso trahi debet et nomen, non ex Heber." — Und de Abrah. II, 1 sagt er geradezu: „Abraham transitus dicitur."

Eden: Philo leg. alleg. I, 24 u. a. τρυφή. Ambros. de parad. c. 3: „Ergo bene paradisus ... est in Eden hoc est in voluptate" mit christlicher Deutung, weil es sich in Christo befindet. Symbolisch ist Eden: 1) die Seele, in welche wie die Bäume in das Paradies die einzelnen Tugenden gepflanzt werden. So nach leg. alleg. I, 17 Ambr. de paradiso c. 1: „videtur paradisus anima esse quae multiplicat semen acceptum in qua virtus unaquaeque plantatur." 2) der paradisus intelligibilis nach leg. alleg. I, 19 bei Ambr. in Ps. 45: „fluvius ... est verbum Dei quo paradisus intelligibilis irrigatur."

Edom: nach Philo quod deus immut. 30 u. a. γήϊνος bei Ambros. in Ps. 118 sermo 5: „hoc dixerunt missi a Moyse nuncii ad regem Edom hoc est terrenum quia terrena omnia sive in dextera sive in sinistra mala sunt." ibid. sermo 20: „terrenus et calidus."

Enoch: de post. Cain. 11 u. a. hat Philo χάρις σου. Dem folgt Ambros. de paradiso c. 3: „Enoch qui dicitur latine Dei gratia."

Enos: nach Philo de praem. ac poen. 2 (II, 410) τοῦτον Χαλδαῖοι μὲν προςονομάζουσιν Ἐνὼς εἰς δ᾽ Ἑλλάδα γλῶτταν μεταβληθείς ἐστιν ἄνθρωπος ... ὡς δέον μηδένα νομίζεσθαι τὸ παράπαν ἄνθρωπον ὃς ἂν μὴ ἐπὶ θεὸν ἐλπίζῃ sagt Ambros. de Isaac et an. c. 1: „Qui Chaldaeorum sermone Enos dicitur, latine homo. Enos autem qui assumpsit(?) et speravit invocare Deum et ideo creditur esse translatus. Non videtur itaque homo esse nisi is qui in Deum sperat, qui autem sperat in Deum non degere in terris sed quasi translatus adhaerere deo manifesta viri interpretatione signatur."

Ephraim: Philo leg. alleg. III, 30 u. a. καρποφορία. Danach Ambros. de benedict. patr. c. 1: „Ephraim fecunditatem fidei interpretatione nominis pollicetur."

Euphrates: nach Philo leg. alleg. I, 23 καρποφορία bei Ambros. de parad. c. 3: „quartus est fluvius Euphrates qui latine fecunditas atque abundantia fructuum nuncupatur." — Ebenfalls ist er bei Ambros. Symbol der Gerechtigkeit. „Nulla enim", sagt er, „ubundantiores videtur habere fructus virtus quam aequitas atque justitia." — Und wie Philo daneben a. a. O. und quis rer. div. haer. 62 die Ableitung von εὐφραίνω bringt, so erwähnt auch diese Ambros. a. a. O.: „plerique Euphrates ἀπὸ τοῦ εὐφραίνεσθαι dictum putant hoc est a laetando eo quod hominum genus nullo magis quam justitia et aequitate laetetur." — de somn. II, 39 ist bei Philo der Euphrat Symbol der Seele und dessen, was dieser lieb ist. Dies hat Ambros. de Abrah. II, 10: „Euphrates (videtur significare) quae sunt animae."

Eva: Philo de agricult. 21 u. a. ζωή. Ambros. instit. virg. c. 4: „unde et Adam vocavit nomen mulieris suae vitam." — Sie ist bei Philo leg. alleg. II, 8 u. a. Symbol der αἴσθησις. So bei Ambros. de parad. c. 2: „in figura mulieris sensum constituens (scriptura) quam αἴσθησιν vocant Graeci." ibid. c. 3: „est et sensus tanquam Eva."

Gad: bei Philo de somn. II, 5 σύμβολον ἐπιθέσεως καὶ ἀντεπιθέσεως πειρατικῆς. So Ambros. de bened. patr. c. 8: „tentatio" in apoc. c. 7 „accinctus."

Galaad: bei Philo leg. alleg. III, 6 μετοικία μαρτυρίας, Danach Ambros. in Ps. 118 serm. 16: „transmigratio testimonii." Abweichend de Joseph. c. 3: „possessio vel incolatus testimonii."

[Geon: anders als bei Philo, vgl. o. S. 195. Ambrosius sagt de parad. c. 3: „Geon significat quendam terrae hiatum", wobei er offenbar an נַחַל „das Thal" denkt. vgl. Euseb. Onom. p. 140: Γ. ὁ παρ' Αἰγυπτίοις Νεῖλος ἐκ παραδείσου μὲν προϊών, κυκλῶν δὲ πᾶσαν γῆν Αἰθιοπίας. Auch Ambros. versteht unter Geon den Nil. — Demnach weicht auch die Deutung ab, bei Philo ist G. Symbol der ἀνδρία, bei Ambros. der castitas.]

Japhet: bei Philo de sobriet. 12 πλάτος, quaestt. in Genes. II, 80 latitudo. — Ambros. epist. 7, 46: „Japhet latitudo latine dicitur eo quod in labiis ejus diffusa gratia."

[Jerusalem: bei Philo ὅρασις εἰρήνης. Dagg. Ambros. in Ps. 118 serm. 8: „civitas pacis."]

Jordan: bei Philo κατάβασις. Ambros. de fuga saec. c. 2: „descensio eorum." Auch die Deutung Philo's, nach welcher der Jordan ein Symbol des Herabsteigens zur irdischen Natur ist, wiederholt Ambrosius, ihm ist Jordan das Herabsteigen von den höheren Tugenden der integritas, caritas und humilitas.

Joseph: bei Philo πρόσθεμα, πρόσθεσις, s. o. S. 193. Bei Ambros. in apoc. c. 7 augmentum, in de Jos. patr. c. 3 wird Joseph auf den Zufluss der göttlichen Gnade zu den Heiden gedeutet.

Jothor: bei Philo περισσός, Ambr. de Ab. et Cain. I, 6 superfluus. vgl. mit dieser Stelle, wo es heisst: „denique ipse sibi legislator vendicavit hoc munus ut oves pasceret Jethro qui dicitur superfluus et ageret in desertum eo quod irrationabile et superflui vulgarisque sermonis loquacitatem in secreta quaedam sobriae doctrinae coegit mysteria," die Worte Philo's in de sacrif. Ab. et Cain. 12.

Isaak: bei Philo γέλως, bei Ambr. de Isaac et an. c. 1: „Isaac risus latine significatur." Mit Philo leg. alleg. III, 77 vgl. Ambros. de Abrah. II, 11: „ille perfectus partus jucunditatis cuius nomen est Isaac. Nulla enim melior voluptas est quam emendatae gratia conscientiae."

Isaschar: bei Philo μισϑός, bei Ambros. de bened. patr. c. 6 „merces" mit Deutung auf Christus. vgl. auch iu apoc. c. 7: „Isaschar Liae in mercedem datus est a Deo quia iis qui carnem domant qui vitia exstinguunt ea merces datur a Deo ut virtutibus ditentur" mit der ähnlichen Motivirung bei Philo de plantat. 33.

[Ismael: bei Philo ἀκοὴ ϑεοῦ. Ambros. ganz abweichend de Joseph. patr. c. 3: „Ismaelitae significantur latina interpretatione *odio habentes deum* suum." — (בֵן und שֵׁמַע). —]

Israel: bei Philo ὁρῶν ϑεόν. Ambros. in epist. ad Col. c. 1: „Eodem genere visus est (Christus) a Jacob unde nomen accepit Israel id est homo videns deum."

Judas: bei Philo κυρίῳ ἐξομολόγησις. Ambros. in apoc. c. 7: „Judas confessio interpretatur."

Kaddes: bei Philo ἅγιος. Ambros. exhort. ad virg.: „Cades enim innupta est quae est sancta corpore et spiritu et domino se dicavit."

Kain: bei Philo κτῆσις mit der Erklärung ὡς τὰ πάντα ἑαυτοῦ νομίσαι κτήματα καὶ μηδενὸς ἄλλου τὸ παράπαν μηδέν, de cherub. 19. Danach Ambros. de Cain. et Ab. I, 1: „Cain enim dictus est acquisitio quod omnia sibi acquireret." — exhort. ad Virg.: „ille (Cain) mundana et terrena possessio." — Auf Philo, quis rer. div. haer. 48, wo Kain als Symbol der unsterblichen ἀφροσύνη aufgefasst wird, beruht Ambros. de fuga saeculi c. 7: „denique non otiose signum positum est supra Cain ne quis eum occideret, ut significaretur quod non exstinguatur et auferatur a terra malitia;" vgl. auch de Cain. II, 10: „sicut illud non tam aeternum animal quam immortale malum."

Laban: bei Philo λευκός (de profug. 8) χρωμάτων σύμβολον (de migr. Abr. 38), zugleich Symbol der glänzenden Sinnengenüsse (εἰς τὰς τοῦ βίου λαμπρότητας ἀφίξεται de profug. 8). — So bei Ambros. de fuga saec. c. 5: „cur igitur Jacob ad Laban missus est si Laban reprehensibilis? Si nomen consideremus candidus dicitur latine. Ergo ad splendidiora jubetur egredi Jacob, sed quia carnalis erat melius intelligimus splendidiora vitae hujus." — Daneben findet sich eine mystische Deutung de Jac. et vita beata II, 5: „illud mysticum quod venit ad eum Laban hoc est dealbatus quia et satanas transfigurat se in angelum lucis."

Levi: auf Philo de plantat. 15 αὐτὸς δέ ἐστιν ὁ λευίτης τρόπος, ἑρμηνεύεται γὰρ αὐτός μοι beruht Ambros. in Ps. 118 serm. 8: „Levi enim significat ipse mihi assumptus, significat et ipse meus significat et tantum assumptus significat et assumptus mihi. Ipse idem et mihi Levi et deo est quomodo idem et mihi sacerdos et deo est. Etenim si a me nominetur Levi pro me est." vgl. in apoc. c. 7: „Levi, additus s. assumptus."

Lot: bei Philo ἀπόκλισις, bei Ambros. de Abrah. patr. l. 1: „ideoque declinatio latina interpretatione dicitur Loth."

Manasse: bei Philo ἐκ λήϑης (de migr. Abr. 37. de sobriet. 6. de mut. nom. 16). Ambros. de bened. patr. c. 1: „Manasses ex oblivione latina interpretatione signatur eo quod populus Judaeorum oblitus est deum suum qui fecit eum." — in apoc. c. 7 „oblitus".

[Melchisedek: bei Philo βασιλεὺς δίκαιος. Ambros. hexaem. I, 3. de Abr. patr. I, 3. ep. ad Hebr. c. 7 genauer: „rex justitiae."]

Merra: Philo congr. erud. grat. 29 πικρία. Ambros. in Ps. 118 serm. 5: „sequitur mansio in Mara hoc est in amaritudine."

Moses: Philo de vita Mos. I, 4. Moses empfieng seinen Namen vom Wasser. Ambros. hexaem. I, 1: „qui quum de aqua nomen acceperit non putavit tamen dicendum quod ex aqua constarent omnia ut Thales dixit."

[Nemrod: ganz seltsame Etymologie bei Ambros. de Noah c. 34: „Nemroth per interpretationem dicitur Aethiops."]

Nepthalim: Philo de somn. II, 5 πλατυσμὸς ἢ διανεωγμένον. Ambros. epist. III, 10: „Neptalim abundantia signatur latina interpretatione vel dilatatio;" in apoc. c. 7: „dilatatio mea."

Noe: Philo leg. alleg. III, 24. de Abrah. 5 ἀνάπαυσις ἢ δίκαιος. Danach Ambros. de Noe et arca c. 1: „Noe ... latine dicitur justus vel requies;" de parad. c. 3: „Noe qui et ipse justus et quaedam requietis directio."

Pascha: de sacrif. Ab. et Cain. 17 u. a. von Philo mit διάβασις übersetzt und als Symbol des Uebergangs von der sinnlichen Welt zur geistigen gefasst. Ebenso sagt Ambros. de Cain. et Ab. I, 8: „Pascha enim domini transitus est a passionibus ad exercitia virtutis." vgl. hiermit besonders Tischendorf, ined. Philonea p. 47: τὴν ἀπὸ τοῦ σώματος καὶ τῶν παϑῶν διάβασιν ὧν ἕκαστον ἐπικλύζει χειμάρρου ποταμοῦ τρόπον εἰ μή τις τοῖς ἀρετῆς δόγμασιν ἀνακόπτοι καὶ ἀναχαιτίζοι τὴν φοράν.

Phison: bei Philo leg. alleg. I, 24 στόματος ἀλλοίωσις. So Ambros. de parad. c. 3: „Phison qui secundum Hebraeos Pheoison dicitur hoc est oris mutatio quia [so offenbar richtige LA. st. qui] non unam gentem circumfluit sed etiam universam fere Indiam circumfluit."

Philo erklärt den Phison als Symbol der φρόνησις, weshalb sich auch bei ihm das Gold der Weisheit und die Kohle (der Verständige) und der Smaragd (der Denkende) befinden. So sagt auch Ambros. a. a. O.: „Phison igitur prudentia est et ideo habet aurum optimum splendidum carbunculum et prasium lapidem. Aurum enim pro inventis prudentibus frequenter accipimus ... habet etiam splendidum carbunculum in quo quidam animae nostrae vivit igniculus; habet et prasium lapidem qui viride quiddam atque vitale coloris sui specie ostentare videtur."

Rachel: von Philo congr. erud. grat. 6 ὅρασις βεβηλώσεως übersetzt; sie erkennt die sinnlichen Dinge als profan. Darauf beruht offenbar die Deutung des Ambros. de Jac. et vita beata c. 5: „superabundavit gratia sancta Rachel quae supra primum illud expetit ad conjugium, quae ecclesiae principatum futurum jam tunc nominis sui interpretatione signabat." Rahel wird das Bild der Kirche, welche die irdischen Dinge für profan hält und den göttlichen sich zuwendet.

Rebekka: bei Philo quod det. pot. insid. 9 u. ö. ὑπομονή. Ambros. de Isaac et an. c. 1: „Ipse est mitis humilis atque mansuetus qui veniente Rebecca hoc est patientia exivit in campum abalienare." [Ruben: Philo de mut. nom. 16 u. a. ὁρῶν υἱός. Ambros. in apocr. c. 7 „visionis filius."]

Sabbath: Philo de cherub. 26 u. a. ἀνάπαυσις. Ambr. in Ps. 37: „quid est ergo sabbatum nisi requies futurorum levamen praesentium."

Salem: Philo leg. alleg. III, 25 εἰρήνη. Ambros. in ep. ad Hebr. c. 7: „rex Salem hoc est rex pacis."

Salomon: Philo de congr. erud. grat. 31 εἰρηνικός. Ambros. apol. David. c. 6: „Salomon enim pacificus est hoc habet interpretatio."

Sara, Sarra: nach Philo de mut. nom. 11 (I, 590) καὶ γὰρ αὐτή (Σάρα) μετονομάζεται εἰς Σάρραν κατὰ τὴν τοῦ ἑνὸς στοιχείου πρόςθεσιν τοῦ Ῥῶ . . . ἑρμηνεύεται Σάρα μὲν ἀρχή μου Σάρρα δὲ ἄρχουσα· τὸ μὲν οὖν πρότερον εἰδικῆς σύμβολον ἀρετῆς ἐστι τὸ δὲ ὕστερον γενικῆς sagt Ambros. de Abrah. patr. II, 11: „Sarae quoque una additur litera scilicet ut vocaretur Sarra. — Sara ... dicitur ἀρχὴ ἐμή hoc est potestas mea vel principatus mei initium. Sarra Graece dicitur ἄρχουσα, latine quae regat. Illa mortalis ista immortalis, illa specialis ista generalis."

Sem: Philo de sobriet. 11 ὄνομα. Ambros. epist. VII, 46: „Sem dicitur latine nomen."

Sichem: nach Philo de migr. Abr. 39 ὠμίασις πόνου σύμβολον sagt Ambros. de Abr. patr. I, 1: „Sichem interpretatione latina dicitur humerus vel cervix per quae executionem praescripti operis intelligimus." vgl. de Joseph. patr. c. 2 Sychem = humerus s. dorsum.

Sikima: nach Philo leg. alleg. III, 8 Σίκιμα, ὠμίασις sagt Ambros. de bened. patr. c. 3: „interpretari possumus per Sichimam humeros significari per humeros opera." [In Ps. 41 dagegen sagt er: „Haec Sichima est ascendens sicut interpretatio habet."]

Simeon: Philo de ebriet. 23 u. a. εἰςακοή. Ambros. in apoc. c. 7: „exauditio."

Sodoma: Philo de ebriet. 53 στείρωσις κ. τύφλωσις. Danach Ambros. de Noe et arca c. 19: „Unde et Esaias ait nisi Dominus Sabaoth reliquisset nobis semen sicut Sodoma facti essemus et sicut Gomorra similes essemus, in alterius nomine civitatis exprimens caecitatis judicium in alterius sterilitatem. Ita enim lingua patria nuncuparunt Sodomam et Gomorram caecitatem et sterilitatem significantes."

Zabulon: Philo de somn. II, 5 ῥύσις νυκτερίας. Danach Ambros. epist. III, 12: „profluvium quoque nocturnum legimus quod est Zabulon id est propheticum." [Daneben hat Ambros. die Erklärungen de benedict. patr. c. 5 „liberationem a nocturnis" (?) und in apoc. c. 7 „habitaculum fortitudinis" (אֹרֹו הַרְבָּל).]

Anklänge an philonische Lehren.

Der für die philonische Gotteslehre charakteristische Unterschied der χαριστικὴ κ. κολαστικὴ δύναμις und die Beziehung desselben auf die Namen θεός und κύριος findet sich bei Ambros. de Noe et arca c. 13: „nec superfluum putes quia simul posuit Dominum et Deum. Nam et Deus in Domino et Dominus in Deo . . . Aliqui tamen ante nos sic interpretati sunt eo quod Dominum et Deum dicendo hoc loco et *vindicaturi* et *ignoscituri* geminam expresserit potestatem."

Auf den λόγος τομεύς des Philo (quis rer. div. haer. 26) deutet Ambros. in Exod. c. 24: „fit ergo divisio mysticae illius hoc est divinae moralisque sapientiae; λόγος enim divisor est animarum atque virtutum."

In der Lehre des Ambrosius von der Schöpfung findet sich auch Manches, was er aus Philo aufgenommen hat.

Was Philo de opif. m. 3 von der Sechszal der Tage sagt: ἐξ δὲ ἡμέραις δημιουργηθῆναί φησι τὸν κόσμον οὐκ ἐπειδὴ ποςεδεῖτο τῶν χρόνων μήκους ὁ ποιῶν· ἅμα γὰρ πάντα δρᾶν εἰκὸς θεὸν οὐ προςτάττοντα μόνον ἀλλὰ καὶ διανοούμενον ἀλλ' ἐπειδὴ τοῖς γινομένοις ἔδει τάξεως begegnet uns wieder bei Ambros. enarrat. II in Genes.: „sex itaque diebus factum mundum exprimit non quod Deus tempore indiguerit ad constitutionem eius cui intra momentum suppetit facere quae velit . . . sed quia ea quae fiunt ordinem quaerunt. Ordo autem et tempus et numerum plerumque exigit."

Die philonische Exegese von ἐν ἀρχῇ als ἀρχὴ κατ' ἀριθμόν, so dass ἐν ἀρχῇ ἐποίησεν = πρῶτον ἐποίησεν τὸν οὐρανόν gefasst wird de opif. m. 7, kehrt wieder bei Ambros. hexaem. I, 4 (ed. Gilbert §. 12): „ad numerum autem si referas ita convenit ut accipias inprimis fecit Deus coelum et terram deinde colles, regiones, fines inhabitabiles."

Dass der erste Tag nicht πρώτη, sondern μία genannt werde wegen seiner besondern Natur, hebt nach Philo de opif. m. 3. 9 hervor Ambros. hexaem. I, 10: „praeclare etiam unum non primum diem dixit, nam secuturo secundo et tertio die et deinceps reliquis primum potuit dicere . . . sed legem statuit, ut viginti quattuor horae diurnae atque nocturnae diei tantum nomine definiantur . . ." und besonders II, 1 (ed. Gilbert §. 2): „unde excipiendus a caeteris tanquam dies unus non conferendus cum caeteris tanquam dies primus est quo fundamenta rerum omnium posita et causae esse coeperunt quibus mundi hujus atque universae visibilis creaturae fulta substantia est."

Der von Philo betonte Unterschied zwischen οὐρανός und στε-

ϱέωμα de opif. m. 10 wird auch von Ambrosius hexaem. II, 3 be-
sprochen, wo er zwischen coelum und firmamentum unterscheidet. In
der Bestimmung des Unterschiedes weicht er allerdings von Philo ab.

Dass die erst am Schluss des Schöpfungswerks erfolgende Schöp-
fung des Menschen keine Herabsetzung des ersteren sei, setzt Ambros.
mit ganz ähnlichen Gründen wie Philo de opif. m. 29 auseinander:
enarrat. I in Genes.: „Sed ne forte adhuc moveat quod novissimus
homo factus sit idem equus nos doceat non ad contemptionem refe-
rendum esse sed ad honorem ... attexam ... currus elephantorum qui-
bus homo victor assistens cum sit postremus priores regit. Sic quoque
gubernator navis in puppi sedet et totam navem gubernat."

In der Anthropologie bringt Ambrosius den philonischen Unter-
schied des himmlischen und des irdischen Menschen. Wie Philo leg.
alleg. I, 12. 16 den letzteren πλαστός, πεπλασμένος, den ersteren κατ'
εἰκόνα nennt, so sagt Ambros. de parad. c. 1: „in hoc paradiso homi-
nem Deus posuit quem plasmavit. Intellige etiam quod non eum homi-
nem qui secundum imaginem Dei est posuit sed eum qui secundum cor-
pus. Incorporalis enim in loco non est."[1] — Die bei Philo sich
findende Vorstellung vom γενικός ἄνθρωπος klingt an bei Ambros. in
ep. ad Rom. c. 5: „Adam unus id est Eva (et ipsa enim Adam est) pec-
cavit in omnibus." — In dem menschlichen Organismus findet Ambro-
sius nach Philo de opif. m. 40 die Siebenzal herrschend. Er sagt de
Ab. et Cain. II, 10: „octavus est homo, habet rationabile quo praestet
ceteris, habet et quinque corporis sensus, habet etiam vocem, habet et
generandi gratiam." Der νοῦς gilt als der Leiter dieser sinnlichen Ver-
mögen, diese können ohne jenen nicht bestehen, weshalb es heisse:
„wer Kain tödtet, wird sieben auflösen." So Ambros. l. c. nach Philo
quod det. pot. insid. 46: „haec septem, nisi illo rationabili tegantur,
subjecta morti sunt et ideo stultus in his habet omne periculum sui.
Qui ergo rationabile illud amiserit frustra de istorum sibi usu septem
carnalium munerum blandietur. Dissolvuntur haec omnia nisi habemus
quibusdam rationis adstricta sunt." — Auch theilt Ambrosius mit Philo
die verächtliche Ansicht über die Leiblichkeit. Er sagt de parad. c. 3:
„quid abjectius corpore nostro?" und sieht wie Philo (s. o. S. 195) in
Aethiopien ein Symbol derselben. „Namentlich der Körper," sagt er,
„ist der besonders von den Sünden geschwärzte Teil unsrer Natur." —
In unsrer physischen Natur findet sich eine Mischung der Elemente.
So nach Philo de sacrif. Ab. et Cain. 33 bei Ambros. de Cain. II, 1:
„confusio nos sumus, diversorum elementorum quadam commixtione
compositi, siquidem frigidum calido et humidum sicco miscetur in nobis."

So findet denn auch Ambrosius in Uebereinstimmung mit Philo im
Sündenfall eine Berückung der Vernunft durch die Lust vermittelst der
Sinnlichkeit. Man vgl. leg. alleg. II, 8 mit Ambros. de parad. c. 2 extr.:

---

1) Bei Philo l. c. werden allerdings beide in das Paradies gesetzt. — Bei Am-
brosius findet sich neben der obigen noch eine andere Unterscheidung. Er sagt in
Ps. 118 serm. 15: „Adam cum in paradiso esset coelestis erat post lapsum autem
terrenus est factus."

„delectatione (= ἡδονῇ) deceptam per sensum (= αἴσθησιν) mentem
(= νοῦν) asseruit scriptura." Nach Philo leg. alleg. III, 18 heisst es
de parad. c. 15: „mulier symbolum sensus est nostri, vir mentis. De-
lectatio igitur sensum movet sensus menti transfundit, quam acceperit
passionem (= πάθος)." — Auch die philonischen Typen des Sinnen-
lustlebens: Aegypten, Cham, Chanaan, Haran, Laban (vgl. o. S. 250)
kehren bei Ambrosius wieder. Ebenso erscheinen: Edom, Jothor,
Cain [1]), Sodom (vgl. oben S. 253) als Abbilder der ἀφροσύνη und der
menschlichen Ueberhebung gegen Gott, desgleichen Jordan, Lot (vgl.
o. S. 250) als Bilder des Versinkens in die Sinnlichkeit.

Dem entsprechend findet auch Ambrosius das wahrhaft ethische
Streben in einer Erhebung des Geistes über das Sinnliche und Leibliche,
welches sich ihm in denselben biblischen Personen symbolisirt und nach
denselben Stufen vollzieht, die wir bei Philo gefunden haben.

Wie bei Philo de migr. Abr. 4 Ebraeus das allgemeine Symbol des
Uebergangs aus dem Sinnlichen ins Geistige ist, so findet dies Ambros.
de Abrah. II, 1 in Abraham, den er aber hier offenbar mit Eber ver-
wechselt. Er sagt: „Abraham transitus dicitur. Ergo ut mens quae in
Adam totam se delectationi et illecebris corporalibus dederat in formam
virtutis speciemque transiret vir sapiens nobis ad imitandum propositus
est." Abraham verlässt nach Philo quod det. pot. insid. 44 (I, 221) γῆν
= τὸ σῶμα, συγγένειαν = τὴν αἴσθησιν, καὶ πατρὸς οἶκον = τὸν λόγον.
Dies ahmt Ambrosius a. a. O. nach, indem er sagt: „ideoque dicitur ei
exi de terra tua hoc est de corpore tuo, et de cognatione. Cognati sunt
animae nostrae corporis sensus . . . et de domo tua exi; domus mentis
est prolativum verbum [2]). Ergo qui vult perfectam purgationem conse-
qui disjungat se ab his tribus a corpore a sensibus corporalibus a voce."
— vgl. auch de Abrah. I, 2: „consideremus ne forte hoc sit exire de
terra sua, de hujus terrae hoc est de corporis nostri quadam commora-
tione egredi . . . ergo exire de conversatione terrena et a saecularibus
oblectamentis . . . debemus."

Daneben findet dies Bestreben auch in der Passahfeier seinen sym-
bolischen Ausdruck, vgl. oben S. 196, und de Cain. I, 8: „et patres
nostri festinantes manducabant Passa succincti lumbos et pedes suos cal-
ceamentorum induti vinculis et *tanquam corporeum onus deponentes* ut
essent parati ad transitum." (vgl. Philo de sacrif. Ab. et Cain. 17.)

Die philonische Unterscheidung des dreifachen Weges, auf welchem
der Strebende zur Vollkommenheit gelangt, hat auch Ambrosius voll-
ständig aufgenommen. Er sagt de paradis. c. 3: „primum tempus ex
mundi principio usque ad diluvium prudentiae fuit quo in tempore justi
numerantur Abel a deo justus dictus, Enos hoc est homo ad imaginem
Dei factus, speravit invocare nomen Domini Enoch qui dicitur latine

---

1) Kain nennt Ambr. de Ab. et Cain. I, 3 improbum animae dogma.
2) Letzteres wird de Abrah. II, 1 noch näher begründet: sicut enim paterfami-
lias habitat in domo sua ita etiam mens in sermonibus nostris habitat et gubernat
verba nostra et vis ejus ac disciplina in sermone elucet.

Dei gratia raptus ad coelum et Noe qui et ipse justus et quaedam re-
quietis directio. Secundum tempus est Abraam, Isaac et Jacob."
	Dieselbe Stufenfolge stellt Ambros. de Isaac et an. l. 2 c. 1 auf
und es scheint, als ob auch die Ueberschriften dieser Abhandlungen zum
Teil auf diese Symbolik hinwiesen. Der Titel de Isaac et anima scheint
auf die philonische Auffassung des Isaak als der in Gott freudigen Seele,
und de Jacobo et vita beata auf den Kämpfer um den Preis des glück-
seligen Lebens zu deuten. —
	So hat denn auch Ambrosius die drei Wege der Lehre, der Askese
und der begnadigten Natur. Auf dem Wege der Lehre bildet Enos der
Hoffende (s. oben S. 257) [1]) die Vorstufe, Abram, der zu Abraham
wird, ist der eigentliche Vertreter dieser Richtung. Er ist zuerst ein
Chaldäer und kann als solcher Gott nicht sehen. Darum sagt auch die
Schrift, Gott sei ihm erst, nachdem er sein Vaterhaus verlassen, er-
schienen. So nach Philo quod det. pot. insid. 44 Ambros. de Abrah.
II, 3: „denique continuo apparuit illi Deus, nusquam superius habes
quod visus esset illi Deus. Unde liquet eo referendum quia quamdiu
Chaldaeus fuit hoc est non solum in regione sed etiam opinione Chal-
daeorum non poterat Deum videre." Letzteres war deshalb nicht mög-
lich, weil er als Chaldäer in Naturbetrachtung versunken war, wie es
heisst: „quod eum intra mundum quaerebat. Chaldaei enim mundum
superiorem Deum dicunt; ergo mens quamdiu Chaldaicis erroribus in-
flectitur non videt Deum." Nur allmälich erhebt sich Abram aus die-
sem Zustande, weshalb anfänglich noch Lot in seiner Begleitung gefun-
den wird. So nach Philo de migr. Abr. 27 bei Ambros. de Abrah. II, 2:
„adhuc enim se reformat mens in Abraham quae in homine primo lapsa
est, et ideo per gradus et incrementa se colligit; unde et addidit et exi-
vit cum eo Lot hoc est declinatio." — ibid. c. 7: „Abraham quamdiu
adhaerebat ei Lot hoc est deflexio morum sortem horum (sc. perfecto-
rum) non acceperat; ubi vero deflexionis ambiguo atque anfractu abso-
luto rectas virtutum semitas continuis animae suae gressibus coepit car-
pere in omnem terram possessor mittitur."
	Alsdann lernt er in der Agar und Chetura die mediae disciplinae
kennen (s. oben S. 260 f.), bis er in der Sarah die herrschende Tugend
und wahre Weisheit findet (s. oben S. 264) und so aus Abram zu Abra-
ham wird (s. oben S. 263 f.).
	In der zweiten Reihe erscheint Enoch der Bereuende (de paradiso
c. 3) als Vorstufe zu Jakob, der als asketischer Kämpfer endlich zum
Schauen Gottes durchdringt und Israel wird. vgl. Philo de sacrif. Ab.
et Cain. 11 mit Ambros. de Ab. et Cain. I, 6: „itaque talibus mota
(mens) elegit studia virtutis quibus Jacob *vir plenus exercitationis* men-
tem intendit suam."
	In der dritten Reihe bilden Abel-Noah als gute Naturen (s. oben
S. 194. 270) die Vorläufer. So heisst Abel de Ab. et Cain. I, 3 „bonum

---

1) vgl. zu Enos auch de parad. c. 3: Enos hoc est homo ad imaginem Dei
factus speravit invocare nomen Domini Dei.

animae dogma", der alles in Demut Gott zuerkennende (vgl. Philo de sa-
crif. Ab. et Cain. 3), „secta quae tanquam operatori et creatori omnium
Deo defert et ejus tanquam parentis atque rectoris omnia subdit guber-
naculo." Der vollendete Gerechte ist Isaak, bei Ambros. l. c. II, 1:
„munda hostia vacuaque formidinis et *corporeae cupiditatis immunis*" (cf.
Philo de sacrif. Ab. et Cain. 33). — Neben ihm steht Mose, der ideale
Profet, welcher vollkommener Erhebung zu Gott gewürdigt wird. Vgl.
Philo l. c. 3 mit Ambr. l. c. I, 3: „beata illa mens quae species et ipsum
genus supergrediens meretur audire quod dictum est ad Mosen cum se-
paretur a populo: tu autem sta mecum." Entsprechend dem philoni-
schen εἰς θεὸν αὐτὸν ἐχειροτόνει sagt Ambros. l. c.: „humanae dignita-
tem conditionis excessit eo usque ut Dei donaretur nomine sicut habe-
mus scriptum dicente scriptura: do te deum Pharao cet."

§. 2. Hieronymus. — Zerstreutes bei andern lateinischen Kirchenvätern.

Hieronymus tut zum Oeftern des Philo Erwähnung: ad Eustoch.
I, 147. catal. scriptor. eccles. I, 270 sq. ad Magnum oratorem Rom.
II, 327 u. a. — Namentlich hat er die Worterklärungen des Philo be-
rücksichtigt sowol in dem Buche de nominibus hebraicis als in seinen
exegetischen Schriften. Es geschieht dies in folgenden Namen[1]):
Aaron: de nom. hebr. mons fortitudinis s. mons fortis. in Ps. 113 u.
132 montanus (ὀρεινός). vgl. auch Lagarde, Onomastica sacra
p. 64, 3.
Abel: Lag. p. 31, 15 luctus vel committens (πένθος, ἀναφέρων).
Abiud: pater meus s. pater ipse [2]) (πατήρ μου).
Abram: in Esaj. c. 63, Lag. p. 2, 18 pater excelsus (πατὴρ μετέωρος).
Adam: Lag. p. 2, 17 homo s. terrenus aut indigena vel terra rubra
(γῆ, γήϊνος).
Agar: ad Gal. c. 4, 24 παροικία id est incolatus s. peregrinatio s.
mora (παροίκησις).
Amalek: Lag. p. 12, 12 populus lingens (λαὸς ἐκλείχων), etwas an-
ders in Ps. 82 lingens terram.
Amorraeus: loquens. in Ezech. 16 λαλούμενος id est multo sermone
celebratus (λαλοῦντες).
Anna: gratia ejus (χάρις αὐτῆς).
Arboc: mit Rüge der Schreibung Hieron. ad Eusebii Onomast. ed.
Larsow et Parthey p. 55: quattuor, ebenso in quaestt. hebr. in
Genes. ed. Lagarde p. 35.
Arnon: Lag. p. 23, 27 lumen eorum. in Ps. 82 illuminatio eorum
(φῶς αὐτῶν).
Assyrii: de nom. hebr. Assyriorum diligentium ist offenbar zu ändern

---

1) Die in Klammern beigefügte Deutung ist die des Philo.
2) Die ohne besondere Angabe vorangestellten Etymologien sind aus de nomi-
nibus hebraicis.

in dirigentium nach Philo leg. alleg. I, 21 *εὐθύνοντες*. vgl. oben zu Ambrosius S. 381.

Babel: confusio (*σύγχυσις*).

Balaam: Lag. p. 16, 20. in Ezech. c. 18 und de n. hebr. vanus populus (*μάταιος λαός*).

Balla: Lag. p. 3, 19 praecipitans vel *devorans* (*κατάποσις*).

Basemath: Lag. p. 3, 22 in nominibus (vgl. Philo quaestt. in Genes. IV, 10 nominata).

Beelpeor: in Osee c. 9, 10 interpretatur Beelphegor idolum tentiginis habens in ore id est in summitate pellem (*ἀνωτέρω στόμα δέρματος*), etwas anders de n. hebr.: habens os pelliceum (עוּר . פֶּה . בַּעַל).

Beseleel: Lag. p. 12, 16 in umbra Dei (*ἐκ σκιᾷ θεοῦ*).

Bethuel: virgo Dei (*θυγάτηρ θεοῦ*).

Chaleb: Lag. 17, 12 omne cor (*πᾶσα καρδία*).

Chamos: Lag. 17, 12 quasi attrectatio (*ὡς ψηλάφημα*).

Chanaan: motus eorum (*σάλος*). in Jes. 23 principes Chanaan fluctuantes atque commoti. in Ezech. 16 terra Chanaan = quasi fluctuatio. in Osee c. 12 Chananaei quasi moventes. — Dagegen in Zach. c. 11 parati ad humilitatem (כֵּן . עֲנִי).

Charan: in Ezech. 27 und de n. hebr. foramina (*τρῶγλαι*).

Cherubin: Lag. 4, 11. in Esaj. c. 6. in Ezech. c. 10. in Ps. 18 scientia multiplicata (*ἐπίγνωσις πολλή*).

Chetura: Lag. 4, 28 thymiama offerens (*θυμιῶσα*).

Damascus: Lag. 5, 6 sanguis sacci (*αἷμα σάκκου*), anders in Esaj. c. 17: sanguinis osculum aut sanguinem bibens aut sanguis cilicii.

Dan: Lag. 5, 7. quaestt. hebr. p. 45. in Amos c. 8 judicium (*κρίσις*).

Dina: quaestt. hebr. p. 47 Dina transfertur in causam quam significantius Graeci vocant *δίκην*. Lag. p. 5, 8 judicium istud (*κρίσις ἢ δίκη*).

Dothaim: Lag. 5, 13 sufficientem defectionem (*ἔκλειψις ἱκανή*).

Ebraeus: in Ezech. c. 7 *περάτης* hoc est peregrinus s. transitor de praesenti saeculo ad futurum transire festinans (bei Philo *περάτης* mit derselben Deutung). vgl. Lag. 76, 26 transitor.

Edom: Lag. 5, 24 terrenus (*γήϊνος*); daneben sind Ableitungen von der rothen Farbe in Abd. c. 1 *πύρρος* i. e. rufus. in Ezech. c. 25 sanguinarius. in Esaj. 63 Edom — nomen sanguinis.

Elieser: quaestt. hebr. p. 25 deus meus adjutor (*ὁ θεός μου βοηθός*), dagegen bei Lag. 6, 3 dei auxilium.

Emor: Lag. 5, 24 asinus (*ὄνος*).

Enos: homo (*ἄνθρωπος*), desgl. quaestt. hebr. p. 10. Zur philonischen Etymologie *ἐλπίς* quod det. pot. insid. 38 vgl. Hieron. ad Galat. extr.: „Enos ob principalem in Deum spem et inter caeteros eminentem sperasse scribitur invocare dominum deum. Non quo et Abel de quo dominus ait vox sanguinis fratris tui clamat ad me et caeteri deinceps deum non speraverint invocare sed quo ex ea parte unusquisque appelletur quam vel maxime habet.“

Ephraim: Lag. 5, 24 frugifer s. crescens. in Ps. 108 fructifer. in
Hos. c. 5 καρποφόρος (καρποφορία).
Er: Lag. 6, 7 vigiliae s. *pelliceus* (δερμάτινος).
Esau: in Amos c. 2 fortitudo hoc quoque ejus quasi quercus arboris
durissimae atque fortissimae ex cujus vocabulo Philo vir disertis-
simus Hebraeorum Esau adpellatum putat δρύϊνον id est querci-
num et roboreum, licet et Esau possit ποίημα id est factura intel-
ligi ut ad mala opera referatur. vgl. Philo congr. erud. grat. 12.
— Daneben Hieron. in Ezech. c. 25: Esau quoque facta inter-
pretantur. de n. hebr. factura s. rubens, bei Lag. 6, 3 rubens.
Eschol: Lag. 5, 21 ignis omnis (πῦρ).
Esebon: in Esaj. c. 15, bei Lag. 17, 26 cogitatio (λογισμοί). vgl. in
Eccles. 17, 28: „Hesebon quippe quid omnes ... λογισμούς trans-
tulerunt, secundum Hebraei sermonis ambiguitatem et numerum
possumus et summam et rationem et cogitationem dicere."
Euphrates: Lag. 5, 16 frugifer s. crescens (καρποφορία).
Eva: Lag. 5, 16 vita (ζωή).
Evilat: dolens s. parturiens (ὠδίνουσα). Die Erklärung a principio
bei Lag. 35, 15 ist Verwechselung mit Maieleth. vgl. meine phi-
lon. Studien in Merx, Archiv II, 2 S. 158.
Gad: in Ezech. 48 tentatio (ἐπίθεσις); auch die Erklärung latruncu-
lus in de n. hebr. und bei Lag. 7, 3 weist auf die ἐπίθεσις πειρα-
τική des Philo zurück. Anders ist bagad = in procinctu quaestt.
hebr. p. 46.
Galaad: in Hos. c. 6. in Abd. c. 1, bei Lag. 7, 4 transmigratio te-
stimonii (μετοικία μαρτυρίας).
Gedeon: tentatio iniquitatis de n. hebr. und bei Lag. 32, 10. ibid.
78, 3 experimentum iniquitatis (πειρατήριον).
Geon: Lag. 6, 23 pectus s. praeruptum (στῆθος ἤ κερατίζων).
Jacob: Lag. 7, 19. 61, 27. 78, 5. epist. 69, 6. quaestt. hebr. p. 43
supplantator (πτερνιστής).
Japhet: Lag. 7, 11 latitudo (vgl. Philo quaestt. in Genes. II, 80).
Jerusalem: Lag. 50, 9. iu Esaj. c. 22: pacis visio (ὄρασις εἰρήνης).
Jobel: Lag. 7, 10 mutatus (μεταλλοιῶν).
Jordan: in Marc. 1 descensio aliena (κατάβασις). Daneben findet sich
quaestt. hebr. p. 24 und zu Euseb. Onom. p. 16 die Ableitung
von zwei Quellflüssen Jor und Dan.
Joseph: Lag. 7, 20. quaestt. in Gen. p. 47. in Ps. 76 augmentum
(πρόσθεμα).
Jothor: Lag. 15, 23 superfluus hujus (περισσός).
Isaac: Lag. 7, 15. in Eccles. 11. in Hagg. 3 risus vel gaudium
(γέλως).
Isaschar: Lag. 7, 19. quaestt. hebr. p. 46, 20 est merces. Jes quippe
dicitur est, Sachar merces. in Jes. c. 14 merces (μισθός).
Ismael: Lag. 7, 15 auditio Dei. quaestt. hebr. p. 26 exauditio Dei
(ἀκοὴ θεοῦ).
Israel: in Ps. 78 videns Deum. Lag. p. 13, 21 Israhel est videre

Deum s. vir aut mens videns Deum. — ibid. 63, 21 vir videns Deum sed melius rectus Domini.

Judas: quaestt. hebr. p. 67 confessio s. laus. in Esaj. 1. in Marc. 4 confitens vel gloriosus (κυρίῳ ἐξομολόγησις).

Judith: Lag. 7, 18 *laudans* aut confitens aut Judaea (Philo quaestt. in Genes. IV laudatrix).

Kaddes: Lag. 4, 4 sancta (ἅγιος).

Kain: Lag. 4, 2 possessio vel acquisitio (κτῆσις).

Laban: Lag. 8, 6 candidus (λευκός).

Lamech: Lag. 8, 3 humiliatus (ταπείνωσις).

Lea: Lag. 8, 7 laboriosa (κοπιῶσα).

Loth: in Nah. c. 3 declinatio. Lag. 8, 5 vinctus s. declinatio (ἀπόκλισις).

Madiam: Lag. 8, 28 de judicio s. de causa (ἐκ κρίσεως).

Maieleth: Lag. 8, 28 Maheleth chorus s. a principio (Philo quaestt. in Gen. IV, 245 a principio).

Mamre: Lag. 8, 16 divisio (wäre vielleicht nach dem philonischen ἀπὸ ὁράσεως zu ändern in de visione).

Manasse: in Ps. 117 ex oblivione (ἐκ λήθης) (dagg. de n. hebr. und Lag. 8, 27. 81, 11 oblitus obliviosus vel quod oblitus est).

Melcha: Lag. 8, 16 regina ejus (βασίλισσα).

Melchisedec: de n. hebr. rex justus (βασιλεὺς δίκαιος). vgl. in Esaj. c. 1: zedek, quod justum magis sonat quam justitiam — bei Lag. p. 9, 1 rex justitiae.

Merra: in Esaj. c. 12 Marath amaritudo, bei Lag. 14, 8 Mara vel Merra amaritudo (πικρία).

Moab: Lag. 8, 17 de patre. quaestt. hebr. p. 30 ex patre (ἐκ πατρός). in Jes. c. 15 de patre s. aqua paterna (בְּ־ אָב). vgl. in Mich. c. 6.

Nachor: Lag. 9, 6 requies luminis (φωτὸς ἀνάπαυσις).

Nadab: Lag. 14, 11 spontaneus (ἑκούσιος).

Naid: in Ezech. c. 16 fluctuatio, bei Lag. 9, 3 motus s. fluctuatio. quaestt. hebr. p. 9 σαλευόμενος instabilis et fluctuans ac sedis incertae. vgl. in Ps. 108. in Job c. 12 (σάλος).

Nemrod: Lag. 9, 4 tyrannus vel profugus aut transgressor (αὐτομόλησις). in Mich. c. 5 tentatio descendens.

Neptalim: de n. hebr. 14, 10 und in Ps. 67 latitudo (πλατυσμός), anders de n. hebr. 9, 9.

Noe: Lag. 9, 4 requies (ἀνάπαυσις).

Or: Lag. 19, 29 lumen (φῶς), bei Lag. 14, 18 Ori lux mea.

Pascha: in Esaj. c. 31 pro transeunte in Hebraico פֶסְיה, in tribus praeter LXX interpretibus ὑπερβαίνων ponitur. Ex quo manifestum est Pascha hoc est phase domini non passionem significari sed transitum. — de celebr. Paschae sagt Hieron.: „neque enim a passione . . . sed ab eo quod transit de morte ad vitam Hebraeo verbo res appellata est." Bei Lag. 70, 20 transcendens vel transgressio. 64, 21 Fase transitus s. transgressio pro quo nostri pascha legunt (διάβασις).

Pharan: Lag. 18, 16 ferus eorum vel *frugifer*. (Philo quaestt. in Genes. III, 36 grando vel far.)

Pharao: dissipans eum (σκεδασμός).

Phinees: os mutum (στόματος φιμός).

Phison: Lag. 6, 11 oris mutatio (στόματος ἀλλοίωσις). — ibid. os pupillae.

Rachel: Lag. 9, 25 visio sceleris (ὅρασις βεβηλώσεως). Dagg. quaestt. hebr. p. 47 ovis.

Raguel: Lag. 9, 29 pastor Dei. ib. 14, 21 pastio Dei (ποιμασία θεοῦ), daneben amicus Dei (רֵעַ אֵל) und amicus ejus Deus.

Ramesse: de quadrag. mansionibus: commotio tineae (σεισμός σητός), daneben commotio turbulenta, amaritudo, tonitrum gaudii. de n. hebr. Lag. 9, 30 pabulum vel tinea seu malitia de tinea (רֵי מִן סָס).

Rebecca: Lag. 9, 23 multa patientia. in Esaj. c. 8, in Agg. c. 3 patientia (ὑπομονή).

Ruben: Lag. 9, 28 videns filius (ὁρῶν υἱός). quaestt. hebr. p. 44 visionis filius[1]).

Ruma: Lag. 9, 24 Reuma vel Ruma videns aliqnid (ὁρῶσά τι) vel excelsa.

Sabbath: Lag. 15, 2. in Ps. 37 requies (ἀνάπαυσις).

Salem: Lag. 10, 21 *pax* vel reddens (εἰρήνη).

Salomon: Lag. 63, 5. in Eccles. 1. in Cantic. hom. 1. in Habac. 3 pacificus (εἰρηνικός). Der Zusatz in Eccles. c. 1: ac dilectus Domini geht auf den Namen Jedidjah.

Sara: Sarai princeps mea Sara princeps. in Esaj. c. 8 Sara ἄρχουσα i. e. princeps (ἀρχή μου, ἄρχουσα).

Sem: nomen vel nominatus (ὄνομα).

Sennaar: Lag. 10, 16 excussio dentium (ἐκτιναγμός).

Sepphora: Lag. 14, 25 avis ejus (ὀρνίθιον) vel pulchritudo. Letzteres scheint auf שִׁפְרָה (Exod. 1, 15) zu gehen.

Sichem: Lag. 10, 22. in Hos. c. 6 humeri (ὦμος).

Sikima: in Ps. 107 humeri. Lag. 43, 15 Sicima umerus (ὠμίασις).

Simeon: exauditio (εἰσακοή), bei Lag. 73, 7 audiens.

Sodoma: Lag. 10, 18 caecitas (τύφλωσις).

Sur: Lag. 10, 28 murus (τεῖχος).

Syria: Lag. 11, 23 sublimis (μετέωρα). in Ezech. c. 16 sublimitas.

Syrus: in Ezech. 27 excelsus (μετέωρος bei Philo de profug. 8. I, 552).

Thalmein: Lag. 33, 28 *suspensio* vel sulcus (κρεμάμενός τις).

Thamar: Lag. 11, 21 palma (φοῖνιξ).

Tharra: Lag. 11, 21 exploratores odoris (κατασκοπὴ ὀδμῆς).

Thobel: Lag. 11, 17. 59, 9 universa (σύμπασα sc. γῆ· vgl. m. philon. Studien in Merx, Archiv II, 2 p. 161 sq.).

Zabulon: Lag. 12, 2 fluxus noctis (ῥύσις νυκτερίας).

---

1) Zur richtigen Etymologie des Namens vgl. was Lagarde, onomast. sacra II, 95 anführt.

In andern Fällen aber übt Hieronymus an den Erklärungen Philo's Kritik und verbessert dieselben. So heisst es bei *Aser* quaestt. hebr. p. 46: „Aser non divitiae sed beatus dicitur" offenbar mit Anspielung an Philo de somn. II, 5, de migr. Abr. 17, wo Aser σύμβολον φυσικοῦ πλούτου genannt wird. — Zu *Benjamin* = υἱὸς ἡμερῶν bemerkt er l. c. p. 55: „filius dexterae hoc est virtutis quod Jacob mutavit appellatur Benjamin. Unde errant qui putant Benjamin filium dierum interpretari. Cum enim dextera appellatur jamin et finiatur in n literam, dies quidem appellantur et ipsi iamim sed in m literam terminantur." — Zu *Cham:* Onom. sacra v. Lag. 4, 11: „calidus sed sciendum quod in hebraeo X literam non habet scribitur autem per ח quae duplici adspiratione profertur." — Zu *Gerara:* bei Lag. 6, 25: „seram ruminationem vidit s. maceria, sed sciendum quod gerara interpretatur incolatus, gedera vero maceria s. saepes." (vgl. Philo quaestt. in Genes. IV, 176 saeptum, c. 195 peregrinatio.) — Zu *Israel:* quaestt. hebr. p. 52: „illud autem quod in libro nominum interpretatur Israhel vir videns deum s. mens videns deum omnium paene sermone detritum non tam vere quam violenter mihi interpretatum videtur. Hic enim Israhel per has literas scribitur iod sin res aleph lamed quod interpretatur princeps dei s. directus dei hoc est εὐθύτατος θεοῦ. Vir vero videns deum his literis scribitur ut vir ex tribus literis scribatur aleph iod sin ut dicatur eis videns ex tribus res aleph he et dicatur raha porro el ex duabus aleph et lamed et interpretetur deus s. fortis. Quamvis igitur grandis autoritatis sint et eloquentiae ipsorum umbra nos opprimat qui Israhel virum s. mentem videntem deum transtulerunt, nos magis scripturae et angeli vel dei qui Israhel ipsum vocavit autoritate ducimur quam cuiuslibet eloquentiae saecularis." — Aus diesem Beispiel sieht man so recht das grosse und allgemeine Ansehen der Deutungen Philo's. — Endlich zu *Zabulon* l. c. p. 47: „male igitur et violenter in libro nominum Zabulon fluxus noctis interpretatur", er erklärt es dann als habitaculum.

Gänzlich von Philo abweichende Etymologien trägt Hieronymus in folgenden Fällen vor:

Philo.	Hieronymus.
Abel: ἀναφέρων ἐπὶ θεόν.	luctus vanitas vapor.
Abraham: πατὴρ ἔκλεκτος ἠχοῦς.	pater videns populum.
Ammon: ἐκ μητρός.	filius populi mei (עַם) in Nah. 3. filius generis mei vel populus noster. in Ps. 82 populus turbidus (הֲמוֹן).
Arphachsad: συνετάραξε ταλαιπωρίαν.	sanans depopulationem (רְפָא . שֹׁד).
Aunan: ὀφθαλμοί.	moeror eorum. vgl. quaestt. hebr. p. 23. Onom. s. p. 3, 12.
Balak: ἄνους.	in Mich. c. 6 ἐκλίχων.
Barad: ἐν κοινοῖς.	grando (בָּרָד) Lag. p. 3, 20.
Basemath: nominata u. suavitas.	delinquens vel veniens aut posita.
Eliphas: ὁ θεός με διέσπειρεν.	dei mei aurum (אֵל . פַז).

Philo.	Hieronymus.
Enoch: χάρις σου.	dedicatio (St. חֲנֹךְ).
Levi: αὐτός μοι.	additus s. assumptus.
Masek: ἐκ φιλήματος.	potum dans s. propinans (מַשְׁקֶה).
Methusalem: ἐξαποστολὴ θανάτου.	mortis concussio.
Mose: vom Aegypt. μῶς = ὕδωρ oder λῆμμα.	attractans.
Nocma: πιότης.	decus s. voluptas.
On: βουνός.	labor vel dolor.
Phanuel: ἀποστροφὴ θεοῦ.	facies Dei.
Psontomphanech: ἐν ἀποκρίσει στόμα κρῖνον.	absconditorum repertor s. salvator mundi. vgl. quaestt. hebr. in Genes. p. 61.
Sina: inaccessum.	in Ps. 67 und ep. ad Gal. c. 4 tentatio.

In den hermeneutischen Prinzipien zeigt Hieronymus ebenfalls einige Verwandtschaft mit Philo. Wie dieser Wortsinn und Allegorie, so stellt Hieronymus die historica expositio, auch historica veritas genannt, der explanatio oder tropologia gegenüber (in Jerem. c. 11. in Abac. c. 1, 11), und wie Philo mit Vorliebe das Bild des Bauwerks für die über dem Wortsinn sich erhebende Allegorie gebraucht (s. oben S. 165), so spricht auch Hieronymus von einem spirituale aedificium, welches auf dem Grunde der historica veritas zu errichten sei (praefat. ad Jes. lib. V), kommt also trotz alles Tadels der Alexandriner und aller nebenbei geäusserten gesunderen Auslegungsgrundsätze doch wieder auf den allegoristischen Standpunkt zurück. vgl. Zöckler, Hieronymus, sein Leben u. Wirken, 1865 S. 370 f.

So finden sich denn auch bei ihm einzelne Exegesen, welche direct auf Philo zurückgehen, wie z. B. ad Jovin. l. I: „hoc puto intellectu esse perspicuum quod antequam Dominus populum suum educeret de Aegypto et circumcideret eum, visus odoratus gustus auditus tactusque regnaverint et his quasi principibus fuerint universa subjecta; quos Jesus ad speluncam corporis fugientes et ad tenebrosum locum id est ipsum ingredientes corpus interfecit ut per id occiderentur per quod ante regnabant."

In Philo's Geiste, welchem die Freiheit von der ἡδονή als das Höchste gilt, ist auch des Hieronymus Erklärung der Anrede an Daniel: „vir desideriorum" (Daniel c. 10, 11. 19 אִישׁ חֲמֻדוֹת). Er sagt ad Eustoch.: „vir desideriorum appellatus est quia panem desiderii non manducavit et vinum concupiscentiae non bibit."

Meist wol durch Hieronymus' Vermittelung fanden Philo's Namenerklärungen Verbreitung bei den andern lateinischen Kirchenvätern. Bei Augustinus finden sich, abgesehen von den Deutungen, welche auf die gemeinsame biblische Quelle zurückgehen, folgende offenbar philonische: Assyrii bei Philo εὐθύνοντες, bei Augustin dirigentes. Cham bei Philo θέρμη (de sobriet. 10) calor vel calidus (quaestt. in Gen. II, 65), wird von diesem allegorisch als die in der Seele ruhende Bosheit gedeutet: dem ist sehr ähnlich, was Augustin de civit. Dei l. 16 c. 2 sagt: „Cham quod interpretatur calidus . . . quid significat nisi haereticorum genus calidum non spiritu sapientiae sed impatientiae quo solent haereticorum *fervere praecordia* et pacem perturbare sanctorum." — Chanaan (σάλος) wird l. c. „motus eorum" übersetzt [1]). Jerusalem l. c. l. 19 c. 11 „pacis visio" (vgl. ὅρασις εἰρήνης). Israel l. c. l. 16 c. 39. l. 17 c. 13 „interpretatur Israel videns deum quod erit in fine praemium omnium sanctorum." — Aecht philonisch ist auch des Augustinus Ueberschätzung der LXX (s. Clausen, Aurel. Augustinus sacrae scripturae interpres. 1827. p. 74 ff.). Der Schriftsinn ist auch bei Augustinus wesentlich ein doppelter: historiae veritas und sensus intelligentiae spiritualis und verdient der letztere den Vorzug [2]). Damit vgl. oben S. 162 ff. — Auch ist der erstere ganz ausgeschlossen, wenn irgend welcher Anstoss, irgend eine absurditas vel repugnantia darin liegt, dann gilt nur der geistliche Sinn (Genes. ad lit. l. V c. 8 vgl. mit dem S. 166 ff. Gesagten). Die Vieldeutigkeit der allegorischen Figuren bei Augustinus (s. bei Clausen l. c. p. 221 ff.) weist auf Philo's Vorgang zurück. vgl. o. S. 192 ff. Die Verwendung ist eine andere, aber die Methode ist dieselbe.

Inwieweit Ps.-Cyprian's Deutung des Namens Abel im tractatus de Sina et Sion: „nomen signans fratris interfectionem et parentum *luctum*" auf das philonische ὄνομα . . . πενθοῦντος (de migr. Abr. 13) zurückgeht, mag dahingestellt bleiben. Wenn aber Arnobius in Ps. 136 zu der Deutung: Babylon confusio interpretatur die Worte hinzufügt: „et prima confusio non fuit nisi in parentibus nostris secundum carnem", so scheint uns die philonische Erklärung der μετάθεσις = αὐτομολία (de gigant. 15) durchzuschimmern, denn in beiden Fällen ist von der eigentlichen Verwirrung abgesehen und die Beziehung auf den Abfall zum Bösen hineingebracht. — Ebenso stimmt mit Philo's Deutung von Edom (s. o. S. 256) Hilarius in Ps. 137: „Edom interpretatur terrenum, vitia itaque terreni corporis nostri quia ex natura corporis nostri exeunt Edom filii nuncupantur." vgl. auch Hilar. in Ps. 59: „Esau defectio est" mit S. 195. 251. Unbestreitbar philonisches Eigentum bleibt aber jedenfalls Arnobius in Ps. 130: „Christus . . . in quo sperat Israel id est mundus corde quia ipse est Israel quod interpretatur videns deum;" ebenso Hilar. in Ps. 13: „Israel erit qui Deum oculis cordis aspiciet quia Israel Deum videns est qui post captivitatem aversam hoc salutare Dei cognoscit."

So versiegt allmälich der anfangs so mächtige Strom philonischer Allegoristik in der kirchlichen Exegese. Zwar bleibt die letztere ihrer Natur nach — und man kann dies bis auf den heutigen Tag beobachten — an die Allegorie gebunden, denn der Wortsinn des A. T.'s, wie

---

1) Daneben hat er die Uebersetzung humilis.
2) de civit. Dei XVII, 3.

derselbe auf dem wissenschaftlichen Wege der grammatisch-historischen Auslegung gewonnen wird, liefert allemal nichts, was sich unmittelbar für das Dogma brauchen liesse. Allein eben wegen dieses dogmatischen Interesses, welches die Exegese beherrscht, hört die Allegoristik auf eine philosophische zu sein, was sie bei Philo war, und so viel Aehnlichkeiten in den Methoden und in der Handhabung der Regeln der Allegorie uns auch begegnen, so sind wir doch nicht berechtigt, darin einen unmittelbaren Einfluss Philo's zu erblicken, welchen darzustellen hier unsre alleinige Aufgabe war [1]). — Philo aber kann allen allegoristischen Richtungen der Exegese ein warnendes Beispiel davon sein, wie auch das durchdachteste System und das Aufgebot des grössten Reichtums an Geist, Witz und Gelehrsamkeit, wenn es wider die Wahrheit streitet, zuletzt an der Macht der schlichten Tatsachen zu Grunde geht.

---

[1] Ueber die Formen der kirchlichen Allegoristik vgl. die schönen Darstellungen in Diestel's Gesch. des A. T.'s S. 84 ff. 185 ff. 252 f. 376 ff. und für die neuere Zeit Hupfeld, die heutige theosophische u. mythologische Theologie u. Schrifterklärung. 1861, besonders S. 12 ff.

Nachträge und Berichtigungen [1]).

S. 5 Anm. 3. Zu Alabarch vgl. auch Brüll, Jahrbb. für jüd. Gesch. u. Lit. I. 1874. S. 180 f.

S. 6 Z. 6 lies Ketubot st. Ketutot.

S. 6 Z. 34. Einen freieren Einblick in die grosse geistige Bewegung dieser ganzen Zeit gewann zuerst Mosheim, in Cudworth syst. intell. ed. 2. Lugd. B. 1773. I, 828 ff.

S. 6. Ueber den Zusammenhang des palästinischen und alexandrinischen Judentums s. auch Frankel in der Zeitschr. der deutsch. morgenl. Ges. IV, 102 ff.

S. 7 Anm. 2 lies Meor Enajim st. Euujim.

S. 9. Zur Allegoristik bei den Alten vgl. auch Eichhorn, Briefe die bibl. Exegese betreffend, in der allg. Biblioth. der bibl. Lit. V, 222—233.

S. 9 Z. 35 lies „Agamemnon soll den Aether bedeuten" st. bedecken.

S. 11 Z. 26 lies $\epsilon\tilde{i}\delta o\upsilon\varsigma$ st. $\epsilon\tilde{i}\delta o\varsigma$.

S. 23. Auch bei Jesus Sirach erscheint die Weisheit als Gottes Wort (c. 24, 3), uranfänglich (v. 14), ewig (c. 1, 1), weltschaffend und weltregierend (c. 24, 5 ff.), dabei aber besonders in der Gemeinde Israels waltend und in der Wolkensäule thronend (c. 24, 2).

S. 28. Da die Aechtheit der auslegenden Schriften Philo's verständiger Weise nicht bezweifelt werden kann, so glaubten wir uns der Kritik derselben entschlagen zu können. Ueber die Anordnung derselben im Allgemeinen handelt neuerdings: Bruno Bauer, Philo Strauss und Renan und das Urchristenthum 1874 S. 137 ff. — Mit etwas Uebertreibung, aber mit doch nicht ganz zu verwerfenden Gründen ist auch die legatio ad Cajum hinsichtlich ihrer Aechtheit angegriffen von Graetz, Gesch. der Juden III, 488 ff., wozu sich neuerdings Bauer a. a. O. S. 149 ff. gesellt. — Einzelne Fragen der Kritik haben wir in einer Abhandlung: „zur Kritik der Philonischen Schriften" in Hilgenfeld's Zeitschr. f. wissensch. Theol. 1874 IV. S. 562—566 behandelt.

S. 46. Zu den aus Steph. thes. angeführten $\dot{\alpha}\pi\lambda$. des Philo sind noch hinzuzufügen die Worte: $\zeta\omega\tau\rho\varrho\phi\epsilon\omega$ $\dot{\eta}\mu\epsilon\rho\sigma\tau\sigma\kappa\epsilon\omega$ $\vartheta\epsilon\sigma\mu\alpha\nu\iota\alpha$ $\vartheta\epsilon\dot{\sigma}\sigma\nu\lambda\sigma\varsigma$

---

1) Geringere Versehen, wie wenn einmal $\mathfrak{b}\upsilon\gamma\alpha\tau\dot{\eta}\rho$, $\dot{\upsilon}\pi\epsilon\rho\alpha\ddot{\upsilon}\chi\sigma\varsigma$ u. ähnl. gedruckt ist, wolle der Leser selbst berichtigen.

θεσμωδέω θεσμωδός θηλυγονέω θυγατροποιός θωρακοειδής ἰατρο-
λογία ἴσχυσις κακομανέω καλλίεργος καταπεπαίνω κατασπαργανόω
καταφίλημα κλινάρχης.

S. 82 ist εὐθηξία in εὐθιξία zu emendiren. vgl. Steph. thes. s. v.
εὐθηξία.

S. 121. vgl. S. 47. συναφηβάω ist zu verbessern in συνεφηβάω [Koch].

S. 136 Z. 4. Zu βίος ἀβίωτος vgl. auch quis rer. div. haer. 9 (I, 479)
τῷ ἀβιώτῳ βίῳ χαίρει.

S. 136 Z. 21. Auf die Besprechung der Entstehungsweise der ausle-
genden Schriften Philo's glauben wir nach der erschöpfenden Be-
handlung dieser Frage bei Freudenthal a. a. O. S. 137 ff. verzichten
zu können.

S. 155 unten. vgl. auch Nidda 27ᵃ: שׁישׁ אתת היתה ומתהלקתה לשׁידי
אחד מגמרית צורתי בתהלת ז ואחת בסוף מ

S. 157 Z. 4 ist hinzuzufügen: „Dem entsprechend lässt auch Philo de
vita Mos. I, 17 (II, 96) die Aegypter deshalb zuerst durch das
Wasser gestraft werden, weil sie das Wasser göttlich verehrten.
Er sagt: ἐπειδὴ γὰρ τὸ ὕδωρ Αἰγύπτιοι διαφερόντως ἐκτετιμήκασιν
ἀρχὴν τῆς τῶν ὅλων γενέσεως τοῦτο εἶναι νομίζοντες αὐτὸ πρῶτον
ἠξίωσε καλέσαι πρὸς τὴν τῶν ἀποδεχομένων ἐπίπληξίν τε καὶ νου-
θεσίαν.“

S. 165 Z. 34 lies der allegorische st. das alleg.

Zu S. 176 No. 11 hinzuzufügen: „Dass von der Spielerei des Atbasch
(Buchstabenvertauschung), welche dem ähnlich ist, schon im A. T.
Spuren vorkommen, s. bei Ewald, Profeten II, 237.“

S. 178. Zu No. 16 vgl. das verwandte Verfahren der Stoiker o. S. 12.

S. 190. Auch im A. T. erscheint das Weib als tieferstehend, Eva ist
empfänglicher für die Sünde als Adam. — Nach der Geburt eines
weiblichen Kindes gilt die Mutter doppelt so lange als unrein als
nach der eines Sohnes, Levit. 12, 2 ff. vgl. auch Kiddusch. 82ᵇ.

S. 192 Z. 26 lies λόγος προφορικός st. προφητικός.

S. 192 unten lies: den Fortschreitenden st. dem F.

Zu S. 198 Anm. 1. Eine scharfsinnige Kritik der Darstellungen der
alexandrinischen Religionsphilosophie, welche zu seiner Zeit er-
schienen waren, namentlich der von Planck, Dähne, Gfrörer und
Baur, gab Georgii in s. Abhandl. „über die neuesten Gegensätze
in Auffassung der alexandrinischen Religionsphilosophie insbeson-
dre des jüdischen Alexandrinismus" in Illgen's Zeitschr. für hist.
Theol. 1839 H. 3 u. 4.

S. 203 u. lies „die unerkennbare Natur" st. unverkennbare N.

S. 215. Für die Frage nach der Entwickelung der Engelreihen vgl.
Ewald, Lehre der Bibel von Gott II, 1. 1873 S. 315 ff. Ueber
die Entfaltung der göttlichen Lebensfülle s. Schultz, alttestamentl.
Theol. 1869 Bd. 1 S. 268 ff.

S. 216. Um das Schwanken Philo's über das Verhältniss der Kräfte
zu Gott richtig zu verstehen, muss man den Unterschied zwischen
der morgenländischen und der abendländischen Betrachtung des

Göttlichen berücksichtigen. Die Abendländer verlangen in ihren Göttern fest ausgeprägte Persönlichkeiten, bei den Semiten schwankt die Anschauung zwischen Emanation und Hypostasirung. Die letzteren lassen Kräfte von göttlichen Urwesen ausgehen, die zeitweise zu festen Personen werden, dann aber wieder in das Göttliche zurückgenommen werden. Man kann dies unter Anderem sehen in der schwankenden Betrachtung des A. T. vom Maleach, s. Oehler, Theol. des A. T. 1873. Bd. I S. 203; ein besonders merkwürdiges Beispiel eines emanirten Wesens, welches vorübergehend zur Hypostase wird, ist das des Assusunamir, s. Schrader, Höllenfart der Istar. 1874. S. 17. 62.

S. 216 f. Zu der Erscheinung des höchsten göttlichen Wesens in der Begleitung zweier dienenden Kräfte ist eine sehr merkwürdige Parallele die des centralen Himmelsgottes Baalsamin in der Umgebung von Malakbel (dem Sonnengott) und Aglibol (dem Mondgott). s. de Vogué, Syrie centrale Inscr. sémit. Paris 1868. p. 64. 77, wozu die Abbildung No. 126ᵃ. — Auf die Vorstellung dieser Dreiheit mag die altsemitische Sitte des Sitzens zur Rechten und Linken des Königs eingewirkt haben.

S. 231 Z. 9. „oder sollte בזהרין vielleicht heissen: er ist draussen, nämlich ausserhalb des Judentums?"

S. 247 u. lies „das Weib Potiphar's" st. Pharao's.

S. 255 lies ὑπέραυχος st. ὑπέρωχος.

S. 270 Z. 27. Philo stellt unter den Erzvätern Isaak am höchsten, er zeigt die vollendete Güte der Natur. Auch im Talmud wird Isaak bisweilen über Abraham und Jakob erhoben. So erscheint er Sabbat 89ᵇ als derjenige, welcher sich allein unter den Erzvätern Gott gegenüber des verklagten Israel annimmt, weshalb das Volk in das Lob ausbricht: „Du bist unser Vater, denn Abraham will nichts wissen von uns und Israel will uns nicht anerkennen" (mit Anspielung auf Jesaj. 63, 16).

S. 277 oben. Auch legte Numenios das A. T. allegorisch aus nach Orig. c. Cels. l. IV, 51 p. 543: ἐγὼ δ' οἶδα καὶ Νουμήνιον τὸν Πυθαγόρειον ἄνδρα πολλοῦ κρείττον διηγησάμενον Πλάτωνα καὶ τῶν Πυθαγορείων δογμάτων πρεσβεύσαντας πολλαχοῦ τῶν συγγραμμάτων αὑτοῦ ἐκτιθέμενον τὰ Μωσέως καὶ τῶν προφητῶν καὶ οὐκ ἀπιθάνως αὐτὰ τροπολογοῦντα.

S. 291 Z. 18 lies רמי st. רמן

S. 291 Z. 23 lies „des letzteren" st. der l.

S. 295 Z. 9 lies Jezira st. Jezire.

S. 297 Z. 10 lies „als Adam in den Garten Eden trat" st. als Gott u. s. w.

S. 303 ff. In der Zeit, während welcher dieses Buch des Drucks harrte, erschien die bereits oben erwähnte Schrift von Bruno Bauer, Philo, Strauss und Renan etc., über welche wir uns im Allgemeinen schon in Hilgenfeld's Zeitschr. f. w. Theol. 1874. IV S. 591 ff. ausgesprochen haben. Wir geben daher hier nur dasjenige, was unsern dortigen Ausführungen zur Ergänzung dient. Wir übergehen demnach unsere Differenz von dem Verfasser in Bezug auf die Einwirkung des Philonismus auf den Ursprung des Christentums und berühren hier nur die Frage nach den Spuren philonischer Einflüsse in den neutestamentlichen Schriften. In einzelnen hierher gehörigen Angaben, welche sich oben S. 304 ff. finden, freuen wir uns mit Herrn Bauer zusammenzutreffen und sehen darin eine Bestätigung für die Richtigkeit der gemachten Beobachtungen (vgl. z. B. S. 310 mit Bauer S. 69 [Verwerfung des äusseren Tempels] und ebenda mit Bauer S. 101 [Wettkämpfe], vgl. ferner S. 310 mit Bauer S. 99 [himmlisches Bürgerrecht]). Ausserdem scheinen uns aber noch folgende von Bauer hervorgehobene Parallelen Beachtung zu verdienen. — Die häufig bei Philo vorkommende Reflexion, dass der verachtete Fremdling den ahnenstolzen Vollbürger verdränge, begegnet uns ähnlich 1 Cor. 1, 27. 28. 2 Cor. 7, 6. Röm. c. 9—11 (Bauer S. 70. 98. 106), freilich ist dabei nicht zu vergessen, dass in beiden Fällen der Gegensatz etwas anders gedacht ist. Philo setzt de nobilitate 7 den auf ihre Heroen und berühmten Schriftsteller stolzen Heiden die von diesen verachteten Juden entgegen, welche durch Befolgung ihres Gesetzes den wahren sittlichen Adel errungen haben; Paulus dagegen namentlich Röm. c. 9 ff. hält den wegen ihrer abrahamitischen Abstammung ahnenstolzen Juden zur Beschämung die in das Heil eindringende, obwol in religiöser Beziehung ursprünglich unebenbürtige Heidenwelt entgegen. — Sehr beachtenswert ist, was Bauer S. 103 ff. über das Zusammentreffen der Lehre Philo's von dem späteren Zurücktreten der Vermittelung des Logos mit 1 Cor. 15, 18 sagt. — Ebenso die S. 100 angeführten philonischen Stellen vom himmlischen Schatz sind zu vergleichen mit Matth. 6, 19 ff. — In Bezug auf die paulinische Lehre von der Sünde übersieht Bauer S. 99 den von uns schon in Hilgenfeld's Zeitschr. a. a. O. S. 595 hervorgehobenen Unterschied, dass Philo Leib und Sünde geradezu identificirt, daher frei sein vom Leibe ihm auch gleichbedeutend wird mit Freiheit von Sünde, während Paulus die σάρξ zwar als die eigentliche Wohnung oder als das Herrschaftsgebiet der Sünde ansieht, sehr wol aber sich eine von Sünden freie σάρξ denken kann, wie ja nach ihm Christus eine solche hatte (ἐν ὁμοιώματι σαρκὸς ἁμαρτίας Röm. 8, 3) und wie auch die Gläubigen zuletzt mit der sündenlosen σάρξ des zweiten Adam (σῶμα πνευματικόν 1 Cor. 15, 44. 49) werden angetan werden. Eben hierin unterscheidet sich auch Johannes von Philo, dem ein Satz wie ὁ λόγος σάρξ ἐγένετο geradezu eine Undenkbarkeit gewesen wäre. Dem Johannes ist aber die σάρξ nicht ausschliesslich die Sphäre, in welcher die Sünde zur Erscheinung kommt, sondern auch das Gebiet, in welchem das Göttliche den Menschen zur sinnlichen Anschauung kommt (z. B. Joh. 1, 14: infolge dessen dass das Wort Fleisch wird, sehen die Menschen seine Herrlichkeit, vgl. 1 Joh. 1, 1). — Interessant ist auch der Vergleich, welchen Bauer S. 105 f. zieht zwischen Philo, der den sichtbaren Tempel Gottes verwirft und dabei doch den Tempel zu Jerusalem über Alles erhebt, und Paulus, der das Gesetz für abgeschafft erklärt und doch im Tempel Opfer bringt.

S. 308 Z. 40 lies „in der sinnlichen Welt" st. in der himmlischen Welt.

S. 308 u. lies „ist auch für den Midrasch Philo" st. ist auch hier der Midrasch.

S. 330 Z. 1 lies „in den Ausdruck" st. in dem A.

S. 397 Z. 16. Die philonische Deuteregel: „Der Wortsinn ist unzulässig, sobald er etwas Unrichtiges enthält" (s. oben S. 166 f.) ist auch bei Hieronymus in Geltung. Er sagt zu Job 39, 1: die Trächtigkeit der Gazellen, Hirsche u. dgl. und ihre Zeitdauer könne man ohne Schwierigkeit erkunden; es sei daher die Stelle allegorisch zu verstehen. Diese Thiere seien die Apostel und apostolischen Männer, welche die Frucht des Geistes unter Schmerzen zur Welt bringen.

Register.

S. 381. b. Hieron. S 391. b. Augustin S. 397.

Atbasch im A. T. S. 401.

Athenagoras: Verhältniss zu Philo S. 333 ff.

Aucher: S. 371.

Aunan: allegor. Bed. S. 252. 263, b. Hieron. S. 396.

Ausdruck: Entwickelung des Gehalts eines Ausdrucks b. Philo S. 174 f., im Hebr.br. S. 324, b. Barnabas S. 331, b. Justinus S. 338, b. Theoph. S. 340. b. Orig. S. 354, b. Ambros. S. 377. — Auffallender Ausdruck, allegor. Bed. b. Philo S. 176 f., b. Orig. S. 354. — Auslassung eines Ausdrucks, s. Schweigen. Ueberflüssiger Ausdruck, alleg. Bed. bei Philo S. 168 f., bei Justinus S. 337. s. auch Wiederholung. — Wechsel im Ausdruck, alleg. Bed. b. Philo S. 170.

Ause: s. Hosea.

B.

Babel (Βαβυλών): Etymol. u. allegor. Bed. b. Philo S. 194 f., in On. s. S. 365, b. Hieron. S. 392, b. Arnob. S. 398.

Backstein: allegor. S. 186.

Bäcker: allegor. S. 236.

Balak: Etymol. u. allegor. Bed. S. 253, b. Hieron. S. 396.

Balla: Etymol. u. allegor. Bed. b. Philo S. 236, in On. s. S. 365, b. Hieron. S. 392.

Barad: Etymol. S. 261, b. Hieron. S. 396.

Barmherzigkeit Gottes, s. Güte.

Barnabas: Verhältniss z. Midrasch S. 330, zu Philo S. 330 ff.

Basemath: Etymol. b. Philo u. Hieron. S. 392. 396.

Basilius Magnus philon. Deutungen S. 369.

Bauen u. bewahren: alleg. b. Philo S. 175, bei Ephr. Syr. S. 371.

Baum der Erkenntniss: b. Philo S. 248. 262.

Bäume: alleg. Bed. bei Philo S. 185, b. Orig. S. 356, b. Ambros. S. 379.

Beelphegor (Baalpeor): Etymol. u. alleg. Bed. bei Philo S. 251, b. Orig. S. 357. 360, b. Hieron. S. 392.

Benjamin: alleg. Bed. b. Philo S. 238. 250. 253, in On. s. S. 365, b. Hieron. S. 396.

Beseleel (Bezaleel): Etymol. u. alleg.

Bed. b. Philo S. 224. 226. 261. 264 f., in On. s. S. 365, b. Hieron. S. 392.

Bethuel (Baithuel): alleg. Bed. b. Philo S. 180. 215. 222, b. Orig. S. 357, b. Ambr. S. 381, b. Hieron. S. 392.

Bileam (Balaam): Etymol. u. alleg. Bed. b. Philo S. 253, b. Orig. S. 357, in On. s. S. 365, b. Hieron. S. 392.

Blüte: allegor. S. 185. 188.

Bock: allegor. S. 183. 246.

Bogen: alleg. S. 188.

Bogenschützen: alleg. b. Philo S. 185. 256, in der Kabbalah S. 298. s. auch unter Ismael.

Brot: alleg. S. 186.

Brunnen: alleg. Bed. b. Philo S. 187, b. Orig. S. 356, b. Ambr. S. 379.

Brust: alleg. S. 370.

Brustschild: alleg. Bed. b. Philo S. 189, b. Josephus S. 280, b. Cl. Al. S. 345.

Buch: alleg. S. 189. 225.

Bundeslade: alleg. b. Philo u. Cl. Al. S. 345.

C.

Cain, s. Kain.

Cardinaltugenden: im mos. Ges. begründet, b. Ps.-Joseph. S. 21, b. Ps.-Sal. S. 23, b. Philo S. 272, b. Ambr. S. 379.

Chaldäer als Astrologen, s. u. Abraham.

Chaldäisch: von Philo mit Hebräisch identificirt S. 144, desgl. von Ambr. S. 376.

Chaleb (Kaleb): alleg. Bed. b. Philo S. 269, in On. s. S. 368, b. Hieron. S. 392.

Cham: alleg. Bed. b. Philo S. 250, in On. s. S. 368, b. Ambr. S. 381. 389, b. Hieron. S. 396, b. Augustin S. 397 f.

Chamos: alleg. Bed. b. Philo S. 252, in On. s. S. 368, b. Hieron. S. 392.

Chanaan: alleg. Bed. b. Philo S. 251, b. Orig. S. 357, in On. s. S. 368, b. Ambr. S. 381. 389, b. Hieron. S. 392, b. August. S. 398.

Charan: b. Philo S. 238 f. 250. 263, b. Ambr. S. 381. 389, b. Hieron. S. 392.

Chebron: alleg. Bed. b. Philo S. 237, b. Orig. S. 357.

Cherubim: Etymol. u. alleg. Bed., b. Philo S. 215. 225, b. Cl. Al. S. 345. 347, b. Orig. S. 357. 368, b. Theodoret. S. 369, b. Ephr. Syr. S. 370, b. Ambr. S. 381, b. Hieron. S. 392.

nus S. 337, b. Cl. Al. S. 343 f., b.
Orig. S. 351 f. 353.

Wortspiel: alleg. Bed. b. den Stoikern
S. 11 f., b. Philo S. 155 f. 173, b. Cl.
Al. S. 344, b. Orig. S. 354, b. Ambr.
S. 377. •

Wortverbindung im Verse, willkür-
liche zu alleg. Zwecken b. Philo S. 171,
b. Orig. S. 354.

Wunderbegriff des Philo schwankend
S. 210.

X.

Xenophon: v. Philo benutzt S. 139.

Z.

Zabulon, s. Sebulon.

Zalen: Symbolik ders. bei der Sto..
S. 12, im A. T. S. 180, 1 Phi
181 f., b. Justinus S. 338 .. Cl .
S. 344, b. Orig. S. 355, b. Ambro
S. 378.

Zehnzal: symbol. Bed. b. Philo S. 181
b. Cl. Al. S. 344, b. Orig. S. 355.

Zeloten: Bedeutung dieser jüd. Parte
S. 4.

Zelpha, s. Selpa.

Zelt: alleg. Bed. b. Philo S. 187.

Siegen: alleg. Bed. b. Philo S. 183. 245.

Druck von Fr. Frommann in Jena.